Wolfgang Drols (Hrsg.)

Handbuch betriebliche Altersversorgung

Wolfgang Drols (Hrsg.)

Handbuch betriebliche Altersversorgung

Bibliografische Information Der Deutschen Bibliothek
Die Deutsche Bibliothek verzeichnet diese Publikation in der Deutschen Nationalbibliografie;
detaillierte bibliografische Daten sind im Internet über <http://dnb.ddb.de> abrufbar.

1. Auflage Mai 2004

Alle Rechte vorbehalten
© Betriebswirtschaftlicher Verlag Dr. Th. Gabler/GWV Fachverlage GmbH, Wiesbaden 2004

Lektorat: Karin Janssen

Der Gabler Verlag ist ein Unternehmen von Springer Science+Business Media.
www.gabler.de

Das Werk einschließlich aller seiner Teile ist urheberrechtlich geschützt. Jede Verwertung außerhalb der engen Grenzen des Urheberrechtsgesetzes ist ohne Zustimmung des Verlags unzulässig und strafbar. Das gilt insbesondere für Vervielfältigungen, Übersetzungen, Mikroverfilmungen und die Einspeicherung und Verarbeitung in elektronischen Systemen.

Die Wiedergabe von Gebrauchsnamen, Handelsnamen, Warenbezeichnungen usw. in diesem Werk berechtigt auch ohne besondere Kennzeichnung nicht zu der Annahme, dass solche Namen im Sinne der Warenzeichen- und Markenschutz-Gesetzgebung als frei zu betrachten wären und daher von jedermann benutzt werden dürften.

Umschlaggestaltung: Regine Zimmer, Dipl.-Designerin, Frankfurt am Main
Satz: Fotosatz L. Huhn, Maintal
Druck und buchbinderische Verarbeitung: Wilhelm & Adam, Heusenstamm
Gedruckt auf säurefreiem und chlorfrei gebleichtem Papier
Printed in Germany

ISBN 3-409-12472-1

Vorwort

Bis 2002 war die betriebliche Altersversorgung (bAV) in mehrfacher Hinsicht von Freiwilligkeit geprägt: Nur die Arbeitgeber, die freiwillig die Möglichkeiten einer bAV personalpolitisch nutzen wollten, mussten sich in die zugehörigen Bestimmungen und Auflagen einarbeiten. Nur die Arbeitnehmer, die sich nicht nur auf die gesetzliche Altersversorgung allein verlassen wollten und denen der Arbeitgeber freiwillig eine (Mit-)Finanzierung seiner Betriebrente erlaubte, sahen sich Entscheidungsalternativen ausgesetzt. Nur die Steuerberater, deren Mandanten bereits freiwillig eine bAV eingerichtet hatten oder derartiges beabsichtigten, mussten sich mit den meist steuerlichen Aspekten der bAV auseinandersetzen. Die Vermittler und Makler hatten ihr Auskommen, ohne sich in die komplexe Materie der bAV einarbeiten zu müssen.

Seitdem ist viel geschehen und die betriebliche Altervorsorge hat sich dramatisch verändert.

Seit 2002 hat jeder Arbeitnehmer ein Anrecht auf Entgeltumwandlung zum Aufbau seiner betrieblichen Altersvorsorge. Auf Abruf – durch den Mitarbeiter – ergibt sich dadurch die Pflicht einer Einrichtung einer bAV für jeden Arbeitgeber. Dadurch müssen sich fast zwei Millionen mittelständische Arbeitgeber erstmalig und weitgehend unvorbereitet mit der bAV auseinandersetzen. Über seine Mandanten kommt mittelfristig nahezu jeder Steuerberater ebenfalls mit diesem Thema in Berührung.

Der Wandlungsdruck wird noch zunehmen, da die Arbeitnehmer zunehmend spüren, dass einerseits die gesetzliche Rente immer weniger einen abgesicherten Lebensabend sichern kann und andererseits die bAV mit ihren finanziellen Förderungen in der Anwartschaft für ihn hochlukrativ ist. Da dem Arbeitnehmer aber keineswegs unbegrenzte Finanzmittel für seine Altersvorsorge zur Verfügung stehen, wird eine Umwidmung seiner Vorsorgezahlungen stattfinden – weg von der privaten Altersvorsorge und hin zur bAV.

Dies ist bereits heute für viele Vermittler und Makler zu spüren. Infolgedessen müssen sich Vermittler und Makler intensiver dem Vertrieb von bAV-Produkten widmen als früher, um einem Wegbrechen von Provisionen und Courtagen im privaten Altersvorsorgesektor entgegen treten zu können. Die Chancen sind dabei kaum zu überschätzen. Bereits heute zählt die bAV zu den Hoffnungsträgern der Assekuranz!

Doch nicht nur der Anspruch auf Entgeltumwandlung prägt die neue bAV, sondern eine zunehmende Bedeutung des Arbeits-, Sozial-, Steuer- und Tarifrechts.

Der Anspruch, sich diesen neuen Herausforderungen zu stellen ist sehr hoch, nicht nur für die unmittelbar betroffenen Arbeitnehmer und Arbeitgeber, sondern auch für alle Produktanbieter und Berater: Versicherungsvermittler, Steuerberater, Verbände. Umfas-

Vorwort

sende und verbindliche Informationen sind gefragt, nicht nur versicherungstechnische Fragen sind zu klären, sondern auch Kenntnisse des Arbeits-, Steuer-, Sozial- und Tarifrechts werden benötigt.

Die Gestaltungsformen sind vielfältig, Fehlerquellen zahlreich und viele Entscheidungen des Arbeitgebers sind im Nachhinein nicht mehr revidierbar. Dadurch kommt auf den Arbeitgeber ein hoher Anspruch auf Entscheidungskorrektheit und damit auf die Produktanbieter wie auf die Berater eine hohe Beratungsverantwortung zu.

Angesichts des Facettenreichtums ist eine Darstellung der bAV, selbst bei einer Fokussierung auf mittelständische Aspekte, kaum von einer Einzelperson zu leisten. Erfreulicherweise haben sich zahlreiche namhafte Experten zusammengefunden, ein derartiges Handbuch gemeinsam zu erstellen. Dabei sind einige Themen sogar erstmalig ausführlich behandelt worden. Dies nutzt der Vollständigkeit und der Gesamtsicht, birgt aber auch die Gefahr in sich, zu Themen zu einem Zeitpunkt Stellung zu nehmen, zu dem noch nicht alles abschließend geklärt sein kann. Ich danke daher allen Autoren nicht nur für ihre Bereitschaft an diesem Handbuch mitzuwirken, sondern auch für den Mut, zu einem frühen Zeitpunkt auf bislang unbeachtete Aspekte hinzuweisen.

Insgesamt bietet das vorliegende Handbuch eine umfassende Darstellung der Grundlagen und Gestaltungsmöglichkeiten von Altersvorsorge aus Sicht des mittelständischen Arbeitgebers:

- Berater und Vermittler erhalten hiermit ein verlässliches Kompendium, das ihnen auch über ihr jeweiliges Spezialgebiet hinausreichende Informationen an die Hand gibt.
- Arbeitgeber, die Versorgungsmodelle anbieten als auch Arbeitnehmer finden hier eine komplexe Materie in Ihrer gesamten Breite praxisorientiert und verständlich aufbereitet.

Ich freue mich über jede Anregung von Lesern und noch mehr über die Zusendung dieser Hinweise an info@drols.de und danke bereits jetzt dafür.

Münster, Herbst 2003   Dr. Wolfgang Drols

Inhaltsverzeichnis

Vorwort V

Verzeichnis der Autoren XI

Abkürzungsverzeichnis XIII

Einführung XV

Teil 1
Das Vertragsverhältnis zwischen Arbeitgeber und Arbeitnehmer

Margret Kisters-Kölkes
Arbeitsrecht und betriebliche Altersversorgung durch Entgeltumwandlung 3

Thomas Schanz
Die Bewertung betrieblicher Vorsorgeprodukte durch die Mitarbeiter 39

Christine Harder-Buschner
Lohnsteuerliche Behandlung von Beiträgen, Zuwendungen und
Versorgungsleistungen 67

Martin Hoppenrath
Die Insolvenzsicherung der betrieblichen Altersversorgung durch
den Pensions-Sicherungs-Verein Versicherungsverein auf
Gegenseitigkeit (PSVaG) 85

Jürgen Helm
Verwaltungsaufgaben des Arbeitgebers 109

Teil 2
Das Vertragsverhältnis zwischen Arbeitgeber und Versorgungsträger

Karin Meier
Finanzierungsrisiken des Arbeitgebers bei Versorgungszusagen 145

Wolfgang Drols
Produktbewertung aus Arbeitgebersicht 167

Inhaltsverzeichnis

Teil 3
Versorgungsleistungen

Rudolf Bönsch
Leistungen der betrieblichen Altersversorgung 187

Erich Riedlbauer/Jutta Kovar
Riester-Förderung in der betrieblichen Altersversorgung 197

Teil 4
Beratung

Peter A. Doetsch/Arne E. Lenz
Auskunfts- und Informationspflichten von Arbeitgeber und externem Versorgungsträger 221

Ulrich Brock
Haftung des Vermittlers bei der betrieblichen Altersvorsorge 239

Wolfgang Drols
Die sechs Beratungsphasen bei der Arbeitgeber- und Arbeitnehmerberatung 251

Teil 5
Beratungssupport

Michael Ries
Vertriebskonzepte in der betrieblichen Altersversorgung 285

Frank-Henning Florian
Die Rolle des Versicherungsunternehmens in der betrieblichen Altersversorgung .. 301

Stefan Herbst
Kooperationsmodelle in der betrieblichen Altersversorgung 317

Bernhard Dolle
bAV-Beratungssoftware für den Vermittler 335

Friedhelm Stricker/Dirk-Andrew Heil/ Matthias Arendt
Softwareunterstützung beim Vertrags- und Dokumentenmanagement 359

Inhaltsverzeichnis

Teil 6
Spezielle Versorgungen

Hans-Dieter Stubben
GGF-Versorgung in der betrieblichen Altersversorgung 383

Sascha Sommer
Versorgungszusagen an Nichtarbeitnehmer – eine interessante
Gestaltungsalternative 415

Teil 7
Überblick Durchführungswege

Hans-Joachim Beck
Pensionszusage 439

Johannes Kreutz
Die Unterstützungskasse in der betrieblichen Altersversorgung 499

Rainer de Backere/Gabriele Klemme
Die Direktversicherung 525

Jöns-Peter Schmitz/Martin Laurich
Die Pensionskasse – einer der attraktivsten Durchführungswege der betrieblichen
Altersversorgung 541

Hans H. Melchiors
Die Pensionsfonds als fünfter Durchführungsweg in der betrieblichen
Altersversorgung 577

Teil 8
Anhang

BetrAVG 611

EStG (Auszüge) 634

SGB IV (Auszüge) 655

SGB VI (Auszüge) 658

ArEV 692

AltZertG 694

NachwG 702

Inhaltsverzeichnis

VAG (Auszüge) 704
KStDV (Auszug) 708
Die Autoren 711
Stichwortverzeichnis 719

Verzeichnis der Autoren

Matthias Arendt, Mummert ISS GmbH, Projektmanager, Hamburg

Rainer de Backere, Westfälische Provinzial Versicherungs AG, Mitglied des Vorstandes, Münster

Hans-Joachim Beck, Vorsitzender Richter am Finanzgericht, Berlin

Rudolf Bönsch selbständiger Unternehmensberater, Schwalmtal; Südhessische Unterstützungskasse e.V , stv. Vorstandsvorsitzender Maintal; Ideas & Solutions GmbH, Geschäftsführer, Schwalmtal

Ulrich Brock, Vizepräsident des Bundesverbandes Deutscher Versicherungskaufleute e.V. (BVK), Bonn

Dr. Peter A. Doetsch, Mitglied des Vorstands der Zusatzversorgungskasse des Baugewerbes VVaG und der Urlaubs- und Lohnausgleichskasse der Bauwirtschaft, Rechtsanwalt, Wiesbaden

Bernhard Dolle, Suratec Gruppe, Vorsitzender der Geschäftsleitung, Münster

Dr. Wolfgang Drols, Unternehmensberater, Münster

Frank-Henning Florian, Vorstandsmitglied der R + V, Wiesbaden

Christine Harder-Buschner, Bundesministerium der Finanzen, Regierungsdirektorin und Referentin, Bonn/Berlin

Dirk-Andrew Heil, Mummert ISS GmbH, Prokurist, Hamburg

Jürgen Helm, Datev eG, Leiter der Personalwirtschaft, Nürnberg

Stefan Herbst, EMF Europäische Marketing und Finanzmanagement AG, Vorstandsmitglied und eurocap GmbH european concepts of assurance and pensions, Geschäftsführer, Hamburg

Martin Hoppenrath, Pensions-Sicherungsverein, Versicherungsverein auf Gegenseitigkeit (PSVaG), Mitglied des Vorstands, Köln

Margret Kisters-Kölkes, Rechtsanwältin und Steuerberaterin, Düsseldorf

Gabriele Klemme, Westfälische Provinzial Versicherungs AG, Leiterin der Hauptabteilung Betriebliche Altersvorsorge / Leben-Technik, Münster

Jutta Kovar, Unternehmensberaterin, Stuttgart

Johannes Kreutz, ARAG Leben und ARAG Allgemeine Rechtsschutz, Vorstandsmitglied, München/Düsseldorf

Verzeichnis der Autoren

Dr. Martin Laurich, SIGNAL IDUNA Gruppe, Abteilungsleiter für Beratung und Konzeption, Hamburg/Dortmund

Arne E. Lenz, Compertis Beratungsgesellschaft für Vorsorgemanagement mbH, Direktionsbeauftragter, Rechtsanwalt, Wiesbaden

Karin Meier, Dr. Dr. Heissmann GmbH, Unternehmensberatung für Versorgung und Vergütung, Leiterin für den Bereich Betriebswirtschaft, Pensionsfonds, Sonderaufgaben, Wiesbaden

Hans H. Melchiors, HVB Pensionsfonds und Chemie Pensionsfonds, Dipl.-Ökonom, Vorstandsvorsitzender, München

Dr. Erich Riedlbauer, IVS-Mitglied und Gründungsmitglied der DAV, Meerbusch

Michael Ries, Finanzfachwirt, freier Unternehmensberater, Seeheim-Jugenheim

Dr. Thomas Schanz, consulting& development ag, Mitglied des Vorstands, Stuttgart

Jöns-Peter Schmitz, SIGNAL IDUNA Pensionskasse AG, Vorstandsmitglied, Hamburg/ Dortmund

Sascha Sommer, VEDACON AG für betriebliche Altersversorgung, Vorstandsmitglied, Montabaur

Friedhelm Stricker, Mummert ISS GmbH, Geschäftsführer, Hamburg

Hans-Dieter Stubben, WIMMbAv GmbH, geschäftsführender Gesellschafter, Hamburg

Abkürzungsverzeichnis

AIB	Allgemeine Versicherungsbedingungen für die Insolvenzsicherung der betrieblichen Altersversorgung
AltvDV	Altersvorsorge-Durchführungsverordnung
AltZertG	Gesetz über die Zertifizierung von Altersvorsorgeverträgen
ArbG	Arbeitgeber
ArbN	Arbeitnehmer
AVmG	Altersvermögensgesetz
BaFin	Bundesanstalt für Finanzdienstleistungsaufsicht
BAG	Bundesarbeitsgericht
bAV	betriebliche Altersvorsorge
BBG	Beitragsbemessungsgrundlagen
BDA	Bundesvereinigung der Deutschen Arbeitgeberverbände
BDI	Bundesverband der deutschen Industrie
BetrAVG	Gesetz zur Verbesserung der betrieblichen Altersversorgung
BetrVG	Betriebsverfassungsgesetz
BFH	Bundesfinanzhof
BMF	Bundesministerium für Finanzen
BstBl	Bundessteuerblatt
BU-Rente	Berufsunfähigkeitsrente
BUZ	Berufsunfähigkeitszusatzversicherung
BVerfGE	Bundesverfassungsgericht
BVV	Beamtenversicherungsverein des deutschen Bank- und Bankiergewerbes a.G
CTA's	Contractual Trust Arrangements
DAV	Deutsche Aktuarvereinigung e.V.
DGVFM	Deutsche Gesellschaft für Versicherungs- und Finanzmathematik
DMS	Dokumentenmanagementsystem
EGHGB	Einführungsgesetz zum Handelsgesetzbuch
GDV	Gesamtverband der Deutschen Versicherungswirtschaft
GoB	Grundsätze ordnungsgemäßer Buchführung
GoS	Grundsätze ordnungsgemäßer Speicherbuchführungen
EAI	Enterprise Application Integration
EuGH	Europäischer Gerichtshof

Abkürzungsverzeichnis

FinDAG	Finanzdienstleistungsaufsichtsgesetz
GGf	Gesellschafter-Geschäftsführer
GMG	GKV-Modernisierungsgesetz
HGB	Deutsches Handelsgesetzbuch
HZvNG	Hüttenknappschaftliches Zusatzversicherungs-Neuregelungs-Gesetz
IAS/IFRS	International Accounting Standards / International Financial Reporting Standards
KStG	Körperschaftssteuergesetz
KVP	Kontinuierlicher Verbesserungsprozess
LStDV	Lohnsteuer-Durchführungsverordnung
LStR	Lohnsteuerrichtlinien
MCB	Management of Closed Blocks
NachwG	Nachweisgesetz
PF	Pensionsfonds
PFKapAV	Pensionsfonds-Kapitalanlageverordnung
PK	Pensionskasse
PSVaG	Pensions-Sicherungs-Verein auf Gegenseitigkeit
RGG	Ruhegeldgesetz
SGB	Sozialgesetzbuch
UmwG	Umwandlungsgesetz
US-GAAP	US-General Acceppted Accounting Principles
VAG	Versicherungsaufsichtsgesetz
vGa	Verdeckte Gewinnausschüttung
VVG	Versicherungsvertragsgesetz
VVaG	Versicherungsvereine auf Gegenseitigkeit
ZfA	Zentrale Zulagenstelle für Altersvermögen

Einführung

Die betriebliche Altersvorsorge (bAV) erlebt derzeit eine Renaissance. Das neue Anrecht auf Entgeltumwandlung hat die bAV aus einer Marktnische in das Rampenlicht heraustreten lassen. Ein erstmaliger Entgeltumwandlungsanspruch für den Aufbau einer (betrieblichen) Altersvorsorge für viele Millionen Arbeitnehmer und eine erstmalige Betriebsrentenpflicht auf Abruf für fast zwei Millionen Arbeitgeber machen die Dimension dieser Veränderung deutlich.

Die Plötzlichkeit des Umbruchs zum 1.1.2002 ließ kaum Gelegenheit, sich auf die Neuerungen einzustellen. Betroffen sind aber nicht nur Arbeitgeber und Arbeitnehmer, sondern auch die Produktanbieter und Vermittler, von denen ebenso wie von Steuerberatern oder Verbänden der Mittelständler Hilfe in dieser Umbrauchphase erwartet. Doch eine derartige Hilfe ist deutlich schwieriger geworden. Denn die dazu notwendigen Kenntnisse beschränken sich nunmehr nicht mehr wie früher auf die „bloße" Versicherungsvertraglichkeit. Vielmehr werden nun zusätzlich gute Kenntnisse des Arbeits-, Steuer-, Sozial- und Tarifrechts benötigt. In der Praxis mangelt es noch an diesem Wissen – und manchmal sogar am Wissen um die Notwendigkeit zusätzlicher Kenntnisse. Dies gilt nicht nur für die betroffenen Arbeitgeber und Arbeitnehmer, sondern auch für deren Berater – insbesondere für die Vermittler.

Die folgend beschriebene Situation dürfte daher keinesfalls den Ausnahmefall darstellen: Ein Mittelständler ist vom Vermittler mit Mühe überzeugt worden, erstmals eine betriebliche Altersvorsorge einzuführen, hat sich für das empfohlene bav-Produkt entschieden und fragt nun den Vermittler: „Gibt es irgendwelche Risiken für mich?" Beruhigt nimmt er die Vermittler-Antwort „Nein" zur Kenntnis, um sich endlich wieder seinen eigentlichen Geschäften widmen zu können.

Analysiert man Frage und Antwort, so wird die unbefriedigende Diskrepanz deutlicher. Der Vermittler hat seine Antwort auf versicherungsvertragliche Risiken bezogen, der Arbeitgeber hätte seine Frage stärker mit nichtversicherungsvertraglichen Problemen verknüpfen müssen. Der Dialog hätte dann wahrscheinlich anders ausgesehen. Die Arbeitgeberfrage „Gibt es arbeits-, steuer-, sozial- oder tarifrechtliche Probleme mit der von Ihnen vorgeschlagenen bAV-Lösung?" wäre dann entlarvender mit „Nein, es gibt keine versicherungsvertraglichen Risiken!" beantwortet worden. Eine passende Antwort wäre dem Vermittler meist keineswegs leicht gefallen. Dies ist nicht verwunderlich. Die neue Rechtslage enthält viele Innovationen, die Vorschriften sind nicht immer widerspruchsfrei, geschweige denn selbsterklärend und eine klärende Hilfe durch die Gerichte kann noch nicht erwartet werden.

Einführung

Bis zum 31.12.2001	Ab dem 1.1.2002
■ bAV ist freiwillige Arbeitgeber-Sozialleistung	■ Arbeitnehmeranrecht auf Entgeltumwandlung für bAV
■ Lange Fristen bis zur Unverfallbarkeit – Fehler sind korrigierbar	■ Verkürzte/keine Unverfallbarkeitsfristen
■ Kaum Haftungsrisiken für den Arbeitgeber	■ Verschärfte Haftungsrisiken für den Arbeitgeber
■ Voll-Fremdfinanzierung der Rente ist problemlos	■ Voll-Fremdfinanzierung der Rente ist schwierig
■ Keine Einflussnahme der Tarifparteien auf das bAV-Angebot des Arbeitgebers und auf seine bAV-Rückdeckung	■ Einfluss der Tarifparteien auf das bAV-Angebot des Arbeitgebers und auf seine Rückdeckung
■ Einmal-Verkauf beim Arbeitgeber mit geringen Haftungsrisiken des Vermittlers	■ Zweifach-Verkauf bei Arbeitgeber und Arbeitnehmer; bei Entgeltumwandlungsberatung mit hohen Haftungsrisiken

Die „bAV-Spielregeln" haben sich verändert! Gewohntes ist nicht mehr richtig und das Richtige noch nicht gewohnt!

Die Komplexität der bAV ruft förmlich nach Erklärung und Betreuung. Die betriebliche Altersvorsorge könnte daher eine Renaissance der Vermittlerschaft bedeuten. Der Einstieg in die Beratung zur bAV scheint aber für die Vermittler nicht nur eine Chance zu sein, sondern fast eine Notwendigkeit. Viele Vermittler spüren bereits die Umlenkung von Prämien weg von der privaten hin zur betrieblichen Altersvorsorge und müssen sich nun ebenfalls diesen Veränderungen stellen.

Ziel des Handbuchs

In diesem Handbuch sind die wichtigsten Informationen für die Einrichtung einer bAV für einen Mittelständler beschrieben. Es richtet sich aber nicht nur an ihn, sondern vor allen Dingen an seine Berater – und dabei besonders an Vermittler und Steuerberater. Letztere sind zwar in der Regel nicht die ausgebildeten bAV-Spezialisten, werden aber dennoch mangels geeigneterer Ansprechpersonen häufig von orientierungslosen Mittelständlern um Rat ersucht.

Für eine bAV-Beratung des Arbeitgebers hat es sich als nützlich erwiesen, sich seiner Chancen und Risiken erst bewusst zu werden. Die Gemengelage der Probleme wird transparenter, wenn die beiden wichtigen Vertragsverhältnisse des Arbeitgebers, der auf einen Versorgungsträger zurückgreifen will, separat betrachtet werden, nämlich

Einführung

- das Vertragsverhältnis zwischen Arbeitgeber und Mitarbeiter, das im Wesentlichen vom Arbeits-, Steuer-, Sozial- und Tarifrecht geprägt ist;
- das Vertragsverhältnis zwischen Arbeitgeber und dem Versorgungsträger, das im Wesentlichen versicherungsvertraglich geprägt ist.

Wünschenswert wäre eine vollständige Kompatibilität zwischen den beiden Vertragswerken. In diesem Fall würden alle Leistungsansprüche des Mitarbeiters voll umfänglich gedeckt durch die Leistungen des Versorgungsträgers. Dem Arbeitgeber blieben dann immer noch die zusätzlichen, bAV-bedingten Verwaltungs- und Serviceaufgaben. Doch diese Leistungskompatibilität entspricht nicht der gegenwärtigen Realität – und dies geht zu Lasten des Arbeitgebers wie Karin Meier, Bereichsleiterin von Dr. Dr. Heissmann GmbH, in diesem Buch verdeutlicht: „Die dem Arbeitnehmer zu gewährende Versorgungsleistung ergibt sich aus dem Vertragsverhältnis zwischen Arbeitgeber und Arbeitnehmer. Für – egal aus welchem Grunde – auftretende Differenzen zwischen versprochener Leistung des Arbeitgebers und der Leistung des Versorgungsträgers muss der Arbeitgeber einstehen."

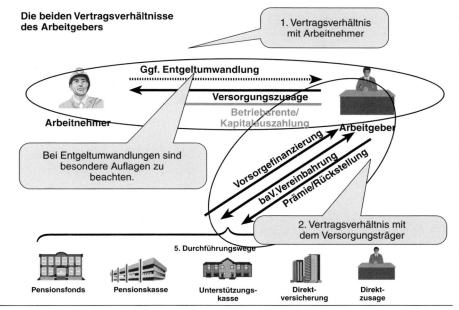

Die Beiträge in diesem Handbuch gehen speziell auf diese beiden Vertragsverhältnisse in den beiden ersten Teilen ein. In den Teilen vier und fünf spielen diese beiden Vertragsverhältnisse nochmals eine Rolle, nämlich bei der Beratungshaftung und beim Beratungssupport.

Die Teile drei und sechs beleuchten spezielle Versorgungsfragen und im Teil sieben wird für jeden Durchführungsweg nochmals ein Gesamtüberblick dargestellt.

Münster, im Herbst 2003

Teil 1
Das Vertragsverhältnis zwischen Arbeitgeber und Arbeitnehmer

Margret Kisters-Kölkes
Arbeitsrecht und betriebliche Altersversorgung durch Entgeltumwandlung

1 Einleitung 5

2 Was ist betriebliche Altersversorgung? 5

3 Wie entsteht ein Versorgungsverhältnis? 6
   3.1 Zusageerteilung 6
   3.2 Durchführungswege 8
      3.2.1 Direktzusage 8
      3.2.2 Mittelbare Durchführungswege 9
   3.3 Ausgestaltung der Versorgungszusage 12
      3.3.1 Leistungszusagen 13
      3.3.2 Beitragszusage mit Mindestleistung 13
      3.3.3 Einstandspflicht 14
      3.3.4 Zusageinhalt 14

4 Ausscheiden aus dem Arbeitsverhältnis 15
   4.1 Ausscheiden im Versorgungsfall 15
      4.1.1 Berechnung und Auszahlung der Versorgungsleistung 15
      4.1.2 Anpassung 16
   4.2 Ausscheiden vor Eintritt des Versorgungsfalls 17
      4.2.1 Gesetzliche Unverfallbarkeit 17
      4.2.2 Abfindung und Übernahme 20

5 Mitbestimmungsrechte des Betriebsrates 21

6 Änderung von Versorgungszusagen 22
   6.1 Einvernehmliche Änderung 23
   6.2 Ablösende Betriebsvereinbarung 23
   6.3 Kündigung einer Betriebsvereinbarung 24
   6.4 Widerruf bei Unterstützungskassen 24
   6.5 Wechsel des Durchführungsweges 24
   6.6 Gerichtliche Überprüfung 25

7	Anspruch auf Entgeltumwandlung	25
	7.1 Rechtsanspruch des Arbeitnehmers	25
	7.2 Entgeltumwandlung	26
	7.3 Wertgleichheit	27
	7.4 Umsetzung des Anspruchs	28
	7.5 Gesetzliche Unverfallbarkeit bei Entgeltumwandlung	29
	7.6 Abfindung	31
	7.7 Mitnahmeanspruch	31
	7.8 Anpassung	32
	7.9 Gesetzlicher Insolvenzschutz	33
	7.10 Mitbestimmungsrechte des Betriebsrats	33
	7.11 Änderung der Versorgungszusage	33
	7.12 Steuerliche Rahmenbedingungen	34
8	Gesetzlicher Insolvenzschutz	35
	8.1 Leistungspflicht	35
	8.2 Finanzierung des PSVaG	37
9	Betriebsübergang	37

1 Einleitung

Die betriebliche Altersversorgung hat eine lange Tradition. Sie beruht auf dem Freiwilligkeitsgrundsatz und dem Grundsatz der Gestaltungsfreiheit. Jedem Unternehmen steht es frei, den Arbeitnehmern Leistungen der betrieblichen Altersversorgung zuzusagen. Es besteht keinerlei Verpflichtung, Versorgungszusagen zu erteilen und zu finanzieren.

Der Freiwilligkeitsgrundsatz hat dazu geführt, dass bei weitem nicht in allen Unternehmen eine betriebliche Altersversorgung besteht, die durch den Arbeitgeber finanziert wird. Nach den neuesten Erhebungen haben im verarbeitenden Gewerbe 64 Prozent der Arbeitnehmer eine betriebliche Altersversorgung. Im Handel ist der Verbreitungsgrad wesentlich geringer. Eine betriebliche Altersversorgung existiert nur für 28 Prozent der Arbeitnehmer.[1]

Bis zum Jahre 2001 sind in Deutschland 341,6 Milliarden € als Deckungsmittel für die betriebliche Altersversorgung in den Unternehmen bzw. bei den externen Versorgungsträgern angesammelt worden.[2]

Mit Wirkung ab dem 1.1.2002 wurde der Freiwilligkeitsgrundsatz eingeschränkt, in dem alle Arbeitgeber verpflichtet wurden, den Arbeitnehmern durch Entgeltumwandlung den Aufbau bzw. Ausbau einer betrieblichen Altersversorgung zu ermöglichen. Dieser Anspruch auf Entgeltumwandlung soll dazu beitragen, die in der gesetzlichen Rentenversicherung entstehenden Versorgungslücken zu schließen. Es wird davon ausgegangen, dass immer mehr Arbeitnehmer von diesem Recht Gebrauch machen werden. Damit wächst die Bedeutung der betrieblichen Altersversorgung. Immer mehr Deckungsmittel werden für sie reserviert.

2 Was ist betriebliche Altersversorgung?

Betriebliche Altersversorgung liegt vor, wenn ein Arbeitgeber einem Arbeitnehmer aus Anlass seines Arbeitsverhältnisses Leistungen der Alters-, Invaliditäts- und/oder Hinterbliebenenversorgung zusagt.[3] Arbeitnehmer sind Arbeiter, Angestellte und Auszubildende.[4]

Eine Versorgungszusage können auch Nichtarbeitnehmer erhalten, wenn sie für ein fremdes Unternehmen tätig sind.[5] Hierzu gehören Fremdgeschäftsführer, Heimarbeiter,

---
1 Ifo (2001), S. 81.
2 Schwind (BetrAV 2003), S. 352.
3 §1 Abs. 1 Satz 1 BetrAVG.
4 §17 Abs. 1 Satz 1 BetrAVG.
5 §17 Abs. 1 Satz 2 BetrAVG.

selbständige Handelsvertreter und Gesellschafter-Geschäftsführer, die nicht mehrheitlich an einem Unternehmen beteiligt sind.[6]

Die Leistungen, die der Arbeitgeber zur Versorgung des Arbeitnehmers und seiner Hinterbliebenen zusagt, werden durch ein biologisches Ereignis ausgelöst. Dies ist das Erreichen einer Altersgrenze von mindestens 60 Jahren,[7] der Eintritt von Invalidität oder der Tod. Die zugesagten Leistungen müssen einen Versorgungszweck erfüllen.[8]

Hat der Arbeitgeber eine Versorgungszusage erteilt, sind zwingend die Vorschriften des Gesetzes zur Verbesserung der betrieblichen Altersversorgung[9] (Betriebsrentengesetz – BetrAVG) zu berücksichtigen. Sie dienen dem Schutz des Arbeitnehmers. Soweit im Gesetz keine Regelungen enthalten sind, gilt der Grundsatz der Gestaltungsfreiheit.

3 Wie entsteht ein Versorgungsverhältnis?

3.1 Zusageerteilung

Das Versorgungsverhältnis, das aus Anlass eines Arbeitsverhältnisses begründet wird, entsteht durch die Erteilung einer Versorgungszusage.[10]

Das Versorgungsverhältnis ist geprägt durch

- den Rechtsbegründungsakt,
- den Durchführungsweg und
- den Zusageinhalt.

In einem *individuellen Vertrag* kann sich der Arbeitgeber verpflichten, dem begünstigten Arbeitnehmer bei Eintritt des Versorgungsfalles Versorgungsleistungen zu zahlen. Der Versorgungsvertrag kommt durch übereinstimmende Willenserklärungen zustande.[11] Es reicht nicht aus, wenn nur für die Zukunft unverbindlich Versorgungsleistungen in Aussicht gestellt werden. Eine Blankettzusage, bei der nicht alle Einzelheiten des Zu-

---

6 Keine abschließende Aufzählung. Zu weiteren Einzelheiten, PSV-Merkblatt 300/M 1, Stand 3.02, unter www.psvag.de und Bode in: Kemper/Kisters-Kölkes/Berenz/Bode/Pühler, BetrAVG, § 17, Rdnr. 3 ff.
7 BMF-Schreiben vom 5.8.2002 BStBl I, 767, Rdnr. 146.
8 Durch das biologische Ereignis und den Versorgungszweck wird die betriebliche Altersversorgung von anderen Sozialleistungen des Arbeitgebers abgegrenzt. Hierzu zählen z. B. Übergangsgelder, Sterbegelder, Abfindungszahlungen oder Vorruhestandsleistungen.
9 Vom 19.12.1974 (BGBl I, 3610) zuletzt geändert durch das Gesetz zur Änderung des Sozialgesetzbuches und anderer Gesetze vom 24.7.2003 (BGBl.I, 1526).
10 Hierzu insbesondere auch Kemper in: Kemper/Kisters-Kölkes/ Berenz/Bode/Pühler, BetrAVG, § 1, Rdnr. 100 ff.
11 Angebot und Annahme gemäß §§ 145 BGB.

sageinhalts ausformuliert sind, reicht aber aus, um eine Verpflichtung des Arbeitgebers zu begründen.[12]

Neben dem individuellen Vertrag kann eine Versorgungszusage auch über eine *Betriebsvereinbarung* (Kollektivvertrag) erteilt werden.[13] Eine Betriebsvereinbarung ist ein Vertrag, den der Arbeitgeber in schriftlicher Form mit dem Betriebsrat abschließt.[14] Eine Versorgungszusage ist dem Arbeitnehmer dann erteilt, wenn er zu dem von der Betriebsvereinbarung begünstigten Personenkreis gehört.

In früheren Jahren wurden Versorgungszusagen vielfach auch in Form von *Gesamtzusagen* oder *vertraglichen Einheitsregelungen* erteilt. Dabei handelt es sich um einheitliche, an alle Arbeitnehmer oder an eine Gruppe von Arbeitnehmern gerichtete verbindliche Erklärungen des Arbeitgebers, ihnen Versorgungsleistungen nach bestimmten Regeln zukommen zu lassen. Die Vertragsannahme durch den Arbeitnehmer erfolgte ohne ausdrückliche Erklärung nach § 151 BGB. Solche Zusagen sind nur unter eingeschränkten Voraussetzungen mittels einer Betriebsvereinbarung abänderbar,[15] sodass heute als Rechtsbegründungsakte für die Belegschaft Betriebsvereinbarungen und für leitende Angestellte Individualverträge gewählt werden.[16]

Individualverträge bei Arbeitnehmern sollten vermieden werden. Existiert kein Betriebsrat, mit dem eine Betriebsvereinbarung abgeschlossen werden kann, muss die Gesamtzusage auf jeden Fall betriebsvereinbarungsoffen ausgestaltet sein, d. h. sie muss den Vorbehalt enthalten, dass die zugesagten Leistungen später mittels einer Betriebsvereinbarung abgeändert werden können.

Werden nicht alle Arbeitnehmer eines Betriebes begünstigt, sondern nur ausgewählte Personenkreise, muss darauf geachtet werden, dass die Abgrenzung nach sachlichen Kriterien vorgenommen wird. Ein sachlicher Grund kann die Bindung bestimmter Personengruppen an das Unternehmen oder aber die Abdeckung eines besonderen Versorgungsbedarfs sein.[17] Sind keine sachlichen Gründe gegeben, ist der allgemeine *Gleichbehandlungsgrundsatz* verletzt. Eine solche Verletzung führt dazu, dass die benachteiligte Arbeitnehmergruppe so zu behandeln ist wie die begünstigte Personengruppe. Der Dotierungsrahmen wird damit automatisch und in aller Regel von dem Unternehmen ungewollt erweitert. Die Gründe, die für eine Differenzierung der Arbeitnehmergruppen angeführt werden sollen und angeführt werden müssen, sind deshalb bereits bei Erteilung der Zusagen an den begünstigten Personenkreis herauszustellen und festzuhalten.[18]

---

[12] BAG, Urteil vom 23.11.1978, 3 AZR 708/77, DB 1979, 364; EzA § 242 BGB Ruhegeld Nr. 77; BAG, Urteil vom 19.11.2002, 3 AZR 167/02.
[13] § 77 Abs. 2 BetrVG.
[14] Es ist der Gesamtbetriebsrat/Konzernbetriebsrat zuständig, wenn ein solcher existiert.
[15] BAG, Großer Senat, Beschluss vom 16.9.1986, GS 1/82, BB 1987, 265; DB 1987, 383.
[16] Soweit ein Sprecherausschuss besteht, kommen auch Richtlinien gemäß § 28 SprAuG in Betracht.
[17] Z. B. BAG, Urteil vom 19.3.2002, 3 AZR 229/01.
[18] Zur Abgrenzung zwischen Arbeitern und Angestellten BAG, Urteil vom 10.12.2002, 3 AZR 3/02, BB 2003, 1624;, Innendienst-/Außendienst: BAG, Urteil vom 17.2.1998, 3 AZR 783/96, DB 1998, 1139 = VersR 2000, 208; Polieren/kaufmännischen Angestellten: BAG, Urteil vom 19.3.2002, 3

Unzulässig ist es, Versorgungsregelungen zu schaffen, die zwischen männlichen und weiblichen Arbeitnehmern differenzieren. Auch eine mittelbare Diskriminierung muss vermieden werden. Eine solche liegt z. B. vor, wenn Teilzeitkräfte von einer Versorgung ausgeschlossen werden sollen. Denn Teilzeitbeschäftigte sind überwiegend Frauen. Wird zwischen Männern und Frauen differenziert, ist der *Gleichberechtigungsgrundsatz* verletzt.[19]

3.2 Durchführungswege

Neben dem Rechtsbegründungsakt (Individualvertrag, Betriebsvereinbarung) wird das Versorgungsverhältnis durch den Durchführungsweg geprägt. Zur Abwicklung einer betrieblichen Altersversorgung stehen fünf Durchführungswege zur Verfügung.[20]

Es ist zu unterscheiden zwischen einer Versorgung, die unmittelbar über den Arbeitgeber durchgeführt wird und einer Versorgung, die über einen externen Versorgungsträger abgewickelt wird.[21] Wählt der Arbeitgeber einen externen Versorgungsträger, muss er für die Erfüllung der von ihm zugesagten Leistungen einstehen, wenn der Versorgungsträger die zugesagten Leistungen nicht oder nicht in voller Höhe erbringt.[22]

Dieser Erfüllungsanspruch macht deutlich, dass letztlich immer der Arbeitgeber an sein Versorgungsversprechen gebunden ist. Für den Arbeitgeber ist somit von entscheidender Bedeutung, ob die zugesagten Leistungen ausfinanziert sind und der mittelbare Versorgungsträger dauerhaft in der Lage ist, alle Verpflichtungen zu erfüllen. Denn nur dann ergeben sich keine Haftungsrisiken für den Arbeitgeber.

3.2.1 Direktzusage

Der Arbeitgeber kann sich selbst verpflichten, die Versorgungsleistungen aus seinem Betriebsvermögen zu erbringen. Es liegt dann eine unmittelbare Versorgungszusage (auch Direktzusage) vor. Diese wird über Pensionsrückstellungen finanziert, die der Arbeitgeber in seiner Bilanz in der Anwartschaftszeit aufbaut und in der Leistungsphase wieder abbaut (§ 6a EStG). Mit der Bildung von Pensionsrückstellungen entsteht ein Steuerstundungs- und Innenfinanzierungseffekt. Der Arbeitgeber ist in der Mittelanlage frei. Er kann eine versorgungsspezifische Mittelanlage wählen, indem er z. B. eine Rückdeckungsversicherung abschließt oder Investmentanteile erwirbt.

AZR 229/01; zur hierarchischen Abgrenzung: BAG, Urteil vom 11.11.1986, 3 ABR 74/85, DB 1987, 994.
19 EuGH vom 17.5.1990, C-262/88, DB 1990, 1824 = VW 1993, 992; BAG-Urteil vom 3.6.1997, 3 AZR 910/95, DB 1997, 1778 = VersR 1998, 917.
20 § 1b BetrAVG.
21 § 1 Abs. 1 Satz 2 BetrAVG.
22 § 1 Abs. 1 Satz 3 BetrAVG.

Arbeitsrecht und betriebliche Altersversorgung durch Entgeltumwandlung

Bei einer unmittelbaren Versorgungszusage ist in der Anwartschaftszeit (Zeit von der Zusageerteilung bis zum Eintritt des Versorgungsfalles) keine steuerliche Auswirkung beim Arbeitnehmer gegeben. Erst wenn Versorgungszahlungen erfolgen, sind diese als nachträgliche Einkünfte aus dem Arbeitsverhältnis gemäß § 19 EStG zu versteuern.

3.2.2 Mittelbare Durchführungswege

Der Arbeitgeber kann aber auch einen externen Versorgungsträger einschalten, der für ihn die Versorgungsleistungen erbringt. Der externe Versorgungsträger wird dann über einen Geschäftsbesorgungsvertrag für den Arbeitgeber tätig.[23]

Als externe Durchführungswege kommen die Unterstützungskasse, die Pensionskasse, der Pensionsfonds und die Abwicklung mittels einer Direktversicherung über ein Lebensversicherungsunternehmen in Betracht.

Eine *Unterstützungskasse* ist eine rechtsfähige Versorgungseinrichtung in der Rechtsform eines eingetragenen Vereins, einer GmbH oder einer Stiftung. Sie wird durch den Arbeitgeber dotiert, in dem dieser Zuwendungen im Rahmen des § 4d EStG leistet.

Man unterscheidet zwischen einer *reservepolsterfinanzierten Unterstützungskasse* und einer *rückgedeckten Unterstützungskasse*. Aus arbeitsrechtlicher Sicht ist diese Differenzierung ohne Bedeutung, da bei einer nicht ausreichenden Dotierung der Arbeitgeber für die Erfüllung einzustehen hat.[24] Der Arbeitnehmer hat bei Eintritt des Versorgungsfalles die ihm zugesagten Leistungen zu bekommen, unabhängig davon, wie die Unterstützungskasse finanziert wurde und ob sie ausreichend dotiert ist. Allerdings wird aus der Sicht des Arbeitgebers vielfach eine rückgedeckte Unterstützungskasse ausgewählt, weil diese die teilweise oder vollständige Vorausfinanzierung in der Anwartschaftszeit ermöglicht.

Bei der Versorgungszusage, die mittels einer Unterstützungskasse abgewickelt wird, wird dem Arbeitnehmer kein Rechtsanspruch auf die zugesagten Leistungen eingeräumt. Die Satzungen und Leistungspläne von Unterstützungskassen müssen einen ausdrücklichen Freiwilligkeitsvorbehalt enthalten, damit die Unterstützungskasse nicht der Aufsicht durch die BAFin untersteht.

Der Ausschluss des Rechtsanspruchs wird vom BAG in ständiger Rechtsprechung als ein an sachliche Gründe gebundenes Widerrufsrecht gewertet.[25] Für den Arbeitgeber bedeutet dies, dass er auch bei der Einschaltung einer Unterstützungskasse als Versorgungsträger nicht beliebig seine Versorgungszusage einschränken oder beseitigen kann. Er benötigt hierfür vielmehr zwingende, triftige oder sachlich-proportionale Gründe, wenn er in eine Begünstigung eingreifen will. Von der Gewichtigkeit der Gründe hängt es ab, in welchem Umfang Eingriffe zulässig sind.

Eine Unterstützungskasse kann die betriebliche Altersversorgung für ein einziges Unternehmen abwickeln. Dann spricht man von einer Firmenunterstützungskasse. Ist

---

23 § 675 BGB; BFH, Urteil vom 5.11.1992, I R 61/89, BStBl II 1993, 185.
24 § 1 Abs. 1 S. 2 BetrAVG.
25 BAG, Urteil vom 11.12.2001, 3 AZR 128/01, DB 2003, 214 , BB 2003, 56.

eine Unterstützungskasse für einen Konzern errichtet worden, handelt es sich um eine Konzernunterstützungskasse. Ist eine Unterstützungskasse für eine Vielzahl von Trägerunternehmen zuständig, handelt es sich um eine Gruppenunterstützungskasse. Viele Unternehmen, insbesondere mittelständische und kleinere Unternehmen schließen sich einer Gruppenunterstützungskasse als Trägerunternehmen an, wenn sie ihre betriebliche Altersversorgung über diesen Durchführungsweg abwickeln wollen. Der Vorteil besteht darin, dass das Unternehmen von Verwaltungsaufgaben entlastet wird.

Die Zahlungen, die der Arbeitgeber an die Unterstützungskasse gemäß § 4d EStG leistet, führen beim Arbeitnehmer nicht zu einem lohnsteuerlichen Zufluss. Erst wenn die Unterstützungskasse nach Eintritt des Versorgungsfalles Versorgungsleistungen erbringt, werden die Renten oder das Kapital gemäß § 19 EStG im Zeitpunkt der Auszahlung vom Versorgungsempfänger versteuert. Es findet damit ebenso wie bei deiner unmittelbaren Versorgungszusage eine nachgelagerte Besteuerung statt.

Die *Pensionskasse* ist eine rechtsfähige Versorgungseinrichtung, die dem begünstigten Arbeitnehmer ab Versicherungsbeginn (ab Zusageerteilung), einen Rechtsanspruch auf die zugesagten Leistungen einräumt. Sie wird in der Rechtsform des Versicherungsvereins auf Gegenseitigkeit oder der Aktiengesellschaft betrieben. Es handelt sich um ein Versicherungsunternehmen, das ausschließlich betriebliche Altersversorgung betreibt und der Aufsicht durch die BAFin unterliegt.

Die in jüngerer Zeit neu gegründeten Pensionskassen haben überwiegend die Rechtsform der Aktiengesellschaft, die älteren Pensionskassen die Rechtsform des Versicherungsvereins auf Gegenseitigkeit. Aus arbeitsrechtlicher Sicht ist diese Differenzierung insofern von Bedeutung, als bei einer Pensionskasse in der Rechtsform der Aktiengesellschaft der Arbeitnehmer nicht selbst Versicherungsnehmer sein kann. Versicherungsnehmer ist ausschließlich der Arbeitgeber. Beim VVaG kann der Arbeitnehmer Versicherungsnehmer und Mitglied sein.

Pensionskassen, die für eine Abwicklung der betrieblichen Altersversorgung eines Arbeitgebers in Betracht kommen, sind in aller Regel Gruppenpensionskassen. Sie wickeln die betriebliche Altersversorgung für eine Vielzahl von Arbeitgebern ab.

Die Pensionskasse wird durch den Arbeitgeber dotiert. Die gezahlten Beiträge sind Betriebsausgaben.[26] Es ist aber auch möglich, dass der Arbeitnehmer aus versteuertem Einkommen Eigenbeiträge zahlt.

Beiträge[27], die ab dem 1.1.2002 an eine Pensionskasse gezahlt werden, sind gemäß § 3 Nr. 63 EStG bis zur Höhe von vier Prozent der jeweiligen Beitragsbemessungsgrenze (BBG) der Arbeiter und Angestellten in der gesetzlichen Rentenversicherung (West)[28] lohnsteuerfrei, wenn ein erstes Dienstverhältnis vorliegt. Dies sind im Jahr 2004 2.472 €. Werden darüber hinaus Beiträge entrichtet, können diese gemäß § 40b EStG mit einem Steuersatz von 20 Prozent (zuzüglich Kirchensteuer und Solidaritätszuschlag) pauschal-

---

26 § 4c EStG.
27 Arbeitgeberbeiträge und Beiträge aus Entgeltumwandlung.
28 BMF-Schreiben vom 5.8.2002 a.a.O., Rdnr. 162.

Arbeitsrecht und betriebliche Altersversorgung durch Entgeltumwandlung

versteuert werden. Die später ausgezahlten Versorgungsleistungen sind gemäß § 22 Nr. 5 EStG nachgelagert zu versteuern, wenn die Einzahlung lohnsteuerfrei war. Hat eine Pauschbesteuerung stattgefunden, bleiben in aller Regel Kapitalleistungen steuerfrei, Renten sind mit dem Ertragsanteil zu versteuern.[29]

Vor dem 1.1.2002 war bei einer Pensionskasse nur eine Pauschbesteuerung gemäß § 40b EStG möglich. Mit der Schaffung des § 3 Nr. 63 EStG wird der Ausbau der betrieblichen Altersversorgung unterstützt. Die nachgelagerte Besteuerung wird für diesen Durchführungsweg übernommen.

Die rechtliche Möglichkeit, einen *Pensionsfonds* für die Durchführung einer betrieblichen Altersversorgung zu nutzen, wurde mit Wirkung ab dem 1.1.2002 geschaffen. Zur Zeit haben ca. 20 Pensionsfonds die Genehmigung zum Geschäftsbetrieb.

Der Pensionsfonds ist eine rechtlich selbständige Versorgungseinrichtung zur Umsetzung einer betrieblichen Altersversorgung für einen oder mehrere Arbeitgeber im Kapitaldeckungsverfahren. Die Arbeitnehmer haben einen Rechtsanspruch auf die Leistungen. Der Pensionsfonds kann nur in der Rechtsform des Pensionsfondsvereins oder der Aktiengesellschaft betrieben werden.

Der Pensionsfonds unterscheidet sich von der Pensionskasse durch seine Vermögensanlage. Während die Pensionskasse an die strengen Anlagevorschriften des VAG gebunden ist, hat der Pensionsfonds eine weitergehende Anlagefreiheit.[30]

Aus arbeitsrechtlicher Sicht unterscheiden sich Pensionskasse und Pensionsfonds z. B. dadurch, dass der Arbeitgeber bei der Wahl des Pensionsfonds als Durchführungsweg verpflichtet ist, Insolvenzsicherungsbeiträge an den Pensions-Sicherungs-Verein Versicherungsverein auf Gegenseitigkeit (PSVaG) zu zahlen, die nicht bei einer Pensionskasse anfallen. Dies kann ein Grund sein, warum die Pensionskasse dem Pensionsfonds von einem Arbeitgeber vorgezogen wird.

Der Pensionsfonds wird durch Beiträge des Arbeitgebers finanziert. Diese sind Betriebsausgaben.[31] Die Zahlungen erfolgen im Rahmen des § 3 Nr. 63 EStG lohnsteuerfrei bis zu vier Prozent der Beitragsbemessungsgrenze in der gesetzlichen Rentenversicherung der Arbeiter und Angestellten (West),[32] wenn ein erstes Dienstverhältnis vorliegt. Anders als bei der Pensionskasse kann eine Pauschbesteuerung nach § 40b EStG beim Pensionsfonds nicht vorgenommen werden. Die späteren Auszahlungen sind nachgelagert gemäß § 22 Nr. 5 EStG vom Arbeitnehmer zu versteuern.[33]

Eine weite Verbreitung hat die *Direktversicherung* bei allen Unternehmensgrößen. Es handelt sich dabei um einen Versicherungsvertrag, den der Arbeitgeber als Versicherungsnehmer auf das Leben des einzelnen Arbeitnehmers (versicherte Person) abschließt. Zeitpunkt

---

29 Es ist geplant, für Pensionskassen die Anwendung von § 40b EStG abzuschaffen, hierzu BF-Ds. 15/2150, Artikel 1 Ziffer 19.
30 Höfer, Das neue Betriebsrentenrecht, Rdnr. 1151 ff.
31 § 4e EStG.
32 BMF-Schreiben vom 5.8.2002, a.a.O., Rdnr. 162.
33 Es gelten andere Werbungskostenpausch- und Freibeträge als bei der Besteuerung gemäß § 19 EStG.

der Zusageerteilung ist nach § 1b Abs. 2 Satz 4 BetrAVG der Versicherungsbeginn. Aus diesem Vertrag ist der Arbeitnehmer ganz oder teilweise bezugsberechtigt.[34] Die Versicherung wird durch Prämienzahlung finanziert. Der Versicherer zahlt später die vereinbarte Versicherungsleistung an den Arbeitnehmer aus, soweit ihm das Bezugsrecht zusteht.

Die Prämien, die an ein Lebensversicherungsunternehmen gezahlt werden, sind beim Arbeitgeber Betriebsausgaben. Sie stellen beim Arbeitnehmer im Zeitpunkt der Zahlung einen steuerlichen Zufluss dar, d. h. es findet in der Anwartschaftszeit eine vorgelagerte Besteuerung statt. Es ist gemäß § 40b EStG möglich, eine Pauschbesteuerung mit einem Steuersatz von 20 Prozent (zuzüglich Solidaritätszuschlag und Kirchensteuer) vorzunehmen. Es ist geplant auch für Direktversicherungen eine lohnsteuerfreie Finanzierung über § 3 Nr. 63 EStG bis zu vier Prozent der BBG zu ermöglichen. Paragraf 40b EStG soll für alle Direktversicherungen, die ab dem 1.1.2005 abgeschlossen werden, abgeschafft werden. Für am 31.12.2004 bestehende Direktversicherungen soll eine Übergangsregelung geschaffen werden.[35] Der Betrag, der pauschal versteuert werden kann, beläuft sich auf jährlich bis zu 1752 €.[36]

Für Unternehmen, die keine Auswirkungen auf ihre Bilanz haben wollen und die möglichst viel Verwaltungsaufwand aus dem eigenen Unternehmen auslagern wollen, liegt eine Durchführung der betrieblichen Altersversorgung über einen externen Versorgungsträger nahe.

Da sich das arbeitsrechtliche Verpflichtungsvolumen ausschließlich nach dem Inhalt der erteilten Versorgungszusage richtet, ist für die Wahl des Durchführungsweges neben der Ausbzw. Vorfinanzierung der Versorgungsleistungen aus Arbeitgebersicht auch entscheidend, ob das Haftungsrisiko weitgehend ausgeschlossen ist. Allerdings ist bei einer externen Finanzierung zu beachten, dass sie mit einem Liquiditätsabfluss verbunden ist. Zudem ist zu berücksichtigen, dass bei der Dotierung einer Pensionskasse, eines Pensionsfonds oder einer Direktversicherung Obergrenzen vorgegeben sind.[37] Werden diese überschritten, müssen die Beiträge individuell versteuert werden. Solche Obergrenzen gibt es nicht bei einer unmittelbaren Versorgungszusage oder einer Unterstützungskassenzusage.

3.3 Ausgestaltung der Versorgungszusage

Entscheidend für das Versorgungsverhältnis ist auch der *Zusageinhalt*.

Zugesagt werden können Kapital- oder Rentenleistungen, beim Pensionsfonds muss aber immer eine Altersrente[38] zugesagt werden. Ist für die Versorgungsphase ein Aus-

---

34 Durch das Bezugsrecht unterscheidet sich die Direktversicherung von der Rückdeckungsversicherung. Während bei der Direktversicherung der Arbeitnehmer zumindest teilweise bezugsberechtigt sein muss (§ 1b Abs. 1 Satz 1 BetrAVG), steht bei der Rückdeckungsversicherung dem Arbeitgeber das Bezugsrecht zu. Hat eine Unterstützungskasse Rückdeckungsversicherungen abgeschlossen, ist sie bezugsberechtigt.
35 BT-Ds. 15/2150, Artikel 1 Ziffer 2, 19 und 23.
36 In Ausnahmefällen kann der Jahresbetrag auch 2.148 € betragen (§ 40b EStG).
37 Gemäß § 3 Nr. 63 EStG, gemäß § 40b EStG.
38 Invaliditäts- und Hinterbliebenenleistungen können auch als Kapital zugesagt sein.

zahlungsplan[39] vorgegeben, kann eine Teilkapitalisierung (20 Prozent des bei Beginns der Auszahlungsphase vorhandenen Kapitals) vorgesehen sein.

Werden Rentenleistungen zugesagt, muss das Langlebigkeitsrisiko bedacht werden. Dieses wird auf den externen Versorgungsträger verlagert, wenn dieser sich z. B. durch kongruente Rentenrückdeckungsversicherungen finanziert.

Wesentlich für den Zusageninhalt ist die Leistungsplangestaltung, natürlich auch die Höhe der zugesagten Leistungen.[40]

Seit dem 1.1.2002 ist zwischen den Leistungszusagen und der Beitragszusage mit Mindestleistung zu unterscheiden.

3.3.1 Leistungszusagen

Bei der Leistungszusage wird eine der Höhe nach bestimmte oder bestimmbare Leistung zugesagt.

Eine Leistungszusage liegt auch vor, wenn eine beitragsorientierte Leistungszusage erteilt wird.[41] Bei dieser Ausgestaltung wird dem Arbeitnehmer in aller Regel mittels einer Transformationstabelle eine Leistung zugesagt, die über einen – auch fiktiven – Beitrag finanziert wird. Solche Transformationstabellen sind nach versicherungsmathematischen Grundsätzen erstellt und unterstellen eine Verzinsung der „Beiträge".[42] Dieser Zins muss erwirtschaftet werden, um die zugesagten Leistungen zu finanzieren.[43] Wird eine versicherungsförmige Finanzierung z. B. über eine Rückdeckungsversicherung vorgenommen, orientiert sich die Transformationstabelle üblicherweise an den vom Versicherer garantierten Leistungen. Aber auch mit einer Finanzierung über eine Anlage in Investmentanteilen lässt sich eine beitragsorientierte Leistungszusage gestalten.

3.3.2 Beitragszusage mit Mindestleistung

Bei der Beitragszusage mit Mindestleistung handelt es sich um eine neue Zusageform, die vom Gesetzgeber mit Wirkung ab dem 1.1.2002 geschaffen wurde. Sie kann nur in dem Durchführungsweg Pensionsfonds, Pensionskasse und Direktversicherung verwendet werden,[44] nicht bei einer unmittelbaren Versorgungszusage und auch nicht bei einer Unterstützungskasse.[45]

---

39 Definition vgl. § 1 Abs. 1 Nr. 5 AltZertG.
40 Zur Zusagegestaltung im Einzelnen z. B. Kemper/Kisters-Kölkes, Betriebliche Altersversorgung, Beck'sche Musterverträge.
41 § 1 Abs. 2 Nr. 1 BetrAVG.
42 Zu weiteren Gestaltungen: Bode in: Kemper/Kisters-Kölkes/Berenz/Bode/Pühler, BetrAVG, § 1 Rz. 379 ff.
43 Ob ein Zins von „Null" zulässig ist, werden die Gerichte entscheiden müssen.
44 a.A. Höfer, Das neue Betriebsrentenrecht, Rndr. 179 ff.; wie hier Sasdrich, BetrAV 2003, 401; Langohr-Plato/Teslau, DB 2001, 661; Schwark/Raulf, DB 2003, 940.
45 § 1 Abs. 2 Nr. 2 BetrAVG.

Die Beiträge, die dem Arbeitnehmer zugesagt werden, werden zur Finanzierung von Leistungen angelegt. Es wird damit planmäßig ein Deckungskapital aufgebaut, welches dem einzelnen Arbeitnehmer zugerechnet wird. Bei Erreichen der Altersgrenze erhält der Arbeitnehmer die Leistung, die sich aus dieser Kapitalanlage einschließlich der Zinserträge ergibt. Bei guter Anlage können hohe Versorgungsleistungen gezahlt werden, bei nicht so guter Anlage sind es nicht so hohe Leistungen. Das Anlagerisiko trägt der Arbeitnehmer – oberhalb der Mindestleistung. In der Anwartschaftszeit ist die Höhe der späteren Versorgungsleistungen nicht bestimmbar. Dadurch unterscheidet sich die Beitragszusage mit Mindestleistung von einer Leistungszusage. Bei dieser Zusage ist die dem Arbeitnehmer zugesagte Leistung bestimmt oder bestimmbar. Der Arbeitgeber trägt bei der Leistungszusage das Anlagerisiko.

Garantiert werden muss dem Arbeitnehmer aber auf jeden Fall die Mindestleistung. Dies ist die Summe der für ihn eingezahlten Beiträge (ohne Zins und Zinseszins) abzüglich der Beträge, die für einen biometrischen Risikoausgleich verbraucht wurden.

Da die Mindestleistung garantiert werden muss, muss der Arbeitgeber für diese Leistung einstehen, wenn sie seitens des Versorgungsträgers nicht erbracht wird. Um die Einstandspflicht des Arbeitgebers weitgehend auszuschließen, werden so genannte Hybridprodukte von den externen Versorgungsträgern verwandt, die so finanziert werden, dass bei Erreichen der Altersgrenze die Mindestleistung zur Verfügung stehen soll.

3.3.3 Einstandspflicht

Die Leistungszusage kann in allen fünf Durchführungswegen umgesetzt werden, die Beitragszusage mit Mindestleistung nur in den Durchführungswegen Pensionskasse, Pensionsfonds und Direktversicherung. Dies bedeutet für den Arbeitgeber, dass bei der Unterstützungskasse und bei der unmittelbaren Versorgungszusage immer das Anlagerisiko bei ihm liegt. Erfolgt die Finanzierung in diesen beiden letztgenannten Durchführungswegen mittels einer Rückdeckungsversicherung, ist das Risiko auf den Versicherer ausgelagert, wenn die Versorgungszusage auf die Leistungen des Versicherers beschränkt ist und die Versicherung alle zugesagten Leistungen abdeckt.

3.3.4 Zusageinhalt

Über den Leistungsplan können *Alters-, Invaliditäts- und/oder Hinterbliebenenleistungen* zugesagt werden. Diese können an Wartezeiten, besondere Bedingungen (z. B. Ausscheiden aus dem Arbeitsverhältnis oder Erwerbsleben) oder auch an Ausschlussklauseln geknüpft werden.

Geregelt werden muss die Höhe der Leistungen, wie sich die Leistungen bemessen, wann sie fällig werden und wann die Zahlungen gegebenenfalls wieder eingestellt werden.

Wichtig ist aus Arbeitgebersicht, dass die Versorgungszusage klar und eindeutig formuliert ist. Denn wenn Unklarheiten bestehen oder entstehen, werden diese zu Gunsten des Arbeitnehmers ausgelegt. Diese so genannte Unklarheitenregel wird nicht nur angewandt, wenn der Arbeitgeber selbst die Versorgungszusage formuliert hat, sondern auch, wenn sie von dem externen Versorgungsträger stammt, der für den Arbeitgeber die betriebliche Altersversorgung abwickelt.

4 Ausscheiden aus dem Arbeitsverhältnis

Wird nach Zusageerteilung das Arbeitsverhältnis beendet, ist danach zu unterscheiden, ob bei dem Arbeitnehmer der Versorgungsfall eingetreten ist oder ob er vor Eintritt eines Versorgungsfalles aus dem Arbeitsverhältnis ausscheidet.

4.1 Ausscheiden im Versorgungsfall

4.1.1 Berechnung und Auszahlung der Versorgungsleistung

Ist der Versorgungsfall eingetreten, d. h. sind nach Maßgabe des Leistungsplanes Versorgungsleistungen zu erbringen, ist die Höhe der Leistungen zu berechnen und die Auszahlung vorzunehmen. Dabei ist zu berücksichtigen, dass der Arbeitnehmer einen gesetzlichen Anspruch auf Zahlung einer vorzeitigen Altersleistung nach § 6 BetrAVG hat, wenn Altersleistungen zugesagt sind und er aus der gesetzlichen Rentenversicherung eine vorzeitige Altersrente tatsächlich erhält. Dies gilt auch dann, wenn in der Versorgungszusage nur eine Altersleistung ab Vollendung des 65. Lebensjahres vorgesehen ist. Da im Gesetz nicht geregelt ist, in welcher Höhe vorzeitige Altersleistungen zu erbringen sind, muss im Leistungsplan die Höhe geregelt werden. Üblich sind versicherungsmathematische Abschläge für jeden Monat der vorzeitigen Inanspruchnahme. Diese müssen adäquat sein (in der Regel zwischen 0,3 Prozent und 0,6 Prozent).[46]

Besteht eine unmittelbare Versorgungszusage, zahlt der Arbeitgeber das Kapital oder die Rente an den Versorgungsempfänger und hält die Steuern und Sozialversicherungsabgaben ein.

Ist ein externer Versorgungsträger eingeschaltet, übernimmt dieser in der Regel für den Arbeitgeber die Auszahlung und die Abführung der Steuern, soweit beim Arbeitnehmer eine Besteuerung nach § 19 EStG vorzunehmen ist (Unterstützungskasse). Bei den Durchführungswegen Pensionskasse, Pensionsfonds und Direktversicherung erfolgt nur die Auszahlung über den externen Versorgungsträger. Der Arbeitnehmer muss selbst die steuerliche Veranlagung vornehmen.

---

[46] Ist in der Versorgungszusage keine Kürzung vorgegeben, kann ein unechter versicherungsmathematischer Abschlag vorgenommen werden (BAG, Urteil vom 23.1.2001, 3 AZR 164/00, DB 2001, 1887).

4.1.2 Anpassung

Wurde dem Versorgungsempfänger eine *laufende Leistung* zugesagt, ist nach Rentenbeginn gemäß § 16 BetrAVG eine Anpassungsprüfungs- und *Anpassungspflicht* gegeben, wenn dem Versorgungsverhältnis eine *Leistungszusage* zu Grunde liegt.[47]

Keine Anpassungsprüfungspflicht besteht bei einem zugesagten Kapital,[48] einer Beitragszusage mit Mindestleistung[49] oder der Verwendung eines Auszahlungsplans.[50]

Für Leistungszusagen, die ab dem 1.1.1999 erteilt worden sind und erteilt werden, kann die Verpflichtung zur Anpassungsprüfung bei allen fünf Durchführungswegen der betrieblichen Altersversorgung abbedungen werden, indem für die Versorgungsphase eine Anpassungsgarantie von mindestens einem Prozent jährlich für die laufende Leistung dem Versorgungsempfänger zugesagt wird.[51] Eine Garantieanpassung ist unabhängig von der wirtschaftlichen Lage des Unternehmens zu zahlen. Für Direktversicherungen und Pensionskassen (nicht Pensionsfonds) kann statt der Anpassungsgarantie dem Versorgungsempfänger auch zugesagt werden, dass alle Überschussanteile ab Rentenbeginn zur Erhöhung der Leistung verwendet werden.[52] Diese Regelung ist nicht nur auf Direktversicherungen und Pensionskassenleistungen anwendbar, die ab dem 1.1.1999 zugesagt werden, sondern auch auf Zusagen, die vor diesem Stichtag erteilt wurden.

Wird bei einer Leistungszusage[53] keine Anpassungsgarantie zugesagt (und auch nicht bei der Direktversicherung und der Pensionskasse auf die Überschussanteile verwiesen) oder handelt es sich um eine Versorgungszusage, die vor dem 1.1.1999 erteilt worden ist, ist der Arbeitgeber (nicht der externe Versorgungsträger) verpflichtet, ab Rentenbeginn alle drei Jahre eine *Anpassungsprüfung* vorzunehmen und hierüber nach billigem Ermessen zu entscheiden.[54] Dabei sind einerseits die Belange des Versorgungsempfängers und andererseits die wirtschaftliche Lage des Arbeitgebers zu berücksichtigen. Die Belange des Versorgungsempfängers sind ausreichend gewahrt, wenn eine Anpassung nach Maßgabe des Anstiegs des Preisindexes (bis 31.12.2002) bzw. des Verbraucherpreisindexes (ab 1.1.2003) vorgenommen wird. Sind die Nettolöhne der aktiven Arbeitnehmer in geringerem Umfang gestiegen, kann auch eine Anpassung nach der Nettolohnentwicklung vorgenommen werden, wobei auf die dem Rentner vergleichbare Gruppe von aktiven Arbeitnehmern abzustellen ist.

Ist der Anpassungsbedarf ermittelt, ist zu prüfen, ob aus den erwarteten Erträgen der Zukunft diese Mehrbelastung von dem Unternehmen finanziert werden kann. Dabei ist

---

47 Dies gilt auch für die beitragsorientierte Leistungszusage.
48 Es sei denn, dieses wird über einen längeren Zeitraum in Raten ausgezahlt.
49 § 16 Abs. 3 Nr. 3 BetrAVG, dies spricht für die Verwendung dieser Zusageart. Hinzu kommt die Beschränkung der Erfüllungspflicht auf die Mindestleistung.
50 § 16 Abs. 6 BetrAVG.
51 § 16 Abs. 3 Nr. 1 BetrAVG.
52 § 16 Abs. 3 Nr. 2 BetrAVG.
53 Gilt auch für die beitragsorientierte Leistungszusage.
54 § 16 Abs. 1 BetrAVG.

Arbeitsrecht und betriebliche Altersversorgung durch Entgeltumwandlung

das Interesse der aktiven Arbeitnehmer am Erhalt des Arbeitsplatzes und das Interesse der Anteilseigner an einer angemessenen Eigenkapitalverzinsung zu berücksichtigen.[55] Ist die Anpassung finanzierbar, ist – zumindest wenn der Versorgungsempfänger dies geltend macht – die Rente anzupassen. Erlaubt die wirtschaftliche Lage keine, auch keine teilweise Anpassung, wird die Rente in ihrer bisherigen Höhe weiter gezahlt. Die Entscheidung des Unternehmens kann durch die Gerichte geprüft werden.

Hat der Arbeitgeber selbst oder der vom Arbeitgeber eingeschaltete Versorgungsträger auf freiwilliger Grundlage eine Anpassung vorgenommen, kann diese mit der Pflichtanpassung des Arbeitgebers verrechnet werden. So kann der externe Versorgungsträger die Garantieanpassung übernehmen. Eine rückgedeckte Unterstützungskasse kann aber auch Überschüsse an die Arbeitnehmer weiterleiten und damit ganz oder teilweise die Anpassungspflicht des Arbeitgebers erfüllen.

4.2 Ausscheiden vor Eintritt des Versorgungsfalls

4.2.1 Gesetzliche Unverfallbarkeit

Ist der Arbeitnehmer vor Eintritt des Versorgungsfalles aus dem Arbeitsverhältnis ausgeschieden, ist im Ausscheidezeitpunkt zu prüfen, ob die *gesetzlichen Unverfallbarkeitsvoraussetzungen* erfüllt sind. Ist dies der Fall, ist dem Arbeitnehmer kraft Gesetzes eine Anwartschaft aufrecht zu erhalten.

Bei *vom Arbeitgeber finanzierten* Versorgungszusagen, die *ab* dem 1.1.2001 erteilt wurden und erteilt werden, ist eine gesetzliche Unverfallbarkeit gegeben, wenn im Ausscheidezeitpunkt die Versorgungszusage fünf Jahre bestanden und der Arbeitnehmer das 30. Lebensjahr vollendet hat.[56]

Wurde die Versorgungszusage *vor* dem 1.1.2001 erteilt und stand der Arbeitnehmer an diesem Stichtag in einem Arbeitsverhältnis, ist bei einem Ausscheiden vor dem 1.1.2006 zu prüfen, ob im Ausscheidezeitpunkt die Versorgungszusage mindestens zehn Jahre bestanden und der Arbeitnehmer das 35. Lebensjahr vollendet hat oder ob die Versorgungszusage mindestens drei Jahre bestand, eine mindestens zwölfjährige Betriebszugehörigkeit vorliegt und das Mindestalter von 35 Jahren vollendet ist.[57]

Wurde die Versorgungszusage vor dem 1.1.2001 erteilt und bestand an diesem Stichtag das Arbeitsverhältnis, liegt bei einem Ausscheiden nach dem 31.12.2005 eine gesetzliche Unverfallbarkeit vor, wenn das Alter 30 vollendet ist.

Wurde bereits vor dem 1.1.2001 das Arbeitsverhältnis vorzeitig beendet, musste beim Ausscheiden die Versorgungszusage mindestens zehn Jahre bestanden haben und das

---

[55] BAG, Urteil vom 23.1.2001, 3 AZR 287/00, DB 2001, 2507.
[56] § 1b BetrAVG, die Fristen und das vollendete Lebensjahr müssen genau erfüllt werden. Fehlen nur wenige Wochen oder Tage, verfällt die Anwartschaft. Wird das Arbeitsverhältnis unterbrochen, beginnen die Fristen neu zu laufen.
[57] § 30 f. BetrAVG.

Alter 35 vollendet sein oder es musste bei einem mindestens dreijährigen Zusagebestand eine mindestens zwölfjährige Betriebszugehörigkeit vorliegen und das Alter 35 vollendet sein.

Sind die gesetzlichen Voraussetzungen der Unverfallbarkeit nicht erfüllt, verfällt die Anwartschaft ersatzlos. Etwas anderes gilt nur dann, wenn vertraglich die Anwartschaft aufrechterhalten wird. Auf vertraglicher Basis kann eine Anwartschaft aufrechterhalten werden, z. B. nach zweijährigem Zusagebestand. Hierfür sind eindeutige und klare Vereinbarungen erforderlich.[58]

Ist kraft Gesetzes eine Anwartschaft aufrecht zu erhalten, richtet sich deren *Höhe* nach § 2 BetrAVG.

Bei *Leistungszusagen* ist grundsätzlich das *Quotierungsverfahren* anzuwenden.[59] Danach bekommt der vorzeitig ausgeschiedene Arbeitnehmer von der Leistung, die ihm nach dem Leistungsplan zugesagt worden war, bei Eintritt des Versorgungsfalles den Anteil, der dem Verhältnis der tatsächlich im Unternehmen abgeleisteten Dienstzeit zu der bis zur festen Altersgrenze möglichen Dienstzeit entspricht. Die Dauer der Betriebszugehörigkeit ist nach Tagen oder Monaten, nicht nach Jahren zu bemessen. Dieses Quotierungsverfahren ist bei allen Durchführungswegen anzuwenden, wenn eine Leistungszusage erteilt wurde.

Beispiel: Zugesagt sind 100 € Altersrente. Der Arbeitnehmer ist im Alter 25 eingetreten. Die feste Altersgrenze ist die Vollendung des 65. Lebensjahres. Der Arbeitnehmer ist nach der Hälfte der möglichen Dienstzeit ausgeschieden. Ihm ist eine Altersrente von $\frac{100\ € \cdot 20}{40} = 50\ €$ aufrechtzuerhalten.

Für Direktversicherungen und Pensionskassen kann der Arbeitgeber bei der Leistungszusage auch von der so genannten *versicherungsvertraglichen Lösung* Gebrauch machen.[60] Bei dieser wird der Arbeitnehmer auf das verwiesen, was in dem Versicherungsvertrag angesammelt wurde. Voraussetzung für die Wahl der versicherungsvertraglichen Lösung ist, dass keine Abtretung/Beleihung besteht bzw. Beitragsrückstände nicht vorhanden sind, alle Überschussanteile zur Erhöhung der Leistung verwendet werden und der Arbeitnehmer das Recht hat, die Versicherung mit eigenen Beiträgen fortzuführen.

Bereits bei Abschluss des Versicherungsvertrages muss entschieden werden, ob der Arbeitgeber gegebenenfalls später von der versicherungsvertraglichen Lösung Gebrauch machen will. Denn werden die Überschussanteile mit den Beiträgen verrechnet, kann die versicherungsvertragliche Lösung später nicht mehr gewählt werden. Werden dagegen die Überschussanteile zur Erhöhung der Leistung verwandt, muss im Verhältnis zum Arbeitnehmer das Wahlrecht erst ausgeübt werden, wenn der Arbeitnehmer ausscheidet. Diesem und dem Versicherer gegenüber muss der Arbeitgeber seine Entscheidung innerhalb von drei Monaten nach dem Ausscheiden mitteilen.

---

58 BAG, Urteil vom 21.8.2001, 3 AZR 649/00, DB 2002, 644.
59 § 2 Abs. 1 BetrAVG; Ausnahme: beitragsorientierte Leistungszusage ab 1.1.2001 erteilt.
60 § 2 Abs. 2 und Abs. 3 Satz 2 ff. BetrAVG.

Für eine *beitragsorientierte Leistungszusage*, die ab dem 1.1.2001 erteilt wird, hat der Gesetzgeber statt des Quotierungsverfahrens eine Berechnungsmethode vorgegeben, die den Arbeitnehmer auf den Teil der Leistung verweist, der bis zum Ausscheiden finanziert wurde.[61] Diese Berechnungsmethode ist bei der unmittelbaren Versorgungszusage, bei der Unterstützungskasse und beim Pensionsfonds anzuwenden. Für die Pensionskasse und die Direktversicherung wird sie nicht benötigt, sofern die versicherungsvertragliche Lösung genutzt wird. Für Versorgungszusagen, die vor diesem Stichtag erteilt wurden, kann statt des Quotierungsverfahrens auch dieses Berechnungsverfahren gewählt werden, wenn sich Arbeitgeber und Arbeitnehmer hierauf im Einzelfall einigen.

Für die *Beitragszusage mit Mindestleistung*[62] wurde statt des Quotierungsverfahrens eine eigene Berechnungsvorschrift geschaffen.[63] Es ist die Anwartschaft aufrecht zu erhalten, die sich aus den bis zum Ausscheiden zugesagten Beiträgen und den hierauf erzielten Erträgen ergibt. Mindestens muss dem Arbeitnehmer aber die Summe der zugesagten Beiträge (ohne Zins und Zinseszins) abzüglich der Risikoanteile zur Verfügung gestellt werden.[64]

Über die unverfallbare Anwartschaft ist dem Arbeitnehmer *Auskunft* zu erteilen.[65] Hängt die Leistungshöhe von variablen Größen (z. B. endgehaltsabhängige Zusagen)[66] ab, werden diese auf den Ausscheidezeitpunkt festgeschrieben. Dies gilt auch für den Inhalt der Zusage. Wird nach dem Ausscheiden des Arbeitnehmers der Leistungsplan verbessert oder verschlechtert, wirkt sich dies bei ihm nicht aus.[67]

Tritt nach dem Ausscheiden der Versorgungsfall ein, ist anhand des maßgeblichen Leistungsplans zu prüfen, ob die Leistungsvoraussetzungen erfüllt sind oder nicht. Sind sie erfüllt, wird die Leistung gemäß § 2 BetrAVG ermittelt.

Auch auf Leistungen aus unverfallbaren Anwartschaften ist § 16 BetrAVG anzuwenden, wenn eine laufende Leistung gezahlt wird.[68]

Der Umstand, dass beim vorzeitigen Ausscheiden Anwartschaften – möglicherweise über viele Jahre und Jahrzehnte – aufrecht zu erhalten sind, ist ein Grund, zur Verwaltungsvereinfachung einen externen Versorgungsträger einzuschalten. Denn dieser muss dann diese Anwartschaften verwalten.

---

61 § 2 Abs. 5a i. V. m. § 30g BetrAVG.
62 Zusagen nur ab 1.1.2002.
63 § 2 Abs. 5b BetrAVG.
64 Auch dieses Berechnungsverfahren spricht aus der Unternehmenssicht für die Verwendung dieser Zusagegestaltung.
65 § 2 Abs. 6 BetrAVG.
66 Bemessungsgrundlage ist das letzte Gehalt vor Eintritt des Versorgungsfalles, wenn dieser in den Diensten der Firma eintritt.
67 § 2 Abs. 5 BetrAVG.
68 Vgl. Abschnitt 4.1.2.

4.2.2 Abfindung und Übernahme

Bei einem mit unverfallbarer Anwartschaft ausgeschiedenen Arbeitnehmer besteht seitens des Arbeitgebers unter Umständen das Interesse, aus Gründen der Verwaltungsvereinfachung die Anwartschaft abzufinden oder auf einen anderen Versorgungsträger mit befreiender Wirkung zu übertragen.

Ist ein Arbeitnehmer mit einer gesetzlich unverfallbaren Anwartschaft aus dem Arbeitsverhältnis ausgeschieden, kann nur im Rahmen des § 3 BetrAVG eine Abfindung vorgenommen werden. Dies bedeutet, dass nur Minianwartschaften überhaupt abgefunden werden dürfen. Wird eine Abfindungszahlung[69] vereinbart, ohne dass die Voraussetzungen des § 3 BetrAVG vorliegen, ist die Abfindungsvereinbarung nichtig.[70] Der Arbeitgeber wird nicht von seiner Verpflichtung befreit, bei Eintritt des Versorgungsfalles die zusagten Leistungen zu erbringen. Hat er widerrechtlich eine Abfindung ausgezahlt, kann er nur nach den Grundsätzen der ungerechtfertigten Bereicherung einen Rückzahlungsanspruch geltend machen.[71]

Der Arbeitgeber, aber auch der Arbeitnehmer kann einseitig eine Abfindung verlangen, wenn die abzufindende Altersrentenanwartschaft maximal 24,15 € im Jahre 2004 (West) beträgt. Einvernehmlich ist eine Abfindung möglich, wenn die Altersrentenanwartschaft maximal 48,30 € (in 2004, West) beträgt. Eine Abfindung in Form einer Einzahlung in eine Pensionskasse, einen Pensionsfonds oder an ein Lebensversicherungsunternehmen bzw. in die gesetzliche Rentenversicherung ist zulässig, wenn diese maximal 96,60 € (in 2004, West) beträgt.

Abzustellen ist auf die Altersrentenanwartschaft,[72] die zum Ausscheidezeitpunkt gemäß § 2 BetrAVG ermittelt und gemäß § 2 Abs. 6 BetrAVG dem Arbeitnehmer mitgeteilt wurde. Bei den vorgenannten Beträgen, die jeweils die Obergrenze für eine Abfindungsmöglichkeit darstellen, handelt es sich um ein, zwei oder vier Prozent der Bezugsgröße gemäß § 18 SGB IV. Diese Bezugsgröße ist dynamisch und wird von Jahr zu Jahr angehoben. Im Jahr 2002 betrug diese Bezugsgröße 2.345 €, im Jahre 2003 betrug sie 2.380 € und im Jahr 2004 beträgt sie 2.415 € (jeweils West).

Ist dem mit unverfallbarer Anwartschaft ausgeschiedenen Arbeitnehmer eine Kapitalleistung zugesagt worden, ist Maßgröße das Alterskapital. Die einprozentige Obergrenze beträgt 12/10 der monatlichen Bezugsgröße (in 2004: 2.898 €). Die Zweiprozentgrenze beträgt 24/10 der monatlichen Bezugsgröße und die Vierprozentgrenze beträgt 48/10 der monatlichen Bezugsgröße.

---

69 Auch Teilabfindung und Verzicht/Teilverzicht. Es ist eine Änderung von § 3 BetrAVG geplant.
70 BAG, Urteil vom 24.3.1998, 3 AZR 800/96, DB 1998, 1340.
71 BAG, Urteil vom 17.10.2000, 3 AZR 7/00, DB 2001, 2201.
72 Problematisch ist die Anwendung des § 3 BetrAVG bei einer Beitragszusage mit Mindestleistung. In der Anwartschaftszeit ist bei ihr weder eine Rente noch ein Kapital bestimmbar. Folglich gibt es keine bestimmbare Altersleistung.

Arbeitsrecht und betriebliche Altersversorgung durch Entgeltumwandlung

Das Abfindungsverbot des § 3 BetrAVG erfasst *nicht* bereits *laufende Versorgungsleistungen* (Renten)[73] und die Versorgungsanwartschaften von solchen Arbeitnehmern, die in einem *fortbestehenden Arbeitsverhältnis* stehen.[74]

Ist eine Abfindungsvereinbarung zulässig, richtet sich die Höhe der Abfindungszahlung nach § 3 Abs. 2 BetrAVG.

Die Möglichkeit, eine gesetzlich unverfallbare Anwartschaft mit befreiender[75] Wirkung auf einen *anderen „Versorgungsträger"* zu übertragen, ist nach § 4 BetrAVG eingeschränkt. Die Rechte und Pflichten aus einer unverfallbaren Anwartschaft kann nur ein neuer Arbeitgeber, ein Lebensversicherungsunternehmen, eine Pensionskasse oder ein öffentlich-rechtlicher Versorgungsträger übernehmen. Wird eine Vereinbarung geschlossen, die nicht diesen Anforderungen genügt, ist die Übernahmevereinbarung dem Arbeitnehmer gegenüber unwirksam.[76]

5 Mitbestimmungsrechte des Betriebsrates

Die Mitbestimmungsrechte des Betriebsrats ergeben sich aus § 87 Abs. 1 Nr. 8 oder Nr. 10 BetrVG. Diese Mitbestimmungsrechte sind eingeschränkt, weil der Arbeitgeber bei einer arbeitgeberfinanzierten betrieblichen Altersversorgung *mitbestimmungsfrei* darüber entscheidet,[77] *ob* überhaupt eine Altersversorgung eingeführt wird, welche *Mittel* hierfür zur Verfügung gestellt werden (Dotierungsrahmen), über welchen *Durchführungsweg* die betriebliche Altersversorgung abgewickelt wird und welcher *Personenkreis* begünstigt ist, wobei in diesem Zusammenhang der Gleichbehandlungs- und der Gleichberechtigungsgrundsatz zu berücksichtigen ist.

Hat der Arbeitgeber seine Entscheidungen getroffen, setzen bei der Verteilung der Mittel, d. h. bei der *Leistungsplangestaltung*, die *Mitbestimmungsrechte* des Betriebsrats ein. Diese sind zwingend. Kommt eine Einigung zwischen Arbeitgeber und Betriebsrat nicht zustande, muss die Einigungsstelle entscheiden.[78] Werden vom Arbeitgeber die Mitbestimmungsrechte des Betriebsrates nicht berücksichtigt, ist eine von ihm einseitig umgesetzte Maßnahme unwirksam. Dies gilt allerdings nicht für die Einführung einer betrieblichen Altersversorgung.

---

73 BAG, Urteil vom 21.3.2000, 3 AZR 127/99, DB 2001, 2611.
74 BAG, Urteil vom 14.8.1990, 3 AZR 301/89, DB 1991, 501, VersR 1991, 716.
75 § 4 BetrAVG ist auch auf Versorgungsempfänger anzuwenden. Dies bedeutet, dass auch laufende Versorgungsleistungen mit befreiender Wirkung nur auf die in § 4 BetrAVG genannten Institutionen übertragen werden können (BAG, Urteil vom 17.3.1987, 3 AZR 605/87, DB 1988, 122; VersR 1988, 168). Es ist eine Änderung des § 4 BetrAVG geplant.
76 Besondere Übernahmemöglichkeiten bestehen im Falle der Liquidation eines Unternehmens (§ 4 Abs. 3 BetrAVG i. V. m. § 3 Nr. 65 EStG).
77 BAG-Beschluss vom 12.6.1975, 3 ABR 66/74, BB 1975, 1065.
78 § 87 Abs. 2 BetrVG.

Die Wahrung der Mitbestimmungsrechte ist von Bedeutung bei aktiv im Unternehmen tätigen Arbeitnehmern, die vom Betriebsrat vertreten werden.[79] Für ehemalige Arbeitnehmer (Versorgungsempfänger, mit unverfallbarer Anwartschaft ausgeschiedene ehemalige Arbeitnehmer) kann der Betriebsrat nicht mehr sprechen. Er ist nicht zuständig.[80]

Für die *Direktzusage* und *Direktversicherungen* ergibt sich das Mitbestimmungsrecht des Betriebsrates immer aus § 87 Abs. 1 Nr. 10 BetrVG. Wird die betriebliche Altersversorgung über eine Sozialeinrichtung umgesetzt, die auf den Betrieb, das Unternehmen oder den Konzern beschränkt ist, ergibt sich das Mitbestimmungsrecht des Betriebsrates aus § 87 Abs. 1 Nr. 8 BetrVG. Eine Sozialeinrichtung ist gegeben, wenn eine *Firmenunterstützungskasse* (Konzernunterstützungskasse), *Firmenpensionskasse* (Konzernpensionskasse) oder ein *Firmenpensionsfonds* (Konzernpensionsfonds) die betrieblichen Versorgungsleistungen erbringt.[81] Ist der Arbeitgeber Trägerunternehmen einer Gruppenunterstützungskasse, einer Gruppenpensionskasse oder eines Gruppenpensionsfonds, ergeben sich die Mitbestimmungsrechte aus § 87 Abs. 1 Nr. 10 BetrVG.[82]

Die Mitbestimmungsrechte sind gewahrt, wenn es zum Abschluss einer *Betriebsvereinbarung* gekommen ist. Denn eine Betriebsvereinbarung ist ein Vertrag, den der Arbeitgeber mit dem Betriebsrat abschließt und den beide Seiten unterzeichnen.[83] Eine Betriebsvereinbarung wirkt unmittelbar und zwingend für alle Arbeitnehmer, die unter den persönlichen Geltungsbereich der Betriebsvereinbarung fallen.[84] Ohne Bedeutung ist, ob der einzelne Arbeitnehmer vom Abschluss der Betriebsvereinbarung Kenntnis erlangt hat oder nicht. Ohne Bedeutung ist auch, ob und wie die Betriebsvereinbarung veröffentlicht wurde.

Das Mitbestimmungsrecht ist aber auch gewahrt, wenn sich Arbeitgeber und Betriebsrat über mitbestimmungspflichtige Fragen in Form einer Regelungsabrede einigen. Es ist dann Sache des Arbeitgebers, den mit dem Betriebsrat abgestimmten Leistungsplan im Rahmen der ihm zur Verfügung stehenden Änderungsmöglichkeiten[85] umzusetzen.

6 Änderung von Versorgungszusagen

Den Mitbestimmungsrechten des Betriebsrats kommt besondere Bedeutung zu, wenn bestehende Versorgungsregelungen geändert werden sollen.

---

[79] Arbeiter, Angestellte, AT-Angestellte, nicht leitende Angestellte (§ 5 BetrVG) und Organmitglieder.
[80] BAG, Urteil vom 25.10.1988, 3 AZR 483/86, DB 1989, 1195, VersR 1989, 610.
[81] Zur Umsetzung des Mitbestimmungsrechts über die organschaftliche oder zweistufige Lösung: BAG, Beschluss vom 13.7.1978, 3 ABR 108/77, DB 1978, 2129.
[82] Zum eingeschränkten Mitbestimmungsrecht bei einer Gruppenunterstützungskasse. BAG, Urteil vom 14.12.1993, 3 AZR 618/93, DB 1994, 686, VersR 1994, 1007.
[83] § 77 Abs. 2 BetrVG.
[84] § 77 Abs. 4 Satz 1 BetrVG.
[85] Vereinbarung mit dem einzelnen Arbeitnehmer, bei Unterstützungskassen Widerruf.

6.1 Einvernehmliche Änderung

Eine Änderung von Versorgungszusagen ist nur in bestimmten Grenzen zulässig. Grundsätzlich gilt, dass Änderungen nur im Einvernehmen mit den betroffenen Versorgungsanwärter bzw. Versorgungsempfänger vorgenommen werden können, wenn eine individuelle Versorgungszusage erteilt wurde oder mittels einer Gesamtzusage oder einer vertraglichen Einheitsregelung die Anwartschaft begründet wurde. Wird in Besitzstände eingegriffen, müssen Änderungsgründe vorliegen.

6.2 Ablösende Betriebsvereinbarung

Beruht allerdings die betriebliche Altersversorgung auf einer Betriebsvereinbarung, muss mittels einer neuen Betriebsvereinbarung auch eine Änderung vorgenommen werden. Die jüngere Betriebsvereinbarung ersetzt die ältere.[86]

Wird mittels einer Betriebsvereinbarung eine Änderung vorgenommen, haben die Betriebsparteien dabei die Grundsätze des Vertrauensschutzes und der Verhältnismäßigkeit zu berücksichtigen.

Wird in Versorgungsanwartschaften eingegriffen, muss hierfür einen Grund gegeben sein.[87] Je gewichtiger der Änderungsgrund ist, umso weitergehend kann in bestehende Anwartschaften eingegriffen werden.[88]

Das BAG prüft die Gewichtigkeit der Änderungsgründe nach einem dreistufigen Schema.[89] Für Eingriffe in die erste Besitzstandsstufe müssen zwingende Gründe[90] vorliegen. Die erste Besitzstandsstufe wird ermittelt, in dem gemäß § 2 BetrAVG der Teil der Versorgungsanwartschaft festgestellt wird, der bei einem Ausscheiden zum Änderungszeitpunkt aufrecht zu erhalten wäre, unabhängig davon, ob in diesem Zeitpunkt die gesetzlichen Unverfallbarkeitsvoraussetzungen erfüllt sind oder nicht.

Ist eine Versorgungszusage dynamisch ausgestaltet (z.B. endgehaltsabhängig), ist eine zweite Besitzstandsstufe zu berücksichtigen. In die Dynamik, die auf den bereits erdienten Teil (erste Stufe) entfällt, kann nur eingegriffen werden, wenn triftige Gründe vorliegen.[91] Triftige Gründe können wirtschaftliche Gründe sein,[92] aber auch nichtwirtschaftliche Gründe.[93]

---

86 BAG, Urteil vom 22.5.1990, 3 AZR 128/89, DB 1990, 2174; VersR 1990, 1414.
87 Eine verschlechternde Neuregelung ist unwirksam, wenn es für sie nicht einmal sachliche, den Vorwurf der Willkür ausschließende Gründe gibt (BAG, Urteil vom 17.8.1999, 3 AZR 296/98. n. V.).
88 BAG, Urteil vom 17.3.1987, 3 AZR 64/84, DB 1987, 1639.
89 BAG, Urteil vom 11.12.2001, 3 AZR 128/01, DB 2003, 214.
90 z.B. Abbau einer planwidrig eingetretenen Überversorgung, z.B. BAG, Urteil vom 28.7.1998, 3 AZR 100/98, DB 1999, 389.
91 BAG, Urteil vom 11.12.2001, 3 AZR 128/01, DB 2003, 214.
92 Beispielsweise BAG, Urteil vom 22.5.1990, 3 AZR 128/89, DB 1990, 2174; VersR 1990, 1414.
93 BAG, Urteil vom 11.9.1990, 3 AZR 380/89, DB 1991, 503; VersR 1991, 244.

In den Teil der Versorgungsanwartschaft, der erst noch durch zukünftige Betriebstreue erdient werden muss, kann aus sachlich-proportionalen Gründen eingegriffen werden.

6.3 Kündigung einer Betriebsvereinbarung

Dieser dreistufige Besitzstand ist auch zu berücksichtigen, wenn eine bestehende Betriebsvereinbarung gekündigt wird, um in Anwartschaften einzugreifen. Eine Kündigung ist zulässig.[94]

Für die Kündigung selbst müssen keine Gründe vorliegen. Liegen keine Gründe vor, kommt es lediglich zu einer Schließung des Versorgungswerkes.[95] Neu in das Unternehmen eintretende Arbeitnehmer, die nach Ablauf der Kündigungsfrist ein Arbeitsverhältnis begründen, erhalten dann keine Versorgungszusage mehr.

Soll mittels der Kündigung in Versorgungsanwartschaften eingegriffen werden, gelten die vorstehenden Ausführungen zur Wahrung des Besitzstandes entsprechend.

Ist nichts anderes geregelt, beträgt die Kündigungsfrist drei Monate.

6.4 Widerruf bei Unterstützungskassen

Das BAG geht in ständiger Rechtsprechung davon aus, dass aus einer Versorgungszusage unter Einschaltung einer Unterstützungskasse ein Rechtsanspruch erwächst, dieser aber ganz oder teilweise aus sachlichem Grund widerruflich ist.[96] Bei einem Widerruf sind die genannten drei Stufen des Besitzstandes zu beachten.

6.5 Wechsel des Durchführungsweges

Da der Arbeitgeber vorgibt, in welchem Durchführungsweg die betriebliche Altersversorgung umgesetzt wird, muss er auch das Recht haben, einen Wechsel des Durchführungsweges vorzunehmen.

Für die Arbeitnehmer, die erst zukünftig ein Arbeitsverhältnis zum Unternehmen begründen, kann er jederzeit einen anderen Durchführungsweg wählen als für die Arbeitnehmer, die bereits im Unternehmen beschäftigt sind.

Soll der Durchführungsweg auch für solche Arbeitnehmer geändert werden, die bereits eine Versorgungszusage erhalten haben, ist zu prüfen, ob der Wechsel des Durchführungsweges mit einer inhaltlichen Änderung der Versorgungszusage verbunden

---

94 Ständige Rechtsprechung, BAG, Urteil vom 17.8.1999, 3 ABR 55/98, DB 2000, 774.
95 BAG, Urteil vom 11.5.1999, 3 AZR 21/98, DB 2000, 525.
96 BAG, Urteil vom 11.12.2001, 3 AZR 128/01, DB 2003, 214.

ist. Ist dies nicht der Fall, kann der Arbeitgeber zumindest für das zukünftig Erdienbare einen neuen Durchführungsweg vorgeben. Sind Änderungen erforderlich, ist hierfür auf jeden Fall die Zustimmung des Betriebsrates erforderlich. Ob auch der einzelne Arbeitnehmer zustimmen muss, wenn z. B. von einer beitragsorientierten Leistungszusage zu einer Beitragszusage mit Mindestleistung übergegangen werden soll, ist offen.[97]

6.6 Gerichtliche Überprüfung

Eine abändernde Betriebsvereinbarung, aber auch die Kündigung einer Betriebsvereinbarung kann durch die Gerichte überprüft werden. Die Rechtskontrolle umfasst das Vorliegen von Eingriffsgründen und die Gewichtigkeit dieser Gründe.

Bei der Kündigung einer Betriebsvereinbarung kann der Betriebsrat durch die Gerichte prüfen lassen, welche Wirkungen die Kündigung hat und in welchem Umfang die Betriebsvereinbarung fortgilt. Eine konkrete Billigkeitskontrolle im Individualverfahren ist hierdurch nicht ausgeschlossen.[98]

7 Anspruch auf Entgeltumwandlung

7.1 Rechtsanspruch des Arbeitnehmers

Seit dem 1.1.2002 haben alle Arbeitnehmer, die in der gesetzlichen Rentenversicherung pflichtversichert sind,[99] gegenüber ihrem Arbeitgeber gemäß § 1a BetrAVG einen Anspruch darauf, auf künftiges Entgelt zu verzichten und stattdessen eine betriebliche Altersversorgung zu erhalten.[100] Der Anspruch richtet sich gegen *jeden Arbeitgeber*, unabhängig von dessen Größe, der Anzahl der Mitarbeiter und dessen Rechtsform.

Eine Vereinbarung, die den Arbeitnehmer daran hindert, von diesem Anspruch Gebrauch zu machen, ist unwirksam.[101]

Der Anspruch kann unter zwei Gesichtspunkten ausgeschlossen sein. Keinen Anspruch auf Entgeltumwandlung hat der Arbeitnehmer, mit dem bereits eine Entgeltumwand-

---

[97] z. B. Wechsel von einer unmittelbaren Versorgungszusage zum Pensionsfonds unter Anwendung von § 3 Nr. 66 EStG; hierzu auch Kemper/Kisters-Kölkes, Arbeitsrechtliche Grundzüge der betrieblichen Altersversorgung, Rdnr. 205 ff.
[98] BAG, Urteil vom 17.8.1999, 3 ABR 55/98, DB 2000, 774.
[99] § 17 Abs. 1 Satz 3 BetrAVG.
[100] Kemper/Kisters-Kölkes, Arbeitsrechtliche Grundzüge der betrieblichen Altersversorgung, Rdnr. 279 ff.
[101] § 17 Abs. 3 Satz 3 BetrAVG.

lung vereinbart wurde.[102] Soweit bereits eine Entgeltumwandlung durchgeführt wird, ist der Anspruch ausgeschossen bzw. eingeschränkt. Eine bestehende Regelung kann aber beendet werden. Dann hat der Arbeitnehmer einen Anspruch auf Entgeltumwandlung gemäß § 1a BetrAVG in vollem Umfang.[103]

Der Anspruch kann auch ausgeschlossen sein für solche Arbeitnehmer, die ausschließlich *tarifgebundenes Entgelt* erhalten. Voraussetzung hierfür ist, dass Arbeitgeber und Arbeitnehmer Mitglied der tarifvertragsschließenden Parteien (Gewerkschaft, Arbeitgeberverband) sind. Weitere Voraussetzung ist, dass der Arbeitnehmer nur Bezüge erhält, die sich aus dem Tarifvertrag ergeben. Arbeitnehmer, die übertariflich vergütet werden, können die Entgeltteile, die übertariflich gezahlt werden, für eine Entgeltumwandlung verwenden.

Inzwischen gibt es viele *Tarifverträge*, die den Arbeitnehmern eine Entgeltumwandlung ermöglichen. Sie enthalten Öffnungsklauseln für die tarifgebundenen Arbeitnehmer. Diese Tarifverträge sind sehr unterschiedlich ausgestaltet.

Besteht in einem Unternehmen eine Tarifbindung, muss dieser Tarifvertrag berücksichtigt werden.[104]

Schreibt der Tarifvertrag bestimmte Leistungen vor (z. B. Alters-, Invaliditäts- und Hinterbliebenenleistungen), müssen diese auch Bestandteil des Zusageinhalts sein. Der Arbeitgeber ist dann verpflichtet, z. B. einen externen Versorgungsträger auszuwählen, der dieses Leistungsspektrum abdeckt. Ist der externe Versorgungsträger nur bereit, Risiken nach Gesundheitsprüfung zu übernehmen, muss der Arbeitgeber einen Versorgungsträger auswählen, bei dem die von dem Tarifvertrag erfassten Arbeitnehmer versicherbar sind.

7.2 Entgeltumwandlung

Hat der Arbeitnehmer den Anspruch auf Entgeltumwandlung, kann er vom Arbeitgeber verlangen, dass von seinen *künftigen Entgeltansprüchen* bis zu 4 v. H. der *jeweiligen Beitragsbemessungsgrenze* in der Rentenversicherung der Arbeiter und Angestellten durch Entgeltumwandlung für seine betriebliche Altersversorgung verwendet werden. Dies bedeutet, dass er auf künftiges, bereits vereinbartes Entgelt[105] verzichtet und stattdessen eine betriebliche Altersversorgung erhält. Der Anspruch besteht in Höhe von vier Prozent der jeweiligen BBG unabhängig davon, welche Einkünfte der Arbeitnehmer hat. Der Arbeitnehmer kann auch dann auf diesen Betrag verzichten, wenn seine Bezüge unterhalb der Beitragsbemessungsgrenze liegen.

---

102 § 1a Abs. 2 BetrAVG.
103 Beispielsweise durch Kündigung der bestehenden Vereinbarung.
104 Ob auch bei tarifungebundenen Unternehmen ein Tarifvertrag eine Sperrwirkung entfalten kann, ist ungeklärt.
105 Nicht potenzielle Gehaltserhöhungen, die noch nicht vereinbart sind (BAG, Urteil vom 8.6.1999, 3 AZR 136/98, DB 1999, 2069).

Arbeitsrecht und betriebliche Altersversorgung durch Entgeltumwandlung

Künftiges Entgelt können monatlich zu zahlenden Bezüge sein, aber auch Sonderzahlungen (Urlaubsgeld, Weihnachtsgeld, Tantieme). Wird auf einen Teil der monatlichen Vergütung verzichtet, wird zwischen dem Arbeitgeber und dem Arbeitnehmer z. B. im März eines Jahres vereinbart, dass ab April des selben Jahren statt des vereinbarten Gehaltes in Höhe von 2.000 € künftig nur noch ein Gehalt von 1.900 € gezahlt wird. Damit wird der Vergütungsanspruch herabgesetzt. Die 2.000 € können als Schattengehalt fortgeführt werden und maßgeblich bleiben, z. B. für Tariferhöhungen und andere gehaltsabhängige Leistungen des Arbeitgebers.[106] Wird auf Sonderzahlungen verzichtet, kann die Abänderung der Vergütungsvereinbarung noch bis zu dem Zeitpunkt vorgenommen werden, in dem die Sonderzahlung fällig wird.[107] Soll z. B. auf das Weihnachtsgeld eines Jahres verzichtet werden, das im November ausgezahlt wird, kann eine Änderungsvereinbarung bis Oktober desselben Jahres abgeschlossen werden. Umgewandelt werden können vier Prozent der jeweiligen Beitragsbemessungsgrenze West.[108]

Der Arbeitgeber kann verlangen, dass der Arbeitnehmer jährlich einen Mindestbetrag für die Entgeltumwandlung einsetzt. Dies sind im Jahr 2004 181,13 €. Dieser Betrag entspricht 1/160tel der Bezugsgröße gemäß § 18 SGB IV (in 2004 = 2415 x 12 = 28.980 €).

Darüber hinaus kann der Arbeitgeber verlangen, dass der Arbeitnehmer in einem Kalenderjahr monatlich gleichbleibende Beträge für die Entgeltumwandlung einsetzt, wenn dieser auf Teile seines regelmäßigen Entgelts verzichtet. Damit soll der Verwaltungsaufwand für den Arbeitgeber eingeschränkt werden.

Die Entgeltumwandlung kann gefördert werden, indem der Arbeitgeber Anreize schafft. Er kann z. B. einen Förderbeitrag leisten, indem er den Umwandlungsbetrag aufstockt. Insoweit wird dann eine betriebliche Altersversorgung aus Entgeltumwandlung mit einer arbeitgeberfinanzierten betrieblichen Altersversorgung verknüpft. Dabei kann vertraglich vereinbart werden, dass die arbeitgeberfinanzierte betriebliche Altersversorgung nach den Regeln behandelt wird, die für die Entgeltumwandlung gelten (Beispiel: § 22 TV-Chemie). In diesem Falle ist auch der vom Arbeitgeber finanzierte Teil z. B. sofort unverfallbar. Wird eine solche ausdrückliche Einbeziehung in die Regeln für die Entgeltumwandlung nicht vorgenommen, ist zu differenzieren. Für den vom Arbeitgeber finanzierten Teil gelten die Regeln, die für eine arbeitgeberfinanzierte betriebliche Altersversorgung maßgeblich sind. Für die betriebliche Altersversorgung aus Entgeltumwandlung gelten deren Regelungen.

7.3 Wertgleichheit

Verzichtet der Arbeitnehmer auf künftiges Entgelt, muss ihm der Arbeitgeber eine *wertgleiche Versorgungszusage* erteilen.[109] Wie die Wertgleichheit zu bemessen ist, ist nicht ge-

---

106 BMF-Schreiben vom 5.8.2002, Rdnr 153.
107 BMF a.a.O, Rdnr 152.
108 BMF-Schreiben vom 5.8.2002, Rdnr 162.
109 § 1 Abs. 2 Nr. 3 BetrAVG.

klärt. Ganz überwiegend wird die Auffassung vertreten, das eine versicherungsmathematische Äquivalenz gegeben sein muss. Allerdings wird auch die Auffassung vertreten, dass außerhalb versicherungsmathematischer Grundsätze eine Wertgleichheit vorliegen kann.[110]

Die arbeitsrechtliche Verpflichtung, eine wertgleiche Versorgung zu verschaffen, trifft den Arbeitgeber. Schaltet dieser einen externen Versorgungsträger ein, über den die betriebliche Altersversorgung aus Entgeltumwandlung abgewickelt wird, und kommt ein Arbeitsgericht später zu dem Ergebnis, dass keine wertgleiche betriebliche Altersversorgung vorliegt, haftet der Arbeitgeber für den Differenzanspruch. Ob er seinerseits Ansprüche gegen den externen Versorgungsträger geltend machen kann, z. B. weil dieser ihm zugesichert hat, dass eine wertgleiche betriebliche Altersversorgung vorliegt, richtet sich nach den Umständen des Einzelfalls.

Die Problematik der Wertgleichheit soll anhand von einigen Beispielen dargestellt werden. Für die Beitragszusage mit Mindestleistung gibt der Gesetzgeber vor, dass der Arbeitnehmer immer die Mindestleistung[111] erhalten muss. Dies gilt auch für die Entgeltumwandlung. Bei einer beitragsorientierten Leistungszusage ist keine Mindestleistung definiert. Deshalb stellt sich die Frage, ob eine Mindestverzinsung dem Arbeitnehmer gegeben werden muss, ob die Versorgungsleistung geringer sein kann als die Summe der Entgeltumwandlungsbeträge, ob z. B. auch eine Null-Leistung zulässig ist und ob Verwaltungskosten zu Lasten des Arbeitnehmers verbucht werden können.

7.4 Umsetzung des Anspruchs

Wie die Altersversorgung gestaltet wird, die durch eine Entgeltumwandlung finanziert wird, wird durch Vereinbarung zwischen Arbeitgeber und dem einzelnen Arbeitnehmer geregelt. Im Rahmen einer solchen Vereinbarung können alle fünf Durchführungswege gewählt werden.

Es kommt aber auch der Abschluss einer freiwilligen Betriebsvereinbarung in Betracht, die dann durch Einzelvereinbarungen umgesetzt wird. Eine solche Betriebsvereinbarung ist allerdings bei tarifgebundenen Arbeitgebern nur dann zulässig, wenn der Tarifvertrag ergänzende Betriebsvereinbarungen zulässt.[112]

Kommt es nicht zu einer Vereinbarung zwischen dem Arbeitgeber und dem Arbeitnehmer, kann der Arbeitgeber *einseitig den Durchführungsweg bestimmen*. Hierbei kann er allerdings nur als Durchführungsweg die Pensionskasse, den Pensionsfonds oder die Direktversicherung vorgeben.[113]

---

110 BMF-Schreiben vom 5.8.2002, Rdnr. 151.
111 Summe der Beiträge ohne Zins und Zinseszins.
112 § 77 Abs. 3 BetrVG.
113 § 1a Abs. 1 Satz 3 BetrAVG.

Arbeitsrecht und betriebliche Altersversorgung durch Entgeltumwandlung

Wird eine solche Vorgabe nicht vorgenommen, hat der Arbeitnehmer das Recht, den Abschluss einer Direktversicherung zu verlangen.

Ist ein versicherungsförmiger Durchführungsweg für die betriebliche Altersversorgung aus Entgeltumwandlung vereinbart oder vorgegeben, muss der Arbeitnehmer die Möglichkeit haben, die so genannte *Riester-Förderung* in Anspruch zu nehmen.[114] Der Arbeitnehmer kann dies verlangen. Er ist nicht verpflichtet, einen Riester-geförderten Vertrag zu wählen. Denn die Riester-Förderung setzt voraus, dass die Beiträge aus versteuertem und verbreitragtem Einkommen geleistet werden.

Haben sich Arbeitgeber und Arbeitnehmer auf die Durchführungswege Direktzusage und Unterstützungskasse geeinigt, ist keine Riester-Förderung möglich. Dies bedeutet nicht, dass dem Arbeitnehmer dadurch Nachteile entstehen. Sie erhalten dann die so genannte Eichel-Förderung, d.h. die umgewandelte Bruttovergütung ist Bemessungsgrundlage für die Altersversorgung aus Entgeltumwandlung.

Macht der Arbeitgeber von seinem Vorgaberecht Gebrauch, wählt er nicht nur den Durchführungsweg aus, sondern auch den konkreten externen Versorgungsträger. Mit der Wahl des externen Versorgungsträgers kann er auch vorgeben, ob eine beitragsorientierte Leistungszusage oder eine Beitragszusage mit Mindestleistung dem Arbeitnehmer erteilt wird. Damit hat es der Arbeitgeber in der Hand, seine Haftungsrisiken einzuschränken. Gibt er die Beitragszusage mit Mindestleistung vor und hat er einen externen Versorgungsträger ausgewählt, der ein Hybrid-Produkt verwendet, ist das Risiko, bei Eintritt des Versorgungsfalles auf Erfüllung in Anspruch genommen zu werden, weitgehend ausgeschlossen. Es besteht bei der Beitragszusage mit Mindestleistung keine Anpassungsverpflichtung gemäß § 16 BetrAVG.[115] Für die gesetzliche Unverfallbarkeit hat der Gesetzgeber besondere Berechnungsregeln vorgegeben. Der Arbeitgeber kann sein Risiko noch weitergehend eingrenzen, in dem er auch die Beitragspflicht für den gesetzlichen Insolvenzschutz vermeidet.[116] Wählt er als Durchführungsweg die Pensionskasse oder die Direktversicherung, entsteht keine Beitragspflicht. Diese ist nur beim Pensionsfonds gegeben.[117]

7.5 Gesetzliche Unverfallbarkeit bei Entgeltumwandlung

Für Versorgungszusagen, die ab dem 1.1.2001 erteilt werden und die durch eine Entgeltumwandlung finanziert werden, hat der Gesetzgeber eine *sofortige gesetzliche Unverfallbarkeit* geschaffen.[118] Scheidet der Arbeitnehmer aus dem Arbeitsverhältnis aus, ist ihm

---

114 § 1a Abs. 3 BetrAVG.
115 § 16 Abs. 3 Nr. 3 BetrAVG.
116 Zur Beitragspflicht siehe Abschnitt 8.2.
117 § 10 Abs. 1 und Abs. 3 BetrAVG; Ob die PSV-Beiträge wirtschaftlich auf den Arbeitnehmer abgewälzt werden dürfen, ist umstritten.
118 § 1b Abs. 5 BetrAVG.

unabhängig von seinem Alter und unabhängig vom Zusagebestand eine gesetzlich unverfallbare Anwartschaft aufrecht zu erhalten. Wurden Versorgungszusagen vor dem 1.1.2001 erteilt und durch Entgeltumwandlung finanziert, gelten dieselben Unverfallbarkeitsvoraussetzungen wie für eine arbeitgeberfinanzierte betriebliche Altersversorgung.[119]

Die Unverfallbarkeit erstreckt sich auf alle zugesagten Leistungen. Sind Invaliditäts- und/oder Hinterbliebenenleistungen zugesagt, sind diese bei Eintritt des Versorgungsfalles zu erbringen. Deshalb ist bei der Beitragszusage mit Mindestleistung auch ausdrücklich vorgesehen, dass die Mindestleistung nach dem Ausscheiden mit unverfallbarer Anwartschaft um Risikoanteile gemindert werden kann.

Wird die betriebliche Altersversorgung aus Entgeltumwandlung über eine *Pensionskasse*, einem *Pensionsfonds* oder eine *Direktversicherung* umgesetzt, müssen alle Überschussanteile zur Verbesserung der Leistung verwendet werden. Zudem muss der ausgeschiedene Arbeitnehmer das Recht haben, die Versicherung oder Versorgung mit eigenen Beiträgen fortzusetzen, nachdem er aus dem Arbeitsverhältnis ausgeschieden ist. Dabei kann der Arbeitnehmer Versicherungsnehmer werden, wenn eine Direktversicherung oder eine Pensionskasse vorliegt. Für den Arbeitgeber muss es unmöglich sein, über die Versicherung oder die Versorgung durch Verpfändung, Abtretung oder Beleihung zu verfügen. Dieser Ausschluss von Verfügungsmöglichkeiten, der arbeitsvertraglicher Natur ist, sollte in dem Vertrag, den der Arbeitgeber als Versorgungsträger mit dem externen Versorgungsträger abschließt, enthalten sein.

Wird der Anspruch auf Entgeltumwandlung mittels einer *Direktversicherung* umgesetzt, muss dem Arbeitnehmer darüber hinaus mit Beginn der Entgeltumwandlung ein unwiderrufliches Bezugsrecht auf die Versicherungsleistung eingeräumt werden.

Für die *Höhe* der gesetzlich unverfallbaren Anwartschaft hat der Gesetzgeber eigenständige Regelungen geschaffen. Dabei ist danach zu unterscheiden, ob eine Leistungszusage/beitragsorientierte Leistungszusage vorliegt oder eine Beitragszusage mit Mindestleistung.

Für die *Leistungszusage*, die ab dem 1.1.2001 erteilt wurden und erteilt werden, ergibt sich die Höhe der unverfallbaren Anwartschaft bei einer unmittelbaren Versorgungszusage, bei einem Pensionsfonds oder bei einer Unterstützungskassenzusage aus § 2 Abs. 5a BetrAVG.[120] Dem Arbeitnehmer ist die Anwartschaft aufrechtzuerhalten, die bis zum Ausscheiden aus den bis dahin umgewandelten Entgeltbestandteilen erreicht wurde. Mit dieser besonderen Regelung wird das Quotierungsverfahren abbedungen.

---

[119] § 30 f Satz 2 BetrAVG; zur Auslegungsregel, nach der der Arbeitgeber dem Arbeitnehmer eine von vornherein unentziehbare Rechtsposition in der Regel einräumen will: BAG, Urteil vom 8.6.1999, 3 AZR 136/98, DB 1999, 2069; VersR 2000,80.
[120] § 30g Abs. 1 BetrAVG.

Arbeitsrecht und betriebliche Altersversorgung durch Entgeltumwandlung

Für die Durchführungswege Direktversicherung und Pensionskasse steht die versicherungsvertragliche Lösung zur Verfügung,[121] die wirtschaftlich der Anwendung von § 2 Abs. 5a BetrAVG entspricht.[122]

Wird die betriebliche Altersversorgung aus Entgeltumwandlung mittels einer *Beitragszusage mit Mindestleistung* umgesetzt, ist § 2 Abs. 5b BetrAVG für die Höhe der unverfallbaren Anwartschaft maßgeblich. Der Arbeitnehmer behält eine Anwartschaft in Höhe des planmäßig ihm zuzurechnenden Versorgungskapitals auf der Grundlage der bis zu seinem Ausscheiden geleisteten Beiträge. Dies sind die Beiträge und die bis zum Eintritt des Versorgungsfalls hieraus erzielten Erträge. Mindestens muss der Arbeitnehmer aber bei Eintritt des Versorgungsfalls die Summe der bis zum Ausscheiden zugesagten Beiträge erhalten, soweit sie nicht rechnungsmäßig für einen biometrischen Risikoausgleich verbraucht wurden.

7.6 Abfindung

Die Möglichkeit, eine Anwartschaft abzufinden, die durch Entgeltumwandlung finanziert wurde, ist eingeschränkt. Auch für die betriebliche Altersversorgung aus Entgeltumwandlung gelten die Grenzwerte von zwei bzw. vier Prozent der monatlichen Bezugsgröße gemäß § 18 SGB IV. Hierzu kann auf das Vorstehende verwiesen werden.

Umschritten ist, ob dem Arbeitnehmer ein einseitiges Abfindungsrecht zusteht, wenn der Wert der aufrechtzuerhaltenden Altersrentenanwartschaft ein Prozent der monatlichen Bezugsgröße nicht übersteigt. Entsprechendes gilt für eine Kapitalleistung in Höhe von 12/10 der monatlichen Bezugsgröße. Es wird die Auffassung vertreten, dass wegen der Riester-Förderung ein solches Abfindungsrecht nicht besteht. Da aber nicht alle Arbeitnehmer von der Riester-Förderung Gebrauch machen, ist zweifelhaft, ob den Arbeitnehmern die Abfindungsmöglichkeit verwährt werden kann, die keine Riester-Förderung in Anspruch genommen haben.

7.7 Mitnahmeanspruch

Für den Arbeitnehmer, der eine betriebliche Altersversorgung durch Entgeltumwandlung finanziert hat, hat der Gesetzgeber in § 4 Abs. 4 BetrAVG die Möglichkeit geschaffen, beim Arbeitgeberwechsel seine Versorgungsanwartschaft mitzunehmen. Diese Mitnahmemöglichkeit besteht nicht nur dann, wenn unmittelbar im Anschluss an das beendete Arbeitsverhältnis ein neues Arbeitsverhältnis bei einem anderen Arbeitgeber begründet wird. Dieses Mitnahmerecht kann auch noch ausgeübt werden, wenn mehrere Arbeitgeberwechsel stattgefunden haben.

---

121 § 2 Abs. 2 Satz 2 ff. BetrAVG.
122 Die versicherungsvertragliche Lösung ist nicht bei rückgedeckten Unterstützungskassen möglich.

Der mit einer unverfallbaren Anwartschaft ausgeschiedene Arbeitnehmer hat gegenüber dem ehemaligen Arbeitgeber das Recht zu verlangen, dass der Barwert der unverfallbaren Anwartschaft auf einen neuen Arbeitgeber, bei dem der ausgeschiedene Arbeitnehmer beschäftigt ist oder auf einen Versorgungsträger des neuen Arbeitgebers zu übertragen wird. Voraussetzung ist jedoch, dass der neue Arbeitgeber zur Übernahme der Versorgungsanwartschaft bereit ist. Er oder sein Versorgungsträger muss dem Arbeitnehmer eine Versorgungszusage erteilen, die dem übertragenden Barwert wertmäßig entspricht. Dies bedeutet, dass ohne Mitwirkung und Einverständnis des neuen Arbeitgebers das Mitnahmerecht nicht umgesetzt werden kann. Damit wird verhindert, dass der neue Arbeitgeber eine betriebliche Altersversorgung durchführen muss, die nicht in sein System hineinpasst.

Ist der neue Arbeitgeber bereit, dem Arbeitnehmer eine wertmäßig entsprechende Zusage zu erteilen, wird mit der Erteilung der Versorgungszusage der ehemaligen Arbeitgeber von allen Leistungspflichten befreit.

Die Höhe des Barwerts, der auf den neuen Arbeitgeber bzw. dessen Versorgungsträger zu übertragen ist, richtet sich nach § 3 Abs. 2 BetrAVG. Dabei ist auf den Zeitpunkt der Übertragung abzustellen.

Es ist geplant, die Portabilität für neue Zusagen, die ab dem 1.1.2005 erteilt werden, zu erweitern.

7.8 Anpassung

Bei der Anpassungsprüfungspflicht gemäß § 16 BetrAVG ist zwischen einer Renten- und einer Kapitalzusage einerseits und einer Leistungszusage/ beitragsorientierten Leistungszusage oder Beitragszusage mit Mindestleistung andererseits zu unterscheiden.

Keine Anpassungsprüfungspflicht besteht bei einer Kapitalzusage. Keine Anpassungsprüfungspflicht besteht auch bei einer Beitragszusage mit Mindestleistung, selbst wenn sie durch Entgeltumwandlung finanziert wurde.[123] Keine Anpassungsprüfungspflicht besteht auch, wenn die Versorgungsleistungen im Rahmen eines Auszahlungsplans ausgezahlt werden.[124] Dies gilt auch für die Entgeltumwandlung.

Daraus folgt, dass eine *Anpassungsprüfungspflicht* nur bei einer *Leistungszusage* besteht, auch bei der beitragsorientierten Leistungszusage. Für die betriebliche Altersversorgung aus Entgeltumwandlung schreibt der Gesetzgeber für Versorgungszusagen, die ab dem 1.1.2001 erteilt werden, in § 16 Abs. 5 BetrAVG vor, dass der Arbeitgeber verpflichtet ist, die Leistung mindestens jährlich um wenigstens 1 v. H. anzupassen. Diese Garantieanpassung ist bei allen fünf Durchführungswegen der betrieblichen Altersversorgung anzuwenden, wenn nicht ausnahmsweise für die Direktversicherung und die Pensionskasse sämtliche Überschussanteile ab Rentenbeginn zur Erhöhung der Leistung verwendet werden.

---

123 § 16 Abs. 3 Nr. 3 BetrAVG.
124 § 16 Abs. 6 BetrAVG.

Im Rahmen der Wertgleichheit einer betrieblichen Altersversorgung ist eine Garantienanpassung zu berücksichtigen.

7.9 Gesetzlicher Insolvenzschutz

Wird eine betriebliche Altersversorgung in den Durchführungswegen unmittelbare Versorgungszusage, Unterstützungskassenzusage oder Pensionsfondszusage umgesetzt, ist für Versorgungszusagen, die ab dem 1.1.2002 erteilt wurden oder erteilt werden, ein sofortiger gesetzlicher Insolvenzschutz gegeben. Dieser Insolvenzschutz ist der Höhe nach beschränkt. Er besteht insoweit, wie Beträge von bis zu 4 v.H. der Beitragsbemessungsgrenze in der Rentenversicherung der Arbeiter und Angestellten für eine betriebliche Altersversorgung verwendet werden. Dabei ist zwischen der Beitragsbemessungsgrenze Ost und der Beitragsbemessungsgrenze West zu unterscheiden.[125]

7.10 Mitbestimmungsrechte des Betriebsrats

Die Mitbestimmungsrechte des Betriebsrats bei einer Entgeltumwandlung sind beschränkt. Soweit Tarifverträge bestehen, können Mitbestimmungsrechte nur in dem Umfang auf freiwilliger Basis ausgeübt werden, wie dies der Tarifvertrag zugesteht.

Da der einzelne Arbeitnehmer selbst entscheidet, ob er überhaupt eine Entgeltumwandlung macht, er die Höhe der Entgeltumwandlung bestimmt und der Arbeitgeber im Zweifel vorgibt, in welchem Durchführungsweg die betriebliche Altersversorgung aus Entgeltumwandlung umgesetzt wird, kann für den Betriebsrat keine Mitbestimmung greifen. Lediglich bei der Ausgestaltung des Versorgungsversprechens ist es denkbar, den Betriebsrat zu beteiligen, wenn nicht durch die Tarife des externen Versorgungsträgers bereits eine Festlegung geschehen ist.

Bei der Gestaltung der betrieblichen Altersversorgung aus Entgeltumwandlung sollte aber auf freiwilliger Basis der Betriebsrat soweit wie möglich beteiligt werden. Denn wenn sich der Betriebsrat mit der betrieblichen Altersversorgung auseinander gesetzt hat, wird der einzelne Arbeitnehmer ihm vertrauen.

7.11 Änderung der Versorgungszusage

Eine Änderung des Versorgungsversprechens ist nicht möglich. Der Arbeitgeber ist an seine Vorgaben bzw. an die getroffenen Vereinbarungen gebunden. Die betriebliche Altersversorgung, die bereits durch Entgeltumwandlung finanziert wurde, ist unentziehbar. Eingriffe sind nicht zulässig.

---

125 Berenz in: Kemper/Kisters-Kölkes,/Berenz/Bode/Pühler, §7 BetrAVG, Rdnr 144 ff.

Lediglich mit Wirkung für die Zukunft kann ein anderer Durchführungsweg oder eine andere Zusagegestaltung einvernehmlich vereinbart werden. Das Vorgaberecht kann der Arbeitgeber nur einmalig ausüben. Danach ist er an seine Entscheidung bei den Arbeitnehmern gebunden, die eine Entgeltumwandlung begehrt haben.

7.12 Steuerliche Rahmenbedingungen

Für die betriebliche Altersversorgung aus Entgeltumwandlung wurden keine besonderen Vorschriften geschaffen, mit Ausnahme der Vorgabe, dass der Arbeitnehmer das Recht hat, die Riester-Förderung zu verlangen, wenn als Durchführungsweg eine Direktversicherung, eine Pensionskasse oder ein Pensionsfonds gewählt wurden.

Werden für die Entgeltumwandlung die Durchführungswege *Pensionskasse* oder *Pensionsfonds* gewählt, können bis zu vier Prozent der Beitragsbemessungsgrenze in der gesetzlichen Rentenversicherung West lohnsteuerfrei gemäß § 3 Nr. 63 EStG eingezahlt werden.[126] Werden diese Beträge nicht für eine arbeitgeberfinanzierte Altersversorgung ganz oder vollständig ausgenutzt, wird man dem Arbeitnehmer das Recht einräumen müssen, eine lohnsteuerfreie Zuwendung vornehmen zu können. Eine arbeitgeberfinanzierte betriebliche Altersversorgung hat aber Vorrang vor der Altersvorsorgung aus Entgeltumwandlung.[127]

Nach Ausnutzung der lohnsteuerfreien Zuwendung gemäß § 3 Nr. 63 EStG kann bei einer *Pensionskasse* noch § 40b EStG angewendet werden.[128] Danach kann ein Betrag in Höhe von bis zu 1.752 € mit 20 Prozent pauschalversteuert werden. Diese Pauschalversteuerung muss dem Arbeitnehmer zustehen, wenn sie nicht vom Arbeitgeber ausgenutzt wird. Denn die betriebliche Altersversorgung soll gefördert werden. Eine solche Förderung würde nicht eintreten, wenn der Arbeitnehmer nur die Möglichkeit hätte, eine Versorgung aus versteuerten Beiträgen aufzubauen.

Bei einer *Direktversicherung* kann zurzeit § 3 Nr. 63 EStG nicht angewandt werden. Es besteht lediglich die Möglichkeit, gemäß § 40b EStG eine Pauschbesteuerung vorzunehmen[129]. Diese kann der Arbeitnehmer auch verlangen, wenn ihn der Arbeitgeber auf die Direktversicherung verweist. Denn die betriebliche Altersversorgung soll gefördert werden. Allerdings hat der Arbeitnehmer nicht das Recht, die Besteuerung gemäß § 40b EStG zu verlangen, wenn schon eine arbeitgeberfinanzierte Direktversicherung besteht oder eine solche eingerichtet wird.

Bei einer *unmittelbaren Versorgungszusage* bestehen keine steuerlichen Obergrenzen. Unabhängig davon, ob schon eine arbeitgeberfinanzierte betriebliche Altersversorgung besteht, kann die Vierprozentgrenze gemäß § 1a BetrAVG steuerlich voll genutzt werden. Auch bei einer (rückgedeckten) *Unterstützungskasse* ist keine Obergrenze vorgegeben.

---

126 BMF-Schreiben vom 5.8.2002, Rdnr. 162.
127 BMF-Schreiben vom 5.8.2002, Rdnr. 165.
128 Für Zusagen, die ab 1.1.2005 erteilt werden, ist die Abschaffung von § 40b EStG geplant.
129 Es sind Änderungen für Direktversicherungen ab 2005 geplant.

Allerdings ist bei diesem Durchführungsweg § 4 d EStG zu beachten, der Prämienzahlungen des Arbeitgebers an die Unterstützungskasse nur dann als Betriebsausgaben anerkennt, wenn gleichbleibende oder steigernde Beträge zugewendet werden. Die der Höhe nach unbegrenzte Dotierungsmöglichkeit macht die beiden vorgenannten Durchführungswege besonders attraktiv, wenn höhere Versorgungen angestrebt werden.

8 Gesetzlicher Insolvenzschutz

Der gesetzliche Insolvenzschutz durch den Pensions-Sicherungs-Verein Versicherungsverein auf Gegenseitigkeit (PSVaG) ist in den §§ 7 ff. BetrAVG geregelt. Der gesetzliche Insolvenzschutz hat sich in den letzten mehr als 25 Jahren seit seiner Schaffung zum 1.1.1975 bewährt.

Beim gesetzlichen Insolvenzschutz[130] ist zwischen der Leistungspflicht des PSVaG und der Finanzierung desselben zu unterscheiden.

8.1 Leistungspflicht

Gesetzlichen Insolvenzschutz haben betriebliche Versorgungsleistungen, auf die bereits ein Anspruch entstanden ist (in der Regel bereits laufende Renten), in den Durchführungswegen unmittelbare Versorgungszusage, Unterstützungskasse und Pensionsfonds. Wird die laufende Versorgungsleistung über eine Direktversicherung zugesagt, besteht gesetzlicher Insolvenzschutz, wenn die Direktversicherung beliehen oder abgetreten wurde. Nicht in das System des gesetzlichen Insolvenzschutzes ist die Pensionskasse einbezogen. Da diese der Versicherungsaufsicht untersteht, ist der Gesetzgeber davon ausgegangen, dass bei der Insolvenz des Arbeitgebers die Pensionskasse in der Lage ist, dauerhaft die Versorgungsleistungen zu erbringen.

Schutz durch den PSVaG erhalten auch Versorgungsanwärter, die bei Eintritt des Sicherungsfalls eine gesetzlich unverfallbare Anwartschaft haben. Stehen sie noch in einem Arbeitsverhältnis zum insolventen Arbeitgeber, wird auf den Zeitpunkt des Eintritts des Sicherungsfalls geprüft, ob die gesetzlichen Unverfallbarkeitsvoraussetzungen erfüllt sind.

Bei Versorgungsanwärtern wird im Zeitpunkt des Eintritts des Sicherungsfalls zunächst festgehalten, dass eine insolvenzgeschützte Anwartschaft besteht. Die eigentlichen Sicherungsleistungen werden erst dann erbracht, wenn tatsächlich der Versorgungsfall eintritt.

---

[130] Siehe hierzu insbesondere Berenz in: Kemper/Kisters-Kölkes/Berenz/Bode/Pühler, BetrAVG, §§ 7 ff.

Der gesetzliche Insolvenzschutz greift ein, wenn bei dem Arbeitgeber (nicht bei dem externen Versorgungsträger) ein *Sicherungsfall* eintritt. Dies ist die Eröffnung des Insolvenzverfahrens, die Abweisung des Antrags auf Eröffnung eines Insolvenzverfahrens mangels Masse, der außergerichtliche Vergleich, wenn der Träger der Insolvenzsicherung zustimmt und dies ist die vollständige Beendigung der Betriebstätigkeit im Geltungsbereich des Gesetzes, wenn ein Antrag auf Eröffnung des Insolvenzverfahrens nicht gestellt worden ist und ein Insolvenzverfahren offensichtlich mangels Masse nicht in Betracht kommt.

Bei Eintritt des Sicherungsfalls sind *laufende Leistungen* insolvenzgeschützt. Dies bedeutet, dass dann die Versorgungsempfänger über den PSVaG die Versorgungsleistungen erhalten, die ihnen der Arbeitgeber unmittelbar oder mittelbar zugesagt hatte. Dies umfasst auch eine Anpassungsverpflichtung, die vertraglich vereinbart wurde (z. B. Garantieanpassung). Für eine Anpassungsprüfung nach § 16 Abs. 1 BetrAVG muss allerdings der PSVaG nicht einstehen.

Die Höhe der gesetzlich geschützten *unverfallbaren Anwartschaft* richtet sich bei einem Versorgungsanwärter nach § 2 BetrAVG. Steht er noch in einem Arbeitsverhältnis bei Eintritt der Insolvenz, ist der Zeitraum bis zum Eintritt der Insolvenz als tatsächliche Zeit der Betriebszugehörigkeit zu berücksichtigen.

Wurde in den letzten zwei Jahren vor Eintritt der Insolvenz eine Versorgungszusage erteilt oder verbessert, geht der Gesetzgeber davon aus, dass unwiderlegbar zu vermuten ist, dass die Erteilung der Versorgungszusage bzw. deren Erhöhungen einen Versicherungsmissbrauch darstellt. Dies bedeutet, dass derartige Zusagen bzw. Erhöhungen nicht insolvenzgeschützt sind.[131]

Für die betriebliche Altersversorgung aus Entgeltumwandlung wurde eine Ausnahmeregelung geschaffen. Für Versorgungszusagen, die ab dem 1.1.2002 erteilt werden, besteht sofortiger gesetzlicher Insolvenzschutz, soweit bei Entgeltumwandlung Beträge von bis zu 4 v. H. der Beitragsbemessungsgrenze in der Rentenversicherung der Arbeiter und Angestellten für eine betriebliche Altersversorgung verwendet werden. Anders als bei dem Anspruch auf Entgeltumwandlung, für den immer die Beitragsbemessungsgrenze West maßgeblich ist, ist beim gesetzlichen Insolvenzschutz zwischen der Beitragsbemessungsgrenze für die alten und die neuen Bundesländer zu unterscheiden. Dies bedeutet, dass der gesetzliche Insolvenzschutz in den neuen Bundesländer geringer ist als in den alten Bundesländern.[132]

Der gesetzliche Insolvenzschutz ist unabhängig davon gegeben, ob der Arbeitgeber *Beiträge* an den Pensions-Sicherungs-Verein a.G. gezahlt hat oder nicht. Er richtet sich ausschließlich nach den gesetzlichen Bestimmungen.

---

131 § 7 Abs. 5 BetrAVG.
132 Hierzu insbesondere auch Berenz in: Kemper/Kisters-Kölkes/Berenz/Bode/Pühler, BetrAVG, § 7 Rdnr. 144 ff.

8.2 Finanzierung des PSVaG

Der PSVaG wird durch Beiträge finanziert. Die *Beitragspflicht* ergibt sich aus § 10 BetrAVG. Danach müssen die Arbeitgeber, die eine unmittelbare Versorgungszusage erteilt haben, ihre betriebliche Altersversorgung über eine Unterstützungskasse oder einen Pensionsfonds durchführen oder eine Direktversicherung einsetzen, die beliehen, abgetreten oder widerruflich ausgestaltet ist, Beiträge an den Pensionssicherungsverein kraft Gesetzes zahlen. Hierzu besteht eine Mitteilungspflicht gemäß § 11 BetrAVG.

Die Arbeitgeber, die zur Zahlung von Beiträgen verpflichtet sind, müssen dem PSVaG ihre *Beitragsbemessungsgrundlage* mitteilen. Mit den Beiträgen müssen alle laufenden Leistungen finanziert werden, die aus den Insolvenzen eines Kalenderjahres resultieren. Abgedeckt werden müssen auch die Verwaltungskosten und eine Zuführung zum Ausgleichsfonds. Versorgungsanwartschaften werden im Zeitpunkt der Insolvenz vorgemerkt. Sie werden erst bei Eintritt des Versorgungsfalles ausfinanziert.

Wird eine betriebliche Altersversorgung durch *Entgeltumwandlung* finanziert und werden hierfür die Durchführungswege unmittelbare Versorgungszusage, Unterstützungskasse und Pensionsfonds verwandt, erhöhen die unverfallbaren Anwartschaften die Beitragsbemessungsgrundlage. Dies bedeutet, dass der Arbeitgeber verpflichtet ist, für diese Anwartschaften Insolvenzsicherungsbeiträge zu leisten. Um wirtschaftlich nicht mit dieser Beitragszahlung belastet zu sein, stellen zum Teil die externen Versorgungsgsträger den Arbeitgeber von der Beitragspflicht frei, wirtschaftlich werden die Arbeitnehmer mit den PSV-Beiträgen belastet, in dem diese aus den Erträgen finanziert werden. Bei einer solchen Vorgehensweise stellt sich die Frage, ob dann noch eine wertgleiche betriebliche Altersversorgung vorliegt.

9 Betriebsübergang

Wird gemäß § 613a BGB ein Betrieb oder Betriebsteil an einen Erwerber veräußert oder verpachtet, gehen die im Zeitpunkt des Betriebsübergangs *bestehenden Arbeitsverhältnisse*[133] mit allen Rechten und Pflichten auf den Erwerber über. Dieser hat die bestehende betriebliche Altersversorgung uneingeschränkt fortzuführen. Dies gilt gleichermaßen für eine arbeitgeber- und/oder arbeitnehmerfinanzierte betriebliche Altersversorgung.

Es ist nicht zulässig, im Zusammenhang mit einem Betriebsübergang den Arbeitnehmer dazu bewegen, auf seine betriebliche Altersversorgung zu verzichten. Auch Abfindungsvereinbarungen sind unzulässig.[134]

---

133 Ehemalige Arbeitnehmer (ausgeschiedene Anwärter, Versorgungsempfänger) bleiben beim Veräußerer.
134 BAG, Urteil vom 12.5.1992, 3 AZR 247/91, DB 1992, 2038; VersR 1993, 82.

Der neue Arbeitgeber hat aber die Möglichkeit, einen Wechsel des Durchführungsweges vorzunehmen. Hierbei sind die allgemeinen Grundsätze zu berücksichtigen, die für jede Änderung einer Versorgungszusage gelten,[135] wenn inhaltlich mit dem Wechsel des Durchführungsweges Änderungen verbunden sind. Wird ohne Einschränkungen in einem neuen Durchführungsweg die betriebliche Altersversorgung fortgeführt, ist weder die Zustimmung des Arbeitnehmers noch des Betriebsrats erforderlich.

Einen Wechsel des Durchführungsweges erleichtert § 3 Nr. 66 EStG. Mit dieser steuerlichen Vorschrift hat der Gesetzgeber die Möglichkeit geschaffen, Verpflichtungen aus unmittelbaren Versorgungszusagen und aus Unterstützungskassenzusagen auf einen Pensionsfonds zu übertragen. Arbeitsrechtliche Regelungen, die diese Übertragung flankieren, sind nicht geschaffen worden.

Bei einem Betriebsübergang gemäß § 613a BGB ist von Bedeutung, dass dann, wenn die betriebliche Altersversorgung auf einer *Betriebsvereinbarung* beruht, eine Transformation der Rechte aus dieser Betriebsvereinbarung in den Arbeitsvertrag stattfindet.[136] Die Versorgungsanwartschaften der Arbeitnehmer dürfen zu deren Nachteil nicht vor Ablauf eines Jahres geändert werden (Veränderungssperre). Diese Transformation findet allerdings dann nicht statt, wenn die Identität des Betriebs oder Betriebsteils erhalten bleibt. In diesem Fall kann die Betriebsvereinbarung nach dem Betriebsübergang unabhängig von der einjährigen Sperrfrist geändert werden.[137] Es sind dann die Grundsätze des Vertrauensschutzes und der Verhältnismäßigkeit zu berücksichtigen (Drei-Stufen-Theorie).

Besteht sowohl beim Veräußerer als auch beim Erwerber eine Betriebsvereinbarung zur betrieblichen Altersversorgung, verdrängt die Betriebsvereinbarung des Erwerbers diejenige des Veräußerers. Für die Arbeitnehmer, deren Versorgungsverhältnis mit dem Betriebsübergang auf den Erwerber übergeht, richtet sich die betriebliche Altersversorgung folglich nach der Betriebsvereinbarung des Erwerbers. Es sind allerdings die Besitzstände aus dem früheren Arbeitsverhältnis zum Veräußerer zu wahren.[138]

Besondere Bedeutung kommt der Regelung in § 613a Abs. 5 BGB zu, die mit Wirkung ab dem 1.4.2002 geschaffen wurde. Danach ist der alte bzw. neue Arbeitgeber verpflichtet, den Arbeitnehmer rechtzeitig über den Betriebsübergang zu unterrichten. Bei dieser Information ist er auch darüber aufzuklären, welche rechtlichen und wirtschaftlichen Folgen mit dem Betriebsübergang verbunden sind. Diese Aufklärungspflicht betrifft nicht nur eine bestehende betriebliche Altersversorgung, die vom Arbeitgeber finanziert wird. Sie betrifft auch die betriebliche Altersversorgung aus Entgeltumwandlung. Insbesondere ist der Arbeitnehmer darüber aufzuklären, in welchen Durchführungswegen die betriebliche Altersversorgung aus Entgeltumwandlung umgesetzt werden kann und ob tarifvertragliche Vorgaben zu berücksichtigen sind.

---

135 Siehe Abschnitt 6.5.
136 § 613a BGB Abs. 1 Satz 2 BGB.
137 BAG, Beschluss vom 27.7.1994, 7 ABR 37/93, DB 1995, 431.
138 BAG, Urteil vom 24.7.2001, 3 AZR 660/00, DB 2002, 955; VersR 2002, 1172.

Thomas Schanz

Die Bewertung betrieblicher Vorsorgeprodukte durch die Mitarbeiter

1 Einführung 41

2 Der Wert unternehmensfinanzierter betrieblicher Versorgungszusagen 41

3 Betriebliche Vorsorgeprodukte im Vergleich 43
   3.1 Voraussetzungen einer Bewertung 44
      3.1.1 Subjektiv wahrgenommener allgemeiner Versorgungsbedarf 44
      3.1.2 Objektiv vorliegender konkreter Versorgungsbedarf des Mitarbeiters . 44
      3.1.3 Vorliegen von Produktinformationen 46
   3.2 Qualitative Bewertungskriterien 47
      3.2.1 Vertrauen in die finanzielle Leistungsfähigkeit des Produktanbieters . 47
      3.2.2 Optimale Abdeckung der individuellen Bedürfnisse 49
      3.2.3 Keine negativen Folgen bei Arbeitgeberwechsel 50
      3.2.4 Flexible Auszahlungsmöglichkeiten 51
      3.2.5 Vererbbarkeit des aufgelaufenen Vorsorgekapitals 52
   3.3 Quantitative Bewertungskriterien 53
      3.3.1 Möglichst geringe Absicherungskosten für notwendige
           Versorgungsleistungen 54
      3.3.2 Transparente Kostenbelastung 58
      3.3.3 Kalkulierbarkeit der späteren Versorgungsleistungen 59
      3.3.4 Inflatorische Sicherheit 59

4 Empirische Untersuchung zur Gewichtung der einzelnen Kriterien 60

5 Praxisbeispiel: ein Intranetrechner für Bankmitarbeiter 62

6 Zusammenfassung 66

1 Einführung

Bewertungsfragen stellen sich für Mitarbeiter in vielerlei Hinsicht: Bei der beruflichen Entscheidung für einen bestimmten Arbeitgeber ist die Attraktivität des Arbeitsplatzes, u. a. konkretisiert durch die betrieblichen Nebenleistungen, zu bewerten. Während sich manche Nebenleistungen sehr einfach bewerten lassen, da sie monetär geleistet werden, ist der Wert anderer Nebenleistungen nur sehr schwer bestimmbar. Als anschauliches Beispiel kann hier die betriebliche Altersversorgung dienen, da in der Vergangenheit viele Arbeitgeber leistungsorientierte Versorgungszusagen, bei denen die Zusage einer bestimmten Rentenhöhe im Vordergrund steht, erteilt haben. Der mit der Erteilung der Versorgungszusage verbundene Wert ist für den Mitarbeiter nicht unmittelbar erkennbar, die Bestimmung erfordert umfangreiche Informationen in Bezug auf private Vorsorgeprodukte sowie deren steuerliche und sozialversicherungsrechtliche Behandlung.

Mit der Einführung des AVmG hat sich aus Mitarbeitersicht eine weitere Bewertungsfrage ergeben: Aufgrund der gesetzlichen Regelung muss jeder Arbeitgeber ein Entgeltumwandlungsmodell anbieten. War der Weg zu einer optimalen Entscheidung für ein bestimmtes Vorsorgeprodukt schon immer durch eine gewisse Komplexität gekennzeichnet, so hat sich mit Einführung der „Riester-Rente" eine weitere Komplexitätsdimension ergeben. Die sicherlich richtige Überlegung des Gesetzgebers, eine steuerliche Förderung an die Erfüllung bestimmter Voraussetzungen zu binden, hat mit den gemäß § 10a EStG geförderten Produkten einen (zumindest vorläufigen) Höhepunkt erreicht. Die gesetzlichen Anforderungen und Reglementierungen dürften ein Grund sein, warum Mitarbeiter so zögerlich in die angebotenen Produkte investieren.

Der folgende Beitrag soll zeigen, welche Überlegungen in den Entscheidungsprozess der Mitarbeiter für die optimale Anlagealternative eingehen. Die Bewertung im Rahmen eines Alternativenvergleichs verschiedener Produkte der Entgeltumwandlung nimmt dabei den größten Raum ein (Abschnitt 3) und wird durch ein Praxisbeispiel ergänzt (Abschnitt 5). Zuvor soll jedoch eine weitere Ausprägung eines Bewertungsproblems beschrieben werden – die Bewertung unternehmensfinanzierter betrieblicher Versorgungszusagen durch die Mitarbeiter (Abschnitt 2).

2 Der Wert unternehmensfinanzierter betrieblicher Versorgungszusagen

Führt man Untersuchungen über die Wertschätzung betrieblicher Versorgungsleistungen bei den Mitarbeitern durch, so stellt man in aller Regel fest, dass hier große Informationsdefizite bestehen. Dies betrifft die Frage, ob eine betriebliche Versorgungszusage vorliegt und wenn ja, mit welchen Leistungsarten und in welcher Höhe. Diese Informationsdefizite sind im Wesentlichen verursacht durch die weit verbreiteten leistungsorientierten Versorgungssysteme, bei denen sich die zukünftigen Versorgungsleistungen auf der Basis des Grundgehalts sowie der pensionsfähigen Dienstjahre ermitteln. Bei Einführung bzw. Zusage findet zwar eine entsprechende Kommunikation statt, diese wird jedoch im Regelfall in den Folgejahren nicht wiederholt. Aus personalpolitischer Sicht ist diese Situation kontraproduktiv, denn die Aufwendungen zur Finanzierung betrieblicher Versorgungsleistungen stellen nichts anderes als eine Investition in Humankapital dar, dem auch eine entsprechende Wertschätzung durch die Mitarbeiter gegenüberstehen sollte. Die erste Stufe der Wertschätzung stellt die Wahrnehmung durch den Mitarbeiter dar, erst in einem Folgeschritt stellt sich die Frage nach der Bewertung.

Welcher Wert einer betrieblichen Versorgungszusage beizumessen ist, stellt für den einzelnen Mitarbeiter eine extrem schwierige Frage dar, da die Beantwortung Informationen über

- Versicherungsprämien für eine private Finanzierung,
- steuerliche sowie
- sozialversicherungsrechtliche Folgewirkungen

voraussetzt. Dies wird man in vielen Fällen nicht erwarten können bzw. dürfen. Aus diesem Grund stellen manche Unternehmen ihren Mitarbeitern eine so genannte Gesamtvergütungsübersicht zur Verfügung, die den Wert aller Nebenleistungen angibt. Der Wert einer betrieblichen Nebenleistung kann dabei über den Einkommenswert definiert werden. Der Einkommenswert stellt eine gleichwertige Gehaltserhöhung dar, die an die Stelle der Nebenleistung tritt. Anders formuliert gibt der Einkommenswert an, welche Bruttogehaltserhöhung ein Mitarbeiter erhalten müsste, wenn der Arbeitgeber diese Nebenleistung nicht anbieten würde und der Mitarbeiter diese privat finanzieren müsste.

Für einen Mitarbeiter mit einer Jahresgrundvergütung in Höhe von € 75.000 und einer Versorgungsanwartschaft auf Alters- und Invaliditätsleistungen in Höhe von 15 Prozent sowie einer Hinterbliebenenrentenanwartschaft in Höhe von neun Prozent des Jahresgrundgehalts ergibt sich ein Einkommenswert in Höhe von 10,5 Prozent der Jahresgrundvergütung. Tabelle 1 zeigt ein Beispiel für eine Gesamtvergütungsübersicht.

Besonders interessant wird die Darstellung, wenn man inflatorische Überlegungen in die Bewertung einfließen lässt. Unterstellt man z. B. eine jährliche Erhöhung der Altersrentenanwartschaft um zwei Prozent, so steigt der Einkommenswert um 50 Prozent auf 15,8 Prozent an. Schon diese zwei Beispiele zeigen auf, wie wichtig es aus Sicht des Unternehmens ist, den Wert betrieblicher Versorgungsleistungen zu kommunizieren. Erfahrungsgemäß liegen die Prozentsätze schwerpunktmäßig im Bereich zwischen sechs Prozent und 16 Prozent (ohne Berücksichtigung inflatorischer Effekte), sodass man hier von einer betrieblichen Nebenleistung mit einem erheblichen Gewicht ausgehen kann. Verzichtet man auf eine entsprechende Kommunikation, so wird die Gesamtvergütung erheblich „unter Wert" verkauft.

Tabelle 1: Beispiel für eine Gesamtvergütungsübersicht

Berechnungsstichtag: 1.12.2003 **ABC AG**

Name: **Martin Mustermann**

	Einkommenswert €	Einkommenswert %	Kosten €	Kosten %	Wirkungsgrad %
Grundgehalt	75.000	100,0	75.000	100,0	100,0
Sonderzahlungen	10.800	14,4	10.800	14,4	100,0
Barvergütung	**85.800**	**114,4**	**85.800**	**114,4**	**100,0**
Verwendung	7.891	10,5	7.666	10,2	102,9
Auszahlung	**77.909**	**103,9**	**78.134**	**104,2**	**102,9**
Firmenwagen	–	0,0	–	0,0	–
Betriebliche Absicherung	7.879	10,5	5.244	7,0	150,2
Deferred Compensation	9.443	12,6	6.666	8,9	141,7
Direktversicherung	1.712	2,3	1.000	1,3	171,2
Unfallversicherung	223	0,3	153	0,2	146,2
Gehaltsfortzahlung	509	0,7	509	0,7	100,0
Aktienplan	1.300	1,7	1.300	1,7	100,0
Sonstiges	5.131	6,8	3.988	5,3	128,7
Summe Nebenleistungen	**26.197**	**34,9**	**18.859**	**25,1**	**138,9**
Summe Gesamtvergütung	**104.106**	**138,8**	**96.994**	**129,3**	**107,3**

3 Betriebliche Vorsorgeprodukte im Vergleich

Damit ein Mitarbeiter eine Bewertung von betrieblichen Vorsorgeprodukten vornimmt, müssen verschiedene Voraussetzungen erfüllt sein, dazu gehört insbesondere ein tatsächlich existierender Versorgungsbedarf. Nachfolgend wird gezeigt, dass die Quantifizierung dieser trivialen Voraussetzung mit teilweise recht komplexen Fragestellungen verbunden ist. Im Anschluss daran werden die qualitativen und quantitativen Kriterien analysiert.

3.1 Voraussetzungen einer Bewertung

3.1.1 Subjektiv wahrgenommener allgemeiner Versorgungsbedarf

Eine in der Praxis nicht zu unterschätzende Voraussetzung stellt die Wahrnehmung des Versorgungsbedarfs durch den Mitarbeiter dar. Die Wahrnehmung setzt immer ein entsprechendes Interesse des Mitarbeiters für Altersversorgung bzw. Risikoabsicherung voraus. Wie noch gezeigt werden wird, erschließt sich die Thematik nicht unmittelbar, sondern bedarf in aller Regel weiterer Hilfswerkzeuge und entsprechende zeitliche Ressourcen des Mitarbeiters. Das Interesse, sich mit dieser Thematik auseinanderzusetzen, wird durch verschiedene Faktoren geweckt:

- Gutachten der Sachverständigenkommission zur Rentenreform,
- Aussagen von Politikern zur Sicherheit des Sozialversicherungssystems,
- Medien,
- Angebot einer ergänzenden mitarbeiterfinanzierten betrieblichen Altersversorgung durch den Arbeitgeber,
- Überlegungen und Entscheidungen von Kollegen/Bekannten/Freunden,
- finanzielle Auswirkungen eines im näheren oder weiteren Bekanntenkreis eingetretenen Todes- oder Invaliditätsfalles.

Allerdings sind auch Faktoren zu nennen, die das Interesse an diesem Thema eher hemmen:

- Komplexität der Thematik,
- die mit der Absicherungsentscheidung verbundenen Kosten,
- Langfristigkeit der Vermögensplanung im Rahmen der Altersversorgung,
- Auseinandersetzungen mit eher unangenehmen Fragestellungen wie Tod/Invalidität im Rahmen der Risikoabsicherung.

Insgesamt lässt sich jedoch feststellen, dass das Interesse der Mitarbeiter an dieser Themenstellung in den letzten Jahren überproportional zugenommen hat.

3.1.2 Objektiv vorliegender konkreter Versorgungsbedarf des Mitarbeiters

Voraussetzung für die Entscheidung für ein bestimmtes Vorsorgeprodukt ist immer das Vorliegen einer Versorgungslücke. Diese ergibt sich aus der Differenz von individuellem Versorgungsziel und bereits getätigten Absicherungsmaßnahmen, zu denen gesetzliche, betriebliche und private Zahlungsquellen gehören.

In einem *ersten Schritt* sind daher alle bereits vorhandenen Absicherungsmaßnahmen aufzunehmen und auf ein bestimmtes Ruhestandsalter (in der Regel das Alter 65 Jahre) zu normieren (Erstellung eines Absicherungsstatus). Hierzu sind Daten aus den unter-

Die Bewertung betrieblicher Vorsorgeprodukte durch die Mitarbeiter

schiedlichsten Datenquellen zusammenzutragen und insbesondere auf die Fragestellung hin zu überprüfen, inwieweit die angegebenen Zahlenwerte statisch oder dynamisch sind. Entscheidend für das Vorliegen eines Versorgungsbedarfs ist die Problematik, ob eine Brutto- oder Nettobetrachtung vorgenommen wird. Während die Bruttobetrachtung von einer Welt ohne Steuer- und Sozialabgabenbelastung ausgeht, bezieht die Nettobetrachtung alle Steuern und Sozialabgaben mit ein. Somit ergibt sich für den Absicherungsstatus der in Tabelle 2 dargestellte Aufbau.

Tabelle 2: Struktur eines Absicherungsstatus

	Bruttobetrag p. a.	Sozialabgabenbelastung p. a.	Steuerbelastung p. a.	Nettobetrag p. a.
1. Altersabsicherung				
Gesetzliche Absicherung	€	€	€	€
Alternative 1	€	€	€	€
Alternative 2	€	€	€	€
Summe	€	€	€	€
2. Invaliditätsabsicherung				
Gesetzliche Absicherung	€	€	€	€
Alternative 1	€	€	€	€
Alternative 2	€	€	€	€
Summe	€	€	€	€
3. Todesfallabsicherung				
Gesetzliche Absicherung	€	€	€	€
Alternative 1	€	€	€	€
Alternative 2	€	€	€	€
Summe	€	€	€	€

Neben der gesetzlichen Absicherung, welche bei allen Mitarbeitern vorliegt, wurden in Tabelle 2 beispielhaft die Alternativen 1 und 2 aufgenommen. In der Praxis werden weitaus mehr Absicherungsmöglichkeiten vorhanden sein, man denke hier nur an unverfallbare Anwartschaften bei Vorarbeitgebern. Wichtig ist – insbesondere für jüngere Mitarbeiter – die ergänzende Berücksichtigung der Absicherungsbereiche Invalidität (Erwerbsminderung) und Tod.

Im nächsten Schritt (siehe Tabelle 3) konkretisiert sich der Versorgungsbedarf des Mitarbeiters durch die Versorgungslücke. Legt man das Versorgungsziel mit einem Prozentsatz in Relation zum Nettoeinkommen fest, so erhält man das absolute Versorgungsziel p. a.

Thomas Schanz

Tabelle 3: Struktur der Versorgungslückenermittlung

Absicherung	Alter	Invalidität	Todesfall
Versorgungsziel	85 %	85 %	50 %
Betrag Versorgungsziel	€	€	€
Derzeitige Nettoabsicherung	€	€	€
Versorgungslücke I	€	€	€
Sonstige Nettoeinnahmen	€	€	€
Versorgungslücke II	€	€	€

Setzt man in die Zeile „Derzeitige Nettoabsicherung" die Ergebnisse aus dem Absicherungsstatus ein, so erhält man die Versorgungslücke I. In der Zeile „Sonstige Nettoeinnahmen" kann man bislang nicht erfasste Einkünfte mit aufnehmen (z. B. Mieteinkünfte, Kapitalvermögen) und erhält dann die Versorgungslücke II. Diese Versorgungslücke konkretisiert den Versorgungsbedarf des Mitarbeiters – allerdings auf Nettobasis. Je nach gewählter Absicherungsmaßnahme muss noch die damit verbundene Steuer- und Sozialabgabenbelastung berücksichtigt werden, um die konkret notwendige Absicherungshöhe ermitteln zu können. Liegt bei einem Mitarbeiter beispielsweise eine private Krankenversicherung und eine Grenzsteuerbelastung von 50 Prozent vor, so muss er die doppelte Versorgungslücke absichern, damit ihm zu Konsumzwecken genau die benötigten Nettoeinnahmen zur Schließung der Versorgungslücke zur Verfügung stehen.

3.1.3 Vorliegen von Produktinformationen

Auch wenn sich dieser Beitrag auf betriebliche Vorsorgeprodukte beschränkt, muss die Absicherungsentscheidung des Mitarbeiters immer im Kontext des gesamten Absicherungsspektrums (und dazu gehören auch private Investment- und Versicherungsprodukte) gesehen werden. Damit steht der Mitarbeiter vor einer fast unüberschaubaren Produktvielfalt – man denke hier nur an die vielfältigen Tarifkombinationen im Versicherungsbereich. So bietet beispielsweise ein Unternehmen den Mitarbeitern 16 unterschiedliche Varianten der Direktversicherung an.

Aber auch wenn sich der Mitarbeiter „nur" zwischen zwei Varianten der betrieblichen Entgeltumwandlung (z. B. einem Deferred-Compensation-Modell und einem Riester-geförderten Produkt) entscheiden kann, so ist die Anzahl der zu berücksichtigenden Absicherungsvarianten ungleich größer, da private Absicherungsprodukte mit zu berücksichtigen sind (aufgrund der Themenstellung werden diese nachfolgend weitestgehend ausgeklammert).

In der Praxis wird für den Mitarbeiter kein Mangel an allgemeinen Produktinformationen bestehen. Damit diese für die Absicherungsentscheidung verwendet werden können, sollten die auf der folgenden Seite aufgeführten Kriterien erfüllt werden.

- **Transparente und verständliche Darstellung der wesentlichen Elemente der Absicherungsalternative:**
  Viele Produktinformationen berücksichtigen nicht, dass es sich bei den Adressaten nicht um Vermögensanlageprofis handelt, sondern um Entscheidungsträger mit einem häufig geringen Wissen um private bzw. betriebliche Absicherungsentscheidungen. Ausnahmen bestätigen auch hier die Regel. Werden in der Produktbeschreibung viele Fachtermini verwendet, so erleichtert dies dem Experten den Zugang, nicht jedoch dem allgemeinen Anwender.

- **Verwendung von einheitlichen Vergleichskriterien:**
  Diese Vorgabe soll dem Mitarbeiter einen einfachen Vergleich der unterschiedlichen Absicherungsvarianten ermöglichen. Dabei handelt es sich überwiegend um die in Abschnitt 3.2 aufgeführten qualitativen Kriterien. Aufgrund der unterschiedlichen Produktanbieter ist diese Voraussetzung in der Praxis in aller Regel nicht erfüllt, sodass dem Mitarbeiter dadurch der Vergleich der unterschiedlichen Produkte stark erschwert wird.

Bietet der Arbeitgeber den Mitarbeitern betriebliche Vorsorgeprodukte an, so besteht hier die Möglichkeit, die oben beschriebenen Anforderungen zu erfüllen. So können z. B. die unterschiedlichen Produkte anhand der verschiedenen Kriterien systematisch einheitlich gegenübergestellt werden. Ein praktisches Beispiel zeigt Abbildung 1. Dabei handelt es sich um einen Auszug aus einem Intranetrechner für die Mitarbeiter der Hella KG Hueck & Co. in Lippstadt. Der den rund 13.000 Mitarbeitern zur Verfügung stehende Intranetrechner ermöglicht nicht nur einen quantitativen Vergleich acht verschiedener Absicherungsmaßnahmen, sondern liefert auch eine systematische Gegenüberstellung bestimmter qualitativer Kriterien. Alle Absicherungsmöglichkeiten werden auf einer Seite knapp und verständlich beschrieben und auf einer letzten Seite gegenübergestellt. Abbildung 1 stellt einen kleinen Ausschnitt dar und bezieht sich auf das Deferred-Compensation-Modell, das über eine rückgedeckte Unterstützungskasse finanziert wird. Die in der linken Spalte aufgeführten Fragen werden bei allen Gestaltungsmöglichkeiten einheitlich dargestellt.

Diese Darstellung vereinfacht den Mitarbeitern den Zugang zu dieser komplexen Thematik und ermöglicht einen schnellen Vergleich der unterschiedlichen Varianten, da alle Alternativen abschließend auf einer Seite gegenübergestellt werden.

3.2 Qualitative Bewertungskriterien

3.2.1 Vertrauen in die finanzielle Leistungsfähigkeit des Produktanbieters

Absicherungsentscheidungen sind immer langfristiger Natur. Im Rahmen der Entscheidung für ein bestimmtes Altersvorsorgeprodukt wird dies unmittelbar erkennbar, da sich dem langfristigen Einzahlungsvorgang ein in der Regel langer Auszahlungszeitraum anschließt. Aber auch die Absicherung der finanziellen Auswirkungen des Todes-

Thomas Schanz

Abbildung 1: Systematische Beschreibung der Absicherungsalternative Unterstützungskasse im Intranetrechner der Hella KG Hueck & Co. (Ausschnitt)

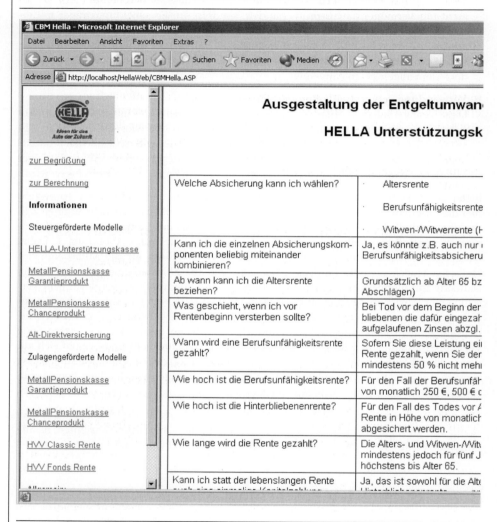

fall- oder Invaliditätsrisikos ist mit langfristigen Einzahlungen verbunden (wenn auch in der Regel für einen im Vergleich zur Altersversorgung kürzeren Finanzierungszeitraum). Die Auszahlungsphase kann im Vergleich zur Altersversorgung eine weitaus längere zeitliche Dauer betreffen – Rentenzahlungen für einen Zeitraum von 60 oder mehr Jahren sind insbesondere im Rahmen der Todesfallabsicherung keine Seltenheit. Damit kommt der finanziellen Leistungsfähigkeit des Produktanbieters eine besondere

Bedeutung zu. Praktische Erfahrungen zeigen, dass in Deutschland bei Fragen der Absicherung die Sicherheit der Kapitalanlage bzw. der Anlageform im Vordergrund steht. In der Vergangenheit standen Lebensversicherungen in punkto Sicherheit bei vielen Mitarbeitern an erster Stelle: allerdings hat im Jahr 2003 die Übertragung und Verwaltung des Bestands einer Lebensversicherungsgesellschaft auf die Auffanggesellschaft Protektor AG gezeigt, dass sich Lebensversicherungsgesellschaften von der langfristigen Kapitalmarktentwicklung nicht abkoppeln können.

Eine Bewertung der finanziellen Leistungsfähigkeit eines Produktanbieters kann ein Mitarbeiter nicht selbst vornehmen, er muss hier immer auf Veröffentlichungen von Ratingagenturen, Medien (z. B. Capital, Wirtschaftswoche) oder Verbraucherschutzorganisationen zurückgreifen. Dabei wird oftmals übersehen, dass der Bewertungsvorgang auf einer Vielzahl subjektiver Festlegungen (z. B. der Gewichtung der unterschiedlichen Faktoren bzw. Kriterien) bzw. einer limitierten Datengrundlage (zumindest bei Ratings, die auf allgemein zugänglichen und/oder auf rein vergangenheitsbezogenen Daten aufsetzen) basiert.

3.2.2 Optimale Abdeckung der individuellen Bedürfnisse

Analysiert man den Versorgungsbedarf für alle Mitarbeiter eines Unternehmens, so stellt man fest, dass dieser extrem unterschiedlich ist. Ein Grund wird unmittelbar erkennbar, wenn man den Versorgungsbedarf eines Mitarbeiters im Zeitablauf betrachtet: In Abhängigkeit von Alter, Familienstand, Anzahl der Kinder, erreichtem Lebensstandard sowie bereits getätigten Absicherungsmaßnahmen ergibt sich für die Lebensphase bis zum Erreichen der Altersgrenze ein höchst unterschiedlicher zusätzlicher Absicherungsbedarf. Dieser Absicherungsbedarf lässt sich – in Abhängigkeit bereits bestehender Absicherungsmaßnahmen – unterteilen in eine existenzgefährdende und eine nicht existenzgefährdende Versorgungslücke. Wird die existenzgefährdende Versorgungslücke nicht geschlossen, so kann die Sicherung eines minimalen Lebensstandards (konkretisiert durch fixe und die notwendigen variablen Ausgaben) nicht mehr erfolgen. Die nicht existenzgefährdende Versorgungslücke stellt dann die Differenz zum gewünschten Lebensstandard dar. Wird diese nicht abgesichert, so führt dies zu einer Einschränkung des Lebensstandards, welche – zumindest teilweise – auch hinnehmbar ist. Für die Aufteilung existiert kein allgemeingültiges Berechnungsverfahren, da diese immer von den individuellen Gegebenheiten des Mitarbeiters abhängt.

Wie stark sich der zusätzliche Absicherungsbedarf eines Mitarbeiters im Zeitablauf ändern kann, zeigt die Abbildung 2 für den Fall der Berufsunfähigkeit (teilweise Erwerbsminderung), für die Todesfallabsicherung ergibt sich in weiten Teilen ein ähnlicher Verlauf.

Thomas Schanz

Abbildung 2: Absicherungsbedarf des Mitarbeiters im Life-Cycle-Modell

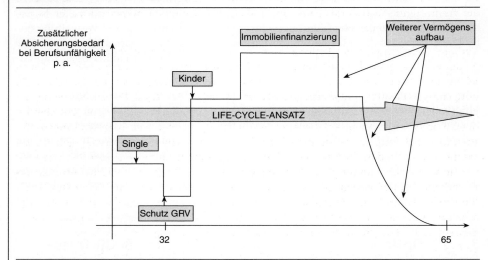

Hier zeigen sich die Vorteile einer flexiblen Absicherungskonzeption: Kann sich der Mitarbeiter jährlich neu entscheiden und somit die Absicherung auf die individuellen Gegebenheiten anpassen, so sind damit Kosteneinsparungen verbunden, welche in der Praxis für Risikoleistungen bis zu 75 Prozent der Kosten einer privaten Absicherung betragen haben[1] (im Mittel liegen diese zwischen 40 Prozent und 50 Prozent). Zusätzliche Kosteneinsparungen ergeben sich aufgrund eines in der Praxis häufig anzutreffenden Tatbestandes: Insbesondere bei einer Absicherung über Versicherungsprodukte wählen Mitarbeiter oft Kombinationsprodukte (Risikoleistungen kombiniert mit Altersleistungen), welche in den seltensten Fällen eine bedarfsgerechte Absicherung ermöglichen (so enthält eine Kapitallebensversicherung immer eine Todesfallleistung, gleichgültig ob der Mitarbeiter diese benötigt oder nicht). Überflüssige Absicherungsleistungen verteuern jedoch die Absicherungskosten für die benötigten Absicherungsmaßnahmen.

3.2.3 Keine negativen Folgewirkungen bei Arbeitgeberwechsel

Die Analyse vieler Erwerbsbiografien zeigt, dass die Anzahl der Arbeitgeber im Laufe der aktiven Beschäftigung zunimmt und das „Ein-Arbeitgeber-von-der-Lehre-bis-zum-Rentenbeginn"-Beschäftigungsverhältnis mittlerweile die seltene Ausnahme ist. Daher muss jeder Mitarbeiter einplanen, dass er Rentenzahlungen von verschiedenen Arbeitgebern erhalten wird. Dies betrifft unternehmens- und mitarbeiterfinanzierte Versor-

---

[1] Vgl. Schanz 2002, S. 51.

gungszusagen gleichermaßen. Ein Mitarbeiter wird daher nur dann die Entscheidung zu Gunsten eines betrieblichen Vorsorgeprodukts treffen, wenn sichergestellt ist, dass ein zukünftiger Wechsel des Arbeitgebers keinen negativen Einfluss auf die Höhe der Versorgungsleistungen bewirkt.

Verlässt ein Mitarbeiter das Unternehmen, so kann er zukünftig nicht mehr an dem Entgeltumwandlungsmodell teilnehmen. Dies führt dazu, dass sich die finanzierbaren Altersleistungen vermindern. Darin ist noch keine Benachteiligung zu sehen, da auch die dafür notwendigen Finanzierungsbeiträge entfallen. Da sich in der Regel die Verzinsung der angesammelten Versorgungsmittel nach Ausscheiden nicht verändert, hat das Ausscheiden des Mitarbeiters in Bezug auf die Altersleistungen keine negativen Folgewirkungen. Der Anspruch auf Entgeltumwandlung kann beim neuen Arbeitgeber wieder geltend gemacht werden, sodass hier weitere Altersversorgungsbausteine aufgebaut werden können. Inwieweit die Summe aller Altersversorgungsbausteine die frühere Anwartschaft des Erstarbeitgebers erreichen, hängt u. a. auch von der Verzinsung des Entgeltumwandlungsmodells des Folgearbeitgebers ab. Ist diese niedriger, so wird die frühere Anwartschaft nicht erreicht. Dieser Nachteil kann aber nicht dem Erstarbeitgeber angelastet werden, sondern ist durch das Versorgungsmodell des Folgearbeitgebers bedingt.

Nachteile können sich für die abgesicherten Risikoleistungen ergeben: Bei beitragsorientierten Leistungszusagen wird die vom Erstarbeitgeber aufrechtzuerhaltende Anwartschaft auf die mit den bisherigen Beiträgen finanzierte Anwartschaft begrenzt. Dies kann der ratierliche Anteil oder auch ein weitaus niedrigerer Betrag sein. Im Extremfall endet die Absicherung; kann sich der Mitarbeiter nach Ausscheiden jährlich neu entscheiden und ist die Höhe des Einsatzbetrages maßgebend für die Höhe der Versorgungsleistungen für das jeweilige Absicherungsjahr, so endet die Absicherung mit Ablauf des bereits ausfinanzierten Absicherungsjahres. Möchte der Mitarbeiter nach Ausscheiden die Absicherung fortführen, so ist dies über den Erstarbeitgeber nicht möglich; bietet der Folgearbeitgeber im Rahmen der Entgeltumwandlung keine Risikoleistungen an, so muss sich der Mitarbeiter privat absichern. Hier besteht die Gefahr, dass der Versicherer den Versicherungsschutz aufgrund eingetretener gesundheitlicher Verschlechterungen ablehnt oder durch Prämienzuschläge wesentlich verteuert. Dieser Nachteil des Ausschlusses der Versicherbarkeit lässt sich jedoch bei rückgedeckten Versorgungsmodellen durch eine Sondervereinbarung mit der Versicherungsgesellschaft vermeiden.

3.2.4 Flexible Auszahlungsmöglichkeit

Wie bereits im Rahmen des Life-Cycle-Modells gezeigt wurde, ändern sich Umfang und Höhe der Absicherung im Laufe eines Lebens. Der Wunsch nach einer flexiblen Auszahlungsmöglichkeit bezieht sich auf die Auszahlungsform und den zeitlichen Abruf.

Grundsätzlich können drei verschiedene Auszahlungsvarianten in Betracht kommen. Die Rentenzahlung wird im Allgemeinen lebenslang geleistet und sichert dem Berechtigten Einnahmen bis zum Todesfall. Konträr dazu stellt die Kapitalleistung eine Einmalzahlung dar. Soll diese für die Altersversorgung verwendet werden, so muss eine

Neuanlage erfolgen, der Berechtigte entnimmt jährlich Zinsen sowie Teile des eingezahlten Kapitals (Kapitalverzehr). Die dritte Variante, die Ratenzahlung, sieht die Verteilung des aufgelaufenen Kapitals über einen bestimmten Zeitraum (z. B. neun Jahre) vor. Da zum Zeitpunkt des Vertragsabschlusses häufig noch keine Klarheit besteht, welche Auszahlungsform optimal ist, stellen Wahlmöglichkeiten, die erst bei Eintritt des Versorgungsfalls entschieden werden müssen, für die Mitarbeiter die optimale Variante dar, die Auszahlung der Versorgungsleistungen auf den persönlichen Bedarf zuzuschneiden (allerdings ist zu prüfen, ob rechtlich eine Wahlmöglichkeit überhaupt zulässig ist – so sehen die im Rahmen von § 10a EStG geförderten Vorsorgeprodukte ausdrücklich nur Rentenzahlungen mit Teilkapitalisierung vor). Im Rahmen der Rückführung von größeren finanziellen Verpflichtungen (z. B. Hausfinanzierung) stellt die Kapitalleistung die attraktivere Variante dar, steht dagegen die langfristige Sicherung des Lebensstandards im Vordergrund, so ist es die lebenslange Rentenzahlung. Ratenzahlungen sind insbesondere dann interessant, wenn z. B. eine Vorruhestandsphase finanziell überbrückt werden soll oder für einen begrenzten Zeitraum ein erhöhter Finanzbedarf besteht. Die unterschiedlichen steuerlichen und sozialversicherungsrechtlichen Folgewirkungen der Auszahlungsvarianten sollten in jedem Fall bei der Entscheidung berücksichtigt werden.

Wahlmöglichkeiten bezüglich des zeitlichen Abrufs stellen ebenfalls eine wichtige Option für den Mitarbeiter dar. Häufig werden Altersversorgungsleistungen auf das 65. Lebensjahr bezogen, in vielen Fällen entspricht jedoch dieses Alter nicht dem Wunschruhestandsalter des Mitarbeiters. Sofern die finanziellen Möglichkeiten gegeben sind, ziehen Mitarbeiter einen früheren Ruhestand vor, um vielleicht noch einmal die Wünsche realisieren zu können, für die man während der aktiven Erwerbsphase keine Zeit fand. Aus steuerlichen Gründen kann bei betrieblichen Vorsorgeprodukten im Regelfall kein früherer Rentenbeginn als das 60. Lebensjahr vorgesehen werden.

3.2.5 Vererbbarkeit des aufgelaufenen Vorsorgekapitals

Viele Entgeltumwandlungsmodelle sehen im Rahmen der Altersversorgung reine Altersrenten (hier werden im Todesfall vor Beginn der Altersrente mindestens die einbezahlten Beiträge ausbezahlt) bzw. ein mit einer Todesfallleistung kombiniertes Alterskapital vor. Bei allen Finanzierungsalternativen ist die Bezugsberechtigung des Ehepartners unproblematisch. Ist ein Mitarbeiter nicht verheiratet, so stellt sich die Frage nach der Bezugsberechtigung des Lebenspartners. Unproblematisch ist dies bei nach § 40b EStG pauschal versteuerten Direktversicherungs- oder Pensionskassenleistungen, bei allen anderen Finanzierungsvarianten ergeben sich Probleme. An die steuergeförderten Finanzierungsalternativen (Direkt- und Unterstützungskassenzusage sowie gemäß § 3 Nr. 63 EStG finanzierte Pensionskassen- und Pensionsfondszusagen) stellt die Finanzverwaltung besondere Anforderungen[2]. Handelt es sich um eine gemäß § 10a EStG zulagegeförderte Finanzierung, so führt die Vererbung an den Lebensgefährten zur Rückzahlung der erhaltenen Zulagen und der steuerlichen Förderung. Sollen andere natürliche Personen erbbe-

---

2 Vgl. BMF, Schreiben vom 25.7.2002, IV A 6 – S 2176 – 28/02.

Die Bewertung betrieblicher Vorsorgeprodukte durch die Mitarbeiter

rechtigt sein, so führt das bei den steuergeförderten Finanzierungsalternativen zu einem Wegfall der Anerkennung als betriebliche Altersversorgung und damit zur Lohnsteuerpflicht der Entgeltumwandlungsbeträge, bei den zulagegeförderten Alternativen sind wiederum die Zulagen zurückzuzahlen.

Einen relativ hohen Stellenwert nimmt die Frage der Vererbbarkeit bei nicht verheirateten Mitarbeitern ohne Lebenspartner ein. Auch wenn die Wahrscheinlichkeit für jüngere Mitarbeiter, in den nächsten fünf Jahren zu versterben, zum Teil weit unter ein Prozent liegt, so hat dies in der Vergangenheit in einer nicht zu unterschätzenden Anzahl von Fällen zu der Entscheidung geführt, aufgrund des damit verbundenen Verfallrisikos nicht an der angebotenen Entgeltumwandlung teilzunehmen. Obwohl das Verfallrisiko objektiv gesehen als sehr gering betrachtet werden muss, wird es subjektiv von den Mitarbeitern als weitaus gewichtiger empfunden.

3.3 Quantitative Bewertungskriterien

Neben den in Abschnitt 3.2 beschriebenen qualitativen Kriterien kommt den nachfolgend beschriebenen quantitativen Kriterien besondere Bedeutung zu. Wie noch zu zeigen sein wird, sind die vermeintlich objektiven Zahlengrundlagen nicht ohne weitere Überprüfung (und bedürfen damit wieder einer subjektiven Einschätzung bzw. Bewertung) zu verwenden.

3.3.1 Möglichst geringe Absicherungskosten für notwendige Versorgungsleistungen

Liegt bei einem Mitarbeiter eine Versorgungslücke vor und möchte er diese schließen, so kann er die notwendigen Informationen über Kosten (in der Regel die Prämie) und Versorgungsleistungen (in der Regel Rentenzahlungen) von den jeweiligen Produktgebern und bei betrieblichen Versorgungsprodukten vom Arbeitgeber erhalten. In der Praxis haben sich bezüglich der Vorgehensweise zwei unterschiedliche Ansätze herauskristallisiert: Entweder gibt der Mitarbeiter einen monatlichen/jährlichen Aufwand vor und vergleicht die damit finanzierbaren Leistungen für die einzelnen Alternativen oder er gibt die monatlichen/jährlichen Versorgungsleistungen vor und vergleicht die damit verbundenen Absicherungskosten. Die letztere Variante ermöglicht das zielgenaue Schließen der Versorgungslücke und wird nachfolgend dargestellt. In die Berechnungsbeispiele[3] werden folgende Varianten einbezogen; die Berechnungen beziehen sich auf die Altersabsicherung.

---

3 Für die Berechnungsbeispiele wurden gängige Tarife der Praxis und realistische Annahmen für einen verheirateten 45-jährigen Mitarbeiter (Steuerklasse III/2) mit einem Jahreseinkommen in Höhe von 40.000 € verwendet; gleichwohl können daraus keine allgemeingültigen Aussagen über die Vorteilhaftigkeit bestimmter Finanzierungsalternativen abgeleitet werden. Als Entscheidungsgrundlage kann immer nur eine auf die individuellen Gegebenheiten des Mitarbeiters zugeschnittene Berechnung dienen.

- *Pensionsfonds:*
  - gefördert nach § 3 Nr. 63 EStG
  - gefördert nach § 10a EStG
- *Pensionskasse:*
  - gefördert nach § 3 Nr. 63 EStG
  - gefördert nach § 10a EStG
- *Direktversicherung:*
  - gefördert nach § 40b EStG
- *Deferred-Compensation-Modell des Unternehmens:*
  - rückgedeckte Direktzusage, Finanzierung aus dem Bruttoeinkommen
- *Private Rentenversicherung:*
  - Finanzierung aus dem Nettoeinkommen
- *Private Wertpapieranlage:*
  - Finanzierung aus dem Nettoeinkommen

Die nachfolgende *Analyse* erfolgt im ersten Schritt auf Bruttobasis, d. h. ohne Berücksichtigung von steuer- und sozialversicherungsrechtlichen Folgewirkungen. Diese werden erst im zweiten Schritt einbezogen.

Möchte ein Mitarbeiter die im Rahmen der Altersabsicherung bestehende Versorgungslücke schließen, so ist zuerst die Einholung der Angebote der verschiedenen Produktanbieter erforderlich. Neben den persönlichen Daten sind folgende *Informationen* notwendig:

- Einzahlungsbeginn,
- Rentenbeginnalter,
- gewünschte Bruttorente (monatlich/jährlich),
- eventuell Vorgabe einer Kapitaloption bei Rentenbeginn (sofern technisch/rechtlich möglich),
- Prämienzahlweise,
- gewünschte Dynamikvariante bei Versicherungsangeboten.

Im Regelfall wird der Mitarbeiter auf folgende *Schwierigkeiten* stoßen, wenn er von allen Produktanbietern die relevanten Informationen erhalten hat:

- In den seltensten Fällen werden die eingegangenen Angebote direkt miteinander vergleichbar sein, aus diesem Grund muss eine Normierung vorgenommen werden. Dies bedeutet, dass der Mitarbeiter den Prämienaufwand ermitteln muss, der zur Finanzierung der gewünschten Bruttorente notwendig ist.
- Bei Versicherungsprodukten muss untersucht werden, inwieweit die in der angegebenen Bruttorente enthaltene Überschussbeteiligung realistisch ist. Notfalls sind hier Korrekturen vorzunehmen, wobei der Mitarbeiter vermutlich externer Unterstützung bedarf.
- Berücksichtigt werden muss auch, welches Verfahren der Altersbestimmung von den Versicherungsgesellschaften gewählt wurde – das Berechnungsalter stimmt nicht immer mit dem bürgerlich-rechtlichen Alter überein.
- Da die Überschussbeteiligung auch in der Rentenbezugsphase entsteht, werden auch anfangs gleich hohe Rentenzahlungen von unterschiedlichen Anbietern im Zeitab-

Die Bewertung betrieblicher Vorsorgeprodukte durch die Mitarbeiter

lauf von einander abweichen. Sofern die Differenz nicht zu groß ist, kann sie vernachlässigt werden, andernfalls ist eine weitere Anpassung der Ergebnisse notwendig.
- Die Anbieter werden sich auch in Bezug auf die gezahlte Todesfall-Leistung bei Tod während der Rentenbezugsphase unterscheiden. Während klassische Rententarife keine Todesfallleistung vorsehen, wird bei einer privaten Wertpapieranlage im Todesfall das aufgelaufene Kapital ausbezahlt werden.
- Bei Berechnungen in Bezug auf private Wertpapier- oder Fondsanlagen ist ein realistisches Verzinsungsszenario für die Analyse zu verwenden.

Unterstellt man, dass alle Normierungstätigkeiten durchgeführt worden sind, so kann die Analyse des besten Anbieters erfolgen. Das beste Preis-Leistungs-Verhältnis wird nachfolgend auf der Basis des Effizienzgrades dargestellt. Der Effizienzgrad besagt, wie viel Euro Rente mit einem Euro Aufwand finanziert werden können. Diejenige Variante ist somit optimal, die den höchsten Effizienzgrad besitzt. In Abbildung 3 ist zu erkennen, dass ein gemäß § 3 Nr. 63 EStG geförderter Pensionsfonds die optimale Absicherungsvariante darstellt.

Abbildung 3: Effizienzgrade unterschiedlicher Versorgungsmodelle (I)

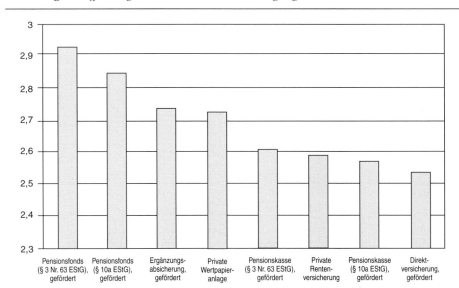

Obwohl in dieser Berechnung die unterschiedlichen steuer- und sozialversicherungsrechtlichen Folgewirkungen nicht berücksichtigt wurden, unterscheiden sich die beiden Varianten der Pensionskasse sowie des Pensionsfonds im Effizienzgrad. Dies resultiert aus dem Umstand, dass Produktanbieter durchaus tariflich danach differenzieren, ob es sich um ein gemäß § 10a EStG zulagegefördertes Produkt (welches relativ verwaltungsintensiv ist) handelt oder nicht. Auf der Grundlage der verwendeten Tarife und Annahmen stellt sich der gemäß § 3 Nr. 63 EStG geförderte Pensionsfonds als die optimale Variante für diesen Mitarbeiter dar.

Die ermittelten Effizienzgrade aller untersuchten Alternativen bewegen sich zwischen 2,55 und 2,95; dieses Ergebnis zeigt, dass das Preis-Leistungs-Verhältnis der verschiedenen Finanzierungsmöglichkeiten sehr unterschiedlich ist. Wenn der Analyse nicht – wie in diesem Beispiel geschehen – ein umfangreiches Benchmarking der unterschiedlichen Anbieter für die verschiedenen betrieblichen Produkte vorausgeht, ergeben sich in der Praxis weitaus größere Spannweiten.

Ein weiterer Komplexitätsgrad ergibt sich durch die Berücksichtigung der steuer- und sozialversicherungsrechtlichen Regelungen. Da eine optimale Entscheidung nur unter Berücksichtigung dieser Folgewirkungen getroffen werden kann, sind diese – mit Blick auf die Analyse- und Entscheidungsqualität – zwingend einzubeziehen. Die Nichtberücksichtigung führt in der überwiegenden Anzahl aller Fälle zu suboptimalen bzw. falschen Entscheidungen. In einem *ersten Schritt* wird daher die Vorgehensweise beschrieben, mit der sich eine optimale Entscheidung realisieren lässt, in einem *zweiten Schritt* wird auf die dazu notwendigen Voraussetzungen eingegangen. Die steuer- und sozialversicherungsrechtlichen Auswirkungen werden in diesem Handbuch ausführlich beschrieben, aus diesem Grund soll an dieser Stelle eine einfache synoptische Darstellung genügen.

Tabelle 4: Synoptische Darstellung der steuer- und sozialversicherungsrechtlichen Parameter

	Direktzusage	Unterstützungs-kassenzusage	Pensionskasse (PK)	Direktversicherung	Pensionsfonds
Steuerpflicht der Beiträge	nein	nein	a) § 10a EStG: ja b) § 40b EStG: ja pauschal bis 1 752/2.148 € p. a. c) § 3 Nr. 63 EStG: nein bis 4 % der BBG	a) wie PK b) wie PK c) –	a) wie PK b) – c) wie PK
Sozialversicherungspflicht der Beiträge bis 31.12.2008	Nein bis 4 % der BBG	Nein bis 4 % der BBG	a) § 10a EStG: ja b) § 40b EStG: nein, falls aus Einmalzahlungen und bis max. 1752 €/2.148 € c) § 3 Nr. 63 EStG: nein	a) wie PK b) wie PK c) –	a) wie PK b) – c) wie PK
Besteuerung der Leistungen	volle Besteuerung, aber Freibetrag nach § 19 EStG und § 9a Nr. 1 EStG	volle Besteuerung, aber Freibetrag nach § 19 EStG und § 9a Nr. 1 EStG	a) § 10a EStG: volle Besteuerung, aber Werbungskostenpauschbetrag (§ 9a Nr. 3 EStG) und Altersentlastungsbetrag nach § 24a EStG b) § 40b EStG Rente: Ertragsanteil Kapital i. d. R. steuerfrei c) § 3 Nr. 63 EStG: wie a)	a) wie PK b) wie PK c) –	a) wie PK b) – c) wie PK
Sozialversicherungspflicht der Leistungen (KV/PV)	Rente: ja Kapital, Rate: i.A. nein	Rente: ja Kapital (Rate): nein	Rente: ja Kapital: nein	Rente: ja Kapital: nein	Rente, Auszahlungsplan: ja

Stand: 1.11.2003

Die Bewertung betrieblicher Vorsorgeprodukte durch die Mitarbeiter

Tabelle 4 lässt erkennen, dass in den Entscheidungsprozess eine Vielzahl steuer- und sozialversicherungsrechtlicher Parameter eingeht. Werden diese berücksichtigt, so ergeben sich die in Abbildung 4 dargestellten Effizienzgrade (alle anderen Berechnungsparameter sind im Vergleich zu Abbildung 3 unverändert).

Abbildung 4: Effizienzgrade unterschiedlicher Versorgungsmodelle (II)

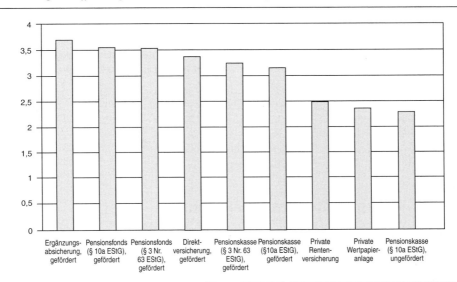

Der direkte Vergleich der Abbildung 3 mit der Abbildung 4 zeigt, dass sich die Vorteilhaftigkeitsrangfolge wesentlich verändert hat. Unter Berücksichtigung der individuellen Steuer- und Sozialversicherungsparameter stellt die vom Arbeitgeber angebotene Ergänzungsabsicherung (Deferred-Compensation-Modell) die optimale Absicherungsalternative dar. Stark verschoben hat sich die Vorteilhaftigkeit der Direktversicherung; während diese in Abbildung 3 die schlechteste Variante darstellte, rückt sie bei einer differenzierteren Betrachtungsweise an die vierte Stelle. Dies führt zu der allgemein gültigen Feststellung, dass eine Entscheidung ohne die Berücksichtigung der relevanten steuer- und sozialversicherungsrechtlichen Parameter zu einer fehlerhaften, im günstigsten Fall zu einer nur leicht suboptimalen, im ungünstigsten Fall zu einer wirtschaftlich sehr nachteiligen Entscheidung führen kann.

Damit stellt sich die Frage, welche Voraussetzungen erfüllt sein müssen, damit der Mitarbeiter die richtige Entscheidung treffen kann.

Es müssen folgende *Kenntnisse* bzw. *Informationen* vorliegen:

- es muss sichergestellt sein, dass die verglichenen Leistungen auch wirklich miteinander vergleichbar sind (vgl. die Ausführungen zur Normierungsproblematik);

- der Grenzsteuersatz muss bekannt sein, um die steuerlichen Entlastungswirkungen in der Finanzierungsphase bei steuergeförderten Alternativen ermitteln zu können;
- der voraussichtliche Rentnersteuersatz sollte geschätzt werden, um die steuerlichen Belastungswirkungen in der Rentenbezugsphase ermitteln zu können;
- die gesamte Belastung mit Sozialversicherungsbeiträgen in der Aktivitätsphase muss bekannt sein, um die auf den Finanzierungsbeiträgen lastenden Sozialabgaben ermitteln zu können;
- die voraussichtliche Belastung mit Kranken- und Pflegeversicherungsbeiträgen in der Rentenbezugsphase sollte geschätzt werden, um die auf den Rentenzahlungen lastenden Sozialabgaben ermitteln zu können;
- bereits vorliegende Absicherungsmaßnahmen müssen zwingend berücksichtigt werden (mit Blick auf bereits ausgeschöpfte Freibeträge oder andere Grenzwerte).

Die Bedeutung des letzten Punktes darf nicht unterschätzt werden, da eine Absicherungsentscheidung niemals isoliert von den bereits bestehenden Absicherungsmaßnahmen getroffen werden darf. Dies nicht nur im Hinblick auf eventuelle Überlegungen zur Risikodiversifizierung; vielmehr ist auch zu berücksichtigen, dass die verschiedenen Absicherungsmaßnahmen unterschiedlichen steuerlichen Einkunftsarten zugeordnet werden und somit weiteren steuerlichen Begünstigungen unterliegen.

3.3.2 Transparente Kostenbelastung

Ist sich der Mitarbeiter über die Höhe der notwendigen Einnahmen im Klaren (z. B. € 1.000 pro Monat), so kann die mit den unterschiedlichen Absicherungsmaßnahmen verbundene Kostenbelastung ermittelt werden. In der Praxis wird jedoch vielfach übersehen, dass die späteren Versorgungsleistungen wieder der Besteuerung unterliegen und in der Regel mit Sozialabgaben belastet sind. Dies bedeutet, dass der Mitarbeiter mehr als die gewünschten € 1.000 absichern muss, damit ihm netto dieser Betrag zu Konsumzwecken zur Verfügung steht. Der gewünschte Nettobetrag ist daher um die voraussichtliche Steuer- und Sozialabgabenbelastung zu erhöhen. Die Kostenbelastung kann dann auf der Basis der – je nach Absicherungsalternative – unterschiedlich hohen Bruttorenten ermittelt werden.

Im *nächsten Schritt* wird die mit der jeweiligen Absicherungsalternative verbundene Kostenbelastung ermittelt. Handelt es sich bei der Alternative um eine Versicherung, so wird die notwendige Prämie ermittelt. Auch hier muss zwischen Brutto- und Nettobelastung differenziert werden.

Zwischen Netto- und Bruttobelastung besteht dabei folgende Beziehung:

Bruttobelastung
abzgl. Steuerersparnis
abzgl. Sozialabgabenersparnis
abzgl. eventueller Zulagen
= **Nettobelastung**

Bei vielen Absicherungsmodellen ist die Nettobelastung im Zeitablauf konstant, sofern nicht zukünftig eine Veränderung des Steuertarifs oder der Sozialabgabenbelastung mit berücksichtigt wird. Schwierigkeiten ergeben sich bei den zulagengeförderten Produkten, da die Zulagen bis zum Jahr 2008 ansteigen. Allerdings erhält der Mitarbeiter nur dann die vollen Zulagen, sofern sein Einzahlungsbetrag entsprechend ansteigt. Damit ergibt sich für diese Produkte in den Jahren 2004, 2006 und 2008 eine unterschiedliche Nettobelastung; ein Vergleich mit anderen – im Zeitablauf konstanten – Produkten ist damit nicht mehr ohne weitere Nebenrechnungen möglich. Finanzmathematisch kann diese steigende Zahlungsreihe wieder in eine konstante Zahlungsreihe umgerechnet werden. Ob die Mitarbeiter allerdings diese Nebenrechnung vornehmen können, muss bezweifelt werden. Ohne diese Nebenrechnung besteht jedoch die Gefahr einer Fehlentscheidung.

3.3.3 Kalkulierbarkeit der späteren Versorgungsleistungen

Die Ausfinanzierung einer nach Altersrentenbeginn vorliegenden Versorgungslücke stellt einen langfristigen Sparvorgang dar. Aufgrund dieser Langfristigkeit gibt es im Regelfall kein Vorsorgeprodukt, welches bereits zum Entscheidungszeitpunkt die volle Altersrente garantiert (eine Ausnahme stellt nur die leistungsorientierte Zusage dar, bei der der Arbeitgeber langfristig einen Zins zwischen fünf und sechs Prozent garantiert und sich bei mitarbeiterfinanzierten Modellen die zugesagte Leistung im Zeitablauf nicht mehr erhöht). Die überwiegende Anzahl der in der Praxis existierenden Vorsorgeprodukte garantiert nur einen niedrigen Basiszins (zurzeit zwischen 0 Prozent und 3,25 Prozent), der allerdings durch – im Zeitablauf nicht garantierte – Überschussanteile aufgestockt wird. Gut kalkulierbar ist damit nur die garantierte Verzinsung, der darüber hinausgehende Teil ist von der Entwicklung der Kapitalmärkte abhängig.

3.3.4 Inflatorische Sicherheit

Unter inflatorischer Sicherheit wird nachfolgend verstanden, dass die abgesicherten Versorgungsleistungen in Bezug auf die Kaufkraft stabil bleiben. Auch hier gilt es in der Praxis zu berücksichtigen, dass es aufgrund des langfristigen Ansparvorganges bei allen Vorsorgeprodukten zu Veränderungen der Kaufkraft kommen wird. Garantiert z. B. der Arbeitgeber eine konstante Verzinsung von sechs Prozent im Zeitablauf, so sinkt die Kaufkraft bei Berücksichtigung der Inflation. Tabelle 5 zeigt, in welchem Umfang sich der Realwert einer Rentenanwartschaft verändert.

Thomas Schanz

Tabelle 5: Realwert einer Rente im Zeitablauf

Realwert einer Rente nach .... Jahren	Inflationsrate p. a.		
	2 %	3 %	4 %
5	90,6 %	86,3 %	82,2 %
10	82,0 %	74,4 %	67,6 %
15	74,3 %	64,2 %	55,5 %
20	67,3 %	55,4 %	45,6 %
25	61,0 %	47,8 %	37,5 %
30	55,2 %	41,2 %	30,8 %

Tabelle 5[4] zeigt sehr deutlich, dass auch bei einer niedrigen durchschnittlichen Inflationsrate von zwei Prozent und einer Rentenzahldauer von zehn Jahren mit 18 Prozent ein nennenswerter Kaufkraftverlust eintritt und somit der Kaufkraftstabilität eine wichtige Bedeutung zukommt.

Ist ein bestimmtes Vorsorgeprodukt mit einer Zinsgarantie von z. B. 3,25 Prozent ausgelegt und erhält der Mitarbeiter alle zukünftigen Überschussanteile gutgeschrieben, so können diese Überschussanteile zumindest in einer groben Näherung dem Inflationsausgleich dienen. Die bessere Vorgehensweise ist allerdings die, den voraussichtlichen Kaufkraftverlust bereits bei der Bestimmung des Versorgungsziels zu berücksichtigen und die Versorgungsleistungen mit ihrem wahrscheinlichen Wert zu berücksichtigen.

4 Empirische Untersuchung zur Gewichtung der einzelnen Kriterien

Im September 2003 wurde eine empirische Untersuchung gestartet, um die Bedeutung der dargestellten Kriterien zu ermitteln. Dazu wurde der nachfolgend darstellte Fragebogen den Mitarbeitern erläutert und im Anschluss daran durch diese eine Bewertung vorgenommen. Die Bewertung wurde anhand des Schulnotensystems vorgenommen, wobei die Note 1 „sehr wichtig", die Note 3 „neutral" und die Note 6 „unwichtig" entsprach. Aufgrund der geringen Fragebogenanzahl von rund 25 ausgewerteten Fragebögen sind die Untersuchungsergebnisse nicht repräsentativ, decken sich jedoch mit den Erfahrungen aus der Beratungspraxis.

---

4 Die entsprechende Zelle ist in Tabelle 5 grau unterlegt.

Tabelle 6: Fragebogen

Maßgebendes Kriterium	Note
1. Vertrauen in die finanzielle Leistungsfähigkeit des Produktanbieters	
2. Optimale Abdeckung der individuellen Bedürfnisse (aktuell und im zeitlichen Verlauf)	
3. Keine negativen Folgewirkungen bei Arbeitgeberwechsel	
4. Flexible Auszahlungsmöglichkeit	
5. Vererbbarkeit des aufgelaufenen Vorsorgekapitals	
6. Möglichst geringe Absicherungskosten für notwendige Versorgungsleistungen	
7. Transparente Kostenbelastung	
8. Kalkulierbarkeit der späteren Versorgungsleistungen	
9. Inflatorische Sicherheit	

Die nach ihrer Bedeutung sortierten Kriterien ergaben sich wie in Abbildung 5 dargestellt.

Abbildung 5: Bedeutung der einzelnen Kriterien

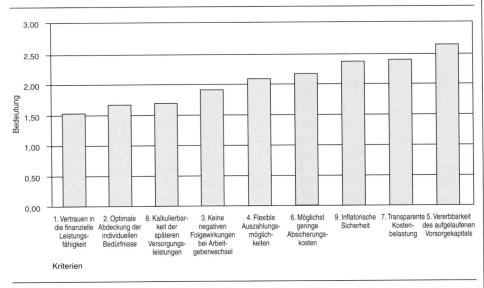

Thomas Schanz

Das „Vertrauen in die finanzielle Leistungsfähigkeit des Produktanbieters" steht an erster Stelle. Dieses Kriterium war immer schon von großer Bedeutung, hat aber in den letzten zwei Jahren an Wichtigkeit gewonnen; dies war im Wesentlichen bedingt durch die Übernahme eines Versicherers durch die Protektor AG und die mit Aktienkursverlusten verbundenen stillen Lasten in den Bilanzen verschiedener Versicherungsgesellschaften. Ebenfalls von großer Bedeutung ist die „Optimale Abdeckung der individuellen Bedürfnisse (aktuell und im zeitlichen Verlauf)". Diese Bedeutung resultiert aus dem Umstand, dass sich eine – zum Entscheidungszeitpunkt als optimal betrachtete – Alternative zu einem späteren Zeitpunkt als suboptimal bzw. negativ herausstellen kann. Ebenfalls besser als zwei wurde das Kriterium „Kalkulierbarkeit der späteren Versorgungsleistungen" bewertet" – vielleicht ein Indikator, dass die Mitarbeiter das Ziel Sicherheit noch vor die Renditemaximierung setzen. Ebenfalls sehr hoch bewertet wurde das Kriterium „Keine negativen Folgen bei Arbeitgeberwechsel" – vermutlich Ausdruck eines dauerhaft veränderten Erwerbsverhaltens, welches von einem mehrfachen Arbeitgeberwechsel ausgeht.

Die Kriterien „Möglichst geringe Absicherungskosten für notwendige Versorgungsleistungen" sowie „Flexible Auszahlungsmöglichkeit" wurden fast identisch gewichtet, etwas geringer in der Bedeutung lagen die Kriterien „Inflatorische Sicherheit" und „Transparente Kostenbelastung". Interessant war auch, dass dem Kriterium „Vererbbarkeit des aufgelaufenen Vorsorgekapitals" die geringste Bedeutung beigemessen wurde.

5 Praxisbeispiel: ein Intranetrechner für Bankmitarbeiter

Für die Bank stellte sich in der Vergangenheit immer wieder das Problem, innerhalb des Kreises der eigenen Mitarbeiter die Versorgungsregelungen zu vermarkten und als Instrument der Mitarbeiterbindung ins Bewusstsein zu rücken. Vor allem durch die Langfristigkeit und die oft schwer verständlichen Regelungen von Versorgungswerken fiel es den Mitarbeitern schwer, den darin enthaltenen Wert zu erkennen und vor allem auch bei der eigenen Vorsorgeplanung richtig einzusetzen.

Setzte der Mitarbeiter dabei auf die am Markt angebotenen Beratungen, fand er sich meist im Produktverkauf wieder. Zudem war auch durch einen Berater nicht sicherzustellen, dass die Versorgungsordnungen des Arbeitgeber korrekt und vollständig berücksichtigt werden. Neben der Auslegung der Versorgungsregelungen stand vor allem auch der zeitliche Aufwand eines Beraters im Vordergrund, um eine Hochrechnung aus der Versorgungsregelung für einen Einzelfall zu erstellen. Damit fand sich der Mitarbeiter in dem Dilemma wieder, keinen Ansprechpartner zu finden, der in der Lage und Willens war, eine umfassende Vorsorgeplanung anhand der tatsächlich ermittelten Versorgungslücke zu gestalten und Alternativen unter Berücksichtigung verschiedener steuerlicher Optionen darzustellen. So war es zudem aus freier Hand heraus kaum möglich, den Mitarbeitern zu zeigen, aus welchen Quellen ihre Versorgung gespeist wird, also z. B. auch Anteil der betrieblichen Altersversorgung am bestehenden Versorgungsniveau.

Genau an dieser Stelle sollte der geplante Vorsorgerechner ansetzen: Er sollte den Mitarbeitern helfen, aus sämtlichen vorhandenen Vorsorgeinstrumenten innerhalb- und außerhalb des Konzerns ein einheitliches und informatives Bild zur persönlichen Versorgungssituation zu schaffen. Insbesondere sollte ein solcher Rechner eine Prognose zu der hauseigenen betrieblichen Altersversorgung abgeben. Die vorhandene gesetzliche und betriebliche Altersversorgung sollte entsprechend berücksichtigt werden, um aus der Vielzahl von möglichen Lösungen die geeigneten Instrumente aufzuzeigen, mit denen diese Versorgungslücken am besten geschlossen werden können.

Aus administrativer Sicht sollte der Personalbereich vor einer Vielzahl von Anfragen zu den Versorgungsregelungen sowie vor eventuellen Beratungsleistungen zur betrieblichen Altersversorgung geschützt werden. Um den Mitarbeitern dennoch die notwendige Unterstützung für eine fundierte und richtige Entscheidung zu gewährleisten, wurde die Idee des Vorsorgerechners geboren. Ergänzend sollten die Mitarbeiter die Option erhalten, frei und ohne großen Aufwand, vor allem aber unabhängig und ohne „Verkaufsdruck" eines Beraters, verschiedene individuelle Versorgungslösungen (einschließlich des durch die Bank angebotenen Entgeltumwandlungsmodells) zu prüfen und sich für die passende Alternative zu entscheiden.

Mit diesem Ziel stand man gleich vor einem ganzen Berg von Fragestellungen, die Einfluss auf die zu ermittelten Werte nehmen. Welche Leistungen ergeben sich aus den hauseigenen Versorgungswerke, wie sehen die Leistungen des BVV aus, und welche privaten Versorgungslösungen muss der Mitarbeiter berücksichtigen? Auf welchem Stand sollen die Leistungen abgebildet werden, und wie können Kapital- und Rentenleistungen unter einen Hut gebracht werden?

Zudem stellte man schnell fest, dass eine fundierte Versorgungsanalyse für den Mitarbeiter mit einer gewissen Vorarbeit verbunden ist, um die erforderlichen Daten für die Berechnungen zur Verfügung zu halten. Damit der Mitarbeiter bereits vor Analysebeginn erkennen kann, welche Daten er benötigt, wurde eine Checkliste vorangestellt, anhand der er vorarbeiten kann. Diese Checkliste wurde um eine Beschreibung der einzelnen Berechnungsschritte ergänzt, um den Mitarbeitern einen einfachen Zugang zu dieser komplexen Materie zu ermöglichen.

Für den Intranetrechner wurde folgender Aufbau vorgegeben: In Abhängigkeit zur individuell maßgebenden Versorgungsordnung sollten die relevanten betrieblichen Versorgungsleistungen ermittelt und zusammen mit der gesetzlichen Absicherungen sowie anderen vorliegenden betrieblichen Vorsorgemaßnahmen im Absicherungsstatus abgebildet werden. Wichtig war zudem, dass alle relevanten steuerlichen und sozialversicherungsrechtliche Parameter korrekt eingehen, sodass eine Betrachtung vor und nach Steuern und Sozialabgaben möglich ist. Insbesondere sollte auch der Beitrag der Bank zur Absicherung der Mitarbeiter (Versorgungsordnung und BVV) dargestellt werden.

Thomas Schanz

Tabelle 7: Beispiel für einen Absicherungsstatus

Aktueller Absicherungsstatus **Muster AG**

Berechnungsstichtag: 1.12.2003
Haftungsausschluss: Bitte beachen Sie, dass der erstellte Absicherungsstatus keine rechtlich verbindliche und abschließende Erklärung enthält und daher auch nicht zur Prüfung etwaiger Ansprüche gegenüber der Bank herangezogen werden kann. Maßgeblich für die Berechnung Ihrer Ansprüche sind die bei Eintritt des Versorgungsfalls jeweils geltenden Regelungen sowie die betrieblichen und gesetzlichen Bestimmungen.

Name:	Martin von Muster				
Steuersatz Versorgungsfall	11,0 %		Rentenbeginn:		65
			Vorruhestand:		–
Grenzsteuersatz aktuell:	32,0 %		Alter:		45

	Bruttobetrag p. a. €	Sozialversicherungsbeiträge p. a. €	Steuerbelastung p. a. €	Nettobetrag p. a. €	Relation %
Jahregehalt (aktuell)	45.000	2.898	6.890	35.212	100,0
1. Altersabsicherung					
Gesetzliche Absicherung	17.532	1.227	521	15.784	44,8
Versorgungsordnung	5.400	378	242	4.780	13,6
Ergänzungsabsicherung	–	–	–	–	–
Direktversicherung	–	–	–	–	–
BVV (Unterstützungskasse)	1.430	100	94	1.236	3,5
BVV (Pensionskasse)	5.320	372	480	4.467	12,7
Summe	**29.682**	**2.078**	**1.337**	**26.268**	**74,6**
2. Invaliditätsabsicherung					
Gesetzliche Absicherung	14.534	1.017	560	12.957	36,8
Versorgungsordnung	4.590	321	188	4.081	11,6
Ergänzungsabsicherung	–	–	–	–	0,0
BVV (Unterstützungskasse)	1.113	78	73	962	2,7
BVV (Pensionskasse)	4.222	296	359	3.567	10,1
Summe	**24.459**	**1.712**	**1.181**	**21.566**	**61,3**
3. Todesfallabsicherung					
Gesetzliche Absicherung	11.627	814	628	10.185	28,9
Versorgungsordnung	2.754	193	91	2.470	7,0
Ergänzungsabsicherung	–	–	–	–	–
Direktversicherung	–	–	–	–	–
BVV (Unterstützungskasse)	668	47	60	561	1,6
BVV (Pensionskasse)	2.533	177	237	2.119	6,0
Summe	**17.582**	**1.231**	**1.016**	**15.335**	**43,6**

Die Bewertung betrieblicher Vorsorgeprodukte durch die Mitarbeiter

Auf der Basis der für die drei Bereiche Alter, Invalidität und Tod ermittelten Nettoeinnahmen sollen die jeweiligen Versorgungslücken ermittelt werden können, wobei die individuellen Absicherungsziele der Mitarbeiter durch eine freie Vorgabe Eingang finden sollten. Um aussagekräftige Ergebnisse zu erhalten, sollten auch weitere private Einnahmen für die Rentenphase berücksichtigt werden können. Weiterhin wurde vorgegeben, dass der Mitarbeiter Informationen über die jährlichen Absicherungskosten, welche mit dem Schließen der Versorgungslücke verbunden sind, erhalten kann.

Tabelle 8: Beispiel für die Ermittlung der Versorgungslücken und der Absicherungskosten

Versorgungslücken und Absicherungskosten **Muster AG**
Berechnungsstichtag: 1.12.2003

Name: Martin von Muster

Absicherung	Alter	Invalidität	Todesfall
Steuersatz Versorgungsfall	11,0 %	11,0 %	15,0 %
Versorgungsziel (in Prozent vom Nettoeinkommen)	85 %	90 %	60 %
Betrag Versorgungsziel	29.930 €	31.691 €	21.127 €
Derzeitige Nettoabsicherung	26.268 €	21.566 €	15.335 €
Versorgungslücke	3.663 €	10.125 €	5.792 €
Sonstige Nettoeinnahmen	– €	– €	– €
Verbleibende Versorgungslücke	3.663 €	10.125 €	5.792 €
Erforderliche Bruttorente zur Schließung der Versorgungslücke	4.421 €	12.242 €	7.099 €

Voraussichtlicher Finanzierungsaufwand zur Schließung der Versorgungslücken durch das Versorgungsmodell Ergänzungsabsicherung

Einmalige Finanzierung	17.431 €	480 €[1]	525 €*
Jährliche Finanzierung	1.523 €		

Der gesamte Finanzierungsaufwand beträgt für das Absicherungsjahr 2.528 €

Jährlicher Aufwand pro 12.000 € Bruttorente p. a.	4.134 €	470 €	887 €

* Finanzierungsaufwand für eine Absicherung für die nächsten 12 Monate
Alle angegebenen Beträge sind Jahreswerte

Wert gelegt wurde auch auf eine grafische Darstellung der Zahlenwerte, damit eine bessere Verständlichkeit erzeugt werden kann. Für die persönliche Lebensplanung sollte auch eine Berechnungsmöglichkeit vorgesehen werden, die eine Analyse des vorgezogenen Ruhestandes ermöglicht und die Auswirkungen eines Rentenbeginns z. B. mit Alter 58 aufzeigt.

Die Personalverantwortlichen der Bank sind der Auffassung, mit den beschriebenen Berechnungen ein Modell gefunden zu haben, das eine klare und vernünftige Basis herstellt für die weitere Planung der Altersversorgung der Mitarbeiter. Insbesondere zeigt es optisch ansprechend, aus welchen Quellen die Versorgung je nach Risikosituation des Mitarbeiters gespeist wird. Erste Rückmeldungen zeigen, dass damit auch Mitarbeitern, die sich in der Vergangenheit noch nicht intensiv mit dieser Themenstellung beschäftigt haben, ein geeignetes Instrument zur Planung der eigenen Altersversorgung zur Verfügung steht. Insbesondere die Verknüpfung des Vorsorgerechners mit weiteren Informationsmöglichkeiten über das hauseigene Intranet verdeutlicht den Mitarbeitern den Stellenwert der betrieblichen Altersversorgung.

6 Zusammenfassung

Die vorangegangenen Ausführungen haben deutlich werden lassen, dass die Entscheidung für das richtige Vorsorgeprodukt komplexe und schwierige Fragestellungen aufwirft. Aufgrund der Langfristigkeit des Kapitalanlagevorganges steht für viele Mitarbeiter das Vertrauen in die finanzielle Leistungsfähigkeit des Produktanbieters sowie aufgrund der Langfristigkeit der Absicherung die optimale Abdeckung der individuellen Bedürfnisse im Vordergrund. Große Bedeutung wird auch den Kriterien „keine negative Folgen bei Arbeitgeberwechsel" und Kalkulierbarkeit der späteren Versorgungsleistungen beigemessen.

Insbesondere das Kriterium „möglichst geringe Absicherungskosten" wird von vielen Mitarbeitern nicht ohne weitere Unterstützung beantwortet werden können. Aus Unternehmenssicht kann dergestalt darauf reagiert werden, dass es sich um eine Absicherungsentscheidung der Mitarbeiter handelt und das Unternehmen dadurch nicht weiter tangiert wird. Alternativ kann auch die Auffassung vertreten werden, dass durch den Anspruch auf Entgeltumwandlung eine gewisse Grundinformationspflicht durch das Unternehmen besteht. Ergänzend kann den Mitarbeitern über ein Mitarbeiterportal der Zugang zu einem Softwaretool ermöglicht werden, das alle betrieblichen Vorsorgeprodukte berücksichtigt und auch die unternehmensfinanzierte Altersversorgung integriert. Stellt das Unternehmen den Mitarbeitern eine Portallösung zur Verfügung, so ist sichergestellt, dass alle wichtigen qualitativen und quantitativen Kriterien in den Entscheidungsprozess eingehen und der Mitarbeiter die für ihn optimale Entscheidung treffen kann. Auch wenn sich die für den Mitarbeiter damit verbundene Kostenersparnis nur im Einzelfall berechnen lässt, leistet das Unternehmen einen wichtigen Beitrag zur optimalen Absicherungsentscheidung der Mitarbeiter.

Christine Harder-Buschner

Lohnsteuerliche Behandlung von Beiträgen, Zuwendungen und Versorgungsleistungen

1 Steuerrechtliche Behandlung der Beiträge und Zuwendungen in der
   Ansparphase 69
   1.1 Begriff der betrieblichen Altersversorgung aus steuerrechtlicher Sicht 69
   1.2 Entgeltumwandlung zu Gunsten betrieblicher Altersversorgung 71
   1.3 Exkurs: Arbeitszeitkonten 71
   1.4 Kein Zufluss von Arbeitslohn 72
   1.5 Steuerfreiheit der Beitragszahlungen nach § 3 Nr. 63 EStG 73
       1.5.1 Begünstigte Beiträge und Personen 73
       1.5.2 Begrenzung der Steuerfreiheit 75
       1.5.3 Verzicht auf die Steuerfreiheit zu Gunsten der Riester-Förderung 76
   1.6 Steuerfreiheit von Zuwendungen nach § 3 Nr. 66 EStG 77
   1.7 Individuelle Besteuerung 78
   1.8 Pauschalversteuerung der Beitragszahlungen nach § 40b EStG 78
   1.9 Zeitliche Zuordnung der Beitragsleistungen und Zuwendungen 79

2 Besteuerung der Leistungen in der Auszahlungsphase 80
   2.1 Versorgungsleistungen aus Direktzusagen und Unterstützungskassen 80
   2.2 Versorgungsleistungen aus Direktversicherungen, Pensionsfonds und
       Pensionskassen 80
   2.3 Abfindungen von Anwartschaften 81

3 Ausblick – Entwurf eines Alterseinkünftegesetzes 82

1 Steuerrechtliche Behandlung der Beiträge und Zuwendungen in der Ansparphase

Die lohnsteuerliche Behandlung der Beiträge und Zuwendungen zu Gunsten einer betrieblichen Altersversorgung hängt entscheidend von dem gewählten Durchführungsweg ab.

Bei Direktversicherung, Pensionskasse und Pensionsfonds erfolgt die Besteuerung als Arbeitslohn grundsätzlich bereits zum Zeitpunkt der Beitragszahlung an die Versorgungseinrichtung (so genannte „vorgelagerte Besteuerung"), da der Arbeitnehmer gegenüber der Versorgungseinrichtung unmittelbar einen Rechtsanspruch auf Versorgung erhält (§ 2 Abs. 2 Nr. 3 LStDV und BFH-Urteil vom 27.5.1993, BStBl. 1994 II S. 246).

Bei den Durchführungswegen Direktzusage und Unterstützungskasse erfolgt die Besteuerung hingegen erst im Zeitpunkt der Zahlung der Altersversorgungsleistung (so genannte „nachgelagerte Besteuerung").

1.1 Begriff der betrieblichen Altersversorgung aus steuerrechtlicher Sicht

Für die Abgrenzung der betriebliche Altersversorgung von der privaten Altersvorsorge knüpft die Finanzverwaltung eng an die Regelungen des BetrAVG an (BMF-Schreiben vom 5. August 2002 Rz. 144-148).

Betriebliche Altersversorgung liegt demnach vor, wenn dem Arbeitnehmer aus Anlass seines Arbeitsverhältnisses vom Arbeitgeber Leistungen zur Absicherung mindestens eines biometrischen Risikos (Alters-, Hinterbliebenen-, Invaliditätsversorgung) zugesagt werden und Ansprüche auf diese Leistungen erst mit dem Eintritt des biologischen Ereignisses fällig werden (§ 1 BetrAVG). Das biologische Ereignis ist bei der Altersversorgung das altersbedingte Ausscheiden aus dem Erwerbsleben, bei der Hinterbliebenenversorgung der Tod des Arbeitnehmers und bei der Invaliditätsversorgung der Eintritt der Invalidität.

Nicht mehr dem Bereich der betrieblichen Altersversorgung kann es nach Ansicht der Finanzverwaltung hingegen zugeordnet werden, wenn der Arbeitgeber oder eine Versorgungseinrichtung dem nicht bei ihm beschäftigten Ehegatten oder anderen Angehörigen eines Arbeitnehmers eigene Versorgungsleistungen zur Absicherung seiner biometrischen Risiken (Alter, Tod, Invalidität) verspricht (BMF-Schreiben vom 5. August 2002 Rz. 145). Gemäß § 1 BetrAVG kann betriebliche Altersversorgung vom Arbeitgeber nur gegenüber seinem Arbeitnehmer versprochen werden. Bei der Zusage eigener Versorgungsleistungen gegenüber anderen nicht beim Arbeitgeber beschäftigten Personen handelt es sich daher nicht um eine Versorgungszusage aus Anlass eines Arbeitsverhältnisses im Sinne des § 1 BetrAVG, sondern vielmehr um private Altersvorsorge, die lediglich mittels Arbeitgeber oder einer Versorgungseinrichtung der betrieblichen Altersversorgung ausgeführt wird.

Sofern Arbeitnehmer und Arbeitgeber die Vererblichkeit der Versorgungsanwartschaften ganz oder teilweise vereinbart haben, handelt es sich ebenfalls nicht um betriebliche Altersversorgung. Gleiches gilt, wenn von vornherein eine Abfindung der Versorgungsanwartschaft, z. B. zu einem bestimmten Zeitpunkt oder bei Vorliegen bestimmter Voraussetzungen, vereinbart ist und dadurch nicht mehr von der Absicherung eines biometrischen Risikos ausgegangen werden kann (BMF-Schreiben vom 5. August 2002 Rz. 148).

Als frühestmöglicher Zeitpunkt für betriebliche Altersversorgungsleistungen bei altersbedingtem Ausscheiden aus dem Erwerbsleben kann nach Ansicht der Finanzverwaltung im Regelfall das 60. Lebensjahr vereinbart werden. Begrifflich ist somit der Tatbestand der betrieblichen Altersversorgung regelmäßig dann gegeben, wenn diese feste Altersgrenze nicht unterschritten wird. In Ausnahmefällen können betriebliche Altersversorgungsleistungen auch schon vor dem 60. Lebensjahr gewährt werden, so z. B. bei Berufsgruppen wie Piloten, bei denen schon vor dem 60. Lebensjahr Versorgungsleistungen üblich sind. Ob solche Ausnahmefälle vorliegen, prüft die Verwaltung anhand von Gesetz, Tarifvertrag oder Betriebsvereinbarung (BMF-Schreiben vom 5. August 2002 Rz. 146).

Von einer Hinterbliebenenversorgung geht die Finanzverwaltung aus bei Leistungen an die Witwe des Arbeitnehmers oder den Witwer der Arbeitnehmerin, die Kinder im Sinne des § 32 Abs. 3 und 4 Satz 1 Nr. 1 bis 3 EStG, den früheren Ehegatten sowie in Einzelfällen auch an die Lebensgefährtin oder den Lebensgefährten (BMF-Schreiben vom 5. August 2002 Rz. 147). Der Begriff des Lebensgefährten bzw. der Lebensgefährtin ist dabei grundsätzlich als Oberbegriff zu verstehen, der auch die gleichgeschlechtliche Lebenspartnerschaft mit erfasst, unabhängig davon ob sie eingetragen wurde oder nicht. Für Partner einer eingetragenen Lebenspartnerschaft besteht allerdings die Besonderheit, dass sie einander nach § 5 Lebenspartnerschaftsgesetz zum Unterhalt verpflichtet sind. Insoweit liegt eine mit der zivilrechtlichen Ehe vergleichbare Partnerschaft vor. Handelt es sich dagegen um eine andere Form der nichtehelichen Lebensgemeinschaft, verlangt die Finanzverwaltung für die steuerrechtliche Anerkennung einer solchen Zusage auf Hinterbliebenenversorgung z. B. eine von der Lebenspartnerin oder dem Lebenspartner schriftlich bestätigte Kenntnisnahme der in Aussicht gestellten Versorgungsleistungen sowie eine gemeinsame Haushaltsführung (siehe dazu BMF-Schreiben vom 25. Juli 2002, BStBl. I 707).

Diese Voraussetzungen gelten unabhängig davon, wie die entsprechende Versorgungszusage finanziert wird (ausschließlich vom Arbeitgeber, durch Entgeltumwandlung oder durch Eigenbeiträge des Arbeitnehmers).

Bei der gleichzeitigen Absicherung mehrere Risiken (Alter, Tod, Invalidität) ist die Vereinbarung nach Auffassung der Finanzverwaltung grundsätzlich als Einheit zu betrach-

Lohnsteuerliche Behandlung von Beiträgen und Zuwendungen

ten. Im Ergebnis bedeutet dies, dass die gesamte Vereinbarung steuerlich dann nicht mehr als betriebliche Altersversorgung anerkannt wird, wenn für eines dieser Risiken die Vorgaben des BMF-Schreibens vom 5. August 2002 nicht beachtet werden.

1.2 Entgeltumwandlung zu Gunsten betrieblicher Altersversorgung

Eine durch Entgeltumwandlung finanzierte betriebliche Altersversorgung liegt dann vor, wenn Arbeitgeber und Arbeitnehmer vereinbaren, künftige Arbeitslohnansprüche zu Gunsten einer betrieblichen Altersversorgung herabzusetzen (Umwandlung in eine wertgleiche Anwartschaft auf Versorgungsleistungen – Entgeltumwandlung – § 1 Abs. 2 Nr. 3 BetrAVG).

Bisher vertrat die Finanzverwaltung die Auffassung, dass künftiger Arbeitslohn nur dann vorliegt, wenn die Arbeitslohnansprüche dem Grunde nach rechtlich noch nicht entstanden sind. Insbesondere bei der Herabsetzung von Einmalzahlungen musste daher darauf geachtet werden, ob und inwieweit sie dem Grunde nach rechtlich noch nicht entstanden sind (so BMF-Schreiben vom 4. Februar 2000, BStBl. I S. 354). Dies hat in der Praxis immer wieder zu Problemen geführt, da bei vielen Sonderzahlungen wie z. B. dem Weihnachtsgeld oder dem so genannten dreizehnten Monatsgehalt, teilweise bereits arbeitsrechtlich streitig war, wann ein solcher Anspruch entsteht.

Ab 2002 wird die Herabsetzung von Arbeitslohn (laufender Arbeitslohn, Einmal- und Sonderzahlungen) zu Gunsten der betrieblichen Altersversorgung von der Finanzverwaltung aus Vereinfachungsgründen steuerlich aber auch dann noch als Entgeltumwandlung anerkannt, wenn die Gehaltsänderungsvereinbarung bereits erdiente, aber noch nicht fällig gewordene Anteile umfasst. Dies gilt auch, wenn eine Einmal- oder Sonderzahlung für einen Zeitraum von mehr als einem Jahr gewährt wird (BMF-Schreiben vom 5. August 2002 Rz. 152).

1.3 Exkurs: Arbeitszeitkonten

Bei der steuerlichen Behandlung der Arbeitszeitkonten, vertrat die Finanzverwaltung bisher die Auffassung, dass die ganz oder teilweise betragsmäßige Gutschrift von Arbeitslohn auf einem Arbeitszeitkonto noch keinen Zufluss von Arbeitslohn auslöst, sofern es sich im Zeitpunkt der entsprechenden Vereinbarung zwischen Arbeitgeber und Arbeitnehmer noch um künftigen, also dem Grunde nach rechtlich noch nicht entstandenen Arbeitslohn handelt. Ein Arbeitslohnzufluss wurde erst mit Auszahlung des Wertguthabens in der späteren Phase der Arbeitsfreistellung angenommen.

Wie auch bei der Entgeltumwandlung hat dies in der Praxis immer wieder zu Problemen geführt. Daher nimmt die Verwaltung ab 2002 auch, wenn bereits erdienter, aber noch nicht fällig gewordener Arbeitslohn ganz oder teilweise betragsmäßig auf einem

Arbeitszeitkonto gutgeschrieben wird, weder bei Vereinbarung noch bei Gutschrift auf dem Arbeitszeitkonto Zufluss von Arbeitslohn an (BMF-Schreiben vom 5. August 2002 Rz. 154).

Auch die Verwendung des Wertguthabens zu Gunsten der betrieblichen Altersversorgung hat die Finanzverwaltung ab 2002 wesentlich vereinfacht (siehe BMF-Schreiben vom 5. August 2002 Rz. 155). Wird das Wertguthaben des Arbeitszeitkontos aufgrund einer Vereinbarung zwischen Arbeitgeber und Arbeitnehmer vor Fälligkeit des entsprechenden Betrags, also vor der planmäßigen Auszahlung während der Freistellung, ganz oder teilweise zu Gunsten der betrieblichen Altersversorgung herabgesetzt, wird dies zukünftig steuerlich als Entgeltumwandlung anerkannt. Die Ausbuchung der Beträge aus dem Arbeitszeitkonto führt in diesem Fall nicht zum Zufluss von Arbeitslohn. Der Zeitpunkt des Zuflusses dieser zu Gunsten der betrieblichen Altersversorgung umgewandelten Beträge richtet sich – wie auch in den anderen Fällen der Entgeltumwandlung – vielmehr nach dem Durchführungsweg der zugesagten betrieblichen Altersversorgung.

Bei einem Altersteilzeitarbeitsverhältnis im so genannten Blockmodell, d. h. also bei einer Aufteilung des Altersteilzeitarbeitsverhältnisses in eine Arbeitsphase und eine Freistellungsphase, führt dies aus steuerlicher Sicht zu einer erheblichen Vereinfachung. Denn damit ist auch in der Freistellungsphase steuerlich von einer Entgeltumwandlung auszugehen, wenn vor Fälligkeit (planmäßige Auszahlung) des entsprechenden Betrags vereinbart wird, das Wertguthaben des Arbeitszeitkontos oder den während der Freistellung auszuzahlenden Arbeitslohn zu Gunsten der betrieblichen Altersversorgung herabzusetzen (so auch BMF-Schreiben vom 5. August 2002 Rz. 156).

1.4 Kein Zufluss von Arbeitslohn

Bei einer *Direktzusage* – auch Pensionszusage genannt – erteilt der Arbeitgeber seinem Arbeitnehmer die Zusage, ihm im Alter, bei Invalidität oder im Todesfall seinen Hinterbliebenen eine Versorgung zu zahlen, wobei er selbst Träger der Versorgung ist. Der Arbeitnehmer hat damit im Leistungsfall nur einen Rechtsanspruch gegenüber seinem Arbeitgeber. Dies gilt auch in den Fällen, in denen der Arbeitgeber eine Rückdeckungsversicherung abschließt, um bei Eintritt des Leistungsfalls die notwendigen finanziellen Mittel verfügbar zu haben.

Vor Eintritt des Versorgungsfalles fehlt es deshalb bei diesem Durchführungsweg an einem Zufluss von Arbeitslohn beim Arbeitnehmer. Dies gilt auch für Beiträge des Arbeitgebers an eine so genannte Rückdeckungsversicherung. In der Ansparphase liegen daher keine steuerpflichtigen Einnahmen beim Arbeitnehmer vor.

Bei der betrieblichen Altersversorgung über eine *Unterstützungskasse* erfolgt die Durchführung zwar über einen externen Versorgungsträger. Gleichwohl erhält der Arbeitnehmer keinen Rechtsanspruch gegenüber der Unterstützungskasse auf die zugesagte Versorgungsleistung, sondern nur gegenüber seinem Arbeitgeber.

Lohnsteuerliche Behandlung von Beiträgen und Zuwendungen

Wegen des fehlenden Rechtsanspruches entsteht durch die Zuwendungen des Arbeitgebers an die Kasse beim Arbeitnehmer kein Vermögenswert, d. h. die Zuwendung des Arbeitgebers an die Unterstützungskasse löst keinen Zufluss von Arbeitslohn beim Arbeitnehmer und damit keine Lohnsteuerpflicht aus.

1.5 Steuerfreiheit der Beitragszahlungen nach § 3 Nr. 63 EStG

Die Beiträge des Arbeitgebers zum Aufbau einer betrieblichen Altersversorgung an eine *Pensionskasse* und an einen *Pensionsfonds* führen grundsätzlich zwar zum Zufluss von Arbeitslohn, werden aber in § 3 Nr. 63 EStG bis zur Höhe von vier Prozent v. H. der Beitragsbemessungsgrenze in der Rentenversicherung der Arbeiter und Angestellten steuerfrei gestellt.

1.5.1 Begünstigte Beiträge und Personen

Von § 3 Nr. 63 EStG werden allerdings nur solche Beiträge des Arbeitgebers zu Gunsten betrieblicher Altersversorgung begünstigt, die im *Kapitaldeckungsverfahren* erhoben werden. Für Umlagen, die vom Arbeitgeber an die Versorgungseinrichtung entrichtet werden, kommt die Steuerfreiheit nach § 3 Nr. 63 EStG dagegen nicht in Betracht. Werden sowohl Umlagen als auch Beiträge im Kapitaldeckungsverfahren erhoben, gehören nach Auffassung der Finanzverwaltung (BMF-Schreibens vom 5. August 2002 Rz. 159) die Beiträge im Kapitaldeckungsverfahren nur dann zu den begünstigten Aufwendungen im Rahmen des § 3 Nr. 63 EStG, wenn eine getrennte Verwaltung und Abrechnung beider Vermögensmassen sichergestellt ist (Trennungsprinzip).

Begünstigt durch die Steuerfreiheit sind alle *Arbeitgeberbeiträge* im Sinne des § 1 Abs. 2 BetrAVG (so der Bericht des Ausschusses für Arbeit und Sozialordnung vom 25. Januar 2001, BT-Drucksache 14/5150 S. 34). Neben den rein arbeitgeberfinanzierten Beitragszahlungen sind demzufolge auch diejenigen Beitragszahlungen des Arbeitgebers nach § 3 Nr. 63 EStG steuerfrei, für die der Arbeitnehmer auf künftige Entgeltansprüche (Entgeltumwandlung, § 1 Abs. 2 Nr. 3 BetrAVG) verzichtet. Für die Steuerfreiheit nach § 3 Nr. 63 EStG kommt es also nicht darauf an, wer wirtschaftlich die Last der Beitragszahlungen trägt, sondern nur dass es sich rechtlich um Beitragszahlungen des Arbeitgebers handelt. Ausgenommen sind allerdings die so genannten Eigenbeiträge (§ 1 Abs. 2 Nr. 4 BetrAVG) des Arbeitnehmers, da es sich hierbei – anders als im Fall der Entgeltumwandlung – nicht mehr um Beiträge des Arbeitgebers handelt.

Hinweis:

Rechtlich unterscheiden sich die Entgeltumwandlung und die Eigenbeiträge im Wesentlichen dadurch, dass es sich bei der Entgeltumwandlung um eine arbeitsvertragliche Veränderungsabrede handelt, durch die die ursprüngliche Verpflichtung des Arbeitgebers gegenüber dem Arbeitneh-

mer zur Lohnzahlung modifiziert wird. Bei den so genannten Eigenbeiträgen bleibt die ursprüngliche Verpflichtung des Arbeitgebers gegenüber dem Arbeitnehmer dagegen unverändert; der Arbeitnehmer bedient sich lediglich des Arbeitgebers zur Erfüllung einer ihm obliegenden Verpflichtung.

Kennzeichnend für eine Entgeltumwandlung ist somit: Umgewandelt, herabgesetzt wird der so genannte Bruttolohn, bei Beitragsleistungen an externe Versorgungseinrichtung ist der Arbeitgeber Schuldner und Abführungsverpflichteter der Beiträge.

Kennzeichnend für Eigenbeiträge ist somit: Beitragsleistung erfolgt immer aus dem so genannten Nettolohn, Schuldner der Beiträge ist der Arbeitnehmer, der Arbeitgeber führt Beiträge nur ab.

Durch die Steuerfreiheit nach § 3 Nr. 63 EStG wird der Aufbau einer betrieblichen Altersversorgung für alle Personen, die *Arbeitnehmer* (§ 1 LStDV) sind, gefördert. Dies gilt unabhängig davon, ob diese in der gesetzlichen Rentenversicherung pflichtversichert sind oder nicht. Somit können auch die Beiträge, die vom Arbeitgeber z. B. für beherrschende Gesellschafter-Geschäftsführer, geringfügig Beschäftigte sowie in einem berufsständischen Versorgungswerk Versicherte an eine Pensionskasse oder einen Pensionsfonds zum Aufbau einer betrieblichen Altersversorgung gezahlt werden, steuerfrei bleiben.

Die Steuerfreiheit setzt ein bestehendes *erstes Dienstverhältnis* voraus. Hat ein Arbeitnehmer nebeneinander mehrere Dienstverhältnisse und leisten beide Arbeitgeber Beiträge im Sinne des § 1 Abs. 2 BetrAVG, so kann die Steuerfreistellung gemäß § 3 Nr. 63 EStG nur für Beitragszahlungen des Arbeitgebers aus dem ersten Dienstverhältnis beansprucht werden (§ 3 Nr. 63 Satz 1 EStG). Das erste Dienstverhältnis ist in diesem Fall eine Beschäftigung, für das die Lohnsteuer nicht nach der Lohnsteuerklasse VI zu erheben ist. Bei der Ausübung einer geringfügigen Beschäftigung kommt die Steuerfreiheit nach § 3 Nr. 63 EStG ebenfalls in Betracht, wenn die Lohnsteuer pauschal nach § 40a EStG erhoben wird und es sich dabei um das erste Dienstverhältnis des Arbeitnehmers handelt.

Nach Auffassung der Finanzverwaltung kann die Steuerfreiheit nach § 3 Nr. 63 EStG allerdings nur dann in Anspruch genommen werden, wenn der vom Arbeitgeber gezahlte Beitrag auch nach bestimmten individuellen Kriterien dem einzelnen Arbeitnehmer zugeordnet wird (BMF-Schreiben vom 5. August 2002 Rz. 161). Allein die Verteilung eines vom Arbeitgeber gezahlten Gesamtbeitrags nach der Anzahl der davon insgesamt begünstigten Arbeitnehmer – wie in § 40b Abs. 2 Satz 2 EStG für die Pauschalversteuerung ausdrücklich zugelassen – genügt dabei für die Anwendung des § 3 Nr. 63 EStG nicht.

Vom Arbeitgeber gezahlte Beiträge erfüllen allerdings dann dass Kriterium der *individuellen Zuordnung*, wenn die Beiträge z. B. anhand eines bestimmten Prozentsatzes in Abhängigkeit von dem individuellen Bruttolohn des jeweils begünstigten Arbeitnehmers oder auch in Abhängigkeit eines vom Arbeitnehmer selbst zu erbringenden Beitrags geleistet werden.

Da es sich bei der betrieblichen Altersversorgung um ein kollektives Versorgungssystem handelt und der Arbeitgeber nicht nur eine Beitragszusage mit Mindestleistung oder eine beitragsorientierte Leistungszusage, sondern auch eine reine Leistungszusage erteilen kann, ist für die Anwendung des §3 Nr. 63 EStG nicht erforderlich, dass sich die Höhe der zugesagten Versorgungsleistung an der Höhe des eingezahlten Beitrags des Arbeitgebers orientiert (BMF-Schreiben vom 5. August 2002 Rz. 161). Von eine individuellen Zuordnung und damit der Anwendung des §3 Nr. 63 EStG kann daher auch dann ausgegangen werden, wenn der Arbeitgeber für jeden seiner Arbeitnehmer monatlich einen festen Beitrag an die Versorgungseinrichtung zahlt, um die zugesagten Versorgungsleistungen zu finanzieren; dies gilt selbst dann, wenn die zugesagten Versorgungsleistungen für einzelne Arbeitnehmergruppen unterschiedlich hoch sind.

1.5.2 Begrenzung der Steuerfreiheit

Die Steuerfreiheit nach §3 Nr. 63 EStG ist auf 4 v. H. der Beitragsbemessungsgrenze in der Rentenversicherung der Arbeiter und Angestellten begrenzt (in 2004: 4 v. H. von 61.800 Euro = 2.472 Euro). Maßgeblich für die betragsmäßige Begrenzung der Steuerfreiheit auf 4 v. H. der Beitragsbemessungsgrenze ist auch bei einer Beschäftigung in den neuen Ländern oder Berlin (Ost) die in dem jeweiligen Kalenderjahr gültige Beitragsbemessungsgrenze West. Bei dem Höchstbetrag handelt es sich um einen Jahresbetrag. Eine zeitanteilige Kürzung des Höchstbetrags ist daher nicht vorzunehmen, wenn das Arbeitsverhältnis nicht das ganze Jahr besteht oder nicht für das ganze Jahr Beiträge gezahlt werden.

Bei monatlicher Zahlung der Beiträge lässt die Finanzverwaltung allerdings eine Aufteilung des Höchstbetrags in gleichmäßige monatliche Teilbeträge zu. Stellt der Arbeitgeber vor Ablauf des Kalenderjahrs, z. B. bei Beendigung des Dienstverhältnisses jedoch fest, dass die Steuerfreiheit im Rahmen der monatlichen Teilbeträge nicht in vollem Umfang ausgeschöpft worden ist oder werden kann, muss er eine gegebenenfalls vorgenommene Besteuerung der Beiträge rückgängig machen (spätester Zeitpunkt hierfür ist die Ausstellung der manuellen Lohnsteuerbescheinigung bzw. die Übermittlung der elektronischen Lohnsteuerbescheinigung) oder der monatliche Teilbetrag künftig so geändert werden, dass der Höchstbetrag ausgeschöpft wird (BMF-Schreiben vom 5. August 2002 Rz. 164).

Hinweis:

Bei der Entscheidung für eine Aufteilung des Höchstbetrags in gleichmäßige monatliche Teilbeträge sollte daher immer bedacht werden, dass dann bei jedem unterjährigen Ausscheiden eine Korrektur der bereits vorgenommenen Besteuerung vorzunehmen ist.

Nach Ansicht der Finanzverwaltung kann der Höchstbetrag zunächst durch rein arbeitgeberfinanzierte Beiträge ausgefüllt werden. Sofern der Höchstbetrag durch diese Beiträge nicht ausgeschöpft worden ist, sind die auf Entgeltumwandlung beruhenden Beiträge zu berücksichtigen (BMF-Schreiben vom 5. August 2002 Rz. 165).

Wechselt der Arbeitnehmer im Kalenderjahr sein erstes Dienstverhältnis, so kann er für die Arbeitgeberbeiträge im Rahmen seines neuen Dienstverhältnisses die Steuerfreiheit nach §3 Nr. 63 EStG nur insoweit beanspruchen, als der Höchstbetrag von 4 v. H. noch nicht durch Leistungen seines vorherigen Arbeitgebers ausgeschöpft wurde. Um die Einhaltung der Begrenzung auf 4 v. H. im Fall des Arbeitgeberwechsels zu ermöglichen, hat der Arbeitgeber die nach § 3 Nr. 63 EStG jeweils steuerfrei geleisteten Beiträge auf der Lohnsteuerkarte des Arbeitnehmers zu bescheinigen (§ 41 b Abs. 1 Satz 2 Nr. 8 EStG).

1.5.3 Verzicht auf die Steuerfreiheit zu Gunsten der Riester-Förderung

Gemäß § 3 Nr. 63 Satz 2 EStG besteht auch die Möglichkeit, auf die Steuerfreiheit zu verzichten und die individuelle Besteuerung der Beiträge zur betrieblichen Altersversorgung als Voraussetzung für die Förderung durch Sonderausgabenabzug nach § 10 a und Zulage nach Abschnitt XI EStG zu verlangen.

Diese Regelung vollzieht steuerrechtlich das in § 1a Abs. 3 BetrAVG vorgesehene Wahlrecht des Arbeitnehmers bezüglich der steuerlichen Förderung nach § 10 a EStG und Abschnitt XI EStG nach. Soweit der Arbeitnehmer einen Anspruch auf Entgeltumwandlung nach § 1a BetrAVG hat, ist eine individuelle Besteuerung der Beiträge im Sinne des § 1a BetrAVG vom Arbeitgeber daher bereits auf Verlangen des Arbeitnehmers hin durchzuführen. In allen anderen Fällen der Entgeltumwandlung ist die individuelle Besteuerung der Beiträge gemäß § 3 Nr. 63 Satz 2 EStG hingegen nur aufgrund einer einvernehmlichen Vereinbarung zwischen Arbeitgeber und Arbeitnehmer möglich. Die Möglichkeit auf die Steuerfreiheit zu verzichten, besteht jedoch nur zu Gunsten einer individuellen Versteuerung der Beiträge, nicht aber zu Gunsten der Pauschalversteuerung nach § 40 b EStG.

Hinweis:

Bei einer Entgeltumwandlungsvereinbarung aus dem Jahr 2001 und früher oder bei Arbeitnehmern, die nicht in der gesetzlichen Rentenversicherung pflichtversichert sind, hat es der Arbeitgeber letztlich in der Hand, ob die Beiträge steuerfrei bleiben oder nicht. Eine individuelle Besteuerung der Beiträge kann vom Arbeitnehmer in diesen Fällen nicht gegen den Willen des Arbeitgebers durchgesetzt werden.

Der Arbeitnehmer muss sein Wahlrecht nach § 3 Nr. 63 Satz 2 zweite Alternative EStG spätestens bis zu dem Zeitpunkt ausüben, zu dem die entsprechende Gehaltsänderungsvereinbarung steuerlich anzuerkennen ist. Ein Verzicht auf die Steuerfreiheit kann damit grundsätzlich solange ausgesprochen werden, solange der umzuwandelnde Arbeitslohn noch nicht fällig geworden ist. Eine nachträgliche Änderung der steuerlichen Behandlung der im Wege der Entgeltumwandlung finanzierten Beiträge ist jedoch nicht zulässig (BMF-Schreiben vom 5. August 2002 Rz. 174, 175).

Bei rein arbeitgeberfinanzierten Beiträgen ist ein Verzicht auf die Steuerfreiheit nicht vorgesehen. Diese sind immer bis 4 v. H. der Beitragsbemessungsgrenze (West) steuerfrei.

1.6 Steuerfreiheit von Zuwendungen nach § 3 Nr. 66 EStG

Die Übertragung von bestehenden Versorgungsverpflichtungen oder Versorgungsanwartschaften aus Direktzusagen des Arbeitgebers oder aus Unterstützungskassen auf einen Pensionsfonds führt grundsätzlich zu steuerpflichtigem Arbeitslohn, da der Arbeitnehmer einen Rechtsanspruch gegenüber dem Pensionsfonds auf die Versorgungsleistung erwirbt.

Da die Versorgungsleistungen aus dem Pensionsfonds jedoch – wie bisher die Versorgungsleistungen aufgrund einer Direktzusage oder aus einer Unterstützungskasse – als sonstige Einkünfte der so genannte nachgelagerten Besteuerung unterliegen, werden die Leistungen des Arbeitgebers oder einer Unterstützungskasse an einen Pensionsfonds zur Übernahme bestehender Versorgungsverpflichtungen oder Versorgungsanwartschaften in § 3 Nr. 66 EStG steuerfrei gestellt.

Voraussetzung für die Steuerfreiheit nach § 3 Nr. 66 EStG beim Arbeitnehmer ist allerdings, dass der Arbeitgeber von seinem Wahlrecht nach § 4d Abs. 3 oder § 4e Abs. 3 EStG Gebrauch macht.

Den Unternehmen wird in § 4d Abs. 3 bzw. § 4e Abs. 3 EStG die Möglichkeit eingeräumt, den in den Pensionsfonds eingezahlten Betrag über elf Jahre verteilt als Betriebsausgabe steuerlich geltend zu machen (unwiderrufliches Wahlrecht). Dabei kann im Wirtschaftsjahr der Übertragung der Verpflichtung ein Betrag in Höhe der gewinnerhöhend aufzulösenden Pensionsrückstellung gewinnmindernd als Betriebsausgabe abgezogen werden. Der die Rückstellung gegebenenfalls übersteigende Betrag, der zur vollen Ausfinanzierung der in den Pensionsfonds übertragenen Versorgungsverpflichtungen und Versorgungsanwartschaften erforderlich ist, ist in den dem Wirtschaftsjahr der Übertragung folgenden zehn Wirtschaftsjahren gleichmäßig verteilt steuerlich geltend zu machen.

Die Übertragung der Versorgungsverpflichtungen und Versorgungsanwartschaften führt beim Arbeitnehmer somit nur dann nicht zu steuerpflichtigem Arbeitslohn, wenn der Arbeitgeber den bilanziellen Verlust infolge der Übertragung über einen Zeitraum von elf Jahren verteilt als Betriebsausgaben geltend macht.

Hinweis:

Die Steuerfreiheit nach § 3 Nr. 66 EStG kommt allerdings auch dann in Betracht, wenn beim übertragenden Unternehmen keine Zuwendungen im Sinne von § 4d Abs. 3 EStG oder Leistungen im Sinne von § 4e Abs. 3 EStG im Zusammenhang mit der Übernahme einer Versorgungsverpflichtung durch einen Pensionsfonds anfallen und daher auch kein Antrag nach § 4d Abs. 3 EStG oder § 4e Abs. 3 EStG vorliegt (BMF-Schreiben vom 5. August 2002 Rz. 177).

1.7 Individuelle Besteuerung

Die individuelle Besteuerung der Beitragsleistungen an eine *Pensionskasse* oder einen *Pensionsfonds* kommt grundsätzlich in Betracht, soweit die Steuerfreiheit nach §3 Nr. 63 EStG wegen Überschreitens der 4 v. H. Grenze nicht eingreift oder der Arbeitnehmer auf die Steuerfreiheit gemäß §3 Nr. 63 Satz 2 EStG zu Gunsten der individuellen Besteuerung als Voraussetzung für die Förderung durch Zulage gemäß §§79 ff. EStG und Sonderausgabenabzug gemäß §10a EStG verzichtet hat.

Die Beitragsleistungen zu Gunsten einer *Direktversicherung* sind von der Steuerfreiheit nach §3 Nr. 63 EStG ausgeklammert und unterliegen daher grundsätzlich in vollem Umfang der individuellen Besteuerung.

Die individuell besteuerten Beiträge zum Aufbau einer betrieblichen Altersversorgung sind Altersvorsorgebeiträge (§82 Abs. 2 EStG), für die bei Vorliegen der entsprechenden Voraussetzungen jedoch die Förderung durch Zulage gemäß Abschnitt XI EStG und Sonderausgabenabzug nach §10a EStG beansprucht werden kann.

1.8 Pauschalversteuerung der Beitragszahlungen nach §40b EStG

Der Arbeitgeber kann die Beitragsleistungen an eine Pensionskasse und eine Direktversicherung bis zu einer Jahreszuwendung von 1.752 Euro pro Arbeitnehmer statt individuell aber auch mit einem pauschalen Steuersatz in Höhe von 20 Prozent gemäß §40b EStG versteuern.

Im Fall der Beitragsleistung an eine Pensionskasse ist die Pauschalbesteuerung der Beiträge nach §40b EStG allerdings erst möglich, wenn die Summe der nach §3 Nr. 63 EStG steuerfreien Beiträge sowie der Beiträge, die wegen der Ausübung des Wahlrechts nach §3 Nr. 63 Satz 2 EStG individuell versteuert werden, den Höchstbetrag von 4 v. H. der Beitragsbemessungsgrenze in der gesetzlichen Rentenversicherung der Arbeiter und Angestellten übersteigt.

Hinweis:

Sind mehrere Arbeitnehmer in einer Pensionskasse oder in einem Direktversicherungsvertrag versichert, wird für die Feststellung der Pauschalierungsgrenze von 1.752 Euro eine Durchschnittsberechnung angestellt (§40b Abs. 2 Satz 2 EStG). Im Rahmen dieser Durchschnittsberechnung sind nach R 129 Abs. 9 Satz 4 Nr. 1 LStR alle Arbeitnehmer einzubeziehen, für die pauschal besteuerungsfähige Beiträge bis zur Höhe von 2.148 Euro erbracht werden. Die Beiträge, die nach §3 Nr. 63 EStG steuerfrei sind sowie diejenigen Beiträge, die wegen Ausübung des Wahlrechts nach §3 Nr. 63 Satz 2 EStG individuell versteuert wurden, sind jedoch nicht pauschal besteuerungsfähig und können deshalb bei der Durchschnittsberechnung nach §40b EStG unberücksichtigt bleiben.

1.9 Zeitliche Zuordnung der Beitragsleistungen und Zuwendungen

Bei der Durchführung der betrieblichen Altersversorgung über eine Pensionskasse, einen Pensionsfonds oder eine Direktversicherung liegt Zufluss von Arbeitslohn im Zeitpunkt der Zahlung der entsprechenden Beiträge durch den Arbeitgeber vor. Für die zeitliche Zuordnung dieser Beitragsleistungen zum Aufbau einer betrieblicher Altersversorgung ist § 38a Abs. 3 EStG (§ 11 Abs. 1 Satz 3 EStG) maßgebend. Bei den Beitragsleistungen zu Gunsten einer Pensionskasse, einem Pensionsfonds und einer Direktversicherung muss für die lohnsteuerliche Beurteilung (Steuerfreiheit, individuelle oder pauschale Besteuerung) dieser Arbeitlohnbestandteile daher zwischen laufendem Arbeitslohn und sonstigem Bezug unterschieden werden. Zur Abgrenzung zwischen laufendem Arbeitslohn und sonstigem Bezug ist dabei nach R 115, 118 und 119 LStR zu verfahren (vgl. Rz. 149, 178 des BMF-Schreibens vom 5. August 2002; BStBl I S. 767).

Laufender Arbeitslohn ist der Arbeitslohn, der dem Arbeitnehmer regelmäßig fortlaufend zufließt wie z. B. die Monatsgehälter, die Mehrarbeitsvergütungen oder auch die Zuschläge und Zulagen. Zum laufenden Arbeitslohn zählt aber auch der Arbeitslohn für Lohnzahlungszeiträume des abgelaufenen Kalenderjahres, der innerhalb der *ersten drei Wochen* des nachfolgenden Kalenderjahres zufließt. (R 115 Abs. 1 Nr. 7 LStR). Laufender Arbeitslohn gilt in dem Kalenderjahr als bezogen, in dem der Lohnzahlungszeitraum für den er gezahlt wird, endet.

Ein *sonstiger Bezug* ist der Arbeitslohn, der nicht als laufender Arbeitslohn gezahlt wird. Hierzu gehören insbesondere dreizehnte und vierzehnte Monatsgehälter; Weihnachtszuwendungen sowie Nachzahlungen für das abgelaufene Kalenderjahr, die später als drei Wochen nach Ablauf dieses Jahres zufließen (R 115 Abs. 2 LStR). Ein sonstiger Bezug gilt in dem Kalenderjahr als bezogen, in dem er dem Arbeitnehmer zufließt.

Laufender Arbeitslohn für den Lohnzahlungszeitraum Dezember 2004, der dem Arbeitnehmer innerhalb der ersten drei Wochen des Jahres 2005 zufließt, wird somit noch dem Jahr 2004 zugeordnet. Fließt der Arbeitslohn dem Arbeitnehmer aber nach den ersten drei Wochen des Jahres 2005 zu, so wird der Arbeitslohn dem Jahr 2005 zugerechnet. Sonstige Bezüge werden immer dem Jahr zugeordnet, in dem sie zufließen.

Beispiel 1:

Arbeitgeber B zahlt zu Gunsten des Arbeitnehmers A monatlich 100 Euro in eine Direktversicherung. Die Beiträge werden vom Arbeitgeber jeweils am 20. des Folgemonats für den vorhergehenden Monat entrichtet.

Bei dem am 20. Januar 2005 für Dezember 2004 entrichteten Beitrag handelt es sich gemäß § 38a EStG in Verbindung mit R 115 Abs. 1 Nr. 7 LStR noch um laufenden Arbeitslohn des Jahres 2004.

Beispiel 2:

Arbeitnehmer A verzichtet auf 1.500 Euro seiner Weihnachtssonderzahlung 2004 zu Gunsten betrieblicher Altersversorgung. Arbeitgeber B zahlt den Beitrag zu Gunsten einer Direktversicherung am 30. Januar 2005.

Bei dem am 30. Januar 2005 entrichteten Beitrag handelt es sich gemäß § 38a EStG in Verbindung mit R 115 Abs. 2 LStR um einen sonstigen Bezug, der dem Arbeitnehmer in 2005 zufließt und als Arbeitslohn des Jahres 2005 gilt.

2 Besteuerung der Leistungen in der Auszahlungsphase

2.1 Versorgungsleistungen aus Direktzusagen und Unterstützungskassen

Versorgungsleistungen aus Direktzusagen des Arbeitgebers oder aus Unterstützungskassen unterliegen als Einkünfte aus nichtselbständiger Arbeit nach § 19 Abs. 1 Nr. 2 EStG (Arbeitslohn aus dem früheren Dienstverhältnis) dem Lohsteuerabzug. Dieser so genannte nachträgliche Arbeitslohn ist nach Abzug des Versorgungsfreibetrags (3.072 Euro) unter den Voraussetzungen des § 19 Abs. 2 Satz 2 Nr. 2 EStG und gegebenenfalls des Arbeitnehmer-Pauschbetrags (920 Euro) in vollem Umfang steuerpflichtig (so genannte „nachgelagerte Besteuerung").

2.2 Versorgungsleistungen aus Direktversicherungen, Pensionsfonds und Pensionskassen

Leistungen aus Direktversicherungen, Pensionsfonds und Pensionskassen (mit Ausnahme der Zusatzversorgungseinrichtungen der betrieblichen Altersversorgung im Sinne des § 10a Abs. 1 Satz 4 EStG) werden als sonstige Einkünfte nach § 22 Nr. 5 Satz 1 EStG ebenfalls in vollem Umfang der Besteuerung unterworfen, soweit die Leistungen auf Beiträgen beruhen, auf die § 3 Nr. 63, § 10a oder der Abschnitt XI EStG angewendet wurde oder die Leistungen auf steuerfreien Leistungen im Sinne des § 3 Nr. 66 EStG beruhen. Eine *vollständige Besteuerung* der Leistungen aus Direktversicherungen, Pensionsfonds und Pensionskassen während der Auszahlungsphase erfolgt somit nur, soweit der Aufbau dieser betrieblichen Altersvorsorge durch die oben vorgestellten Maßnahmen während der Ansparphase auch steuerlich entlastet wurde. Von den sonstigen Einkünften im Sinne des § 22 Nr. 5 EStG wird allerdings kein Versorgungsfeibetrag und Arbeitnehmer-Pauschbetrag sondern lediglich ein Werbungskostenpauschbetrag in Höhe von 102 Euro gemäß § 9a Satz 1 Nr. 3 EStG abgezogen.

Leistungen aus Direktversicherungen, Pensionsfonds und Pensionskassen (mit Ausnahme der Zusatzversorgungseinrichtungen der betrieblichen Altersversorgung im Sinne des § 10a Abs. 1 Satz 4 EStG), die auf Kapital beruhen, welches nicht aus Beiträgen gebildet wurde, die nach §§ 3 Nr. 63, 3 Nr. 66 EStG von der Einkommensteuer befreit waren oder nach § 10a oder dem Abschnitt XI EStG gefördert wurden, sind, wenn es sich um Leibrentenzahlungen handelt, gemäß § 22 Nr. 5 Satz 2 EStG in Verbindung mit § 22 Nr. 1 Satz 3 EStG – wie bisher – mit dem *Ertragsanteil zu besteuern*. Erfolgt eine Kapitalauszahlung, sind die in der Kapitalauszahlung enthaltenen rechnungsmäßigen und außerrechnungsmäßigen Zinsen als Einkünfte aus Kapitalvermögen steuerpflichtig, es sei denn, sie sind unter den Voraussetzungen des § 20 Abs. 1 Nr. 6 Satz 2 i.V.m. § 10 Abs. 1 Nr. 2 Buchstabe b EStG nicht steuerbar.

Hinweis:

Zu den nicht geförderten Beiträgen gehören insbesondere die nach § 40b EStG pauschal besteuerten sowie alle vor dem 1. Januar 2002 erbrachten Beiträge an eine Pensionskasse oder für eine Direktversicherung.

In Fällen, in denen die Voraussetzungen für eine steuerliche Förderung der betrieblichen Altersversorgung (z. B. Steuerfreiheit oder Zugehörigkeit zum anspruchsberechtigten Personenkreis) nur zeitweise während der Ansparphase vorliegen, ist daher für Zwecke der Besteuerung während der Auszahlungsphase eine Aufteilung der Leistungen auf gefördertes und nicht gefördertes Kapital notwendig. Dies gilt insbesondere im Bereich der schon vor dem 1. Januar 2002 bestehenden Pensionskassen und Direktversicherungen sowie in den Fällen von wechselnden Erwerbsbiografien. Aber auch bei Umwandlung von nicht förderfähigen Altverträgen in begünstigte Verträge muss für Zwecke der Besteuerung während der Auszahlungsphase eine Aufteilung der Leistungen erfolgen.

Diese Aufteilung hat die Versorgungseinrichtung vorzunehmen und dem betroffenen Versorgungsempfänger gemäß § 22 Nr. 5 Satz 7 EStG die vollständig zu besteuernden Leistungen (nach amtlich vorgeschriebenen Vordruck) zu bescheinigen.

2.3 Abfindungen von Anwartschaften

Wird eine Anwartschaft der betrieblichen Altersversorgung, die ganz oder teilweise auf nach § 3 Nr. 63 EStG, § 3 Nr. 66 EStG steuerfreien oder nicht geförderten Beiträgen beruht, abgefunden und wird der Abfindungsbetrag nach § 3 Abs. 1 Satz 3 Nr. 2 zweite Alternative BetrAVG zum Aufbau einer Altersversorgung bei einer Direktversicherung oder Pensionskasse oder einem Pensionsfonds verwendet, oder zu Gunsten eines auf den Namen des Steuerpflichtigen lautenden zertifizierten Altersvorsorgevertrags geleistet, unterliegt der Abfindungsbetrag im Zeitpunkt der Abfindung nicht der Besteuerung (BMF-Schreiben vom 5. August 2002 Rz. 198).

Wird der Abfindungsbetrag nicht entsprechend verwendet, erfolgt hingegen eine Besteuerung des Abfindungsbetrags im Zeitpunkt der Abfindung entsprechend den oben dargestellten allgemeinen Grundsätzen der Besteuerung der Versorgungsleistungen.

3 Ausblick – Entwurf eines Alterseinkünftegesetzes

Das Bundesverfassungsgericht hat in seinem Urteil vom 6. März 2002 (s. BVerfGE 105, 73) entschieden, dass die unterschiedliche Besteuerung der Beamtenpensionen und der Renten aus der gesetzlichen Rentenversicherung in der Einkommensteuer mit dem Gleichheitssatz des Grundgesetzes unvereinbar ist und den Gesetzgeber verpflichtet, spätestens mit Wirkung ab 1. Januar 2005 eine verfassungskonforme Neuregelung zu treffen.

Das Bundeskabinett hat daraufhin am 3. Dezember 2003 den Entwurf eines Gesetzes zur Neuordnung der einkommensteuerrechtlichen Behandlung von Altersvorsorgeaufwendungen und Altersbezügen beschlossen. Der Gesetzentwurf soll den Auftrag des Bundesverfassungsgerichtes erfüllen. Dabei soll eine steuerrechtssystematisch schlüssige und folgerichtige Behandlung von Altersvorsorgeaufwendungen und Altersbezügen erreicht werden, die unter Nutzung generalisierender, typisierender und pauschalierender Regelungen sowohl der wirtschaftlichen Leistungsfähigkeit der Steuerpflichtigen als auch der Notwendigkeit einfacher und praktikabler Handhabung Rechnung trägt.

Vorgesehene Änderungen im Bereich der betrieblichen Altersversorgung:

Durch das Alterseinkünftegesetz sollen die steuerrechtlichen Rahmenbedingungen für die betriebliche Altersversorgung vereinheitlicht und dadurch wesentlich vereinfacht werden.

Im Bereich der betrieblichen Altersversorgung bestehen fünf Durchführungswege, die teilweise steuerrechtlich unterschiedlich behandelt werden. Diese Differenzierung soll für die kapitalgedeckte betriebliche Altersversorgung weitgehend abgeschafft und durch die dann für alle Durchführungswege mögliche nachgelagerte Besteuerung ersetzt werden. Hierzu werden in einem ersten Schritt die Beiträge für eine Direktversicherung in die Steuerfreiheit nach § 3 Nr. 63 EStG einbezogen. Gleichzeitig wird die Steuerfreiheit auf solche Versorgungszusaen beschränkt, die im Grundsatz eine lebenslange Altersversorgung vorstehen, und die Möglichkeit der Pauschalbesteuerung nach § 40b EStG als klassischer Fall der so genannten „vorgelagerten Besteuerung" aufgehoben.

Außerdem wird in § 3 Nr. 63 Satz 3 EStG die Möglichkeit eröffnet, Abfindungszahlungen oder Wertguthaben aus Arbeitszeitkonten steuerfrei für den Aufbau einer kapitalgedeckten betrieblichen Altersversorgung zu nutzen. Diese Regelung dient als Ersatz für den mit der Abschaffung des § 40b EStG verbundenen Wegfall der bisherigen Vervielfältigungsregelung (§ 40b Abs. 2 Satz 3 und 4 EStG).

Für den Bereich der umlagefinanzierten betrieblichen Altersversorgung, die nicht unter § 3 Nr. 63 EStG fällt, verbleibt es bei der vorgelagerten Besteuerung und der Möglichkeit der Pauschalbesteuerung nach § 40b EStG. Davon betroffen ist insbesondere die Zusatzversorgung im öffentlichen Dienst. Dadurch wird auch die umlagefinanzierte betriebliche Altersversorgung angemessen gefördert.

Ferner wird die Portabilität in der betrieblichen Altersversorgung, d.h. die Mitnahmemöglichkeit erworbener Betriebsrentenanwartschaften bei einem Arbeitgeberwechsel, erheblich verbessert. Falls zwischen den Beteiligten Einvernehmen besteht, ist eine Mitnahme der Anwartschaften künftig problemlos möglich. Darüber hinaus erhalten Beschäftigte ein Recht, das von ihnen beim ehemaligen Arbeitgeber bzw. bei dessen Versorgungseinrichtung aufgebaute Betriebsrentenkapital zum neuen Arbeitgeber bzw. in dessen Versorgungseinrichtung mitzunehmen. Damit wird sowohl den veränderten wirtschaftlichen Rahmenbedingungen am Arbeitsmarkt und den daraus resultierenden geänderten Erwerbsbiographien als auch dem notwendigen Ausbau der zusätzlichen Altersvorsorge Rechnung getragen. Die entsprechenden betriebsrentenrechtlichen Regelungen werden steuerlich flankiert.

Nach Ablauf der Übergangsphase für die Besteuerung (im Jahr 2040) sollen Werkspensionen und die Renten aus der gesetzlichen Rentenversicherung einkommensteuerrechtlich gleich behandelt werden. Die Vorgaben des Bundesverfassungsgerichts aufnehmend (s. BVerfGE 105, 73, 123), werden die bestehenden altersspezifischen Vergünstigungen gleichmäßig abgebaut. Dazu ist es erforderlich, den Versorgungsfreibetrag sowie den Altersentlastungsbetrag für übrige Einkünfte abzuschaffen. Dies geschieht schrittweise für jeden ab 2006 neu in Ruhestand tretenden Jahrgang. Daneben wird bei Beziehern von Beamten- und Werkspensionen der Arbeitnehmer-Pauschbetrag (920 €) an den Werbungskosten-Pauschbetrag angepasst, der Rentenbeziehern zusteht (102 €). Zur Vermeidung eines sprunghaften Anstiegs des steuerpflichtigen Teils insbesondere bei niedrigen Versorgungsbezügen, wird zum Ausgleich dem Versorgungsfreibetrag ein entsprechender Zuschlag hinzugerechnet, der dann ebenfalls gleichmäßig für jeden ab 2006 neu in Ruhestand tretenden Jahrgang abgeschmolzen wird. Nach Ablauf der Übergangsphase sind dann die Besteuerungsunterschiede, die im geltenden Recht zwischen Renten und Pensionen und den Einkünften der aktiv Erwerbstätigen bestehen, beseitigt.

Für Rentenleistungen, die durch den Einsatz von ausschließlich versteuerten Einkommen erworben werden, gilt weiterhin die Ertragsanteilsbesteuerung nach § 22 EStG. Die Ertragsanteile werden auf niedrigerem Niveau neu festgelegt. Grund für die Absenkung ist, dass der Diskontierungsfaktor für die Berechnung der Ertragsanteile in Reaktion auf die zu niedrige Besteuerung von Renten aus der gesetzlichen Rentenversicherung in der Vergangenheit mehrfach erhöht wurde. Da Renten aus der gesetzlichen Rentenversicherung künftig von der Ertragsanteilsbesteuerung ausgenommen und in die nachgelagerte Besteuerung überführt werden, kann für die Bestimmung der Ertragsanteile wieder ein zutreffender niedrigerer Diskontierungsfaktor unterstellt werden. Dabei wird ein typisierender Kapitalertrag von drei Prozent p.a. unterstellt.

Der Gesetzentwurf sieht außerdem vor, das Steuerprivileg für Kapitallebensversicherungen (Sonderausgabenabzug, Steuerfreiheit der Erträge bei längerer Laufzeit) abzuschaffen. Wegen der Vermeidung eines erheblichen Verwaltungsaufwandes soll diese Änderung ausschließlich für Neuverträge gelten, die nach Inkrafttreten der gesetzlichen Änderungen abgeschlossen werden.

Martin Hoppenrath

Die Insolvenzsicherung der betrieblichen Altersversorgung durch den Pensions-Sicherungs-Verein Versicherungsverein auf Gegenseitigkeit (PSVaG)

1 Die Insolvenzsicherungspflicht der Arbeitgeber	87
1.1 Verpflichtete Arbeitgeber	87
1.2 Termin und Umfang der Arbeitgebermeldungen	88
1.2.1 Erstmeldung des Arbeitgebers	88
1.2.2 Jährliche Meldungen	89
1.2.3 Sonderregelungen bei geringen Beitragsbemessungsgrundlagen	90
1.3 Höhe und Fälligkeit der Beiträge an den PSVaG	91
1.3.1 Finanzierungsverfahren	91
1.3.2 Beitragskalkulation	91
1.3.3 Fälligkeit der Beiträge und Vorschüsse	93
1.3.4 Praktische Beispiele zur Beitragshöhe und -berechnung	93
1.4 Folgen von Pflichtverletzungen	97
1.4.1 Verspätete Meldungen	97
1.4.2 Verspätete Zahlung von Beiträgen und Vorschüssen	97
1.4.3 Ordnungswichtigkeiten	97
2 Leistungen des PSVaG nach Insolvenz des Arbeitgebers	98
2.1 Grundsatz und Sicherungsfälle	98
2.2 Umfang der insolvenzgeschützten Leistungen	98
2.3 Abwicklung der Leistungen	99
2.4 Forderungs- und Vermögensübergang auf den PSVaG	99
3 Ausblick	100
3.1 Beitragsermäßigung für Pensionsfonds	100
3.2 Übertragung der Melde- und Beitragszahlungszahlungspflicht auf externe Träger der Versorgung	102
4 Praktische Hinweise	103
4.1 Internet	103
4.2 Merkblätter des PSVaG	103

1 Die Insolvenzsicherungspflicht der Arbeitgeber

Gegenstand der Insolvenzsicherung der betrieblichen Altersversorgung ist die Gewährleistung der betrieblichen Altersversorgung im Falle der Insolvenz des zusagenden Arbeitgebers im Rahmen des Gesetzes zur Verbesserung der betrieblichen Altersversorgung (BetrAVG). Diese Aufgabe hat der Gesetzgeber dem Pensions-Sicherungs-Verein, Versicherungsverein auf Gegenseitigkeit – kurz PSVaG – übertragen (§ 14 BetrAVG). Der PSVaG, der am 1. Januar 1975 seinen Geschäftsbetrieb aufgenommen hat, ist eine ausschließlich zu diesem Zweck gegründete Selbsthilfeeinrichtung der deutschen Wirtschaft.

Zur Durchführung der Insolvenzsicherung hat der Gesetzgeber den Arbeitgebern Pflichten auferlegt, die in den §§ 10 und 11 BetrAVG beschrieben sind.

Einbezogen in die Insolvenzsicherung sind diejenigen Durchführungswege der betrieblichen Altersversorgung, bei denen die Erfüllung der bereits erdienten betrieblichen Versorgungsansprüche durch die Insolvenz des Arbeitgebers direkt oder indirekt beeinträchtigt sein kann.

1.1 Verpflichtete Arbeitgeber

Nach geltendem Recht (§ 10 Abs. 1 BetrAVG) unterliegen alle Arbeitgeber, die betriebliche Altersversorgung über die nachfolgend beschriebenen Durchführungswege zugesagt haben, der gesetzlichen Insolvenzsicherungspflicht beim PSVaG:

1. unmittelbare Versorgungszusagen, auch Direktzusagen genannt
2. mittelbare Versorgungszusagen über
   a) Unterstützungskassen
   b) Direktversicherungen – nur bei widerruflichem Bezugsrecht oder bei unwiderruflichem Bezugsrecht, sofern sie abgetreten, beliehen oder verpfändet sind – und schließlich
   c) Pensionsfonds.

Die Insolvenzsicherungspflicht ist unabhängig davon, ob und in welchem Umfang Deckungsmittel existieren, die dem Zugriff des Arbeitgebers mehr oder weniger entzogen sind.

Nicht gesetzlich insolvenzgesichert durch den PSVaG – weil nach Ansicht des Gesetzgebers durch eine Insolvenz des Arbeitgebers nicht gefährdet – sind die folgenden Durchführungswege:

(1) Pensionskassen
(2) Direktversicherungen mit unwiderruflichem Bezugsrecht, die nicht abgetreten, beliehen oder verpfändet sind.

In diesen Fällen besteht für die zusagenden Arbeitgeber keine Insolvenzsicherungspflicht beim PSVaG.

Die Insolvenzsicherungspflicht des Arbeitgebers hat der Gesetzgeber am Durchführungsweg der betrieblichen Altersversorgung und nicht am Inhalt der Zusage orientiert. Die hiermit verbundenen, im Folgenden noch näher zu erläuternden gesetzlichen Melde- und Auskunftspflichten betreffen ausschließlich den Arbeitgeber und nicht den gegebenenfalls vorhandenen sonstigen Träger der Versorgung. So ist z. B. nicht eine Unterstützungskasse selbst dem PSVaG gegenüber melde- und beitragspflichtig, sondern der Arbeitgeber als Trägerunternehmen. Gleiches gilt auch beim Pensionsfonds. Direktversicherungen sind heutzutage zumeist in insolvenzsicherungsfreier Form ausgestaltet. In den wenigen Fällen jedoch, in denen dies nicht der Fall ist, trifft auch hier die Melde- und Auskunftspflicht den Arbeitgeber und nicht etwa das Lebensversicherungsunternehmen.

1.2 Termin und Umfang der Arbeitgebermeldungen

1.2.1 Erstmeldung des Arbeitgebers

Paragraf 11 Abs. 1 Satz 1 BetrAVG beinhaltet eine sehr weitgehende Meldepflicht des Arbeitgebers. Er schreibt vor, dass der Arbeitgeber dem Träger der Insolvenzsicherung eine betriebliche Altersversorgung innerhalb von drei Monaten nach Erteilung der unmittelbaren Versorgungszusage, dem Abschluss einer Direktversicherung, der Errichtung einer Unterstützungskasse oder eines Pensionsfonds mitzuteilen hat. Dies macht bei der „klassischen" arbeitgeberfinanzierten betrieblichen Altersversorgung jedoch nur eingeschränkt Sinn, da nur laufende Renten und gesetzlich unverfallbare Anwartschaften dem Insolvenzschutz unterliegen, genügt es, wenn der Arbeitgeber seiner Meldepflicht nach Beginn der ersten laufenden Rente oder Eintritt der ersten gesetzlich unverfallbaren Anwartschaft nachkommt. Anderenfalls entstünde sowohl beim Arbeitgeber als auch beim PSVaG vermeidbarer Verwaltungsaufwand.

Anders sieht dies aus im Falle der Entgeltumwandlung. Hier gilt für ab 1. Januar 2002 erteilte Zusagen aufgrund von Entgeltumwandlung, dass diese, soweit Beträge bis zu 4 vom Hundert der Beitragsbemessungsgrenze in der gesetzlichen Rentenversicherung der Arbeiter und Angestellten für eine betriebliche Altersversorgung verwendet werden, ohne Ablauf einer Frist sofort unverfallbar sind und diese demzufolge der sofortigen Insolvenzsicherungspflicht unterliegen. Bei Entgeltumwandlungen, für die höhere Beträge aufgewendet werden, setzt die Insolvenzsicherungspflicht für den die Vierprozentgrenze übersteigenden Teil nach Ablauf der Zweijahresfrist gemäß §7 Abs. 5 Satz 3 BetrAVG ein. Diese ist zwar auch mit Erteilung der Zusage arbeitsrechtlich unverfallbar, jedoch greift hier die allgemeine Schutzfrist für den PSVaG, wonach Verbesserungen und auch Neuzusagen bei der Insolvenzsicherung unberücksichtigt bleiben, soweit sie in den beiden letzten Jahren vor dem Eintritt einer Insolvenz vereinbart worden

Die Insolvenzsicherung der betrieblichen Altersversorgung

sind. Demzufolge ergibt sich hier die Insolvenzsicherungspflicht und damit auch der Insolvenzschutz nach Ablauf von zwei Jahren nach Erteilung der Zusage.

Die Erstmeldung durch den Arbeitgeber kann formlos geschehen, jedoch bietet der PSVaG zur Vereinfachung und Beschleunigung der ersten Kontaktaufnahme im Rahmen seines Internetauftritts (*www.psvag.de*) hierfür ein Formular an.

1.2.2 Jährliche Meldungen

Nach § 11 Abs. 2 BetrAVG hat ein beitragspflichtiger Arbeitgeber dem PSVaG spätestens bis zum 30. September eines jeden Kalenderjahres die Höhe seiner Beitragsbemessungsgrundlage zu melden. Hierzu erhalten alle beim PSVaG registrierten Arbeitgeber gegen Ende des ersten Quartals eines Jahres den so genannten Erhebungsbogen zugesandt. In diesen Erhebungsbogen sind die Anzahlen der meldepflichtigen laufenden Leistungen und unverfallbaren Anwartschaften sowie die entsprechenden Bemessungsgrundlagen – jeweils getrennt nach Durchführungswegen – einzutragen. Die Beitragsbemessungsgrundlagen hängen vom Durchführungsweg ab und sind festzustellen auf den Schluss des Wirtschaftsjahres des Arbeitgebers, das im zuvor abgelaufenen Kalenderjahr geendet hat.

Dabei ist die *Beitragsbemessungsgrundlage* für:

(1) *unmittelbare Versorgungszusagen* der Teilwert gemäß § 6a Abs. 3 EStG ermittelt aufgrund eines versicherungsmathematischen Gutachtens (§ 10 Abs. 3 Nr. 1 i. V. m. § 11 Abs. 2 BetrAVG).
(2) *Unterstützungskassen* das Deckungskapital für die laufenden Leistungen gemäß § 4d Abs. 1 Nr. 1a EStG (vgl. Tabelle laut Anlage 1 zu § 4 EStG – siehe Abschnitt 1.3.4) zuzüglich des 20-fachen der nach § 4d Abs. 1 Nr. 1b Satz 1 EStG errechneten jährlichen Zuwendungen für die unverfallbaren Anwartschaften, ermittelt aufgrund einer nachprüfbaren Berechnung (§ 10 Abs. 3 Nr. 3 i. V. m. § 11 Abs. 2 BetrAVG).
(3) *Direktversicherungen* mit
- *widerruflichem Bezugsrecht,* das vom Lebensversicherungsunternehmen berechnete geschäftsplanmäßige Deckungskapital bzw. die Deckungsrückstellung in voller Höhe einschließlich Überschussanteile aufgrund einer Bescheinigung des Versicherers (§ 10 Abs. 3 Nr. 2 Satz 1 i. V. m. § 11 Abs. 2 BetrAVG),
- *unwiderruflichem Bezugsrecht,* die abgetreten, beliehen oder verpfändet sind, das Deckungskapital bzw. die Deckungsrückstellung gegebenenfalls reduziert auf den Betrag der Abtretung, Beleihung oder Verpfändung aufgrund einer Bescheinigung des Versicherers (§ 10 Abs. 3 Nr. 2 Satz 2 i. V. m. § 11 Abs. 2 BetrAVG).
(4) *Pensionsfonds* 20 Prozent des Teilwerts entsprechend dem bei unmittelbaren Versorgungszusagen, ermittelt aufgrund eines versicherungsmathematischen Gutachtens (§ 10 Abs. 3 Nr. 4 i. V. m. § 11 Abs. 2 BetrAVG).

Die Beitragsbemessungsgrundlage muss für jede einzelne Versorgungsverpflichtung ermittelt werden und summarisch, aber getrennt nach Durchführungswegen, dem PSVaG gemeldet werden.

Aus dem Betriebsrentengesetz ergibt sich, dass der aus einer Versorgungszusage verpflichtete Arbeitgeber im Wege der eigenverantwortlichen Selbstveranlagung seiner Melde- und Beitragspflicht nachzukommen hat (§ 10 Abs. 3 i. V. m. § 11 Abs. 2 BetrAVG).

Das bedeutet insbesondere, dass der Arbeitgeber rechtzeitig für die Durchführung der erforderlichen Berechnungen selbst Sorge tragen muss. Er muss rechtzeitig

- bei *unmittelbaren Versorgungszusagen* ein versicherungsmathematisches Gutachten in Auftrag geben,
- bei *Unterstützungskassen* entweder die Berechnungen selbst vornehmen oder in Auftrag geben,
- bei *insolvenzsicherungspfichtigen Direktversicherungen* über die vorstehend beschriebenen Werte eine Bescheinigung des Lebensversicherungsunternehmens anfordern,
- bei *Pensionsfonds* ein versicherungsmathematisches Gutachten in Auftrag geben.

Die sich aus diesen Unterlagen ergebenden Werte muss der Arbeitgeber in den Erhebungsbogen, den er vom PSVaG erhalten hat, eintragen und diesen Erhebungsbogen auch unterschreiben.

Der PSVaG überprüft die Vollständigkeit und Schlüssigkeit der Meldung. Gegebenenfalls kann der PSVaG ergänzende Erläuterungen verlangen und sich Unterlagen vorlegen lassen, aus denen die Angaben nachvollziehbar sind (§ 11 Abs. 1 Satz 2 BetrAVG). Hierbei ist vom Arbeitgeber zu beachten, dass er diese Unterlagen mindestens sechs Jahre aufzubewahren hat (§ 11 Abs. 2 Satz 2 BetrAVG).

Aufgrund einer aufsichtsbehördlichen Auflage verlangt der PSVaG, dass die beitragspflichtigen Arbeitgeber ihrer Meldung ein Kurztestat des für die Berechnung der Beitragsbemessungsgrundlage nach § 11 Abs. 2 Satz 1 BetrAVG Zuständigen für jeden Durchführungsweg als Nachweis der gemeldeten Werte beifügen. Für dieses Kurztestat ist ebenso wie für die Meldung der Werte selbst ein vom PSVaG gemäß § 11 Abs. 7 BetrAVG vorgeschriebenes Formular zu verwenden. Bei edv-mäßiger Erstellung müssen Struktur und Inhalt des Formulars lückenlos berücksichtigt sein.

1.2.3 Sonderregelungen bei geringen Beitragsbemessungsgrundlagen

Abweichend vom gesetzlich vorgeschriebenen Melde- und Beitragsverfahren können Arbeitgeber mit geringen Beitragsbemessungsgrundlagen Verwaltungs- und damit auch Kostenaufwand bei der Erfüllung ihrer jährlichen Meldepflichten sparen. Diese Regelungen setzen einen Antrag des Arbeitgebers voraus und ergeben sich im Einzelnen aus den §§ 9-11 der Allgemeinen Versicherungsbedingungen für die Insolvenzsicherung der betrieblichen Altersversorgung (AIB), die im Internet (*www.psvag.de*) einsehbar sind.

1.3 Höhe und Fälligkeit der Beiträge an den PSVaG

1.3.1 Finanzierungsverfahren

Die Beiträge, die der PSVaG aufgrund öffentlich-rechtlicher Verpflichtung bei den beitragspflichtigen Arbeitgebern erhebt, müssen den Barwert der im laufenden Kalenderjahr entstehenden Ansprüche auf Leistungen der Insolvenzsicherung, die Kosten der Versicherung sowie die Zuführung zu einem von der Aufsichtsbehörde festgesetzten Ausgleichsfonds decken (§ 10 Abs. 2 BetrAVG).

Danach werden die vom PSVaG aufgrund von Insolvenzen zu übernehmenden laufenden Renten im Jahr der Insolvenz mit ihrem versicherungsmathematisch ermittelten Kapitalwert in die Umlage einbezogen und damit ausfinanziert. Insoweit handelt es sich also um ein Kapitaldeckungsverfahren.

Dagegen findet eine Vorausfinanzierung von Versorgungsanwartschaften aus Insolvenzfällen nicht statt. Diese werden zunächst lediglich registriert. In dem Jahr, in dem später – gegebenenfalls erst nach Jahrzehnten – der Versorgungsfall eintritt, wird für die dann aufzunehmende Rentenzahlung wiederum der versicherungsmathematisch ermittelte Kapitalwert im Rahmen der jährlichen Beitragsumlage miterhoben. Von diesem Zeitpunkt an ist die in eine Rentenleistung umgewandelte unverfallbare Anwartschaft ebenfalls ausfinanziert.

Daher handelt es sich bei der Finanzierung nicht um ein volles Anwartschafts-Deckungsverfahren, sondern um ein so genanntes Rentenwertumlageverfahren.

1.3.2 Beitragskalkulation

Entsprechend der jährlichen Finanzierungserfordernis, die im Wesentlichen durch das Insolvenzgeschehen des laufenden Geschäftsjahres bestimmt wird, ergeben sich dann die jährlichen Beitragssätze nach folgendem *Kalkulationsschema*:

Auf der Aufwandsseite:
- Schadenaufwand des betreffenden Geschäftsjahres, bestehend im Wesentlichen aus zwei Komponenten:
  - Summe der Barwerte für laufende Renten aus Insolvenzen des Geschäftsjahres;
  - Summe der Barwerte für im laufenden Geschäftsjahr eingetretene Versorgungsfälle aus gesicherten unverfallbaren Anwartschaften, denen Insolvenzen aus früheren Jahren zu Grunde liegen;
- Verwaltungskosten des PSVaG;
- Zuführung zum Ausgleichsfonds;
- Zuführung zur Verlustrücklage.

Auf der Ertragsseite:
- Erträge aus Kapitalanlagen;
- Verrechnung einer etwaigen vorjährigen Rückstellung für Beitragsrückerstattung;

- Überschussbeteiligung vom Konsortium für das Vorjahr;
- gegebenenfalls Inanspruchnahme des Ausgleichsfonds.

Die erforderlichen Beiträge ergeben sich als Saldo aus Aufwand und Ertrag. Der Beitragssatz ist dann das Ergebnis der Division der erforderlichen Beiträge durch die von den beitragspflichtigen Arbeitgebern insgesamt gemeldeten Beitragsbemessungsgrundlage.

Die von den beitragspflichtigen Arbeitgebern im Jahr 2002 gemeldete Beitragsbemessungsgrundlage betrug 225 Mrd. €. Dieser Betrag repräsentiert den Kapitalwert der unter Insolvenzschutz beim PSVaG stehenden betrieblichen Altersversorgung. Die Entwicklung der Beitragsbemessungsgrundlage von 1975 bis 2002 zeigt Abbildung 1.

Die Beitragskalkulation wird jährlich Anfang November durchgeführt. Dabei muss der bis dahin bekannte Schadenaufwand auf das volle Jahr hochgerechnet werden, was gewisse Unsicherheiten mit sich bringt. Eine spätere Beitragskalkulation ist jedoch nicht möglich, wenn einerseits den beitragspflichtigen Arbeitgebern eine einmonatige Zahlungsfrist eingeräumt und andererseits die gesetzlich vorgesehene Fälligkeit bis „Ende des Kalenderjahres" eingehalten werden soll.

Der Beitragssatz wird satzungsgemäß vom Vorstand festgesetzt und bedarf der Zustimmung des Aufsichtsrats.

Abbildung 1: Entwicklung der Beitragsbemessungsgrundlage

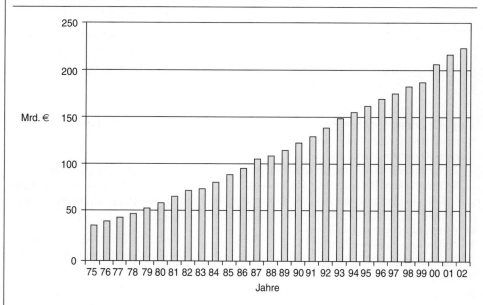

Das beschriebene Finanzierungsverfahren hat zur Folge, dass die so festgesetzten Beitragssätze eine außerordentlich große Bandbreite, nämlich von 0,3 Promille im Jahr 1990 bis hin zu 6,9 Promille im Jahr 1982 aufweisen. Im Durchschnitt beträgt der Beitragssatz 2,2 Promille. Der zuletzt für das Jahr 2002 beschlossene Beitragssatz betrug 4,5 Promille. Die Entwicklung der Beitragssätze von 1975 bis 2002 zeigt Abbildung 2.

1.3.3 Fälligkeit der Beiträge und Vorschüsse

Im Anschluss an die Festsetzung des Beitragssatzes erhalten die beitragspflichtigen Arbeitgeber etwa Mitte November auf Basis der für das laufende Kalenderjahr gemeldeten Beitragsbemessungsgrundlage ihren Jahresbeitragsbescheid, bei dem gegebenenfalls der für das laufende Jahr erhobene Vorschuss in Abzug gebracht wird. Aus dem Beitragsbescheid ist die Höhe der vom Arbeitgeber zu leistenden Zahlung und der hierbei zu beachtende Termin ersichtlich. Dabei ergibt sich die Höhe des zu zahlenden Beitrags durch Multiplikation des für das jeweilige Jahr festgesetzten Beitragssatzes (siehe Abschnitt 1.3.2) mit der vom Arbeitgeber gemeldeten Beitragsbemessungsgrundlage.

Zusammen mit dem Beitragsbescheid erhält der Arbeitgeber einen Bescheid über den für das Folgejahr zu entrichtenden Vorschuss, der auf Basis der für das laufende Kalenderjahr gemeldeten Beitragsbemessungsgrundlage erhoben und am Ende des ersten Quartals fällig wird.

Der Beitrag für das laufende Kalenderjahr ist einen Monat nach Zugang des Beitragsbescheides fällig, spätestens zum Jahresultimo (§ 10 Abs. 2 Satz 3 BetrAVG). Der Vorschuss für das Folgejahr ist regelmäßig bis zum Ende des ersten Quartals zu entrichten.

Der Vorschuss-Satz wird entsprechend den voraussichtlichen Finanzierungserfordernissen für die ersten Monate des Folgejahres vom Vorstand festgesetzt. Er betrug in den letzten Jahren zumeist 1 Promille der Bemessungsgrundlage, musste jedoch für das Jahr 2003 auf 1,5 Promille angehoben werden.

1.3.4 Praktische Beispiele zur Beitragshöhe und -berechnung

Grundbeispiel:
Es besteht eine Zusage auf 100,00 € monatliche Rente, die ab Vollendung des 65. Lebensjahres oder bei vorheriger Invalidität gezahlt wird. Für den Fall des Todes (sowohl als Aktiver als auch als Rentenempfänger) sind 60,00 € monatliche Rente an die hinterbliebene Ehefrau oder an den hinterbliebenen Ehemann zugesagt.

Zunächst ist die Beitragsbemessungsgrundlage zu ermitteln. Deren Höhe ist abhängig vom Durchführungsweg und von individuellen Faktoren wie Alter, Geschlecht und Betriebszugehörigkeit.

Im Folgenden werden beispielhaft die sich ergebenden jährlichen Insolvenzsicherungsbeiträge für eine(n) 65-jährige(n) Rentner(in) und eine(n) 51-jährige(n) Versorgungsanwärter(in) und für vier charakteristische Beitragssätze (Durchschnitt über alle Jahre, Jahr 2002, niedrigster – 1990 und höchster – 1982) angegeben.

(1) unmittelbabe Versorgungszusage

Zur versicherungsmathematischen Berechnung des Teilwertes (siehe auch Abschnitt 1.2.2) werden derzeit üblicherweise die Richttafeln 1998 von Klaus Heubeck verwendet. Der Rechnungszins beträgt gemäß § 6a EStG 6 Prozent p.a. Bei den 51-jährigen Versorgungsanwärtern wird bei der Berechnung des Teilwertes von einem Eintrittsalter 28 oder jünger ausgegangen. Ansonsten würden sich niedrigere Beitragsbemessungsgrundlagen ergeben.

Für das obige Beispiel ergeben sich die folgenden Beitragsbemessungsgrundlagen (BBG) und daraus bei gegebenen Beitragssätzen die an den PSVaG zu entrichtenden jährlichen Insolvenzsicherungsbeiträge bei:

	65-jährigen Rentenbeziehern		51-jährigen Versorgungsanwärtern	
	m	w	m	w
BBG	14.083 €	14.076 €	6.032 €	5.833 €
Jährlicher Insolvenzsicherungsbeitrag bei einem Beitragssatz von ...	–	–	–	–
–	–	–	–	–
2,3‰ (durchschnittlicher Beitragssatz)	30,98 €	30,96 €	13,27 €	12,83 €
4,5‰ (Beitragssatz 2002)	63,37 €€	63,34 €	27,14 €	26,25 €
0,3‰ (niedrigster Beitragssatz 1990)	4,22 €	4,22 €	1,81 €	1,75 €
6,9‰ (höchster Beitragssatz 1982)	97,17 €	97,12 €	41,62 €	40,25 €

(2) Unterstützungskasse

Hier ist die Beitragsbemessungsgrundlage direkt aus § 4d EStG, d.h. für laufende Leistungen aus der nachfolgenden Tabelle, herzuleiten (siehe auch Abschnitt 1.2.2).

Anlage 1 (zu § 4d Abs. 1)

Tabelle für die Errechnung des Deckungskapitals für lebenslänglich laufende Leistungen von Unterstützungskassen

Erreichtes Alter des Leistungsempfängers (Jahre)	Die Jahresbeträge der laufenden Leistungen sind zu vervielfachen bei Leistungen	
	an männliche	an weibliche
	Leistungsempfänger mit	Leistungsempfänger mit
1	2	3
Bis 26	11	17
27 bis 29	12	17
30	13	17
31 bis 35	13	16
36 bis 39	14	16
40 bis 46	14	15
47 und 48	14	14
49 bis 52	13	14
53 bis 56	13	13
57 und 58	13	12
59 und 60	12	12
61 bis 63	12	11
64	11	11
65 bis 67	11	10
68 bis 71	10	9
72 bis 74	9	8
75 bis 77	8	7
78	8	6
79 bis 81	7	6
82 bis 84	6	5
85 bis 87	5	4
88	4	4
89 und 90	4	3
91 bis 93	3	3
94	3	2
95 und älter	2	2

Bei den Versorgungsanwärtern ergibt sich als Beitragsbemessungsgrundlage der fünffache Jahresbetrag der erreichbaren Altersrente aus dem Gesetzestext von § 4d EStG.

Für das obige Beispiel ergeben sich die folgenden Beitragsbemessungsgrundlagen (BBG) und daraus bei gegebenen Beitragssätzen die an den PSVaG zu entrichtenden jährlichen Insolvenzsicherungsbeiträge bei:

	65-jährigen Rentenbeziehern		51-jährigen Versorgungsanwärtern	
	m	w	m	w
BBG	13.200 €	12.000 €	6.000 €	6.000 €
Jährlicher Insolvenzsicherungsbeitrag bei einem Beitragssatz von ...	–	–	–	–
2,2 ‰ (durchschnittlicher Beitragssatz)	29,04 €	26,40 €	13,20 €	13,20 €
4,5 ‰ (Beitragssatz 2002)	59,40 €	54,00 €	27,00 €	27,00 €
0,3 ‰ niedrigster Beitragssatz 1990	3,96 €	3,60 €	1,80 €	1,80 €
6,9 ‰ (höchster Beitragssatz 1982)	91,08 €	82,80 €	41,40 €	41,40 €

(3) Direktversicherung
- bei widerruflichem Bezugsrecht:
  Hier ist die Beitragsbemessungsgrundlage die vom Lebensversicherungsunternehmen anzugebende Deckungsrückstellung in voller Höhe einschließlich Überschussanteile (siehe auch Abschnitt 1.2.2). Der an den PSVaG zu entrichtende jährliche Beitrag ergibt sich dann durch Multiplikation mit dem im jeweiligen Jahr festgesetzten Beitragssatz (2002: 4,5 Promille).

- bei unwideruflichem Bezugsrecht:
  Hier ist die Beitragsbemessungsgrundlage der Beitrag der Abtretung, Beleihung oder Verpfändung (siehe auch Abschnitt 1.2.2). Der an den PSVaG zu entrichtende jährliche Beitrag ergibt sich dann durch Multiplikation mit dem im jeweiligen Jahr festgesetzten Beitragssatz (2002: 4,5 Promille).

(4) Pensionsfonds
Hier gilt das zu (1) unmittelbare Versorgungszusagen Dargestellte, mit der Maßgabe, dass als Beitragsbemessungsgrundlage nur 20 Prozent des Teilwertes gemäß § 6a

EStG anzusetzen sind und mithin sich entsprechend niedrigere jährliche Beiträge an den PSVaG ergeben (siehe Abschnitt 3.1).

1.4 Folgen von Pflichtverletzungen

1.4.1 Verspätete Meldungen

Für Beiträge, die wegen Verstoßes des Arbeitgebers gegen die Meldepflicht vom PSVaG erst verspätet erhoben werden können, kann der PSVaG für jeden angefangenen Monat vom Zeitpunkt der eigentlichen Fälligkeit an einen Säumniszuschlag in Höhe von bis zu 1,0 Prozent der nacherhobenen Beiträge geltend machen (§ 10a Abs. 1 BetrAVG).

1.4.2 Verspätete Zahlung von Beiträgen und Vorschüssen

Für durch Beitragsbescheid festgesetzte Beiträge und Vorschüsse, die verspätet gezahlt werden, erhebt der PSVaG für jeden *vollen* Monat Verzugszinsen in Höhe von 0,5 Prozent der rückständigen Beiträge. Angefangene Monate bleiben hierbei außer Ansatz (§ 10a Abs. 2 BetrAVG).

1.4.3 Ordnungswidrigkeiten

Paragraf 12 BetrAVG legt fest, dass ordnungswidrig handelt, wer vorsätzlich oder fahrlässig seiner Meldepflicht nicht nachkommt oder gegen die im Einzelnen aufgeführten Bestimmungen des § 11 BetrAVG verstößt, die insbesondere die Richtigkeit, Vollständigkeit und Rechtzeitigkeit von Mitteilungen und Auskünften sowie die Aufbewahrungspflichten betreffen. Die Ordnungswidrigkeit kann mit einer Geldbuße in Höhe von bis zu 2.500 € geahndet werden.

Zuständige Verwaltungsbehörde hierfür ist nach dem Gesetzeswortlaut noch das Bundesaufsichtsamt für das Versicherungswesen. Da ab 1. Mai 2002 die früheren Bundesaufsichtsämter für das Versicherungswesen, das Kreditwesen und den Wertpapierhandel zur Bundesanstalt für Finanzdienstleistungsaufsicht (BaFin) zusammengelegt worden sind, ist neuerdings dort das Bußgeldverfahren durch den PSVaG zu beantragen. Die BaFin gibt dem Betroffenen Gelegenheit zur Erfüllung seiner Pflichten oder zur Stellungnahme. Gegen einen eventuellen Bußgeldbescheid besteht der Rechtsbehelf des Einspruchs, über den dann das Amtsgericht Frankfurt entscheidet.

2 Leistungen des PSVaG nach Insolvenz des Arbeitgebers

2.1 Grundsatz und Sicherungsfälle

Der gesetzliche Insolvenzschutz setzt grundsätzlich eine Zusage des Arbeitgebers auf Leistungen der Alters-, Invaliditäts- oder Hinterbliebenenversorgung voraus, die einem Arbeitnehmer aus Anlass des Arbeitsverhältnisses zugesagt worden sind. Weiterhin ist erforderlich, dass der Versorgungsberechtigte schon laufende Versorgungsleistungen erhält oder die Versorgungszusage gesetzlich unverfallbar ist. Insolvenzgesichert sind die bereits zuvor genannten Durchführungswege (siehe Abschnitt 1.1).

Die Sicherungsfälle, welche die Eintrittspflicht des PSVaG auslösen, sind in § 7 Abs. 1 BetrAVG abschließend aufgeführt und lassen sich wie folgt einteilen:

1. Gerichtliche Sicherungsfälle
   a) die Eröffnung des Insolvenzverfahrens
   b) die Abweisung des Antrags auf Eröffnung eines Insolvenzverfahrens mangels Masse.

2. Außergerichtliche Sicherungsfälle
   a) den außergerichtlichen Vergleich des Arbeitgebers mit seinen Gläubigern zur Abwendung eines Insolvenzverfahrens, wenn ihm der PSVaG zustimmt.
   b) die vollständige Beendigung der Betriebstätigkeit im Geltungsbereich des Gesetzes, wenn ein Antrag auf Eröffnung eines Insolvenzverfahrens nicht gestellt worden ist und ein Insolvenzverfahren offensichtlich mangels Masse nicht in Betracht kommt.

2.2 Umfang der insolvenzgeschützten Leistungen

Der Umfang der Leistungspflicht des PSVaG folgt der Leistungsverpflichtung des Arbeitgebers. Dieser Grundsatz gilt jedoch nicht uneingeschränkt.

Der PSVaG ist nicht Rechtsnachfolger des Arbeitgebers – so trifft ihn z. B. nicht die arbeitsrechtliche Fürsorgepflicht des Arbeitgebers –, sondern er ist lediglich verpflichtet, für die Verbindlichkeiten des insolventen Arbeitgebers aus betrieblicher Altersversorgung im gesetzlich festgelegten Umfang einzutreten. Danach haben Versorgungsempfänger gegen den PSVaG einen Anspruch auf Leistungen in der Höhe, die der Arbeitgeber zu erbringen hätte, wenn der Sicherungsfall nicht eingetreten wäre (§ 7 Abs. 1 BetrAVG).

- *Versorgungsempfänger* erhalten demnach regelmäßig die ihnen zuvor vom Arbeitgeber gezahlten Rentenleistungen unverändert weiter, vorausgesetzt, dass weder die Höchstgrenze nach § 7 Abs. 3 BetrAVG überschritten wird noch ein Tatbestand des § 7 Abs. 5 Satz 3 BetrAVG z. B. in Form einer Erhöhung innerhalb der Zweijahresfrist vor der Insolvenz vorliegt.

Die Insolvenzsicherung der betrieblichen Altersversorgung

- *Versorgungsanwärter*, die zum Zeitpunkt der Insolvenz eine gesetzlich unverfallbare Anwartschaft haben, erhalten ab dem Zeitpunkt des Eintritts ihres Versorgungsfalles eine in der Regel zeitanteilig nach §2 Abs. 1 BetrAVG berechnete Versorgungsleistung. Andere Berechnungsgrundsätze gelten schon immer bei Leistungen aufgrund von insolvenzbedingt beschädigten Direktversicherungen und neuerdings bei auf Entgeltumwandlung beruhenden Zusagen, beitragsorientierten Leistungszusagen sowie Beitragszusagen mit Mindestleistung (§7 Abs. 2 BetrAVG).

2.3 Abwicklung der Leistungen

Die Auszahlung der wegen Zahlungsunfähigkeit eines Arbeitgebers zu übernehmenden Renten überträgt der PSVaG durch Abschluss von Rentenversicherungen gegen Einmalprämie einem Konsortium von über 60 Lebensversicherungsunternehmen. Geschäftsführender Versicherer des Konsortiums ist die Allianz Lebensversicherung AG, Stuttgart.

Derzeit erhalten von diesem Konsortium rund 366.000 Rentner monatlich zusammen rund 41,3 Mio. €, das sind im Durchschnitt monatlich rund 113 €, selbstverständlich mit einer großen Bandbreite.

Durch die Übertragung auf das Konsortium wird der PSVaG von seiner Verpflichtung, die Leistung selbst zu erbringen, frei, da er dem Versorgungsempfänger das unmittelbare Bezugsrecht auf die Leistungen aus dem abgeschlossenen Rentenversicherungsvertrag überträgt (§8 Abs.1 BetrAVG). Der PSVaG ist dabei Versicherungsnehmer, der Versorgungsempfänger versicherte Person.

2.4 Forderungs- und Vermögensübergang auf den PSVaG

In §9 BetrAVG ist ein umfassender Forderungs- und Vermögensübergang auf den PSVaG als logische „Gegenleistung" für seine Eintrittspflicht geregelt. Die Forderungen der Versorgungsberechtigten gegen den Arbeitgeber gehen mit Eintritt der Insolvenz auf den PSVaG über (§9 Abs. 2 BetrAVG). Der PSVaG meldet diese Forderungen nach den Regeln der Insolvenzordnung im jeweiligen Insolvenzverfahren an und erhält darauf, wenn überhaupt – gegebenenfalls lange Zeit später – eine mehr oder weniger hohe Quote.

Im Falle von Unterstützungskassen geht das Vermögen der Unterstützungskasse auf den PSVaG über (§ 9 Abs. 3 BetrAVG). Das übernommene Vermögen mindert insoweit die Forderungen des PSVaG im betreffenden Insolvenzverfahren über das Vermögen des Arbeitgebers.

Paragraf 9 Abs. 3a BetrAVG besagt, dass die Vorschriften zum Vermögensübergang entsprechend auf einen Pensionsfonds anzuwenden sind, wenn die zuständige Aufsichtsbehörde die Genehmigung für die Übertragung der Leistungspflicht durch den Träger der Insolvenzsicherung auf den Pensionsfonds nicht erteilt. Dem geht die Regelung des § 8 Abs. 1a BetrAVG voran. Hiernach hat nämlich der PSVaG die gegen ihn gerichteten Ansprüche auf den Pensionsfonds, dessen Trägerunternehmen die Eintrittspflicht ausgelöst hat, zu übertragen, wenn die zuständige Aufsichtsbehörde hierzu die Genehmigung erteilt. Die Genehmigung kann nur erteilt werden, wenn durch Auflagen der Aufsichtsbehörde die dauernde Erfüllbarkeit der Leistungen aus dem Pensionsplan sichergestellt werden kann. Die Genehmigung der Aufsichtsbehörde kann der Pensionsfonds nur innerhalb eines Monats nach Eintritt des Sicherungsfalls beantragen. Wird die Genehmigung aufgrund des Antrags durch die Aufsichtsbehörde erteilt, ist der PSVaG – wie bei der Übertragung der Versorgungsansprüche auf das Lebensversicherungskonsortium – von seiner Leistungspflicht frei. Ein Anspruch der Versorgungsberechtigten gegen den PSVaG besteht dann nicht mehr. Dies hat zur Folge, dass in diesen Fällen das Vermögen des Pensionsfonds nicht auf den PSVaG übergeht.

Die Insolvenzsicherung bei Pensionsfonds ist also der bei Unterstützungskassen nachgebildet. D.h., durch die Insolvenz des Arbeitgebers als Trägerunternehmen ist zunächst der PSVaG für die Leistungen des Pensionsfonds vom Grundsatz her eintrittspflichtig. Wird die Genehmigung der Aufsichtsbehörde zur Rückübertragung der Leistungspflicht erteilt, findet kein Vermögensübergang auf den PSVaG statt und der Pensionsfonds kann seine Geschäfte ohne Trägerunternehmen weiter betreiben.

3 Ausblick

3.1 Beitragsermäßigung für Pensionsfonds

Durch das im Jahr 2001 verabschiedete Altersvermögensgesetz wurde der Pensionsfonds als fünfter Durchführungsweg für die betriebliche Altersversorgung eingeführt. Zugleich wurden diese Arbeitgeber, die betriebliche Altersversorgung über Pensionsfonds durchführen, in gleichem Umfang wie bei unmittelbaren Versorgungszusagen insolvenzversicherungspflichtig. D.h., es wird nicht danach unterschieden, ob die Leistung vom Arbeitgeber selbst zu erbringen ist oder ob die betriebliche Altersversorgung über einen Pensionsfonds durchgeführt wird.

Schon im Rahmen des Gesetzgebungsverfahrens wurde eine besondere Behandlung von Pensionfonds diskutiert. Offenbar ist nämlich das Risiko des PSVaG bei einer vom Arbeitgeber unmittelbar erteilten Versorgungszusage anders gelagert als bei einer Zusage über einen Pensionsfonds. Weitergehend entwickelte sich die allgemeine Fragestellung, welche Risiken künftig durch den gesetzlichen Insolvenzschutz der betrieblichen Altersversicherung abgedeckt werden können oder sollen. Zugleich wurden auch Forderungen erhoben, die Höhe der Beitragszahlung an den PSVaG von der individuellen Bonität des Arbeitgebers abhängig zu machen.

Vor diesem Hintergrund und angesichts der Bedeutung der Finanzierungsgrundlagen für die gesetzliche Insolvenzsicherung haben die Professoren Dr. Wolfgang Gerke und Dr. Klaus Heubeck ein Gutachten zur künftigen Funktionsfähigkeit der Insolvenzsicherung durch den PSVaG erstellt. Das Gutachten (vollständig veröffentlicht in der Zeitschrift der aba Arbeitsgemeinschaft für betriebliche Altersversorgung, BetrAV 5/2002, S. 421 ff) zeigt die sehr komplexen Zusammenhänge im System der Insolvenzsicherung der betrieblichen Altersversorgung und enthält in seinem Schlusskapitel konkrete Vorschläge für eine nach Risikogruppen aufgrund des Durchführungswegs differenzierte zukünftige Insolvenzsicherung. Dagegen wird eine bonitätsorientierte Beitragsdifferenzierung zumindest zum jetzigen Zeitpunkt als sehr fraglich und kaum praktikabel angesehen.

Mit dem Gutachten haben sich die Spitzenverbände der deutschen Wirtschaft, also die Bundesvereinigung der Deutschen Arbeitgeberverbände (BDA) und der Bundesverband der deutschen Industrie (BDI) sowie auch die aba, Arbeitsgemeinschaft für betriebliche Altersversorgung als zuständigem Fachverband intensiv befasst. Als Ergebnis dieser Beratungen halten es die beteiligten Verbände und Institutionen für erforderlich, für betriebliche Altersversorgung, die über Pensionsfonds durchgeführt wird, einen ermäßigten Beitrag zur Insolvenzsicherung vorzusehen. Die Begründung hierfür ist, dass es sich beim Pensionsfonds um eine externe Finanzierung von Pensionsverpflichtungen des Arbeitgebers handelt, bei der das Deckungskapital ausschließlich der Finanzierung der Pensionsverpflichtungen dient und dem Arbeitgeber nicht zur Verfügung steht. Mit einem ermäßigten Beitrag würde dem tatsächlichen Risiko einer Insolvenz besser Rechnung getragen, da die Eintrittspflicht des PSVaG – im Gegensatz zur unmittelbaren Versorgungszusage – erst dann besteht, wenn sowohl der Pensionsfonds aus seinen Mitteln die Altersvorsorge nicht mehr leisten kann als auch der Arbeitgeber aufgrund eigener Insolvenz seiner Nachschusspflicht nicht mehr nachkommen kann.

Als Bemessungsgrundlage für die Berechnung der Beiträge zur Insolvenzsicherung beim Pensionsfonds soll daher nicht wie bei den unmittelbaren Versorgungszusagen der volle Teilwert der Pensionsverpflichtungen (siehe Abschnitt 1.2.2) herangezogen werden, sondern 20 Prozent des Teilwertes. Auf diesen so ermittelten Wert würde dann der einheitliche Beitragssatz angewendet. Der Vorteil einer abgesenkten Bemessungsgrundlage ist, dass es bei einem Beitragssatz für alle insolvenzsicherungspflichtigen Durchführungswege bleibt.

Die genannten Verbände haben den Gesetzgeber gebeten, eine entsprechende Gesetzesänderung unverzüglich auf den Weg zu bringen, um bereits für das Beitragsjahr 2003 – also für das erste Meldejahr von Pensionsfonds überhaupt – die neue Bemessungsgrundlage anwenden zu können. Dieser Vorschlag wird auch vom Gesamtverband der Deutschen Versicherungswirtschaft (GDV) unterstützt. Die entsprechende Gesetzesänderung ist kürzlich verabschiedet worden.

Aufgrund des Gesetzes zur Änderung des Sozialgesetzbuches und anderer Gesetze vom 24. Juli 2003 ist das Betriebsrentengesetz rückwirkend ab 1.1.2002 geändert worden. Danach ist die Beitragsbemessungsgrundlage, soweit betriebliche Altersversorgung über einen Pensionsfonds durchgeführt wird, nur noch 20 Prozent des Betrages, der für unmittelbare Versorgungszusagen maßgeblich ist.

Martin Hoppenrath

Die Gesetzesänderung ist vom Gesetzgeber wie folgt begründet:

„Mit dem gegenüber einer Direktzusage des Arbeitgebers auf ein Fünftel ermäßigten Beitrag für die Insolvenzsicherung bei der Durchführung der betrieblichen Altersversorgung über einen Pensionsfonds soll dem geringeren Insolvenzrisiko Rechnung getragen werden.

Mit dem rückwirkenden Inkrafttreten ab 1.1.2002 besteht schon bei der ersten Meldung von Pensionsfondszusagen – die bis zum 30.9.2003 vorzunehmen ist – die Meldepflicht nur in Höhe der ermäßigten Beitragsbemessungsgrenze."

3.2 Übertragung der Melde- und Beitragszahlungspflicht auf externe Träger der Versorgung

Ein weiterer Änderungswunsch, der auf längere Sicht zu einer möglichen Vereinfachung und Arbeitsentlastung sowohl bei den meldepflichtigen Arbeitgebern als auch beim PSVaG führen könnte, besteht darin, die Melde- und Beitragszahlungspflicht zur Insolvenzsicherung bei externer Durchführung auf den externen Versorgungsträger zu übertragen, und zwar für alle über ihn durchgeführten insolvenzversicherungspflichtigen Versorgungszusagen insgesamt – also idealerweise in einer Summe, in einer Meldung und in einer Beitragszahlung für alle Trägerunternehmen dieser Einrichtung. Dies beträfe dann im Wesentlichen Zusagen, die von Unterstützungskassen oder Pensionsfonds mit mehreren Trägerunternehmen gegeben werden.

Eine dementsprechende Gesetzesänderung würde zwar einerseits eine Abkehr vom bisherigen Prinzip bedeuten, wonach die Melde- und Beitragszahlungspflicht ausschließlich beim Arbeitgeber liegt, der die betriebliche Altersversorgung zugesagt hat. Andererseits würde sie sowohl für die betroffenen Arbeitgeber als auch für den PSVaG und auch für die externen Versorgungsträger zu Verwaltungseinsparungen führen. Eine dementsprechende Änderung müsste allerdings berücksichtigen, dass Anknüpfungspunkt für die Insolvenzsicherung immer nur die mögliche Insolvenz des Trägerunternehmens sein kann. Also nur das Insolvenzrisiko des zusagenden und für die Zusage auch bei externer Durchführung einstandspflichtigen Arbeitgebers und nicht das Insolvenzrisiko der Unterstützungskasse oder des Pensionsfonds kann über den PSVaG abgesichert werden.

Ohne diesbezügliche gesetzliche Regelung kann ein ähnlicher Effekt über entsprechende privatrechtliche Vereinbarungen und Vollmachten zwischen meldepflichtigem Arbeitgeber (Trägerunternehmen) und Pensionsfonds bzw. Unterstützungskasse einerseits und zwischen Pensionsfonds bzw. Unterstützungskasse und dem PSVaG andererseits erreicht werden. Hierzu finden derzeit Gespräche zwischen dem PSVaG und der Fachvereinigung Pensionsfonds der aba Arbeitsgemeinschaft für betriebliche Altersversorgung statt, mit dem Ziel, schon bald praktikable Mustervereinbarungen zur Verfügung stellen zu können.

4 Praktische Hinweise

4.1 Internet

Unter www.psvag.de sind im Internet

- Informationen über den PSVaG und seine Organe
- die Satzung und die „Allgemeine Versicherungsbedingungen für die Insolvenzsicherung der betrieblichen Altersversorgung" (AIB)

zu finden.

Darüber hinaus stehen

- alle Merkblätter sowie
- Formulare und Erläuterungen zur einfacheren Abwicklung der Meldepflichten

zur Verfügung.

Schließlich finden sich unter anderem Pressemitteilungen, die Schrift zum 25-jährigen Jubiläum des PSVaG und die letzten Geschäftsberichte des PSVaG (auch englische Kurzfassungen).

4.2 Merkblätter des PSVaG

Die Merkblätter des PSVaG informieren in allgemeiner Form über die gesetzliche Insolvenzsicherung aufgrund des Betriebsrentengesetzes und geben die jeweils aktuelle Rechtsauffassung des PSVaG wieder. Sie stehen unter dem Vorbehalt, dass sich die Rechtslage – insbesondere durch die Rechtsprechung – ändert. Merkblätter haben nicht den Charakter von Verwaltungsrichtlinien und -anordnungen.

Im Internet unter www.psvag.de sind derzeit folgende Merkblätter verfügbar:

Martin Hoppenrath

Merkblätter zu allgemeinen Themen/300

▶

300/M1
03.02
☐
Insolvenzsicherung für Versorgungszusagen an (Mit-) Unternehmer (persönlicher u. sachlicher Geltungsbereich BetrAVG)

▶

300/M2
03.02
☐
Arbeitnehmer-Ehegatten

▶

300/M3
03.02
☐
Insolvenzsicherung der betrieblichen Altersversorgung

▶

300/M4
03.02
☐
Sachlicher Geltungsbereich

▶

300/M5
03.02
☐
Begriff der Betriebszugehörigkeit als Voraussetzung für den Eintritt der insolvenzgesicherten Unverfallbarkeit

▶

300/M6
03.02
☐
Arbeitgeberbegriff

▶

300/M7
03.02
☐
Anwendung des BetrAVG bei Arbeitsverhältnissen mit Auslandsbeziehungen

▶
300/M8
01.03
☐
Abwicklung betrieblicher Versorgungsverpflichtungen im Falle der Liquidation

▶
300/M9
03.02
☐
Der gesetzliche Insolvenzschutz bei Änderung des Durchführungsweges bereits bestehender betrieblicher Altersversorgung in Direktversicherungen

▶
300/M10
02.00
☐
Schuldbefreiende Übertragung von Versorgungsverpflichtungen auf Dritte

▶
300/M12
07.02
☐
Auswirkungen d. gesetzl. Unverfallbarkeitsfristen auf die gesetzliche Insolvenzsicherung

▶
300/M13
01.03
☐
Höchstgrenze der Leistungen der Insolvenzsicherung

▶
300/M14
11.02
☐
Gesetzliche Insolvenzsicherung bei Pensionsfonds

Merkblätter zu Mitgliedschaft und Beitrag/210

▶

<u>210/M10</u>
02.00
☐
Übertragung von Versorgungsverpflichtungen gegenüber ausgeschiedenen Arbeitnehmern bei Betriebsübergang nach § 613 a BGB

▶

<u>210/M11</u>
01.98
☐
Hinweise zur Beurteilung der Melde- und Beitragspflicht von Versorgungszusagen an Gesellschafter durch den PSVaG

▶

<u>210/M20</u>
07.02
☐
Insolvenzsicherung der betrieblichen Altersversorgung in den neuen Bundesländern durch den PSVaG

▶

<u>210/M21</u>
07.02
☐
Durchführung der Meldepflicht für die Insolvenzsicherung

▶

<u>210/M21</u> a
07.02
☐
Wichtige Hinweise für die Meldungen der Arbeitgeber

▶

<u>210/M21</u> b
07.02
☐
Hinweise für den Arbeitgeber bei einer Beitragsbemessungsgrundlage bis 60.000 EUR

Merkblätter zu Insolvenz und Leistung/110

▶

110/M1
03.02
☐
Die wesentlichen Grundsätze für die Übernahme betrieblicher Versorgungsleistungen aufgrund eigener Zustimmung des PSVaG im Rahmen eines außergerichtlichen Vergleichs

▶

110/M3
01.99
☐
Flexible Altersgrenze in der betrieblichen Altersversorgung

▶

110/M4
01.99
☐
Merkblatt für Konkursverwalter/Insolvenzverwalter

▶

110/M5
01.99
☐
Erläuterung zur unmittelbaren Versorgungszusage

▶

110/M6
03.02
☐
Erläuterung zur Direktversicherung

▶

110/M7
03.02
☐
Erläuterung zur Unterstützungskasse

Literaturhinweise

BERENZ, CLAUS (1999): Überblick über die neue Insolvenzordnung – Auswirkungen auf die betriebliche Altersversorgung, in: Betriebliche Altersversorgung, Jahrgang 1999, S. 149 bis 156.

HOPPENRATH, M. (2002): Die Insolvenzsicherung der betrieblichen Altersversorgung nach geltendem Recht, in: Betriebliche Altersversorgung, Jahrgang 2002, S. 731 bis 737.

HOPPENRATH, M. WOHLLEBEN, H.P. (2001): Möglichkeiten der Insolvenzsicherung, in: Betriebliche Altersversorgung im 21. Jahrhundert, Festschrift für Wolfgang Förster, Köln 2001.

PAULSDORFF, J. (1996): Kommentar zur Insolvenzsicherung der betrieblichen Altersversorgung, Heidelberg 1996.

Positionen – 25 Jahre Pensions-Sicherungs-Verein (2000): herausgegeben von Martin Hoppenrath / Hermann Peter Wohlleben, Köln 2000.

STAIER, P. (2002): Praxisbezogene Darstellung des Insolvenzschutzes, in: Schack, Tacke, Thau, Praktiker-Handbuch zur Umsetzung der betrieblichen Altersversorgung, Heidelberg 2002

WINDEL, E./HOPPENRATH, M. (1999): Die Insolvenzsicherung der betrieblichen Altersversorgung, in: aba Arbeitsgemeinschaft für betriebliche Altersversorgung, Handbuch der betrieblichen Altersversorgung, Heidelberg 1999.

Jürgen Helm

Verwaltungsaufgaben des Arbeitgebers

1 Einführung 111

2 Die Administration der einzelnen Durchführungswege der betrieblichen
   Altersversorgung 111
   2.1 Direktzusage 111
   2.2 Unterstützungskasse 112
   2.3 Pensionskasse/Pensionsfonds 113
   2.4 Direktversicherung 114

3 Vertrag mit externen Versorgungsträgern 115

4 Prozesskette der Verwaltungsaufgaben 116

5 Versorgungszusage 117
   5.1 Entgeltumwandlungserklärung 117
   5.2 Entscheidungsunterlage für Mitarbeiter 120
       5.2.1 Intranet 123
       5.2.2 Angebote des externen Versorgungsträgers 123
   5.3 Erteilung der Versorgungszusage 124
       5.3.1 Entgeltumwandlung 124
       5.3.2 Arbeitgeberleistung 126

6 Pflege der Versorgungszusage in der Ansparphase 127
   6.1 Anmeldung der zu versichernden Mitarbeiter 127
   6.2 Abwicklung in der Lohn- und Gehaltsabrechnung 128
   6.3 Jährliche Informationen des externen Versorgungsträgers 133
       6.3.1 Rückinformation an den Arbeitgeber 133
       6.3.2 Rückinformation an die Mitarbeiter 134
   6.4 Ermittlung des PSV-Beitrages 134
   6.5 Portabilität der Versorgungszusagen von Vorarbeitgebern 135
       6.5.1 Beitragsorientierte Leistungszusage 135
       6.5.2 Beitragszusage mit Mindestleistung 135
       6.5.3 Leistungszusage 136
   6.6 Austritt des Mitarbeiters während der „Ansparphase" 136
   6.7 Tod 136

7 Verwaltung während der „Leistungsphase" 137
   7.1 Rentenbezug 138
   7.2 Berufsunfähigkeit 140
        7.2.1 Beitragsbefreiung bei lang andauernder Krankheit 140
        7.2.2 Berufsunfähigkeitsrente (BU-Rente) 140
   7.3 Tod 140

8 Zusammenfassung und Ausblick 140

1 Einführung

Betriebliche Altersversorgung hat, seit der gesetzlichen Reform ab 2001 und den verschiedenen tariflichen Neuerungen, einen neuen Stellenwert erhalten.

Der Anreiz für den Mitarbeiter im Rahmen seiner finanziellen Möglichkeiten eine Altersvorsorge über den Arbeitgeber abzuwickeln wurde durch den Gesetzgeber und Finanzdienstleister gesteigert.

So ist die daraus resultierende Verwaltungsaufgabe in der betrieblichen Altersvorsorge (bAV) stark von den Gestaltungswünschen des Arbeitgebers abhängig. Bei dieser Gestaltung kann sich der Arbeitgeber auf die vom Gesetz festgelegte Mindestkomponente Direktversicherung beschränken oder – je nach personalpolitischer Zielsetzung – die gesamte Palette der Durchführungswege betrieblicher Altersvorsorge anbieten. Meist wird bei den Gestaltungsentscheidungen die Verwaltung als Anhängsel betrachtet, die erst nach Vertragsschluss in den betrieblichen Fokus gerät. Dieses Vorgehen führt gegebenenfalls zu Administrationsschüben, die reduziert werden könnten.

Bereits während der Designphase, spätestens aber bei der Vertragsgestaltung mit externen Versorgungsträgern und/oder Dienstleistern, gehört auch der zukünftige Administrator mit an den Tisch, um Fehlentwicklungen zu vermeiden und so die einzusetzenden Ressourcen zu minimieren.

Schon bei der Auswahl der anzubietenden Durchführungswege kann eine richtige Gestaltung den Verwaltungsaufwand mindern. Generell sollte nach Auffassung des Autors folgender Grundsatz gelten: Outsourcing soweit möglich, allerdings sollten die Kontrolle und die Qualitätssicherung nicht ausgelagert werden. Beispielhaft werden für einzelne Verwaltungsaufgaben Checklisten angeboten.

2 Die Administration der einzelnen Durchführungswege der betrieblichen Altersversorgung

2.1 Direktzusage

Die Direktzusage (siehe Abbildung 1) gewährt dem Arbeitnehmer *unmittelbar* Ansprüche gegen das Unternehmen als Träger der Altersversorgung. Die Abwicklung erfolgt direkt zwischen Arbeitgeber und Arbeitnehmer. Der Umfang der Verwaltung richtet sich nach der Komplexität der Versorgungszusage. Eine einfache Verwaltung der vertraglichen Zusagen nach Datum und Höhe kann hier im Einzelfall ausreichen. Das Unternehmen hat entsprechende Rückstellungen (vgl. § 6a EStG) in der Ansparphase zu bilden, die dann in der Leistungsphase entsprechend aufzulösen sind. Steuerrechtlich ist eine rechtsverbindliche und schriftliche Versorgungszusage der Versorgungsleistungen durch den Arbeitgeber nötig.

Die Ermittlung der Rückstellungen ist für die Bilanz einfachheitshalber durch dafür spezialisierte Dienstleistungsunternehmen abzuwickeln. Es stehen heute verschiedene Rückdeckungsinstrumente zur Risikoabdeckung zur Verfügung (z. B. Versicherung, Asset Funding).

Abbildung 1: *Administration Direktzusage; Arbeitsschritte chronologisch*

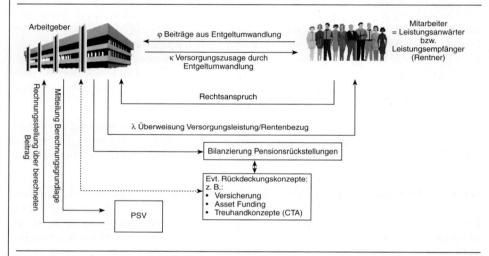

2.2 Unterstützungskasse

Hier kommt im Gegensatz zur reinen Direktzusage ein weiterer Partner in die verwaltungstechnische Abwicklung: eine rechtlich selbständige Einrichtung als Versorgungsträger. Die Unterstützungskasse (siehe Abbildung 2) darf versicherungsrechtlich nur Leistungen ohne Rechtsanspruch gewähren. Eine der gängigsten Unterstützungskassenvarianten ist die rückgedeckte Unterstützungskasse. Abbildung 2 verdeutlicht die verschiedenen Beziehungen. Die komplexen Strukturen erzeugen einen größeren Aufwand in der Administration.

Abbildung 2: Administration Unterstützungskasse; Arbeitsschritte chronologisch

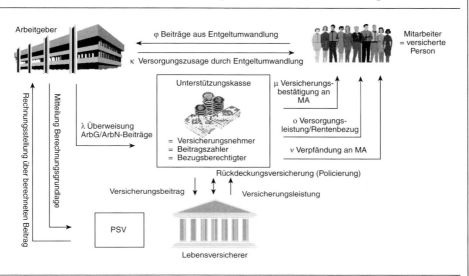

2.3 Pensionskasse/Pensionsfonds

Pensionskassen und Pensionsfonds sind eigenständige Einrichtungen, die je nach Unternehmensphilosophie betrieblich oder überbetrieblich installiert werden. Gegen Zahlung von Beiträgen führt die Pensionskasse (siehe Abbildung 3) die Anspar- und Leistungsphase durch. Es handelt sich hier um einen versicherungsförmigen Durchführungsweg. Beim Pensionsfonds ist dieser gelockert, im Gegenzug hat der Gesetzgeber die Beitragspflicht zum Pensions-Sicherungsverein auf Gegenseitigkeit (PSVaG) angeordnet. Der Mitarbeiter hat einen *Rechtsanspruch* (im Gegensatz zur Unterstützungskasse) auf die Versorgungsleistungen. Arbeitgeber und/oder Arbeitnehmer können Prämien in Form von monatlichen, jährlichen oder einer Einmalzahlung leisten. Je nach Angebot des Unternehmens ist dann die entsprechende Verwaltung aufzubauen. Bei Pensionsfonds sind zusätzlich die Zahlungen an den PSVaG verwaltungstechnisch zu berücksichtigen (siehe Abschnitt 6.4).

Jürgen Helm

Abbildung 3: Administration Pensionskasse; Arbeitsschritte chronologisch

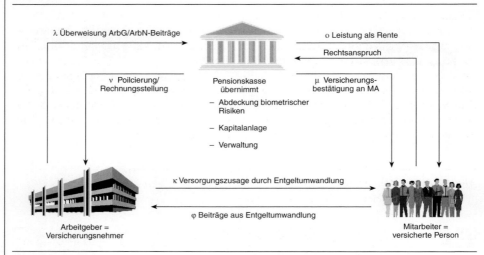

2.4 Direktversicherung

Auch bei der Direktversicherung gibt es einen zusätzlichen Vertragspartner (siehe Abbildung 4). Der Arbeitgeber schließt in der Regel mit einer oder mehreren Versicherungen einen Gruppenlebensversicherungsvertrag ab. Auf dieser Basis wird zu Gunsten des Arbeitnehmers ein Einzelversicherungsvertrag geschlossen.

Abbildung 4: Administration Direktversicherung; Arbeitsschritte chronologisch

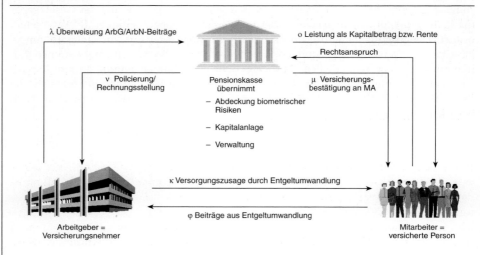

Verwaltungsaufgaben des Arbeitgebers

3 Vertrag mit externen Versorgungsträgern

Abhängig vom Durchführungsweg und der damit verbundenen Abwicklung bzw. Administration werden mit den externen Versorgungsträgern die Rahmenbedingungen vereinbart. Dabei sind nicht nur der jeweilige Leistungsplan mit den hinterlegten Tarifen zu vereinbaren, sondern der gesamte administrative Prozess (wie z. B. die Schnittstellenbeschreibung zum Versicherer, Qualitätssicherungsmerkmale, Festlegen der Bezeichnungen, Terminraster). Auch die An- und Abmeldung der Mitarbeiter, der Datenaustausch und Datenabgleich und die Rückinformation an die betroffenen Mitarbeiter sind im Vertrag zu regeln. Die Interaktion zwischen Mitarbeiter, Arbeitgeber und externen Versorgungsträger ist in Abbildung 5 dargestellt.

Abbildung 5: Ablauf: Durchführung Unterstützungskasse, Pensionskasse/-fonds, Direktversicherung mit externem Versorgungsträger

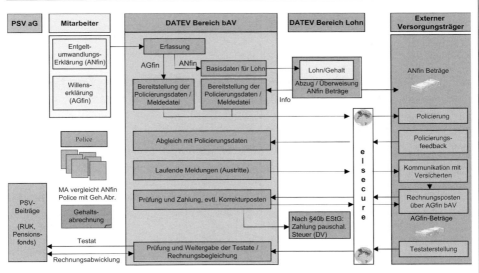

C21-Personaldaten und -systeme-Administration Altersvorsorge – Stand August 2003

In der aktuellen, betrieblichen Altersversorgung ist die Altersrente das Kernstück eines jeden Leistungsplanes. Aber auch die Möglichkeit einer einmaligen Kapitalzahlung ist den betroffenen Mitarbeitern wichtig. Direktversicherungen sind häufig auf Kapitalleistungen ausgelegt. Zurzeit sind die meisten Altersversorgungswerke auf das 65. Lebensjahr ausgerichtet (je nach den Bedingungen des externen Versorgungsträgers), dessen ungeachtet könnte der Mitarbeiter Anspruch auf eine vorzeitige Verrentung erheben, falls er seine gesetzliche Rente früher bezieht. Auch dies ist in den Verträgen zu konkretisieren und in der Administration zu berücksichtigen.

Meist ist das Angebot der betrieblichen Altersversorgung um einen Berufsunfähigkeitsschutz oder Hinterbliebenenleistungen (Witwen- und Waisenrente) ergänzt. Die externen Versorgungsträger haben hierfür Zusatzbedingungen wie z. B. eine verschärfte Dienstfähigkeitserklärung für den Zusatz der Prämienbefreiung bei Berufsunfähigkeit. Zeitgemäß muss in den Verträgen und Vereinbarungen mit dem Arbeitnehmer auch die Lebenspartnerschaft berücksichtigt werden.

Besonderes Augenmerk sollte auch auf das „Kleingedruckte" gelegt werden, besonders bei Tarifen zum Berufsunfähigkeitsschutz (z. B. Ausschluss von Gesundheitsfragen, Ausschluss von Verweisungsklausel). Es ist ferner darauf zu achten, dass bei Vertragsabschluss die anfallenden Kosten bei den Tarifen einkalkuliert werden und nicht z. B. Stückkosten zusätzlich von dem Arbeitgeber zu entrichten sind.

Details zu den Verträgen mit den externen Versorgungsträgern werden in Abschnitt 5 „Versorgungszusage" behandelt. Es ist besonders auf Kongruenz der Verträge einerseits zwischen Arbeitgeber und externen Versorgungsträgern und andererseits zwischen Arbeitgeber und Arbeitnehmer zu achten.

4 Prozesskette der Verwaltungsaufgaben

Für alle Durchführungswege werden in unterschiedlichen Ausprägungen die in Abbildung 6 dargestellten vier Prozessschritte wirksam.

Bereits bei den Verträgen mit den externen Versorgungsträgern sind deshalb, je nach Durchführungsweg, die Form der Versorgung und die angebotenen Tarife klar zu definieren. Wichtig ist zusätzlich in der Vertragsgestaltung mit dem externen Versorgungsträger die Abgrenzung der Aufgabenstellungen zwischen den externen Versorgungsträgern und dem jeweiligen Unternehmen. Daraus resultieren gegebenenfalls zusätzliche Verwaltungsgebühren und bei Unterstützungskasse und Pensionsfonds durchführungswegbedingte Insolvenzsicherungskosten.

Abbildung 6: Prozesskette der Verwaltungsaufgaben

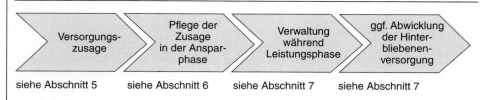

5 Versorgungszusage

5.1 Entgeltumwandlungserklärung

Für die Ablaufgestaltung der betrieblichen Altersversorgung wird durch die Entgeltumwandlungserklärung zwischen Arbeitgeber und Arbeitnehmer das Vertragsverhältnis festgelegt. Basis für die Gestaltung dieser Erklärung ist der in Abschnitt 3 beschriebene Vertrag, inklusive der verschiedenen Tarifkomponenten, mit dem externen Versorgungsträger.

Bei den Verhandlungen mit den externen Versicherungspartnern werden für die Gestaltung der Versorgungszusage zwischen Arbeitgeber und Arbeitnehmer häufig vertragliche Formbriefe angeboten. In meist mehrseitigen, gegenseitig zu unterzeichnenden Verträgen (z. B. Entgeltumwandlungserklärung) sind alle rechtlichen Details wiederholt, um so die rechtliche Absicherung zu erreichen. Für die Abwicklung auf dieser Basis sind mehrere administrative Prozess-Schritte beim Arbeitgeber erforderlich.

Eine gleichwertige, aber administrativ vereinfachte Form ist das Formular „Meine Wahl für die Entgeltumwandlung" (siehe Abbildung 7c), das als Beispiel für die Entgeltumwandlungserklärung über die Pensionskasse dargestellt ist.

Die Abbildungen 7a und 7b beinhalten die formellen, juristischen Voraussetzungen der Entgeltumwandlungserklärung. Bei der vorliegenden Erklärung handelt es sich um eine Beitragszusage mit Mindestleistung. Auf der letzten Seite der Entgeltumwandlungserklärung (siehe Abbildung 7c) hat der Mitarbeiter die Möglichkeit, den externen Versorgungsträger und den Tarif auszuwählen. Ferner entscheidet er, zu welchem der vorgegebenen Zeitpunkte die Entgeltumwandlung erfolgen soll.

Die Zusage an den Mitarbeiter wird automatisch durch die Abwicklung des Arbeitgebers rechtswirksam (siehe Abbildungen 10 und 11). Die Prozessschritte „Vertrag von Arbeitgeber unterschreiben" und „Vertrag an Mitarbeiter zurückgeben" können deshalb hier entfallen.

Jürgen Helm

Abbildung 7a: *Muster einer Entgeltumwandlungserklärung über die Pensionskasse*

Ersterklärung inklusive Anlage 1

Entgeltumwandlungserklärung
über die Pensionskasse
mit steuerlicher Förderung gemäß § 3 Nr. 63 EStG

Pers.- Nr.:

Diese Erklärung bezieht sich auf die Anlage 1: Meine Wahl für die Entgeltumwandlung/ Pensionskasse.

Zwischen

DATEV eG (Arbeitgeber) und Frau/Herrn (Mitarbeiter)_____

wird in Abänderung des Arbeitsvertrages Folgendes vereinbart:

1. Entgeltumwandlung
Entsprechend der gesetzlichen Regelung (§ 1 a Betr AVG) wird beantragt, dass künftige Entgeltansprüche durch Entgeltumwandlung für die betriebliche Altersversorgung verwendet werden sollen.
Diese Entgeltumwandlungserklärung gilt bis auf Widerruf. Der Widerruf kann nur für die Zukunft erklärt werden mit einer Frist von 4 Wochen zum nächsten Stichtag der Entgeltumwandlung (vgl. Abschnitt 12).

2. Versorgungszusage
a) Zusageform
Im Gegenzug zur Umwandlung der Entgeltbestandteile (siehe Entscheidungsformular: „Meine Wahl für die Entgeltumwandlung") erhalten Sie eine wertgleiche Versorgungszusage in Form einer Beitragszusage mit Mindestleistung über die Pensionskasse. Die Wertgleichheit ergibt sich aus dem Tarif der Pensionskasse.
Die DATEV leistet auf Grund dieser Versorgungszusage Zuwendungen an die Pensionskasse in Höhe der Entgeltumwandlung.
Die Pensionskasse wird Ihnen einen Leistungsnachweis ausstellen, in dem die näheren Einzelheiten geregelt sind. Sie wird Sie außerdem jedes Jahr über die Höhe Ihrer Versorgungsanwartschaft informieren.

b) Rechtsgrundlagen der Versorgungszusage
Der Inhalt der Versorgungszusage sowie die Versicherungsleistungen und die Ansprüche darauf richten sich nach den Bestimmungen dieser Entgeltumwandlungserklärung, dem Firmenvertrag zwischen Arbeitgeber und Pensionskasse, der Betriebsvereinbarung zur Mitarbeiterfinanzierten Altersvorsorge sowie nach dem Pensionskassenversicherungsvertrag (insbesondere den zugrunde liegenden Versicherungsbedingungen und Tarifbestimmungen).

3. Unverfallbarkeit / Bezugsrecht
Ihre Ansprüche und ggf. Ihrer Hinterbliebenen sind von Beginn an unverfallbar.
Sie sind uneingeschränkt unwiderruflich bezugsberechtigt für die Erlebensfall- Leistung.
Soweit für den Todesfall tarifgemäß Leistungen an Hinterbliebene zugesagt sind, sind Ihre Hinterbliebenen gemäß beigefügter Erklärung zur Pensionskassen-Versicherung bzw. Regelung des Firmenvertrages widerruflich bezugsberechtigt.
Das Bezugsrecht bezieht sich auch auf die nach den versicherungsvertragsrechtlichen Bestimmungen anfallenden Überschussanteile.

4. Einwilligung
Die vereinbarte Versorgungszusage gegen Entgeltumwandlung erfolgt über den Abschluss eines Versicherungsvertrags auf das Leben des Mitarbeiters bei der Pensionskasse. Hiermit erteilen Sie Ihre Einwilligung zum Abschluss dieses Vertrages.

- Entgeltumwandlung/ Pensionskasse -

Abbildung 7b: Muster einer Entgeltumwandlungserklärung über die Pensionskasse

Ersterklärung inklusive Anlage 1

Pers.- Nr.:

5. Zuwendungspflicht
Die DATEV wird die Beiträge zur Pensionskasse solange und in der Höhe erbringen, wie Sie einen Anspruch auf das umgewandelte Entgelt haben. Die Zuwendungspflicht der DATEV endet insbesondere auch dann, wenn eine Entgeltfortzahlungspflicht des Arbeitgebers nicht besteht, so z. B. bei der Inanspruchnahme von Elternzeit oder sonstigem unbezahlten Urlaub, sowie nach Ablauf der gesetzlichen/ betrieblichen Entgeltfortzahlungsverpflichtung im Krankheitsfall für die Dauer der Krankheit. Erfolgen in den oben genannten Fällen keine Zuwendungen an die Pensionskasse, so werden die Versorgungszusage und die Versicherungsleistungen aus der Pensionskassen-Versicherung entsprechend den Festlegungen des Geschäftsplans der Pensionskasse herabgesetzt.

6. Sozialversicherungsansprüche
Mit dieser Entgeltumwandlung ist ggf. eine Minderung Ihrer Sozialversicherungsansprüche (gesetzliche Rente, Arbeitslosengeld, etc.) verbunden. Dafür erhalten Sie im Rentenalter Leistungen aus der Pensionskassen-Versicherung.

7. Besteuerung
Die Besteuerung der Beiträge zur Pensionskasse erfolgt grundsätzlich nach § 3 Nr. 63 EStG (nur möglich bei Beiträgen aus einem ersten Dienstverhältnis). Die Beitragszahlungen zur Pensionskasse durch die DATEV erfolgen in diesem Fall lohnsteuerfrei; die späteren Versorgungsleistungen werden bei Auszahlung in voller Höhe als sonstige Einkünfte nach § 22 Nr.5 EStG einkommensteuerpflichtig.

8. Erstes Dienstverhältnis
Dieser Antrag gilt nur für das erste Dienstverhältnis. Die Steuerbefreiung kann nur im Rahmen des ersten Dienstverhältnisses in Anspruch genommen werden. Daraus folgt, dass dem Arbeitgeber grundsätzlich eine Lohnsteuerkarte des Arbeitnehmers mit den Steuerklassen I – V vorliegen muss.

9. Abtretung oder Beleihung
Eine Abtretung oder Beleihung des unwiderruflichen Bezugsrechts durch Sie als versicherte Mitarbeiter ist ausgeschlossen.

10. Erläuterung des steuerlichen Hinterbliebenenbegriffs
Die Hinterbliebenenversorgung umfasst Leistungen an Witwe oder den Witwer des Verstorbenen, die Kinder im Sinne des §32 Abs. 3 und 4 Nr. 1 bis 3 EStG, den früheren Ehegatten, in Einzelfällen auch an die Lebensgefährtin oder den Lebensgefährten.

11. Antrag für die Begünstigungserklärung
Sie haben die Möglichkeit, für den Fall ihres Todes, einen Angehörigen gemäß Abs. 10 für die tariflich vorgesehene Hinterbliebenenleistung zu bestimmen.

12. Zeitliche Zuordnung der Entgeltumwandlung und Aufnahme in die Versorgung
Die getätigten Entgeltumwandlungen werden dem nächst folgenden Stichtag zugeordnet, sofern die Pensionskasse keine berechtigten Einwände gegen die Aufnahme in das Versorgungswerk erhebt. Stichtage für die Aufnahme in die Versorgung sind der 01.06.und der 01.12. eines Jahres.

Datum/ Unterschrift des Mitarbeiters

Abbildung 7c: *Muster des Formulars „Meine Wahl für die Entgeltumwandlung"*

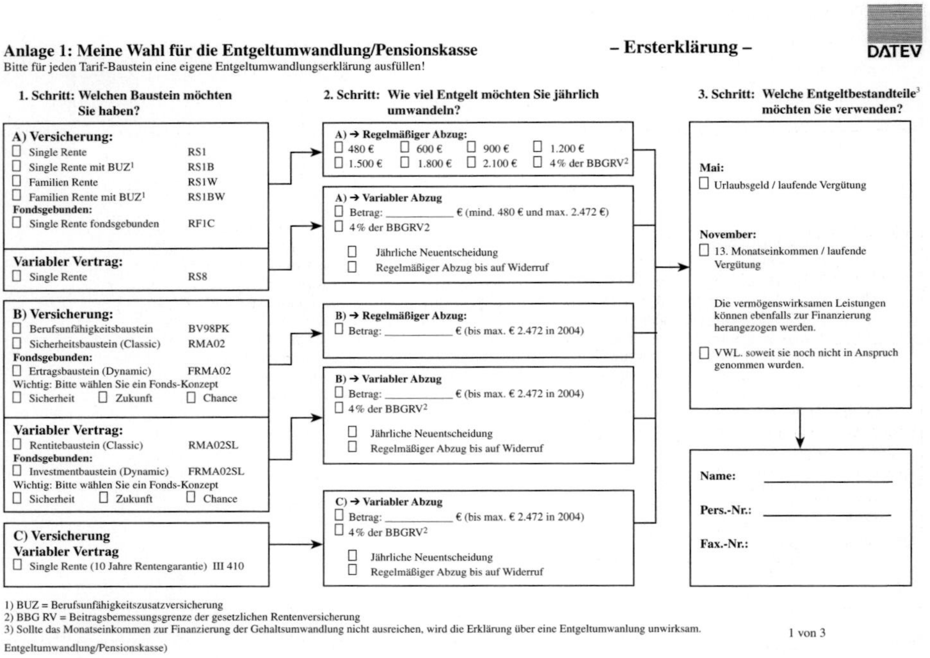

Anlage 1: Meine Wahl für die Entgeltumwandlung/Pensionskasse **– Ersterklärung –** DATEV
Bitte für jeden Tarif-Baustein eine eigene Entgeltumwandlungserklärung ausfüllen!

1. Schritt: Welchen Baustein möchten Sie haben?

A) Versicherung:
☐ Single Rente RS1
☐ Single Rente mit BUZ[1] RS1B
☐ Familien Rente RS1W
☐ Familien Rente mit BUZ[1] RS1BW
Fondsgebunden:
☐ Single Rente fondsgebunden RF1C

Variabler Vertrag:
☐ Single Rente RS8

B) Versicherung:
☐ Berufsunfähigkeitsbaustein BV98PK
☐ Sicherheitsbaustein (Classic) RMA02
Fondsgebunden:
☐ Ertragsbaustein (Dynamic) FRMA02
Wichtig: Bitte wählen Sie ein Fonds-Konzept
☐ Sicherheit ☐ Zukunft ☐ Chance

Variabler Vertrag:
☐ Rentitebaustein (Classic) RMA02SL
Fondsgebunden:
☐ Investmentbaustein (Dynamic) FRMA02SL
Wichtig: Bitte wählen Sie ein Fonds-Konzept
☐ Sicherheit ☐ Zukunft ☐ Chance

C) Versicherung
Variabler Vertrag
☐ Single Rente (10 Jahre Rentengarantie) III 410

2. Schritt: Wie viel Entgelt möchten Sie jährlich umwandeln?

A) → Regelmäßiger Abzug:
☐ 480 € ☐ 600 € ☐ 900 € ☐ 1.200 €
☐ 1.500 € ☐ 1.800 € ☐ 2.100 € ☐ 4% der BBGRV[2]

A) → Variabler Abzug
☐ Betrag: ____________ € (mind. 480 € und max. 2.472 €)
☐ 4% der BBGRV2
☐ Jährliche Neuentscheidung
☐ Regelmäßiger Abzug bis auf Widerruf

B) → Regelmäßiger Abzug:
☐ Betrag: ____________ € (bis max. € 2.472 in 2004)

B) → Variabler Abzug
☐ Betrag: ____________ € (bis max. € 2.472 in 2004)
☐ 4% der BBGRV[2]
☐ Jährliche Neuentscheidung
☐ Regelmäßiger Abzug bis auf Widerruf

C) → Variabler Abzug
☐ Betrag: ____________ € (bis max. € 2.472 in 2004)
☐ 4% der BBGRV[2]
☐ Jährliche Neuentscheidung
☐ Regelmäßiger Abzug bis auf Widerruf

3. Schritt: Welche Entgeltbestandteile[3] möchten Sie verwenden?

Mai:
☐ Urlaubsgeld / laufende Vergütung

November:
☐ 13. Monatseinkommen / laufende Vergütung

Die vermögenswirksamen Leistungen können ebenfalls zur Finanzierung herangezogen werden.

☐ VWL. soweit sie noch nicht in Anspruch genommen wurden.

Name: ____________
Pers.-Nr.: ____________
Fax.-Nr.:

1) BUZ = Berufsunfähigkeitszusatzversicherung
2) BBG RV = Beitragsbemessungsgrenze der gesetzlichen Rentenversicherung
3) Sollte das Monatseinkommen zur Finanzierung der Gehaltsumwandlung nicht ausreichen, wird die Erklärung über eine Entgeltumwanlung unwirksam.

1 von 3

Entgeltumwandlung/Pensionskasse)

5.2 Entscheidungsunterlage für Mitarbeiter

Der Erteilung der Versorgungszusage gehen in der Regel Prozess-Schritte, wie die Informationsphase über die Möglichkeiten der Entgeltumwandlung, voraus. Zur Vermeidung von Aufwand und rechtlicher Risiken (Beratungshaftung) ist Outsourcing sinnvoll. Dabei ist die Haftungsverlagerung klar zu regeln.

Festzulegen sind auch Beratungsinhalte, Beratungsunterlagen Kommunikationselemente, wie z. B. Telefon, Fax, Internet und persönliche Beratung. Abhängig vom Abgabetermin der Entgeltumwandlungserklärung ist der zeitliche Ablauf dieses Teilprozesses (siehe Abbildung 8) zu gestalten.

Für die Administrationsabläufe sind auch im Vertrag mit den externen Versorgungsträgern Festlegungen zur Gestaltung der Prozesse mit konkreten Terminabsprachen der Schnittstellen sehr sinnvoll, damit zum einen die erforderliche Kapazität des Arbeitgebers zielorientiert geplant werden kann, zum anderen die betroffenen Mitarbeiter die Rückinformationen erhalten.

Verwaltungsaufgaben des Arbeitgebers

Abbildung 8: Zeitstrahl: Beispiel für ein arbeitnehmerfinanziertes Modell

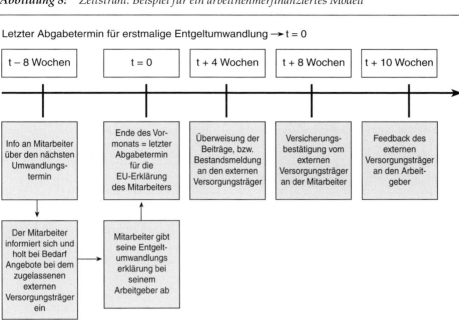

Dieser Zeitstrahl stellt ein Grobraster der Umsetzung einer Entgeltumwandlungsaktion dar. In den folgenden Abschnitten werden die einzelnen Prozess-Schritte beleuchtet. Erst die betriebsinternen Abläufe geben exemplarisch die wichtigsten Teilprozessschritte wieder (siehe Abbildungen 10 und 11). Folgende Checkliste stellt die wiederkehrenden Aufgaben je Entgeltumwandlungsaktion dar:

Checkliste: Wiederkehrende Aufgaben je Entgeltumwandlungsaktion

(1) *Während der Entgeltumwandlungsphase*

- Festlegung des Stichtages zur letztmöglichen Abgabe der Entgeltumwandlungserklärung,
- Freischaltung der Hotline,
- Intranet-Auftritt sollte angepasst sein,
- Informationsmaterial für den MA sollte ausliegen,
- weitere unternehmensspezifische Anforderungen.

(2) *In der Qualitätssicherung*

Zeitliche Vorgaben zu folgenden Anlässen sollten getroffen werden:

- Übermittlung der Meldedaten,
- Policierungsfeedback,

- Bezahlung der Rechnung,
- Bestätigungsschreiben über Rechnungseingang,
- Rückinformation an den MA, z. B. Versicherungsbestätigung vom externen Versorgungsträger,
- weitere unternehmensspezifische Anforderungen.

(3) *Zeitraster*

Entsprechend der verschiedenen Anlässe ist ein Zeitraster mit den externen Versorgungsträgern festzulegen.

(4) *Vereinbarung der Ansprechpartner der externen Versorgungsträger für das Personalwesen*

Abbildung 9: Intranetauftritt am Beispiel der DATEV

5.2.1 Intranet

Das Intranet dient hervorragend als Plattform für Zusatzinformationen über den externen Versorgungsträger. Die Angebote der betrieblichen Altersversorgung können detailliert dargestellt werden.

Zusatzinformationen sind beispielsweise:

- allgemeine Versicherungsbedingungen des externen Versorgungsträgers,
- Tarife,
- Tarifrechner für Neuzusagen,
- Entgeltumwandlungserklärung,
- rechtl. Zusatzinformationen, wie z. B. eine Erläuterung des Hinterbliebenenbegriffs,
- frequently ask questions (FAQ's)

5.2.2 Angebote des externen Versorgungsträgers

Bevor sich der Mitarbeiter für den Einstieg bzw. die Erweiterung der Altersvorsorge entscheidet, wünscht er in der Regel eine ausführliche und individuelle Beratung über Auswahl und Eigenschaften der Bausteine (Art und Leistungshöhe).

Um die Administration schlank zu halten, bietet sich das Outsourcing der Beratung an. Diese Chance sollte vertraglich mit den externen Versorgungsträgern fixiert werden. Allerdings ist der Arbeitgeber verpflichtet, eine Qualitätssicherung zu betreiben, denn letztendlich haftet er gegenüber dem Mitarbeiter für die vereinbarte Versorgungszusage.

Mit Beratung über externe Beratungshotlines, Intra- und Internetauftritte sowie Informationsveranstaltungen hat der Arbeitgeber die Möglichkeit, seine erforderliche Beratungskapazität zu minimieren.

Checkliste für die Mindestanforderungen an den Versicherungsvorschlag:
(Diese Checkliste kann nur für versicherungsförmige Durchführungswege verwendet werden.)

- Versicherungsbeginn;
- Versicherungsende;
- jährlicher Beitrag (konstant oder variabel dotiert);
- die vom externen Versorgungsträger/Versicherer garantierte, monatliche Rente bzw. der Einmalbezug (Kapitalauszahlung) müssen ersichtlich sein;
- der Zusammenhang zwischen Prämienzahlung und garantierter Rentenleistung bzw. Kapitalleistung sollte deutlich sein;
- Nennung des Bausteines oder Tarifbezeichnung;
- Art der Versorgungszusage;
- es sollten auch die Gewinnanteile ausgewiesen und die zu Grunde liegenden Prognoseannahmen genannt werden;

Jürgen Helm

- Angabe der Rentengarantiezeit;
- bei Familienrente: Angabe der Hinterbliebenenversorgung, bzw. Waisenrente;
- bei BU-Baustein: die monatliche BU- Rente mit und ohne Gewinnanteile;
- die Rentengarantiezeit sollte mindestens fünf Jahre betragen, um Kapitalverluste im Todesfall zu begrenzen.

Ergänzend kann auch eine betriebsinterne Beratung angeboten werden. Diese könnte erforderlich sein, falls der Mitarbeiter mehrere externe Versorgungsträger zur Auswahl hat und Rat für seine Entscheidung benötigt.

Darüber hinaus können spezifische Informationen wie Prämienänderungen bzw. die Möglichkeit, bei Reduzierung der Arbeitszeit die Prämien selbst weiterzuzahlen, von Belang sein.

Die folgende Aufzählung beschäftigt sich mit etwaigen *Fragen des Mitarbeiters*.

Checkliste für die betriebsinterne Beratung:

- zu Beginn jeder Entgeltumwandlungsaktion kann eine zeitnahe Information per Email an die Mitarbeiter stehen;
- für Transparenz zwischen den Anbietern sorgen;
- bei Austritt eines Mitarbeiters, vor und nach Rentenbeginn: Information über Stand und Weiterführung der Versicherung;
- Mitarbeiterinformationen zu aktuell auftretenden Veränderungen in der bAV, z. B. Rürup-Vorschläge;
- Entwicklung von gewünschten Versorgungsumschichtungen (z. B. Tarifwechsel);
- Information über generell steuerliche Auswirkungen bei mehreren zur Auswahl stehenden Durchführungswegen (z. B. Unterschiede vorgelagerte – nachgelagerte Besteuerung);
- Unterstützung bei Fragen zum Bezugsrecht im Todesfall und Abwicklung des erforderlichen Schriftverkehrs;
- sonstige betriebsinterne wichtige Punkte.

Diese Fragen können als FAQ innerhalb eines Intranetauftrittes weitestgehend erläutert werden.

5.3 Erteilung der Versorgungszusage

Die Erteilung der Versorgungszusage lässt sich in die Teilprozesse Entgeltumwandlung und Arbeitgeberleistung differenzieren.

5.3.1 Entgeltumwandlung

Wie in der Abbildung 10 ersichtlich, sind am Beispiel der DATEV mehrere Abteilungen involviert. Aus diesem Grunde sollten betriebsintern Schnittstellen besprochen und festgelegt werden. Eine DV-Anwendung hilft die Administrationsprozesse schlank zu halten.

Verwaltungsaufgaben des Arbeitgebers

Abbildung 10: Beispiel für einen Ablauf der arbeitnehmerfinanzierten Entgeltumwandlung (Neuanmeldung)

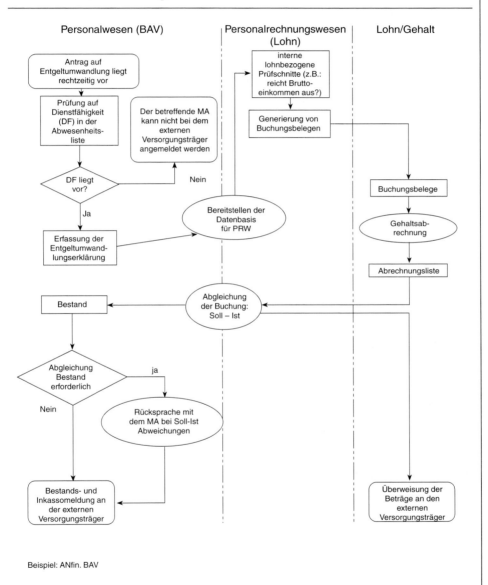

Beispiel: ANfin. BAV

Eine arbeitnehmerfinanzierte Entgeltumwandlung kann je nach Betriebsvereinbarung jährlich bis zu monatlich wiederholend erfolgen. Der jeweilige Aufwand hängt stark mit dem Interesse der Arbeitnehmer an einer selbst finanzierten Altersversorgung zusammen. Vor jeder Entgeltumwandlung hat der Mitarbeiter die Chance, bei den externen Versorgungsträgern einen individuellen Versicherungsvorschlag anzufordern. Diese Aktion sollte mit einem ausreichend zeitlichen Vorlauf vor dem Abgabestichtag der Entgeltumwandlungserklärung liegen.

5.3.2 Arbeitgeberleistung

Der Arbeitgeber sollte hier ebenfalls betriebsintern die Schnittstellen zwischen den beteiligten Abteilungen klären (siehe Abbildung 11). Im Gegensatz zur arbeitnehmerfinanzierten Entgeltumwandlung können bei der arbeitgeberfinanzierten Variante die internen Schnittstellen aktiv beeinflusst und gesteuert werden. Somit besteht die Möglichkeit Überprüfungen wie z. B. der Dienstfähigkeit rechtzeitig durchzuführen.

Abbildung 11: Beispiel für einen Ablauf der arbeitgeberfinanzierten Altersversorgung (Neuanmeldung)

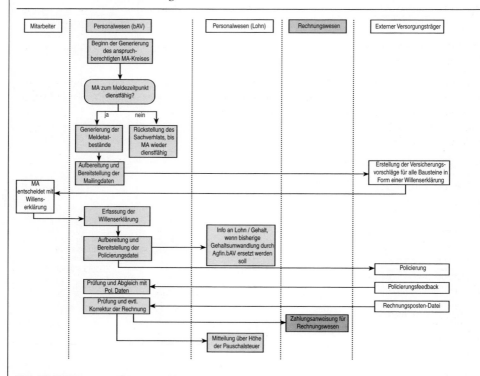

6 Pflege der Versorgungszusage in der Ansparphase

6.1 Anmeldung der zu versichernden Mitarbeiter

Der Anmeldeprozess kann je nach Finanzierung (Arbeitgeber oder Arbeitnehmer) differieren (siehe Abbildungen 10 und 11).

Bei der Anmeldung der zu versichernden Person (MA) ist im Vorfeld zu prüfen, ob eventuell vereinbarte Restriktionen mit dem externen Versorgungsträger gegeben sind. Zum Beispiel wird bei Einschluss von Zusatzversicherungen[1] geprüft, ob der MA innerhalb der letzten drei Jahre nicht länger als z. B. sechs Wochen ununterbrochen krank gewesen ist.

Die Anmeldung sollte in einer eigens hierfür entwickelten Datenverarbeitungsanwendung erfolgen. Die Datenverarbeitungsanwendung muss so gestaltet sein, dass eine Ansicht sämtlicher bAV-Abschlüsse je Mitarbeiter möglich ist. Um Qualitätssicherung zu gewährleisten, müssen alle anfallenden Änderungen im Versicherungsverlauf (Namensänderung, Anzahl der Bausteine, Beitragsbefreiung, langandauernde Krankheit, Elternzeit, Substitution, etc.) chronologisch erfasst werden und abrufbar sein. Dies gilt für die Ansparphase ebenso wie für die Leistungsphase.

Die daraus resultierenden Dateien stellen gleichzeitig die Basis für den Datentransfer zu dem jeweiligen, externen Versorgungsträger dar.

Zur Vereinfachung der Administration kann für verschiedene Meldetatbestände ein einheitliches Datenformat verwendet werden, das dann jedoch alle melderelevanten Daten abdecken muss. Durch eine spezielle Kennzeichnung wird für den externen Versorgungsträger ersichtlich, ob es sich um eine Neuanmeldung oder um eine Änderungsmeldung handelt.

Beispiele für *Daten einer einheitlichen Meldedatei:*

- Personalnummer,
- Personenstammdaten,
- Geburtsdatum,
- Durchführungsweg,
- ArbG/ArbN-finanziert,
- Versicherungsbeginn,
- Bausteinbezeichnung,
- Status der Differenzierung ob Neuanmeldung, Änderungsmeldung,
- Betrag,
- Zahlungstermin,
- Zahlungsweise,
- Jahr.

---

[1] Berufsunfähigkeitsrente, Familienrente, Beitragsbefreiung oder Kombinationen.

Jürgen Helm

Damit es nicht zu Unstimmigkeiten in den Daten kommt, sollten Inhalt und Format der Meldatei mit den externen Versorgungsträgern abgestimmt werden.

Da es sich um personenbezogene Daten handelt, müssen diese verschlüsselt und signiert an den externen Versorgungsträger (z. B. mit E-secure) übermittelt werden.

Des Weiteren müssen *spezielle Änderungen* wie:

- Wechsel von Vollzeit in die Teilzeit,
- Altersteilzeit,
- lang andauernde Krankheit und,
- Elternzeit,

in der Meldedatei Berücksichtigung finden. Wichtig ist hier, dass solche Informationen unverzüglich dem externen Versorgungsträger mitgeteilt werden.

Anmerkung 1:
Begünstigtenerklärung:

Nahezu bei allen Tarifen, außer bei Verfalltarifen, ist die Begünstigtenerklärung relevant. Sie kann mit der Entgeltumwandlungserklärung abgegeben werden. Es ist wichtig hierbei zu beachten, dass es nicht ausreicht, lediglich die Daten weiterzugeben, sondern das ausgefüllte Formular muss an den Versicherer durchgereicht werden. Hier sollte eine Bestätigung des Versicherers an den Arbeitgeber über die eingesetzten Personen erfolgen. Je nach Durchführungsweg sollte darauf geachtet werden, dass eventuell der steuerliche Hinterbliebenenbegriff eine wichtige Rolle spielt (Originalton, DATEV).

6.2 Abwicklung in der Lohn- und Gehaltsabrechnung

Im Rahmen des DATEV- Produktes „LODAS für Windows" gibt es für die Abwicklung einen „Assistenten betriebliche Altersvorsorge". Da viele Unternehmen bereits in Ihrer Lohnabrechnung Daten im Rahmen der Direktversicherung gespeichert haben, wurde die Abrechnung besser gestaltet und neben anderen Durchführungswegen auch die Direktversicherung in den Assistenten betrieblicher Altersvorsorge integriert. Die Abrechnung wird dadurch komfortabler, transparenter und besser nachvollziehbar (insbesondere in der Mischform der Direktversicherung mit Arbeitgeberanteil und Gehaltsverzicht des Arbeitnehmers).

Je Mitarbeiter werden die betriebliche Altersvorsorge und der dazugehörige Überweisungsträger mit Hilfe eines Erfassungsassistenten angelegt.

Alle erforderlichen Stammlohnarten zur Abrechnung der betrieblichen Altersvorsorge werden eingerichtet. Somit ist auch gewährleistet, dass Beiträge zum AVmG steuer- und sozialversicherungsrechtlich korrekt behandelt werden.

Verwaltungsaufgaben des Arbeitgebers

Abbildung 12: *Assistent betriebliche Altersvorsorge/Datenerfassung für Zahlungsverkehr*

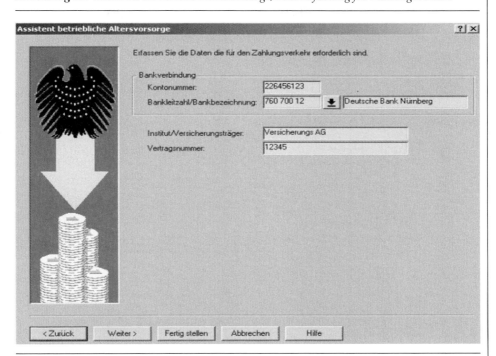

Im Rahmen der Entgeltumwandlung Direktversicherung mit Pauschalsteuer ist auch die eventuell abzuwälzende Pauschalsteuer entsprechend zu schlüsseln.

Abhängig von der Finanzierungsart (arbeitgeberfinanziert, arbeitnehmerfinanziert) wird unterschieden, wo schwerpunktmäßig die Abwicklung stattfindet. Bei arbeitgeberfinanzierten Durchführungswegen ist das Personalwesen (bAV) zuständig (siehe Abbildung 10). Allerdings sind arbeitnehmerfinanzierte Durchführungswege in der Abteilung Lohn/Gehalt angesiedelt (siehe Abbildung 11).

Je nach Versteuerungsart sind beim Inkasso spezielle Regelungen zu beachten, z. B. sollte bei Prämienzahlungen (nach § 40b EStG zu versteuern) darauf geachtet werden, dass die Beitragssumme für einen Mitarbeiter innerhalb des Kalenderjahres die durchschnittliche Pauschalsteuergrenze (2004 von 1.752 € bzw. die maximale Grenze 2.148 €) nicht überschreitet. Ein Mitarbeiter kann gleichzeitig eine Entgeltumwandlung und eine arbeitgeberfinanzierte Direktversicherung haben. Falls es dadurch zur Überschreitung der maximalen Pauschalsteuergrenze kommt, muss der Betrag, der die durchschnittliche Pauschalsteuergrenze übersteigt, vom Mitarbeiter individuell versteuert werden.

Abbildung 13: *Assistent betriebliche Altersvorsorge/Lohnarten*

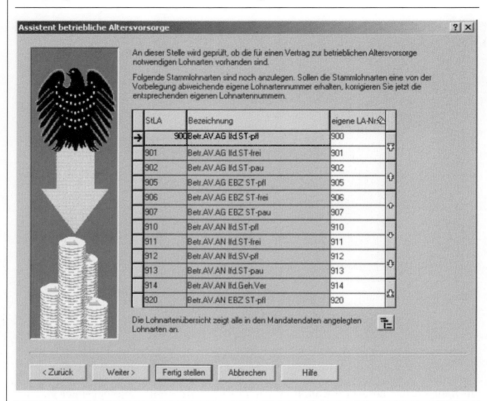

Bei Prämiennachzahlungen für Vorjahre sollte die Möglichkeit der LStR „R115" eingehalten werden (siehe Anmerkung 2).

Bei steuerlichen Änderungen, z. B. Erhöhung des Pauschalsteuersatzes, sollte auf eine zeitnahe Abwicklung des Inkassos geachtet werden, um eine eventuell spätere Nachzahlung zu vermeiden.

Empfehlung: sofortige Versteuerung entsprechend dem Zufallsprinzip.

Anmerkung 2:

Besteuerungs- und Zuordnungszeitpunkt der Beitragsleistungen: Zeitliche Zuordnung richtet sich grundsätzlich nach § 38a Abs. 3 EStG und R115, 118 und 119 LStR, d. h. eine Unterscheidung zwischen laufendem Arbeitslohn und sonstigem Bezug ist erforderlich. R115: „Dreiwochenfrist"; ein Betrag welcher bis zum 21. Januar des neuen Jahres gezahlt wurde, wird steuerrechtlich noch im davor liegenden Jahr angesiedelt.

Verwaltungsaufgaben des Arbeitgebers

Abbildung 14: Assistent betriebliche Altersvorsorge/Entgeltumwandlung

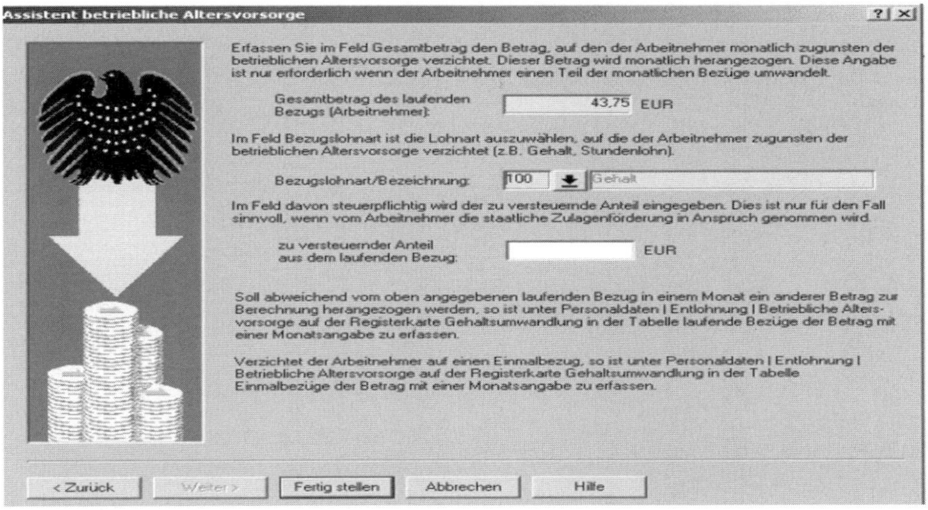

Beispiel Vertragserfassung in der Lohnbuchhaltung

Abbildung 15: Assistent betriebliche Altersvorsorge/Anlage Vertrag

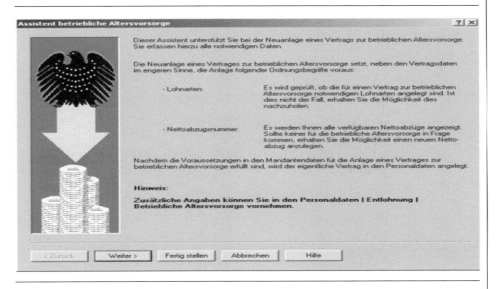

Jürgen Helm

Abbildung 16: Assistent betriebliche Altersvorsorge/Nettoabzüge

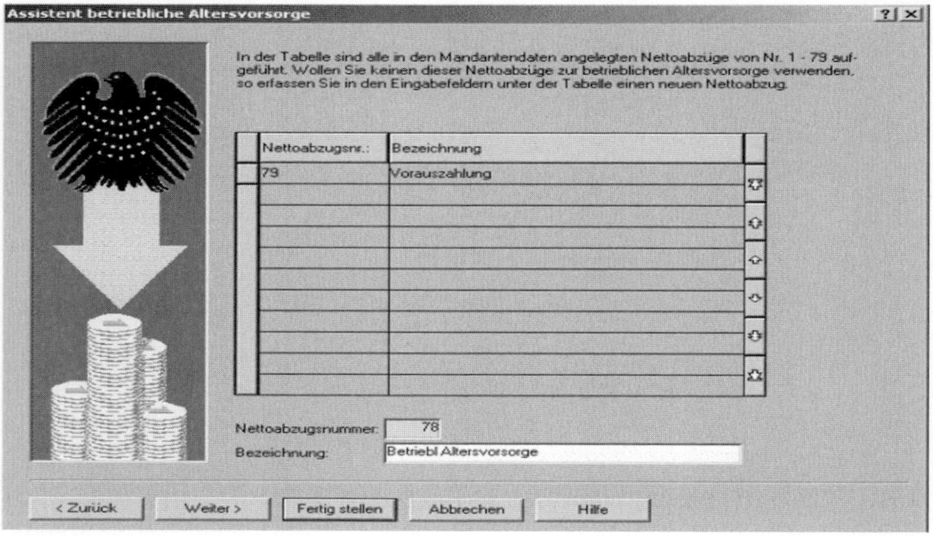

Abbildung 17: Assistent betriebliche Altersvorsorge/Abfrage Vertragsinformationen

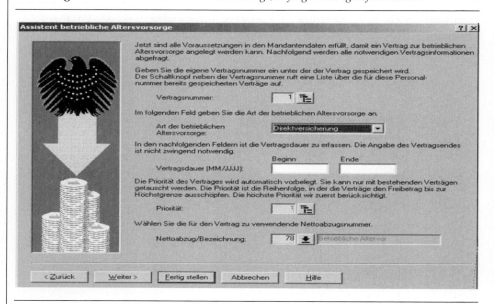

Verwaltungsaufgaben des Arbeitgebers

Eingetretene Leistungsfälle, welche den Zahlungsbetrag des Arbeitgebers reduzieren, wie z. B. eine anerkannte Prämienbefreiung, sind beim Inkasso ebenfalls zu berücksichtigen.

Bei arbeitgeberfinanzierten Modellen sollte in regelmäßigen Abständen geprüft werden, ob Anspruch auf Erstattung von Prämien nach § 14a Arbeitsplatzschutzgesetz für Prämien während des Wehr- bzw. Zivildienstes besteht.

Neben der Überweisung an den externen Versorgungsträger ist die Entrichtung des PSV-Beitrages bei rückgedeckten Unterstützungskassen und Pensionsfonds zu berücksichtigen.

(ABA-Tagung der Fachvereinigung Pensionskassen in Königswinter, März 2003. Referentin: Christine Harder-Büscher, Bundesministerium der Finanzen, Bonn, zum Thema: Aktuelle Entwicklung im Steuerrecht der bAV).

6.3 Jährliche Informationen des externen Versorgungsträgers

6.3.1 Rückinformation an den Arbeitgeber

Eine erste Qualitätssicherung erfolgt betriebsintern. Ein Soll-Ist-Abgleich stellt sicher, dass der zu überweisende Betrag mit den gemeldeten Beträgen übereinstimmt (siehe Abbildungen 10 und 11).

Die weiteren Qualitätssicherungsstufen erfolgen auf der Datenbasis des DV-Feedbacks des externen Versorgungsträgers. Das zurückgesendete Datenfeedback sollte unter anderem das widerspiegeln, was der Mitarbeiter letztendlich als Information des externen Versorgungsträgers bekommen hat. Voraussetzung für eine Qualitätssicherung ist, dass beide Vertragspartner von der gleichen Datenbasis ausgehen, somit können Transaktionskosten minimiert werden.

Ansonsten besteht die Gefahr, dass die Mitarbeiter wiederum mit telefonischen Rückfragen auf den Arbeitgeber zurückkommen.

Deshalb ist es erforderlich, die Ausprägungen der Datenbasis vorher festzulegen (siehe Abschnitt 6).

Checkliste zur Qualitätssicherung:

- Wurde die Prämie/der Baustein dem richtigen MA zugeordnet?
- Abgleich der Rechnung
- Abgleich der Meldedateien (z. B. ist das Geburtsdatum korrekt verarbeitet worden?)
- Sonstige betriebsinterne Anforderungen

Ein DV-technisch unterstützter Abgleich der Daten erleichtert hierbei die Qualitätssicherung.

6.3.2 Rückinformation an die Mitarbeiter

Jeder Mitarbeiter erwartet von seinem Arbeitgeber die Rückinformation, dass seine Prämie überwiesen wird, der Vertrag mit den von ihm entschiedenen Bausteinen/Tarifen geschlossen ist und wie die garantierten bzw. voraussichtlichen Ablaufleistungen sein werden. Wie bereits in Abschnitt 3 erwähnt, besteht durch entsprechende Vertragsgestaltung die Möglichkeit, diese Wünsche durch den externen Versorgungsträger abwickeln zu lassen.

Nicht nur die Erstellung der entsprechenden Unterlagen, sondern auch der Versand direkt an den Mitarbeiter kann hier zur Vereinfachung der Administration beitragen. Um die Qualitätssicherung des Arbeitgebers zu ergänzen, kann er sich elektronisch diese Daten übermitteln lassen, um bei direkten Rückfragen der Mitarbeiter aussagefähig zu sein.

6.4 Ermittlung des PSV-Beitrages

Der externe Versorgungsträger erstellt die Bemessungsgrundlage für den PSV-Beitrag. Als Basis verwendet er hierbei die kumulierte Höhe der jeweils garantierten Renten inklusive bereits gutgeschriebener Gewinnanteile. Sein Ergebnis stellt der Versorgungsträger dem Arbeitgeber jährlich in Form eines Testats zur Verfügung. Der Arbeitgeber muss dann bis zum 30. September eines Jahres diese Bemessungsgrundlage dem PSV aG melden. Der PSV aG stellt eine Rechnung über die tatsächliche Höhe an das Unternehmen. Die Höhe des Betragsbescheides ist abhängig vom jährlich neu zu bestimmenden Beitragssatz.

Dem PSV aG ist gesetzlich ein modifiziertes Umlageverfahren zur Finanzierung seiner Leistungen vorgeschrieben. Das bedeutet, der Beitragssatz kann von Jahr zu Jahr, abhängig von den aus stattgefundenen Insolvenzen resultierenden Sicherungsfällen, variieren. Der aktuelle Beitragssatz beträgt 4,4 Promille (Stand: 2003).

Die Beitragsleistung an den PSV aG ist gleichzeitig eine Vorleistung auf das kommende Jahr. Erweist sich der PSV-Beitrag im Nachhinein als zu hoch oder zu niedrig, wird dies im Folgejahr ausgeglichen.

Die Verwaltungszeit eines Versicherungsvertrages in der rückgedeckten Unterstützungskasse bzw. Pensionsfonds umfasst den Zeitraum vom Beginn des Abschlusses bis hin zum Ableben der betreffenden Person bzw. bis zur Kapitalisierung des Versicherungsvertrages.

6.5 Portabilität der Versorgungszusagen von Vorarbeitgebern

Scheidet ein Arbeitnehmer aus dem Arbeitsverhältnis aus, aus dem eine unverfallbare Anwartschaft entstanden ist, so kann diese auf das neue Unternehmen, ein Lebensversicherungsunternehmen, Pensionskasse oder öffentlichrechtliche Versorgungsträger übertragen werden. Der neu eingefügte Absatz 4 des §4 BetrAVG legt fest, dass der frühere Arbeitgeber verpflichtet ist, auf Verlangen des Arbeitnehmers den Barwert der Anwartschaft auf den Nachfolgearbeitgeber zu übertragen, sofern dieser damit einverstanden ist (vgl. §4 Abs. 4 BetrAVG).

6.5.1 Beitragsorientierte Leistungszusage

Diese Art der Versorgungszusage verspricht dem Arbeitnehmer lediglich eine Mindestversorgung (Leistungszusage), stellt aber darüber hinaus die tatsächliche Versorgungshöhe in Abhängigkeit von den mittels zugesagten Beitragszahlungen (Beitragszusage) erwirtschafteten Erträgen in Aussicht. Diese Verpflichtungsform ist bei allen im Betr AVG geregelten Durchführungswegen Direktzusage, Direktversicherung, Pensionskasse, Pensionsfonds und rückgedeckte Unterstützungskasse möglich.

Im Rahmen der Direktversicherung besteht seit Jahren in der Versicherungswirtschaft ein Abkommen zur Übertragung von Direktversicherungen bei Arbeitgeberwechsel. Hierbei wird meist das Deckungskapital aus einer bestehenden Gruppenversicherung auf einen Baustein der Gruppenversicherung des neuen Arbeitgebers übertragen. Vermehrt wünschen auch Mitarbeiter, die bereits seit längerer Zeit laufende Direktversicherungen von Vorarbeitgebern haben, die Fortführung in der bestehenden Form durch den neuen Arbeitgeber.

Für Pensionskassen gibt es noch kein analoges Verfahren.

Ferner ist eine Übertragung der Versorgungszusage auf eine andere rückgedeckte Unterstützungskasse nur unter bestimmten Voraussetzungen möglich. In diesem Fall müsste der neue Arbeitgeber Mitglied der rückgedeckten Unterstützungskasse werden, bei der der neue Mitarbeiter bis dato seine Beiträge eingezahlt hat.

6.5.2 Beitragszusage mit Mindestleistung

Diese Versorgungszusage kann nach überwiegender Rechtsauffassung nicht versicherungstechnisch durch Übertragung der Versicherungsnehmereigenschaft auf den Arbeitnehmer abgewickelt werden. Der Arbeitgeber haftet für diese Zusageform auch nach dem vorzeitigen Austritt des Mitarbeiters aus dem Unternehmen. Die Haftung ist begrenzt auf den Kapitalstock und die bis dahin erwirtschafteten Erträge abzüglich der Kosten für biometrische Risiken.

Jürgen Helm

Die Übertragung zwischen zwei Pensionskassen ist vom Gesetzgeber her bisher nicht flankierend geregelt. Daher wird die Lösung gegenwärtig darin gesehen, dass der neue Arbeitgeber dem entsprechenden externen Versorgungsträger beitritt, bei dem der neue Mitarbeiter versichert ist.

6.5.3 Leistungszusage

Die spezielle Problematik bei der Leistungszusage bei vorzeitigem Ausscheiden besteht darin, dass abhängig von Durchführungsweg und Inhalt der Versorgungszusage eine, aufgrund der verkürzten Anwartschaftszeit, korrekte Teilleistung ermittelt werden muss. Dies erfordert im Regelfall die Einschaltung von versicherungsmathematischen Sachverständigen bzw. Gutachtern.

6.6 Austritt des Mitarbeiters während der „Ansparphase"

Bei einem Austritt des Mitarbeiters aus dem Unternehmen wird sein Versicherungsvertrag beitragsfrei gestellt. Dem externen Versorgungsträger wird mitgeteilt, dass der Mitarbeiter aus dem Unternehmen ausgeschieden ist.

Für die arbeitgeberfinanzierten Modelle gelten die gesetzlichen Unverfallbarkeitsfristen, falls dem Mitarbeiter einzelvertraglich oder kollektivrechtlich nichts anderes zugesagt ist.

Die arbeitnehmerfinanzierten Modelle sind per Gesetz sofort unverfallbar. In diesem Fall gelten für den Mitarbeiter die gleichen Bestimmungen und Rechte wie in Abschnitt 6.5 bereits dargestellt.

6.7 Tod

Eine Meldung über den Tod eines Mitarbeiters durch den Arbeitgeber kann nur während der aktiven Arbeitsphase des Versicherten erfolgen.

Der Arbeitgeber informiert den externen Versorgungsträger schriftlich über Todesfälle mit entsprechend beigefügten Unterlagen (Sterbeurkunde etc.). Der externe Versorgungsträger setzt sich mit den begünstigten Angehörigen in Verbindung und erledigt die Formalitäten.

7 Verwaltung während der „Leistungsphase"

Der Verwaltungsaufwand während der Leistungsphase unterscheidet sich je nach dem gewählten Durchführungsweg wie folgt:

- *Direktversicherung: Kapitalzahlung oder Verrentung*
  Das Personalwesen meldet den Rentenbeginn dem externen Versorgungsträger. Dieser zahlt daraufhin den Kapitalbetrag an den Versicherten, bzw. beginnt mit der Zahlung der Rente. Da es sich um einen vorgelagert besteuerten Durchführungsweg handelt, hat der Arbeitgeber keinen administrativen Aufwand mehr.
- *Pensionskasse/Pensionsfonds: Verrentung oder Kapitalauszahlung*
  Das Personalwesen meldet den Rentenbeginn dem externen Versorgungsträger. Dieser beginnt mit der Verrentung des Kapitalbetrages. Während der Leistungsphase ergeben sich für den Arbeitgeber zusätzliche Kosten aus dem PSV- Beitrag bezüglich des Pensionsfonds (siehe Beitrag Melchiors).
- *rückgedeckte Unterstützungskasse: Verrentung oder Kapitalauszahlung*
  Das Personalwesen meldet den Rentenbeginn dem externen Versorgungsträger. Dieser beginnt mit der Verrentung des Kapitalbetrages.
  Zusätzliche Kosten für den Arbeitgeber ergeben sich aus dem PSV – Beitrag (siehe Abschnitt 6.4) und den Verwaltungsgebühren für die rückgedeckte Unterstützungskasse.
  Da es sich bei dieser Rente um Einkünfte aus nicht selbständiger Arbeit handelt, muss der Arbeitgeber die Lohnsteuer einbehalten und an das Finanzamt abführen.
  In der Leistungsphase kommt es zu einer nachgelagerten Besteuerung. Diese bildet die Grundlage für die Ermittlung der Lohnsteuer.
  Zwischen folgenden Handlungsalternativen kann der Arbeitgeber wählen:
  (1) Die rückgedeckte Unterstützungskasse übernimmt gegen ein Honorar die Rentenverwaltung. Diese ermittelt die Lohnsteuer und überweist den Betrag an den ehemaligen Arbeitgeber. Der Arbeitgeber erhält zusammen mit dem abzuführenden Lohnsteuerbetrag einen Sammelbeleg. Die Lohnsteuer wird der im Unternehmen ermittelten Lohnsteuersumme zugerechnet und an das Finanzamt abgeführt. Die Rente wird ohne Umweg vom externen Versorgungsträger an den Rentner gezahlt.
  (2) Der ehemalige Arbeitgeber übernimmt die Rentenverwaltung. Die rückgedeckte Unterstützungskasse überweist den Bruttobetrag monatlich an den entsprechenden Arbeitgeber. Der nimmt die Lohn- bzw. Rentenabrechnung vor. Dabei ermittelt er die Beiträge für die Lohnsteuer, Kirchensteuer und für die gesetzliche Krankenversicherung des Rentners. Die Lohnsteuer und die Sozialabgaben werden abgeführt und die Rente an den Leistungsempfänger überwiesen.

Jürgen Helm

Anmerkung 3:

Der Arbeitgeber hat sowohl die einbehaltene als auch die von ihm übernommene Lohn- und Kirchensteuer an das Finanzamt der Betriebsstätte oder an eine andere von der obersten Finanzbehörde des Landes bestimmte Kasse anzumelden und abzuführen (§ 41a EStG). Vgl. auch § 42d EStG Haftung des Arbeitgebers und Haftung bei Arbeitnehmerüberlassung.[2]

- *Direktzusage/Pensionszusage: Verrentung*
  Der Arbeitgeber übernimmt die Rentenverwaltung, er erstellt eine Lohn- bzw. Rentenabrechnung und ermittelt dafür die Beiträge der Lohnsteuer, Kirchensteuer und der gesetzlichen Krankenversicherung des Rentners. Die Lohnsteuer wird an das Finanzamt abgeführt und die Rente an den Leistungsempfänger überwiesen.

Anmerkung 4:

„Direktzusage:
Bei einer Direktzusage (Pensionszusage) sagt der Arbeitgeber dem Arbeitnehmer unmittelbar künftige Altersversorgungsleistungen zu. Diese Versorgungszusage führt beim Arbeitnehmer nicht zum Zufluss von Arbeitslohn; steuerpflichtig sind erst die späteren Versorgungsbezüge."[3]

Die administrativen Tätigkeiten variieren je nach eingetretenem Leistungsfall.

7.1 Rentenbezug

Der Rentenbezug setzt die Abmeldung der betreffenden Person voraus und stellt den letzten Schritt innerhalb der Ansparphase durch den Arbeitgeber dar (Ausnahme: rückgedeckte Unterstützungskasse und Direktzusage.

Um die Administration schlank zu halten, sollte der externe Versorgungsträger Folgendes selbst vornehmen:

- bei den Mitarbeitern anfragen, ob die Auszahlung nach Ende der Berufstätigkeit sogleich erfolgt,
- ob eine Aufschubzeit vereinbart wird,
- Kontoverbindung einrichten,
- Verrentung vornehmen,
- Kapitalisierung vornehmen.

---

2 Haufe Personal Office, Freiburg i. Br., 2003.
3 Haufe Personal Office, Freiburg i. Br., 2003.

Verwaltungsaufgaben des Arbeitgebers

Abbildung 18: Berufsunfähigkeit

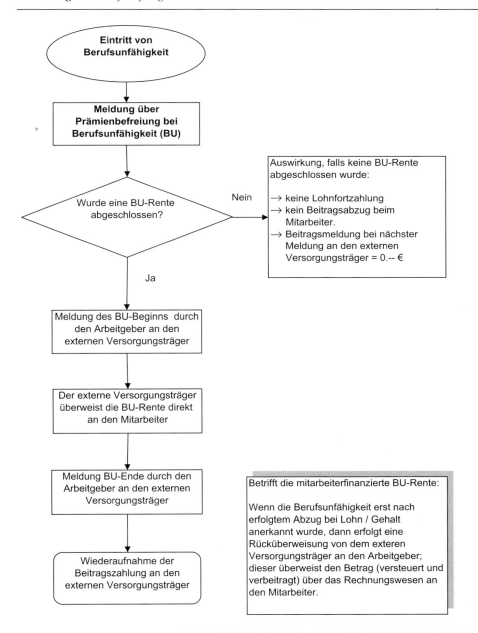

Jürgen Helm

7.2 Berufsunfähigkeit

7.2.1 Beitragsbefreiung bei lang andauernder Krankheit

Der Arbeitgeber meldet den Beginn und das Ende der Beitragsbefreiung. Zuvor überprüft der Arbeitgeber, ob die Voraussetzungen für eine Beitragsbefreiung (z. B. Abwesenheitsliste) vorliegen.

Bei arbeitnehmerfinanzierter Altersversorgung muss gleichzeitig das Rechnungswesen darüber in Kenntnis gesetzt werden, dass dem betroffenen Mitarbeiter keine weiteren Versicherungsprämien abgezogen werden. Ansonsten erfolgt eine Rückerstattung vom externen Versorgungsträger.

Bei der arbeitgeberfinanzierten Altersversorgung entfällt der letzte Schritt, da so entstandene Überzahlungen üblicherweise mit der nächsten Prämienrechnung verrechnet werden.

7.2.2 Berufsunfähigkeitsrente (BU-Rente)

Die administrativen Prozesse orientieren sich an den mit dem externen Versorgungsträger vereinbarten Bedingungen. Die Voraussetzungen für eine BU-Beginn-Meldung (z. B. Abwesenheitsliste) werden beispielsweise meist vom Arbeitgeber geprüft und an den externen Versorgungsträger übermittelt. In der Verwaltung des Arbeitgebers muss auch gewährleistet sein, dass eine regelmäßige Prüfung über Beginn und Ende von BU-Fällen erfolgt.

7.3 Tod

Bei Tod in der Leistungsphase hat der ehemalige Arbeitgeber in den seltensten Fällen Kenntnis davon. Der Hinterbliebene muss dann den externen Versorgungsträger schriftlich über Todesfälle mit entsprechend beigefügten erforderlichen Unterlagen (Sterbeurkunde, etc.) informieren. Der externe Versorgungsträger erledigt die Formalitäten.

8 Zusammenfassung und Ausblick

Durch die vermehrt DV-technische Abwicklung kommt es langfristig zu einer Verschlankung der Administration.

Eine „händische" Administration fällt dennoch bei Einzelfallbehandlungen z. B. Versorgungszusagen in familiengerichtlichen Verfahren, Versorgungsansprüche in Zweifelfällen des arbeitsrechtlichen und steuerrechtlichen Hinterbliebenenbegriffs, an, sowie bei der angesprochenen Portabilität (siehe Abschnitt 6.5) von Versorgungszusagen, die vom Gesetzgeber nur teilweise und unvollständig geregelt ist.

Im Zeitablauf werden die übernommenen Anwartschaften ein relevantes Mengengerüst an Sonderlösungen im Unternehmen verursachen, da sie nicht in den gewöhnlichen Ablaufprozess eingebunden werden können.

Das Mengengerüst der arbeitgeberfinanzierten Versorgungszusage kann vom Arbeitgeber aktiv beeinflusst werden. Hingegen sind die Einflussmöglichkeiten auf die Entgeltumwandlung deutlich geringer. Diese können nur durch eine Informations- bzw. eine Angebotspolitik gesteuert werden, da der gesetzliche Anspruch auf betriebliche Altersvorsorge durch Entgeltumwandlung stets erfüllt werden muss. Mittelfristig bis langfristig ist durchaus damit zu rechnen, dass Entgeltumwandlungen für den Mitarbeiter so üblich sind, wie die Inanspruchnahme von vermögenswirksamen Leistungen.

Literaturhinweise

ABA-TAGUNG DER FACHVEREINIGUNG PENSIONSKASSEN in Königswinter, März 2003. Referentin: Christine Harder-Buschner, Bundesministerium der Finanzen, Bonn. Zum Thema: „Aktuelle Entwicklung im Steuerrecht der bAV".
ARBEITSGESETZE; dtv Nr. 5006, 63. Auflage, München, 2003.
CHRISTOFFEL/FISCHER/HORLEMANN/MYßEN/RECHT (2001): Die Rentenreform 2001/2002 in der Berufspraxis, DATEV eG Nürnberg, 2001.
HAUFE: Personal Office, Freiburg i. Br., 2003.
RENTENREFORM 2001/2002; Neuregelung der betrieblichen und Förderung der privaten Altersvorsorge, Freiburg i. Br., 2001.
SCHACK/TACKE/THAU (2002): Praktiker-Handbuch zur Umsetzung der betrieblichen Altersversorgung, Heidelberg, 2002.

Empfehlenswert sind ferner die Publikationen der aba Arbeitsgemeinschaft für betriebliche Altersvorsorge e.V., Heidelberg z.B. Die Neuregelung des Betriebsrentenrechts durch das Altersvermögensgesetz (AVmG) 1. Aufl. Februar 2002.

Teil 2

Das Vertragsverhältnis zwischen Arbeitgeber und Versorgungsträger

Karin Meier

Finanzierungsrisiken des Arbeitgebers bei Versorgungszusagen

1 Einführung 147

2 Finanzierung der Versorgungsleistungen 148
   2.1 Finanzierungsmöglichkeiten 148
   2.2 Ausfinanzierung 151

3 Finanzierungsrisiken 152
   3.1 Ausfallrisiko des Versorgungsträgers 152
   3.2 Diskrepanz zwischen Versorgungszusage des Arbeitgebers und Leistung des Versorgungsträgers 154
      3.2.1 Grundsätze 154
      3.2.2 Leistungszusagen 155
      3.2.3 Beitragsorientierte Leistungszusagen 156
      3.2.4 Beitragszusagen mit Mindestleistung 156
   3.3 Rentenanpassung 157
      3.3.1 Grundzüge 157
      3.3.2 Fehlende Rentenanpassungsgarantie des Versorgungsträgers 158
   3.4 Ausfinanzierungssicherheit bei vorzeitigem Ausscheiden von Versorgungsanwärtern 158
   3.5 Portabilität der Ansprüche 159
      3.5.1 Grundzüge 159
      3.5.2 Schuldbefreiende Übernahme 160
      3.5.3 Liquidation 161
      3.5.4 Erzwingbare Übertragung 161
      3.5.5 Betriebsübergang 162
      3.5.6 Umwandlung 162
   3.6 Abfindung 163
      3.6.1 Grundzüge 163
      3.6.2 Abfindung ohne Einwilligung des Versorgungsanwärters 163
      3.6.3 Abfindung mit Einwilligung des Versorgungsanwärters 163
      3.6.4 Wirtschaftliche Risiken 164

4 Zusammenfassung 164

1 Einführung

Die betriebliche Altersversorgung ist, mit Ausnahme des seit dem Jahr 2001 bestehenden Rechtsanspruchs auf Entgeltumwandlung, eine freiwillige soziale Leistung des Arbeitgebers. Er hat zu entscheiden, ob er diese seinen Mitarbeitern anbieten möchte oder nicht. Entscheidet sich der Arbeitgeber für die Gewährung einer betrieblichen Altersversorgung, so sind eine Vielzahl von Festlegungen bezüglich der Gestaltung zu treffen. Neben der Wahl des Finanzierungswegs (Durchführungsweg), die vorbehaltlich tariflicher Regelung in der alleinigen Entscheidungskompetenz des Arbeitgebers liegt, wird die Gestaltung einer betrieblichen Altersversorgung wesentlich durch die Zusageform geprägt.

Die möglichen Formen der Zusage und die Durchführungswege werden im Gesetz zur Verbesserung der betrieblichen Altersversorgung (BetrAVG) definiert.

Als *mögliche Formen der Zusage* gibt es die

- Leistungszusage,
- beitragsorientierte Leistungszusage,
- Beitragszusage mit Mindestleistung.

Als Durchführungswege und damit *Finanzierungsformen* sieht der Gesetzgeber folgende Möglichkeiten vor:

- Direktzusage,
- Direktversicherung,
- Pensionskasse,
- Unterstützungskasse,
- Pensionsfonds,

Bei der *Direktzusage* werden innerhalb des Unternehmens Rückstellungen für die späteren Leistungen gebildet und die Leistungen werden unmittelbar vom Unternehmen gezahlt. Bei den *anderen vier Durchführungswegen* handelt es sich um so genannte externe Abwicklungsformen, bei denen der Arbeitgeber Beiträge bzw. Zuwendungen an den Versorgungsträger zahlt und dieser die späteren Versorgungsleistungen erbringt.

Bei der Gestaltung wird sich der Arbeitgeber von den individuellen Verhältnissen in seinem Unternehmen leiten lassen; mögliche entscheidungsrelevante Aspekte sind finanzielle Risiken, steuerliche Auswirkungen, Liquiditätsbetrachtungen und betriebswirtschaftliche Effekte.

Hierbei kann nicht jede Zusageform in jedem Durchführungsweg angeboten werden. Tabelle 1 zeigt die gesetzlich zulässigen Kombinationen, wobei die derzeit am weitesten verbreiteten Varianten durch Fettdruck kenntlich gemacht sind.

Karin Meier

Tabelle 1: Mögliche Kombinationen von Zusageart und Durchführungsweg

	Leistungszusage	Beitragsorientierte Leistungszusage	Beitragszusage mit Mindestleistung
Direktzusage	ja	ja	nein
Direktversicherung	ja	**ja**	ja
Pensionskasse	ja	**ja**	ja
Unterstützungskasse	**ja**	ja	nein
Pensionsfonds	ja	ja	**ja**

Im arbeitsrechtlichen Verhältnis zwischen Arbeitgeber und Arbeitnehmer gilt unabhängig von der Wahl des Durchführungswegs und der Zusagegestaltung § 1 Abs. 1 Satz 3 BetrAVG: „Der Arbeitgeber steht für die Erfüllung der von ihm zugesagten Leistungen auch dann ein, wenn die Durchführung nicht unmittelbar über ihn erfolgt". Somit gilt, dass stets eine arbeitsrechtliche Verpflichtung des Arbeitgebers zur Erbringung der zugesagten Leistungen besteht.[1]

Aus dieser faktischen Haftung des Arbeitgebers unabhängig vom gewählten Durchführungsweg ergeben sich bei den externen Abwicklungsformen stets dann potenzielle Risikofelder, wenn die Verpflichtung des Arbeitgebers aus dem arbeitsrechtlichen Grundverhältnis und die Leistung des Versorgungsträgers auseinander fallen. Neben der grundsätzlichen Frage der Sicherheit der Finanzierung, die sich in allen Durchführungswegen stellt, werden im Folgenden die wesentlichen Problemfelder für die einzelnen Durchführungswege unter Berücksichtigung der möglichen Zusageformen untersucht.

2 Finanzierung der Versorgungsleistungen

2.1 Finanzierungsmöglichkeiten

Die Art der Finanzierung der zugesagten Leistungen durch den Arbeitgeber unterscheidet sich je nach Durchführungsweg in Höhe und Zeitpunkt. Zu beachten sind hierbei insbesondere die steuerlichen Rahmenbedingungen, da für den Arbeitgeber die betriebliche Altersversorgung nur dann attraktiv sein wird, wenn er die Aufwendungen steuerlich als Betriebsausgaben geltend machen kann. Die Unterschiede in den Finanzierungsmöglichkeiten und damit die erreichbare Ausfinanzierung in Abhängigkeit vom Durchführungsweg sind aufgrund der steuerlichen Restriktionen gravierend.[2] Insbe-

---

1 Vgl. Ahrend/Förster/Rühmann (2003), §1, Rz. 5.
2 Vgl. für einen umfassenden Überblick Ahrend/Förster/Rößler (2002).

sondere ist hierbei die interne Abwicklung von den externen Durchführungsformen zu unterscheiden.

Bei der *unmittelbaren Versorgungszusage* (auch Direktzusage oder Pensionszusage genannt) verpflichtet sich der Arbeitgeber, dem Arbeitnehmer die zugesagten Versorgungsleistungen zu erbringen. Arbeitgeber und Versorgungsträger sind damit identisch. Die Finanzierung der Verpflichtungen erfolgt in der Regel über die Bildung von Pensionsrückstellungen.[3] Die Pflicht zur Bildung der Rückstellung in der Handelsbilanz ergibt sich aus § 249 HGB in Verbindung mit Art. 28 EGHGB. Für die steuerbilanziell zulässige Rückstellung gelten die einschränkenden Voraussetzungen des § 6a EStG.

Durch die Rückstellungsbildung erfolgt während der Anwartschaftsphase des Versorgungsberechtigten ein planmäßiger Mittelaufbau, der der Vorausfinanzierung der Verpflichtung dient. Während der Leistungsbezugsphase werden die Rückstellungen abgeschmolzen. Durch das steuerlich vorgeschriebene Teilwertverfahren des § 6a EStG, das in der weit überwiegenden Zahl der Fälle auch für die handelsbilanzielle Rückstellungsbildung zum Einsatz kommt, wird der Aufwand gleichmäßig über die Anwartschaftsphase des Versorgungsberechtigten verteilt. Allerdings sind der steuerlichen Rückstellungsbildung zum Beispiel durch die Vorgabe eines Rechnungszinses von sechs Prozent und eines Finanzierungsbeginns mit Alter 28 bezüglich der Ausfinanzierung der Verpflichtungen fiskalpolitisch motivierte Grenzen gesetzt. Der mit der Rückstellungsbildung aufgrund ihrer liquiditätsschonenden Wirkung verbundene Innenfinanzierungseffekt steht dem Unternehmen frei zur Verfügung. Eine zwangsweise Separierung versorgungsspezifischer Aktiva ist vom Gesetzgeber nicht vorgesehen.

Der Finanzierungsaufwand des Arbeitgebers besteht in der Bildung der Pensionsrückstellung und der Zahlung der Versorgungsleistungen. Ebenfalls zu berücksichtigen sind Insolvenzsicherungsprämien.

Eine *Direktversicherung* liegt vor, wenn der Arbeitgeber eine Lebensversicherung auf das Leben des Arbeitnehmers abschließt, bei der der Arbeitnehmer oder seine Hinterbliebenen hinsichtlich der Versorgungsleistungen des Versicherers ganz oder teilweise bezugsberechtigt sind.

Zwischen dem Arbeitgeber, dem Arbeitnehmer und dem Unternehmen der Versicherungswirtschaft besteht ein dreiseitiges Vertragsverhältnis. Arbeitgeber und Arbeitnehmer sind gebunden durch das arbeitsrechtliche Versprechen, Leistungen über eine Versicherung zu Gunsten des Arbeitnehmers zu finanzieren. Die Rechtsbeziehung zwischen Arbeitgeber und Versicherungsunternehmen wird durch das Versicherungsverhältnis bestimmt, während für die Ebene Arbeitnehmer zu Versicherungsunternehmen das Leistungsverhältnis gilt.

Die Finanzierung der Versorgungsleistungen erfolgt bei der Direktversicherung durch die Beitragszahlung des Arbeitgebers an das gewählte Lebensversicherungsunternehmen. Aufgrund der jeweils für den gewählten Tarif vorgegebenen Kalkulationen wird für einen vorgegebenen Rechnungszins von derzeit maximal 2,75 Prozent[4] bis zum Ein-

---

3 Vgl. Andresen/Förster/Rößler/Rühmann (1999), Teil 5 A, Rz. 8.
4 Für Verträge vor dem 1.1.2004 waren höhere Prozentwerte zulässig.

tritt des planmäßigen Versicherungsfalls das erforderliche Deckungskapital zur Leistungserbringung angesammelt. Anfallende Überschüsse können zum Beispiel zur Leistungsverbesserung oder zur Beitragsreduktion verwandt werden.

Die Beiträge an das Lebensversicherungsunternehmen sind lohnsteuerpflichtiger Arbeitslohn und somit steuerliche Betriebsausgaben beim Arbeitgeber.

Der Finanzierungsaufwand für den Arbeitgeber besteht in der Zahlung der Beiträge an die Lebensversicherung.

Paragraf 1b Abs. 3 BetrAVG definiert die *Pensionskasse* als eine „rechtsfähige Versorgungseinrichtung, die dem Arbeitnehmer oder seinen Hinterbliebenen auf ihre Leistungen einen Rechtsanspruch gewährt". Im Unterschied zu einer Lebensversicherung ist eine Pensionskasse auf den Bereich der betrieblichen Altersversorgung beschränkt. Wie bei der Direktversicherung ergeben sich zwischen den Beteiligten verschiedene Rechtsverhältnisse. Arbeitgeber und Arbeitnehmer sind durch das arbeitsrechtliche Versprechen gebunden, Leistungen über die Pensionskasse zu Gunsten des Arbeitnehmers zu finanzieren.

Die Ausfinanzierung der Versorgungsleistungen erfolgt bei der Pensionskasse analog zur Direktversicherung wie bei einer Lebensversicherung in ihrer einfachsten Spielform auf Basis der versicherungsmathematisch kalkulierten Prämien, die erforderlich sind, um bis zum planmäßigen Versorgungsfall das Deckungskapital, kalkuliert mit einem Zins von derzeit maximal 2,75 Prozent, aufzubauen. Andere Ausfinanzierungssysteme wie z. B. das Bilanzausgleichsverfahren sind zwar ebenfalls zulässig, aber nicht so häufig in der Praxis anzutreffen. Bezüglich der anfallenden Überschüsse kann auf die Ausführungen zur Direktversicherung verwiesen werden. Die steuerliche Behandlung der Beiträge (Zuwendungen) als Betriebsausgabe ergibt sich aus § 4c EStG.

Der Finanzierungsaufwand für den Arbeitgeber besteht in der Zahlung der Beiträge/ Zuwendungen an die Pensionskasse.

Gemäß § 1b Abs. 4 BetrAVG wird die *Unterstützungskasse* definiert als eine „rechtsfähige Versorgungseinrichtung, die dem Arbeitnehmer oder seinen Hinterbliebenen auf ihre Leistungen keinen Rechtsanspruch gewährt". Dieser formale Rechtsausschluss hat auf die rechtliche Position des Versorgungsberechtigten de facto so gut wie keine einschränkende Wirkung, ist aber zwingend erforderlich, um Unterstützungskassen von aufsichtspflichtigen Versicherungen abzugrenzen.

Bezüglich der Finanzierungsmöglichkeiten wird zwischen der reservepolsterfinanzierten Unterstützungskasse und der rückgedeckten Unterstützungskasse unterschieden. Bei der reservepolsterfinanzierten Unterstützungskasse können während der Anwartschaft mit steuerlicher Wirkung nur Mittel in sehr begrenztem Umfang zugeführt werden; erst mit Rentenbeginn kann eine Auffüllung auf den Barwert der Verpflichtung – ermittelt mit einer Tabelle, der ein Zins von 5,5 Prozent zu Grunde liegt – erfolgen. Die reservepolsterfinanzierte Unterstützungskasse ist somit durch eine planmäßige Unterdotierung in der Anwartschaftsphase des Versorgungsberechtigten gekennzeichnet und erlaubt somit keine periodengerechte Zuordnung des Versorgungsaufwandes. Eine rückgedeckte Unterstützungskasse schließt zur Finanzierung der Verpflichtungen Lebensversicherungsverträge ab. Unter Beachtung einschränkender steuerlicher Regelungen des § 4d EStG ist bei der rückgedeckten Unterstützungskasse eine planmäßige Vorausfinanzierung der Leistungsverpflichtungen während der Anwartschaftsphase möglich.

Der Finanzierungsaufwand für den Arbeitgeber besteht in der Zahlung der Zuwendungen an die Unterstützungskasse und der Insolvenzsicherungsbeiträge.

Der *Pensionsfonds* wird, wie auch die Pensionskasse, gemäß § 1b Abs. 3 BetrAVG definiert als eine „rechtsfähige Versorgungseinrichtung, die dem Arbeitnehmer oder seinen Hinterbliebenen auf ihre Leistungen einen Rechtsanspruch gewährt". Gemäß § 112 VAG, der die Legaldefinition des Pensionsfonds vervollständigt, werden die Altersversorgungsleistungen im Wege des Kapitaldeckungsverfahrens erbracht.

Zur Abgrenzung von Lebensversicherungen und Pensionskassen bestimmt das VAG, dass der Pensionsfonds nicht für alle vorgesehenen Leistungsfälle die Höhe der Leistungen und die Höhe der dafür zu entrichtenden künftigen Beiträge durch eine versicherungsförmige Garantie zusagen darf. Die Frage, inwieweit beim Pensionsfonds in der Anwartschaftsphase des Versorgungsberechtigten eine planmäßige Vorausfinanzierung erfolgt, hängt von dem zu Grunde liegenden Garantiesystem ab. Soweit der Pensionsfonds für seine Leistungen versicherungsförmige Garantien abgibt, erfolgt seine Finanzierung planmäßig, wie bei Direktversicherungen und Pensionskassen dargestellt. Dort wo er keine versicherungsförmigen Garantien vorsieht, ist eine flexible Beitragsbemessung zulässig, die gegebenenfalls erst bei Eintritt des Leistungsfalls eine Ausfinanzierung vorsieht. Da die Aufsichtsbehörde (BaFin) verlangt, dass der Pensionsfonds für laufende Altersleistungen ab Leistungsbeginn stets eine versicherungsförmige Garantie abgibt, ist mit Leistungsbeginn die vollständige Ausfinanzierung zwingend.

Die steuerliche Behandlung der Beiträge des Arbeitgebers ergibt sich aus § 4e EStG, der im Wesentlichen die steuerliche Anerkennung als Betriebsausgaben vorsieht.

Der Finanzierungsaufwand für den Arbeitgeber besteht in der Zahlung der Beiträge an den Pensionsfonds und der Insolvenzsicherungsbeiträge.

2.2 Ausfinanzierung

Die vorstehenden Ausführungen haben gezeigt, dass in den Durchführungswegen allein schon aufgrund der steuerlichen und aufsichtsrechtlichen Regelungen „Ausfinanzierung" sehr unterschiedlich definiert ist. Dies soll an einem einfachen Beispiel verdeutlicht werden. Für einen 65-jährigen Mann, dem eine monatliche Rente von 100 € gezahlt werden soll, zeigt die Tabelle 2 die im Alter 65 im jeweiligen Durchführungsweg erforderlichen Deckungsmittel.

Karin Meier

Tabelle 2: *Vergleich der erforderlichen Deckungsmittel in den Durchführungswegen*

	Deckungsmittel
Direktzusage	11.788 €
Direktversicherung*	18.000 €
Pensionskasse*	18.000 €
Unterstützungskasse (ohne Rückdeckung)	13.200 €
Pensionsfonds*	18.000 €

* In der Praxis ergeben sich durch unterschiedliche Kostenstrukturen zwischen den Durchführungswegen Abweichungen.

3 Finanzierungsrisiken

3.1 Ausfallrisiko des Versorgungsträgers

Der Gesetzgeber räumt innerhalb des Gesetzes zur Verbesserung der betrieblichen Altersversorgung der Sicherstellung der Ansprüche des Arbeitnehmers bei *Insolvenz des Arbeitgebers* (Insolvenzsicherung) mit den §§ 7 bis 15 BetrAVG einen großen Bereich ein. Für die Durchführungswege Direktzusage, Unterstützungskasse und Pensionsfonds[5] haben Versorgungsempfänger und Personen, welche die Bedingungen für die gesetzliche Unverfallbarkeit gemäß § 1b BetrAVG erreicht haben, sowie jeweils ihre Hinterbliebenen gegen den Träger der Insolvenzsicherung (Pensionssicherungsverein aG) einen Anspruch in Höhe des sicherungsfähigen Teils ihrer Anwartschaften bzw. laufender Leistungen (§ 7 BetrAVG). Zur Finanzierung der Insolvenzsicherung hat der Arbeitgeber jährlich Beiträge an den PSVaG zu zahlen.[6] Für die Durchführungswege Direktversicherung und Pensionskasse besteht aufgrund der rechtlichen Gestaltung im Regelfall keine Verpflichtung zur Insolvenzsicherung. Das bestehende System wurde zwar in den letzten Jahren bezüglich der pauschalen Behandlung in Abhängigkeit vom gewählten Durchführungsweg kritisiert und Reformvorschläge unterbreitet, derzeit scheint eine Neuregelung aber eher unwahrscheinlich.[7]

---

5 Eine Direktversicherung unterliegt dann der Insolvenzsicherungspflicht, wenn der Arbeitgeber die Ansprüche aus dem Versicherungsvertrag an einen Dritten abgetreten oder beliehen hat.
6 Vgl. Hoppenrath (2002), S. 731-737.
7 Vgl. hierzu insbesondere Gerke/Heubeck (2002), S. 433-490, sowie Hoppenrath. (2003), S. 32-37.

Die Regelungen zur Insolvenzsicherung stellen auf die Zahlungsunfähigkeit des Arbeitgebers ab, nicht jedoch auf wirtschaftliche Probleme des jeweiligen Versorgungsträgers. Für einen Arbeitgeber ist es daher wichtig, welche Risiken er mit der Wahl des Durchführungswegs und der Auswahl des Anbieters innerhalb des Durchführungswegs eingeht. Im Folgenden werden die möglichen Ausfallrisiken und die damit verbundenen Auswirkungen für den Arbeitgeber näher untersucht.

Bei der *Direktzusage* ist der Arbeitgeber auch Versorgungsträger. Ein Ausfall des Versorgungsträgers ist daher gleichbedeutend mit der Zahlungsunfähigkeit des Arbeitgebers. In diesem Fall greift die Insolvenzsicherung durch den PSVaG. Probleme, die sich für den einzelnen Versorgungsberechtigten z. B. aus den sicherungsfähigen Obergrenzen ergeben können, stellen kein Risiko für den Arbeitgeber dar.

Das Ausfallrisiko bei den externen Durchführungswegen besteht grundsätzlich darin, dass Lebensversicherungsunternehmen bzw. der Versorgungsträger die vertraglich vereinbarten Leistungen nicht oder nicht in voller Höhe erbringen können.

Versicherungsunternehmen *als Versorgungsträger bei der Direktversicherung* unterliegen dem Versicherungsaufsichtsgesetz (§ 1 VAG). Ziel der Versicherungsaufsicht ist, auf die ausreichende Wahrung der Belange der Versicherten und die ordnungsgemäße Durchführung des Geschäftsbetriebs zu achten, sowie die dauerhafte Erfüllung der Versicherungsverträge sicher zu stellen. Die Bundesanstalt für Finanzdienstleistungsaufsicht (BaFin) überwacht daher den Geschäftsbetrieb, die Jahresabschlüsse und insbesondere auch die Vermögensanlage. Zur Vermeidung oder Beseitigung von Missständen hat die BaFin sehr umfangreiche Befugnisse (§ 81 VAG), sie kann alle Anordnungen treffen, die zur Erreichung ihrer Ziele geeignet und erforderlich sind.[8]

Bis vor kurzer Zeit war es in Deutschland nicht vorstellbar, dass ein Lebensversicherungsunternehmen in eine wirtschaftliche Schieflage geraten könnte, die eine Erfüllung der zugesagten Leistungen in Frage gestellt hätte. Die Branche zeichnete sich durch eine sehr hohe Sicherheit aus. In letzter Zeit gab es jedoch, ausgelöst durch die Finanzmarktsituation, einige Gesellschaften, die in finanzielle Schwierigkeiten gerieten. Es ist daher nicht mit Sicherheit auszuschließen, dass es zukünftig zu einem Ausfall des Versorgungsträgers kommen könnte.

Um die Verbraucher bei Ausfall eines Lebensversicherungsunternehmens zu schützen, werden in diesem Fall die Verträge auf die Protektor Lebensversicherungs-AG übertragen. Diese stellt die Erbringung der garantierten Versicherungsleistungen inklusive der bis zum Übertragungszeitpunkt zugeteilten Überschüsse sicher. Insoweit würde den Arbeitgeber bei Ausfall der von ihm gewählten Lebensversicherung keine Einstandspflicht treffen. Trotzdem bedeutet dies für den Arbeitgeber, dass er die für die betriebliche Altersversorgung in Frage kommenden Lebensversicherungsunternehmen genauer analysieren sollte, da auch er z. B. aus personalpolitischen Gründen an attraktiven Leistungen des Lebensversicherungsunternehmens interessiert sein wird. Hilfreich können hierbei Ratings von externen Dienstleistern sein, bei denen die finanzielle Stärke des Versicherers bewertet wurde.

---

[8] Vgl. Prölss/Schmidt (1996), § 81.

Karin Meier

Das Ausfallrisiko einer *Pensionskasse* ist dem eines Lebensversicherungsunternehmens vergleichbar. Da fast alle Pensionskassen Satzungsregelungen o. ä. vorsehen, die ihnen erlauben, bei gefährdender wirtschaftlicher Lage entweder vom Arbeitgeber den Nachschuss von Mitteln zu verlangen oder soweit erforderlich ihre Leistungen einzuschränken, ist der Insolvenzfall einer Pensionskasse eher hypothetisch. Allerdings führen eben diese Regelungen zu einem erheblichen Risiko für den Arbeitgeber, da er entweder der Pensionskasse zusätzliche Mittel zur Verfügung stellen muss oder es zu einer durch ihn auszugleichenden Diskrepanz zwischen arbeitsrechtlich geschuldeter Versorgungsleistung und Leistung der Pensionskasse kommt.

Der Arbeitgeber ist gehalten, durch ausreichende Dotierung der *Unterstützungskasse* ihre Leistungsfähigkeit sicherzustellen. Kann die Unterstützungskasse die zugesagte Leistung nicht (vollständig) erbringen und verzichtet der Arbeitgeber darauf, ihr die zur Leistungserbringung erforderlichen Mittel zuzuwenden, führt die Haftung des Arbeitgebers auch bei mittelbarer Abwicklung der betrieblichen Altersversorgung dazu, dass er die Leistungen unmittelbar erbringen muss.[9] Auch hier fällt also das Ausfallrisiko des Versorgungsträgers auf den Arbeitgeber zurück.

Wie Lebensversicherungsunternehmen unterliegen *Pensionsfonds* der Versicherungsaufsicht, wobei es eine Reihe von pensionsfondsspezifischen Regelungen gibt.[10] Bei Pensionsfonds finden sich für den Fall, dass das vorhandene Vermögen den aufsichtsrechtlichen Anforderungen nicht genügt und/oder zur Leistungserbringung nicht ausreicht, analoge Regelungen zur Pensionskasse. Somit ist auch hier mittelbar bzw. unmittelbar letztendlich der Arbeitgeber zur Leistungserbringung verpflichtet.[11]

Zusammenfassend bleibt festzuhalten, dass der gesetzliche Insolvenzschutz der betrieblichen Altersversorgung nur bei Insolvenz des Arbeitgebers greift. Bei allen externen Durchführungswegen führt der Ausfall des Versorgungsträgers aufgrund der Regelungen des § 1 Abs. 1 Satz 3 BetrAVG zu einer *Einstandspflicht des Arbeitgebers*. Dies verdeutlicht, dass die Seriosität des Finanzierungssystems und der Kapitalanlage des externen Versorgungsträgers ein vitales Arbeitgeberinteresse darstellt.

3.2 Diskrepanz zwischen Versorgungszusage des Arbeitgebers und Leistung des Versorgungsträgers

3.2.1 Grundsätze

Bei den externen Durchführungswegen besteht ein dreiseitiges Vertragsverhältnis zwischen dem Arbeitgeber, dem Arbeitnehmer und dem Versorgungsträger. Da im Durchführungsweg Direktzusage Arbeitgeber und Versorgungsträger identisch sind,

---

9 Vgl. Andresen/Förster/Rößler/Rühmann (1999), Teil 5 A, Rz. 143 ff.
10 Vgl. Tietze (2002), S. 223 ff. und Zimmermann (2002), S. 47-51.
11 Vgl. hierzu auch Grabner/Brandl (2002), S. 945-949.

kann es nur hier bei rechtskonformen Verhalten nicht zu Diskrepanzen zwischen arbeitsrechtlichem Verpflichtungsumfang und Leistung des Versorgungsträgers kommen.

Die dem Arbeitnehmer zu gewährenden Versorgungsleistungen ergeben sich aus der Zusage, d. h. dem arbeitsrechtlichen Grundverhältnis zwischen Arbeitgeber und Arbeitnehmer. Das Vertragsverhältnis Arbeitgeber und Versorgungsträger (z. B. der Versorgungsvertrag beim Pensionsfonds) beschreibt die Rechte und Pflichten der beiden Vertragspartner. Die durch den Versorgungsträger zu erbringenden Leistungen sind daher nicht per definitionem kongruent zu der tatsächlichen Zusage für den Arbeitnehmer. Sowohl in der Höhe der Leistungen als auch bei den Voraussetzungen für die Leistungen können sich Abweichungen ergeben. In diesen Fällen trifft stets den Arbeitgeber eine Auffüll- bzw. Einstandspflicht. Zur Minimierung der Risiken sollte der Arbeitgeber daher auf eine weitestgehende Kongruenz zwischen seiner arbeitsrechtlichen Verpflichtung gegenüber dem Arbeitnehmer und den Vereinbarungen mit dem Versorgungsträger achten. Die Wahrscheinlichkeit, dass Diskrepanzen auftreten können, hängt auch von der Zusageform ab.

3.2.2 Leistungszusagen

Bei der Leistungszusage verpflichtet sich der Arbeitgeber, dem Arbeitnehmer eine bestimmte Leistung zu erbringen. Die Zusage enthält keine Aussage zur Höhe eines hierfür notwendigen Beitrags. Im Rahmen der Erteilung der Leistungszusage wird der Arbeitgeber auch die so genannte Leistungsvoraussetzungen – allgemeiner und spezieller Natur – definieren. Hierunter versteht man die Regelungen, welche biometrischen Risiken durch die Versorgungszusage abgedeckt sein sollen (Alter, Invalidität, Tod) und welche Voraussetzungen bei Eintritt eines Leistungsfalls erfüllt sein müssen – wie z. B. die Erfüllung leistungsausschließender Wartezeiten –, um eine Versorgungsleistung auszulösen.[12] In diesem Zusammenhang hervorzuheben sind

- die Definition des Invaliditätsbegriffs (häufig angelehnt an den Begriff der vollen Erwerbsminderung der gesetzlichen Rentenversicherung),
- Todesfallleistungen ohne Leistungsausschlussklauseln,
- Abschlagsregelungen für vorzeitige Altersleistungen.

Bei den externen Versorgungsträgern ist zu unterscheiden zwischen der gegebenenfalls rückgedeckten Unterstützungskasse und den kapitalgedeckten externen Abwicklungsformen Direktversicherung, Pensionskasse und Pensionsfonds. Bei der Unterstützungskasse lassen sich Diskrepanzen stets da vermeiden, wo es sich um unternehmenseigene Lösungen handelt. Bei Anbieterlösungen gelten ebenfalls die nachstehenden Ausführungen.

Der externe kapitalgedeckte Versorgungsträger wird eine Leistung nur zu einem von ihm vorgegebenen Beitrag erbringen. Hierbei kann der Beitrag über die gesamte Ver-

---

12 Vgl. für einen Überblick Kemper/Kisters-Kölkes (2002).

tragslaufzeit fest vereinbart sein oder es kann die Neufestsetzung des Beitrags in periodischen Abständen aufgrund der jeweiligen Gegebenheiten festgelegt sein. Der Beitragskalkulation liegen im Allgemeinen versicherungsmathematische Ansätze zu Grunde, in die auch Risikoüberlegungen einfließen. Somit wird eine eigenständige Risikodefinition vorgenommen, die z. B. im Bereich der Invaliditätsleistungen oft deutlich enger ist als die Definition im arbeitsrechtlichen Grundverhältnis. Auch sehen klassische Versicherungslösungen häufig für den Todesfall keine Leistungspflicht bei Selbstmord u. ä. vor. Ebenfalls an ihre Grenzen stoßen Tarifkalkulationen im Bereich der Abschläge für vorzeitige Altersleistungen. Hier sind oft deutlich höhere Leistungseinbußen hinzunehmen als in üblichen Abschlagsregelungen.

3.2.3 Beitragsorientierte Leistungszusagen

Bei der beitragsorientierten Leistungszusage verpflichtet sich der Arbeitgeber, für den Arbeitnehmer einen bestimmten Beitragsaufwand zu erbringen, der nach einem vorgegebenen Berechnungsmodus in eine Versorgungsleistung umgewandelt wird. Der Vorteil des Arbeitgebers gegenüber der Leistungszusage besteht hier in der besseren Kalkulierbarkeit des Aufwands. Dem Arbeitnehmer wird der finanzielle Aufwand des Arbeitgebers offengelegt, der zur Erfüllung der Verpflichtung notwendig ist.

Wie auch bei der Leistungszusage wird der externe Versorgungsträger eine Leistung nur zu einem von ihm vorgegebenen Beitrag erbringen. Die Probleme im Bereich der Leistungskongruenz gelten analog zu Leistungszusagen. Ferner ist zu berücksichtigen, dass der von dem externen Versorgungsträger benötigte Beitrag nicht mit dem Beitrag aus der Zusage übereinstimmen muss.

3.2.4 Beitragszusagen mit Mindestleistung

Bei der Beitragszusage mit Mindestleistung verpflichtet sich der Arbeitgeber, Beiträge an eine Direktversicherung, eine Pensionskasse oder einen Pensionsfonds zu zahlen. Die Leistung ergibt sich aus den Beiträgen und den hieraus erzielten Erträgen. Es muss für die Altersleistung mindestens die Summe der zugesagten Beiträge, soweit sie nicht rechnungsmäßig für einen biometrischen Risikoausgleich verbraucht wurden, zur Verfügung stehen.[13]

Der externe Versorgungsträger wird die Beiträge nach Abzug von Kostenteilen und Risikobeiträgen anlegen und im Regelfall ein Anlageergebnis erzielen, das oberhalb der Mindestgarantie liegt. In der Vertragsgestaltung mit dem Arbeitgeber muss der Versorgungsträger jedoch nicht die Mindestgarantie gewähren. Beispiele hierfür finden sich u.a. bei Direktversicherungen mit fondsgebundenen Tarifen. Mit der Beitragszahlung hat der Arbeitgeber seine Verpflichtung daher weitgehend, aber nicht vollständig erfüllt, er hat gegebenenfalls für die Erfüllung der Mindestgarantie einzustehen. Dieses

---

13 Vgl. Langohr-Plato/Teslau (2003), S. 661-667.

3.3 Rentenanpassung
3.3.1 Grundzüge

Gemäß § 16 Abs. 1 BetrAVG hat der Arbeitgeber alle drei Jahre eine Anpassung der laufenden Leistungen der betrieblichen Altersversorgung zu prüfen und hierbei nach billigem Ermessen zu entscheiden; dabei sind insbesondere die Belange des Versorgungsempfängers und die wirtschaftliche Lage des Arbeitgebers zu berücksichtigen.[14] Es wird keine automatische Anpassung der laufenden Leistungen der betrieblichen Altersversorgung vorgesehen, sondern der inflationsbedingten Auszehrung soll mit einer Verpflichtung zur Anpassungsprüfung Rechnung getragen werden. Gemäß § 16 Abs. 2 BetrAVG gilt die Verpflichtung als erfüllt, wenn die Anpassung nicht geringer ist als der Preisindex für die Lebenshaltung bzw. Anstieg der Nettolöhne vergleichbarer Arbeitnehmergruppen im Prüfungszeitraum.

In § 16 Abs. 3 BetrAVG werden Ausnahmen von der Verpflichtung zur Anpassungsprüfung definiert. Diese gelten, wenn

(1) der Arbeitgeber sich verpflichtet, die laufenden Leistungen jährlich um wenigstens eins von Hundert anzupassen,[15]
(2) die betriebliche Altersversorgung über eine Direktversicherung oder eine Pensionskasse durchgeführt wird, ab Rentenbeginn sämtliche Überschussanteile zur Erhöhung der laufenden Leistung verwendet werden und der im VAG festgelegte Höchstzins für die Berechnung der Deckungsrückstellung nicht überschritten wird,[16]
(3) eine Beitragszusage mit Mindestleistung erteilt wurde.

Die Verpflichtung zur Anpassungsprüfung hängt somit von der Form der Zusage und dem Durchführungsweg ab.[17]

---

14 Vgl. Bode, C./Grabner, E. R./May, G. H. (2003), S. 105-110 für eine aktuelle Darstellung der Anpassung gemäß § 16 Abs. 1 BetrAVG im Anpassungszeitraum 2000-2003.
15 Diese Regelung ist nur bei Zusagen ab dem 1.1.1999 möglich, bei älteren Zusagen gab es diesen Passus noch nicht im Gesetz.
16 Die Verwendung der Überschüsse ist eine Frage der Vertragsgestaltung zwischen dem Arbeitgeber und dem Trägerunternehmen. Der Höchstrechnungszins wird im Allgemeinen bei Lebensversicherungen beachtet, bei Pensionskassen gibt es jedoch auch andere Gestaltungen.
17 Vgl. für einen aktuellen Überblick Langohr-Plato (2002), S. 406-413.

3.3.2 Fehlende Rentenanpassungsgarantie des Versorgungsträgers

Hat sich der Arbeitgeber für den internen Durchführungsweg Direktzusage entschieden und enthält die Zusage keine feste Anpassung der laufenden Leistungen, so sind Rentenerhöhungen erst zum Zeitpunkt der Anpassung steuerlich wirksam bei der Rückstellung zu berücksichtigen.

Hat sich der Arbeitgeber für einen der externen Durchführungswege entschieden und ist er zur Anpassungsprüfung verpflichtet, so kann sich ebenfalls ein zusätzlicher Finanzierungsaufwand ergeben. Die Rechtsbeziehung zwischen Arbeitgeber und Versorgungsträger ist durch das Versicherungsverhältnis bzw. Versorgungsverhältnis gegeben. Sieht dieses keine Rentenanpassung im erforderlichen Umfang vor, so muss der Arbeitgeber entsprechend einstehen. Dies kann z. B. in der Form erfolgen, dass er dem Versorgungsträger die erforderlichen Mittel zur Anpassung der Leistung zur Verfügung stellt oder die Leistungen aus eigenen Mitteln aufstockt.

3.4 Ausfinanzierungssicherheit bei vorzeitigem Ausscheiden von Versorgungsanwärtern

Scheidet ein Arbeitnehmer, dem Leistungen aus der betrieblichen Altersversorgung zugesagt worden sind, aus dem Arbeitsverhältnis aus und erfüllt er die Bedingungen der gesetzlichen Unverfallbarkeit, so bleibt eine Anwartschaft erhalten (§ 1b Abs. 1 BetrAVG). Die Höhe der unverfallbaren Anwartschaft ergibt sich aus § 2 BetrAVG.[18] In Abs. 1 wird der Anspruch für leistungsorientierte Zusagen definiert; Abs. 2 und 3 enthalten Wahlmöglichkeiten für die beiden Durchführungswege Direktversicherung und Pensionskasse; Abs. 5a beschreibt die Besonderheiten für Anwartschaften aus Entgeltumwandlung; Abs. 5b behandelt die Beitragszusage mit Mindestleistung.

Der ausgeschiedene Mitarbeiter hat bei *Leistungszusagen* einen Anspruch mindestens in Höhe des Teils der ohne das vorherige Ausscheiden zustehenden Leistung, der dem Verhältnis der Dauer der Betriebszugehörigkeit zu der Zeit vom Beginn der Betriebszugehörigkeit bis zur Vollendung des 65. Lebensjahres entspricht (so genannter m/n-tel Anspruch). Der durch den Gesetzgeber definierte m/n-tel Anspruch auf die erreichbare Leistung entspricht meist nicht dem erreichten Finanzierungsgrad. Es kann zu einer Nachfinanzierung oder auch zu einer Freisetzung von Finanzmitteln kommen. Für den Arbeitgeber besteht somit ein finanzielles Risiko durch das Ausscheiden des Mitarbeiters.

Für die *Direktversicherung* tritt an die Stelle des Anspruchs nach § 2 Abs. 1 BetrAVG auf Verlangen des Arbeitgebers die Versicherungsleistung, wenn spätestens drei Monate nach Ausscheiden des Arbeitnehmers das Bezugsrecht unwiderruflich ist, die Über-

---

18 Vgl. Ahrend/Förster/Rühmann (2003), § 2.

schüsse zur Verbesserung der Versicherungsleistung verwendet werden und der ausgeschiedene Arbeitnehmer das Recht zur Fortsetzung der Versicherung mit eigenen Beiträgen hat (§ 2 Abs. 2 BetrAVG). Der Vorteil für den Arbeitgeber besteht hier bei der so genannten versicherungsvertraglichen Lösung in der fehlenden Nachfinanzierung und damit in der Planbarkeit der Finanzierung. Allerdings muss er ab Vertragsabschluss die Voraussetzung zur Verwendung der Überschüsse erfüllen und kann diese daher nicht mit den Beiträgen verrechnen.

Für den Durchführungsweg *Pensionskasse* tritt abweichend von § 2 Abs. 1 BetrAVG auf Verlangen des Arbeitgebers die Leistung der Pensionskasse, wenn die Überschüsse zur Verbesserung der Leistung verwendet werden und der ausgeschiedene Arbeitnehmer das Recht zur Fortsetzung mit eigenen Beiträgen hat (§ 2 Abs. 3 BetrAVG). Die Vorteile für den Arbeitgeber entsprechen denen der Direktversicherung,

Bei einer *Entgeltumwandlung* ergibt sich die unverfallbare Anwartschaft auf Leistungen aus den vom Zeitpunkt der Zusage bis Ausscheiden des Arbeitnehmers umgewandelten Entgeltbestandteilen (§ 2 Abs. 5 a BetrAVG). Hierdurch ist sichergestellt, dass der Mitarbeiter bei seinem Ausscheiden keine überhöhte Anwartschaft erwerben kann und er genau den Anspruch erhält, der der Finanzierung durch die Entgeltumwandlung entspricht. Diese Regelung dient also der Risikominimierung für den Arbeitgeber.

Bei einer *Beitragszusage mit Mindestleistung* steht dem Arbeitnehmer das planmäßig zuzurechnende Versorgungskapital auf der Grundlage der bis zu seinem Ausscheiden geleisteten Beiträge zu (§ 2 Abs. 5b BetrAVG). Der Arbeitnehmer hat somit Anspruch auf den Betrag, der sich aus den zu seinen Gunsten bis zum Ausscheiden aufgewendeten Beiträgen und den ihnen zuzurechnenden Erträgen ergibt. Dabei werden dem Arbeitnehmer nach seinem Ausscheiden noch anfallende Erträge ebenfalls gutgebracht. Auch aus dieser Regelung ergeben sich keine besonderen Risiken für den Arbeitgeber.

3.5 Portabilität der Ansprüche

3.5.1 Grundzüge

Bestehende Versorgungsverpflichtungen können innerhalb des durch den Gesetzgeber vorgegebenen Rahmens übertragen bzw. übernommen werden. Die Übertragung der Verpflichtung ist aus Sicht des Arbeitgebers interessant, wenn der Durchführungsweg gewechselt werden soll, er seine Betriebstätigkeit einstellen möchte, ein anderer Arbeitgeber bereit ist, in die Versorgung einzutreten oder ein Betriebsübergang stattfindet. Zu unterscheiden ist zwischen der schuldbefreienden Übernahme einer Anwartschaft im Sinne von § 4 BetrAVG, dem Übergang des Arbeitsverhältnisses durch Rechtsgeschäft gemäß § 613 a BGB und den Möglichkeiten des Umwandlungsgesetzes (UmwG) durch Verschmelzung, Spaltung, Vermögensübertrag oder Formwechsel. Ferner besteht für den Arbeitgeber auch noch die Möglichkeit eines Durchführungswegwechsels ohne schuldbefreiende Wirkung.

3.5.2 Schuldbefreiende Übernahme

Gemäß § 4 Abs. 1 BetrAVG kann die Verpflichtung, bei Eintritt des Versorgungsfalls Versorgungsleistungen nach § 2 Abs. 1 bis 3 BetrAVG zu gewähren, von jedem Unternehmen, bei dem der ausgeschiedene Arbeitnehmer beschäftigt wird, von einer Pensionskasse, von einem Unternehmen der Lebensversicherung oder einem öffentlich-rechtlichen Versorgungsträger mit Zustimmung des Arbeitnehmers übernommen werden. Eine vertragliche Schuldübernahme durch andere Versorgungträger ist dem Arbeitnehmer gegenüber unwirksam. Mit dieser Regelung ist aufgezeigt, welche Übernahmen zulässig sind, gleichzeitig bedeutet diese Vorschrift ein Übertragungsverbot für die nicht aufgeführten Gestaltungsformen.[19]

Die Übertragung einer unverfallbaren Anwartschaft auf einen *Nachfolgearbeitgeber* wird meist beim Wechsel eines Arbeitnehmers innerhalb eines Konzerns oder einer Firmengruppe angewendet werden. Bei entsprechender Vertragsgestaltung kann dann ein einheitlicher Versorgungsanspruch erreicht werden, d. h., der Arbeitnehmer wird so gestellt, als würde die ursprüngliche Zusage durchgängig angewendet. Mit der Übertragung tritt der neue Arbeitgeber als neuer Versorgungsschuldner an die Stelle des alten Versorgungsschuldners.

Bei einer Übertragung einer (beitragsorientierten) Leistungszusage auf eine *Versicherung oder Pensionskasse* wird der neue Versorgungsträger für die Zusage der Leistung einen aus seiner Sicht angemessenen Beitrag erheben. Dies kann zum Zeitpunkt der Übertragung zu einem sehr hohen Finanzbedarf führen. Wird z. B. eine Direktzusage auf eine Lebensversicherung übertragen, so hatte der Arbeitgeber bislang eine Rückstellung gemäß § 6a EStG gebildet. Hierbei sind ein Rechnungszins von sechs Prozent und die Richttafeln nach Heubeck 1998 verwendet worden. Der Lebensversicherer wird jedoch nur einen garantierten Rechnungszins von 2,75 Prozent verwenden und bei den Ausscheidewahrscheinlichkeiten auf branchenübliche Tafeln zurückgreifen. Im Vergleich zur Pensionsrückstellung kann sich hier je nach Situation leicht der doppelte Betrag ergeben.

Bei der Übertragung auf eine Lebensversicherung (z. B. Direktversicherung oder Pensionskasse) wird beim Arbeitnehmer die Lohnsteuerpflicht ausgelöst. Dies mindert aus Sicht des übertragenden Arbeitgebers die Attraktivität der Maßnahme, da er die anfallende Lohnsteuer im Regelfall übernehmen muss.

Die Ausgestaltung der Zusage wird im Allgemeinen nicht exakt mit der Gestaltung der Versicherungszusage übereinstimmen. Nach herrschender Meinung ist es jedoch ausreichend, wenn die Übernahme zu einem wirtschaftlich vergleichbaren Anspruch führt.[20]

Die Übernahme im Sinne von § 4 Abs. 1 BetrAVG ist nur mit Zustimmung des Arbeitnehmers zulässig. Ausgelöst wird sie aber stets vom Arbeitgeber, der damit letztendlich frei entscheidet, ob er die mit der Übertragung verbundenen Risiken eingehen will.

---

19 Vgl. Klemm (2002), S. 420.
20 Vgl. Ahrend/Förster/Rühmann (2003), § 4, Rz. 10.

3.5.3 Liquidation

Eine besondere Situation ergibt sich bei Einstellung der Betriebstätigkeit mit anschließender *Liquidation des Unternehmens*. Hier können gemäß § 4 Abs. 3 Satz 1 BetrAVG unverfallbare Anwartschaften und laufende Leistungen ohne Zustimmung des Versorgungsberechtigten auf eine Lebensversicherung oder eine Pensionskasse übertragen werden. Die Überschüsse ab Rentenbeginn müssen zur Erhöhung der Leistungen verwendet werden. Der Gesetzgeber hat in diesem Fall auf die Zustimmung des Versorgungsberechtigten verzichtet, da dieser sonst die Liquidation des Unternehmens verhindern könnte und der Arbeitgeber das Unternehmen bis zur letzten Rentenzahlung aufrecht erhalten müsste.

3.5.4 Erzwingbare Übertragung

Eine neue Problematik hat sich durch den im Rahmen des Altersvermögensgesetzes geschaffenen § 4 Abs. 4 BetrAVG ergeben. Hier hat der Gesetzgeber erstmals den ehemaligen Arbeitgeber eines ausgeschiedenen Arbeitnehmers, der über unverfallbare Anwartschaften aus Entgeltumwandlung verfügt, gezwungen, auf Verlangen des Versorgungsberechtigten einer Übertragung auf einen neuen Arbeitgeber bzw. einen Versorgungsträger des neuen Arbeitgebers – soweit der neue Arbeitgeber dem Arbeitnehmer eine dem Übertragungsbetrag wertmäßig entsprechende Zusage erteilt – zuzustimmen und die erforderlichen Mittel zur Verfügung zu stellen (§ 4 Abs. 4 Satz 1 und 2 BetrAVG). Diese Regelung zwingt den übertragenden Arbeitgeber, liquide Mittel in Höhe des Übertragungsbarwertes aufzubringen. Hieraus können sich in Abhängigkeit vom bei ihm zur Abwicklung der Versorgung gewählten Durchführungsweg unterschiedliche Probleme ergeben. Erfolgte bisher die Durchführung als unmittelbare Versorgungszusage, kann nicht zwingend davon ausgegangen werden, dass die zur Pensionsrückstellung korrespondierenden Aktiva in liquider, nicht für die Betriebstätigkeit erforderlicher Form vorliegen. Insoweit könnte der Arbeitgeber im Extremfall sogar zu einer Kreditaufnahme gezwungen sein.

Hat sich der Arbeitgeber eines externen Versorgungsträgers bedient, stellt sich die Frage, wer die Übertragungsmittel zur Verfügung stellen muss bzw. wer die Mittel an den Übernehmer zu zahlen hat. Schuldner des Übertragungsbetrages ist aufgrund des Gesetzwortlautes der ehemalige Arbeitgeber. Somit liegt es in seinem Interesse, vom externen Versorgungsträger die für die Verpflichtung angesammelten Mittel zur Verfügung gestellt zu bekommen. Dies kann stets dann Probleme aufwerfen, wenn die rechtlichen Rahmenbedingungen des Versorgungsträgers dies nicht ausdrücklich vorsehen. Unproblematisch ist insoweit nur die Direktversicherung in Form der Kapitalversicherung, die ein Recht auf Rückkauf vorsieht. Bei allen anderen externen Abwicklungsformen können sich bei der Rückübertragung der Mittel somit bereits dem Grunde nach Schwierigkeiten ergeben, die den Arbeitgeber aber nicht von seiner Leistungspflicht entbinden. Der Höhe nach können insbesondere bei den versicherungsförmigen Abwicklungen Differenzen durch die Reduzierung der angesammelten Mittel durch Kostenanteile – insbesondere bei der Verwendung gezillmerter Tarife – auftreten. Diese wären durch den abgebenden Arbeitgeber aufzufüllen. Somit führt die Neuregelung des Gesetzgebers zu wirtschaftlichen Risiken für den Arbeitgeber.

3.5.5 Betriebsübergang

Geht gemäß *§ 613a Abs. 1 BGB* ein Betrieb oder Betriebsteil durch Rechtsgeschäft auf einen anderen Inhaber über, so tritt dieser in die Rechte und Pflichten aus den im Zeitpunkt des Übergangs bestehenden Arbeitsverhältnissen ein. Sind diese Rechte und Pflichten durch Rechtsnormen eines Tarifvertrags oder durch eine Betriebsvereinbarung geregelt, so werden sie Inhalt des Arbeitsverhältnisses zwischen dem neuen Inhaber und dem Arbeitnehmer und dürfen nicht vor Ablauf eines Jahres nach dem Zeitpunkt des Übergangs zum Nachteil des Arbeitnehmers geändert werden. Satz 2 gilt nicht, wenn die Rechte und Pflichten bei dem neuen Arbeitgeber durch Rechtsnormen eines anderen Tarifvertrags oder durch eine andere Betriebsvereinbarung geregelt werden. Der neue Arbeitgeber übernimmt insbesondere alle Verpflichtungen der betrieblichen Altersversorgung der aktiven Mitarbeiter. Eine Ausnahme ergibt sich dann, wenn Tarifvertrag auf Tarifvertrag oder Betriebsvereinbarung auf Betriebsvereinbarung trifft.

Für die betroffenen Arbeitnehmer handelt es sich bei einem Betriebsübergang im Sinne von § 613a BGB um einen Wechsel des Versorgungsschuldners. Vor dem Betriebsübergang ausgeschiedene Mitarbeiter mit unverfallbaren Ansprüchen oder laufenden Leistungen werden nicht erfasst, hier bleibt die Verpflichtung bei dem ehemaligen Arbeitgeber bestehen.

Im Rahmen des Betriebsübergangs und insbesondere bei der Preisfindung für den Betrieb sollte der neue Arbeitgeber die bestehenden Verpflichtungen und die Rechtsnormen, auf denen diese beruhen, genau analysieren und insbesondere alle erkennbaren Risiken in die Bewertung einfließen lassen.

3.5.6 Umwandlung

Die durch das Umwandlungsgesetz geschaffenen Möglichkeiten, Verpflichtungen in z. B. eine reine Rentnergesellschaft zu überführen, bieten für den Arbeitgeber wirtschaftlich interessante Ansätze die operative Einheit von Versorgungsverpflichtungen zu befreien. Allerdings muss die „neue" Gesellschaft mit hinreichend hohen Mitteln zur Leistungserfüllung ausgestattet werden.

3.6 Abfindung

3.6.1 Grundzüge

Eine unverfallbare Anwartschaft kann im Falle der Beendigung des Arbeitsverhältnisses nur innerhalb der Grenzen des §3 Abs. 1 BetrAVG abgefunden werden.[21] Die Höhe des Abfindungsbetrags bestimmt sich aus §3 Abs. 2 BetrAVG als der Barwert der künftigen Versorgungsleistungen im Zeitpunkt der Beendigung des Arbeitsverhältnisses. Soweit sich der Anspruch gegen ein Unternehmen der Lebensversicherung, einen Pensionsfonds oder eine Pensionskasse richtet, berechnet sich die Abfindung nach dem geschäftsplanmäßigen Deckungskapital.

3.6.2 Abfindung ohne Einwilligung des Versorgungsanwärters

Die Abfindung hat auf Verlangen des Arbeitgebers oder des Arbeitnehmers, d.h. durch einseitige Willenserklärung ohne Zustimmung des anderen Vertragspartners zu erfolgen, wenn die bei Erreichen der Altersgrenze vorgesehene monatliche laufende Leistung eins vom Hundert der monatlichen Bezugsgröße (§18 Viertes Buch Sozialgesetzbuch), bei Kapitalleistungen zwölf Zehntel der monatlichen Bezugsgröße nicht übersteigt.[22]

Der Arbeitgeber wird diese einseitige Möglichkeit nutzen, wenn er die zukünftige Verwaltung und die damit verbundenen Kosten scheut. Außerdem kann er sich durch die Abfindung der Anpassungen im Rentenbezug entledigen, soweit sie nicht bereits in der Zusage garantiert sind (garantierte Rentenanpassung). Ein Nachteil der Abfindung ist für den Arbeitgeber der Liquiditätsabfluss.

3.6.3 Abfindung mit Einwilligung des Versorgungsanwärters

Die Anwartschaft kann nur mit Zustimmung des Arbeitnehmers abgefunden werden, wenn

(1) ihr monatlicher Wert zwei vom Hundert der monatlichen Bezugsgröße, bei Kapitalleistungen vierundzwanzig Zehntel der monatlichen Bezugsgröße nicht übersteigt,[23]
(2) ihr monatlicher Wert vier vom Hundert der monatlichen Bezugsgröße, bei Kapitalleistungen achtundvierzig Zehntel der monatlichen Bezugsgröße nicht übersteigt und der Abfindungsbetrag vom Arbeitgeber unmittelbar zur Zahlung von Beiträgen

---
21 Vgl. Klemm (2002), S. 417.
22 Für das Jahr 2004 sind diese Grenzen 24,15 Euro Rente bzw. 2.898 Euro Kapitalleistung. Für die neuen Bundesländer gelten abweichende Grenzen.
23 Für das Jahr 2004 sind diese Grenzen 48,30 Euro Rente bzw. 5.796 Euro Kapitalleistung. Für die neuen Bundesländer gelten abweichende Grenzen.

zur gesetzlichen Rentenversicherung oder zum Aufbau einer Versorgungsleistung bei einer Direktversicherung, Pensionskasse oder Pensionsfonds verwendet wird,[24]
(3) die Beiträge zur gesetzlichen Rentenversicherung erstattet worden sind.

Arbeitgeber und Arbeitnehmer können sich in diesen Fällen nur gemeinsam für die Abfindung entscheiden. Der Arbeitgeber kann aus den bereits oben genannten Gründen an der Abfindung interessiert sein.

Neben der Abfindung der unverfallbaren Ansprüche bei Beendigung des Arbeitsverhältnisses gibt es noch andere Möglichkeiten zur Abfindung.

In manchen Zusagen findet sich eine Klausel, dass der Arbeitgeber einseitig die Rentenzahlungen zu Rentenbeginn durch eine einmalige Kapitalzahlung abfinden kann. Enthält die Zusage keine solche Klausel, so können Arbeitgeber und Arbeitnehmer gemeinsam eine Abfindung vereinbaren. Der Gesetzgeber sieht hier keine Regelungen zu Obergrenzen vor; da aber gegebenenfalls Steuern und Sozialbeiträge zu entrichten sind, wird dies die Entscheidung beeinflussen.

Ob eine Abfindung der Rentenzahlungen für den Arbeitgeber attraktiv ist, sollte er anhand einer betriebswirtschaftlichen Analyse entscheiden. Wurde ein externer Finanzierungsweg gewählt, so sind zusätzlich die vom Versorgungsträger vorgesehenen Regelungen zur Abfindung zu beachten. Es würde z. B. wenig Sinn machen, wenn sich Arbeitgeber und Arbeitnehmer auf die Abfindung der Versorgungsansprüche einigen, der Versicherungsvertrag über die Direktversicherung jedoch nur die Rentenzahlung und keine einmalige Abfindung vorsieht.

3.6.4 Wirtschaftliche Risiken

Aus Abfindungen können sich für den Arbeitgeber nur sehr eingeschränkt wirtschaftliche Risiken ergeben, da sie nur mit seinem Einverständnis erfolgen können. Allerdings ist bei externen Versorgungsträgern denkbar, dass die für die Verpflichtung angesammelten Mittel nicht zur Abdeckung des Abfindungsbetrages ausreichen.

4 Zusammenfassung

Neben den aufgezeigten, teilweise aus der Gesetzessystematik resultierenden Finanzierungsrisiken des Arbeitgebers stellt jede betriebliche Altersversorgung ein Finanzierungsrisiko im weiteren Sinne für den Arbeitgeber dar. Die Abhängigkeit der Finanzierungskosten von der wirtschaftlichen Entwicklung des Unternehmens sowie gegebenenfalls des externen Versorgungsträgers und in letzter Konsequenz von der Kapitalmarktentwick-

---

24 Für das Jahr 2004 sind diese Grenzen 96,60 Euro Rente bzw. 11.592 Euro Kapitalleistung. Für die neuen Bundesländer gelten abweichende Grenzen.

lung birgt für das Unternehmen Risiken, die aber durch einen verantwortungsvollen Umgang mit den Verpflichtungen und ihren Finanzierungswirkungen weitgehend kalkulierbar sind. Hierzu zählen insbesondere Ansätze zu einer planmäßigen Liquiditätsvorsorge und die Vermeidung rechtlicher Risiken.

Literaturhinweise

AHREND, P./FÖRSTER, W./RÖßLER, N. (1995): Steuerrecht der betrieblichen Altersversorgung, 4. Aufl., Stand: Oktober 2002, Köln 1995.
AHREND, P./FÖRSTER, W./RÜHMANN, J. (2003): Gesetz zur Verbesserung der betrieblichen Altersversorgung, 9. Aufl., München 2003.
ANDRESEN, B.-J./FÖRSTER, W./RÖßLER, N./RÜHMANN, J.: Arbeitsrecht der betrieblichen Altersversorgung, Stand: Juni 2003, Köln 1999.
BODE, C./GRABNER, E. R./MAY, G. H. (2003): Teuerungsanpassung der Betriebsrente in 2003, in: BetrAV, 58. Jg., 2003, S. 105-110.
GERKE, W./HEUBECK, K. (2002): Gutachten zur künftigen Funktionsfähigkeit der Insolvenzsicherung durch den Pensions-Sicherungs-Verein VvaG, in: BetrAV, 57. Jg., 2002, S. 433-490.
GRABNER, E. R./BRANDL, A. (2002): Zur Insolvenzsicherung von Pensionsfonds, in: DB, 55. Jg., Heft 18 (2002), S. 945-949.
HOPPENRATH, M. (2002): Die Insolvenzsicherung der betrieblichen Altersversorgung nach geltendem Recht, in: BetrAV, 57. Jg., 2002, S. 731-737.
HOPPENRATH, M. (2003): Zur Zukunft der Insolvenzsicherung der betrieblichen Altersversorgung durch den PSVaG, in: BetrAV, 58. Jg., 2003, S. 32-37.
KEMPER, K./KISTERS-KÖLKES, M. (2002): Arbeitsrechtliche Grundzüge der betrieblichen Altersversorgung, 2. Aufl., Neuwied/Kriftel, 2002.
KLEMM, B. (2002): Abfindung und Übertragung von Versorgungsanwartschaften aus betrieblicher Altersvorsorge im Lichte des Altersvermögensgesetzes, in: NZA, Heft 8, 2002, S. 416-421.
LANGOHR-PLATO, U. (2002): Die rechtlichen Rahmenbedingungen bei der Anpassungsprüfung laufender Betriebsrenten nach §16 BetrAVG, in: BB, 57. Jg. Heft, 8, 2002, S. 406-413.
LANGOHR-PLATO, U./TESLAU, J. (2003): Die Beitragszusage mit Mindestleistung, in: DB, 56. Jg., Heft 12, 2003, S. 661-667.
PRÖLSS, E. R./SCHMIDT, R. (1996): Versicherungsaufsichtsgesetz, 11. Aufl., München 1996.
TIETZE, J. (2002): Der Pensionsfonds aus aufsichtsrechtlicher Sicht, in: BetrAV, 57. Jg., 2002, S. 223 ff.
ZIMMERMANN, H.-G. (2002): Rechtliche Rahmenbedingungen für Pensionsfonds, in Arbeitsgemeinschaft für betriebliche Altersversorgung (Hrsg.): Der deutsche Pensionsfonds, Heidelberg 2002, S. 47-51.

Wolfgang Drols
Produktbewertung aus Arbeitgebersicht

1 Einleitung 169

2 Bedeutung und Kriterien der Produktbewertung 170

3 Beitragsflexibilität 171

4 Vorsorgefinanzierung 172
   4.1 Rechtzeitiger Deckungsschutz 172
   4.2 Vollständiger Deckungsschutz der Arbeitgeber-Versorgungsleistung 173

5 Rentenanpassungssicherheit 175

6 Ausfinanzierungssicherheit 176
   6.1 Versicherungsvertragliche Regelung 177
   6.2 Abfindung 177
   6.3 Beitragsfreistellung 178
   6.4 Übertragung von Barwerten an den neuen Arbeitgeber 178

7 Arbeitsrechtskongruenz 179
   7.1 Einschränkende personenbezogene Annahmerichtlinien 179
   7.2 Einschränkende prämienbezogene Annahmerichtlinien 180

8 Verwaltungskosten 181

9 Ergänzungen 182

10 Zusammenfassung 182

1 Einleitung

Eine Bewertung von bAV-Produkten ist von der Rolle des Beurteilenden abhängig. Die wichtigsten Rollen sind:

- Produktanbieter,
- Vermittler,
- Arbeitgeber,
- Arbeitnehmer/Leistungsanwärter.

Die Unterschiedlichkeit der Rollen spiegelt sich auch in der Aufstellung der Bewertungskriterien wider. So sind die Haftungsrisiken des Arbeitgebers für diesen wichtiger als für den Arbeitnehmer. Die spätere Vorsorgeleistung nach Steuern interessiert den Leistungsanwärter wesentlich mehr als den Produktanbieter. Die Listen der Bewertungskriterien der Rollen unterscheiden sich und damit auch die bewerteten Produkteigenschaften.

Doch selbst dann, wenn gleiche Eigenschaften bewertet werden, können die Bewertungsmaßstäbe für unterschiedliche Rollen unterschiedlich sein. Entsprechend positiv bzw. negativ fällt die Bewertung für ein und dasselbe Produkt aus:

So ist die Vertragsrendite eines Produkts stets von hohem Interesse für den Arbeitnehmer. Für den Arbeitgeber kann eine hohe Vertragsrendite bedeuten, dass sich sein Rentenanpassungsrisiko erhöht. Ist er nämlich verpflichtet, die Rente pro Jahr um ein Prozent zu erhöhen, und übernimmt das Produkt- bzw. der Produktanbieter nicht die Finanzierung dieser Anpassung, so verbleibt deren Finanzierung beim Arbeitgeber; denn je höher die Vertragsrendite ist, umso höher die Berechnungsgrundlage für die Anpassung.

Die meisten Arbeitgeber sind sich dieser Auswirkungen nicht bewusst. Überhaupt scheint das Thema der Arbeitgeberrisiken noch nicht die Aufmerksamkeit in den Köpfen der handelnden Personen geweckt zu haben, die ihm zukommt.

Das Beispiel der Vertragsrendite zeigt auch, dass die Zusageart bei der Produktbewertung eine Rolle spielt. Hat der Arbeitgeber nämlich eine Beitragszusage mit Mindestleistung gemacht, so ist er bei einer Entgeltumwandlung von der jährlichen Rentenanpassung befreit. In diesem Fall zieht die höhere Vertragsrendite keine höhere Rentenpassung nach sich.

Neben der Zusageart ist auch die Bedeutung der Vorsorgeart nicht zu unterschätzen. Ein bAV-Produkt kann hinsichtlich der Altersvorsorge gut geeignet sein, ohne dass die Invaliditätsvorsorge gleich gut geeignet sein muss. Dieses Unterscheidungskriterium ist schon allein deshalb sinnvoll, weil es bAV-Produkte gibt, die nicht für alle drei Vorsorgearten – Alters-, Hinterblieben- und Invaliditätsvorsorge – Deckungsschutz bieten.

Neben den eigentlichen produktbezogenen Bewertungen spielen auch noch produktanbieterbezogene eine Rolle. Meist sind die Serviceleistungen nicht auf ein Produkt eines Anbieters bezogen, sondern gelten für alle bAV-Produkte (des Anbieters). Außerdem berücksichtigen viele Arbeitgeber bei ihrer Produktauswahl nicht nur die eigenen Vor- und Nachteile eines Produkts, sondern berücksichtigen auch die der Mitarbeiter.

In den folgenden Darstellungen beschränkt sich die Produktbewertung trotzdem auf die Perspektive des Arbeitgebers. Für die Produktbewertung aus Arbeitnehmersicht wird auf den Beitrag von Schanz verwiesen.

2 Bedeutung und Kriterien der Produktbewertung

Bei einer Alters-, Hinterbliebenen- oder Invaliditätszusage des Arbeitgebers ist dem Arbeitgeber keine Inanspruchnahme eines Deckungsschutzes vorgeschrieben, der die späteren Vorsorgeleistungen ganz oder teilweise deckt. Er kann sich vielmehr vollständig auf die Erwirtschaftung der zu erbringenden Leistungen durch das eigene Unternehmen verlassen. Er kann aber auch gegen Prämienzahlung bzw. Zuwendungen einen Deckungsschutz durch ein bAV-Produkt „einkaufen".

Mit oder ohne Deckungsschutz (eines Versorgungsträgers) haftet der Arbeitgeber unverändert in voller Höhe für seine Zusage: Dies gilt auch dann, wenn der Versorgungsträger aus Gründen, die der Arbeitgeber nicht zu vertreten hat, die Leistungen nicht in zugesagter Höhe erbringen kann.

Es wäre nahe liegend, dass sich der Arbeitgeber genau den Deckungsschutz einkauft, den er benötigt. Dazu müsste er mindestens zwei Voraussetzungen erfüllen, nämlich

- die Kenntnis von der Tragweite seiner Zusage (siehe Beitrag von Kisters-Kölkes),
- die Kenntnis über das ausgewählte bAV-Produkt.

Die zentrale Frage ist, inwieweit die beiden Vertragswerke zueinander kompatibel sein können, d. h. ob die Verpflichtung aus dem einen Vertragswerk (Versorgungszusage des Arbeitgebers) den garantierten Leistungen aus dem anderen Vertragswerk („Einkauf" des bAV-Produkts) gegenübersteht. Leider ist eine vollständige und nachhaltige Kompatibilität die große Ausnahme. In der Regel geht der Arbeitgeber Verpflichtungen bei der Einführung einer bAV ein, die nicht vollständig durch Dritte abgedeckt sind. Die Frage ist also nicht, ob Haftungsprobleme für ihn entstehen, sondern vielmehr welche und in welchem Ausmaß.

Es ist also durchaus möglich,

- dass der Arbeitgeber für eine Versorgungszusage ganz oder teilweise selbst einstehen muss, obwohl er zuvor einen zuverlässigen Versorgungsträger ausgesucht hat,
- dass für den Arbeitgeber zusätzliche Kosten (Gebühren, Zwangsabgaben) für Mitarbeiter und/oder ehemalige Mitarbeiter entstehen, die er allein zu finanzieren hat.

Die Eintrittswahrscheinlichkeit und die Eintrittskonsequenzen sind jedoch abhängig von der inhaltlichen Gestaltung der beiden Vertragswerke.

Kriterienübersicht:

Bei der arbeitgeberbezogenen Bewertung von bAV-Produkten werden Kriteriencluster genutzt, die im Folgenden näher erläutert werden. Diese *Kriteriencluster* behandeln folgende Bereiche:

1. Beitragsflexibilität
2. Vorsorgefinanzierung
3. Rentenanpassungsfinanzierung
4. Ausscheidefinanzierung
5. Arbeitsrechtskongruenz
6. Verwaltungskosten

3 Beitragsflexibilität

Die Beiträge, die der Arbeitgeber dem Versorgungsträger für eine Mitarbeiterversorgung zahlt, können schwanken. Dies trifft insbesondere bei einer Entgeltumwandlung zu, bei der nicht der Arbeitgeber, sondern der Mitarbeiter die Entgeltumwandlungshöhe bestimmen kann. Zwar hat der Arbeitnehmer nicht vollkommen freie Hand bei der Festlegung der Entgeltumwandlungshöhe, doch weitgehende Freiheiten bis hin zur Beendigung der Entgeltumwandlung (und damit Absenkung der Prämie auf Null Euro).

In diesem Abschnitt geht es vorrangig nur darum, ob der Arbeitgeber seine Prämienzahlungen überhaupt jederzeit beliebig verändern kann oder ob ihm vom bAV-Produkt hinsichtlich Zeitpunkt und/oder Schwankungsdifferenz bei Prämienschwankungen Einschränkungen auferlegt werden.

Die Auswirkungen von Prämienminderungen oder gar die Zahlungseinstellung (z.B. beim Ausscheiden eines Leistungsanwärters) werden in den Folgeabschnitten beschrieben.

Beitragsflexibilität des Arbeitgebers:

Dem Arbeitgeber dürfen seitens des bAV-Produkts / Versorgungsträgers keine Beitragsfesseln angelegt werden, die ihn hindern, auf veränderte Gegebenheiten mit Prämienanpassungen zu reagieren. Dabei kann der Arbeitgeber sogar gezwungen sein, die Beitragszahlungen einzustellen – etwa, wenn ein Mitarbeiter ausscheidet, der bislang beim Arbeitgeber von einer Entgeltumwandlungsmöglichkeit Gebrauch gemacht hat.

Keinesfalls Ausnahmen sind jedoch *Vereinbarungen im Vorsorgevertrag* zwischen Arbeitgebern und Versorgungsträger, die vorsehen,

- dass der Arbeitgeber seine Beiträge während der gesamten Anwartphase eines Leistungsanwärters nicht absenken darf – geschweige denn die Prämienzahlung einstellen darf – oder

- dass der Arbeitgeber die Prämien für einen Leistungsanwärter nicht absenken darf – geschweige denn vorher die Prämienzahlung einstellen darf – oder
- dass der Arbeitgeber die Prämien für einen Leistungsanwärter nicht absenken darf – geschweige denn die Zahlung einstellen darf –, bevor die kumulierten Prämien einen Mindestwert nicht überschritten haben.

Dies bedeutet in den zuletzt genannten Fällen, dass der Arbeitgeber noch Beiträge (aus dem Vertrag mit dem Versorgungsträger heraus) entrichten muss, die er arbeitsrechtlich nicht mehr entrichten müsste.

Fazit:

Ein bAV-Produkt sollte

- eine jederzeitige problemfreie Beitragsfreistellung vorsehen,
- eine jederzeitige Beitragsveränderung problemlos erlauben.

4 Vorsorgefinanzierung

Tritt beim Arbeitnehmer ein Versorgungsfall ein (z. B. Pensionierung, Tod), so stellt sich die Frage, wie viel der Arbeitgeber von der zugesagten Versorgungsleistung selbst erbringen muss, wenn er ein bAV-Produkt zum Deckungschutz ausgewählt hat.

Eine gänzlich oder teilweise vom Arbeitgeber zu erbringende Versorgungsleistung droht dann,

- wenn der Versorgungsfall (noch) nicht abgesichert ist (mangelnder rechtzeitiger Deckungsschutz),
- wenn die zugesagte Versorgungsleistung des Arbeitgebers höher ist als die produktbedingte Absicherung (Unterdeckung).

4.1 Rechtzeitiger Deckungsschutz

Macht der Arbeitgeber eine Versorgungszusage, die er mit einem Deckungsschutz absichern will, so ist es wichtig für ihn, dass der Beginn seiner zugesagten Versorgung mit dem Beginn des Deckungsschutzes übereinstimmt.

Häufig kann der Arbeitgeber den Beginn der zugesagten Vorsorge so beeinflussen, dass seine Zusage erst zum Beginn seines Deckungsschutzes wirksam wird. Dazu bedarf es jedoch geeigneter Formulierungen (siehe Beitrag von Kisters-Kölkes), da gerade ungeschickte Formulierungen zu einer sofortigen und damit verfrühten Wirksamkeit führen können.

Doch nicht immer ist der Arbeitgeber in der Lage, den Wirksamkeitstermin seiner Zusage geeignet spät fest zu legen. Durch bilaterale Regelungen, Betriebs- oder Tarifvereinbarung kann eine frühe Wirksamkeit vorgegeben sein, die weit vor dem Beginn seines Deckungsschutzes liegen kann. In diesem Fall ist der Arbeitgeber bei einem plötzlich eintretenden Vorsorgefall (Invalidität oder Tod) ohne Deckungsschutz, und die Finanzierung der Vorsorgeleistungen obliegt allein ihm.

Vermeiden lässt sich diese ungewollte „arbeitgeberfinanzierte" Vorsorge durch die Auswahl eines Produkts, das bereits ab Zusage des Arbeitgebers einen Deckungsschutz gewährt – unabhängig davon, ob die Erstprämie bereits eingegangen ist oder nicht.

Leider ist nicht immer klar, ab wann der Arbeitgeber bei Tod und Invalidität eines Versorgungsberechtigten bereits deckungsgeschützt ist. Eine Klarstellung ist auf jeden Fall notwendig! In der Praxis ist ein Indiz für eine verspätete Absicherung im Übrigen die Forderung des Versorgungsträgers nach vorschüssiger Zahlweise.

Ist eine rechtzeitige Klärung nicht möglich oder beginnt der Deckungsschutz erst spät – meist nach Eingang der Erstprämie – so bleibt dem Arbeitgeber lediglich die Möglichkeit Hinterbliebenen- oder Invaliditätszusagen nur mit ausreichend verzögerter Wirksamkeitswerdung zu machen – sofern eine derartige Aufschubzeit überhaupt zulässig ist.

4.2 Vollständiger Deckungsschutz der Arbeitgeber-Versorgungsleistung

Der Arbeitgeber haftet uneingeschränkt für die finanzielle Einhaltung seiner Versorgungszusagen auch dann, wenn sein ausgewählter Versorgungsträger die dem Arbeitgeber versprochene Leistung nicht oder nicht im vollen Umfange erbringt.

Die dem Arbeitgeber versprochene Leistung kann reduziert werden, wenn

(1) das BaFin dies für den Versorgungsträger anordnet (bislang nur ein theoretischer Fall) oder
(2) wenn der Versorgungsträger eine so genannte Treuhänderklausel in den Vorsorgevertrag mit dem Arbeitgeber aufgenommen hat.

Im zweiten Fall kann der Versorgungsträger während der Vertragslaufzeit die dem Arbeitgeber versprochene Leistung absenken, aber nur unter gewissen Umständen (Zustimmung eines unabhängigen Treuhänders, die wiederum von weiteren Voraussetzungen abhängt). Unterschreitet die so abgesenkte Leistung des Versorgungsträgers die zugesagte des Arbeitgebers, so obliegt dem Arbeitgeber die Finanzierung des Differenzbetrags.

Darüber hinaus kann der Arbeitgeber durch eine ungeschickte Auswahl der Zusageart seine Haftung und somit sein Finanzierungsrisiko zusätzlich erhöhen.

Hat der Arbeitgeber eine „Leistungszusage" gemacht, und nutzt er zur Finanzierung dieser Zusage einen Dritten als Versorgungsträger, so ist die Höhe der zugesagten Leistung gegenüber dem Arbeitnehmer häufig unabhängig von der (u. a. kapitalmarktabhängigen) Leistung, die der Versorgungsträger tatsächlich erbringt. Damit besteht grundsätzlich das Risiko der unzureichenden Finanzierung der Leistungszusage durch den Versorgungsträger und damit der Haftung des Arbeitgebers für die Differenz. Eine drohende Unterfinanzierung der vom Arbeitgeber abgegebenen Leistungszusage kann durch eine (seltene) Garantie des Versorgungsträgers für eine Versorgungsleistung in vollem, vom Arbeitgeber zugesagten Umfang abgewendet werden.

Hat der Arbeitgeber eine „beitragsorientierte Leistung" zugesagt, so verpflichtet er sich, später eine „wertgleiche" Versorgungsleistung zu erbringen. Die Wertgleichheit ist im Gesetz nicht näher erläutert, doch besteht Einvernehmen darin, dass eine auf diesen Beiträgen basierende versicherungsmathematisch kalkulierte Versorgungsleistung (eines Versorgungsträgers) als gleichwertig gilt. Steht dem Versorgungsempfänger später diese Leistung des Versorgungsträgers zur Verfügung, so hat der Arbeitgeber seine Versorgungszusage erfüllt.

Hat der Arbeitgeber eine „Beitragszusage mit Mindestleistung" gemacht, so verpflichtet er sich, später eine Versorgungsleistung zu erbringen, die im Wert mindestens dem Gesamtwert der Beiträge entspricht (gegebenenfalls reduziert um Prämienanteile, die zur Deckung biometrischer Risiken wie Tod genutzt wurden). Der Arbeitgeber haftet daher nur für eine „Null-Prozent-Verzinsung" der für die biometrischen Risiken „nicht verbrauchten" Prämienanteile. Eine höhere Versorgungsleistung durch eine echt positive Verzinsung ist möglich. Doch dieses Zinsrisiko trägt allein der Versorgungsempfänger. Für den Arbeitgeber verbleibt die Aufgabe für eine Null-Prozent-Verzinsung zu haften und damit den Arbeitnehmer vor einem Verlust der „unverbrauchten" Prämienanteile zu schützen.

Manche bAV-Produkte enthalten eine Garantie für den Arbeitgeber, zum geplanten Renteneintritt mindestens die „unverbrauchten" Prämienanteile zur Verfügung zu stellen. Doch dies ist keineswegs der Regelfall.

Fazit:

Das Arbeitgeberrisiko erhöht sich, wenn das bAV-Produkt keine Deckungszusage für den Arbeitgeber vorsieht, die gleichzeitig mit der Zusage einer bAV gegenüber dem Arbeitnehmer beginnt.

Insgesamt erhöht sich das Finanzierungsrisiko der Vorsorgeleistung bei einem bAV-Produkt, bei dem ein Treuhändervorbehalt gemacht wird.

Bei einer Leistungszusage führt eine mangelnde Garantie des bAV-Produkts in Hinsicht auf eine vollständige Abdeckung der (vom Arbeitgeber zugesagten) Vorsorgeleistung zur Erhöhung des Arbeitgeberrisikos. Aus diesem Grund sollten Leistungszusagen nur mit Bedacht gewählt werden.

Bei einer Beitragszusage mit Mindestleistung führt eine mangelnde Garantie des bAV-Produkts bezüglich der Mindestleistung zur Erhöhung des Arbeitgeberrisikos.

Produktbewertung aus Arbeitgebersicht

5 Rentenanpassungssicherheit

In der Regel ist der Arbeitgeber im Leistungsfall gehalten, regelmäßig die von ihm gewährte Betriebsrente auf eine Anpassungsnotwendigkeit hin zu überprüfen. Bei Entgeltumwandlungen wird diese in der Regel durch eine jährliche Anpassungspflicht ersetzt, wobei die Rentenanpassung mindestens ein Prozent betragen muss. Hiervon sind Versorgungszusagen in Verbindung mit einer Beitragszusage mit Mindestleistung ausgenommen.

Wegfall der Anpassungsfinanzierung durch den Arbeitgeber:

Der Wegfall der Finanzierung einer Rentenanpassung durch den Arbeitgeber auch bei Leistungszusagen und beitragsorientierten Leistungszusagen kann zwei produktbezogene Ursachen haben, nämlich:

- die Anpassungspflicht entfällt durch bestimmte Produkteigenschaften und somit jede Finanzierungspflicht der Anpassung,
- die notwendigen Rentenanpassungen werden produktseitig finanziert.

Wegfall der Anpassungspflicht durch Produkteigenschaften

Bei den Durchführungswegen *Direktversicherungen* und *Pensionskassen* ist der Arbeitgeber von Anpassungspflichten befreit, wenn (§ 16 Abs. 3 Nr. 2 BetrAVG, für Entgeltumwandlung vgl. § 16 Abs. 5 BetrAVG):

- ab Rentenbeginn sämtliche auf den Rentenbestand entfallenen Überschussanteile zur Erhöhung der laufenden Leistungen verwendet werden und
- zur Berechnung der garantierten Leistung der nach § 65 Abs. 1 Nr. 1 Buchstabe 1a des Versicherungsaufsichtsgesetzes festgesetzte Höchstzinssatz zur Berechnung der Deckungsrückstellung nicht überschritten wird.

Diese Regelung soll sicherstellen, dass die Pensionskassen und Lebensversicherungsunternehmen nur vorsichtig kalkulierte garantierte Renten zusagen. Die darüber hinaus zur Verfügung stehenden Überschüsse können dann für eine Leistungserhöhung verwendet werden.

Sind die Bedingungen zur Verwendung von Überschussanteilen und zur Nichtüberschreitung des Höchstzinssatzes beide erfüllt, so entfällt jede Anpassungspflicht für den Arbeitgeber.

Häufig ist die Bedingung zur Verwendung von Überschussanteilen erfüllt – aber keineswegs immer. Und nicht immer sind die Regeln klar und unabhängig von Interpretationen.

So vertrat eine Pensionskasse eines großen Versicherungsunternehmens die Auffassung, dass Pensionskassen, die ihren Höchsrechnungszins zum 1.1.2004 nicht auf 2,75 Prozent absenken wollten, ein Rentenanpassungsrisiko für den Arbeitgeber darstellen.

Erst nach monatelanger Ungewissheit scheinen nun die Befürchtungen gegenstandslos zu sein.

Produktseitige Finanzierung der Rentenanpassung

Für den Fall, dass der Arbeitgeber eine (regelmäßige) Rentenanpassung vornehmen muss, stellt sich die Frage, ob das ausgewählte bAV-Produkt des Versorgungsträgers eine Übernahmegarantie der Rentenanpassung beinhaltet oder nicht.

Ist dies nicht der Fall, so riskiert der Arbeitgeber die vorgeschriebene regelmäßige Rentenanpassung selbst ganz oder teilweise zu tragen.

Fazit:

Die Rentenanpassungspflicht entfällt bei Beitragszusagen mit Mindestleistungen.

Für die beiden Zusagearten Leistungszusage und beitragsorientierte Leistungszusage besteht grundsätzlich eine Rentenanpassungspflicht. Bei den Durchführungswegen Direktversicherung und Pensionskasse sind Befreiungen von der Rentenanpassungspflicht möglich, sofern o. a. Produkteigenschaften vorliegen.

Besteht eine Rentenanpassungspflicht, so hängt die tatsächliche finanzielle Belastung des Arbeitgebers von einer Übernahmegarantie der Rentenanpassungen durch das bAV-Produkt ab.

6 Ausfinanzierungssicherheit

Hat ein Arbeitgeber einem Mitarbeiter eine Versorgungszusage gegeben und scheidet dieser aus dem Arbeitsverhältnis aus, ohne dass der Versorgungsfall eingetreten ist, so können seine Versorgungsansprüche bereits unverfallbar sein. Bei Entgeltumwandlungen sind die Versorgungsansprüche stets sofort unverfallbar.

Die Art und Höhe seiner Ansprüche hängt im Wesentlichen von der gewählten Zusageart und von der gewählten Handlungsvariante ab. Diese wie die vom Arbeitgeber zu tragende Risiken/Finanzierungen hängen wiederum vom gewählten bAV-Produkt ab. Insgesamt gibt es *vier Handlungsvarianten* zwischen denen der Arbeitgeber eine mehr oder weniger eingeschränkte Wahlfreiheit hat. Diese sind:

- eine versicherungsvertragliche Regelung,
- eine Abfindung,
- das Einfrieren der Ansprüche / Beitragsfreistellung,
- eine Barwertübertragung durch den Arbeitgeber.

6.1 Versicherungsvertragliche Regelung

Bei der versicherungsvertraglichen Regelung überträgt der Arbeitgeber die Ansprüche, die er gegen seinen Versorgungsträger bezüglich des Deckungsschutzes des vorzeitig ausgeschiedenen Leistungsanwärters hat, an diesen.

Diese Handlungsvariante besteht nur die Durchführungswege Direktversicherung und Pensionskasse, sofern zusätzliche Bedingungen erfüllt sind (siehe Beitrag von Kisters-Kölkes), von denen einige vom gewählten bAV-Produkt abhängig sind. Im Wesentlichen sind dies:

- Die Überschussanteile müssen von Beginn an zur Verbesserung der Versorgungsleistung genutzt werden
- Der ausgeschiedene Mitarbeiter muss das Recht haben, den „seinen" Versorgungsvertrag mit eigenen Beiträgen weiterführen zu können.

Im Fall einer derartigen versicherungsvertraglichen Regelung ist der Arbeitgeber von jeglichen Versorgungsansprüchen des vorzeitig ausgeschiedenen Leistungsanwärters befreit.

Derzeit wird noch diskutiert, ob mit der bloßen Übergabe des Vertrags bereits alle erforderlichen Leistungen des Arbeitgebers erbracht sind. Es könnte nämlich auch seine Aufgabe sein, dafür Sorge zu tragen, dass der mit übertragene Kapitalwert bestimmten Mindestansprüchen (bei Unverfallbarkeit der Versorgungsansprüche) genügt. Ist nämlich der Kapitalwert gering oder gar Null, so ist es die spätere Versorgungsleistung auch und könnte das Gebot der Gleichwertigkeit (bei der Entgeltumwandlung) verletzen.

Der Arbeitgeber sollte daher nicht vorschnell stark gezillmerte bAV-Produkte auswählen. Diese Empfehlung für die Produktauswahl gilt im Übrigen nicht nur für den Fall, dass eine Option für versicherungsvertragliche Regelungen sichergestellt werden soll.

6.2 Abfindung

Bei Bagatellrenten können die (unverfallbaren) Ansprüche des ausgeschiedenen Mitarbeiters abgefunden werden, sofern die dazu notwendigen Voraussetzungen erfüllt sind (siehe Beitrag von Kisters-Kölkes).

Ist eine Abfindung möglich, so wirft sich die Frage auf, wer die Abfindungssummen finanziert. Üblicherweise gehört die Finanzierung von Abfindungen nicht zum Leistungsumfang von bAV-Produkten. In diesem Fall muss der Arbeitgeber diese selbst finanzieren, wobei die Abfindungsbeträge nicht als Betriebskosten anerkannt werden.

6.3 Beitragsfreistellung

Scheidet ein Mitarbeiter, dessen Versorgungszusage unverfallbar ist, vorzeitig aus, so ist der Arbeitgeber arbeitsrechtlich nicht gezwungen, Versorgungsbeiträge für den ausgeschiedenen Mitarbeiter über den Aussscheidezeitpunkt hinaus weiter zu zahlen.

In den Versorgungsverträgen von bAV-Produkten kommt es durchaus vor, dass der Arbeitgeber seine Zahlungen (für einen bereits ausgeschiedenen Mitarbeiter) so lange nicht einstellen darf, bis ein Mindestwert für die Prämiengesamthöhe und/oder für die Prämienzahldauer erreicht ist (siehe Abschnitt 3).

Das bAV-Produkt sollte daher eine jederzeitige Beitragsfreistellung für den Arbeitgeber vorsehen. Ansonsten könnte der Arbeitgeber gezwungen sein, für einen Mitarbeiter weiterhin bAV-Prämien zu entrichten, obwohl dieser bereits ausgeschieden ist. Dies wäre insbesondere dann nachteilig für den Arbeitgeber, wenn die Prämien zuvor über eine Entgeltumwandlung finanziert wurden.

6.4 Übertragung von Barwerten an den neuen Arbeitgeber

Der Arbeitgeber ist verpflichtet, auf Verlangen des ausgeschiedenen Leistungsanwärters den Barwert einer unverfallbaren Anwartschaft auf einen neuen Arbeitgeber, bei dem der ausgeschiedene Arbeitnehmer beschäftigt ist, zu übertragen oder einen Versorgungsträger des neuen Arbeitgebers zu übertragen, wenn der neue Arbeitgeber dem Arbeitnehmer eine dem übertragenen Barwert wertmäßig entsprechende Zusage erteilt.

Tritt dieser Fall ein, so stellt sich die Frage, ob der Arbeitgeber die Finanzierung der zu übertragenen Barwerte selbst tragen muss oder die rechtzeitige Zurverfügungstellung von Finanzmittel in notwendiger Höhe zu den zugesagten Eigenschaften des bAV-Produkts gehört.

Derzeit ist die Übernahmebereitschaft eines neuen Arbeitgebers angesichts der zu übernehmenden Risiken gering, sodass dieser Fall und damit die Frage nach Finanzierung des Barwerts derzeit eher selten sind. Zurzeit laufen Gesetzgebungsverfahren, die eine Pflicht zur Übertragung bzw. Übernahme vorsehen. Dies würde aus dem Ausnahmefall den Regelfall machen!

Fazit:

Ein *bAV-Produkt* sollte *folgende Eigenschaften* besitzen:

- jederzeitige Möglichkeit einer Beitragsfreistellung;
- jederzeitige Finanzierung von Abfindungen;
- jederzeitige Finanzierung von zu übertragenden Barwerten.

Für bAV-Produkte der Durchführungswege Direktversicherung und Pensionskasse kommen noch weitere Anforderungen hinzu, die eine versicherungsvertragliche Lösung ermöglichen, nämlich:

- die Überschussanteile müssen von Beginn an zur Verbesserung der Versorgungsleistung genutzt werden und
- der ausgeschiedene Mitarbeiter muss das Recht haben, den „seinen" Versorgungsvertrag mit eigenen Beiträgen weiterführen zu können.

7 Arbeitsrechtskongruenz

Der Arbeitgeber ist verpflichtet, jedem Mitarbeiter eine Entgeltumwandlung zu ermöglichen, sofern dieser jährlich einen Betrag in Höhe von mindestens einem Hundertsechzigstel der Bezugsgröße nach § 18 Abs. 1 des Sozialgesetzbuchs IV umwandeln will (in 2003: 178,50 €).

Doch zahlreiche bAV-Produkte haben so engmaschige Annahmerichtlinien (z. B. für die versicherte Personen), dass ein Arbeitgeber nicht leicht für alle entgeltumwandlungswilligen Mitarbeiter einen Deckungsschutz findet.

7.1 Einschränkende personenbezogene Annahmerichtlinien

Die häufigsten einschränkenden Annahmerichtlinien von bAV-Produkten beziehen sich auf die zu versichernden Personen.

Dies beginnt beim Höchsteintrittsalter. Ist das Lebensalter in Jahren eines Mitarbeiters zur ersten Entgeltumwandlung höher als das Höchsteintrittsalter, so wird der Deckungsschutz für diesen Mitarbeiter vom Versorgungsträger verweigert. Nicht selten liegt das Höchsteintrittsalter deutlich unter 65 Jahren, manchmal sogar deutlich unter 60 Jahren.

Gibt es nun entgeltumwandlungswillige Mitarbeiter, die für das ausgewählte Produkt „zu alt" sind, so ist der Arbeitgeber gezwungen, ein anderes bAV-Produkt zusätzlich anzubieten oder das ursprüngliche bAV-Produkt auszutauschen – wenn noch möglich – oder zur (nicht rückgedeckten) Direktzusage zu wechseln.

Gängig sind zudem Gesundheitsprüfungen für einen Hinterbliebenen- oder Invaliditätsdeckungsschutz. Dies kann besonders für den Arbeitgeber tückisch werden, wenn dieser tariflich oder per Betriebsvereinbarung verpflichtet sein sollte, einen Hinterbliebenen- oder Invaliditätsvorsorge unabhängig vom Gesundheitszustand der zu versichernden Person anzubieten.

Gibt es nun entgeltumwandlungswillige Mitarbeiter, die für das ausgewählte Produkt „zu krank" sind, so ist der Arbeitgeber gezwungen, ein anderes bAV-Produkt zusätzlich anzubieten oder das ursprüngliche bAV-Produkt auszutauschen – wenn noch möglich – oder zur (nicht rückgedeckten) Direktzusage zu wechseln.

Einige bAV-Produkte, die auf eine Gesundheitsprüfung verzichten, fordern eine Mindestanzahl von Mitarbeitern. Daher ist eine frühzeitige Auswahl des richtigen bAV-Produkts ratsam und keineswegs eine Versorgung der unproblematischen Fälle und danach die Versorgung der Mitarbeiter ohne Deckungsschutz. Andernfalls könnte folgendes Negativszenario entstehen:

Ein Arbeitgeber ist gezwungen eine Hinterbliebenenversorgung anzubieten. Er wählt ein bAV-Produkt aus, dass eine Gesundheitsprüfung vorsieht. Drei seiner Mitarbeiter seiner 50 entgeltumwandlungswilligen Mitarbeiter bestehen die Gesundheitsprüfung nicht und werden vom Versorgungsträger vom Deckungsschutz ausgenommen. Für die unproblematischen 47 Mitarbeiter wird ein Versorgungsvertrag mit dem Versorgungsträger geschlossen.

Der Arbeitgeber findet nach langem Suchen ein bAV-Produkt eines anderen Versorgungsträgers, das auf eine Gesundheitsprüfung verzichtet, sofern für mindestens 20 Mitarbeiter ein Versorgungsvertrag abgeschlossen wird.

Wäre direkt das bAV-Produkt des zweiten Versorgungsträgers ausgewählt worden, so wären die Deckungsschutzprobleme des Arbeitgebers behoben. So bleibt dieses Beispiel-Problem ungelöst.

7.2 Einschränkende prämienbezogene Annahmerichtlinien

Für zahlreiche bAV-Produkte existiert eine Prämienuntergrenze, die deutlich über dem Mindestentgeltumwandlungsbetrag liegt.

Möchte nun ein Mitarbeiter Entgelt umwandeln, das zwischen dem Mindestentgeltumwandlungsbetrag und der Mindestprämie liegt, so muss der Arbeitgeber ebenfalls ein anderes bAV-Produkt zusätzlich anzubieten oder das ursprüngliche bAV-Produkt auszutauschen – wenn noch möglich – oder zur (nicht rückgedeckten) Direktzusage wechseln.

Seltener sind Prämienobergrenzen bei bAV-Produkten unterhalb von vier Prozent BBG. Meist treten diese unnötigerweise bei Direktversicherungsprodukten auf und orientieren sich an der Pauschalsteuergrenze von 1.752 €. Obwohl Prämien für Direktversicherungsprodukte gesetzlich keineswegs nach oben begrenzt sind, werden zu hohe Prämien produktseitig nicht akzeptiert. Der Effekt für den Arbeitgeber ähnelt dem der zu hohen Mindestprämie.

Fazit:

Ein bAV-Produkt sollte über möglichst keine einschränkenden Annahmerichtlinien verfügen, die zu arbeitsrechtlichen Problemen führen können.

Dies bedeutet

- kein Höchsteintrittsalter unterhalb von 65 Jahren,
- kein gesundheitsabhängiger Deckungsschutz,
- keine Jahresmindestprämie oberhalb des Mindestentgeltumwandlungsbetrags und
- keine Jahreshöchstprämie unterhalb der Entgeltanspruchsgrenze von vier Prozent BBG.

8 Verwaltungskosten

Neben den Prämienzahlungen fallen bei einigen bAV-Produkten zusätzliche Kosten für Verwaltung und Beratung an, die an den Produktanbieter oder an eine von ihm beauftragte Servicegesellschaft an.

Die Berechnungen der Verwaltungskosten differieren von bAV-Produkt zu bAV-Produkt stark. Dies bezieht sich sowohl auf die Gebührenhöhe, die Berechnungsbasis und auf den Kostenträger.

Bei manchen bAV-Produkten sind die Verwaltungskosten nicht einzeln ausgewiesen, sondern mit der Prämie abgegolten. Bei anderen werden regelmäßige Pro-Kopf-Gebühren erhoben und gegebenenfalls zusätzlich eine einmalige Einrichtungsgebühr (Beitrittsgebühr für eine Unterstützungskasse etc.).

Bei den Pro-Kopf-Gebühren ist für den Arbeitgeber wichtig, ob er oder der Arbeitnehmer die Verwaltungsgebühren zu tragen hat. Ist er selbst der Kostenträger, so ist zusätzlich zu klären, ob er diese Pro-Kopf-Gebühr zu zahlen hat für

- betriebsangehörige Leistungsanwärter,
- ausgeschiedene Leistungsanwärter oder
- Versorgungsempfänger.

Sind für ausgeschiedene Leistungsanwärter ebenfalls Verwaltungskosten vom Arbeitgeber zu tragen, so können bei hoher Fluktuation die Verwaltungskosten für die ausgeschiedenen Leistungsanwärter schnell sehr viel höher sein als für die Mitarbeiter.

Den Verwaltungsgebühren stehen hoffentlich gleichwertige Kosteneinsparungen beim Arbeitgeber gegenüber. Dies hängt wesentlich von den Verwaltungsleistungen des Produktanbieters ab. Für den typischen Mittelständler sollte dabei nicht nur die bloße Übergabe des „Formular-Handlings" im Vordergrund stehen, sondern vorrangig der Einkauf der gesamten bAV-Verwaltung einschließlich der Verwaltungssicherheit. Dies bedeutet, dass er kein eigenes bAV-Know-how in seiner Verwaltung aufbauen muss.

Auf der Leistungsseite bedeutet dies u. a.

- die Beantwortung von bAV-Fragen der Leistungsanwärter und Vorsorgeempfänger,
- das gesamte Formularhandling (z. B. PSV-Erklärungen, Bescheinigungen),
- Einhaltung von Fristen (z. B. der Dreimonatsfrist für versicherungsvertragliche Regelungen,
- Leistungsberechnung und Zahlungsverkehr.

Für eine Verwaltungssicherheit sollte die Leistungsgarantie durch eine zusätzliche Pönale abgesichert werden, die den Arbeitgeber gegen finanzielle Folgen von Verwaltungsfehlern des Serviceleisters schützt.

9 Ergänzungen

Neben den eigentlichen produktspezifischen Bewertungen gibt es weitere Bewertungskriterien aus Arbeitgebersicht, die aber vorrangig abhängig vom jeweiligen Durchführungsweg sind oder nahezu selbstverständlich und durchgängig erfüllt sind.

Zu Letzterem zählt die Pauschalversteuerungsfähigkeit von Direktversicherungsprodukten.

Bilanzneutralität, Betriebskostencharakter der Arbeitgeberprämien, Skalierung, PSV-Kosten etc. sind dagegen weitgehend vom Durchführungsweg abhängig und weniger vom eigentlichen Produkt. Hierzu wird auf die durchführungswegbezogenen Beiträge verwiesen.

10 Zusammenfassung

Die Produktbewertung aus Arbeitgebersicht hängt zum einen von den objektiven Produkteigenschaften bzw. -risiken und zum anderen vom individuellen Stellwert der jeweiligen Eigenschaft ab.

So hat die Ausscheidefinanzierung ein wesentlich höheres Gewicht für ein fluktuationsreiches, großes Unternehmen als für ein fluktuationsarmes kleines Familienunternehmen.

Insgesamt bietet sich für die Bewertung von objektiven Produkteigenschaften folgendes Bewertungsraster an:

- Beitragsflexibilität,
- Vorsorgefinanzierung,
- Rentenanpassungsfinanzierung,
- Ausscheidefinanzierung,

Produktbewertung aus Arbeitgebersicht

- Arbeitsrechtskongruenz,
- Verwaltungskosten.

Leider gibt es in vielen Bereichen noch keine endgültige Interpretationsklarheit, sodass die Bewertungskriterien wie die Bewertungen selbst regelmäßig überprüft werden müssen.

Teil 3

Versorgungsleistungen

Teil 8

Versorgungsleistungen

Rudolf Bönsch

Leistungen der betrieblichen Altersversorgung

1 Verschiedene Aspekte der Leistungen der betrieblichen Altersversorgung 189
   1.1 Leistungen 189
      1.1.1 Leistung im Sinne des BetrAVG 189
      1.1.2 Höhe der Leistungen 189
      1.1.3 Erhöhung der Leistungen 191
      1.1.4 Abfindungen 191
   1.2 bAV-Leistungen aus Sicht des Arbeitnehmers 192
      1.2.1 bAV-Leistungen im Gesamtkontext Vorsorge 192
      1.2.2 Zielsetzung des Arbeitnehmers 192

2 bAV-Leistungen im Sozial- und Steuerrecht 193
   2.1 Anrechnung von bAV-Leistungen auf Hinterbliebenenrenten (§ 97 SGB VI) . 193
   2.2 Verbeitragung der Leistungen 194
   2.3 bAV-Leistungen im Steuerrecht 195

3 Besonderheiten der Riester-Förderung 195

1 Verschiedene Aspekte der Leistungen der betrieblichen Altersversorgung

1.1 Leistungen

1.1.1 Leistungen im Sinne des BetrAVG

Nach § 1 Abs. 1 BetrAVG sind Leistungen der betrieblichen Altersversorgung:

- Leistungen zur Altersversorgung,
- Leistungen zur Hinterbliebenenversorgung,
- Leistungen zur Invaliditätsvesicherung.

Leistungen zur Altersversorgung können als einmalige Kapitalzahlungen oder als lebenslange oder abgekürzte Altersrenten gewährt werden. Zulässig sind auch Auszahlungspläne. Diese funktionieren wie folgt: Aus dem Kapital erfolgt vom Rentenbeginn bis zum 85. Lebensjahr eine gleich bleibende oder steigende Auszahlung. Ab dem 85. Lebensjahr wird das Restkapital verrentet. Die Rente muss dabei mindestens der letzten Rate des Auszahlungsplans entsprechen. Der Vorteil liegt darin, dass die Auszahlung eines größeren Teils des Kapitals möglichst früh erfolgt.

Die *Hinterbliebenenversorgung* wird ebenfalls in Form von Kapitalleistungen (klassische Todesfallversicherung) oder als Rente (Witwen-/Witwer- und Waisenrente) gewährt. Die Rente ist meist an die Altersrente des Arbeitnehmers geknüpft und kann der Höhe nach variabel gestaltet sein. Üblich sind Werte bis 60 Prozent, wie bislang auch in der gesetzlichen Rentenversicherung üblich. Waisenrenten werden in analoger Weise gestaltet, die Relation liegt meist bei den auch in der gesetzlichen Rentenversicherung vorgesehenen 20 Prozent.

Die *Invaliditätsabsicherung* erfolgt in aller Regel als Rente. Anspruchsvoraussetzung ist entweder Berufsunfähigkeit oder die schwächere Form, die Erwerbsunfähigkeit. Neben der Rente ist auch die Form der reinen Beitragsbefreiung bei Berufs- oder Erwerbsunfähigkeit gebräuchlich. Es handelt sich dabei um eine Rente in Höhe des Versicherungsbeitrages.

1.1.2 Höhe der Leistungen

Die Höhe der erreichbaren Leistungen hängt von der Art der Zusage und dem verwendeten Produkt ab. Die rechtlichen Rahmenbedingungen, z. B. die höchst zulässigen Umwandlungsbeiträge oder die Höchstbeträge für die Pauschalbesteuerung von Direktversicherungen, beschränken die maximal möglichen Leistungen ebenfalls. Für 1.752 € kann bei vorgegebenem Alter und Dauer bis zur Rente nur ein bestimmter Leistungsbetrag finanziert werden.

Die Zusageformen im Einzelnen:

- *Leistungszusage:*
  Im Rahmen einer Leistungszusage wird eine bestimmte Leistungshöhe zugesagt, die Leistung ist damit klar definiert.

- *Beitragsorientierte Leistungszusage:*
  Hierbei wird zugesagt, einen bestimmten Betrag in eine wertgleiche Anwartschaft auf Alters-, Invaliditäts- oder Hinterbliebenenversorgung umzuwandeln. In diesem Fall bestimmt das zu Grunde gelegte Produkt zusammen mit dem Aufwand die erzielbare Leistung.

- *Beitragszusage mit Mindestleistung:*
  Diese Zusageform ist nur für Pensionsfonds, Pensionskassen und Direktversicherungen zugelassen. Dabei wird lediglich garantiert, dass zum Zeitpunkt des Rentenbeginns ein Kapital mindestens in der Höhe der eingezahlten Beiträge vorhanden ist. Abgezogen werden dürfen die Aufwendungen für die biometrischen Risiken wie Tod oder Berufs-/Erwerbsunfähigkeit. Das Kapitalanlagerisiko für den Arbeitnehmer wird damit nach unten begrenzt. Welche Rentenleistung er tatsächlich enthält, entscheidet sich damit erst bei Rentenbeginn. Basis für die Rente ist der dann geltende Rententarif. Bei einer Vergleichsrechnung können heute prognostizierte Werte stark von den dann geltenden abweichen. Wegen der steigenden Lebenserwartung wahrscheinlich eher nach unten.

Produktseitige Bestimmung der Leistungen:

Sind die Leistungen nach Art der Lebensversicherung kalkuliert bzw. handelt es sich um Lebensversicherungsprodukte, dann wird die jeweilige Leistung durch das Eintrittsalter und Geschlecht sowie die zu Grunde liegenden Rechnungsgrundlagen bestimmt. Das sind:

- der Rechnungszins,
- die verwendete Ausscheideordnung (Sterbe- und Invalidisierungswahrscheinlichkeiten),
- die Abschlusskosten,
- die laufenden Verwaltungskosten.

Wichtigster Einflussfaktor für die Höhe der Leistung ist der Rechnungszins. Bei sonst gleichen Rechnungsgrundlagen sinkt die garantierte Leistung mit Sinken des Rechnungszinses. Ab 1.1.2004 wird der Höchstrechnungszins 2,75 Prozent betragen.

Die garantierte Leistung steigt, wenn die einkalkulierten laufenden Verwaltungskosten kleiner sind. Diesen Vorteil kann bei Gruppenverträgen genutzt werden, die mit niedrigeren Verwaltungskosten kalkuliert sind. Wesentlich stärker fallen allerdings die Abschlusskosten ins Gewicht. Die Berücksichtigung der Abschlusskosten durch die (erlaubte) Anwendung des Zillmerverfahrens wirkt in zweierlei Hinsicht auf die Gesamtleistung. Die garantierte Leistung fällt zum einen niedriger aus. Zum anderen ist das Deckungskapital vor allem in den ersten Jahren negativ oder sehr klein. Da das Deckungskapital Zinsträger ist und gleichzeitig auch Grundlage für die Verteilung der Überzinsen darstellt, ergeben sich über die Zeit geringere Zinszuteilungen gegenüber Verträgen ohne Zillmerung. Die Leistungen aus der Gewinnbeteiligung fallen demnach geringer aus.

Die Leistungen setzen sich in aller Regel aus zwei Teilen zusammen. Aus einem garantierten Teil, der sich aus den Rechnungsgrundlagen ergibt und einem nicht garantierten Teil, der sich aus der Überschussbeteiligung ergibt. Problematisch für die Vorsorgeplanung ist die Ungewissheit der Leistung aus der Überschussbeteiligung.

Bei Beitragszusagen mit Mindestleistung werden häufig so genannte Hybridprodukte eingesetzt. Das sind Produkte, deren garantierter Teil konventionell kalkuliert ist und deren dazugehörige Kapitalanlagen entsprechend konservativ angelegt werden. Die Überschüsse werden dann in Fonds angelegt. Um möglichst hohe Überzinsen zu erzielen, wird ein Rechnungszins unterhalb des Höchstzulässigen gewählt. Dieses Verfahren hat wegen der Notwendigkeit, die Beiträge am Ende der Laufzeit zu Verfügung stellen zu müssen, aktuarielle Grenzen. Mit einem Zinssatz von beispielsweise 2,25 Prozent ist für eine kurze Restlaufzeit die Beitragszusage mit Mindestleistung nicht mehr darstellbar.

1.1.3 Erhöhung der Leistungen

Durch die vorsichtige Kalkulation entstehen Überschüsse. Die Überschüsse, die während der Anwartschaftsphase anfallen, werden bei Rentenbeginn in eine zusätzliche garantierte Leistung umgewandelt. Da auch in der Rentenphase Überschüsse anfallen, erhöht sich die Rente auch in der Leistungsphase.

Diese zusätzlichen Leistungen sind abzugrenzen von den Leistungen aus der Anpassungspflicht nach § 16 BetrAVG.

1.1.4 Abfindungen

Im weitesten Sinne können Abfindungen ebenfalls als spezielle Leistungsform angesehen werden. Laufende Renten können jederzeit abgefunden werden. Abfindungen in der Anwartschaftsphase sind in § 3 BetrAVG geregelt. Die Ausübung der Kapitaloption bei Rentenversicherungen stellt keine Abfindungen dar.

Abfindungen von Verträgen, die nach § 10a EStG gefördert wurden, sind förderungsschädlich. Konsequenz: Zulagen und/oder Steuervorteile sind zurückzuzahlen, es sei denn, die Abfindung wird in einen anderen Altersvorsorgevertrag, die gesetzliche Rentenversicherung oder in eine Direktversicherung eingezahlt.

1.2 bAV-Leistungen aus Sicht des Arbeitnehmers

1.2.1 bAV-Leistungen im Gesamtkontext Vorsorge

Betriebliche Vorsorge kann nicht isoliert betrachtet werden. Sie ist immer im Kontext der Gesamtversorgung des Arbeitnehmers zu betrachten. Das gilt vor allem im Vertriebsprozess der bAV. Die Gesamtversorgung ist in ihrer Zusammensetzung durch die Änderungen des BetrAVG deutlich verschoben worden, zumindest im theoretischen Ansatz. Bis zur praktischen Durchdringung wird es noch einige Zeit brauchen.

Die Kernzielsetzung des Arbeitnehmers ist, die Sicherstellung seiner finanziellen Ressourcen im Ruhestand und als mögliche parallele Zielsetzung, die Hinterbliebenenversorgung optimal zu gestalten.

Die Differenz zwischen Finanzbedarf und der Leistung durch das Pflichtsystem „Gesetzliche Rentenversicherung" wird allgemein als Versorgungslücke bezeichnet. Zur Finanzierung dieser Versorgungslücke stehen dem Versicherten im Prinzip drei Durchführungswege zur Verfügung:

(1) betriebliche Altersversorgung
(2) Förderung nach § 10a EStG (Riester-Förderung)
(3) private Vorsorge
- Kapitalanlage,
- Versicherung,
- Immobilie(n).

Bislang war die *betriebliche Altersversorgung* eher ein zufallsbedingter Baustein. Zufallsbedingt deshalb, weil es ausschließlich davon abhing, ob der jeweilige Arbeitgeber eine betriebliche Altersversorgung anbot oder nicht. Der Arbeitnehmer konnte mit der bAV als festem Baustein seiner Altersversorgung nicht kalkulieren. Die Änderungen des BetrAVG haben dieses deutlich verändert. Der Rechtsanspruch auf Entgeltumwandlung ermöglicht nun, den Baustein betriebliche Altersversorgung zum festen Bestandteil zu machen. Damit ergibt sich wahrscheinlich eine sukzessive Verlagerung von privater Vorsorge hin zur betrieblichen Vorsorge. Wegen des deutlichen höheren Wirkungsgrades der bAV wird die Vorsorge für den Arbeitnehmer bei gleichem Versorgungsziel preisgünstiger.

1.2.2 Zielsetzung des Arbeitnehmers

Die Zielsetzung des Arbeitnehmers im Hinblick auf die Leistung ist offensichtlich: für möglichst geringen Einsatz eine maximale Leistung zu erhalten. Er kann das Erreichen dieses Ziel allerdings nicht selber steuern, da der Arbeitgeber die Auswahl des Durchführungsweges und des Produktgebers vornimmt. Da der Arbeitsgeber nicht unbedingt das gleiche Ziel wie der Arbeitnehmer verfolgt, liegt hier durchaus ein Zielkonflikt.

Neben der reinen Maximierung der Leistung ist die maximale Nettoleistung im Ruhestand oder auch in der Hinterbliebenenleistung das zweite Teilziel. Die Nettobelastung wird durch die Steuersituation und die Sozialabgaben im Ruhestand bestimmt. Die Steuersituation hängt dabei vom Durchführungsweg ab. Dieser bestimmt, wie die Altersleistungen im Einkommensteuerrecht behandelt werden. Entweder als Einkünfte aus nichtselbständiger Tätigkeit (§ 19 EstG) oder als sonstige Einkünfte (§ 22 EstG).

Nähere Einzelheiten siehe Abschnitt 2.

2 bAV-Leistungen im Sozial- und Steuerrecht

2.1 Anrechnung von bAV-Leistungen auf Hinterbliebenenrenten (§ 97 SGB VI)

Bei der Betrachtung des Einflusses des Sozialrechts steht nicht nur das Thema Beitragsbelastung der Leistung im Fokus. Mit der Rentenreform 2001 sind Leistungen aus der betrieblichen Altersversorgung erstmals in den Katalog der anrechenbaren Einkommen bei der Hinterbliebenenversorgung aufgenommen worden (§ 97 SGB VI i. V. m. § 18 a)-e) SGB IV). Seitdem hat eine eigene betriebliche Versorgung starken Einfluss auf die Höhe der Witwen-/Witwerrente bis hin zum völligen Wegfall bei höheren Versorgungsbezügen. Tabelle 1 zeigt die Wirkungen unterschiedlicher Anlageformen der Altersvorsorge.

Tabelle 1: Vergleich der Anrechnung auf die Hinterbliebenenrente. Aktueller Rentenwert (RW): 26,13 € (2004, alte Bundesländer)

Witwenrente: 1.050,00 €	Betr.rente	Priv. Rente	Riester
Eigene Rente	900,00 €	900,00 €	900,00 €
„Zusätzliche Rente"	600,00 €	600,00 €	600,00 €
Abzug (§ 18b SGB IV)	23,7 %	12,7 %	100,0 %
Angerechnet werden	457,80 €	523,80 €	0,00 €
Maßgebliches Einkommen	1.357,80 €	1.423,80 €	900,00 €
Freibetrag (26,4 x akt. RW)	689,83 €	689,83 €	689,83 €
Übersteigender Betrag	667,97 €	733,97 €	210,17 €
Davon 40 %	267,19 €	293,59 €	84,07 €
Verbleibende Witwenrente	**782,81 €**	**756,41 €**	**965,93 €**
Einkommen inklusive Witwenrente	2.282,81 €	2.256,41 €	2.465,93 €

2.2 Verbeitragung der Leistungen

Leistungen aus der betrieblichen Altersversorgung unterliegen der Beitragspflicht in der Kranken- und Pflegeversicherung. Die Beitragspflicht wird durch die Beitragsbemessungsgrenze in der Kranken- und Pflegeversicherung nach oben begrenzt. Dabei werden alle beitragspflichtigen Einnahmen in folgender Reihenfolge berücksichtigt (§§ 238, 238a SGB V):

- Zahlbetrag der gesetzlichen Rente,
- Zahlbetrag der Versorgungsbezüge,
- Arbeitseinkommen,
- sonstige Einkünfte (nur freiwillig versicherte Rentner).

Da die Leistungen unter Umständen von verschiedenen Versorgungsträgern gezahlt werden, kann es zu einer Überzahlung der Beiträge wegen Überschreitung der Beitragsbemessungsgrenze kommen. Der Versicherte muss in diesem Fall am Jahresende einen Erstattungsantrag stellen. Erstattet werden die Beitragsanteile, die auf die gesetzliche Rente entfallen.

Wie hoch ist die Beitragsbelastung?

Bis zum 31.12.2003 richtete sich der Beitrag, der auf Versorgungsbezüge zu entrichten war danach, ob der Versicherte als Rentner *Mitglied in der Krankenversicherung der Rentner* (KVdR) oder *freiwilliges Mitglied* in der Krankenversicherung war. KVdR-Mitglieder hatten auf die Versorgungsbezüge den *halben allgemeinen Beitragssatz* ihrer Krankenkasse zu entrichten. Freiwillige Mitglieder hatten den *vollen ermäßigten Beitragssatz* zu entrichten. Der ermäßigte Beitragssatz ist zwar um rund 0,9 bis 1,5 Prozentpunkte niedriger, die Anwendung des vollen Beitragssatzes benachteiligt freiwillig versicherte Rentner aber erheblich.

Mit Wirkung vom 1.4.2002 wurden die Voraussetzungen für die Mitgliedschaft in der KVdR wieder in den alten Stand bis 1993 zurückversetzt. Grundlage war ein Urteil des Bundesverfassungsgerichtes. Für freiwillige Mitglieder, die Versorgungsbezüge aus betrieblicher Altersversorgung bezogen, war dieser Wechsel wegen des halben Beitragssatzes interessant.

Mit dem GKV-Modernisierunggesetz (GMG) werden ab dem 1.1.2004 Versorgungsbezüge generell mit dem vollen allgemeinen Beitragssatz belegt. Dies ist eine klare Verschlechterung für die betriebliche Altersversorgung. Die Belastung kann bei höheren Betriebsrenten bis zu 180 € und mehr ausmachen.

Der Verbeitragung kann auch nur bedingt durch Abfindung entgangen werden. Das GMG führt ab 1.1.2004 dazu, dass Abfindungen grundsätzlich der Verbeitragung unterliegen. Bemessungsgrundlage für den Beitrag ist ein 1/120 des Abfindungsbetrages für die Dauer von zehn Jahren. Bislang galt die Regelung, dass Abfindungsbeträge nicht dem Beitrag zu unterwerfen waren, wenn die Abfindung vor Eintritt des Versicherungsfalles vereinbart wurde.

Leistungen der betrieblichen Altersversorgung

In der Pflegeversicherung ist immer der volle Beitragssatz auf die Versorgungseinkünfte zu entrichten.

Für *Privatversicherte* spielen Versorgungsbezüge aus der betrieblichen Altersversorgung im Hinblick auf ihre Kranken- und Pflegeversicherungsbeiträge keine Rolle. Private Krankenversicherungsbeiträge sind einkommensunabhängig kalkuliert und sind daher unabhängig von den zu Grunde gelegten Einkommensarten.

2.3 bAV-Leistungen im Steuerrecht

Die Besteuerung der Leistungen aus der betrieblichen Altersversorgung ist im Beitrag von Harder-Buschner ausführlich behandelt. An dieser Stelle soll die Thematik noch einmal unter dem Aspekt der Gesamtversorgung betrachtet werden.

Sonstige Einkünfte (§ 22 EStG) resultieren aus Beitragsleistungen, die nach § 3.63 EStG steuerbegünstigt waren. Abgesetzt werden können neben dem Werbungskostenpauschbetrag (102 €) der Altersentlastungsbetrag (maximal 1.908 €), sofern die Altersvoraussetzungen erfüllt sind.

Für Einkünfte aus nichtselbständiger Tätigkeit (§ 19 EStG) ergeben sich deutlich höhere Abzugsbeträge. Abgesetzt werden kann der Versorgungsfreibetrag (maximal 3.072 €) und der Arbeitnehmerpauschbetrag (1.044 €)

Will man im Ruhestand alle steuerlichen Freibeträge nutzen, so sollte den Durchführungswegen der Vorzug gegeben werden, die zu Einkünften aus nicht selbständiger Tätigkeit führen, da der Altersentlastungsbetrag auch bei anderen positiven Einkünften in Abzug gebracht werden kann. Der Versorgungsfreibetrag und der Arbeitnehmerpauschbetrag können nur bei nichtselbständiger Tätigkeit genutzt werden kann.

3 Besonderheiten der Riester-Förderung

Die grundsätzlichen Bedingungen für Riester-geförderte Verträge (§ 10a EStG) sind im Beitrag von Riedlbauer/Kovar beschrieben. Eine wesentliche Besonderheit ist die Tatsache, dass in der Leistungsphase durch so genanntes förderungsschädliches Verhalten Rückforderungsansprüche auf den Versicherten zukommen können. Rückgefordert werden die erhaltenen Zulagen und/oder Steuervorteile.

Eine schädliche Verwendung liegt beispielsweise vor, wenn die Rentenzahlung nicht in Form gleich bleibender oder steigender Renten erfolgt, oder im Falle des Todes des versicherten Kapital oder Renten an Dritte, d.h. nicht an Hinterbliebene gezahlt wird. Einen seriösen Anbieter vorausgesetzt, dürfte dieser Vorgang eher theoretischer Natur sein.

Anders verhält es sich mit dem Thema „Aufgabe der unbeschränkten Einkommensteuerpflicht". Das ist dann der Fall, wenn der Versicherte seinen Wohnsitz in das Ausland verlegt, bei Ruheständlern ein gern geträumter Traum. Wegen der unter Umständen langen Zeit zwischen Abschluss und Leistungsphase sollte der Versicherte auf jeden Fall daran erinnert werdenm, dass ein solches Verhalten förderungsschädlich ist..

Neben diesen, zwar vorhandenen, aber eher theoretischen Nachteilen in der Leistungsphase, gibt es einige Vorteile, die Riester-geförderte Vorsorgeverträge im Sozial- und Leistungsrecht „privilegieren". Dazu gehören unter anderem die Nichtanrechnung solcher Verträge bei der Sozialhilfe (§§ 76, 88 Sozialhilfegesetz) und bei der Grundsicherung (§ 3 GSiG i. V. §§ 76, 88 Sozialhilfegesetz – Gesetz über die bedarfsorientierte Grundsicherung im Alter und bei Erwerbsminderung). Auch bei der Berücksichtigung eigenen Einkommens bei der Hinterbliebenenversorgung bleibt eine Riester-geförderte Rente außen vor. Die Tabelle in Abschnitt „2.1 Anrechnung von bAV-Leistung auf Hinterbliebenenleistung (§ 97 SGB VI)" zeigt die finanziellen Auswirkungen.

Erich Riedlbauer/Jutta Kovar
Riester-Förderung in der betrieblichen Altersversorgung

1 Ausgangslage 199

2 Vertragsparteien 199
   2.1 Berechtigte Arbeitnehmer 199
      2.1.1 Arbeitnehmer mit Anspruch auf Entgeltumwandlung 200
      2.1.2 Arbeitnehmer mit einer Eigenbeitragszusage 200
      2.1.3 Arbeitnehmer mit einer arbeitgeberfinanzierten Zusage 201
   2.2 Verpflichtete Arbeitgeber 202

3 Versorgungsumfang 202
   3.1 Altersversorgung 202
   3.2 Invaliditätsversorgung 203
   3.3 Hinterbliebenenversorgung 204

4 Mögliche Durchführungswege 204

5 Mögliche Zusagearten 205

6. Charakteristika der Riester-Förderung 206
   6.1 Das Kombimodell der Riester-Förderung 206
   6.2 Die schädliche Verwendung 207
   6.3 Geschäftsvorfälle der Zulagenabwicklung 209
   6.4 Kommunikation mit der Zentralen Stelle für Altersvermögen 210

7 Chancen und Risiken des Arbeitgebers 211
   7.1 Chancen des Arbeitgebers 211
   7.2 Risiken des Arbeitgebers 211

8 Chancen und Risiken des Arbeitnehmers 213
   8.1 Chancen des Arbeitnehmers 213
   8.2 Risiken des Arbeitnehmers 215

9 Unterschiede zwischen privater und betrieblicher Riester-Rente 216

1 Ausgangslage

Durch das am 1.1.2002 in Kraft getretene Altersvermögensgesetz (AVmG) und die zusätzlich durch das „Hüttenknappschaftsgesetz" (HZvNG) mit Wirkung vom 1.7.2002 bedingten Änderungen des Gesetzes zur Verbesserung der betrieblichen Altersversorgung (BetrAVG) und des Versicherungsaufsichtsgesetzes (VAG) werden steuerliche Anreize geschaffen, um die private und betriebliche Altersversorgung zu stärken. Als eine wesentliche Neuerung erhalten Arbeitnehmer einen individuellen Anspruch auf betriebliche Altersversorgung durch Entgeltumwandlung. Im Rahmen der Entgeltumwandlung wird zwischen der *Netto-Entgeltumwandlung* und der *Brutto-Entgeltumwandlung* differenziert. Bei der *Netto-Entgeltumwandlung* müssen die Altersvorsorgebeiträge *aus versteuertem und in der Sozialversicherung verbeitragtem Einkommen* des Arbeitnehmers stammen. Falls die notwendigen Voraussetzungen erfüllt sind, erhalten diese Beiträge die *Riester-Förderung* nach §§ 10a, 82 Abs. 2 des EStG in Form von Zulagen und, sofern dies günstiger ist, einem zusätzlichen Sonderausgabenabzug. Die Brutto-Entgeltumwandlung unterliegt der *Eichel-Förderung* nach § 3 Nr. 63 EStG, bei der Altersvorsorgebeiträge bis zu vier Prozent der Beitragsbemessungsgrenze der gesetzlichen Rentenversicherung von der Lohnsteuer befreit werden. Bis zum Jahre 2008 unterliegen Altersvorsorgebeiträge aus einer Brutto-Entgeltumwandlung nicht der Beitragspflicht der Sozialversicherungen.

Die Eichel-Förderung wird nur in der betrieblichen Altersversorgung gewährt, hingegen ist die Riester-Förderung sowohl in der privaten als auch in der betrieblichen Altersversorgung möglich. Im Folgenden werden die Charakteristika der Riester-Förderung in der betrieblichen Altersversorgung beschrieben. Wo notwendig und sinnvoll wird auf Unterschiede zur Riester-Förderung in der privaten Altersvorsorge oder der Eichel-Förderung in der betrieblichen Altersversorgung eingegangen.

2 Vertragsparteien

2.1 Berechtigte Arbeitnehmer

Das Recht auf eine Riester-Förderung in der betrieblichen Altersversorgung kann vom Arbeitnehmer grundsätzlich über den *Anspruch der Entgeltumwandlung* eingefordert werden, falls der Arbeitnehmer zusätzlich der unbeschränkten Einkommensteuerpflicht in Deutschland unterliegt.

2.1.1 Arbeitnehmer mit Anspruch auf Entgeltumwandlung

Anspruch auf Entgeltumwandlung haben generell die Arbeitnehmer, die aufgrund ihrer Tätigkeit oder Beschäftigung bei dem Arbeitgeber, gegen den sich der Anspruch auf Entgeltumwandlung richtet, in der gesetzlichen Rentenversicherung pflichtversichert sind.

Besteht bereits eine Entgeltumwandlung oder bezieht der Arbeitnehmer nur Tarifeinkommen und ist an einen Tarifvertrag gebunden, der keine Entgeltumwandlung vorsieht bzw. zulässt, entfällt der Anspruch auf Entgeltumwandlung. Ohne Zustimmung der Tarifparteien können nur außertarifliche Gehaltsbestandteile zur Entgeltumwandlung verwendet werden.

Zum Kreis der berechtigten Arbeitnehmer zählen auch geringfügig Beschäftigte, die auf die Versicherungsfreiheit verzichtet haben, rentenversicherungspflichtige Selbständige sowie auf Antrag Pflichtversicherte.

Nicht zu den begünstigten Arbeitnehmern gehören Arbeitnehmer im öffentlichen Dienst mit einer beamtenähnlichen Zusatzversorgung, Arbeitnehmer, die in einer berufsständischen Versorgungseinrichtung pflichtversichert sind, Vorstandsmitglieder einer AG sowie freiwillig Versicherte.

Die Riester-Förderung ist nur bei den drei Durchführungswegen *Pensionskasse, Pensionsfonds und Direktversicherung* möglich und setzt voraus, dass die Altersvorsorgebeiträge aus dem individuell versteuerten und in der Sozialversicherung verbeitragten Einkommen des Arbeitnehmers stammen.

Der Arbeitnehmer hat lediglich ein Recht auf einen der drei Riester-förderbaren Durchführungswege. Ist der Arbeitgeber zu einer Durchführung über einen Pensionsfonds oder eine Pensionskasse bereit, muss die betriebliche Altersversorgung dort durchgeführt werden, andernfalls kann der Arbeitnehmer verlangen, dass der Arbeitgeber für ihn eine Direktversicherung abschließt.

Das Recht auf eine Riester-Förderung, obwohl ein Anspruch auf Entgeltumwandlung besteht, kann allerdings durch einen Tarifvertrag, der sich auf einen der nicht Riesterförderbaren Durchführungswege Direktzusage oder Unterstützungskasse beschränkt, aufgehoben werden.

Ebenso verwirkt der einzelne Arbeitnehmer sein Recht auf die Riester-Förderung, wenn eine Direktzusage oder eine Unterstützungskassenzusage vereinbart wurde. Dies gilt sowohl für Individualvereinbarungen zwischen Arbeitgeber und Arbeitnehmer als auch für Kollektivvereinbarungen.

2.1.2 Arbeitnehmer mit einer Eigenbeitragszusage

Betriebliche Altersversorgung liegt auch dann vor, wenn der Arbeitnehmer zu ihrer Finanzierung so genannte *echte Eigenbeiträge* verwendet und an einen Pensionsfonds, eine Pensionskasse oder eine Direktversicherung leistet. Dies gilt allerdings nur unter der

Voraussetzung, dass die Versorgungszusage des Arbeitgebers die Leistungen aus diesen Eigenbeiträgen umfasst. Einen Anspruch hierauf hat der Arbeitnehmer jedoch nicht.

Sowohl bei der Brutto-Entgeltumwandlung als auch bei der Netto-Entgeltumwandlung handelt es sich um einen Gehaltsverzicht zu Gunsten einer Versorgungszusage des Arbeitgebers, der durch eine Änderungsvereinbarung zum Arbeitsvertrag wirksam wird. Bei den echten Eigenbeiträgen vereinbaren Arbeitgeber und Arbeitnehmer eine Gehaltsverwendungsabrede. Bei der Entgeltumwandlung ist der Arbeitgeber, bei den echten Eigenbeiträgen der Arbeitnehmer Beitragsschuldner.

Da die echten Eigenbeiträge per Definition aus individuell versteuertem und in der Sozialversicherung verbeitragtem Einkommen des Arbeitnehmers stammen, ist die Riester-Förderung die einzigste in Betracht kommende steuerliche Förderung. Zu den begünstigten Altersvorsorgebeiträgen gehören nur Beiträge, die im Kapitaldeckungsverfahren erhoben werden und nicht Beiträge, die im Umlageverfahren erhoben werden. Bei Pensionsfonds ist das Kapitaldeckungsverfahren gesetzlich vorgeschrieben, das Umlageverfahren wird hauptsächlich von den Zusatzversorgungskassen des öffentlichen Dienstes praktiziert. Die kapitalgedeckte Eigenbeitragszusage ist der (Netto-) Entgeltumwandlungszusage gesetzlich gleichgestellt.

Der Aufbau einer betrieblichen Altersversorgung mit echten Eigenbeiträgen unterliegt nicht dem Tarifvorbehalt. Arbeitgeber und Arbeitnehmer können unabhängig von einem etwaigen anders lautenden Tarifvertrag eine betriebliche Altersversorgung mit Riester-Förderung über den Durchführungsweg Pensionskasse, Pensionsfonds oder Direktversicherung vereinbaren.

Die Integration der Eigenbeitragszusage in die betriebliche Altersversorgung eröffnet insbesondere auch den im öffentlichen Dienst Beschäftigten die Möglichkeit, die Riester-Förderung für Produkte der Zusatzversorgungskassen in Anspruch zu nehmen.

2.1.3 Arbeitnehmer mit einer arbeitgeberfinanzierten Zusage

Hat ein Arbeitnehmer eine arbeitgeberfinanzierte betriebliche Altersversorgung, sind bei den Durchführungswegen Pensionskasse und Pensionsfonds die Altersvorsorgebeiträge bis zu vier Prozent der Beitragsbemessungsgrenze steuerfrei. Ein Wahlrecht zu Gunsten der Riester-Förderung hat der Arbeitnehmer für arbeitgeberfinanzierte Beiträge nicht.

Schöpfen die vom Arbeitgeber finanzierten Altersvorsorgebeiträge an eine Pensionskasse oder einen Pensionsfonds die Vierprozentgrenze hingegen aus, kann sowohl für übersteigende Arbeitgeberbeiträge[1] als auch für arbeitnehmerfinanzierte Beiträge im Rahmen einer Netto-Entgeltumwandlung die Riester-Förderung gewährt werden.

---

1 A. A. Höfer, Rn 808, wie hier BMF-Schreiben vom 5.8.2002 Rn 179, Rn 203, Hanau, S. 14.

2.2 Verpflichtete Arbeitgeber

Arbeitgeber, die berechtigte Arbeitnehmer beschäftigen, *sind grundsätzlich verpflichtet*, die Riester-Förderung in einem der Durchführungswege Pensionskasse, Pensionsfonds oder Direktversicherung anzubieten. Dies gilt unabhängig von der Größe oder der Rechtsform für alle Arbeitgeber. Die berechtigten Arbeitnehmer müssen ihr Recht auf eine Riester-Förderung jedoch nicht nutzen. Arbeitgeber und deren Versorgungsträger können durch Individual- oder Kollektivvereinbarungen mit den Arbeitnehmern von der Pflicht, die Riester-Förderung anzubieten, befreit werden. Wird vereinbart, dass die betriebliche Altersversorgung über eine Direktzusage oder eine Unterstützungskassenzusage durchgeführt wird, ist auch bei Anspruch auf Entgeltumwandlung die Riester-Förderung ausgeschlossen.

Arbeitgeber können von ihren Arbeitnehmern verlangen, dass jährlich mindestens 1/160 des Durchschnittsentgelts in der gesetzlichen Rentenversicherung des vorvergangenen Kalenderjahres umgewandelt wird. Dies waren im Jahr 2003 178,50 Euro.

Falls der Arbeitnehmer Teile seines regelmäßigen Entgelts für die betriebliche Altersversorgung umwandelt, kann der Arbeitgeber verlangen, dass während eines laufenden Kalenderjahres gleich bleibende monatliche Beträge umgewandelt werden.

3 Versorgungsumfang

Voraussetzung für die Riester-Förderung ist, dass den Arbeitnehmern eine *lebenslange Altersversorgung* gewährleistet wird. Von der Riester-Förderung ausgeschlossen sind Kapitalleistungen für das Alter, die insbesondere bei Direktversicherungen oft üblich sind. Allerdings darf die Möglichkeit bestehen, ein Wahlrecht auf Kapitalauszahlung anstelle von lebenslangen Altersversorgungen einzuschließen, nur die tatsächliche Ausübung des Kapitalwahlrechts bewirkt eine steuerschädliche Verwendung. Leistungen für Invaliditäts- oder Hinterbliebenenversorgung können, müssen aber nicht eingeschlossen werden.

Für die private Altersvorsorge wird verlangt, dass die Produkte gemäß dem „Gesetz über die Zertifizierung von Altersvorsorgeverträgen" (AltZertG) zertifiziert sind, um die Riester-Förderung zu erlangen. Die vom Arbeitgeber über eine Pensionskasse, einen Pensionsfonds oder eine Direktversicherung angebotenen Versorgungszusagen müssen nicht zertifiziert werden, um die Voraussetzungen für die Riester-Förderung zu erfüllen.

3.1 Altersversorgung

Die Leistungen für die *lebenslange Altersversorgung* können *in Form von* gleich bleibenden oder steigenden *Leibrenten oder Auszahlungsplänen* mit ab dem Alter 85 unmittelbar anschließender lebenslanger Teilkapitalverrentung erbracht werden. Voraussetzung ist, dass die Altersleistungen dem Arbeitnehmer frühestens ab Vollendung des 60. Lebensjahres oder dem Beginn der Altersrente aus der gesetzlichen Rentenversicherung ausgezahlt werden. Die Auszahlungsphase kann nur in Ausnahmefällen vor Vollendung des 60. Lebensjahres beginnen, dazu zählen zum Beispiel Berufsgruppen wie Piloten, bei denen schon vor Vollendung des 60. Lebensjahres Altersversorgungsleistungen üblich sind. Solche Ausnahmefälle sind im Gesetz, in Tarifverträgen oder in Betriebsvereinbarungen geregelt. Die monatlichen Renten oder Raten können durch entsprechende Regelungen im Arbeitsvertrag sowie im Vertrag zwischen Arbeitgeber und Versorgungsträger zusammengefasst werden, sodass die Auszahlung vierteljährlich erfolgt.

Bei Auszahlungsplänen mit anschließender lebenslanger Teilkapitalverrentung wird das zu Beginn der Auszahlungsphase vorhandene Altersvorsorgevermögen aufgeteilt. Ein Teil wird in eine bis zum Alter 85 aufgeschobene Rentenversicherung mit gleich bleibenden oder steigenden Leibrenten eingebracht. Der verbleibende Teil wird bis zum Alter 85 in Form eines Auszahlungsplanes geleistet. Der Auszahlungsplan kann gleich bleibende oder steigende monatliche Raten und eventuell zusätzlich variable Teilraten vorsehen. Die erste monatliche Rente nach Vollendung des 85. Lebensjahres muss mindestens so hoch sein wie die letzte monatliche Rate des Auszahlungsplanes. Variable Teilraten müssen bei dieser Untergrenze nicht berücksichtigt werden.

Um die Gefahr einer steuerschädlichen Verwendung zu vermeiden, sollten auch für die betriebliche Altersversorgung die Restriktionen für die zertifizierten privaten Altersversorgungsverträge, die Auszahlungspläne mit ab dem Alter 85 unmittelbar anschließender lebenslanger Teilkapitalverrentung vorsehen, eingehalten werden.

Demnach müssen zu Beginn der Auszahlungsphase das Maximum aus 60 Prozent des vorhandenen Altersvorsorgevermögens und den eingezahlten Altersvorsorgebeiträgen einschließlich Zulagen für den Beitrag für die aufgeschobene Rentenversicherung und für die gleich bleibenden oder steigenden Raten des Auszahlungsplanes verwendet werden. Der verbleibende Teil kann in variablen Teilraten ausgezahlt werden, wobei die erste Teilrate 20 Prozent des zu Beginn der Auszahlungsphase vorhandenen Altersvorsorgevermögens nicht übersteigen darf.

3.2 Invaliditätsversorgung

Die Riester-Förderung wird auch für Beitragsanteile, die der Absicherung der verminderten Erwerbsfähigkeit dienen, gewährt. *Voraussetzung ist*, dass in der Leistungsphase *die Auszahlung in Form einer Rente* erfolgt.

In der betrieblichen Altersversorgung gibt es keine Begrenzung für die Höhe der Beitragsanteile, die für die Invaliditätsversorgung verwendet werden dürfen.

3.3 Hinterbliebenenversorgung

Zu den Riester-förderbaren Altersvorsorgebeiträgen gehören auch Beitragsanteile, die zur Hinterbliebenenversorgung verwendet werden, wenn in der Leistungsphase die Auszahlung in Form einer Rente erfolgt. In den privaten zertifizierten Altersvorsorgeverträgen ist eine Hinterbliebenenleistung nur an den Ehegatten des Zulageberechtigten und die im Haushalt lebenden Kinder für die der Zulageberechtigte Kindergeld oder einen Freibetrag erhält, zugelassen. Waisenrenten dürfen nur solange gewährt werden, wie der Waisenrentenberechtigte die Voraussetzungen im EStG für die Berücksichtigung als Kind erfüllt. Eine derart strikte Einschränkung des Begriffs des Hinterbliebenen gibt es in der betrieblichen Altersversorgung nicht.

4 Mögliche Durchführungswege

Die Riester-Förderung der Altersvorsorgebeiträge wird nur gewährt, wenn die betriebliche Altersversorgung über einen versicherungsförmigen Durchführungsweg, d. h.

(1) eine Pensionskasse oder
(2) einen Pensionsfonds oder
(3) eine Direktversicherung

durchgeführt wird und die Riester-Förderung vom Arbeitnehmer verlangt wird. Bei den Durchführungswegen Direktzusage oder Unterstützungskasse ist die Riester-Förderung ausgeschlossen. Die Altersvorsorgebeiträge müssen individuell versteuert und in der Sozialversicherung verbeitragt sein und können entweder aus Entgeltumwandlung, aus Arbeitgeberbeiträgen oder aus Eigenbeiträgen stammen.

Für die Riester-Förderung im Rahmen einer Entgeltumwandlung gelten die folgenden Bedingungen bei den Durchführungswegen Direktversicherung, Pensionskasse und Pensionsfonds:

- Der Arbeitnehmer hat von Beginn der Versorgungszusage eine unverfallbare Anwartschaft.
- Die Überschussanteile dürfen nur zur Verbesserung der Leistung verwendet werden.
- Im Fall des Ausscheidens eines Arbeitnehmers, hat dieser das Recht die Versicherung oder Versorgung mit eigenen Beiträgen fortzusetzen.
- Das Recht zur Verpfändung, Abtretung oder Beleihung durch den Arbeitgeber muss ausgeschlossen werden.

Beim Durchführungsweg Direktversicherung muss zusätzlich dem Arbeitnehmer mit Beginn der Entgeltumwandlung ein unwiderrufliches Bezugsrecht eingeräumt werden.

5 Mögliche Zusagearten

Bei einer Entgeltumwandlung generell und damit auch bei einer Riester-Förderung im Rahmen einer Netto-Entgeltumwandlung sowie bei kapitalgedeckten Eigenbeiträgen, die der Entgeltumwandlung gleichgestellt sind, werden künftige Entgeltansprüche in eine wertgleiche Anwartschaft auf Versorgungsleistungen umgewandelt.

Unabhängig davon, ob es sich um eine arbeitnehmer- oder eine arbeitgeberfinanzierte Versorgungszusage handelt, kommen folgende Zusagearten für Leistungen oder Anwartschaften auf Leistungen in Frage:

- Leistungszusage oder
- beitragsorientierte Leistungszusage oder
- Beitragszusage mit Mindestleistung

Bei der Leistungszusage sagt der Arbeitgeber dem Arbeitnehmer eine bestimmte oder bestimmbare Versorgungsleistung unabhängig vom aufzuwendenden Beitrag zu. Die konkrete Versorgungsleistung hängt nicht von der Entwicklung des Anlagevermögens ab. Der Finanzierungsaufwand liegt beim Arbeitgeber, bei dem folglich die Risiken und Chancen der Vermögensanlage liegen.

Bei der beitragsorientierten Leistungszusage legt der Arbeitgeber oder ein externer Versorgungsträger fest, welche (garantierten) Versorgungsleistungen aus diesem Beitrag resultieren. Für die Beiträge ist eine Mindestverzinsung gesetzlich vorgeschrieben. Damit ist dem Versorgungsberechtigten z. B. die Höhe einer garantierten Altersrente oder Kapitalleistung schon bei Beginn der Versorgungszusage (basierend auf Hochrechnungen bei angenommenen Eigenbeiträgen und Zeitpunkten der Zulagengewährung) bekannt.

Bei der Beitragszusage mit Mindestleistung und Riester-Förderung muss für die Leistungen zur Altersversorgung mindestens die Summe der eingezahlten Beiträge zuzüglich Zulagen und abzüglich der Beitragsteile, die rechnungsmäßig für die biometrischen Risiken Invalidität und Tod verbraucht wurden, zur Verfügung stehen. Eine Mindestverzinsung für die Beiträge ist bei der Beitragszusage mit Mindestleistung gesetzlich nicht vorgeschrieben. Allerdings dürfen auch bei dieser Zusageart die Überschussanteile in der Anwartschaft nur zur Verbesserung der Leistung verwendet werden, was in der Regel ein höheres Versorgungskapital als die Mindestleistung in Aussicht stellt. Dem Versorgungsberechtigten ist zu Beginn der Versorgungszusage also lediglich eine Mindestgarantie bekannt. Die Höhe der tatsächlichen Altersrenten ist hauptsächlich vom Kapitalanlageerfolg des Versorgungsträgers und den Kosten abhängig. Risiken und Chancen der Vermögensanlage liegen bei dieser Zusageart beim Arbeitnehmer.

Im Gegensatz zu anderen Zusagearten entfällt bei einer Beitragszusage mit Mindestleistung in der Rentenbezugszeit die Prüfpflicht zur Anpassung der laufenden Renten.

6 Charakteristika der Riester-Förderung

6.1 Das Kombimodell der Riester-Förderung

Die Riester-Förderung erfolgt durch staatliche Zulagen und, sofern dies günstiger ist, durch einen zusätzlichen Sonderausgabenabzug.

In Abhängigkeit von den geleisteten Altersvorsorgebeiträgen werden dem Berechtigten der Riester-Förderung auf Antrag staatliche *Altersvorsorgezulagen* gezahlt. Die Altersvorsorgezulage setzt sich aus einer *Grundzulage und* einer *Kinderzulage* zusammen. Die Kinderzulage erhält dasjenige Elternteil, das für das Kind Kindergeld bezieht und wird nur für die Dauer des Bezugs des Kindergeldes gewährt. Für Kinderzulagen gibt es einen Kinderzulagenergänzungsbogen zum Zulagenantrag.

Um die volle Altersvorsorgezulage zu erhalten, muss der zulageberechtigte Arbeitnehmer nach § 86 EStG einen *Mindesteigenbeitrag* leisten. Der Mindesteigenbeitrag in einem Kalenderjahr berechnet sich als Prozentsatz des sozialversicherungspflichtigen Einkommens des Kalendervorjahres abzüglich der dem Berechtigten zustehenden Altersvorsorgezulage. Nach oben ist der Mindesteigenbeitrag durch den maximal förderfähigen Eigenbeitrag eines Kalenderjahres begrenzt. Der maximal förderfähige Eigenbeitrag ergibt sich aus dem *förderfähigen Höchstbeitrag* nach § 10a EStG des Kalenderjahres abzüglich der dem Berechtigten zustehenden Altersvorsorgezulage. Nach unten ist der Mindesteigenbeitrag durch den *Sockelbetrag* begrenzt.

$$\text{Mindesteigenbeitrag} = \frac{\max\ [\text{Sockelbetrag};}{\min\ (x\ \%\ \text{Einkommen, förderfähiger Höchstbeitrag}) - \text{Zulage}]}$$

Tabelle 1: Die Staffelung der für die Berechnung des Mindesteigenbeitrags relevanten Größen

	Staffelung der Größen ab 2002				
Kalenderjahr	2002-2003	2004	2005	2006-2007	ab 2008
Sockelbetrag keine Kinderzulage	45 Euro	45 Euro	90 Euro	90 Euro	90 Euro
Sockelbetrag eine Kinderzulage	38 Euro	38 Euro	75 Euro	75 Euro	75 Euro
Sockelbetrag zwei oder mehr Kinderzulagen	30 Euro	30 Euro	60 Euro	60 Euro	60 Euro
Förderfähiger Höchstbetrag	525 Euro	1.050 Euro	1.050 Euro	1.575 Euro	2.100 Euro
% des steuerpfl. Einkommens	1 %	2 %	2 %	3 %	4 %
Grundzulage	38 Euro	76 Euro	76 Euro	114 Euro	154 Euro
Kinderzulage	46 Euro	92 Euro	92 Euro	138 Euro	185 Euro

Leistet der Arbeitnehmer in einem Kalenderjahr weniger als den Mindesteigenbeitrag, wird die Altersvorsorgezulage im Verhältnis vom gezahlten Altersvorsorgebeitrag zum Mindesteigenbeitrag gekürzt.

Der zulageberechtigte Arbeitnehmer kann einen *zusätzlichen Sonderausgabenabzug* beantragen. Der maximale Sonderausgabenabzug pro Kalenderjahr ist der förderfähige Höchstbetrag. Der zusätzliche Sonderausgabenabzug wird in einer „Anlage AV" zur Einkommensteuererklärung beantragt. Der Arbeitnehmer muss die zu berücksichtigenden Altersvorsorgebeiträge durch eine *vom Versorgungsträger auszustellende Bescheinigung* nach amtlich vorgeschriebenem Vordruck nachweisen. Aus dieser Bescheinigung müssen nach § 92 EStG die im vorangegangenen Kalenderjahr geleisteten Altersvorsorgebeiträge, die korrigierten Zulagen, die Summe der bisher gutgeschriebenen Zulagen, die Summe der bisher geleisteten Altersvorsorgebeiträge und der Stand des Altersvorsorgevermögens hervorgehen. Der Sonderausgabenabzug wird nur gewährt, wenn er günstiger ist als der Anspruch auf Altersvorsorgezulage. Die *Günstigerprüfung* wird *vom Finanzamt* vorgenommen. Die Steuerermäßigung aus dem Sonderausgabenabzug wird um die Zulage gekürzt, indem die unter Berücksichtigung der Sonderausgaben ermittelte Einkommensteuer um den Anspruch der Zulage erhöht wird. Der zulageberechtigte Arbeitnehmer muss also immer zwei Anträge stellen, einen für die Zulage und einen für den Sonderausgabenabzug. Die Zulage kann frühestens zu Beginn des auf das Beitragsjahr folgenden Kalenderjahres beantragt werden. Die Antragsstellung für die Zulage muss spätestens zwei Jahre nach Ablauf des Beitragsjahres erfolgt sein.

Es besteht die Möglichkeit, dass ein Arbeitnehmer *mehrere* Riester-förderfähige Altersvorsorgeverträge abschließt. Die Zulage wird für maximal zwei Altersvorsorgeverträge im Verhältnis der einbezahlten Altersvorsorgebeiträge gewährt. Die Zulage muss für jeden Altersvorsorgevertrag gesondert beantragt werden. Beim Sonderausgabenabzug hingegen werden auch Altersvorsorgebeiträge von mehr als zwei Riester-förderfähigen Verträgen berücksichtigt.

6.2 Die schädliche Verwendung

Eine schädliche Verwendung des Altersvorsorgevermögens im Sinne des § 93 EStG liegt vor, wenn es nicht

- als lebenslange Leibrente,
- als Auszahlungsplan mit anschließender Restverrentung,
- zur Verwendung für eine selbst genutzte Wohnung (nur in der privaten Altersvorsorge von Bedeutung)

ausgezahlt wird.

Eine *schädliche Verwendung* hat zur Folge, dass der Arbeitnehmer alle erhaltenen *Zulagen und* die aufgrund des Sonderausgabenabzugs gewährten *Steuerermäßigungen zurückzahlen* muss. Die aus den Zulagen und Steuerermäßigungen erwirtschafteten Erträge müssen nicht zurück erstattet werden.

Kapitalzahlung im Erlebensfall:

Die Ausübung des Kapitalwahlrechts bei einer Direktversicherung gilt als steuerschädliche Verwendung.

Kapitalzahlung im Todesfall:

Wenn nach dem Tod des Zulageberechtigten das Altersvorsorgevermögen ausgezahlt wird, handelt es sich grundsätzlich um eine schädliche Verwendung. Dies gilt auch für Rentenzahlungen bei Rentenversicherungen mit Garantiezeit, falls der Zulageberechtigte in der Garantiezeit stirbt. Wird das Altersvorsorgevermögen hingegen in einen auf den überlebenden Ehegatten lautenden Altersvorsorgevertrag eingezahlt, welcher eine lebenslange Altersversorgung gewährt, liegt keine schädliche Verwendung vor.

Abfindung:

Wird der Abfindungsbetrag einer unverfallbaren Anwartschaft eines ausgeschiedenen Arbeitnehmers nicht für eine lebenslange Altersversorgung bei einem Rentenversicherungsträger, einer Pensionskasse, einem Pensionsfonds oder einer Direktversicherung verwendet, handelt es sich um eine schädliche Verwendung. Sonstige Abfindungen von Anwartschaften müssen in einen auf den Zulageberechtigten lautenden Riester-förderbaren Altersvorsorgevertrag eingezahlt werden, um eine schädliche Verwendung zu vermeiden. Bei Abfindungen von Versorgungsansprüchen liegt immer eine schädliche Verwendung vor.

Entschädigungsloser Widerruf eines Bezugsrechts:

Hat ein Arbeitnehmer für arbeitgeberfinanzierte Beiträge zu einer Direktversicherung, einer Pensionskasse oder eines Pensionsfonds die Riester-Förderung erhalten und verliert er vor Eintritt der Unverfallbarkeit sein Bezugsrecht durch einen entschädigungslosen Widerruf des Arbeitgebers, handelt es sich um eine schädliche Verwendung.

Beendigung der unbeschränkten Einkommensteuerpflicht:

Die Verlegung des Wohnsitzes oder gewöhnlichen Aufenthaltes ins Ausland und der damit normalerweise verbundenen Beendigung der unbeschränkten Einkommensteuerpflicht in Deutschland gilt als schädliche Verwendung.

Für einen Rentner hat dies zur Folge, dass alle erhaltenen Zulagen und die aufgrund des Sonderausgabenabzuges gewährten Steuerermäßigungen zurück bezahlt werden müssen. Auf Antrag kann der Rückzahlungsbetrag in Raten von 15 Prozent getilgt werden. Die schädliche Verwendung kann vermieden werden, wenn der Rentner die unbeschränkte Steuerpflicht positiv beantragt hat.

Wenn ein Erwerbstätiger seinen Wohnsitz vorübergehend ins Ausland verlegt, kann ihm der Rückzahlungsbetrag auf Antrag gestundet werden.

Unterliegt der Erwerbstätige nach seinem Auslandsaufenthalt wieder der unbeschränkten Steuerpflicht in Deutschland, muss die Zentrale Zulagenstelle den Rückzahlungsbetrag erlassen.

Die Benachteiligung von deutschen Rentnern, die ihren Ruhestand im Ausland verbringen und ausländischen Arbeitnehmern, die nach ihrem Erwerbsleben in ihre Heimatländer zurückkehren, gegenüber deutschen Rentnern, die ihren Lebensabend in Deutschland verbringen, ist jedoch verfassungs- sowie europarechtlich bedenklich.

6.3 Geschäftsvorfälle der Zulagenabwicklung

Mit den Aufgaben im Zusammenhang mit der Riester-Förderung der (privaten und) betrieblichen Altersversorgung ist die „Zentrale Zulagenstelle für Altersvermögen (ZfA) betraut. Die Hauptaufgaben der ZfA sind:

- die jährlich wiederkehrende Feststellung, ab welchem Zeitpunkt und in welcher Höhe ein Altersvorsorgezulageanspruch besteht;
- Überweisung der Altersvorsorgezulagen zu Gunsten der Zulageberechtigten an den Anbieter/Versorgungsträger;
- die Rückabwicklung zu Unrecht gezahlter Zulagen;
- der Datenabgleich mit Rentenversicherungsträgern, der Bundesanstalt für Arbeit, den Familienkassen, den Finanzämtern sowie den *externen Versorgungsträgern* zur Überprüfung der Zulage.

Aus der Komplexität der Riester-Förderung resultiert eine Vielzahl von Geschäftsvorfällen zwischen Zulageberechtigtem, Anbieter, ZfA, Finanzamt und anderen öffentlichen Stellen. Der Anbieter muss für den Arbeitnehmer einen Zulagenantrag sowie die Bescheinigung nach § 92 EStG erstellen, aus der u. a. die im vorangegangenen Kalenderjahr geleisteten Altersvorsorgebeiträge hervorgehen. Der Zulageberechtigte muss den Zulagenantrag ausfüllen und an den Anbieter senden. Der Anbieter übermittelt die Daten des ergänzten Zulagenantrages elektronisch an die ZfA. Die ZfA berechnet zunächst ohne Prüfung der Daten die Zulagen auf Basis der Zulagenanträge, erstellt pro Anbieter eine Zahlungsreferenzdatei und macht eine Sammelüberweisung an die Anbieter. Der Arbeitnehmer muss die Anlage AV für den Sonderausgabenabzug zusammen mit der Einkommensteuererklärung abgeben. Das Finanzamt übermittelt gegebenenfalls einen zusätzlichen Steuervorteil der ZfA. Die ZfA macht einen nachträglichen Datenabgleich mit dem Finanzamt und den anderen öffentlichen Stellen und sendet eine Korrektur der Zulagen (Rückforderung oder Nachzahlung) an den Anbieter. Der Anbieter muss vom Arbeitnehmer gemeldete geänderte Vertragsdaten auf schädliche Verwendung prüfen und eine solche der ZfA anzeigen. Die ZfA ermittelt die zurückzufordernden Beträge.

Abbildung 1: Wichtigste Geschäftsvorfälle der Zulagenabwicklung

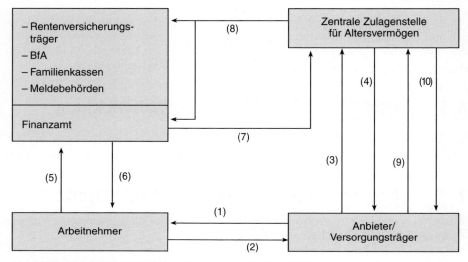

(1) Anbieter übersendet Zulagenantrag und Bescheinigung nach § 92 EStG an Arbeitnehmer
(2) Arbeitnehmer schickt ausgefüllten Zulagenantrag mit Selbstauskunft über zulagenrelevante Daten an Anbieter zurück
(3) Elektronische Übermittlung der erfassten Daten des Zulagenantrages von Anbieter an ZfA
(4) Berechnung und Sammelüberweisung der Zulagen (ohne Prüfung der Daten) mit zugehöriger Zahlungsreferenzdatei von ZfA an Anbieter
(5) Abgabe der Anlage AV für den Sonderausgabenabzug mit der Einkommensteuererklärung von Arbeitnehmer an Finanzamt
(6) Finanzamt berechnet zusätzlichen Steuervorteil für Arbeitnehmer
(7) Informationen über zusätzlichen Steuervorteil von Finanzamt an ZfA
(8) Nachträglicher Datenabgleich der ZfA mit öffentlichen Stellen
(9) Meldung und Anfrage über den einzuhaltenden Betrag bei schädlicher Verwendung von Anbieter an ZfA
(10) Korrektur der Zulagen, Rückforderung bei schädlicher Verwendung

6.4 Kommunikation mit der Zentralen Stelle für Altersvermögen

Für Arbeitgeber und Versorgungsträger kommt durch die Riester-Förderung mit der ZfA eine zusätzliche Einrichtung dazu, die über eine Schnittstelle DV-technisch anzubinden ist.

Die „Verordnung zur Durchführung der steuerlichen Vorschriften des Einkommensteuergesetzes zur Altersvorsorge (Altersvorsorge-Durchführungsverordnung – AltvDV)" regelt die Aufgaben der Arbeitgeber und Versorgungsträger bei der Kommunikation mit der ZfA im Zusammenhang mit der Riester-Förderung sowie die Formate und technischen Verfahren der Datenübermittlung. So muss ein Arbeitgeber dem Versorgungsträger spätestens zwei Monate nach Ablauf eines Kalenderjahres mitteilen, welche Altersvorsorgebeiträge nach §3 Nr. 63 EStG steuerfrei belassen, welche pauschalbesteuert nach §40b EStG oder welche individuell besteuert wurden. Der Versorgungträger muss Leistungen und Erträge aus geförderten und nicht geförderten Beiträgen separat ausweisen, da die Leistungen im Rentenbezug unterschiedlich besteuert werden. Alle Daten müssen für die Dauer von zehn Jahren archiviert werden. Die AltvDV verlangt von den Arbeitgebern und Versorgungsträgern über die Datenerhebung und -übermittlung hinausgehende Tätigkeiten und inhaltliche Prüfungen. Für die Zuordnung der Kinderzulage muss der ZfA vom Versorgungsträger beispielsweise schon das berechtigte Elternteil übermittelt werden. Auch unter dem Aspekt der erwarteten großen Zahl von falsch oder unvollständig ausgefüllten Zulageanträgen resultiert aus den Vorschriften der AltvDV ein immenser Verwaltungsaufwand für Arbeitgeber und Versorgungsträger.

7 Chancen und Risiken des Arbeitgebers

7.1 Chancen des Arbeitgebers

Aus Arbeitgebersicht hat die Riester-Förderung in der betrieblichen Altersversorgung keine Vorteile. Der Arbeitgeber kann sich lediglich vorteilhaft und arbeitnehmerfreundlich positionieren, da jedem Arbeitnehmer individuell die für ihn profitablere Art der Entgeltumwandlung angeboten wird. Verheiratete Arbeitnehmer mit unterdurchschnittlichem Einkommen und mehreren zulagenberechtigten Kindern, bei denen die Zulagenförderung die Steuervorteile übersteigen kann, werden somit nicht benachteiligt.

7.2 Risiken des Arbeitgebers

Sozialversicherungsbeiträge in der Anwartschaft:

Verlangt der Arbeitnehmer die Riester-Förderung, muss der Arbeitgeber seinen Anteil an den Sozialversicherungsbeiträgen bezahlen, da die Sozialabgabenfreiheit nicht für Riester-geförderte Beiträge gilt. Bei der Eichel-Förderung bleiben bei Entgeltumwandlung die Beiträge bis zum Jahre 2008 sozialabgabenfrei.

Insolvenzsicherungsbeiträge an PSVaG:

Wird die betriebliche Altersversorgung mit Riester-Förderung über einen Pensionsfonds oder eine Direktversicherung, die beliehen oder gepfändet ist oder ein widerrufliches Bezugsrecht hat, durchgeführt, so müssen sowohl für arbeitgeberfinanzierte als auch für arbeitnehmerfinanzierte Anwartschaften *Insolvenzsicherungsbeiträge an den Pensionssicherungsverein* entrichtet werden.

Haftung bei Falschberatung der Arbeitnehmer:

Obwohl die Riester-geförderten Versorgungszusagen in der betrieblichen Altersversorgung nicht den Informationspflichten und Vorschriften der Kostentransparenz des AltZertG für private Altersvorsorgeverträge unterliegen, wird befürchtet, dass auf die Arbeitgeber Schadenersatzforderungen wegen Falschberatung der Arbeitnehmer zukommen.

Verwaltungsaufwand:

Die Riester-Förderung belastet den Arbeitgeber und dessen Versorgungsträger mit einem enormen Verwaltungsaufwand. Das Zulageverfahren mit seiner Vielzahl an Geschäftsvorfällen ist zu komplex und durch zu viele Zahlungsströme und (inhaltliche) Prüfpflichten gekennzeichnet. Dadurch werden vielfach die Grenzen der an sich schlanken Verwaltungsstrukturen in der betrieblichen Altersversorgung gesprengt.

Haftung bei Falschauskünften gegenüber ZfA:

Ungeklärt und folglich äußerst riskant sind Haftungsfragen in Bezug auf Angaben gegenüber der ZfA, beispielsweise falsche Angabe der Kinderanzahl, falsche Zuordnung der Kinderzulage, falsche Einkommensberechnungen bei Arbeitgeberwechsel. Es ist nicht auszuschließen, dass den Arbeitgebern die Haftung für korrekte Auskünfte aufgebürdet wird.

Schädliche Verwendung:

Die Haftungsfragen für die zurückgeforderten Zulagen und Steuerermäßigungen sind ebenfalls offen. Insbesondere bei einem Wegzug eines Rentners ins Ausland ist noch ungeklärt, ob Arbeitgeber, Rentner oder der Versorgungsträger für das Zurückzahlen der nachträglich aberkannten Riester-Förderung zuständig ist. Dies birgt ein großes Risikopotenzial.

Anpassungspflicht:

Besteht eine Leistungszusage oder eine beitragsorientierte Leistungszusage gegenüber dem Arbeitnehmer, ist der Arbeitgeber verpflichtet die laufenden Leistungen jährlich um mindestens ein Prozent anzupassen. Bei einer Direktversicherung und einer Pensionskasse reicht es aus, wenn alle Überschussanteile ab Rentenbeginn zur Erhöhung der laufenden Leistungen verwendet werden. Bei einer Beitragszusage mit Mindestleistung und bei Auszahlungsplänen besteht keine Anpassungsprüfungspflicht des Arbeitgebers.

8 Chancen und Risiken des Arbeitnehmers

8.1 Chancen des Arbeitnehmers

Höhere Renten bei geringem Einkommen und vielen Kindern:

Für einige Arbeitnehmer ist die Riester-Förderung lukrativer als die Eichel-Förderung, d. h. sowohl die Bruttorenten, als auch die Nettorenten unter Berücksichtigung der Lohnsteuer und Sozialabgaben, sind bei der Riester-Förderung höher. Dies gilt im Wesentlichen für junge, verheiratete Arbeitnehmern mit drei oder mehr zulageberechtigten Kindern und für junge, verheiratete Arbeitnehmer mit unterdurchschnittlichem Einkommen und mindestens zwei zulageberechtigten Kindern.

Kostenersparnis bei Riester-Förderung in der Betriebsrente:

Die Versorgungsträger können dem Arbeitgeber für das Kollektiv seiner Arbeitnehmer (kosten)günstigere Vertragskonditionen anbieten als dem einzelnen Arbeitnehmer bei privaten Altersvorsorgeprodukten.

Keine Verringerung der Ansprüche auf gesetzliche Rente:

Da bei der Brutto-Entgeltumwandlung die Beiträge bis zum Jahr 2008 sozialabgabenfrei sind, werden die Ansprüche auf die gesetzliche Rente, das Arbeitslosengeld und das Krankengeld entsprechend verringert. Bei der Riester-Förderung stammen die Beiträge aus in der Sozialversicherung verbeitragtem Einkommen, die Ansprüche auf die gesetzlichen Leistungen bleiben in gleicher Höhe erhalten.

Übertragung bei Arbeitgeberwechsel und Entgeltumwandlung:

Der bisherige Arbeitgeber ist bei der Entgeltumwandlung mit Riester-Förderung verpflichtet, den Barwert der unverfallbaren Anwartschaft auf den neuen Arbeitgeber oder dessen Versorgungsträger zu übertragen. Voraussetzung ist, dass der neue Arbeitgeber dem Arbeitnehmer eine Zusage erteilt, die wertmäßig dem übertragenen Barwert der unverfallbaren Anwartschaft entspricht. Ziel ist hierbei, dass der Arbeitnehmer beim Eintritt des Versorgungsfalls die Leistungen nur von einem Versorgungsträger erhält. Eine Barwertübertragung ist keine steuerschädliche Verwendung.

Fortsetzung mit eigenen Beiträgen bei Ausscheiden des Arbeitnehmers:

Scheidet der Arbeitnehmer, z. B. wegen Arbeitgeberwechsel, Arbeitslosigkeit oder Eintritt in die Selbständigkeit, beim Arbeitgeber aus, hat er das Recht, die durch Entgeltumwandlung finanzierte Versicherung oder die Versorgung mit eigenen Beiträgen fortzusetzen.

Dieses Recht muss von Pensionskassen bei von Arbeitnehmern und Arbeitgebern gemeinsam finanzierten Versorgungszusagen nur dann eingeräumt werden, wenn eine Beitragszusage mit Mindestleistung zugesagt wurde.

Nach Eintritt in die Selbständigkeit besteht ein Anspruch auf die Riester-Förderung nur noch, wenn der Ehegatte zum begünstigten Personenkreis gehört.

Die Beiträge können auch reduziert werden, aber es ist zu beachten, dass bei der Riester-Förderung das Einkommen des Vorjahres maßgeblich ist und somit würden bei einer sofortigen Beitragsreduktion auch die Zulagen gekürzt.

Die private Weiterführung der Versicherung oder der Versorgung ist insbesondere dann von Vorteil, wenn Invaliditäts- und/oder Hinterbliebenenleistungen mit eingeschlossen sind, da ein eventuell sich verschlechterter Gesundheitszustand keine negativen Auswirkungen hat.

Die Eigenbeiträge des ehemaligen Arbeitnehmers müssen nicht aus individuell versteuertem Arbeitslohn stammen, sie können z. B. bei Arbeitslosigkeit auch aus steuerfreiem Einkommen geleistet werden.

Schutz vor Pfändungen:

Die Riester-geförderten Versorgungsleistungen sind unbegrenzt unpfändbar. Hingegen sind die gesetzliche Rente und Versorgungsleistungen aus der betrieblichen Altersversorgung, die nicht Riester-gefördert sind, nur bis zu den für das Arbeitseinkommen geltenden Pfändungsfreigrenzen unpfändbar.

Kombination der steuerlichen Fördermöglichkeiten:

Innerhalb der Durchführungswege Pensionsfonds und Pensionskasse hat der Arbeitnehmer mit Anspruch auf eine Entgeltumwandlung das *Wahlrecht* zwischen der Netto-Entgeltumwandlung und der Brutto-Entgeltumwandlung. Der Verzicht auf die Eichel-Förderung zu Gunsten der Riester-Förderung muss spätestens bis zum Zeitpunkt der Fälligkeit der umgewandelten Gehaltsteile erfolgen.

Die Netto-Entgeltumwandlung ist aber bei den Durchführungswegen Pensionsfonds und Pensionskasse auch parallel zu einer Brutto-Entgeltumwandlung möglich. Mindest- und Höchstbetrag gelten für jede Umwandlungsform einzeln. So kann ein Arbeitnehmer ein Prozent seines Gehaltes für die Brutto-Entgeltumwandlung und ein Prozent seines Gehaltes für die Netto-Entgeltumwandlung verwenden. Überschreiten beispielsweise die Altersvorsorgebeiträge die Grenze von vier Prozent der Beitragsbemessungsgrenze für die gesetzliche Rentenversicherung und werden die übersteigenden Altersvorsorgebeiträge individuell versteuert, kann für diese die Riester-Förderung gewährt werden. Allerdings hat der Arbeitnehmer keinen gesetzlichen Anspruch, mehr als vier Prozent der Beitragsbemessungsgrenze umzuwandeln, hierzu bedarf es der Zustimmung des Arbeitgebers.

Bei einer Direktversicherung ist keine Eichel-Förderung möglich, bei diesem Durchführungsweg kann jedoch die Riester-Förderung mit der Pauschalbesteuerung nach § 40b EStG kombiniert werden.

Generell gilt, dass eine Doppelförderung für denselben Beitrag ausgeschlossen ist. Eine Riester-Förderung für Altersvorsorgebeiträge, die gemäß § 3 Nr. 63 EStG steuerfrei sind oder gemäß § 40 b EStG pauschalbesteuert wurden, ist nicht möglich.

8.2 Risiken des Arbeitnehmers

Zahlungsweise der Altersversorgungsleistungen:

Die Riester-Förderung wird nur gewährt, wenn eine lebenslange Altersversorgung in Form einer von gleich bleibenden oder steigenden Leibrenten oder Auszahlungsplänen mit ab dem Alter 85 unmittelbar anschließender lebenslanger Teilkapitalverrentung gewährleistet ist. Bei der Brutto-Entgeltumwandlung und der Pauschalbesteuerung werden auch Kapitalauszahlungen steuerlich gefördert. Letzteres gilt nicht für Pensionsfonds, da diese nur lebenslange Altersversorgungsleistungen, wie sie auch für die Riester-Förderung vorgeschrieben sind, erbringen dürfen.

Sozialversicherungsbeiträge in der Rentenbezugszeit:

Ist der Rentner in der gesetzlichen Krankenversicherung pflichtversichert, sind laufende Renten der betrieblichen Altersversorgung beitragspflichtig in der Kranken- und Pflegeversicherung, falls sie 1/20 des monatlichen Durchschnittsentgelts in der gesetzlichen Rentenversicherung des vorvergangenen Kalenderjahres übersteigen. Seit In-Kraft-Treten des Gesetzes zur Modernisierung der gesetzlichen Krankenversicherung am 1.1.2004 ist sowohl für die Krankenversicherung als auch für die Pflegeversicherung der volle Beitragssatz der zuständigen Krankenkasse anzusetzen. Die Beitragszahlung trägt allein der Rentner. Für laufende Renten aus privaten Riester-geförderten Altersvorsorgeverträgen fallen keine Beiträge in der Kranken- und Pflegeversicherung an.

Keine Riester-Förderung für Ehegatten in der bAV:

In der privaten Altersvorsorge ist ein nicht in der gesetzlichen Rentenversicherung pflichtversicherte Ehegatte, z. B. der nicht berufstätige oder selbständige Ehegatte, zwar nicht zum Sonderausgabenabzug berechtigt, hat jedoch auch den Anspruch auf Zulagen. Voraussetzung ist, dass beide Ehepartner jeweils einen eigenen zertifizierten Altersvorsorgevertrag abschließen, wobei der Vertrag des selbständigen oder nicht berufstätigen Ehepartners ein reiner Zulagenvertrag ohne Mindesteigenbeitrag ist.

Solche Verträge für Ehegatten von Beschäftigten können in der betrieblichen Altersversorgung nicht abgeschlossen werden, da es sich nicht um eine Versorgungszusage aus Anlass eines Arbeitsverhältnisses handelt. Als einziger Ausweg bleibt nur das (freiwillige) Angebot des Arbeitgebers bzw. dessen Versorgungsträgers, einen privaten Riestervertrag mit anzubieten, dies muss dann allerdings ein zertifiziertes Altersvorsorgeprodukt sein. Doch dies würde den an sich schon immensen Verwaltungsaufwand beim Arbeitgeber bzw. Versorgungsträger noch zusätzlich erhöhen.

Renditeverlust durch spätere Gutschrift der Zulagen:

Bei der Brutto-Entgeltumwandlung wird die Steuerermäßigung und die Sozialabgabenbefreiung sofort im selben Kalenderjahr wirksam. Bei der Netto-Entgeltumwandlung mit Riester-Förderung werden die Zulagen (frühestens) im folgenden Kalenderjahr dem Altersvorsorgevertrag gutgeschrieben, daraus resultieren geringere Renditen. Die Steuerermäßigung durch den eventuell zusätzlichen Sonderausgabenabzug erhält der Arbeitnehmer ebenfalls erst im Folgejahr.

Niedrigere geförderte Altersvorsorgebeiträge bis zum Jahr 2008:

Bei der Eichel-Förderung können ab dem Jahr 2002 Gehaltsbestandteile bis zu vier Prozent der Beitragsbemessungsgrenze umgewandelt werden, bei der Riester- Förderung ist dies, bedingt durch die mit einem Prozent beginnende Staffelung im Jahr 2002, erst ab dem Jahr 2008 möglich.

Kein Entnahmemodell für selbst genutztes Immobilieneigentum:

Im Gegensatz zur privaten Altersvorsorge kann in der betrieblichen Altersversorgung bei einer Riester-geförderten Versorgungszusage kein Kapital als zinsloses Darlehen zur Finanzierung von selbstgenutztem Immobilieneigentum vorübergehend entnommen werden.

Verlegung des Wohnsitzes ins Ausland ist steuerschädliche Verwendung:

Mit der Verlegung eines Wohnsitzes ins Ausland, wird eine Voraussetzung für die Riester-Förderung, nämlich die unbeschränkte Einkommensteuerpflicht in Deutschland, beendet.

Für einen Rentner hat dies zur Folge, dass er nach derzeit gültigem Recht, alle erhaltenen Zulagen und die aufgrund des Sonderausgabenabzuges gewährten Steuerermäßigungen zurück bezahlen muss. Für die Eichel-Förderung gibt es eine derartige Restriktion nicht, obwohl die resultierenden Altersrenten bei beiden Förderungen im Rentenbezug nach § 22 Nr. 5 EStG nachgelagert in voller Höhe besteuert werden.

9 Unterschiede zwischen privater und betrieblicher Riester-Rente

Die Riester-Förderung ist sowohl in der privaten als auch in der betrieblichen Altersversorgung möglich, allerdings mit einigen Unterschieden, die im Folgenden aufgeführt sind.

Tabelle 2: Die Unterschiede der privaten und betrieblichen Riester-Förderung

	Private Altersvorsorge mit Riester-Förderung	Betriebliche Altersversorgung mit Riester-Förderung
Pflicht zur Zertifizierung der Altersvorsorgeprodukte	Ja	Nein
Entnahmemodell für selbst genutztes Immobilieneigentum	Ja	Nein
Uneingeschränkte Möglichkeit der Riester-Förderung für Ehegatten	Ja	Nein
Beitragspflicht in Sozialversicherung im Rentenbezug	Nein	Ja

Literaturhinweise

ARBEITSGEMEINSCHAFT FÜR BETRIEBLICHE ALTERSVERSORGUNG E.V (HRSG.) (2003): Handbuch der Betrieblichen Altersversorgung : Die neue Betriebsrente mit Riester-Förderung, Heidelberg 2003.

BUNDESMINISTERIUM DER FINANZEN (2002): Steuerliche Förderung der privaten Altersvorsorge und der betrieblichen Altersversorgung, Schreiben vom 5.8.2002 – IV C4 – S 2222-295/02.

BUNDESMINISTERIUM DER FINANZEN (2002): Verordnung zur Durchführung der steuerlichen Vorschriften des Einkommensteuergesetzes zur Altersvorsorge (Altersvorsorge-Durchführungsverordnung AltvDV) vom 17.12.2002.

BLOMEYER, W. (2001): Der Entgeltumwandlungsanspruch des Arbeitnehmers in individual- und kollektivrechtlicher Sicht, in: BetrAV, Jahrgang, 2001, Nr. 6, S. 501-507.

GRABNER, E./BODE, C./STEIN, S. (2001): Brutto-Entgeltumwandlung vs. „Riester-Förderung", in: BetrAV, Jahrgang, 2001, Nr. 7, S. 600-607.

HANAU, P. (2002): Die Neuregelung der Betrieblichen Altersversorgung, in: BetrAV, Mannheimer Vorträge zur Versicherungswirtschaft, Nr. 77, Karlsruhe 2002.

HÖFER, R. (2003): Das neue Betriebsrentenrecht, München 2003.

HÜGELSCHÄFFER, H. (2002): Rückzahlung der „Riesterförderung" bei Wegzug ins Ausland – Ein Fall für den Europäischen Gerichtshof?, in: BetrAV, Jahrgang, 2002, Nr. 2, S. 134-137.

HÜGELSCHÄFFER, H. (2002): Die neue Zusatzversorgung des öffentlichen Dienstes, in: BetrAV, Jahrgang, 2002, Nr. 3, S. 237-241.

SCHWARK, P./GUNIA, S. (2003): Die Änderungen des BetrAVG sowie des VAG durch das so genannte Hüttenknappschaftsgesetz vom 21.06.2002, in: BetrAV, Jahrgang, 2003, Nr. 2, S. 98-101.

TIFFE, A./REIFNER, U. (2002): Die „Riesterrente" aus Verbrauchersicht- Eine Analyse des Regulierungsrahmens, in: Bertelsmann Stiftung (Hrsg.) Vorsorgestudien, Hamburg 2002.

VERBAND DEUTSCHER RENTENVERSICHERUNGSTRÄGER (2003): „Die „Riesterrente" 100 Fragen & Antworten", Frankfurt am Main Januar 2003.

WOLF, S. (2003): Die steuerliche Förderung der kapitalgedeckten Altersvorsorge aus Sicht der betrieblichen Praxis der Pensionskassen, in: BetrAV, Jahrgang, 2003, Nr. 2, S. 110-114.

Teil 4

Beratung

Peter A. Doetsch/Arne E. Lenz

Auskunfts- und Informationspflichten von Arbeitgeber und externem Versorgungsträger

1 Ausgangslage 223

2 Auskunfts- und Informationspflichten des Arbeitgebers gegenüber
  Versorgungsberechtigten 224
  2.1 Pflicht zum Nachweis der Versorgungsbedingungen 227
  2.2 Pflicht zu deutlichen Hinweisen auf unübliche bzw.
      überraschende Klauseln 228
  2.3 Pflichten im Hinblick auf den Versorgungsanspruch 228
  2.4 Pflicht zu richtiger Auskunft und Beratung 230

3 Auskunfts- und Informationspflichten des Arbeitgebers gegenüber
  dem Betriebsrat 231

4 Auskunfts- und Informationspflichten externer Versorgungsträger gegenüber
  dem Arbeitgeber 232

5 Auskunfts- und Informationspflichten externer Versorgungsträger
  gegenüber Versorgungsberechtigten 233

6 Zurechnung von Pflichtverletzungen externer Versorgungsträger und
  ihrer Mitarbeiter 235

7 Folgen einer Pflichtverletzung 236

8 Dokumentation von Aufklärung und Information 237

9 Zusammenfassung 238

1 Ausgangslage

Bisher gab es im Bereich der betrieblichen Altersversorgung in Deutschland wenig Anlass, sich mit Auskunfts- und Informationspflichten des Arbeitgebers sowie eines von ihm eingeschalteten externen Versorgungsträgers auseinander zu setzen. Im Betriebsrentengesetz sind – die Verpflichtung zur Auskunft über die Voraussetzungen und Höhe einer beim vorzeitigen Ausscheiden aufrecht erhaltenen Anwartschaft gemäß § 2 Abs. 6 BetrAVG ausgenommen – keine speziellen Auskunfts- und Informationspflichten vorgesehen. Rechtsprechung gab es primär für den besonderen Bereich der öffentlich-rechtlichen Zusatzversorgung. Die wenigen wissenschaftlichen Untersuchungen betrafen entweder die öffentlich-rechtliche Zusatzversorgung oder Aufklärungspflichten beim Ausscheiden aus dem Betrieb.[1]

Eine aktive Auseinandersetzung mit der angesprochenen Problematik legt aber bereits der Blick ins Ausland nahe, wo Auskunfts- und Informationspflichten in weitaus größerem Umfang als in Deutschland normiert sind.[2] Auch die EU-Richtlinie über Einrichtungen zur betrieblichen Altersversorgung[3] enthält im Artikel 11 Auskunftspflichten gegenüber Versorgungsanwärtern und Leistungsempfängern.

Es ist daher zu erwarten, dass anderweitig geltende Verbraucherschutzstandards in Zukunft auch auf das deutsche System, insbesondere im Rahmen der Entgeltumwandlung nach § 1a Abs. 1 BetrAVG übertragen werden[4], denn angesichts der Komplexität der Entscheidungen des Arbeitnehmers stellt sich hier die Frage nach der Erforderlichkeit und dem Umfang von Aufklärungs- und Informationspflichten. Dies gilt nicht nur für den Arbeitgeber selbst, sondern auch für die von ihm mit der Durchführung der Versorgung beauftragten externen Versorgungsträger, insbesondere wenn diese unmittelbar mit den Versorgungsberechtigten in Kontakt treten.

---

1 Vgl. Becker-Schaffner, Umfang und Grenzen der arbeitgeberseitigen Hinweis und Belehrungspflichten, BB 1993, S. 1281 ff. = BetrAV 1993, S. 233 ff. (auszugsweise abgedruckt); Nägele, Aufklärungs- und Hinweispflichten des Arbeitgebers bei Abschluss eines Aufhebungsvertrages, BB 1992, S. 1274 ff.
2 Vgl. zu den Pflichten im US-amerikanischen Recht Doetsch (1986), S. 201 ff.; vgl. zum britischen Recht Woodrow Bacon, Pensions Pocket Book, 2000 Edition, S. 76 ff.
3 Richtlinie 2003/411 EG des Europäischen Parlaments und des Rates vom 3. Juni 2003, „über die Tätigkeiten und die Beaufsichtigung von Einrichtungen der betrieblichen Altersversorgung"; Amtsblatt der Europäischen Union vom 23.9.2003.
4 So auch Schnitker/Grau, Mitbestimmungsrechte des Betriebsrats bei der Einführung einer betrieblichen Altersversorgung im Wege der Entgeltumwandlung, BB 2003, S. 1061 (1067, Fn75).

Peter A. Doetsch / Arne E. Lenz

2 Auskunfts- und Informationspflichten des Arbeitgebers gegenüber Versorgungsberechtigten

Die schon erwähnte Tatsache, dass nur an einer Stelle im Betriebsrentengesetz explizit eine Auskunftspflicht des Arbeitgebers gegenüber den Versorgungsberechtigten enthalten ist, nämlich in §2 Abs. 6 BetrAVG für den Fall eines vorzeitigen Ausscheidens, könnte zu dem Schluss verleiten, dass es in Deutschland bislang keine Auskunfts- und Informationspflichten gibt. Ein tiefergehender Blick in das Betriebsrentengesetz und andere Gesetze sowie in allgemeine, richterrechtlich herausgebildete Rechtsregeln fördert jedoch schon heute eine Vielzahl von Auskunfts- und Informationspflichten zu Tage.

Von einer „Auskunftspflicht" wird in der Regel dann gesprochen, wenn vom Auskunftgebenden Rechtsverhältnisse oder Tatsachen dargelegt werden sollen, die bereits existieren. Die „Informationspflichten" dienen meist der Vorbereitung einer Entscheidung und werden durch Beratung oder ausdrückliche Hinweise und Aufklärung erfüllt. Da diese Begriffe aber nicht gesetzlich definiert sind, variiert der Wortsinn manchmal in Gesetz und Literatur und ist mit einer engen Definition nicht zu fassen.

Auskunfts- und Informationspflichten können sich aus dem Gesichtspunkt der arbeitgeberseitigen *Fürsorgepflicht* aber auch aus anderen *allgemeinen (arbeits-)rechtlichen Gesichtspunkten* ergeben. Sie können etwa aus dem Gesichtspunkt der *betrieblichen Übung* oder der *Gleichbehandlung* folgen (z. B. jahrelange Praxis, die Arbeitnehmer rechtzeitig auf die Notwendigkeit eines Antrags für die Aufnahme in die extern organisierte Versorgung hinzuweisen).

Weder aus Gesetz noch Rechtsprechung ergibt sich eine generelle Hinweis- bzw. Aufklärungspflicht des Arbeitgebers gegenüber dem Arbeitnehmer auf dem Gebiet der betrieblichen Altersversorgung. Der Arbeitnehmer hat grundsätzlich vielmehr selbst für die Wahrung seiner Interessen zu sorgen. Sofern der Arbeitnehmer damit nicht von sich aus die betriebliche Altersversorgung bzw. einen bestimmten Aspekt der betrieblichen Altersversorgung anspricht, hängt es von dem *Umständen des Einzelfalles* ab, ob der Arbeitgeber aufgrund seiner *Fürsorgepflicht* zu einem Hinweis bzw. einer Aufklärung verpflichtet ist.[5] Aus der Fürsorgepflicht als Konkretisierung des Gesichtspunktes von Treu und Glauben (§ 242 BGB) im Arbeitsverhältnis ist der Arbeitgeber verpflichtet, eine Abwägung zwischen seinen eigenen Interessen und denen der Arbeitnehmer vorzunehmen, insbesondere deren erkennbare Informationsbedürfnisse auf der einen Seite und die eigenen Beratungsmöglichkeiten auf der anderen Seite zu berücksichtigen.[6] Allgemein kann gesagt werden, dass je komplizierter eine Versorgungsregelung ist, desto näher liegt die Annahme von Aufklärungs- und Beratungspflichten.[7]

---

5 So ausdrücklich Becker-Schaffer, BetrAV 1993, S. 235; ebenso BAG, Urteil v. 13.11.1984, 3 AZR 255/84, AP Nr. 5 zu § 1 BetrAVG Zusatzversorgungskassen und zuletzt BAG, Urteil v. 11.12.2001, 3 AZR 339/00 (Fn9).

Auskunfts- und Informationspflichten von Arbeitgeber und Versorgungsträger

Die bisherige Rechtsprechung hat besondere Hinweis- und Aufklärungspflichten des Arbeitgebers vor allem in besonderen Situationen (Eintritt, Ausscheiden, eine vom Arbeitgeber ausgehende Initiative zur Veränderung/Aufhebung der Versorgung etc.) anerkannt, vor allem im Bereich der öffentlich-rechtlichen Zusatzversorgung. Der Arbeitgeber ist hiernach verpflichtet, über die bestehenden Versorgungsmöglichkeiten und die Mittel und Wege zu ihrer Ausschöpfung zu informieren. Es liegt nahe, dass diese Verpflichtung, die vom BAG[8] für die öffentlich-rechtliche Zusatzversorgung mit Hinweis darauf entwickelt wurde, die Arbeitnehmer seien hier „im allgemeinen ... nicht hinreichend unterrichtet, der Arbeitgeber (verfüge) aber über die notwendigen Kenntnisse", auch auf andere Fälle übertragen werden kann, etwa auf die *Entgeltumwandlungsversorgung*. Der Arbeitgeber hat demgegenüber, jedenfalls bei mittleren und großen Unternehmen, selbst, oder aber unter Zuhilfenahme des von ihm eingeschalteten Versorgungsträgers, das notwendige Wissen und die Möglichkeit die entsprechenden Auskünfte zu geben.

Zur Aufklärung über die bestehenden Versorgungsmöglichkeiten gehört aber nicht, die Arbeitnehmer über die Zweckmäßigkeit bzw. Vorteilhaftigkeit der Entgeltumwandlung, die zur Verfügung stehenden Durchführungswege oder die angebotenen Versorgungstarife zu informieren oder bei der Entscheidung zu beraten.[9] Der Arbeitgeber ist insbesondere auch nicht verpflichtet, bei der Entgeltumwandlung über die steuerlichen Implikationen der Versorgung bzw. der Förderwege beim Arbeitnehmer zu informieren. Hierfür ist der Arbeitnehmer selbst verantwortlich.[10]

Grundsätzlich ist es Sache jeder Vertragspartei sich rechtzeitig über die Folgen eines beabsichtigten Rechtsgeschäfts zu informieren.[11] Anders ist es aber, wenn eine Situation gegeben ist, in der *Vertrauen* beansprucht wird. Geht die Initiative für den Abschluss einer freiwilligen betrieblichen Altersversorgung, die Änderung der Versorgung oder die Aufhebung einer Versorgungsregelung vom Arbeitgeber aus oder hat der „aufklärungsrelevante Sachverhalt" in sonstiger Weise seinen Ursprung beim Arbeitgeber, dann darf der Arbeitnehmer in der Regel erwarten, dass der Arbeitgeber auch die Interessen des Arbeitnehmers wahren und ihn nicht ohne ausreichende Aufklärung erheblichen Risiken aussetzen wird.[12] Eine Aufklärungspflicht gibt es insbesondere dann, wenn der Ar-

---

6 Vgl. BAG, ebenda, sowie BAG, Urteil v. 17.10.2000, AP Nr. 56 zu § 1 BetrAVG Zusatzversorgungskassen = DB 2001, S. 391 = BetrAV 2001, S. 94 LS 1 sowie v. 03.07.1990, 3 AZR 382/89, AP Nr. 24 § 1 BetrAVG = BetrAV 1991, S. 20.
7 Reinecke, Neue Rechtsprechung des Bundesarbeitsgerichts zum Betriebsrentenrecht, BetrAV 2003, S. 25 (26).
8 Vgl. BAG, Urteil v. 17.12.1991, 3 AZR 44/91, AP Nr. 32 zu § 1 BetrAVG Zusatzversorgungskasse = DB 1992, S. 1938 = BB 1992, S. 2081.
9 Vgl. BAG, Urteil v. 15.10.1985, 3 AZR 612/83, Entscheidungsgründe I; BAG vom 09.07.1991, 3 AZR 354/90, Entscheidungsgründe 2.a).
10 Ebenso im Ergebnis Becker-Schaffner, Umfang und Grenzen der arbeitgeberseitigen Hinweis- und Belehrungspflichten, BetrAV 1993, S. 233, (234).
11 Becker-Schaffner (1993), wie zuvor, S. 233, (235).
12 Nägele, BB 1992, S. 1274 (1277); BAG, Urteil v. 21.11.2000, 3 AZR 13/00, AP Nr. 17 zu § 611 BGB Haftung des Arbeitgebers = BetrAV 2001, S. 683 ff.; und v. 13.11.1984, 3 AZR 255/84, AP Nr. 5 zu § 1 BetrAVG Zusatzversorgungskassen = BAGE 47, 169.

beitnehmer ohne die Information einen endgültigen Rechtsverlust/Vermögensnachteil erleiden kann oder wenn ein atypischer Rechtsverlust bzw. Vermögensnachteil eintreten kann.[13] Als atypischer Rechtsverlust ist etwa eine Reduzierung der aufrechterhaltenen Anwartschaft beim vorzeitigen Ausscheiden anzusehen, die deutlich über die zeitanteilige Kürzung hinausgeht.[14] Auch der Verlust eines Versicherungsschutzes bei vorzeitigen Versorgungsfällen während einer Beitragsfreistellung, z. B. für die Dauer der Elternzeit, kann einen besonderen Hinweis erfordern. Ein Laie wird nämlich in diesem Fall nur mit einer anteiligen Reduzierung der Absicherung rechnen, nicht mit einem (nahezu) völligen Ausfall. Schließlich dürfte eine Zillmerung von Vertriebskosten bei der Versorgung über eine Pensionskasse oder der Versorgung über einen Pensionsfonds, so sie bei der Entgeltumwandlung mit Blick auf §1 Abs. 1 Nr. 8 AltZertG bzw. §8 Abs. 1 Nr. 3 VAG überhaupt zulässig ist, eine Hinweispflicht auslösen. Der Arbeitnehmer wird nämlich nicht damit rechnen, dass das Deckungskapital in den ersten Jahren wegen der Verteilung der gesamten Abschlusskosten auf die ersten Jahre negativ ist oder gegebenenfalls nur einen Bruchteil der eingezahlten Beiträge ausmacht.

Bei der *Entgeltumwandlung* nach §1a Abs. 1 BetrAVG ist der Arbeitgeber verpflichtet, seinen Arbeitnehmern die Umwandlung von Barvergütung in eine wertgleiche Anwartschaft auf Versorgungsleistungen zu ermöglichen. Infolgedessen hat er den externen *Versorgungsträger* und die von ihm angebotenen Bedingungen (und den Durchführungsweg) *auszuwählen* und zu bestimmen.[15] Die Auswahl hat gemäß §315 BGB „nach billigem Ermessen" zu erfolgen da dem Arbeitgeber (gesetzlich) ein einseitiges Bestimmungsrecht zugewiesen ist.[16] Auch bei der *arbeitgeberfinanzierten Versorgung* ist die Entscheidung nicht ganz frei, wenn sich aus dem Gesetz, Tarifvertrag oder Betriebsvereinbarung eine (unter Umständen näher spezifizierte) Verpflichtung des Arbeitgebers zur Versorgung der Arbeitnehmer ergibt.

Da eine Auswahlentscheidung nach §315 BGB gerichtlich überprüfbar ist, hat der Arbeitgeber dem Arbeitnehmer auf Anfrage *Auskunft* darüber zu geben, nach welchen *Kriterien* er den Versorgungsträger ausgewählt hat. Anknüpfungspunkt für die Überprüfung könnte auch die gesetzliche Forderung einer Umwandlung des Entgelts in eine „wertgleiche" Versorgungsanwartschaft sein, was aber nicht im Sinne einer Mindestqualität der Versorgung zu verstehen ist,[17] sondern lediglich ein arbeitsrechtliches Austauschverhältnis beschreibt, bei dem eine angemessene Leistung vorgesehen wird und der gesamte Umwandlungsbetrag in die Versorgung fließt.[18]

---

13 Vgl. BAG, Urteile vom 13.11.1984, 3 AZR 255/84 (FN 15); vom 17.10.2000, 3 AZR 605/99, AP Nr. 56 zu §1 BetrAVG Zusatzversorgungskassen = BB 2001, S. 315 ff. = DB 2001, S. 391 ff. = E-BetrAV Öffentlicher Dienst 170.

14 Vgl. BAG, Urteil v. 17.10.2000, 3 AZR 605/99 (Fn16).

15 Vgl. Ahrend/Förster/Rühmann, BetrAVG, 9. Aufl., §1a Rdnr. 16 ff.; Langohr-Plato, Betriebliche Altersversorgung, 2. Aufl., Rdnr. 232.

16 Doetsch, Auskunfts- und Informationspflichten von Arbeitgeber und externem Versorgungsträger, BetrAV 2003, S. 48 ff. unter III. (52); Ebenso Langohr-Plato, Betriebliche Altersversorgung, 2. Aufl., Rdnr. 232.

17 So etwa Hanau/Arteaga/Kessel, DB 1997, S. 1401 f.; Wohlleben, DB 1998, S. 1230 (1233); Höfer, BetrAVG, Bd. I, §1 Rdnr. 1630.23 ff.

18 Vgl. Ahrend/Förster/Rühmann, BetrAVG, 9. Aufl. §1 Rdnr. 25; vgl. auch Doetsch/Förster/Rühmann, DB 1998, S. 258; Langohr-Plato, BetrAV, 2. Aufl., Rdnr. 212.

Verhält sich der Arbeitgeber *vertragswidrig*, etwa indem er die Beiträge zu einer Direktversicherung absprachewidrig nicht (mehr) zahlt, so muss er den Arbeitnehmer darüber informieren, um diesem gegebenenfalls durch eigene Beiträge die Möglichkeit der Erhaltung des Versicherungsschutzes einzuräumen (siehe hierzu auch Abschnitt 5.).[19]

2.1 Pflicht zum Nachweis der Versorgungsbedingungen

Der Arbeitgeber ist nach §2 Abs. 1 Nachweisgesetz verpflichtet, allen Arbeitnehmern gegenüber, soweit sie nicht lediglich zur vorübergehenden Aushilfe von höchstens einem Monat eingestellt sind, „die wesentlichen Vertragsbedingungen schriftlich niederzulegen ... und auszuhändigen" und in die Niederschrift insbesondere „die Zusammensetzung und die Höhe des Arbeitsentgelts einschließlich ... anderer Bestandteile des Arbeitsentgelts und deren Fälligkeit" aufzunehmen (Nr. 6). Hierzu gehören auch etwaige Regelungen zur betrieblichen Altersversorgung.[20] Die Niederschrift umfasst auch Umfang, Höhe und Bedingungen der von ihm bzw. einem von ihm eingeschalteten Versorgungsträger gewährten Leistungen der betrieblichen Altersversorgung und ist dem Arbeitnehmer innerhalb eines Monats nach dem vereinbarten Beginn des Arbeitsverhältnisses bzw. einer Änderung der Versorgungsbedingungen auszuhändigen.

Da die Niederschrift „die wesentlichen Vertragsbedingungen" enthalten soll, ist eine Aushändigung der vollständigen Versorgungsregelung ratsam. Eine Hochglanzbroschüre, die nicht alle wichtigen Bedingungen nennt, erfüllt diese Pflicht nicht. In der Praxis häufig übersehen wird auch, dass es nicht ausreicht, den Pensionsplan in das Intranet zu stellen, d.h. einen elektronischen Zugriff auf die Versorgungsbedingungen zu ermöglichen. Paragraf 2 Abs. 1 S. 3 NachwG schließt nämlich explizit einen Nachweis von Arbeitsbedingungen in elektronischer Form aus. Auch eine E-Mail, mit der Arbeitnehmer auf das Vorhandensein einer betrieblichen Altersversorgung hingewiesen werden, gegebenenfalls mit einem Link zur entsprechenden Information im Intranet verbunden, dürfte nicht ausreichen. Der Gesetzgeber wollte, dass die Information durch Aushändigung von Schriftstücken erfolgt.

Ein Verstoß gegen das Nachweisgesetz macht die entsprechenden Regelung nicht unwirksam. Er stellt jedoch eine Pflichtverletzung dar[21], die nach §280 Abs. 1 BGB einen Schadenersatzanspruch begründen kann.

---

19 Vgl. BAG, Urteil v. 17.11.1992, 3 AZR 51/92, AP Nr. 1 zu §7 BetrAVG Lebensversicherung = BetrAV 1993, S. 196, 211 (Anmerkung Langohr-Plato) = BB 1993, S. 943 = DB 1993, S. 986; siehe auch Hanau/Arteaga, Gehaltsumwandlung zur betrieblichen Altersversorgung, 1999, Teil C Rz. 490: Nichtabführung ist bei der Entgeltumwandlung strafbedroht nach §266a StGB.
20 Höfer, BetrAVG, Bd. I, ART Rdnr. 197.2 m.w.N.; Langohr-Plato, Betriebliche Altersversorgung, 2. Aufl., Rdnr. 153.
21 Vgl. Preis, Das Nachweisgesetz – lästige Förmelei oder arbeitsrechtliche Zeitbombe?, NZA 1997, S. 11; Erfurter Kommentar zum Arbeitsrecht, 2. Aufl. 2001, Ziff. 510 NachweisG, Rdnr. 11, (S. 2334).

2.2 Pflicht zu deutlichen Hinweisen auf unübliche bzw. überraschende Klauseln

Im Zusammenhang mit dem Nachweis der Arbeitsbedingungen und insbesondere auch der Versorgungsbedingungen ist der Hinweis auf eine weitere Veränderung durch die Schuldrechtsreform geboten. Der Wortlaut von § 310 Abs. 4 BGB in Verbindung mit §§ 305 ff. BGB führt nach herrschender Ansicht[22] zu der Annahme, dass künftig grundsätzlich auch Versorgungspläne bzw. Versorgungsbedingungen der AGB-Kontrolle unterliegen. Derzeit ist noch unklar, ob es sich insoweit um ein redaktionelles Versehen des Gesetzgebers handelt und wie die Arbeitsgerichte künftig Arbeitsverträge und Versorgungsregelungen überprüfen werden. Jedenfalls bei der *Entgeltumwandlung* sollte zur Sicherheit darauf geachtet werden, etwaige Regelungen, die als überraschend gewertet werden könnten deutlich herauszustellen. Anderenfalls droht deren Unwirksamkeit.[23]

2.3 Pflichten im Hinblick auf den Versorgungsanspruch

Anders als in anderen Rechtsordnungen besteht im deutschen Betriebsrentengesetz allgemein keine Pflicht des Arbeitgebers oder externen Versorgungsträgers zu *laufenden (turnusmäßigen) Auskünften* über die Höhe der erworbenen Anwartschaften bzw. die im Versorgungsfall zu erwartenden Versorgungsleistungen. Eine Ausnahme gilt seit kurzem allerdings für Pensionsfonds. Bei diesen muss der Anbieter nach Anlage Teil D Abschnitt III Nr. 5 zu § 10a VAG jährlich die Versorgungsanwärter über die voraussichtliche Höhe der ihnen zustehenden Leistungen informieren. Bei der Direktversicherung besteht nach § 10a Abs. 1 VAG i. V. m. der Anlage Teil D Abschnitt II Nr. 3 dagegen nur gegenüber dem Versicherungsnehmer (Arbeitgeber) eine Pflicht zur Mitteilung des Standes der Überschussbeteiligung.

„Standmitteilungen" gegenüber den Versorgungsberechtigten über die Höhe der zu erwartenden Versorgung sind heute zumindest bei den versicherungsförmigen Durchführungswegen Standard, zumal sich dort durch die so genannte Überschussbeteiligung – bzw. bei fondsgebundenen Produkten die Wertentwicklung – von Jahr zu Jahr Veränderungen ergeben können. Sie sind hier auch, anders als bei Festzusagen bzw. endgehaltsbezogenen Leistungszusagen sinnvoll. Die Versorgungsberechtigten können nämlich ohne die entsprechende Auskunft keine zielgerichtete Vorsorgeplanung betreiben.

---

22 Jäger, Das Durcheinander in der Betrieblichen Altersversorgung, Versicherungswirtschaft 2002, S. 1152; Andresen/Förster/Rößler/Rühmann, Arbeitsrecht der betrieblichen Altersversorgung, Teil 7B, Rz. 351.
23 Hierbei ist darauf hinzuweisen, dass der im Arbeitsrecht geltende Grundsatz des Arbeitnehmerschutzes im Einzelfall auch eine Rückführung auf das zulässige Maß bewirken kann (geltungserhaltende Reduktion); Wisskirchen in Tschöpe, Arbeitsrecht, 3. Aufl. 2003, Teil 1C Rz. 420 ff.

Auskunfts- und Informationspflichten von Arbeitgeber und Versorgungsträger

Dort, wo die Höhe der späteren Versorgungsleistungen nicht aus der Zusage selbst ablesbar ist, bzw. über freiwillige Standmitteilungen bekannt wird, kann sie beim Arbeitgeber oder einem von ihm beauftragten externen Versorgungsträger erfragt werden. Zu einer entsprechenden Auskunft ist der Arbeitgeber – im Rahmen des Zumutbaren – aus dem Gesichtspunkt der Fürsorgepflicht gegenüber dem Arbeitnehmer verpflichtet.[24] Seine Fürsorgepflicht verpflichtet ihn jedenfalls zu solchen Auskünften, die der Arbeitnehmer zur Wahrung seiner Vermögensinteressen (wozu auch eine Vorsorgeplanung gehört) benötigt und auch nicht in anderer Weise auf leichtere Art und Weise erhalten kann und durch die keine übermäßigen Kosten verursacht werden. Die Zumutbarkeit ist sicher aber dann überschritten, wenn das Auskunftsverlangen alle paar Monate erfolgt.

Einzelne Pflichten des Arbeitgebers ergeben sich schließlich direkt aus dem *Betriebsrentengesetz* oder lassen sich daraus herleiten. Ausdrücklich sieht das Gesetz eine Auskunftspflicht des Arbeitgebers oder des sonstigen Versorgungsträgers für den Fall des *Ausscheidens eines Mitarbeiters* in § 2 Abs. 6 BetrAVG vor. In diesem Fall ist Auskunft darüber zu erteilen, *ob* die Voraussetzungen für eine unverfallbare betriebliche Altersversorgung erfüllt sind und – falls ja – *in welcher Höhe* bei Erreichen der in der Versorgungsregelung vorgesehenen Altersgrenze ein *Anspruch auf Versorgungsleistungen* besteht. Auch wenn die Voraussetzungen für die Aufrechterhaltung einer unverfallbaren Anwartschaft nicht erfüllt wurden, ist es wegen der Rechtssicherheit zweckmäßig, dem Arbeitnehmer die relevanten Tatbestände in einem *Negativbescheid* mitzuteilen.[25] Die Pflicht zur Auskunft betrifft nur die Höhe der Versorgungsleistungen welche bei Erreichen der Altersgrenze erwartet werden können, nicht aber andere im Rahmen der Versorgungsregelung vorgesehenen Versorgungsleistungen.

Es ist möglich, dass die Erfüllung der vorgenannten Pflicht von Informationen des Versorgungsberechtigten abhängig ist, sodass im Ergebnis ein Auskunftsverweigerungsrecht entstehen kann. So etwa wenn ein Arbeitnehmer auf Anforderung dem Arbeitgeber zunächst Informationen zur Verfügung stellen muss, damit dieser seine Auskunftspflicht nach § 2 Abs. 6 BetrAVG überhaupt erfüllen kann, z. B. wenn die Höhe des betrieblichen Versorgungsanspruchs von anderen Versorgungsleistungen abhängig ist (z. B. bei Limitierungs- oder Anrechnungssystemen zur gesetzlichen Rentenversicherung).[26]

Obgleich das Gesetz für die Auskunft keine besondere Form vorschreibt, empfiehlt sich die Aushändigung eines Schriftstücks (im Sprachgebrauch teilweise als „Anwartschaftsausweis" bezeichnet). Bei mündlicher Auskunft ist die Dokumentation der Erfüllung der Pflicht sinnvoll. Die Erteilung der Auskunft des Arbeitgebers kann gerichtlich (im Rahmen einer Leistungsklage) erzwungen werden; ein Streit über die Richtigkeit und Vollständigkeit der Auskunft ist ebenfalls (mit einer Feststellungsklage) möglich.[27]

---

[24] Zur Fürsorgepflicht siehe Schaub, Arbeitsrechts-Handbuch, 8. Aufl., § 108 II 4, § 108 V; Schmalenberg in Tschöpe, Arbeitsrecht, 3. Aufl. 2003, Teil 2A Rz. 712 ff.
[25] Ahrend/Förster/Rühmann, BetrAVG, 9. Aufl., § 2 Rdnr. 45.
[26] Ahrend/Förster/Rühmann, ebenda.
[27] Hierzu und detaillierter zur Auskunft siehe Ahrend/Förster/Rühmann, BetrAVG, 9. Aufl., § 2 Rdnr. 48; Langohr-Plato, BetrAV, 2. Aufl., Rdnr. 321 ff.; siehe auch BAG, Urteil v. 11.12.2001, 3 AZR 339/01, DB 2002, S. 2387 ff.

Soweit im Betriebsrentengesetz die Pflicht des Arbeitgebers normiert ist, über einen versicherungsförmigen Durchführungsweg (Direktversicherung, Pensionskasse oder Pensionsfonds) dem Arbeitnehmer die *Fortführung einer Versorgung* bzw. Versicherung zu ermöglichen (§ 1 b Abs. 5 Nr. 2; § 2 Abs. 2 Nr. 3 BetrAVG), dürfte daraus die Verpflichtung erwachsen, über diese Möglichkeit überhaupt zu informieren.

Zuletzt wird aus den Regeln zur *Anpassungsprüfung* (§ 16 BetrAVG) allgemein eine Pflicht zur Information über die getroffene Anpassungsentscheidung gefolgert.[28]

2.4 Pflicht zu richtiger Auskunft und Beratung

Auskünfte sind grundsätzlich nur *Wissenserklärungen*, nicht dagegen Willenserklärungen.[29] Die Auskunft stellt weder ein abstraktes noch deklaratorisches Schuldanerkenntnis dar. Der Auskunft gebende Arbeitgeber hat nämlich erkennbar nur den Willen, mit der Auskunft eine bestehende Unklarheit beim Arbeitnehmer zu beseitigen, nicht dagegen, eine neue Vereinbarung zu begründen oder die bestehende Vereinbarung zu verändern.

Erteilt der Arbeitgeber aber aufgefordert oder unaufgefordert dem Arbeitnehmer bzw. Versorgungsberechtigten eine Auskunft zur betrieblichen Altersversorgung, oder berät ihn, so muss dies auch richtig sein. Eine falsche Auskunft kann den Arbeitgeber nach der ständigen Rechtsprechung des Bundesarbeitsgerichts[30] zu Schadenersatz verpflichten. Falsch ist eine Auskunft auch dann, wenn sie nur scheinbar vollständig oder in sonstiger Weise irreführend ist.[31]

Legt der Arbeitgeber dem Arbeitnehmer etwa eine im Wege der Entgeltumwandlung finanzierte betriebliche Altersversorgung nahe oder weist ihn auf die *Vorteile* einer solchen Entscheidung hin, dann muss er auch etwaige Nachteile (z. B. fehlende Vererbbarkeit, Einschränkung der Verfügungsmöglichkeiten, Verluste von Ansprüchen aus Arbeitslosenversicherung bei Entgeltumwandlung, Verlust künftiger Ansprüche mangels Vereinbarung der Führung eines Schattengehaltes, etc.) erwähnen.

Wer den Mitarbeitern einen „Steuer-Rechner" bzw. „Riester-Vergleichsrechner" oder ein ähnliches Berechnungsprogramm zur Verfügung stellt, sollte es so ausgestalten (lassen), dass es wirklich alle relevanten Parameter (z. B. das Alter der Kinder[32]) der Arbeitnehmer abfragt und im Ergebnis berücksichtigt, oder aber deutlich auf den (gegebenenfalls

---

28 Ebenso Höfer, BetrAVG, Bd. I, § 16 Rdnr. 3612; Blomeyer/Otto, BetrAVG, 2. Aufl., § 16 Rdnr. 265
29 Vgl. BAG, Urteil v. 9.12.1997, 3 AZR 695/96, BB 1998, S. 1537 = DB 1998, S. 2331 m. w. N.; OLG Stuttgart, Urteil v. 20.07.2000, 7 U 255/99, VersR 2002, S. 555-556, NVersZ 2001, S. 17-18, zur Mitteilung einer falschen Leistungsentwicklung durch einen Lebensversicherer.
30 Vgl. BAG, Urteile vom 21.11.2000, 3 AZR 13/00 (Fn 15); vom 17.10.2000, 3 AZR 605/99 (Fn16); v. 9.7.1991, 3 AZR 354/90, ZTR 1992, S. 116; v. 13.11.1984, 3 AZR 255/84, AP Nr. 5 zu § 1 BetrAVG Zusatzversorgungskassen = BAGE 47, S. 169; v. 17.04.1984, 3 AZR 383/81, AP Nr. 2 zu § 1 BetrAVG Zusatzversorgungskassen; v. 24.5.1974, 3 AZR 422/73, BetrAV 1974, S. 212.
31 BAG, Urteil v. 9.7.1991, 3 AZR 354/90, ZTR 1992, S. 116.
32 Zurzeit wird nur die Kinderzahl abgefragt und dann quasi eine ewige Kinderzulage im Rahmen der Riester-Förderung unterstellt, die es jedoch längstens bis Alter 27 gibt.

begrenzten) Leistungsumfang des Rechners hinweisen. Auch Modell- und Beispielrechnungen, die der Arbeitgeber seinen Mitarbeitern zur Verfügung stellt, können rechtlich problematisch sein, wenn sie zur Irreführung geeignet sind.

3 Auskunfts- und Informationspflichten des Arbeitgebers gegenüber dem Betriebsrat

Im Rahmen der Altersversorgung ist bei der Frage, ob ein *Mitbestimmungsrecht* vorliegt, genau zwischen mitbestimmungsfreien und mitbestimmungspflichtigen Bereichen zu unterscheiden.[33] Wann ein solches Recht vorliegt, ist an dieser Stelle nicht zu untersuchen; wenn dies aber der Fall ist, ergeben sich aus der Ausübung des Rechts durch den Betriebsrat auch Auskunfts- und Informationsrechte gegenüber dem Arbeitgeber.

Von dem Bestehen eines Mitbestimmungsrechts ist aber die *Information* des Betriebsrats nach §80 Abs. 2 S.1 BetrVG zu unterscheiden. Diese betriebsverfassungsrechtliche Generalklausel verpflichtet den Arbeitgeber zur rechtzeitigen und umfassenden Information des Betriebsrats um diesem die Durchführung seiner gesetzlichen Aufgaben zu ermöglichen und umfasst auch die Zurverfügungstellung von Unterlagen (S. 2). Das Recht erwächst bereits dann, wenn der Betriebsrat die Information benötigt, um prüfen zu können ob überhaupt ein Mitbestimmungsrecht besteht und ob er davon Gebrauch machen will, es sei denn dass ein solches offensichtlich nicht in Betracht kommt.[34]

Bei der vorgesehenen Einführung einer betrieblichen Altersversorgung kommt es hinsichtlich des Informationsrechts nicht darauf an, ob eine arbeitgeber- oder arbeitnehmerfinanzierte Versorgung beabsichtigt ist.[35] Fraglich ist aber, wann informiert werden muss. Nach Auffassung der Rechtsprechung[36] hat die Information schon während der Planung zu erfolgen, wogegen dies andere Auffassungen wegen des grundsätzlich freiwilligen „ob" der Versorgung und dem Entstehen einer Erwartungshaltung (und möglichem Vertrauensverlust bei späterer Einstellung der Absicht) erst ab einer gewissen Entscheidungsreife verlangen.[37] Diese Argumente greifen aber bei der Entgeltumwandlung hinsichtlich des Anspruchs aus § 1a BetrAVG nicht durch, sodass der Betriebsrat zu in-

---

33 Siehe hierzu Ahrend/Förster/Rühmann, BetrAVG, 9. Aufl. §1 Rdnr. 110 ff., Schumann in Tschöpe, Arbeitsrecht, 3. Aufl. 2003, Teil 2E Rz. 192 ff.; Blomeyer/Otto, BetrAVG, 2.A., Einl. Rz.487 ff.
34 Hennige in Tschöpe, Arbeitsrecht, 3. Aufl. 2003, Teil 4A Rz. 430 m. w. N.
35 Schnitker/Grau, Mitbestimmungsrechte des Betriebsrats bei der Einführung einer betrieblichen Altersversorgung im Wege der Entgeltumwandlung, BB 2003, S. 1061 (1067), ebenso Kemper, FS Förster zum 60. Geburtstag, S. 207 (213).
36 BAG v. 12.06.1975, 3 ABR 13/74, LS 3a in BAGE 27, 194.
37 Höfer, BetrAVG, 2. Aufl., Bd. 1 ART, Rn. 459f. m. w. N.

formieren ist sobald Arbeitnehmer sich auf dieses Recht berufen und zur Erfüllung in die Planung eingetreten wird.[38]

Nach einer in der Rechtsprechung[39] vertretenen Auffassung hat der Arbeitgeber dem Betriebsrat ein Exemplar der Auskunft nach §2 Abs. 6 BetrAVG zu überlassen. Dem steht aber entgegen, dass Ausgeschiedene schon nicht mehr vom Betriebsrat vertreten werden und die Kontrolle der Richtigkeit der Berechnungsmethode des Arbeitgebers auch durch Beispielrechnungen erfolgen kann.[40]

Es besteht weiter ein Auskunftsrecht des Betriebsrats für Individualvereinbarungen, die über bestehende kollektive Versorgungsbedingungen hinausgehen (auch AT-Angestellte), das den Einblick in Listen von Vergütungsbestandteilen und außertariflicher Vergütung umfasst.[41]

4 Auskunfts- und Informationspflichten externer Versorgungsträger gegenüber dem Arbeitgeber

Neben den vertraglichen Hauptpflichten aus gegenseitigen Verträgen (hier aus dem Geschäftsbesorgungs- bzw. Versicherungsvertrag des Arbeitgebers mit dem Versorgungsträger) bestehen jedoch – wie in jedem Dauerschuldverhältnis – beiderseitige *Nebenpflichten*, etwa Schutz- und Aufklärungspflichten.[42]

Entscheidend ist, ob der Gläubiger (hier: Arbeitgeber) – nach der Verkehrsanschauung – vom Schuldner (hier: Versorgungsträger) einen entsprechenden Hinweis bzw. eine Aufklärung redlicherweise erwarten durfte. Ob und in welchem Umfang Hinweis- und Aufklärungspflichten gegenüber dem Arbeitgeber bestehen, hängt damit von den Umständen des Einzelfalles ab. Eine Rolle spielen dürfte dabei insbesondere, wie der externe Versorgungsträger gegenüber dem Arbeitgeber auftritt. Stellt er sich als „Service-Anbieter" oder „Spezialist" auf dem Gebiet der betrieblichen Altersversorgung dar, dann wird der Arbeitgeber von ihm mehr Aufklärung und Beratung erwarten als wenn der Anbieter als extrem schlanker „Direkt-Anbieter" auftritt. Ganz generell sind solche

---

38 Schnitker/Grau, Mitbestimmungsrechte des Betriebsrats bei der Einführung einer betrieblichen Altersversorgung im Wege der Entgeltumwandlung, BB 2003, S. 1061 (1068).
39 LAG Baden-Württemberg, Beschluß v. 23.01.199, 12 TaBV 14/90 = DB 1991 S. 2495.
40 Ahrend/Förster/Rühmann, BetrAVG, 9. Aufl. §2 Rdnr. 46; ablehnend auch Blomeyer/Otto, BetrAVG, 2.Aufl., §2 Rz.466.
41 Blomeyer/Otto, BetrAVG, 2.Aufl., Einl. Rz.518.
42 Aus dem Vertragsverhältnis ergeben sich natürlich auch hier nicht weiter dargestellte arbeitgeberseitige Nebenpflichten zu Auskunft und Information, so z. B. die Mitteilung von Änderungen bei den Versorgungsberechtigten; zu den Nebenpflichten vgl. allgemein Palandt-Heinrichs, BGB, 63. Aufl., §242 Rdnr. 27 ff.

Auskunfts- und Informationspflichten von Arbeitgeber und Versorgungsträger

Pflichten jedenfalls dann anzunehmen, wenn der Arbeitgeber die Information ausdrücklich wünscht oder der Bedarf für den externen Versorgungsträger erkennbar wird, etwa weil es um eine Fragestellung geht, deren Verständnis besonderen fachlichen Sachverstand erfordert.[43]

Hiervon ausgehend dürfte in der Praxis eine Hinweispflicht bereits dann nahe liegen, wenn bei der *Gestaltung* der Versorgung der vom Arbeitgeber vorgegebene Rahmen nicht den allgemein anerkannten gesetzlichen Bestimmungen entspricht (z. B. Ungleichbehandlung durch ungleiche Altersgrenzen für Männer und Frauen), wenn sich Nachfinanzierungs- und Haftungsrisiken aus der Tarifgestaltung bei vorzeitigem Ausscheiden oder in anderen Fällen ergeben können (z. B. durch Zillmerung von Vertriebskosten, die dazu führt, dass in den ersten Jahren praktisch kein Deckungskapital vorhanden ist) oder wenn Versorgungsberechtigten in bestimmten Fällen aus versicherungstechnischen Gründen atypische Risiken drohen (z. B. ein drastischer Rückgang des Versicherungsschutzes in der Elternzeit). Wenn der Versorgungsträger entsprechend der Vereinbarung mit dem Arbeitgeber die Gestaltung des Versorgungswerkes und der dazugehörigen Bedingungen im Wesentlichen selbständig übernimmt und hierdurch das Vertrauen des Arbeitgebers in Anspruch nimmt, hat er den Arbeitgeber aufzuklären, ihn auf mögliche Risiken hinzuweisen und alle rechtlichen Anforderungen zu beachten.

Auch soweit *Veränderungen* im Gesetz eine Anpassung des Versorgungswerkes (für Bestand oder Neuzugang) erforderlich machen, ist – jedenfalls gegenüber Arbeitgebern ohne große Rechtsabteilung – grundsätzlich eine Hinweispflicht anzunehmen, da der Einklang von Versorgungswerk und gesetzlichem Rahmen zum Kerngeschäft des Versorgungsanbieters gehört. Handelt es sich um ein Versorgungswerk, das seine Basis bzw. seinen rechtlichen Rahmen in einem Tarifvertrag hat, dann liegt es nahe, eine entsprechende Pflicht jedenfalls dann anzunehmen, wenn der Arbeitgeber bzw. der Verband oder die Gewerkschaft dem Versorgungsträger den Tarifvertrag und seine Änderungen zugänglich gemacht hat.

5 Auskunfts- und Informationspflichten externer Versorgungsträger gegenüber Versorgungsberechtigten

Auskunfts- und Informationspflichten bestehen nicht nur im arbeitsrechtlichen Grundverhältnis zwischen Arbeitgeber und Arbeitnehmer, sondern können sich auch zwischen einem vom Arbeitgeber mit der Durchführung der Versorgung beauftragten externen Versorgungsträger (Versicherer, Pensionskasse, Pensionsfonds oder Unterstützungskasse) und den Versorgungsberechtigten ergeben.

---

43 So ausdrücklich OLG Frankfurt, Urteil v. 30.1.2002, 7 U 108/01, NVersZ 2002, S. 400-401, VersR 2002, S. 1011 (LS).

Peter A. Doetsch / Arne E. Lenz

Der *Versorgungs- bzw. Versicherungsvertrag* ist bei den versicherungsförmigen Durchführungswegen Direktversicherung, Pensionskasse und Pensionsfonds als echter Vertrag zu Gunsten Dritter im Sinne von §§ 330, 328 BGB ausgestaltet, denn die Arbeitnehmer (gegebenenfalls ihre Hinterbliebenen) haben ein eigenes Leistungsforderungsrecht. Bei Leistungsstörungen haben sie gegebenenfalls einen eigenen Schadenersatzanspruch wegen Pflichtverletzung aus § 280 BGB. Entsprechendes gilt auch für die Altersversorgung mittels einer Unterstützungskasse. Diese wird im Rahmen eines Geschäftsbesorgungsvertrags für den Arbeitgeber tätig, dem zumindest Schutzwirkung zu Gunsten der Arbeitnehmer zukommt, auch wenn die Arbeitnehmer formell kein eigenes Leistungsforderungsrecht haben.

Soweit ein externer Versorgungsträger Arbeitnehmern Auskünfte gibt, haftet er nach § 280 BGB, wenn dies fehlerhaft, unvollständig oder irreführend geschieht, oder die Beratung mangelhaft ist. Dies gilt unabhängig davon, ob Organpersonen, Angestellte oder selbständige Agenten für ihn tätig werden.[44] Hauptanwendungsfälle dürften unrealistische Prognoserechnungen sein, falsche Standmitteilungen, das Unterlassen eines Hinweises auf eine bereits beschlossene bzw. mit hoher Wahrscheinlichkeit bald erfolgende Absenkung der Überschussbeteiligung oder eine Umstellungsmöglichkeit eines Versorgungstarifs.

Der externe Versorgungsträger kann auch verpflichtet sein, als Folge von Schutz- oder Obhutspflichten, den Versorgungsberechtigten über *Beitragsrückstände* oder schädigende Verfügungen des *Arbeitgebers* zu informieren und ihm anzubieten, die Beiträge selbst weiter zu zahlen[45]. Obwohl der Arbeitgeber bei der Direktversicherung der Vertragspartner des Versicherungsvertrages ist und ihm gegenüber Erklärungen wie Mahnungen oder Kündigungen abzugeben sind, besteht nach neuer Rechtsprechung[46] die vertragliche Nebenpflicht des Versicherers den im Hinblick auf die Altersversorgung *unwiderruflich Bezugsberechtigten* über Prämienrückstände zu informieren, damit dieser eine drohende Kündigung (und Beitragsfreistellung) seitens der Versicherung durch Andienung der Leistung abwenden kann und die Versicherung also fortgeführt wird.[47] Die Datenschutzbelange werden nach dieser Auffassung gewahrt, wenn der Versicherer mit seiner Mahnung an den Arbeitgeber für den Fall der Nichtzahlung auch auf die Folge der Information des Bezugsberechtigten hinweist. Für den Versorgungsträger kann es mitunter schwierig sein, den Arbeitnehmer zu informieren, da die einzelne, aktuelle Anschrift oft nicht bekannt ist.[48] In einer Entscheidung[49] hatte das BAG eine solche Informationspflicht als naheliegend bezeichnet, die Rechtsfrage aber letztlich offen-

---

44 Vgl. zur Haftung näher Hasse/Zimmermann, Deutschland: Rechtsgrundsätze der Beratungshaftung im Versicherungsvertrieb, Produkthaftpflicht international 1998, S. 42, (46f.).
45 Vgl. Hanau/Arteaga, Gehaltsumwandlung zur betrieblichen Altersversorgung, Teil C Rz.90, 488.
46 OLG Düsseldorf, Urteil v. 17.12.2002, 4 U 78/02, II. 1b der Gründe.
47 Die Fortführung „anstelle" des Arbeitgebers, also Übertragung der VN-Eigenschaft, bedarf dessen Zustimmung und ist wegen der steuerlichen Folgen nicht zu empfehlen.
48 Vgl. Langohr-Plato, BetrAV 1993, S. 196, Anmerkungen, S. 211 (212).
49 Urteil v. 17.11.1992, 3 AZR 51/92, AP Nr. 1 zu §7 BetrAV Lebensversicherung = BetrAV 1993, S. 196, 211 (mit Anmerkung Langohr-Plato) = BB 1993, S. 943.

gelassen. Für die Informationspflicht spricht, dass der Arbeitnehmer ohne die Information gegebenenfalls einen nicht reparablen Nachteil erleidet. Kommt es zur Insolvenz des Arbeitgebers, so besteht kein Sicherungsfall und damit keine Eintrittspflicht des PSV für den Beitragsschaden.

Arbeitsrechtliche Pflichten bestehen, so wurde allgemein bis zu dem EuGH-Urteil vom 9.10.2001[50], angenommen, nur im arbeitsrechtlichen Grundverhältnis, nicht dagegen im *Zuwendungsverhältnis* zwischen externem Versorgungsträger und Arbeitnehmer. In dem angesprochenen, dem EuGH vom BAG vorgelegten Fall, der eine deutsche Pensionskasse betraf, wurde ein solches Trennungsprinzip jedoch verneint. Der EuGH führte in der Entscheidung aus, dass derjenige, der vom Arbeitgeber mit der Durchführung der Leistungserbringung betraut wird, alles „in seiner Zuständigkeit" Liegende tun muss, damit die dem Arbeitgeber obliegenden Rechtsgrundsätze (hier: Gleichbehandlung von Männern und Frauen beim Entgelt) eingehalten werden. Denkt man diese Rechtsprechung weiter und unterstellt damit, dass die nationalen Gerichte sie sich auch außerhalb europarechtlicher Rechtsgrundsätze zu Eigen machen, dann liegt es nicht fern, auch von einem externen Versorgungsträger im Rahmen der betrieblichen Altersversorgung die Beachtung der Fürsorgepflicht zu verlangen. Sie unterlägen dann im Ergebnis den gleichen Auskunfts- und Informationspflichten wie der Arbeitgeber selbst.

6 Zurechnung von Pflichtverletzungen externer Versorgungsträger und ihrer Mitarbeiter

Der Arbeitgeber hat grundsätzlich nur für eigene Pflichtverletzungen einzustehen, nicht aber von Dritten. Etwas anders gilt aber dann, wenn der Dritte als „Erfüllungsgehilfe" des Arbeitgebers anzusehen ist.

Im Bereich der Auskunft und Information der Mitarbeiter über betriebliche Altersversorgung und insbesondere einer Entgeltumwandlung werden in vielen Fällen Dritte tätig, etwa Berater, Vermittler oder externe Versorgungsträger und deren Mitarbeiter. Für die Frage, wann sie als Erfüllungsgehilfen des Arbeitgebers anzusehen sind, ist darauf abzustellen, in welchem *Pflichtenkreis* sie gerade tätig sind. Sind sie im Pflichtenkreis des Arbeitgebers tätig, dann sind sie dessen Erfüllungsgehilfen. Sind sie im eigenen Pflichtenkreis tätig, dann werden Pflichtverletzungen dem Arbeitgeber nicht zugerechnet.

Was zum eigenen Pflichtenkreis gehört ist eine Frage der Umstände des Einzelfalls. Zum Pflichtenkreis des Arbeitgebers gehört beispielsweise die Auskunft über die vom Arbeitgeber eingerichtete betriebliche Altersversorgung, die Voraussetzungen und Höhe der aufrechterhaltenen Anwartschaft beim vorzeitigen Ausscheiden nach §2 Abs. 6 Be-

---

50 EuGH, Urteil v. 9.10.2001, C-379/99, BetrAV 2002, S. 93 ff. = BB 2001, S. 2322 ff.

trAVG[51], die Beratung der Arbeitnehmer bei der Entgeltumwandlung auf Anregung des Arbeitgebers oder Auskünfte zum Versorgungsausgleich.

Gibt der Arbeitgeber dagegen im Rahmen der Entgeltumwandlung lediglich einer Anzahl von Anbietern die Möglichkeit, ihr Angebot direkt seinen Mitarbeitern zu präsentieren, dann sind die Mitarbeiter der Anbieter im eigenen akquisitorischen Interesse tätig und keine Erfüllungsgehilfen des Arbeitgebers.

7 Folgen einer Pflichtverletzung

Falsche, unvollständige oder irreführende Auskünfte und gebotene, aber unterlassene Aufklärung stellen Pflichtverletzungen dar, die beim Vorliegen der weiteren Tatbestandsmerkmale (Verschulden und Schaden) nach § 280 BGB zu Schadenersatzansprüchen führen.

Der Arbeitgeber hat dem Arbeitnehmer gegebenenfalls nur den Schaden zu ersetzen, der sich aus dem Vertrauen auf die Richtigkeit/Vollständigkeit der Auskunft ergab (so genannter Vertrauensschaden bzw. negatives Interesse).[52] Ein Leistungs- bzw. Erfüllungsanspruch (z. B. auf die versehentlich mitgeteilte zu hohe Versorgungsleistung) besteht bei falschen Auskünften dagegen nicht.

Im Falle von pflichtwidrig unterlassenen Hinweisen oder Aufklärung ist der Arbeitnehmer so zu stellen, wie er bei Erfüllung der Pflicht gestanden hätte. Ist beispielsweise ein Verlust von Versorgungsansprüchen durch fehlende Information über ein Antragserfordernis bzw. eine kurze Antragsfrist entstanden, so hat der Arbeitgeber den Arbeitnehmer so zu stellen, als hätte er fristgemäß die Aufnahme in die Versorgung bzw. die Gewährung von Leistungen beantragt.[53]

Die Darlegungs- und Beweislast für die Pflichtverletzung trägt der Versorgungsberechtigte. Im Falle einer mangelhaften Aufklärung gehen die Gerichte allerdings bezogen auf die *Ursächlichkeit* der Pflichtverletzung für den Schaden von der „Vermutung des aufklärungsrichtigen Verhaltens" des Arbeitnehmers aus.[54] Es ist dabei gleichgültig, ob es damit zu Gunsten des falsch informierten Arbeitnehmers eine Umkehr der Beweislast oder „nur" einen Beweis des ersten Anscheins gibt. Die Ursächlichkeit der Pflichtverletzung für einen Schaden kann aber fehlen, wenn der Arbeitnehmer die Information aus ande-

---

51 So ausdrücklich Andresen/Förster/Rößler/Rühmann, Arbeitsrecht der betrieblichen Altersversorgung, Teil 10 C Rdnr. 55 mit Hinweis darauf, dass nur der Arbeitgeber über alle notwendigen Daten verfügt.
52 Vgl. OLG Stuttgart v. 20.7.2000, 7 U 255/99, VersR 2002 S. 555-556, NVersZ 2001 S. 17-18, bei falscher Auskunft eines Lebensversicherers über Zeitwert.
53 Vgl. zum Unterlassen eines Hinweises auf einen Versicherungsantrag BAG, Urteil v. 17.12.1991, 3 AZR 44/91, BB 1992, S. 2081 = DB 1992, S. 1938.
54 Vgl. BAG, Urteil v. 17.12.1991, 3 AZR 44/91 und BAG Urteil v. 18.12.1984, 3 AZR 168/82.

rer Quelle (z. B. vom Versorgungsträger) erhalten hat, wenn wegen der besonderen Umstände nicht erwartet werden konnte, dass der Arbeitnehmer sich auch bei vollständiger Aufklärung anders entschieden hätte[55], oder wenn die Lagebeurteilung bei vollständiger Information auch für einen Sachkundigen zweifelhaft gewesen wäre.[56]

Ein Mitverschulden des Arbeitnehmers für den eingetretenen Schaden scheidet in aller Regel aus. Der Arbeitnehmer darf grundsätzlich darauf vertrauen, dass Auskunft und Information zutreffen.

8 Dokumentation von Aufklärung und Information

Einrichtung und Änderung einer Versorgung:

In Deutschland besteht *keine Verpflichtung* zur Dokumentation der Erfüllung von Aufklärungs- und Informationspflichten. Eine solche Dokumentation ist aber vor und bei der Einrichtung, sowie bei späteren Änderungen der Altersversorgung zweckmäßig. Zwar muss grundsätzlich derjenige, der sich auf ein Recht beruft, das Bestehen desselben (in diesem Falle die Pflichtverletzung) darlegen und beweisen. Durch eine selektive Auswahl von Informationen oder Dokumenten kann aber auch der Anschein einer Pflichtverletzung entstehen. Der Arbeitgeber bzw. Versorgungsträger müsste dann darlegen und beweisen können, dass neben den vom Arbeitnehmer vorgetragenen Tatsachen weitere Informationen gegeben wurden.

Zu einer professionellen *Dokumentation* gehört es, festzuhalten, durch wen der Arbeitnehmer wann welche schriftlichen oder mündlichen Auskünfte oder Informationen erhalten hat und von dem hierbei verwendeten Material (Prospekt, Informationsschreiben, Präsentation, individuelles Schreiben, Berechnung usw.) ein Exemplar aufzubewahren. Bei mündlichen Informationen, die mehrfach in gleicher Weise gegeben werden, ist ein (aufzubewahrender) Gesprächsleitfaden – gleich einer Checkliste – zweckmäßig; bei individuellen Beratungen empfiehlt sich eine Notiz über den Gesprächsinhalt.

Falls sich die gegebene Auskunft oder Information als falsch bzw. mangelhaft herausstellt, so ist dies damit allerdings auch dokumentiert.

---

55 BAG, Urteil v. 13.11.1984, 3 AZR 255/84, AP Nr. 5 zu § 1 BetrAVG Zusatzversorgungskassen = BAGE 47, 169ff., siehe insb. LS 2c und I 3c der Gründe.
56 BAG, Urteil v. 15.10.1985, 3 AZR 612/83, AP Nr. 12 zu § 1 BetrAVG = VersR 1986, S. 691.

Peter A. Doetsch / Arne E. Lenz

Musterdokumentation:

Angesichts der Vielzahl der möglichen Fälle kann folgendes Muster nur als *Beispiel* dienen.:

> Herr .... von der Firma .... hat heute am... im Beisein der Personalreferentin Frau .... vor der Belegschaft eine Präsentation zum Thema... gehalten. Anschließend wurden den Interessenten Prospekte mitgegeben.

9 Zusammenfassung

Arbeitgeber, Berater und externe Versorgungsträger sollten auf dem Gebiet der betrieblichen Altersversorgung Auskunfts- und Informationspflichten Beachtung schenken. Dies gilt insbesondere für den Bereich der Umwandlung von Barvergütung in Leistungen, bei der für Arbeitnehmer eine komplexe Entscheidungslage besteht.

Der Arbeitgeber sollte hier eine bewusste Entscheidung treffen, ob er selbst oder durch Dritte über bereits bestehende oder geplante Altersvorsorgemöglichkeiten lediglich neutral informiert, oder ob eine bestimmte Versorgung empfohlen werden soll. Soweit Empfehlungen abgegeben werden, wird für deren Richtigkeit gehaftet. Bestehende Haftungsrisiken können jedoch durch die Einschaltung von fachkundigen Beratern oder durch eigenes sorgfältiges Vorgehen faktisch ausgeschlossen werden.

Auch für Berater, Versicherer und andere externe Versorgungsträger ergeben sich bei Auskunfts- und Informationspflichten neue Anforderungen. Die Arbeitgeber suchen nach Orientierung für die eigene Entscheidung und erwarten zum Teil eine Beratung der Arbeitnehmer durch Mitarbeiter der Anbieter. Hier ist eine bewusste Positionierung erforderlich, ob nur allgemeine Information oder individuelle Beratung geboten werden soll. Es wird zudem erwartet, dass Berater und Anbieter den Arbeitgeber bei Beginn (und im Verlauf) der Versorgung informieren, wenn sich Risiken bzw. Änderungserfordernisse aus dem rechtlichen Umfeld (Rechtsprechung, Gesetz, oder Tarifverträge, die dem Anbieter zur Verfügung gestellt wurden) ergeben.

Bei einer rechtzeitigen Auseinandersetzung mit Auskunfts- und Informationspflichten und Beachtung einer sachgemäßen Dokumentation sind aber keine großen Haftungsrisiken zu befürchten.

Ulrich Brock

Haftung des Vermittlers bei der betrieblichen Altersvorsorge

1 Allgemeines 241

2 Haftungssituation bei Beratung des Arbeitgebers durch den Einfirmenvertreter . 241

3 Haftungssituation bei Beratung der Arbeitnehmer durch
den Einfirmenvertreter 242
   3.1 Problemstellung 242
   3.2 Rechtlage 244

4 Handlungsmöglichkeiten für den Vermittler 245

5 Prophylaktische Schadenminderung 245
   5.1 Erweiterte Freistellung mit Regressverzicht des Versorgungsträgers 246
   5.2 Vermögensschadenhaftpflichtversicherung 246
   5.3 Freistellung durch den Arbeitgeber 246

6 Schadenvermeidung 247

7 Haftungssituation bei Beratung durch den Makler 249

1 Allgemeines

Durch die Änderungen des Gesetzes zur Verbesserung der betrieblichen Altersversorgung zum 1.1.2002 und insbesondere durch die Einführung eines Anspruchs auf Entgeltumwandlung und die damit verbundenen erweiterten Pflichten des Arbeitgebers haben sich die Spielregeln für den Bereich der betrieblichen Altersvorsorge auch für den Versicherungsvermittler wesentlich geändert. Angesichts der Neuregelung stellt sich für den Vermittler die Frage, ob er bei Beratungstätigkeiten zur betrieblichen Altersvorsorge einem Haftungsrisiko ausgesetzt ist. Dies kann nicht grundsätzlich verneint werden. Für eine präzisere Antwort kommt es darauf an, für wen und in welchem Vertriebsweg der Vermittler tätig wird und wer von ihm beraten wird[1].

2 Haftungssituation bei Beratung des Arbeitgebers durch den Einfirmenvertreter

Berät der Einfirmenvertreter den Arbeitgeber im Rahmen seiner Vermittlungstätigkeit, so haftet grundsätzlich nicht er für einen Beratungsfehler, sondern das Versicherungsunternehmen; der Vertreter sollte durch Freistellungserklärung und Regressverzicht geschützt sein. Eine persönliche Haftung des Vertreters kommt nur bei grober Fahrlässigkeit oder Vorsatz in Betracht oder nach der Bestimmung des § 311 Abs. 3 BGB ausnahmsweise dann, wenn der Vertreter ein unmittelbares eigenes, über das Provisionsinteresse hinausgehendes, wirtschaftliches Interesse an dem Vertragsabschluss hat und in besonderem Maße persönliches Vertrauen in Anspruch genommen und dadurch die Vertragsverhandlungen beeinflusst hat. Für die Annahme eines solchen Vertrauens reichen lediglich ein Verhandlungsvertrauen oder langjährige Kontakte aber nicht aus.

---

[1] Der BVK hat unter den Nr. 2/2002 ein ausführliches Dokument unter dem Titel „Grenzen und Risiken bei betrieblicher Altersversorgung" herausgegeben, das auch auf die Haftung des Vermittlers eingeht. Diese Dokumentation wird hier um die spezielle Haftungsfrage ergänzt, die sich bei der Beratung der Arbeitnehmer eines Betriebes im Auftrag des Arbeitgebers ergibt. Das BVK-Dokument kann durch Mitglieder über *www.bvk.de* oder die Geschäftsführung bezogen werden.

3 Haftungssituation bei Beratung der Arbeitnehmer durch den Einfirmenvertreter

Die Frage nach dem Haftungsrisiko stellt sich für den Einfirmenvertreter aber dann, wenn er bei der betrieblichen Altersvorsorge einen Arbeitnehmer berät. Entscheidend für die Antwort ist hier, ob er im Auftrage des Arbeitgebers nach Arbeitgebervorgaben dessen Mitarbeiter berät. In diesem Fall würde der Vermittler als „Erfüllungsgehilfe" im so genannten „Pflichtenkreis" des Arbeitgebers tätig, mit der Folge, dass er dem Arbeitgeber für seine Beratungsleistungen auch voll haften würde.

3.1 Problemstellung

Ausgangspunkt der Problemstellung ist, dass den Arbeitgeber seinerseits nach dem Gesetz zur Verbesserung der betrieblichen Altersversorgung (BetrAVG) eine weitreichende Haftung gegenüber dem Arbeitnehmer trifft, deren Umfang u. a. von der Art der Versorgungszusage und deren Inhalte stark variieren kann. In jedem Fall haftet der Arbeitgeber nach § 1 Abs. 1 Satz 3 BetrAVG dann immer für die Erfüllung der von ihm zugesagten Versorgungsleistungen.

Diese Zusagen werden im Rahmen der Entgeltumwandlung in einer so genannten „Entgeltumwandlungsvereinbarung" festgelegt und dabei zuvor in der zugehörigen Beratung des Arbeitnehmers besprochen. Für den Vermittler ist es nun entscheidend, ob er erstens genau die vom Arbeitgeber beabsichtigten Zusagen macht oder ob er die bAV-Haftung des Arbeitgebers durch seine Äußerungen zusätzlich erhöht. Zweitens ist es wichtig, dass der Vermittler (arbeits-) rechtlichen Auflagen (des Arbeitgebers) beachtet.

Leider ist es sehr leicht, Beratungsfehler zu begehen. Dies soll an einigen illustrierenden Beispielen demonstriert werden.

Nichtbeachtung von Tarifbindungen durch den Vermittler:

Unterliegt das Arbeitnehmerentgelt einer Tarifbindung, so darf dieses Tarifentgelt nur bei Vorliegen einer ausdrücklichen Erlaubnis der Tarifparteien für eine bAV umgewandelt werden. Diese Erlaubnis kann im Rahmen einer Tariföffnungsklausel oder in einem eigenen Tarifvertrag zur Entgeltumwandlung erteilt werden. Dabei können die Tarifparteien für diese Erlaubnis Auflagen vorgeben. Mittlerweile gibt es fast zweihundert derartige Tarifverträge, die sich inhaltlich sehr unterscheiden. Die Auflagen können sich nämlich auf die Entgeltarten beziehen (in einem Tarifvertrag zur Entgeltumwandlung darf nur das tarifliche Urlaubsgeld umgewandelt werden, in einem anderen darf gerade das tarifliche Urlaubsgeld nicht umgewandelt werden), auf die maximale oder minimale Höhe, auf tarifliche Arbeitgeberförderungen (der Metall-Tarif sieht keine tarifliche

Förderung des Arbeitgebers, der Chemie-Tarif dagegen eine sehr attraktive Arbeitgeberförderung vor), auf den Durchführungsweg, auf die Zusageart, auf den Versorgungsträger, auf den Zusageumfang etc.

Die Anzahl der Beratungsfallstricke ist beachtlich. Beachtet etwa der Vermittler die Bedingungen einer Tariföffnungsklausel nicht oder schließt gar (im Namen des Arbeitgebers) eine Entgeltumwandlungsvereinbarung ab, die Tarifentgelt umwandelt, für das es keine Ausnahmeerlaubnis gibt, so ist diese Entgeltumwandlungsvereinbarung rechtsunwirksam. Wird dies – etwa im Rahmen einer Betriebsprüfung der AOK – gewahr, so muss der Arbeitgeber die Entgeltumwandlungsvereinbarung rückabwickeln. Dies bedeutet die Rückzahlung der Entgeltumwandlungsbeträge des Arbeitnehmers und dabei die Nachentrichtung von eingesparten Lohnsteuern und Sozialabgaben. Im Gegenzug könnte der Arbeitgeber – je nach Formulierung der vom Vermittler getragenen Entgeltumwandlungsvereinbarung – fordern, aus seiner bAV-Zusage entlassen zu werden. Bleibt in diesem positiven Fall mindestens die Frage nach der Finanzierung der Rückzahlungen. Sollte der Versorgungsträger bereit sein, den Versorgungsvertrag zwischen ihm und dem Arbeitgeber ebenfalls rückabzuwickeln, so könnte der finanzielle Schaden für den Arbeitgeber begrenzt werden. Es ist aber auch denkbar, dass der Arbeitnehmer den Arbeitgeber auf Schadenersatz verklagt, weil der Arbeitnehmer einen Schaden (entgangene Chance zum Aufbau einer Altersvorsorge, entgangene Steuervorteile beim Aufbau einer Altersvorsorge) erlitten hat und dies auf Fehlberatung zurückführt. Der Schaden kann aber auch direkt beim Arbeitgeber entstehen etwa durch den Zwang zur Aufrechterhaltung der Versorgungszusage mangels unterlassenem Hinweis in der Arbeitnehmerberatung oder Weigerung des Versorgungsträgers zur Rückabwicklung. In diesem Fall hätte der Arbeitgeber de facto ungewollt eine arbeitgeberfinanzierte Versorgungszusage gemacht.

Veränderungen von Arbeitgeberzusagen durch den Vermittler:

Der Arbeitgeber kann seine Versorgungszusage als „Leistungszusage", „beitragsorientierte Leistungszusage" oder als „Beitragszusage mit Mindestleistung" zusagen. Jede der drei Zusagearten hat andere Haftungseigenschaften für den Arbeitgeber zur Folge. Hat der Arbeitgeber eine Beitragszusage mit Mindestleistung gemacht, so haftet er für die Finanzierung der Versorgungsleistung bis zur Höhe der Mindestleistung.

Berechnet nun der Vermittler – wie er es von der Privatrente her gewohnt ist – im Arbeitnehmerberatungsgespräch die mögliche Rente auf Basis der Entgeltumwandlung oder händigt gar dem Mitarbeiter einen Ausdruck einer „garantierten Betriebsrente" aus, so kann der Arbeitnehmer den Eindruck bekommen, dass ihm nun doch eine Leistungszusage mit garantierter Rentenhöhe gemacht worden ist – mit ganz anderen Haftungsrisiken als der Arbeitgeber eigentlich gewollt hatte. Würden sich die Richter der Argumentation des Mitarbeiters anschließen, so hätte der Arbeitgeber womöglich einen Schaden, für den er den Vermittler haftbar machen könnte.

Fehlberatung des Arbeitnehmers durch den Vermittler:

Gibt der Vermittler in der Beratung zur Entgeltumwandlung dem Mitarbeiter falsche Auskünfte, so setzt er sich ebenfalls einem Haftungsrisiko aus. Gibt er etwa auf die Frage nach dem Mindestentgeltbetrag des Arbeitnehmers, um bestimmte Arbeitgeberförderungen zu erhalten, einen zu niedrigen Wert an und erhält dann der Arbeitnehmer nicht die erwünschte Arbeitgeberförderung wegen Unterschreitung des Schwellwerts, so könnte der Arbeitnehmer auf Schadenersatz pochen.

Missachtung von organisatorischen Arbeitgeberwünschen durch den Vermittler:

Berät der Vermittler die Arbeitnehmer innerhalb der Geschäftsräume und -zeiten, ohne dies zuvor mit dem Arbeitgeber abgestimmt zu haben, so können gerade bei einer Schichtarbeit etc. erhebliche betriebliche Störungen die Folge sein. Eine Klagemöglichkeit des Arbeitgebers ergibt sich insbesondere dann, wenn im Rahmen der Entgeltumwandlungsberatung unabgesprochene zusätzliche Beratungen (Privatkranken-, -haftpflichtversicherung etc.) während der vom Arbeitgeber finanzierten Arbeitszeit durchgeführt werden.

3.2 Rechtslage

In fast allen diesen Fällen ist die Rechtslage nicht völlig eindeutig klar, da es bislang kaum ein gerichtliche Klärung der angesprochenen Haftungsfragen gab. Dies ist angesichts der noch frischen Gesetzesveränderungen und der langen Aufdeckungsfristen von Haftungstatbeständen weder verwunderlich noch darf eine schnelle endgültige Abklärung erwartet werden.

Im Streitfall könnte sich nämlich der Arbeitgeber darauf berufen, er habe de facto mit dem Vertreter einen Beratungsvertrag abgeschlossen, aus dem der Vertreter in Anspruch genommen werden könne. Der Versicherer könnte anführen, der Vertreter sei über seine agenturvertragliche Tätigkeit hinausgegangen, da er nicht den zu akquirierenden Kunden, sondern vielmehr dessen Mitarbeiter beraten habe. Der Vertreter könnte entgegnen, dass er im Rahmen seines Agenturvertrages als Erfüllungsgehilfe seines Unternehmens gehandelt habe, da die Vermittlung eines bAV-Produktes nicht lediglich einer Beratung des Arbeitgebers bedürfe, sondern unerlässlich auch des Arbeitnehmers, der schließlich einen Gehaltsverzicht erklären müsse, um die Versorgungszusage des Arbeitgebers und damit die Leistungen des Versorgungsträgers zu erhalten; insoweit liege die Beratung des Arbeitnehmers letztlich im Wesen der betrieblichen Altersvorsorge begründet.

4 Handlungsmöglichkeiten für den Vermittler

Der Vermittler steht daher vor der Wahl,
(1) jede bAV-Beratung von Arbeitnehmern bis zur endgültigen Klärung der Haftungsfragen einzustellen;
(2) weiterhin bAV-Beratungen von Arbeitnehmern durchzuführen, dabei alle Haftungswarnungen in den Wind zu schlagen und zu hoffen, dass sich im Klärungsprozess seine prinzipielle Haftungsfreiheit und/oder Schadenersatzfreiheit herauskristallisieren wird oder
(3) bAV-Beratungen durchzuführen und dabei prophylaktisch Schadenminderung und/oder Schadenvermeidung zu betreiben.

Die *erste Möglichkeit* ist wirtschaftlich riskant. Dem Vermittler bleibt nur die Hoffnung, dass der Arbeitgeber auf sich allein gestellt alles notwendige unternimmt, damit tatsächlich Entgeltumwandlungsvereinbarungen abgeschlossen werden. Wahrscheinlicher ist jedoch, dass eine „leere" Rahmenvereinbarung entstanden ist, die keinerlei Vermittlervergütung entstehen lässt. Es ist daher im Eigeninteresse des Vermittlers, aktiv bei der Mitarbeiterberatung mitzuwirken, weil nur so seine Vergütung gesichert werden kann. Wer die Möglichkeit eins wählt, schließt sich selbst von einem der wenigen boomenden Akquisitionsmärkte aus. Dies wiegt um so schwerer, da das Provisionsvolumen im Privatrentenbereich spürbar und wohl nachhaltig abnimmt – zu Gunsten der bAV.

Die *zweite Möglichkeit* ist juristisch riskant, weil die Entwicklung und Schnelligkeit der Klärung kaum eingeschätzt werden kann. Sie enthält aber auch ein hohes wirtschaftliches Kumul-Risiko, da sich im wahrscheinlich lang dauernden Klärungsprozess zahlreiche Haftungsrisiken aufkumulieren können.

Die *dritte Möglichkeit* entspricht einem zeitgemäßen Risikomanagement und wird vom Bundesverband der Versicherungskaufleute empfohlen.

5 Prophylaktische Schadenminderung

Bei der prophylaktischen Schadensminderung geht es darum, heute dafür Sorge zu tragen, dass bei zukünftig auftretenden Haftungsfällen der vom Vermittler zu leistende Schadenersatz in der Höhe vollständig oder teilweise minimiert wird.

Hier bieten sich vorrangig drei Lösungen an, nämlich eine Freistellung durch den Arbeitgeber, eine Vermögensschadenhaftpflichtversicherung sowie eine erweiterte Freistellung mit Regressverzicht des Versorgungsträgers.

Ulrich Brock

5.1 Erweiterte Freistellung mit Regressverzicht des Versorgungsträgers

Diese Möglichkeit besteht jedoch nur beim Einfirmenvertreter. Aber auch diese Lösung ist nicht ganz unproblematisch. Bei einem Vermittler, der als Versorgungsträger auch Unterstützungs-, Pensionskassen und -fonds vermittelt, müsste klar geregelt sein, dass sich die Freistellung des Versicherungsunternehmens auch auf diese Versorgungsträger bezieht. Doch damit nicht genug, es müsste zudem u. a. geklärt werden, ob auch diejenigen Haftungsfälle gedeckt sind, die nach einem Ausscheiden des Vermittlers aufgedeckt werden bzw. bei denen der Schaden erst nach dem Ausscheiden des Vermittlers entsteht – wenn auch die verursachende Beratung länger zurückliegt.

Bei der Durchsetzung einer erweiterten Haftungsfreistellung durch den Versicherer dürfte der einzelne Einfirmenvermittler überfordert sein. Hier sind die jeweiligen Vertretervereinigungen gefordert.

5.2 Vermögensschadenhaftpflichtversicherung

Für einen Makler besteht die genannte Möglichkeit jedoch prinzipiell nicht. Für ihn verbleibt wie für den Einfirmenvermittler oder den Mehrfachagenten u. a. der Schutz einer Vermögensschadenhaftpflichtversicherung. Viele Anbieter weigern sich allerdings, für Schäden einzustehen, die bei der Arbeitnehmerberatung verursacht werden. Hier ist jeder Vermittler gut beraten, bei seiner bestehenden Versicherung die Deckung derartiger Fälle abzuklären.

5.3 Freistellung durch den Arbeitgeber

Eine der juristisch sichersten Lösungen ist die dritte Möglichkeit, nämlich die Freistellung durch den (beauftragenden) Arbeitgeber. Allerdings dürfte sie die akquisitorisch heikelste Lösung sein und damit ohne praktische Bedeutung.

Der typische Mittelständler möchte nämlich so wenig wie möglich mit der betrieblichen Altersvorsorge „belästigt" werden. Sollte er nun zusätzlich veranlasst werden, eine Haftungsfreistellung zu unterschreiben nachdem er über die möglichen Risiken für ihn durch die Beauftragung des Vermittlers zur Durchführung von Mitarbeiterberatungen aufgeklärt wurde, so würde es eher zur Verhinderung eines Rahmenvertrags und damit des Gesamtgeschäfts führen als zur gewünschten Haftungsfreistellung. Doch dort, wo eine derartige Freistellung das bAV-Geschäft nicht gefährdet, kann nur dazu geraten werden, einen Vertrag mit dem Arbeitgeber abzuschließen, mit dem eine eigene Haftung soweit wie gesetzlich möglich ausgeschlossen wird.

6 Schadenvermeidung

Neben der Schadenminderung bei aufgetretenen Beratungsfehlern ist die Vermeidung von Fehlern des Vermittlers die zweite wichtige Prophylaxe. Ein Fehlverhalten liegt dann vor, wenn der Vermittler sich als Erfüllungsgehilfe des Arbeitgebers anders als vorgegebenen verhält, ohne dass sich der Vermittler auf Rechtsvorschriften berufen kann, die eine Abweichung von den Arbeitgebervorgaben begründen.

Daher empfiehlt sich folgende Vorgehensweise bei einer Arbeitnehmerberatung im Auftrag des Arbeitgebers:

(1) Klärung, was der Arbeitgeber beauftragt und was er dabei beachtet haben möchte,
(2) Dokumentation der Absprachen und Auflagen,
(3) Nachweis, dass die Absprachen und Auflagen eingehalten wurden.

Ein (ausgefülltes) Beispiel für eine Checkliste (Auszug aus der Checkliste einer bAV-Beratungssoftware), die zugleich als Dokumentation genutzt werden kann, ist in Abbildung 1 dargestellt.

Sollten dabei mehrere Mitarbeitergruppen zu Entgeltumwandlungsberatungen in einer Firma existieren (z. B. Prokuristen und Facharbeiter), für die unterschiedliche Versorgungszusagen beabsichtigt sind, so wird die Checkliste für die Entgeltumwandlungsberatung pro Gruppe benötigt.

Ein „Allheilmittel" zur Vermeidung eines jeden Haftungsereignisses ist eine derartige Checkliste freilich nicht, da jeder Fall unterschiedlich ist, sodass ein Haftungsrisiko niemals vollständig ausgeräumt, sondern stets nur minimiert werden kann. Nicht zuletzt zählt das Verhalten des Vermittlers und dabei die Beachtung der Vereinbarung. Ein checklistenorientiertes Vorgehen dient aber nicht nur der Haftungsvermeidung, sondern unterstützt eine qualifizierte Beratung. Dies trägt wesentlich zur Kundenzufriedenheit und damit auch zur Kundenbindung bei sowie zu einer erfolgreichen Forcierung des bAV-Geschäfts unserer Mitglieder.

Über die Nutzung von Checklisten hinaus, ist auch eine weitergehende Unterstützung durch eine bAV-Beratungssoftware zu überdenken. Es gibt Beispiele, die abgebildete Checkliste beinhalten sowie die Befolgung der Arbeitgeber-Anweisungen dokumentieren und so eine weitere Beweissicherung schaffen. Daneben werden die steuerlichen, arbeits- und sozialrechtlichen Vorschriften sowie die wichtigsten Tarifvereinbarungen zur Entgeltumwandlung automatisch beachtet und so die Beratung zusätzlich qualitätsgesichert. Eine derartige Softwareunterstützung dient gerade dem Vermittler, zu dessen Alltagsgeschäft die bAV (noch) nicht gehört. Die Erfahrung zeigt, dass mit geeigneter bAV-Beratungssoftware nicht nur die Beratungsfehler minimiert werden, sondern dass – durch die mitgelieferte akquisitorische Unterstützung – die Abschlussquote wie die Entgeltumwandlungshöhe deutlich steigen. Auf diese Weise werden nicht nur die Vergütungen sicherer (wegen Haftungs- und Schadenersatzvermeidung), sondern sogar höher.

Ulrich Brock

Abbildung 1: Checkliste einer Mitwirkungsvereinbarung

Mitwirkungsvereinbarung				
Firma Plastikron GmbH, Geschäftsführer Werner Kampmann				
Karl Nescio, Einfirmenvertreter PeKa				
Datum der Vereinbarung			18.6.2003	
Information der Belegschaftsvertretung		ja	x	nein
Anwesenheit des Vermittlers für Rückfragen		ja	x	nein
Vortrag zum Arbeitgeberangebot		ja	x	nein
Information der Belegschaft		ja	x	nein
Anwesenheit des Vermittlers für Rückfragen		ja	x	nein
Vortrag zum Arbeitgeberangebot		ja	x	nein
Durchführung Entgeltumwandlungsberatungen durch Vermittler		ja	x	nein
Tarifbindungen im Unternehmen			Chemie	
Versorgungszusagenart				
Leistungszusage		ja		nein x
Beitragsorientierte Leistungszusage		ja	x	nein
Beitragszusage mit Mindestleisung		ja		nein x
Erlaubte bAV-Produkte				
Versorgungsträger			PeKa Pensionskasse	
Produkt / Tarif			PeKa RAB01	
Altersversorgung		ja	x	nein
Kapitalabfindung		ja		nein x
Rente		ja		nein x
Hinterbliebenenversorgung		ja		nein x
Kapitalabfindung		ja		nein x
Rente		ja		nein x
Invaliditätsversorgung		ja		nein x
Kapitalabfindung		ja		nein x
Rente		ja		nein x
Verantwortlich für Beratungsanforderungsliste			Frau Kunze (Pers.Abt.)	
Verantwortlicht für Zulieferung der betrieblichen Mitarbeiterdaten zur Entgeltumwandlungsberatung			Herr Brems (Pers. Abt.)	
Startdatum der Mitarbeiterberatung			01.09.2003	
Beratung innerhalb der Firmenräume		ja	x	nein
Beratung innerhalb der Arbeitszeit		ja	x	nein
Wenn ja: Dürfen weitere Versicherungsthemen angesprochen werden?		ja		nein x
Nur bei Durchführungswegen DV/PK: Liegt Zustimmung des Arbeitgebers vor?		ja	x	nein
Wenn ja: Wieviel Prozent der Pauschalsteuer muß der Mitarbeiter übernehmen?			100%	
Gibt es eine freiwillige Arbeitgeberförderung?		ja		nein x
Wenn ja: Fixe Förderung in Höhe von:			€	
Wenn ja: Anteilige Weitergabe eingesprater Sozialabgaben in Prozent?			%	
Darf die Entgeltungumwandlungshöhe die 4%-BBG-Grenze übersteigen?		ja	x	nein
Wenn ja, bis zu welcher Höhe ohne Rückfrage?			2.750 €	
Darf eine Schätzung der späteren Versorgungsleistung in der Beratung vorgenommen werden?		ja		nein x
Wird die Beratungsleistung honoriert?		ja		nein x
Enddatum der Mitarbeiterberatung			15.10.2003	

Nur bei Antwort „ja" (Spaltenhinweis für eingerückte Zeilen)

7 Haftungssituation bei Beratung durch den Makler

Für den Versicherungsmakler gilt ohnehin die strenge Maklerhaftung, da er nicht „Erfüllungsgehilfe" eines Versicherungsunternehmens ist und sich daher nicht auf dessen Haftung zurückziehen kann. Der Makler ist aufgrund des Maklervertrages vielmehr Bundesgenosse und treuhänderischer Sachwalter seines Kunden, sodass er bei einer fehlerhaften Beratung auch unmittelbar durch den Kunden in Anspruch genommen werden kann. Daher gilt alles oben Beschriebene für ihn in „verschärfter" Form.

Im Hinblick auf das Haftungsrisiko bei der betrieblichen Altersvorsorge wird daher auch dem Makler empfohlen, die oben gegebenen Handlungsempfehlungen zu befolgen, wobei ihm die Haftungsfreistellung durch den Produktgeber verwehrt bleibt.

Wolfgang Drols

Die sechs Beratungsphasen bei der Arbeitgeber- und Arbeitnehmerberatung

1 Einleitung 253

2 Die beiden bAV-Vertragswerke des Arbeitgebers 254

3 Die sechs Beratungsphasen 256
   3.1 Phase 1: Aufklärung des Arbeitgebers 257
      3.1.1 Einsparpotenziale 258
      3.1.2 Verzögerungsnachteile 259
   3.2 Phase 2: Arbeitgeberakquise und -vorgaben 259
      3.2.1 Zulässigkontrolle 260
      3.2.2 bAV-Empfehlung für den Arbeitgeber 260
      3.2.3 Arbeitgebervorgaben 261
      3.2.4 Freiwillige Arbeitgeberförderung 261
      3.2.5 Mitwirkungsvereinbarung 262
      3.2.6 Dokumentation der Arbeitgeberberatung 263
   3.3 Phase 3: Information von Belegschaft und ihren Vertretern 264
   3.4 Phase 4: Vorbereitung der Entgeltumwandlungsberatungen 265
   3.5 Phase 5: Entgeltumwandlungsberatung 265
      3.5.1 Datenvervollständigung während der Beratung 265
         3.5.1.1 Nichtbetriebliche Einkommensdaten 265
         3.5.1.2 Kompletterfassung aller Arbeitnehmerdaten während
             der Beratung 266
      3.5.2 Nettobelastung einer Entgeltumwandlung 267
         3.5.2.1 Modellrechnung versus Individualrechnung 267
         3.5.2.2 Zulässigkeitsprüfung eines Entgeltumwandlungswunsches . . 270
         3.5.2.3 Finanzierungsquellen der Entgeltumwandlung 272
      3.5.3 Höhere Entgeltumwandlungsbeträge durch Nettooptimierung 273
      3.5.4 Arbeitnehmerberatung bei der bAV-Auswahl 276
         3.5.4.1 Auswahl der bAV-Produkte 276
         3.5.4.2 Leistungsberechnungen 277
      3.5.5 Beratungsdokumente 278
         3.5.5.1 Entgeltumwandlungsberatungsprotokoll 278

        3.5.5.2 Entgeltumwandlungsvereinbarung/Antrag 279
  3.6 Phase 6: Vorsorgevertrag des Arbeitgebers 279
      3.6.1 Arbeitgeberübersicht 280
      3.6.2 Vorsorgevertrag 280
      3.6.3 Änderungsregeln 280

4 Dokumente 280

5 Beratungssharing 281

6 Reine arbeitgeberfinanzierte bAV 281

7 Zusammenfassung 282

1 Einleitung

Verfolgt man die Berichterstattung zur betrieblichen Altersvorsorge (bAV) seit der Gesetzgebung zum BetrAVG im Mai 2001, so wird man einem Wechselbad ausgesetzt. Zunächst überstrahlte die Riester-geförderte Altersversorgung die gleichzeitig revolutionierte bAV. Dies änderte sich erst, als die Akquiseerfolge für die „Riester-Rente" nicht die erwünschten Ziele erreichten. An Erklärungen für die Unerfüllbarkeit der Erwartungen war trotz vorheriger Euphorie im Nachhinein kein Mangel. Sie reichten von der Verwaltungskomplexität bis hin zur relativ geringen staatlichen Förderung.

Nun ist die betriebliche Altersvorsorge der neue Hoffnungsträger. Die notwendigen Voraussetzungen scheinen erfüllt zu sein, denn die Förderung bei einer Entgeltumwandlung ist beachtlich. Die derzeit eingesparten Steuern und Sozialabgaben machen häufig mehr als die Hälfte des Bruttoaufwands aus. Kommen noch tarifliche oder freiwillige Arbeitgeberförderungen hinzu, so beträgt die Netto-Finanzierungsbelastung einer Betriebsrente häufig nur noch 30 Prozent von der Belastung einer vergleichbaren Privatrente. Daher verwundert nicht der prognostizierte dramatische Bedeutungsanstieg der bAV – zu Lasten der Privatrente. Hochrechnungen lassen für das bAV-Geschäft Milliardenprämien erwarten.

Dennoch stellen sich auch bei der bAV die Akquiseerfolge nicht auf breiter Front ein und erst recht nicht von selbst. Die ersten Zweifler werden laut und ziehen Parallelen zum enttäuschenden Verkaufsverlauf von Riester-Produkten. Zwar sind die Effekte ähnlich – doch deswegen nicht automatisch die Ursachen.

Die ersten Unterschiede fallen sofort auf. bAV-Produkte müssen vom Vermittler zweimal verkauft werden, nämlich dem Arbeitgeber und dem Arbeitnehmer. Dabei sind die Anforderungen dieser beiden Kunden an dasselbe bAV-Produkt unterschiedlich, teilweise sogar konträr. Die Anforderungen des Mitarbeiters ähneln den üblichen Kriterien einer Privatrente (z. B. Vertragsrendite), dagegen werden die Anforderungen des Arbeitgebers vom Arbeits- und Firmensteuerrecht geprägt. Akquiseerschwerend kommt hinzu, dass die meisten Arbeitgeber Mittelständler sind und dem Thema bAV fern stehen. Für sie ist eine Beratung umso wichtiger, zumal die Arbeitgeber sich der Einrichtung einer Betriebsrente bei entgeltumwandlungswilligen Mitarbeitern nicht mehr entziehen können. Doch bei den möglichen Beratern – vorwiegend Steuerberater und Vermittler/Makler – sind die neuen Bestimmungen zur bAV häufig noch nicht im ausreichenden Maße präsent.

Hier soll dieser Beitrag helfen. In ihm

- werden die beiden unterschiedlichen Vertragsverhältnisse beleuchtet, die der Arbeitgeber eingeht, wenn er eine betriebliche Altersversorgung einführt oder ausweitet,
- wird ein sechsphasiger Beratungsprozess vorgestellt, der die beiden bAV-Kunden (Arbeitgeber und Mitarbeiter) mit ihren unterschiedlichen Interessen berücksichtigt, schwerpunktmäßig in der Arbeitgeberberatung und der Entgeltumwandlungsberatung.

Wolfgang Drols

Betrachtet wird alles Folgende durch die Brille des Vermittlers (sei er Ein- oder Mehrfirmenvertreter oder Makler), der vor dem ersten bAV-Kontakt mit dem Arbeitgeber seine bAV-Produkte auf ihre Stärken und Schwächen untersuchen sollte. Hilfreich ist hier das Verständnis für die Arbeitgebersituation.

2 Die beiden bAV-Vertragswerke des Arbeitgebers

Richtet ein Arbeitgeber eine bAV ein, so hat er in der Regel zwei unterschiedliche Vertragspartner (Ausnahme: nicht rückgedeckte Direktzusage).

Zum einen ist es der Mitarbeiter, dem der Arbeitgeber eine Versorgung zusagt und der gegebenenfalls im Gegenzug die Finanzierung dieser Versorgung ganz oder teilweise übernimmt (etwa im Rahmen einer Entgeltumwandlung). Zum zweiten ist es ein Versorgungsträger (häufig in der Literatur mit dem Durchführungsweg gleichgesetzt), der die Versorgungsleistung für den Mitarbeiter erwirtschaften soll und diese direkt oder über den Arbeitgeber im Versorgungsfall an den Versorgungsberechtigten auszahlt. Als Gegenleistung entrichtet der Arbeitgeber zuvor in der Anwartschaftszeit Prämien bzw. Zuwendungen an den Versorgungsträger.

Abbildung 1: „Zwei Vertragswerke"

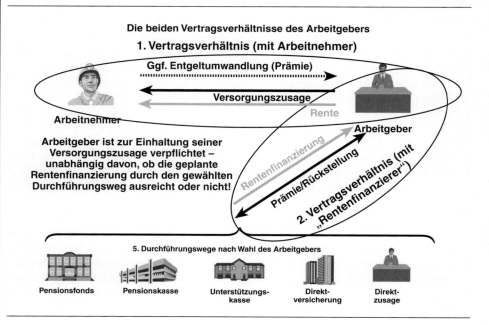

Hier stellt sich die Frage, inwieweit die beiden Vertragswerke zueinander kompatibel sind, d. h. ob sich Verpflichtungen aus dem einen Vertragswerk mit dem Arbeitnehmer in den garantierten Leistungen aus dem anderen Vertragswerk mit dem Versorgungsträger wiederfinden. Leider ist eine vollständige Kompatibilität die krasse Ausnahme. In der Regel geht der Arbeitgeber Verpflichtungen bei der Einführung einer bAV ein, die nicht vollständig durch den Versorgungsträger abgedeckt sind. Die Frage ist also nicht, ob Haftungsprobleme für ihn entstehen, sondern vielmehr welche und in welchem Ausmaße.

Es ist also durchaus möglich,

- dass der Arbeitgeber für eine Versorgungszusage ganz oder teilweise selbst einstehen muss, obwohl er zuvor einen zuverlässigen Versorgungsträger ausgesucht hat,
- dass für den Arbeitgeber zusätzliche Kosten (Gebühren, Zwangsabgaben) für Mitarbeiter und/oder ehemalige Mitarbeiter entstehen, die er allein zu finanzieren hat.

Die Eintrittswahrscheinlichkeit und die Eintrittskonsequenzen sind jedoch abhängig von der inhaltlichen Gestaltung der beiden Vertragswerke.

Beim *zweiten Vertragswerk* stehen dem Arbeitgeber bei der Auswahl des Durchführungswegs fünf Varianten zur Verfügung, nämlich er selbst (Direktzusage[1]), Unterstützungskassen, Direktversicherungen, Pensionskassen und Pensionsfonds. Die Direktzusage wie die Unterstützungskasse kann dabei (durch einen Versicherer) rückgedeckt sein oder nicht; Unterstützungskasse, Pensionskasse und Pensionsfonds können überbetrieblich oder auch firmeneigen sein. Die Durchführungswege können dabei pauschalversteuerungsfähig sein oder nicht und sie können Riester-förderungsfähig sein oder nicht. Allein die so möglichen Kombinationsmöglichkeiten erschweren jeden Durchblick durch ihre Vielfalt.

Doch auch im *ersten Vertragswerk* (mit dem Mitarbeiter) gibt es Varianten, nämlich drei unterschiedliche Versorgungszusagen. Die erste ist die Leistungszusage. Sie ist die „klassische" Versorgungszusage. Bei ihr werden zum Zeitpunkt der Zusage die Regeln zur Berechnung der Versorgungsleistungen festgelegt. Dies kann absolut sein (z. B. „monatliche Rente in Höhe von 250 €") oder relativ (z. B. „60 Prozent vom letzten Nettomonatsgehalt). Bei der zweiten Zusageart, der beitragsorientierten Leistungszusage, wird keine Leistung zugesagt, sondern nur, dass die Beiträge „gleichwertig" für die zugesagte Versorgung angelegt werden. Die Höhe der Versorgungsleistung hängt dabei von der Anlagegüte der Prämien ab. Dabei ist keineswegs ausgeschlossen, dass beim Eintritt des Versorgungsfalles nicht einmal der Gegenwert der Entgeltumwandlungsbeträge zur Verfügung steht. Die dritte Variante, die Beitragszusage mit Mindestleistung, entspricht der zweiten, wobei jedoch mindestens die eingezahlten Entgeltumwandlungsbeträge für die Versorgungsleistung zur Verfügung stehen müssen (siehe auch Beitrag von Margret Kisters-Kölkes).

Doch damit sind die Komplexität und die zunehmende Unübersichtlichkeit noch nicht beendet. Der Arbeitgeber hat nun die drei Zusagearten (gegenüber dem Mitarbeiter) mit den Möglichkeiten der Finanzierung seiner Versorgungszusage zu kombinieren und die für ihn beste Lösung (Kompatibilitätsprüfung) auszuwählen. Da einige Kombinationen in

---

1 In diesem Fall werden die Versorgungsleistungen durch den Arbeitgeber selbst erwirtschaftet; im Gegenzug darf er zur Finanzierung dieser Leistungen steuerliche Rückstellungen bilden.

sich widersprüchlich oder gesetzlich ausgeschlossen sind, verbleiben „nur" noch einige Dutzend unterschiedliche Kombinationen zur Bewertung. Verkomplizierend kommt hinzu, dass je nach Eigenschaften des bAV-Produktes die Mängel einer zugehörigen Kombination ausgemerzt werden können. Beispielsweise ist bei jeder Kombination unter Beteiligung des Durchführungswegs Pensionsfonds die Entrichtung von Beiträgen zum Pensionssicherungsverein gesetzlich vorgeschrieben. Übernimmt der Pensionsfonds die vollständige Finanzierung dieser Beiträge, so entstehen dem Arbeitgeber hierfür keine zusätzlichen Kosten. In diesem Fall wird also ein aus Arbeitgebersicht prinzipieller Nachteil einer Kombination durch eine arbeitgeberfreundliche Produktlösung wieder aufgehoben.

3 Die sechs Beratungsphasen

Sind nun die Produktstärken und -schwächen erkannt und die Konsequenzen von möglichen Tarifbindungen verinnerlicht, so sind alle Hausaufgaben vom Vermittler gemacht

Abbildung 2: Sechs Akquisephasen

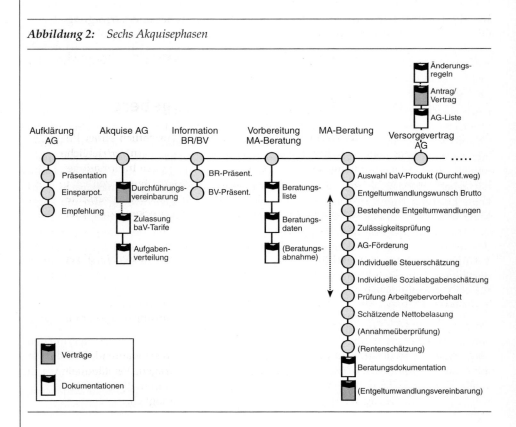

Die sechs Beratungsphasen bei der Arbeitgeber- und Arbeitnehmerberatung

und der Kontakt zum Arbeitgeber kann gesucht werden. In der Praxis hat sich ein sechsphasiger Akquiseprozess bewährt, der sich auch als Strukturierungshilfe für die anstehenden Akquisetätigkeiten anbietet.

In der *ersten Phase* steht die Information und Aufklärung des Arbeitgebers (und gegebenenfalls seines Steuerberaters) zum Thema bAV, zu seinen Verpflichtungen und Chancen sowie der Konsequenzen von Entscheidungsverzögerungen im Vordergrund.

Die eigentliche Akquise des Arbeitgebers erfolgt in der *zweiten Phase*. Hier wird u. a. dokumentiert, welche Zusageart, welcher Durchführungsweg mit welchem bAV-Produkt der Arbeitgeber zugelassen hat und welche gegebenenfalls notwendigen Beitrittsdokumente benötigt werden.

In der *dritten Phase* geht es um die Information von Belegschaft und Belegschaftsvertretern zu den Festlegungen des Arbeitgebers. Soweit Mitbestimmungsrechte zu beachten sind, so werden die entsprechenden Aufgaben zuvor wahrgenommen.

Die *vierte Phase* dient der Vorbereitung der *Phase fünf*, in der die Entgeltumwandlungsberatung sowie der Abschluss der vorgeschriebenen Entgeltumwandlungsvereinbarung stattfinden (erstes Vertragswerk).

In der *sechsten Phase* werden die Verträge zwischen Arbeitgeber und Versorgungsträger abgeschlossen (zweites Vertragswerk).

In den folgenden Abschnitten werden die einzelnen Phasen detaillierter beschrieben.

3.1 Phase 1: Aufklärung des Arbeitgebers

Die Phase 1 beginnt mit der Aufklärung des Arbeitgebers hinsichtlich seiner Pflichten, Rechte und Chancen bei der betrieblichen Altersvorsorge. Hier ist ein vertrieblicher Spagat notwendig. Einerseits sollte die Erst-Information alle wichtigen Informationen beinhalten und andererseits so knapp als möglich sein, um den Arbeitgeber zeitlich und inhaltlich nicht zu überfordern. Außerdem sollten (nicht nur aus Haftungsgründen) u. a. die Arbeitgeberrisiken dargelegt werden, allerdings ohne abschreckend zu wirken.

Ideal wäre folgendes *Vorgehen beim Erstkontakt*:

- Kurzpräsentation der bAV-Pflichten des Arbeitgebers und seiner Rechte, die er durch Verzögern von Entscheidungen ständig verringert;
- Darstellung der Einsparpotenziale;
- Gründe und Wege, eine Riester-geförderte Betriebsrente zu vermeiden;
- individuelle Empfehlung für bAV-Produkte und bAV-Einführung – Präsentation und Ausdruck.

Die Kurzpräsentation sollte idealerweise so angelegt sein, dass sie während der Präsentation den Informationsbedürfnissen der Teilnehmer (Nachfragen, Verständnisfragen) angepasst werden kann. Bei einer guten softwaregestützten Präsentation ist dies prinzipiell durch Verzweigungen (Hyperlinks) auf Detaillierungen möglich.

3.1.1 Einsparpotenziale

Die Einsparpotenziale des Arbeitgebers basieren auf Prämienreduzierung von Sozialversicherungsbeiträgen, die bis zum Jahr 2008 durch Entgeltumwandlungen möglich sind. Auch diese Aufgabe lässt sich am besten durch eine geeignete Software lösen. Dabei wird in der Regel folgendes Rechenschema verwandt:

Gruppe	Anzahl	Durchschnittswerte			Entgeltumwandlung
		Monatsgehalt	Sonderzahlungen		
Kranführer	10	3.200	1.600		2.000
Kalkulatoren	10	4.300	2.000		2.600

Gruppe	Sozialabgabenreduzierung AG p. a.			
	DZ, UK, PF	PK	DV	Riester
Kranführer	4.200	4.200	3.360	0
Kalkulatoren	3.214	3.380	2.278	0
Summe	**7.414**	**7.580**	**5.638**	**0**

Für die Arbeitnehmerschaft – gegebenenfalls segmentiert in Gruppen – werden die notwendigen, grau hinterlegten Angaben geschätzt.

Das Einsparungspotenzial wird neben den Beitragssätzen für Kranken- und Pflegeversicherung auch von der Höhe des sozialversicherungspflichtigen Einkommens sowie der Verwendbarkeit von Sonderzahlungen bei Direktversicherung und Pensionskasse bestimmt – bei letzterer soweit der geschätzte Entgeltumwandlungsbetrag die Grenze von vier Prozent BBG (in 2004: 2.448 €) übersteigt.

Unterhalb von 4 % BBG sind bei allen Durchführungswegen die Einsparpotenziale bei der Entgeltumwandlung gleich, sofern keine Riester-Förderung (keine Einsparung) und/ oder keine Direktversicherung vorliegt. Bei der Direktversicherung liegt die maximale Minderung des sozialversicherungspflichtigen Einkommens in der Regel bei 1.752 €. Die geringere Ersparnis bei Direktversicherung wird im Beispiel an der Gruppe der Kranführer deutlich.

Die maximale Minderung kann jedoch nur dann eintreten, wenn das sozialversicherungspflichtige Einkommen nach der Entgeltumwandlung unterhalb der Beitragsbemessungsgrenzen liegt. Dies trifft für die Gruppe der Kalkulatoren nicht mehr zu, daher sind dort trotz höherer Entgeltumwandlungen die Einsparpotenziale geringer als bei den Kranführern. Beim Durchführungsweg Pensionskasse können insgesamt bis zu einem Entgeltumwandlungsbetrag von 4.224 € (statt 2.472 bzw. 1.752 € in 2004) Sozialabgaben gespart werden. Bei den Kalkulatoren ist daher die Einsparung bei der Pensionskasse am höchsten.

Die sechs Beratungsphasen bei der Arbeitgeber- und Arbeitnehmerberatung

Den Einsparpotenzialen stehen jedoch meist auch bAV-bedingte Arbeitgeberkosten gegenüber. Diese können durch freiwillige oder tarifliche Arbeitgeberförderungen (z. B. „Chemie-Förderung"), Beiträge für Insolvenzsicherung der Versorgungsleistungen bei den Durchführungswegen Direktzusage, Unterstützungskasse und Pensionsfonds sowie Pauschalsteuer bei Direktversicherung und gegebenenfalls Pensionskasse entstehen, soweit diese nicht freiwillig vom Arbeitnehmer übernommen wird. Insgesamt können diese Zusatzkosten sogar höher sein als die o. a. Einsparungen.

Dies trifft natürlich besonders bei der Riester-Förderung zu, da hier prinzipiell keine Einsparungen möglich sind. Vielmehr erhöhen sich das Haftungsrisiko des Arbeitgebers sowie sein Verwaltungsaufwand bei einer Riester-Förderung erheblich. Aber auch dem Arbeitnehmer wird mit einer Riester-geförderten Betriebsrente kein Gefallen getan! Es gibt kaum einen Vorteil gegenüber der Riester-geförderten Privatrente! Aber die Nachteile sind zahlreich, da Riester-geförderte Betriebsrenten anders als Privatrenten nicht zertifiziert werden müssen. So sind meist die Mitnahmemöglichkeit beim Arbeitgeberwechsel sowie das – ohnehin sperrige – Zwischenentnahmemodell mit seinem Altersvorsorge-Eigenheimbetrag nicht gegeben. Hinzu kommen kann noch zusätzlich die Sozialversicherungspflichtigkeit der späteren Riester-Betriebsrente gegenüber der Riester-Privatrente. Einige Tarifparteien haben diese Unvorteilhaftigkeit für beide Seiten erkannt und in entsprechenden Tarifverträgen die Riester-Förderung in der bAV praktisch ausgeschlossen (z. B. Chemie-Branche).

Ist ein Ausschluss der Riester-Förderung in der bAV nicht tariflich ausgeschlossen, so ist bei den Durchführungswegen Pensionskasse, Pensionsfonds und Direktversicherung eine vom Arbeitnehmer gewünschte Riester-Förderung juristisch nicht zu vermeiden. Es ist daher für den Vermittler ratsam, für den Arbeitgeber zusätzlich zu seinem bAV-Angebot noch ein Riester-gefördertes Gruppen-Privatrentenprodukt parat zu haben. Mit einem derartigen Produkt sowie der richtigen Argumentation kann an die betriebswirtswirtschaftliche Vernunft der Arbeitnehmer appelliert werden – um so einen freiwilligen Verzicht auf den Anspruch einer Riester-Förderung zu erreichen.

3.1.2 Verzögerungsnachteile

Verzögert der Arbeitgeber seine Entscheidung zur bAV, so können sich für ihn Nachteile ergeben.

Dies kann zum einen eine Einengung seiner Auswahlrechte sein, und zum anderen können dies nicht realisierte Einsparungen bei den Sozialabgaben sein. Hier können Kalkulationen verlorener Einsparungen manche Entscheidungsverzögerungen verhindern.

3.2 Phase 2: Arbeitgeberakquise und -vorgaben

Ist der Arbeitgeber bereit, eine betriebliche Altersversorgung einzurichten oder zu erweitern, so müssen eine Reihe von Festlegungen getroffen werden.

Folgende Punkte müssen festgelegt werden:

- Auswahl der Durchführungswege,
- gewünschte Zusageart(en),
- zugelassene Vorsorgearten,
- bAV-Produkte/bAV-Partner (Versorgungsträger),
- Arbeitgeberförderungen,
- Mitwirkungen des Vermittlers.

3.2.1 Zulässigskontrolle

Prinzipiell ist der Arbeitgeber frei in seiner Entscheidung bezüglich Durchführungswegen, bAV-Produkten etc. Doch diese Entscheidungsfreiheit kann durch Einflussnahmen eingeschränkt sein, deren wichtigste Ursachen die Tarifvereinbarungen – inklusive Haustarife – sind.

Derzeit gibt es weit über einhundert Tarifvereinbarungen zur Entgeltumwandlung. Die Aufgabe eines guten Vermittlers ist es nun bei einer Tarifbindung herauszufinden, in wie weit Auswahlrecht des Arbeitgebers eingeschränkt ist. Er muss dabei Auskunft geben können,

- welche Durchführungswege verboten, abgeraten, wählbar, empfohlen oder gar vorgeschrieben sind,
- ob eine Riester-Förderung für mindestens ein bAV-Produkt möglich sein muss oder ob von einer Riester-Förderung abgeraten wird,
- welche Zusagearten verboten, abgeraten, wählbar, empfohlen oder gar vorgeschrieben sind,
- welche Vorsorgearten verboten, abgeraten, wählbar, empfohlen oder gar vorgeschrieben sind,
- welche Versorgungsträger und gegebenenfalls welche bAV-Produkte empfohlen oder gar vorgeschrieben sind.

Dieser Punkt ist häufig ein Doll-Punkt für die Beratung von tarifgebundenen Arbeitgebern. Einerseits führt die Missachtung von tariflichen Auflagen an dieser Stelle leicht zur Rechtsunwirksamkeit der späteren Entgeltumwandlungsberatungen mit all ihren Haftungstücken für den Vermittler (siehe Beitrag von Brock). Andererseits lässt die Komplexität den Vermittler schnell verzweifeln.

3.2.2 bAV-Empfehlung für den Arbeitgeber

Nach der Zulässigkeitskontrolle stehen die Auswahleinschränkungen für den Arbeitgeber fest. Ergibt diese Zulässigkeitskontrolle, dass nur noch genau ein Durchführungsweg, genau eine Zusageart, genau ein bAV-Produkt etc. zur Verfügung steht, so erübrigen sich weitere Auswahlüberlegungen.

Die sechs Beratungsphasen bei der Arbeitgeber- und Arbeitnehmerberatung

Gibt es dagegen eine mehr oder weniger breite Palette von (zulässigen) bAV-Produkten, so ist es Aufgabe des Vermittlers die richtigen Empfehlungen vor zu nehmen und die Stärken und Schwächen des vorgeschlagenen bAV-Gesamtpakets zu erkennen und die wesentlichen Erkenntnisse an den Arbeitgeber weiter zu geben.

Dabei werden zunächst wichtige Firmencharakteristika (Fluktuationsrate, Firmengröße, bAV-Know-how etc.) erhoben und um Arbeitgeberpräferenzen (Risikobereitschaft, Berücksichtigung von Arbeitnehmerinteressen auch bei Nachteilen für den Arbeitgeber etc.) ergänzt.

Hieraus kann ein Anforderungsprofil des Arbeitgebers erstellt werden und mit vorhandenen Profilen von bAV-Produkten bzw. Lösungspaketen verglichen werden.

Je nach Wunsch des Arbeitgebers können die passendsten Lösungen mehr oder weniger ausführlich besprochen werden.

Je nach Vertrauen zum Vermittler und abhängig von seinem bAV-Interesse wird sich der Arbeitgeber die Vorschläge mehr oder weniger ausführlich begründen lassen. In der Praxis ist das Beurteilungsvermögen des Arbeitgebers nicht stark ausgeprägt, sodass er vertrauensvoll der Vermittler-Empfehlung folgt oder die Entscheidung an Dritte – meist Steuerberater – delegiert.

Schwierig wird es für den Vermittler, wenn er für den Arbeitgeber kein passendes bAV-Produkt im Produktportfolio hat.

Während Makler und Mehrfachagenten die gewonnen Erkenntnisse für eine Produktausschreibung nutzen können, ist dies dem Einfirmenvertreter meist verschlossen.

Es ist daher ratsam – insbesondere für den Einfirmenvertreter – möglichst früh zu prüfen, ob der Arbeitgeber zur Zielgruppe seiner bAV-Produkte gehört.

3.2.3 Arbeitgebervorgaben

In diesem Schritt werden die getroffenen Auswahlen zu Durchführungswegen, Zusagearten, Vorsorgearten, bAV-Produkten samt Versorgungsträgern dokumentiert.

3.2.4 Freiwillige Arbeitgeberförderung

Einem Arbeitgeber steht es frei, Entgeltumwandlungen von Mitarbeitern zusätzlich zu fördern. Die dazu notwendigen Regeln müssen bei einer Entgeltumwandlungsberatung berücksichtigt werden und vorher dokumentiert werden.

Die Förderung kann in Form von finanziellen Zuschüssen erfolgen und/oder auch durch freiwillige Erweiterung der Ansprüche. So kann sich ein Arbeitgeber bereit erklären, höhere Entgeltumwandlungswünsche als vier Prozent BBG zu akzeptieren.

Eine *finanzielle Förderung* ist üblicherweise

- ein fixer, absoluter Zuschuss (z. B. 100 € p.a.),
- ein von der Entgeltumwandlungshöhe abhängiger linearer Zuschuss (z. B. zehn Prozent zuzüglich zum Entgeltumwandlungsbetrag des jeweiligen Mitarbeiters),
- eine gänzliche oder teilweise Weitergabe von Einsparungen des Arbeitgebers bei den Sozialabgaben des jeweiligen Mitarbeiters,
- Bereitschaft zur Pauschalversteuerung – soweit diese möglich ist – und gänzliche oder teilweise Finanzierung der anfallenden Pauschalsteuer einschließlich Kirchensteuern und Solidaritätszuschlag.

Mit diesen Festlegungen aus den Abschnitten 3.2.3 und 3.2.4 sind die Grundlagen für eine Entgeltumwandlungsberatung erfüllt. Sollte diese jedoch der Arbeitgeber durch den Vermittler durchführen lassen, so sind noch einige „Spielregeln" festzulegen und zu dokumentieren.

3.2.5 Mitwirkungsvereinbarung

Eigentlich könnte sich der Vermittler nach der Festlegung der Abschnitte 3.2.3 und 3.4 in Ruhe zurückziehen und abwarten, welche Entgeltumwandlungen – gegebenenfalls mit Arbeitgeberzuschüssen – zwischen Arbeitnehmer und Arbeitgeber abgeschlossen werden. In der Praxis sind jedoch gerade die mittelständischen Arbeitgeber überfordert, insbesondere dann, wenn eine Tarifbindung bei der Entgeltumwandlung zu beachten ist. In der Regel dürfte daher zwischen Arbeitgeber und Vermittler schnell Einigkeit bestehen, dass der Vermittler die Entgeltumwandlungsgespräche für den Arbeitgeber führt. Dies entlastet den Arbeitgeber nicht nur zeitlich, sondern befreit ihn auch von der Bürde, eigenes bAV-Know-how – hier insbesondere zum Arbeits-, Steuer-, Sozial- und Tarifrecht – aufzubauen. Doch auch der Vermittler profitiert von dieser Zusatzaufgabe, da die Überzeugung der Arbeitnehmer die Basis für BAV-Versorgungsverträge und damit für seine Vergütungen ist.

Doch mit der Entgeltumwandlungsberatung im Auftrag des Arbeitgebers begibt sich der Vermittler in eine unter Haftungsgesichtspunkten nicht eindeutig geklärte Situation. Ist nämlich die Beratung des Kunden Arbeitgeber durch Haftungsfreistellungen der Produktgeber (z. B. bei Einfirmenvermittler) oder durch Vermögensschadenhaftpflichtversicherungen bei Beratungsfehlern in der Regel gedeckt, so trifft dies bei der Entgeltumwandlungsberatung nicht mehr mit Sicherheit zu. Übersieht er in der Entgeltumwandlungsberatung eine fehlende Tariföffnungsklausel oder macht eine falsche Angabe zur Leistung des Arbeitgebers, so läuft er Gefahr, vom Arbeitgeber auf Schadenersatz verklagt zu werden.

Es ist daher ratsam, die Aufgabenverteilung zwischen Arbeitgeber und Vermittler in einer so genannten „Mitwirkungsvereinbarung" festzuhalten und dabei auch die Randbedingungen und Auflagen des Arbeitgebers zu dokumentieren. So sollte u. a. vereinbart werden, ob der Vermittler die Information von Belegschaftsvertretern vor sowie der Belegschaft in Betriebsversammlungen unterstützen oder gar durchführen soll. Es

Die sechs Beratungsphasen bei der Arbeitgeber- und Arbeitnehmerberatung

sollte zudem vereinbart werden, ob der Vermittler die Entgeltumwandlungsgespräche unterstützen oder gar verantwortlich durchführen soll. Im positiven Fall ist u. a. festzuhalten,

- wo diese Beratungen stattfinden sollen – etwa in den Geschäftsräumen oder nur außerhalb des Betriebsgeländes (etwa zu Hause beim Arbeitnehmer);
- wann diese Beratungen stattfinden sollen (innerhalb oder außerhalb der Dienstzeiten);
- wenn die Beratung innerhalb von Diensträumen und -zeiten stattfinden soll, ob andere Versicherungsthemen angesprochen werden dürfen und wenn ja, welche;
- ob vom Vermittler Aussagen zu späteren Rentenhöhen gemacht werden dürfen oder nicht;
- ob vom Vermittler Entgeltumwandlungsvereinbarungen vorbereitet und dem Arbeitnehmer zur Unterschrift vorgelegt werden dürfen.

Bei einer Mitwirkung des Vermittlers sind aber auch die Beistellleistungen des Arbeitgebers zu besprechen und festzuhalten. Die wichtigsten sind

- Erstellung und Zurverfügungstellung einer Liste der beratungswilligen Mitarbeiter,
- Zurverfügungstellung betrieblicher Arbeitnehmerdaten für die Entgeltumwandlungsberatung einschließlich gegebenenfalls notwendiger Informationen zum tariflichen Anteil des Einkommens.

3.2.6 Dokumentation der Arbeitgeberberatung

Alle getroffenen Vereinbarungen sollten prinzipiell dokumentiert werden. Je nach Umfang der Beratung schwankt auch der Umfang des Dokuments.

Hat sich der Arbeitgeber lediglich einverstanden erklärt, mit dem Vermittler und/oder einem Versorgungsträger die bAV-Neuerungen einzuführen, ohne weitere Festlegungen getroffen zu haben, so reicht ein Rahmenvertrag, in dem nur die geplante Zusammenarbeit dokumentiert wird.

Hat der Arbeitgeber *Vorgaben* gemacht zu

- Tarifbindungen im Unternehmen,
- Durchführungswege,
- Riester-Förderungen,
- Zusagearten,
- Vorsorgearten,
- bAV-Produkte/bAV-Partner (Versorgungsträger),
- Arbeitgeberförderungen,
- Mitwirkungen des Vermittlers,

so sind diese ebenso wie die vereinbarten Beistellleistungen des Arbeitgebers zu dokumentieren. Art und Umfang der erforderlichen Informationen sind vorrangig davon abhängig, ob und welche Tarifbindungen im Unternehmen existieren. So reichen die üblichen Einkommensdaten bei der Metall-Tarifbindung. Bei der Chemie-Tarifbindung sind zusätzliche Angaben zum tariflichen Weihnachtsgeld, Urlaubsgeld sowie vermögenswirksamen Leistungen notwendig, da nur diese tariflichen Entgelte umgewandelt werden dürfen.

Werden für mehrere Gruppen (unterschiedliche) Festlegungen getroffen, so sind diese gruppenweise zu dokumentieren.

Sind für den Versorgungsträger Beitrittserklärungen oder -anträge notwendig oder ratsam (z. B. bei Unterstützungskassen), so ist dies ebenfalls Bestandteil der Beratungsdokumentation. Soll der Beitritt sofort wirksam werden, so gilt es für den Vermittler eventuell vorhandene Annahmerichtlinien des Versorgungsträgers sofort zu überprüfen.

3.3 Phase 3: Information von Belegschaft und ihren Vertretern

Die Phase 3 beinhaltet die Information von Belegschaftsvertreter und der Belegschaft über die bAV-Festlegungen des Arbeitgebers sowie über das weitere Prozedere. Diese Information ist eigentlich Aufgabe des Arbeitgebers, doch kann in *Phase 2* verabredet worden sein, dass dies der Vermittler ganz oder teilweise übernimmt.

In diesem Fall ist der Vermittler gut beraten, wenn er nicht die gesamte Bandbreite der bAV mit all ihren Durchführungswegen und Zusagearten ermüdend referiert, sondern sich stattdessen auf die Darstellung des bAV-Angebots des Arbeitgebers und dessen Vorteilhaftigkeit für den Arbeitnehmer beschränkt und dabei die häufigsten Fragen vorab beantwortet. Dabei sollte etwas zur Unverfallbarkeit der Arbeitnehmeransprüche beim Arbeitgeberwechsel, zum Insolvenzschutz sowie zur Arbeitgeberförderung – soweit eine stattfindet – gesagt werden. Außerdem ist die weitere Vorgehensweise zu erklären – etwa was der Arbeitnehmer tun muss, um beraten zu werden (z. B. Eintrag in eine beim Personalbüro ausliegende Liste für Beratungstermine, mitzubringende Informationen etc.).

Existiert ein Personal- oder Betriebsrat, so ist dessen vorherige Information vor einer Betriebsversammlung selbst dann ratsam, wenn die Vorabinformation nicht explizit vorgeschrieben ist. Nichts hebt die Abschlussquote wie Entgeltumwandlungshöhe so sehr, wie eine Empfehlung der Belegschaftsvertretung in der Betriebsversammlung. Gibt es keine Belegschaftsvertretung, so gibt es häufig informelle Führer, die die gleiche Empfehlungsfunktion ausüben können. Viele erfolgreiche bAV-Vermittler führen eine komplette Entgeltumwandlungsberatung bei den Belegschaftsvertretern oder den informellen Führern im Vorfeld einer Belegschaftsversammlung durch. Zum einen lernen die Vertrauensleute besser das Prozedere kennen und zum anderen erfahren sie die signifikante Vorteilhaftigkeit der bAV am eigenen Leib. Nicht selten sind so überzeugte innerbetriebliche „bAV-Missionare" entstanden.

Die sechs Beratungsphasen bei der Arbeitgeber- und Arbeitnehmerberatung

3.4 Phase 4: Vorbereitung der Entgeltumwandlungsberatungen

Die Phase 4 ist eine reine vorbereitende Phase. In ihr wird die Beratungsliste („Wer wird wann und wo von wem beraten?") erstellt und es werden die beratungsnotwendigen betrieblichen Arbeitnehmerdaten der beratungswilligen Arbeitnehmer dem Vermittler zur Verfügung gestellt.

Sollten der Arbeitgeber und der Vermittler eine Abnahme der korrekten Berechnungen (z. B. der freiwilligen oder tariflichen Arbeitgeberzuschüsse) an Hand von Testfällen vereinbart haben, so findet sie am besten in dieser Phase statt.

3.5 Phase 5: Entgeltumwandlungsberatung

Die Phase 5 ist neben der Arbeitgeberakquise der zweite vertriebliche Dollpunkt. In dieser Phase geht es zuerst darum, die beratungsinteressierten Mitarbeiter zu überzeugen, dass eine Entgeltumwandlung für sie die beste – weil rentabelste – Altersvorsorge ist. Gemeinsam wird dann der jeweils individuell optimale Entgeltumwandlungsbetrag ermittelt sowie das optimale bAV-Produkt aus der Arbeitgebervorgabe ausgesucht. Wichtig ist, möglichst alle notwendigen Arbeitnehmerunterschriften (z. B. Entgeltumwandlungsvereinbarung) einzuholen. Nicht selten gelingt es sogar, die Beratenen zu bAV-Botschaftern bei den (noch) Beratungsunwilligen werden zu lassen.

Im Einzelnen geht es nun darum, den Arbeitnehmer zu unterstützen bei

- der Ermittlung seines optimalen Entgeltumwandlungsbetrags und
- der Auswahl der bAV-Produkte, für die der optimale Entgeltumwandlungsbetrag verwendet werden soll.

Dabei soll die gesamte Beratung rechtskonform verlaufen und dies sowie die Ergebnisse dokumentiert werden.

3.5.1 Datenvervollständigung während der Beratung

3.5.1.1 Nichtbetriebliche Einkommensdaten

Nicht alle für eine Entgeltumwandlungsberatung notwendigen Einkommensdaten können vom Arbeitgeber (*in der Phase 4*) geliefert werden.

So ist ein gegebenenfalls vorhandenes Partnereinkommen dem Arbeitgeber in der Regel gar nicht bekannt. Ähnliches gilt für zusätzliche steuerpflichtige Einkünfte (Mietüberschüsse etc.) oder Verlustzuweisungen.

Diese nichtbetrieblichen Einkommensdaten des Arbeitnehmers müssen vom Arbeitnehmer erfragt werden. Diese Daten dienen der genaueren Schätzung der Steuerersparnisse durch eine Entgeltumwandlung. Für die Berechnung der Ersparnisse bei den Sozialbeiträgen werden die nichtbetrieblichen Einkommensdaten nicht benötigt. Gleiches gilt für freiwillige oder tarifliche Arbeitgeberförderungen.

Eine unkorrekte Eingabe/Angabe nichtbetrieblicher Arbeitnehmerdaten führt daher höchstens zu einer unkorrekten Schätzung der Steuerersparnisse – jedoch nicht automatisch zu einer Rechtsunwirksamkeit der Entgeltumwandlung wie dies bei unkorrekten Eingaben zum Tarifeinkommen.

Der häufigste schwerwiegende Fehler ist die Nichtberücksichtigung von Partnereinkommen. Da mit dem Familieneinkommen auch die Steuerbelastung steigt, steigt im gleichen Maße auch eine Steuerentlastung durch die Entgeltumwandlung. Wird nun ein vorhandenes Partnereinkommen nicht berücksichtigt, so kommt dies bei einer Steuerschätzung einer Absenkung des Familieneinkommens gleich und damit einer (vermeintlichen) Absenkung der Steuerersparnis. Dadurch wird bei gleicher Brutto-Entgeltumwandlung durch eine Vernachlässigung des Partnereinkommens eine höhere Nettobelastung ausgewiesen. Geht man von einer gleichen Nettobelastung aus, so ergibt sich bei einer Berücksichtigung des Partnereinkommens ein höherer Entgeltumwandlungsbetrag als bei einer Nichtberücksichtigung. Der Unterschied hängt dabei vom Familieneinkommen und von der Entgeltumwandlung ab, erreicht aber meist einen dreistelligen Betrag pro Jahr.

3.5.1.2 Kompletterfassung aller Arbeitnehmerdaten während der Beratung

Eigentlich sollte die Kompletterfassung aller Arbeitnehmerdaten – und damit auch der betrieblichen Arbeitnehmerdaten – währen der Beratung durch Aktivitäten in Phase 4 vermieden werden. Leider ist eine Kompletterfassung in der Praxis nicht immer zu vermeiden. Im Folgenden werden einige Probleme dargestellt, die mit der Kompletterfassung verbunden sind.

Das wichtigste Problem ist nicht der höhere Erfassungsaufwand, sondern vielmehr die Korrektheit und Vollständigkeit der Daten. Die wenigsten Arbeitnehmer kennen ihre (jährlichen) Einkommensdaten. Vielmehr verfügen sie meist nur über eine Monatsabrechnung des letzten Monats, ohne etwas über die noch ausstehenden Zahlungen aussagen zu können. Doch nur diese dürfen tatsächlich umgewandelt werden. Im Fall von Tarifentgelten dürften nur die wenigsten wissen, wie viel von ihrem Weihnachtsgeld oder Urlaubsgeld tariflich bedingt und wie viel davon vom Arbeitgeber freiwillig gezahlt wird, obwohl für einige Tarifvereinbarungen genau diese Zahlen wichtig sind.

Noch problematischer wird der Fall, wenn noch nicht einmal die Arbeitgebervorgaben vorliegen. Dem Vermittler bleibt dann nichts anderes übrig, als den Mitarbeiter zu befragen, was er glaubt, was sein Arbeitgeber zur Arbeitgeberförderung, zu Durchführungswegen, zu Zusagearten, gegebenenfalls zur Pauschalversteuerung, zu bAV-Produkten etc. festgelegt haben könnte – oder zukünftig würde.

Die gesamte Folgeberatung steht damit unter dem Vorbehalt, dass die angenommenen Beratungsprämissen tatsächlich zutreffen. Wird trotzdem eine Beratung durchgeführt, so sollte sie unter den Vorbehalt einer Nachprüfung von Arbeitgebervorgaben wie der betrieblichen Arbeitnehmerdaten geschehen.

3.5.2 Nettobelastung einer Entgeltumwandlung

Eins der wesentlichen Beratungsleistung ist die Schätzung der Nettobelastung einer Entgeltumwandlung im Verhältnis zur Brutto-Entgeltumwandlung. Hierzu stehen mehrere Methoden zur Verfügung.

3.5.2.1 Modellrechnung versus Individualrechnung

Bei Modellrechnungen werden nicht die individuellen Einkommensdaten des Arbeitnehmers in der Beratung berücksichtigt, sondern es wird auf zuvor berechnete Beispielfälle zurückgegriffen. Je nach Anzahl und Differenzierungen der Modellrechnungen findet sich dann hoffentlich ein Beispiel, das mehr oder weniger nahe an die vorliegende individuelle Einkommens- und Steuersituation herankommt.

Bei einer Entgeltumwandlung ist eine Ähnlichkeit eines Modellbeispiels mit der Realität eher unwahrscheinlich. Ein und derselbe Umwandlungsbetrag wird durchführungswegspezifisch unterschiedlich versteuert. Es kann sogar vorkommen, dass ein bAV-Beitrag in bis zu vier Teilbeiträgen aufgeteilt werden muss, die dann jeweils unterschiedlich versteuert werden müssen. Zusätzliche Varianten können durch Arbeitgeberzuschüsse entstehen Die Vielfalt der benötigten Modelle ist bereits bei einem (festgehaltenen) Einkommen kaum noch überschaubar – geschweige denn für beliebige Einkommensgrößen.

Modellrechnungen haben daher heute an Bedeutung verloren, da die Berechnungsmöglichkeiten vor Ort angesichts fast durchgängiger Notebook-Ausstattung durchweg gegeben sind. Die wahrscheinlich erheblichen Abweichungen mit allen ihren Nachteilen (Minderumsätze wegen zu geringem Ausweis von Ersparnispotenzialen, Schadenersatzforderungen wegen zu großer Abweichungen) wiegen den geringen Vorteil („Handlichkeit" der benötigten Modellunterlagen) nicht auf und sind kaum vertretbar. Die Verwendung von Modellrechnungen ist daher nur in Spezialfällen und/oder höchstens bei ausgeprägter PC-Phobie überdenkenswert.

Im Gegensatz zu Modellrechnungen können bei Individualberechnungen die jeweilige Einkommens- und Steuersituation (meist sofort und vor Ort) berechnet werden. Dazu wird in der Regel ein Notebook samt geeigneter Software eingesetzt.

Zur Berechnung werden in der Praxis unterschiedliche Methoden eingesetzt. Sie unterscheiden sich im Besteuerungszeitraum (monatliche oder jährliche Steuerberechnung) oder in den Eingabedaten, die zur Berechnung benötigt werden.

Bei der letzten Variante gibt es zwei wichtige gegensätzliche Repräsentanten:

- steuersatzbasierte Berechnung und
- gehaltsabrechnungsbasierte Berechnung.

Steuersatz- versus gehaltsabrechnungsbasierte Berechnung:

Bei der gehaltsabrechnungsbasierten Berechnung werden Informationen benötigt, die auch für Steuerkarten wie für Lohnabrechnungen benötigt werden und daher für das Lohnbüro leicht zur Verfügung gestellt werden können.

Hierzu zählen im Wesentlichen:

- (erwartetes) Jahresgehalt sowie der noch auszuzahlende Anteil;
- Splitting/Nichtsplitting;
- Kinderanzahl, für die ein Anspruch auf Kindergeld bzw. Kinderfreibeträge besteht;
- Freibeträge, soweit sie auf der Lohnsteuerkarte eingetragen sind.

Berechenbare Freibeträge (wie Werbungskostenpauschbetrag, Vorsorgepauschale etc.) werden dabei nicht abgefragt, sondern mitberechnet.

Das Vorgehen wie die erforderlichen Eingaben entsprechen dabei den gewohnten Softwareprogrammen zur Einkommenssteuerberechnungen. Gleiches gilt für die Genauigkeit der Rechenergebnisse.

Eine gehaltsabrechnungsbasierte bAV-Software berechnet nun zweimal die Steuerbelastung. Einmal ohne Berücksichtigung einer Entgeltumwandlung bzw. eines Eigenbeitrags jeweils inklusiv Arbeitgeberzuschüsse (soweit vorhanden) und dann mit deren Berücksichtigung. Gleiches geschieht für die Sozialabgaben, wobei Beitragsbemessungsgrenzen, Beitragssätze etc. berücksichtigt werden müssen.

Die Differenz der beiden berechneten Steuerbelastungen stellt die Steuerersparnis dar (die im Extremfall aber auch negativ sein kann – etwa bei geringer Höhe der eingesparten Individualsteuer und bei gleichzeitiger Pauschalversteuerung). Die Differenz der berechneten Sozialbeiträge stellt die Ersparnis der Sozialbeiträge (für den Arbeitnehmer wie für den Arbeitgeber) dar.

Alle derartigen komplexen Berechnungen laufen in der Praxis im Hintergrund ab und stehen schnell und ohne weitere Eingaben „auf Knopfdruck" zur Verfügung. Der Preis hierfür ist eine komplexe Anforderung an die Software.

Anders dagegen bei den steuersatzbasierten Kalkulationshilfen. Hier wird der Steuersatz abgefragt. Dieser wird mit dem Entgeltumwandlungsbetrag multipliziert- und fertig ist die Steuerersparnis-"Berechnung". Sofern notwendig wird diese Ersparnis noch um Pauschalsteuerbeiträge gemindert. Dieser Rechenweg ist sehr simpel und benötigt höchstens einen einfachen Taschenrechner. Die Schwierigkeit liegt bei dieser Methode in der Ermittlung des verwendeten Steuersatzes. Nur in zwei Einkommensbereichen ist der erforderliche Steuersatz leicht zu bestimmen, nämlich (für 2004) bei Brutto-Jahreseinkommen von unter 7.664 € – hier ist der Steuersatz 0 Prozent – oder deutlich oberhalb von deutlich über 52.152 € – hier ist der Steuersatz 45 Prozent zuzüglich Solidaritätszu-

Die sechs Beratungsphasen bei der Arbeitgeber- und Arbeitnehmerberatung

schlag und Kirchensteuer – (jeweils für Ledige). Für Verheirate (mit Splitting) liegen die Grenzen ungefähr doppelt so hoch.

Die meisten Berechnungen werden jedoch für Arbeitnehmer benötigt, deren Einkommen zwischen diesen Grenzen liegt (Progressionszone). Hier ist der benötigte Steuersatz u. a. abhängig von der Einkommenshöhe, dem Splittingstatus und gegebenenfalls vom Partnereinkommen, der Entgeltumwandlungshöhe, der Besteuerungsart. Seine Kalkulation ist sogar noch komplexer als die oben angegebene gehaltsabrechnungsbasierte Methode. Daher werden hier aus Vereinfachungsgründen in der Praxis leichter zu ermittelnde Kalkulationsgrößen verwandt. Der Preis hierfür sind stattliche Abweichungen der „Ersparnisberechnungen" vom tatsächlichen Wert.

Die häufigste Vereinfachung ist die Verwendung des so genannten Spitzensteuersatzes, der angibt wie hoch der Steueranteil an den letztverdienten Euros ist. Liegt etwa das zu versteuernde Einkommen eines Ledigen in 2003 bei 61.200 €, so beträgt seine Steuern (ohne Solidaritätszuschlag und Kirchensteuer) bei 19.819 €. Für 36 € mehr beträgt die Erhöhung der Steuerschuld ca. 17,46 €, d. h. der Spitzensteuersatz beträgt 17,46 € / 36 € = 48,5 Prozent (ebenfalls ohne Solidaritätszuschlag und Kirchensteuer). Bei einer Entgeltumwandlung müsste nun eigentlich zu jedem Euro „sein" Spitzensteuersatz ausgerechnet werden, um dann pro Euro die Ersparnis zu berechnen und die einzelnen Ersparnisse letztendlich aufzuaddieren. Dabei verringert sich der Steuersatz von Euro zu Euro in der Progressionszone (daher auch der Name). In der Praxis wird daher meist der Spitzensteuersatz des letzten Euro verwendet, um ihn für die gesamte Entgeltumwandlung zu nutzen. Je nach Einkommenshöhe kann die sich daraus ergebende jährliche Abweichung im zweistelligen Euro-Bereich liegen, sogar Abweichungen bis zu ca. 550 € sind erreichbar (bei einer Umwandlung von vier Prozent BBG). Doch damit sind die Fehlerquellen noch nicht erschöpft. In der Regel wird nämlich der (eine verwendete) Spitzensteuersatz nicht an Hand des zu versteuernden Einkommens berechnet, sondern stattdessen das Brutto-Jahreseinkommen verwandt. Spätestens hier werden die Abweichungen so groß, dass eine derartige Beratung ihren Namen nicht verdient – und dazu wahrscheinlich schadenersatzpflichtig ist. Zusammen mit der letztgenannten „Vereinfachung" beträgt der Berechnungsfehler bei einem Doppelverdiener-Ehepaar mit zwei kleinen Kindern und 33.000 € Familieneinkommen bei einer Entgeltumwandlung von 2.448 € knapp über 1.000 €! Statt einer tatsächlichen Nettobelastung von 1.934 € wird in diesem Beispiel eine viel geringere Netto-Belastung vorgegaukelt, lediglich nur 919 €. Der Ärger für alle Beteiligten dürfte vorprogrammiert sein.

Leider werden die steuersatzbasierten Berechnungen von Programmierern gerne genutzt, weil die Programmierung besonders einfach ist. Die Leidtragenden sind jedoch die Vermittler und die beratenen Arbeitnehmer/Arbeitgeber. Wegen der Fehlerhaftigkeit dürfte ein derartiger Berechnungsansatz eigentlich nur in Spezialfällen verwandt werden und müsste ansonsten gebannt werden.

Erstaunlicherweise finden sich aber immer wieder derartige Ansätze in der Praxis – besonders bei Versicherungsgesellschaften.

Jahresrechnung versus Monatsrechnung:

Eine Berechnung der Steuer- und Sozialabgabeersparnisse für jeden der zwölf Kalendermonate einschließlich einer simulierten Jahresausgleichsrechnung dürfte zu den genauesten Berechnungsmethoden überhaupt gehören, sofern sie gehaltsabrechnungsbasiert ist. Dieser dreizehnfache Berechnungsaufwand gegenüber der Jahresrechnung bringt bei den Steuern keine höhere Genauigkeit, sondern nur bei den Einsparungen von Sozialabgaben.

Verzichtet man jedoch auf die o. a. dreizehn Einzelberechnungen und verwendet nur einen Kalendermonat, um diesen mit dem Faktor zwölf zu multiplizieren, so ergibt sich in der Regel ein erheblicher Fehler. In der Praxis verändert sich das monatliche Einkommen im Laufe eines Jahres. Lohnsteigerungen wie Sonderzahlungen (Urlaubsgeld, Weihnachtsgeld) machen nahezu jeden Kalendermonat unrepräsentativ für das gesamte Jahr.

Verwendet man zur monatlichen Berechnung eins der Lohnsteuerprogramme, wie sie im Internet nahezu kostenfrei angeboten werden, so ist zu beachten, dass bei der Lohnsteuer einige Freibeträge (hier: Kinderfreibetrag) prinzipiell nicht berücksichtigt werden.

Insgesamt bieten die Monatsberechnungen nur Genauigkeitsvorteile, wenn jeweils für alle Kalendermonate die Steuer- wie die Sozialabgabenersparnisse berechnet werden. Dies erfordert jedoch einen erheblichen Aufwand bei allen Beteiligten. Die dreizehnfache Datenvolumen muss bereitgestellt, eingegeben und berechnet werden.

Die Berechnung eines angeblich „repräsentativen" Monats samt Verzwölffachung dürfte nur in Ausnahmefällen zu halbwegs brauchbaren Ergebnissen führen.

3.5.2.2 Zulässigkeitsprüfung eines Entgeltumwandlungswunsches

Bevor die Berechnung der Einsparung einer Entgeltumwandlung berechnet werden kann, muss zunächst die Zulässigkeit des Entgeltumwandlungswunsches geprüft werden.

Als erstes muss die Entgeltumwandlungshöhe mindestens ein Hundertsechzigstel der Bezugsgröße nach § 18 Abs. 1 SGB IV betragen.

Doch auch nach oben gibt es Beschränkungen für zulässige Entgeltumwandlungshöhen. Prinzipiell besteht ein Anspruch auf eine Entgeltumwandlungshöhe von vier Prozent BBG. Diese kann vom Arbeitgeber angehoben werden. Sie kann aber auch gemindert werden, und zwar durch

- bestehende Entgeltumwandlungen (z. B. verursacht durch einen Arbeitgeberwechsel im laufenden Jahr in Verbindung mit einer bereits durchgeführten Entgeltumwandlung beim früheren Arbeitgeber);
- zu geringe noch auszuzahlende Entgelte;
- zu geringe umwandelbare Tarifentgelte.

Die sechs Beratungsphasen bei der Arbeitgeber- und Arbeitnehmerberatung

Bestehende Entgeltumwandlungen:

Hat der Arbeitnehmer im Laufe des Jahres bereits eine Entgeltumwandlung vorgenommen, so reduziert diese Inanspruchnahme seinen Entgeltumwandlungsanspruch für dieses Jahr um den umgewandelten Betrag.

Die Ermittlung des bereits umgewandelten Betrags sollte für den Arbeitgeber einfach sein, wenn der Arbeitnehmer bereits das ganze Jahr in der Firma war. Anders ist es, wenn der Arbeitnehmer unterjährig zum Arbeitgeber gewechselt ist.

In diesem Fall ist er – analog wie bei der Ermittlung des Urlaubsanspruchs – auf die Angaben des Arbeitnehmers angewiesen. Allein Entgeltumwandlungen, die nach § 3 Abs. 63 EStG steuerfrei blieben, sind in Zeile 19 der Lohnsteuerkarte ausgewiesen.

Der Vermittler muss daher im Rahmen der Arbeitgeberberatung klären, ob der Arbeitgeber an der Anspruchsgrenze von vier Prozent BBG festhält oder mit höheren Beträgen einverstanden ist, um dann bei der Zulässigkeitsprüfung diese Grenze um den bereits umgewandelten Betrag entsprechend zu erhöhen.

Verfügbare Entgeltbeträge:

Zur Umwandlung dürfen nur noch nicht ausgezahlte Entgelte verwendet werden. Gerade zum Jahresende kann es vorkommen, dass der Entgeltumwandlungswunsch höher ist als das noch nicht ausgezahlte Entgelt.

Der Vermittler muss daher für das laufende Jahr prüfen, ob für die gewünschte Entgeltumwandlung ausreichende, noch nicht ausgezahlte Entgelte zur Verfügung stehen.

Die Information über noch nicht ausgezahlte Entgelte sollten vom Arbeitgeber stammen. Da diese Information in der Regel monatlich altert, ist ein kurzer Abstand zwischen der Übergabe der betrieblichen Arbeitnehmerdaten und der Entgeltumwandlungsberatung anzuraten – zumindest im vierten Quartal!

Verfügbare Entgeltquellen:

Bei einer Tarifbindung müssen noch weitere Zulässigkeitsprüfungen vorgenommen werden. In der Regel können nur bestimmte tarifliche Entgelte umgewandelt werden, sofern diese noch nicht ausbezahlt sind. Welche tariflichen Entgelte prinzipiell umgewandelt werden dürfen, hängt von der Tarifvereinbarung ab und kann sehr unterschiedlich sein. So ist in dem einen Fall nur das tarifliche Urlaubsgeld umwandelbar und im anderen Fall alle Tarifentgelte mit Ausnahme gerade des tariflichen Urlaubsgelds.

In der Entgeltumwandlungsberatung werden also bei Tarifbindungen für die zur Umwandlung freigegebenen Tarifentgelte, auch die jeweils noch nicht ausgezahlten Beträge, benötigt. Sollte nämlich als einziges Tarifentgelt nur das im Mai ausgezahlte tarifliche Urlaubsgeld umgewandelt werden dürfen, so stünden in einer späteren Entgeltumwandlungsberatung (etwa im Juli) für das laufende Jahr keinerlei Tarifentgelte mehr zur Verfügung. Sollten weiterhin in diesem Beispiel keine außertariflichen Entgelte vorhanden sein, so ist für das laufende Jahr keine Umwandlung mehr möglich.

3.5.2.3 Finanzierungsquellen der Entgeltumwandlung

Ist die Entgeltumwandlungshöhe festgelegt und auf Zulässigkeit überprüft, so stellt sich die Frage, wie diese Entgeltumwandlung finanziert wird.

Hierzu stehen als Finanzierungsquellen zur Verfügung:

- freiwillige oder tariflich vorgegebene Arbeitgeberzuschüsse,
- Steuerersparnisse,
- Ersparnisse bei den Sozialbeiträgen,
- Nettoinvestition des Arbeitnehmers, d. h. Minderung seines Nettolohns.

Freiwillige Arbeitgeberförderungen:

Bei der freiwilligen Arbeitgeberförderung sind der Phantasie des Arbeitgebers keine Grenzen gesetzt, sofern Auflagen zur Gleichbehandlung etc. nicht verletzt werden.

In der Praxis treten vorrangig *zwei Zuschussarten* auf, nämlich

- ein fester Betrag für jeden Entgeltumwandlungswilligen – unabhängig von der Entgeltumwandlungshöhe;
- ein variabler Betrag, der von der Entgeltumwandlungshöhe und/oder von Einsparungen des Arbeitgebers abhängt.

Im ersten Fall reicht es, wenn in der Entgeltumwandlungsberatung der fixe Betrag bekannt ist. Im zweiten Fall ist eine Softwareunterstützung unverzichtbar. Berücksichtigt diese Software die in 3.2.4. beschriebenen Zuschussarten in ihrer Berechnung, so dürfte diese Unterstützung in der Praxis ausreichen.

Tarifliche Arbeitgeberförderungen:

Auch bei den tariflich vorgegebenen Arbeitgeberförderungen sind der Phantasie der Tarifparteien kaum Grenzen gesetzt – und dies wurde reichlich genutzt.

Will der Vermittler die Tarifbindungen nicht prinzipiell meiden, so hat er nur die Wahl sich auf wenige Tarifbindungen zu spezialisieren oder auf Beratungssoftware zurück zu greifen, die möglichst alle tariflichen Förderregeln beherrscht und dabei die laufenden Veränderungen berücksichtigt.

Eine Nichtbeachtung der Förderregeln kann zu Schadenersatzansprüchen führen!

Steuerersparnisse:

Eine der wichtigsten Finanzierungsquelle sind die Steuerersparnisse, die zudem meist deutlich höher sind, als vom Arbeitnehmer erwartet wird. Daher ist es akquisitorisch wichtig, diese Entlastung so präzise wie möglich darzustellen. Eine grobe Schätzung –

Die sechs Beratungsphasen bei der Arbeitgeber- und Arbeitnehmerberatung

ob als Modellrechnung oder steuersatzbasiert – ist aus Haftungsüberlegungen meist zu vorsichtig und damit deutlich zu niedrig.

Ersparnisse bei den Sozialbeiträgen:

Eine weitere wichtige Finanzierungsquelle sind Ersparnisse bei den Sozialbeiträgen – mindestens bis 2008. Auch hier ist es wichtig, die Einsparungen so genau wie möglich zu berechnen. Dies gilt besonders dann, wenn ihre Höhe Einfluss hat auf die freiwillige oder tarifliche Arbeitgeberzuschüssen bei einer Entgeltumwandlung.

Nettoinvestition:

Die Differenz zwischen dem (zulässigen) Entgeltumwandlungsbetrag einerseits und den freiwilligen oder tariflichen Arbeitgeberförderungen und den Ersparnissen bei Steuern und Sozialabgaben andererseits ergeben die Nettoinvestition des Arbeitnehmers. Dieser Betrag fehlt ihm bei einer Entgeltumwandlung tatsächlich in der Geldbörse.

Die Aufgabe des Vermittlers ist es nun, dem beratenen Arbeitnehmer aufzuzeigen, um wie viel günstiger es für ihn im Vergleich zu anderen Altersvorsorgemöglichkeiten ist, diesen Betrag in eine betriebliche Altersversorgung zu investieren. Dazu müssten eigentlich die Barwerte der bAV-Leistungen sowie die der Alternative, jeweils nach Steuern, miteinander verglichen werden.

Angesichts der anstehenden Gesetzesänderung zur Versteuerung von Rentenleistungen etc. ist eine Prognose der Vorsorgeleistungen nach Steuern besonders schwierig – zumal weitere Veränderungen bis zum Leistungseintritt wahrscheinlich sind.

Als eine probate Hilfsgröße hat sich hier bislang der so genannte Wirkungsgrad erwiesen. Dieser ist der Quotient aus der Entgeltumwandlung und der Nettoinvestition. Er gibt an, um wie viel Prozent eine bAV-Leistung später vor Steuern höher ist als eine Privatrente, die mit derselben Nettoinvestition finanziert wird. Dabei wird unterstellt, dass die Verzinsung der eingezahlten Prämien in beiden Fällen gleich ist. Sofern eingesparte Sozialbeiträge den Wirkungsgrad wesentlich beeinflussen, sind die geplanten Veränderungen zum 1.1.2009 zu berücksichtigen.

3.5.3 Höhere Entgeltumwandlungsbeträge durch Nettooptimierung

Bei der üblichen und leichteren Bruttooptimierung wird der Arbeitnehmer nach dem gewünschten Umwandlungsbetrags seines Bruttogehalts befragt. Wird zusätzlich die daraus entstehende Minderung des Nettoeinkommens berechnet, so meistens um sicher zu stellen, dass diese nicht zu hoch ausfällt. Bei der Nettooptimierung dagegen wird nach der zumutbaren Minderung des Nettoeinkommens gefragt und daraus unter Berücksichtigung aller steuerlichen und sonstiger Ersparnisse sowie Arbeitgeberzuschüssen die Höhe des umzuwandelnden Entgelts berechnet.

Beide Vorgehensweisen unterscheiden sich im Ergebnis deutlich. Die Nettooptimierung führt zu signifikant höheren Entgeltumwandlungen, bei ansonst gleichen Bedingungen. Die Entlastung durch Steuer- und Sozialabgabeersparnisse und gegebenenfalls durch freiwillige/tarifliche Arbeitgeberförderungen wird vom Arbeitnehmer deutlich unterschätzt. Als gewünschte Brutto-Entgeltumwandlungshöhe wird vom Arbeitnehmer zu vorsichtig und damit zu niedrig angegeben. Bei der Bruttooptimierung werden zumeist Jahresbeträge zwischen 700 € und 1.200 € genannt – und zugehörige monatliche Nettobelastungen zwischen 40 Euro bis 60 Euro unterstellt und als zumutbar empfunden.

Bruttooptimierung		
Entgeltumwandlung Brutto	700 €	1.200 €
Steuerersparnis	– 275 €	– 461 €
Sozialabgabeersparnis	–1 47 €	– 252 €
Nettobelastung	**278 €**	**487 €**

Im Rechenbeispiel für einen ledigen Arbeitnehmer mit 35.000 € Jahreseinkommen in 2003 mit den üblichen Randbedingungen (GKV etc.) erkennt man leicht, dass für die Brutto-Entgeltumwandlung von 700 € bzw. 1.200 € die Nettobelastung deutlich unter den vermuteten Werten von 40 € bzw. 60 € liegt.

Berechnet man für den gleichen Fall die Brutto-Entgeltumwandlung, in dem von der zumutbar empfundenen Nettobelastung von 40 bzw. 60 € ausgegangen wird, so ergibt sich folgendes Bild:

Nettooptimierung		
Nettobelastung	480 €	720 €
Sozialabgabeersparnis	250 €	378 €
Steuerersparnis	461 €	703 €
Entgeltumwandlung Brutto	**1.191 €**	**1.801 €**

Daraus ergeben sich höhere Bruttoumwandlungen, nämlich im ersten Fall 1.191 Euro statt 700 Euro und 1.801 Euro statt 1.200 Euro im zweiten Fall. Allgemein sind Unterschiede von 50 Prozent eher die Regel als die Ausnahme. Bei zusätzlichen tariflichen oder freiwilligen Arbeitgeberförderungen erreichen die Unterschiede leicht 100 Prozent.

Die sechs Beratungsphasen bei der Arbeitgeber- und Arbeitnehmerberatung

Überhaupt ist der tarifliche Bereich in der Regel besonders attraktiv für den Vermittler. Zum einen steigen meist, wie im obigen Beispiel gezeigt, die Prämien durch eine Arbeitgeberförderung und zum anderen ist der Vermittlerwettbewerb geringer. Letzteres liegt an der Komplexität der Tarifvereinbarungen. In dem einen Fall darf eine tarifliche Sonderzahlung gar nicht und im anderen nur genau diese tarifliche Sonderzahlung umgewandelt werden. Es kann Auflagen geben bei der Auswahl der Durchführungswege, bei den Vorsorgearten (Altersvorsorge, Hinterbliebenenvorsorge, Invaliditätsvorsorge), der Riester-Förderung, den Versorgungsträgern etc. Die Berechnung von tariflichen Arbeitgeberförderungen steht in der Kompliziertheit dem nicht nach. Es gibt Förderungen, die hängen vom Entgeltumwandlungsbetrag gar nicht ab, andere hängen nur linear davon ab und wieder andere wechseln innerhalb der Berechnungsmethoden hinsichtlich der Entgeltumwandlungshöhe (beim gleichen Arbeitnehmer). Letztere Förderung ist besonders tückisch bei der Nettooptimierung, bei der ja von vornherein die Bruttohöhe – und damit eben diese Berechnungsmethode – gar nicht feststeht.

Ein weiterer wichtiger Punkt, den es zu beachten gilt, ist das Partnereinkommen bei verheirateten Arbeitnehmern. Die Beispiele zeigen, dass sich die Prämien bei einer Berücksichtigung des Partnereinkommens um mehrere hundert Euro erhöhen.

Als *Zwischenfazit* ergibt sich:

- Eine Nettooptimierung führt im Vergleich zur üblichen Bruttooptimierung zu merklich höheren Prämien – und damit zu höheren Leistungen im Versorgungsfall sowie zu höheren Vergütungen für den Vermittler.
- Bei der Beratung eines verheirateten Arbeitnehmers, dessen Partner ebenfalls ein eigenes Jahreseinkommen hat, steigt die Prämie offensichtlich mit Berücksichtigung beider Einkommen.
- Tarifliche Arbeitgeberförderungen erhöhen deutlich das Prämiengefüge – allerdings bei erhöhter Gefahr, Auflagen des jeweiligen Tarifvertrags zu übersehen mit all ihren Folgen bis hin zur Schadenersatzleistung des Vermittlers (siehe Beitrag Brock).

Im Übrigen hat sich in der Praxis gezeigt, dass überzeugende Entgeltumwandlungsberatungen nicht nur die Abschlussquote (abgeschlossene Entgeltumwandlungsberatungen zu durchgeführten Beratungen) erhöhen, sondern auch signifikant die Durchdringungsquote (abgeschlossene Entgeltumwandlungsberatungen zur Gesamtzahl der Mitarbeiter).

Bei einfachen Abfragen („Möchten Sie 50 € oder 100 € pro Monat umwandeln? Bitte Zutreffendes ankreuzen!") liegt die Abschlussquote bei zwei bis fünf Prozent der Arbeitnehmerschaft und die Umwandlungsbeträge liegen bei durchschnittlich 750 € p. a.

Bei der Nutzung der Nettooptimierung wird von Abschlussquoten berichtet, die zwischen 30 und 70 Prozent liegen mit durchschnittlichen Entgeltumwandlungsbeträgen zwischen 1.000 € und 1700 € p. a.

Bei einer Firma mit 200 Mitarbeitern liegt damit das Prämienvolumen bei einer einfachen „Abfrage-Beratung" nach obigen Kenndaten zwischen 3.000 € und 7.500 €, während Beratungen mit Entgeltumwandlungsoptimierung zwischen 60.000 und 238.000 € liegen.

Im gleichen Maße unterscheiden sich dann auch die Vermittlervergütungen. Dies unterstreicht die Bedeutung eines richtigen Beratungsansatzes, bei dem die Arbeitnehmervorteile deutlich gemacht und mögliche Nettobelastungen berücksichtigt werden können. Natürlich ist im zweiten Fall auch der (zeitliche) Aufwand höher, doch liegt dieser bei geeigneter Unterstützung durch eine gute Beratungssoftware immer noch deutlich unter 30 Minuten pro Arbeitnehmer.

3.5.4 Arbeitnehmerberatung bei der bAV-Auswahl

Ist der Umwandlungsbetrag ermittelt, so steht nun die Festlegung dessen Verwendung an, d. h. die Festlegung des bAV-Produkts.

3.5.4.1 Auswahl der bAV-Produkte

Der Arbeitnehmer ist nicht völlig frei in der Wahl des bAV-Produkts. Er kann nur zwischen den bAV-Produkten samt der Vorsorgearten (Alters-, Hinterbliebenen-, Invaliditätsvorsorge) auswählen, die der Arbeitgeber (*in Phase 2*) frei gegeben hat.

Im Extremfall hat der Arbeitgeber nur ein einziges bAV-Produkt ausgewählt und dem Arbeitnehmer keinerlei Wahlmöglichkeiten bei der Vorsorgeart, Leistungsart (Kapitalauszahlung/Rentenzahlung) etc. gelassen. Unter diesen Bedingungen bleibt dem Arbeitnehmer nur die Entscheidung, ob er Entgelt umwandelt und gegebenenfalls wie viel (unter Beachtung von Zulässigkeitsauflagen).

Ein anderer Extremfall liegt vor, wenn der Arbeitgeber keinerlei Vorgaben in *Phase 2* gemacht hat. Diese Gegebenheit ermöglicht dem Arbeitnehmer die freie Auswahl bei den Durchführungswegen, den Vorsorgearten, den Zusagearten, den bAV-Produkten etc.

In diesem Fall stellt sich schnell die Frage, ob der Vermittler in Phase 2 den Arbeitgeber gut beraten hat. Denn die meisten Arbeitgeber dürften mit der drohenden Vielfalt von bAV-Produkten, Durchführungswegen, Zusagearten, Vorsorgearten, Riester-Förderungen bereits administrativ völlig überfordert sein.

Aber unabhängig von der Auswahlvielfalt zahlt es sich an dieser Stelle aus, wenn der Vermittler in *Phase 2* die Vorgaben des Arbeitgebers zu den Auswahlmöglichkeiten des Arbeitnehmers so klar wie möglich dokumentiert hat. Unklarheiten im bAV-Zusageverhältnis zwischen Arbeitgeber und Arbeitnehmer werden vor Gericht zu Gunsten des Arbeitnehmers ausgelegt (siehe Beitrag von Kisters-Kölkes). Erleidet der Arbeitgeber durch die Unklarheit einen Schaden, so könnte er geneigt sein, den Vermittler wegen mangelhafter Beratung (*in Phase 2*) dafür haftbar zu machen.

Der Regelfall dürfte sein, dass der Arbeitgeber pro Arbeitnehmergruppe einen Durchführungsweg, ein bAV-Produkt für die Altersvorsorge (gegebenenfalls mit Hinterbliebenenvorsorge) und eine Zusageart festgelegt hat. Häufig gibt es pro Arbeitgeber zwei Gruppen (Leitende und Nichtleitende).

Die sechs Beratungsphasen bei der Arbeitgeber- und Arbeitnehmerberatung

Dem Vermittler obliegt es nun, unter Beachtung der Vorgaben aus *Phase 2* dem Arbeitnehmer die für ihn richtige Empfehlung zu geben..

In der Praxis treten aber ebenfalls Arbeitnehmerberatungen auf, in denen der Vermittler die Vorgaben des Arbeitgebers nicht kennt oder der Arbeitgeber noch keinerlei Vorgaben gemacht hat.

In dieser Beratungssituation bewegt sich der Vermittler in einem verminten Gelände. Er sollte bei seiner Beratung deutlich machen, dass alles unter dem Vorbehalt steht und dass die besprochenen/beratenen Varianten einer Genehmigung durch den Arbeitgeber bedürfen. Im Extremfall kann das Ergebnis der Arbeitnehmerberatung diametral dem entgegenstehen, was der Arbeitgeber festgelegt hat bzw. festlegen wird. Folglich müsste die gesamte Arbeitnehmerberatung wiederholt werden. Dies führt in der Regel nicht nur zu einem zusätzlichen Zeitaufwand, sondern auch zum Unmut beim Arbeitgeber wie beim Arbeitnehmer.

3.5.4.2 Leistungsberechnungen

Ist das bAV-Produkt in der Arbeitnehmerberatung ausgewählt und mögliche Wahlrechte ausgeübt (Rentengarantiezeit etc.), so wird vom Vermittler gerne eine „Leistungsberechnung" durchgeführt, die die Richtigkeit der Produktauswahl unterstreichen soll. Nicht selten werden hier respektable Verzinsungen – meist über Fonds – in Beispielrechnungen vorgeführt. Der Vermittler ist dies aus dem Privatkundengeschäft gewohnt und der Arbeitnehmer interessiert sich dafür, wenn er vom Vermittler danach befragt wird. Nicht selten geht die Nachfrage sogar aktiv vom Arbeitnehmer aus.

Auch hier befindet sich der Vermittler in einem Minenfeld. Als Erfüllungsgehilfe des Arbeitgebers (siehe Beitrag von Doetsch/Lenz) ist er an dessen Anweisungen gebunden. Hat der Arbeitgeber eine Leistungsberechnung/-schätzung untersagt, so darf der Vermittler auch auf Nachfrage keine vornehmen. Im Sinne der o. a. Unklarheitenregelung sollte der Vermittler im Rahmen der Mitwirkungsvereinbarung hierzu eine Entscheidung des Arbeitgebers herbeiführen, diese dokumentieren – und sich selbstverständlich daran halten.

Selbst wenn der Arbeitgeber mit einer Leistungsberechnung einverstanden ist, sind die Haftungsprobleme für den Vermittler nicht beendet. Er darf nämlich nicht die Haftung des Arbeitgebers durch seine Beratung erhöhen. Hat der Arbeitgeber bei einer Entgeltumwandlung eine Beitragszusage mit Mindestleistung gemacht, so haftet er für eine Leistung, die den entrichteten Mitarbeiterbeiträgen entspricht – bezüglich der Kosten für biometrische Risiken. Er haftet nicht für eine meist so genannte „garantierte Rente" einer Deckungsschutz gebenden Versicherungsgesellschaft. Der Vermittler muss in einem solchen Fall klar machen, dass dies nicht eine Garantie des Arbeitgebers ist. Nicht selten ist im Übrigen selbst eine garantierte Rentenhöhe nicht tatsächlich garantiert. Vorhandene Treuhändervorbehalte im Vertragswerk des Versicherers, BaFin-verordnete Leistungsreduzierungen, Pensionskassensatzungen etc. können nämlich die Leistungen des Versorgungsträgers ohne Zustimmung des Arbeitgebers schmälern, ohne dass der Arbeitgeber wiederum seine zugesagten Leistungen im gleichen Maße mindern darf.

Der Vermittler sollte daher

- dafür Sorge tragen, dass klar ist, ob Leistungsberechnungen in den Arbeitnehmerberatungen vorgenommen werden dürfen und gegebenenfalls wie dies geschehen soll (separates Dokument, integriert in das Beratungsprotokoll);
- die Regelungen zu Leistungsberechnungen stets befolgen und dies dokumentieren;
- keiner Haftungserweiterungen des Arbeitgebers Vorschub leisten.

Sollte der Arbeitgeber im Übrigen keine Leistungsberechnung zulassen, so ist dies für den Vermittler keinesfalls ein Beinbruch. Die Vorteilhaftigkeit einer betrieblichen Altersvorsorge liegt nämlich nur zum geringen Teil in der Vertragsrendite, sondern in den (individuellen) Steuer- und Sozialabgabeersparnissen sowie in den freiwilligen oder tariflichen Arbeitgeberzuschüssen (siehe auch Finanztest 11/2003).

3.5.5 Beratungsdokumente

Analog der Arbeitgeberberatung sollte der Vermittler auch jede seiner Mitarbeiterberatungen dokumentieren.

Bei den Dokumenten in dieser Phase gibt es zwei unterschiedliche Arten. Die eine dient der Beratungsleistung des Vermittlers sowie die Ergebnisse. Hierzu gehört das „Entgeltumwandlungsberatungsprotokoll". Die andere Art betrifft Dokumente, die für die Vertragsbeziehungen des Arbeitgebers wichtig sind. Für die Vertragsbeziehung zum Arbeitnehmer ist die Entgeltumwandlungsvereinbarung (ersatzweise eine Einverständniserklärung) wichtig. Für die Vertragsbeziehung mit dem Versorgungsträger ist es im Wesentlichen der Antrag (siehe auch *Phase 6*).

3.5.5.1 Entgeltumwandlungsberatungsprotokoll

Die Entgeltumwandlungsberatung hat zwei Schwerpunkte. Zum einen ist es die Ermittlung der Entgeltumwandlungshöhe und zum die anderen Verwendung der Entgeltumwandlungsbeträge für bAV-Produkte.

Dabei können die beiden Beratungsteile innerhalb einer Beratung oder auf mehrere Beratungstermine verteilt sein. Auf jeden Fall sollte pro Beratungstermin ein Beratungsprotokoll erstellt werden. In ihm sollten die besprochenen Ergebnisse ebenso festgehalten werden, wie nicht angesprochene Punkte (z.B. Rentenberechnung), soweit diese vom Arbeitgeber untersagt waren, oder die Randbedingungen/zugehörigen Informationen (Anwesende, Termin, Ort etc.).

Gerne und häufig wird von Vermittlern und/oder Versorgungsträgern dem beratenen Arbeitnehmer ein Vorschlag unterbreitet, der im Wesentlichen eine Leistungsberechnung darstellt. Manchmal heißt dieses Dokument sogar „Angebot", obwohl der Arbeitnehmer kein Vertragspartner des Versorgungsträgers ist.

Hier sollte der Vermittler im Rahmen der Mitwirkungsvereinbarung Klarheit schaffen, ob ein derartiger Vorschlag erlaubt ist und welche Auflagen es gegebenenfalls für einen Vorschlag gibt.

3.5.5.2 Entgeltumwandlungsvereinbarung/Antrag

Annahmerichtlinien für den Arbeitnehmer:

Ist in der Mitwirkungsvereinbarung festgelegt worden, dass der Vermittler sogar Entgeltumwandlungsvereinbarungen und/oder Anträge dem Arbeitnehmer zur Unterschrift vorlegen soll – wobei es stets noch der Unterschrift des Arbeitgebers bedarf –, so gilt es gegebenenfalls vorhandene Annahmerichtlinien des Versorgungsträgers bezüglich des Arbeitnehmers zu überprüfen. Diese sind meist alters- und/oder gesundheitsabhängig.

Auch an dieser Stelle erweist es sich als vorteilhaft, wenn die Annahmerichtlinien bei der Produktfestlegung (*in Phase 2*) mit berücksichtigt wurden.

Ansonsten könnte der Fall auftreten, dass ein tariflich gebundener Arbeitgeber per Tarifvereinbarung gezwungen ist, einem Entgeltumwandlungswilligen eine Hinterbliebenenversorgung anzubieten obwohl der Versorgungsträger wegen nicht unzureichendem Gesundheitszustand einen Deckungsschutz verweigert.

Entgeltumwandlungsvereinbarung:

Das Ziel der Entgeltumwandlungsberatung ist die Entgeltumwandlungsvereinbarung, in der geregelt wird, welches Entgelt und in welcher Höhe der Arbeitnehmer für eine betriebliche Altersversorgung von seinem Entgelt zur Verfügung stellt. Im Gegenzug erklärt der Arbeitgeber das umgewandelte Entgelt für eine gleichwertige betriebliche Altersvorsorge des Arbeitnehmers zu verwenden. Um Unklarheiten zu vermeiden sollte die Gegenleistung des Arbeitgebers so genau wie möglich beschrieben sein. Es sollten also mindestens der Durchführungsweg, die Zusageart und die Vorsorgeart(en) angegeben sein.

Antrag:

Sofern Einzelanträge vom Versorgungsträger gewünscht und vom Arbeitgeber zugelassen werden, bietet es sich an, die notwendigen Mitunterschriften des Arbeitnehmers an dieser Stelle einzuholen.

3.6 Phase 6: Vorsorgevertrag des Arbeitgebers

Sind alle notwendigen Mitarbeiterberatungen für den Vorsorgevertrag zwischen dem Arbeitgeber und dem Versorgungsträger absolviert, so steht der (formale) Abschluss des Vorsorgevertrags an.

3.6.1 Arbeitgeberübersicht

Die Arbeitgeberübersicht dient dem Arbeitgeber, sich einen Überblick zu verschaffen, welche Arbeitnehmer welche Entgeltumwandlungshöhen für welche bAV-Produkte ausgewählt haben und welche Kosten (freiwillige/tarifliche Arbeitgeberförderungen, Anteil an Pauschalsteuer etc.) auf ihn zukommen.

3.6.2 Vorsorgevertrag

Der Vorsorgevertrag legt die Pflichten und Rechte der Vertragsparteien fest. Meist wird hier das Vertragsformular des Versorgungsträgers genutzt.

3.6.3 Änderungsregeln

Für alle Beteiligten (Vermittler, Arbeitgeber, Versorgungsträger) erleichtert es die zukünftige Zusammenarbeit, wenn festgelegt, wie Veränderungen (Kündigung von Leistungsanwärtern, Einstellungen von neuen Mitarbeitern etc.) gehandhabt werden sollen.

Ansonsten kürzt der Arbeitgeber seine Überweisungen an den Versorgungsträger, sobald ein Leistungsanwärter das Unternehmen verlässt. Ist der Umwandlungsbetrag des Nachfolgers ähnlich hoch, kann der Versorgungsträger nur an Hand von Zahlungsschwankungen ahnen, dass es Veränderungen gibt. Dies bedeutet Aufwand erst beim Versorgungsträger (Kontrolle der Zahlungseingänge und Interpretation der Schwankungen) und dann beim Arbeitgeber (Beantwortung der Nachfragen des Versorgungsträgers).

Es geht bei der Festlegung der Melderegeln aber nicht nur darum, unnötigen Mehraufwand zu vermeiden, sondern auch darum, die Veränderungen schnell zu erkennen und somit rechtzeitige Ratschläge zur Beachtung von Fristen (z. B. bei einer versicherungsvertraglichen Regelung) zu ermöglichen.

4 Dokumente

In den sechs Beratungsphasen haben Dokumente eine hohe Bedeutung, darunter einige, die das Vertragsverhältnis zwischen dem Arbeitgeber und dem Arbeitnehmer betreffen. Für deren Korrektheit und Vollständigkeit ist eigentlich der Arbeitgeber verantwortlich. Doch gerade der mittelständische Arbeitgeber ist damit überfordert.

Daher wird es immer mehr zur Gewohnheit, dass der Vermittler bzw. Versorgungsträger diese Arbeitgeberdokumente mitliefert. Nicht immer werden jedoch diese mitgelieferten Dokumente den an sie gestellten arbeitsrechtlichen Anforderungen gerecht. Dies gilt

Die sechs Beratungsphasen bei der Arbeitgeber- und Arbeitnehmerberatung

insbesondere für Angebote/Vorschläge, die ihre Existenz eher einem Interesse des Versorgungsträgers verdanken als einer arbeitsrechtlichen Auflage, die der Arbeitgeber zu erfüllen hat.

Der Vermittler sollte daher die vom Versorgungsträger angebotenen Hilfen und Dokumente nicht unkritisch nutzen. Bei Problemen – insbesondere in der Entgeltumwandlungsberatung – schützt ihn auch eine Gutgläubigkeit hinsichtlich der angebotenen Dokumente nicht vor Schadenersatzforderungen (siehe Beiträge von Brock und Doetsch/Lenz).

5 Beratungssharing

Häufig geschieht die Beratung des Arbeitgebers (*Phase 2*) und die der Arbeitnehmer (*Phase 5*) nicht durch ein und dieselbe Person. Umso wichtiger ist die Dokumentation der Arbeitgebervorgaben aus Phase 2 für die Arbeitnehmerberatung aus *Phase 5* – und deren Beachtung bei der Beratung!

Besteht zudem die Möglichkeit, dass der Arbeitnehmer seine Entgeltumwandlungsberatung bei einem Filialisten (Bank, Sparkasse, Poststelle) vornehmen kann und dabei die freie Wahl der Filiale hat und keinen Beratungstermin vorher abstimmen muss, so entsteht ein zusätzliches informationslogistisches Problem bezüglich der Verfügbarkeit der benötigten Arbeitgebervorgaben.

In der Praxis haben sich zwei Lösungen im Großen und Ganzen bewährt.

Die eine ist eher technisch geprägt. Hierbei werden die Vorgaben zu allen (zuvor beratenen) Arbeitgebern zentral vorgehalten, wobei diese dann bei Bedarf und arbeitgeberbezogen per Internet abgerufen werden können.

Die andere Lösung ist papiergebunden. Hierbei werden dem Arbeitnehmer (von der Personalabteilung) alle relevanten Daten (Arbeitgebervorgaben wie betriebliche Arbeitnehmerdaten) zur Beratung mitgegeben.

6 Reine arbeitgeberfinanzierte bAV

Das beschriebene Sechsphasenkonzept unterstellt unterschwellig stets eine anteilige oder vollständige Finanzierung der bAV-Aufwendungen durch den Arbeitnehmer (Entgeltumwandlung bzw. Entgeltumwandlung mit Arbeitgeberzuschüssen).

Es stellt sich daher die Frage, ob der beschriebene Beratungsprozess auch für eine reine arbeitgeberfinanzierte bAV genutzt werden kann bzw. durch einen schlankeren Prozess ersetzt werden sollte.

Da der Arbeitgeber sich vom Entgeltumwandlungsanspruch des Arbeitnehmers auch durch eine reine arbeitgeberfinanzierte bAV nicht „freikaufen" kann, muss stets damit gerechnet werden, dass ein Beratungsprozess selbst dann eine Gemischtfinanzierung (Entgeltumwandlung mit Arbeitgeberzuschüssen) unterstützen muss, wenn er mit einer reinen Arbeitgeberfinanzierung gestartet ist.

Dies bestätigen auch die Marktdaten. Nicht alle Versorgungsträger veröffentlichen zu ihrem Neugeschäft die Finanzierungsarten. Soweit derartige Daten vorliegen, so bewegen die reinen arbeitgeberfinanzierten betrieblichen Altersversorgungen sich meist deutlich unter der Fünfprozent-Marke.

Für reine Arbeitgeberfinanzierungen findet sich in der Praxis eine Beratungsfunktion, um die der beschriebene Beratungsprozess ergänzt werden kann. Es handelt sich dabei um die Berechnung der Arbeitgeberprämien vor und nach Unternehmenssteuern für beabsichtigte bAV-Leistungen.

7 Zusammenfassung

Der beschriebene Beratungsprozess ist geeignet für alle Durchführungswege und für alle Finanzierungsarten.

Er gibt dem Vermittler Durchführungssicherheit und dient der Vermeidung von Haftungsfällen. Er mindert das Arbeitgeberrisiko bei einer Entgeltumwandlungsberatung durch einen Vermittler und unterstützt den Arbeitnehmer bei der Ermittlung der individuell optimalen Entgeltumwandlungshöhe.

Durch den Einsatz von Beratungssoftware, die den beschriebenen Prozess unterstützt, wird nicht nur der Prozess für den Anwender entkomplexifiziert, sondern zusätzlich sicherer und schneller.

Teil 5

Beratungssupport

Michael Ries

Vertriebskonzepte in der betrieblichen Altersversorgung

1 Einleitung 287

2 Einführung der betrieblichen Altersversorgung 288
   2.1 Zugangsmöglichkeiten zum Arbeitgeber 288
      2.1.1 Arbeitgeberorientierter Ansatz 289
      2.1.2 Arbeitnehmerorientierter Ansatz 290
      2.1.3 Alternative Zugangsmöglichkeiten zum Arbeitgeber 291

3 Umsetzung der bAV im Unternehmen 294
   3.1 Information des Arbeitgebers 296
   3.2 Vertragliche Regelungen 296
   3.3 Information der Belegschaft 296
   3.4 Vorbereitung der Arbeitnehmerberatung 298
   3.5 Beratung der Arbeitnehmer 298
   3.6 Rückdeckung des Arbeitgebers und Abschluss der Einführungsphase 298

4 Betreuungsprozesse 299
   4.1 Ausscheiden von Mitarbeitern 299
   4.2 Neueinstellungen 299
   4.3 Leistungsfälle 299

5 Ausblick 300

1 Einleitung

Der Vertrieb der betrieblichen Altersversorgung unterscheidet sich gänzlich von der üblichen Vertriebsmethodik in der Finanzdienstleistungsbranche.

Dafür gibt es mehrere Gründe: Erstens hat der Vertrieb bzw. die vorausgehende Beratung in der bAV fast nichts mit der üblichen Beratung von Versicherungs- oder Bankprodukten zu tun, sondern beschäftigt sich in erster Linie mit arbeits- und steuerrechtlichen Vorschriften und Gesetzen.

Zweitens stellt sich die Hürde, dass in der bAV mindestens zwei Beratungen durchgeführt werden müssen. Die erste richtet sich an den Arbeitgeber (ArbG), die darauf folgende zweite Beratung wird beim Arbeitnehmer (ArbN) notwendig. Naturgemäß haben beide Beratungspartner völlig unterschiedliche Prämissen: Dem Kunden ArbG ist es wichtig, möglichst keine wirtschaftlichen Risiken einzugehen und seine zukünftigen Perspektiven genau kalkulieren zu können. Das Versorgungswerk muss auf diese Bedürfnisse hin genau abgestimmt und etwaige Haftungsrisiken erkannt und gemindert werden.

Daneben steht bei Arbeitgebern das Thema der Kosten einer bAV immer im Vordergrund. Gemeint sind damit Kosten in Form von Kapitalabfluss für PSV- Beiträge oder Verwaltungskosten als auch solche Kosten, die durch personellen Mehraufwand für die bAV im Unternehmen entstehen. Diese Präferenzen des Arbeitgebers muss der Berater kennen und für die Erarbeitung von Lösungsansätzen entsprechend fachlich qualifiziert sein.

Der zweite Kunde ist in der bAV der Arbeitnehmer, für ihn wird die Güte der bAV von der wirtschaftlichen Rentabilität seiner Investition bestimmt. Dabei spielt die Vertragsrendite nur eine untergeordnete Rolle, vielmehr ist das Verhältnis zwischen Nettoinvestition und Nettorente für Ihn relevant. Diese Verhältnis wird in der bAV als „Wirkungsgrad" bezeichnet.[1]

Wie bereits erwähnt, steht bei der Akquise der Arbeitgeber im Mittelpunkt. Zwar hat der Arbeitnehmer seit dem 1. Januar 2002 das Recht erhalten, durch Verzicht auf Teile seines Bruttoentgeltes im Rahmen einer so genannten „Entgeltumwandlung" (§ 1 a BetrAVG) eine selbstfinanzierte Betriebsrente aufzubauen. Diese wird durch ein erstes, arbeitsrechtliches Vertragsverhältnis zwischen Arbeitgeber und -nehmer abgewickelt, wodurch der Arbeitnehmer eine erhebliche Steuer- und Sozialabgabenersparnis erfährt.

Das zweite Vertragsverhältnis wird zwischen Arbeitgeber und dem von diesem ausgewählten Versorgungsträger begründet. Die Entscheidung darüber, welcher bAV- Partner im Unternehmen installiert wird, obliegt dabei allein dem Arbeitgeber, kann allerdings durch tarifvertragliche Regelungen nachhaltig bestimmt werden.[2]

---

[1] Drols, Wolfgang: „bAV: Wege aus der Riesersackgasse nutzen". Versicherungsmagazin 12/2001, S. 10-17.
[2] § 17 (5) BetrAVG „Tarifvorbehalt" (siehe auch Beiträge von Kisters-Kölkes und Brock).

Michael Ries

Der Arbeitgeber wird darüber hinaus, unabhängig von diesen tarifvertraglichen Vorgaben zusätzlich mit erheblichen gesetzlich festgeschriebenen Haftungsrisiken konfrontiert.

Die Akquise richtet sich in der bAV also immer an den Arbeitgeber als Entscheidungsträger!

Für die Akquise bedarf es einer umfangreichen fachlichen Qualifikation des Beraters im Arbeits- und Steuerrecht und allen anderen die bAV betreffenden Gesetzen. Üblicherweise lässt sich diese aber nicht alleine auf Schulungen und Seminaren, sondern nur durch persönliche Weiterbildung auf Basis gesammelter Erfahrungen und Erkenntnissen aus der bAV-Vertriebspraxis erlangen.

Konsequenterweise basiert der vorliegende Beitrag deshalb auf *Vertriebserfahrungen*, die vom Autor bei der Beratung vieler Kunden und Erstellung von Studien über Jahre hinweg in der Praxis gesammelt worden sind.

Eine der wichtigsten Erkenntnisse besteht darin, dass es bei der Vorgehensweise keinen standardisierten so genannten „Königsweg" gibt, zu unterschiedlich sind die bAV- Kunden, die Unternehmen, intern strukturiert. Es wurde schnell klar, dass nur eine individuelle Betrachtensweise jedes einzelnen Kunden einen erfolgversprechenden Weg zu ebnen in der Lage ist.

Es muss bereits an dieser Stelle betont werden, dass die folgenden Hinweise daher auf keinen Fall als universeller Leitfaden zu betrachten und in der bAV-Vertriebspraxis umzusetzen sind, sondern lediglich motivieren, anregen und unterstützen sollen.

2 Einführung der betrieblichen Altersversorgung

2.1 Zugangsmöglichkeiten zum Arbeitgeber

Da die bAV ein extrem komplexes Gebiet ist, hat sich der Einsatz von Spezialisten als einer der erfolgversprechenden Vertriebsansätze herausgestellt. Diese haben die Aufgabe, auf unterschiedliche Art den Zugang zum Arbeitgeber zu erreichen, um mit diesem den Aufbau eines Firmenversorgungswerks zu organisieren.

In der Regel erhalten die Spezialisten Kontaktdaten vom Vermittler und sprechen daraufhin den Arbeitgeber an. Bei Spezialisten, die an ein Versicherungsunternehmen gebunden sind, mussten wir in der Praxis regelmäßig feststellen, dass deren Akzeptanz bei potenziellen Kunden umstritten ist, da es der Beratung zwangsläufig an der notwendigen Objektivität mangelt. Dieses gilt auch dann, wenn von der Versicherungsgesellschaft alle Durchführungswege der bAV angeboten werden.

Vertriebskonzepte in der betrieblichen Altersversorgung

Bedienen sich hingegen der Arbeitgeber oder der Produktgeber eines neutralen Beratungsunternehmens[3] ist die Aussicht auf einen Geschäftserfolg nachweislich höher. Dieser kundenfreundliche Ansatz kann allerdings unter Umständen für ein Versicherungsunternehmen den Nebeneffekt haben, dass der Kunde (ArbG) nicht komplett mit den eigenen Durchführungswegen (und dazugehörenden Produkten) versorgt wird, sondern das Angebot eines Mitanbieters als „Ventilprodukt" hinzukommt. Getreu der Devise „Verdienen durch Teilen" sollte die Gesellschaft auch mit einer solchen Lösung zufrieden sein, da das Geschäft durchaus auch gänzlich an den Mitbewerber hätte gehen können.

2.1.1 Arbeitgeberorientierter Ansatz

Bei dieser Vorgehensweise wird der ArbG direkt angesprochen. Ziel ist es, ein einheitliches Firmenkonzept im Unternehmen zu installieren. Es wird zwischen zwei Möglichkeiten, der so genannten *„Kaltakquise"* und der *„Warm- oder Vertrauensakquise"* unterschieden.

Kaltakquise:

Dieser Zugangsweg ist als besonders schwierig, zeitaufwendig und teuer anzusehen. Nur besonders starke, praxiserfahrene bAV-Spezialisten konnten bislang mit Direktkontakten Arbeitgeber für sich gewinnen. Zahlreiche Probleme wie die Unkenntnis des Arbeitgebers über seine Möglichkeiten, Aufgaben und Pflichten in der bAV, daraus resultierendes geringes Interesse sowie massive Konkurrenz durch bereits im Unternehmen präsente Berater standen Akquiseerfolgen zumeist im Weg. Die Kaltakquise sollte daher nur von mit allen Aspekten der bAV bereits bestens vertrauten Vertriebskräften regelmäßig und zusätzlich zum „normalen" Geschäft beschritten werden.

Ansprechpartner, auch am Telefon, sollte immer der Inhaber, Geschäftsführer, Leiter der Personalbüros oder der Buchhaltung sein. Üblicherweise sind nur diese Personen mit den Belangen der bAV im Unternehmen vertraut, in jedem Fall sind sie bei Entscheidungen dazu mehr involviert als andere Personen im Unternehmen, die sich möglicherweise als Gesprächspartner anbieten. Ist der Kontakt mit einer für die bAV relevanten Person hergestellt, bietet es sich an, sich der bAV mit einer Frage, die das Thema auf ungewöhnliche Art aufgreift, zu nähern. Die erstaunte Rückfrage des Gesprächspartners ebnet den Weg in die Argumentation.

Inhaltlich geht es dabei ausschließlich um die Haftungsrisiken des Arbeitgebers und darum, ob er über ihm daraus eventuell erwachsende Konsequenzen bereits kompetent aufgeklärt worden ist. Zahlen, Vertragsrenditen, Ablaufleistungen etc. sind in dieser Phase völlig fehl am Platz!

Bejaht er die Frage nach kompetenter Beratung, zeigt oft die Nachfrage nach einem Stichwort die tatsächliche Qualität dieser Beratung auf. An dieser Stelle kann das ein-

---

3 Auch erfolgreiche Ausgründungen von bAV- Beratungsunternehmen.

zige Ziel nur die Vereinbarung eines Beratungstermins mit einer für die bAV zuständigen Person aus dem Unternehmen sein! Mit dem Hinweis auf schriftliche Bestätigung des vereinbarten Termins ist ein potenzieller Neukunde am Thema bAV interessiert und für eine umfassende Beratung gewonnen worden.

Warm- oder Vertrauensakquise:

Unter diesem Zugangsweg versteht man die Sensibilisierung und Aktivierung bereits bestehender Kontakte zu Arbeitgebern. Diese Kontakte können unterschiedlichster Art sein, etwa bereits bestehende Geschäftsverbindungen, Bankkontakte oder gemeinsame Verbandszugehörigkeit oder Clubmitgliedschaften.

Der durch den persönlichen Kontakt bereits gegebene Vertrauensvorschuss für den Akquisiteur ermöglicht ihm die Ansprache und Erstberatung auch bei nur grundlegenden bAV- Kenntnissen. Trotzdem sollte darüber nicht vergessen werden, dass der Kunde in der Beratung die Qualität voraussetzt und erwartet, die er von seinem Berater, Geschäftsfreund oder Clubkameraden bis dahin gewohnt war.

Daher sollte auch in diesem Fall auf bAV- Spezialisten zurückgegriffen werden, da unqualifizierte Beratung sogar einen „Bumerangeffekt" auslösen kann, der den Arbeitgeber veranlasst, an der Wahl seines Beraters Zweifel aufkommen zu lassen. Hier ist also besondere Vorsicht geboten, ermöglicht doch eine qualifizierte, den Anforderungen des Unternehmens entsprechende Beratung dem Vermittler auch weitere, zusätzliche Geschäftsfelder.

Es ist daher anzuraten, klar definierte Regeln und Vereinbarungen zu treffen, in welcher Form Kontaktdaten an den bAV- Spezialisten weitergegeben und honoriert werden können und auf welche Art der seinen Kontakt zur Verfügung stellende Vermittler bereit ist, den Spezialisten einzubinden.

Besonders Versicherungsmakler mit ihrem Schwerpunkt im Firmengeschäft brauchen in der Regel im Bereich der bAV Unterstützung, da sie zwar über viele Arbeitgeberkunden verfügen, häufig aber mit dem Thema nicht ausreichend vertraut sind.

2.1.2 Arbeitnehmerorientierter Ansatz

Der von vielen Beratern fälschlicherweise weiter favorisierte Ansatz in der bAV- Kundenakquise liegt in der Beratung und Gewinnung des Arbeitnehmers. Es wurde bereits erläutert, dass diesem in der bAV allerdings nur eine untergeordnete Bedeutung zukommen kann. Die Wahl des bAV-Partners obliegt in letzter Konsequenz immer der Geschäftsleistung. Trotzdem schließt sich dieser Zugangsweg nicht gänzlich aus, sofern es sich um eine Beratung für höhere Angestellte des Unternehmens handelt. Dazu gehören Abteilungsleiter, Filialdirektoren, Chefsekretärinnen, usw. Diese haben durch ihre exponierte Stellung innerhalb des Unternehmens meist Kontakt zu weiteren Führungskräften, häufig auch zur Geschäftsleitung.

Durch ihre Nähe zur Zentrale sind sie durchaus mit unternehmenspolitischen Tendenzen in der bAV vertraut und können dadurch Ideen und Vorschläge kommunizieren (System der „offenen Ohren"). Aufgabe des Beraters ist es, diesen Personenkreis so zu interessieren, dass diese die Vorzüge der bAV klar erkennen und weitergeben können. Dabei muss darauf geachtet werden, dem Kunden keine Individualschulung zukommen zu lassen, sondern lediglich ehrliches Interesse bei ihm zu erwecken.

Entscheidend ist es dabei, die mit den gesetzlichen Neuregelungen der bAV für den Arbeitgeber verbundenen Chancen und Risiken klar anzusprechen und mögliche daraus resultierende Konsequenzen plausibel darzustellen. Es erscheint zweckmäßig, diese auch explizit für das Unternehmen zu erörtern, den Kunden über seine Meinung dazu zu befragen und Miniaturlösungen vorzustellen.

Aus häufig gemachten Fehler sollte man lernen und diese möglichst vermeiden. Dazu zählen beispielsweise die Beratung des ArbN und der vermeintliche „Abschluss" eines Vertrages, der lediglich noch vom ArbG zu unterzeichnen ist. Diese Vorgehensweise war zwar in der Vergangenheit üblich, hat allerdings zu durchaus katastrophalen Durchdringungsquoten in Unternehmen (1,3 Verträge/ArbG)[4] geführt.

Bei dieser Vorgehensweise brachten nicht nur die Beratungsgespräche wenig Erfolg, sondern zusätzlich dem ArbG auch noch regelmäßig „Zeitbomben" ins Unternehmen. In der Regel werden nämlich bei der Beratung weder tarifvertragliche Vorgaben noch firmeninterne Vereinbarungen berücksichtigt, die bei Entdeckung zur Rückabwicklung des Vertrages führen können.

Häufig werden dem Arbeitgeber auch durch falsche Verträge Nachfinanzierungsrisiken bei vorzeitigem Ausscheiden des Mitarbeiters oder zu Rentenbeginn auferlegt. Produktbeispiele für solche Fehlberatungen sind: fondsgebundene Direktversicherung mit daraus entstehender Beitragszusage mit Mindestleistung, Unterstützungskassenprodukte ohne garantierte Rentensteigerung, Falschaussagen zu Pensionskassen und ihren Möglichkeiten der „versicherungsvertraglichen Lösung" oder aber ganz allgemein der Einsatz voll gezillmerter Tarifen mit (wie in der Privatrente bekannten üblichen) Provisionen.

2.1.3 Alternative Zugangsmöglichkeiten zum Arbeitgeber

bAV- Analyse:

Eine objektive Beratung ist ohne detaillierte Kenntnisse der Unternehmensstruktur kaum oder nur schwer möglich. Ein optimaler Weg ist die Erstellung einer detaillierten Analyse über den aktuellen Status Quo des Unternehmens in der bAV unter Einbeziehung bestehender Tarifverträge, Art der Betriebsrentenzusage (Leitungszusage, beitragsorientierte Leistungszusage, Beitragszusage mit Mindestleistung), bereits hinterlegter Verträge, Arbeitnehmerstruktur, Fluktuationsrate etc..

---

4 Quelle: 4 Life- Studie bei einem großen deutschen Lebensversicherungsunternehmen

Auf dieser Grundlage kann der Berater ein „Sollprofil" für die weitere Vorgehensweise erstellen auf, das seine weiteren Empfehlungen abgestimmt sind.

Der Umfang einer Analyse beträgt je nach Unternehmen zwischen 30 und 50 Seiten und beinhaltet im Ergebnis eine detaillierte Beschreibung der Ist-Situation, des Soll-Profils der bAV Produkte sowie ein Ranking der am Markt existierenden Produkte gegen das Soll-Profil.

Anhand dieser Analyse wird eine gegenüber dem Arbeitgeber plausible Argumentation ermöglicht und die Übertragung des Mandates zur Umsetzung der Vorschläge sehr wahrscheinlich. Es empfiehlt sich in die Analyse Steuerberater und Rechtsanwälte mit einzubeziehen und sich von denen Teilbereiche abzeichnen zu lassen. Wir können basierend auf Ergebnissen diverser Analysen zwei Kernaussagen machen: Erstens sind sehr viele bAV-Produkte am Markt nicht oder nur teilweise auf die Anforderungen der Arbeitgeber ausgerichtet. Zweitens verfügen viele steuerliche Berater über ein nicht ausreichendes Know-how über die Auswirkungen der bAV bei ihren Mandanten.

Steuerberater:

Jeder Arbeitgeber steht in Kontakt mit einem Steuerberater, die häufig nicht die gesamten Auswirkungen und Risiken der bAV kennen. So kommt es in der Praxis vor, dass der Arbeitgeber die Empfehlung erhält, die Installation einer bAV im Unternehmen zu verschieben. Bevor er also einen falschen Rat abgibt, verhält der Steuerberater sich lieber neutral. Allerdings erhöht er mit dieser Empfehlung die Risiken des Arbeitgebers, hat doch der Arbeitgeber seit dem 1. Januar 2002 nicht nur die Pflicht, seinen Arbeitnehmern einen bAV- Durchführungsweg anzubieten, sondern im Rahmen seiner Informationsverpflichtung auch die Aufgabe, diese darüber zu informieren. Unterlässt er dies, kann er von den Arbeitnehmern haftbar gemacht und auf den Ausgleich entgangener Gewinne verklagt werden. Dazu kommt die Gefahr, dass die Arbeitnehmer auf ihr Recht des Abschlusses einer nach Riester geförderten Direktversicherung bestehen können, wodurch die Risiken für den Arbeitgeber weiter entscheidend erhöht werden.[5]

Weil der Arbeitgeber mit dem Steuerberater meist in einem langjährigen, persönlichen, manchmal sogar freundschaftlichem Kontakt steht, erscheint dessen Integration in das bAV- Konzept zwingend, um mögliche Widerstände aus dieser Richtung auszuräumen. Ein zusätzlicher positiver Aspekt dieser Zusammenarbeit ist die Möglichkeit, bei einer erfolgreichen, qualifizierten Beratung auch den steuerlichen Berater gewinnen zu können, der seine eigene Angestellten und seiner Mandantschaft ja ebenfalls die gesetzlich vorgeschriebene Möglichkeit der Entgeltumwandlung anbieten muss. Erfahrungsgemäß sind Steuerberater sehr interessiert ihre bAV-Kenntnisse weiter auszubauen, da sein Berufsstand die Haftung gegenüber den Mandanten getroffenen Empfehlungen einschließt.

---

5 Siehe Beitrag von Riedlbauer/Kovar.

Seminare:

Ein sehr erfolgreicher Weg sowohl Steuerberater, Rechtsanwälte als auch Arbeitgeber über die Risiken der bAV zu informieren und gegebenenfalls Geschäftsbeziehungen aufzubauen, ist die Veranstaltung von Seminaren zu den Haftungsrisiken der betrieblichen Altersversorgung. Schließlich erwarten die Mandanten von Ihrem Berater aktuelle Kenntnisse der gesetzlichen Parameter.

Seminare mit den nachstehenden Themen sind sehr erfolgreich angenommen worden:

- Arbeitsrecht und Steuerrecht in der bAV,
- Haftungsrisiken für Arbeitgeber und dessen Berater in der bAV,
- Produktbewertungen in der bAV,
- die Umsetzung der Betriebsrente.

Bestandsanalysen:

Auch in der bAV zahlt sich konsequente Regelmäßigkeit aus. Deshalb ist die analytische Überprüfung bereits bei Arbeitgeberkunden gesammelter Daten ein erfolgversprechender Ansatz, der zudem dem Servicegedanken Rechnung trägt. Dabei sollte der Bestand in Gruppen aufgeteilt werden, die verschiednen Kategorien angehören. Beispielsweise die Branchenzugehörigkeit (Tarifbindungen), die Mitarbeiterstrukturen, bestehende bAV etc. Somit ist eine Informationsgrundlage geschaffen, mit der es dem Berater ermöglicht wird auf Restriktionen, Risiken und Chancen der bAV des einzelnen Arbeitgebers individuell einzugehen und diesen anzusprechen.

Leider haben sich in der Praxis immer wieder Probleme mit den Bestandsführungssystemen ergeben. So konnten die gewünschten Daten häufig nicht vollständig aus dem System generiert werden. Der Grund dafür ist vielfach, das Fehlen der entsprechenden Felder.

Bei rückgedeckten Unterstützungskassen war des Öfteren die Zuordnung der Rückdeckungsverträge zum ArbG nicht eindeutig, oder der Name und die Anschrift des ArbG bei Direktversicherungsverträgen war nicht in der Datenbank gespeichert. In Abbildung 1 wird schematisch dargestellt, wie eine durch eine genaue Bestandsanalyse der Vertrauenszugang zum Arbeitgeber oder dessen Kontaktes (Steuerberater) sehr effizient gestaltet werden kann. Dieser Prozess wird dann wie im Abschnitt 4 beschrieben fortgesetzt.

Zudem gibt es noch einen Zugang über andere Versicherungssparten:

Auch diesem Zugangsweg liegt der Servicegedanke zu Grunde. Produkte, deren Deckungskonzept und -höhe einer regelmäßigen Überprüfung unterzogen werden, bieten sich als Zugangsweg ebenfalls an, da deren Deckung in der Regel von variablen Unternehmenskennzahlen abhängen. In diesem Überprüfungsumfang bieten sich ausreichend Brücken, um das Thema betriebliche Altersversorgung mit zu überprüfen bzw. anzusprechen. Beispiele hierfür sind unter anderem Firmenrechtsschutz und Betriebshaftpflicht.

Abbildung 1: Bestandsanalyse

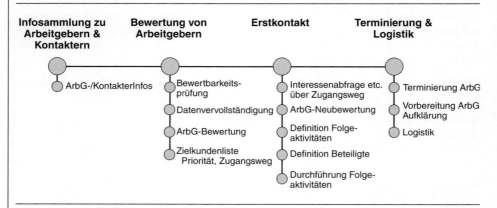

So hängt die Prämie des Firmenrechtsschutzes nicht selten an der Anzahl der Mitarbeiter in einem Unternehmen. Es ist durchaus plausibel den Versicherungsschutz auf die Deckung von Schadensfällen, die durch die bAV ausgelöst wurden, hin zu überprüfen.

3 Umsetzung der bAV im Unternehmen

Die Umsetzung der bAV im Unternehmen setzt sich aus sechs strukturierten Abschnitten zusammen (*„Sechs-Phasen-Modell"*)[6]. Dieses Modell berücksichtigt sämtliche Schritte und Abläufe, die zur Installation einer bAV im Unternehmen gehören, beginnend bei den Informationen für die Geschäftsleitung bis hin zur strukturierten, protokollierten Beratung der Arbeitnehmer. Ziel bei der Erstellung ist es, sämtliche aufkommende Fragen, wann und wie welcher Beratungsprozess wo durchgeführt wird, schlüssig darstellen und beantworten zu können. Wir haben mittels dieser Vorgehensweise Durchdringungsquoten pro Unternehmen von durchschnittlich 60 Prozent erreichen können.

Phase 1: die Aufklärung und Information des Arbeitgebers (siehe Abschnitt 2.1)
Phase 2: die vertraglichen Regelungen
- Beitritt des/dem Versorgungsträger(s)
- Festlegung der bAV Regeln
- gegebenenfalls Betriebsvereinbarung

Phase 3: die Information der Belegschaft
- Betriebsrat / Personalvertretung
- Mitarbeiterinformationsveranstaltung

---

6 Ries, Michael: „bAV Software, mehr Spreu als Weizen auf dem Markt". Versicherungsmagazin 10/2002, S. 44-47.

Phase 4: Vorbereitung der Mitarbeiterberatung
Phase 5: Mitarbeiterberatung
Phase 6: „Rückdeckung" der Betriebsrenten
- Policierung
- Abschlussbericht

Abbildung 2: Sechs-Phasen-Modell

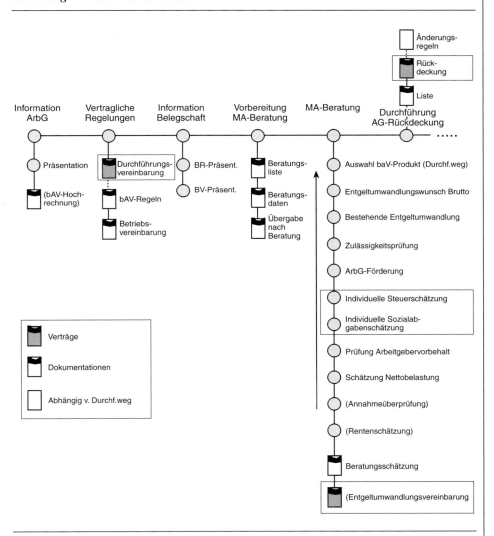

3.1 Information des Arbeitgebers

Wie eingangs beschrieben, sollte nach erfolgtem Zugang zum Arbeitgeber dieser über die Chancen und Risiken der betrieblichen Altersversorgung informiert werden.

Erfahrungsgemäß geschieht dieses am besten mittels einer Präsentation. Wobei das „Pencil-Selling" nicht seine Berechtigung verliert, allerdings sehr hohe Fachkenntnisse und Beratungssicherheit des Beraters voraussetzt.

Mögliche Inhalte der Präsentation sollten sein:

- die Veränderung durch die Reform und deren Auswirkungen auf ArbG;
- Beschreibung der zwei Vertragsverhältnisse;
- Mitwirkung von Tarifparteien;
- Übersicht über die Durchführungswege (pro/contra).
- Wo liegen die Kernproblem der bAV?
  - Ausfinanzierungsrisiken,
  - Haftung für Betriebsrenten,
  - Informationsverpflichtungen,
- Was bieten die bAV Produkte?
- Empfehlung/Lösungsvorschlag:
  - Analyse zur detaillierten Erarbeitung,
  - Vorstellung der Lösung.

3.2 Vertragliche Regelungen

Nach erfolgter Zustimmung des Arbeitgebers zur Installation der bAV im Unternehmen müssen diverse Verträge und Protokolle erstellt werden. Zum einen müssen die Vertragsbeziehungen mit den gewählten bAV Partnern fixiert werden und zum anderen müssen die Regeln zur Umsetzung im Unternehmen mittels Protokoll festgelegt werden. Hierbei sind insbesondere tarifvertragliche Vorgaben und/oder Betriebsvereinbarungen zu berücksichtigen. Wenn der Berater die Mitarbeiter Information und Beratung übernehmen soll (üblich), wird er zum Erfüllungsgehilfen des Arbeitgebers. Deswegen gilt es insbesondere diese Regelungen genau zu definieren. Abbildung 3 veranschaulicht und erleichtert die Vorgehensweise.

3.3 Information der Belegschaft

Der Information der Belegschaft ist häufig noch eine Informations- bzw. Abstimmungsrunde mit dem Betriebsrat vorgeschaltet.

Es hat sich in der Praxis als äußerst effektiv erwiesen, wenn die ArbN zu einer Pflichtinformationsveranstaltung geladen werden. Zum einen kann der Arbeitgeber sich vor etwaigen Schadensersatzforderungen schützen, und zum anderen kann eine sehr hohe

Abbildung 3: Übersicht über die Auswirkungen von Tarifverträgen/Betriebsvereinbarungen auf die vertraglichen Vereinbarungen in der bAV

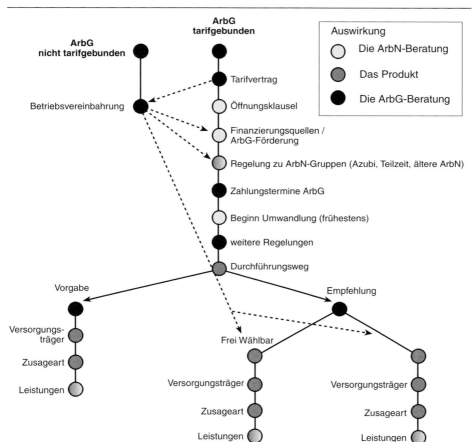

Zufriedenheit im Unternehmen bei optimaler Ausgestaltung der Informationsveranstaltungen erreicht werden. Schon während der Veranstaltung sollten Willenserklärungen für die Arbeitnehmer ausliegen, mittels deren diese bekunden können, ob sie beraten werden möchten und in diesem Fall der Übergabe der relevanten Daten zustimmen oder, ob sie nicht über das bAV-Konzept des ArbG beraten werden möchten. Diese Erklärungen werden dann Bestandteil der Personalakte und dienen als Vorgabe für die Vorbereitung der Arbeitnehmerberatung.

3.4 Vorbereitung der Arbeitnehmerberatung

Die Vorbereitung der Arbeitnehmerberatung ist von elementarer Wichtigkeit. So sollten die freigegebenen Daten der ArbN an den Berater übergeben werden (Tarifgehalt, Sonderzahlungen etc.) Des Weiteren empfiehlt es sich das Gehaltsabrechnungssystem des Arbeitgebers auf bAV-Tauglichkeit zu überprüfen und Hilfestellungen den Verantwortlichen zu geben. Ebenfalls hat die Praxis gezeigt, dass die Vorgehensweise für die Umsetzung der bAV in die Gehaltsabrechnung und die anschließende Dokumentation im Vorfelde genau besprochen werden sollte.

3.5 Beratung der Arbeitnehmer

Die Beratung der Arbeitnehmer muss schnell und effektiv ablaufen, speziell, wenn diese in den Firmenräumen des Arbeitgebers und während der Dienstzeit verläuft. Optimalerweise sind in der Vorbereitung schon sämtliche relevanten Daten an den Berater übergeben worden, sodass lediglich nach dem Einkommen der Ehefrau-/Mann und des zur Verfügung stehenden Nettoinvestitionsbetrages gefragt wird, sodass individuelle Berechnungen des optimalen (zugelassenen) Durchführungsweges für den Arbeitnehmer beginnen können. An dieser Stelle sei erwähnt, dass nahezu alle uns bekannten bAV-Berechnungsprogramme elementare Fehler aufweisen. So wird in der Regel eine Lohnsteuer und keine Einkommensteuerberechnung vorgenommen. Die daraus resultierenden Fehler sind eindeutig hier nicht das Thema. Im Anschluss an die Beratung wird entweder ein Vorsorgevorschlag oder aber schon die Umwandlungsvereinbarung mit Beratungsprotokoll unterschrieben und ausgehändigt. Bei so strukturkurierten Beratungen konnten wir die Beratungsdauer auf ca. 15 bis 25 Minuten begrenzen.

3.6 Rückdeckung des Arbeitgebers und Abschluss der Einführungsphase

Nach erfolgtem Abschluss der Arbeitnehmerberatungen müssen die Betriebsrentenvereinbarungen gemäß den getroffenen Vereinbarungen bei dem Versorgungsträger rückgedeckt und in das Lohnabrechnungsprogramm eingefügt werden. Ein Abschlussbericht für den Arbeitgeber sollte übergeben werden. Dieser beinhaltet unter anderem die Durchdringungsquote, die Sozialversicherungsersparnis, sowie Regelungen für die bAV-Betreuungsprozesse.

Vertriebskonzepte in der betrieblichen Altersversorgung

4 Betreuungsprozesse

Für den Arbeitgeber ist es wichtig, auch nach erfolgter Installation einer bAV im Unternehmen weiterhin kompetente Unterstützung gewährleistet zu bekommen. Unserer Erfahrung nach wird diese sowohl von den Produktgebern als auch von vielen Beratern unterschätzt. Es gibt verschiedene Möglichkeiten, die den Arbeitgeber fordern.

4.1 Ausscheiden von Mitarbeitern

Da die bAV-Gesetze von einer Betriebstreue der Mitarbeiter grundsätzlich bis zum Rentenbeginn ausgehen, was bei weitem nicht der Realität entspricht, kommt es in diesem Fall immer zu Sonderregelungen. Diese wären die Abfindung von Betriebsrenten, die Übertragung auf einen anderen Arbeitgeber oder die (wenn möglich) Übertragung auf den Arbeitnehmer privat. Abhängig von der Zusageform und des bAV-Produktes kann auf den Arbeitgeber in diesen Fällen ein Nachfinanzierungsforderung zukommen. Eventuell verbleibt der Vertrag auch im Unternehmen, was Verwaltungsaufwand und bei einigen Durchführungswege auch zusätzliche Kosten mit sich bringt. In jedem Fall muss eine Lösung gefunden und schriftlich fixiert werden.

4.2 Neueinstellungen

Neu ins Unternehmen eintretende Mitarbeiten müssen ebenso individuell beraten werden wie zuvor die anderen Beschäftigten. Dabei ist zu prüfen, ob diese neuen Arbeitnehmer bereits bAV- Verträge abgeschlossen haben und diese zum neuen Arbeitgeber mitbringen. Ist dies der Fall, muss geprüft werden, ob und wie diese ins bAV- Konzept der Firma zu integrieren sind. Diese Beratungsleistung ist vom Personalbüro zwar zu erbringen, wird aber vom Berater erwartet.

4.3 Leistungsfälle

Auch bei Leistungsfällen wie Unfall, Tod und Invalidität oder der Rentenzahlung sind der produktgebende Versicherungspartner und der Berater vom Unternehmen sehr gefragt. Gerade bei Leistungsfällen zeigt sich die Stärke des gewählten Partners. Hier erwartet der Arbeitgeber zurecht die Unterstützung und Hilfe des Beraters, sowie eine reibungslose Abwicklung der Leistungsauszahlung.

In der Rentenphase kommt es, je nach Durchführungsweg in unterschiedlicher Höhe, zur Besteuerung der Rentenzahlungen. Diese sind teilweise vom ArbG abzuführen. Einige bAV-Dienstleister bieten dem Arbeitgeber Unterstützung an, indem sie die Steuern direkt an das zuständige Finanzamt abführen und damit Arbeit und Fehlermöglichkeiten vom Arbeitgeber fernhalten.

Michael Ries

Als kritisch stellen sich immer wieder Invaliditätsleistungen heraus, da diese (durchführungswegabhängig) versteuert werden müssen. Auch hier steht der Arbeitgeber juristisch in der Mitte.

5 Ausblick

Konsequenz der Fehlberatungen:

Die Folgen von Fehlberatungen sind für den Arbeitgeber fatal. Bis zu 30 Jahren haftet er für Fehler, die etwa von Beratern gemacht wurden, die schon längst nicht mehr auffindbar sind! Berechnungen, die dieser – als Erfüllungsgehilfe des Arbeitgebers – den Mitarbeitern ausgehändigt hat, könnten Grundlage für Schadensersatzforderungen werden (siehe Beitrag Brock).

Spezialisierung der Berater:

Die fachlichen Anforderungen an den Berater sind in der bAV enorm. Hier verschmelzen versicherungstechnische und steuerliche Aspekte, Paragrafen und Vorschriften. Dies verlangt eine kontinuierlich-intensive Auseinandersetzung mit der Materie im eigenen Interesse, wird ihn doch der Arbeitgeber für falsche Aussagen im Zweifelsfall haftbar machen. Bislang gibt es aber kaum Möglichkeiten für den Berater, diese Ansprüche durch eine Vermögensschadenshaftpflichtversicherung regulieren zu lassen. So bleibt ihm, will er in der bAV aktiv werden, nichts anderes übrig, als sich das notwendige Fachwissen anzueignen. Alternativ dazu bleibt ihm die Möglichkeit des Zusammenschlusses mit entsprechenden Spezialisten.

Frank-Henning Florian

Die Rolle des Versicherungsunternehmens in der betrieblichen Altersversorgung

1 Einleitung 303

2 Die Nachfragesituation 303
   2.1 Veränderte Rahmenbedingung im Altersvorsorge-Markt 303
   2.2 Herausforderungen für die Anbieter 306
   2.3 Anforderungen an eine moderne Produktwelt 307
   2.4 Verstärkte Nachfrage nach Service 307
   2.5 Neue Herausforderungen im Vertrieb 308

3 Angebotene Lösungen 310
   3.1 Ein modulares Bausteinsystem für Produkte 310
   3.2 Ein innovatives Dienstleistungsangebot 310
   3.3 Die Umsetzung des englischen „Pension-Fund-Konzepts" 311
   3.4 Kompetente Mitarbeiter 312
   3.5 Ein offenes Geschäftsmodell 313
   3.6 Die Wertschöpfungskette 314
   3.7 Strategische Partnerschaften 315

4 Zusammenfassung 316

1 Einleitung

Die betriebliche Altersversorgung ist einer der zentralen Wachstumsmärkte in Deutschland und wird auch in Zukunft rasch an Bedeutung gewinnen. Die Gründe hierfür liegen hauptsächlich in den im Vergleich zur privaten Lebens- und Rentenversicherung attraktiven steuerlichen Rahmenbedingungen, die über die fünf Durchführungswege der bAV (Pensionszusage, Direktversicherung, Unterstützungskasse, Pensionskasse und Pensionsfonds) in Anspruch genommen werden können. Zudem wird es zu einer starken Verschiebung innerhalb der Vertiebswege kommen. Banken werden zu Lasten der bestehenden Ausschließlichkeitsorganisationen rasch Marktanteile hinzugewinnen (Florian 2003).

Im diesem Beitrag wird untersucht, auf welches „Abenteuer" sich Anbieter einlassen, die in diesem hart umkämpften Markt dauerhaft präsent sein und Marktanteile hinzugewinnen wollen.

2 Die Nachfragesituation

2.1 Veränderte Rahmenbedingung im Altersvorsorge-Markt

Die Rahmenbedingungen im Altersvorsorge-Markt werden von vier zentralen Faktoren beeinflusst – den *Kunden*, den *Wettbewerbern*, den *neuen Technologien* und dem *Bereich Wirtschaft* und *Soziales* (siehe Abbildung 1). Es ist zu beobachten, dass in allen diesen Bereichen eine bisher nicht gekannte Änderungsgeschwindigkeit bzw. eine rasche Veränderung der Anforderungspalette auftritt.

Auf der *Kundenseite*, das heißt bei den kleinen, mittelständischen und großen Firmenkunden, hat ein wesentliches kritischeres Nutzerverhalten eingesetzt. Vor der Vergabe von Aufträgen an die Versicherungswirtschaft werden bei der Neueinrichtung von betrieblichen Versorgungswerken oder der Restrukturierung vorhandener Systeme in der Regel umfangreicher Ausschreibungen vorgenommen, mit denen die Stärken und Schwächen potenzieller Anbieter genau untersucht werden. Anders als im Privatkundengeschäft spielen Rendite und Preisbewusstsein eine wichtige Rolle, die zentralen Erfolgsfaktoren in der bAV sind jedoch die Solidität und Stabilität des Versicherungsunternehmens und die Servicequalität, die offeriert werden kann. Um die Fertigungstiefe im Unternehmen zu verringern, sind Firmen bestrebt, möglichst viele der administrativen Aufgaben, die mit der bAV einhergehen, auszulagern. Die Wahl eines Anbieters, der hier über wenig Erfahrung verfügt oder aber nicht gewillt ist, diesen Service anzubieten, kann für Firmen hohe interne Zusatzkosten nach sich ziehen.

Abbildung 1: Der Lebensversicherungsmarkt im Wandel

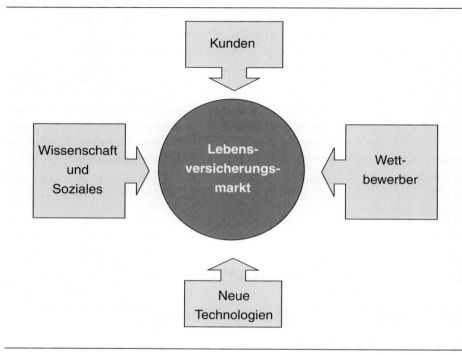

Es ist auch zu beobachten, dass neue Kundengruppen immer mehr an Bedeutung gewinnen. Vereine, Verbände und Gewerkschaften nutzen ihre Einflussmöglichkeiten und bieten selbst Vorsorgepläne an, die mit innerbetrieblichen Regelungen konkurrieren oder im Falle nicht vorhandener eigener Systeme der Firmen als Ersatzlösungen gewählt werden können.

Privatisierungen stellen für die Versicherungswirtschaft eine große Herausforderung dar, da hier neben dem Know-how der bAV auch tiefergehende Kenntnisse des Beamtenrechts sowie der staatlichen Versorgungsregelungen (wie z. B. der VBL-Versorgung (Versorgungsanstalt des Bundes und der Länder)) vorhanden sein müssen.

Eine bisher nicht gekannte Zahl von Insolvenzen bringt für die Versicherungsunternehmen hohe zusätzliche Verwaltungsaufwände und birgt nennenswerte Risiken für den Fall, dass die Insolvenz eines Vertragspartners kurz nach Abschluss eines Gruppenvertrages eintritt.

Im Bereich der *Wettbewerber* ist im Feld der bAV eine hohe Marktkonzentration zu beobachten. Nur ein Teil der Lebensversicherungsunternehmen bietet bAV-Lösungen an. Nach Statistiken der Schweizer Rück (Stand 2000) decken die Top-10-Gesellschaften zusammen bereits einen Marktanteil von mehr als 62,5 Prozent ab. Dadurch, dass vor der Einrichtung neuer Versorgungswerke in der Regel über Makler stets mehrere Angebote konkurrierender Unternehmen eingeholt werden, entsteht für die Anbieter ein hoher Kostendruck. Dieser Trend wird verstärkt durch neue Wettbewerber, die sich Chancen im Firmengeschäft ausrechnen und mit Markteintrittskonditionen für eine Reduzierung der Margen sorgen. Als wesentlichstes Unterscheidungsmerkmal dürfte sich aufgrund der jüngsten Entwicklungen an den Kapitalmärkten das Asset Management entwickeln. Ratingagenturen, Analysten großer Banken, Verbraucherschutzorganisationen und Makler sind zunehmend darum bemüht, effiziente Bewertungsverfahren zu etablieren, die eine treffsichere Prognose über künftige Entwicklungen in diesem Kernkompetenzbereich ermöglichen.

Im Bereich der *neuen Technologien* führen immer höhere Rechnerleistungen und die Verbreitung des Internets zu erheblichen Effizienzsteigerungen. Neue Informations- und Kommunikationsplattformen werden aufgebaut. Der Datenaustausch zwischen Firma und Versicherungsunternehmen kann in elektronischer Form und damit ungeheuer schnell erfolgen. Viele Firmen nutzen zudem ihr eigenes Intranet, um Informationen über ihre bAV an die Mitarbeiter weiterzugeben, Musterversorgungsrechnungen anzubieten oder für das interne Versorgungssystem Werbung zu machen. Für Versicherungsunternehmen ist es wichtig, mit den unterschiedlichsten Personalabrechnungssystemen (z. B. Paisy, IPAS, ...) kommunizieren zu können. Eine elektronisch unterlegte Prozesssteuerung erlaubt es zudem, ohnehin notwendige Kundenaktionen (z. B. das Anlegen eines Datenstammsatzes beim Neueintritt eines Mitarbeiters) vollautomatisch in Transaktionen beim VU (Erstellung einer Police für den neuen Mitarbeiter) umzusetzen.

Im Bereich *Wirtschaft und Soziales* sehen wir einen starken Einfluss veränderter gesetzlicher Regelungen. Mit dem Anspruch auf Entgeltumwandlung zum 1.1.2002 wurde für alle Arbeitnehmer eine verlässliche Basis geschaffen, die Steuervorteile der bAV auch tatsächlich nutzen zu können. Die Riester-Reform, mit der eine Teilumstellung des gesetzlichen Umlageverfahrens in eine private Kapitaldeckung erfolgte, hat bis Mitte 2003 zum Abschluss von mehr als vier Millionen Neuverträgen geführt und in nahezu jeder Firma die Diskussion entfacht, ob die Riester-Förderung besser über die Durchführungswege der bAV in der Firma oder über einen privaten Vertrag in Anspruch genommen werden sollte. Zahlreiche Vorschläge und Ideen der Rürup-Kommissionen (Rürup 2003) und Gegenvorschläge von Opposition und Interessenverbänden werden nahezu täglich in Zeitungen und Fachzeitschriften eingehend diskutiert und sorgen für Bewegung.

Mit der Gründung der Auffanggesellschaft Protektor hat die Versicherungsbranche unterstrichen, dass der Kundenschutz für sie von zentraler Bedeutung ist und die garantierten Ansprüche jedes einzelnen Versicherungsnehmers in jedem Falle geschützt werden müssen. Und zwar auch dann, wenn einzelne Versicherungsunternehmen in Insolvenz gehen.

Über die letzten Jahre ist ein ständiger Anstieg des bAV-Geschäfts am Gesamtgeschäft zu beobachten. Ein Trend, der sich in den folgenden Jahren durch die beschriebenen Rahmenbedingungen sicher noch verstärken und fortsetzen wird.

2.2 Herausforderungen für die Anbieter

Versicherungsunternehmen sollten sich bewusst sein, dass ein Einstieg in das bAV-Geschäft und somit eine mögliche Partizipation an den erwarteten hohen Wachstumsraten einiger grundlegender Entscheidungen bedarf.

So verfügen die bestehenden *Verwaltungssysteme*, die in erster Linie zur Verarbeitung von Massenbeständen im Privatkundengeschäft erstellt wurden, in aller Regel nicht über die benötigten Komponenten für das Gruppengeschäft. Eine ganze Reihe zusätzlicher Datenfelder, wie die Personalnummer eines Mitarbeiters oder das Diensteintrittsdatum, müssen in die Datensätze integriert werden. Möglichkeiten zur Gruppierung von Teildatenbeständen innerhalb eines Unternehmens (z. B. alle Prokuristen) werden benötigt. Spezielle steuerliche und rechtliche Rahmenbedingungen der einzelnen Durchführungswege der bAV müssen hinterlegt werden. Prozesse bedürfen der Modifizierung, da die Kommunikation generell über die Firma zu erfolgen hat. Schließlich ist es eine große Herausforderung, die vorhandenen Versorgungspläne im Versicherungsverwaltungssystem abzulegen, um jederzeit einen Abgleich mit vorhandenen Rückdeckungs- oder Gruppenverträgen vornehmen zu können.

Abbildung 2: Herausforderungen für den Anbieter

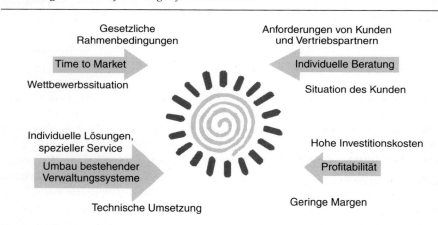

Der Einstig in das bAV-Geschäft ist eine langfristige Strategie, die zunächst mit Investitionen verbunden ist. Um gegenüber Kunden und am Markt Reputationsverluste zu vermeiden, ist die *Dauerhaftigkeit* dieser Entscheidung von zentraler Bedeutung. Kostenvorteile aufgrund großer homogener Datenmengen in Gruppenverträgen können in aller Regel erst nach einigen Jahren voll ausgenutzt werden. Um trotzdem die Rentabilität dieses Geschäftsfeldes sicherzustellen, sind ein kontinuierlicher Verbesserungsprozess (KVP), Schritte zur möglichst umfassenden Prozessautomatisierung sowie die elektronische Massendatenverarbeitung beginnend mit den über Datenträger eingehenden Kundendaten und deren vollautomatischen Verarbeitung ein Muss.

Die Rolle des Versicherungsunternehmens in der betrieblichen Altersversorgung

Um die notwendige *kritische Größe* im bAV-Geschäft zu erreichen, ist es erforderlich, die vorhandenen Zugangswege zu Firmenkunden, Vereinen, Verbänden, Gewerkschaften und bAV-Maklern zu analysieren. Über einen Buissinessplan, der die kurz-, mittel- und langfristigen Perspektiven der Geschäftsentwicklung aufzeigt und die notwendigen, einzuleitenden Maßnahmen im Detail spezifiziert, können Fehleinschätzungen über die eigenen Weiterentwicklungsmöglichkeiten in diesem Umfeld vermieden werden.

2.3 Anforderungen an eine moderne Produktwelt

Kunden erwarten, dass ihnen die Versicherungsunternehmen eine vollständige und moderne Tarifpalette anbieten, die es ermöglicht, die vorhandenen internen Versorgungspläne vollständig kongruent rückzudecken.

Dies impliziert Möglichkeiten, eine Hinterbliebenenversorgung auf individueller oder kollektiver Basis abzudecken, den Auszahlungsbeginn bei Rentenversicherungen exakt auf den Pensionierungsstichtag des Mitarbeiters zu legen (gebrochene Versicherungsdauern) und Mindestversicherungsdauern oder Mindestbeiträge im Umfeld betrieblicher Versorgungsregelungen außer Kraft zu setzen. Nur so kann für die Firmen auch die Absicherung älterer Mitarbeiter sichergestellt werden und damit die Entsorgung von Haftungsrisiken vorgenommen werden.

2.4 Verstärkte Nachfrage nach Service

Um den Aufwand in der Personalabteilung des eigenen Unternehmens möglichst gering zu halten, sind die Firmenleitungen immer mehr an der Auswahl eines servicestarken Versicherers interessiert. Da viele Firmen aus der Vergangenheit heraus schon über Teilsysteme oder innenfinanzierte Lösungen der betrieblichen Alterversorgung verfügen, ist die Nachfragesituation der Kunden sehr heterogen (siehe Abbildung 3).

Um in Zusammenarbeit mit Banken, Gutachtern oder Maklern Erfolg zu haben, müssen Versicherungsunternehmen in der Lage sein, auf individuelle Kundenwünsche flexibel zu reagieren, um so neue Firmenverbindungen aufzubauen. Felder, in denen Firmen häufig Unterstützung suchen, sind z. B. die Erstellung versicherungsmathematischer Gutachten nach HGB, US-GAAP oder IAS/IFRS, die Rückdeckung innerbetrieblicher Zusagen, die spätere externe Verwaltung laufender Betriebsrenten, die für die Firmen erhebliche administrative Lasten mit sich bringen kann oder ganz einfach Informationsdienstleistungen im Hinblick auf die Entwicklung künftiger Zahlungsströme der bAV.

Selten wird ein reiner „greenfield approach" zur Anwendung kommen. Vielmehr gilt es, in der Startphase vielleicht nur einzelne Komponenten der betrieblichen Alterversorgung wie z. B. die gutachterliche Betreuung oder die reine Entgeltumwandlung der Mitarbeiter zu übernehmen, um dann später bei erfolgreicher Abwicklung dieser Aufgaben das eigene Betätigungsfeld stetig ausweiten zu können.

Abbildung 3: Kundenanforderungen

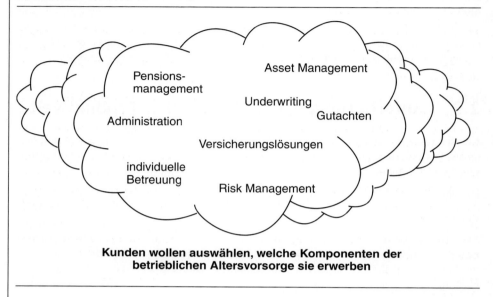

Kunden wollen auswählen, welche Komponenten der betrieblichen Altersvorsorge sie erwerben

2.5 Neue Herausforderungen im Vertrieb

Einer Vielzahl von Versorgungswerken, die in den Firmen in jüngster Vergangenheit eingerichtet worden sind, liegen tarifvertragliche Regelungen zu Grunde. So wurden bis Anfang 6/2002 etwa 120 tarifvertragliche Regelungen umgesetzt (Quelle: BDA-Tarifabteilung), dies insbesondere auch in so großen Branchen wie der Metallindustrie, dem Chemiebereich oder dem Bausektor.

Neu für die Vertriebe der Versicherungsgesellschaften war es, dass von heute auf morgen durch die tarifvertraglichen Regelungen eine völlig neue Ausgangssituation entstand. Ganze Branchen waren unabhängig von gewachsenen Kundenbeziehungen nicht mehr für den Wettbewerb und eine freie Akquisition verfügbar. Über Konsortiallösungen und die damit einhergehende Konzentration auf eine ausgewählte Gruppe von Versicherungsunternehmen erfolgte sozusagen über Nacht eine Umverteilung von hunderten von Firmenkunden.

Für die Versicherungsunternehmen selbst entstanden neue Herausforderungen, da dem Abschluss der Tarifverträge häufig umfangreiche Ausschreibungen vorausgingen. Dabei wurden von Gutachtern ausführliche Fragenkataloge erarbeitet, die dann in einer Vorauswahl noch beteiligter Anbieter mündeten.

Durch das starke Benchmarking der Gutachter entstand ein hoher Kostendruck im Abschluss- und Verwaltungskostenbereich. Die Frage, wie zu den eingerechneten reduzier-

Die Rolle des Versicherungsunternehmens in der betrieblichen Altersversorgung

ten Abschlusskosten eine qualifizierte Beratung der Mitarbeiter sichergestellt werden kann, ist ein zentraler Punkt in den Verhandlungen, der bis heute nicht immer zufrieden stellend gelöst werden konnte.

Der erste Ansatz, die Beratung der Mitarbeiter nach Abschluss der Kollektiv-Rahmenverträge durch die Firma selbst oder durch den Betriebsrat vornehmen zu lassen, hat sich aufgrund fehlender Fachkenntnisse und erheblicher zusätzlicher Haftungsrisiken in der Praxis nicht bewährt.

Infolgedessen werden in den Ausschreibungen von den Anbietern zunehmend Garantien verlangt, dass sie die vereinbarten Versorgungsregelungen – und nur diese – zu den vereinbarten Konditionen in exakt festgelegten Zeiten an beliebigen Firmenstandorten in Deutschland durch Expertenteams beraten können. Dies ist eine Aufgabe, die mit traditionellen Vertriebsorganisationen mit starken dezentralen Führungspersönlichkeiten häufig nicht oder nur schwer zu bewerkstelligen ist. Lösungsansätze, die am Markt auch erfolgreich praktiziert werden, sind der Aufbau von Spezialorganisationen, die sich ausschließlich auf die Beratung und den Verkauf im bAV-Segment spezialisieren und direkt der Zentrale des LVU unterstellt sind.

Der dreistufige Beratungsansatz, der für die erfolgreiche Abwicklung großer Ausschreibungen abgedeckt werden muss, ist schematisch in Abbildung 4 dargestellt.

Abbildung 4: Dreistufiger Beratungsansatz

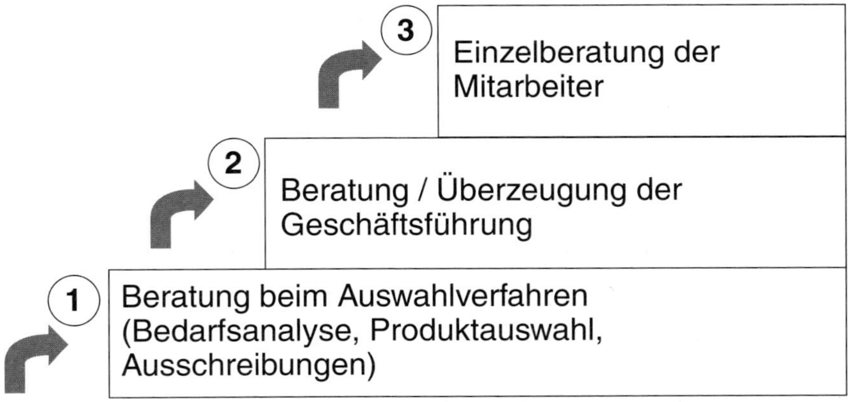

③ Einzelberatung der Mitarbeiter

② Beratung / Überzeugung der Geschäftsführung

① Beratung beim Auswahlverfahren (Bedarfsanalyse, Produktauswahl, Ausschreibungen)

3 Angebotene Lösungen

3.1 Ein modulares Bausteinsystem für Produkte

Um die kongruente Rückdeckung betrieblicher Versorgungswerke vornehmen zu können, müssen die Versicherungsunternehmen eine vollständige Tarifpalette anbieten. Die vier Haupttarifarten (*Kapitallebensversicherungen*, sofort *beginnende und aufgeschobene Rentenversicherungen, fondsgebundene Lebens- und Rentenversicherungen* und *Risikotarife* zur Abdeckung von Todesfallrisiken, Berufsunfähigkeitsrisiken und Erwerbsunfähigkeitsrisiken) sollten frei kombinierbar als Haupt- und Zusatztarife in verschiedenen Rabattierungsstufen vorhanden sein.

Besonderheiten, die speziell in der betrieblichen Altersversorgung abgedeckt werden müssen, wurden in Abschnitt 2 aufgezeigt.

Besondere Bedeutung hat im Firmengeschäft auch die dynamische Anpassung der Versorgungsleistungen an aktuelle Gehaltsentwicklungen oder Karrieresprünge im Unternehmen. Da hier generell kollektive Verfahren zu Anwendung kommen sollten, dürfen diese Anpassungen nicht einer erneuten Gesundheitsprüfung unterliegen. Vielmehr müssen sich die Versicherer bereits bei der Erstversicherung neuer Kollektive über den gesamten Umfang des Risikoprüfungsverfahrens im Klaren sein und sollten dies den Firmen auch eindeutig kommunizieren.

3.2 Ein innovatives Dienstleistungsangebot

Die Hauptkomponenten, die ein modernes Service- und Beratungsangebot enthalten sollte, sind:

1. versicherungsmathematische Gutachten nach HGB
2. versicherungsmathematische Gutachten nach IAS/IFRS und US-GAAP
3. Verwaltung laufender Betriebsrenten (Rentenverwaltung)
4. arbeitsrechtliche Beratungen (z. B. Betriebsvereinbarungen, Restrukturierung von Versorgungswerken, etc.)
5. Mitarbeiterberatung vor Ort
6. Internet-/Intranet-Support
7. Verwaltung von Zeitkonten („Lebensarbeitszeitmodelle")

Diese Dienstleistungsangebote können von den Versicherungsgruppen direkt oder über geeignete Kooperationspartner angeboten werden. Es besteht die Möglichkeit, hierfür zusätzliche Deckungsbeiträge beim Kunden in Rechnung zu stellen. Um Haftungsfragen kontrollieren zu können, sollten diese Dienstleistungen nur von qualifiziertem Personal erbracht werden.

Bei dem neuen Thema Lebensarbeitszeitmodelle geht es darum, wie vorhandene Langzeitguthaben von Mitarbeitern auf Bruttobasis in Rentenbausteine umgewandelt wer-

Die Rolle des Versicherungsunternehmens in der betrieblichen Altersversorgung

den können. Mit diesen zusätzlichen Rentenbausteinen kann dann eine Ergänzung der Ansprüche aus der gesetzlichen Rentenversicherung erfolgen. Sollten Arbeitnehmer bereits vor dem Eintritt der Zahlungen aus der gesetzlichen Rentenversicherung in den Ruhestand treten, können über temporäre Zeitrenten Übergangszahlungen sichergestellt werden. Große Firmen wie VW oder HP bieten ihren Mitarbeitern solche Systeme bereits seit einiger Zeit an. Um die Langzeitarbeitskonten revisionssicher verwalten zu können, bedarf es spezieller Softwarelösungen. Diese werden z. B. von der Firma Lohoff&Partner in Hannover/Isernhagen angeboten.

3.3 Die Umsetzung des englischen „Pension-Fund-Konzepts"

Um zur Abwicklung des bAV-Geschäfts moderne Strukturen aufzubauen, empfiehlt es sich, der Idee der englischen Pension-Funds zu folgen (siehe Abbildung 5).

Abbildung 5: Das Pension-Fund-Konzept

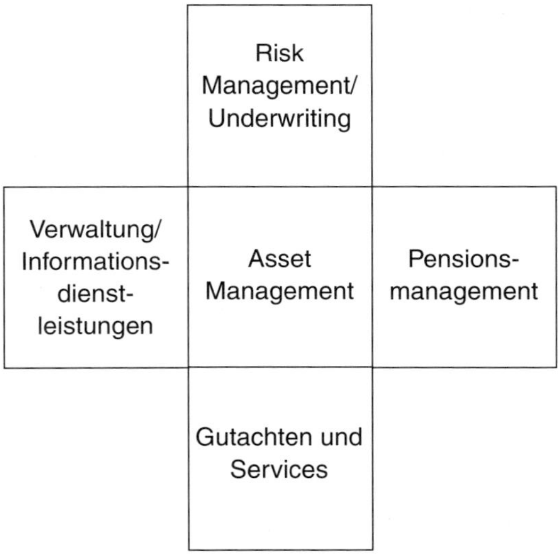

	Risk Management/ Underwriting	
Verwaltung/ Informations- dienst- leistungen	Asset Management	Pensions- management
	Gutachten und Services	

Dabei erfolgt kein reiner Produktverkauf von Tarifen mehr, sondern die Produkte und Dienstleistungen der betrieblichen Altersversorgung werden in ihre Kernkomponenten zerlegt. Dies sind im Einzelnen:

- *das Risk Management und das Underwriting:*
Die Abdeckung der biometrischen Risiken ist *die* Kernkompetenz von Versicherungs-

unternehmen; es existieren moderne Expertensysteme für das Underwriting, die es ermöglichen, für die jeweiligen Berufsgruppen ein risikogerechtes Pricing vorzunehmen.

- *Das Asset Management:*
  Insbesondere bei innenfinanzierten Pensionsrückstellungslösungen übernehmen die Firmen selbst die Kapitalanlage der Altersversorgungssysteme oder erteilen Mandate an externe Asset Manager.

- *Die Erstellung versicherungsmathematischer Gutachten und sonstiger Services:*
  Durch die geänderten Bilanzierungsregelungen ab 2005 (IAS/IFRS) wird es erforderlich, Überleitungen von HGB auf US-GAAP oder IAS/IFRS zu schaffen; durch den Einbau künftiger Gehaltstrends sowie andere Verfahren zur Berücksichtigung unverfallbar Ausgeschiedener warten hier auf die Firmen einige „Überraschungen".

- *Die eigentliche Verwaltung von Gruppenverträgen und die damit einhergehenden Informationsdienstleistungen:*
  Diese werden vom Management der Kunden zur Steuerung des Geschäfts benötigt und dienen insbesondere im Finanzbereich zur exakten Planung künftiger Aufwendungen.

- *Und schließlich die Verwaltung laufender Betriebsrenten:*
  Für diese Dienstleistung ist bis heute am Markt keine Standard-Software verfügbar; in den Firmen bestehen häufig „Kopf-Monopole" und eine Dokumentation der entsprechenden komplexen Prozesse existiert nicht; durch das „Zahlstellenverfahren" im KVdR-Bereich (Krankenversicherung der Rentner) wurden erhebliche administrative Lasten auf die Firmen verlagert; bei wachsenden Rentnerbeständen kann diese Tätigkeit zu einem wesentlichen Kostenfaktor werden.

Um als Anbieter je nach Ausgangssituation der Firma einen flexiblen Zugang zu haben, ist es sinnvoll, diese Komponenten nicht nur als Paket, sondern auch isoliert anbieten zu können.

Versicherungsunternehmen treten hier teilweise in Konkurrenz zu Gutachtern, da sie über geeignete Tochtergesellschaften Dienstleistungen gegen Honorar offerieren können und damit für weitere Deckungsbeiträge im Gruppengeschäft sorgen.

Als besonders vorteilhaft hat sich auch die mögliche Separierung des Asset Managements erwiesen. Gerade wenn Banken auch als Vertriebswege genutzt werden oder Bank-Versicherer-Kooperationen bestehen, lässt sich dadurch eine Konkurrenzsituation elegant vermeiden. Klassische Lebens- oder Rentenversicherungen können so bei größeren Firmenkunden auch in Form von einer reinen Risikorückdeckung über Versicherungsunternehmen und der Kapitalanlage, z. B. über Spezialfonds, via Banken oder deren Kapitalanlagegesellschaften offeriert werden.

3.4 Kompetente Mitarbeiter

Für die Bearbeitung des Geschäfts der betrieblichen Altersversorgung hat es sich als zweckmäßig erwiesen, auf *Mitarbeiterebene* eigene Verwaltungs- und Betreuungsteams aufzubauen, die interdisziplinär besetzt sind. So werden aufgrund der Besonderheiten dieses Geschäftsfeldes neben Versicherungskaufleuten, Verwaltungsexperten, Underwritern, Inkasso-Spezialisten und Leistungssachbearbeitern auch Mathematiker, Juristen, Arbeitsrechtler, Steuerfachleute, Betriebswirte und Informatiker benötigt, um in der bAV am Markt erfolgreich zu sein.

Erst das effiziente Zusammenspiel dieser unterschiedlichen Berufsgruppen, der permanente Wille zum Wissens- und Erfahrungsaustausch und die Bereitschaft zur kontinuierlichen Weiterbildung in dem sich ständig weiterentwickelnden Feld der bAV sichern hier dauerhafte Erfolge.

Der Verzicht auf Experten einzelner Bereiche führt zwar auf der einen Seite kurzfristig zu Kosteneinsparungen, bedeutet aber auf der anderen Seite das Eingehen hoher Haftungsrisiken oder Nachteile bei der effizienten Abwicklung großer Datenbestände. Unvollständige oder fehlerhafte Bedingungswerke können aufgrund der Vielzahl der betroffenen Kunden für ein VU erhebliche finanzielle Folgen haben.

3.5 Ein offenes Geschäftsmodell

Abbildung 6 zeigt ein offenes Geschäftsmodell, das es ermöglicht, die eigenen Produkte eines Lebensversicherers über eine möglichst große Anzahl von Vertriebskanälen abzusetzen „economies of scale". Dabei übernimmt das Versicherungsunternehmen die Rolle des Produktlieferanten und konzentriert sich – wie in einer Fabrik – auf eine möglichst schlanke und kostengünstige Abwicklung der benötigten Verwaltungsprozesse.

Abbildung 6: Ein Business Modell

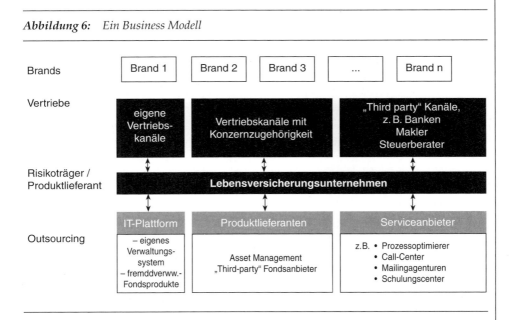

Um neben den eigenen Vertriebskanälen und denen der Gruppe auch mit „fremden" Vertrieben zusammenarbeiten zu können, müssen die internen IT-Systeme in der Lage sein, alle Dokumente und Briefe an Kunden mit unterschiedlichen Brands zu versenden.

Häufig findet man in Versicherungsunternehmen als Altlasten aus der Vergangenheit unterschiedliche Verwaltungssysteme vor. Eine Kernaufgabe, die ein hohes Kosteneinsparungspotenzial mit sich bringt, ist die Zusammenführung dieser Systeme und der Aufbau einer einheitlichen Produkt- und Prozesswelt. In UK und den USA sind bereits spezialisierte Service-Firmen am Markt, die geschlossene Bestände aufkaufen oder bei der Zusammenlegung der Systeme behilflich sind (MCB – Management of Closed Blocks).

Im Bereich des Asset Managements nutzen Versicherungsunternehmen die Expertise von Banken oder Investmentbrokern. Zahlreiche Serviceanbieter in den Bereichen Marketing, Personal, Prozessoptimierung und in anderen Segmenten können ebenfalls für spezielle Dienstleistungen integriert werden.

3.6 Die Wertschöpfungskette

Die klassischen Komponenten der Wertschöpfungskette im Lebensversicherungsbereich sind die Produktentwicklung, die Verwaltung, das Asset Management und der Vertrieb. Aufgrund der aktuellen Entwicklungen und der Bedeutung im Markt haben wir die Komponenten Underwriting, Marketing und Wholesale mit aufgenommen (siehe Abbildung 7).

Abbildung 7: Neues Verständnis der Wertschöpfungskette

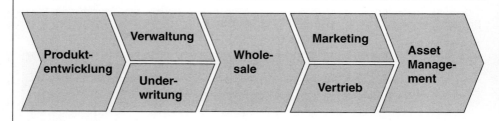

- Im *Underwriting* können Expertenteams durch eine risikogerechte Tarifierung einen wesentlichen Beitrag zur Verbesserung des Risikoergebnisses eines Versicherungsunternehmens leisten. Der Einsatz moderner Expertensysteme und die Ausjustierung dieser Systeme auf die speziellen Ziel- und Kundengruppen des Versicherers können erhebliche Marktvorteile mit sich bringen (beispielsweise Spezialtarife für Beamte).
- Die Entwicklung neuer Verfahren im *Marketing* kann wesentlich dazu beitragen, die Cross-Selling-Quote im Bestand zu erhöhen und damit die Kundenbindung zu ver-

stärken. Wichtig ist hier ein effizientes Controlling und die Wahl des geeigneten Zeitpunkts für die Kontaktaufnahme mit dem Kunden.
- Unter *Wholesale* verstehen wir die Fähigkeit eines Versicherers, seine Produkte mit verschiedenen Verkaufsansätzen unterschiedlichen Vertrieben zur Verfügung zu stellen. Dies führt zu einer besseren Auslastung der angeschlossenen „Fabrik".

Für Versicherungsunternehmen ist es von zentraler Bedeutung, sich über die eigenen Stärken in den einzelnen Komponenten der Wertschöpfungskette klar zu werden. In Form von best-practice-Ansätzen können Unterschiede zu Wettbewerbern herausgearbeitet werden. Eine Beschränkung auf Kernkompetenzen kann erhebliche Kostenvorteile mit sich bringen.

3.7 Strategische Partnerschaften

Unter einer strategischen Partnerschaft verstehen wir hier die zielorientierte Zusammenarbeit von Partnern mit langfristiger Ausrichtung (Florian 2002).

Geht jemand eine Partnerschaft ein, so verfolgt er damit unterschiedliche Ziele. Neben dem Streben nach Macht und Größe sollen an dieser Stelle noch Vorteile durch Synergien, Umsatzsteigerungen und Know-how-Transfer genannt werden. Das entsprechende Ziel einer Partnerschaft hat dann Auswirkungen auf Art und Intensität des Zusammenschlusses.

Der zentrale Erfolgsfaktor von strategischen Partnerschaften ist die Generierung von erkennbarem Kundennutzen. Vor dem Eingehen einer strategischen Partnerschaft sollten die Chancen und Risiken dieses Zusammenschlusses eingehend geprüft werden, damit aus der Kooperation nicht schließlich eine Konfrontation wird.

Während im traditionellen Wettbewerb die Versicherer noch alle Bereiche der Wertschöpfungskette abgedeckt haben, hat sich die Denkweise mittlerweile verändert. Die Fragen „Wie können wir einen möglichst hohen Nutzen für unsere Kunden erzielen?" und „Wie können wir uns von der Konkurrenz abheben?" gewinnen an Bedeutung. Verschiedene Versicherer haben begonnen, ihre eigenen Kernkompetenzen zu definieren und das zu tun, was sie wirklich gut können. Hierdurch bilden sich Spezialisten für verschiedene Themenbereiche und Teile der Wertschöpfungskette heraus.

In Amerika ist dieser Trend schon wesentlich weiter entwickelt. Hier befinden sich unter den führenden Versicherungsanbietern fast ausschließlich Spezialisten. So ist z. B. „General Life" ein Unternehmen fast ohne Mitarbeiter.

Gerade in der betrieblichen Altersversorgung empfiehlt es sich, über strategische Partnerschaften nachzudenken. Wie Tarifabschlüsse mit Konsortien in jüngerer Zeit zeigen, ist dies ein Schritt, der auch von Kundenseite goutiert wird.

4 Zusammenfassung

Der interessante Wachstumsmarkt der betrieblichen Altersversorgung bietet ein attraktives Betätigungsfeld für die Lebensversicherungsunternehmen. Um das Geschäft rentabel betreiben zu können, sind eine Reihe von Grundsatzentscheidungen des Managements erforderlich, die dann auch mittel- und langfristig durchgehalten werden sollten. Nur so können Reputationsverluste am Markt vermieden werden.

Die Komponenten der Wertschöpfungskette und das Für und Wider strategischer Kooperationen wurden eingehend diskutiert. Zur Umsetzung der bestehenden Anforderungen wurden Beispiele für ein umfassendes Produkt- und Dienstleistungsangebot und ein entsprechendes Geschäftsmodell aufgezeigt.

Da es durch neue gesetzgeberische Maßnahmen zu einer weiteren deutlichen Verschiebung vom Einzel- ins Gruppengeschäft kommen könnte, sollten Versicherungsunternehmen, die heute noch nicht voll in der betrieblichen Altersversorgung tätig sind, eine Änderung dieser Strategie überprüfen. Beim Vorhandensein geeigneter Zugangswege zu Firmen können sich hier gut Möglichkeiten zum Ausbau der eigenen Marktposition ergeben. Sollte – wie gelegentlich diskutiert – auch in Deutschland die Situation eintreten, dass es für die Altersvorsorge zu obligatorischen Lösungen kommt, ist eine Partizipation an diesen Geschäftsmöglichkeiten von zentraler Bedeutung.

Die obligatorischen Lösungen in der Schweiz und in Holland zeigen, dass dann in verteilten Märkten ganz andere Erfordernisse im Vertrieb abgedeckt werden müssen. Schon heute lässt sich erkennen, dass die traditionellen Ausschließlichkeitsorganisationen erheblich in Ausbildung investieren müssen, um das Feld betriebliche Altersversorgung kompetent vor Ort beraten zu können.

Literaturhinweise

FLORIAN, FRANK-HENNING (2003): Dienstleistungsangebot als kritischer Erfolgsfaktor in der betrieblichen Altersversorgung, 4. Handelsblatt-Jahrestagung Betriebliche Altersversorgung; 19.-21. März 2003 in Potsdam.

FLORIAN, FRANK-HENNING (2002): Strategische Partnerschaften im deutschen Lebensversicherungsmarkt; 2.Handelblatt-Jahrestagung; 19.-20. Februar 2002 in München.

RÜRUP, BERND (2003): Abschlussbericht der Sachverständigenkommission zur Neuordnung der steuerrechtlichen Behandlung von Altersvorsorgeaufwendungen und Altersbezügen; Berlin, 11. März 2003.

CSC-PLOENZKE (2001): Trendbericht Versicherungen der Zukunftswerkstatt; Juni 2001

Stefan Herbst

Kooperationsmodelle in der betrieblichen Altersversorgung

1 Gründe und Sinnhaftigkeit von Kooperationsmodellen 319
   1.1 Entwicklung der betrieblichen Altersversorgung 319
   1.2 Veränderung der Beratungs- und Vertriebsprozesse 319
   1.3 Komplexität übergreifender Themen- und Wissensgebiete 321
   1.4 Zwischenfazit 321

2 Plattformen als Grundlage für Kooperationen 322
   2.1 Netzwerke als Basis für Funktionalität und Qualität 322
   2.2 Notwendigkeit ganzheitlicher Betrachtung 322
   2.3 Berücksichtigung heterogener Zielgruppen und Strukturen 323
   2.4 Support als integrales Mosaiksystem 325

3 Beispielhaftes Plattform- und Kooperationsmodell 325
   3.1 Modulare Leistungsspektren auf zwei Ebenen 325
      3.1.1 Ganzheitliche Lösungen und deren Abwicklung 325
          3.1.1.1 Wissensdatenbank/e-learning 326
          3.1.1.2 Beratungssoftware 327
          3.1.1.3 Beratungssupport 329
          3.1.1.4 Produktwelten im Best-select-Ansatz 329
          3.1.1.5 Marketing 330
          3.1.1.6 Vertriebssupport 330
      3.1.2 Ganzheitliche Verwaltung 332
          3.1.2.1 Informationssystem 332
          3.1.2.2 Verwaltung neuer und bestehender Versorgungssysteme 332
          3.1.2.3 Ständige Überprüfung der Versorgungssysteme 333

4 Umsetzung in der Praxis 333

1 Gründe und Sinnhaftigkeit von Kooperationsmodellen

1.1 Entwicklung der betrieblichen Altersversorgung

Betriebliche Altersversorgung existiert in Deutschland bereits länger als die gesetzliche Rentenversicherung. Fortlaufend haben sich die Charaktereigenschaften der betrieblichen Altersversorgung geändert. Nicht jedoch der grundsätzliche Sinn, eine zusätzliche Versorgungsleistung der Arbeitnehmer zu erreichen.

Dieser Sinn erlangte im Laufe der letzten Jahre zunehmend an Bedeutung, da die demografischen Entwicklungen schon frühzeitig erkennen ließen, dass der auf eine Umlagefinanzierung basierende Generationenvertrag der gesetzlichen Rentenversicherung mittel- und langfristig neben einer fundamentalen Schieflage der heutigen Sozialversicherungssysteme zu einer Generationenungerechtigkeit führt.

Die Stärkung und der spürbare Ausbau einer kapitalgedeckten zweiten Säule des Rentensystems ist somit nicht nur ein logischer Schritt, sondern vielmehr eine zwingende Aufgabe, um ein neues generationengerechtes Belastungsgleichgewicht zu definieren und einer drohenden „relativen" Altersarmut entgegenzuwirken.

Nachhaltig wirkende Impulse sind erforderlich, um das Erreichen dieses Zieles herbeizuführen. Gemessen an dem prozentualen Anteil der zweiten Säule am durchschnittlichen Gesamtrentnereinkommen zeigte sich im Vergleich zu anderen europäischen Ländern, wie zum Beispiel Großbritannien (circa 25 Prozent), der Schweiz (circa 30 Prozent) und den Niederlanden (circa 40 Prozent), in Deutschland mit nur circa 5 Prozent ein deutlicher Nachholbedarf.

In diesem Zusammenhang war die Einführung des Altersvermögensgesetzes im Jahre 2002, unter anderem mit dem neu geschaffenen arbeitnehmerseitigen Rechtsanspruch auf Umwandlung von Barlohn in Versorgungslohn (Entgeltumwandlung), ein schon lange überfälliger und sicherlich nur erster Schritt in die richtige Richtung.

1.2 Veränderung der Beratungs- und Vertriebsprozesse

Spätestens mit der Einführung des Altersvermögensgesetzes und den damit einhergehenden Änderungen des Gesetzes zur Verbesserung der betrieblichen Altersversorgung (Betriebsrentengesetz, BetrAVG) haben sich auch die Anforderungen an die Beratungs- und Vertriebsprozesse verändert.

Stefan Herbst

Diese neuen Anforderungen stehen vor allen Dingen im Zusammenhang mit dem seit Januar 2002 bestehenden arbeitnehmerseitigen Rechtsanspruch auf betriebliche Altersversorgung durch Entgeltumwandlung, bei dem es sich letztlich um eine Annahmeverpflichtung des Arbeitgebers handelt.

Die Bereitschaft, rein arbeitgeberfinanzierte Versorgungssysteme einzurichten oder auszubauen, hatte in den letzten Jahren deutlich abgenommen. Zudem ließ oftmals die erforderliche Pflege der eingerichteten Systeme bei kleineren und mittelständischen Unternehmen zu wünschen übrig. Nach der Erhebung des ifo-Institutes für Wirtschaftsforschung im Sommer 1999 zeigte sich zum Beispiel im Bereich „Verarbeitendes Gewerbe" (alte Bundesländer), dass circa 19 Prozent der Unternehmen sogar bereits Leistungseinschränkungen, vorrangig durch Schließung der Versorgungswerke, vorgenommen hatten, während nur circa fünf Prozent der Unternehmen Versorgungswerke neu einführten.

Im Bereich der Entgeltumwandlung war es in der Vergangenheit sicherlich möglich und auch nicht ungewöhnlich, zum Beispiel eine arbeitnehmerfinanzierte Direktversicherung zunächst mit dem Arbeitnehmer zu besprechen und sich sodann, ohne sonderliche Umschweife, die Genehmigung des Arbeitgebers dafür einzuholen. Diese Art von Vertriebsprozess ist überholt und nicht mehr zeitgemäß.

Ein *zeitgemäßer* und *zielführender Vertriebsprozess* erfordert nunmehr:

- die Einbindung sowie die Aufklärung über Rechte und Pflichten des Arbeitgebers
- die Einbindung des Betriebsrates (soweit vorhanden);
- gegebenenfalls die Einbindung weiterer Berater des Unternehmens (zum Beispiel Steuerberater, Wirtschaftsprüfer, etc.);
- eine intelligente Mitarbeiterkommunikation;
- die Organisation der Mitarbeiterberatung;
- die Organisation der erforderlichen Abwicklung;
- die Sicherstellung einer fortwährenden, arbeitgeber- sowie arbeitnehmerfreundlichen Verwaltung.

Entscheidende Überzeugungskraft kann jedoch erst ausreichend geschaffen werden, in dem ein begleitender, *ganzheitlicher Beratungsprozess* den vertriebs- und produktspezifischen Aspekten vorangeht. Dieser sollte beinhalten:

- eine Analyse bereits bestehender Versorgungssysteme;
- Vorschläge zu einer möglichen Neuordnung, Optimierung oder gegebenenfalls sogar Sanierung der bestehenden Systeme;
- Vorschläge für die Auswahl eines zukunftssicheren Versorgungssystems unter Berücksichtigung arbeitgeber- und arbeitnehmerseitiger Interessen.

Das ineinandergreifende Zusammenspiel zwischen Beratungs- und Vertriebsaufgaben ist eine ernstzunehmende Herausforderung, um bei den beteiligten Parteien, eine entsprechende Akzeptanz und hohe Marktdurchdringung zu erlangen.

Sollten weitere Ausbaustufen seitens des Gesetzgebers, zum Beispiel eine Andienungsverpflichtung des Arbeitgebers wie in Großbritannien („stakeholder pensions") oder gar die Einführung eines Obligatoriums wie in der Schweiz (berufliche Vorsorge, BV) notwendig sein, um den gewünschten Erfolg zu erreichen, so würde dies unweigerlich zu einer wiederholten Neudefinition der Beratungs- und Vertriebsprozesse führen.

1.3 Komplexität übergreifender Themen- und Wissensgebiete

Die zu qualitativen Ergebnissen führenden, notwendigen Beratungs- und Vertriebsanforderungen sind sehr komplex. Die abzudeckenden Themen- und Wissensgebiete sind über- und ineinandergreifend; sie erfordern somit einen ständigen Gesamtüberblick und spezifisches Detailwissen in den Bereichen:

- Arbeitsrecht,
- Steuerrecht,
- Gesellschaftsrecht,
- Tarifrecht,
- Sozialversicherungsrecht,
- Bilanzrecht,
- Rechtssprechung,
- Betriebswirtschaft,
- Versicherungs- und Finanzmathematik,
- Finanz- und Liquiditätsmanagement,
- Kommunikation mit der Finanzverwaltung,
- Marketing,
- unternehmens- und bAV-spezifische Verwaltungsabläufe,
- Produktanbieter von Versicherungs- und Finanzprodukten,
- am Markt befindliche Produktlösungen.

1.4 Zwischenfazit

Aufgrund der aufgezeigten Anforderungen wird deutlich, dass diese durch einzelne Berater oder Finanzdienstleistungs- bzw. Beratungsunternehmen kaum abzudecken sind. Es kommt erschwerend hinzu, dass sich gemessen an der Gesamtanzahl von Finanzberatern in Deutschland nur wenige in der Vergangenheit mit der nötigen Intensität dem Thema betriebliche Altersversorgung gewidmet haben.

Kooperationen, vorrangig auf der Ebene von Vermittlern sowie Versicherungs- und Finanzmaklern mit Steuerberatern, Rechtsanwälten und bAV-Beratungsinstituten, sind natürlich im Markt bereits in unterschiedlicher Ausprägung vorzufinden – ein Trend, der sich in naher Zukunft sicherlich weiter fortsetzen wird.

Eine marktdurchdringende Kultur, geprägt von hoher Spezialisierung und Konzentration, wie sie zum Beispiel in Großbritannien unter anderem in Form von „Employee Benefit Consultants (EBC)" existiert, befindet sich hier zu Lande jedoch noch in einem zarten Anfangsstadium.

Stefan Herbst

Trotzdem dürfte es selbst spezialisierten Finanzdienstleistungs- und Beratungsunternehmen schwer fallen, alle Themenbereiche im eigenen Haus abzudecken; dieses wird nur innerhalb eines Netzwerkes zu realisieren sein.

Im Folgenden soll nunmehr ein aus diesen Vorüberlegungen abgeleiteter Idealtypus eines Kooperationsmodells erarbeitet und beschrieben werden.

2 Plattformen als Grundlage für Kooperationen

2.1 Netzwerke als Basis für Funktionalität und Qualität

Qualitativ hochwertige Kompetenzen finden sich in Form von einzelnen Personen oder spezialisierten Unternehmen. Größtenteils sind diese individuellen Kompetenzen in sich nicht ausreichend, um das komplexe Gebilde betriebliche Altersversorgung vollständig und in der Gänze umfassend in allen Bereichen auf höchstem Niveau zu erfassen. Vielmehr liegt eine gewisse Know-how-Fragmentierung im Markt vor. Zumeist wäre es aus betriebswirtschaftlicher Sicht auch gar nicht sinnvoll, das gesamte Leistungsspektrum im eigenen Haus vorzuhalten.

Netzwerke bieten einen Lösungsansatz, der sowohl hohe Qualitätsstandards in den Bereichen, die nicht im eigenen Haus abgedeckt werden können, sichert, als auch betriebswirtschaftliche Überlegungen und Vorteile berücksichtigt. Im Ergebnis kann für die „Außenwelt" ein komplettiertes Leistungsspektrum offeriert werden.

Neben der Schaffung, dem Ausbau und der Pflege von Kompetenznetzwerken dieser Art, ist für eine Realisierung und der dauerhaften Sicherstellung der Funktionalität, eine Organisationsstruktur erforderlich, die sich auf einer Netzwerkplattform abbilden lässt.

2.2 Notwendigkeit ganzheitlicher Betrachtung

Insellösungen, die nur bestimmte Durchführungswege mit einem limitierten Produktangebot zulassen, entsprechen nicht mehr den heutigen Erfordernissen. Auch aus vertriebstechnischer Sicht wird es immer schwieriger werden, mit einem bloßen Produktangebot im Rahmen der Entgeltumwandlung Arbeitgeber zu überzeugen.

Zukunftweisende und überzeugende Lösungen lassen sich nachhaltig nur durch eine ganzheitliche Betrachtung erarbeiten; diese sollte beinhalten:

- Vergangenheits- und Status-quo-Analyse bestehender Versorgungs- und Vergütungssysteme;

- Erkennen von Neuordnungs-, Optimierungs- oder Sanierungsbedarf bestehender Systeme;
- Haftungsrisiken;
- alle möglichen Durchführungswege und Zusagearten inklusive Zeitwertkonten, CTA's (Contractual Trust Arrangements) etc.;
- individuelle Firmencharakteristika sowie Arbeitgeber- und Arbeitnehmerpräferenzen;
- unterschiedlicher Versorgungsbedarf zu definierender Arbeitnehmer- und Managementgruppen innerhalb eines Unternehmens;
- verschiedene, auch konkurrierende Produktanbieter und Produktlösungen für die Rückdeckung;
- Flexibilitätstests in Hinblick auf mögliche Veränderungen der Rahmenbedingungen und wahrscheinliche Zukunftsszenarien;
- Prüfung und Organisation der Verwaltungsabläufe.

Mittelständische Unternehmen halten in der Regel aus Kostengründen keine eigenen Ressourcen für den Bereich der betrieblichen Altersversorgung vor. Sie sind somit auf externe Dienstleistungen angewiesen. Daher sind die Durchdringungsquoten in diesen Unternehmen auch am schwächsten ausgeprägt. In der Vergangenheit eingerichtete Versorgungssysteme wurden oft nicht ausreichend gepflegt und beachtet.

Eine solch systematische Aufarbeitung und die Sicherstellung einer fortwährenden Begleitung des Themas findet aufgrund dessen eine sehr hohe Akzeptanz.

2.3 Berücksichtigung heterogener Zielgruppen und Strukturen

Die Komplexität der betrieblichen Altersversorgung sowie die damit einhergehende Notwendigkeit interaktiver Kommunikation mit den Unternehmen lässt einen Distributionskanal wie zum Beispiel „direct marketing/selling" ausscheiden.

Eine erfolgreiche Umsetzung im Rahmen eines Kooperationsmodells basiert auf der vertrauensvollen Zusammenarbeit mit Partnern, die wiederum ein eigenes Interesse verfolgen, Versorgungssysteme in den Unternehmen zu implementieren.

Es handelt sich dabei um Personen oder Dienstleistungsunternehmen, die aus ihrer originären Geschäftstätigkeit bereits einen Zugang zu Unternehmen haben (siehe Abbildung 1).

Zweifelsohne verfolgen die in der Abbildung 1 beispielhaft aufgeführten Gruppen, Interessen unterschiedlicher Couleur, welche auf einer Kooperationsplattform nicht nur zu berücksichtigen sind, sondern sich auch wiederfinden und wohlfühlen müssen. Nicht zu vernachlässigen ist außerdem, dass es teilweise innerhalb der verschiedenen Interessengruppen wiederum zu Kooperationen untereinander kommen kann, welche es zu fördern gilt.

Stefan Herbst

Abbildung 1: Personen und Dienstleister mit einem vorhandenen Zugang zur Zielgruppe

Zielgruppe Unternehmen:
- Finanzmakler
- Unternehmensberater
- Financial Planer
- Versicherungsvermittler
- Finanzberater
- Banken
- Finanzdienstleistungsunternehmen
- Versicherungsunternehmen
- Steuerberater
- Wirtschaftsprüfer
- Rechtsanwälte
- Vermögensverwalter
- Verbände
- Versicherungsmakler

Die originären Geschäftsbereiche des jeweiligen Partners dürfen dabei nicht gestört werden und müssen unangetastet bleiben.

Die Berücksichtigung dieser Umstände beim Aufbau, der Struktur, der Organisation und der laufenden Koordination einer Kooperationsplattform vermeidet nicht nur Kannibalisierungseffekte, sondern führt zu bemerkenswerten Komplementäreffekten, die treffender auch als klassische „win – win" Situationen bezeichnet werden könnten.

2.4 Support als integrales Mosaiksystem

Das Leistungsspektrum, das auf einer Kooperationsplattform für die jeweiligen Netzwerkpartner in den einzelnen Bestandteilen optional zur Verfügung steht, sollte vorzugsweise den sinnbildlichen Charakter eines integralen Mosaiksystems haben.

Diese Idealvorstellung beinhaltet, dass schon die Plattform als solches ein aus vielen Bausteinen bestehendes, sehr rundes und komplettes Gesamtleistungsbild abgibt.

Plattformpartner können nun das gesamte Mosaik oder Teilbereiche daraus in ihr Unternehmensbild kopieren und passend einfügen, sodass sich für die „Außenwelt" ein komplettes und in sich stimmiges Gesamtleistungsbild vordergründig auf der Ebene der Netzwerkpartner ergibt und die Plattform im Hintergrund als Dienstleistungsprovider fungiert.

In der Praxis kann dies zum Beispiel durch „labeln" oder „branden" von Präsentationen, Beratungssoftware, Web-Anwendungen etc. umgesetzt werden.

3 Beispielhaftes Plattform- und Kooperationsmodell

3.1 Modulare Leistungsspektren auf zwei Ebenen

Das Leistungsangebot der Kooperationsplattform untergliedert sich in zwei integrierten Ebenen, einer Lösungs-/Abwicklungs- und einer Verwaltungsebene (siehe Abbildungen 3 und 4).

Ein modularer Aufbau erlaubt den Netzwerk-Partnern, die einzelnen Leistungskomponenten optional zu nutzen und verfolgt damit den im Abschnitt 2.4 beschriebenen grundlegenden Ansatz eines Mosaiksystems.

3.1.1 Ganzheitliche Lösungen und deren Abwicklung

Die Notwendigkeit ganzheitlicher Betrachtung und die daraus resultierende Erarbeitung ganzheitlicher Lösungen für Arbeitgeber und Arbeitnehmer spiegelt sich auf dieser Ebene wider.

Neben der Tatsache, dass der Anspruch eines ganzheitlichen Lösungsansatzes an sich schon eine Herausforderung darstellt, bedingt die Umsetzung in der Praxis eine friktionslose Abwicklungslogistik.

Stefan Herbst

3.1.1.1 Wissensdatenbank/e-learning

Gerade Partner, deren originäre Geschäftstätigkeit nicht ausschließlich in der Beschäftigung mit betrieblicher Altersversorgung besteht, sehen sich einer schier unübersichtlichen Informationsflut gegenüber. Standardwerke, die das Thema grundlegend, umfassend und verständlich beschreiben, sind in der Literatur praktisch nicht existent.

Die autodidaktische Erarbeitung des Themenbereiches ist aufgrund dessen und der vielschichtig ineinandergreifenden Wissensgebiete sehr mühsam und zeitaufwendig. Bei dem am Markt vorzufindenden Seminarangebot, ist zu bemerken, dass dies zumeist durch Produktanbieter durchgeführt wird und damit eine gewisse Einfärbung einhergeht; unabhängige Seminarangebote sind allgemein sehr teuer und vermitteln meistens nur spezielle Teilbereiche. Eine Wissensdatenbank mit einem „e-learning tool" kann hier Abhilfe schaffen.

Die Wissensdatenbank besteht aus einem lexikonartig aufgebauten Index, der die detaillierten Teilaspekte betrieblicher Altersversorgung umfasst. Diese werden nicht textlich beschrieben, sondern sind in der notwendigen Ausführlichkeit multimedial aufbereitet dargestellt.

Weiterhin wird der Zugriff auf Urteile aus der Rechtssprechung und alle *relevanten Gesetzestexte*, die mit dem Bereich betriebliche Altersversorgung in Zusammenhang stehen, gewährt; dies sind folgende Gesetze und Verordnungen:

- Gesetz zur Verbesserung der betrieblichen Altersversorgung (BetrAVG),
- Einkommenssteuergesetz (EStG),
- Körperschaftssteuergesetz (KStG),
- Sozialgesetzbuch IV (SGB IV),
- Altersvermögensgesetz (AVmG),
- Altersvorsorgeverträge-Zertifizierungsgesetz (AltZertG),
- Arbeitsentgeltverordnung (ArEV),
- Handelsgesetzbuch (HGB),
- Verordnungen zum Pensionsfonds (PF),
- Versicherungsaufsichtsgesetz (VAG),
- Versicherungsvertragsgesetz (VVG),
- Finanzdienstleistungsaufsichtsgesetz (FinDAG).

Das „e-learning tool", das zum Beispiel für Mitarbeiter eines Kooperationspartners zur Fortbildung eingesetzt werden kann, führt nach Wunsch systematisch durch den gesamten Themenkomplex betriebliche Altersversorgung, untergliedert in einzelne Teilbereiche (siehe Abbildung 2).

Innerhalb dieser übergeordneten Bereiche werden die jeweils verschiedenen detaillierten Teilaspekte behandelt. Die multimediale Aufbereitung erhöht die Lernmotivation; eine Lernkontrolle kann mittels Zwischen- und Abschlusstests durchgeführt werden.

Der Zugriff auf das Modul erfolgt über eine Internetplattform, wodurch eine 24stündige Verfügbarkeit sowie ständige Aktualität sichergestellt wird.

Abbildung 1: Übergeordnete Themenbereiche des „e-learning-tools"

3.1.1.2 Beratungssoftware

Eine intelligente Software ermöglicht komplexe Zusammenhänge weitgehend zu automatisieren und standardisieren, wodurch, eine benutzerfreundliche Bedienung vorausgesetzt, nicht nur Zeit eingespart, sondern auch mögliches Haftungspotenzial reduziert werden kann. Das Internet bietet in diesem Zusammenhang einen zeitlich uneingeschränkten, ortsunabhängigen Zugriff und gewährleistet fortwährende Aktualität.

Allein aus den bis zu fünf Durchführungswegen und drei Versorgungsarten (Alters-, Invaliditäts,- und Hinterbliebenenversorgung), die das Betriebsrentengesetz vorsieht, ergeben sich 217 verschiedene Optionen, um betriebliche Altersversorgung durchzuführen.

Natürlich machen einige Kombinationsmöglichkeiten schon dem Grunde nach keinen Sinn, jedoch veranschaulicht diese Vielzahl an Möglichkeiten die Unübersichtlichkeit der Thematik, die nicht nur Arbeitgeber und Arbeitnehmer, sondern auch nicht hochspezialisierte Berater bei einer ganzheitlichen Betrachtung regelmäßig überfordert.

Da im heutigen Beratungs- und Vertriebsprozess in der Regel der Arbeitgeber der zunächst erste Ansprechpartner ist, konzentriert sich ein Modul der Beratungssoftware darauf, die Kombinations- und Lösungsmöglichkeiten zu filtern und ergebnisorientiert transparent zu machen.

Anhand einer überschaubaren Anzahl von Eingaben, die die individuelle Unternehmenssituation und die jeweiligen Arbeitgeberpräferenzen erfassen, wird ein Sollprofil ermittelt. Zudem werden die verschiedenen bAV-Durchführungsvarianten, kombiniert mit einer beliebigen Anzahl von bAV-Rückdeckungsprodukten, in einem Lösungsprofil zusammengefasst.

Soll- und Lösungsprofil bilden sodann einen durch verschiedene Bewertungskriterien definierten Zielkorridor, der mehrere Durchführungslösungen mit den dazugehörigen Produkten beinhaltet. Diese können überdies im Gespräch mit dem Unternehmen in einem grafisch umgesetzten Dialogfenster weiter optimiert und angepasst werden.

Das Ergebnis besteht nach diesem Prozess in einem automatisiert erstellten individuellen bAV-Gutachten inklusive Beratungsprotokoll sowie einer Mitwirkungs- und Durchführungsvereinbarung für das Unternehmen und den Berater.

Ein weiteres Softwaremodul hat die Aufgabe, die Umsetzung der erarbeiteten Durchführungslösungen und die dazugehörigen Arbeitnehmerberatungen unter Berücksichtigung eventueller Tarifvorbehalte innerhalb des Unternehmens zu begleiten. Das Modul ist datenbankbasiert und sieht eine benutzerspezifische Verwaltung von Arbeitgeber- und Arbeitnehmerdaten vor. Der Import der relevanten Arbeitnehmerdaten vom Payroll-Systems des Unternehmens erübrigt bei einer höheren Mitarbeiteranzahl eine lästige manuelle Erfassung.

Aufgrund der individuellen Arbeitnehmersituation (Einkommen, Familienstand, Kinder, Tarifbindung etc.), vergleicht das System für den Berater und Arbeitnehmer die vom Arbeitgeber erlaubten Durchführungswege (inklusive Riesterförderung und privatem Sparen) miteinander. Der Vergleich findet in Form der Berechnung von absoluten Beträgen, prozentualen Wirkungsgraden als auch einer grafischen Visualisierung statt.

Entscheidet sich der Arbeitnehmer im Beratungsgespräch für einen für ihn vorteilhaften Durchführungsweg, werden daraus folgend die vom Arbeitgeber vorgesehen Rückdeckungsprodukte in einer produktanbieterspezifischen Hochrechnung dargestellt und auch miteinander verglichen.

Nach der schlussendlichen Auswahl des Rückdeckungsproduktes, produziert das System automatisiert neben einem Beratungsprotokoll, die Entgeltverzichtsvereinbarung sowie das vom jeweiligen Produktanbieter abhängige und zur Abwicklung erforderliche Formularwesen.

3.1.1.3 Beratungssupport

In der Praxis ergeben sich bei der Vorbereitung und Durchführung der Beratung eine Vielzahl von Fragen, die einem gewissen Standardbereich zuzuordnen sind. Diese können weitgehend durch telefonische Hotline sowie e-Mail-Verkehr abgedeckt werden.

Bei den Netzwerkpartnern wird jedoch abhängig vom vorhandenen Know-how, das innerhalb der gesamten Benutzergruppe der Kooperationsplattform heterogen ausgestaltet vorzufinden ist, ein optional weitergehender Beratungssupport notwendig sein.

Bis zu einem gewissen Level kann dies durch Mitarbeiter der Kooperationsplattform bis hin zu einer physischen Präsenz bei Beratungsgesprächen geleistet werden.

Für komplizierte und spezielle Beratungsleistungen, die im High-end-Bereich angesiedelt sind, bietet sich das Einbinden von mit der Plattform verbundenen Beratungsinstituten an. *Beratungsleistungen* dieser Art sind zum Beispiel:

- die Analyse bestehender, komplexer Versorgungssysteme;
- Neuordnung, Optimierung, Sanierung bzw. Umfinanzierung von Versorgungssystemen;
- länderübergreifende Versorgungssysteme bei international präsenten Unternehmen;
- Outsourcing und Transfer von Pensionsverpflichtungen;
- Asset Liability Modeling.

Die eingebundenen Beratungsinstitute agieren ausschließlich auf Honorarbasis und sind nicht produktvermittelnd tätig, um die originären Geschäftsinteressen der Plattformnutzer nicht zu tangieren. Eine klar nachvollziehbare Aufgabenteilung ist angezeigt, die auch der „Außenwelt" entsprechend logisch zu kommunizieren ist.

3.1.1.4 Produktwelten im Best-select-Ansatz

Die auf der Plattform vorgehaltenen Produktlösungen für erforderliche Rückdeckungen müssen den notwendigen speziellen Anforderungen der betrieblichen Altersversorgung entsprechen.

Aufgrund des umfangreichen Angebotes am Markt, erscheint es nicht sinnvoll, alle theoretisch möglichen Produkte zu implementieren. Vielmehr sollte ein neutraler „Best-select"-Ansatz Grundlage für eine umfassende, aber auch eine gewisse Übersichtlichkeit wahrende Produktauswahl sein.

Das *Produktscreening* ist ein fortwährender Prozess, der unter anderem beinhaltet:

- grundsätzliche Eignung im Rahmen der speziellen Anforderungen und Vorschriften der betrieblichen Altersversorgung innerhalb der bestimmten Durchführungswege;
- Renditesicherheit und Garantien;
- Renditepotenzial;
- Funktionsweise und Struktur von Kapital-, Verzinsungs- und Rentengarantien;
- Asset Mix und Asset Management;
- Preis-Leistungs-Verhältnis;

- bisherige Performanceleistungen;
- vergangenheits- und zukunftsbezogene Langfristbetrachtung;
- Flexibilität.

Allerdings ist nicht nur das Produkt als solches, sondern auch die anbietende Gesellschaft stetig zu durchleuchten, dies betrifft zum Beispiel

- finanzielle Stärke, Sicherheit und Stabilität;
- Hintergrund, Herkunft und Renommee der Gesellschaft;
- bisherige Leistungsbilanz;
- Langfristigkeit der Geschäftsausrichtung;
- Flexibilität und Service;
- reibungslose Abwicklung und Verwaltung;
- Kooperationsbereitschaft.

Darüber hinaus werden für spezielle Anwendungen, wie zum Beispiel Zeitwertkonten, CTA's (Contractual Trust Arrangements) etc. jeweils individuelle Lösungen mit entsprechend profilierten Anbietern zu konzipieren sein.

3.1.1.5 Marketing

Das Thema Marketing wurde und wird im Bereich betriebliche Altersversorgung größtenteils extrem vernachlässigt. Dabei ist Marketing ein Instrument der Kommunikation – unabdingbar für Wahrnehmung, Sensibilisierung und durchdringenden Erfolg.

Aufgabe der Plattform ist es, Marketingvorlagen zur Verfügung zu stellen, die auf Wunsch von Netzwerkpartnern individualisiert verwendet werden können; dies betrifft zum Beispiel:

- Mailings;
- zielgruppenorientierte Präsentationen (für Arbeitgeber, Arbeitnehmer, Betriebsräte, bestimmte Branchen etc.);
- Broschüren;
- Videoclips;
- Flyer (zum Beispiel als Beilage für die Lohn- und Gehaltsabrechnung).

3.1.1.6 Vertriebssupport

Die Praxis zeigt, dass selbst die intelligenteste und vielversprechenste Lösung eigendynamisch kaum Umsetzungserfolge produziert, sofern die Art und Weise der Kommunikation mit den Arbeitnehmern im Rahmen betrieblicher Altersversorgung durch Entgeltumwandlung nicht zumindest genauso intelligent gestaltet ist.

Die Arbeit endet nicht mit der Implementierung eines Rahmenabkommens mit dem Arbeitgeber in der Hoffnung, dass die Arbeitnehmer sodann eigeninitiativ Entgeltumwandlungen durchführen, sondern begründet vielmehr den Start in die eigentliche Umsetzungsphase.

Ist diese Umsetzungsphase nicht auch stringent organisiert, lehrt die bisherige Erfahrung, dass lediglich ein verschwindend geringer Teil der Arbeitnehmer, in der Regel noch deutlich unter fünf Prozent, das Angebot nutzt.

Als ideal hat sich herausgestellt, die Mitarbeiterkommunikation in zwei Phasen zu unterteilen: Information an die gesamte Belegschaft und die individuelle Mitarbeiterberatung.

Die gesamte Belegschaft mittels einer Betriebsversammlung zu informieren, dient als Grundlage für die dann folgenden einzelnen Beratungsgespräche. Der Vortrag sollte alle wesentlichen Informationen transportieren und dabei eher einen motivierenden Show- als distanzierten Wissenschaftscharakter haben. Ein guter bAV-Berater muss noch lange nicht ein ebenso guter Vortragender sein. Für diese spezielle Aufgabe kann die Netzwerkplattform geeignete Referenten organisieren.

Doch selbst eine perfekt gelungene Betriebsversammlung wird die individuelle Mitarbeiterberatung nicht ersetzen können, wenn eine nennenswerte Mitarbeiteranzahl das präsentierte Angebot annehmen soll.

Beratungen auf dieser Ebene benötigen in der Regel einen Zeitaufwand von cirka 30 bis 45 Minuten pro Arbeitnehmer und bedingen somit je nach Größe des Unternehmens eine leicht zu kalkulierende Vertriebskapazität.

Um den grundlegend motivierenden Effekt der Information an die gesamte Belegschaft auf einer Betriebsversammlung nicht schwinden zu lassen, sollten die Beratungen innerhalb eines danach folgenden Zeitraumes von circa zwei Wochen durchgeführt werden. In der Praxis ist dies oftmals aufgrund von Ressourcenmangel nicht möglich.

Daher erscheint es sinnvoll, dass die Plattform dem beratenden Netzwerkpartner unter Wahrung rechtlicher Aspekte (zum Beispiel Kundenschutz) und entsprechender Qualitätssicherungsmaßnahmen, die Möglichkeit offeriert, einen „Vertrieb zu mieten".

Bei diesem Vorgehen sind die bisherigen Erfahrungswerte vielversprechend – es konnten bei den Arbeitnehmern Umsetzungsquoten von 25 Prozent bis hin zu 75 Prozent je nach Unternehmen und Branche erreicht werden.

Abbildung 3: Lösungs- und Abwicklungsebene

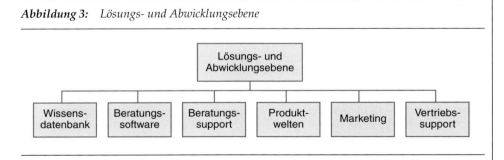

Stefan Herbst

3.1.2 Ganzheitliche Verwaltung

In der Zukunft werden effiziente Verwaltungssysteme zunehmend an Bedeutung gewinnen. Der Verwaltungsaufwand sollte für die Arbeitgeber so gering wie möglich gehalten werden, vorzugsweise gar nicht vorhanden sein.

Für Provider von Versorgungssystemen und Produktlösungen wird Kosteneffizienz in der Verwaltung verstärkt in der Vordergrund rücken, um attraktive Preis-Leistungs-Verhältnisse bieten zu können und erzielbare Renditen der zu Grunde liegenden Assets nicht zu verwässern.

Wird bei der Beratung und der Erarbeitung von Lösungen ein ganzheitlicher Ansatz verfolgt, ist es nur zu stringent, dies auch bei der laufenden Verwaltung der implementierten Versorgungssysteme zu vollziehen, zumal „Verwaltungsinseln" schon allein durch die Fragmentierung zu höherem Aufwand und Unübersichtlichkeit führen.

3.1.2.1 Informationssystem

Dem jeweiligen Berater des Unternehmens sollte Zugriff auf ein vorgeschaltetes, webbasiertes Verwaltungsinformationssystem gewährt werden, das ihm einen ständigen Überblick über die eingerichteten Versorgungssysteme, die dazugehörigen Durchführungswege und installierten Rückdeckungsprodukte verschafft.

Da nicht alle Informationen für den Arbeitgeber relevant und interpretierbar sind, kann dieser mittels eines separaten, untergeordneten Zugriffs speziell für ihn zusammengestellte, aktuelle Auswertungen (zum Beispiel bezüglich Einsparungen von Sozialversicherungsbeiträgen, aufgelaufene Kosten für den Pensions-Sicherungs-Verein etc.) erhalten.

Für den Arbeitnehmer ist es von Interesse, sich über den aktuellen Stand seiner bisher erlangten und zukünftig zu erwartenden Versorungungsanwartschaften informieren zu können.

In einem mehrstufig aufgebauten, mandantenfähigen Informationssystem sind diese Anforderungen realisierbar.

3.1.2.2 Verwaltung neuer und bestehender Versorgungssysteme

Auf der Verwaltungsebene der Kooperationsplattform erscheint es nicht nur zweckmäßig die laufende Administration neu eingerichteter Versorgungssysteme zu organisieren, sondern auch bereits bestehende Versorgungssysteme in eine ganzheitliche Verwaltung übernehmen zu können.

Mittelständische Unternehmen erfreuen sich zumeist nicht an Verwaltungsaufgaben im Zusammenhang mit betrieblicher Altersversorgung – in der Regel sind das erforderliche Know-how und entsprechende Ressourcen nicht vorhanden, weil es sich auch aus betriebswirtschaftlicher Sicht nicht sinnvoll darstellen ließe.

Um das Thema mit der notwendigen Sorgfalt dennoch professionell und kosteneffizient zu behandeln, ist das Outsourcen in ein ganzheitliches Verwaltungssystem bei den Unternehmen ein willkommener Dienstleistungsaspekt.

Die übrigbleibende Aufgabe der Personalverwaltung des Unternehmens ist es dann lediglich, bestimmte Informationen über Veränderungen bei den Mitarbeitern (zum Beispiel Arbeitsplatzwechsel, Familienstand, Erziehungsurlaub etc.) zu kommunizieren. Die Kommunikation kann nach einer Authentifizierung über einen webbasierten Zugang zu einem sehr einfach strukturierten, benutzerfreundlichen und benutzerführenden Modul des Verwaltungssystems erfolgen.

3.1.2.3 Ständige Überprüfung der Versorgungssysteme

Einmal eingerichtete Versorgungssysteme beanspruchen eine dauerhafte Überprüfung und Pflege. Mindestens einmal jährlich sollte der Berater mit dem Unternehmen in Kontakt stehen, um dies zu gewährleisten.

Das Verwaltungsmodul kann hier Hilfestellung in Form von strukturierten Wiedervorlagen und in einigen Bereichen weitgehend automatisierten Auswertungen bis hin zur Ermittlung eventueller Deckungslücken sowie Überprüfung von Zusage- und Vertragstexten nach gegebenenfalls veränderten Rechtsgrundlagen, verschaffen.

4 Umsetzung in der Praxis

Die beschriebenen Leistungsmodule einer idealtypischen Netzwerkplattform bieten eine Grundlage für Strategien zukünftiger Kooperationen und Modelle. Dies erfordert natürlich, vor allem in den Bereichen IT und Human Ressources, einen fundierten und langfristigen finanziellen Background.

Das hier erarbeitete Kooperationsmodell ist jedoch keineswegs nur virtueller Natur – eine weitgehende Umsetzung erfolgte bereits auf der Netzwerkplattform www.eurocap.com der eurocap (european concepts of assurance & pensions) GmbH.

Abbildung 4: *Verwaltungsebene*

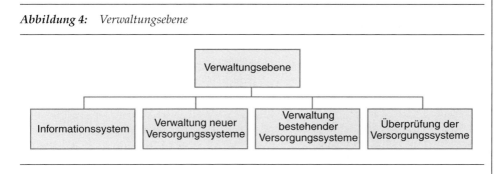

Um eine ausreichende Netzwerkauslastung von Beginn an sicherzustellen, bedarf es auf ein schon bestehendes Fundament zugreifen zu können. Mit insgesamt mehr als 1.600 Partnern (unter anderem in den Bereichen Vermögensverwalter, Banken, Financial Planner, Versicherungs- und Finanzmakler) bietet die EMF AG der eurocap Plattform ein solches.

Ein Netzwerkauftritt dieser Art kann sich mittel- bzw. langfristig durch umsatzorientierte Handlingfees und/oder – je nach Nutzungsgrad – Lizenzgebühren finanzieren, wobei in diesem Zusammenhang erforderliche Deckungsbeiträge bei den zu beratenden Unternehmen ab einer Größenordnung zwischen zehn und 20 Mitarbeitern in Abhängigkeit von Branchen und Strukturen erzielt werden können.

Bernard Dolle

bAV-Beratungssoftware für den Vermittler

1 Einleitung 337

2 Bewertung des Vermittler-Produktportfolios 337
   2.1 Bewertung eines einzelnen bAV-Produkts 337
   2.2 Bewertung des bAV-Produktportfolios 340
   2.3 Bedeutung der Bewertungen 340

3 Beratungsunterstützung in der Arbeitgeberakquise 341
   3.1 Allgemeine Beratung 341
      3.1.1 Einführung/Aufklärung des Arbeitgebers 341
      3.1.2 Einsparmöglichkeiten bei den Arbeitgeberbeiträgen
           zur Sozialversicherung 342
      3.1.3 Verzögerungsnachteile 342
   3.2 Arbeitgebervorgaben 342
      3.2.1 Zulässigskontrolle 342
      3.2.2 bAV-Empfehlung für den Arbeitgeber 343
      3.2.3 Freiwillige Arbeitgeberzuschüsse/-förderung 344
      3.2.4 Mitwirkungsvereinbarung 345
   3.3 Auswirkungen auf die Entgeltumwandlungsberatung 345
   3.4 Dokumentation der Arbeitgeberberatung 346

4 Entgeltumwandlungsberatung 346
   4.1 Vorbereitende Datenübernahme 347
   4.2 Datenerfassung während der Entgeltumwandlungsberatung 347
   4.3 Optimierung der Entgeltumwandlungshöhe 348
   4.4 Arbeitnehmerberatung bei der bAV-Auswahl 348
   4.5 Annahmerichtlinien 349
   4.6 Beratungsdokumente 349
      4.6.1 Beratungsprotokoll 349
      4.6.2 Entgeltumwandlungsvereinbarung/Antrag 350
   4.7 Vorsorgevertrag des Arbeitgebers 351

5 Betreuung des Arbeitgebers im bAV-Alltag 351

6 Verwaltungsfunktionen 352
   6.1 Verwaltung der beteiligten Personen 352
   6.2 Verwaltung der Arbeitgebervorgaben 352
   6.3 Verwaltung der Entgeltumwandlungsdaten 353
   6.4 Dokumentenverwaltung 353

7 Controlling 353

8 Customizing 354

9 Beratungssoftware von Suretec 354
   9.1 bAV-Butler und bAV-Scout 354
   9.2 bAV-Master 355
   9.3 Gemeinsame Eigenschaften 355
         9.3.1 Offline- und Online-Einsatz 355
         9.3.2 Schutzengelfunktionen 356
         9.3.3 Einstellungen 356
         9.3.4 Customizing 357

1 Einleitung

Die Unterstützungsmöglichkeiten von Software in der betrieblichen Altersvorsorge sind sehr vielfältig. Je nach Einsatzszenario stehen dabei andere Unterstützungsmöglichkeiten im Vordergrund. Ein möglicher Bereich ist die Bestandsverwaltung von bAV-Verträgen, sicherlich besonders interessant für die Versorgungsträger. Die Auszahlung von Renten und anderen Leistungen einschließlich Versteuerung und Verbeitragung ist ein weiterer Vorgang, der mittels Softwareeinsatz erleichtert werden kann, ebenso wie die Verwaltung der Arbeitgeberzusagen im Personalbüro.

Im Mittelpunkt dieses Beitrags stehen allerdings die Unterstützungsmöglichkeiten für den Vermittler und seine bAV-Beratung. Die spezifische Beratungssituation bedingt Anforderungen an die Beratungssoftware, die sich auf folgende vier Bereiche konzentrieren, die in diesem Rahmen näher erläutert werden sollen:

(1) Bewertung der bAV-Produkte im Vermittler-Produktportfolio
(2) Beratungsunterstützung in der Arbeitgeberakquise
(3) Entgeltumwandlungsberatung
(4) Betreuung des Arbeitgebers im bAV-Alltag.

Zusätzlich müssen die speziellen Verwaltungsfunktionen berücksichtigt werden, die eine Softwareunterstützung der obigen Punkte erst möglich machen.

2 Bewertung des Vermittler-Produktportfolios

Eine gute Softwareunterstützung differenziert hier zwischen der Bewertung eines einzelnen Produkts und der Bewertung des gesamten Produktportfolios.

2.1 Bewertung eines einzelnen bAV-Produkts

Man kann davon ausgehen, dass ein bAV-Produkt die einschlägigen Vorschriften im Vertragsverhältnis zwischen Arbeitgeber und Versorgungsträger erfüllt. So wird an dieser Stelle der Bewertungsfokus darauf ausgerichtet sein, ob und in welchem Maße das bAV-Produkt dem Arbeitgeber hilft,

- die ihm auferlegten arbeits-, steuer-, sozial-, tariflichrechtlichen Vorgaben zu erfüllen,
- seine Haftungsrisiken zu minimieren,
- die Verwaltungsrisiken und -aufwände zu minimieren und
- ungewollte Zusatzkosten möglichst zu vermeiden.

Bernhard Dolle

Für diese Analyse ist eine Produkterfassung erforderlich, mit der Daten zum betreffenden bAV-Produkt erhoben werden können. Diese Daten dienen zum einen zur Produktbewertung nach ausgewählten Kriterien und zum anderen zur Erstellung eines Produktsteckbriefs, in dem die wichtigsten Produktdaten aus Arbeitgeber- wie aus Arbeitnehmersicht übersichtlich dargestellt werden können.

In der Beratungssoftware „bAV-Scout" der Fa. Suretec Systems GmbH werden zur Produktbewertung (einmalig) ca. 100 Einzelfragen gestellt. Sie beziehen sich auf die unterstützten Vorsorgearten (Alters-, Hinterbliebenen- und/oder Invaliditätsvorsorge), den zugehörigen Leistungsvoraussetzungen und -limitierungen aber auch zur Überprüfung des Deckungsschutzes.

So wird zur arbeitsrechtlichen Gesetzeskonformität u. a. abgefragt:

- **Höchsteintrittsalter:**
  Gemäß BetrAVG §1a hat jeder Arbeitnehmer bei Entgeltumwandlung ein Anrecht auf eine Versorgungszusage des Arbeitgebers – unabhängig vom Lebensalter des Arbeitnehmers.
  Liegt das Höchsteintrittsalter, bis zu dem der Versorgungsträger bereit ist, dem Arbeitgeber einen Deckungsschutz zu geben, (deutlich) unter 65 Lebensjahren, so findet der Arbeitgeber für entsprechende Anforderungen von „zu alten" Arbeitnehmern bei diesem Produkt nicht den benötigten Deckungsschutz.

- **Mindestentgeltumwandlungshöhe:**
  Gemäß BetrAVG §1a hat jeder Arbeitnehmer das Recht auf eine Entgeltumwandlung, sofern er p. a. mindestens ein Hundertsechzigstel der Bezugsgröße nach §18 Abs. 1 SGB IV verwenden will. Liegt nun die Mindestentgeltumwandlungshöhe des Versorgungsträgers bei etwa 300 € p. a. – und damit nahezu doppelt so hoch als die gesetzliche Untergrenze –, so findet der Arbeitgeber für entsprechende Anforderungen von Arbeitnehmern, die diese Mindestentgeltumwandlungshöhe nicht aufbringen wollen, bei diesem Produkt nicht den benötigten Deckungsschutz.

Für die Tarifvertragskonformität wird u. a. abgefragt,

- **Gesundheitsprüfung bei Hinterbliebenenversicherung:**
  Es gibt Tarifverträge, in denen – ohne Rücksicht auf den Gesundheitszustand – ein Hinterbliebenenschutz vorgeschrieben ist. In einem solchen Fall riskiert der Arbeitgeber bei einem Produkt, bei dem der Deckungsschutz vom Ausgang einer Gesundheitsprüfung abhängig gemacht wird, in entsprechenden Fällen keinen Deckungsschutz zu erhalten.

Ausgewertet werden die Eingaben zum Produkt standardmäßig nach folgenden Kriterien:

- **Risiko des Arbeitgebers beteiligt zu sein an der (teilweisen / gänzlichen) Finanzierung der**
  - Vorsorgeleistung,
  - Rentenanpassungen,
  - Kosten für vorzeitig ausscheidende Leistungsanwärter;

bAV-Beratungssoftware für den Vermittler

- rechtzeitige Rückdeckung;
- rechtskompatibilität;
- Zusatzkosten;
- Verwaltungskosten und -risiken des Arbeitgebers;
- Bilanzierungspflichten;
- Skalierung;
- Wirkungsgrad;
- Vertragsrendite;
- Deckungsumfang.

Zu jedem dieser Kriterien werden im bAV-Scout in einer detaillierten Auswertung die Stärken und die Schwächen des Produkts dargestellt.

Dies soll gerade dem weniger bAV-erfahrenen Vermittler helfen, „sein" Produkt besser zu verstehen und dabei nicht allein auf marketinggetriebene Produktinformationen angewiesen zu sein.

Die ausführliche textliche Darstellung der Stärken und vor allen Dingen der Schwächen (einige Dutzend Seiten in der ausführlichen Expertise und wenige Seiten in der Kurz-Analyse) soll dem Vermittler auch akquisitorische Hilfestellungen leisten.

So werden die unterschiedlichen Ausfinanzierungsrisiken zueinander gewichtet. Ist beispielsweise bei einem Produkt die Finanzierung der Abfindung von Bagatellrenten bei einem vorzeitig ausgeschiedenen Leistungsanwärter nicht vorgesehen, so ist dies ein Mangel. Ebenfalls ein Mangel ist es, wenn ein Arbeitgeber mindestens vierundzwanzig Monate Prämien zu entrichten hat und zwar selbst dann, wenn der Leistungsanwärter vor Ablauf dieser vierundzwanzig Monate ausgeschieden ist. Im Vergleich der beiden Mängel miteinander fällt der zweite Mangel deutlich mehr ins Gewicht als der erste.

Auch der Fall, dass der Vermittler einige Fragen nicht beantworten kann, ist berücksichtigt. Zu jeder der ca. 100 Fragen zum Produkt gibt es die Antwortmöglichkeit „unklar". Pro Bewertungskriterium wird die Bedeutung der mit „unklar"-beantworteten Fragen beschrieben und das Votum entsprechend eingeschränkt. Ist die Anzahl der mit „unklar" beantworteten Fragen zu groß oder deren Bedeutung zu hoch, so wird ein Briefentwurf an den Versorgungsträger mit den offenen Fragen zusammengestellt.

Eine weitere Funktion des bAV-Scouts ist die *Zielgruppenanalyse* für ein Produkt. Den praktischen Nutzen zeigen hier einige Beispiele auf:

Schreibt z. B. ein bAV-Produkt für eine Hinterbliebenenversorgung verbindlich eine Gesundheitsprüfung vor, so ist dies für die Arbeitgeber, die einem Tarifvertrag mit vorgeschriebener Hinterbliebenenversorgung unterliegen, nicht geeignet. Denn dieser sieht verbindlich für alle entgeltumwandlungswilligen Arbeitnehmer einen Anspruch auf Hinterbliebenenversorgung unabhängig vom Ausgang einer Gesundheitsprüfung vor.

Besitzt ein bAV-Produkt Schwächen bei der Behandlung von vorzeitig ausscheidenden Leistungsanwärtern, schneidet aber bei allen anderen Kriterien ausgezeichnet ab, so ist dies Produkt dennoch empfehlenswert bei Arbeitgebern mit einer sehr geringen Fluktuationsrate. Diese kann häufig in kleinen Familienbetrieben wegen der dort geringen Fluktuation problemlos vernachlässigt werden.

Verfügt ein bAV-Produkt nicht über einen vorläufigen Deckungsschutz für die Hinterbliebenen- und/oder Invaliditätsversorgung, so kann es dennoch ein geeignetes Produkt für Arbeitgeber sein, die bewusst nur eine Altersversorgung zusagen wollen.

2.2 Bewertung des bAV-Produktportfolios

Eine Bewertung eines Produktportfolios basiert natürlich auf der Bewertung der einzelnen Produkte. Bei einem Portfolio können jedoch Schwächen des einen Produkts durch Stärken eines anderen kompensiert werden.

Dies wird besonders deutlich, wenn die Beratungssoftware auch hier eine Zielgruppenanalyse vorsieht. Existiert mindestens ein geeignetes bAV-Produkt im Portfolio, das dem Arbeitgebertyp entspricht, kann dieser in die Zielgruppe des Vermittlerportfolios aufgenommen werden.

Gibt es einen (für den Vermittler) wichtigen Arbeitgebertyp, für das er kein geeignetes bAV-Produkt im Produktportfolio hat, so liefert der bAV-Scout die notwendigen Informationen für eine Ausschreibung bei den Produktanbietern. Dabei ist diese Funktion eher für Makler als für Einfirmenvertreter sinnvoll – es sei denn, sie dürften auf Ventillösungen zurückgreifen.

2.3 Bedeutung der Bewertungen

Die beschriebenen Produkt- oder Portfoliobewertungen sind eigentlich Aufgaben, die der Vermittler durchführen sollte, bevor er beim Arbeitgeber bzw. Arbeitnehmer zur Beratung erscheint.

Sie sollen ihm die notwendigen Informationen liefern, damit er seinen Aufklärungspflichten gegenüber Arbeitgeber wie Arbeitnehmer wahrnehmen kann (siehe Beiträge von Doetsch/Lenz sowie Brock).

Die Zielgruppenanalysen sollen helfen, die knappe Beratungszeit effektiv zu nutzen. So macht es keinen Sinn, einen tarifgebundenen Zahnarzt – als Arbeitgeber einer Großpraxis – zu beraten, ohne ein tariflich vorgeschriebenes Pensionskassenprodukt – und zwar einer Pensionskasse als Aktiengesellschaft – im Produktportfolio zu haben.

3 Beratungsunterstützung in der Arbeitgeberakquise

Die Beratungsunterstützung bei der Arbeitgeberberatung umfasst Elemente, die optional nutzbar sind, also nicht bei jeder Beratung angesprochen werden (müssen). Dennoch sollte die jeweilige Unterstützung stets zur Verfügung stehen.

So gibt es Bereiche, die eher einer „allgemeinen Beratung" zugeordnet werden können. Sie dienen vorrangig dazu, den Arbeitgeber zu überzeugen, eine betriebliche Altersvorsorge einzurichten bzw. eine bestehende auszuweiten.

Ein weiterer Beratungsschwerpunkt betrifft die notwendigen Festlegungen des Arbeitgebers (z. B. Zusagearten, bAV-Partner, bAV-Produkte) für eine betriebliche Altersvorsorge sowie andere Festlegungen. Dieser Bereich dient eher dazu, die „Arbeitgebervorgaben" zu ermitteln.

Wichtig ist hierbei die Gewährleistung der Einhaltung der festgelegten Arbeitgebervorgaben in der Arbeitnehmerberatung bzw. Entgeltumwandlung.

Schließlich darf die Dokumentation der getroffenen Vereinbarungen nicht außer Acht gelassen werden. Hier ist Genauigkeit gefordert, damit die Phase der Arbeitnehmerberatung gemäß den Vorstellungen des Arbeitgebers abläuft.

3.1 Allgemeine Beratung

Für die Softwareunterstützung bei der allgemeinen Beratung haben sich drei Schwerpunkte herauskristallisiert, nämlich

(1) Einführung/Aufklärung des Arbeitgebers,
(2) Kalkulation der Einsparmöglichkeiten des Arbeitgebers,
(3) Verzögerungsnachteile.

3.1.1 Einführung/Aufklärung des Arbeitgebers

Eine für alle Arbeitgeber einheitliche Einführung in die betriebliche Altersvorsorge dürfte es nicht geben. Die Interessenslage ist nämlich sehr unterschiedlich. Eine Softwareunterstützung reduziert sich meist darauf, durch Präsentationen in das Thema einzuführen. Wünschenswert wäre es, wenn es mehrere Präsentationen gäbe mit unterschiedlichen Schwerpunkten, Intensitäten der Aufbereitung und Längen. Von Suretec-Kunden wird dabei häufig gewünscht, dass neben den mitgelieferten Präsentationen für tarifgebundene/nichttarifgebundene, für fluktuationsarme/fluktuationsstarke, arbeitgeberfinanzierte bAV/Entgeltumwandlung, aktive/passive Gesprächspartner etc. eine mittlerweile mögliche Individualisierung der mitgelieferten Präsentationen (Arbeitgeberlogo, Vermittlernamen etc.) oder die Aufnahme vermittlereigener Präsentationen vorgenommen werden kann.

Bernhard Dolle

3.1.2 Einsparmöglichkeiten bei den Arbeitgeberbeiträgen zur Sozialversicherung

An dieser Stelle geht es um eine Kalkulation der möglichen Einsparungen bei Arbeitgeberbeiträgen zur Sozialversicherung, wenn eine Entgeltumwandlung erfolgt. Diese Kalkulationen können zu diesem Zeitpunkt nur mit unterstellten Werten durchgeführt werden, da die Entgeltumwandlungshöhen der Arbeitnehmer noch nicht bekannt sind. Es kann sich daher nur um eine prognostizierte Berechnung handeln.

Für die fünf Durchführungswege Direktzusage, Unterstützungskasse, Direktversicherung, Pensionskasse und Pensionsfonds können für geschätzte Entgeltumwandlungshöhen und Beteiligungsquoten die Einsparungen kalkuliert werden. Für die drei letztgenannten Durchführungswege können zusätzlich Riester-Förderungen berücksichtigt werden.

Soweit Zusatzkosten absehbar sind (Pauschalsteuern, externe Verwaltungskosten etc.) könnten diese gegen die Einsparungspotenziale gegen gerechnet werden.

In der Regel ergeben sich doch interessante Einsparmöglichkeiten, die das Interesse des Arbeitgebers an der betrieblichen Altersvorsorge deutlich fördern.

3.1.3 Verzögerungsnachteile

Nicht immer ist der Arbeitgeber sehr entschlussfreudig. Seine Entscheidungsbereitschaft kann erhöht werden, wenn seine Nachteile bei einer Verzögerung transparent gemacht werden.

Der wichtigste qualitative Nachteil ist die Einschränkung seiner Auswahlrechte. Ein derartiger Hinweis sollte bereits in den Präsentationen zur allgemeinen Aufklärung enthalten sein. Der wichtigste quantitative Nachteil ist die Nichtrealisierung von Einsparungen bei den Sozialabgaben. Hier kann eine Beratungssoftware leicht die verlorenen Einsparungen pro Monat ausrechnen.

Ähnliche Funktionen dienen der Unterstützung in einer Belegschaftsversammlung und/oder in der Arbeitnehmerberatung.

3.2 Arbeitgebervorgaben

Steht die Einrichtung oder Erweiterung einer betrieblichen Altersversorgung an, so müssen eine Reihe von Festlegungen getroffen werden. Diese sind (siehe auch Beitrag Drols „Die sechs Beratungsphasen bei der Arbeitgeber- und Arbeitnehmerberatung"):

- Durchführungswege,
- Riester-Förderungen,
- Zusagearten,

- Vorsorgearten,
- bAV-Produkte / bAV-Partner (Versorgungsträger),
- Arbeitgeberförderungen,
- Mitwirkungen des Vermittlers.

3.2.1 Zulässigkontrolle

Dem Arbeitgeber obliegt es, Durchführungswege, bAV-Produkte etc. festzulegen. Doch diese Entscheidungsfreiheit kann eingeschränkt sein. Dies geschieht vorrangig durch Tarifvereinbarungen / Tarifverträge – inklusive Haustarife.

Zurzeit gibt es weit über einhundert Tarifvereinbarungen zur Entgeltumwandlung. Die Aufgabe einer guten Beratungssoftware ist es nun zu prüfen, ob und gegebenenfalls welche Vereinbarungen zur bAV das Auswahlrecht des Arbeitgebers tangieren könnten. Grundsätzlich ist softwaregestützt zu prüfen, ob eine Öffnungsklausel vorliegt und wenn welche Auflagen existieren. Entsprechend sollte hier dem Vermittler wie dem Arbeitgeber Hilfestellung geleistet werden..

Dabei sollte die *Beratungssoftware Auskunft* geben können,

- welche Duchführungswege verboten, abgeraten, wählbar, empfohlen oder gar vorgeschrieben sind,
- ob eine Riester-Förderung für mindestens ein bAV-Produkt möglich sein muss oder ob von einer Riester-Förderung abgeraten wird,
- welche Zusagearten verboten, abgeraten, wählbar, empfohlen oder gar vorgeschrieben sind,
- welche Zusagearten verboten, abgeraten, wählbar, empfohlen oder gar vorgeschrieben sind,
- welche Versorgungsträger und gegebenenfalls welche bAV-Produkte empfohlen oder gar vorgeschrieben sind.

3.2.2 bAV-Empfehlung für den Arbeitgeber

Nach diesem Arbeitsschritt in Abschnitt 3.2.1 steht fest, inwiefern die Auswahlrechte des Arbeitgebers durch Tarifvereinbarungen eingeschränkt sind.

Bleiben dem Arbeitgeber Auswahlmöglichkeiten, so ist es Aufgabe des Vermittlers die individuell richtigen Empfehlungen für ein bAV-Gesamtpaket (Durchführungsweg(e), Zusageart, Vorsorgearten, bAV-Produkte) vorzuschlagen und dabei die Stärken und Schwächen der Empfehlung darzustellen.

Auch für diese Aufgabe gibt es Softwareunterstützungen.

Meistens werden dazu wichtige Firmencharakteristika (Fluktuationsrate, Firmengröße, bAV-Know-how etc.) erhoben und um Arbeitgeberpräferenzen (Bereitschaft zu einzeln abgefragten Risiken, Gewichtung von arbeitgeber- zu arbeitnehmerorientierten Bewertungskriterien) vervollständigt.

Das so erhaltene Anforderungsprofil des Arbeitgebers an bAV-Lösungen stellt dann die Meßlatte dar, mit der bAV-Empfehlungen verglichen werden können. Je nach Softwarelösung werden nur Vorschläge gemacht oder diese auch mehr oder weniger ausführlich begründet.

Der bAV-Scout bietet hier zahlreiche Unterstützungen an. Sie reichen von einem Produktranking gemäß dem Anforderungsprofil des Arbeitgebers, über Kurzbewertungen der relativen Stärken und Schwächen am Bildschirm bzw. umfangreicher als Ausdruck bis zur Empfehlung der weiteren Vorgehensweise (Notwendigkeit einer Betriebsratsbeteiligung etc.).

Ebenso kann ein Sollprofil eines gesuchten bAV-Produkts ausgegeben werden, das als Grundlage einer Ausschreibung dienen kann.

3.2.3 Freiwillige Arbeitgeberzuschüsse/-förderung

In vielen Tarifvereinbarungen werden dem Arbeitgeber auferlegt, Entgeltumwandlungen von Mitarbeiter mit Zuschüssen zu fördern.

Darüber hinaus steht es jedem Arbeitgeber frei, Entgeltumwandlungen von Mitarbeitern durch zusätzliche Arbeitgeberzuschüsse zu fördern. Die Aufgabe einer Beratungssoftware ist es nun, diese freiwilligen Arbeitgeberzuschüsse bei einer Entgeltumwandlungsberatung zu berücksichtigen. Daher müssen die Regeln vorher erfasst und dokumentiert werden.

Neben der Zahlung von Zuschüssen kann eine Förderung auch in anderer Form erfolgen. So kann ein Arbeitgeber bereit sein, Entgeltumwandlungshöhen über den gesetzlichen Anspruch von vier Prozent BBG zu akzeptieren. Dadurch haftet er für erhöhte Leistungen im Versorgungsfall.

Ist der Arbeitgeber zu einer Erhöhung der Entgeltumwandlungsgrenze bereit, so sollte dies von der Beratungssoftware unterstützt werden, sodass in einer späteren Entgeltumwandlungsberatung vermieden wird, explizit erlaubte Umwandlungshöhen fälschlicherweise zu unterbinden.

Für finanzielle Zuschüsse sind der Fantasie keine Grenzen gesetzt. Dennoch reduzieren sich die *Zuschussarten* in der Praxis auf wenige Fälle:

- ein fixer, absoluter Zuschuss (z. B. 120 € p. a.),
- ein von der Entgeltumwandlungshöhe abhängiger linearer Zuschlag (z. B. ein Zuschuss von zehn Prozent vom Beitrag des Arbeitnehmers),
- eine gänzliche oder teilweise Weitergabe von Einsparungen des Arbeitgebers bei den Sozialabgaben des jeweiligen Mitarbeiters,
- Bereitschaft zur Pauschalversteuerung – soweit diese möglich ist – und gänzliche oder teilweise Finanzierung der anfallenden Pauschalsteuer einschließlich Kirchensteuern und Solidaritätszuschlag.

3.2.4 Mitwirkungsvereinbarung

Beauftragt der Arbeitgeber den Vermittler, ihn bei ausstehenden Aktivitäten bei der Einführung / Ausweitung der bAV zu unterstützen, so gibt es zwei wichtige Aufgabenbereiche, nämlich:

- Information von Belegschaft und Belegschaftsvertreter und
- Entgeltumwandlungsberatung.

Für beide Bereiche sollte die Beratungssoftware die Dokumentation der Mitwirkungsrechte und -pflichten des Vermittlers ebenso festhalten wie die Informationsleistungen des Arbeitgebers – insbesondere für die Entgeltumwandlungsberatung. Die wichtigsten Beistell-Leistungen sind:

- Erstellung und Bereitstellung einer Liste der beratungswilligen Mitarbeiter,
- Bereitstellung betrieblicher Arbeitnehmerdaten für die Entgeltumwandlungsberatung einschließlich gegebenenfalls notwendiger Informationen zum tariflichen Anteil des Einkommens.

Eine Beratungssoftware sollte hier die Vorgaben des Arbeitgebers dokumentieren – und soweit möglich deren Einhaltung überwachen sowie belegen.

3.3 Auswirkungen auf die Entgeltumwandlungsberatung

Die Dokumentation der getroffenen Arbeitgebervorgaben gehört sicherlich zur Aufgabe einer Beratungssoftware, aber deren Beachtung in den folgenden Beratungsschritten macht erst eine wirklich gute Beratungssoftware aus.

Folglich dürfen nur die vom Arbeitgeber ausgewählten bAV-Produkte, Zusage- und Vorsorgearten angesprochen werden. Sofern Regelungen zur Pauschalversteuerung aufgestellt wurden, müssen diese beachtet werden. Hat der Arbeitgeber – aus welchem Grund auch immer – eine Berechnung der Vorsorgeleistungen im Rahmen der Entgeltumwandlungsberatung untersagt, so darf sie über das Beratungsprogramm nicht aufrufbar sein und die Nichtberechnung sollte im Beratungsprotokoll der Entgeltumwandlungsberatung dokumentiert sein. Ähnliches gilt für Anträge / Entgeltumwandlungsvereinbarungen. Nur dann darf die Möglichkeit bestehen, diese mit der Beratungssoftware zu erstellen, wenn der Arbeitgeber im Rahmen der Mitwirkungsvereinbarung die Erlaubnis erteilt hat.

Selbstverständlich sollte eine gute Beratungssoftware alle vorhandenen Funktionen (wie Rentenschätzungen) deaktivieren, wenn die Nichtwahrnehmung dieser Funktionen in der Mitwirkungsvereinbarung vom Arbeitgeber so gewünscht wurde.

Dies ist insbesondere dann hilfreich, wenn unterschiedliche Personen die Arbeitgeber- bzw. Entgeltumwandlungsberatung durchführen.

3.4 Dokumentation der Arbeitgeberberatung

Alle getroffenen Vereinbarungen sollten prinzipiell per Beratungssoftware dokumentiert werden – am besten als unveränderliche Dokumente (z. B. als PDF-File). Umfang und Inhalt hängen vom Beratungsumfang und von Festlegungen des Arbeitgebers ab.

Es sollte dokumentiert werden, ob und welche Präsentation dem Arbeitgeber vorgeführt wurde und welche Schwerpunkte in der Diskussion angesprochen wurden.

Hat sich der Arbeitgeber lediglich einverstanden erklärt, mit dem Vermittler und/oder einem Versorgungsträger die bAV-Neuerungen einzuführen, ohne weitere Festlegungen getroffen zu haben, so reicht ein Rahmenvertrag, in dem nur die geplante Zusammenarbeit dokumentiert wird.

Hat der Arbeitgeber *Vorgaben* festgelegt bezüglich

- Tarifbindungen im Unternehmen,
- Durchführungswege,
- Riester-Förderungen,
- Zusagearten,
- Vorsorgearten,
- bAV-Produkte/bAV-Partner (Versorgungsträger),
- Arbeitgeberförderungen,
- Mitwirkungen des Vermittlers,

so sind diese, ebenso wie die vereinbarten Beistellleistungen des Arbeitgebers, zu dokumentieren. Art und Umfang dieser Informationen stehen in unmittelbarer Abhängigkeit zu den Tarifbindungen, soweit diese im Unternehmen existieren. So reichen die üblichen Einkommensdaten bei der Metall-Tarifbindung. Bei der Chemie-Tarifbindung sind zusätzliche Angaben zum tariflichen Weihnachtsgeld, Urlaubsgeld sowie vermögenswirksamen Leistungen notwendig, da nur diese tariflichen Entgelte umgewandelt werden dürfen.

Werden für mehrere Gruppen (unterschiedliche) Festlegungen getroffen, so sind diese gruppenweise zu dokumentieren.

Sind für den Versorgungsträger Beitrittserklärungen oder -anträge notwendig oder ratsam (z. B. bei Unterstützungskassen), so sind sie ebenfalls Bestandteil der Beratungsdokumentation. Soll der Beitritt sofort wirksam werden, so gilt es für den Vermittler evtl. vorhandene Annahmerichtlinien des Versorgungsträgers sofort zu überprüfen.

4 Entgeltumwandlungsberatung

Die Entgeltumwandlungsberatung ist der zweite Unterstützungsschwerpunkt einer bAV-Beratungssoftware.

bAV-Beratungssoftware für den Vermittler

Hier gilt es,

- mindestens den individuell optimalen Entgeltumwandlungsbetrag zu ermitteln sowie
- möglichst die bAV-Auswahl des Arbeitnehmers, für das der optimierte Entgeltumwandlungsbetrag verwendet werden soll, zu unterstützen,
- das Ergebnis zu dokumentieren
- und die gesamte Beratung rechtskonform zu gestalten.

4.1 Vorbereitende Datenübernahme

Zur korrekten Entgeltumwandlungsberatung gehören korrekte Datengrundlagen. Im Idealfall stammen diese vom Arbeitgeber, wobei sich dann die Frage nach der Übernahme der Daten in die Datenbasis der Beratungssoftware stellt.

Die Korrektheit betrieblicher Arbeitnehmerdaten (Einkommen des laufenden Jahres, noch nicht ausgezahlter Anteil, Splitting/Nichtsplitting, Tarifbindung, gegebenenfalls tarifliche Entgelte etc.) ist dann sichergestellt, wenn diese vom Arbeitgeber geliefert werden.

Zur Vereinfachung und zur Vermeidung von Erfassungsfehler sollte eine Beratungssoftware hier die elektronische Übernahme für gängige Dateiformate ermöglichen. Zusätzlich sollte für eine papiergestützte Datenanlieferung eine Schnellerfassung vorhanden sein.

4.2 Datenerfassung während der Entgeltumwandlungsberatung

Für eine Entgeltumwandlungsberatung können Einkommensdaten wichtig sein, die vom Arbeitgeber nicht geliefert werden können, die so genannten nichtbetrieblichen Einkommensdaten. Hierzu zählt in der Regel ein eventuell vorhandenes Partnereinkommen.

Diese nichtbetrieblichen Einkommensdaten müssen vom Arbeitnehmer erfragt und während der Beratung erfasst werden können.

Da man nicht immer von der Vollständigkeit einer Erfassung ausgehen kann, sollte die Möglichkeit bestehen, die benötigten Daten unproblematisch zu ergänzen – sofern diese bei der Beratung nicht vorliegen. Dies kann die Arbeitnehmerdaten ebenso betreffen wie die Arbeitgebervorgaben. Besonders kritisch ist dabei das Fehlen der Arbeitgebervorgaben. Will der Vermittler die Beratung nicht abbrechen, so bleibt ihm nichts anderes übrig, als den Mitarbeiter zu befragen, was dieser glaubt, was sein Arbeitgeber zur Arbeitgeberförderung, zu Durchführungswegen, zu Zusagearten, gegebenenfalls zur Pauschalversteuerung, zu bAV-Produkten etc. festgelegt haben könnte – oder zukünftig festlegen würde.

Bernhard Dolle

Die gesamte Folgeberatung steht damit unter dem Vorbehalt, dass die angenommenen Beratungsprämissen – zu den betrieblichen Arbeitnehmerdaten wie zu Arbeitgebervorgaben – auch tatsächlich zutreffen.

Dies stellt besondere Anforderungen an die Beratungssoftware (siehe auch Abschnitt 9)

4.3 Optimierung der Entgeltumwandlungshöhe

Eine der wesentlichen Leistungen in der Arbeitnehmerberatung ist die Optimierung der Entgeltumwandlungshöhe.

Die verwendeten Methoden differieren bei den eingesetzten Beratungslösungen (siehe Beitrag Drols „Die sechs Beratungsphasen bei der Arbeitgeber- und Arbeitnehmerberatung"). Mittlerweile setzt sich immer mehr die einzig empfehlenswerte Methode durch, nämlich die so genannte „gehaltsabrechnungsbasierte Individualrechnung". Die Anzahl der Softwareanbieter nimmt stetig zu, die die früher so beliebte steuersatzbasierten Berechnung ablehnen – nicht zuletzt wegen des unnötig erhöhten Haftungsrisikos des Vermittlers bei dieser Methode.

Eher selten findet man die Funktion der so genannten Nettooptimierung. Bei ihr wird die als zumutbar empfundene Nettobelastung der Entgeltumwandlung abgefragt (Bruttoentgeltumwandlung abzüglich freiwilliger/tariflicher Arbeitgeberförderung sowie Steuer- bzw. Sozialbeitragsersparnisse) und damit die mögliche Entgeltumwandlung berechnet. Zwar können so höhere Entgeltumwandlungsbeträge in der Arbeitnehmerberatung erzielt werden als bei der sofortigen Abfrage der Bruttoentgelt-Umwandlungshöhe, doch stellt sich eine Nettooptimierung dem Softwarehersteller komplexer dar.

Eine weitere Software-Klippe ist die Zulässigkeitsprüfung für Entgeltumwandlungsbeträge. Hier sind die gesetzlichen Vorgaben – etwa zur Mindesthöhe der Jahresbeiträge oder zur Verfügbarkeit von noch auszahlbaren Entgelten – ebenso zu beachten wie Auflagen des Arbeitgebers oder der Tarifparteien sowie die Existenz bestehender Entgeltumwandlungen.

Auch hier lauern zahlreiche Haftungsgefahren für den Vermittler.

4.4 Arbeitnehmerberatung bei der bAV-Auswahl

Der zweite Unterstützungsschwerpunkt bei der Arbeitnehmerberatung ist für eine Beratungssoftware die Produktauswahl. Hier sollte sowohl eine Auswahlunterstützung allein an Hand von Produkteigenschaften (z. B. Dauer der Rentengarantiezeit) möglich sein als auch an Hand von Leistungsberechnungen (sofern diese vom Arbeitgeber erlaubt wurden).

Der Arbeitnehmer hat nicht das Recht der völligen Wahlfreiheit zwischen allen möglichen bAV-Produkten und allen Versorgungsträgern. Er kann nur zwischen den Alternativen wählen, die ihm der Arbeitgeber gelassen hat.

Im Extremfall kann der Arbeitnehmer nur noch die Entgeltumwandlungshöhe festlegen und alles andere (Durchführungsweg, Vorsorgeart, bAV-Produkt etc.) steht bereits fest.

Die Beratungssoftware darf also nur diejenigen Alternativen anbieten, die nach den Arbeitgebervorgaben erlaubt sind. Die Unterstützungstiefe hängt ebenfalls von den Arbeitgebervorgaben ab. Sie reicht von den (stets erlaubten) Produktsteckbriefen, in denen die wesentlichen Produkteigenschaften aufgelistet sind, bis hin (zu nicht immer erlaubten) Leistungsberechnungen.

Sind die Arbeitgebervorgaben nicht bekannt, so stehen alle Beratungsergebnisse unter Vorbehalt (siehe auch Abschnitt 4.2).

4.5 Annahmerichtlinien

Sollte es Annahmerichtlinien des Versorgungsträgers für den Deckungsschutz eines Mitarbeiters geben, so sollte eine Beratungssoftware deren Überprüfung unterstützen.

Die dazu notwendigen Dialoge sind abhängig von den eingesetzten Produkten bzw. vom Versorgungsträger und müssten in einem Customizingsprozess berücksichtigt werden. In der Regel sind die Annahmerichtlinien für bAV-Produkte alters- und/oder gesundheitsabhängig.

4.6 Beratungsdokumente

Bei den Beratungsdokumenten gibt es zwei Typen.

Zum einen wird ein Beratungsprotokoll mit den Beratungsinhalten und -ergebnissen benötigt. Dieses Protokoll kann dem Vermittler bei Streitigkeiten zur Beratungshaftung als Beweis dienen aber auch zur Dokumentation offener Punkte und/oder Aktivitäten. Zum anderen werden Dokumente für die beiden Vertragsbeziehungen des Arbeitgebers benötigt. Für die Vertragsbeziehung zum Arbeitnehmer ist es die Entgeltumwandlungsvereinbarung. Für die Vertragsbeziehung mit dem Versorgungsträger ist es im Wesentlichen der Antrag.

4.6.1 Beratungsprotokoll

Für jede Beratung eines Arbeitnehmers wird ein separates Protokoll benötigt, das von der Beratungssoftware erstellt werden sollte. Sollten zwei Beratungen für einen Arbeitnehmer notwendig sein, so sollte es zwei Protokolle für denselben Arbeitnehmer geben.

Ist beispielsweise in der ersten Sitzung nur die Umwandlungshöhe samt Durchführungsweg festgelegt worden – aber nicht das bAV-Produkt, so sollte im ersten Protokoll genau dies dokumentiert sein – die Festlegung der Entgeltumwandlungshöhe samt Durchführungsweg wie die Nichtfestlegung des bAV-Produkts. Bezüglich der Sitzung, in der auch das bAV-Produkt vom Arbeitnehmer ausgewählt wird, sollte dies genauso protokolliert werden.

Sollten sich Veränderungen bei den Wünschen des Arbeitnehmers im Rahmen von Arbeitnehmerberatungen des Vermittlers ergeben, so sollte dies ebenfalls softwaregestützt protokolliert werden. Dies stellt natürlich hohe Anforderung an die Verwaltung der Arbeitnehmerdaten einschließlich seiner bAV-Auswahlen und der zugehörigen Dokumente.

4.6.2 Entgeltumwandlungsvereinbarung/Antrag

In einer Entgeltumwandlungsvereinbarung wird festgelegt, welches Entgelt und in welcher Höhe der Arbeitnehmer für eine betriebliche Altersversorgung zur Verfügung stellt. Im Gegenzug erklärt der Arbeitgeber das umgewandelte Entgelt für eine gleichwertige betriebliche Altersvorsorge des Arbeitnehmers zu verwenden. Darüber hinaus können weitere Angaben zum Durchführungsweg, zur Zusageart, zum bAV-Produkt etc. angegeben sein.

Eigentlich ist die Entgeltumwandlungsvereinbarung ein innerbetriebliches Dokument, dessen Gestaltung dem Arbeitgeber obliegt. Für den Softwareanbieter ist die Unterstützung dieser Dokumentenindividualisierung ein schwer lösbares Problem. In der Praxis hat sich jedoch gezeigt, dass im Regelfall der Arbeitgeber mit der Erstellung eines eigenen Formulars zur Entgeltumwandlungsvereinbarung überfordert ist und auf das üblicherweise vorgehaltene Dokumentenangebot des Versorgungsträgers zurückgreift. Zu dessen Einbindung bedarf es allerdings auch eines Customizingsprozesses.

Ist in der Mitwirkungsvereinbarung festgelegt worden, dass der Vermittler dem Arbeitnehmer sogar die Entgeltumwandlungsvereinbarung zur Unterschrift vorlegen soll, so ist bei einer angepassten Beratungssoftware eine geforderte Unterstützung zur Dokumentenerstellung durchaus möglich.

Antrag:

Die jeweiligen Antragsformulare müssen im Rahmen eines Customizingprozesses angepasst werden.

Sofern dann Einzelanträge vom Versorgungsträger gewünscht und vom Arbeitgeber zugelassen werden, können die notwendigen Antragsformulare ausgedruckt und vom Arbeitnehmer bereits vorab mitunterschrieben werden.

4.7 Vorsorgevertrag des Arbeitgebers

Sofern neben oder statt Einzelanträgen vom Versorgungsträger Gruppenanträge gewünscht werden, so bedarf es auch hierfür eines Customizingprozesses.

5 Betreuung des Arbeitgebers im bAV-Alltag

Ist der Akquiseprozess beendet, so rückt die Softwareunterstützung für den Vermittler in den Hintergrund und für den Arbeitgeber in den Vordergrund.

Erfreulicherweise wird er häufig durch den Versorgungsträger entlastet, sodass zahlreiche Verwaltungstätigkeiten gar nicht mehr beim Arbeitgeber anfallen. Weitere Unterstützungen bieten die meisten Gehaltsprogramme, die u. a. die steuerliche Behandlung von Entgeltumwandlungen sowie Arbeitgeberzuschüssen unterstützen. Zudem steht in der Regel bei Fragen der Vermittler sowie der Versorgungsträger zur Verfügung.

Das Problem für den Arbeitgeber ist jedoch die Erkennung eines Informations- und/oder Handlungsbedarfs sowie deren Dringlichkeit.

Hier gibt es erste Softwarelösungen, die anlässlich einer Veränderung der Personal- oder bAV-Daten die Änderungskonsequenzen analysieren und dabei

- einen Handlungsbedarf aufdecken,
- die Dringlichkeit einer Reaktion angeben,
- mögliche Reaktionen mit ihren Vor- und Nachteilen aufzeigen und
- eine (begründete) Handlungsempfehlung abgeben.

Kündigt etwa ein Leistungsanwärter, der eine Arbeitgeberzusage für eine Pensionskassenrente hat, so wird überprüft,

- ob ein unverfallbarer Leistungsanspruch besteht,
- ob bei Unverfallbarkeit eine versicherungsvertragliche Lösung von der Zusageart her prinzipiell möglich ist,
- ob bei einer prinzipiell möglichen versicherungsvertraglichen Regelung die produktspezifischen Voraussetzungen erfüllt sind,
- ob es weitere Reaktionsalternativen (z. B. Abfindung) gibt,
- ob die jeweiligen Voraussetzungen der Alternativen erfüllt sind.

Darüber hinaus werden für die möglichen Alternativen die Reaktionsfristen (z. B. drei Monate bei einer versicherungsvertraglichen Lösung), die Kosten (z. B. bei Abfindung die Abfindungshöhe, die eventuell mögliche Rückfinanzierung durch den Versorgungsträger, die steuerliche Behandlung der Abfindung) und sonstige Handlungsempfehlungen angezeigt.

Dabei kann pro Anlass und/oder Empfehlung eingestellt werden,

- wer die Softwareempfehlungen erhält,
- in welchem Umfang er die Information erhält und
- auf welchem Wege (Fax, Mail etc.) er seine Information erhält.

Denkbar ist daher, dass nicht nur der Arbeitgeber, sondern auch der Versorgungsträger und/oder der Vermittler bei Veränderungen informiert werden.

Diese Analysen können dabei auch ausgeweitet werden. So kann bei einer Heirat zusätzlich zur Überprüfung von bAV-Konsequenzen (etwa für die Riester-geförderte bAV) die Analyse für den Vermittler derart erweitert werden, dass sie Auswirkungen auf Nicht-bAV-Versicherungen, wie Hausratversicherung etc., aufzeigt; sofern die datenschutzrechtlich notwendigen Genehmigungen erteilt wurden.

6 Verwaltungsfunktionen

Um ihre Unterstützungsfunktionen wahrnehmen zu können, benötigen die Beratungsprogramme eine Reihe von Verwaltungsfunktionen.

6.1 Verwaltung der beteiligten Personen

Es werden die üblichen Verwaltungsfunktionen (Anlegen, Ändern, Löschen etc.) für

- Vermittler,
- Arbeitgeber,
- Arbeitnehmer

benötigt sowie für ihre Beziehungen untereinander.

Ergänzend können hier noch Berechtigungen für den Vermittler hinzukommen, insbesondere dann, wenn an der Arbeitnehmerberatung andere Vermittler beteiligt sind als an der Arbeitgeberberatung (Beratungssharing). So dürfen meistens die Arbeitnehmerberater die Vorgaben nicht mehr verändern, die andere Vermittler in der Arbeitgeberberatung festgelegt haben.

6.2 Verwaltung der Arbeitgebervorgaben

Pro Arbeitgeber müssen die jeweiligen Arbeitgeberdaten und die dazugehörigen Arbeitnehmer gespeichert und verwaltet werden, damit sie in Arbeitnehmerberatungen unter dem Arbeitgebernamen zur Verfügung stehen und berücksichtigt werden können.

6.3 Verwaltung der Entgeltumwandlungsdaten

Pro Arbeitnehmer müssen seine jeweiligen bAV-Entscheidungen (Entgeltumwandlungsbetrag und dessen Verwendung für die gewählte bAV-Lösung / bAV-Produkt) gespeichert und verwaltet werden, um beim Versorgungsvertrag des Arbeitgebers berücksichtigt werden zu können.

Verwaltung von Umwandlungsdaten unter Vorbehalt:

Wird eine Arbeitnehmerberatung durchgeführt, ohne dass die zugehörigen Arbeitgebervorgaben vorliegen (siehe Abschnitt 4.2.), so unterliegt die gesamte Beratung und die dabei ermittelten Ergebnisse dem Vorbehalt, dass die unterstellten Arbeitgebervorgaben mit den tatsächlichen übereinstimmen.

Eine Beratungssoftware sollte derartige „Umwandlungsdaten unter Vorbehalt" separat verwalten können, so lange die tatsächlichen Arbeitgebervorgaben nicht vorliegen. Sobald diese zur Verfügung stehen, sollte ein Abgleich von unterstellten und tatsächlichen Arbeitgebervorgaben unterstützt werden, bei dem zudem die Abweichungen hinsichtlich ihrer Relevanz und der Konsequenzen beurteilt werden können. Eine Konsequenz könnte die Beratungswiederholung auf Basis der tatsächlichen Arbeitgebervorgaben sein.

6.4 Dokumentenverwaltung

Die Dokumentenverwaltung sollte die beiden unterschiedlichen Typen verwalten können, nämlich beigestellte Dokumente (Leerformulare, Rundschreiben, Anweisungen etc.) und Dokumente, die von der Beratungssoftware (Beratungsprotokolle etc.) im Rahmen der Beratung erstellt wurden.

7 Controlling

Eine Beratungssoftware sollte mindestens einen Überblick bieten über

- den Beratungsstand
  - pro Arbeitnehmer,
  - pro Arbeitgeber;
- den Beratungsaufwand;
- die Abschlussquoten pro Arbeitgeber:
- die durchschnittliche Umwandlungshöhe pro Arbeitgeber.

8 Customizing

Wird eine Beratungssoftware individuell entwickelt, so entspricht diese in der Regel exakt den Anforderungen des Kunden, wobei Kundenspezifika im Vorfeld berücksichtigt werden.

Anders ist dies bei einer Standardsoftware. Hier gilt es im Nachhinein, die Kundenspezifika zu integrieren.

Zu den Kundenspezifika zählen vor allen Dingen

- Erscheinungsbild (CI, CD),
- Formulare (Anträge, Angebote, Vorschläge etc.) samt deren Steuerung und Befüllung,
- Tarifrechner.

Eine gute Beratungssoftware sollte hier Customizingschnittstellen beinhalten, die eine zügige Anpassung ermöglichen, damit nicht der prinzipielle Zeit- und Kostenvorteil einer Standardsoftware durch aufwändige und kostenintensive Anpassungen aufgehoben wird.

Die so angepasste Standardsoftware muss selbstverständlich releasefähig bleiben, damit nicht bei späteren Änderungen der Standardsoftware die Anpassungsarbeiten ganz oder teilweise wiederholt werden müssen.

9 Beratungssoftware von Suretec

Für alle in diesem Beitrag dargestellten Unterstützungsanforderungen bietet Suretec eine Softwarelösung an. Diese besteht aus Komponenten, die auch eigenständig eingesetzt werden können. Hierbei handelt es sich um

- den bAV-Scout,
- den bAV-Butler und
- den bAV-Master.

Ergänzungsbausteine für spezielle bAV-Aufgaben (z. B. GGF-Beratung) oder nahe stehende Probleme (z. B. Zeitkontenmodelle) komplettieren dieses bAV-Beratungssystem.

9.1 bAV-Butler und bAV-Scout

Der bAV-Scout dient der Produktbewertung sowie der Arbeitgeberberatung bis hin zu einer ausführlich begründeten arbeitgeberindividuellen bAV-Empfehlung einschließlich eines Produktrankings. Der Leistungsumfang entspricht den in den Abschnitten 2 und 3 beschriebenen Anforderungen an eine Beratungssoftware.

Der bAV-Butler unterstützt neben der Arbeitgeberberatung auch die komplette Arbeitnehmerberatung einschließlich der Entgeltumwandlungsberatung. Er unterstützt damit *bAV-Beratungssoftware für den Vermittler*

alle sechs Beratungsphasen (siehe Beitrag Drols „Die sechs Beratungsphasen bei der Arbeitgeber- und Arbeitnehmerberatung). Der Leistungsumfang entspricht den in den Abschnitten 3, 4, 6 und 7 beschriebenen Anforderungen an eine Beratungssoftware.

Bei der Arbeitgeberberatung haben bAV-Scout und bAV-Butler vieles gemeinsam. Der wesentliche Unterschied liegt darin, dass der bAV-Butler nur die Zulässigkeit der Arbeitgebervorgaben prüft und die Auswahl dem Vermittler überlässt, während der bAV-Scout den Vermittler auch bei der Ermittlung der besten individuellen bAV-Lösung unterstützt.

Werden beide Komponenten zusammen eingesetzt, wird der gesamte Beratungsprozess von der ersten Arbeitgeberberatung bis hin zum Vorsorgevertrag einschließlich Dokumentenverwaltung und Controlling unterstützt.

9.2   bAV-Master

Der bAV-Master dient der Betreuung des Arbeitgebers im bAV-Alltag und erfüllt die in Abschnitt 5 beschriebenen Anforderungen an eine Beratungssoftware.

9.3   Gemeinsame Eigenschaften

Jede der drei beschriebenen Komponenten kann eigenständig oder in beliebiger Kombination miteinander eingesetzt werden. Datenhaltung, Erscheinungsbild und Bedienung ist bei allen drei Komponenten identisch.

Die Komponenten weisen aber noch (gemeinsame) Besonderheiten auf, die über die in den vorangegangen Kapiteln beschriebenen Anforderungen hinausgehen.

9.3.1   Offline- und Online-Einsatz

Alle Komponenten sind auf einem eigenständigen PC/Notebook einsetzbar und eignen sich damit für den Offline-Betrieb in den Räumen des zu beratenen Arbeitgebers ebenso wie unterwegs. Alle Komponenten können auch Online betrieben werden und zwar mit allen gängigen, modernen Browsern.

Ebenso ist eine Kombination von Offline- und Online-Betrieb möglich. Sofern hierfür eine Daten-Replikation benötigt wird, so steht eine erprobte Zusatzkomponente (mehrstufige Replikation) zur Verfügung. Ein mehrstufiges Berechtigungssystem steht ebenfalls zur Verfügung . Wird im Vertrieb Beratungssharing praktiziert, sind somit alle technischen Voraussetzungen erfüllt.

Damit stehen für unterschiedliche Einsatzszenarien vielfältige technische Lösungen zur Verfügungen, die sich fachlich nicht unterscheiden. Die Szenarien reichen von einem Einsatz bei einem einzelnen Vermittler/Makler (preiswerte Einplatz-Lizenz oder

Mehrplatzlizenz) bis hin zu einem Einsatz im Verbund von Versorgungsträger und Vermittlungsgesellschaft (etwa Versicherungsunternehmen samt Bankvertrieb) mit kombinierten Online-/Offline-Betrieb samt Beratungssharing und Replikation sowie mehrstufigem Berechtigungssystem.

9.3.2 Schutzengelfunktionen

In der Praxis kommt es vor, dass die Arbeitgeberberatungen von Spezialisten durchgeführt werden und die Arbeitnehmerberatungen von Noch-Nicht-Profis oder von Ab- und-Zu-Anwendern – insbesondere bei Vermittlern mit Filialen (Bankvertrieb etc.). Für diesen Zweck bietet der Butler eine besondere Beratungsunterstützung in der Arbeitnehmerberatung, auch „Schutzengelfunktion" genannt. Hierbei geht es zum eine um eine automatische Zulässigkeitsprüfung des jeweiligen Entgeltumwandlungswunsches, aber auch um die Anzeige von zusätzlichen Hinweisen, wenn der Entgeltumwandlungsbetrag nicht in der gewünschten Form berechnet werden kann. Beispiele sind:

- *Zulässigkeitsprüfung:*
  - Die gesetzliche Mindestgrenze wird unterschritten.
  - Der gesetzliche Anspruch ebenso wie der AG-Vorbehalt der geförderten Entgeltumwandlungshöhe wird überschritten.
  - Überschreiten tariflicher Obergrenzen ohne Ausgleich durch AT-Gehaltsanteile.
- *Hinweise zu steuerlichen Förderung und Steuerfreibeträgen:*
  - Steuerklasse 6,
  - unzureichende/geminderte Freibeträge (unpauschaliert),
  - fehlende Freibeträge wegen Pauschalsteuerverweigerung,
  - unzureichende/geminderte Freibeträge (pauschaliert).
- *Freibeträge für Sozialabgaben:*
  - Steuerklasse,
  - unzureichende/geminderte Freibeträge (unpauschaliert),
  - fehlende Freibeträge wegen Pauschalsteuerverweigerung,
  - fehlende Freibeträge mangels Zurverfügungstellung von Sonderzahlungen,
  - unzureichende oder geminderte Freibeträge wegen unzureichender Sonderzahlungen.

9.3.3 Einstellungen

Im Butler gibt es eine spezielle Funktion, die es dem Versorgungsträger bzw. Anwender ermöglicht, die Anwendungsumgebung anzupassen, ohne dass Customizing durch die Fa. Suretec notwendig wird. Vorrangig handelt es sich hierbei an die Anpassung der Navigation (z. B. „Abschalten" der AG-Beratung), aber auch bestimmter Funktionalitäten. So können diese wenn sie in der Beratung nicht genutzt werden von der Maske entfernt werden.

9.3.4 Customizing

Wie schon in Abschnitt 8 erwähnt, handelt es sich bei der Handhabung von Customizing in der Standardsoftwareentwicklung, um einen Drahtseilakt. So soll der Kunde in die Lage versetzt werden, die Software bestmöglich an seine individuellen Bedürfnisse anzupassen, aber ebenso soll eine zügige Auslieferung, Releasefähigkeit unter Berücksichtigung des Kostenfaktors gewährleistet sein. Suretec hat unter diesen Gesichtspunkten einen Customizingkatalog entwickelt, der aufzeigt, in welchem Rahmen der Kunde seine Anpassung vornehmen kann.

Schwerpunktmäßig nimmt er auf folgende Bereiche Einfluss:

- Gestaltung der Software, wie z. B. Firmenlogo und Farbskala,
- Anpassung und Einbindung von Dokumente, z. B. Tarifsteckbriefe/Produktsteckbriefe,
- Dokumenteneinbindung,
- Erzeugen von dynamischen Dokumenten,
- Tarifeinbindung, bspw. Tarifkerneinbindung, Tariftabellen,
- Hinterlegung von Produktsteckbriefen,
- technische Anpassung der Software an die kundenspezifischen Einsatzszenarien.

Friedhelm Stricker/Dirk-Andrew Heil/
Matthias Arendt

Softwareunterstützung beim Vertrags- und Dokumentenmanagement

1 Ausgangssituation 361

2 Fachliche Anforderungen 363
   2.1 Basisanforderungen 363
      2.1.1 Abbildung der Prozesse 366
      2.1.2 Ausgewählte angeschlossene umgebende Systeme 368
   2.2 Anforderungen aus Sicht der Wertschöpfungsmitglieder 368

3 Technische Anforderungen 371
   3.1 Basisanforderungen 371
   3.2 Anforderungen aus Sicht der Wertschöpfungsmitglieder 373

4 Fiktiver Systemvergleich 377

5 Ausblick 378

1 Ausgangssituation

In den letzten Monaten ist der Bereich der betrieblichen Altersversorgung stärker in den Fokus sowohl der Leistungsnachfrager – Arbeiter, Angestellte etc. – als auch der Leistungserbringer – beispielsweise Pensionskassen und -fonds – getreten.

Das Umfeld der betrieblichen Altersversorgung, im Folgenden mit „bAV" abgekürzt, unterliegt spätestens seitdem die „Riester-Rente" für den privaten Bereich nicht so erfolgreich, wie erhofft gestartet, ist wieder einer hohen Dynamik. Die Ursachen für diese Dynamik sind vielfältig: wechselnde gesetzliche und verordnungstechnische Anforderungen, wechselnde Akzeptanz in den Vertriebsorganisationen wie auch am Markt, um nur einige zu nennen.

Der folgende Beitrag bezieht sich sowohl auf Unternehmen, die Verträge mit Arbeitnehmern mit mehreren Hundert bis Tausend Mitgliedern als auch auf Unternehmen, die mit einzelnen Mitgliedern Verträge abgeschlossen haben.

Die Implikationen daraus sind ebenso vielfältig. Im weiteren Verlauf dieses Beitrags werden die Anforderungen an eine geeignete Softwareunterstützung sowie an die Erstellung einer derartigen Lösung dargestellt, mittels derer die im bAV-Umfeld zu verwaltenden Verträge und Dokumente verarbeitet werden. Ein entscheidender Erfolgsfaktor ist, dass

Abbildung 1: Potenzielle Sicht auf den Problemraum

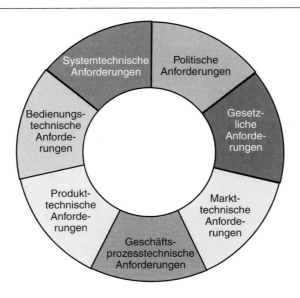

dieses Softwaresystem, im Folgenden mit „SW-System" oder „Mitgliederverwaltungssystem" bezeichnet, diese Dynamik zeitnah und weitestgehend kostenminimal abzubilden vermag. Dies erfordert beispielsweise, dass die wechselnden Anforderungen im Idealfall ohne (größere) programmtechnische Eingriffe umgesetzt werden können.

Um die erforderlichen Maßnahmen für die Entwicklung bzw. Auswahl eines derartigen Systems abzuleiten, ist es zuvor erforderlich, den zu behandelnden Problemraum zu erfassen. Dieser ist multidimensional und soll im vorliegenden Beitrag aus Platzgründen aus einer ausgewählten Perspektive heraus nur in Teilbereichen näher diskutiert werden.

Die Anforderungen an das System können aus einer allgemeinen Perspektive heraus in folgende Dimensionen unterschieden werden, wie Abbildung 1 zeigt.

Eine alternative Sichtweise wie in Abbildung 2 unterscheidet primär zwischen so genannten fachlichen und technischen Anforderungen („FA" bzw. „TA" abgekürzt). Diese Betrachtung bedarf für die weitere Behandlung einer Differenzierung, sodass sich die in Abbildung 2 gezeigte Darstellung ergibt.

Abbildung 2: Alternative, gewählte Sicht auf den Problemraum

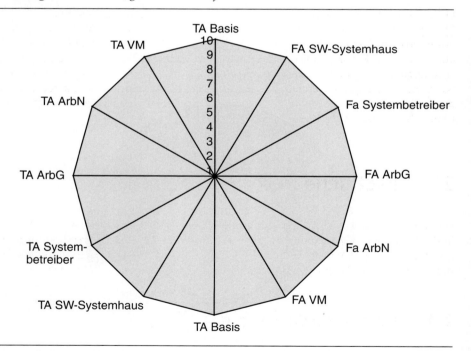

Diese trägt sowohl den Aspekten aus Sicht der Systemanwender („ArbG" Arbeitgeber, „ArbN" Arbeitnehmer und „VM" Vermittler bzw. Vertrieb), des Systembetreibers (beispielsweise ein unternehmenseigenes oder outgesourcetes Rechenzentrum) als auch des Systemanbieters-/herstellers (eigene EDV-Abteilung oder auch ein externes Systemhaus wie beispielsweise die Mummert ISS GmbH, Hamburg) Rechnung. Diese Rollenverteilung kann nach Größe des Unternehmens an eine unterschiedliche Anzahl von Personen und/oder Organisationseinheiten (auch extern) gebunden sein. Erst eine derartige vernetzte Betrachtung aller Anforderungen gewährleistet ein – bezüglich Entwicklung/Auswahl, Betrieb und Einsatz – effizientes SW-System. Mit „Basis" sind darüber hinaus jene Aspekte subsummiert, die unabhängig davon aus der betrieblichen Praxis prinzipiell zu beachten sind.

Die gewählte Darstellung erlaubt zugleich den gezielten direkten Vergleich mehrerer SW-Systemalternativen, wobei etwaige Dominanzen in einzelnen Dimensionen besonders plastisch zum Ausdruck gebracht werden. Dies wird in Abschnitt 4 exemplarisch dargestellt.

Anwender, Systembetreiber und Systemanbieter sind über zwei verschachtelte Wertschöpfungsketten miteinander verbunden, deren verbindendes Element das SW-System darstellt.

Die in Abbildung 3 dargestellte obere Wertschöpfungskette hat das SW-System im Mittelpunkt, die untere die damit abgebildeten und verwalteten bAV-Produkte. Beide Wertschöpfungsketten sind weiter detaillierbar. So wird ein Systemhaus gegebenenfalls auf vorhandene Komponente des Unternehmens zurückgreifen wollen/müssen, die das System einsetzen wollen oder auch Produkte anderer SW-Hersteller in die eigene Entwicklung integrieren wollen. Ein Beispiel dafür ist die Einbindung eines bereits vorhandenen Rechenkerns oder eines Dokumentenmanagements von einem Versicherungsunternehmen oder auch eines third-party-Anbieters.

2 Fachliche Anforderungen

Die Anforderungen an ein Mitgliederverwaltungssystem für den Bereich der bAV gehen in der Regel über die an „normale" Spartensysteme eines Versicherungsunternehmens gerichteten hinaus. Deshalb werden hier die allgemeinen Anforderungen eines Versicherungsunternehmens nur kurz erläutert, die an die bAV detaillierter behandelt.

2.1 Basisanforderungen

Zu den generellen Anforderungen an ein Mitgliederverwaltungssystem gehören einige wesentliche Komponenten, die zur Abbildung der gesamten Arbeitsabläufe auf jeden Fall vorhanden sein müssen. So sollte eine Partner- oder Personenverwaltung vorhan-

Abbildung 3: Verknüpfte Wertschöpfungsketten

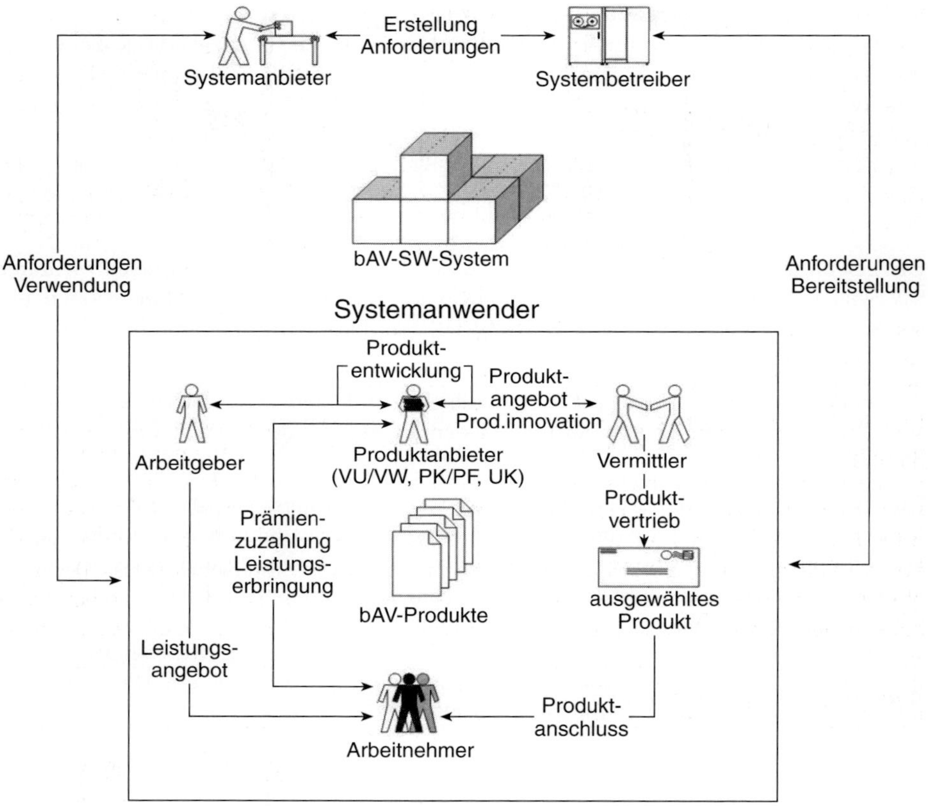

den sein, sowie eine Vertrags- oder Bestandsverwaltung und eine (Neben-) Buchhaltung. Die Anbindung an ein Dokumentenmanagementsystem, welches insbesondere den gesetzlichen Anforderungen an die Archivierung genügt, sollte möglich sein.

Zu der *Mitgliederverwaltung* gehört die Anlage von Partner-, Kunden- oder Anwärterdaten. Hierbei ist es wichtig, spezifische Attribute vorzuhalten, wie z. B. Sozialversicherungsnummer, Personalnummer des Arbeitnehmers oder auch Anzahl der Kinder auf der Lohnsteuerkarte. Dazu kommen Gehaltsdaten zu den Personen, sowie Daten zur Beschäftigungsdauer und Art des Vertragsverhältnisses. Zu den Grunddaten der Personen müssen zusätzlich Vertragsdaten gespeichert werden, beispielsweise welcher Arbeitnehmer bei welchem Arbeitgeber beschäftigt ist oder war, zu welchen Konditionen welche Vereinbarungen getroffen wurden, insbesondere welche Tarife abgeschlossen oder welche Zusagen gemacht wurden.

Softwareunterstützung beim Vertrags- und Dokumentenmanagement

Abbildung 4: Schematische Systemeinbettung

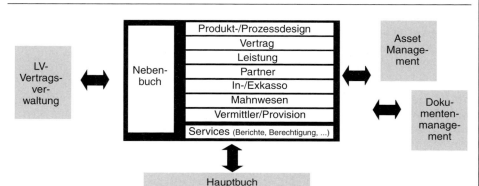

Eine Reihe von Attributen, d. h. Merkmale und Beschreibungen, werden für Auskünfte benötigt, um gesetzlichen Anforderungen zu genügen. Zum Teil neue Attribute wie Kinderfreibetrag oder Sozialversicherungsnummer werden bei der Kommunikation mit dem Zulagenamt bei der Riester-Förderung benötigt. Für das Steuerrecht ist die Trennung von Arbeitnehmer- und Arbeitgeberanteilen der Beiträge wichtig, sowie Trennung von verfallbaren und unverfallbaren Kapitalanteilen. Die unterschiedlichen Beitragsquellen müssen so separiert werden, das auch daraus resultierende Erträge eindeutig zugeordnet werden können. In der Rentenbezugszeit wird daraus berechnet, welche

Abbildung 5: Zulagenverfahren

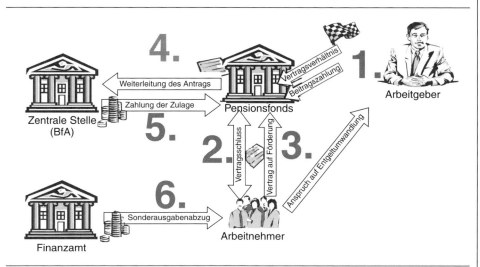

Anteile der Rente besteuert werden, zu welchem Steuersatz und welche Anteile nicht besteuert werden dürfen[1].

Wichtig bei der Mitgliederverwaltung ist auch die Zuordnung von Korrespondenzen zu Verträgen oder auch zu Teilen davon. Briefe, Faxe oder Mails müssen zu den Verträgen abgelegt werden können, damit Rechnungen, Gutschriften oder Mahnungen auch nachvollziehbar wiedergefunden werden können. Bei der Kommunikation gerade mit Arbeitnehmer oder Arbeitgeber kann man hierbei schon Probleme vorab vermeiden.

Die Produkte bei der betrieblichen Altersversorgung sind vielfältig. Von Beitrags- und Leistungszusagen bis hin zu klassischen Lebensversicherungs- oder Fondsverträgen ist dort alles vertreten. Dies ist für ein Mitgliederverwaltungssystem eine große Herausforderung. Die Strukturen für die Produkte müssen so flexibel sein, das man alle seine Produkte abbilden kann. Gerade durch die Vielzahl der verschiedenen Möglichkeiten ist allerdings die Beschränkung auf die aktuell vorhandenen oder geplanten Produkte nötig, da man sicherlich kein System findet, in dem schon alles abgebildet ist. Ein Produktbaukasten, in dem Produkte aus einzelnen Bestandteilen kombiniert werden, könnte eine solche Flexibilität aufweisen[2].

Eine bestehende Produktpolitik oder die Marktsituation erfordern von der Produktstruktur eine schnelle Anpassung für die erforderlichen Produkte. Dabei ist wichtig, das kleine Variationen auch von dem Betreiber des Systems vorgenommen werden können ohne das Programmieraufwand anfällt.

2.1.1 Abbildung der Prozesse

In dem Segment der betrieblichen Altersvorsorge, gerade auch bei Pensionskassen wird bei sehr niedrigen Verwaltungskostensätzen ein hohes Serviceniveau gehalten[3]. Ein Mitgliederverwaltungssystem muss deshalb die Prozesse optimal unterstützen.

Neben den eher einfachen Prozessen zum Anlegen, Ändern und Löschen von Daten, gibt es eine Reihe von Prozessen zur Pflege der Bestandsdaten wie Sollstellung und Anpassungsläufen und diverse Prozesse zum Berechnen von Mutationen oder Vertragsänderungen.

Zu Beginn eines Vertragsabschlusses müssen Produkte definiert sein. Dazu legt man die einzelnen Produktbausteine an und verknüpft sie zu Verkaufsprodukten. Dabei ist eine Personensegmentierung vorzusehen, damit für spezifische Personenkreise passende Produkte angeboten werden können. Bei einem System sollte eine einfache und schnelle Umsetzung von Neuerungen, wie z. B. Produktvarianten möglich sein. Nachdem die Produkte definiert sind, können Personendaten erfasst werden. Eine Dublettenprüfung ist dabei sehr wichtig, damit keine doppelten Daten im Bestand vorhanden sind. Als Grundlage dienen hier beispielsweise Adress- und Postleitzahlenverzeichnisse.

---

1 Hilger (2001).
2 Wagner et al (2003).
3 Birkner et al (2003).

Softwareunterstützung beim Vertrags- und Dokumentenmanagement

Den erfassten Personen können dann Angebote gemacht und entsprechende Verträge angelegt werden. Bei der Anlage sind produkt- und oder vertragsbezogene Plausibilitäten zu berücksichtigen, die im Idealfall schon bei der Produktdefinition hinterlegt wurden. Für den Vertragsabschluss ist es oft schon nötig, Änderungen vorzunehmen und Verträge oder Bestandteile zu löschen. Dabei protokolliert die Vertrags- oder Mitgliederverwaltung alle Veränderungen der abgeschlossenen Vereinbarungen, was für die Nachvollziehbarkeit bzw. Revisionssicherheit des SW-Systems wichtig ist. Die geänderten Verträge müssen dann neu berechnet werden. Entweder werden nun Beitrags- oder Leistungsdaten oder beides neu ermittelt. Die Konsistenz des Vertrages, der Optionen oder Pflichtbestandteile müssen überprüft werden. Die Eingaben müssen mit den Produktdaten abgeglichen werden, gegebenenfalls werden die produktspezifischen Optionen in Auswahllisten zur Verfügung gestellt.

Ist der Vertragsabschluss durchgeführt worden, erfolgt die Policierung. Hierzu gehören die Ausfertigung von Dokumenten, die Berechnung des Beitrages bzw. der entsprechenden Leistung oder auch die Überführung eines Angebotes in einen entsprechenden Zustand. Bei der Angebotsphase wie auch bei der Policierung sind Hochrechnungen durchzuführen und prognostizierte Leistungszahlungen dem Kunden mitzuteilen.

Nach der Policierung ist der Vertrag im Bestand und Beiträge können eingezogen werden. Wenn zu buchende Beträge bekannt sind und eine Verpflichtung seitens des Kunden besteht bestimmte Prämien zu zahlen, kann eine Beitragssollstellung durchgeführt werden. Im Gegensatz dazu ist bei der Iststellung die Höhe des zu zahlenden Betrages nicht oder nur zu einem gewissen Teil bekannt. Der gezahlte Beitrag wird dann in der Höhe verarbeitet, in der er vom Kunden entrichtet wird. Es gibt diverse Möglichkeiten der Beitragsforderung, bis hin zu beliebig häufigen Zuzahlungen bei taggenauer Verbuchung der Beiträge in dem Versicherungsjahr. Dazu kommen Einschränkungen wie Mindest-, Maximal-oder Regelbeiträge. Es ist nötig, periodisch auftretende Geschäftsvorfälle automatisch anzustoßen bzw. bestimmte „Läufe" über den gesamten Bestand durchführen zu können.

Bleiben die Zahlungen aus, so können die offenen Forderungen gemahnt werden. Dazu werden in der Regel mehrstufig, je nach Ablauf der Zeit, verschiedene Anschreiben ausgefertigt, bis hin zu einer Einklagung der Beträge. Auch dieser Prozess kann maschinell durchgeführt werden. Im Vertragsverlauf ist der Systembetreiber verpflichtet bestimmte Daten wie Vertragsstände oder Hochrechnungen dem Kunden zur Verfügung zu stellen. Dieses kann auf Anforderung oder auch periodisch wiederkehrend passieren, sodass zum Beispiel für die Anfertigung von Kontoauszügen ebenfalls Gesamtbestandsläufe zur Verfügung stehen sollten.

Bei Änderungsbedarf muss es möglich sein, einen Vertrag anzupassen. Vertragsänderungen oder Mutationen können unterschiedlich motiviert sein. Teilweise können sie auch schon Bestandteil des Vertrages sein, wie z. B. Anpassungen gemäß der Rentenerhöhung oder der Beitragsbemessungsgrenze. Es muss möglich sein, Verträge kollektiv- oder einzelvertraglich zu ändern. Diese Änderung müssen nachvollziehbar abgelegt werden und neue Beiträge oder Leistungen wie Renten- oder Kapitalzahlungen müssen berechnet werden. Dabei werden, wie auch bei der Policierung, automatisch Druckstücke erzeugt. Um nicht jedem Sachbearbeiter alle Änderungen zu erlauben oder nur bestimmten Personengruppen Einsicht in die Daten zu gestatten, gibt es ein Berechtigungssystem, in dem man bestimmte Zugriffs- und Verarbeitungsrechte einstellen kann. Dazu zählen Berechtigungen auf Teilbestände (Bestandsschutz) oder Prozesse und Sichten (Datenschutz).

Eine weitere Gruppe von Prozessen ist die der Vertragsübergänge. Hierbei handelt es sich um Änderungen, die den Status der Verträge ändern, wie zum Beispiel bei Eintritt des Rentenbeginns. Bei diesem Übergang ändert sich der Zustand „beitragspflichtig" des Vertrages in den Zustand „in Rentenzahlung". Es muss daher die Höhe der aktuellen Rentenzahlung ermittelt werden und wenn vereinbart eine periodische Zahlung angewiesen werden. Die Anweisung erfolgt auch aus einem Gesamtbestandslauf, sodass auch hier kein manueller Eingriff mehr nötig wird. Ein weiterer Prozess ist der des Todesfalls, bei dem jede Rentenzahlung endet. Zu berücksichtigen sind etwaige Tarife auf Hinterbliebenenversorgung. Ebenfalls gehören auch alle Übergänge bei Ablauf der Beitragspflicht oder Einsetzen von Berufsunfähigkeit oder Wiederheirat dazu.

Wichtig ist, dass Verwaltungsabläufe unterstützt werden und dass das System Arbeitsabläufe nicht behindert. Flexibilität auf der einen Seite erhöht im Allgemeinen die Komplexität und eventuell auch die Laufzeiteigenschaften eines Systems.

2.1.2 Ausgewählte angeschlossene umgebende Systeme

Eine (Neben-) Buchhaltung sorgt für eine bilanzielle Verbuchung von Beiträgen und Leistungen. Gemäß den Grundsätzen ordnungsgemäßer Buchführung (GoB) oder den Grundsätzen ordnungsgemäßer Speicherbuchführung (GoS) werden alle Buchungssätze revisionssicher abgelegt.

Die Versicherungen und Versorgungseinrichtungen wollen jederzeit für ihre Kunden erreichbar sein und an jedem Vertriebskanal kompetent informieren. Das Kundenmanagement sorgt für synchron laufende Zugänge. Bei der Multikanalstrategie kennt jeder Kanal, ob Außendienst, Call-Center oder Internet, alle Kundenkontakte und alle Produkte. Backoffice-Funktionen sind an die Schnittstelle verlagert. Ein wesentlicher technologischer Träger der Multikanalstrategie ist die Internettechnik.

2.2 Anforderungen aus Sicht der Wertschöpfungsmitglieder

Im Folgenden werden die spezifischen Erwartungshaltungen der verschiedenen Rolleninhaber näher behandelt.

„Gut" aus Sicht des Produktanbieters:

Der Produktanbieter ist im bAV-Umfeld typischerweise ein Versicherungs- oder Versorgungsunternehmen, eine Pensionskasse/-fonds oder eine Unterstützungskasse und stellt das versicherbare Produkt bereit. Seine Anforderungen an ein SW-System decken/ergänzen sich im Wesentlichen mit denen des Arbeitgebers, des Arbeitnehmers bzw. des Vermittlers. Hauptmotivation für ihn ist das Angebot eines marktgängigen und ertragsstarken Produktportfolios. Hieraus resultieren beispielsweise Anforderungen an die Flexibilität der Produktbausteine.

„Gut" aus Sicht des Arbeitgebers:

Personalabteilungen sind verpflichtet die Arbeitnehmer ausreichend zu informieren und bis zum Ablauf des letzten Anspruches zu begleiten. Deshalb ist es nötig, alle Informationen für den Arbeitnehmer so zur Verfügung zu stellen, dass die notwendigen Dokumente automatisch erzeugt werden können. Änderungen in den Zusagen oder den Bezügen müssen unproblematisch dem Mitgliederverwaltungssystem mitgeteilt werden können. Mittels entsprechender Schnittstellen aus den Lohnbuchhaltungssystemen werden dann die notwendigen Daten übertragen. Ebenso gehört die Betreuung der Leistungsempfänger dazu. Insbesondere Aufgaben wie Anpassungsprüfungen, Führung der Rentenstammsätze, Berechnung und Erstellung von Rentenbescheiden müssen möglich sein. Ziel für die Arbeitgeber ist es, mit wenig Zusatzaufwand und geringen Kosten ihren Arbeitnehmern die bestmögliche Absicherung und alle gesetzlich vorgeschriebenen Durchführungswege zu bieten. Dabei müssen die Arbeitgeber genau wissen, wie ihre betriebliche Alterversorgung beschaffen ist. Für ein Verständnis von tariflichen Kombinationsmöglichkeiten sind verständliche Policen, Formulare und Informationsmaterialien die Voraussetzungen.

„Gut" aus Sicht des Arbeitnehmers:

Gefragt sind Versicherungskonzepte, die sich leicht und flexibel an den Kundenbedarf anpassen lassen. Ein Arbeitnehmer möchte die Vorsorge abschließen, die seinem derzeitigen Bedarf an Absicherung und seinen Möglichkeiten der Beitragszahlung entspricht. Dieser kann sich kurz-, mittel- oder langfristig ändern, sodass sich auch die Vorsorge vergleichbar flexibel verhalten muss. Durch ein Baukastenprinzip oder Bausteinkonzept kann sich die Leistung bedarfsgerecht und individuell anpassen lassen. Wichtig ist dabei ein attraktives Preis-Leistungs-Verhältnis, ohne das ein Arbeitnehmer einen Vertrag nicht abschließen würde. Das bedarf einer genauen Produktgestaltung mit günstigen Verwaltungskostensätzen, damit der Beitrag in großem Maße der Altersversorgung zugute kommt. Wie sich das eingesetzte Kapital entwickelt und welche Rente zu erwarten ist, sind Fragen der Arbeitnehmer. Hohe Transparenz ist dabei sehr wichtig und verstärkt das Vertrauen in die Vorsorge. Dieses verringert auch die Beratungshaftung von Arbeitgeber und Vermittler. Der Arbeitnehmer erwartet einfache, übersichtliche und gut strukturierte Unterlagen und damit verständliche Informationen, als auch nachvollziehbare Kontoauszüge mit den erreichbaren Leistungen der betreuten Mitglieder, die jährlich versendet werden müssen. Arbeitnehmer müssen die Möglichkeit einer eigenständigen Onlinebearbeitung haben, da der preiswerte und zufriedenste Sachbearbeiter der Arbeitnehmer bzw. der Kunde selbst ist. Internetauftritte sollten zu dem auch Rentenberechnungsmöglichkeiten oder Beitrags- und Leistungstabellen beinhalten. Dieses erhöht die Kundenzufriedenheit und festigt die Kundenbindung.

Friedhelm Stricker / Dirk-Andrew Heil / Matthias Arendt

Die Versicherung oder Vorsorge hat sich den Veränderungen in den Lebensumständen der Kunden anzupassen. Die Flexibilität, die die Versicherungsunternehmen über spezielle lebenszyklusbezogene Versicherungsprodukte realisiert haben, ist im bAV-Umfeld noch weiter zu verfeinern. Ziel ist dabei, bei einem guten Preis-Leistungs-Verhältnis individuelle Tarife anzubieten. Zeitnahe und umfassende Auskünfte, sowie Flexibilität und Variabilität der Beitragszahlungen sind dabei von großer Bedeutung.

„Gut" aus Sicht des Vermittlers:

Mit effizienter EDV kann ein Versorgungs- oder Versicherungsunternehmen den Makler binden. Die Möglichkeit über das Internet oder mit Hilfe von entsprechender Software effizient Daten über Kunden zu bekommen und auszuwerten, ist für die Vermittler von großer Wichtigkeit. Je mehr er die EDV-Systeme der Anbieter nutzen kann, desto weniger muss er sich um eine eigene Lösung und daraus folgender, redundanter Datenhaltung kümmern. Mit einem eigenen, technologisch losgelösten SW-System ist es dagegen schwierig, aktuelle und konsistente Daten zu verwalten. Die Versicherer erleichtern Maklern mit Internetlösungen die Arbeit, indem sie lokal vorgehaltene Formulare und Archive überflüssig machen. Mit Hilfe von Mitarbeiterdaten kann ein Vermittler individuelle Anschreiben, Angebote sowie diverse spezifische Druckstücke anfertigen, auf denen dann das Logo des betreuten Unternehmens bzw. des Vermittlers zu sehen ist, um so eine gewünschte Personalisierung zu erreichen. Ebenfalls können auch Berechnungen bezüglich Steuer- und Sozialabgaben gemacht werden, um die beste Lösung für den jeweiligen Kunden zu ermitteln.

Ein adäquates SW-System unterstützt die Produktfindung und Produkterstellung und ermöglicht damit relativ kurze Reaktionszeiten bis zum Markeintritt. Vorteilhaft ist dabei eine Multikanalstrategie, sodass unterschiedliche Vertriebskanäle, wie Vermittler oder Call-Center die gleiche Software benutzen können. Dadurch wird doppelter Entwicklungsaufwand vermieden. Ziele des Vermittlers sind eine umfassende Auskunftsmöglichkeit, eine effektive Beratung sowie eine Reduzierung der Haftung bei hoher Kundenzufriedenheit.

„Gut" aus Sicht des Softwareanbieters:

Aus Sicht eines Softwareherstellers ist es von Vorteil, eine Software ohne große Änderungen vielfach zu verkaufen. Das bedeutet aber für ein solches Produkt, das es sehr flexibel und ohne großen Programmieraufwand für verschiedene Kunden einsetzbar sein muss. Erreicht wird dieses durch Standardsoftware. Hierbei werden möglichst viele – im Idealfall alle – kundenspezifischen Anforderungen durch so genannte Customizing erledigt. Ähnlich wie die Produktgestaltung besitzt auch eine Standardsoftware verschiedene Komponenten, die kombinierbar sind. Alle Änderungen sind bestenfalls durch Konfigurationsdaten durchzuführen. Da, wie schon beschrieben, die betriebliche Alterversorgung sehr komplex ist, kann davon ausgegangen werden, das nicht alle Erfordernisse in einer Standardsoftware direkt vorhanden sind. Erweiterungen müssen daher ohne Veränderung der bestehenden Systemstruktur einfach integrierbar sein.

Softwareunterstützung beim Vertrags- und Dokumentenmanagement

„Gut" aus Sicht des Systembetreibers:

Reine bAV-fachlichen Anforderungen kennt der Systembetreiber nicht. Für ihn stehen Aspekte wie Stabilität des Systems, ein automatisierter Systembetrieb mit hoher Skalierbarkeit (d.h. auch bei steigendem Datenbestand benötigt man keine zusätzlichen Performanceoptimierungen) und geringer Anpassungsbedarf der Software im Mittelpunkt.

3 Technische Anforderungen

3.1 Basisanforderungen

Die Basisanforderungen an ein bAV-SW-System unterscheiden sich nicht wesentlich von denen anderer zum Versicherungsbetrieb erforderlichen Systeme. Es sind hier besonders zu erwähnen:

- SW-Qualitätsmanagement,
- Datenschutz und -sicherheit,
- Verfügbarkeit,
- Performance bzw. Datendurchsatz,
- Ergonomie in der Anwendung wie im Betrieb sowie
- Einbettbarkeit in umgebende SW-Systeme und eine
- prozessbasierte Verarbeitungslogik.

Optional sind zu berücksichtigen

- Mandantenfähigkeit sowie
- Mehrwährungs- und Mehrsprachenfähigkeit.

Während die ersten Punkte keiner näheren Erläuterung bedürfen[4,5], ist die *Einbettbarkeit* näher zu beleuchten. Wie aus den fachlichen Basisanforderungen resultiert, müssen bestehende SW-Systeme wie eine Partner- oder Personenverwaltung, eine (Neben-) Buchhaltung oder ein Dokumentenmanagementsystem prozesstechnisch und damit auch softwaretechnisch integrierbar sein. Die projekttechnische Praxis zeigt, dass in den Unternehmen wie Versicherungen, Pensionskassen und -fonds aber auch bei den Maklerbetrieben z.B. ein Buchhaltungssystem bereits lange existiert. Beitragseinnahmen wie Leistungsauszahlungen müssen über dieses System zwingend umgesetzt werden. Voraussetzung für eine effiziente Einbettbarkeit sind klar definierte Schnittstellen mit bewährten technologischen Datenaustauschmechanismen wie beispielsweise dem Einsatz von XML sowie ein modularer Aufbau des Gesamtsystems, um bei Bedarf mitgelieferte Komponenten durch vorhandene ersetzen zu können.

---

4 Bezüglich des Designs von grafischen Benutzeroberflächen siehe beispielsweise Wessel (1998).
5 Bezüglich SW-Qualitätsmanagement siehe beispielsweise Wallmüller (2001).

Ein Dokumentenmanagementsystem ist, wenn auch noch nicht überall vorhanden, zumindest bei den größeren Anwendern in der kurz- und mittelfristigen Planung vorgesehen und daher gleichfalls integrationstechnisch zu berücksichtigen.

Ein *prozessbasiertes* bAV-SW-System trägt der prozessorientierten Ausrichtung der im bAV-Umfeld tätigen Unternehmen Rechnung und erlaubt durch damit verbundene, geringe Anpassungsaufwände eine kostengünstige Anpassung an die sich teilweise noch im Fluss befindlichen Verarbeitungslogiken. Dies bewirkt eine Reduktion der Verwaltungskosten.

Abbildung 6: Exemplarische Geschäftsprozesskette

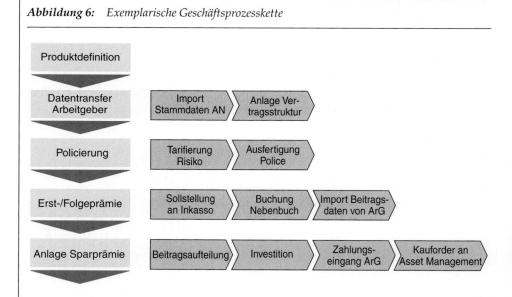

Im bAV-Umfeld zeigt sich am Markt eine zunehmende Tendenz, dass mehrere Leistungserbringer Kooperationen bilden. Diese können sich auf die vertriebstechnische Komponente beschränken, vermehrt ist aber auch der Trend zu erkennen, dass aus Kostengründen gemeinsam ein SW-System zur Verwaltung der Verträge und Dokumente verwendet wird. Der *Mandantenfähigkeit* kommt somit eine große Bedeutung zu, um flexibel gemeinsam getrennte Bestände zu verwalten und sie bei Bedarf wieder mit geringem Aufwand herauszulösen oder in einen gemeinsamen Bestand zu überführen.

Aus der beschlossenen EU-Osterweiterung und dem bestehenden Expansionswillen der Versicherungswirtschaft in diese ‚teilweise neuen' Märkte, resultieren ferner die Anforderungen an *mehrsprachige Benutzeroberflächen* und Reportings sowie die Notwendigkeit auch *Fremdwährungen* abzubilden.

Diese Basisanforderungen sind bereits beim Design vom Systemanbieter zu beachten.

Softwareunterstützung beim Vertrags- und Dokumentenmanagement

3.2 Anforderungen aus Sicht der Wertschöpfungsmitglieder

Die Anforderungen der verschiedenen beteiligten Rollen stehen in enger Interaktion. Im Folgenden werden aus Sicht der Autoren relevante Anforderungen näher betrachtet, wobei die Zuordnung einer Anforderung zu einer bestimmten Rolle teilweise willkürlich erfolgt um Doppelnennungen zu vermeiden.

„Gut" aus Sicht des Produktanbieters:

Die notwendigen Produktstrukturen müssen im SW-System zeitnah abbildbar sein.

Abbildung 7: Produktstruktur

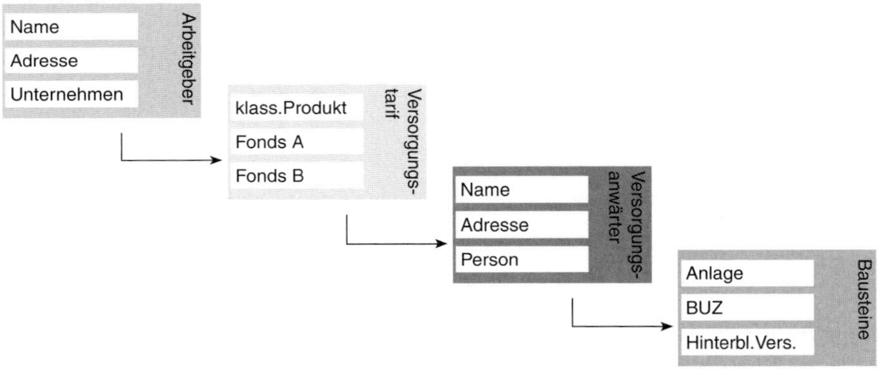

Dies kann beispielsweise durch ein flexibles *Produktbegriffsverständnis*, wie im VAA-Modell vorgeschlagen (siehe Abbildung 7), und die Fähigkeit des SW-Systems das entsprechende Produktverständnis flexibel abzubilden, erreicht werden. Dies sollte möglichst im Rahmen eines reinen von der jeweiligen Fachabteilung durchführbaren Customizings realisierbar sein. Möglich wird dies beispielsweise durch die Bereitstellung einer separaten Programmfunktionalität wie dem Produktdesigner, der tabellengesteuert die EDV-technische Abbildung eines Produktbaukastens ermöglicht.

Die erforderlichen Dokumente (beispielsweise Policen) müssen aus den umgebenden Systemen automatisch erzeugt und in einem geeigneten Dokumentenmanagementsystem (DMS) abgelegt und archiviert werden können. Ein entsprechend hoher Integrationsgrad in die eigenen Systeme ist daher entscheidend.

Die technische Möglichkeit, einzelne Arbeitsschritte oder auch vollständige Prozessketten durch den Arbeitnehmer bzw. den Vermittler eigenständig ausführen zu lassen, trägt dazu bei, die Verwaltungskosten in der Sachbearbeitung zu reduzieren. Dies wird durch Einsatz von einfach zu betreibenden Fernverarbeitungstechnologien erreicht, wie beispielsweise im Microsoft Windows-Umfeld der Unterstützung von Citrix MetaFrame oder Windows Terminal Server. Eine alternative Technologie stellt der Einsatz von Webbrowser-basierten Benutzeroberflächen dar.

„Gut" aus Sicht des Arbeitgebers:

Aus der Lohnbuchhaltung exportierte Stamm- und Gehaltsdaten müssen über eine Standardschnittstelle in das SW-System beim Produktanbieter überführt werden können.

„Gut" aus Sicht des Arbeitnehmers:

Im Zeitalter des Internet-Bankings, der Web-basierten Bestellung von Büchern u.ä. erwächst auch der Anspruch der Arbeitnehmer, sich interaktiv einen Überblick über die eigene bAV-bezogene Leistungsbilanz zu verschaffen. Dies erfordert einen kontrollierten und mit entsprechenden Zugriffsprotokollen (beispielsweise https oder IPsec) gesicherten Zugriff auf das bAV-SW-System.

„Gut" aus Sicht des Vermittlers:

Der Vermittler/Makler erwartet von einem SW-System darüber hinaus, dass es sowohl

- von ihm ausgehende Produktinnovationen zeitnah umzusetzen vermag

als auch in seine sonstigen

- Vertriebskanäle transparent integrierbar

ist. Bezüglich des ersten Aspekts decken sich daher die technischen Anforderungen mit denen des Produktanbieters.

Die Vertriebskanalintegration kann beispielsweise durch den integrierten Einsatz eines Kundenbeziehungsmanagementsystems (CRM) erreicht werden, wobei dieses wahlweise bei ihm selber oder beim Produktanbieter vorgehalten wird.

„Gut" aus Sicht des Softwareanbieters:

Aus Sicht des Softwareanbieters sind besonders die folgenden Aspekte zu berücksichtigen:

- SW-Architektur, insbesondere Nutzung von Standardarchitekturen aus der Problemdomäne,
- Entwicklungsmethodik,
- Technologie und Werkzeugeinsatz,
- Erweiterbarkeit/Anpassbarkeit,
- Betreuungsbedarf.

Softwareunterstützung beim Vertrags- und Dokumentenmanagement

Im Mittelpunkt steht damit die *Bereitstellung einer Standardsoftware*, d. h. eines SW-Systems, welches für die bAV-Domäne bei mehreren Systemanwendern in seinem Kern unverändert zum Einsatz gebracht werden kann.

Die *SW-Architektur* bildet das Fundament für das gesamte SW-System. Sie stellt in der Informatikforschung einen zentralen Gegenstand des Softwareengineerings dar. Im versicherungstechnischen Umfeld hat speziell die VAA – VersicherungsAnwendungsArchitektur – eine besondere Bedeutung als Referenzmodell erlangt. Nicht zuletzt aus der Verbindung von Aspekten der produktgetriebenen, prozessgetriebenen und objektorientierten Softwareentwicklung[6]. Darauf aufbauende SW-Systeme sind jedoch eher selten vorzufinden.

Die *Entwicklungsmethodik* trägt maßgeblich zu einem sowohl stabilen als auch änderungsfreundlichen SW-System bei. Eine zentrale Rolle kommt hier dem *Vorgehensmodell* zu, welches dem SW-Engineeringprozess zu Grunde gelegt wird. Ungeachtet der diversen Vor- und Nachteile einzelner Vorgehensmodelle[7] ist deren Kompatibilität zueinander zu beachten. Dies gilt insbesondere dann, wenn ein von einem Systemhaus bezogenes SW-System mit in Unternehmen selbst entwickelten Systemen kombiniert werden soll. Einen weiteren Aspekt bildet hier die so genannte „Wiederverwendbarkeit": Sie unterstützt die *Erweiterbarkeit/Anpassbarkeit*, indem sie es dem Softwareanbieter erlaubt, einmal entwickelte Programmbestandteile wie Klassen, Komponenten oder ähnliches für verschiedene SW-Systeme bei geringem Änderungsbedarf einzusetzen. Dies resultiert in leichter wartbaren und insgesamt stabileren Systemen, da die wiederverwendeten Bestandteile einer mehrfachen Qualitätssicherung aus unterschiedlichen fachlichen Betrachtungsweisen unterzogen worden sind. Erweiterbarkeit wird insbesondere durch Verzicht auf starre programmiertechnisch realisierte Prozesse und Funktionalitäten erreicht. Typischerweise kann dies durch den Einsatz einer datenbanktabellengesteuerten Verarbeitungslogik sowie eines als integralen Bestandteil des SW-Systems vorhandenen Prozessmanagers und -designers für die unternehmensspezifische Anpassung der Geschäftsprozessabbildungen erreicht werden.

Die eingesetzten *Technologien/Werkzeuge* stellen insbesondere unter dem Aspekt der Akzeptanz beim Systembetreiber eine Stellgröße dar. Die eingesetzten Werkzeuge wie beispielsweise Datenbankmanagementsysteme oder auch Programmiersprachen müssen ihre Stabilität bewiesen haben und gleichzeitig auf neue Trends ausgerichtet sein. Beispielhaft ist hier neben den „Klassikern" C++ und Java auch Delphi als Programmiersprache zu nennen, welche zukünftig auf den .NET-Standard von Microsoft ausgerichtet sein wird. Dort, wo Host-basierte Zentralsysteme mit C/S-basierten Systemen im Verbund eingesetzt werden, sind als zusätzliche Komplexitätsgröße Integrations- und Messagingmechanismen aus dem Umfeld der so genannten Enterprise Application Integration (EAI) zu berücksichtigen. Ein insbesondere im IBM-Host-Umfeld zentrales Integrationssystem stellt exemplarisch MQSeries dar.

---

6 Siehe [GDV VAA]; bezüglich SW-Architekturen siehe auch beispielsweise Balzert SWT I (2000).
7 Siehe Fettke et al (2002).

Friedhelm Stricker/Dirk-Andrew Heil/Matthias Arendt

Abbildung 8: *Beispielhafte C/S-Host-Integration via MQSeries*

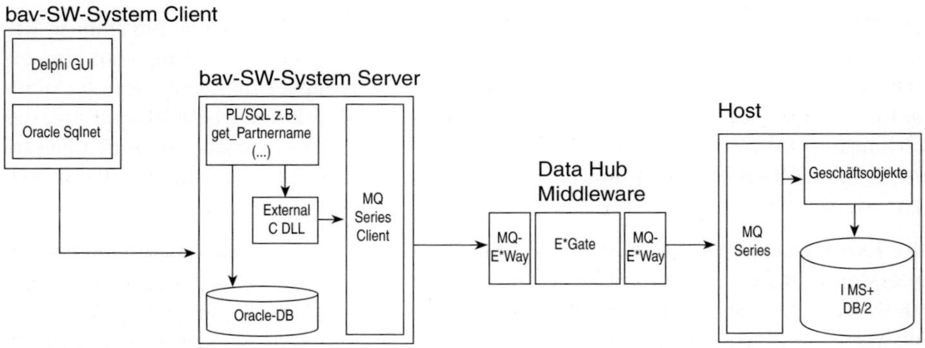

Schließlich stellt der *Betreuungsaufwand* für den Systemanbieter (wie auch für den Systembetreuer, s.u.) eine zentrale kaufmännische Folgegröße neben dem Erstentwicklungsaufwand dar. In Zeiten sinkender Projektbudgets stehen einerseits weniger externe finanzielle Mittel für eine im Rahmen von Dienstleistungsverträgen zu erledigende Betreuung eines eingeführten Systems bereit, andererseits werden die Systemanbieter vermehrt über die Produkthaftung in die Pflicht genommen. Daher sind SW-Systeme zu entwickeln, die dem Anwender weitestgehende Möglichkeiten bieten, eigenständig die Betreuung beispielsweise durch so genannte „key user" im Unternehmen zu organisieren und erforderliche Umkonfigurationen durch reines Customizing ohne Rückgriff auf programmiertechnische Tätigkeiten des Systemanbieters durchzuführen[8].

„Gut" aus Sicht des Systembetreiber:

Aus den vorherigen Punkten resultieren für den Systembetreiber, der ein so genanntes ASP – Application Service Provider sein kann – u. a. folgende Aspekte:

- Korrektheit, Zuverlässigkeit und Robustheit,
- Performance/Ressourcenbedarf,
- Kompatibilität mit vorhandenen Werkzeugen und damit Know-how für die Entwicklung und Verwaltung von SW-Systemen,
- Schulungsbedarf sowie
- Customizingfähigkeit.

Verkürzt ausgedrückt: Der Systembetreiber fordert ein in seine sonstigen rechenzentrums- und gegebenenfalls auch anwendungsentwicklungsbezogenen Arbeitsabläufe integrierbares SW-System, welches im Rahmen bestehender Service Level Agreements (SLAs) den Systemanwendern in betreuter Weise zur Verfügung gestellt werden kann.

[8] Da IT-Bereiche in den Unternehmen heutzutage primär in Form von Profit Centern geführt werden, ist hierbei die Unterscheidung zwischen externem, d. h. Systemhaus, und internem Systemanbieter , also die eigene IT-Abteilung, zudem sekundär.

Angemessene Performance (beispielsweise im Dialogbetrieb ein Antwortzeitverhalten von ca. drei bis fünf Sekunden) und Skalierbarkeit sowie der Einsatz gängiger Werkzeuge wie das zu Grunde liegende Datenbank-Managementsystem sind gleichermaßen wesentliche Größen wie eine intuitiv bedienbare grafische Benutzeroberfläche.

4 Fiktiver Systemvergleich

Der folgende Systemvergleich von drei SW-Systemen, neutral als „System A", „System B" und „System C" bezeichnet, soll die eingangs motivierte Systematik veranschaulichen.

Die oben genannten Kriterien werden auf einer Skala von 1 bis 10 je System bewertet, wobei 1 die niedrigste und 10 die höchste Bewertungsstufe darstellt. Je Kriterium wird ein Bewertungsschema zu Grunde gelegt, an Hand dessen das jeweilige System dann (weitestgehend) objektiv eingeschätzt wird. Bei subjektiven Faktoren bieten sich für die Bewertung Verfahren aus der multikriteriellen Mehrpersonenentscheidungstheorie an[9].

Die Tabelle 1 zeigt drei „pointierte Vertreter": „System A" stellt ein quasi „ausgewogenes" System dar, Anwender- und Erstelleranforderungen sind in einem hohen Maße beachtet worden, die Betreiberaspekte dagegen etwas geringer. „System B" hat den Schwerpunkt auf die Anwenderanforderungen gelegt und weniger auf systementwicklungs- bzw. -betriebstechnische Belange. Die Gefahr liegt hier in gegebenenfalls hohen Änderungs- und Betriebsaufwendungen. „System C" ist von einer IT-Abteilung entwickelt worden, die „genau weiß, was ihre Anwender benötigen" und den Schwerpunkt auf die Umsetzung der technischen Anforderungen gelegt hat. Die Gefahr besteht in einer allgemein mangelnden Akzeptanz des SW-Systems.

Tabelle 1: Vergleich zwischen drei SW-Systemen

	System A	System B	System C
FA Basis	8	3	4
FA SW-Systemanbieter	5	3	3
FA Systembetreiber	4	4	4
FA ArbG	8	10	3
FA ArbN	7	10	3
FA VM	8	10	3
TA Basis	8	3	8
TA SW-Systemanbieter	6	3	9
TA Systembetreiber	4	4	7
TA ArbG	8	7	7
TA ArbN	7	7	7
TA VM	6	7	7

---

9 siehe beispielsweise Bui (1987).

Abbildung 9 stellt den SW-Systemvergleich grafisch dar.

Abbildung 9: *Exemplarischer, fiktiver SW-Systemvergleich*

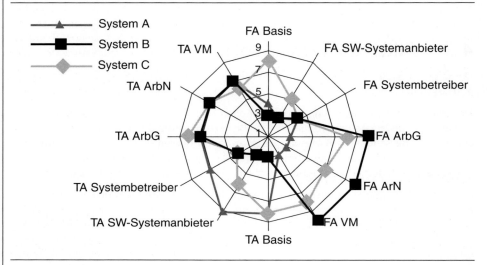

5 Ausblick

Das bAV-Umfeld unterliegt einer hohen Dynamik. Die fachlichen wie technischen Anforderungen an eine SW-Unterstützung sind vielschichtig und komplex.

Um die geforderte effiziente Abwicklung aller Prozesse sicherzustellen, ist ein geeignetes SW-System erforderlich. Der damit verbundene Auswahlprozess inklusive der klassischen „make or buy"-Frage besitzt eine hohe Komplexität. Hier kann die eingangs präferierte Sichtweise auf den Problemraum zugleich einen Ansatz für ein Auswahl und Bewertungsverfahren liefern. Der besondere Nutzen dieses Ansatzes liegt in seiner leichten Verknüpfbarkeit mit anderen Verfahren. Exemplarisch sei hier die multivariate Analyse zu nennen, speziell die so genannte Faktorenanalyse[10].

Aktuell gibt es im Vergleich beispielsweise zu Buchhaltungssystemen wenige Alternativen für ein bAV-SW-System am Markt. In den Unternehmen werden bestehende Bestandsverwaltungssysteme (vor allem aus dem Lebensversicherungsumfeld) durch interne Entwicklungskapazitäten für die Anforderungen der bAV erweitert. Neben der Gefahr, gegebenenfalls SW-Systeme zu „verbiegen", d. h. auf Aufgaben auszurichten für die sie nie konzipiert waren, bindet dies im besonderen Maße knappe IT-Mitarbeiterka-

---

10 Siehe beispielsweise Backhaus et al (2003).

pazitäten, die damit für anderen dringenden Aufgaben nicht zur Verfügung stehen. Seitens der SW-Systemhäuser werden entweder Neuentwicklungen speziell für die bAV angeboten oder gleichfalls bestehende Systeme erweitert. Im Unterschied zu Eigenentwicklungen von Versicherungsunternehmen besitzen Systemhäuser in der Regel den Vorteil, dass ihre Systeme schon in der Grundkonzeption einem hohen Anspruch an Flexibilität genügen mussten, um als Standardsoftwareprodukt den vielfältigen individuellen Anforderungen zu begegnen. Sie sind daher häufig architektonisch entsprechend designt. Doch ist hier genau zu analysieren, inwieweit ein Systemhaus eine tatsächliche Standardsoftware anbietet oder ob es lediglich für jeden Kunden einen „eigenen Standard" bereithält. Letzteres beinhaltet wiederum die Gefahren wie bei einer Eigenentwicklung, die auch durch entsprechende Werkvertragskonstellationen nicht vollständig kompensiert werden können.

Literaturhinweise

BACKHAUS (2003): Multivariate Analysemethoden – Eine anwendungsorientierte Einführung, Berlin, 10. Auflage, 2003.

BALZERT SWT I (2000): Lehrbuch der Software-Technik Band I, Spektrum, 2. Auflage, 2000.

BIRKNER ET AL (2003): Pensionskassen: Die neue Vielfalt als Marktchance für Versicherer. Versicherungswirtschaft 15/2003.

BUI (1987): Co-oP A Group Decision Support System for Cooperative Multipie Criteria Group Decision Making, LNCS 290, Springer Verlag, 1987.

FETTKE ET AL (2002): Komponentenorientierte Vorgehensmodelle im Vergleich, Technische Universität Chemnitz, 2002.

GDV VAA: Die VAA-Dokumente insbesondere der VAA Final Edition werden unter http://www.gdv-online.de/vaa/vaafe_html/index.htm bereitgestellt.

Grupp (1999): Das DV-Pflichtenheft zur optimalen Softwarebeschaffung, MITP-Verlag, 1999.

Hilger (RED.) (2001): Rentenreform 2001/2002, Freiburg 2001.

Wagner ET AL (2003): Versicherungsprodukte nach dem Bausteinkonzept, Universität Leipzig zusammen mit Mummert Consulting AG, 2003.

Wallmüller (2001): Software-Qualitätsmanagement in der Praxis, 2. völlig überarbeitete Auflage, Hamburg, 2001.

WESSEL (1998): GUI-Design – Richtlinien zur Gestaltung ergonomischer Windows-Applikationen, Hamburg, 1998.

Teil 6

Spezielle Versorgungen

Hans-Dieter Stubben

GGf-Versorgung in der betrieblichen Altersversorgung

1. Altersversorgung für Gesellschafter-Geschäftsführer von GmbHs 385
   1.1 Die verschiedenen Durchführungswege der bAV für GGf 385
       1.1.1 Direktversicherung für GGf 385
       1.1.2 Pensionskasse für GGf 386
       1.1.3 Pensionsfonds für GGf 387
       1.1.4 Unterstützungskasse für GGf 387

2. Die Zielgruppe 388
   2.1 Die Abgrenzung der Zielgruppe 388
       2.1.1 Vorteile aus Steuerdifferenz zwischen Aktiven und Rentnern 388
       2.1.2 GGf-Vorteile gegenüber Einzelkaufleuten und Personengesellschaften . . 389
   2.2 Die Unterteilung der Zielgruppe 389
       2.2.1 Allein-Gesellschafter-Geschäftsführer und beherrschende
             Gesellschafter-Geschäftsführer 390
       2.2.2 Beherrschende Gesellschafter-Geschäftsführer mit weniger als
             50 Prozent Gesellschaftsanteilen 390

3. Folgen der Einstufung 391
   3.1 Folgen der Einstufung als arbeitsrechtlich beherrschender GGf 391
       3.1.1 Keine automatische Unverfallbarkeit 391
       3.1.2 Keine gesetzliche Insolvenzsicherung 392
       3.1.3 Private Insolvenzsicherung bei Direktversicherung, Pensionskasse
             und Pensionsfonds 392
       3.1.4 Private Insolvenzsicherung bei Unterstützungskassen 392
       3.1.5 Private Insolvenzsicherung bei Pensionszusagen 393
   3.2 Folgen für sozialversicherungsrechtlich beherrschende Gesellschafter-
       Geschäftsführer 393
       3.2.1 Krankenversicherung 393
       3.2.2 Arbeitslosenversicherung 394
       3.2.3 Rentenversicherung 394
       3.2.4 Rückerstattung der Beiträge 394

4. Steuerrechtlich beherrschende GGf 395

4.1 Zivilrechtlich wirksame Erteilung und Befreiung vom
    Selbstkontrahierungsverbot 395
4.2 Verfrühte Erteilung der Pensionszusage 395
4.3 Erdienbarkeit der Pensionszusage und Höchstzusagealter 396
4.4 Pensionsalter 397
4.5 Finanzierbarkeit der Pensionszusage 398
4.6 Angemessenheit der Pensionszusage 400
4.7 Angemessenheit der Gesamtvergütung 402

5 Verzicht auf die Pensionszusage mit oder ohne Abfindung 402
  5.1 Verzicht auf die Pensionszusage 402
  5.2 Abfindung der Pensionszusage 403
  5.3 Übertragung auf Unterstützungskasse oder Pensionsfonds 403

6 Steuerliche Behandlung der Zusage beim GGf 404
  6.1 Behandlung in der Anwartschaftsphase 404
  6.2 Steuerliche Behandlung ab Rentenbezug 405

7 Rückdeckung von Pensionszusagen 407
  7.1 Rückdeckung der vorzeitigen Risiken 408
  7.2 Volle Rückdeckung 410

8 Zusammenfassung 413

1 Altersversorgung für Gesellschafter-Geschäftsführer von GmbHs

„Können normale Arbeitnehmer eigentlich auch eine GGf-Versorgung erhalten?" Eine Frage, durch die Berater für betriebliche Altersversorgung immer wieder überrascht werden. Für Finanzdienstleister, die diese Frage stellen, hat die die GGf-Versorgung eine solche Bedeutung erreicht, dass die besondere Zielgruppe – nämlich die Gesellschafter-Geschäftsführer (GGf) von mittelständischen GmbHs – den „Normalfall" – die Altersversorgung von Arbeitnehmern – an den Rand gedrängt hat.

Natürlich können auch „normale" Arbeitnehmer eine betriebliche Altersversorgung erhalten. Deshalb stellt sich die Frage: „Was macht den GGf so besonders, dass er eine solche Bedeutung im Vertrieb der Finanzdienstleistungsbranche erhält?"

1.1 Die verschiedenen Durchführungswege der bAV für GGf

Wenn man sich über die GGf-Versorgung unterhält, spricht man von dem Modell der „rückgedeckten Pensionszusage". Mit diesem Durchführungsweg werden wir uns im Rahmen dieses Beitrags hauptsächlich beschäftigen.

Dieses ist jedoch nur einer der fünf Durchführungswege der bAV und auch ein GGf kann seine Altersversorgung über jeden der fünf Durchführungswege aufbauen und diese auch miteinander kombinieren. Er muss allerdings darauf achten, dass die Vorschriften, die bezüglich der steuerlichen Förderung der einzelnen Durchführungswege gelten, beachtet werden. Grundsätzlich können die Durchführungswege auch über den Rahmen der steuerlichen Fördervorschriften hinaus genutzt werden, dieses wird allerdings nur in besonderen Ausnahmefällen sinnvoll sein und in der Praxis deshalb keine große Rolle spielen.

Die Förderung der Altersversorgung über den § 10a EStG („Riester-Rente") wollen wir hier vernachlässigen. Diese kann für GGf in ihrem bescheidenen Rahmen wegen der Möglichkeit der steuerlichen Förderung durchaus interessant sein, sollte dann aber als private Altersversorgung genutzt werden, um die Firma nicht noch zusätzlich mit dem umständlichen Antragsverfahren zu belasten.

1.1.1 Direktversicherung für GGf

Die Direktversicherung kann von GGf im Rahmen der Vorschriften des § 40b EStG genutzt werden. Zusätzliche Vorschriften für beherrschende GGf gibt es bei diesem Durchführungsweg nicht. Im Wege der Durchschnittsbildung, wenn noch weitere Arbeitnehmer der GmbH über die Direktversicherung versorgt werden, können für einen GGf auch bis zu 2.148 € steuerbegünstigt in eine Direktversicherung eingezahlt werden. In diesem Zusammenhang sollte auch die Vervielfältigungsregel beim Ausscheiden aus den Diensten der GmbH nicht vergessen werden. Pro Dienstjahr können bis zu 1.752 € in eine Direktversicherung eingezahlt werden, die nur pauschal versteuert werden müssen. Allerdings sind von diesem Gesamtrahmen die pauschal besteuerten Beiträge im Jahr des Ausscheidens und in den sechs vorhergehenden Jahren abzuziehen.

Beispiel:

Ein GGf war 25 Jahre lang für seine GmbH tätig. Er scheidet zum 1. Juli aus der Firma aus. Für ihn besteht eine Direktversicherung mit einem Jahresbeitrag von 1.227,10 €. Der letzte Beitrag wurde im Dezember des Jahres vor seinem Ausscheiden fällig.	
Umgewandelt werden können 25 x 1.752,00 € =	43.800,00 €
Abzuziehen sind die Aufwendungen	
Im Jahr des Ausscheidens	0,00 €
Und die Aufwendungen der 6 Jahre davor	
6 x 1.227,10	7.362,60
Pauschalierungsfähig bleiben	36.437,40 €

1.1.2 Pensionskasse für GGf

Für die Pensionskasse gibt es zwei steuerliche Fördervorschriften. Dieses ist einmal die Möglichkeit der Pauschalbesteuerung, die wir oben bereits für die Direktversicherung beschrieben haben. Insofern verweisen wir auf den obigen Abschnitt. Wichtig ist dabei jedoch, dass für einen GGf nicht gleichzeitig ein pauschalbesteuerter Beitrag in eine Pensionskasse und in eine Direktversicherung eingezahlt werden kann. Jede Fördervorschrift (hier § 40b EStG) kann für jeden Arbeitnehmer nur einmal genutzt werden.

Für die Pensionskasse gibt es aber auch die Förderung nach § 3 Nr. 63 EStG. Pro Jahr dürfen bis zu vier Prozent der Beitragsbemessungsgrenze (BBG) in der gesetzlichen Rentenversicherung steuerfrei in eine Pensionskasse eingezahlt werden. Dieses sind für das Jahr 2004 immerhin 2.472 €. So kann ein GGf im Jahr 2004 bis zu 4.224 € steuerbegünstigt in eine Pensionskasse einzahlen. Dabei ist zuerst einmal der Rahmen des § 3 Nr. 63 (vier Prozent steuerfreier Aufwand) zu nutzen. Für den überschießenden Teil von 1.752 € kann dann die Pauschalierung nach § 40b EStG genutzt werden.

Es gibt Einschränkungen für die Körperschaftsteuerfreiheit von Pensionskassen (§ 2 KStDV). Diese liegen jedoch in der untersten Stufe bei 25.769 € pro Jahr. Ein Wert, den nicht einmal ein 18-jähriger GGf mit einem Beitrag von 4.224 € erreicht. (Addition der derzeitigen Obergrenzen nach § 3 Nr. 63 und § 40b EStG)

Beherrschende GGf können auch als einzelne Person aus einem Unternehmen bei einer Pensionskasse angemeldet werden.

1.1.3 Pensionsfonds für GGf

Für Pensionsfonds gilt im Rahmen der bAV die Fördermöglichkeit nach § 3 Nr. 63 EStG, da wir die Förderung nach § 10a EStG („Riester-Rente") ja für GGf ja in den Bereich der privaten Altersversorgung verschoben haben. Die Pauschalsteuer (§ 40b EStG) kann für den Pensionsfonds nicht genutzt werden. Aus diesen Grunde verweisen wir hier auf den obigen Abschnitt zur Pensionskasse.

Für den Durchführungsweg des Pensionsfonds gibt es aber noch eine zweite Förderungsvorschrift, den § 3 Nr. 66 EStG. Hier wird festgelegt, auf welche Art und Weise Pensionszusagen auf Unterstützungskassen steuerlich begünstigt auf einen Pensionsfonds übertragen werden können. Da die Pensionszusage gerade für GGf ein besonders interessanter Weg der Altersversorgung ist, der aber gerade zum Zeitpunkt des Ausscheidens aus dem Unternehmen mit einer Reihe von Problemen verbunden ist, liegen hier Lösungsmöglichkeiten, auf die wir weiter unten ausführlich eingehen werden (siehe Abschnitt Übertragung auf U-Kasse und Pensionsfonds).

1.1.4 Unterstützungskasse für GGf

Die Vorschriften für die Unterstützungskasse (U-Kasse) sind besonders kompliziert und umfangreich. Trotzdem ist auch dieser Weg für GGf geeignet. Neben den allgemeinen Vorschriften sind hier aber noch einige Besonderheiten speziell für diese Zielgruppe zu beachten.

Bei der U-Kasse gibt es sowohl das Modell der rückgedeckten als auch das Modell der dotierten U-Kasse. Beide Lösungen können für GGf genutzt werden. Der steuerlich begünstigte Förderrahmen ist bei der U-Kasse nicht auf vier Prozent der Beitragsbemessungsgrenze in der gesetzlichen Rentenversicherung begrenzt. Vielmehr gelten hier die allgemeinen Vorschriften für die Überversorgung auf die weiter unten im Zusammenhang mit der Pensionszusage eingegangen wird (siehe Abschnitt 4.6 Angemessenheit der Pensionszusagen).

Da es bei der U-Kasse nicht die Begrenzung des Aufwandes auf vier Prozent der BBG gibt, spielen die Begrenzungen der §§ 2 und 3 der KStDV hier eine Rolle.

Für 88 Prozent der Leistungsempfänger einer U-Kasse darf die Alters- und Invalidenrente pro Jahr den Wert von 25.769 € pro Jahr nicht übersteigen. Für acht Prozent der Leistungsempfänger liegt diese Grenze bei 38.654 € und nur die restlichen vier Prozent dürfen eine über diesen Wert hinausgehende Zusage erhalten. Für die Witwenrente gilt eine Obergrenze von 60 Prozent der obigen Zahlen. Für Halbwaisenrenten liegt die Grenze bei 20 Prozent und für Vollwaisenrente bei 40 Prozent der Altersrente.

Wird statt einer laufenden Rente ein einmaliger Kapitalbetrag gezahlt, gilt das Zehnfache dieser Werte als Obergrenze.

Außerdem gilt für die U-Kasse noch die Regel, dass die Mehrzahl der Versorgungsberechtigten nicht aus Unternehmern bzw. Gesellschaftern und deren Angehörigen bestehen darf (§ 1 Nr. 1 KStDV). Dieses stellt für eine U-Kasse insgesamt jeweils kaum ein Problem dar. Betrachtet man die U-Kasse allerdings als eine „segmentierte" U-Kasse, bei der diese Vorschrift für jedes einzelne Segment – also jedes einzelne der U-Kasse beigetretene Trägerunternehmen – gelten soll, dann ergibt sich die Konsequenz, dass aus einer GmbH nicht allein die GGf – als Gesellschafter – angemeldet werden dürfen, sondern für jeden GGf mindestens noch ein „normaler" Arbeitnehmer zur U-Kasse angemeldet wird.

2 Die Zielgruppe

2.1 Die Abgrenzung der Zielgruppe

Der GGf ist deshalb als Kunde so beliebt, weil er, wie der Name schon sagt, eine Doppelfunktion hat. Er ist auf der einen Seite der Anteilseigner der juristisch und auch steuerrechtlich eigenständigen Kapitalgesellschaft GmbH. Auf der anderen Seite ist er aber ein angestellter Geschäftsführer (Gf) der GmbH und hat als solcher die gleichen Möglichkeiten von seinem Arbeitgeber, der GmbH, eine betriebliche Altersversorgung zu erhalten, wie sie nicht am Unternehmen beteiligte Arbeitnehmer auch erhalten. Die gleichen Regeln gelten übrigens auch für Vorstände von Aktiengesellschaften, die an der Firma, der sie vorstehen, durch den Besitz von Aktien beteiligt sind.

2.1.1 Vorteile aus Steuerdifferenz zwischen Aktiven und Rentnern

Der besondere Reiz dieser Versorgungsmodelle besteht jetzt darin, dass der Gesellschafter als Inhaber der GmbH sich selber als angestelltem Gf eine Altersversorgung zukommen lässt. Sehr attraktiv werden solche Versorgungsmodelle immer dann, wenn der steuerlich wirksame Aufwand in der aktiven Dienstzeit als Gf zu einer größeren Entlastung führt, als die Steuern, die später vom Rentner für die bezogenen Leistungen zu zahlen sind. Man kann dieses als ein Steuerdifferenzgeschäft bezeichnen.

Weil diese unterschiedliche steuerliche Belastung in der Praxis gegeben ist, kontrolliert die Finanzverwaltung die Altersversorgungsmodelle für GGf besonders streng. Die Finanzverwaltung ist oft der Meinung, dass Unternehmer, die für sich selber steuerbegünstigt eine Altersversorgung aufbauen können, die Aussage des früheren Finanzministers Apel („Wer die Pflicht hat Steuern zu zahlen, hat auch das Recht Steuern zu sparen.") zu ernst nehmen.

2.1.2 GGf-Vorteile gegenüber Einzelkaufleuten und Personengesellschaften

Man muss den GGf aber nicht nur gegenüber „normalen" Arbeitnehmern abgrenzen, genauso wichtig ist die Unterscheidung gegenüber Inhabern von Personengesellschaften oder Einzelkaufleuten. Diese sind auch oft selber in den Unternehmen beschäftigt, die ihnen gehören. Allerdings wird hier, anders als bei der Kapitalgesellschaft, steuerrechtlich nicht in dem Maße zwischen dem Inhaber und der Firma getrennt. Ein Arbeitslohn, den sich der Inhaber einer Personengesellschaft auszahlt, mindert nicht den steuerpflichtigen Gewinn des Unternehmens, sondern er ist eine Vorwegnahme des Gewinns. Gleiches gilt dann auch für Aufwendungen zur Altersversorgung. Die Aufwendungen, die beim Unternehmen anfallen, sind zwar auf der einen Seite Kosten, auf der anderen Seite muss der Inhaber sich diese Aufwendungen aber als steuerpflichtiges Einkommen zurechnen lassen. Deswegen machen solche Aufwendungen hier unter steuerliche Gesichtspunkten weit weniger Sinn.

Zu den Inhabern von Personengesellschaften, die für sich keine steuerbegünstigte Altersversorgung aufbauen können, gehören in aller Regel auch die Inhaber einer GmbH&Co. KG. Hier liegt eine Personengesellschaft (die KG) vor, an der der Gf meistens direkt als Kommanditist und indirekt auch über die GmbH beteilig ist. Der Aufbau einer steuerbegünstigten Altersversorgung ist bei dieser Rechtsform nur möglich,

- wenn der Gf zwar an der GmbH aber nicht direkt an der KG beteiligt ist, oder
- wenn die GmbH nicht nur die Geschäftsführung für die KG leistet, sondern auch selber Umsatz und Erträge nachweisen kann. (BFH Urteil vom 22.1.1970 – IV R 47/68)

Allerdings sind diese beiden Ausnahmen recht selten, so dass die Altersversorgung für die Inhaber einer GmbH & Co KG in der Praxis keine große Rolle spielt.

2.2 Die Unterteilung der Zielgruppe

GGf sind natürlich nicht alle gleich. Denn in diese Gruppe gehören alle Geschäftsführer, die einen Anteil an der GmbH halten. Dabei ist es unerheblich ob der Anteil nur minimal ist und bei einem Prozent liegt oder 100 Prozent beträgt. Nicht in diese Gruppe gehören „Nur-Geschäftsführer", die gar keine Anteile halten, oder „nichtangestellte" Gesellschafter. Bei der ersten Gruppe handelt es sich um „normale" Arbeitnehmer, die nicht besonders behandelt wird. Die zweite Gruppe kann keine Altersversorgung erhalten, weil eben kein Arbeitsverhältnis vorliegt.

Bei den GGf wird zwischen „beherrschenden" und „nichtbeherrschenden" unterschieden. Dabei ist diese Unterscheidung zwischen beherrschenden und nicht beherrschenden Gesellschafter-Geschäftsführern nicht immer einheitlich. Ein GGf kann sozialversicherungrechtlich als „beherrschend" betrachtet werden, während er arbeits- oder steuerrechtlich als „nichtbeherrschend" gilt.

2.2.1 Allein-Gesellschafter-Geschäftsführer und beherrschende Gesellschafter-Geschäftsführer

Eindeutig ist die Sache für alle GGf, die 100 Prozent der Anteile an der Firma halten. Diese sind in allen drei Beziehungen (arbeits-, steuer- und sozialversicherungsrechtlich) beherrschende GGf. Dieses gilt auch für alle die GGf, die *mehr als 50 Prozent* der Anteile an der GmbH halten (Abschnitt 31 Abs 6 KStR). Auch für diese Gruppe gilt immer die Einstufung als beherrschender Gesellschafter-Geschäfsführer. Diese GGf können nämlich durch ihre Stimmenmehrheit die Gesellschafterversammlung dominieren.

Kompliziert wird die Sache immer dann, wenn ein GGf weniger als 50 Prozent der Anteile hält. Eigentlich würde man denken, dass ein GGf, der weniger als 50 Prozent der Anteile hält, auf keinen Fall ein beherrschender GGF sein kann, aber so einfach und eindeutig ist dies nicht.

2.2.2 Beherrschende Gesellschafter-Geschäftsführer mit weniger als 50 Prozent Gesellschaftsanteilen

Steuerrechtliche Betrachtung:

Gesellschafter-Geschäftsführer, die weniger als 50 Prozent der Anteile halten, werden steuerrechtlich als beherrschend eingestuft, wenn die GGf zusammen mehr als 50 Prozent der Anteile halten, während die Gesellschafter, die nicht im Unternehmen tätig sind, über weniger als 50 Prozent der Anteile verfügen. Zusätzlich müssen zwischen den GGf auch noch gleichgerichtete Interessen vorliegen, also beispielsweise alle eine Pensionszusage erhalten (BFH vom 23.1.1980 – I R 12/77 und BFH vom 25.5.1988 – I R 107/84)

Arbeitsrechtliche Betrachtung:

Bezüglich der arbeitsrechtlichen Einstufung gilt:

- Hält ein GGf allein mehr als 50 Prozent der Anteile, dann ist dieser beherrschend, aber alle anderen werden als nichtbeherrschend eingestuft. In diesem Fall werden keine Anteile addiert.
- Hat kein Anteilseigner allein mehr als 50 Prozent, haben alle GGf zusammen aber mehr als 50 Prozent der Anteile (und die „Nur-Gesellschafter" ohne Anstellung im Unternehmen zusammen weniger als 50 Prozent), dann wird jeder einzelne GGf als beherrschend eingestuft.

Sozialversicherungsrechtliche Betrachtung:

Halten die GGf zusammen mit Ihren Familienangehörigen mehr als 50 Prozent der Anteile, ohne dass diese Familienangehörigen im Unternehmen beschäftigt sein müssen, dann ist der GGf beherrschend. Ein GGf wird auch dann als beherrschend eingestuft, wenn er aufgrund einer im Gesellschaftervertrag eingebauten Sperrminorität wichtige Entscheidungen – besonders bezüglich seines Arbeitsvertrages – verhindern kann. Aber selbst wenn diese Bedingung nicht erfüllt wird, kann eine Einstufung als beherrschend im Sinne der Sozialversicherung erfolgen, wenn der GGf

- vom Verbot der Selbstkontrahierung befreit ist,
- nicht weisungsgebunden ist,
- allein über ausreichende Branchenkenntnisse verfügt,
- den Ort und die Zeit seines Arbeitseinsatzes allein bestimmen kann,
- ein hohes unternehmerisches Risiko trägt, weil er z. B. ein großes Darlehen an die GmbH gegeben hat oder

wenn das Unternehmen aus Haftungsgründen aus einer Familienfirma in eine GmbH umgewandelt wurde.

3 Folgen der Einstufung

Diese Einstufung in beherrschende und nichtbeherrschende GGf ist keine rein theoretische Frage, sondern sie hat durchaus praktische Konsequenzen. Dabei sind die Folgen aus der steuerrechtlichen Einstufung so wesentlich, dass sie den größten Teil dieses Beitrags einnehmen werden.

3.1 Folgen der Einstufung als arbeitsrechtlich beherrschender GGf

Wird ein GGf im arbeitsrechtlichen Sinne als beherrschend eingestuft, dann folgt daraus, dass er nicht als Arbeitnehmer gilt. Die Konsequenz daraus: Gesetze, die als Arbeitnehmer-Schutzvorschriften gelten, wie es z. B. das Betriebsrentengesetz ist, gelten für diesen Personenkreis nicht. Das bedeutet, dass z. B. die Vorschriften zum Erhalt unverfallbarer Ansprüche beim vorzeitigen Ausscheiden eines beherrschenden GGf nicht gelten. Gleiches gilt für die gesetzliche Insolvenzsicherung.

3.1.1 Keine automatische Unverfallbarkeit

Mit anderen Worten: Möchte ein beherrschender GGf im Falle eines vorzeitigen Ausscheidens aus der GmbH unverfallbare Ansprüche behalten, so muss er dieses in dem Vertrag über seine Altersversorgung regeln. Wird eine solche Regelung in seiner Versorgungszusage „vergessen", so verfallen seine Ansprüche beim vorzeitigen Ausscheiden.

Hans-Dieter Stubben

Beispiel:

> Verträge werden gemacht, um auch im „schlimmsten Fall" eine Bestandssicherheit der Altersversorgung zu gewährleisten. Gerät eine GmbH in wirtschaftliche Schwierigkeiten und muss eine Insolvenz beantragen, dann entscheidet nicht mehr der bisherige beherrschende GGf über die Altersversorgung, sondern diese liegt in den Händen eines Insolvenzverwalters. Ein beherrschender GGf wird im Falle einer Insolvenz aus den Firma entlassen. Damit stellt sich die Frage nach den unverfallbaren Ansprüchen. Findet der Insolvenzverwalter in der Versorgungszusage keine Regel über die Höhe der unverfallbaren Ansprüche, muss er die Versorgung entschädigungslos aufheben.

3.1.2 Keine gesetzliche Insolvenzsicherung

Besonders ärgerlich ist ein solches Streichen, weil ein beherrschender GGf nicht unter den gesetzlichen Insolvenzschutz des Pensionssicherungsvereins (PSV) fällt. Beim PSV werden die Renten und unverfallbaren Anwartschaften von Arbeitnehmern für den Fall der Insolvenz ihrer Arbeitgeber abgesichert. Da aber beherrschende GGf im arbeitsrechtlichen Sinne eben keine Arbeitnehmer sind, fällt für diesen Personenkreis der gesetzliche Insolvenzschutz weg. Aus diesem Grunde ist es nötig, dass beherrschende GGf auf jeden Fall eine privatrechtliche Insolvenzsicherung vereinbaren.

3.1.3 Privatrechtliche Insolvenzsicherung bei Direktversicherung, Pensionskasse und Pensionsfonds

Bei der Direktversicherung, der Pensionskasse und dem Pensionsfonds ist diese privatrechtliche Insolvenzsicherung ganz einfach durch das Einräumen eines uneingeschränkt unwiderruflichen Bezugsrechtes möglich. Dadurch wird gewährleistet, dass die Vermögenswerte, die für die Altersversorgung des GGf angesammelt wurden, auf jeden Fall an ihn oder die Hinterbliebenen ausgezahlt werden. Ein GGf sollte sich aber darüber im Klaren sein, dass eine private Bürgschaft für die Verbindlichkeiten der GmbH auch ein unwiderrufliches Bezugsrecht aushebelt.

3.1.4 Privatrechtliche Insolvenzsicherung bei Unterstützungskassen

Bei der U-Kasse ist die Frage der privatrechtlichen Insolvenzsicherung besonders komplex. Zu den Grundvoraussetzungen der steuerlichen Anerkennung einer U-Kasse gehört die Festlegung in der Satzung, dass die Arbeitnehmer keinen Rechtsanspruch gegenüber der U-Kasse, wohl aber gegen das Trägerunternehmen haben. Wenn die

U-Kasse das Geld für die Altersversorgung selber anlegt, in dem sie z. B. als rückgedeckte U-Kasse Rückdeckungsversicherungen abschließt, so kann sie diese Vermögenswerte für den Fall der Insolvenz an den GGf verpfänden. Ob diese Verpfändung wirklich zum Ziel führt, muss jedoch bezweifelt werden. Eine Verpfändung dient dazu, einen Rechtsanspruch abzusichern. Hat ein GGf jedoch gegenüber der U-Kasse erklärt, dass er keinen Rechtsanspruch gegenüber der U-Kasse hat, geht die Verpfändung vermutlich ins Leere. Allerdings ist zu dieser Frage noch keine höchstrichterliche Entscheidung bekannt geworden.

3.1.5 Privatrechtliche Insolvenzsicherung bei Pensionszusagen

Auch bei Pensionszusagen wird eine privatrechtliche Insolvenzsicherung durch eine Verpfändung von Vermögenswerten erreicht. Dieses Modell wurde durch höchstrichterliche Rechtsprechung abgesegnet. Wichtig ist dabei jedoch, dass es sich um Vermögenswerte handelt, die bei einer Verwertung nicht die Einstellung der Betriebstätigkeit zur Folge haben. Dieses ist auch eines der wichtigsten Argumente für die Kombination einer Pensionszusage mit einer „Rückdeckung", bei der Vermögenswerte in nicht „betrieblich gebundenen" Werten angesammelt werden. Dieses waren in der Vergangenheit sehr oft Rückdeckungsversicherungen, es sind aber auch alle anderen Formen von Kapitalansammlung wie Aktien- oder Rentenfonds, betrieblich nicht genutzte Immobilien, Immobilienfonds bis hin zum Sparbuch möglich und zulässig.

3.2 Folgen für sozialversicherungsrechtlich beherrschende Gesellschafter-Geschäftsführer

GGf, die als sozialversicherungsrechtlich beherrschend gelten, sind in der Sozialversicherung nicht pflichtversichert. Dieses wird in aller Regel als ein Vorteil für den beherrschenden GGf angesehen. Dieses muss aber nicht immer der Fall sein.

3.2.1 Krankenversicherung

In der gesetzlichen Krankenversicherung ist neben der Pflichtversicherung auch eine freiwillige Versicherung möglich. Eine solche freiwillige Versicherung kann interessant sein, weil sich der Beitrag – anders als bei privaten Krankenversicherungen – nach dem Einkommen richtet. Damit kann sich für GGf je nach Familienstand bei der freiwilligen Mitgliedschaft in einer gesetzlichen Krankenkasse ein Beitragsersparnis ergeben.

3.2.2 Arbeitslosenversicherung

Bei der Arbeitslosenversicherung ist eine freiwillige Versicherung nicht möglich. Die Arbeitsverwaltung prüft im Leistungsfall noch einmal nach, ob wirklich eine Pflichtversicherung vorgelegen hat, selbst wenn vorher Beiträge im Vertrauen auf das Vorliegen einer Versicherungspflicht gezahlt wurden. War dieses nicht der Fall, werden im Leistungsfall zwar die eingezahlten Beiträge zurück gezahlt, Arbeitslosengeld wird aber nicht geleistet.

Der Wunsch von manchem Existenzgründer, sich nicht gegen eine falsche Einstufung als versicherungspflichtiger Arbeitnehmer zu wehren, weil man damit die Chance hat, wenigstens Arbeitslosengeld zu erhalten, falls es mit der neuen GmbH doch nicht klappt, geht damit leider ins Leere. Denn die Rückerstattung der eingezahlten Beiträge reicht natürlich nur für einen ganz kurzen Zeitraum, um den Lebensunterhalt zu sichern.

3.2.3 Rentenversicherung

Die Rentenversicherung macht den Hauptteil der Sozialversicherungsbeiträge aus. Außerdem ist anders als bei der Kranken- und Arbeitslosenversicherung, die ja „Schadensversicherungen" sind, doch mit einer gewissen Wahrscheinlichkeit mit einem Rückfluss zu rechnen, weil entweder eine Invaliden-, eine Hinterbliebenen- oder eben eine lebenslange Altersrente zu erwarten ist.

Zahlt ein beherrschender und damit sozialversicherungsfreier GGf im guten Glauben Pflichtbeiträge in die gesetzliche Rentenversicherung ein, so sind diese keinesfalls verloren, wenn sich herausstellt, dass eben doch keine Versicherungspflicht vorlag. Die angeblichen Pflichtbeiträge werden dann zu freiwilligen Beiträgen, aus denen später auf jeden Fall Rentenzahlungen folgen.

Grundsätzlich stellt sich die Frage, ob eine freiwillige Versicherung in der gesetzlichen Rentenversicherung sinnvoll ist. Bereits heute sind die Leistungen in der gesetzlichen Rentenversicherung erheblich eingeschränkt worden. Weitere Einschränkungen sind wegen der Verschiebungen in der demografischen Entwicklung zu erwarten, weil das Verhältnis zwischen Beitragszahlern und Rentenbeziehern sich immer mehr zu Gunsten der Rentenbezieher verschiebt. (Immer weniger aktive Arbeitnehmer müssen immer mehr Rentner versorgen. Dieses kann nur bei weiter steigenden Beiträgen und sinkenden Leistungen funktionieren.)

3.2.4 Rückerstattung der Beiträge

Hat man im Glauben auf eine bestehende Pflichtmitgliedschaft Beiträge an die Sozialversicherung gezahlt und stellt man dann bei einer Prüfung fest, dass es sich dabei um eine falsche Einschätzung gehandelt hat, dann kann man sich die Beiträge zurück erstatten lassen.

Bei der Krankenversicherung geht das zumindest für die Zeit, in der man keine Leistungen bezogen hat. Bei der Arbeitslosenversicherung werden die Beiträge für die gesamte Zeit zurückerstattet, in der keine Versicherungspflicht bestand. In der gesetzlichen Rentenversicherung ist dieses ebenfalls für die gesamte „fälschliche Pflichtversicherung" möglich.

Dabei ist zu unterscheiden zwischen dem Arbeitgeberanteil, die an die Firma zurückfließt und den Arbeitnehmeranteil, der an den Geschäftsführer zurückerstattet wird. Natürlich handelt es sich bei diesen Rückzahlungen um steuerpflichtige Einnahmen, die auch zu Steuerzahlungen führen.

4 Steuerrechtlich beherrschende GGf

Spricht man von der „GGf-Versorgung", dann ist dabei in allererster Linie der Durchführungsweg der Pensionszusage gemeint, die in aller Regel mit einer Form von Rückdeckung kombiniert wird. Nähere Einzelheiten zum Aufbau einer Pensions- oder auch Direktzusage finden sich im Beitrag „Pensionszusage", deshalb wird dies an dieser Stelle nicht thematisiert.

Da die Erteilung einer Pensionszusage für die GmbH erhebliche steuerliche Vorteile hat, ist die Erteilung einer Pensionszusage gerade für beherrschende GGf an eine ganze Reihe von zusätzlichen Bedingungen geknüpft, die hier besprochen werden sollen. Dabei gilt das Prinzip, dass ein beherrschender GGf nicht besser gestellt sein darf als ein nicht beteiligter Geschäftsführer.

4.1 Zivilrechtlich wirksame Erteilung und Befreiung vom Selbstkontrahierungsverbot

Damit die Pensionszusage für einen beherrschenden GGf steuerlich anerkannt wird, muss sie zivilrechtlich wirksam erteilt worden sein. Dazu ist es nötig, dass die Gesellschafterversammlung die Einführung einer Pensionszusage beschließt. Diese kann nach einem Urteil des BGH vom 25.3.1991 (Az. II ZR 169/90) nicht mehr allein von den Geschäftsführern erteilt werden. Zu beachten ist in diesem Zusammenhang auch, dass Gesellschafter, die sich selber in ihrer Funktion als Geschäftsführer eine Pensionszusage erteilen, vom Verbot der Selbstkontrahierung nach § 181 BGB befreit sein müssen.

4.2 Verfrühte Erteilung der Pensionszusage

Die Finanzverwaltung vertritt die Meinung, dass eine Pensionszusage an einen beherrschenden GGf erst nach einer gewissen Probezeit erteilt werden darf, da ein fremder

GGf auch nicht gleich nach Diensteintritt eine Pensionszusage erhalten würde. Dabei sind zwei Fälle zu unterscheiden.

Eine schon lange bestehende GmbH stellt einen neuen Geschäftsführer an und eine GmbH wird neu gegründet:

Neuer GGf in bestehender GmbH:

Die Finanzverwaltung verlangt bei einer GmbH, die bereits länger besteht und die einem neuen GGF eine Zusage erteilen möchte, dass dieser seine Fähigkeit als Geschäftsführer nachweist. Die Finanzverwaltung verlangt in ihrem Schreiben vom 14.5.1999 (IVC6 – S2742 – 9/99)) dafür eine Frist von zwei bis drei Jahren. Ob eine solche Vorschrift wirklich in jedem Fall sinnvoll ist, sei einmal dahingestellt. Wenn ein fremder Geschäftsführer bei einer GmbH neu eingestellt wird, verlangt er oft ab Beginn eine Zusage, weil er in seinem bisherigen Arbeitsverhältnis vermutlich auch eine Zusage hatte. Hier einen beherrschenden GGf schlechter zu stellen, erscheint nicht sehr sinnvoll. Trotzdem wird die Finanzverwaltung eine Pensionszusage, die früher erteilt wurde, bis zum Ablauf der oben genannten Frist wohl die steuerliche Anerkennung verweigern.

Neu gegründete GmbH:

Die Pensionszusage kann aber auch nicht sofort nach Gründung einer GmbH erteilt werden. Die GmbH muss nachweisen, dass sie wirtschaftlich in der Lage ist, eine solche lange nachwirkende Verpflichtung zu erfüllen. Die Finanzverwaltung verlangt, dass eine neu gegründete GmbH sich erst einmal fünf Jahre am Markt bewähren muss, bevor sie ihrem beherrschenden GGf eine Pensionszusage erteilt (siehe auch Urteil des BFH vom 11.2.1998 BFH / NV 1998 S. 1226). Wird von einer neu gegründeten GmbH ein Geschäftsführer angestellt, der entweder gar nicht am Unternehmen oder nur ein Minderheitsgesellschafter im steuerrechtliche Sinn ist, so ist die Erteilung der Zusage auch schon ab Beginn möglich.

Zu prüfen ist auch, ob es sich wirklich um eine Neugründung handelt. Dabei kommt es nicht auf eine rein steuerrechtliche, sondern eher auf eine wirtschaftliche Betrachtungsweise an. Wird z. B. eine Personengesellschaft in eine GmbH umgewandelt, die im Prinzip die Geschäfte der vorherigen Firma weiter betreibt, so kann eine Pensionszusage auch bereits kurz nach der erfolgten Umwandlung erteilt werden.

4.3 Erdienbarkeit der Pensionszusage und Höchstzusagealter

Die Pensionszusage darf keine Entlohnung für bereits erbrachte Dienste des GGf sein, deshalb muss zwischen der Erteilung der Zusage und dem Rentenbeginn noch eine „Mindestrestdienstzeit" gegeben sein. Dabei wird zwischen beherrschenden GGf und nichtbeherrschenden GGf unterschieden.

Bei beherrschenden GGf verlangt der BFH, dass zwischen der Erteilung der Zusage und dem frühest möglichen Rentenbeginn noch mindestens zehn Jahre liegen müssen. Bei dem üblichen Pensionsalter von 65 Jahren müsste die Zusage auf jeden Fall vor Vollendung des 55. Lebensjahres erteilt worden sein. Nach dem 60. Lebensjahr wird die Erteilung der Zusage an einen beherrschenden GGf steuerlich auf keinen Fall mehr anerkannt; BFH vom 21.12.1994 – I R 89/93)

Wird eine Zusage erst im Alter von 57 Jahren erteilt, dann kann das früheste Pensionsalter 67 Jahre sein. In diesem Zusammenhang ist auch zu beachten, dass das „frühest mögliche Pensionsalter" sich auf den Beginn einer vorgezogenen Altersrente bezieht. Die Frist von zehn Jahren bezieht sich nicht nur auf das Pensionsalter, sondern auf das Alter, ab dem erstmals ein vorgezogenes Altersruhegeld bezogen werden kann. Erhält ein beherrschender GGf im Alter von 53 Jahren eine Zusage zum 65. Lebensjahr, so darf eine vorgezogene Altersrente frühestens ab dem 63. Lebensjahr fällig werden.

Bei nichtbeherrschenden GGf hat der BFH (Urteil vom 24.1.1996 – I R 41/95) festgeschrieben, dass zwischen der Erteilung der Zusage und dem frühesten Rentenbeginn nur eine Frist von drei Jahren zu liegen braucht, wenn der GGf bei Erreichen der Pensionsgrenze mindestens zwölf Jahre im Betrieb tätig war.

4.4 Pensionsalter

Grundsätzlich gilt, dass ein Pensionsalter von weniger als 60 Jahren steuerlich nicht anerkannt wird (R32 Abs. 1 KStR). Ansonsten gilt das vereinbarte Pensionsalter auch als das Alter, auf das die Pensionsrückstellungen berechnet werden. Für beherrschende GGf wird ein Pensionsalter von weniger als 65 Jahren bei der Berechnung der Rückstellungen nur in begründeten Ausnahmefällen, wie z. B. das Vorliegen einer Schwerbehinderung, anerkannt. Wird ein Pensionsalter von mehr als 65 Jahren vereinbart, so ist dieses Pensionsalter auch für die Berechnungen der Pensionsrückstellungen maßgebend. (BFH vom 28.4.1982 – I R 51/76; BMF-Schreiben vom 15.12.1982 – IV B 7 – S 2742; Absch. 32 KStR)

Plant ein GGf bereits vor dem 65. Lebensjahr in den Ruhestand zu treten, so sollte er dieses von Beginn an fest vereinbaren. Tritt er dann beispielsweise mit 60 in den vorher vereinbarten Ruhestand, so werden die Pensionsrückstellungen in diesem Augenblick vom gebildeten Teilwert auf den dann gültigen Altersrentenbarwert aufgefüllt. Dieses ist natürlich angenehm, weil damit in erheblichem Umfang Steuern gespart werden können. Die GmbH sollte aber auch in der Lage sein, diese zusätzliche Rückstellungsbildung zu verkraften.

Beispiel:

> Ein 45-jähriger GGf (Diensteintritt mit 40 Jahren) erhält eine Zusage auf eine Altersrente über 3.000 € pro Monat mit 100 Prozent BU-Rente und 60 Prozent Witwenrente. Die Renten sollen ab Rentenbeginn um zwei Prozent steigen. Als Pensionsalter wird das 60. Lebensjahr vereinbart.
>
> Bis zum 59. Lebensjahr hat die Firma Rückstellungen in Höhe von etwa 327.000 € gebildet. Der Altersrentenbarwert zum 60. Lebensjahr beträgt aber etwa 567.000 €. In dem Jahr sind also Rückstellungen von etwa 240.000 € zu bilden; eine Aufstockung der bisherigen Rückstellungen um etwa 75 Prozent.

Ist in der Pensionszusage ein Pensionsalter von 65 Jahren mit der Möglichkeit einer vorzeitigen Altersrente vereinbart, so kann auch ein beherrschende GGf bereits ab 60 in Ruhestand gehen, sofern alle anderen Bedingungen erfüllt worden sind. Dann handelt es sich allerdings um ein vorzeitiges Ausscheiden mit unverfallbaren Ansprüchen. Dadurch wird der Anspruch im obigen Beispiel auf 80 Prozent der Zusage, also 2.400 € gekürzt, weil von der möglichen Dienstzeit von 25 Jahren erst 20 Jahre geleistet wurden. Dieses sind 80 Prozent dieser möglichen Dienstzeit. Ein unverfallbare Anspruch besteht in dieser Höher aber erst ab dem 65. Lebensjahr. Will der GGf bereits ab dem 60. Lebensjahr eine vorgezogene Altersrente beziehen, so wird die Rente noch einmal um 0,3 Prozent bis 0.4 Prozent gemindert. Das wäre in der Spitze eine Minderung um 24 Prozent. Dadurch würde die Rente auf 1.824 € absinken. Die Rückstellungen für diesen unverfallbaren Anspruch wären nur etwa 344.000 €, sodass gegenüber der Rückstellung mit 59 (= 327.000 €) kein großer Auffüllungsbedarf entsteht.

Um irgendwelche Schwierigkeiten für den Fall zu vermeiden, dass ein GGf nicht bereits zum geplanten Pensionsalter von 65 Jahren aus dem Betrieb ausscheidet, sollte in der Zusage auch geregelt werden, dass die Rentenansprüche sich für den Fall einer später verlängerten Tätigkeitsdauer um die gleichen 0,3 Prozent bis 0,4 Prozent pro Monat erhöhen, um die sie sich bei einem vorzeitigen Rentenbezug reduzieren.

4.5 Finanzierbarkeit der Pensionszusage

Nach Ansicht der Finanzverwaltung ist eine Pensionszusage nur dann ernsthaft gemeint, wenn die Firma bei Eintritt eines Leistungsfalles in der Lage ist, die sich daraus ergebenden Verpflichtungen zu erfüllen. Ist sie dazu nicht in der Lage, so sehen der BFH und die Finanzverwaltung darin eine verdeckte Gewinnausschüttung (vGa). Diese Prüfung hat zwar oft dazu geführt, dass einer Pensionszusage wegen fehlender Finanzierbarkeit die steuerliche Anerkennung verweigert wurde, trotzdem macht diese Betrachtungsweise auch aus Sicht eines Geschäftsführers Sinn. Was hilft einem GGf die schönste Pensionszusage, wenn er nicht weiß, ob im Leistungsfall wirklich die zugesagten Renten gezahlt werden.

Eine Pensionszusage besteht in aller Regel aus einer Altersrente und den vorzeitigen Versorgungsleistungen Invaliden- und/oder Hinterbliebenenrente.

Bezüglich der vorzeitigen Leistungsfälle erfolgte die Prüfung der Finanzierbarkeit lange Zeit nach dem Kriterium des Bilanzsprungrisikos. Verstirbt ein GGf unmittelbar nach dem Bilanzstichtag, oder wird er berufsunfähig, so sind die bis dahin gebildeten Rückstellungen zum nächsten Bilanzstichtag auf den Barwert der künftigen Rente aufzufüllen. Diese Barwerte sind wesentlich höher als die anfänglichen Rückstellungen. Diese Auffüllung der Rückstellungen kann zu einer Überschuldung des Unternehmens führen, das dann insolvent würde und die Renten nicht mehr zahlen könnte. (Nur zur Erinnerung: Die gesetzliche Insolvenzsicherung tritt bei beherrschenden GGf nicht ein.)

Beispiel:

> Der GGf aus dem obigen Beispiel wird im dritten Jahr nach Erteilung der Zusage berufsunfähig. In der Bilanz stehen bis dahin Rückstellungen von ca. 92.000 €. Der Barwert der dann fälligen Invalidenrente liegt bei ca. 462.000 €. Es stellt sich natürlich die Frage, welche kleine oder auch mittlere GmbH zusätzliche Rückstellungen von 370.000 € verkraften kann. Für den Todesfall beträgt das Auffüllungsrisiko bei dieser Konstellation etwa 307.500 €.

Das Unternehmen kann sich allerdings relativ einfach vor den Gefahren einer Überschuldung im vorzeitigen Leistungsfall schützen. Durch den Abschluss einer Rückdeckungsversicherung, die gerade für diese vorzeitigen Leistungsfälle die nötige Liquidität zur Verfügung stellt und damit zu einer Erhöhung der Aktiva führt, werden die zusätzlichen Rückstellungen neutralisiert. Daneben hat eine solche Versicherung noch den Vorteil, dass sie dem Betrieb die Mittel zur Zahlung der Renten zur Verfügung stellt. Ganz offensichtlich ist dieses im Todesfall, weil dann eine Versicherungssumme ausgezahlt wird, die auf einem Bankkonto eingeht und entsprechend gebucht wird. Etwas komplizierter ist der Sachverhalt bei einer Berufsunfähigkeitsrente, die ja nur in monatlichen oder jährlichen Raten an die Firma fließt. Das Unternehmen muss allerdings den Barwert aller zukünftigen Renten sofort in vollem Umfang aktivieren. So wird auch bei einer laufenden Rentenzahlung, trotz ratierlicher Zahlung, der Zuwachs der Rückstellungen neutralisiert.

Diese Rechtsprechung wurde vom BFH mit einem Urteil vom 20.12.2000 (I R – 15/00) aufgegeben. Danach muss die GmbH die vorzeitigen Leistungsfälle für den Nachweis der Finanzierbarkeit nicht mehr mit ihrem Barwert (Annahme des schlimmsten Falles; nämlich den sofortigen Eintritt des Versorgungsfalles), sondern nur mit ihrem versicherungsmathematischen Wert (Anwartschaftsbarwert), berechnen. Dieser Anwartschaftsbarwert berücksichtigt nämlich auch die Wahrscheinlichkeit, dass dieses Ereignis (Tod oder Invalidität) überhaupt eintritt. Diese Anwartschaftsbarwerte sind wesentlich niedriger und betragen für das obige Beispiel nur etwa 102.000 € für den Fall der Invalidität und 54.000 € für den Todesfall. Mit dieser Rechtsprechung ist das Thema des Bilanzsprungrisikos praktisch vom Tisch und einer der Hauptangriffspunkte der Finanzverwaltung ausgeräumt. Trotzdem sollte der Betrieb darauf achten, dass die vorzeitigen Risiken abgesichert werden, damit in einem solchen Fall die Leistungen erbracht werden können, ohne die Existenz des Unternehmens zu gefährden. Tritt dann tatsächlich einmal ein vorzeitiger Leistungsfall ein, dann sind die Rückstellungen ja tatsächlich auf einen der oben genannten Barwerte aufzufüllen. Diese Regel wurde nicht geändert.

Die Finanzierbarkeit der Altersversorgung spielt in der Rechtsprechung keine bedeutende Rolle. Es gibt zwar einige Urteile, die auch den Nachweis der Finanzierbarkeit der Altersrente bei Erteilung der Zusage verlangen. Dieses ist allerdings eine Prognose über 20 oder 30 Jahre und natürlich mit einem großen Maß an Unsicherheit verbunden. Trotzdem darf eine Firma dieses Kriterium nicht völlig aus den Augen verlieren. Bedenkt man, dass in dem obigen Beispielen insgesamt Rückstellungen von mehr als 500.000 € gebildet werden, müssen diese auch in der Bilanz verkraftet werden können. Gerade Dienstleistungsunternehmen, die ja kaum Vermögenswerte für den Betrieb ihrer Firma benötigen, müssen sich überlegen, wie insgesamt eine Überschuldung vermieden werden soll und aus welchen Mitteln, die Renten später bezahlt werden sollen. Deshalb ist auch dieses ein gewichtiges Argument für die Ansammlung von „betrieblich nicht gebundenen Vermögenswerten", wie es der BFH in einem Urteil ausgedrückt hat. Dieses kann eine Rückdeckungsversicherung sein, aber auch alle anderen Vermögenswerte, die im Leistungsfall einfach verwertet werden können, (Investmentfonds, Immobilien oder Immobilienfonds, Sparbücher etc,) sind für die Finanzierung der Altersrente geeignet.

4.6 Angemessenheit der Pensionszusage

Die Finanzverwaltung prüft regelmäßig, ob die Pensionszusage angemessen ist und ob die Gesamtausstattung der Bezüge eines beherrschenden GGf angemessen sind.

Anpassungen bis Rentenbeginn:

Die Versorgungsansprüche, die ein beherrschender GGf erhält, sollen nicht höher als 75 Prozent seiner aktiven Bezüge sein (BFH vom 17.5.1995 – I R 147/93). Alles was darüber hinaus geht wird als Überversorgung betrachtet. Diese Regel erscheint ganz einfach, birgt aber doch Diskussionsstoff. Besonders wichtig ist in diesem Zusammenhang die Frage nach der laufenden Anpassung oder der Dynamisierung der Zusage. Wir haben oben festgestellt, dass zwischen der Erteilung der Zusage und dem Rentenbeginn mindestens zehn Jahre liegen müssen. Dieses gilt nicht nur für die Einführung, sondern auch für die Erhöhung von Zusagen. Es ist deshalb zwar möglich bei jeder Erhöhung des Gehaltes auch die Pension auf den EURO-Betrag festzuschreiben, der dann 75 Prozent des geltenden Gehaltes ausmacht. Bei einem Pensionsalter von 65 Jahren ist das aber letztmalig mit 55 Jahren der Fall, danach müssen weitere Erhöhungen ausbleiben.

Es gäbe natürlich auch die Möglichkeit, eine Hochrechnung zu starten, welche Endrente bei einer Gehaltsentwicklung von zwei bis drei Prozent erwartet werden kann. Dieses führt aber schnell zu einer Überversorgung, da die Endrente immer in Relation zum aktuellen Gehalt gesehen wird. In 25 Jahren führt eine jährliche Anpassung von drei Prozent zu mehr als einer Verdoppelung des Zusagewertes. Eine solche Vorwegnahme zukünftiger Anpassungen wird steuerlich nicht anerkannt.

Genauso wenig wird eine Zusage anerkannt, die 75 Prozent des aktuellen Gehaltes als Festbetrag zusagt (also beispielsweise bei einem Gehalt von 4.000 € eine feste Rente von 3.000 € vorsieht) und bei der gleichzeitig eine jährliche Anpassung von zwei bis drei Prozent der Rentenanwartschaft fest vereinbart wird. Es gilt nämlich auch hier: Bekannte zukünftige Erhöhungen müssen für die Berechnung der Angemessenheit berücksichtigt werden. Daraus ergäbe sich bei einer Dynamik von drei Prozent und einer Anwartschaftszeit von 25 Jahren eine Rente von mehr als 150 Prozent des aktuellen Gehaltes, bezogen auf das obige Beispiel nämlich von 4.825 €. Auch dieses ist ein klarer Fall von Überversorgung ist (BFH vom 17.5.1995 – I R 16/94).

Deshalb ist es wirklich am einfachsten, die Rente in Abhängigkeit des jeweils aktuellen Gehaltes festzulegen. Man muss sich nur darüber im Klaren sein, dass jede Gehaltserhöhung auch eine Anpassung der Rente zur Folge hat. Vorteilhaft ist dabei, dass laufende Anpassungen auch noch innerhalb der letzten zehn Jahre möglich sind. Denn in einem solchen Fall bleibt die Zusage ja unverändert, nur die Bemessungsgröße für die Höhe der Rente ändert sich.

Ähnliches gilt auch, wenn die Zusage mit einem Festbetrag begonnen wird und laufende Anpassungen parallel zu Gehaltssteigerungen, Rentenanpassungen oder Erhöhungen der Beamtenpensionen vereinbart werden. Diese zukünftigen Anpassungen sind noch unbekannt und können deshalb für die Angemessenheitsprüfung nicht berücksichtigt werden.

Anpassungen nach Rentenbeginn:

Einfacher zu handhaben ist die Anpassung der Renten nach Rentenbeginn (Leistungsdynamik). Eine solche Anpassung der laufenden Renten kann vereinbart werden und hat auf die Berechnung der 75-Prozentgrenze keinen Einfluss. Da bei zunehmender Lebenserwartung eine feste Rente durch die Inflation aufgezehrt wird, sollte eine solche laufende Anpassung der Rentenzahlungen vereinbart werden.

Die durchschnittliche Lebenserwartung eines Mannes, der das 65. Lebensjahr erreicht hat, liegt nach den Sterbetafeln der Lebensversicherer bei etwa 20 Jahren und bei Frauen noch einige Jahre höher. In diesem Zeitraum verlieren Renten selbst bei nur zwei Prozent Inflation mehr als 30 Prozent ihres Wertes. Eine Rente von 3.000 € hat nach 20 Jahren noch eine Kaufkraft von 2.060 €.

Die Vereinbarung einer solchen Leistungsdynamik ist besonders wichtig, weil beherrschende GGf nicht ohne weiteres eine laufende Anpassung der Renten aus § 16 BetrAVG herleiten können. Ein Prozentsatz von zwei bis drei Prozent pro Jahr dürfte steuerrechtlich keine Probleme bringen. (BFH vom 17.5.1995 – I R 105/94) Die Vereinbarung eines solchen festen Anpassungssatzes bietet gegenüber einer zahlenmäßig nicht quantifizierten Anpassung aus § 16 BetrAVG oder einer Verknüpfung mit der gesetzlichen Rente, Beamtenpensionen, Gehältern usw. einen wichtigen Vorteil. Durch einen festgeschriebenen Anpassungssatz von zwei Prozent erhöhen sich die Rückstellungen um 20 Prozent. Wird einem GGf eine Rente mit 60 Prozent Witwenrente ohne Dynamik zugesagt, kann die GmbH bis zum 65. Lebensjahr Rückstellungen von 422.489 € bilden. Wird eine Leistungsdynamik von zwei Prozent eingeschlossen, steigt dieser Altersrentenbarwert auf 508.925 €. Dies ist ein Plus von 20,4 Prozent.

4.7 Angemessenheit der Gesamtvergütung

Die Prüfung der Angemessenheit der Gesamtbezüge ist eine Einzelfallentscheidung. In Baden-Württemberg gilt seit Mai 1995 eine Nichtaufgriffsgrenze von 300.000 DM (also etwa 153.000 €). Eine Gesamtvergütung bis zu diesem Betrag gilt als angemessen. Wird die Grenze überschritten gibt es auch immer dann keine Probleme, wenn die Verzinsung des Kapitals der GmbH ausreichend hoch ist.

In die Berechnung der Gesamtvergütung fließt die Pensionszusage mit der „fiktiven Jahresnettoprämie" ein. Dieses ist eine versicherungsmathematische Kennzahl, die angibt, welchen Beitrag ein Unternehmen bei einer Versicherung zur Finanzierung der Zusage bezahlen müsste, wenn die Versicherung keine Abschluss- und Verwaltungskosten berechnen und einen Rechnungszins von sechs Prozent zu Grunde legen würde.

5 Verzicht auf die Pensionszusage mit oder ohne Abfindung

GGf verzichten aus verschiedensten Gründen auf ihre Pensionszusage. Oft geschieht dieses beim Verkauf der GmbH, weil der Erwerber nicht bereit ist, die Versorgungsverpflichtungen zu übernehmen.

5.1 Verzicht auf die Pensionszusage

Handelsrechtlich folgt aus einem Verzicht auf die Pensionszusage bei der GmbH eine Gewinnerhöhung, weil die Rückstellungen als Folge des Verzichts aufzulösen sind. Steuerrechtlich muss man nach dem Beschluss des großen Senats des BFH vom 9.6.1997 (GRS 1/94) prüfen, ob die Zusage werthaltig war oder nicht. Konnte der GGf nicht mehr mit der Erfüllung der Zusage rechnen, weil sich die wirtschaftliche Lage des Unternehmens stark verschlechtert hatte und weil für diesen Fall keine Vorsorge getroffen worden war, so ist die Auflösung der Rückstellung bei der GmbH auch steuerlich als Zufluss zu behandeln. War die Zusage noch werthaltig, weil die GmbH weiterhin über eine gute Bonität verfügte, oder weil beispielsweise eine Rückdeckungsversicherung an den GGf verpfändet war, so löst der Verzicht beim GGf einen Zufluss als Einkommen aus nichtselbständiger Arbeit aus, während sie bei der GmbH als verdeckte Einlage zu behandeln ist.

Zu beachten ist, dass dem GGf in dieser Situation kein Vermögen zufließt, sondern er nur steuerlich belastet wird. Der GGf kann zwar die Verteilungsmöglichkeit (Fünftelregelung) nach § 34 EStG nutzen, trotzdem löst ein solcher Verzicht gerade bei einer Abfindung zu Rentenbeginn eine erhebliche Steuerzahlung aus. Bezogen auf das obige Beispiel einer Rente von 3.000 € beträgt der Barwert der Altersrente, den man erst einmal als Abfindungswert ansetzen wird, 508.000 €. Die zu zahlende Steuer wird sich also im Bereich von 200.000 € bewegen, ohne dass dem GGf entsprechende Mittel zugeflossen sind.

5.2 Abfindung der Pensionszusage

War die Pensionszusage ausreichend rückgedeckt, so verfügt die GmbH über genügend liquide Mittel, um die Zusage abzufinden. In diesem Fall liegt kein Verzicht mehr vor, sondern statt einer laufenden Rente wird als Abfindung ein wertgleicher Kapitalbetrag gezahlt. In diesem Fall ist die steuerliche Behandlung relativ einfach. Bei der GmbH werden Rückstellungen gewinnerhöhend aufgelöst, dafür wird eine Abfindung in gleicher Höhe gezahlt, die selbstverständlich eine Betriebsausgabe darstellt. Die Abfindung ist für die GmbH ergebnis- und damit auch steuerneutral.

Beim GGf findet ein steuerpflichtiger Zufluss statt, der hier aber auch mit einem Zufluss von Liquidität verbunden ist. Neben einer Abfindung in bar ist auch die Übertragung von Rückdeckungsversicherungen, von Fondsanteilen etc. möglich. Damit verfügt der GGf dann aber auch über die nötigen finanziellen Mittel, um die fälligen Steuern zu bezahlen.

5.3 Übertragung auf Unterstützungskasse oder Pensionsfonds

Eine solche Abfindung funktioniert aber nur, wenn die GmbH über ausreichend freie Liquidität verfügt. Gleiches gilt übrigens auch für den Fall, der Übertragung der Pensionsverpflichtung auf eine U-Kasse oder einen Pensionsfonds.

Die Übertragung einer Pensionszusage auf eine U-Kasse war schon immer möglich. Die U-Kasse wird allerdings nur bereit sein, die Verpflichtung zu übernehmen, wenn sie mit ausreichenden Mitteln ausgestattet wird, um diese auch erfüllen zu können. Gerade wenn eine ausreichende – möglichst sogar kongruente – Rückdeckungsversicherung bestand, ist eine solche Übertragung leicht möglich.

Bei der GmbH laufen die Auflösung der Rückstellung und die Dotierung praktisch bilanzneutral ab. Dieses gilt besonders dann, wenn die Abfindung erst bei Rentenbeginn erfolgt. Die U-Kasse wird in aller Regel steuerbefreit sein, sodass sich auch hier keine steuerlichen Konsequenzen ergeben. Allerdings gibt es einige Einschränkungen bei der U-Kasse zu beachten. Diese muss Höchstgrenzen beachten und darf auch nicht nur eine Versorgungseinrichtung für Arbeitgeber sein, sondern muss über genügend angemeldete Arbeitnehmer verfügen.

Der GGf wird durch eine solche Übertragung steuerlich nicht berührt, da sein direkter Anspruch an die Firma jetzt auf eine zwischengeschaltete U-Kasse übergeht. Bei ihm ergibt sich zum Zeitpunkt der Übertragung kein steuerpflichtiger Zufluss, vielmehr erhält er weiterhin seine „normalen" Rentenzahlungen, die er dann auch als solche versteuern muss.

Im Zusammenhang mit der Einführung der Riester-Rente wurde der Pensionsfonds als neues Instrument der bAV eingeführt. Dabei wurde der Pensionsfonds deshalb besonders bevorzugt, weil der §3 Nr. 66 EStG die Möglichkeit schafft, Versorgungszusagen steuerbegünstigt auf diesen Durchführungsweg zu übertragen. Dabei können die bestehenden Pensionsrückstellungen auf einen Schlag steuerwirksam auf den Fonds übertragen werden. Der Fonds benötigt zusätzliche Mittel, um die Pensionsverpflichtung in vollem Umfang übernehmen zu können. Diese sind von der Firma üblicherweise sofort zu bezahlen, steuerlich müssen diese zusätzlichen Mittel aber auf die nächsten zehn Jahre verteilt werden.

Interessant ist in diesem Zusammenhang ein Vorschlag von Höfer (2003), der gerade für den Fall der Ablösung bei Rentenbeginn empfiehlt, nur die Rückstellungen zu übertragen. Daraus resultiert zwar eine etwas niedrigere Rente, die aber unter Umständen eine höhere Wertigkeit hat, weil sie z. B. nicht mehr mit dem Schicksal des Unternehmens verknüpft ist und deshalb auch weniger insolvenzgefährdet ist.

6 Steuerliche Behandlung der Zusage beim GGf

6.1 Behandlung in der Anwartschaftsphase

Durch die Erteilung der Pensionszusage werden Arbeitnehmer in der Anwartschaftsphase, der Zeit bis Rentenbeginn, steuerlich nicht direkt berührt. Allerdings gibt es eine indirekte steuerliche Konsequenz, weil jeder, der eine Altersversorgung ohne eigenen Aufwand erhält, seinen steuerlichen Vorwegabzug nach §10 Abs. 2 und Abs. 3 verliert. Dieses spielt für normale Arbeitnehmer keine Rolle, weil der Anteil des Arbeitgebers zur Sozialversicherung gegen diesen Vorwegabzug, 3.068 € bzw. 6.136 € für Verheiratete, gegen gerechnet wird. Bei GGf, die nicht der Sozialversicherungspflicht unterliegen, entfällt diese Gegenrechnung. Deshalb greift in diesen Fällen die Minderung des Vorwegabzuges nach §10 Abs. 3 Buchstabe a EStG. Der Vorwegabzug ist um 16 Prozent der Summe der Einnahmen aus nichtselbständiger Arbeit zu kürzen, wenn eine Pensionszu-

GGf-Versorgung in der betrieblichen Altersversorgung

sage erteilt wurde. Dabei kommt es nicht auf die Höhe der Zusage an. Im Extremfall würde die Zusage einer Rente von 100 € pro Monat zu einer Kürzung des vollen Vorwegabzuges führen. Es sollte deshalb immer darauf geachtet werden, dass die Zusage ausreichend hoch bemessen ist, damit die Erteilung der Zusage nicht zu einem Nachteil für den GGf wird. Als Faustformel kann gelten, dass die Aufwendungen für die Pensionszusage mindestens so hoch sind, wie die Minderung des Vorwegabzugs.

Wichtig ist in diesem Zusammenhang allerdings ein Urteil, das sich mit der Zusage an einen Allein-Gesellschafter befasst – BFH vom 16.10.2002 – XI r 25/01). Dieser hatte geltend gemacht, dass die Erteilung der Zusage für ihn nicht ohne eigenen Aufwand sei, weil durch die Bildung von Pensionsrückstellungen der Gewinn des Unternehmens gemindert wird und er in Folge davon geringere Ausschüttungen erhält. Der BFH hat dieses als eigenen Aufwand zur Altersversorgung anerkannt und für diesen Fall die Minderung des Vorwegabzuges verworfen. Wie weit dieses Urteil auch auf GGf mit geringeren Anteilen angewendet werden kann, bedarf noch einer abschließenden Klärung.

6.2 Steuerliche Behandlung ab Rentenbezug

Bezieht ein GGf Renten aus einer Pensionszusage, so kann er ab dem 63. Lebensjahr einen Versorgungsfreibetrag von 40 Prozent der Rente – begrenzt auf 3.072 € (§ 19 Abs. 2 Nr. 2 EStG) pro Jahr geltend machen. Außerdem kann der Rentner noch den Arbeitnehmerpauschbetrag von 920 € von seinen Einkünften abziehen.

Wird statt einer laufenden Rente eine einmalige Kapitalabfindung gezahlt, so ist diese im Jahr des Zuflusses zu versteuern. Allerdings kann ein GGf die Fünftelregelung nach § 34 EStG in Anspruch nehmen.

Dieses ist auf jeden Fall ein erheblicher Vorteil, denn wenn für das obige Beispiel einer Rente von 3.000 € mit 60 Prozent Witwenrente und zwei Prozent Leistungsdynamik der Barwert der Altersrente von 509.000 € als Abfindung gezahlt wird und dieser voll versteuert werden müsste, dann läge die Steuerbelastung bei etwa 257.000 €, also etwas mehr als 50 Prozent der Abfindung.

Bei der Fünftelregelung wird im ersten Schritt festgestellt, wie hoch die steuerliche Belastung ohne die Abfindung ausfällt (Steuer 1). Dann wird zu diesen Einkünften ein Fünftel der Abfindung hinzu addiert und die steuerliche Belastung dieses Wertes ermittelt (Steuer 2). Die Differenz zwischen Steuer 1 und Steuer 2 ist der Wert, der auf das Fünftel der Abfindung entfällt. Diese Differenz wird dann mit fünf multipliziert, um die gesamte Steuerbelastung für die Abfindung zu errechnen. Wegen des progressiven Steuertarifs bietet dieses Verfahren gegenüber der vollen Besteuerung der gesamten Abfindung erhebliche Vorteile.

Wie groß dieser Vorteil jedoch ausfällt, hängt von den sonstigen steuerpflichtigen Einkünften ab. Geht ein GGf erst gegen Ende eines Jahres in den Ruhestand und hat er in dem Jahr noch sein Gehalt empfangen, so ist die Steuer 1 entsprechend hoch. Wird ein Gehalt von 6.000 € noch zwölfmal gezahlt und wird dann im Dezember zusätzlich noch eine Abfindung von über 500.000 € gezahlt, dann liegt die steuerliche Belastung bei etwa 242.000 €, also kein ganz großer Unterschied zur oben genannten vollen Versteuerung. Die Steuer wäre immer noch 47,6 Prozent der Abfindung.

Ganz anders sieht es aus, wenn ein GGf nur noch ein Monatsgehalt von 6.000 € bezieht und dann in dem Jahr die Abfindung erhält. In einem solchen Fall würde die steuerliche Belastung bei nur etwa 144.000 € liegen. Die Steuerquote betrüge dann etwa 28 Prozent der Abfindung.

Ein GGf sollte die Frage einer Abfindung also sorgfältig planen. Niemand ist gezwungen, eine Abfindung direkt zum Pensionszeitpunkt zu bezahlen, diese kann auch um einige Monate oder Jahre verschoben werden, bis ein Zeitpunkt erreicht wird, der zu einer günstigen Steuerregelung führt.

Eine neue interessante Möglichkeit wurde durch die Möglichkeit geschaffen, Pensionsrückstellungen auf einen Pensionsfonds zu übertragen (§3 Nr. 66 EStG). Dieses Modell wurde von Höfer (2003) vorgestellt.

Erreicht ein GGf das Pensionsalter und steht ein Altersrentenbarwert von 509.000 € zur Verfügung, der auf einen Pensionsfonds übertragen wird, so kann er daraus eine Altersrente von 2.161 € erwarten. Dieses ist erheblich weniger als die direkte Rente aus der Pensionszusage. Da aber die Abfindung in Höhe des Barwertes erfolgt, liegt laut Höfer kein entschädigungsloser Verzicht vor, der steuerlich nachteilig wäre. Außerdem darf man laut Höfer nicht vergessen, dass die Altersversorgung durch die Übertragung auf den Pensionsfonds eine höhere Qualität erhält, weil z. B. die Rente vom Schicksal der Firma getrennt wird und damit besser gegen Insolvenz geschützt ist. Diese Übertragung auf einen Fonds verknüpft zwei Vorteile. Die neuen Inhaber sind nicht mehr mit der Pensionsverpflichtung belastet, und von dem ausscheidenden GGf muss die Übertragung nicht versteuert werden. Allerdings muss die Firma auch über liquide Mittel von 509.000 € verfügen, oder diese zumindest in einem mittelfristigen Zeitraum finanzieren können, denn ein Pensionsfonds kann die Verpflichtung aus der Zusage nur dann übernehmen, wenn ihm die Liquidität zugeführt wird.

Beachtet werden muss allerdings auch, dass von der Rente aus einem Pensionsfonds kein Altersrentenfreibetrag abgezogen werden kann, wie das bei der Rente aus einer Pensionszusage der Fall ist.

Fazit: Die steuerlich günstigste Lösung ist auf jeden Fall die laufende Rentenzahlung. Wenn denn eine Abfindung oder Übertragung auf einen Pensionsfonds nötig ist, dann sollte die Übertragung auf einen Fonds vorgezogen werden. Der entschädigungslose Verzicht auf eine Zusage kann nur eine Notlösung sein, die gewählt wird, wenn alle anderen Möglichkeiten ausscheiden.

7 Rückdeckung von Pensionszusagen

Man spricht bei Pensionszusagen manchmal davon, dass diese durch die Rückstellungen „finanziert" werden. Versteht man „Finanzierung" als „Bereitstellen von Liquidität zum Zeitpunkt der Fälligkeit einer Zahlung", dann sind Rückstellungen keine Finanzierung. Pensionsrückstellungen stehen auf der Passivseite der Bilanz. Liquidität zur Zahlung von Versorgungsleistungen muss aber auf der Aktivseite der Bilanz stehen.

Dominierend bei der Rückdeckung von Pensionszusagen sind Versicherungslösungen. Diese sind in aller Regel eine Kombination aus Risikoabsicherung für den Todesfall und bei Berufsunfähigkeit sowie die Kapitalansammlung für die Altersrente. Doch können auch andere Modelle für die Rückdeckung der Pensionszusage gewählt werden und diese können erheblich günstiger sein als reine Versicherungslösungen.

Grundsätzlich ist festzuhalten, dass die GmbH, die die Zusage erteilt, diese rückdeckt oder sich rückversichert. Bei den reinen Versicherungslösungen ist die Firma Versicherungsnehmer, also Vertragspartner der Versicherungsgesellschaft, Beitragszahler und im Leistungsfall bezugsberechtigt. Der GGf ist nur die versicherte Person. Deshalb wird der GGf durch den Abschluss einer Rückdeckungsversicherung steuerlich nicht berührt.

Für die Firma stellen die Aufwendungen zur Rückdeckungsversicherung Betriebsausgaben dar. Zudem ist der Anspruch auf die Versicherungsleistungen zu aktivieren, da ja die Firma einen Anspruch auf diese Leistungen hat. Damit sind letztendlich nur die Risikoversicherungsbeiträge und die Differenz zwischen dem Sparbeitrag der Versicherung und dem Zuwachs des Aktivwertes als Betriebsausgaben geltend zu machen.

Abbildung 1: Modell einer Versicherungslösung

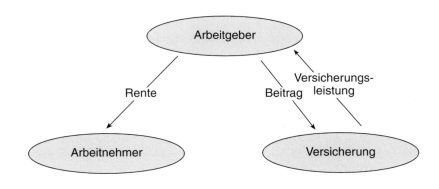

Hans-Dieter Stubben

7.1 Rückdeckung der vorzeitigen Risiken

Bei Rückdeckungsmodellen muss man zwischen der Rückdeckung der vorzeitigen Risiken und der Kapitalansammlung für die Altersversorgung unterscheiden. Die Absicherung der vorzeitigen Risiken ist nur durch Versicherungen möglich, denn nur eine Risikoversicherung zahlt gegen einen vergleichsweise geringen Beitrag genau und stellt nur im Todesfall eine bestimmte Geldmenge zur Verfügung. Nur eine Berufsunfähigkeitszusatzversicherung zahlt bei Eintritt einer Invalidität eine Rente.

Auch wenn das Bilanzsprungrisiko für die Prüfung der Finanzierbarkeit nicht mehr die dominierende Rolle früherer Jahre spielt, so muss sich der GGf einer mittelständischen GmbH bezüglich der vorzeitigen Risiken doch fragen; woher das Geld für diese Versorgungsleistungen kommen soll, wenn ein solcher Versorgungsfall eintritt. Ist die GmbH wirklich in der Lage, die zugesagten Renten aus den laufenden Einnahmen zu bezahlen, wenn der GGf als Kopf und Herz des Unternehmens ausfällt. Genauso muss er sich fragen, ob die Firma nicht wirklich überschuldet ist und allein deshalb keine Renten zahlen kann, weil sie Konkurs anmelden muss. Nur weil die Finanzverwaltung diese Frage nicht mehr stellt, ist die Frage der Finanzierung nicht vom Tisch.

Wenn das Unternehmen nicht so finanzstark ist und auch nicht unabhängig von der Person des GGf geführt werden kann, dann kann es bezüglich der vorzeitigen Versorgungsfälle nur *zwei Lösungen* geben:

Die vorzeitigen Risiken werden in die Pensionszusage integriert und durch entsprechende Risikoversicherungen rückgedeckt oder diese Versorgungsleistungen werden außerhalb der Firma vom GGf privat geregelt. Eine Zusage von vorzeitigen Versorgungsleistungen durch die GmbH ohne eine entsprechende Rückdeckung ist wertlos und gaukelt eine Sicherheit vor, die im Einzelfall ins Leere geht.

Umfang der Risikoabsicherung für die Hinterbliebenenrente:

In welchem Umfang diese vorzeitigen Leistungen rückgedeckt werden sollen, muss jeder für sich entscheiden. Wenn man von einer vollen Rückdeckung sprechen will, heißt dieses: Bei Eintritt des Versorgungsfalles wird der Firma von der Versicherung so viel Liquidität zugeführt, dass sie davon die Leistungen in vollem Umfang erbringen kann. Wie viel Kapital dafür wirklich benötigt wird, hängt davon ab, wie dieses Kapital angelegt wird.

Für die Absicherung der Hinterbliebenenrente ist ein erster Maßstab immer der Barwert der Rente nach den Richttafeln von Heubeck. Bleibt man bei dem obigen Beispiel mit einer Rente von 3.000 € und 60 Prozent davon als Witwenrente (Rentendynamik zwei Prozent) und unterstellt man, dass die Ehefrau drei Jahre jünger ist als der GGf, dann ist der Barwert der Witwenrente etwa 427.000 €. Wenn also eine Versicherungssumme dieses Umfangs abgeschlossen wird, dann kann die Firma davon für eine sehr lange Zeit die Witwenrente bezahlen. Da die durchschnittliche Lebenserwartung einer 42-jährigen Frau aber bei etwa 80 Jahren liegt, muss diese Rente im Zweifelsfall auch sehr lange gezahlt werden. Wird der oben genannte Betrag zu sechs Prozent angelegt, dann reicht er aus, um für 453 Monate – also knapp 38 Jahre – eine Rente zu zahlen, die jährlich um zwei Prozent angehoben wird. Steigt die durchschnittliche Rendite auf 6,16 Prozent, so kann eine Rente für 40 Jahre gezahlt werden. Gelingt es sogar diesen Betrag langfristig zu sieben Prozent zu investieren, so hat sich das Vermögen nach 50 Jahren auf 580.000 € erhöht. Das bedeutet, dass man eine „volle Rückdeckung der Todesfallabsicherung" in Abhängigkeit der erwarteten langfristigen Kapitalrendite selber definieren kann.

Man kann natürlich auch ganz sicherheitsbewusst kalkulieren und bei einer Versicherungsgesellschaft nachfragen, welchen Betrag diese benötigt, um einer 42-jährigen Frau eine lebenslange Rente mit zwei Prozent Dynamik zu zahlen. Dabei muss man allerdings davon ausgehen, dass die Rentendynamik bei Versicherungsgesellschaften aus den Überschüssen finanziert wird. Deswegen sind dieses keine garantierten Werte, geben aber einen gewissen Anhaltspunkt. So verlangt ein Anbieter, der zur Zeit allerdings nur eine Rentensteigerung von 1,75 Prozent bietet, einen Einmalbetrag von 544.000 €, um eine solche lebenslange Rente zu zahlen.

Um eine Risikoversicherung mit einer Todesfallabsicherung von 500.000 € zur Verfügung zu stellen, ist für den GGf aus dem obigen Beispiel eine jährliche Versicherungsprämie von etwa 6.050 € zu zahlen, die durch die sofortige Verrechnung der Überschüsse auf etwa 3.875 € reduziert wird.

Risikoabsicherung für die Invalidenrente:

Ein ähnliches Vorgehen empfiehlt sich auch für die Absicherung der zugesagten Invalidenrente. Allerdings wird hier von der Versicherungswirtschaft kein Kapitalbetrag, sondern eine Berufsunfähigkeitsrente versichert und bezahlt. Der Abschluss kann nach den Tarifen einer selbständigen Berufsunfähigkeitsversicherung erfolgen. Dieses ist allerdings nur empfehlenswert, wenn als vorzeitige Versorgungsleistung nur eine Invalidenrente und keine Hinterbliebenenrente zugesagt wird. Sind beide möglichen vorzeitigen Versorgungsleistungen zugesagt, empfiehlt sich zur Absicherung der vorzeitigen Risiken eine Todesfallabsicherung in Verbindung mit einer Berufsunfähigkeitszusatzversicherung.

Der Beitrag für eine selbständige Berufsunfähigkeitsversicherung wird für den Beispielfall von einer großen deutschen Versicherung mit etwa 3.210 € angegeben. Durch die Verrechnung der Überschüsse reduziert sich dieser Betrag auf einen Zahlbetrag von etwa 2.800 € pro Jahr.

Hinterbliebenen- und Invalidenrente:

Wird die Berufsunfähigkeitsabsicherung mit einer Risikoversicherung kombiniert, so sinkt dadurch der Tarifbeitrag für die Invalidenrente auf 3.090 € und der effektiv zu zahlende Beitrag auf 2.380 €. Hinzu kommt noch eine Beitragsbefreiung bei Berufsunfähigkeit. Aus diesem Baustein werden im Falle einer Invalidität die Beiträge für die Todesfallabsicherung intern von der Versicherungsgesellschaft getragen. Der Zusatzbeitrag für diesen Baustein beträgt – nach Verrechnung der Überschüsse – 430 € pro Jahr. Insgesamt betragen die Kosten für die Absicherung der vorzeitigen Risiken dann in etwa 9.700 € (Tarifbeitrag) und reduzieren sich durch die natürlich nicht garantierte Überschussverrechnung auf einen Zahlbetrag von 6.680 € pro Jahr.

7.2 Volle Rückdeckung

Wird der klassische Weg einer vollen Rückdeckung der Pensionszusage durch eine Versicherung gewählt, so hat dieses Modell in aller Regel folgende Komponenten.

Versicherungsrückdeckung:

Zu Rentenbeginn soll die Ablaufleistung (garantierte Versicherungssumme zuzüglich nicht garantierter Überschüsse) dem Barwert der Altersrente nach den Richttafeln von Heubeck entsprechen.

Im Todesfall soll eine Kombination aus Kapitalversicherung und Risikozusatzversicherung den Barwert der Witwenrente abdecken.

Werden Waisenrenten zugesagt, werden diese durch Zeitrentenzusatzversicherungen rückgedeckt.

Für den Fall der Invalidität wird eine Beitragsbefreiung für die obigen Versicherungen integriert, so dass sowohl die Alters- als auch die Hinterbliebenenrenten nach Eintritt einer vorherigen Invalidität voll rückgedeckt bleiben.

Außerdem wird für den Fall der Berufsunfähigkeit eine monatliche Rente in Höhe der zugesagten Invalidenrente versichert.

Bezogen auf das obige Beispiel eines 45-jährigen GGf mit einer Zusage auf eine Alters- und Invalidenrente von 3.000 € pro Monat, 60 Prozent Witwenrente und einer Rentendynamik von zwei Prozent gilt:

Barwert der Altersrente = Ablaufleistung	=	509.000 €
Barwert der Witwenrente = Todesfallabsicherung	=	427.000 €
Invalidenrente = Berufsunfähigkeitsrente	=	36.000 €
Der Beitrag für eine solche Rückdeckungsversicherung kostet pro Jahr	=	20.730 €

Natürlich ist dieses nicht die einzig mögliche Lösung einer vollen Rückdeckung. Bestimmt man die Werte beispielsweise so, dass im Alter und bei Tod das Kapital zur Verfügung steht, um nach den Rententarifen einer Versicherung die Leistungen rückzuversichern, so steigt die

benötigte Ablaufleistung auf etwa	=	684.000 €
der Beitrag für die Rückdeckungsversicherung	=	26.690 €

Innovative Rückdeckungen:

Wie oben bereits erwähnt, kann man die Kapitalbildung für die Altersrente sehr wohl von der Absicherung der vorzeitigen Risiken trennen, die immer nur durch Versicherungen möglich ist.

Seit einiger Zeit verbreiten sich besonders *zwei Modelle zur Rückdeckung von Pensionszusagen*. Dabei wird in einem Fall die Kapitalbildung in Form von Aktienfonds vorgenommen und bei dem zweiten Modell erfolgt die Kapitalbildung über *geschlossene Immobilienfonds*. In beiden Modellen erfolgt die Absicherung der vorzeitigen Risiken in Form von Risikoversicherungen mit Berufsunfähigkeitsversicherung. Um eine gewisse Vergleichbarkeit mit der Modelle herzustellen, wird die jährliche Sparrate zur Absicherung der Altersrente mit einer Form von Beitragsbefreiung versehen. Bei der Berufsunfähigkeitsrente wird nicht nur die zugesagte Invalidenrente abgedeckt, sondern diese wird um die notwendige Sparrate für den Fonds erhöht. Damit ist auch bei diesem Modellen die Alters- und die Hinterbliebenenrente selbst im Falle einer vorherigen Invalidität voll abgesichert.

Rückdeckung mit Aktienfonds

Bei der Rückdeckung mit Aktienfonds soll das zu erwartende Endkapital unter der Annahme einer langfristigen durchschnittlichen Wertentwicklung von 8 Prozent den

Barwert der Altersrente erreichen	=	509.000 €
Barwert der Witwenrente = Todesfallabsicherung	=	427.000 €
Invalidenrente = Berufsunfähigkeitsrente	=	36.000 €
Beitragsbefreiung für Sparrate Aktienfonds	=	10.300 €
der Beitrag für dieses Rückdeckungsmodell	=	17.300 €

Die Kosten für dieses Rückdeckungsmodell liegen damit um etwa 3.400 € unter dem Beitrag für das konventionelle Rückdeckungsmodell. Dieses ist aber nicht der entscheidende Faktor. Wichtiger ist die steuerliche Behandlung der Vermögenswerte.

Bei der klassischen Rückdeckungsversicherung ist der Rückkaufswert der Versicherung als Aktivwert in der Bilanz der GmbH aufzunehmen. Macht man eine ganz einfache Rechnung auf, so gilt für die mit Versicherungen rückgedeckte Pensionszusage im ersten Jahr:

Zuführung zur Pensionsrückstellung	=	76.920 €
+ Beitrag zur Rückdeckungsversicherung	=	20.730 €
./. Zuwachs des Aktivwertes	=	12.790 €
Gesamte Gewinnminderung	=	84.860 €

Führt man diese Berechnung ohne Berücksichtigung von Zinseszinsen bis zum 65. Lebensjahr weiter, so gilt vereinfacht folgende Berechnung:

Summe der Rückstellungen = Altersrentenbarwert	=	509.000 €
+ Summe der Versicherungsbeiträge	=	414.600 €
./. Ablaufleistung der Versicherung	=	509.000 €
Gesamte Gewinnminderung	=	414.600 €

Mit einfachen Worten: Die Summe der Versicherungsbeiträge kann als Betriebsausgabe steuerlich geltend gemacht werden. Dieses ist wesentlich günstiger als die private Altersversorgung, bei der ja der größte Teil der Aufwendungen aus bereits versteuertem Einkommen aufgebracht werden muss.

Bei den *Rückdeckungsmodellen* mit *Aktienfonds* wirkt sich besonders vorteilhaft aus, dass Kapitalgesellschaften die Erträge aus Beteiligungen an anderen Kapitalgesellschaften nicht versteuern müssen. Dieses gilt aber nicht nur für direkte Beteiligungen, sondern mittels des so genannten Transparenzprinzips auch für indirekte Beteiligungen, die in Aktienfonds gehalten werden.

Wertzuwächse und Dividenden aus Aktienfonds brauchen von einer GmbH nicht versteuert zu werden. Dieses gilt selbst dann, wenn die Anteile veräußert und damit die Gewinne realisiert werden. Das bedeutet also, dass in dem Aktienfonds zwar ein Vermögen in Höhe des Barwertes der Altersrente angesammelt wird. In der Bilanz der Firma steht aber ein wesentlich niedriger Aktivwert – nämlich die Summe der Fondsparraten zuzüglich kleiner Zinsgewinne aus dem Aktienfonds. Das bedeutet in Zahlen:

Summe der Rückstellungen = Altersrentenbarwert	=	509.000 €
+ Summe der Rückdeckungsbeiträge	=	353.200 €
./. Aktivwert des Aktienfonds	=	225.900 €
Gesamte Gewinnminderung	=	636.300 €

Die Gewinnminderung ist also wesentlich höher als die Summe der Aufwendungen für das Rückdeckungsmodell. Unterstellt man eine gleich bleibende Steuerbelastung von 40 Prozent, so ist der eigene Aufwand im

klassischen Rückdeckungsmodell	=	248.760 €
innovativen Fondsmodell	=	98.680 €

Führt man eine komplette betriebswirtschaftliche Auswertung durch, bei der alle Liquiditätsveränderungen auf den Pensionszeitpunkt hin aufgezinst werden, so ergeben sich insgesamt folgende Werte:

klassischen Rückdeckungsmodell	=	433.500 €
innovativen Fondsmodell	=	202.100 €

Rückdeckung mit Immobilienfonds

Zunehmend an Bedeutung gewinnen auch Rückdeckungsmodelle, bei denen das Kapital für die Altersversorgung in geschlossenen Immobilienfonds angesammelt wird. Dabei werden diese Modelle in aller Regel so aufgebaut, dass die die Ausschüttungen des Fonds ausreichen, die Renten zu bezahlen. Man hat es hier also mit Modellen zu tun, die sich nicht aufzehren, wie bei den oberen beiden Fällen. Vielmehr bleibt das Kapital – der Immobilienfonds der GmbH erhalten und kann nach Zahlung der letzten Rente frei genutzt werden.

Das Modell setzt sich also aus folgenden *Bausteinen* zusammen:

Ausschüttung des Fonds = zugesagte Rente	=	36.000 €
Barwert der Witwenrente = Todesfallabsicherung	=	427.000 €
Invalidenrente = Berufsunfähigkeitsrente	=	36.000 €
Beitragsbefreiung für Sparrate Aktienfonds	=	10.300 €
Jährlicher Aufwand für dieses Modell	=	10.000 €

Im ersten Jahr muss allerdings eine größere Zahlung zur Zeichnung des Immobilienfonds aufgebracht werden. Unterstellt man eine benötigte Zeichnungssumme von 360.000 €, weil die Ausschüttung in 20 Jahren zehn Prozent betragen soll, dann ist der Kapitaleinsatz für den Fonds bei einer Fremdfinanzierung von 70 Prozent effektiv 70.000 €. Weiterhin muss aber berücksichtigt werden, dass noch die Steuerminderung aus den Pensionsrückstellungen hinzu kommt, sodass der Liquiditätsabfluss im ersten Jahr bei etwa 42.200 € liegt.

Eine komplette betriebswirtschaftliche Auswertung ergibt nach 20 Jahren Kosten für dieses Rückdeckungsmodell von nur noch 156.200 €.

8 Zusammenfassung

Zusammenfassend kann man feststellen, dass die Rückdeckung von Pensionszusagen eine sehr komplexe Materie ist. Zur Absicherung der vorzeitigen Risiken stehen Versicherungen zur Verfügung. Die vorzeitigen Risiken sollten immer dann rückgedeckt werden, wenn die Firma nicht ohne weiteres in der Lage ist, diese Renten zu zahlen, selbst wenn der GGf als Herz und Kopf des Unternehmens ausfällt. Außerdem muss das Unternehmen in der Lage sein, im vorzeitigen Leistungsfall erhebliche Rückstellungen zu bilden, ohne dass eine Überschuldung eintritt. Sind diese Voraussetzungen nicht gegeben und wird eine Rückdeckungsversicherung nicht gewünscht oder ist sie nicht zu platzieren, sollte auf den Einschluss vorzeitiger Renten verzichtet werden.

Für die Kapitalansammlung stehen neben der klassischen Lebens- oder Rentenversicherung auch Aktien- und Immobilienfonds zur Verfügung, die wegen besonderer steuerlicher Vorteile besonders gut für die Rückdeckung von Pensionszusagen geeignet sind. Selbstverständlich ist es auch möglich, diese Vermögensbausteine beliebig zu kombinieren, also nicht alles auf ein Pferd zu setzen, sondern die Chancen und die Risiken zu verteilen.

Sascha Sommer

Versorgungszusagen an Nichtarbeitnehmer – eine interessante Gestaltungsalternative

1 Einleitung 417

2 Rechtliche Grundlagen 417
   2.1 Arbeitsrechtliche Grundlagen 417
   2.2 Steuerrechtliche Grundlagen 418

3 Versorgungszusagen an Nichtarbeitnehmer in der Praxis 420
   3.1 Definition verschiedener Personenkreise der Nichtarbeitnehmer 420
      3.1.1 Definition der Personenkreise im arbeitsrechtlichen Sinne 420
         3.1.1.1 Arbeitnehmer 421
         3.1.1.2 Nichtarbeitnehmer 421
      3.1.2 Definition der Personenkreise im steuerrechtlichen Sinne 424
         3.1.2.1 Arbeitnehmer 425
         3.1.2.2 Arbeitnehmerähnliche Personen 425
         3.1.2.3 Nichtarbeitnehmer 425
      3.1.3 Beispielhafte Darstellung von Nichtarbeitnehmern 426
         3.1.3.1 Berater einer Firma 427
         3.1.3.2 Selbständige Handelsvertreter oder Makler einer
               Versicherungsgesellschaft 427
   3.2 Motivationsaspekte für Versorgungszusagen an Nichtarbeitnehmer 429
      3.2.1 Gründe für Versorgungszusagen an Nichtarbeitnehmer 429
      3.2.2 Hinderungsgründe für Versorgungszusagen an Nichtarbeitnehmer . . 431
   3.3 Besondere Rahmenbedingungen für Versorgungszusagen
      an Nichtarbeitnehmer und Gestaltungsempfehlungen 431
      3.3.1 Beginn der Tätigkeit für das Unternehmen 432
      3.3.2 Steuerliche Behandlung beim zusagenden Unternehmen 432
      3.3.3 Steuerliche Behandlung beim Begünstigten 432
         3.3.3.1 Direktzusage und Zusage auf eine Unterstützungs-
               kassenversorgung 432
         3.3.3.2 Pensionskasse, Direktversicherung, Pensionsfonds 433
      3.3.4 Insolvenzschutz der Zusagen 435
      3.3.5 Sonstige Aspekte 435

4 Zusammenfassung 436

1 Einleitung

Versorgungszusagen im Rahmen der betrieblichen Altersversorgung an Nichtarbeitnehmer spielen, soweit es sich nicht um Zusagen an Mitglieder eines Gesellschaftsorgans, wie z. B. des Vorstandes oder des Geschäftsführers handelt, in der Literatur und in der öffentlichen Diskussion meist eine untergeordnete Rolle. Dies ist nicht sachgerecht, da Zusagen auf Leistungen der betrieblichen Altersversorgung an Nichtarbeitnehmer aus Sicht beider Parteien sehr interessante und umfangreiche Gestaltungsmöglichkeiten eröffnen können. Diese Ausarbeitung verfolgt das Ziel, einen Überblick über die Rahmenbedingungen und über verschiedene Gestaltungsvariationen solcher Zusagen zu schaffen sowie Impulse für eine intensivere Nutzung dieses interessanten Nebenbereiches der betrieblichen Altersversorgung zu setzen.[1]

2 Rechtliche Grundlagen
2.1 Arbeitsrechtliche Grundlagen

Das Gesetz zur Verbesserung der betrieblichen Altersversorgung (Betriebsrentengesetz, BetrAVG) regelt die arbeitsrechtlichen Grundlagen der betrieblichen Altersversorgung.

Im Abschnitt 6 des ersten Teils des Gesetzes wird in §§ 17 und 18 der „Geltungsbereich" der Norm geregelt. Trotz der ausdrücklichen Bezeichnung findet man an dieser Stelle keine vollständige Regelung dieses Themenbereiches.[2] Während der *sachliche* und *zeitliche* Geltungsbereich des Gesetzes an anderer Stelle geregelt wird, findet man hinsichtlich des *räumlichen* Geltungsbereichs im gesamten Gesetz keine Festlegung. Tatsächlich wird der *persönliche* Geltungsbereich des Betriebsrentengesetzes in §§ 17 Abs. 1 und 2 sowie 18 definiert, wobei in § 17 Abs. 1 Satz 1 der Begriff des Arbeitnehmers[3] erläutert wird. In Erweiterung des Satzes 1 werden in Satz 2 *ohne weitere Beschränkung* alle Personen in den Regelungsbereich des Gesetztes einbezogen, die nicht Arbeitnehmer sind, denen aber dennoch Leistungen der Alters-, Invaliditäts- oder Hinterbliebenenversorgung aus Anlass ihrer Tätigkeit für ein Unternehmen zugesagt worden sind.

Diese quasi unbeschränkte Erweiterung des Geltungsbereiches des BetrAVG wird nach Meinung vieler Kommentatoren[4] dem Zweck des Gesetzes als Arbeitnehmerschutzge-

---

1 Die Bereiche des öffentlichen Dienstes werden im Rahmen dieser Ausarbeitung nicht gesondert beleuchtet.
2 Vgl. Blomeyer/Otto; Gesetz zur Verbesserung der betrieblichen Altersversorgung; 2. Auflage; Vorb. § 17; Rd.Nr. 1-6.
3 Das Gesetz definiert hierunter Arbeiter und Angestellte einschließlich der zu ihrer Berufsausbildung Beschäftigten.
4 Vgl. z. B. Höfer; Gesetz zur Verbesserung der betrieblichen Altersversorgung; Band I; Arbeitsrecht; Rd.Nr. 3709 ff.

setz[5] nicht gerecht. Daher wird vielerorts eine teleologische Reduktion des Gesetzeswortlauts als notwendig erachtet.

Dem Gesetzeszweck folgend ist die „Schutzbedürftigkeit" des Begünstigten ein entscheidendes Kriterium für die Einbeziehung in den Geltungsbereich der Norm. Diese ist nur gegeben, wenn die Zusage aus Anlass einer Tätigkeit für ein *fremdes* Unternehmen erfolgt und der Begünstigte somit keinen nennenswerten Einfluss auf die Entstehung und das wirtschaftliche „Schicksal" seiner Zusage hat.[6] So fallen beispielsweise *Unternehmer,* die von Ihrem *eigenen Unternehmen* eine Zusage erhalten haben, nicht unter den Schutz des BetrAVG.[7] Einzelunternehmer oder beherrschende Gesellschafter-Geschäftsführer, die eine Zusage auf betriebliche Altersversorgung durch ihr eigenes Unternehmen erhalten haben, profitieren daher z. B. nicht vom gesetzlich geregelten Insolvenzschutz durch den Pensions-Sicherungs-Verein aG (PSVaG). Dies wird insbesondere damit begründet, dass Personen, die ihre Erwerbstätigkeit unternehmerischen Risiken (und Chancen) aussetzen, diese Risiken auch in Bezug auf ihre betriebliche Altersversorgung in Kauf nehmen müssen. Wäre dies nicht so, würden andere Unternehmer bzw. Unternehmen über das umlagefinanzierte Finanzierungssystem des PSVaG dieses individuelle Unternehmerrisiko hinsichtlich der Altersversorgung eines Einzelnen übernehmen. Eine solche Konsequenz war und ist vom Gesetzgeber nicht gewollt. Sie würde missbräuchliche Gestaltungen ermöglichen und damit letztlich die „Solidargemeinschaft" der Wirtschaft, die den PSVaG trägt, gefährden oder in Frage stellen.

2.2 Steuerrechtliche Grundlagen

Grundsätzlich sind die arbeitsrechtlichen und steuerrechtlichen Rahmenbedingungen der betrieblichen Altersversorgung nicht zwingend identisch. Als Beispiel hierfür sei eine Versorgungszusage an einen beherrschenden Gesellschafter-Geschäftsführer einer GmbH angeführt.

Die Versorgungszusage fällt zweifelsohne, wie oben beschrieben, nicht unter den Schutzbereich des Betriebsrentengesetzes und dennoch sind die Aufwendungen des verpflichteten Unternehmens – unter verschärften Voraussetzungen – steuerlich abzugsfähig.

Umgekehrt sind z. B. Aufwendungen für Versorgungsverpflichtungen an Kommanditisten, selbst wenn sie nur eine Minderheitsbeteiligung besitzen, steuerlich nicht abzugsfähig. Arbeits- und insolvenzrechtlich können solche Ansprüche allerdings geschützt sein.

Diese beschriebene Unabhängigkeit hat zur Konsequenz, dass es für die steuerrechtliche Abzugsfähigkeit von Versorgungsaufwendungen keine Rolle spielt, ob Nichtarbeitnehmer unter den persönlichen Geltungsbereich des § 17 Abs. 1 BetrAVG fallen oder nicht.

---

5 Vgl. BT-Drucks. 7/1281, S. 30.
6 Vgl. hierzu ausführlich – insbesondere im Hinblick auf den Lösungsansatz des BGH – Blomeyer/Otto; ebenda; § 17; Rd.Nr. 50 ff.
7 Siehe Abschnitt 3.1.1.2 (4).

Versorgungszusagen können aus steuerrechtlicher Sicht als zusätzliche oder gar einzige Gegenleistung für laufende oder einmalige Dienste für ein (fremdes) Unternehmen gewährt werden.[8] Als Voraussetzung für eine steuerliche Abzugsfähigkeit definiert §4 Abs. 4 EStG die betriebliche Veranlassung der Zusage. Soweit die gewährte Versorgungszusage eine angemessene Gegenleistung für eine aufgrund eines Rechtsverhältnisses erbrachte Tätigkeit darstellt, ist das Tatbestandsmerkmal der betrieblichen Veranlassung erfüllt. Somit können Zusagen, die an Gesellschafter erteilt werden, die nicht aktiv für das Unternehmen tätig sind, nicht als Betriebsausgabe abgezogen werden.

Soweit die betriebliche Veranlassung einer Versorgungszusage an Nichtarbeitnehmer gegeben ist, ergeben sich im Verhältnis zu Zusagen an „normale" Arbeitnehmer für das zusagende Unternehmen – abgesehen von den Fällen gesellschaftsrechtlicher Beteiligung des Begünstigten – keine Unterschiede.

Die einzelnen Rahmenbedingungen für die steuerliche Anerkennung einer Zusage auf *betriebliche Altersversorgung* sind abhängig vom gewählten Durchführungsweg.

Die *grundsätzlichen Voraussetzungen* seien an dieser Stelle nur kurz skizziert:

- Der Pensionsberechtigte ist eine natürliche Person.
- Der Pensionsberechtigte steht in einem Dienst- oder sonstigem Rechtsverhältnis zum zusagenden Unternehmen.
- Die Versorgungszusage ist betrieblich veranlasst.
- Die Versorgungszusage beruht auf einer Tätigkeit für das zusagende Unternehmen[9] [10].
- Die Versorgungszusage umfasst die Leistungsarten Alters-, Invaliditäts- oder Hinterbliebenenversorgung[11] in beliebiger Kombination.
- Die Versorgungszusage definiert die Leistungsform als laufende Rente oder als einmalige Kapitalzahlung[12].
- Die Versorgungszusage ist der Höhe nach angemessen[13]

Neben diesen globalen Voraussetzungen gelten teilweise für die einzelnen Durchführungswege weitere Voraussetzungen, deren vollständige detaillierte Herausarbeitung den gewollten Umfang dieses Beitrags übersteigen würde.

---

8 Vgl. zur Problematik der so genannten „Nur-Pension" vgl. z.B. Höfer; ebenda; Band II; Rd.Nr. 2013 und 2014.

9 Zustimmend: Höfer; ebenda; Band II; Rd.Nr. 45-48; ablehnend: Ahrend/Förster/Rößler; Steuerrecht der betrieblichen Altersversorgung; Band I; 2. Teil; Rd.Nr. 63.

10 Voraussetzungen für Hinterbliebene, Berechtigte aus dem Versorgungsausgleich etc., die ja gerade nicht persönlich für das verpflichtet Unternehmen tätig waren, werden hier nicht beleuchtet.

11 Leistungen für schwere Erkrankungen (dread disease) können bei Direktversicherungen eingeschlossen werden.

12 Bzgl der Einschränkungen im Bereich der Unterstützungskasse vgl. Höfer, ebenda; Band II, Rd.Nr. 825 ff.

13 Vgl. Höfer; ebenda; Band II; Rd.Nr. 326 ff.

Beispielhaft sollen an dieser Stelle noch einige *Sondervoraussetzungen* für die Bildung von Pensionsrückstellungen skizziert werden:

- Der Pensionsberechtigte muss Rechtsanspruch auf betriebliche Altersversorgung erwerben.
- Die Pensionsleistung darf nicht an kurzfristige Gewinne gebunden sein.
- Die Pensionszusage darf keine „schädlichen" Vorbehalte enthalten.
- Die Pensionszusage muss dem Schriftformerfordernis genügen.

Die für Zusagen an Nichtarbeitnehmer spezifischen Voraussetzungen zur steuerrechtlichen Anerkennung werden in Abschnitt 3.1.2 behandelt.

3 Versorgungszusagen an Nichtarbeitnehmer in der Praxis

3.1 Definition verschiedener Personenkreise der Nichtarbeitnehmer

Der Kreis der möglichen versorgungsbegünstigten Nichtarbeitnehmer ist faktisch unbegrenzt, wobei grundsätzlich nur natürliche Personen eine Zusage auf betriebliche Altersversorgung erhalten können, denn nur sie sind den „biologischen Risiken", die mit betrieblichen Versorgungsversprechen zwingend untrennbar verbunden sind, ausgesetzt.[14] Um einen besseren Überblick über die möglichen Begünstigten einer Versorgungszusage zu vermitteln, sollen diese zunächst in Personenkreise zusammengefasst werden. Hierbei sind die unterschiedlichen Sichtweisen des Arbeits- und des Steuerrechts zu beachten. Anschließend werden konkrete Beispiele für Nichtarbeitnehmer herausgearbeitet.

3.1.1 Definition der Personenkreise im arbeitsrechtlichen Sinne

Personen, die unter den Geltungsbereich des Betriebsrentengesetzes fallen, genießen eine ganze Reihe von Vorteilen. Der bereits erwähnte gesetzliche Insolvenzschutz durch den PSVaG ist im Zusammenhang mit dieser Ausarbeitung sicherlich der herausragende Aspekt.

Insoweit kann es für die Begünstigten und für den Zusagenden von großer Bedeutung sein, ob die Regelungen des Betriebsrentengesetzes zur Anwendung kommen oder nicht.

---

14 Vgl. Höfer, ebenda; Band II, Rd.Nr. 42 i. V. m. Band I, Rd.-Nr. 17.

Im Laufe eines Erwerbslebens kommt es häufiger zu Statuswechseln. Die vorausschauend weite Formulierung des § 17 Abs. 1 Satz 2 gewährleistet, dass auch nach einem Statuswechsel (Verbleib beim gleichen Arbeitgeber bzw. Auftrageber) der Schutz des Betriebsrentengesetzes für eine bereits erteilte Zusage erhalten bleiben kann.

Arbeitsrechtlich können die in Abschnitt 3.1.1.1 aufgeführten Personenkreise herausgearbeitet werden.[15]

3.1.1.1 Arbeitnehmer

Die große Masse der Personen, die Zusagen auf eine betriebliche Altersversorgung erhalten, sind „normale" Arbeitnehmer.[16] Das Betriebsrentengesetz umschreibt den Arbeitnehmerbegriff in einer auch in anderen Arbeitsgesetzen verwendeten Form. Hierbei gilt als Arbeitnehmer, wer im Dienste eines anderen (Arbeitgeber) aufgrund eines privatrechtlichen Vertrages (Arbeitsverhältnis) verpflichtet ist, nach dessen Weisungen zu arbeiten.[17]

Aus dieser Definition lassen sich beispielsweise folgende *Merkmale* ableiten:

- persönliche Abhängigkeit (beispielhaftes Indiz: Weisungsgebundenheit),
- privatrechtlicher Vertrag,
- Arbeitsvertrag, d. h. in der Regel zur Leistung von Arbeit verpflichtet.

Die in der Vergangenheit übliche Unterscheidung zwischen Arbeitern und Angestellten findet in der Gesetzgebung und der Rechtssprechung des Arbeitsrechtes heute keine Anwendung mehr. Unzweifelhaft sind beide Gruppen dem Kreis der Arbeitnehmer zuzuordnen und genießen daher den Schutz des Betriebsrentengesetzes.

In der Fachliteratur stößt man auf verschiedene Ansichten hinsichtlich der Arbeitnehmereigenschaft von *Organmitgliedern* einer Körperschaft (Vorstands- oder Aufsichtsratsmitglieder und Geschäftsführer) oder bei *Gesellschaftern* einer Kapital- bzw. Personengesellschaft, die durch einen Arbeitsvertrag dienstverpflichtet sind. Überwiegend werden diese Personenkreise dem Bereich der Nichtarbeitnehmer zugerechnet.

3.1.1.2 Nichtarbeitnehmer

Die Problematik der teleologischen Auslegung des praktisch unbegrenzt weit formulierten § 17 Abs. Abs. 1 Satz 2 BetrAVG kann an dieser Stelle nicht ausführlich behandelt werden. Es ist allerdings nachvollziehbar[18], dass der Gesetzgeber nicht beabsichtigt hat, jeden denkbaren Begünstigten in den Schutzbereich des Gesetzes einzubeziehen. Der wichtigste Grund hierfür ist der mögliche Missbrauch des gesetzlichen Insolvenzschutzes. Wie bereits erläutert, könnte sonst ein Unternehmer sich selbst eine Zusage erteilen

---

15 Eine detailliertere Abgrenzung zwischen den einzelnen Kreisen ist aufgrund der Ausdehnung der Norm in § 17 Abs. 1 Satz 2 BetrAVG nicht notwendig.
16 Zusätzlich sind Auszubildende ausdrücklich mit Arbeitnehmern gleichgestellt.
17 Vgl. Blomeyer/Otto; ebenda; Seite 1236; Rd.Nr. 6.
18 Insbesondere anhand der Gesetzesmaterialien.

und das wirtschaftliche Risiko der Erfüllung dieser Verpflichtung auf das Kollektiv der im PSVaG zusammengeschlossenen Unternehmer auslagern.

Im Ergebnis wird das Kriterium der „Schutzwürdigkeit" des Begünstigten einer Zusage[19] bzw. die Tätigkeit für ein *fremdes* Unternehmen[20] als Entscheidungsmerkmal definiert.

Unter den Regelungsbereich des Betriebsrentengesetzes sollen somit folgende Personen fallen:

... Personen, die *Nichtarbeitnehmer* sind und denen...
... *Leistungen der Alters-, Invalidität- oder Hinterbliebenenversorgung* ...
... aus *Anlass* ...
... ihrer *Tätigkeit* ...
... für ein *(fremdes) Unternehmen* ...
... *zugesagt* wurden.[21]

Der Bereich der Nichtarbeitnehmer kann in *vier Segmente* unterteilt werden:

(1) **Arbeitnehmerähnliche Nichtarbeitnehmer:**
Arbeitnehmerähnliche Personen sind zwar rechtlich selbständig, aber (weitgehend) wirtschaftlich abhängig. Aufgrund dieser Abhängigkeit wird üblicherweise von der sozialen Schutzbedürftigkeit dieser Gruppe ausgegangen. Dies hat zur Konsequenz, dass dieser Personenkreis unter den Schutzbereich des Betriebsrentengesetzes fällt. Zu den arbeitnehmerähnlichen Nichtarbeitnehmern zählen z. B. *Heimarbeiter* und freie Mitarbeiter der Medien. Ebenfalls arbeitnehmerähnlich sind *freie Künstler, Schriftsteller und Journalisten oder Angehörige der freien Berufe (z. B. Rechtsanwälte, Wirtschaftsprüfer, Steuerberater, Architekten, Ärzte),* wenn sie zumindest die Hälfte Ihrer Einnahmen von einem Unternehmen erhalten.

(2) **Wirtschaftlich unabhängige Selbständige:**
Sofern ein wirtschaftlich unabhängiger Selbständiger, der eine natürliche Person ist, von einem *anderen* Unternehmen eine Zusage auf Alters- Invaliditäts- oder Hinterbliebenenversorgung erhält, fällt er ebenfalls unter den Schutzbereich des Betriebsrentengesetzes.

Zu den *betroffenen Personen* gehören insbesondere:
- **Handelsvertreter**,
- **Versicherungsmakler**,
- **Angehörige der freien Berufe** (z. B. Steuerberater, Rechtsanwälte),
- **Unternehmensberater**,
- **Handwerker, etc.**

Bei den genannten Personen handelt sich in der Regel meist um wirtschaftlich Selbstständige, sodass das Attribut der „Schutzbedürftigkeit" nicht wie bei den arbeitnehmerähnlichen Nichtarbeitnehmern an der wirtschaftlichen Situation der Be-

---

19 Überwiegende Meinung der Literatur.
20 Lösungsansatz des BGH im Urteil vom 9.6.1980; II ZR 255/78 – BGHZ 77, 233 ff.
21 Vgl. hierzu ausführlich Blomeyer/Otto; ebenda; Seite 1247 ff.

Versorgungszusagen an Nichtarbeitnehmer

troffenen festgemacht werden kann. Allerdings sind erteilte Zusagen aus Sicht der Begünstigten Zusagen eines *fremden* Unternehmens. Sie haben daher keinen Einfluss auf deren Ausgestaltung und wirtschaftliche Sicherung ihrer Versorgung. Daher ist es letztlich nur konsequent, diese Personengruppe in den Geltungsbereich des Betriebsrentengesetzes und damit in den Kreis der gesetzlichen Insolvenzsicherung aufzunehmen.

(3) **Organmitglieder einer Körperschaft ohne Unternehmensbeteiligung:**
Die Mitglieder der geschäftsführenden Organe einer Körperschaft üben als gesetzliche Vertreter der juristischen Person eine Arbeitgeberfunktion aus. Häufig finden allerdings arbeitsrechtliche Bestimmungen für diese Personengruppe analoge Anwendung. Da die betreffenden Personen keine Beteiligungen am zusagenden Unternehmen besitzen, sind sie für ein *fremdes* Unternehmen tätig. Sie haben damit – zumindest theoretisch – ebenfalls keinen Einfluss auf die Ausgestaltung und wirtschaftliche Sicherung ihrer Zusagen. Erschwerend kommt hinzu, dass für die Betroffenen die erteilten Versorgungszusagen aufgrund des Fehlens sonstiger (z. B. gesetzlicher) Absicherung häufig existenzielle Bedeutung haben. Dies sind die wichtigsten Gründe dafür, dass dieser Personenkreis ebenfalls von § 17 Abs. 1 Satz 2 BetrAVG unstrittig erfasst.

Beispiele:
Vorstände von
- Aktiengesellschaften,
- Kommanditgesellschaften auf Aktien,
- eingetragenen Genossenschaften,
- Versicherungsvereinen auf Gegenseitigkeit,
- Vereinen (eingetragen und nicht eingetragen).
  Geschäftsführer einer
  – GmbH,
  – GmbH & Co. KG,
  – etc.

Die Mitglieder von nicht geschäftsführenden Organen, wie einem Aufsichtsrat oder einem Beitrat, unterliegen ebenfalls dem Betriebsrentengesetz, sofern sie keine Unternehmensbeteiligung am zusagenden Unternehmen besitzen. In der Praxis kommen gerade in diesem Bereich besonders interessante Konstellationen zum Tragen. Häufig wechseln ehemalige Vorstandsmitglieder von Aktiengesellschaften in den Aufsichtsrat des gleichen Unternehmens. Diese Personen können somit unter bestimmten Voraussetzungen ebenfalls weiterhin unter den Schutzbereich des Betriebsrentengesetzes fallen.

(4) **Unternehmer und Gesellschafter:**
Aufgrund des Wortlautes des § 17 Abs. 1 Satz 2 BetrAVG sind theoretisch auch alle Unternehmer und Gesellschafter eines Unternehmens von den Schutzvorschriften des Betriebsrentengesetzes erfasst. Wie oben[22] beschrieben ist an dieser Stelle eine teleologische Auslegung des Gesetzes angebracht. Aufgrund der Vielfalt und Komple-

---

22 Vergleiche Abschnitt 2.1.

xität der möglichen Fallgestaltungen und der teilweise unterschiedlichen Meinung der Kommentatoren soll an dieser Stelle nur typisierend vorgegangen werden.[23]

Versorgungszusagen an *Einzelunternehmer* fallen nach den unter Abschnitt 2.1 definierten Kriterien *nicht* unter den Schutzbereich des Gesetzes.[24]

Zusagen an *unbeschränkt persönlich haftende Gesellschafter* (BGB-Gesellschaft, OHG, Komplementäre von KG und KGaA) fallen ebenfalls *nicht* unter § 17 Abs. 1 Satz 2.[25],[26]

Kommanditisten sind grundsätzlich nicht zur Geschäftsführung oder Vertretung einer Kommanditgesellschaft berechtigt[27] und haften nicht unmittelbar persönlich über ihre Einlage hinaus. Der BGH sieht sie daher nicht grundsätzlich als Unternehmer an.[28] Erhält ein Kommanditist aus Anlass seiner Tätigkeit[29] für die Kommanditgesellschaft eine Versorgungszusage, so unterliegt diese dem Schutz des Betriebsrentengesetzes.[30] Eine Ausnahme hiervon gilt bei einer Beteiligungsquote von über 50 Prozent.[31]

Alleingesellschafter einer Kapitalgesellschaft (GmbH oder AG) werden als Unternehmer angesehen und unterliegen *nicht* dem persönlichen Geltungsbereich des Betriebsrentengesetzes. Gleiches gilt grundsätzlich für Gesellschafter einer Kapitalgesellschaft mit *50 Prozent oder höherer Beteiligung*.

Minderheitsgesellschafter einer Kapitalgesellschaft mit weniger als 50 Prozent der Anteile unterliegen dem Geltungsbereich des Betriebsrentengesetzes. In diversen Konstellationen (abweichende Stimmrechte, gleichgerichtete Interessen mehrerer Gesellschafter etc.) kann bei solchen Minderheitsgesellschaftern allerdings ein Bestehen einer unternehmerischen Leitungsmacht angenommen werden. In solchen Fällen findet das BetrAVG keine Anwendung.[32]

3.1.2 Definition der Personenkreise im steuerrechtlichen Sinne

Die Definition des persönlichen Geltungsbereiches im steuerrechtlichen Sinne ist gesetzlich weitgehend im § 6a EStG geregelt. Diese Norm regelt die steuerlichen Bedingungen für die Bildung von Pensionsrückstellungen bei einer unmittelbaren Pensionszusage.

---

23 Vgl. grundsätzlich PSVaG; Merkblatt 300/M1; Stand 3/02; Nr. 1.
24 Vgl. PSVaG; Merkblatt 300/M1; Stand 3/02; Nr. 3.1. a.
25 Vgl. hinsichtlich der durch den BGH definierten möglichen Ausnahme des „angestellten Komplementärs": Höfer; ebenda; Band I; Rd.Nr. 3737 und Andresen, Förster, Rößler, Rühmann; Arbeitsrecht der betrieblichen Altersversorgung; Band I; Teil 4 D; Rd.Nr. 152.
26 Vgl. PSVaG; Merkblatt 300/M1; Stand 3/02; Nr. 3.2.
27 Gem. §§ 164, 170 HGB.
28 Vgl. BGH v. 28.04.1980 – II ZR 254/78, DB 1980, 1588.
29 Besteht zusätzlich ein Arbeitsvertrag ist der Kommanditist bereits durch § 17 Abs. 1 Satz 1 geschützt.
30 Vgl. PSVaG; Merkblatt 300/M1; Stand 3/02; Nr. 3.2.3.2. und 3.2.4.2.
31 Vgl. PSVaG; Merkblatt 300/M1; Stand 3/02; Nr. 3.2.3.3. und 3.2.4.2.
32 Vgl. PSVaG; Merkblatt 300/M1; Stand 3/02; Nr. 3.3.

Versorgungszusagen an Nichtarbeitnehmer

Hierbei wird keine ausdrückliche Begriffsbestimmung vorgenommen, sondern grundsätzliche Voraussetzungen definiert. Diese bezieht sich grundsätzlich zunächst auf unmittelbare Pensionsverpflichtungen und die Bildung von Pensionsrückstellungen innerhalb der (Steuer-)bilanz. Den getroffenen Regelungen schließen sich die steuerlichen Regelungen für die anderen Durchführungswege allerdings weitgehend an. Die allgemeinen und spezifischen Voraussetzungen wurden bereits in Abschnitt 2.2. beispielhaft genannt. Neben den Begünstigten, die in einem Dienstverhältnis zum Verpflichteten stehen, erweitert § 6a Abs. 5 EStG den Geltungsbereich ausdrücklich auf Pensionsberechtigte, die in einem *anderen Rechtsverhältnis zum Verpflichteten als einem Dienstverhältnis* stehen. Zusagen an nichttätige Gesellschafter eines Unternehmens sind steuerlich nicht als Betriebsausgaben geltend zu machen.

3.1.2.1 Arbeitnehmer

Arbeitnehmer im steuerlichen Sinne ist nach § 1 LStDV jede Person, die im öffentlichen oder privaten Unternehmen beschäftigt ist oder beschäftigt war und aus diesem Dienstverhältnis (nachträglichen) Arbeitslohn bezieht. Da in den in Abschnitt 2.2. genannten Voraussetzungen der Begriff des Dienstverhältnisses gemäß § 611 ff. BGB verwandt wird, sind neben „normalen" Arbeitsverhältnissen auch sonstige Dienstverhältnisse, wie z. B. das eines Geschäftsführers und eines Vorstandes erfasst.[33]

3.1.1.2 Arbeitnehmerähnliche Personen

Die Begriffsdefinition der arbeitnehmerähnlichen Personen ist arbeitsrechtlich und steuerrechtlich weitgehend identisch. Daher wird auf die Ausführungen in Abschnitt 3.1.1.2 (1) verwiesen. Die steuerliche Abzugsfähigkeit ist wie bei normalen Arbeitnehmern zu behandeln.

3.1.2.3 Nichtarbeitnehmer

Die Ausdehnung des Regelungsbereiches durch § 6a Abs. 5 EStG auf sonstige Rechtsverhältnisse ermöglicht es grundsätzlich auch die Aufwendungen für Zusagen an andere Pensionsberechtigte steuerlich wirksam geltend zu machen. Allerdings grenzen die Voraussetzungen „betriebliche Veranlassung" und vor allem „Tätigkeit des Berechtigten für das verpflichtete Unternehmen" die vollkommen offene Definition des „sonstigen Rechtsverhältnisses" ein.

Der Begriff der „Tätigkeit" ist allerdings nicht eng auszulegen, sondern umfasst auch die Tätigkeiten eines Lieferanten (z. B. auch die eines Unternehmensberaters, Steuerberaters, etc.), eines Handelsvertreters,[34] eines Maklers etc.

---

33 Vgl. Höfer; ebenda; Band II; Rd.-Nr. 44.
34 Vgl. BFH vom 04.12.1980 – IV B 35/80; BStBl II 1981 S. 266.

Somit ergeben sich *folgende Nichtarbeitnehmergruppen*:

Wirtschaftlich unabhängige Selbständige:

Die steuerrechtliche Definition dieser Personengruppe ist weitgehend mit der arbeitsrechtlichen identisch. Es wird auf Abschnitt 3.1.1.2 verwiesen. Aufwendungen für Versorgungszusagen an Selbständige sind – sofern alle grundsätzlichen Voraussetzungen eingehalten wurden – *steuerlich abzugsfähig*.

Gesellschafter-Geschäftsführer einer Personengesellschaft

Unabhängig vom gewählten Durchführungsweg sind Zusagen an Gesellschafter-Geschäftsführer einer Personengesellschaft *nicht steuerlich abzugsfähig*.[35] [36]

Gesellschafter-Geschäftsführer einer Kapitalgesellschaft und tätige Familienangehörige:

Versorgungszusagen an diese Personengruppen sind *grundsätzlich steuerlich abzugsfähig*, da ein Dienstverhältnis zu einem (fremden) Unternehmen vorliegt. Bei beiden Personengruppen argwöhnt die Finanzverwaltung allerdings, dass der Abschluss einer Pensionszusage möglicherweise aus steuerlichen Gründen durchgeführt wird und dass damit der Gesellschaft lediglich Vermögensvorteile verschafft werden sollen. Global ist von Seiten der Rechtssprechung ein Maßstab für derartige Konstellationen formuliert worden, der hinterfragt, ob unter sonst gleichen Umständen ein sorgfältig handelnder, ordentlicher und gewissenhafter Geschäftsleiter die gleiche Zusage auch gegenüber einem Nichtgesellschafter erteilt hätte. Aufgrund des Umfangs dieses Rechtsgebietes verweisen wir an dieser Stelle an die vielfältig vorhandene weiterführende Literatur.[37]

3.1.3 Beispielhafte Darstellung von Nichtarbeitnehmern

In der Literatur und Praxis sind Zusagen an wirtschaftlich unabhängige Selbständige nicht sehr häufig vorzufinden. Daher werden im Anschluss aus dieser Gruppe beispielhafte Fälle näher beleuchtet. Bei einer Analyse dieser Nichtarbeitnehmergruppe ist grundsätzlich festzustellen, dass diese nach unterschiedlichen Kriterien geordnet werden kann. Die jeweilige Ausprägung der definierten Kriterien wiederum hat auf das Verhältnis zum auftraggebenden Unternehmen und damit auf die Möglichkeit, eine Zusage auf betriebliche Altersversorgung umzusetzen, entscheidenden Einfluss.

Wichtige *Unterscheidungskriterien*:

- Branchenzugehörigkeit des Nichtarbeitnehmers,
- Art der vertragsrechtlichen Beziehung,

---

35 Vgl. BFH vom 16.2.1967 – IV R 62/66; BStBl III 1967 S. 222 und BFH vom 21.12.1972 – IV R 53/72; BStBl II 1973 S. 298 und BFH vom 08.01.1975 – I R 142/72; BStBl II 1975 S. 437.
36 Weiterführend Ahrend/Förster/Rößler; ebenda; 6. Teil; Rd.Nr. 1 ff.
37 Vgl. beispielhaft Höfer; ebenda; Band II; Rd.Nr. 1933 – 2132.21; Ahrend/Förster/Rößler; ebenda; Band II; Teil 6; Rd.Nr. 21 ff.

Versorgungszusagen an Nichtarbeitnehmer

- Art und Umfang der Tätigkeit für das Unternehmen,
- Dauer der Tätigkeit für das Unternehmen,
- Art der persönlichen Bindung des Nichtarbeitnehmers an das Unternehmen.

3.1.3.1 Berater einer Firma

Wie aus den vorstehenden Definitionen erkennbar ist, können sowohl aus arbeits- und insolvenzrechtlicher als auch aus steuerrechtlicher Sicht externe „Berater" eines Unternehmens Begünstigte einer Zusage auf betriebliche Altersversorgung sein. Der Begriff des Beraters kann viele Berufsgruppen umfassen. Hinsichtlich Intensität, Dauer und Inhalt des Mandates unterscheiden sich die verschiedenen „Berater" deutlich. An dieser Stelle seien einige mögliche externe Berater eines Unternehmens exemplarisch genannt:

- Steuerberater,
- Rechtsanwalt,
- Wirtschaftsprüfer[38],
- Organisationsberater,
- beratender Ingenieur,
- EDV-Berater,
- Finanzierungsberater,
- Qualitätssicherungs-Berater,
- Sicherheitsberater,
- Versicherungs„berater" (z. B. Versicherungsmakler, -vertreter, öffentlich bestellte Versicherungsberater),
- sonstige Unternehmensberater,
- u. v. m.

Viele der genannten Berater verfügen über Dauer- oder längerfristige Mandate, sodass durchaus im Laufe der Zeit eine intensivere Bindung zum auftraggebenden Unternehmen entsteht. Insbesondere im Bereich der steuerberatenden Berufe sind in mittelständischen Betrieben beiderseitig generationenübergreifende Jahrzehnte alte Mandate keine Seltenheit. Allerdings können Beratungsmandate auch in einer einmaligen – eventuell nur wenige Stunden andauernden – Tätigkeit bestehen.

Auch die Honorierungsstruktur (Art und Bemessung der Honorierung) ist sehr heterogen. Neben Gebührenordnungen sind Honorarvereinbarungen auf Stunden- oder Tagesbasis ebenso üblich wie Pauschalhonorare. Versicherungsberater erhalten sogar in fast allen Fällen überhaupt keine direkte Honorierung durch das Unternehmen, sondern eine indirekte Bezahlung durch die jeweiligen Versicherungsunternehmen in Form von Courtagen bzw. Abschluss- und Bestandsprovisionen.

Anstelle oder ergänzend zu der oben beschriebenen sofortigen Honorierung seiner Tätigkeit kann der Berater – soweit dies aus standesrechtlichen Gründen zulässig ist – Teile

---

38 Die Berufsordnung der Wirtschaftsprüfer verbietet die Annahme einer Versorgungszusage von einem Mandanten, da die Unabhängigkeit und Objektivität des Wirtschaftsprüfers gefährdet sei.

seiner Vergütung in Form einer Versorgungszusage auf Alters-, Hinterbliebenen und / oder Invaliditätsversorgung erhalten.

Tendenziell steigt die Bereitschaft eine betriebliche Altersversorgung zuzusagen an, je länger das Rechtsverhältnis zum Berater andauert und je stetiger die Honorierung gestaltet ist.

In der Praxis ist allerdings festzustellen, dass solche Zusagen eine Ausnahme darstellen.

3.1.3.2 Selbständige Handelsvertreter oder Makler einer Versicherungsgesellschaft[39]

Die Mitglieder der ausgewählten Beispielgruppe sind als Vermittler einer Versicherungsgesellschaft (unabhängig von Ihrem rechtlichen Status) in der Regel über längere Zeiträume für ein oder mehrere Unternehmen der Branche tätig.

Die angesprochene Berufsgruppe akquiriert und betreut Kunden für das jeweilige Versicherungsunternehmen. Daher werden sinnvollerweise von erfolgreichen Vertretern meist auch intensive Beziehungen zu den Kunden gepflegt.

Es ist offensichtlich, dass ein „wertvoller" Vermittler einer Versicherungsgesellschaft einen tendenziell großen, qualitativ hochwertigen Kundenstamm[40] pflegt, zu dem er eine relativ enge und vertrauensvolle Beziehung aufgebaut hat. Ein solcher Vermittler hält somit unmittelbar den Schlüssel für den Erhalt und Ausbau von entsprechendem Deckungsbeitragspotenzial für die Gesellschaft in der Hand.

Bei einem eventuellen Auftraggeberwechsel (Vermittler vertritt nicht mehr Versicherung A, sondern nun Versicherung B) ist häufig festzustellen, dass der Vermittler seine engen, teilweise persönlichen, Kundenbeziehungen nutzt, um Vertragsbestände, die für ihn entsprechende Verdienstpotenziale bedeuten, zum neuen Auftraggeber zu überführen.

Diese Tatsache vergegenwärtigt, dass Versicherungsunternehmen stark daran interessiert sein müssen, Vermittler dauerhaft an das Unternehmen zu binden. Zudem ist nachvollziehbar, dass ein möglichst hoher Identifikationsgrad sowohl bei Einfirmenvertretern, als auch bei Mehrfachagenten und Maklern geschäftsfördernd ist.

Diese *Bindungs- und Motivationseffekte* sind hervorragend durch eine auftraggeberfinanzierte betriebliche Altersversorgung zu realisieren.

Dies ist auch dadurch begründet, dass eine betriebliche Altersversorgung einen unmittelbaren Entgeltcharakter hat und zudem von Seiten der Begünstigten im Allgemeinen der Versorgungscharakter einer solchen Zusage hoch geschätzt wird. Die Bausteine Invaliditäts- und Hinterbliebenenversorgung sind aufgrund der häufigen Außendiensttätigkeit aus Absicherungsaspekten für selbständige Vermittler einer Versicherungsgesellschaft besonderes interessant.

---

39 Oder einem sonstigen Finanzdienstleistungsinstitut oder -unternehmen.
40 Je nach Geschäftssparte entweder überdurchschnittliches Einkommen, Bildung etc oder überdurchschnittliche Betriebsgröße, Umsatzgröße, etc.

Die gesetzlichen Regelungen der Unverfallbarkeit für nicht durch Entgeltumwandlung entstandene Versorgungszusagen ermöglichen bei entsprechender vertraglicher Gestaltung und offener Kommunikation, dass die gewünschten Bindungseffekte nochmals verstärkt werden.

Die Unverfallbarkeit dem Grunde nach tritt nach § 1b BetrAVG erst ein, wenn das Rechtsverhältnis vor Eintritt des Versorgungsfalls, jedoch nach Vollendung des 30. Lebensjahrs endet und die Versorgungszusage zu diesem Zeitpunkt mindestens fünf Jahre bestanden hat.

Die Höhe der unverfallbaren Anwartschaften bemisst sich nach § 2 BetrAVG, der besagt, dass ein zuvor ausgeschiedener Arbeitnehmer, dessen Anwartschaft nach § 1b BetrAVG fortbesteht, und seine Hinterbliebenen einen Anspruch mindestens in Höhe des Teiles der ohne das vorherige Ausscheiden zustehenden Leistung, der dem Verhältnis der Dauer der Betriebszugehörigkeit zu der Zeit vom Beginn der Betriebszugehörigkeit bis zur Vollendung des 65. Lebensjahres entspricht.

Diese so genannte m-/n-tel Methode bewirkt, dass die Anwartschaft auf Versorgungsleistung stetig anwächst, je länger das Rechtsverhältnis zwischen Versicherung und Vermittler andauert.

Die oben genannten positiven Aspekte werden großteils aufgehoben, wenn die rechtlich zulässige[41] Verrechnung des Ausgleichsanspruches des Handelsvertreter[42] mit den Ansprüchen auf die betriebliche Versorgungszusage vorgesehen wird.

Ein interessantes Anwendungsgebiet könnte in diesem Zusammenhang auch im Bereich der Insolvenzsicherung von Versorgungs- bzw. Ausgleichsansprüchen von Handelsvertretern liegen.

3.2 Motivationsaspekte für Versorgungszusagen an Nichtarbeitnehmer

3.2.1 Gründe für Versorgungszusagen an Nichtarbeitnehmer

An dieser Stelle sollen beispielhaft einige mögliche Gründe für die Attraktivität von Versorgungszusagen an Nichtarbeitnehmer[43] aus Sicht beider Parteien geschildert werden.

Sicht des Zusageempfängers:

Nichtarbeitnehmer haben aufgrund des häufig fehlenden Anspruchs auf Leistungen der gesetzlichen Sozialversicherung erheblichen Bedarf an Alters-, Hinterbliebenen und/oder Invaliditätsversorgung. Häufig sind private Vorsorgekonzepte sehr teuer und

---

41 Vgl. BGH vom 23.5.1966 – VII ZR 268/64; DB 1966 S. 1130; BGH vom 17.11.1983 – I ZR 139/81; BB 1984 S. 168.
42 Gem. § 89b HGB.
43 Unabhängig davon ob arbeitnehmerähnlich oder wirtschaftlich unabhängig.

nur lückenhaft gestaltet bzw. umgesetzt. Die Ursachen hierfür sind vielfältig und können an dieser Stelle nur kurz gestreift werden.

Es liegen allerdings grundsätzlich produktspezifische und persönliche Gründe vor.

Die maßgeblichen Gründe sind sowohl im persönlichen Bereich des Betroffenen als insbesondere auch in produktspezifischen Merkmalen in der privaten „Vorsorge" zu suchen. Aus Sicht des Begünstigten bieten die in der bAV – bei richtiger Gewichtung – verwandten Produkte häufig große Vorteile.

Beispielhaft seien hier die häufig gegenüber Angeboten aus der privaten Vorsorge leistungsfähigeren und vor allem kostengünstigeren Produktangebote im Bereich der versicherungsförmigen Durchführungswege der betrieblichen Altersversorgung genannt.

Sofern die entsprechenden Möglichkeiten und Vorteile, die sich Nichtarbeitnehmern durch eine Zusage auf betriebliche Versorgungsleistungen eröffnen würden, transparent wären, würden sicher viele Betroffene entsprechende Angebote durch Ihre „Auftraggeber" annehmen.

Neben dem wichtigen Gesichtspunkt der zusätzlichen oder grundsätzlichen Versorgung kann auch die Frage von *Honorierungsgestaltung* und den damit einhergehenden *steuerlichen Optimierungsmöglichkeiten* für den Nichtarbeitnehmer eine wichtige Rolle spielen.

Im Ergebnis sind die Argumente, die für eine so genannte „Entgeltumwandlung" durch einen „normalen" Arbeitnehmer gelten, auf jeden Fall auch auf Nichtarbeitnehmer zutreffend. Nichtarbeitnehmer verzichten letztlich wirtschaftlich auf einen Teil der erzielbaren Honorierung ihrer Tätigkeit und erhalten hierfür einen Versorgungslohn.

Beispielhafte Vorteile:

- nachgelagerte Versteuerung von Versorgungsaufwendungen,
- aufgrund der Rechtsstellung keine sozialabgabenrechtliche Problematik.

Besonderheiten aus Sicht des Zusagenden:

Dem zusagenden Unternehmen entstehen durch eine Zusage auf betriebliche Altersversorgung an Nichtarbeitnehmer – bei entsprechender Gestaltung – keine Nachteile, die nicht auch bei „normalen" Zusagen entstehen könnten.

Als Beispiel für die möglichen Vorteile auf Seiten des zusagenden Unternehmens sei hier die Gruppe der Handelsvertreter für Versicherungsunternehmen angeführt. Insbesondere bei Handels- und Versicherungsvertretern ist in der Praxis eine relativ hohe Fluktuation zu verzeichnen. Für das zusagende Unternehmen kann eine Zusage auf betriebliche Altersversorgung hohe Bindungs- und Motivationseffekte auslösen.

Diese sind gerade im Bereich der Versicherungswirtschaft von besonderem Interesse, da ein wechselnder Handelsvertreter häufig eine große Anzahl von Kunden zu einem neuen Auftraggeber „mitnimmt".[44]

---

44 Siehe hierzu die Ausführungen in Abschnitt 3.1.3.2.

3.2.2 Hinderungsgründe für Versorgungszusagen an Nichtarbeitnehmer

Neben den „üblichen" Argumenten (Kosten, Gebühren, Verwaltungsaufwand, etc.), die gegen die Erteilung von Versorgungszusagen auf eine betriebliche Altersversorgung vorgebracht werden, existieren spezielle Punkte, die gegen eine Versorgungszusage an Nichtarbeitnehmer sprechen:

Das Verhältnis zwischen Unternehmen und Nichtarbeitnehmern ist trotz großer Heterogenität hinsichtlich Art des rechtlichen Verhältnisses, Art und Umfang der Tätigkeit, Dauer der Tätigkeit, usw. häufig grundsätzlich von einer wesentlich größeren „Distanz" als zu „normalen" festangestellten Arbeitnehmern geprägt. Diese „Distanz" ist sowohl rechtlicher und physischer als auch vor allem emotionaler Natur.

Eine Versorgungszusage verbindet auf der anderen Seite das zusagende Unternehmen und den Berechtigten auf einen sehr großen Zeitraum. Solche Bindungen sind häufig von beiden Seiten nicht gewünscht. Dies gilt vor allem dann, wenn nicht alle Nichtarbeitnehmer auf Dauer für ein Unternehmen tätig sind.

Ein weiterer beispielhafter Aspekt sind die in der Vergangenheit sehr langen gesetzlichen Unverfallbarkeitsfristen für Zusagen auf betriebliche Altersversorgung. Die vertragliche Verkürzung der gesetzlichen Fristen war zwar auch früher möglich, aber eher weniger verbreitet.

Aus diesen Gründen ist die Verbreitung von Versorgungszusagen an Nichtarbeitnehmer heute nicht sonderlich groß.

Grundsätzlich ist auch heute eine Zusage an einen auf Dauer für ein Unternehmen tätigen Handelsvertreter wesentlich eher denkbar, als an einen einmalig für fünf Tage beschäftigten Zertifizierungsberater. Allerdings kann in einer Zeit, in der neue Denkstrukturen entstehen und alte Verhaltensmuster aufgehoben werden, das Thema „Versorgungszusage" an einen Nichtarbeitnehmer eine vollständig andere Gewichtung erhalten.

Im Bereich der betrieblichen Altersversorgung befinden wir uns nach der Umsetzung des Altersvermögensgesetzes in einer solchen Phase.

3.3 Besondere Rahmenbedingungen für Versorgungszusagen an Nichtarbeitnehmer und Gestaltungsempfehlungen

Sowohl aus arbeitsrechtlicher als auch aus steuerrechtlicher Sicht können sich besondere Fragestellungen ergeben.

3.3.1 Beginn der Tätigkeit für das Unternehmen

Der Beginn der Dienstzugehörigkeit ist sowohl für die Teilwertermittlung nach §6a EStG bei unmittelbaren Zusagen, als auch für arbeitsrechtliche Fragen (Unverfallbarkeit dem Grunde und der Höhe nach) relevant. Da unter Umständen ein Dienstverhältnis im engeren Sinne nicht besteht, ist hierbei auf den Beginn der Tätigkeit für das zusagende Unternehmen abzustellen. Es ist empfehlenswert diesen Zeitpunkt von Beginn an explizit und individuell schriftlich zu definieren. Für einen Dritten dürften hier im Streitfalle sicher Interpretationsspielräume bestehen. Diese Spielräume sind bei Dauermandaten, wie die eines Steuerberaters, weniger problematisch, da das Datum des Tätigkeitsbeginns sicher einfacher feststellbar ist. Bei der sporadischen Tätigkeit eines beratenden Ingenieurs, der nur projektweise und unregelmäßig eingesetzt wird, könnten hier größere Schwierigkeiten entstehen.

3.3.2 Steuerliche Behandlung beim zusagenden Unternehmen

Neben den in Abschnitt 3.1 vorgenommenen Definitionen, gelten für Zusagen an Nichtarbeitnehmer keine besonderen Vorraussetzungen. Die Behandlung der Aufwendungen als wirksame Betriebsausgaben hängt daher von den spezifischen Bedingungen des jeweils gewählten Durchführungsweges ab.

3.3.3 Steuerliche Behandlung beim Begünstigten

Aus Sicht des Begünstigten wird die steuerliche Behandlung der Aufwendungen zur Finanzierung der Zusage eine zentrale Rolle spielen. Erfahrungsgemäß ist die nachgelagerte Besteuerung aus finanzmathematischer Sicht vorteilhafter. Zusätzlich wird auch aus emotionalen Beweggründen häufig die Versteuerung erst in der Rentenbezugsphase als attraktiver erachtet.

Die steuerliche Behandlung der Aufwendungen beim Begünstigten einer betrieblichen Versorgungszusage hängt entscheidend von der Wahl des Durchführungsweges ab, wobei die Literatur und Finanzverwaltung keine einheitliche Auffassung vertreten.

Im Falle von Nichtarbeitnehmern ergeben sich allerdings hierbei weitreichende Unterschiede zu „normalen" Arbeitnehmern:

3.3.3.1 Direktzusage und Zusage auf eine Unterstützungskassenversorgung

Überwiegende Meinung:

Unmittelbare Versorgungszusagen an Nichtarbeitnehmer werden erst bei Zahlung der Versorgungsleistung einkommensteuerpflichtig. Der Aufbau der Anwartschaft und der

Erwerb des Rentenstammrechts ab dem Eintritt des Versorgungsfalls sind einkommensteuerlich irrelevant.[45]

Dies gilt sowohl für Selbständige, die ihren Gewinn durch eine Einnahme-Überschussrechnung ermitteln, als auch für bilanzierende Selbständige. Der BFH schränkt dies allerdings insoweit ein, dass dies nur für Selbständige gelte, die vom persönlichen Geltungsbereich des Betriebsrentengesetzes erfasst werden.[46] Dieser Ansatz wird in der Literatur nicht geteilt, sondern es wird von einem grundsätzlichen Aktivierungsverbot aufgrund des Vorsichtsprinzips nach § 252 Abs. 1 Nr. 4 HGB und dem daraus abgeleiteten Realisationsprinzip ausgegangen.[47]

Die Einnahmen sind nachträgliche Einkünfte aus Land- und Forstwirtschaft, Gewerbebetrieb oder selbständiger Arbeit und führen – soweit entsprechende Steuerpflicht vorliegt – auch zur Entstehung von Gewerbe- und Umsatzsteuer.

Hierbei können allerdings die bei Rentenbezug unter Umständen noch wirksamen Freigrenzen sinnvoll genutzt werden.

Die vorstehenden Ausführungen gelten grundsätzlich auch für die Besteuerung von Leistungen aus einer Unterstützungskasse.

Gegenmeinung:

Es wird auch die Auffassung vertreten, dass entgegen der eindeutigen Äußerungen des BFH Zusagen an Selbstständige immer in der Anwartschaft der Ertrags- und Umsatzsteuer zu unterwerfen sind. Diese Auffassung ist insbesondere hinsichtlich der jeweiligen Bemessungsgrundlagen für die jährlich zu ermittelnden Werte schwer nachvollziehbar.

3.3.3.2 Pensionskasse, Direktversicherung, Pensionsfonds

Hinsichtlich der steuerlichen Behandlung des Begünstigten bei Zahlungen an eine PK oder DV herrscht zumindestens grundsätzlich weitgehende Einigkeit in der Literatur.

Die Behandlung von Zahlungen an einen Pensionsfonds wurde im betreffenden Zusammenhang bis lang kaum diskutiert.

Ertragssteuer:

Die „versicherungsförmigen" externen Durchführungswege gewähren dem Begünstigten einen Rechtsanspruch auf die Zahlung einer Leistung. Daher sind die Beiträge, die zu Gunsten eines (selbständigen) Nichtarbeitnehmers an eine Pensionskasse, eine Direktversicherung oder einen Pensionsfonds geleistet werden, beim Begünstigen im Jahr der Zahlung zu erfassen.

---

45 Vgl. BFH I R 44/83 vom 14.12.1988 – BStBl. II 1989, S. 323.
46 Vgl. 2.1.
47 Vgl. Höfer; ebenda; Band II; Rd.-Nr. 2205-2206.

Bei Zahlungen an eine PK oder DV fallen Einkommens- und gegebenenfalls Gewerbesteuer auf die gezahlten Beiträge an.

Eine Steuerbefreiung der Beiträge nach §3 (63) EStG oder eine Lohnsteuerpauschalierung nach §40b EStG kommt bei wortgetreuer Auslegung der entsprechenden Gesetzestexte nicht in Betracht. Aus dem Blickwinkel der Gleichbehandlung von Arbeitnehmern und Nichtarbeitnehmern sieht der BFH bei einer steuerlichen Ungleichbehandlung einen Verstoß gegen Artikel 3 GG.[48] Dies gelte zumindest dann, wenn der Begünstigte unter den Schutzbereich des Betriebsrentengesetzes falle. Insoweit könnte eine Einbeziehung von Beiträgen für Zusagen an Nichtarbeitnehmern in den Geltungsbereich der §3 (63) und 40b EStG grundsätzlich in Betracht kommen.

Paragraf 3 (63) EStG bezieht sich allerdings auch in den Gesetzesmaterialien auf einen fest definierten engen Personenkreis. Ungleichbehandlungen wurden vom Gesetzgeber bewusst in Kauf genommen, sodass – auch aus Sicht der Finanzverwaltung – wohl lediglich §40b EStG als möglicher Punkt offen bleibt.

Eine entsprechende Klarstellung durch den Gesetzgeber oder die Finanzverwaltung wäre wünschenswert.

Bei entsprechender Anwendung der Vorschrift würden nach §40b EStG Beiträge an eine Pensionskasse oder eine Direktversicherung bis zu einer Höhe von zurzeit 1.752,00 € p. a. pauschalversteuert werden. Die Höhe des Pauschalsteuersatzes beträgt zurzeit 20 Prozent zuzüglich Solidaritätszuschlag und Kirchensteuer.

Sofern diese Vorschriften nicht greifen oder nicht genutzt werden, erfolgt die steuerliche Behandlung aufgrund eines fingierten Zuflusses beim Begünstigten in Höhe des geleisteten Beitrags.

Konsequenterweise müssten diese „fingierten" Beiträge nach §10 Abs. 1 Nr. 2 EStG als Vorsorgeaufwand steuerlich abzugsfähig sein. Aus den gleichen Überlegungen heraus müssten dann auch eventuelle Kapitalleistungen, soweit §20 Abs. 1 Nr. 6 EStG greift, steuerfrei bleiben und Rentenleistungen der Ertragsanteilbesteuerung gem. §22 Abs. 3 EStG unterliegen.

Umsatzsteuer:

Nach den bislang geltenden Regeln sind – auch bei umsatzsteuerpflichtiger Tätigkeit des Begünstigten, wie z. B. einer steuerberatenden Tätigkeit- die Beiträge gemäß §4 Nr. 10 Buchstabe b UStG umsatzsteuerfrei.[49] Dies gilt auch für die zahlbaren Rentenleistungen, soweit sie Leistungen aus einem Versicherungsverhältnis im Sinne des Versicherungsvertragsgesetzes darstellen.

---

48 Vgl. BFH I R 44/83 vom 14.12.1988, BStBl II 1989, S. 323.
49 Vgl. BMF IV A3 – S 7163 – 1/80 vom 8.4.1980.

Fazit:

Sofern bei den versicherungsförmigen Durchführungswegen § 40b EStG greifen würde, wäre die steuerliche Behandlung identisch mit „normalen" Zusagen. Die Umsatzsteuerbefreiung könnte je nach Lage des Falles sogar vorteilhaft sein.

Da eine schnelle Änderung der Gesetzesgrundlage bzw. der Meinung der Finanzverwaltung nicht wahrscheinlich ist, sollte aus Gründen der Rechtssicherheit vor Erteilung entsprechender Zusagen eine verbindliche Auskunft beim zuständigen Finanzamt eingeholt werden.

3.3.4 Insolvenzschutz der Zusagen

Wie in Abschnitt 3.1.1.2 dargelegt, unterliegen Zusagen an Nichtarbeitnehmer in den meisten Fällen dem Schutz des Betriebsrentengesetzes. Daher sind diese Zusagen auch durch den Pensions-Sicherungs-Verein (PSVaG) insolvenzgeschützt.[50]

Damit fallen auf Seiten des Zusagenden die üblichen PSV-Beiträge an. Hierbei wäre durch Definition in der Zusage festzulegen ob es sich um eine Zusage aufgrund von Entgeltumwandlung oder eine arbeitgeberfinanzierte Zusage handelt. Hieraus ergeben sich entsprechenden Konsequenzen für die Beitragspflicht und den Beginn und die Höhe des gesetzlichen Insolvenzschutzes.

Aufgrund der individuellen und ungewöhnlichen Sachverhalte sollten grundsätzlich die jeweiligen Rückdeckungsinstrumente – sofern vorhanden – an den Begünstigten zusätzlich verpfändet werden.

3.3.5 Sonstige Aspekte

Die Frage, ob eine Zusagefinanzierung über eine entgeltumwandlungsähnliche Konstruktion oder durch den Auftraggeber finanziert werden soll, hängt von der individuellen Fallkonstellation ab.

Eine nähere Diskussion der verschiedenen Vor- und Nachteile in den diversen möglichen Konstellationen würden den Rahmen dieses Beitrags sprengen. Dies gilt auch für die Beantwortung der Frage, welche Zusagetypen (Leistungszusage, beitragsorientierte Leistungszusage oder Beitragszusage mit Mindestleistung) gewählt werden sollten und welche Durchführungswege oder Leistungsarten im Einzelfall geeignet sind.

---

50 Hierbei ist die jeweilige Höchstgrenze des Insolvenzschutzes zu beachten.

4 Zusammenfassung

Versorgungszusagen an Nichtarbeitnehmer bieten in einer Vielzahl von Fällen interessante und neue Gestaltungsmöglichkeiten, die bislang häufig nicht beachtet wurden. Die Vor- und Nachteile einer entsprechenden Vereinbarung sollten hierbei immer sorgfältig abgewogen werden. Eine qualifizierte und fachkundige Beratung ist aufgrund des kaum bekannten Rechtsgebietes dringend anzuraten.

Teil 7

Überblick

Durchführungswege

Hans-Joachim Beck

Pensionszusage

1 Überblick 443
  1.1 Inhalt der Pensionszusage 443
  1.2 Die drei Bestandteile der Pensionszusage 443
    1.2.1 Ruhegehalt 444
    1.2.2 Hinterbliebenenversorgung 444
    1.2.3 Berufsunfähigkeitsrente 444
  1.3 Zusätzliche Regelungen 445
    1.3.1 Dynamisierung 445
    1.3.2 Abfindung 445
    1.3.3 Unverfallbarkeit 445

2 Steuerliche Auswirkung der Pensionszusage beim Unternehmen 446
  2.1 Die Rückstellung 446
  2.2 Die Höhe der Pensionsrückstellung (§ 6a Abs. 3 EStG) 446
    2.2.1 Teilwert nach Eintritt des Versorgungsfalles 446
    2.2.2 Teilwert vor Eintritt des Versorgungsfalles 447
  2.3 Verschiedene Unternehmensformen 449
    2.3.1 Einzelunternehmen 449
    2.3.2 Personengesellschaften 449
    2.3.3 Umwandlung einer GmbH in eine Personengesellschaft 450
    2.3.4 GmbH & Co. KG 450
    2.3.5 Kapitalgesellschaften 451

3 Steuerliche Auswirkung der Pensionszusage beim Beschäftigten 451
  3.1 Überblick 451
    3.1.1 Sonderausgaben 452
    3.1.2 Lohnsteuer 452
  3.2 Freibeträge 452
    3.2.1 Versorgungsfreibetrag 452
    3.2.2 Arbeitnehmerpauschbetrag 453
    3.2.3 Altersentlastungsbetrag 453
  3.3 Kapitalabfindung 453
    3.3.1 Besteuerung bei dem Berechtigten 453
    3.3.2 Verdeckte Gewinnausschüttung 453
    3.3.3 Freibetrag nach § 3 Nr. 9 EStG 454

3.3.4 Tarifermäßigung gemäß § 34 EStG 454
3.4 Der Vorwegabzug für Vorsorgeaufwendungen 455
    3.4.1 Kürzung des Vorwegabzugs 455
    3.4.2 Volle Kürzung, auch wenn die Voraussetzungen nur für einen Teil
         des Veranlagungszeitraums vorliegen 456
    3.4.3 Ehegatten 456
    3.4.4 Pensionszusage für Alleingesellschafter-Geschäftsführer 457
    3.4.5 Blankettzusage 458
    3.4.6 Behandlung als verdeckte Gewinnausschüttung 458
3.5 Erbschaftsteuer 459

4 Die steuerliche Anerkennung der Pensionsrückstellung 460
4.1 Überblick 460
    4.1.1 § 6a EStG 460
    4.1.2 Keine verdeckte Gewinnausschüttung 460
    4.1.3 Unterschiedliche Rechtsfolge 460
4.2 Die Vorschrift des § 6a EStG 461
    4.2.1 Aufbau der Vorschrift 461
    4.2.2 Die Sondervoraussetzungen des § 6a Abs. 1 EStG 461
         4.2.2.1 Rechtsanspruch 461
         4.2.2.2 Widerrufsvorbehalt 462
         4.2.2.3 Schriftform 464
         4.2.2.4 Unzulässigkeit der Bindung an künftige Gewinne 464
    4.2.3 Erstmalige Bildung der Pensionsrückstellung (§ 6a Abs. 2 EStG) . . 465
         4.2.3.1 Erstjahr 465
         4.2.3.2 Vollendung des 28. Lebensjahres 465
    4.2.4 Kappungsgrenze 466
         4.2.4.1 Die 75-Prozentgrenze 466
         4.2.4.2 Bemessungsgrundlage 466
         4.2.4.3 Dynamisierung 467
4.3 Verdeckte Gewinnausschüttung 467
    4.3.1 Überblick 467
         4.3.1.1 Nahestehende Personen 468
         4.3.1.2 Prüfung der verdeckten Gewinnausschüttung 468
    4.3.2 Rechtsfolge der verdeckten Gewinnausschüttung 468
    4.3.3 Voraussetzungen der verdeckten Gewinnausschüttung 469
         4.3.3.1 Pensionsalter 469
         4.3.3.2 Das Gebot der Klarheit 470
         4.3.3.3 Nachzahlungsverbot 470
         4.3.3.4 Die Mindestrestdienstzeit 471
         4.3.3.5 Verfrühte Erteilung der Pensionszusage (Probezeit) . . . 474
         4.3.3.6 Finanzierbarkeit 477
         4.3.3.7 Angemessenheit der Versorgungszusage 478

5 Unverfallbarkeit 481

- 5.1 Die gesetzliche Regelung des BetrAVG 481
  - 5.1.1 Änderung durch das AVMG 481
- 5.2 Beherrschende Gesellschafter-Geschäftsführer 482
  - 5.2.1 Notwendigkeit einer vertraglichen Regelung 482
  - 5.2.2 Zeitpunkt der Unverfallbarkeit 482
  - 5.2.3 Höhe der unverfallbaren Anwartschaft 482

6 Verzicht auf den Pensionsanspruch 484
- 6.1 Gründe für den Verzicht 484
- 6.2 Steuerliche Behandlung des Verzichts 484
  - 6.2.1 GmbH 484
  - 6.2.2 Gesellschafter-Geschäftsführer 484
  - 6.2.3 Bewertung des Versorgungsanspruchs 485

7 Gehaltsumwandlung („deferred compensation") 486
- 7.1 Aufschub des Zuflusses („deferred taxation") 486
- 7.2 Sozialversicherung 487
- 7.3 Unverfallbarkeit 487
- 7.4 Mitnahme von Anwartschaften 487
- 7.5 Anspruch auf Entgeltumwandlung 487
- 7.6 Kappungsgrenze 488

8 Rückdeckung der Pensionszusage 488
- 8.1 Gründe für eine Rückdeckung 488
- 8.2 Steuerliche Auswirkung der Rückdeckung (Saldierungsverbot) 490
- 8.3 Verschiedene Formen der Rückdeckung 490
  - 8.3.1 Rückdeckung mit einer Kapitallebensversicherung 490
  - 8.3.2 Rückdeckung mit einer Rentenversicherung 493
  - 8.3.3 Rückdeckung mit eigenen Wirtschaftsgütern („asset funding") 494
  - 8.3.4 Rückdeckung mit Aktien oder Aktienfonds 496
- 8.4 Verpfändung 496
- 8.5 Beleihung 497

9 Versicherung vorzeitiger Risiken 497

10 Steuerfreiheit von Leistungen 498

1 Überblick

1.1 Inhalt der Pensionszusage

Unter einer Pensionszusage versteht man eine Vereinbarung zwischen dem Arbeitgeber und dem Arbeitnehmer, in der der Arbeitgeber sich verpflichtet, dem Arbeitnehmer oder seinen Hinterbliebenen bei Erreichen einer bestimmten Altersgrenze oder im Todes- bzw. Invaliditätsfall Versorgungsleistungen zu zahlen. Im Unterschied zu den anderen Formen der betrieblichen Altersversorgung verpflichtet sich der Arbeitgeber, die Versorgungsbezüge selbst zu bezahlen; es wird also keine außenstehende Versorgungseinrichtung in die Rechtsbeziehung zwischen dem Arbeitgeber und dem Arbeitnehmer eingeschaltet. In der arbeitsrechtlichen Terminologie spricht man deshalb von einer „unmittelbaren Versorgungszusage" oder „Direktzusage".

Daraus ergibt sich, dass der Arbeitgeber aufgrund einer Pensionszusage keine Beiträge an eine Versorgungseinrichtung bezahlen muss. Die Pensionszusage bewirkt also bis zum Eintritt des Versorgungsfalles keinen Liquiditätsabfluss bei dem Unternehmen. Im Gegenteil führt die Zusage bei dem Unternehmen sogar zu einem Liquiditätsvorteil, weil es aufgrund der eingegangenen Verpflichtung in der Bilanz eine Rückstellung bilden muss, die sich gewinnmindernd auswirkt und damit zu einer Steuerersparnis führt.

Im Unterschied zu den anderen Durchführungswegen der betrieblichen Altersversorgung gibt es bei der Pensionszusage keine gesetzliche Begrenzung der Versorgungsleistungen oder der „Beiträge". Auch aus diesem Grund eignet sich dieser Durchführungsweg besonders für die Versorgung von Gesellschafter-Geschäftsführern einer GmbH. Allerdings hat die Rechtsprechung des BFH insofern Begrenzungen eingeführt, als eine Altersversorgung gegen § 6a EStG verstößt, soweit sie mehr als 75 Prozent der Aktivbezüge beträgt[1]. Die Höhe der „Beiträge" hat die Rechtsprechung bei Gesellschafter-Geschäftsführern dadurch begrenzt, dass die Angemessenheit der Gesamtausstattung zu prüfen ist[2].

1.2 Die drei Bestandteile der Pensionszusage

Üblicherweise enthält eine Pensionszusage drei Bestandteile.

---

1 siehe Abschnitt 4.3.3.7.
2 siehe Abschnitt 4.2.4.1.

1.2.1 Ruhegehalt

Das Unternehmen verspricht dem Arbeitnehmer, ihm bei Erreichen der vertraglich vereinbarten Altersgrenze regelmäßig einen bestimmten Betrag als Ruhegehalt zu zahlen. Üblicherweise wird der Eintritt in den Ruhestand mit Vollendung des 65. Lebensjahres vereinbart[3]. Die Höhe des Ruhegehalts kann mit einem festen Betrag vereinbart werden oder aber auch als Prozentsatz der letzten Aktivbezüge. Unzulässig ist es dagegen, die Höhe der Versorgungsbezüge an die Höhe des Gewinns oder des Umsatzes zu knüpfen[4].

1.2.2 Hinterbliebenenversorgung

Ist der Arbeitnehmer verheiratet, so wird in der Regel auch eine Witwen- und gegebenenfalls auch eine Waisenversorgung vereinbart: Der Arbeitgeber verspricht dem Arbeitnehmer, bei dessen Tod Versorgungsleistungen an seine Witwe zu zahlen. Die Witwenrente wird in der Regel in Höhe eines bestimmten Prozentsatzes der Altersversorgung vereinbart, meistens in Höhe von 60 Prozent der Altersversorgung. Die Witwenversorgung soll in der Regel auch dann gezahlt werden, wenn der Arbeitnehmer vor Erreichen des Pensionsalters verstirbt.

Auch für einen nichtehelichen Lebensgefährten kann eine Hinterbliebenenversorgung vereinbart werden. Zur Vermeidung von Unklarheiten sollte man diese Person jedoch namentlich benennen[5].

Die Waisenrente soll in der Regel solange gezahlt werden wie sich das Kind in der Ausbildung befindet und kein eigenes Einkommen hat. Häufig wird außerdem ein Höchstalter von 25 bis 27 Jahren vereinbart.

1.2.3 Berufsunfähigkeitsrente

Häufig wird auch vereinbart, dass der Arbeitgeber dem Arbeitnehmer eine Versorgung zahlt, wenn dieser vor Erreichen des Pensionsalters berufsunfähig wird (BU-Rente). Üblich ist es, die Berufsunfähigkeitsrente in der gleichen Höhe zu vereinbaren wie die Altersrente. Die BU-Rente sollte nur bis zum Erreichen der Altersgrenze gezahlt werden und dann von der Altersrente abgelöst werden[6]. Wird eine Dynamisierung der BU-Rente vereinbart, muss geregelt sein, dass die BU-Rente bei Erreichen der Altersgrenze von einer Altersrente in gleicher Höhe abgelöst wird.

---

3 Siehe Abschnitt 4.3.3.1.
4 Siehe Abschnitt 4.2.2.4.
5 BMF vom 25. Juli 2002, BStBl. I 2002. S. 706.
6 Siehe Abschnitt 4.3.3.1.

1.3 Zusätzliche Regelungen

1.3.1 Dynamisierung

Empfehlenswert ist es, die Höhe der Versorgungsbezüge (laufenden Leistungen) zu dynamisieren. Eine Steigerungsrate von bis zu zwei Prozent jährlich wird von der Finanzverwaltung ohne weiteres als angemessen anerkannt. Bemessungsgrundlage für die Steigerung sollten die jeweiligen Vorjahresbezüge sein. Eine Dynamisierung der Anwartschaft ist dagegen nicht empfehlenswert, weil die Finanzverwaltung stets argwöhnt, dass dies zu einer Überversorgung führt[7].

1.3.2 Abfindung

Bei beherrschenden Gesellschafter-Geschäftsführern sollte man außerdem regeln, dass die GmbH bei Erreichen des Pensionsalters die Pensionsansprüche durch einen Kapitalbetrag in Höhe des Barwertes abfinden kann. Anderenfalls besteht die Gefahr, dass die Finanzverwaltung eine derartige Abfindung als verdeckte Gewinnausschüttung behandelt[8]. Vorsichtshalber sollte man bei beherrschenden Gesellschafter-Geschäftsführern außerdem vereinbaren, dass die GmbH die Ansprüche auch dann abfinden darf, wenn das Beschäftigungsverhältnis vor Eintritt des Versorgungsfalles endet, etwa weil der Gesellschafter seine Anteile verkauft. In diesem Fall sollte der Kapitalbetrag dem Barwert der zu diesem Zeitpunkt erdienten Ansprüche entsprechen[9]. Nach Auffassung des Autors sollte man außerdem einen Anspruch auf Kapitalabfindung für den Fall vereinbaren, dass das Insolvenzverfahren über das Vermögen der GmbH eröffnet wird[10].

1.3.3 Unverfallbarkeit

Bei beherrschenden Gesellschafter-Geschäftsführern muss man außerdem die Unverfallbarkeit vertraglich regeln, weil hier die gesetzlichen Regelungen des BetrAVG nicht gelten[11]. Zulässig und empfehlenswert ist es, die Ansprüche sofort unverfallbar werden zu lassen[12].

---

7 Siehe Abschnitt 4.2.4.3.
8 Siehe Abschnitt 3.3.2.
9 Siehe Abschnitt 4.2.2.2.
10 Siehe Abschnitt 8.1.
11 Siehe Abschnitt 5.2.1.
12 BMF vom 9.12.2002, BStBl. I 2002.

2 Steuerliche Auswirkung der Pensionszusage beim Unternehmen

2.1 Die Rückstellung

Das Unternehmen, das die Pensionszusage erteilt, muss die sich daraus ergebende Verpflichtung auf der Passivseite der Bilanz ausweisen. Da die Verpflichtung der Höhe nach ungewiss ist, handelt es sich um eine so genannte Rückstellung. Auch wenn die Pensionszusage drei verschiedene Bestandteile umfasst, ist eine einzige, alle Zusagebestandteile berücksichtigende Rückstellung zu bilden, da es sich um ein einheitliches Wirtschaftsgut handelt. Die erstmalige Bildung der Rückstellung und ihre späteren Erhöhungen sind steuerlich als Aufwand zu verbuchen und mindern dementsprechend den Gewinn des Unternehmens.

2.2 Die Höhe der Pensionsrückstellung (§ 6a Abs. 3 EStG)

2.2.1 Teilwert nach Eintritt des Versorgungsfalles

Nach § 6a Abs. 3 Satz 1 EStG darf die Pensionsrückstellung höchstens mit dem in dieser Vorschrift geregelten Teilwert der Pensionsverpflichtung angesetzt werden.

Vom Eintritt des Versorgungsfalles an entspricht der Teilwert der Rückstellung dem Barwert der künftigen Pensionsleistungen. Darunter versteht man die Summe der einzelnen künftigen Leistungen unter Berücksichtigung von Zinsen und Zinseszinsen und der Wahrscheinlichkeit, dass die einzelnen Leistungen fällig werden. Es wird also zunächst ausgehend von versicherungsmathematischen Wahrscheinlichkeitsberechnungen, insbesondere von Sterbetafeln, ermittelt, welche Pensionszahlungen zukünftig zu erwarten sind. Entsprechend den künftigen Zahlungsterminen wird diese Summe – unter Zugrundelegung eines Zinssatzes von sechs Prozent – abgezinst.

Nach einer *Faustformel* kann man den Barwert bei Erreichen der Altersgrenze wie folgt abschätzen:

Wird einer männlichen Person ausschließlich eine Altersversorgung – ohne Dynamisierung – zugesagt, beträgt der Barwert etwa das 9.8-fache der Jahrespension.

Wird zusätzlich eine Witwenversorgung vereinbart, beträgt der Barwert etwa das 11-fache der Jahrespension.

Jeder Prozentsatz, um den die laufenden Leistungen dynamisiert werden, führt zu einer Erhöhung des Barwertes um etwa zehn Prozent.

Pensionszusage

Beispiel:
Einer männlichen 40-jährigen Person wird eine Pension von monatlich 1.000 EURO, eine Berufsunfähigkeitsrente von ebenfalls 1.000 EURO sowie eine Witwenrente von 60 Prozent zugesagt.

Bei Erreichen des vereinbarten Pensionsalters von 65 Jahren beträgt die Rückstellung 140.837,00 EURO.

Wird zusätzlich eine Dynamisierung der laufenden Pension von drei Prozent vereinbart, beträgt die Rückstellung 187.638,00 EURO.

Hat der Arbeitnehmer das Pensionsalter erreicht, muss das Unternehmen ihm monatlich die zugesagte Pension auszahlen. Steuerlich ist diese Pensionszahlung in vollem Umfang als Aufwand gewinnmindernd zu buchen. Dafür ist jedes Jahr ein entsprechender Teil der Rückstellung gewinnerhöhend aufzulösen, weil sich der Barwert der zukünftigen Leistungen mit fortschreitendem Alter vermindert. Per Saldo wirken sich damit die Pensionszahlungen, die das Unternehmen dem Arbeitnehmer im Alter leistet, nur noch teilweise gewinnmindernd aus.

2.2.2 Teilwert vor Eintritt des Versorgungsfalles

Im Jahr der Erteilung der Pensionszusage darf nicht sofort der gesamte Barwert der zu erwartenden Versorgungsleistungen passiviert werden. Nach §6a EStG ist die Bildung der Rückstellung vielmehr auf den Zeitraum zwischen Erteilung der Zusage und dem vereinbarten Pensionsalter zu verteilen ist. Die Berechnung erfolgt gemäß §6a Abs. 3 EStG seit 1974 nach dem so genannten Teilwertverfahren. Der wesentliche Inhalt dieses Verfahrens besteht darin, dass bei der periodengerechten Verteilung der gesamte Zeitraum seit Beginn des Dienstverhältnisses berücksichtigt wird – und nicht nur die Zeit zwischen Erteilung der Zusage und Erreichen der Altersgrenze. Die Pensionszusage wird für die Berechnung der Rückstellung als Gegenleistung für die Tätigkeit seit dem Beginn des Dienstverhältnisses verstanden. Damit entspricht das Berechnungsprinzip demjenigen in §2 Abs. 1 BetrAVG für die Höhe des unverfallbaren Anspruchs. Soweit es um Gesellschafter-Geschäftsführer geht, widerspricht dies steuerrechtlich zwar dem Rückwirkungsverbot[13]; aufgrund der ausdrücklichen gesetzlichen Regelung gilt das Teilwertverfahren aber auch in diesen Fällen.

Hat das Dienstverhältnis schon vor Vollendung des 28. Lebensjahres des Pensionsberechtigten bestanden, so gilt es erst als zu Beginn desjenigen Wirtschaftsjahres begonnen, bis zu dessen Mitte der Pensionsberechtigte das 28. Lebensjahr vollendet (bei Pensionszusagen, die vor dem 1.1.2001 erteilt worden sind, ist die Vollendung des 30. Lebensjahres maßgeblich.)

Wegen der sofortigen Unverfallbarkeit der Anwartschaften bei Entgeltumwandlungen ist §6a Abs. 3 EStG durch das AVMG dahingehend ergänzt worden, dass bei einer Entgeltumwandlung der Barwert der gemäß §1 Abs. 2 BetrAVG unverfallbaren Anwartschaft sofort und ohne Berücksichtigung einer Altersgrenze rückstellungsfähig ist.

---
13 Siehe Abschnitt 4.3.3.3.

Dieses Rechenprinzip gilt auch bei einer Erhöhung der Pensionszusage. Hier wird vom Gesetz fingiert, der am Bilanzstichtag gültige Verpflichtungsumfang habe bereits vom Dienstbeginn an bestanden. Man spricht von einer Rückprojektion der Verhältnisse am Bilanzstichtag auf den Beginn des Dienstverhältnisses.

Das Teilwertverfahren hat zur Folge, dass die Höhe der Rückstellung unabhängig davon ist, wann die Zusage erteilt wird: Für Zusageempfänger mit gleichem Alter, gleichem Diensteintritt und gleichem Versorgungsumfang ergeben sich stets gleich hohe Teilwerte für die Pensionsrückstellung.

Ein weiterer und in der Praxis besonders wichtiger Effekt besteht darin, dass die Zuführung zur Pensionsrückstellung im Erstjahr (Jahr der Erteilung der Zusage) umso höher ist, je größer der Zeitraum zwischen Diensteintritt und Erteilung der Zusage ist (Vordienstzeit). Denn im Jahr der Erteilung der Zusage „springt" die Rückstellung praktisch auf eine mit Diensteintritt beginnende Kurve auf. Das Gleiche gilt wegen des Prinzips der Rückprojektion bei einer späteren Erhöhung der Zusage. Auch hier ist die dadurch ausgelöste Zuführung zur Rückstellung um so größer, je höher das Dienstalter des Berechtigten ist. Aus diesem Grund sieht § 6a Abs. 4 Satz 3 Halbsatz 2 EStG die Möglichkeit vor, die im Erstjahr erforderliche Zuführung zur Rückstellung auf dieses und die beiden folgenden Wirtschaftsjahre gleichmäßig zu verteilen.

Abbildung 1: Teilwertverfahrens (§ 6 Abs. 3 EStG)

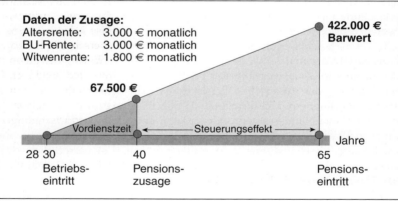

Wird der Arbeitnehmer vor Erreichen des vereinbarten Pensionsalters berufsunfähig oder verstirbt er, muss die Pensionsrückstellung in diesem Jahr auf den Barwert der zu erbringenden Versorgungsleistungen, d. h. der Berufsunfähigkeitsrente bzw. der Witwenrente aufgestockt werden. Man spricht von der Barwertauffüllung. Das Gleiche gilt gemäß § 6a Abs. 4 Satz 5 EStG, wenn der Arbeitnehmer vor Erreichen der Altersgrenze aus dem Unternehmen ausscheidet und sein Versorgungsanspruch bestehen bleibt, weil er unverfallbar geworden ist.

Aufgrund der Bildung der Rückstellung hat das Unternehmen in der Zeit zwischen Erteilung der Zusage und dem Eintritt des Versorgungsfalles einen steuerlichen Vorteil, weil die jährlichen Zuführungen zur Pensionsrückstellung den Gewinn mindern, ohne dass dem ein entsprechender Abfluss von Liquidität gegenübersteht. Bezüglich der Verteilung dieses Aufwands enthält § 6a Abs. 3 EStG jedoch eine starre Regelung, die genau vorschreibt, in welcher Höhe die Pensionsrückstellung jedes Jahr zu erhöhen ist. Das Unternehmen hat deshalb keine Möglichkeit, die Zuführungen zur Pensionsrückstellung in den einzelnen Jahren der jeweiligen Ertragslage anzupassen.

Der Steuervorteil, der sich aus einer Pensionszusage für das Unternehmen ergibt, besteht also im Wesentlichen darin, dass der Aufwand aus den Versorgungsleistungen zeitlich vorgezogen wird und bereits viele Jahre vor den betreffenden Zahlungen zu einer Gewinnminderung führt. Es handelt sich damit letztlich um einen Steuerstundungseffekt. Wird die Steuerersparnis, die bis zum Eintritt des Versorgungsfalles eintritt, zins- und steuergünstig angelegt, kann das Unternehmen bei optimaler Gestaltung die späteren Versorgungsleistungen weitgehend aus der Steuerersparnis finanzieren. Hierzu ist eine Rendite nach Steuern von etwa sieben bis acht Prozent erforderlich.

2.3 Verschiedene Unternehmensformen

2.3.1 Einzelunternehmen

Grundsätzlich kann jeder Unternehmer seinen Arbeitnehmern eine Pensionszusage erteilen. Voraussetzung für die Bildung einer Pensionsrückstellung ist allerdings, dass er den Gewinn durch einen Bestandsvergleich ermittelt, dass also jedes Jahr eine Bilanz aufgestellt wird. Freiberufler, die ihren Gewinn durch eine Überschussrechnung ermitteln, können deshalb keine Pensionsrückstellung bilden. Ein Einzelunternehmer kann sich selbst allerdings keine Pensionszusage erteilen, weil Verpflichtungen gegenüber sich selbst rechtlich nicht denkbar sind. Zulässig ist es aber, wenn der Einzelunternehmer seinem Ehegatten, der bei ihm als Arbeitnehmer tätig ist, eine Pensionszusage erteilt. Für diese Fälle hat die Rechtsprechung der Finanzgerichte jedoch besondere Voraussetzungen für die Anerkennung der Pensionsrückstellung aufgestellt[14].

2.3.2 Personengesellschaften

Auch eine Personengesellschaft wie eine Kommanditgesellschaft (KG) oder eine offene Handelsgesellschaft (OHG) kann dementsprechend ihren Arbeitnehmern eine Pensionszusage erteilen. Probleme ergeben sich jedoch, wenn die betreffenden Arbeitnehmer zugleich Gesellschafter der Personengesellschaft sind. Zivilrechtlich ist auch in diesen Fällen eine Pensionszusage wirksam. Steuerrechtlich ist jedoch zu beachten, dass Gesellschafter einer Personengesellschaft als Mitunternehmer gelten und gemäß § 15 Abs. 1 Nr. 2 EStG ihr Arbeitslohn als vorausgezahlter Gewinnanteil gilt, der den Gewinn des

---

14 Vgl. BMF vom 4.9.1984, BStBl. I 1984, S. 495 und BMF vom 9.1.1986, BStBl. I 1986, S. 7, BFH Urt. vom 18. 12. 2001, VIII R 69/98, GmbHR 2002, S. 498.

Unternehmens nicht mindern darf. Nach herrschender Meinung muss deshalb der Gesellschafter einer Personengesellschaft seinen Anspruch aus einer Pensionszusage in einer Sonderbilanz aktivieren. Aufgrund des Korrespondenzprinzips ist dieser Anspruch mit demselben Wert anzusetzen wie die Rückstellung[15]. Im Ergebnis bedeutet dies, dass bei einer Personengesellschaft eine Pensionszusage an einen Gesellschafter nicht zu einer Steuerersparnis führt, sondern lediglich zu einer Verschiebung des Gewinns zwischen den Gesellschaftern: Der Gewinn der übrigen Gesellschafter verringert sich und der Gewinn des Zusageberechtigten erhöht sich entsprechend. Prämien für eine Rückdeckungsversicherung stellen Entnahmen dar, die allen Gesellschaftern nach Maßgabe ihrer Beteiligung zuzurechnen sind[16].

2.3.3 Umwandlung einer GmbH in eine Personengesellschaft

Wird eine GmbH, bei der den Gesellschaftern eine Pensionszusage erteilt worden ist, in eine Personengesellschaft umgewandelt, so sind die bisher gebildeten Pensionsrückstellungen dem Grunde nach nicht aufzulösen, sondern sowohl in der Handels- als auch in der Steuerbilanz fortzuführen[17]. Da der Gesellschafter-Geschäftsführer nach der Umwandlung steuerrechtlich Mitunternehmer und nicht mehr Arbeitnehmer ist, gilt das Arbeitsverhältnis aber als beendet. Die Personengesellschaft muss deshalb die Rückstellung mit dem Anwartschaftsbarwert gemäß § 6a Abs. 3 Nr. 2 EStG bewerten. Dabei darf allerdings nur der bis zum Übertragungsstichtag erdiente Teil des Anspruchs berücksichtigt werden. Da dieser Wert bei einem Arbeitnehmer, der das Pensionsalter noch nicht erreicht hat, in der Regel niedriger ist als der bei der GmbH gebildete Teilwert gemäß § 6a EStG, kommt es bei der Personengesellschaft insoweit zu einer erfolgswirksamen Auflösung der Rückstellung[18].

2.3.4 GmbH & Co. KG

Nach dem Urteil des BFH vom 2.8.1960[19] gehören bei einer GmbH & Co. KG zu den Vergütungen eines Gesellschafters im Sinne des § 15 Abs. 1 Nr. 2 EStG auch seine Bezüge als Geschäftsführer der Komplementär GmbH, soweit sie auf eine Tätigkeit entfallen, die er für die Personengesellschaft ausübt. Erteilt bei einer GmbH & Co. KG die GmbH, die lediglich die Geschäfte der KG führt, ihrem Geschäftsführer, der zugleich Kommanditist der KG ist, eine Pensionszusage, so ist deshalb zwar in der Steuerbilanz der GmbH eine Rückstellung zu bilden. Im Rahmen der Gewinnermittlung der GmbH & Co. KG ist der sich daraus ergebende Aufwand der GmbH jedoch durch Aktivierung eines gleich hohen An-

---

15 BFH, Urteil vom 2.12.1997, DStR 1998, S. 482.16 BFH Urt. vom 28.6.2001, IV R 41/00, DStRE 2002, S. 2.
17 BFH Urt. 22.6.1997, I R 8/75, BStBl. II 1977, S. 798.
18 Vgl. FG Nürnberg Beschluss vom 26. 6. 2002, DStRE 2002, S. 1292 sowie Neumann, Behandlung von Pensionszusagen an Gesellschafter-Geschäftsführer bei Umwandlung einer GmbH auf eine Personengesellschaft GmbHR 2002, S. 996.
19 BStBl. III 1960, S. 408.

spruchs auf die Pension in der Sonderbilanz des begünstigten Gesellschafters auszugleichen[20]. Bei einer GmbH & Co. KG führt deshalb die Erteilung einer Pensionszusage an einen Geschäftsführer, der zugleich Kommanditist ist, lediglich zu einer Veränderung der Verteilung des Gewinns der KG: Der Gewinnanteil der GmbH vermindert sich durch die Bildung der Rückstellung, der Gewinnanteil des betreffenden Kommanditisten erhöht sich aber in gleichem Umfang durch Aktivierung des Anspruchs in einer Sonderbilanz[21].

2.3.5 Kapitalgesellschaften

Besondere Bedeutung hat die Pensionszusage in der Praxis bei Unternehmen, die in der Rechtsform der GmbH (oder AG) organisiert sind. Denn bei dieser Rechtsform besteht die Möglichkeit, eine Pension mit steuerlicher Wirkung auch solchen Beschäftigten zuzusagen, die Gesellschafter des Unternehmens sind. Denn sowohl zivilrechtlich als auch steuerrechtlich stellt die GmbH ihren Gesellschaftern gegenüber eine selbständige Person dar, sodass Verträge zwischen der GmbH und ihren Gesellschaftern wie zwischen fremden Dritten möglich sind. Steuerrechtlich werden derartige Verträge jedoch nur dann anerkannt, wenn besondere zusätzliche Vorraussetzungen erfüllt sind: Die Finanzverwaltung prüft, ob die Zusage ihren Grund in dem Beschäftigungsverhältnis oder in der Stellung als Gesellschafter hat. Beruht die Zusage auf dem Gesellschaftsverhältnis, wird die Pensionszusage als verdeckte Gewinnausschüttung (vGA) behandelt und die durch die Zuführung zur Rückstellung eingetretene Gewinnminderung durch Hinzurechnung zum Gewinn – außerhalb der Bilanz – wieder rückgängig gemacht. Besondere Bedeutung hat diese Prüfung bei beherrschenden Gesellschafter-Geschäftsführern. Hier prüft die Finanzverwaltung vor allem, ob die Zusage nicht zu früh oder zu spät erteilt worden ist und ob die vereinbarte Pension der Höhe nach angemessen ist[22].

3. Steuerliche Auswirkung der Pensionszusage beim Beschäftigten

3.1 Überblick

Die Vereinbarung einer Pensionszusage löst bei dem Beschäftigten bis zum Eintritt des Versorgungsfalles keine Steuerpflicht aus, da bei ihm während dieser Zeit lediglich eine Anwartschaft auf die späteren Leistungen entsteht. Da die Versorgungsleistungen bei dem Beschäftigten im Rahmen der Einkünfte aus nichtselbständiger Arbeit zu erfassen sind, sodass die Einkünfte nicht wie bei dem Unternehmen durch einen Vermögensvergleich ermittelt werden, sondern durch eine Überschussrechnung (§ 11 EStG), sind die

---

20 BFH, Urteil vom 16.12.1992, BStBl. II 1993, S. 792.
21 Vgl. auch BFH Urt. vom 7.2.2002, Az. IV R 62/00, DStR 2002, S. 1082.
22 Siehe Abschnitt 4.3.3.

Versorgungsleistungen bei ihm erst in dem Zeitpunkt steuerpflichtig, in dem sie ihm tatsächlich zufließen.

Die Entstehung von Ansprüchen und Anwartschaften löst deswegen bei dem Beschäftigten noch keine Steuerpflicht aus. Dies gilt auch bei einer Verpfändung der Rückdeckung. Aus dem gleichen Grund sind in der Anwartschaftsphase auch keine Sozialversicherungsbeiträge zu zahlen[23].

3.1.1 Sonderausgaben

Der Sonderausgabenabzug nach dem durch das AVMG eingeführten § 10a Abs. 2 EStG ist lediglich für die Durchführungswege Pensionsfonds, Pensionskasse und Direktversicherung zulässig, sofern die Beiträge aus Arbeitsentgelt stammen, das bei dem Arbeitnehmer steuer- und beitragspflichtig war. Bei einer Pensionszusage greift diese Vorschrift dagegen nicht ein.

3.1.2 Lohnsteuer

Nach Eintritt des Versorgungsfalles sind die Bezüge bei dem Berechtigten als Einnahmen aus nichtselbstständiger Arbeit wie Arbeitslohn zu erfassen. Dies bedeutet zum einen, dass die Versorgungsleistungen mit dem vollen Nominalbetrag und nicht etwa nur mit einem Ertragsanteil besteuert werden. Zum anderen bedeutet dies, dass von dem Unternehmen auch Lohnsteuer einzubehalten ist wie bei einem aktiven Arbeitnehmer. Denn zum Arbeitslohn gehört nach § 2 Abs. 2 Nr. 2 LStDV auch Arbeitslohn für ein früheres Dienstverhältnis. Dementsprechend muss der Versorgungsempfänger dem Unternehmen auch eine Lohnsteuerkarte vorlegen.

Die Lohnsteuerpflicht gilt auch für Hinterbliebene, wie etwa Witwen und Waisen, die Versorgungsbezüge beziehen. Obwohl sie selbst nicht die Arbeitsleistung erbracht haben, stellen die Bezüge bei ihnen gemäß § 19 Abs. 1 Nr. 2 EStG Einnahmen aus nichtselbständiger Arbeit dar, sodass davon Lohnsteuer einbehalten werden muss.

3.2 Freibeträge

3.2.1 Versorgungsfreibetrag

Hat der Pensionsberechtigte das 63. Lebensjahr vollendet, (bei Schwerbehinderten (mindestens 50 Prozent) das 60. Lebensjahr), bleiben bei ihm gemäß § 19 Abs. 2 Satz 1 EStG 40 Prozent der Versorgungsleistungen, höchstens jedoch ein Betrag von 3.072 EURO steuerfrei. Bei Invaliditäts- und Hinterbliebenenleistungen wird der Versorgungsfreibetrag nach § 19 Abs. 2 Nr. 2 EStG unabhängig von dem Alter des Versorgungsberechtigten gewährt.

---

23 Zu den Besonderheiten bei einer Entgeltumwandlung siehe Abschnitt 7.5.

Pensionszusage

Der Versorgungsfreibetrag wird auch dann abgezogen, wenn neben den Versorgungsbezügen Einkünfte aus nichtselbständiger Arbeit für eine aktive Tätigkeit bezogen werden.

3.2.2 Arbeitnehmerpauschbetrag

Da es sich bei den Versorgungsbezügen um Einnahmen aus nichtselbständiger Arbeit handelt, kann der Berechtigte auch den Arbeitnehmerpauschbetrag von 1.044 EURO jährlich geltend machen (§ 9a Nr. 1 EStG).

3.2.3 Altersentlastungsbetrag

Der Altersentlastungsbetrag von 40 Prozent gemäß § 24a EStG wird dagegen für Versorgungsbezüge im Sinne des § 19 Abs. 2 EStG aufgrund der ausdrücklichen Regelung in § 24a Satz 2 EStG nicht gewährt.

3.3 Kapitalabfindung

3.3.1 Besteuerung bei dem Berechtigten

Bei Eintritt des Versorgungsfalles wird der Pensionsanspruch von der GmbH häufig durch Zahlung eines Kapitalbetrages abgefunden. Damit entledigt sich die GmbH insbesondere des Risikos der Langlebigkeit des Berechtigten und vermeidet es, die laufenden Leistungen an die steigenden Lebenshaltungskosten anpassen zu müssen. Die Abfindung ist im Rahmen der Einkünfte aus nichtselbständiger Arbeit zu erfassen und lohnsteuerpflichtig[24]. Wird dem Berechtigten zur Abfindung seiner Versorgungsansprüche der Anspruch aus einer Kapitallebensversicherung abgetreten, so handelt es sich um einen steuerpflichtigen Sachbezug. Der Anspruch ist grundsätzlich mit dem Deckungskapital der Versicherung zu bewerten.

3.3.2 Verdeckte Gewinnausschüttung

Handelt es sich um einen beherrschenden Gesellschafter-Geschäftsführer, so sieht die Finanzverwaltung in der Kapitalabfindung schon dann eine verdeckte Gewinnausschüttung (vGA), wenn die Möglichkeit einer Kapitalabfindung in dem Zusagetext nicht vereinbart worden ist. Dies halte ich zwar für falsch, weil der Gesellschafter durch eine Abfindung mit dem Barwert nicht mehr erhält als durch die vereinbarten laufenden Leistungen. Vorsichtshalber sollte man aber deshalb die Möglichkeit der Kapitalabfindung von vorneherein vereinbaren[25].

---

24 Vgl. BFH Urt. vom 9. 10. 2002, Az. VI R 112/99, DStR 2002, S. 2167.
25 Vgl. Beck, steuerliche Überlegungen zur Pensionszusage des Gesellschafter-Geschäftsführers bei Veräußerung der GmbH, DStR 2002, S. 473 sowie Haßelberg, Erwiderung, DStR 2002, 1803.

Bisher hat man eine solche Vereinbarung unterlassen, weil man befürchtete, dadurch die Steuervergünstigung nach den §§ 34, 24 EStG (halber Steuersatz) zu verlieren. Da diese Vergünstigung seit 1999 aber ohnehin nicht mehr in Betracht kommt, kann ein solche Regelung nicht schädlich sein[26]. Bereits vorhandene Zusagevereinbarungen sollte man deshalb überprüfen und gegebenenfalls um eine solche Abfindungsregelung ergänzen.

Wird der Versorgungsanspruch vor Eintritt des Versorgungsfalles durch einen Kapitalbetrag abgefunden, etwa weil der Gesellschafter-Geschäftsführer seine Anteile an der GmbH verkauft, so sieht die Finanzverwaltung darin auch bei einer entsprechenden vorherigen Vereinbarung eine vGA, weil dies gegen § 3 BetrAVG verstößt. Diese Auffassung halte ich ebenfalls nicht für richtig, weil § 3 BetrAVG ein Arbeitnehmerschutzrecht darstellt und der Geschäftsführer durch eine Abweichung von der gesetzlichen Regelung deshalb nicht besser gestellt wird. Nach der Auffassung von Haßelberg[27] soll eine Kapitalabfindung an einen Gesellschafter, der das 60. Lebensjahr noch nicht vollendet hat, eine vGA darstellen, weil die Vereinbarung einer Altersgrenze von weniger als 60 Jahren von der Finanzverwaltung nicht anerkannt wird. Nach Auffassung des Autors hat dies mit dem Problem der Kapitalabfindung bei vorzeitigem Ausscheiden aber nichts zu tun.

Behandelt das Finanzamt die Abfindung als vGA, so ist dies für den Gesellschafter-Geschäftsführer in der Regel sogar vorteilhaft, weil er in diesem Fall die Abfindung nur nach dem Halbeinkünfteverfahren versteuert. Den Nachteil hat die GmbH, weil diese die Abfindung nicht als Betriebsausgabe abziehen kann[28].

3.3.3 Freibetrag nach § 3 Nr. 9 EStG

Der Freibetrag nach § 3 Nr. 9 EStG kann für eine solche Abfindung nicht in Anspruch genommen werden, weil die Abfindung nicht wegen einer vom Arbeitgeber veranlassten Auflösung des Dienstverhältnisses gezahlt wird, sondern zur Abgeltung der Forderung gegen die GmbH aus dem Versorgungsvertrag[29].

3.3.4 Tarifermäßigung gemäß § 34 EStG

Zeitraum bis 1998:

Halber Steuersatz

Für die Jahre bis 1998 ist streitig, ob und unter welchen Vorraussetzungen eine Abfindung nach § 34 Abs. 1 EStG mit dem halben Steuersatz besteuert werden durfte. Nach

---

26 Siehe Abschnitt 3.3.2.
27 Abfindung oder Übertragung von Pensionszusagen an beherrschende Gesellschater vor Erreichen der Altersgrenze, GmbHR 2003, S. 992.
28 Siehe Abschnitt 4.2.2.2. Vgl. im Übrigen auch Poppelbaum, Ablösung von rückgedeckten Pensionszusagen an beherrschende Gesellschafter – Geschäftsführer NWB Fach 3, S. 12705.
29 BFH, Urteile vom 9. Juli 1992, BStBl. II 1993, S. 27 und vom 6.3.2002, Az. XI R 36/01, BFH/NV 2002, S. 1144. Vgl. aber FG Düsseldorf, Urt. vom 14.5.2002 DStRE 2002, S. 22, Revision eingelegt, Az. des BFH XI R 18/02).

Pensionszusage

der bis 1998 geltenden Fassung des § 34 EStG unterlag eine Abfindung dem halben Steuersatz, wenn es sich um eine Entschädigung i. S. d. § 24 Nr. 1 EStG handelte. Die Abfindung musste einen Ersatz für entgangene und entgehende Einnahmen darstellen[30].

Drittelung gemäß § 34 Abs. 3a.F. EStG

Jedenfalls waren – wie bei einem Verzicht – aber die Vorraussetzungen des § 34 Abs. 3 EStG erfüllt, da es sich bei der Abfindung um eine Vergütung für mehrjährige Tätigkeit handelte[31].

Zeitraum ab 1999 (Fünftel-Regelung):

Diese Frage hat sich jedoch für die Jahre ab 1999 erledigt, weil der Gesetzgeber durch das Steuerentlastungsgesetz 1999/2000/2002 den halben Steuersatz für Entschädigungen abgeschafft hat. Ab 1999 besteht für Abfindungen lediglich die Möglichkeit, die so genannte Fünftel-Regelung in Anspruch zu nehmen.

Praxishinweis:

Die Steuerersparnis durch die Fünftel-Regelung hängt im Wesentlichen davon ab, wie hoch in diesem Jahr die laufenden, normal zu versteuernden Einkünfte sind. Aus diesem Grund sollte man unbedingt vereinbaren, dass die Abfindung von der GmbH erst im Folgejahr ausgezahlt wird. Da bei Gesellschafter-Geschäftsführer insofern das Zuflussprinzip gilt, wird die Abfindung dadurch erst im Folgejahr erfasst. In diesem Jahr sind aber normalerweise die laufenden Einkünfte geringer, weil das Gehalt als Geschäftsführer nicht mehr fließt und auch der Gewinn aus der Veräußerung der GmbH Anteile in das Vorjahr fällt.

3.4 Der Vorwegabzug für Vorsorgeaufwendungen

3.4.1 Kürzung des Vorwegabzugs

Bei beherrschenden Gesellschaftergeschäftsführern ergibt sich vor Eintritt des Versorgungsfalles allerdings insofern eine einkommenssteuerliche Auswirkung, als durch die Vereinbarung einer Pensionszusage der Vorwegabzug für Vorsorgeaufwendungen bei den Sonderausgaben entfällt. Gemäß § 10 Abs. 2 EStG können bestimmte Vorsorgeaufwendungen als Sonderausgaben abgesetzt werden, soweit sie die in § 10 Abs. 3 EStG ge-

---

30 Vgl. BFH 27.2.1991, BStBl. II 1991, S. 703 sowie FG Baden-Württemberg vom 26.6.2001, DStRE 2002, S. 366 und vom 17.9.2001, DStRE 2002, S. 368, FG München, 24.10.2001, DStRE 2002, S. 368 aber auch FG Baden-Württemberg, Urt. vom 17.6.1999 Az.: 6K194/96 für den Fall, dass der Verkäufer noch als Geschäftsführer weitergearbeitet hat sowie BFH, Urt. v. 10. April 2003, Az XI R 4/02, BStBl. II 2003, S. 701.
31 BFH Urt. vom 9.7.1992, BStBl. II 1993, S. 27.

nannten Höchstbeträge nicht überschreiten. Paragraf 10 Abs. 3 EStG regelt in komplizierter Weise, wie dieser Höchstbetrag zu errechnen ist:

Er setzt sich zusammen aus einem so genannten Grundhöchstbetrag (Nr. 1), einem Vorwegabzug (Nr. 2) und einem hälftigen Abzug (Nr. 3). Der Vorwegabzug soll selbständig Tätigen einen Ausgleich dafür bieten, dass sie ihre Beiträge zur Zukunftssicherung in vollem Umfang selbst aufbringen müssen, während bei Arbeitnehmern der Arbeitgeber gesetzlich zur Beitragsleistung verpflichtet ist und dieser Arbeitgeberanteil nicht zu versteuern ist. Das Gesetz gewährt deshalb zunächst allen Steuerpflichtigen den Vorwegabzug, kürzt diesen dann aber bei bestimmten Personen um den typisierten Arbeitgeberanteil. Ungekürzt soll der Vorwegabzug nur solchen Personen zugute kommen, die in vollem Umfang selbst für ihre Altersversorgung aufkommen müssen. Nach § 10 Abs. 3 Buchstabe a EStG ist der Vorwegabzug deshalb um 16 Prozent der Summe der Einnahmen aus nichtselbstständiger Arbeit zu kürzen, wenn für die Zukunftssicherung des Steuerpflichtigen Leistungen i. S. des § 3 Nr. 62 EStG erbracht werden oder er zum Personenkreis des § 10c Abs. 3 Nr. 2 EStG gehört. Dabei handelt es sich um solche Arbeitnehmer, die nicht der gesetzlichen Rentenversicherung unterliegen und aufgrund vertraglicher Vereinbarungen Anwartschaftsrechte auf eine Altersversorgung ganz oder teilweise ohne eigene Beitragsleistung erworben haben. Dazu gehören insbesondere Beamte, Richter und Soldaten, aber auch beherrschende Gesellschafter-Geschäftsführer, die eine Pensionszusage erhalten haben. (Bei nicht beherrschenden Gesellschafter-Geschäftsführern sowie bei Fremdgeschäftsführern ist der Vorwegabzug schon deshalb zu kürzen, weil für diese von der GmbH Leistungen i. S. des § 3 Nr. 62 EStG erbracht werden.)[32]

3.4.2 Volle Kürzung, auch wenn die Voraussetzungen nur für einen Teil des Veranlagungszeitraums vorliegen

Nach R 106 Satz 2 EStR ist Bemessungsgrundlage für die Kürzung von 16 Prozent stets der gesamte Jahresarbeitslohn, auch wenn die Voraussetzungen für die Kürzung nur während eines Teils des Jahres vorgelegen haben. Diese Auffassung hat der BFH mit Urteil vom 16.10.2002[33] bestätigt, weil das Gesetz die Kürzung vorschreibt, **wenn** – und nicht soweit – Zukunftssicherungsleistungen vom Arbeitgeber erbracht werden. Hierdurch wird der betroffene Personenkreis bezeichnet und nicht die Bemessungsgrundlage für die Kürzung des Vorwegabzugs begrenzt.

3.4.3 Ehegatten

Nach der mit Wirkung ab dem Veranlagungszeitraum 2001 neu gefassten R 106 Satz 3 EStR ist bei zusammen veranlagten Ehegatten die Kürzung des Vorwegabzugs auch dann vom zusammengerechneten Arbeitslohn beider Ehegatten vorzunehmen, wenn nur für ei-

---

32 Vgl. Lehr, Kürzung des Vorwegabzugs im Lichte aktueller Rechtsprechung und Verwaltungsmeinung, DStR 2003, S. 763 sowie OFD Hannover, Vfg. Vom 25.2.2003, DStR 2003, S. 690.
33 Az.: XI R 75/00, DStR 2003, S. 462.

nen Ehegatten steuerfreie Zukunftssicherungsleistungen i. S. des § 3 Nr. 62 erbracht worden sind oder nur einer der Ehegatten zum Personenkreis des § 10c Abs. 3 Nr. 1 oder Nr. 2 EStG gehört. Dies bedeutet in Wahrheit zweierlei. Auch wenn dem Gesellschafter-Geschäftsführer keine Pensionszusage erteilt worden ist, ist der Vorwegabzug zu kürzen, wenn sein Ehegatte – mindestens für einen Teil des Jahres – die Voraussetzungen für die Kürzung erfüllt. Vermindert wird der gemeinsame Vorwegabzug von 6.136 EURO. Bemessungsgrundlage für die Kürzung um 16 Prozent soll nach Auffassung der Finanzverwaltung aber außerdem das gesamte Jahresgehalt beider Ehegatten sein und nicht nur das Gehalt desjenigen, der die steuerfreien Zukunftssicherungsleistungen erhalten hat. Zur Begründung beruft sich die Finanzverwaltung darauf, dass zusammenveranlagte Ehegatten beim Abzug der Sonderausgaben eine Einheit darstellen[34]. Der BFH hat jedoch mit Beschluss vom 14.4.2003[35] die Vollziehung eines entsprechenden Steuerbescheides ausgesetzt, weil er die Auffassung der Finanzverwaltung für zweifelhaft hält.

3.4.4 Pensionszusage für Alleingesellschafter-Geschäftsführer

Der Vorwegabzug wird u. a. bei solchen Personen gekürzt, die Ansprüche auf Altersversorgung ohne eigene Beitragsleistungen erworben haben. Hierunter fielen nach bisher unbestrittener Auffassung alle beherrschenden Gesellschafter-Geschäftsführer, die eine Pensionszusage erhalten haben. Mit Urteil vom 16.10.2002[36] hat der BFH jedoch entschieden, dass der Vorwegabzug des Alleingesellschafter-Geschäftsführers einer GmbH trotz der ihm von der GmbH erteilten Pensionszusage nicht zu kürzen ist. Zur Begründung weist der BFH darauf hin, dass der Alleingesellschafter-Geschäftsführer wirtschaftlich betrachtet die Altersversorgung letztlich doch durch eigene Beitragsleistungen aufbaut, weil er insofern auf Gewinne der GmbH und damit auf entsprechende Ausschüttungen verzichtet. Die Finanzverwaltung wendet dieses Urteil nicht an[37].

Nach Auffassung des Autors dürfte diese Entscheidung nur für Alleingesellschafter gelten. Denn eine Kürzung des Vorwegabzugs ist nach dem Gesetzeswortlaut bereits dann vorzunehmen, wenn der Pensionsberechtigte seine Anwartschaftsrecht auch nur teilweise ohne eigene Beitragsleistungen erwirbt. Ist der Pensionsberechtigte aber nicht Alleingesellschafter, wird die Gewinnminderung zumindest teilweise auch von den anderen Gesellschaftern getragen. In der Literatur wird allerdings erörtert, die Entscheidung auch dann anzuwenden, wenn zwei Gesellschafter zu je 50 Prozent beteiligt sind und sie von der GmbH identische Pensionszusagen erhalten[38]. Zu bedenken ist insofern aber, dass die Zuführungen zu den Rückstellungen nur dann identisch sind, wenn auch die Vordienstzeiten übereinstimmen.

---

34 BFH, Urt. 12.10.1994, X R 260/93, BStBl. II 1995, S. 119.
35 Az.: XI B 226/02, DStR 2003, S. 1020.
36 Az.: XI R 25/01, BFH/NV 2003, S. 252.
37 OFO Berlin, Vfg. vom 14.3.2003 St 172 – S. 2221 – 10/01.
38 Luxem, GmbH-StB 2003, S. 36.

Änderung bestandskräftiger Bescheide:

Möglicherweise müssen die Finanzämter sogar bestandskräftige Bescheide ändern und den Vorwegabzug ungekürzt berücksichtigen, weil sie seit einigen Jahren allen Steuerbescheiden einen Vermerk gemäß § 165 Abs. 1 AO beigefügt haben, wonach die Einkommensteuerbescheide „im Hinblick auf die Anhängigkeit von Verfassungsbeschwerden bzw. Revisionen hinsichtlich der beschränkten Abzugsfähigkeit von Vorsorgeaufwendungen (§ 10 Abs. 3 EStG)"[39] vorläufig sind. Die Finanzverwaltung lehnt eine solche Änderung bisher aber ab, weil sie der Auffassung ist, ihr Vorläufigkeitsvermerk habe diese Frage nicht erfassen sollen. Nach Auffassung des Autors könnte sich die Finanzverwaltung auf einen beschränkten Geltungsbereich der Vorläufigkeit aber nur dann berufen, wenn dies in dem betreffenden Vermerk auch zum Ausdruck gekommen wäre[40].

3.4.5 Blankettzusage

Eine bloße Blankettzusage führt nach herkömmlicher Meinung noch nicht zu einer Kürzung des Vorwegabzugs. Darunter versteht man die Zusage einer Altersversorgung lediglich dem Grunde nach, bei der aber die genaue Ausstattung und die Sicherung noch nicht konkretisiert sind[41].

Mit Urteil vom 14.6.2000[42] hat der BFH bestätigt, dass der Vorwegabzug in solchen Fällen nicht zu kürzen ist, weil die GmbH hier noch keine finanzielle Vorsorge durch Bildung einer Pensionsrückstellung oder durch Zahlung von Beiträgen getroffen hat.

3.4.6 Behandlung als verdeckte Gewinnausschüttung

Für die Kürzung des Vorwegabzugs kommt es nicht darauf an, ob das Unternehmen in der Steuerbilanz eine Pensionsrückstellung bilden darf. Ebenso ist unerheblich, ob es eine Rückdeckung, etwa durch Abschluss einer Versicherung, gebildet hat. Für die Kürzung des Vorwegabzugs ist allein maßgeblich, dass der Gesellschafter-Geschäftsführer zivilrechtlich einen wirksamen Anspruch auf Pensionsleistungen erhalten hat.

In der Literatur wird allerdings erörtert, ob auch eine Pensionszusage, die von der Finanzverwaltung als verdeckte Gewinnausschüttung behandelt wird, die Kürzung des Vorwegabzugs rechtfertigt. Denn nach der Formulierung des Gesetzes sei eine Kürzung nur vorzunehmen, wenn die Anwartschaftsrechte auf eine Altersversorgung ohne eigene Beitragsleistungen „im Zusammenhang mit der Berufstätigkeit" erworben würden. Beurteile die Finanzverwaltung die Pensionszusage als vGA, so gebe sie damit aber zu erkennen, dass diese nicht im Zusammenhang mit dem Beschäftigungsverhältnis stehe,

---

39 BMF vom 29.6.2001, BStBl. I 2001, S. 414.
40 Vgl. BMF vom 12.6.2003, BStBl. 2003, S. 338.
41 Vgl. OFD Frankfurt/Main vom 1.9.2000, DB 2000, S. 2149.
42 Az.: XI R 57/99, DStRE 2000, S. 101.

sondern aufgrund der Gesellschafterstellung erteilt worden sei. Auch diese Frage ist bisher vom BFH noch nicht entscheiden worden.

Kleine Versorgungszusagen:

Nach der Rechtsprechung des BFH führen auch unbedeutende Versorgungszusagen zu einer Kürzung des Vorwegabzugs[43]. Nach dem Urteil des FG Köln vom 9.11.2001 ist der Vorwegabzug auch dann zu kürzen, wenn nur eine Berufsunfähigkeitsrente vereinbart wird[44].

Der beherrschende Gesellschafter-Geschäftsführer verliert somit aufgrund einer Pensionszusage den Vorwegabzug bei den Sonderausgaben unabhängig davon, wie hoch die versprochenen Versorgungsleistungen sind. Die Erteilung einer Pensionszusage ist deshalb nur dann sinnvoll, wenn der durch die Rückstellung bei der GmbH erzielte Vorteil diesen Nachteil überkompensiert[45].

3.5 Erbschaftsteuer

Nach der Rechtssprechung des BFH unterliegen bei einem beherrschenden Gesellschafter-Geschäftsführer die Ansprüche auf die Hinterbliebenenversorgung der Erbschaftsteuer. Dementsprechend werden in diesen Fällen der besondere Versorgungsfreibetrag nach § 17 Abs. 1 ErbStG für den überlebenden Ehegatten (in Höhe von 256.000 EURO) bzw. die Versorgungsfreibeträge für die Kinder nach § 17 Abs. 2 ErbStG nicht um den Kapitalwert der Hinterbliebenenbezüge gemindert.

Dies gilt jedoch nur für solche Gesellschafter-Geschäftsführer, die eine beherrschende Stellung inne haben. Sind sie nicht beherrschend, unterliegen nach der Rechtssprechung des BFH die Ansprüche auf die Hinterbliebenenversorgung nicht der Erbschaftsteuer[46]. Dementsprechend mindert allerdings in diesen Fällen der Kapitalwert des Anspruchs auf die Hinterbliebenenleistungen den besonderen Versorgungsfreibetrag nach § 17 Abs. 1 ErbStG für den überlebenden Ehegatten und den nach § 17 Abs. 2 ErbStG für die Kinder[47].

---

43 BFH Urt. vom 27.10.1998, X R 191/96, BFH/NV 1999, S. 608 anders nur FG Baden-Württemberg, Urt. vom 10.6.1999, 9 K 198/93.
44 FG Köln vom 9.11.2001, 7 K 7206/97.
45 Vgl. Goecke DStR 2000, S. 172.
46 BFH, Urteil vom 15.7.1998, DStRE 1999, Seite 401.
47 Vgl. die Anweisung der Finanzverwaltung vom 21.1.1991, BStBl. I. 1999, S. 141.

4 Die steuerliche Anerkennung der Pensionsrückstellung

4.1 Überblick

4.1.1 § 6a EStG

Die steuerliche Anerkennung einer Pensionsrückstellung ergibt sich zunächst aus § 249 Abs.1 Satz 1 HGB. Nach dieser Vorschrift besteht handelsrechtlich für ungewisse Verbindlichkeiten eine Pflicht zur Passivierung als Rückstellung. Das Einkommensteuergesetz enthält in § 6a EStG eine Spezialregelung, die zusätzliche, so genannte Sondervoraussetzungen für die Bildung einer Pensionsrückstellung enthält. Bei jeder Pensionszusage – unabhängig davon ob sie einem fremden Arbeitnehmer oder dem Gesellschafter-Geschäftsführer einer GmbH erteilt wird – ist deshalb zunächst Bedingung für die steuerliche Anerkennung, dass die Voraussetzungen des § 6a EStG erfüllt sind.

4.1.2 Keine verdeckte Gewinnausschüttung

Handelt es sich um die Zusage an den Gesellschafter einer GmbH (oder einer AG), so ist zusätzlich erforderlich, dass die Pensionszusage keine verdeckte Gewinnausschüttung darstellt. Wie oben ausgeführt, wird dies von der Finanzverwaltung vor allem dann geprüft, wenn der betreffende Gesellschafter eine beherrschende Stellung innehat[48].

4.1.3 Unterschiedliche Rechtsfolge

Die Unterscheidung zwischen den Voraussetzungen des § 6a EStG und der vGA hat große praktische Bedeutung, weil sich unterschiedliche Rechtsfolgen ergeben, wenn die betreffenden Voraussetzungen nicht erfüllt sind.

Verstößt die Vereinbarung über die Pensionszusage oder die Berechnung der Rückstellung gegen § 6a EStG, so ist die Steuerbilanz unrichtig. Der falsche Bilanzposten muss durch den richtigen ersetzt werden. Dies geschieht in der Schlussbilanz für das älteste Jahr, für das die Steuer noch nicht verjährt ist. Verstößt die Zusagevereinbarung insgesamt gegen § 6a EStG, ist also die gesamte Rückstellung gewinnerhöhend aufzulösen, auch dann, wenn die Steuer für einige Jahre, in denen die Rückstellung aufgebaut worden ist, bereits verjährt sein sollte.

Stellt die Pensionszusage eine vGA dar, ist dagegen lediglich die Gewinnminderung durch die jeweilige Zuführung zur Rückstellung rückgängig zu machen. In diesem Fall

---

48 Siehe Abschnitt 4.3.

kann das Finanzamt nur die Zuführungen zur Rückstellung derjenigen Jahre rückgängig machen, für die die Steuerbescheide noch änderbar sind[49].

4.2 Die Vorschrift des § 6a EStG

4.2.1 Aufbau der Vorschrift

Die Vorschrift des § 6a EStG ist wie folgt aufgebaut:
- Absatz 1: Sondervoraussetzungen für die Bildung der Rückstellung in der Steuerbilanz
- Absatz 2: Zeitpunkt, zu dem die Pensionsrückstellung erstmals gebildet werden darf und muss
- Absatz 3: Berechnung der Höhe der Rückstellung
- Absatz 4: Sonderregelungen über die zulässige Höhe der Rückstellung
- Absatz 5: Anwendung der Vorschrift auf Personen, die nicht in einem Dienstverhältnis zu dem Unternehmen stehen.

4.2.2 Die Sondervoraussetzungen des § 6a Abs. 1 EStG

Nach § 6a Abs. 1 EStG müssen folgende Sondervoraussetzungen erfüllt sein, damit in der Bilanz eine Pensionsrückstellung gebildet werden darf:

- Rechtsanspruch,
- kein Widerrufsvorbehalt,
- Schriftform,
- keine Bindung an künftige Gewinne.

4.2.2.1 Rechtsanspruch

Nach § 6a Abs. 1 Nr. 1 EStG darf eine Rückstellung für die Pensionszusage in der Steuerbilanz nur gebildet werden, wenn der Pensionsberechtigte einen Rechtsanspruch auf die Leistung hat. Dies setzt zunächst voraus, dass die Pensionszusage zivilrechtlich wirksam erteilt worden ist.

Besonderheiten bei einer GmbH: Verbot der Selbstkontrahierung:

Insofern ist zu berücksichtigen, dass es sich bei der Pensionszusage – anders als ihr Wortlaut dies nahe legt – nicht um eine einseitige Erklärung des Unternehmens handelt, sondern um einen Vertrag zwischen dem Unternehmen und dem Beschäftigten. Bei der Zusage einer GmbH an ihren Geschäftsführer ist deshalb das so genannte Selbstkontrahierungsverbot in § 181 BGB zu beachten. Danach kann ein Vertreter, soweit ihm nichts

---
[49] BMF vom 28.5.2002, BStBl. I 2002, S. 603, siehe Abschnitt 4.3.2.

anderes gestattet ist, im Namen des Vertretenen mit sich selbst keinen Vertrag schließen. Der Geschäftsführer einer GmbH darf deshalb eigentlich den Vertrag über die Pensionszusage nicht sowohl für die GmbH als auch für sich selbst unterschreiben. Diese Vorschrift gilt gemäß § 35 Abs. 4 GmbH Gesetz auch bei so genannten Einmann GmbHs. Ein Verstoß gegen das Selbstkontrahierungsverbot hat zur Folge, dass das betreffende Rechtsgeschäft schwebend unwirksam ist. Es ist nicht endgültig unwirksam, sondern kann durch die Genehmigung des Vertretenen wieder hergestellt werden. Zivilrechtlich hat die Genehmigung zwar rückwirkende Kraft; steuerrechtlich wirkt sie jedoch nur für die Zukunft. Allerdings hat der BFH in mehreren Entscheidungen einer solchen Genehmigung auch steuerrechtlich ausnahmsweise Rückwirkung zugebilligt[50].

Gemäß § 181 BGB besteht jedoch die Möglichkeit, den Gesellschafter-Geschäftsführer von dem Verbot der Selbstkontrahierung zu befreien. Bei so genannten Einmann-GmbHs kann die Befreiung vom Verbot der Selbstkontrahierung allerdings nur durch eine entsprechende Regelung in der Satzung erfolgen, die im Handelsregister eingetragen werden muss[51].

Besonderheiten bei einer GmbH: Zuständigkeit der Gesellschafterversammlung:

Mit Urteil vom 25. März 1991[52] hat der Bundesgerichtshof (BGH) entschieden, dass für den Abschluss und die Änderung von Dienstverträgen und damit auch für die Erteilung von Pensionszusagen an einen Geschäftsführer einer GmbH nicht der Geschäftsführer zuständig ist, sondern die Gesellschafterversammlung. Dies ergibt sich aus § 46 Nr. 5 GmbHG. Zwar betrifft diese Vorschrift nach ihrem Wortlaut nur die Bestellung als Geschäftsführer, die von dem Abschluss des Anstellungsvertrages zu unterscheiden ist. Zwischen beiden Rechtsgeschäften besteht jedoch ein derartiger Sachzusammenhang, dass auch für die Erteilung der Pensionszusage die Gesellschafterversammlung zuständig ist. Dies gilt auch für eine Änderung der Pensionszusage.

Die Willensbildung in der Gesellschafterversammlung erfolgt bei so genannten mehrgliedrigen Gesellschaften durch Abstimmung in der Versammlung oder durch schriftliche Beschlussfassung, bei Einmann-GmbHs durch Beschlussfassung und Niederschrift.

4.2.2.2 Widerrufsvorbehalt

Nach § 6a Abs. 1 Nr. 2 EStG darf die Pensionszusage keinen Vorbehalt enthalten, der es dem Unternehmen ermöglicht, die Zusage nach freiem Belieben zu widerrufen. Voraussetzung für die Bildung einer Rückstellung ist deshalb, dass die Zusage entweder gar keinen Widerrufsvorbehalt enthält oder dass der Widerruf nur nach billigem Ermessen zulässig ist, d.h. unter ausreichender Berücksichtigung der Interessen des Pensionsberechtigten. Die Einkommensteuerrichtlinien erläutern in R. 41 Abs. 3-6 die Begriffe Widerruf nach freiem Belieben und nach billigem Ermessen und enthalten Beispiele für schädliche und

---

50 BFH, Urteile vom 23.10.1996, BStBl. II 1999, S. 35 und vom 3.12.1996.
51 Vgl. BGH, Urteil vom 28. Februar 1983, GmbHR 1983, S. 269.
52 Az.: II ZR 169/90, GmbHR 1991, S. 363.

unschädliche Vorbehalte. Bei Formulierung des Zusagetextes sollte man sich deshalb an die in R 41 Abs. 4 EStR enthaltenen Beispiele für unschädliche Vorbehalte halten.

Praxishinweis:

Bei beherrschenden Gesellschafter-Geschäftsführern sollte man nach Auffassung des Autors die Möglichkeit eines Widerrufs völlig ausschließen. Denn andernfalls besteht die Gefahr, dass ein Erwerber des Unternehmens oder der Insolvenzverwalter in der Krise der GmbH die Pensionszusage kürzt oder widerruft. Schließt man in der Zusagevereinbarung einen Widerruf ausdrücklich aus, so kann die GmbH auch in einer Krise die Pensionszusage nur dann kürzen, wenn sich ein entsprechender Anspruch aus der allgemeinen Treuepflicht ergibt, der Geschäftsführer einer GmbH unterliegen[53].

In jedem Fall sollte man nach Auffassung des Autors aber ausdrücklich vereinbaren, dass ein Widerruf – unabhängig von der wirtschaftlichen Lage des Unternehmens – zumindest insofern ausgeschlossen ist, wie das Unternehmen für die Erfüllung der Zusageverpflichtung eine Rückdeckung geschaffen und an den Berechtigten verpfändet hat. Denn bei einem wirksamen Widerruf der Versorgungszusage würde dem Berechtigten die Verpfändung der Rückdeckung nichts mehr nützen, weil der Anspruch selbst erloschen ist.

Übertragung auf eine Unterstützungskasse:

Nach Ansicht des Bundesministeriums der Finanzen liegt ein Verstoß gegen das Verbot des freien Widerrufs auch dann vor, wenn die Zusagevereinbarung für den Eintritt des Versorgungsfalles eine Übertragung der Pensionsverpflichtung auf eine außerbetriebliche Versorgungseinrichtung vorsieht[54].

Auch wenn diese Auffassung nicht der Rechtsprechung der Finanzgerichte entspricht, sollte man aus Vorsichtsgründen in der Praxis deshalb auf eine entsprechende Regelung verzichten[55].

Abfindungsvorbehalt:

Auch ein in der Versorgungszusage enthaltener Abfindungsvorbehalt kann einen schädlichen Widerrufsvorbehalt darstellen. Dabei kommt es m. E. entscheidend auf die Höhe des Betrages an, mit dem das Unternehmen die Versorgungsansprüche abfinden kann. Unterscheiden muss man zunächst zwischen einer Abfindung bei (bzw. nach) Erreichen der Altersgrenze und einer vorherigen Abfindung. Das Recht der GmbH, die Versorgungsansprüche bei Erreichen der Altersgrenze abzufinden, würde nur dann und nur

---

53 Vgl. BGH, Urteil vom 15.6.1992, II ZR 88/91, DStR 1992, Seite 1443 unter Hinweis auf § 87 Abs. 2 Aktiengesetz und BGH Urt. vom 11.3.2002, Az. II ZR 5/00, DStR 2002, S. 1362. Vgl. hierzu auch Abschnitt 8.4.
54 R 41 Abs. 3 Satz 7 EStR sowie OFD Koblenz 15. Juli 2002, DStZ 2002, S. 658.
55 BFH, Urt. vom 19.8.1998, BStBl. II 1999, S. 387.

insoweit einen Widerrufsvorbehalt darstellen, wie die GmbH das Recht hätte, die Ansprüche durch einen Betrag abzufinden, der unter dem Barwert liegt. Beispielsweise würde deshalb eine Regelung, nach der die GmbH zur Abfindung lediglich die vorhandene Rückdeckung übertragen muss, einen schädlichen Widerrufsvorbehalt darstellen, soweit deren Wert unter dem Barwert liegen kann.

Soll die GmbH ein solches Abfindungsrecht schon vorher haben, muss dieses auf den Fall des Ausscheidens aus dem Beschäftigungsverhältnisses beschränkt sein. (Außerdem muss der Abfindungsbetrag natürlich den Barwert des erdienten Teils des Anspruches umfassen.) Würde dem Unternehmen dagegen das Recht eingeräumt, die Ansprüche jederzeit – also auch während der Dauer des Beschäftigungsverhältnisses – durch eine Zahlung abzufinden, die nur dem erdienten Teil des Barwerts entspricht, so erhielte es dadurch die Möglichkeit, sich für die Zukunft von der Pensionsvereinbarung zu lösen und das Erdienen weiterer Ansprüche zu verhindern[56].

4.2.2.3 Schriftform

Nach § 6a Abs. 1 Nr. 3 EStG muss die Pensionszusage schriftlich erteilt werden. Dies gilt auch für nachträgliche Änderungen einer Pensionszusage. Die schriftliche Fassung der Vereinbarung muss eindeutige Angaben zu Art, Form, Voraussetzungen und Höhe der zugesagten Leistungen enthalten[57]. Bestehen insoweit Unklarheiten, darf eine Rückstellung nach § 6a EStG nicht gebildet werden[58].

4.2.2.4 Unzulässigkeit der Bindung an künftige Gewinne

Nach § 6a Abs. 1 Nr. 2 (Alternative 1) EStG darf die Höhe der zugesagten Leistungen nicht an künftige gewinnabhängige Bezüge geknüpft werden. Entsprechend dem Sinn und Zweck dieser Regelung ist erst recht eine direkte Bindung an die Höhe künftiger Gewinne schädlich. Das Gleiche gilt nach Auffassung des Autors für eine Verknüpfung der Pensionsleistungen mit dem Umsatz des Unternehmens. Zulässig ist es dagegen, die Höhe der Pension mit einem bestimmten Prozentsatz an das Gehalt beim Pensionseintritt zu knüpfen. Maßgeblich für die Berechnung der Pensionsrückstellung ist dann das jeweilige Gehalt zum Bilanzstichtag.

Der Grund für diese Regelung liegt darin, dass es zu starken Schwankungen der Höhe der Pensionsrückstellung führen würde, wenn die Zusage – direkt oder indirekt – an die Höhe künftiger Gewinne, etwa an den Gewinn im Jahr des Eintritts des Versorgungsfalles, geknüpft wäre. Aufgrund des Stichtagsprinzips wäre insofern nämlich immer der Gewinn des jeweiligen Jahres maßgeblich, für das die Pensionsrückstellung gebildet wird. Schwankt der Gewinn von einem Jahr zum anderen, würde sich dementsprechend auch die Bemessungsgrundlage für die Pensionsleistungen und somit für die Berechnung der Pensionsrückstellung jährlich ändern.

---

56 Vgl. auch BGH Urt. vom 15.7.2002. Az. II ZR 192/00, DStR 2002, S. 1870.
57 BMF Schreiben vom 28.8.2001, DStR 2001, Seite 16, 12.
58 Vgl. niedersächsisches FG, Urt. vom 28.2.2002, DStR 2002, S. 1161, Rev. eingelegt, Az des BFH: I R 37/02.

4.2.3 Erstmalige Bildung der Pensionsrückstellung (§ 6a Abs. 2 EStG)

4.2.3.1 Erstjahr

Die Rückstellung für die Pensionszusage darf (und muss) nach § 6a Abs. 2 Nr. 1 EStG frühestens für das Wirtschaftsjahr gebildet werden, in dem die Pensionszusage erteilt wird (Erstjahr). Wird in diesem Jahr die Bildung der Pensionsrückstellung unterlassen, so kann die betreffende Zuführung zur Pensionsrückstellung nach § 6a Abs. 4 Satz 1 EStG bis zum Eintritt des Versorgungsfalles nicht mehr nachgeholt werden (Nachholungsverbot).

Wichtig ist dabei, dass eine vereinbarte Wartezeit den Beginn der Rückstellungsbildung nicht hinausschiebt. Erstjahr ist nicht das Jahr, in dem die Ansprüche aus der Pensionszusage wirksam werden, sondern das Jahr, in dem die Zusagevereinbarung wirksam abgeschlossen wird. Dies gilt auch für so genannte Vorschaltzeiten.

4.2.3.2 Vollendung des 28. Lebensjahres

Bis zum Jahre 2000 konnten nach § 6a Abs. 2 Nr. 1 Halbsatz 2 EStG Rückstellungen für die Pensionszusage erst für das Wirtschaftsjahr gebildet werden, bis zu dessen Mitte der Pensionsberechtigte das 30. Lebensjahr vollendet hat. Durch das Altersvermögensgesetz (AVMG) ist dieses Mindestalter von 30 auf 28 Jahre abgesenkt worden. Die Neuregelung gilt gemäß § 52 Abs. 16 b EStG für alle Berechtigten, denen das Unternehmen nach dem 31.12.2000 erstmals eine Pensionszusage erteilt.

Stimmt das Wirtschaftsjahr mit dem Kalenderjahr überein, muss der Pensionsberechtigte sein 28. Lebensjahr also bis zum 30. Juni dieses Jahres vollendet haben. Die Pensionsrückstellung darf damit für alle diejenigen gebildet werden, die am 1. Juli des betreffenden Jahres oder vorher geboren sind.

Gehaltsumwandlung:

Keine altersmäßige Begrenzung gilt dagegen für Pensionszusagen aufgrund von Gehaltsumwandlungen. Nach dem durch das Altersvermögensgesetz (AVMG) eingefügten § 6a Abs. 2 Nr. 1 Halbsatz 2 EStG darf eine Pensionsrückstellung unabhängig vom Lebensalter des Berechtigten nämlich für das Wirtschaftsjahr gebildet werden, in dessen Verlauf die Anwartschaft nach den Regeln des BetrAVG unverfallbar wird. Pensionszusagen, die auf einer Gehaltsumwandlung beruhen, sind gemäß § 1b Abs. 5 BetrAVG jedoch sofort unverfallbar (in der durch § 2 Abs. 5 BetrAVG geregelten Höhe).

4.2.4 Kappungsgrenze

4.2.4.1 Die 75-Prozentgrenze

Das Gesetz selbst enthält bei der Pensionszusage keine Obergrenze der zugesagten Versorgungsbezüge. Mit Urteil vom 17. Mai 1995[59] hat der BFH jedoch entschieden, dass eine Altersversorgung, die 75 Prozent der gegenwärtigen Aktivbezüge übersteigt, eine Übermaßversorgung darstellt und deshalb gegen § 6a EStG verstößt. Die darüber hinaus gehenden Versorgungsbezüge beruhen nach Ansicht des BFH darauf, dass die Beteiligten eine erwartete Steigerung des Gehalts bereits vorab berücksichtigt haben. Soweit der Anspruch aus der Pensionszusage zusammen mit der Anwartschaft auf Altersrente aus der gesetzlichen Rentenversicherung 75 Prozent des am Bilanzstichtag maßgebenden Gehalts übersteigt, darf deshalb keine Pensionsrückstellung gebildet werden[60].

Diese Kappungsgrenze gilt nicht nur für Geschäftsführer, die zugleich Gesellschafter der GmbH sind, sondern für sämtliche Pensionsberechtigten. Zur Ermittlung, ob die zugesagte Pension diese 75-Prozentgrenze überschreitet, muss deshalb festgestellt werden, wie hoch die übrigen Ansprüche des Berechtigten aus seiner Altersversorgung, insbesondere aus der gesetzlichen Rentenversicherung sind.

Um die Berechnung zu erleichtern, lässt die Finanzverwaltung eine vereinfachte Betrachtung zu, die nicht auf die Höhe der Leistungen, sondern der Beiträge abstellt: Nach dem BMF-Schreiben vom 7.1.1998 ist davon auszugehen, dass keine Überversorgung vorliegt, wenn die gesamten Aufwendungen für die Altersversorgung (Arbeitgeber- und Arbeitnehmerbeiträge zur gesetzlichen Rentenversicherung, Beiträge zur Direktversicherung bzw. zu Pensionskassen und Zuführung zur Pensionsrückstellung) 30 Prozent der Bezüge des Pensionsberechtigten zum Bilanzstichtag des betreffenden Jahres nicht überschreiten[61].

4.2.4.2 Bemessungsgrundlage

Welche Gehaltsbestandteile im Einzelnen zur Bemessungsgrundlage für die 75-Prozentgrenze gehören, ist noch nicht abschließend geklärt. Streitig ist zur Zeit häufig, wie zu rechnen ist, wenn der Arbeitnehmer in den letzten Jahren nur noch Teilzeit arbeitet und deswegen das Gehalt abgesenkt wird. Nach Auffassung des Autors kann in diesen Fällen nicht das reduzierte Gehalt zu Grunde gelegt werden. Denn letztlich kommt es nur darauf an, ob die Beteiligten durch die Höhe der Versorgungsbezüge eine zukünftige Gehaltserhöhung vorwegnehmen wollten. Dies ist in derartigen Fällen aber ausgeschlossen.

---

59 BStBl. II 1996, S. 420.
60 Vgl. Hessisches FG, Urt. Vom 17. Sept. 2002, EFG 2003, S. 640.
61 BMF Schreiben vom 7.1.1998, DStR 1998, S. 531.

Gehaltsumwandlung:

Wird die Pensionszusage ganz oder teilweise durch eine Entgeltumwandlung[62] finanziert, kann es leicht zu einer Überschreitung der 75-Prozentgrenze kommen, weil dadurch die Bemessungsgrundlage gesenkt wird. Man sollte deshalb in solchen Fällen stets prüfen, ob die vereinbarte Pension (zusammen mit den übrigen Versorgungsansprüchen) nicht mehr als 75 Prozent des herabgesetzten Gehalts beträgt.

4.2.4.3 Dynamisierung

Ein ähnliches Problem stellt sich bei einer Dynamisierung der Pensionsanwartschaft. Nach der Rechtsprechung des BFH ist sowohl eine Dynamisierung der Anwartschaft als auch der späteren Pensionsleistungen zulässig, wenn ein fester Prozentsatz vereinbart wird. Von einer Dynamisierung der Anwartschaft ist jedoch grundsätzlich abzuraten, weil diese in den meisten Fällen zu einer Übermaßversorgung führt. Dies beruht darauf, dass bei Prüfung der 75-Prozentgrenze der Pensionsanspruch, der sich bei Erreichen des Pensionsalters ergeben wird, dem Gehalt gegenüber gestellt wird, das der Pensionsberechtigte zum jetzigen Zeitpunkt (Bilanzstichtag) erzielt. Je länger aber die restliche Dienstzeit bis zum Erreichen des Pensionsalters ist, umso stärker wirkt sich eine vereinbarte Dynamisierung der Anwartschaft aus.

Eine Dynamisierung der späteren Pensionsleistungen kann dagegen nicht zu einer Verletzung des Verbots der Übermaßversorgung führen, weil dadurch der beim Erreichen des Pensionsalters entstehende Pensionsanspruch nicht erhöht wird[63].

4.3 Verdeckte Gewinnausschüttung

4.3.1 Überblick

Für die Pensionszusage an den Beschäftigten einer GmbH, der zugleich ihr Gesellschafter ist, kann eine Rückstellung nur dann gebildet werden, wenn zusätzlich zu den allgemeinen Voraussetzungen des § 6a EStG auch die Voraussetzung erfüllt ist, dass es sich nicht um eine verdeckte Gewinnausschüttung (vGA) handelt.

Eine verdeckte Gewinnausschüttung liegt immer dann vor, wenn die GmbH ihrem Gesellschafter einen Vorteil zukommen lässt, der sich bei ihr einkommensmindernd auswirkt und der seinen wirtschaftlichen Grund nicht in dem Beschäftigungsverhältnis, sondern in dem Gesellschaftsverhältnis hat. Letztlich geht es um einen Fremdvergleich: Die Finanzverwaltung prüft, ob die GmbH einem fremden Geschäftsführer, der nicht zugleich ihr Gesellschafter ist, ebenfalls eine Pensionszusage mit dem gleichen Leistungsumfang erteilt hätte. Soweit die Pensionszusage nur deshalb erteilt worden ist, weil der Beschäftigte zugleich Gesellschafter der GmbH ist, handelt es sich um eine verdeckte Gewinnausschüttung.

---

62 Siehe Abschnitt 7.5.
63 Vgl. BMF, DStR 1998, S. 531 anders aber FG Köln, Urt. vom 15.2.2000, Az.: 4 K 2677797.

4.3.1.1 Nahestehende Personen

Grundsätzlich kann eine verdeckte Gewinnausschüttung nur dann angenommen werden, wenn der betreffende Vorteil einer Person zugewendet wird, die zugleich Gesellschafter ist. Nach der Rechtsprechung der Finanzgerichte liegt eine verdeckte Gewinnausschüttung aber auch dann vor, wenn die begünstigte Person dem Gesellschafter nahe steht, etwa wenn es sich um den Ehegatten handelt, einen Lebensgefährten oder ein Kind des Gesellschafters.

4.3.1.2 Prüfung der verdeckten Gewinnausschüttung

Wann von einer verdeckten Gewinnausschüttung auszugehen ist, wird durch das Körperschaftsteuergesetz nicht geregelt. Die Rechtsprechung der Finanzgerichte hat zur Konkretisierung im Laufe der Jahre aber eine Vielzahl von Fallgruppen und Merkmalen entwickelt. Die Auffassung der Finanzverwaltung ist in den R 31 und 32 der Körperschaftssteuerrichtlinien dargestellt. In R 32 KStR befinden sich Ausführungen zu dem Spezialproblem, wann Pensionszusagen an Gesellschafter-Geschäftsführer als verdeckte Gewinnausschüttung zu behandeln sind.

Nach Ansicht der Finanzverwaltung, wie sie sich aus R 32 Abs. 1 Satz 1 KStR ergibt, soll die betriebliche Veranlassung einer Pensionszusage grundsätzlich nur bei beherrschenden Gesellschaftern geprüft werden. Wann ein Gesellschafter eine beherrschende Stellung inne hat, wird im Arbeits-, Sozialversicherungs- und Steuerrecht jeweils nach unterschiedlichen Kriterien beurteilt. Arbeitsrechtlich wird – für die Anwendbarkeit des BetrAVG – von einer beherrschenden Stellung bereits dann ausgegangen, wenn ein Gesellschafter-Geschäftsführer zusammen mit einem anderem Gesellschafter-Geschäftsführer über die Mehrheit der Stimmrechte verfügt. Steuerrechtlich geht man dagegen davon aus, dass eine beherrschende Stellung nur dann vorliegt, wenn der Gesellschafter aufgrund seiner Stimmrechte den betreffenden Beschluss durchsetzen kann[64]. Dies setzt grundsätzlich eine Beteiligung von mehr als 50 Prozent voraus. Eine Zusammenrechnung der Anteile mehrerer Gesellschafter findet nur statt, wenn sich im Einzelfall feststellen lässt, dass sie gleichgerichtete Interessen haben. Davon ist beispielsweise auszugehen, wenn zwei Gesellschafter-Geschäftsführer sich im zeitlichen Zusammenhang Pensionszusagen erteilen lassen. Der Umstand, dass es sich bei den Gesellschaftern um Ehegatten handelt, rechtfertigt dagegen für sich genommen keine Zusammenrechnung der Anteile.

4.3.2 Rechtsfolge der verdeckten Gewinnausschüttung

Stellt das Finanzamt eine verdeckte Gewinnausschüttung fest, so wird die Gewinnminderung, die durch die Zuführung zur Pensionsrückstellung eingetreten ist, insoweit rückgängig gemacht, wie die Pensionszusage dem Fremdvergleich nicht standhält. Nach der Rechtsprechung des BFH handelt es sich nicht um eine Bilanzberichtigung.

---

[64] Vgl. R 31 Abs. 6 KStR.

Auch wenn die erteilte Pensionszusage eine verdeckte Gewinnausschüttung darstellt, ist die Steuerbilanz richtig und wird nicht geändert. Die durch die Zuführung zur Pensionsrückstellung eingetretene Gewinnminderung wird lediglich dadurch korrigiert, dass der betreffende Betrag dem Gewinn außerhalb der Bilanz wieder hinzugerechnet wird. (Die Beiträge für eine zur Rückdeckung abgeschlossene Lebensversicherung stellen keine vGA dar[65].)

Verstößt die Pensionszusage dagegen gegen die Vorschrift des § 6a EStG, ist die Steuerbilanz unrichtig und muss berichtigt werden.

Diese Unterscheidung hat nicht nur theoretischen Charakter. Ist die Steuerbilanz unrichtig, wird der betreffende Fehler dadurch korrigiert, dass das Finanzamt in dem ältesten Jahr, für das der Steuerbescheid noch änderbar ist, die Pensionsrückstellung erfolgswirksam auflöst. Damit werden auch die Gewinnminderungen aller vorangegangenen Jahre – selbst wenn für diese Jahre Verjährung eingetreten sein sollte – rückgängig gemacht. Handelt es sich dagegen um eine verdeckte Gewinnausschüttung und nicht um einen Verstoß gegen § 6a EStG, darf das Finanzamt lediglich in den Jahren, in denen der Steuerbescheid verfahrensrechtlich noch änderbar ist, die Zuführung zur Pensionsrückstellung des betreffenden Jahres rückgängig machen und diesen Betrag dem Gewinn – außerhalb der Bilanz – wieder hinzurechnen[66].

4.3.3 Voraussetzungen der verdeckten Gewinnausschüttung

Nach R 32 Abs. 1 Satz 3 KStR erkennt die Finanzverwaltung eine Pensionszusage nur dann als betrieblich veranlasst, wenn ein wirksamer Anstellungsvertrag vorliegt sowie eine klare und im Voraus gegebene schriftliche Zusage, die

- ernsthaft,
- erdienbar,
- finanzierbar und
- angemessen

ist.

Zunächst muss deshalb bei Erteilung einer Pensionszusage immer geprüft werden, ob ein zivilrechtlich wirksamer Anstellungsvertrag vorhanden ist.

4.3.3.1 Pensionsalter

Zivilrechtlich steht es den Beteiligten frei, welches Pensionsalter sie vereinbaren. Zur Berechnung der Rückstellung legt die Finanzverwaltung bei beherrschenden Gesellschafter-Geschäftsführern jedoch grundsätzlich ein Pensionsalter von mindestens 65 Jahren

---

[65] BFH Urt. vom 7.8.2002, Az.: I R 2/02, GmbHR 2003, S. 118.
[66] Vgl. BMF vom 28.5.2002, BStBl. I 2002, S. 603 sowie Lang, Die Korrektur der verdeckten Gewinnausschüttung außerhalb der Bilanz, DStZ 2003, S. 219.

zu Grunde, da man es nicht für glaubhaft hält, dass ein solcher Geschäftsführer früher in den Ruhestand geht[67].

Ein früheres Pensionsalter wird nur dann berücksichtigt, wenn dies durch besondere Umstände gerechtfertigt ist, etwa bei Schwerbehinderten i. S. des § 1 Schwerbehinderten Gesetz.

Wird eine Altersgrenze von weniger als 60 Jahren vereinbart, geht die Finanzverwaltung davon aus, dass keine ernsthafte Vereinbarung vorliegt, und erkennt die gesamte Zusage dem Grunde nach nicht an[68].

4.3.3.2 Das Gebot der Klarheit

Die steuerlich Anerkennung der Pensionsrückstellung setzt voraus, dass die vereinbarte Pensionszusage inhaltlich klar und eindeutig ist. Es muss möglich sein, aus den vertraglichen Vereinbarungen die Höhe der Pensionsleistungen zu berechnen. Deshalb muss z. B. bei einer Entgeltumwandlung nicht nur die Höhe des umgewandelten Entgelts, sondern auch der Zinssatz in der Zusage vereinbart werden. Der in § 6a Abs. 3 EStG geregelte Zinssatz von sechs Prozent gilt nur für die Berechnung der Rückstellung.

Zwar hat der BFH seine Auffassung hierzu in den letzten Jahren gelockert und verstärkt zugelassen, dass der Inhalt der vereinbarten Zusage auch durch Auslegung und gegebenenfalls sogar durch Beweiserhebung ermittelt wird [69]. Mit Anweisung vom 28.8.2000[70] hat die Finanzverwaltung jedoch darauf hingewiesen, dass diese Auffassung gegen das Schriftformgebot verstoßen kann. Danach müssen nämlich sämtliche für die Berechnung der Rückstellung wichtigen Vereinbarungen in schriftlicher Form klar und eindeutig vorliegen. Dementsprechend ist § 6a EStG durch Gesetz vom 20.12.2001 ergänzt worden: Nach § 6a EStG Abs. 1 Nr. 3 Halbsatz 2 EStG muss die Pensionszusage eindeutige Angaben zu Art, Form, Voraussetzungen und Höhe der in Aussicht gestellten künftigen Leistungen enthalten[71].

4.3.3.3 Nachzahlungsverbot

Die Körperschaftssteuerrichtlinien verlangen, dass die Vereinbarung über die Pensionsleistungen „im Voraus" abgeschlossen wird. Dies bedeutet, dass die Pensionszusage so rechtzeitig erteilt werden muss, dass der Berechtigte die Pensionsleistungen in der Zeit zwischen Erteilung der Zusage und dem vereinbarten Pensionseintrittsalter noch erdienen kann. Das Nachzahlungsverbot verbietet es, die Pensionsleistung als Entgelt auch für die Arbeitsleistung zu betrachten, die der Berechtigte in der Dienstzeit vor Erteilung der Pensionszusage erbracht hat.

---

67 R 32 Abs. 1 Satz 12 KStR.
68 R 32 Abs. 1 Satz 15 KStR.
69 BFH, Urteil vom 24.03.1998, BFH NV 1998, Seite 1375.
70 DStR 2001, S. 1612.
71 siehe Abschnitt 4.2.2.3 (Schriftform).

Pensionszusage

Dies bedeutet insbesondere, dass bei Überprüfung der Angemessenheit der Höhe der zugesagten Pensionsleistungen zur Berechnung der fiktiven Jahresprämie nur der zukünftige Zeitraum nach Erteilung der Pensionszusage berücksichtigt werden darf[72]. Außerdem ergibt sich nach Auffassung des Autors aus dem Nachzahlungsverbot, dass bei einem beherrschenden Gesellschafter-Geschäftsführer die Höhe des unverfallbaren Anspruchs nicht in Anlehnung an § 2 BetrAVG vereinbart werden darf, sondern lediglich entsprechend dem früheren Gegenwartsverfahren, dass also auch hier die vor Erteilung der Pensionszusage zurückgelegte Dienstzeit nicht berücksichtigt werden darf[73, 74].

4.3.3.4 Die Mindestrestdienstzeit

Grundüberlegung:

Aus dem Nachzahlungsverbot hat der Bundesfinanzhof abgeleitet, dass eine Pensionszusage steuerlich nur dann anerkannt werden kann, wenn der Berechtigte nach Erteilung der Zusage noch mindestens eine bestimmte Zeit für die GmbH arbeiten soll. Von einem bestimmten Alter an soll es nicht mehr zulässig sein, dem Gesellschafter-Geschäftsführer überhaupt eine Pensionszusage zu erteilen. Denn nach Ansicht des BFH gibt es ein bestimmtes Alter, von dem an ein Unternehmer nicht mehr bereit wäre, einem fremden Arbeitnehmer für zukünftige Leistungen und die zu erwartende Betriebstreue überhaupt Versorgungsleistungen zu versprechen[75].

Zur Konkretisierung dieser Rechtsprechung hat der BFH auf die Regelungen in § 1 Abs. 1 Satz 2 BetrAVG (in der Fassung vor Änderung durch das Altersvermögensgesetz) abgestellt. Zwar regelte diese Vorschrift lediglich, wann eine Pensionszusage unverfallbar wird. Dennoch kann sie nach Ansicht des BFH im vorliegenden Zusammenhang zur Konkretisierung der erforderlichen Restdienstzeit herangezogen werden. Dem lag wohl die Überlegung zu Grunde, dass man einem fremden Geschäftsführer, der unter die Regelungen des BetrAVG fällt, keine Pensionszusage erteilen würde, wenn der Pensionsanspruch innerhalb der vorgesehenen restlichen Dienstzeit nicht (kraft Gesetzes) unverfallbar wird.

Beherrschender Gesellschafter:

Nach Ansicht des BFH gilt bei einem Gesellschafter, der im Zeitpunkt der Erteilung der Pensionszusage eine beherrschende Stellung inne hat, die erste Alternative des § 1 Abs. 1 Satz 2 BetrAVG a. F. In diesem Fall muss die restliche Dienstzeit bis zum Erreichen des vereinbarten Pensionsalters somit noch mindestens zehn Jahre betragen. Geht man von dem üblichen Pensionsalter von 65 Jahren aus, so ist nach Vollendung des 55. Lebensjahres die Erteilung einer Pensionszusage (an einen beherrschenden Gesellschafter) nicht

---

72 Siehe Abschnitt 4.3.3.5.
73 So auch BMF Schreiben vom 9.12.2002, BStBl. I 2002, S. 1393.
74 Lediglich bei Berechnung der Rückstellung ist auch die Vordienstzeit zu berücksichtigen, weil dies im Gesetz ausdrücklich angeordnet ist.
75 BFH Urteil vom 21.12.1994, BStBl. II 1995, S. 419.

mehr möglich. Wird das Pensionsalter vertraglich auf 70 Jahre festgesetzt, so kann noch bis kurz vor Vollendung des 60. Lebensjahres eine Pensionszusage erteilt werden. Nach Vollendung des 60. Lebensjahres ist aufgrund dieser Rechtsprechung die Erteilung einer Pensionszusage nicht mehr möglich, weil der BFH im vorliegenden Zusammenhang die Vereinbarung eines höheren Pensionsalters als 70 Jahre nicht anerkennt[76].

Nichtbeherrschender Gesellschafter:

Für Geschäftsführer, die keine beherrschende Stellung inne haben, hat der BFH konsequenterweise auf die Regelung im § 1 Abs. 1 Satz 1 Alternative 2 BetrAVG (in der Fassung vor Änderung durch das AVMG) abgestellt. Für diesen Personenkreis reicht es demnach aus, wenn der Gesellschafter bei Erreichen der Pensionsgrenze zwölf Jahre im Betrieb tätig war und die Pensionszusage drei Jahre bestanden hat. Der Unterschied zum beherrschenden Gesellschafter beruht darauf, dass beim nicht beherrschenden Gesellschafter das Nachzahlungsverbot nicht gilt. Einem nicht beherrschenden Gesellschafter-Geschäftsführer kann also bei Vereinbarung der üblichen Altersgrenze von 65 Jahren eine Pensionszusage noch bis zur Vollendung des 62. Lebensjahres erteilt werden, wenn er seine Arbeitstätigkeit in dem betreffenden Unternehmen vor Vollendung des 53. Lebensjahres aufgenommen hat. Für die Prüfung der zwölfjährigen Dienstzeit gelten die vom Bundesarbeitsgerichts zu § 1 BetrAVG aufgestellten Grundsätze sowie die Rechtsprechung zur Vordienstzeit.

Ergänzende Vereinbarungen:

Berücksichtigt man den Sinn und Zweck der Rechtsprechung zur Mindestrestdienstzeit, so ergibt sich nach Auffassung des Autors, dass ergänzende Vereinbarungen auch noch zu einem Zeitpunkt zulässig sind, in dem die Mindestrestdienstzeit nicht mehr erfüllt werden kann.

Nachträgliche Dynamisierung

Nach Auffassung des Autors ist insbesondere die nachträgliche Vereinbarung einer Dynamisierung der Pensionsleistungen auch dann zulässig, wenn zum Zeitpunkt der Vereinbarung die Mindestrestdienstzeit nicht mehr erfüllt werden kann. Denn derartige Dynamisierungen sind allgemein üblich und angemessen. Ein normaler Arbeitnehmer hat sogar gemäß § 16 BetrAVG einen Anspruch darauf, dass das Unternehmen regelmäßig eine Erhöhung der laufenden Rente prüft.

Praxishinweis:

Weil der BFH bis 1995 für die Berechnung der Rückstellung eine Dynamisierung nicht anerkannt hat, enthalten die meisten älteren Zusagevereinbarungen keine Dynamisierung. Man sollte deshalb alle vorhandenen Zusagetexte daraufhin überprüfen und gegebenenfalls die Zusagevereinbarung um eine Dynamisierung der laufenden Leistungen ergänzen.

---

76 Vgl. Sächsisches FG Urt. vom 29.1.2002, DStRE 675, Revision eingelegt: Az des BFH: I R 80/02.

Pensionszusage

Nachträgliche Vereinbarung einer Hinterbliebenenversorgung

Heiratet der Gesellschafter-Geschäftsführer noch in späteren Jahren, so halte ich es auch für angemessen, nachträglich eine Hinterbliebenenversorgung zu vereinbaren. Derartige Versorgungsvereinbarungen sind üblich und sozial angemessen.

Vereinbarungen nach Eintritt des Versorgungsfalles

Vereinbarungen über eine Erhöhung der Pensionsleistungen nach Eintritt des Versorgungsfalles sind steuerlich grundsätzlich nicht mehr anzuerkennen. Denn zu diesem Zeitpunkt besteht keine Möglichkeit mehr, die zusätzlichen Pensionsleistungen noch zu erdienen. Eine solche Vereinbarung würde deshalb stets gegen das Nachzahlungsverbot verstoßen[77].

Neue Rechtsprechung des BFH:

Bisher hat die Finanzverwaltung die oben dargestellte Mindestrestdienstzeit als starre Grenze behandelt und – insbesondere bei beherrschenden Gesellschafter-Geschäftsführern – die Zusage bereits dann – in vollem Umfang – als vGA behandelt, wenn die erforderliche Restdienstzeit auch nur um einen Tag unterschritten war. Dem ist der BFH jedoch nicht gefolgt. Mit Urteil vom 24.4.2002[78] hat er vielmehr entschieden, dass die Unterschreitung der von ihm aufgestellten Mindestrestdienstzeit lediglich ein Indiz dafür darstellt, dass die Versorgungsleistungen auch für die bereits vor Erteilung der Zusage erbrachten Leistungen zugesagt worden sind. Ob gegen das Prinzip der Erdienbarkeit verstoßen worden sei, müsse aber im Einzelfall festgestellt werden.

Diese Aussage will die Finanzverwaltung jedoch nicht allgemein akzeptieren, sondern die Entscheidung nur auf gleichgelagerte Fälle anwenden, in denen der Geschäftsführer anderweitig keine angemessene Altersversorgung aufbauen konnte[79].

Eigene Ansicht:

In der Praxis sollte man möglichst versuchen, die Mindestrestdienstzeit von zehn Jahren einzuhalten, notfalls indem man das Pensionsalter heraufsetzt. Unterschreitet man die geforderte Restdienstzeit, sollte man in die Zusagevereinbarung eine Formulierung aufnehmen, wonach die Beteiligten sich bewusst sind, dass die erforderliche Mindestrestdienstzeit nicht eingehalten wird, dass sie die Zusagevereinbarung aber dennoch ausschließlich im Hinblick auf die zukünftig zu erbringende Arbeitsleistung und Betriebstreue abschließen. Möglichst sollten konkrete Gründe genannt werden, warum das Unternehmen dennoch eine Pensionszusage erteilt.

---

[77] Niedersächsisches FG, Urt. vom 12.6.2001, DStRE 2002, S. 450, Revision eingelegt, Az. des BFH: I R 93/01.
[78] Az. I R 43/01, DStR 2002, S. 1854.
[79] BMF vom 13.5.2003, DStR 2003, S. 886.

Außerdem sollte man in diesen Fällen unbedingt die fiktive Jahresnettoprämie ausrechnen lassen und in einem Aktenvermerk niederlegen, warum die Gesamtausstattung angemessen ist. Nach Auffassung des Autors besteht nämlich das vom BFH entwickelte Erfordernis der Mindestrestdienstzeit in Wahrheit nicht. Die Dauer der Restdienstzeit ist lediglich insofern von Bedeutung als mit sinkender Restdienstzeit die erforderliche fiktive Jahresnettoprämie steigt. Beträgt die Restdienstzeit weniger als zehn Jahre, besteht deshalb Anlass, die Angemessenheit der Gesamtausstattung zu überprüfen. Dies bedeutet, dass auch Gesellschafter-Geschäftsführern, die älter als 55 Jahre sind, noch eine Pensionszusage erteilt werden darf, dass in diesen Fällen die Höhe der zugesagten Versorgungsleistungen aber entsprechend niedriger sein muss. (Ein zusätzliches Problem stellen sicher die vorzeitigen Risiken dar.)

Würde der vom BFH behauptete Zusammenhang zwischen den gesetzlichen Regeln über die Unverfallbarkeit und der erforderlichen Restdienstzeit tatsächlich bestehen, hätte die entsprechende Änderung des BetrAVG durch das AVMG auch zu einer Änderung der erforderlichen Restdienstzeit führen müssen. Dies ist aber nicht geschehen. Den vom BFH behaupteten Erfahrungssatz, dass ein Unternehmen einem fremden Arbeitnehmer ab einem bestimmten Alter überhaupt keine Pensionszusage mehr erteilen würde, gibt es jedoch nicht.

Jedenfalls eine durch Gehaltsumwandlung finanzierte Pensionszusage muss nach Auffassung des Autors auch bei Unterschreiten der Mindestrestdienstzeit zulässig sein, weil hier eindeutig ist, dass diese erst nach Erteilung der Zusage erdient wird.

4.3.3.5 Verfrühte Erteilung der Pensionszusage (Probezeit)

Eine verdeckte Gewinnausschüttung nimmt die Finanzverwaltung aber auch dann an, wenn einem neu eingestellten Gesellschafter-Geschäftsführer, der zugleich eine beherrschende Stellung inne hat, zu früh eine Pensionszusage erteilt wird. Nach der Rechtsprechung des Bundesfinanzhofs muss zwischen Abschluss des Anstellungsvertrages und Erteilung der Pensionszusage eine ausreichend lange so genannte Probezeit liegen.

Wie lang die Probezeit im Einzelfall sein muss, ist bisher noch nicht abschließend entschieden. Nach Auffassung des Autors müssen insofern *zwei Fallgruppen* unterschieden werden:

1. Zum einen handelt es sich um die Fälle, in denen eine neu gegründete GmbH bereits kurze Zeit nach der Aufnahme ihrer Tätigkeit ihrem Gesellschafter-Geschäftsführer eine Pensionszusage erteilt.
2. Zum anderen handelt es sich um die Fälle, in denen eine bereits langjährig am Markt tätige GmbH einen neuen Geschäftsführer anstellt, der eine beherrschende Gesellschafterstellung einnimmt, und diesem eine Pensionszusage erteilt.

In den beiden Fallgruppen geht es um völlig unterschiedlich Fragen:

Fallgruppe 1: Erteilung einer Pensionszusage durch eine neu gegründete GmbH:

Bei Erteilung der Pensionszusage durch eine neu gegründete GmbH stellt sich die Frage, wie ernsthaft mit ihrer Inanspruchnahme aus der eingegangenen Verpflichtung zu rechnen ist. Bei Gründung des Unternehmens steht nämlich noch nicht ausreichend fest, ob die GmbH überhaupt bis zum Erreichen der Altersgrenze (bzw. der Unverfallbarkeit) bestehen wird und ob sie ausreichend Gewinne erzielen wird, um die zugesagte Pension bezahlen zu können. Die Rechtsprechung des BFH verlangt deshalb, dass sich die GmbH vor Erteilung der Zusage zunächst am Markt bewährt[80].

In Fällen der Neugründung eines Unternehmens muss man deshalb grundsätzlich fünf Jahre mit der Erteilung einer Pensionszusage warten. Die vorherige Erteilung einer Pensionszusage ist nach Auffassung des Autors auch dann nicht anzuerkennen, wenn man für die Entstehung der Ansprüche eine entsprechende Wartefrist vereinbart. Auch die Bildung von Rückdeckungen etwa durch Abschluss einer Kapitallebensversicherung befreit nicht von der Verpflichtung zur Einhaltung der Probezeit.

Wird die erforderliche Probezeit nicht eingehalten und die Pensionszusage zu früh erteilt, so führt dies dazu, dass in den ersten Jahren die Zuführungen zur Pensionsrückstellung als verdeckte Gewinnausschüttung behandelt und dem Gewinn wieder hinzugerechnet werden. Erst nach Ablauf der erforderlichen Probezeit werden die weiteren Zuführungen zur Pensionsrückstellung vom Finanzamt gewinnmindernd berücksichtigt[81].

Neues Unternehmen

Allerdings gilt für die Beurteilung eines Unternehmens als neu in dem oben dargestellten Sinne nicht die juristische, sondern die wirtschaftliche Betrachtungsweise. Es kommt nicht darauf an, ob die betreffende GmbH juristisch neu gegründet worden ist, sondern ob es sich um ein Unternehmen handelt, das am Markt neu auftritt und sich erst noch etablieren und bewähren muss. Deshalb gilt eine GmbH, die im Rahmen einer Betriebsaufspaltung aus einer alt eingesessenen Personengesellschaft hervorgegangen ist, im vorliegenden Zusammenhang nicht als neues Unternehmen. Das Gleiche gilt für die Umwandlung einer Personengesellschaft in eine GmbH, wenn das Unternehmen schon länger existiert hat. Auch eine neu gegründete GmbH, die ein langjährig bestehendes Unternehmen kauft und weiterführt, gilt nicht als neu im Sinne der Probezeit. Auch im Fall des Management-Buy-Out hat der BFH kein neues Unternehmen angenommen[82].

Fallgruppe 2: Anstellung eines neuen Geschäftsführers durch eine am Markt langjährig tätige GmbH

Davon unterscheiden muss man die zweite Fallgruppe, in der eine am Markt schon langjährig tätige GmbH einen neuen Geschäftsführer einstellt, der eine Mehrheitsbeteili-

---

[80] Vgl. BFH, Urteil vom 11.2.1998, BFH NV 1998, Seite 1226.
[81] Vgl. BMF Schreiben vom 14. Mai 1999, BStBl. I 1999, Seite 512.
[82] BFH Urt. vom 24.4.2002, I R 18/01 DStR 2002, S. 1614, vgl. auch Finanzgericht Rheinland-Pfalz, Urt. vom 13. August 2002, EFG 2003, S. 184.

gung an der GmbH erwirbt oder bereits besitzt. In diesen Fällen stellt sich die Frage nach dem Fremdvergleich: Würde die GmbH auch einem fremden Geschäftsführer, der nicht zugleich ihr – beherrschender – Gesellschafter ist, sofort nach Abschluss des Anstellungsvertrages eine Pensionszusage erteilen?

Einem fremden Geschäftsführer würde eine GmbH eine Pensionszusage wohl erst dann erteilen, wenn sie dessen Eignung festgestellt hat und sicher sein kann, dass er sich in dem Unternehmen bewährten wird. Die sofortige Erteilung einer Pensionszusage an einen Geschäftsführer, dessen Eignung sich noch nicht erwiesen hat, stellt für die GmbH ein zu hohes finanzielles Risiko dar, das sie bei einem fremden Geschäftsführer nicht eingehen würde.

Über die Dauer der erforderlichen Probezeit bei dieser Fallgruppe besteht jedoch keine Einigkeit. Mit Sicherheit reicht auch hier eine Probezeit von fünf Jahren aus. Nach Ansicht der Finanzverwaltung kann aber auch eine Probezeit von zwei bis drei Jahren genügen[83].

Nach Auffassung des Autors kann für diese Fallgruppe keine allgemeine Aussage getroffen werden. Vielmehr kommt es zum einen darauf an, welches Risiko die GmbH mit Erteilung der Zusage für den Fall auf sich nimmt, dass sich der neue Geschäftsführer nicht als geeignet erweist. Zum anderen kommt es darauf an, ob der Geschäftsführer seine Eignung schon bewiesen und sich beruflich bereits bewährt hat.

Je kleiner das Risiko der GmbH gehalten wird, umso kürzer kann nach Auffassung des Autors die Probezeit sein: Sollte sich der Geschäftsführer nicht bewähren, muss die GmbH die Möglichkeit haben, sich von ihm durch eine ordentliche Kündigung zu trennen. Außerdem muss der Umfang der unverfallbaren Ansprüche eingeschränkt werden. Es sollte vereinbart werden, dass hier nicht die Regelung des § 2 BetrAVG gilt, sondern eine Berechnung, bei der lediglich die Dienstzeit nach Erteilung der Pensionszusage berücksichtigt wird. Noch stärker schränkt man das Risiko ein, wenn man die Unverfallbarkeit – dem Grunde nach – nicht sofort eintreten lässt, sondern erst nach einer gewissen Probezeit und wenn man hinsichtlich der vorzeitigen Versorgungsfälle entsprechende Risikoversicherungen abschließt.

Hinsichtlich der Frage, ob der Geschäftsführer sich bereits bewährt hat, herrscht noch keine Klarheit, ob er seine Eignung in dem betreffenden Unternehmen bewiesen haben muss, das die Pensionszusage erteilt, oder ob auch die Bewährung in einem anderen Unternehmen ausreicht. Die Finanzverwaltung verlangt offenbar, dass die Bewährung in demselben Unternehmen stattgefunden hat. Dafür gibt es m. E. aber keine Rechtfertigung. Entscheidend ist, ob es sich um einen Berufsanfänger handelt oder um einen Geschäftsführer, der bereits in einer vergleichbaren Position seine Fähigkeiten unter Beweis gestellt hat. Der BFH hat diese Frage bisher noch nicht ausdrücklich entschieden, weil in den betreffenden Fällen der Geschäftsführer seine Eignung in einem Unternehmen bewiesen hatte, das jedenfalls wirtschaftlich betrachtet mit dem Unternehmen identisch war, das die Zusage erteilt hat. Jedenfalls dürfen aber die von der Rechtsprechung ent-

---

[83] BMF-Schreiben vom 14.5.1999, BStBl. I 1999, S. 512, vgl. auch FG Düsseldorf vom 10.9.2002, DStRE 2003, S. 671.

wickelten Grundsätze, welche Vordienstzeiten bei Berechnung der Rückstellung zu berücksichtigen sind, hier nicht angewendet werden. Es gilt keine juristische, sondern die wirtschaftliche Betrachtung.

4.3.3.6 Finanzierbarkeit

Die Auffassung der Finanzverwaltung:

Unter dem Gesichtspunkt der Finanzierbarkeit prüft die Finanzverwaltung nach R 32 Abs. 1 Satz 1 KStR, ob die GmbH überschuldet wäre, wenn bereits kurze Zeit nach Erteilung der Pensionszusage einer der vorzeitigen Versorgungsfälle eintreten würde, der Gesellschafter-Geschäftsführer also entweder berufsunfähig werden oder versterben würde. Nach § 6a Abs. 4 Satz 5 EStG wäre in diesen Fällen die gebildete Pensionsrückstellung nämlich in der nächsten Bilanz auf den Barwert der entsprechenden Pensionsverpflichtungen aufzustocken. Das Finanzamt erhöht also im Jahr der Erteilung der Pensionszusage die gebildete Rückstellung – fiktiv – auf den Barwert der Berufsunfähigkeits- bzw. der Witwenrente. Führt dies zu einer Überschuldung der GmbH, versagt die Finanzverwaltung der erteilten Pensionszusage insgesamt die steuerliche Anerkennung. Es wird also die gesamte Zuführung zu der Pensionsrückstellung als verdeckte Gewinnausschüttung behandelt und dem Gewinn wieder hinzugerechnet. Man spricht von der Einheitsbetrachtung. In der Praxis hat diese Auffassung der Finanzverwaltung dazu geführt, dass insbesondere bei kleineren und mittleren GmbHs Pensionszusagen steuerlich nur dann anerkannt wurden, wenn die vorzeitigen Risiken durch entsprechende Risikoversicherungen in vollem Umfang rückgedeckt waren.

Die neue Rechtsprechung des BFH:

Der BFH hat der Auffassung der Finanzverwaltung jedoch eine Absage erteilt[84]. Zwar ist auch nach Ansicht des BFH im Hinblick auf die vorzeitigen Versorgungsfälle die Finanzierbarkeit der Zusage durch Aufstellung einer – fiktiven – Überschuldungsbilanz zu prüfen. Maßgeblich ist hierfür der Zeitpunkt der Erteilung der Zusage. Nach Ansicht des BFH soll der Wert der Versorgungsverpflichtung dabei jedoch nicht mit dem Barwert angesetzt werden, der sich bei tatsächlichem Eintritt des Versorgungsfalles ergeben würde, sondern nur mit dem Wert gemäß § 6a Abs. 3 Satz 2 Nr. 2 EStG, wie er in der Rückstellung zum Ausdruck kommt. Weist die GmbH nach, dass der handelsrechtlich maßgebliche Wert niedriger ist, muss dieser angesetzt werden[85]. Aufgrund dieser Rechtsprechung dürfte die Finanzierbarkeit der Versorgungszusage für die vorzeitigen Risiken nur noch in Extremfällen zweifelhaft sein, etwa wenn vereinbart wird, dass die Berufsunfähigkeitsrente bei Erreichen der Altersgrenze nicht durch die Altersrente abgelöst werden, sondern bis zum Tod weiterlaufen soll. Eine solche Regelung sollte man deshalb unbedingt vermeiden.

---

[84] Mit Urteilen vom 8. November 2000, DStR 2001, Seite 571, vom 20. Dezember 2000, DStR 2001, Seite 893 und vom 18.12.2002, I R 44/01, DStRE 2003, S. 669.
[85] BFH Urt. vom 4.9.2002, Az. I R 7/01, DStR 2003, S. 113.

Außerdem hat der BFH in diesen Entscheidungen auch der so genannten Einheitstheorie der Finanzverwaltung widersprochen. Sollten ausnahmsweise auch nach den Grundsätzen des BFH die Versorgungsverpflichtungen für den vorzeitigen Versorgungsfall nicht finanzierbar sein, führt dies nach Ansicht des BFH nicht dazu, dass auch die Zusage der Altersversorgung als verdeckte Gewinnausschüttung zu behandeln ist. Vielmehr muss für jeden Bestandteil der Versorgungszusage gesondert geprüft werden, ob es sich um eine verdeckte Gewinnausschüttung handelt.

Die Finanzverwaltung hat sich der Rechtsprechung des BFH bisher noch nicht angeschlossen. Daher sind die Finanzämter weiterhin an die Rechtsauffassung gebunden, wie sie sich aus der Anweisung des BFM vom 14.5.1999[86] ergibt.

Praxishinweis:

Notwendigkeit der Versicherung vorzeitiger Risiken

Das so genannte Bilanzsprungrisiko stellt allerdings nicht nur ein steuerliches Risiko dar. Zu bedenken ist auch, dass der Bestand des Unternehmens gefährdet wird, wenn der Gesellschafter-Geschäftsführer berufsunfähig wird oder vorzeitig verstirbt und diese Risiken nicht durch Versicherungen abgedeckt sind. Nach Auffassung des Autors sind derartige Zusagen deshalb nur dann sinnvoll, wenn sie zumindest teilweise rückversichert werden[87]. Ist eine Rückversicherung nicht gewollt, sollte man erwägen, auf diese Bestandteile der Zusage zu verzichten. Der steuerliche Nachteil ist gering, weil diese Bestandteile der Zusage die Rückstellung nur wenig erhöhen. Dafür erspart man sich Probleme beim Eintritt derartiger Versorgungsfälle und Auseinandersetzungen mit der Finanzverwaltung.

4.3.3.7 Angemessenheit der Versorgungszusage

Unter dem Gesichtspunkt der Angemessenheit ist zu prüfen, ob die Gesamtausstattung des Geschäftsführers überhöht ist. Darunter versteht man die Summe aller Vergütungen, die der Geschäftsführer für seine aktive Tätigkeit erhält zuzüglich des Wertes der Versorgungszusage. Der Wert der Versorgungszusage wird dabei mit der so genannten fiktiven Jahresnettoprämie angesetzt. Diese entspricht dem Jahresbetrag, den das Unternehmen an eine fiktive Versicherungsgesellschaft zahlen müsste, um einen vergleichbaren Anspruch zu erhalten. Dabei wird unterstellt, dass das Versicherungsunternehmen keine Prämienzuschläge für Verwaltungskosten erhebt und ebenfalls mit einem Zinsfuß von sechs Prozent kalkuliert. Zu unterstellen ist, dass die betreffende Prämie gleichmäßig vom Jahr der Erteilung der Pensionszusage an bis zum vertraglich vereinbarten Pensionsalter gezahlt wird. Aus dem Nachzahlungsverbot und dem daraus abgeleiteten Grundsatz der Erdienbarkeit ergibt sich, dass bei Ermittlung der fiktiven Jahresnettoprämie nur der zukünftige Zeitraum von der Erteilung der Zusage an bis zum vereinbarten Pensionsalter und nicht – wie bei Berechung des Teilwertes – die gesamte Dienstzeit berücksichtig werden darf.

---

[86] BStBl. I 1999, S. 512.
[87] Siehe Abschnitt 9.

Pensionszusage

Mit Schreiben vom 14.10.2002[88] hat die Finanzverwaltung Regeln aufgestellt, wie die Angemessenheit geprüft werden soll[89]. Danach sind folgende Kriterien für die Angemessenheit maßgeblich:

- Art und Umfang der Tätigkeit;
- das Verhältnis der Geschäftsführervergütung zum Gesamtgewinn und zur verbleibenden Verzinsung des Eigenkapitals;
- Art und Höhe der Vergütungen, die im selben Betrieb oder in gleichartigen Betrieben an Geschäftsführer für entsprechende Leistungen gezahlt werden.

Innerer Betriebsvergleich:

Zunächst ist ein innerer Betriebsvergleich durchzuführen. Dabei werden die Bezüge des Pensionsberechtigten mit den Bezügen solcher Beschäftigten des betreffenden Unternehmens verglichen, die eine gleichartige Position inne haben. Bei Gesellschafter-Geschäftsführern führt ein derartiger innerer Betriebsvergleich in der Regel zu keinem[90] verwertbaren Ergebnis. Dies gilt insbesondere für beherrschende Gesellschafter-Geschäftsführer, da in diesen Fällen andere Beschäftigte, die eine vergleichbare Tätigkeit ausführen, kaum vorhanden sind. Nur wenn neben dem Gesellschafter-Geschäftsführer zugleich Fremdgeschäftsführer vorhanden sind, kann der innere Betriebsvergleich zu einem Ergebnis führen.

Äußerer Betriebsvergleich:

Bedeutsamer ist deshalb der äußere Betriebsvergleich. Dabei wird die Gesamtausstattung des Versorgungsberechtigten mit derjenigen verglichen, die entsprechende Beschäftigte in anderen Unternehmen erhalten. Allerdings ist es in der Praxis gerade im Bereich der mittelständischen Wirtschaft sehr schwer, vergleichbare Unternehmen zu finden.

Art und Umfang der Tätigkeit:

Art und Umfang der Tätigkeit werden nach dem BMF-Schreiben vorrangig durch die Größe des Unternehmens bestimmt. Diese wird wiederum durch die Höhe des Umsatzes und durch die Zahl der Beschäftigten bestimmt. Die fachliche Qualifikation und die Berufserfahrung des Geschäftsführers sollen dagegen keine Rolle spielen.

Übt der Gesellschafter neben seiner Geschäftsführertätigkeit noch eine andere Tätigkeit aus oder ist er Geschäftsführer bei mehreren Gesellschaften, soll die Angemessenheitsgrenze entsprechend gekürzt werden, weil er der betreffenden Gesellschaft nicht seine gesamte Arbeitskraft zur Verfügung stellen kann.

Sind von der Gesellschaft mehrere Geschäftsführer bestellt, soll ebenfalls ein Abschlag erforderlich sein, weil in diesem Fall der Arbeitseinsatz und die Verantwortung des einzelnen Gesellschafters geringer sind.

---

88 BStBl. I 2002, S. 972.
89 Vgl. auch Richtlinie 31 Abs. 3 Nr. 1 KStR.
90 Vgl. hierzu die Verfügung der OFD Karlsruhe vom 17. April 2001, DStR 2001, Seite 792.

Ertragsaussicht der Gesellschaft:

Neben der Größe des Unternehmens sind nach dem BMF-Schreiben vor allem dessen Ertragsaussichten und das Verhältnis zur Eigenkapitalverzinsung von Bedeutung. Nach Zahlung der Geschäftsführervergütung muss der GmbH noch eine angemessene Verzinsung des Eigenkapitals verbleiben. Das BMF sieht die Vergütung in der Regel als angemessen an, wenn der Gesellschaft nach Abzug der Geschäftsführervergütung noch ein Jahresüberschuss vor Steuern vom Einkommen und Ertrag verbleibt, der mindestens dieselbe Höhe hat wie die Geschäftsführervergütungen. Bei mehreren Geschäftsführern ist hierbei die Summe ihrer Vergütungen maßgeblich.

Praxishinweis:

Zu beachten ist, dass dabei auf die Gewinnerwartungen abzustellen ist, die die GmbH bei Abschluss der Zusagevereinbarung hatte bzw. haben durfte. Sind die der GmbH verbleibenden Gewinne kleiner als sie nach dem BMF-Schreiben sein müssten, heißt dies nicht notwendig, dass die Vergütung des Geschäftsführers unangemessen ist. Zu prüfen ist vielmehr, ob die GmbH bei Abschluss der betreffenden Vergütungsvereinbarung von Gewinnen ausgehen durfte, die so hoch sind, dass ihr nach Berücksichtigung der Pensionsrückstellung und Abzug der Geschäftsführervergütung ein angemessener Teil verbleiben würde. (Dabei darf nach Auffassung des Autors nicht die hohe Zuführung zur Pensionsrückstellung im Erstjahr berücksichtigt werden, sondern es ist von den Zuführungen in den Folgejahren auszugehen.) Nach Auffassung des Autors sollte man deshalb bei Vereinbarung einer Pensionszusage grundsätzlich einen Aktenvermerk anfertigen, aus dem hervorgeht, von welchen zukünftigen Gewinnen der GmbH man bei Festlegung der Höhe der Versorgung ausgeht. Im Hinblick auf diese Gewinne sollte man darlegen, warum die Gesamtausstattung die Angemessenheitsgrenze nicht überschreitet. Sollten sich die Gewinne der GmbH – abweichend von dieser Prognose – schlechter entwickeln und die der GmbH verbleibenden Gewinne unter die von der Finanzverwaltung aufgestellte Grenze sinken, würde dies nicht zu einer vGA führen. In diesen Fällen stellt sich allenfalls die Frage, ob die GmbH von dem Gesellschafter-Geschäftsführer eine Kürzung des Gehalts bzw. der zugesagten Versorgungsleistungen verlangen kann und muss[91]. Insofern ist aber zu bedenken, dass die GmbH von einem fremden Geschäftsführer anders als bei der Tantieme eine Anpassung seiner Festvergütung und seiner Versorgungsleistungen nur im Extremfall verlangen könnte, in dem die Existenz der GmbH gefährdet wäre (vgl. § 87 Abs. 2 AktG).[92]

Nichtaufgriffsgrenze

Nach dem BMF-Schreiben gibt es keine Bagatellgrenze, bis zu der die Angemessenheit nicht geprüft werden soll. Entsprechende Anweisungen einzelner Oberfinanzdirektionen dürfen deshalb von den Finanzämtern nicht mehr angewendet werden[93]. Allerdings weist

---

91 Vgl. BMF Schreiben vom 14.5.1999 aaO.
92 Vgl. zur Tantiemen BFH-Urteil vom 10.7.2002 IR 37/01, GmbHR 2003, S. 120.
93 Vgl. OFD Stuttgart vom Mai 1995, BB 1997, S. 243.

das Schreiben darauf hin, dass bei einer geringfügigen Überschreitung der Angemessenheitsgrenze von bis zu 20 Prozent eine verdeckte Gewinnausschüttung nicht anzunehmen ist.

5 Unverfallbarkeit

5.1 Die gesetzliche Regelung des BetrAVG

Scheidet der Pensionsberechtigte aus dem Unternehmen aus, bevor der Versorgungsfall eingetreten ist, so verfällt sein Anspruch grundsätzlich. Der Anspruch bleibt nur dann bestehen, wenn er entweder kraft Gesetzes oder aufgrund der Vereinbarung in der Zusage unverfallbar geworden ist.

Die gesetzliche Regelung enthielt bis zur Änderung durch das Altersvermögensgesetz (AVMG) in §1 BetrAVG *vier* verschiedene *Bedingungen,* die in einer von zwei Kombinationen erfüllt sein mussten, damit der Versorgungsanspruch unverfallbar war:

1. Mindestalter von 35 Jahren
2. Zusagedauer von mindestens zehn Jahren
3. Betriebszugehörigkeit von mindestens zwölf Jahren
4. Zusagedauer von mindestens drei Jahren

In der ersten Fallalternative musste der Arbeitnehmer 35 Jahre alt sein und die Zusage musste zehn Jahre bestanden haben. In der zweiten Alternative musste der Arbeitnehmer 35 Jahre alt sein, seit zwölf Jahren zum Betrieb gehören, und die Zusage musste drei Jahre bestanden haben.

5.1.1 Änderung durch das AVMG

Aufgrund der Änderung des BetrAVG durch das AVMG tritt die Unverfallbarkeit von Anwartschaften nunmehr bereits nach Vollendung des 30. Lebensjahres ein, wenn die Versorgungszusage mindestens fünf Jahre bestanden hat (§1b Abs. 1 BetrAVG). Bei Gehaltsumwandlungen tritt die gesetzliche Unverfallbarkeit allerdings sofort ein (§1b Abs. 5 BetrAVG).

Die durch das AVMG geschaffene Neuregelung der Unverfallbarkeit gilt erst für Pensionszusagen, die ab dem 1. Januar 2001 erteilt werden. Gemäß §30f BetrAVG gilt für Zusagen, die vor dem 1. Januar 2001 erteilt worden sind, die alte Regelung weiter. Derartige Anwartschaften werden jedoch unverfallbar, wenn die Zusage ab dem 1. Januar 2001 fünf Jahre besteht und der Berechtigte das 30. Lebensjahr vollendet hat.

5.2 Beherrschende Gesellschafter-Geschäftsführer

5.2.1 Notwendigkeit einer vertraglichen Regelung

Bei Gesellschafter-Geschäftsführern, die nach den Kriterien des Arbeitsrechts eine beherrschende Stellung innehaben[94], gelten die Regelungen des BetrAVG nicht. Nach arbeitsrechtlichen Vorstellungen sind beherrschende Gesellschafter nämlich selbst als der Unternehmer anzusehen, der die Pensionszusage erteilt. Bei ihnen muss also in jedem Fall eine vertragliche Regelung darüber getroffen werden, in welchem Zeitpunkt und in welcher Höhe die Ansprüche unverfallbar werden sollen.

5.2.2 Zeitpunkt der Unverfallbarkeit

Bisher war es üblich, hinsichtlich des Zeitpunkts der Unverfallbarkeit in der vertraglichen Regelung der Pensionszusage einfach auf die Vorschriften des BetrAVG zu verweisen. Die Finanzverwaltung hält es aber nunmehr auch für zulässig, bei beherrschenden Gesellschafter-Geschäftsführern eine sofortige Unverfallbarkeit zu vereinbaren[95]. Zwar wird dadurch der beherrschende Gesellschafter besser gestellt als nach der gesetzlichen Regelung des § 1b BetrAVG. Diese Vorschrift kann aber bei beherrschenden Gesellschafter-Geschäftsführern nicht als Maßstab für die Angemessenheit gelten, weil sie nicht der gesetzlichen Rentenversicherung unterliegen und deshalb auf ihre Ansprüche aus der Pensionszusage angewiesen sind.

Praxishinweis:

Von der Möglichkeit, die sofortige Unverfallbarkeit zu vereinbaren, sollte man unbedingt Gebrauch machen. Denn auch die Bildung einer Rückdeckung und deren Verpfändung schützen den Pensionsanspruch des Berechtigten bei einer Insolvenz der GmbH nur, wenn der Anspruch gegen die GmbH bereits unverfallbar ist. Ohne einen entsprechenden Anspruch geht die Verpfändung der Rückdeckung ins Leere.

5.2.3 Höhe der unverfallbaren Anwartschaft

Einschränkungen sind jedoch hinsichtlich der Höhe des unverfallbaren Anspruchs zu machen. Das steuerliche Rückwirkungsverbot verlangt hier, den beherrschenden Gesellschafter-Geschäftsführer sogar schlechter zu stellen als die gesetzlichen Regelung des § 2 BetrAVG es vorsieht[96].

Nach § 2 Abs. 1 BetrAVG ist bei einem vorzeitigen Ausscheiden aus dem Beschäftigungsverhältnis mindestens der Teil des Anspruchs unverfallbar, der dem Verhältnis

---

94 Siehe Abschnitt 4.3.1.
95 BMF vom 9.12.2002, BStBl. I 2002, S. 1393.
96 BMF vom 9.12.2002, BStBl. I 200, S. 1393.

der Dauer der Betriebszugehörigkeit zu der Zeit vom Beginn des Beschäftigungsverhältnisses bis zum vereinbarten Pensionsalter entspricht. Bei der Berechnung wird also auch die Dienstzeit vor Erteilung der Pensionszusage berücksichtigt. Dieses so genannte Quotierungsprinzip wird in der Praxis auch als pro rata temporis Methode, als m/n – tel Verfahren, als ratierliche Methode oder auch als Teilwertverfahren bezeichnet. Handelt es sich bei dem Pensionsberechtigten um einen Gesellschafter-Geschäftsführer, der wegen seiner beherrschenden Stellung nicht unter die Regelungen des BetrAVG fällt, findet die Vorschrift des §2 BetrAVG keine Anwendung. Wie die Höhe des unverfallbaren Anspruchs zu berechnen ist, kann und muss deshalb in solchen Fällen in der Zusagevereinbarung geregelt werden. Bei diesem Personenkreis ist es jedoch nicht zulässig, zu vereinbaren, dass die Berechnung des unverfallbaren Teils des Anspruchs in entsprechender Anwendung des §2 BetrAVG erfolgen soll. Denn dies würde dem bei beherrschenden Gesellschaftern geltenden Prinzip der Erdienbarkeit widersprechen, weil bei dieser Berechnung, wie oben dargestellt, auch die Dienstjahre vor Erteilung der Pensionszusage berücksichtigt würden. Deshalb muss in der Zusage vereinbart werden, dass bei Berechnung des unverfallbaren Teils des Anspruchs lediglich die Dienstjahre berücksichtigt werden, die nach Erteilung der Pensionszusage zurückgelegt werden. Die nach Erteilung der Pensionszusage tatsächlich geleisteten Dienstjahre sind ins Verhältnis zu setzen zu der Zahl der Dienstjahre zwischen Erteilung der Zusage und dem vereinbarten Pensionsalter.

Rechtsfolgen:

Wird abweichend davon vereinbart, dass die Höhe des unverfallbaren Anspruchs in entsprechender Anwendung des §2 BetrAVG berechnet werden soll, stellt dies eine verdeckte Gewinnausschüttung dar. Deswegen darf jedoch nicht der gesamten Zusage bereits im Zeitpunkt der Erteilung die steuerrechtliche Anerkennung versagt werden. Vielmehr besteht die Rechtsfolge lediglich darin, dass eine verdeckte Gewinnausschüttung in dem Augenblick entsteht, in dem der Berechtigte vorzeitig aus dem Unternehmen ausscheidet und ihm eine Versorgungsleistung gezahlt wird, die über den erdienten Anteil hinausgeht: Wird dem Berechtigten beim vorzeitigen Ausscheiden eine Abfindung gezahlt, die über den zulässigerweise unverfallbaren Anteil des Anspruchs hinausgeht, stellt nur der übersteigende Betrag eine verdeckte Gewinnausschüttung dar. Werden laufende Pensionsleistungen erbracht, so sind als verdeckte Gewinnausschüttung erst die Pensionsleistungen zu behandeln, die den erdienten Anteil übersteigen.

Wird dem Gesellschafter-Geschäftsführer beim vorzeitigen Ausscheiden – abweichend von der Vereinbarung in dem Zusagetext – eine Abfindung lediglich in Höhe des erdienten Teils der Anwartschaft ausgezahlt, so liegt hinsichtlich des übersteigenden Anteils des vereinbarten Anspruchs ein Verzicht vor[97].

---

97 Zu der Behandlung eines solchen Verzichts siehe Abschnitt 6.2.

6 Verzicht auf den Pensionsanspruch

6.1 Gründe für den Verzicht

Veräußert der Gesellschafter-Geschäftsführer seine Gesellschaftsanteile, so kommt es in der Praxis häufig zu einem Verzicht auf den Pensionsanspruch. Dies liegt daran, dass der Erwerber der Gesellschaftsanteile in der Regel nicht bereit ist, die Pensionsverpflichtung fortzuführen. Er will das Unternehmen normalerweise frei von Versorgungslasten gegenüber dem ehemaligen Gesellschafter-Geschäftsführer übernehmen, vor allem um nicht das Risiko der Langlebigkeit tragen zu müssen. Außerdem will der Erwerber den Verwaltungsaufwand vermeiden. Häufig wird in diesen Fällen eine Abfindung des Pensionsanspruches vereinbart, soweit dafür eine Rückdeckung in dem Unternehmen vorhanden ist. Soweit der Pensionsanspruch darüber hinaus gilt, bleibt dem Gesellschafter-Geschäftsführer in der Regel nichts anderes übrig, als auf seinen Anspruch zu verzichten[98].

6.2 Steuerliche Behandlung des Verzichts

6.2.1 GmbH

Handelsrechtlich führt der Verzicht auf die Pensionszusage bei der GmbH zu einer Gewinnerhöhung, weil diese dadurch von einer Verbindlichkeit befreit wird. Steuerrechtlich war lange umstritten, ob die Auflösung der Pensionsrückstellung als Ertrag oder als verdeckte Einlage zu behandelt ist. Mit Beschluss vom 9. Juni 1997[99] hat der Große Senat des BFH entschieden, dass der Verzicht auf die Pensionszusage durch den Gesellschafter-Geschäftsführer bei der GmbH als verdeckte Einlage zu behandeln ist. Er löst also steuerlich bei der GmbH keine Gewinnerhöhung aus. In Höhe dieser verdeckten Einlage erhöhen sich dementsprechend die Anschaffungskosten des Gesellschafter-Geschäftsführers für seine Anteile an der GmbH, so dass sich bei einem Verkauf der GmbH-Anteile sein Gewinn entsprechend vermindert (vgl. § 6 Abs. 6 Satz 2 EStG).

6.2.2 Gesellschafter-Geschäftsführer

Bei dem Gesellschafter-Geschäftsführer persönlich löst der Verzicht auf seinen Pensionsanspruch nach dem Beschluss des Großen Senats einen – fiktiven – Zufluss im Rahmen der Einkünfte aus nichtselbständiger Arbeit aus. Er wird so behandelt, als habe er eine Abfindung der Pensionsansprüche erhalten und diese in die GmbH eingelegt. Zwar werden diese Einkünfte nach § 34 EStG (Fünftel-Regelung) begünstigt versteuert. Den-

---

[98] Vgl. Beck, Steuerliche Überlegungen zur Pensionszusage des Gesellschafter-Geschäftsführers bei Veräußerung der GmbH, DStR 2002, S. 473.
[99] BStBl. II. 1998, S. 307.

noch ist diese Rechtsfolge unangenehm, weil dieser Steuerpflicht kein Zufluss entsprechender liquider Mittel gegenüber steht, aus denen die Steuern bezahlt werden könnten. Außerdem besteht keine Möglichkeit, den durch den Verzicht ausgelösten – fiktiven – Zufluss durch eine entsprechende vertragliche Regelung in das Folgejahr zu verschieben[100].

Diese Rechtsfolge gilt allerdings nur, soweit der Pensionsanspruch des Gesellschafter-Geschäftsführers werthaltig ist. Soweit der Versorgungsanspruch wirtschaftlich keinen Wert hat, ist der Verzicht bei der GmbH auch steuerlich gewinnerhöhend zu behandeln. Insofern ist dementsprechend aber auch kein Zufluss bei dem Gesellschafter-Geschäftsführer im Rahmen seiner Einkünfte aus nichtselbständiger Arbeit zu versteuern.

6.2.3 Bewertung des Versorgungsanspruchs

Aufgrund der Entscheidung des Großen Senats des BFH stellte sich jedoch die Frage, mit welchem Wert der Versorgungsanspruch dabei anzusetzen ist. Nahe liegend schien es, für die Bewertung des Pensionsanspruchs die im §6a Abs. 3 EStG enthaltene Regelung über den Teilwert der Pensionsverpflichtung anzuwenden. Dies hat der BFH jedoch abgelehnt, weil die Vorschrift des §6a Abs. 3 EStG die Bewertung der Verpflichtung der GmbH gegenüber dem Pensionsberechtigten regelt, während es im vorliegenden Zusammenhang um den Wert des Anspruchs geht, den der Gesellschafter-Geschäftsführer gegen die Gesellschaft aufgrund der Pensionszusage hat. Die Bewertung muss deshalb aus der Sicht des Gesellschafters und nicht aus der Sicht der Gesellschaft erfolgen. Mit Urteil vom 15. Oktober 1997[101] hat der BFH deshalb entschieden, dass der Teilwert des Versorgungsanspruchs nicht dem Teilwert der Pensionsrückstellung entspricht, wie er nach §6a Abs. 3 EStG zu ermitteln ist. Statt dessen muss der Wert des Pensionsanspruchs nach den allgemeinen Grundsätzen, d.h. letztlich nach den Wiederbeschaffungskosten ermittelt werden. Es muss geprüft werden, welchen Betrag der Pensionsberechtigte im Zeitpunkt des Verzichts hätte aufwenden müssen, um eine gleich hohe Pensionsanwartschaft gegen einen vergleichbaren Schuldner zu erwerben. In der Praxis wird man wohl darauf abstellen, welche fiktive Einmalprämie ein Versicherungsunternehmen verlangen würde, um einen derartigen Anspruch zu gewähren. Problematisch ist aber, wie dabei die jeweilige Bonität der GmbH berücksichtigt werden soll.

---

100 Vgl. Beck/Henn, Pensionszusage richtig gemacht, R 2380 ff.
101 BStBl II. 1998, S. 305.

7 Gehaltsumwandlung („deferred compensation")

7.1 Aufschub des Zuflusses („deferred taxation")

Von einer Gehaltsumwandlung spricht man, wenn ein bereits vereinbartes Entgelt in Aufwand zum Erwerb einer Anwartschaft auf eine betriebliche Altersversorgung umgewandelt wird. Der Vorteil einer solchen Umwandlung besteht darin, dass bei Versorgung durch eine Pensionszusage oder eine Unterstützungskasse der umgewandelte Arbeitslohn dem Beschäftigten nicht zum gegenwärtigen Zeitpunkt, sondern erst bei Zahlung der betreffenden Versorgungsleistungen zufließt. Damit wird die Versteuerung dieses Teils des Arbeitslohns bis zur Zahlung der Versorgungsleistungen aufgeschoben und die gegenwärtige Steuerlast gesenkt. (Bei Versorgung über eine Direktversicherung oder eine Pensionskasse gilt dies nicht, weil hier die Zahlung der Beiträge durch den Arbeitgeber an die Versorgungseinrichtung als Zufluss des Arbeitslohns gilt[102].)

Abzugrenzen ist die Gehaltsumwandlung von einer bloßen Abrede über die Verwendung des Gehalts z. B. einer Vereinbarung, wonach der Beschäftigte das Gehalt dem Unternehmen als Darlehen bis zum Erreichen der Altersgrenze zur Verfügung stellt. In diesem Fall würde steuerlich nämlich ein Zufluss im Zeitpunkt der Fälligkeit angenommen.

Zu der Frage, welche Vorraussetzungen im Einzelnen erfüllt sein müssen, damit durch die Gehaltsumwandlung der Zeitpunkt des Gehaltszuflusses aufgeschoben wird, hat die Finanzverwaltung in verschiedenen Anweisungen Stellung genommen[103]. Bis zur Anweisung vom 5. August 2002 hat die Finanzverwaltung verlangt, dass sich die Entgeltumwandlung auf zukünftige Gehaltszeiträume bezieht. Das Entgelt durfte also noch nicht erdient sein. Anderenfalls sah die Finanzverwaltung darin nur eine Abrede über die Verwendung eines schon zugeflossenen Gehalts. Dies spielte insbesondere bei solchen Teilen des Arbeitslohns eine Rolle, die für mehrere Lohnzahlungszeiträume gewährt werden, wie z. B. Weihnachts- und Urlaubsgeld oder Tantiemen. Hier erkannte die Finanzverwaltung die Umwandlung nur für den Teil der Vergütung an, der nach Abschluss der Vereinbarung über die Gehaltsumwandlung entstand.

Aufgrund der Anweisung vom 5.8.2002 ist nunmehr lediglich erforderlich, dass das Entgelt bei Abschluss der Vereinbarung noch nicht fällig ist. Damit kann z. B. eine Tantieme auch insoweit umgewandelt werden wie sie schon erdient worden ist. Voraussetzung ist nur, dass die entsprechende Vereinbarung vor dem Fälligkeitstag abgeschlossen wird.

Unschädlich ist es, wenn der bisherige ungekürzte Arbeitslohn weiterhin Bemessungsgrundlage für künftige Erhöhungen des Arbeitslohns oder für andere Leistungen wie etwa Weihnachtsgeld, Tantiemen oder Ähnliches sein soll[104].

---

102 Vgl. FG Köln, Urt. vom 18.10.2001, EFG 2003, S. 724 zu Beiträgen an einen Pensionsfonds.
103 Vgl. BMF vom 4.2.2000, BStBl. I. 2000, Seite 354, vom 16. 1. 2001 und vom 5. August 2002, BStBl. I 2002, S. 767, Rz. 150 ff.
104 Vgl. Langohr-Plato, INF (2003), S. 414.

7.2 Sozialversicherung

Auch in der Sozialversicherung ist grundsätzlich nur der Arbeitslohn beitragspflichtig, auf den der Arbeitnehmer einen fälligen Anspruch hat. Soweit deshalb eine Gehaltsumwandlung dazu führt, dass der Arbeitslohn dem Berechtigten erst nach dem Ausscheiden aus dem aktiven Erwerbsleben zufließt, wären danach eigentlich keine Beiträge zur Sozialversicherung zu entrichten.

Diesen Grundsatz hat der Gesetzgeber jedoch durch eine Fiktion durchbrochen. Nach §14 Abs. 1 Satz 2 SGB IV gelten vom 1.1.2002 an auch umgewandelte Teile des Entgelts als Arbeitsentgelt. Durch §115 SGB IV hat der Gesetzgeber insofern jedoch wieder eine Ausnahme geschaffen als umgewandelte Entgeltbestandteile bis zum 31.12.2008 kein Arbeitsentgelt darstellen, soweit sie vier Prozent der Beitragsbemessungsgrenze in der Rentenversicherung nicht übersteigen.

7.3 Unverfallbarkeit

Aufgrund der Änderung des BetrAVG durch das Altersvermögensgesetz tritt bei einer Gehaltsumwandlung die gesetzliche Unverfallbarkeit sofort ein (§1b Abs. 5 BetrAVG). Der Höhe nach werden die gesetzlich unverfallbaren Ansprüche allerdings auf die Leistungen aus den bis dahin umgewandelten Entgeltbestandteilen beschränkt (§2 Abs. 5a BetrAVG). Die Neuregelung gilt erst für Zusagen, die ab dem 1.1.2001 erteilt werden (§30g BetrAVG).

7.4 Mitnahme von Anwartschaften

Durch das AVMG ist der Arbeitgeber verpflichtet worden, im Falle von Gehaltsumwandlungen beim Ausscheiden eines Arbeitnehmers auf dessen Verlangen hin seine unverfallbaren Ansprüche auf den neuen Arbeitgeber zu übertragen (§4 Abs. 4 BetrAVG).

7.5 Anspruch auf Entgeltumwandlung

Ab dem 1.1.2002 haben Arbeitnehmer einen Anspruch gegen den Arbeitgeber auf betriebliche Altersversorgung durch Entgeltumwandlung. Der Anspruch ist jedoch der Höhe nach beschränkt auf vier Prozent der Beitragsbemessungsgrenze der gesetzlichen Rentenversicherung.

7.6 Kappungsgrenze

Wie oben dargestellt, ist jedoch zu beachten, dass eine Gehaltsumwandlung zu einer Überversorgung führen kann, die gegen §6a Abs. 3 Nr.1 Satz 4 EStG verstößt. Denn durch die Umwandlung eines Teil des Gehalts wird einerseits die Bemessungsgrundlage für die 75-Prozentgrenze herabgesetzt. Und auf der anderen Seite die Versorgung erhöht. Dies gilt nicht nur für Zusagen an Gesellschafter-Geschäftsführer einer GmbH, sondern für alle Pensionszusagen[105].

8 Rückdeckung der Pensionszusage

8.1 Gründe für eine Rückdeckung

Kapitaldeckung:

Durch die Vereinbarung der Pensionszusage und die Bildung einer Rückstellung in der Bilanz des Unternehmens entsteht noch kein Vermögen, mit dem die späteren Versorgungsleistungen erfüllt werden können. Bei Eintritt des Versorgungsfalles müssen die betreffenden Leistungen von dem Unternehmen vielmehr aus den laufenden Erträgen bezahlt werden, die danach von dem Unternehmen erwirtschaftet werden. Wirtschaftlich betrachtet handelt es sich letztlich um eine Art Umlageverfahren: Die nach Eintritt des Versorgungsfalls tätigen Arbeitnehmer werden das Geld für die Ansprüche der jetzt Beschäftigten erwirtschaften müssen.

Will man diesen Effekt vermeiden und die Versorgungsleistungen bereits in er Anwartschaftsphase finanzieren, muss man für die Pensionszusage eine Rückdeckung aufbauen. Darunter versteht man die Ansammlung von Kapital durch das Unternehmen, das dazu dienen soll, die Verpflichtung aus der Pensionszusage zu erfüllen. Es ist nicht durch betriebliche Zwecke gebunden ist. Das betreffende Kapital kann in eigenen Wirtschaftsgütern des Unternehmens bestehen, aber auch in Ansprüchen gegen ein Versicherungsunternehmen.

Verkauf der Gesellschaftsanteile:

Handelt es sich bei dem Berechtigten um einen beherrschenden Gesellschafter des Unternehmens, so kann er realistischerweise die Erfüllung seiner Versorgungsansprüche nur dann erwarten, wenn das Unternehmen eine entsprechende Rückdeckung gebildet hat. Denn ein solcher Gesellschafter verkauft beim Ausscheiden aus dem aktiven Berufsleben in der Regel seine Gesellschaftsanteile an den Nachfolger. Der Erwerber der Gesellschaftsanteile ist erfahrungsgemäß aber nicht bereit, die Versorgungsverpflichtungen aus der Pensionszusage zu übernehmen, sondern will diese durch einen Kapitalbe-

---

105 Siehe Abschnitt 4.2.4.2.

trag abfinden. Insbesondere will er damit das Unternehmen vor dem Risiko der Langlebigkeit des Pensionsberechtigten schützen. Der tatsächliche Aufwand zur Erfüllung der Pensionsverpflichtung ist in der Regel etwa 30 Prozent höher als der in der Bilanz ausgewiesene Barwert. Aber auch der Verwaltungsaufwand in der Leistungsphase wird als störend empfunden. Zu einer solchen Abfindung sieht sich das Unternehmen in der Regel aber nur insoweit in der Lage, wie eine entsprechende Rückdeckung besteht. Soweit keine Rückdeckung besteht, muss der Gesellschafter-Geschäftsführer bei einem Verkauf des Unternehmens meistens auf seine Ansprüche verzichten[106].

Rating:
Bei der Bewertung des Unternehmens wirkt sich eine Pensionsrückstellung negativ aus, wenn ihr keine entsprechende Rückdeckung auf der Aktivseite der Bilanz gegenübersteht.

Insolvenzsicherheit:
Bei beherrschenden Gesellschafter-Geschäftsführern ist zu bedenken, dass nur durch Schaffung einer Rückdeckung erreicht werden kann, dass der Pensionsanspruch vor einer Insolvenz des Unternehmens geschützt wird. Zwar ist in den § 7 ff BetrAVG eine gesetzliche Absicherung des Pensionsanspruchs durch den Pensionssicherungsverein geregelt. Da beherrschende Gesellschafter-Geschäftsführer jedoch nicht unter die Regelungen des BetrAVG fallen, gilt die gesetzliche Insolvenzsicherung für sie nicht. Nur wenn das Unternehmen eine Rückdeckung geschaffen und diese dem Berechtigten zur Sicherung seiner Ansprüche verpfändet hat, sind diese bei einer Insolvenz geschützt[107].

Praxishinweis:
Vorsichtshalber sollte man nach Auffassung des Autors in der Zusagevereinbarung regeln, dass der Gesellschafter-Geschäftsführer einen sofort fälligen Anspruch auf eine Kapitalabfindung seiner Pensionsansprüche hat, wenn das Insolvenzverfahren eröffnet wird. Denn anderenfalls muss er mit der Erfüllung seiner Ansprüche trotz der Verpfändung bis zum Eintritt des Versorgungsfalles warten[108].

---

106 Zu den Einzelheiten und den steuerlichen Auswirkungen vgl. Beck, steuerliche Überlegungen zur Pensionszusage des Gesellschafter-Geschäftsführers bei Veräußerung der GmbH, DStR 2002, S. 474.
107 Siehe Abschnitt 8.4.
108 Vgl. OLG Hamburg Urt. vom 27. August 2002, Az 9 U 265/00 und Beck/Henn, Pensionszusage richtig gemacht, S. 185, Rz. 518.

Steuerliche Anerkennung der Rückstellung:

Steuerrechtlich ist eine Rückdeckung der Pensionszusage nicht vorgeschrieben. In der Praxis haben die Finanzämter zwar immer wieder versucht, Pensionszusagen, denen keine Rückdeckung gegenüber steht, die steuerliche Anerkennung zu versagen. Insbesondere wenn die vorzeitigen Risiken nicht durch eine Versicherung abgedeckt sind, bestreitet die Finanzverwaltung die Finanzierbarkeit der Zusage[109].

Wie oben dargestellt, hat der Bundesfinanzhof diese Rechtsauffassung jedoch abgelehnt. Nach der Rechtssprechung der Finanzgerichte setzt die steuerliche Anerkennung der Pensionszusage nicht voraus, dass eine entsprechende Rückdeckung gebildet wird.

8.2 Steuerliche Auswirkung der Rückdeckung (Saldierungsverbot)

Auf die Bilanzierung der Pensionsrückstellung hat die Bildung einer Rückdeckung keine Auswirkung. Auch wenn die Pensionszusage vollständig rückgedeckt ist, muss für die sich daraus ergebende Verpflichtung eine Rückstellung in der Bilanz gebildet werden. Denn nach deutschem Bilanzsteuerrecht ist die Rückdeckung völlig getrennt von der Pensionsrückstellung zu behandeln. Dies ergibt sich schon daraus, dass die Rückdeckung nicht dem Pensionsberechtigten, sondern dem Unternehmen zusteht. Außerdem gilt im Bilanzsteuerrecht ein allgemeines Saldierungsverbot[110]. Die Rückdeckung selbst ist auf der Aktivseite der Bilanz nach den Regeln auszuweisen, die für die betreffende Form gelten.

8.3 Verschiedene Formen der Rückdeckung

8.3.1 Rückdeckung mit einer Kapitallebensversicherung

Funktionsweise:

Üblicherweise wurde bisher in mittelständischen Unternehmen die Rückdeckung einer Pensionszusage durch Abschluss einer Kapitallebensversicherung vorgenommen. Versicherungsnehmer und Bezugsberechtigter des Versicherungsvertrags ist das Unternehmen, versicherte Person der Beschäftigte. Die Versicherungsleistung steht deshalb dem Unternehmen und nicht dem Pensionsberechtigten zu. Das Unternehmen verschafft sich durch die Leistungen aus der Rückdeckungsversicherung lediglich die wirtschaftlichen Mittel, um seine Verpflichtungen aus der Pensionszusage erfüllen zu können:

Die Ablaufleistung soll bei Erreichen der Altersgrenze fällig werden und dazu dienen, die laufenden Leistungen oder eine Kapitalabfindung zu finanzieren.

---

109 Siehe Abschnitt 4.3.7.
110 § 246 Abs. 2 HGB, R 41 Abs. 24 EStR.

Verstirbt der Berechtigte vor Erreichen des vereinbarten Pensionsalters, hat das Unternehmen einen Anspruch auf die vereinbarte Todesfallleistung aus der Kapitallebensversicherung. Damit soll die Witwenrente finanziert werden.

Ist auch eine Invaliditätsrente zugesagt worden, muss zur Rückdeckung des Risikos eine so genannte Berufsunfähigkeitszusatzversicherung (BUZ) abgeschlossen werden. Zusätzlich sollte vereinbart werden, dass die Kapitallebensversicherung bei Eintritt der Berufsunfähigkeit beitragsfrei gestellt wird.

Von einer kongruenten Rückdeckung spricht man, wenn die Versicherungssumme so bemessen wird, dass die voraussichtliche Ablaufleistung dem Barwert der Altersversorgung entspricht.

Die Ansprüche aus der Rückdeckungsversicherung lösen bei dem Pensionsberechtigten keinerlei einkommensteuerliche Folgen aus, da die Ansprüche – auch bei einer Verpfändung – nicht ihm, sondern ausschließlich dem Unternehmen zustehen.

Aktivierung des Versicherungsanspruchs:

Bei dem Unternehmen, das die Versicherung abschließt, sind die Ansprüche gegen das Versicherungsunternehmen in der Bilanz zu aktivieren. Der bilanzmäßige Ausweis erfolgt unabhängig und getrennt von der Bilanzierung der Pensionsrückstellung. Der Anspruch ist mit dem bei der Versicherung gebildeten geschäftsplanmäßigen Deckungskapital bzw. dem Zeitwert zu bewerten[111]. Die Bewertung mit dem (niedrigeren) Rückkaufwert ist grundsätzlich nicht zulässig. Nur wenn ausnahmsweise ernsthaft mit der Auflösung des Versicherungsvertrages zu rechnen ist, kann der Rückkaufwert angesetzt werden.

Der jährliche Zuwachs dieser Forderung bewirkt eine Erhöhung des Gewinns. Zwar sind Erträge aus Lebensversicherungen nach § 20 Abs. 1 Nr. 6 EStG unter bestimmten Voraussetzungen steuerfrei. Dieses Privileg gilt jedoch nur für Versicherungen, die zum Privatvermögen gehören. Erträge aus Versicherungen, die zum Betriebsvermögen eines Unternehmens gehören, sind dagegen in jedem Fall steuerpflichtig.

Prämien:

Die Prämien, die das Unternehmen für die Rückdeckungsversicherung zahlen muss, stellen bei ihm Betriebsausgaben dar. Dies gilt selbst dann, wenn die Rückdeckungsversicherung überdimensioniert ist und die voraussichtliche Ablaufleistung den Verpflichtungsumfang aus der Pensionszusage übersteigt. Auch wenn die Zusage als vGA zu beurteilen ist, stellen die Prämien keine vGA, sondern Betriebsausgaben dar, weil mit der Rückdeckung dem Berechtigten kein Vermögensvorteil zugewendet wird[112]. Ob dies auch dann gilt, wenn die Rückdeckung dem Berechtigten verpfändet wird, hat der BFH allerdings offen gelassen. Wird eine Versicherung gegen Einmalbe-

---

111 Vergleiche R 41 Abs. 24 Satz 2 EStR.
112 BFH, Urt. vom 7. August 2002, Az FR 2/02. IR2/02 DStR (2002), S. 2215.

trag abgeschlossen, ist der gesamte Einmalbetrag im Jahr der Zahlung als Betriebsausgabe abzugsfähig.

Die Beiträge für eine Rückdeckungsversicherung sind bei dem Pensionsberechtigten weder lohn- noch sozialversicherungspflichtig. Dies gilt auch dann, wenn die Ansprüche gegen das Versicherungsunternehmen dem Berechtigten verpfändet sind.

Ablaufleistung:

Wird der Versicherungsvertrag fällig und zahlt die Versicherung dem Unternehmen die Ablaufleistung aus, so löst dies bei dem Unternehmen keine Steuerpflicht aus. Denn bilanztechnisch wird dieser Zufluss erfolgsneutral gegen die aktivierten Ansprüche gegen das Versicherungsunternehmen gebucht. Anders gesagt: Den betreffenden Ertrag aus dem Zufluss der Ablaufleistung hat das Unternehmen bereits versteuert, weil es jedes Jahr die Erhöhung des Anspruchs gegen das Versicherungsunternehmen versteuert hat.

Steuerliche Würdigung:

Steuerlich bewirkt die Rückdeckung mit einer Lebensversicherung, dass der sich aus der Rückstellung ergebende Steuervorteil um so mehr zunichte gemacht wird, je vollständiger die Pensionsverpflichtung rückgedeckt wird. Per Saldo bleibt lediglich der Abzug der Prämien als Betriebsausgaben übrig. Denn dem Aufwand, der sich aus der Zuführung zur Pensionsrückstellung ergibt, steht ein entsprechender Ertrag aus der jährlichen Erhöhung des Anspruchs gegen das Versicherungsunternehmen gegenüber. Bei kongruenter Rückdeckung sind beide Beträge bei Erreichen der Altersgrenze gleich hoch: Sowohl das Deckungskapital als auch die Pensionsrückstellung entsprechen dem Barwert der Versorgungsverpflichtung. Während der Laufzeit entwickeln sich diese Beträge jedoch unterschiedlich: In den ersten Jahren ergibt sich ein steuerlicher Vorteil, weil die Zuführungen zur Rückstellung höher sind als der Zuwachs des Versicherungsanspruchs. Dies kehrt sich jedoch nach einigen Jahren um, da etwa ab dem siebten Jahr die Zuführungen zu dem Versicherungsanspruch höher sind als diejenigen zur Rückstellung. Daraus ergibt sich in den ersten Jahren ein Steuerspareffekt, der sich später jedoch umkehrt.

In der Handhabung bietet die Rückdeckung mit einer Lebensversicherung verschiedene Vorteile. Insbesondere lässt sich die Bilanzentwicklung bis zum Erreichen des Pensionsalters gut vorhersehen. Es lässt sich auch genau bestimmen, welche Belastungen das Unternehmen durch die Bezahlung der Prämien haben wird. Außerdem ist es bei dieser Gestaltung einfach, das Risiko des vorzeitigen Todes und der Berufsunfähigkeit mit abzusichern. Auch die Abwicklung ist oftmals leichter, weil die Lebensversicherungsunternehmen bei der Formulierung der Zusagevereinbarung behilflich sind und die jährlichen Rückstellungen berechnen.

8.3.2 Rückdeckung mit einer Rentenversicherung

Unterschiede zur Kapitallebensversicherung:

Statt mit einer Kapitallebensversicherung kann die Rückdeckung auch mit einer Rentenversicherung vorgenommen werden. Der Unterschied besteht im Wesentlichen darin, dass das Unternehmen das Risiko der Langlebigkeit des Beschäftigten nicht selber trägt, sondern auf das Versicherungsunternehmen auslagert. In diesem Fall zahlt die Versicherung nämlich bei Erreichen des Pensionsalters dem Unternehmen nicht einen bestimmten Kapitalbetrag aus, sondern laufend die vereinbarte Rente bis zum Versterben des letzten Berechtigten. Lebt der Berechtigte länger als erwartet, bedeutet dies für das Unternehmen einen Vorteil. Verstirbt der Pensionsberechtigte vorher, so liegt der Vorteil dagegen bei der Versicherung. Das Unternehmen hat keine weiteren Ansprüche gegen die Versicherung mehr. Allerdings ist es üblich, eine so genannte Garantiezeit zu vereinbaren, die in der Regel fünf, im Einzelfall aber auch bis zu 15 Jahre beträgt: Verstirbt der Berechtigte innerhalb dieser Zeit, erlischt der Anspruch nicht völlig, sondern das Unternehmen hat einen Anspruch auf die vereinbarte Garantiesumme.

Verstirbt der Berechtigte bereits vor Erreichen des Pensionsalters, erhält das Unternehmen von der Versicherung üblicherweise nur die eingezahlten Prämien ohne Verzinsung und abzüglich der so genannten Stückkosten.

Um dieses Risiko zu vermeiden, decken viele Unternehmen die Pensionszusage zunächst mit einer Kapitallebensversicherung rück und schließen erst bei Erreichen des Pensionsalters eine Rentenversicherung gegen Einmalbeitrag ab. Zur Finanzierung dieses Einmalbeitrages wird die Ablaufleistung der Kapitallebensversicherung verwendet. Dadurch wird das Risiko der Langlebigkeit des Berechtigten bzw. seiner Witwe auf das Versicherungsunternehmen ausgelagert. Die Verpflichtung zur Prüfung einer Anpassung der Leistungen gemäß § 16 BetrAVG bleibt allerdings bei dem Unternehmen. Geprüft werden sollte bei dieser Gestaltung aber, ob die Ablaufleistung tatsächlich ausreichen wird, um den Einmalbeitrag zu finanzieren. Die erforderliche Einmalprämie ist nämlich in der Regel 30 Prozent höher ist als die beim Erreichen des Pensionsalters auszuweisende Rückstellung.

Die Beiträge für eine Rentenversicherung sind geringer als die einer Kapitallebensversicherung, weil keine Todesfallleistung gezahlt wird. Sagt das Unternehmen dem Berechtigten auch eine Witwenversorgung zu, kann diese somit nicht durch die Todesfallleistung finanziert werden. In diesem Fall sollte deshalb eine verbundene Rentenversicherung für den Berechtigten und seinen Ehegatten abgeschlossen werden, wonach die Rente bis zum Tod des Letztversterbenden gezahlt wird.

Eine Gesundheitsprüfung ist bei einer Rentenversicherung grundsätzlich nicht erforderlich.

Steuerliche Behandlung der Rentenversicherung:

Die Aktivierung des Anspruchs aus einer Rentenversicherung richtet sich nach denselben Grundsätzen wie bei einer Kapitallebensversicherung (R 41 Abs. 24 EStR). Der Anspruch ist mit dem Deckungskapital zu aktivieren. Bei Rentenversicherungen ist allerdings auch das Anpassungskonto in die Aktivwertberechnung einzubeziehen.

Verwendet das Unternehmen die Ablaufleistung nicht, um dem Berechtigten eine Kapitalabfindung auszuzahlen, sondern zur Finanzierung eines Einmalbeitrages für eine Rentenversicherung, hat dies für den Berechtigten den Vorteil, dass er nicht den Abfindungsbetrag sofort und in einem Jahr versteuern muss – wenn auch nach § 34 EStG ermäßigt –, sondern statt dessen nur die laufenden Leistungen über viele Jahre verteilt. Die laufenden Leistungen muss er allerdings bei dieser Gestaltung als Einkünfte aus nicht selbstständiger Arbeit mit dem Nominalbetrag der Besteuerung zu Grunde legen. Würde dagegen das Unternehmen dem Berechtigten eine Abfindungsleistung auszahlen, die dieser selbst in eine Rentenversicherung einzahlt, so würde er die laufenden Rentenzahlungen nur mit dem Ertragsanteil besteuern.

Nachteilig ist diese Gestaltung für das Unternehmen, wenn der Berechtigte relativ bald nach Ablauf der Garantiezeit verstirbt. Wie oben dargestellt, erhält das Unternehmen in diesem Fall von dem Versicherungsunternehmen keine weiteren Leistungen mehr.

Steuerlich ergibt sich dabei folgende Konsequenz: Die noch vorhandene Pensionsrückstellung muss gewinnerhöhend aufgelöst werden. Dem gegenüber ist der aktivierte Wert des Anspruchs gegen das Versicherungsunternehmen gewinnmindernd abzuschreiben.

8.3.3 Rückdeckung mit eigenen Wirtschaftsgütern („asset funding")

Aufspaltung der Rückdeckung:

Entgegen einer bisher verbreiteten Vorstellung ist es aber nicht notwendig, die Rückdeckung einer Pensionszusage durch eine Kapitallebensversicherung vorzunehmen. Lediglich die beiden vorzeitigen Risiken – Tod und Berufsunfähigkeit – können nur durch Abschluss einer Versicherung rückgedeckt werden, weil es sich insofern um echte Risiken handelt. Die Rückdeckung der Altersversorgung besteht dagegen lediglich in einem Sparvorgang. Während der Anwartschaftsphase soll das erforderliche Kapital angesammelt werden, um daraus die voraussichtlichen Versorgungsleistungen bezahlen zu können. Diesen Sparvorgang muss das Unternehmen aber nicht auf eine Versicherung übertragen, sondern kann ihn auch selbst durchführen.

Gegenüber der bisher üblichen Gestaltung wird die Rückdeckung also „aufgespalten". Für die vorzeitigen Versorgungsfälle kann man reine Risikoversicherungen abschließen, während der zur Rückdeckung der Altersversorgung erforderliche Sparvorgang im eigenen Unternehmen durch die Anschaffung geeigneter Wirtschaftsgüter durchgeführt wird, etwa von Immobilien (Immobilienfonds) oder Aktien (Aktienfonds). Der Vorteil einer solchen Gestaltung besteht zunächst darin, dass das Unternehmen dadurch eine größere Flexibilität erlangt, welchen Betrag es jedes Jahr in den Sparvorgang investiert. Während bei Abschluss einer Kapitallebensversicherung jedes Jahr die vereinbarte Prämie bezahlt werden muss, kann das Unternehmen bei einer Rückdeckung durch Anschaffung von Immobilien oder Aktien, jedes Jahr neu entscheiden, wie viel Geld es dafür aufwenden will. Außerdem sind viele Unternehmen davon überzeugt, dass sie durch die Anschaffung von Immobilien oder Aktien eine höhere Rendite erwirtschaften können als im Rahmen einer Lebensversicherung.

Schließlich sprechen für eine Rückdeckung mit Immobilien und Aktien aber vor allem steuerliche Gründe.

Rückdeckung mit Immobilien:

Wie oben bereits dargestellt, ist eine Kapitallebensversicherung im Betriebsvermögen – anders als im Privatvermögen – in jedem Fall steuerpflichtig. Der Wertzuwachs des Versicherungsanspruchs muss jedes Jahr als Ertrag versteuert werden: Es entstehen also keine stillen Reserven. Bei einer Immobilie ist dies jedoch anders: Die Immobilie wird in der Bilanz des Unternehmens mit den Anschaffungskosten aktiviert. Erhöht sich der Wert der Immobilie im Laufe der Jahre, führt dies nicht zu einer Gewinnerhöhung. Erst wenn das Unternehmen die Immobilie verkaufen sollte, ist die Differenz zwischen dem Verkaufserlös und dem Buchwert der Immobilie als Gewinn zu versteuern.

Ein weiterer steuerlicher Vorteil der Immobilie besteht darin, dass die Gebäude-AfA und die Schuldzinsen Betriebsausgaben darstellen, die den Gewinn zusätzlich zu der Rückstellung mindern. (Allerdings ist ein Damnum – anders als bei den Einkünften aus Vermietung und Verpachtung – nicht sofort abzugsfähig, sondern auf die Dauer der Zinsbindungsfrist zu verteilen.)

Bei einer Beteiligung an einem geschlossenen Immobilienfonds ergeben sich dementsprechend Betriebsausgaben aus dem anteiligen Verlust des Fonds, den dieser dem Unternehmen zuweist.

Beteiligt sich das Unternehmen an einem geschlossenen Immobilienfonds, der Einkünfte aus Vermietung und Verpachtung erzielt, so sind die Gewinnanteile des Unternehmens als gewerblich umzuqualifizieren. Nach dem von der Finanzverwaltung herausgegebenen so genannten Zebra-Erlass[113] darf bei einer Beteiligung von weniger als zehn Prozent aus Vereinfachungsgründen der vom Betriebsfinanzamt aufgrund einer Überschussrechnung festgestellte Anteil an den Einkünften aus Vermietung und Verpachtung als Gewinn des Gesellschafters (hier: des Unternehmens) angesetzt werden. Damit bleibt die sofortige Abzugsfähigkeit des Damnums erhalten.

Gegen eine Rückdeckung mit Immobilien wird häufig der Einwand vorgebracht, dass es wegen der Steuerpflicht des Veräußerungsgewinns grundsätzlich nicht sinnvoll sei, Immobilien in das Betriebsvermögen zu nehmen. Dieser Gesichtspunkt ist im vorliegenden Zusammenhang jedoch nicht maßgeblich. Denn hier ist die Alternative, mit der die Rückdeckung durch Immobilien zu vergleichen ist, nicht die Immobilie im Privatvermögen, sondern die Rückdeckung mit einer Lebensversicherung – im Betriebsvermögen.

---

113 BMF vom 29. April 1994, BStBl. I 1994, S. 282.

Außerdem kann im Einzelfall die Versteuerung des Veräußerungsgewinns durch folgende Maßnahmen vermieden werden:

- Die Immobilie wird bei Erreichen des Pensionsalters nicht verkauft, sondern man finanziert die Pensionsleistungen aus den Mieterträgen.
- Der Veräußerungsgewinn wird auf eine Rücklage nach § 6b EStG übertragen.

8.3.4 Rückdeckung mit Aktien oder Aktienfonds

Zunächst hat die Rückdeckung mit Aktien denselben Vorteil wie eine Rückdeckung mit Immobilien. Auch der Wertzuwachs einer Aktie wird in der Bilanz nicht ausgewiesen und erhöht deshalb den Gewinn nicht. Ein Wertzuwachs der Aktien bewirkt deshalb ebenfalls die Entstehung stiller Reserven.

Aufgrund der Abschaffung des Anrechnungsverfahrens durch das StSenkG ergeben sich bei einer Rückdeckung mit inländischen Aktien oder Aktienfonds aber weitere Vorteile. Dabei muss unterschieden werden, ob es sich bei dem Unternehmen um ein Einzelunternehmen bzw. eine Personengesellschaft handelt, das dem Einkommensteuerrecht unterliegt, oder um eine Kapitalgesellschaft wie eine GmbH, die der Körperschaftssteuer unterliegt.

- Unterliegt das Unternehmen dem EStG, werden Gewinne aus der Veräußerung von Aktien gemäß § 3 Nr. 40a EStG nur noch zur Hälfte der Einkommensteuer unterworfen. Das Gleiche gilt gemäß § 3 Nr. 40d EStG für Ausschüttungen und Dividenden.
- Handelt es sich bei dem Unternehmen um eine Kapitalgesellschaft wie eine GmbH, so sind Gewinne aus der Veräußerung von Aktien gemäß § 8b Abs. 2 KStG völlig steuerfrei. Das Gleiche gilt für Ausschüttungen und Dividenden: Auch diese sind bei der GmbH gemäß § 8b Abs. 1 KStG völlig steuerfrei.

Für Anteile an Aktienfonds gelten diese Vorteile allerdings nur dann, wenn diese unter das KAGG fallen. Ausländische Aktienfonds sind deshalb nicht begünstigt[114].

8.4 Verpfändung

Um den Pensionsanspruch für den Fall der Insolvenz des Unternehmens zu schützen, muss das Unternehmen dem Berechtigten eine Sicherheit an dem zur Rückdeckung gebildeten Vermögen verschaffen. Bei einer Rückdeckung mit einer Kapitallebensversicherung wird hierzu dem Pensionsberechtigten der Versicherungsanspruch verpfändet. Erforderlich ist hierfür, dass die Verpfändung dem Versicherer angezeigt wird. Auch bei einer Rückdeckung mit einem geschlossenen Immobilienfonds oder einem Aktienfonds wird eine Verpfändung des Gesellschaftsanteils zu Gunsten des Berechtigten vorgenommen. Bei ausländischen Aktienfonds bestehen allerdings regelmäßig Schwierigkeiten, eine solche Verpfändung zu vereinbaren.

---

114 Vgl. zur Rückstellung nach § 6a EStG bei wertpapiergebundenen Pensionszusagen: BMF vom 17.12.2002, DStR 2003, S. 77 sowie Wellisch/Schwinger/Mühlberger, Der Betrieb 2003, S. 628.

Pensionszusage

Die Insolvenzsicherheit einer solchen Verpfändung ist vom Bundesgerichtshof mit Urteil vom 10.7.1997 bestätigt worden[115].

8.5 Beleihung

Auch eine Beleihung der Rückdeckung – etwa zur Besicherung von Krediten an die GmbH – ist jederzeit ohne Weiteres möglich. Steuerliche Gesichtspunkte können dem nicht entgegenstehen, da § 6a EStG überhaupt keine Rückdeckung verlangt. (Auch die Regelung des § 10 Abs. 2 Satz 2 EStG spielt hier keine Rolle, weil die Lebensversicherung zum Betriebsvermögen gehört und deswegen ohnehin steuerpflichtig ist.)

Im Hinblick auf die Insolvenzsicherheit ist allerdings zu bedenken, dass die Rückdeckung nicht gleichzeitig dem Pensionsberechtigten und dem Kreditgeber als Sicherheit für ihre Ansprüche dienen kann. Eine Rückdeckung, die der Bank zur Sicherheit ihrer Darlehen abgetreten worden ist, steht im Fall der Insolvenz dem Geschäftsführer natürlich nicht mehr als Sicherheit für seine Pensionsansprüche zur Verfügung.

9 Versicherung vorzeitiger Risiken

Wird die Rückdeckung nicht mit einer Kapitallebensversicherung vorgenommen, sondern mit Immobilien oder Aktien, müssen die vorzeitigen Risiken über entsprechende Risikoversicherungen abgesichert werden.

Zur Absicherung der Witwenrente sollte eine Risikoversicherung abgeschlossen werden, bei der die anfängliche Todesfallleistung dem anfänglichen Barwert der Witwenrente entspricht.

Die zugesagte Berufsunfähigkeitsrente kann über eine eigene Risikoversicherung abgesichert werden oder über eine Berufsunfähigkeitszusatzversicherung (BUZ), die mit der Risikolebensversicherung kombiniert wird. Auch bei einer Asset-Rückdeckung sollte man dafür sorgen, dass der Aufbau des für die Altersversorgung erforderlichen Kapitals ohne weitere Belastungen des Unternehmens stattfindet, wenn der Gesellschafter-Geschäftsführer vor Erreichen der Altersgrenze berufsunfähig wird. Bei der Rückdeckung mit einer Kapitallebensversicherung wird dies dadurch erreicht, dass der Versicherer die Lebensversicherung von diesem Zeitpunkt an beitragsfrei stellt. Bei getrennter Rückdeckung der verschiedenen Bestandteile der Zusage müssen hierfür die Leistungen der BUZ so bemessen werden, dass sie ausreichen, um neben der Rente auch den Ankauf der erforderlichen assets zu finanzieren.

Empfehlenswert ist, die Berufsunfähigkeit nur bis zur Vollendung des 60. Lebensjahres zu versichern und statt dessen in der Zusagevereinbarung zu regeln, dass der Gesell-

---

115 Der Betrieb 1997, S. 21 u. 13 sowie OLG Hamburg, Urt. vom 27. August 2002, Az. 9 U 265/00.

schafter-Geschäftsführer eine vorgezogene Altersversorgung erhält, wenn er nach Vollendung des 60. Lebensjahres – aber vor Erreichen der Altersgrenze – berufsunfähig wird. Dies führt einerseits zu einer erheblichen Ermäßigung der Versicherungsprämien. Andererseits ist in der Regel der Aufbau der Rückdeckung für die Altersversorgung zu diesem Zeitpunkt so weit gediehen, dass davon die – vorgezogene – Altersversorgung finanziert werden kann. Das Gleiche gilt für die Hinterbliebenenversorgung. Wenn der Gesellschafter-Geschäftsführer nach Vollendung des 60. Lebensjahres stirbt, reicht in Regel – auch vor Erreichen der Altersgrenze – das bis dahin aufgebaute Kapital aus, um die Rente der Witwe zu finanzieren.

10 Steuerfreiheit von Leistungen

Leistungen des Unternehmens an einen Pensionsfonds zur Übernahme bestehender Versorgungsverpflichtungen oder Versorgungsanwartschaften durch einen Pensionsfonds sind vom 1. Januar 2002 an nach § 3 Nr. 66 EStG für den Arbeitnehmer steuerfrei, wenn ein Antrag (nach § 4d Abs. 3 EStG oder) nach § 4e Abs. 3 EStG gestellt wird.

Bis zur Höhe der aufgelösten Pensionsrückstellung können dabei die Leistungen an den Pensionsfonds im Wirtschaftsjahr der Übertragung als Betriebsausgaben abgezogen werden. Soweit die Leistungen an den Pensionsfonds die Höhe der Pensionsrückstellung übersteigen, ist dieser Betrag in den zehn folgenden Jahren jeweils zu ein Zehntel als Betriebsausgabe abzuziehen[116].

---

116 Vgl. Höfer (2003), S. 413.

Johannes Kreutz
Die Unterstützungskasse in der betrieblichen Altersversorgung

1 Charakteristik und Begrifflichkeit der Unterstützungskasse 501

2 Finanzierung der Unterstützungskasse 504
   2.1 Pauschaldotierte Unterstützungskasse 505
   2.2 Rückgedeckte Unterstützungskasse 505

3 Leistung der Unterstützungskasse 507

4 Die steuerliche Behandlung der Unterstützungskasse 508
   4.1 Der Kreis der Leistungsempfänger 509
   4.2 Soziale Einrichtung 509
   4.3 Das Kassenvermögen 510

5 Die steuerliche Behandlung der Zuwendungen des Trägerunternehmens 511

6 Die steuerliche Behandlung des Arbeitnehmers 512
   6.1 Behandlung der Zuwendungen 512
   6.2 Steuerliche Behandlung der Leistung 512

7 Sozialversicherungsrechtliche Behandlung 513
   7.1 Sozialversicherungsrechtliche Behandlung der Zuwendungen 513
   7.2 Sozialversicherungsrechtliche Behandlung der Leistungen 513

8 Arbeitsrechtliche Grundlage 514
   8.1 Mögliche Zusageformen 514
   8.2 Anpassungsverpflichtung 514
   8.3 Haftung 515
   8.4 Insolvenzschutz 515
   8.5 Gesetzliche Unverfallbarkeit 516
   8.6 Abfindung von Anwartschaften und Renten 517
   8.7 Übertragung auf andere Versorgungsträger 518

9 Die Vorteile der überbetrieblich rückgedeckten Unterstützungskasse 518

10 Die rückgedeckte Unterstützungskasse im Vergleich zu anderen Formen
    der betrieblichen Altersversorgung 520

11 Charakteristika einer guten Unterstützungskasse 521
   11.1 Serviceleistungen bei Antragstellung 521
   11.2 Auswahl des geeigneten Rückdeckungstarifes 522
   11.3 Die Unterstützungskasse als Zahlstelle der Leistungen an den
         Versorgungsberechtigten 522
   11.4 Sonstige Serviceleistungen 523

12 Zusammenfassung 523

1 Charakteristik und Begrifflichkeit der Unterstützungskasse

Nicht erst seit der Reformierung der Betriebsrente in Deutschland im Jahr 2001 und auch nicht erst mit der Festlegung der Arbeitgeberpflicht zur Gewährung von Betriebsrenten durch Entgeltumwandlung der Arbeitnehmer wurde überdeutlich, dass die gesetzliche Rentenversicherung nur noch elementare finanzielle Grundbedürfnisse abzusichern in der Lage ist.

Unterstützungskassen gibt es in Deutschland bereits seit über 100 Jahren – überwiegend als unternehmenseigene Unterstützungskassen, wie etwa die 1832 gegründete „Gute Hoffnungshütte" – Unterstützungskasse. Die erste mit Beteilung der Arbeitnehmer an der Verwaltung der Unterstützungskasse wurde 1872 bei Siemens ins Leben gerufen.

Aufgrund dieser Historie kann die Unterstützungskasse als älteste und meisterprobte Form einer extern durchgeführten und finanzierten betrieblichen Altersversorgung bezeichnet werden. Aktuell gibt es in Deutschland rund 5200 Unterstützungskassen.

Abbildung 1: Die Versorgungslücke der Altersversorgung

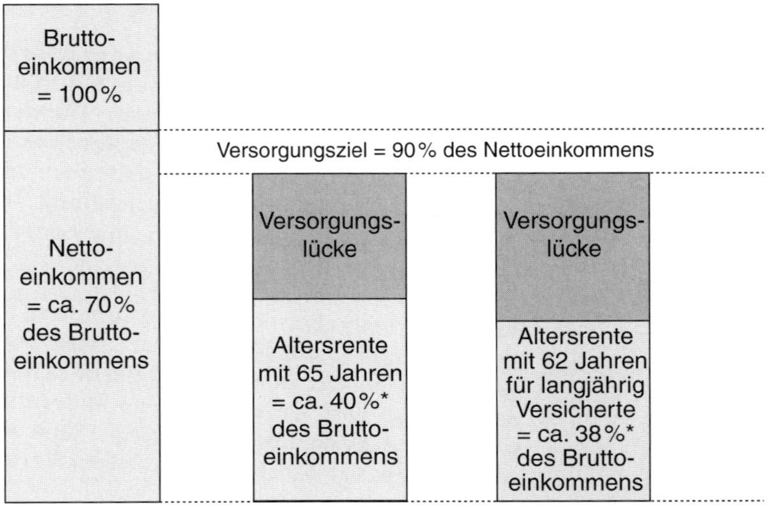

Bruttoeinkommen = 100%		
	Versorgungsziel = 90% des Nettoeinkommens	
Nettoeinkommen = ca. 70% des Bruttoeinkommens	Versorgungslücke	Versorgungslücke
	Altersrente mit 65 Jahren = ca. 40%* des Bruttoeinkommens	Altersrente mit 62 Jahren für langjährig Versicherte = ca. 38%* des Bruttoeinkommens

* Die angegebenen Faustformeln setzen einen lückenlosen Versicherungsverlauf voraus und geben maximal bis zur Beitragsbemessungsgrenze. Sie sind nur Richtwerte. Stand: September 2002

Johannes Kreutz

Allen Arbeitnehmern wurde durch die im Rahmen der Rentenreform 2001 verabschiedete zusätzliche Absenkung der staatlichen Grundversorgung – Nettorentenniveau nur noch 67 Prozent mit, sogar lediglich 63 Prozent ohne „Riester-Förderung" statt der gewohnten 70 Prozent – schnell klar, dass der Lebensstandard im Alter nur zu erhalten ist, wenn die staatliche Rente durch betriebliche Altersversorgung und/oder private Vorsorge auf mindestens 100 Prozent des Nettorentenniveaus aufgestockt werden kann.

Den Begriff der „betrieblichen Altersversorgung" verbinden die meisten Bundesbürger immer noch mit einer vom Arbeitgeber zusätzlich zum Gehalt gewährten „Betriebsrente", die große Unternehmen für ihre Arbeitnehmer auch tatsächlich immer noch haben. Allerdings sind heutzutage immer weniger Unternehmen zu einer solchen freiwilligen Sozialleistung noch in der Lage, die Tendenz weist sogar auf einen Abbau solcher Systeme hin.

Abbildung 2: Auszug aus dem BetrAVG

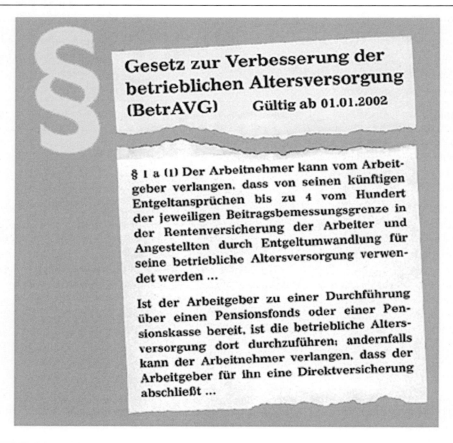

Die Unterstützungskasse in der betrieblichen Altersversorgung

Dem Gesetzgeber ist diese negative Entwicklung der Rentenversorgungssysteme nicht verborgen geblieben: Seit dem 1.1.2002 haben deshalb alle Arbeitnehmer einen gesetzlichen Anspruch darauf, Teile ihres Bruttogehalts für ihre betriebliche Altersversorgung verwenden zu können.

Aufgeschobene Vergütung („deferred compensation"), Entgeltumwandlung und Gehaltsverzicht werden in der betrieblichen Altersversorgung noch bedeutsamer werden, bieten sie doch Arbeitnehmern individuelle und hochwirksame Wege zum angestrebten Ziel der Rentenvollversorgung.

Der Arbeitnehmer verzichtet dabei auf einen Teil seines Bruttogehalts. Im Gegenzug erhält er von seinem Arbeitgeber die Zusage auf Leistungen der betrieblichen Altersversorgung bei Eintritt eines bestimmten Falles, in der Regel dem Rentenbeginn. Diese Leistungen kann der Arbeitgeber selbst erbringen (so genannte Direktzusage), oder auf einen externen Versorgungsträger wie Direktversicherung, Pensionskasse, Pensionsfonds oder eine Unterstützungskasse auslagern und durch diesen erbringen lassen.

Die Vorgehensweise bei Direktversicherungen ist inzwischen ein bekanntes Verfahren: Der Arbeitgeber schließt eine Lebens- oder Rentenversicherung auf den Namen des Arbeitnehmers ab, der dafür auf einen Teil seines monatlichen Bruttogehalts oder Sonderzahlungen wie Urlaubs- oder Weihnachtsgeld verzichtet. Dieser Betrag kann nach § 40b EStG mit 20 Prozent plus eventueller Kirchensteuer und Solidaritätszuschlag pauschal versteuert werden.

Noch weitgehend unbekannt ist, dass eine kleine Änderung im § 1 des BetrAVG (Gesetz zur Verbesserung der betrieblichen Altersversorgung) vom 1.1.1999 eine Renaissance der Unterstützungskasse auslöste: Im angehängten Absatz 5 des BetrAVG wurde erstmals festgeschrieben, dass betriebliche Altersversorgung auch dann vorliegt, wenn künftige Entgeltansprüche in eine wertgleiche Anwartschaft auf Versorgungsleistungen umgewandelt werden.

Schon mit der ebenfalls zum 1.1.1999 erfolgten Einführung der „beitragsorientierten Leistungszusage" stand für den Arbeitgeber nicht mehr eine versprochene Leistung, sondern die vereinbarte Beitragszahlung im Vordergrund. Durch die Veränderungen des BetrAVG durch das Altersvermögensgesetz (AVmG) ist insbesondere auch das Thema Ausscheiden mit unverfallbaren Anwartschaften neu geregelt worden. So ist nunmehr bei „beitragsorientierten Leistungszusagen" der unverfallbare Anspruch auf die Leistung beschränkt, die sich aus den eingezahlten Beiträgen ergibt. Das früher oft so bezeichnete „m/n-tel Risiko" des Arbeitgebers, seine daraus entstehende Verpflichtung, bei Ausscheiden eines Arbeitnehmers Beiträge zur betrieblichen Altersversorgung in Höhe einer an der Dauer der Betriebszugehörigkeit festgemachten Formel nachzuschießen, ist bei der beitragsorientierten Leistungszusage und beim Entgeltverzicht entfallen.

Diese Ergänzungen werten den Durchführungsweg der Unterstützungskasse insbesondere bei der Entgeltumwandlung enorm auf und machen ihn zu einer rentablen Lösung unter Wahrung der Interessen von Arbeitnehmern und Arbeitgebern.

Johannes Kreutz

Eine Unterstützungskasse ist nach der Definition des § 1b Abs. 4 BetrAVG eine rechtsfähige Versorgungseinrichtung, die auf ihre Leistungen keinen Rechtsanspruch gewährt. Regelmäßig ist eine Unterstützungskasse in der Form eines eingetragenen Vereins organisiert. Seltener werden die Rechtsformen GmbH oder Stiftung gewählt.

Unternehmen, die ihre betriebliche Altersversorgung über eine Unterstützungskasse durchführt, werden als Trägerunternehmen bezeichnet. Eine Unterstützungskasse kann eines oder auch mehrere Trägerunternehmen haben.

Eine Unterstützungskasse, die lediglich ein Trägerunternehmen hat, wird als Einzelunterstützungskasse bezeichnet, eine Unterstützungskasse, die die betriebliche Altersversorgung für einen Konzerns durchführt, wird als Konzernunterstützungskasse bezeichnet.

Von einer Gruppenunterstützungskasse ist dann die Rede, wenn die betriebliche Altersversorgung für mehrere Trägerunternehmen durchgeführt wird, die weder rechtlich noch wirtschaftlich miteinander verbunden sind. Solche Gruppenunterstützungskassen werden oft von Lebensversicherungsunternehmen gegründet. Diese Unterstützungskassen arbeiten dann eng mit den Versicherungen zusammen.

Der Arbeitnehmer hat in seiner Eigenschaft als Leistungsberechtigter/Leistungsanwärter formal keinen Rechtsanspruch auf die Leistungen aus der Unterstützungskasse. Tatsächlich ist dieser Anspruch jedoch durch die Rechtsprechung der Arbeitsgerichte gegeben. Dazu kommt, dass im Rahmen der Neuregelung des Betriebsrentengesetzes vom Gesetzgeber festgelegt worden ist, dass der Arbeitgeber für die Erfüllung der von ihm zugesagten Leistungen auch dann einsteht, wenn die Durchführung nicht über ihn erfolgt, er sich also der Hilfe eines externen Versorgungsträgers bedient.

Damit hat der Umstand, dass die Unterstützungskasse auf ihre Versorgungsleistungen keinen Rechtsanspruch gewähren darf, für den Arbeitnehmer keine Bedeutung mehr.

Die Zahlungen an die Unterstützungskasse werden bei einer arbeitgeberfinanzierten Betriebsrente vom Trägerunternehmen (Arbeitgeber) direkt an diese oder bei der arbeitnehmerfinanzierten Betriebsrente auf dem Weg des Gehaltsverzichts (vom Bruttolohn des Arbeitnehmers) geleistet und als Zuwendungen bezeichnet.

Die Unterstützungskasse unterliegt nicht der Versicherungsaufsicht und ist daher in der Anlage ihres Vermögens frei. So darf sie etwa Anlagen auch bei einem Trägerunternehmen tätigen, kann damit also dem Trägerunternehmen Kapital als Darlehen zurückgeben, sie kann vollständig in Aktien investieren oder Kapital- oder Rentenversicherungen zur Rückdeckung ihrer Zusagen abschließen.

2 Finanzierung der Unterstützungskasse

Damit eine Unterstützungskasse die Ansprüche der Leistungsempfänger befriedigen kann, benötigt sie eine finanzielle Ausstattung; das Trägerunternehmen muss die Unterstützungskasse also durch Zuwendungen finanzieren. Die Finanzierung einer Unterstützungskasse sieht auf den ersten Blick recht kompliziert aus, ist jedoch in den meisten Fällen sehr einfach. Es ist zwischen pauschaldotierter (auch „reservepolsterfinanziert" genannt) und rückgedeckter Unterstützungskasse zu unterscheiden.

2.1 Pauschaldotierte Unterstützungskasse

Die zur Erbringung der Rentenleistungen benötigten finanziellen Mittel gelangen durch freiwillige Zuwendungen der Trägerunternehmen zur Kasse, wobei die Träger in der Wahl der Zeitpunkte ungebunden sind. Bei den Zuwendungen wird danach unterschieden, ob sie für Leistungsanwärter oder für Leistungsempfänger (Betriebsrentner) erfolgen.

Die Zuwendungen der Betriebsrentner erfolgen in Höhe des so genannten Deckungskapitals. Das Deckungskapital ist wiederum abhängig von der Höhe der Jahresrente, dem Alter und dem Geschlecht des Betriebsrentners.

Für Leistungsanwärter hängt die Höhe der möglichen Zuwendungen von der Zusageart und der Zahl der Anwärter über 28 Jahre und der durchschnittlichen Zusagehöhe ab. Alternativ dazu kann auch auf die Anzahl der Anwärter über 50 Jahre und die durchschnittliche Höhe der an die Leistungsempfänger gezahlten Renten abgestellt werden.

Eine periodengerechte Ausfinanzierung der Zusagen ist in der Anwartschaftsphase nicht möglich, da mit steuerlicher Wirksamkeit bei der Unterstützungskasse nur ein Vermögen von etwa zwei Jahresrenten je Anwärter aufgebaut werden darf. Erst bei Leistungsbeginn kann nach den Vorschriften für die Zuwendungen für Betriebsrentner ausreichend Kapital auf die pauschaldotierte Unterstützungskasse übertragen werden, damit die Versorgungsleistungen erfüllt werden können.

Der Durchführungsweg der pauschaldotierten Unterstützungskasse ist für kleinere und mittlere Unternehmen wegen der unzureichenden Ausfinanzierung nicht geeignet.

2.2 Rückgedeckte Unterstützungskasse

Diese Problematik ist bei der rückgedeckten Unterstützungskasse nicht gegeben. Bei diesem Modell ist eine vollständige und periodengerechte Ausfinanzierung gewährleistet.

Dafür schließt die Unterstützungskasse zur Absicherung der Ansprüche eine in der Regel kongruente Rückdeckungsversicherung ab. Das bedeutet, dass die Leistungen aus der Rückdeckungsversicherung und die Zusage des Arbeitgebers auf betriebliche Altersversorgung deckungsgleich sind. Die Unterstützungskasse ist Versicherungsnehmer und für alle Leistungen aus der Rückdeckungsversicherung bezugsberechtigt. Versicherte Person ist der Arbeitnehmer des Trägerunternehmens.

Johannes Kreutz

Damit Zuwendungen in Höhe des Versicherungsbeitrages erfolgen können, muss die Rückdeckungsversicherung bestimmte Kriterien erfüllen. Zum einen muss die Versicherung hinsichtlich des Bezuges von Altersleistungen mindestens auf das Endalter von 55 Jahren abgeschlossen sein, zum anderen müssen während dieser Zeit gleichbleibende oder steigende Beiträge gezahlt werden. Auch hier ist das Erreichen der Mindestaltersgrenze von 28 Jahren zu beachten oder zumindest sicherzustellen, dass jüngere Leistungsanwärter bereits von Beginn an unverfallbare Anwartschaften auf betriebliche Altersversorgung erwerben.

Immer wieder stellt sich die Frage, wie sich die Reduzierung einer Entgeltumwandlung durch den Arbeitnehmer auf die Rückdeckungsversicherung auswirkt. Die Reduzierung führt dazu, dass der Arbeitgeber der Unterstützungskasse geringere Zuwendungen leistet, die Unterstützungskasse wiederum reduziert die Beitragsleistungen an den Versicherer. Zunächst führt dies zu einer Reduzierung der Zusage. Die Versicherung selber bleibt nach Auffassung der Finanzverwaltung dann begünstigt, wenn die Reduzierung des Beitrags sachlich gerechtfertigt ist, z. B. bei einer Umstellung der Arbeitszeit von Vollzeit auf Teilzeit. Willkürliche und häufige Änderungen der Umwandlungsvereinbarung können dazu führen, dass die Zuwendungen des Arbeitgebers nicht mehr als Betriebsausgaben geltend gemacht werden können. Daher sollte der Arbeitgeber bereits im eigenen Interesse ständige Änderungen der Gehaltsverzichtsvereinbarung nicht zulassen.

Eine zeitlich flexible Finanzierung in Form von Einmalbeiträgen in variabler Höhe ist bei der rückgedeckten Unterstützungskasse derzeit noch nicht möglich. Der Arbeitgeber als Trägerunternehmen muss für die steuerliche Wirksamkeit der Unterstützungskassenbeiträge diese sowie einen Ausgleich für die Verwaltung regelmäßig der Kasse zuführen.

Rückgedeckte Unterstützungskassen sind insbesondere bei Entgeltumwandlungen ein verbreitetes Instrument. Der Arbeitnehmer verzichtet dabei auf einen von ihm frei bestimmten Teil seines Bruttogehalts. Dafür erhält er vom Arbeitgeber eine wertgleiche Versorgungszusage. Zur Ausfinanzierung dieser Betriebsrentenzusage führt der Arbeitgeber regelmäßig den Betrag an die Unterstützungskasse ab, der dem Gehaltsverzicht des Arbeitnehmers entspricht.

Die Unterstützungskasse zahlt die vom Arbeitgeber erhaltenen Zuwendungen als Versicherungsbeitrag in eine Rückdeckungsversicherung ein, bei der die Unterstützungskasse Versicherungsnehmer und der Arbeitnehmer versicherte Person ist.

Die Leistungen der Rückdeckungsversicherung werden in Höhe der garantierten Leistungen von der Unterstützungskasse gegenüber dem Arbeitnehmer dokumentiert. Darüber hinaus anfallende Leistungen wie Überschussanteile werden dem Arbeitnehmer nach der Zuteilung ebenfalls zugesagt.

Die Arbeitnehmer des Trägerunternehmens erhalten eine sofortige gesetzliche Unverfallbarkeit. Die Rückdeckungsversicherung wird sowohl für den Todes- als auch für den Erlebensfall an den Arbeitnehmer verpfändet, sodass die an die Kasse eingezahlten Gehaltsteile auch bei Insolvenz des Arbeitgebers für die beabsichtigten Versorgungszwecke erhalten bleiben.

3 Leistung der Unterstützungskasse

In einem Leistungsplan werden von der Unterstützungskasse Art und Höhe der vorgesehenen Versorgungsleistungen festgelegt, die mit den Leistungen der Rückdeckungsversicherung finanziert werden können.

Ein solcher Leistungsplan sieht regelmäßig verschiedene Leistungsfälle vor, bei deren Eintritt bestimmte Leistungen erbracht werden. Diese Leistungsfälle werden auch als „biometrische Risiken" bezeichnet. Hier sind das altersbedingte Ausscheiden aus dem Erwerbsleben (Erreichen des Pensionsalters), der Invaliditätsfall und der Tod zu nennen.

Es ist nicht erforderlich, dass eine Unterstützungskasse für alle diese Fälle Leistungen vorsieht. So ist es möglich, dass lediglich Alters- oder ausschließlich Invaliditätsleistungen gewährt werden. Auch ist es möglich, dass Unterstützungskassen so genannte „Notfallleistungen" erbringen können, also Leistungen bei außergewöhnlichen Ereignissen außerhalb der oben genannten biometrischen Risiken. Dies können z. B. Leistungen bei Zahnersatz oder Sehhilfen sein. Die Vielzahl unterschiedlicher Leistungspläne ist wahrscheinlich so groß wie die Zahl der Unterstützungskassen.

Unterstützungskassen können einmalige oder laufende Leistungen erbringen. Durch Vereinbarung kann auch die Abfindung laufender Renten geregelt werden.

Die Unterstützungskasse ist bestens geeignet für die Absicherung der Altersvorsorge. Bei ihr sind sowohl Renten- als auch einmalige Kapitalzusagen möglich. Auch die Absicherung des Todes- und Invaliditätsrisikos ist möglich. In der Praxis erscheint es jedoch geeigneter, die biometrischen Risiken von Tod und Invalidität der einfacheren Handhabung bei vorzeitigem Ausscheiden wegen über eine Direktversicherung abzusichern.

Zur Abdeckung aller Leistungsformen erscheint daher eine Kombination aus Unterstützungskasse und Direktversicherung optimal.

Die Leistungsauszahlung erfolgt meist von der Unterstützungskasse direkt an den Versorgungsberechtigten. Dabei kann die Unterstützungskasse dem Arbeitgeber die Verpflichtung zur Überweisung der Lohnsteuer an das Wohnsitzfinanzamt des Betriebsrentners übernehmen. Dieses Serviceangebot der Unterstützungskasse ist besonders für das Kostenmanagement des Trägerunternehmens interessant.

Wenn eine laufende Rentenzahlung vereinbart wurde, übernimmt sie – als Zahlstelle gesetzlich dazu verpflichtet – auch die Überweisung der Beiträge zur Kranken- und Pflegeversicherung.

In Abbildung 3 ist der Hauptaugenmerk auf den Cashflow gerichtet.

Johannes Kreutz

Abbildung 3: *Schematische Darstellung der rückgedeckten Unterstützungskasse*

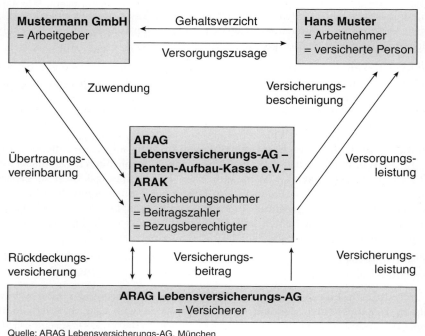

Quelle: ARAG Lebensversicherungs-AG, München

4 Die steuerliche Behandlung der Unterstützungskasse

Juristische Personen (Gesellschaften, Genossenschaften, eingetragene Vereine) – also auch Unterstützungskassen – unterliegen generell der Körperschaftsteuer. Unterstützungskassen sind aber von der Körperschaftsteuer befreit, wenn sie bestimmte Voraussetzungen erfüllen. Insbesondere muss der Kreis der Leistungsempfänger/Leistungsanwärter bestimmte Kriterien erfüllen, die Unterstützungskasse muss eine „soziale Einrichtung" sein, ihr Vermögen einer so genannten Zweckbindung unterliegen und darf eine bestimmte Höhe, das „zulässige Kassenvermögen" um nicht mehr als 25 Prozent übersteigen.

Die Unterstützungskasse in der betrieblichen Altersversorgung

4.1 Der Kreis der Leistungsempfänger

Nach den Vorschriften des Körperschaftsteuergesetzes dürfen Leistungsempfänger (damit sind auch Leistungsanwärter gemeint) einer Unterstützungskasse Zugehörige und ehemalige Zugehörige einzelner oder mehrerer wirtschaftlicher Geschäftsbetriebe, Arbeitnehmer und arbeitnehmerähnliche Personen sowie Zugehörige von Wohlfahrtsverbänden sein.

Als Zugehörige oder Arbeitnehmer werden auch Angehörige dieser Personen gesehen.

Es gilt der erweiterte Arbeitnehmerbegriff. Arbeitnehmer können demnach auch Gesellschafter-Geschäftsführer, Vorstände oder arbeitnehmerähnliche Personen wie Heimarbeiter, Hausgewerbetreibende, Handelsvertreter oder freie Mitarbeiter sein.

4.2 Soziale Einrichtung

Weiter muss sichergestellt sein, dass es sich bei der Unterstützungskasse um eine „soziale Einrichtung" handelt. Wann eine Unterstützungskasse eine soziale Einrichtung ist, ist in den §§ 1-3 der Körperschaftsteuerdurchführungsverordnung geregelt. Bei diesen Voraussetzungen ist insbesondere die Auflage zu nennen, dass die Mehrheit der durch eine Unterstützungskasse versorgten Personen nicht aus Unternehmern oder deren Angehörigen bestehen darf. Um ein ausgeglichenes Verhältnis zu erreichen, muss eine Unterstützungskasse also mehr Arbeitnehmer (und Angehörige) als Arbeitgeber (und deren Angehörige) versorgen. *Nach überwiegender Meinung kommt es bei der Beurteilung der Frage, ob eine Unterstützungskasse eine soziale Einrichtung ist, nur auf die Verhältnisse der Unterstützungskasse insgesamt und nicht auf die Verhältnisse innerhalb der einzelnen Trägerunternehmen an.*

Auch dürfen die von der Unterstützungskasse im Versorgungsfall zu erbringenden Leistungen bestimmte Grenzen nur in Ausnahmefällen übersteigen: In 88 Prozent aller Versorgungsfälle dürfen die Versorgungsleistungen eine jährliche Altersrente von 25.769 Euro (Hinterbliebenenrente 17.179 Euro) nicht übersteigen. Bei acht Prozent der Versorgungsberechtigten können diese Werte um bis zu 50 Prozent überschritten werden, vier Prozent der Versorgungsberechtigten können Versorgungsleistungen in unbeschränkter Höhe erhalten.

Soweit die Unterstützungskasse ein Sterbegeld gewährt, darf dieses 7.669 Euro nicht übersteigen.

Weiter dürfen die Leistungsempfänger nicht zu laufenden Beiträgen oder sonstigen Zuschüssen verpflichtet sein, und sie müssen satzungsgemäß und tatsächlich das Recht haben, an der Verwaltung des Kassenvermögens zumindest beratend mitzuwirken.

Das Vermögen der Unterstützungskasse darf außerdem für den Fall der Auflösung der Unterstützungskasse nur in bestimmter Art und Weise verwendet werden. Es darf ausschließlich den Leistungsempfängern oder deren Angehörigen zukommen oder für gemeinnützige oder mildtätige Zwecke verwendet werden.

Johannes Kreutz

4.3 Das Kassenvermögen

Von der Verwendung des Kassenvermögens für den Fall der Auflösung der Kasse ist die so genannte „Zweckbindung des Kassenvermögens" zu unterscheiden.

Nach dem Körperschaftsteuergesetz muss das Kassenvermögen ausschließlich und unmittelbar für den satzungsmäßigen Zweck verwendet werden. Dadurch soll ein Missbrauch der Unterstützungskasse z. B. zum Verschieben finanzieller Mittel verhindert werden. Es ist möglich, dass auch von der Unterstützungskasse wieder Mittel an ein Trägerunternehmen rückübertragen werden, was aber an strenge Voraussetzungen geknüpft ist. Werden diese nicht eingehalten, droht der Unterstützungskasse die Körperschaftsteuerpflicht.

Schließlich spielt für die Frage, ob eine Unterstützungskasse steuerpflichtig ist oder nicht, das Kassenvermögen eine erhebliche Rolle. Bei der Prüfung der Steuerpflicht wird daher untersucht, ob die Unterstützungskasse „überdotiert" ist. Eine Überdotierung der Unterstützungskasse liegt vor, wenn das „tatsächliche Kassenvermögen" das „zulässige Kassenvermögen" um mehr als 25 Prozent übersteigt.

Das steuerlich zulässige Kassenvermögen hängt von den möglichen Leistungen ab, die in der Satzung und insbesondere im Leistungsplan festgelegt sind. Ausschlaggebend ist auch die Anzahl der Anwärter und Rentner und die Höhe der zugesagten und gezahlten Renten. Dabei werden die pauschaldotierten Leistungen und Zusagen anders als die rückgedeckten bewertet.

Denkbar ist auch, dass eine Unterstützungskasse nur einen Teil ihrer Zusagen rückgedeckt hat. In einem solchen Fall muss das zulässige Kassenvermögen nach den Vorschriften für die Pauschaldotierung entsprechend gekürzt werden.

Bei der pauschaldotierten Unterstützungskasse setzt sich das zulässige Kassenvermögen aus dem für die Leistungsempfänger und dem für die Leistungsanwärter bestimmten Teil zusammen. Das zulässige Kassenvermögen für die Leistungsempfänger wird für jeden Leistungsempfänger individuell bestimmt. Es errechnet sich aus Rentenhöhe und dem „Deckungskapitalfaktor", der von Alter und Geschlecht abhängig ist.

Die Deckungskapitalfaktoren sind vom Gesetzgeber festgelegt und in einer Tabelle zusammengefasst worden. Für laufende Renten kann das Trägerunternehmen damit auch bei der pauschalen Dotierung nahezu das benötigte Kapital zuführen, das zur lebenslangen Zahlung der Renten benötigt wird.

Anders verhält es sich bei Anwartschaften: Hier gilt als zulässiges Kassenvermögen nur das so genannte „Reservepolster". Dieses bewegt sich in der Größenordnung einer zweifachen Jahresrente. Der Barwert einer Rente steigt aber bis zum Rentenbeginn auf das fünf- bis sechsfache dieses Betrages. Diese Lücke kann erst bei Rentenbeginn geschlossen werden. Daher sind oft bei Rentenbeginn erhebliche Zuwendungen durch das jeweilige Trägerunternehmen erforderlich. Ein kontinuierlicher Zahlungsstrom kann nicht erreicht werden.

Die Unterstützungskasse in der betrieblichen Altersversorgung

Falls im Leistungsplan Einmalzahlungen bei Notfällen vorgesehen sind, kann das zulässige Kassenvermögen noch um ein Prozent der durchschnittlichen Lohn- und Gehaltssumme der letzten drei Jahre aufgestockt werden. Wenn die Unterstützungskasse bereits zehn Jahre bestanden hat, beschränkt sich das zulässige Kassenvermögen für diesen Teil auf die Summe der Notfallzahlungen der letzten zehn Jahre.

Für *rückgedeckte Leistungen und Zusagen der Unterstützungskasse* ergibt sich das zulässige Kassenvermögen aus dem geschäftsplanmäßigen Deckungskapital der Rückdeckungsversicherung.

Das zulässige Kassenvermögen ist mit dem tatsächlichen Kassenvermögen zu vergleichen.

Das tatsächliche Kassenvermögen der Unterstützungskasse setzt sich aus ihrem Grundbesitz, den Rückdeckungsversicherungen und sonstigen Vermögen zusammen. Grundbesitz ist mit 200 Prozent des Einheitswertes anzusetzen, Rückdeckungsversicherungen werden mit dem geschäftsplanmäßigen Deckungskapital zuzüglich dem Guthaben aus Beitragsrückerstattung (Überschüsse) angesetzt, das übrige Vermögen wird mit dem Marktwert jeweils zum Bilanzstichtag in die Feststellung des tatsächlichen Kassenvermögens einbezogen.

Insgesamt darf das tatsächliche Kassenvermögen das zulässige Kassenvermögen um nicht mehr als 25 Prozent übersteigen. Sollte dieser Fall trotzdem eintreten, ist der die Grenze übersteigende Teil des Vermögens steuerpflichtig.

5 Die steuerliche Behandlung der Zuwendungen des Trägerunternehmens

Leistet das Trägerunternehmen Zuwendungen an die Unterstützungskasse, so können diese als Betriebsausgaben steuerlich geltend gemacht werden, wenn die Vorschriften des Einkommensteuergesetzes beachtet worden sind.

Ebenso sind eventuell von Trägerunternehmen an die Unterstützungskasse zu leistende Verwaltungskosten Betriebsausgaben. Auch Beiträge an den Pensions-Sicherungs-Verein VVaG, auf die später noch eingegangen wird, sind für das Trägerunternehmen Betriebsausgaben.

Die Darstellung hat bereits gezeigt, dass bei rückgedeckten Unterstützungskassen die Einhaltung aller Vorschriften in der Regel sehr viel leichter als bei pauschaldotierten Unterstützungskassen zu handhaben ist.

Soweit Zahlungen des Trägerunternehmens Betriebsausgaben sind, mindern sie den steuerlichen Gewinn und damit auch die steuerliche Belastung des Unternehmens.

Dazu kommt, dass die Versorgungsverpflichtung der Unterstützungskasse nicht in der Unternehmensbilanz ausgewiesen werden muss. Bei voller Absicherung (kongruente

Rückdeckungsversicherung) ist auch ein Ausweis im Bilanzanhang nicht erforderlich, da in diesem Fall keine Unterdeckung besteht!

Wenn das tatsächliche Kassenvermögen allerdings höher als das zulässige ist (überdotierte Unterstützungskasse), können die Zuwendungen an die Kasse nicht mehr als Betriebsausgaben geltend gemacht werden. Deshalb ist eine kontinuierliche, fachlich fundierte Kontrolle der Unterstützungskasse unablässig.

6 Die steuerliche Behandlung des Arbeitnehmers

6.1 Steuerliche Behandlung der Zuwendungen

Die arbeitgeber- und arbeitnehmerfinanzierten Zuwendungen zählen nicht zum steuerpflichtigen Bruttoeinkommen des Versorgungsanwärters. Dem Arbeitnehmer fließen daher noch keine Zahlungen zu, die eine Steuerpflicht auslösen.

Bei der Unterstützungskasse gilt uneingeschränkt das Prinzip der nachgelagerten Besteuerung, was auf seine Ausweitung hin in letzter Zeit auch insbesondere beim Thema gesetzliche Rente diskutiert worden ist.

6.2 Steuerliche Behandlung der Leistung

Bei der Unterstützungskasse gilt für den versorgungsberechtigten Rentenempfänger generell die nachgelagerte Besteuerung. Die Verlagerung der Steuerpflicht hat Vorteile, hat doch der Steuerpflichtige in aller Regel als Rentner ein deutlich geringeres steuerpflichtiges Einkommen als während seiner berufstätigen Zeit.

Laufende Leistungen sind als Einkünfte aus nicht selbstständiger Arbeit im Sinne von § 19 Abs. 2 EStG wegen ihres Arbeitslohncharakters lohnsteuerpflichtig, also voll zu versteuern. Bei diesen Versorgungsbezügen kann allerdings der Versorgungsfreibetrag von 40 Prozent, maximal 3.072 Euro, sowie der Arbeitnehmerpauschbetrag nach § 9a EStG in Höhe von 1.044 Euro geltend gemacht werden. Das bedeutet, dass trotz voller Steuerpflicht nur ein Teil der Leistungen tatsächlich zu versteuern ist.

Wird statt einer laufenden Rente eine *einmalige Kapitalleistung* ausgezahlt, so handelt es sich hierbei ebenfalls um Einkünfte aus nicht selbständiger Arbeit. Da außerordentliche Einkünfte wegen der Progression des deutschen Steuerrechts in aller Regel zu unverhältnismäßig hoher steuerlicher Belastung führen, kann die so genannte „Fünftel-Regelung" gemäß § 34 EStG angewendet werden. Eine Kapitalleistung stellt gemäß § 34 Abs. 2 Nr. 4 EStG eine Vergütung für mehrjährige Tätigkeit dar. Bei Auszahlung der Kapitalleistung wird diese dann so behandelt, als ob nur ein Fünftel der Leistung als außerordentliche Einkünfte zu versteuern wären. Die Differenz zwischen der Steuer auf das Einkommen und der Steuer auf das Einkommen zuzüglich eines Fünftels der außerordentlichen Einkünfte wird dann mit Fünf multipliziert. Der sich so ergebende Betrag ist dann die Steuer auf die außerordentlichen Einkünfte.

Eine *Abfindung von laufenden Renten* wird steuerlich wie eine Kapitalleistung behandelt.

Abfindungen von Anwartschaften im Rahmen der im Betriebsrentengesetz festgelegten Grenzen sind voll zu versteuern. Wenn sie im Zusammenhang mit dem Ausscheiden des Arbeitnehmers erfolgen, kommen unter Umständen die Steuerfreibeträge des §3 Nr. 9 EStG zum Tragen.

Der §34 EStG mit der gedanklichen „Fünftel- Regelung" sollte wegen der allgemeinen Abfindungsgrenzen hierbei keine Rolle spielen können.

7 Sozialversicherungsrechtliche Behandlung

7.1 Sozialversicherungsrechtliche Behandlung der Zuwendungen

Arbeitgeberfinanzierte Zuwendungen gehören nicht zum sozialversicherungspflichtigen Einkommen.

Arbeitnehmerfinanzierte Zuwendungen sind nach der letzten Rentenreform nur noch für eine Übergangszeit bis zum 31.12.2008 kein sozialversicherungsrechtlicher Arbeitslohn, soweit die Entgeltbestandteile vier Prozent der jährlichen Beitragsbemessungsgrenze der Rentenversicherung der Arbeitgeber und Angestellten (BBG) nicht übersteigen. Übersteigt die Entgeltumwandlung diese Grenze, so ist sie für die Ersparnis an Sozialabgaben nicht relevant. Ab 2009 gehören auch Entgeltteile, die in betriebliche Altersversorgung umgewandelt werden, zum sozialversicherungspflichtigen Gehalt. Soweit Sozialabgaben eingespart werden, betrifft dies sowohl den Arbeitnehmer- als auch den Arbeitgeberanteil.

7.2 Sozialversicherungsrechtliche Behandlung der Leistungen

Für laufende Renten müssen vom Leistungsempfänger Kranken- und Pflegeversicherungsbeiträge gezahlt werden. Die Unterstützungskasse in ihrer Eigenschaft als Zahlstelle führt diese Beiträge an die Krankenkassen ab.

Kapitalzahlungen aus Kapitalzusagen unterliegen nicht der Sozialversicherungspflicht (Ausnahme: Abfindungen).

Möglich ist auch die *Abfindung einer laufenden Rente*. Die Abfindung ändert jedoch nichts daran, dass wirtschaftlich eine laufende Rente vorliegt. Deshalb unterliegt dann auch der Abfindungsbetrag der Sozialversicherungspflicht. Um die Sozialabgaben zu berechnen, wird die Kapitalabfindung gedanklich auf zehn Jahre verteilt. 1/120-tel des Abfindungsbetrags stellt somit das monatliche sozialversicherungspflichtige Einkommen dar. Aus diesem Einkommen wird dann der Sozialversicherungsbeitrag ermittelt. Das 120-fache dieses Betrags ist dann einmalig abzuführen.

Abfindungen von Anwartschaften im Rahmen der im Betriebsrentengesetz festgelegten Grenzen sind sozialversicherungspflichtig.

Generell gilt natürlich im Rahmen der Sozialversicherungspflicht, dass Beiträge nur insoweit zu entrichten sind, wie die Beitragsbemessungsgrenzen (noch) nicht überschritten worden sind.

8 Arbeitsrechtliche Grundlagen

8.1 Mögliche Zusageformen

Im Gegensatz zu anderen Durchführungswegen sind bei der Unterstützungskasse nur die Leistungszusage und die beitragsorientierte Leistungszusage als Zusageart für die Betriebsrente möglich. Ältere Leistungspläne sehen meist noch Leistungszusagen vor, während insbesondere die von Versicherungsunternehmen betriebenen Gruppenunterstützungskassen regelmäßig nur beitragsorientierte Leistungszusagen vorsehen.

8.2 Anpassungsverpflichtung

Gemäß § 16 Abs.1 BetrAVG hat der Arbeitgeber alle drei Jahre zu prüfen, ob unter Berücksichtigung der Belange des Versorgungsempfängers und der wirtschaftlichen Lage des Unternehmens die laufenden Leistungen der betrieblichen Altersversorgung für die Leistungsempfänger anzupassen sind. Maßstab dieser Anpassung können der Verbraucherpreisindex oder die Netto-Einkommensentwicklung der vergleichbaren berufstätigen Arbeitnehmer des Unternehmens sein. Da diese Prüfung der Anpassungsverpflichtung sehr aufwändig ist, hat der Gesetzgeber Alternativen zur Anpassungsprüfung bereit gestellt:

- Auf die Anpassungsprüfung kann verzichtet werden, wenn der Arbeitgeber sich verpflichtet, die laufenden Renten jährlich um wenigstens ein Prozent anzupassen.
- Durch die Neuregelung des BetrAVG ist die einprozentige Steigerung im Rentenbezug für Entgeltumwandlung obligatorisch geworden. Auch den Trägerunternehmen ist zu empfehlen, dass sie durch einen entsprechenden Rückdeckungstarif geschützt werden.

8.3 Haftung

Die Erwirtschaftung und Auszahlung der zugesagten Leistungen erfolgt durch die Unterstützungskasse. Stehen dieser keine ausreichenden Mittel zur Verfügung, hat der Arbeitgeber im Rahmen der so genannten „Durchgriffshaftung" an ihrer Stelle die Versorgungsleistungen für die Betriebsrentenempfänger zu erbringen.

Nach § 1 Abs.1 Satz 3 BetrAVG steht der Arbeitgeber für die von ihm zugesagten Leistung auch dann ein, wenn die Durchführung nicht über ihn erfolgt. Er haftet auch für die nach dem BetrAVG vorgesehene Steigerung der laufenden Renten (siehe oben). Mit einer deckungsgleichen Abbildung der Leistungen der Rückdeckungsversicherung in den Zusagen des Arbeitgebers und der Unterstützungskasse mit einer jährlich garantierten Rentensteigerung in Höhe von einem Prozent lassen sich jedoch diese Haftungsrisiken für die Trägerunternehmen enorm minimieren.

8.4 Insolvenzschutz

Die betriebliche Altersversorgung ist momentan der sicherste und lukrativste Weg des Rentenaufbaus. Diese Sicherheit bezieht die bAV aus ihrem System. Besonders die Unterstützungskasse kann in diesem Punkt brillieren und mit der höchsten und damit besten Absicherung der Betriebsrentenleistungen für die Arbeitnehmer aufwarten.

Das Werkzeug, dessen sich die rückgedeckte Unterstützungskasse bedienen kann, heißt *Pensions-Sicherungs-Verein* (PSV).

Gesetzlich unverfallbare Anwartschaften und Rentenleistungen unterliegen dem gesetzlichen Insolvenzschutz gemäß §§ 7-15 BetrAVG. Die Mitteilungs- und Beitragspflicht gegenüber dem PSV obliegt dem Trägerunternehmen.

Der Grundgedanke zur Gründung des PSV besteht darin, dass vom PSV Leistungen für den Versorgungsempfänger erbracht werden, selbst wenn seine Ansprüche deshalb nicht erfüllt werden können, weil über das Vermögen des Trägerunternehmens das Insolvenzverfahren eröffnet worden ist.

Die Leistungen des PSV sind allerdings in der Höhe begrenzt. Ein Anspruch auf laufende Leistungen beträgt monatlich maximal das Dreifache der maßgebenden Bezugsgrößen nach § 18 SGB IV (West 2.380 Euro/ Ost 1.995 Euro in 2003), also höchstens 7.140 Euro bzw. 5.985 Euro.

Bei Kapitalleistung erfolgt ebenfalls eine Begrenzung, wobei bei der Berechnung zunächst ein fiktiver Rentenanspruch gebildet wird. Effektiv führt dies zu einer Beschränkung der Kapitalleistung auf das 360fache der monatlichen Bezugsgröße, also West 856.800 Euro/ Ost 718.200 Euro.

Da seit dem 1.1.1999 der Gehaltsverzicht zu Gunsten einer Zusage über eine Unterstützungskasse als betriebliche Altersversorgung anerkannt ist, gelten auch für den Gehaltsverzicht die Bestimmungen des Betriebsrentengesetzes.

Verpfändungsvereinbarung zwischen Unterstützungskasse und Arbeitnehmer des Trägerunternehmens

Bei voll rückgedeckten Zusagen kommt hinzu, dass diese mit der Verpfändungserklärung zu Gunsten des Versorgungsberechtigten in voller Höhe abgesichert sind. Solange aber auch für voll rückgedeckte Zusagen mit Verpfändungserklärung keine Ausnahmeregelung im Gesetz erschienen ist, gilt die gesetzliche Insolvenzsicherung auch für solche Fälle.

8.5 Gesetzliche Unverfallbarkeit

Voraussetzung für die Absicherung der Zusagen durch den PSVaG ist, wie bereits dargestellt, dass die Zusage auf betriebliche Altersversorgung die Voraussetzungen für die gesetzliche Unverfallbarkeit erfüllt.

Diese *Voraussetzungen* sind:

Vor dem 1.1.2001 erteilte Zusagen sind bei Ausscheiden gesetzlich unverfallbar, wenn der Versorgungsberechtigte zu diesem Zeitpunkt das 35. Lebensjahr vollendet hat. Außerdem muss seine Zusage zehn Jahre oder nach einer Betriebszugehörigkeit von zwölf Jahren mindestens drei Jahre bestanden haben. Allerdings werden diese Altzusagen ab dem 1.1.2006 ebenfalls unverfallbar, wenn der Arbeitnehmer bei Ausscheiden das 30. Lebensjahr vollendet hat.

Für ab dem 1.1.2001 erteilte Zusagen ist bei *arbeitgeberfinanzierten Zusagen* die Unverfallbarkeit gegeben, wenn der Versorgungsberechtigte bei Ausscheiden mindestens das 30. Lebensjahr vollendet und die Zusage fünf Jahre bestanden hat.

Bei ab dem *1.1.2001 erteilten Zusagen,* die auf einer *Entgeltumwandlung* beruhen, hat der Arbeitnehmer bereits von Beginn an gesetzlich unverfallbare Anwartschaften.

Der *unverfallbare Anspruch der Höhe* nach ist bei Leistungszusagen und beitragsorientierten Zusagen unterschiedlich geregelt.

Bei *Leistungszusagen* gilt nach wie vor das im Betriebsrentengesetz festgelegte so genannte „m/n-tel Verfahren": Sagt der Arbeitgeber dem Arbeitnehmer eine Versorgungsleistung zu, so steht dem Arbeitnehmer bei vorzeitigem Ausscheiden ein unverfallbarer Teilanspruch aus der Vollzusage zu, der sich aus dem Verhältnis zwischen geleisteter Dienstzeit und der möglichen maximalen Dienstzeit bis zum Rentenbeginn ergibt.

Bei der *beitragsorientierten Leistungszusage/Entgeltumwandlung* ergibt sich der unverfallbare Anspruch aus den bis zum Ausscheiden eingezahlten Beiträgen bzw. aus dem bis zum Ausscheiden umgewandelten Entgelt.

Wird eine Zusage teilweise durch den Arbeitgeber und teilweise durch den Arbeitnehmer finanziert, so liegt in den meisten Fällen eine arbeitgeberfinanzierte und eine arbeitnehmerfinanzierte Zusage vor. Diese sind dann für die Unverfallbarkeit getrennt zu betrachten. Aus der Versorgungszusage kann sich aber auch ergeben, dass eine Einheit gewollt ist. In diesem Fall wird auf die für den Arbeitnehmer günstigere Regelung abzustellen sein, also auf die gesetzliche Unverfallbarkeit von Beginn an. Um spätere Streitigkeiten zu vermeiden empfiehlt sich bei einem Arbeitgeberteil und einem Arbeitnehmerteil also die Trennung in zwei Zusagen.

Werden diese Zusagen über eine rückgedeckte Unterstützungskasse erteilt, so ergeben sich die unverfallbaren Anwartschaften aus der bei Ausscheiden beitragsfreien Rückdeckungsversicherung bzw. aus deren Rückkaufswert, ein „m/n-tel Risiko" besteht für den Arbeitgeber also nicht.

Umstritten ist, in welchem Verhältnis zur Beitragsleistung ein Rückkaufswert bestehen muss. Durch die bei Versicherungen übliche Praxis, die Vermittlungsprovisionen aus den ersten Beitragsleistungen zu finanzieren, bilden sich Rückkaufswerte erst nach gewisser Zeit. Scheidet ein Arbeitnehmer vor diesem Zeitpunkt aus, hat die Versicherung oft noch keinen Rückkaufswert, obwohl bereits beträchtliche Beitragsleistungen in den Vertrag erfolgt waren.

Um bei diesem Thema Streitigkeiten zu vermeiden, sollten Arbeitgeber gesteigerten Wert darauf legen, dass bei der Entgeltumwandlung, aber auch bei Arbeitgeberfinanzierung, ein Rückdeckungstarif gewählt wird, der von Anfang an angemessene beitragsfreie Leistungen erzielt. Das kann etwa durch Verteilung der Provision auf mehrere Jahre erreicht werden.

8.6 Abfindung von Anwartschaften und Renten

Anwartschaften noch tätiger Arbeitnehmer könnten nach einer entsprechenden Vereinbarung arbeitsrechtlich abgefunden werden.

Dagegen können unverfallbare Anwartschaften ausgeschiedener Arbeitnehmer nach § 3 BetrAVG nur innerhalb eines sehr engen Rahmens abgefunden werden.

Eine Abfindung kann vom Arbeitgeber oder Arbeitnehmer verlangt werden, wenn die beitragsfreie Monatsrente ein Prozent der monatlichen Bezugsgröße (§ 18 SGB IV, für 2003: West 2.380 Euro/ Ost 1.995 Euro) oder der zugesagte Kapitalbetrag 120 Prozent der monatlichen Bezugsgröße nicht übersteigen.

Mit Zustimmung des Arbeitnehmers sind Abfindungen allerdings noch bis zum Doppelten der vorgenannten Beträge möglich.

Wird der Abfindungsbetrag unmittelbar zur Zahlung von Beiträgen zur gesetzlichen Rentenversicherung oder für eine Einzahlung in eine Direktversicherung, Pensionskasse, Pensionsfonds oder die gesetzliche Rentenversicherung verwendet, gelten die Grenzen vier Prozent und 480 Prozent der monatlichen Bezugsgrößen.

Die Grenzwerte des § 3 BetrAVG gelten jedoch nur für die Abfindung von unverfallbaren Anwartschaften nach Ausscheiden des Arbeitnehmers. Ist der Mitarbeiter hingegen noch tätig oder sind die Anwartschaften noch nicht unverfallbar, gelten diese Grenzwerte nicht.

Laufende Renten können zudem jederzeit mit Zustimmung des Rentners abgefunden werden. Alle Abfindungen sind natürlich zu versteuern und unterliegen der Sozialversicherungspflicht (siehe dazu auch die Abschnitte 6 und 7).

8.7 Übertragung auf andere Versorgungsträger

Zusagen noch tätiger Mitarbeiter oder Rentner können per Vereinbarung auf einen anderen Versorgungsträger übertragen werden. Das gilt für alle Versorgungswege.

Bei ausgeschiedenen Mitarbeitern mit unverfallbaren Ansprüchen ist diese Übernahme im §4 BetrAVG verankert. Danach kann eine Zusage mit Zustimmung des Ausgeschiedenen auf eine Pensionskasse, eine Lebensversicherung oder einen öffentlich-rechtlichen Versorgungsträger übertragen werden.

Eine Unterstützungskassenzusage ist in diesem Zusammenhang auch auf eine andere Unterstützungskasse übertragbar.

Bei der Liquidation einer Firma ist nur die Übertragung auf eine Pensionskasse oder Lebensversicherung zulässig. Mangels eines Trägerunternehmens kann im Liquidationsfall die Zusage der Unterstützungskasse nicht aufrecht erhalten werden.

9 Die Vorteile der überbetrieblich rückgedeckten Unterstützungskasse

Rückgedeckte Gruppenunterstützungskassen, wie sie insbesondere von Versicherungsunternehmen gegründet worden sind, bieten Arbeitgeber und Arbeitnehmer zahlreiche Vorteile. Selbstverständlich kann aber auch eine rückgedeckte Unterstützungskasse nicht in allen Fällen der richtige Durchführungsweg sein. Die nachfolgend aufgeführten Vorteile sprechen jedoch in sehr vielen Fällen für die Unterstützungskasse:

- Anwartschaftsfinanzierung, weil die Beiträge zur Rückdeckungsversicherung in voller Höhe zuwendbar sind;
- Finanzierung von Beginn an wichtig, da der Arbeitnehmer einen gesetzlich unverfallbaren Anspruch hat;
- Die Zuwendungen des Trägerunternehmens in Höhe der Beiträge für die Rückdeckungsversicherung, der Verwaltungsgebühren und gegebenenfalls die PSV-Beiträge sind Betriebsausgaben und als solche voll abzugsfähig. Sie wirken sich somit gewinn- und steuerreduzierend aus (keine Begrenzung analog §4d Abs. 1 Nr. 1 Lit. a) u. b) EStG).
- Bilanzneutralität für den Arbeitgeber, da die wertgleich rückgedeckten Versorgungsverpflichtungen nicht die Bilanz des Trägerunternehmens berühren; keine Aktivierung der Rückdeckungsversicherung;

- auch kein Ausweis einer Unterdeckung im Anhang zur Bilanz wegen voller Rückdeckung;
- weder pauschale Lohnsteuer noch Beitragsbegrenzung bei der Gehaltsumwandlung;
- Pauschalierungsmöglichkeiten nach § 40b EStG bleiben voll erhalten;
- Übertragung der wesentlichen betriebsfremden Risiken auf die Unterstützungskasse bzw. die Rückdeckungsversicherung;
- geringer Verwaltungsaufwand für den Arbeitgeber, da die Unterstützungskasse im Zusammenhang mit der betrieblichen Altersversorgung nahezu alles verwaltet;
- nachgelagerte Besteuerung, damit können Versorgungs-Freibetrag und Werbungskosten genutzt werden;
- formell unbegrenzte Dotierung;
- Sozialversicherungsfreiheit der Beiträge an die Unterstützungskasse bis 2008 und bis vier Prozent der BBG der gesetzlichen Rentenversicherung bei Finanzierung durch Entgeltumwandlung;
- Kapital- und Rentenzusagen für mehr Flexibilität möglich;
- hoher Grad der Ausfinanzierung durch kongruente Rückdeckung wird in der Regel zu 100 Prozent sichergestellt;
- bei Kapitalleistungen Anwendung der „Fünftel-Regelung" zur Progressionsminderung;
- Rabatte und vereinfachte Gesundheitsprüfung bei Gruppenverträgen;
- keine Aufsichtspflicht durch die Bundesanstalt für Finanzdienstleistungen.

Gerade die „überbetriebliche Unterstützungskasse mit Rückdeckungsversicherung" bietet auch kleinen und mittleren Unternehmen die Möglichkeit, sich einer solchen Gruppenkasse anzuschließen und die sich daraus ergebenden Vorteile zu nutzen.

Die Gründung einer eigenen Unterstützungskasse ist aus betriebswirtschaftlichen Gründen oft nicht möglich, meist sogar aus Kostensicht untragbar.

Die herausragenden *Pluspunkte* sind:

- Auslagerung des Versorgungsvermögens mit sofortiger Sicherung ausschließlich für die betriebliche Altersversorgung;
- die Bilanzneutralität;
- die formell unbegrenzte Dotierung und
- der bei gleicher Nettobelastung hohe Wirkungsgrad im Vergleich zu anderen Durchführungswegen spricht für die rückgedeckte Unterstützungskasse, macht sie zu einem hocheffektiven Instrument des Personalmanagements.

Johannes Kreutz

10 Die rückgedeckte Unterstützungskasse im Vergleich zu anderen Formen der betrieblichen Altersversorgung

Unterstützungskassen brauchen den Vergleich mit anderen Durchführungswegen nicht zu scheuen. Natürlich hat jeder Durchführungsweg der betrieblichen Altersversorgung im Vergleich zu anderen Durchführungswegen Vorteile, aber auch Nachteile. Wäre dies nicht so, so gäbe es nur einen einzigen, universell einsetzbaren „Königsweg für betriebliche Altersversorgung".

Rückgedeckte Unterstützungskassen und rückgedeckte Pensions- oder Direktzusagen ähneln sich systembedingt stark. Bei beiden Durchführungswegen ist bereits das System der nachgelagerten Besteuerung verwirklicht, auch die sozialversicherungsrechtliche Behandlung ist gleich.

Wichtig ist allerdings, dass Pensionszusagen in der Bilanz des Unternehmens erscheinen müssen. Auch eventuell für die Pensionszusagen bestehende Rückdeckungsversicherungen werden in der Bilanz des Unternehmens mit dem Aktivwert erfasst. Eine solche Bilanzberührung ist allerdings in Zeiten, in denen Unternehmensbewertungen immer mehr Bedeutung beigemessen wird, oft nicht mehr erwünscht.

Die rückgedeckte Unterstützungskasse verbindet die Vorteile der nachgelagerten Besteuerung für den versorgungsberechtigten Arbeitnehmer mit der Bilanzneutralität für das Unternehmen.

Tendenziell ist zu erkennen, dass die Unterschiede zwischen Pensionskassen und Pensionsfonds auf der einen und rückgedeckten Unterstützungskassen auf der anderen Seite immer geringer werden. Bei Pensionskassen und Pensionsfonds ist die nachgelagerte Besteuerung nur zum Teil realisiert worden, hier gibt es Höchstgrenzen, innerhalb derer die Beiträge steuerfrei geleistet werden können. Sobald die Grenzen überschritten werden, erfolgt wieder eine vorgelagerte Besteuerung, was die Verwaltung der Leistungen kompliziert macht.

Bei der rückgedeckten Unterstützungskasse stellt sich dieses Problem nicht. Zusätzlich ist bei Unterstützungskassen auch die Erteilung von Kapitalzusagen möglich.

Der Vergleich zwischen einer Direktversicherung und einer rückgedeckten Unterstützungskasse ist schwierig, weil hier die unterschiedlichen steuerlichen Systeme der vor- und nachgelagerten Besteuerung umgesetzt worden sind.

Die vorgelagerte Besteuerung der Direktversicherung ist durch die Möglichkeit der Lohnsteuerpauschalierung interessant und führt insbesondere dann zu echten Vorteilen, wenn sowohl während des Arbeitslebens als auch später im Ruhestand ein hohes zu versteuerndes Einkommen (z. B. durch Mieteinnahmen oder aus Kapitalvermögen) erzielt wird. Da die Pauschalbesteuerung jedoch nur innerhalb gewisser Grenzen möglich ist, wird oft die Kombination mit einer rückgedeckten Unterstützungskasse gewählt, um eine optimale Gesamtversorgung zu erreichen.

Beim Vergleich zwischen pauschaldotierter und einer rückgedeckter Unterstützungskasse ist festzustellen, dass die Ausfinanzierung der zugesagten Leistungen nur über eine rückgedeckte Unterstützungskasse sinnvoll realisiert werden kann. Dagegen ist die pauschaldotierte Unterstützungskasse durch die Möglichkeit, ihre Gelder z. B. dem Trägerunternehmen als Darlehen zur Verfügung zu stellen, besser dafür geeignet, innerhalb des Unternehmens die Innenfinanzierung zu verbessern.

Für Entgeltumwandlungen hingegen ist eine pauschaldotierte Unterstützungskasse nicht geeignet.

11 Charakteristika einer guten Unterstützungskasse

Die fünf Durchführungswege der betrieblichen Altersversorgung bieten sich mit ihren unterschiedlichen Eigenschaften zur Gestaltung individueller Firmenlösungen an. Branche, Unternehmensform, Größe, Personalstruktur, Versorgungsstatus und Kriterien wie Sicherheit, überschaubare Finanzierung, Haftung, Rentabilität und Verwaltungsaufwand sollten bei der Zielfindung beachtet werden.

Welcher Durchführungsweg (oder welche Durchführungswege) eignet sich für ein Unternehmen am besten? Wo liegen die Vor- und Nachteile? Wie sieht es mit den Haftungsrisiken aus?

Insbesondere kleine und mittelständische Unternehmen haben im Gegensatz zu Großunternehmen keine Spezialisten, die sich im umfangreichen und strengen Regelwerk des Betriebsrentenrechts umfassend auskennen und die vielen relevanten arbeits-, steuer-, sozial- und bilanzrechtlichen Fragen klären können und zudem immer zeitaktuell informiert sind. Firmen haben letztlich auch andere Interessen, als die betriebliche Altersversorgung für ihre Belegschaft einzurichten.

Ein guter Dienstleister zeichnet sich in der betrieblichen Altersversorgung dadurch aus, dass er mit den betrieblichen Entscheidungsträgern eine präzise Analyse der Firmen- und Mitarbeiterstruktur durchführt, um mit deren Hilfe das individuell passende System der betrieblichen Altersversorgung auswählen und einrichten zu können.

11.1 Serviceleistungen bei Antragstellung

Ein guter bAV-Dienstleister muss nicht nur die Situationsanalyse und Unterstützung bei der Entscheidungsfindung über den Durchführungsweg bieten können: Auch bei der anschließenden Umsetzung der Entscheidung, der Mitarbeiterberatung und der eigentlichen Verwaltung der betrieblichen Altersversorgung sollte ein Dienstleister den Arbeitgeber nicht ohne Unterstützung allein lassen.

Johannes Kreutz

Arbeitgeber sollten ihrerseits darauf achten, dass nachfolgende Serviceleistungen durch ihren Dienstleister in der betrieblichen Altersversorgung dauerhaft gewährleistet werden können:

- persönliche Beratung des Arbeitnehmers in der Firma;
- Informationsmaterial (schriftlich, elektronisch, Folien) zur Präsentation und Erläuterung der notwendigen Schritte bei der Einführung der betrieblichen Altersversorgung;
- Darstellung der steuerlichen und arbeitsrechtlichen Unterschiede der verschiedenen Versorgungsformen;
- Info-Veranstaltungen für Führungskräfte, Personalsachbearbeiter, Betriebsräte, Mitarbeiter;
- umfassendes Angebot mit Darstellung der steuerlichen und sozialversicherungsrechtlichen Auswirkungen in der Anwartschafts- und Leistungsphase;
- Antragsausdruck über PC;
- Erstellung der Arbeitgeberzusagen und Bestätigung der Unterstützungskasse.

11.2 Auswahl des geeigneten Rückdeckungstarifes

Genauso wichtig wie die Auswahl des geeigneten Durchführungsweges ist die Frage, wie die Arbeitgeberzusagen und die Rückdeckung durch die Versorgungseinrichtung zusammen passen können. Hierbei sollten bei Beachtung von maximaler Sicherheit für den Arbeitgeber die größtmöglichen Vorteile für den Mitarbeiter realisiert werden.

Zwischen den am Markt angebotenen Rückdeckungsversicherungen gibt es gravierende Unterschiede. Die nachfolgenden Punkte können einen Anhaltspunkte bei der Auswahl der richtigen Tarife bilden. Wichtig sind dabei:

- ein Prozent garantierte Rentensteigerung in der Leistungsphase zur Freistellung der Arbeitgeberhaftung nach § 1 BetrAVG;
- schneller Aufbau der unverfallbaren Anwartschaften durch Abgehen vom Zillmerprinzip der Lebensversicherung, entsprechende Verteilung der Provisionen und somit schneller Aufbau von Rückkaufswerten;
- Bildung von „Mini-Renten" im Falle des vorzeitigen Ausscheidens des Arbeitnehmers;
- monatsgenauer, auf das vereinbarte Rentenalter bezogener Rentenbeginn.

11.3 Die Unterstützungskasse als Zahlstelle der Leistungen an den Versorgungsberechtigten

Der Service des bAV-Dienstleisters sollte nicht dann enden, wenn es entscheidend wird- in der Leistungsphase. In dieser Phase fallen viele zusätzliche Tätigkeiten an.

Deshalb ist der Dienstleister in der betrieblichen Altersversorgung dann besonders gefragt:

- Überweisung der Steuern an das Wohnsitzfinanzamt des Versorgungsberechtigten (für den Arbeitgeber somit keine Gefahr durch § 42d EStG);
- Überweisung der Krankenversicherungsbeiträge vor Auszahlung der Renten;
- pünktliche Auszahlung der zugesagten Leistungen an die Leistungsempfänger.

11.4 Sonstige Serviceleistungen

Insgesamt sollte der Arbeitgeber bei der Auswahl seines Servicepartners darauf achten, dass dessen Leistungsspektrum in allen Bereichen sinnvoll abgerundet ist. Dabei haben sich folgende Punkte als besonders nützlich und wichtig erwiesen:

- Hotline-Service für Arbeitgeber und Arbeitnehmer;
- Übernahme der laufenden Beratung der Mitarbeiter;
- Übernahme und Beratung des Arbeitgebers zur Rentenanpassung;
- ständige Überwachung der gesetzlichen Bestimmungen und zeitnahe Information der Trägerunternehmen bzw. Anpassung bei Veränderung;
- hohe Erreichbarkeit von Experten;
- Mitteilung an den Arbeitgeber über dessen PSV-Pflicht;
- jährlich vorgefertigte PSV-Testate für das Trägerunternehmen;
- Erstellen der Briefe über Bestehen oder Nichtbestehen der unverfallbaren Anwartschaften;
- Führen der Kundendatei und -konten;
- Hinweis auf Haftungsrisiken und Lösungskonzepte für weitestgehende Haftungsfreistellungen des Trägerunternehmens;
- juristische Betreuung im gesamten Bereich der betrieblichen Altersversorgung;
- Rechtsschutz-Komponente: Kostenschutz für die Wahrnehmung rechtlicher Interessen im Zusammenhang mit der betrieblichen Altersversorgung für Arbeitgeber und Arbeitnehmer

12 Zusammenfassung

Der faktische Rechtsanspruch auf Entgeltumwandlung besteht für jeden Arbeitnehmer seit Januar 2002. Dies stellt einen unverzichtbaren Teilschritt in Richtung Veränderung der Gesamtversorgungssystematik dar. Dieser im Kern positive Aspekt stellt die Betriebe – vor allem die kleinen und mittelständischen Unternehmen, die bis dato wenig oder keine Erfahrung im Umgang mit der betrieblichen Altersversorgung haben – vor erhebliche Administrations- und Haftungsprobleme. Jeder der möglichen Durchführungswege hat seine eigenen, von den Bestimmungen des Steuerrechts, Sozialversicherungs- und Arbeitsrechts geprägten juristischen Normen. Gerade hier wird deutlich, dass die wirklichen Problemlösungsansätze in Bezug auf die betriebliche Altersversorgung nicht in erster Linie von der Versicherungstechnik, sondern vielmehr von der juristisch-administrativen Kompetenz eines Produkt- bzw. Abwicklungspartners geprägt werden. Gerade die beim Unternehmen bzw. beim Unternehmer auftretenden Haftungsrisiken machen eine spezielle juristische Risk-Management-Analyse unverzichtbar. Diese Tatsache sollte bei der Auswahl eines Partners für die betriebliche Altersversorgung deutlich im Vordergrund stehen.

Es gibt keinen Königsweg in Sachen Durchführung der betrieblichen Altersversorgung. Es muss jedoch andererseits festgehalten werden, dass gerade die Unterstützungskasse bei mittelständischen Unternehmen ein ausgesprochen attraktiver Durchführungsweg ist. Die so genannte Riester-Rente kann zwar über diesen Durchführungsweg nicht abgewickelt werden, dies ist jedoch bei der derzeitigen Administrationssituation sowie den damit verbundenen Risiken für den Unternehmer eher als Vorteil denn als Nachteil anzusehen.

Hochattraktive Chancen, mit der Unterstützungskasse steuerfreie Gehaltsumwandlungen in größerem Volumen bilanzneutral im Unternehmen zu verwirklichen und umzusetzen, sprechen im Vergleich mit den Durchführungswegen Pensionsfonds und Pensionskasse klar für das bAV-Produkt Unterstützungskasse.

Leistungsschwerpunkte wie die Auslagerung der Versorgungsrisiken, die Lohnnebenkostenreduzierung durch Einsparung von Sozialversicherungsbeiträgen, der geringe Verwaltungsaufwand, die Minimierung der Haftungsrisiken und die sichere Kalkulation sowie die individuellen Gestaltungsmöglichkeiten: Die Unterstützungskasse bietet dem mittelständischen Arbeitgeber beste Voraussetzungen für eine auch für die Arbeitnehmer vorteilhafte betrieblichen Altersversorgung, verbunden mit betriebswirtschaftlichen Vorteilen für das Unternehmen.

Eine herausragende Lösung für den mittelständischen Arbeitgeber ist die Durchführung der betrieblichen Altersversorgung durch den Durchführungsweg Unterstützungskasse. Sie bietet dann weitgehende Sicherheit für das Unternehmen, den Unternehmer und auch die Mitarbeiter, wenn die Konzepte und, darauf aufbauend, die verwendeten Lebensversicherungstarife haftungsreduzierende Merkmale wie etwa ein Prozent garantierte Rentensteigerung und/oder den monatsgenauen Beginn der Rentenleistung beinhalten. Unverzichtbar darüber hinaus ist es, einen Partner an seiner Seite zu wissen, der auch die Betreuung in allen relevanten juristischen Bereichen – möglichst als verbriefte Leistung mit Kostenschutz – über sein Netzwerk ganz oder teilweise als Dienstleistung bereitstellen kann.

Rainer de Backere/Gabriele Klemme
Die Direktversicherung

1 Entwicklung der Direktversicherung in Deutschland 527
   1.1 Historischer Rückblick 527
   1.2 Gesetzliche Regelungen ab 1974 527
      1.2.1 Betriebsrentengesetz BetrAVG vom 19.12.1974 527
      1.2.2 Novelle des Betriebsrentengesetz zum 1.1.1999 528
      1.2.3 Übertragungsabkommen seit 1982 528
      1.2.4 Altersvermögensgesetz 2001 528

2 Grundlagen der Direktversicherung 529
   2.1 Definition der Direktversicherung 529
   2.2 Voraussetzungen für eine Direktversicherung 529
   2.3 Finanzierung 530

3 Steuerliche und sozialversicherungsrechtliche Besonderheiten 530
   3.1 Steuerliche Grundsätze 530
   3.2 Steuerliche Behandlung beim Arbeitgeber 530
   3.3 Steuerliche Behandlung beim Arbeitnehmer 531
      3.3.1 Pauschalversteuerung 531
      3.3.2 Pauschalierungsgrenzen 532
   3.4 Sozialversicherungsrechtliche Behandlung 532
      3.4.1 Beitragspflicht bei Entgeltumwandlung 532
      3.4.2 Beitragsfreiheit bei Arbeitgeberfinanzierung 532
      3.4.3 Beitragspflicht der Leistungen 533

4 Arbeitsrechtliche Besonderheiten von A bis Z 533
   4.1 Abfindung des Anspuchs 533
   4.2 Abtretung oder Beleihung 533
   4.3 Anpassungsprüfungspflicht 534
   4.4 Auskunftsrecht 534
   4.5 Entgeltumwandlung 534
   4.6 Insolvenzsicherung 535
   4.7 Mitbestimmung 535
   4.8 Ratierliches Verfahren 536
   4.9 Rechtsanspruch 536
   4.10 Teilzeitarbeit 537

4.11 Übertragbarkeit bei Arbeitgeberwechsel 537
4.12 Unverfallbarkeit 537
4.13 Versicherungsvertragliches Verfahren 538
4.14 Vorzeitige Altersleistung 538
4.15 Vorzeitiges Ausscheiden von Arbeitnehmern 539
4.16 Wahl des Versicherers 539
4.17 Zeiten, in denen die Lohnfortzahlung ruht 539

5 Akzeptanz im Markt 540

1 Entwicklung der Direktversicherung in Deutschland

1.1 Historischer Rückblick

1928 wurde die Direktversicherung als Import aus den USA mittels Erlass des Reichsaufsichtsamtes in Deutschland eingeführt. Damit war es Unternehmen erlaubt, eine „Firmengruppenversicherung" abzuschließen, wenn der Arbeitgeber mindestens zehn Prozent der Beiträge übernahm. Anders als bei der bereits bestehenden Pensionskasse war dabei der Träger der Versorgung nicht der Arbeitgeber, sondern ein Versicherungsunternehmen. Zwischen Arbeitgeber und Versicherungsunternehmen wurde ein Versicherungsvertrag geschlossen, die Lebensversicherung jedoch war wirtschaftlich als eine Versicherung des Arbeitnehmers anzusehen. Damit wurde nach der Pensionskasse die zweite Form der betrieblichen Altersvorsorge in Deutschland eingeführt.

1.2 Gesetzliche Regelungen ab 1974

Die Direktversicherung war somit seit 1928 als Rechtsinstitut im deutschen Steuerrecht anerkannt, ihre konkrete gesetzliche Ausgestaltung erhielt sie jedoch erst durch das Gesetz zur Verbesserung der betrieblichen Altersversorgung (Betriebsrentengesetz, BetrAVG).

1.2.1 Betriebsrentengesetz BetrAVG vom 19.12.1974

Das Betriebsrentengesetz präzisierte den Durchführungsweg der Direktversicherung als arbeitgeberfinanzierte Leistungszusage. Eine Beitragszahlung auch durch den Arbeitnehmer wurde mit in Betracht gezogen, allerdings ohne das Grundmodell der Leistungszusage in Frage zu stellen. Noch 1990 hat das Bundesarbeitsgericht in seinem Urteil (26. Juni 1990) zur Direktversicherung die Gehaltsumwandlungsversicherung letztlich als arbeitgeberfinanzierte Leistungszusage angesehen.

Aus Sicht des Arbeitgebers erhöhte das Betriebsrentengesetz 1974 die Attraktivität der Direktversicherung durch die abschließende Festlegung, dass der Versicherungsanspruch bilanziell nicht zu aktivieren ist.

Kern der Neuerungen aus Sicht des Arbeitnehmers war die Einführung der Lohnsteuerpauschalierung. Sie trug entscheidend zur Verbesserung der steuerlichen Situation bei.

Darüber hinaus weist die Direktversicherung durch die Neugestaltung der arbeitsrechtlichen Vorschriften durch das BetrAVG 1974 zur Unverfallbarkeit, Insolvenzversicherung, Anrechnungs- und Auszehrungsverbot, Flexibilisierung der Altersgrenzen, Dynamisierung und Anwendung der versicherungsvertraglichen Lösung (Näheres zu diesen Punkten später) wesentliche arbeitsrechtliche Vorteile auf, die zusätzlich für ihre rasch wachsende Verbreitung sorgten.

1.2.2 Novelle des Betriebsrentengesetz zum 1.1.1999

Durch diese Novelle des Betriebsrentengesetzes wurden die Möglichkeiten für die Zusageform wesentlich erweitert. Als neue Ausgestaltungsformen wurden die beitragsorientierte Leistungszusage und die Entgeltumwandlung eingeführt, ohne allerdings diese neuen Formen in der entsprechenden Klarheit von den bisher bekannten Gestaltungsformen abzugrenzen.

1.2.3 Übertragungsabkommen seit 1982

Nach BetrAVG §4, Abs. 4 hat der Arbeitnehmer das Recht auf Übertragung seines Anspruchs auf die Direktversicherung auf einen neuen Arbeitgeber – sofern eine unverfallbare Anwartschaft besteht.

Im Rahmen des „Abkommens zur Übertragung der Direktversicherung bei Arbeitgeberwechsel" wurde darüber hinaus geregelt, dass unter bestimmten Rahmenbedingungen die Direktversicherung – soweit es sich um die Fortsetzung der ursprünglichen Versicherung mit gleichwertigen Leistungen handelt – sogar auf einen anderen Versicherer übertragen werden kann. So kann der Arbeitnehmer bei Arbeitgeberwechsel in den Genuss von Sonderkonditionen auch des neuen Arbeitgebers kommen.

1.2.4 Altersvermögensgesetz 2001

Erst durch das AVmG 2001 und die in diesem Zuge erfolgte Erweiterung des BetrAVG wurden die verschiedenen Durchführungswege und Zusagearten deutlich voneinander abgegrenzt. Neu eingeführt wurde der Pensionsfonds, und neben die Leistungszusage traten als Zusageformen die beitragsorientierte Leistungszusage und die Beitragszusage mit Mindestleistung. Parallel wurden die Unverfallbarkeitsregelungen zu Gunsten der Arbeitnehmer geändert und die Direktversicherung zur Standardlösung für den Anspruch des Arbeitnehmers auf Entgeltumwandlung bestimmt.

2 Grundlagen der Direktversicherung

2.1 Definition der Direktversicherung

Nach dem Betriebsrentengesetz (BetrAVG) ist eine Direktversicherung eine Lebensversicherung, die durch den Arbeitgeber auf das Leben des Arbeitnehmers für die betriebliche Altersversorgung abgeschlossen wird. Hierbei muss der Arbeitnehmer oder seine Hinterbliebenen hinsichtlich der Leistungen des Versicherers ganz oder teilweise bezugsberechtigt sein (BetrAVG § 1b, Abs. 2).

2.2 Voraussetzungen für eine Direktversicherung

Aufgrund der Definition ergeben sich folgende *Voraussetzungen* für eine Direktversicherung:

- Es muss sich um eine Lebensversicherung handeln: Es müssen alle Versicherungsformen möglich sein, die im Rahmen des Geschäftsbetriebes eines Lebensversicherungsunternehmens abgeschlossen werden können – Kapitalversicherungen auf den Todes- und Erlebensfall, Rentenversicherungen, Fondsgebundene Versicherung, Risiko- und Berufsunfähigkeitsversicherungen sowie Unfall-, Hinterbliebenen-, Risiko- und Berufsunfähigkeits-Zusatzversicherungen.
- Der Arbeitgeber hat den Versicherungsvertrag abzuschließen, damit ist er Versicherungsnehmer und direkter Vertragspartner des Lebensversicherungsunternehmens.
- Die Versicherung wird auf das Leben des Arbeitnehmers abgeschlossen, damit ist der Arbeitnehmer stets die versicherte Person. Der Abschluss ist i. a. nur mit Zustimmung des Arbeitnehmers möglich.
- Die Versicherung muss der betrieblichen Altersversorgung dienen. In § 1 Abs. 1 des BetrAVG ist geregelt, dass hierzu alle Leistungen der Alters-, Invaliditäts- oder Hinterbliebenenversorgung zählen, die einem Arbeitnehmer aus Anlass seines Arbeitsverhältnisses vom Arbeitgeber zugesagt wurden. Das BetrAVG erweitert den möglichen Personenkreis in § 17, Abs. 2 um die Personen, die nicht Arbeitnehmer sind, denen jedoch Leistungen der Alters-, Invaliditäts- oder Hinterbliebenenversorgung aus Anlass ihrer Tätigkeit für das Unternehmen zugesagt worden sind.
- Der Arbeitnehmer oder seine Hinterbliebenen müssen ganz oder teilweise bezugsberechtigt sein. Dies bedeutet, dass sie im Leistungsfall direkt durch den Versicherer die Leistung erhalten. Dabei kann das Bezugsrecht unwiderruflich oder widerruflich gestaltet sein. Bei einem unwiderruflichen Bezugsrecht ist eine Änderung durch den Versicherungsnehmer (Arbeitgeber) nur bei gleichzeitiger Zustimmung durch den Bezugsberechtigten (Arbeitnehmer oder seiner Hinterbliebenen) möglich. Bei einem widerruflichen Bezugsrecht kann dies der Versicherungsnehmer einseitig ändern oder aufheben.

2.3 Finanzierung

Träger der Versorgung ist nicht der Arbeitgeber, sondern das Versicherungsunternehmen. Der Arbeitgeber finanziert jedoch die Versorgung während der aktiven Dienstzeit des Arbeitnehmers durch die Beitragszahlung an den Versicherer. Eine Beteiligung des Arbeitnehmers an der Finanzierung – z. B. durch Gehaltsumwandlung – ist möglich und wird durch die Erweiterung des BetrAVG in 2001 bezüglich des Anspruchs auf Entgeltumwandlung ab 1.1.2002 gestärkt.

3 Steuerliche und sozialversicherungsrechtliche Besonderheiten

3.1 Steuerliche Grundsätze

Steuerlich ist die Direktversicherung eine Lebensversicherung. Damit sind für die steuerliche Behandlung der fälligen Leistungen die gesetzlichen Regelungen für Lebensversicherungsverträge im Einkommensteuerrecht maßgebend. Dies bedeutet auch, dass gegebenenfalls durch das Versicherungsunternehmen bei Beendigung der Direktversicherung Kapitalertragsteuer direkt an das Finanzamt abzuführen sind.

3.2 Steuerliche Behandlung beim Arbeitgeber

Die vom Arbeitgeber gezahlten Beiträge zu einer Direktversicherung sind Betriebsausgaben und mindern somit den steuerlichen Ertrag. Sie unterliegen nicht der Umsatzsteuer.

Soweit am Schluss des Wirtschaftsjahres der Arbeitnehmer oder seine Hinterbliebenen bezugsberechtigt sind, ist der Wert des Vertrages nicht zu aktivieren. Dies gilt auch, wenn die Direktversicherung durch den Arbeitgeber abgetreten oder beliehen ist, sofern der Arbeitgeber schriftlich bestätigt hat, das der Arbeitnehmer oder seine Hinterbliebenen im Leistungsfall so gestellt werden, wie wenn der Vertrag nicht abgetreten oder beliehen wäre.

Ist der Arbeitgeber teilweise für die Leistungen aus der Direktversicherung bezugsberechtigt, so handelt es sich bei diesem Anspruch um Betriebsvermögen, das gegebenenfalls entsprechend zu aktivieren ist.

3.3 Steuerliche Behandlung beim Arbeitnehmer

Grundsätzlich gehören die Beiträge für eine Direktversicherung beim bezugsberechtigten Arbeitnehmer zum steuerpflichtigen Arbeitsentgelt.

Bis 1989 waren im Jahr bis zu 312 DM (159.52 €) als Zukunftssicherungsfreibetrag steuerfrei. Im Rahmen der Steuerreform 1990 wurde dieser gestrichen.

Wird die Direktversicherung durch den Arbeitgeber finanziert, handelt es sich beim Arbeitnehmer um geldwerten Vorteil. Der Beitrag ist in dem Lohnzahlungszeitraum als Arbeitslohn zu versteuern, in dem er dem Arbeitnehmer zufließt.

Wird für die Direktversicherung eine Förderung gemäß EStG § 10a und § 82 in Anspruch genommen, kann der Arbeitnehmer die Beiträge im Rahmen der Höchstbeträge als Sonderausgaben absetzen. Voraussetzung hierfür ist, dass die Beiträge individuell versteuert und aus grundsätzlich sozialversicherungspflichtigem Entgelt gezahlt werden.

3.3.1 Pauschalversteuerung

An Stelle der individuellen Lohnsteuer kann nach EStG § 40b die pauschale Lohnversteuerung gewählt werden. *Voraussetzungen* für die Pauschalversteuerung sind:

- Es handelt sich um vom Arbeitgeber geleistete Beiträge zu einer Direktversicherung.
- Vor dem 59. Lebensjahr ist keine Auszahlung möglich.
- Übertragung der Versicherungsnehmerschaft, Beleihung oder Abtretung sind ausgeschlossen.
- Die Direktversicherung wurde im Rahmen eines ersten Dienstverhältnisses abgeschlossen.

Zusätzlich werden folgende *Anforderungen* an die Ausgestaltung des Versicherungsvertrages gestellt:

- Bei Wahl einer Kapital bildenden Lebensversicherung beträgt die Todesfall-Leistung während der gesamten Dauer des Versicherungsvertrages mindesten 60 Prozent der insgesamt zu zahlenden Beiträge.
- Die Mindestvertragsdauer einer Kapital bildenden Lebensversicherung beträgt fünf Jahre – es sei denn sie wurde im Rahmen eines Gruppenvertrages nach dem arbeitsrechtlichen Grundsatz der Gleichbehandlung abgeschlossen.
- Für Rentenversicherungen mit Kapitalwahlrecht gelten analoge Festlegungen.

Auf die pauschalierte Lohnsteuer ist auch der Solidarbeitrag und Kirchensteuer zu leisten. Sie kann vom Arbeitgeber oder Arbeitnehmer getragen werden. In jedem Fall wird die Pauschalsteuer vom Betrieb an das Finanzamt abgeführt.

Wird anlässlich der Beendigung des Dienstverhältnisses die Direktversicherung auf den ausscheidenden Arbeitnehmer übertragen, bleibt die Pauschalierung der bereits erbrachten Direktversicherungsbeiträge unberührt.

3.3.2 Pauschalierungsgrenzen

Im § 40b EStG werden Höchstgrenzen für die Pauschalierung festgelegt. Danach können maximal pro Arbeitnehmer und Kalenderjahr Beiträge in Höhe von 1.752 € pauschal versteuert werden, überschießende Beiträge sind individuell zu versteuern.

Sind mehrere Arbeitnehmer in einem gemeinsamen Rahmenvertrag zusammengefasst, ist die so genannte Durchschnittsbildung möglich. Hierbei können für einzelne Arbeitnehmer Beiträge bis zu 2.148 € pauschal versteuert werden, wenn für keinen Arbeitnehmer, der zur Durchschnittsbildung beiträgt Beiträge über 2.148 € geleistet werden und der Durchschnittsbeitrag aller den o. a. Betrag beim Einzelvertrag (1.752 €) nicht übersteigt.

Werden aus Anlass der Beendigung des Dienstverhältnisses durch den Arbeitgeber Beiträge zur Direktversicherung erbracht, so kann die „Vervielfältigungsregelung" gewählt werden. Dies bedeutet, dass die übliche Pauschalierungsgrenze (1.752 €) mit der Anzahl der Kalenderjahre, in denen das Dienstverhältnis bestand, multipliziert wird. Dieser Betrag vermindert sich um die pauschalversteuerten Beiträge des Kalenderjahres, in dem der Arbeitnehmer ausscheidet, sowie um die der davor liegenden sechs Jahre. Beiträge in der sich dadurch ergebenden Gesamthöhe können pauschal versteuert werden.

3.4 Sozialversicherungsrechtliche Behandlung

3.4.1 Beitragspflicht bei Entgeltumwandlung

Wird die Umwandlung aus laufendem Entgelt vereinbart, ist der Beitrag für die pauschal versteuerte Direktversicherung – so wie bis dahin der Barlohn – im Rahmen der Beitragsbemessungsgrenzen sozialversicherungspflichtig. (Ausnahme: Bei Versicherungen, die vor dem 1.1.1981 abgeschlossen und seitdem nicht geändert wurden, ist der Beitrag weiterhin sozialabgabenfrei.)

Wird bis zum 31.12.2008 die Umwandlung aus einer Einmalzahlung (Urlaubs-, Weihnachtsgeld, Tantieme) vereinbart, bleiben die Direktversicherungsbeiträge sozialabgabenfrei. Dadurch können leicht verminderte Ansprüche in der Renten-, Kranken- und Arbeitslosenversicherung entstehen.

3.4.2 Beitragsfreiheit bei Arbeitgeberfinanzierung

Die pauschal versteuerten Beiträge zu einer Direktversicherung, die der Arbeitgeber zusätzlich zum Arbeitsentgelt zahlt, sind sozialversicherungsfrei.

3.4.3 Beitragspflicht der Leistungen

Rentenleistungen aus einer Rentenversicherung, einer Hinterbliebenenrenten-Zusatzversicherung oder einer Berufsunfähigkeits-(Zusatz)-versicherung unterliegen in voller Höhe der Kranken- und Pflegeversicherungspflicht. Bei Versorgungsbezügen, die als Kapitalleistung gezahlt werden, gilt seit 1.1.2004 1/120 der Kapitalleistung als monatlicher Zahlbetrag (SGB V § 229 Satz 3). Dabei werden andere sozialversicherungspflichtige Rentenleistungen und die gültige Beitragsbemessungsgrenze berücksichtigt.

4 Arbeitsrechtliche Besonderheiten von A bis Z

4.1 Abfindung des Anspruchs

Nach BetrAVG §3 ist es unter bestimmten Rahmenbedingungen möglich, bei Beendigung des Arbeitsverhältnisses unverfallbare Anwartschaften abzufinden. Die Abfindung entspricht der auf die vorgesehene Altersgrenze berechneten unverfallbaren Anwartschaft bei Beendigung des Arbeitsverhältnisses. Dies ist bei Direktversicherungen in der Regel das Deckungskapital zum Ausscheidetermin. Abfindungen sind nur dann möglich, wenn dieser Betrag eine festgelegte Höhe nicht überschreitet. Diese bezieht sich auf die monatliche Bezugsgröße nach § 18 Abs. 1 Viertes Sozialgesetzbuch und beträgt:

- bei einer Abfindung aufgrund eines einseitigen Verlangens des Arbeitgebers oder des Arbeitnehmers:
  1 Prozent der Bezugsgröße (in 2004: 24,15 €) bei monatlichen Renten
  120 Prozent der Bezugsgröße (in 2004: 2.898,00 €) bei einer Kapitalleistungen;
- erfolgt die Abfindung mit Zustimmung des Arbeitnehmers verdoppeln sich die Grenzen.

Bei Entgeltumwandlungen ist das einseitige Abfindungsrecht seitens des Arbeitgebers ausgeschlossen (BetrAVG §3, Abs. 4).

4.2 Abtretung oder Beleihung

Mit Zustimmung der bezugsberechtigten Person kann eine nicht durch Entgeltumwandlung finanzierte Direktversicherung durch den Arbeitgeber abgetreten oder beliehen werden. Der Arbeitgeber muss sich hierbei gegenüber der bezugsberechtigten Person schriftlich verpflichten, sie im Leistungsfall so zu stellen, als ob die Versicherung weder abgetreten noch beliehen gewesen wäre. Allerdings ist der Arbeitgeber in Höhe des beliehenen Anspruches dann insolvenzsicherungspflichtig. Die Beiträge für den PSVaG sind Betriebsausgaben.

Ist ein Arbeitnehmer mit unverfallbaren Ansprüchen ausgeschieden, so dürfen die Ansprüche aus dem Versicherungsvertrag in Höhe der durch die Beitragszahlung des Arbeitgebers gebildeten Deckungsmittel weder abgetreten noch beliehen werden. Und zwar weder durch den Arbeitgeber noch den Arbeitnehmer. Eine Kündigung der Direktversicherung führt in diesem Fall nicht zur Auszahlung eines Rückkaufswertes, sondern zu einer Beitragsfreistellung (also Beendigung der Beitragszahlung mit gleichzeitigem Verbleib der Deckungsmittel im Vertrag bis zum vereinbarten Ablauf).

4.3 Anpassungsprüfungspflicht

Die Vorschriften über die Anpassungsprüfung nach BetrAVG § 16 beziehen sich nur auf laufende Leistungen und sind damit nicht anwendbar, wenn die Direktversicherung auf Kapitalbasis abgeschlossen wurde. Paragraf 16 Abs. 3, Ziffer 2 regelt darüber hinaus, dass bei einer Direktversicherung auf Rentenbasis die Anpassungsprüfungspflicht entfällt, wenn

- den Garantiewerten maximal der Höchstrechnungszins für die Deckungsrückstellung (gemäß VAG § 65 Abs. 1) zu Grunde liegt und
- alle Überschussanteile ab Rentenbeginn zur Leistungserhöhung verwendet werden.

Bei einer Beitragszusage mit Mindestleistung besteht grundsätzlich keine Anpassungsprüfungspflicht.

4.4 Auskunftsrecht

Arbeitgeber und Versicherer vereinbaren den Zeitpunkt, ab dem die versicherte Person das Recht hat, die Höhe der sich nach den Versicherungsbedingungen richtenden Versicherungsleistungen beim Versicherer zu erfragen.

4.5 Entgeltumwandlung

Voraussetzung für die Entgeltumwandlung ist eine schriftliche Vereinbarung zwischen dem Arbeitgeber und dem Arbeitnehmer. In dieser Vereinbarung wird festgelegt, dass der Anspruch des Mitarbeiters auf laufendes Gehalt oder auf Einmalzahlungen (Tantiemen, Urlaubs- oder Weihnachtsgeld) in definierten Höhe in Beiträge zu einer Direktversicherung umgewandelt wird. Der Arbeitgeber ist damit verpflichtet, die Beiträge in die Versicherung einzuzahlen, solange ein entgeltpflichtiges Arbeitsverhältnis besteht.

Außerdem wird vereinbart, wer bei Pauschalversteuerung die Lohn- und Kirchensteuer (EStG § 40b) trägt.

Die Direktversicherung

Wird die betriebliche Altersvorsorge *durch Entgeltumwandlung* finanziert, so gelten nach BetrAVG § 1b, Abs. 5 folgende *Besonderheiten:*

- Dem Arbeitnehmer ist ab Beginn ein unwiderrufliches Bezugsrecht zu gewähren.
- Die Überschüsse dürfen nur zur Verbesserung der Leistungen verwendet werden.
- Im Fall des vorzeitigen Ausscheidens ist dem Arbeitnehmer das Recht zur Fortsetzung der Versicherung mit eigenen Beiträgen einzuräumen.
- Das Recht zur Verpfändung, Abtretung oder Beleihung durch den Arbeitgeber muss ausgeschlossen sein.

Darüber hinaus ist nach BetrAVG § 3, Abs. 1 Ziffer 4 das einseitige Abfindungsrecht seitens des Arbeitgebers ausgeschlossen.

Tariflohn kann nur dann zur Entgeltumwandlung herangezogen werden, wenn dies durch den Tarifvertrag zugelassen ist (Tariföffnungsklausel). Bei der Bemessung entgeltabhängiger Leistungen wie z. B. Weihnachtsgratifikationen sollten bei vorliegender Entgeltumwandlung jeweils die Bezüge einschließlich der vom Mitarbeiter finanzierten Direktversicherungsbeiträge und der gegebenenfalls getragenen pauschalen Lohn- und Kirchensteuer berücksichtigt werden, da hierfür Barlohn umgewandelt wurde. Dies kann jedoch tarifvertraglich oder über Betriebsvereinbarungen auch anders geregelt werden.

4.6 Insolvenzsicherung

Eine Insolvenzsicherungspflicht und damit eine Verpflichtung zur Beitragszahlung an den PSVaG besteht für eine Direktversicherung nur dann, wenn der Anspruch des Arbeitnehmers unverfallbar ist, ihm jedoch nur ein widerrufliches Bezugsrecht eingeräumt wurde. Es ist daher ratsam, spätestens bei Erreichen der Unverfallbarkeit ein unwiderrufliches Bezugsrecht einzuräumen. Dies bedeutet für Direktversicherungen aus Entgeltumwandlung ein sofortiges unwiderrufliches Bezugsrecht, da die Unverfallbarkeit bereits mit Zahlung des ersten Beitrags einsetzt.

Wurde eine Direktversicherung beliehen, abgetreten oder verpfändet, so ist sie selbst bei unwiderruflichem Bezugsrecht insolvenzsicherungspflichtig.

4.7 Mitbestimmung

Da Leistungen der betrieblichen Altersvorsorge ein zur Versorgung bestimmtes Entgelt darstellen, geht es um Fragen der betrieblichen Lohngestaltung und die Leistungen sind damit mitbestimmungspflichtig.

Das Mitbestimmungsrecht erstreckt sich auf die Einführung des Versorgungswerkes und die Gestaltung der Versicherungsleistungen. Es bezieht sich jedoch nicht darauf, welcher Durchführungsweg bei welchem Versorgungsträger gewählt wird.

Um die Zustimmung des Betriebsrates zu dokumentieren reicht es aus, wenn die Anlage zum Gruppenversicherungsvertrag mit der objektiven Beschreibung des Personenkreises und der jeweiligen Versicherungsleistung schriftlich durch den Betriebsrat bestätigt wird.

Regelungen über die Behandlung von beispielsweise Krankheits- oder Mutterschutzzeiten, Elternzeit, Teilzeitbeschäftigung oder über das Verfahren bei Um- und Höhergruppierungen betreffen ebenfalls mitbestimmungspflichtige Lohngestaltungsfragen. Sind hierfür keine Festlegungen im Gruppenvertrag getroffen, sollten solche Fragen unbedingt innerhalb einer Betriebsvereinbarung geregelt werden.

4.8 Ratierliches Verfahren

Das ratierliche Verfahren kann nur noch bei arbeitgeberfinanzierten Leistungszusagen zur Anwendung kommen. Scheidet dann ein Arbeitnehmer mit unverfallbaren Anwartschaften vorzeitig aus dem Arbeitsverhältnis aus, hat er bei Eintritt des Versorgungsfalls einen Anspruch in Höhe der m/n-tel Regelung. Dies bedeutet, dass der Vollanspruch im Verhältnis der tatsächlich erbrachten (m) zur insgesamt möglichen Dienstzeit (n) herabgesetzt wird. Als erreichbarer Vollanspruch ist bei der Direktversicherung die Versicherungssumme anzunehmen. Die Höhe des Anspruchs richtet sich danach jedoch nicht nach der bereits abgelaufenen Versicherungsdauer, sondern ausschließlich nach der Dauer der Betriebsangehörigkeit. Falls dem Arbeitgeber bezüglich der Überschussanteile nicht ein ausdrückliches Bezugsrecht eingeräumt wurde, stehen die bis zur Beendigung des Dienstverhältnisses gutgeschriebenen Überschussanteile dem Arbeitnehmer ungekürzt zu.

Falls die Versicherungsleistung hinter dem m/n-tel Anspruch zurückbleibt, richtet sich der verbleibende Differenzanspruch direkt gegen den Arbeitgeber. Insbesondere bei Arbeitnehmern, für die erst nach längerer Betriebszugehörigkeit eine Direktversicherung abgeschlossen wurde, können auf den Arbeitgeber zusätzliche Aufwendungen zukommen. Daher sollte der Arbeitgeber, um sich die Wahlmöglichkeit zu erhalten, von Beginn an darauf achten, dass die Voraussetzungen für das versicherungsvertragliche Verfahren eingehalten werden.

4.9 Rechtsanspruch

Seit dem 1.1.2002 hat jeder sozialversicherungspflichtige Arbeitnehmer einen individuellen Rechtsanspruch auf eine betriebliche Altersvorsorge durch Entgeltumwandlung. Dieser Anspruch ist begrenzt auf vier Prozent der Beitragsbemessungsgrenze. Generell kann jeder der fünf Durchführungswege genutzt werden, sofern dieser durch Arbeitgeber und Arbeitnehmer einvernehmlich vereinbart wird. Kommt keine Übereinkunft zustande und bietet der Arbeitgeber als Durchführungsweg einseitig eine Pensionskasse oder einen Pensionsfonds an, so ist die Entgeltumwandlung in diesen For-

Die Direktversicherung

men durchzuführen. Ist dies nicht der Fall, so kann der Arbeitnehmer den Abschluss einer Direktversicherung verlangen.

4.10 Teilzeitarbeit

Ein Arbeitnehmer darf nicht wegen Teilzeitarbeit von der Versorgung ausgenommen werden. Dies gilt auch für den Wechsel von Vollzeit auf Teilzeit und umgekehrt. Regelungen hierfür sollten in der Versorgungszusage oder in einer Betriebsvereinbarung niedergelegt werden.

4.11 Übertragbarkeit bei Arbeitgeberwechsel

Bei Arbeitgeberwechsel kann die Direktversicherung auch zu einem anderen Versicherungsunternehmen übertragen und dort fortgesetzt werden. Dies ermöglicht das Abkommen zur Übertragung einer Direktversicherung bei Arbeitgeberwechsel. Es stellt sicher, dass bei dieser Übertragung weder Stornogebühren noch neue Abschlusskosten anfallen. Darüber hinaus hat das übernehmende Versicherungsunternehmen auf eine Gesundheitsprüfung zu verzichten. Voraussetzung für diese Form der Übertragung ist jedoch, dass die Direktversicherung sowohl beim übergebenden als auch beim übernehmenden Versicherer im Rahmen eines Kollektivrahmenvertrages und nicht als Einzelvertrag geführt wird.

Gemäß den BMF-Schreiben vom 6.4.1984/22.8.2002 handelt es sich bei einer Übertragung gemäß dem Übertragungsabkommen nicht um einen Zufluss, sodass die Zinsen im Sinne des EStG § 20, Abs. 1 Nr. 6 nicht zu versteuern sind.

4.12 Unverfallbarkeit

Die Fristen für die Unverfallbarkeit unterscheiden sich bei den einzelnen Durchführungswegen nicht. Sie sind in BetrAVG § 1b geregelt. Die Frist für die Unverfallbarkeit beginnt in der Regel mit dem Versicherungsbeginn, frühestens mit dem Beginn der Betriebszugehörigkeit. Ein Wechsel der Versorgungsform (z. B. Direktzusage in eine Direktversicherung) verursacht keinen neuen Fristbeginn.

Soweit betriebliche Altersvorsorge durch Entgeltumwandlung erfolgt, besteht ab Beginn der Entgeltumwandlung Unverfallbarkeit. Im Falle der Direktversicherung ist darüber hinaus gleichzeitig ein unwiderrufliches Bezugsrecht einzuräumen.

4.13 Versicherungsvertragliches Verfahren

Der Arbeitgeber hat einseitig das Recht bei vorzeitigem Ausscheiden eines Arbeitnehmers mit unverfallbaren Anwartschaften das versicherungsvertragliche Verfahren anzuwenden. Dies bedeutet, dass der Anspruch des Arbeitnehmers auf die aufgrund der bereits gezahlten Versicherungsbeiträge erreichte beitragsfreie Leistung aus der Versicherung (einschließlich der gesamten Überschussbeteiligung) begrenzt ist.

Diese Regelung, die den Arbeitgeber von allen weitergehenden Ansprüchen freistellt, ist laut Gesetz nur möglich, wenn alle folgenden *Voraussetzungen* erfüllt sind:

- Spätestens drei Monate nach dem Ausscheiden des Arbeitnehmers gilt:
  Das Bezugsrecht ist unwiderruflich.
  Es liegt keine Abtretung oder Beleihung durch den Arbeitgeber vor und
  es sind keine Beitragsrückstände vorhanden.
- Die Überschussbeteiligung wird von Beginn der Versicherung an – frühestens jedoch von Beginn der Betriebszugehörigkeit an – zur Leistungserhöhung verwendet.
- Der ausgeschiedene Arbeitnehmer hat das Recht zur Fortsetzung des Vertrages mit eigenen Beiträgen.

Standardverträge erfüllen diese gesetzlichen Voraussetzungen, allerdings muss schon bei Abschluss der Direktversicherung auf die richtige Wahl der Überschussverwendung (z. B. keine Verrechnung mit Beiträgen) geachtet werden.

Bei einer Beitragszusage mit Mindestleistung muss der Versicherungsvertrag so gestaltet sein, dass er zusätzlich die Anforderung der Garantie auf die Mindestbelastung erfüllt. Bindend ist, dass der Arbeitgeber bei Inanspruchnahme des versicherungsvertraglichen Verfahrens dies innerhalb von drei Monaten nach dem Ausscheidetermin dem Arbeitnehmer und dem Versicherer mitteilen muss.

Das versicherungsvertragliche Verfahren ermöglicht den Abschluss einer Direktversicherung auch nach längerer Betriebszugehörigkeit. Für den Arbeitgeber entfällt die Nachschusspflicht, obwohl der ratierliche Anspruch bei einem vorzeitigen Ausscheiden wesentlich höher sein kann als der bereits finanzierte Wert der Versicherung.

4.14 Vorzeitige Altersleistung

Bezieht ein Arbeitnehmer die volle gesetzliche Rentenleistung vor dem Erreichen des gesetzlichen Rentenalters, so kann er verlangen, dass ihm auch die Leistungen aus der betrieblichen Altersvorsorge gewährt werden (Betr AVG § 6). Voraussetzung ist jedoch, dass gegebenenfalls Wartezeiten und sonstige Leistungsvoraussetzungen erfüllt sind. Die Höhe der Versicherungsleistung richtet sich dann nach den Versicherungsbedingungen des Versicherers für die zu Grunde gelegte Direktversicherung. Besonders geeignet für diese Fälle sind Tarifgestaltungen, die einen flexiblen, früheren Abruf der Versicherungsleistung zwischen dem 60. und 65. Lebensjahr zulassen.

Die Direktversicherung

In der Regel wird dem Arbeitnehmer die Versicherungsnehmereigenschaft übertragen, sodass er die Versicherung beitragspflichtig oder beitragsfrei weiterführen kann.

Entfällt die Altersrente aus der gesetzlichen Rentenversicherung wieder oder wird sie auf einen Teilbetrag beschränkt, können laut BetrAVG auch die Leistungen der betrieblichen Altersvorsorge eingestellt werden.

4.15 Vorzeitiges Ausscheiden von Arbeitnehmern

Bei vorzeitigem Ausscheiden des Arbeitnehmers ist zu unterscheiden, ob der Arbeitnehmer mit oder ohne unverfallbare Ansprüche ausscheidet.

Ist die Unverfallbarkeit noch nicht eingetreten, stehen die Leistungen aus der Direktversicherung dem Arbeitgeber zu, sofern vertragsrechtlich nichts anderes vereinbart wurde.

Ein mit unverfallbaren Ansprüchen ausgeschiedener Arbeitnehmer hat Anspruch auf einen Teil der ihm ursprünglich zugesagten Versorgungsleistungen. Bei Direktversicherungen hat der Arbeitgeber die Wahl zwischen

- der Abfindung des Anspruchs siehe Abschnitt 4.1),
- dem ratierlichen Verfahren falls es sich um eine arbeitgeberfinanzierte Leistungszusage handelt (siehe Abschnitt 4.8 oder 4.13),
- dem versicherungsvertraglichen Verfahren
- der Übertragung der Versicherung.

Unter den entsprechenden Stichworten werden die jeweiligen Rahmenbedingungen hierfür erläutert.

Bei einer Beitragszusage mit Mindestleistung steht dem Arbeitnehmer ein Versorgungskapital auf der Grundlage der bis zu seinem Ausscheiden geleisteten Beiträge, mindestens die Summe der bis zum Ausscheiden zugesagten Beiträge (ohne rechnungsmäßig benötigte Risikobeiträge) zu.

4.16 Wahl des Versicherers

Der Arbeitgeber bestimmt, mit welchem Versicherer die Direktversicherung abgeschlossen wird.

4.17 Zeiten, in denen die Lohnfortzahlung ruht

Der Arbeitgeber ist nicht berechtigt, bei einem „ruhenden Arbeitsverhältnis" (z. B. Elternzeit, Wehr- oder Ersatzdienst, lange Krankheitsdauer) die Beitragszahlung einzustellen. Dies kann allerdings durch eine vertragliche Vereinbarung zwischen Arbeitgeber und Arbeitnehmer anders vereinbart werden. Festzulegen wäre im Versorgungsvertrag, ob die Direktversicherung – falls das Arbeitsverhältnisses ruht – vorübergehend beitragsfreigestellt wird oder ob die direkte Zahlung durch den Arbeitnehmer erfolgen soll.

Zu beachten ist, dass bei Entgeltumwandlung die Beitragszahlung durch den Arbeitgeber entfällt, da durch Wegfall des Entgelts auch kein Umwandlungsbetrag mehr entnommen werden kann.

5 Akzeptanz im Markt

Die Direktversicherung verfügt über eine hervorragend entwickelte und langjährig erprobte versicherungstechnische Gestaltung verschiedener Versorgungsziele. Es dürften nur wenige Produktgestaltungen im Rahmen der Alters-, Invaliditäts- und Hinterbliebenenvorsorge denkbar sein, für die es nicht bereits eine entsprechende praktische Umsetzung gibt. Gleichzeitig zeichnet sich die Direktversicherung durch ihre Transparenz, einfache Durchführung und weitestgehende Haftungsarmut für den Arbeitgeber aus. Damit erfüllt sie in nahezu allen heute als wichtig angesehenen Belangen die Voraussetzungen für ein attraktives und innovatives Versorgungsmodell und hat so eine hohe Akzeptanz im Markt erreicht.

Im Mai 2002 ergab eine durch Boston Consulting Group in Auftrag gegebene Umfrage unter mittelständischen Unternehmen, dass die Direktversicherung der deutlich am häufigsten genannte Durchführungsweg war, der bei Einführung einer betrieblichen Altersvorsorge präferiert werden würde.

Literaturhinweise

ARBEITSGEMEINSCHAFT FÜR BETRIEBLICHE ALTERSVERSORGUNG E. V. (2003): Handbuch der betrieblichen Altersversorgung H-BetrAV, Die neue Betriebsrente mit Riester-Förderung, Textsammlung, Heidelberg, 2003.

ARBEITSGEMEINSCHAFT FÜR BETRIEBLICHE ALTERSVERSORGUNG E.V., Handbuch der betrieblichen Altersversorgung H-BetrAV, Heidelberg.

HANDBUCH BETRIEBLICHE ALTERSVERSORGUNG DER ÖFFENTLICHEN VERSICHERER (2003): Düsseldorf, 2003.

KOLVENBACH, P. (2003): Innovative Versorgungsmodelle – Ist die Direktversicherung noch zeitgemäß?, in: Betriebliche Altersversorgung, 2003, Nr. 2, Seiten 101/105.

REUTER, H.-P. (1980): Die Lebensversicherung im Steuerrecht, Herne/Berlin 1980.

Jöns-Peter Schmitz/Martin Laurich

Die Pensionskasse – einer der attraktivsten Durchführungswege der betrieblichen Altersversorgung

1 Die neue Attraktivität der Pensionskasse 543

2 Definition und Arten von Pensionskassen 544
   2.1 Definition der Pensionskasse und rechtliche Beziehungen 544
   2.2 Klassifizierung von Pensionskassen 546
       2.2.1 Firmen-/Konzern-, Gruppen- und neue Wettbewerbs-Pensionskassen . 547
       2.2.2 Unterschiedliche Rechtsformen 548
       2.2.3 „Regulierung" und „Deregulierung" 549
       2.2.4 Die Möglichkeit der Steuerbefreiung einer Pensionskasse 551

3 Begründung der Versorgungszusage, arbeitsrechtliche Zusagetypen und
   Einstandspflicht des Arbeitgebers 551

4 Finanzierungsverfahren und Rechnungsgrundlagen für die Prämien 552

5 Steuerliche Gesichtspunkte 556
   5.1 Steuerliche Auswirkungen beim Trägerunternehmen 556
       5.1.1 Abzug der Beiträge als Betriebsausgaben 556
       5.1.2 Keine Aktivierung des Versorgungsanspruchs beim Arbeitgeber . . . 556
   5.2 Steuerliche Auswirkungen beim Leistungsempfänger 557
       5.2.1 Steuerliche Behandlung der Beiträge 557
       5.2.2 Steuerliche Behandlung der Leistungen 557

6 Leistungsfälle, Leistungsformen und Tarifgestaltung bei Pensionskassen 558
   6.1 Rahmenbedingungen 558
   6.2 Leistungsfälle 559
       6.2.1 Altersleistung und vorzeitige Altersleistung 560
       6.2.2 Invaliditätsleistung 560
       6.2.3 Hinterbliebenenleistung 560
       6.2.4 Sterbegeld 562
   6.3 Leistungsformen 562
   6.4 Pensionskassentarife 562

6.4.1 Die klassische Tarifgestaltung bei Pensionskassen 562
6.4.2 Lebensversicherungstypische Tarife 563
6.4.3 Beispiele für Pensionskassentarife einer Wettbewerbs-Pensionskasse . 564

7 Service- und Beratungsleistungen der Pensionskassen 566
  7.1 Übersicht über Beratungsleistungen 566
  7.2 Verwaltungsleistungen 567
      7.2.1 Übersicht 567
      7.2.2 Anforderungen an den Arbeitgeber 567

8 Insolvenzsicherheit auch ohne Insolvenzsicherungspflicht 568

9 Auswahlkriterien für Pensionskassenangebote 569
  9.1 Sicht des Arbeitgebers 569
  9.2 Sicht des Arbeitnehmers 571
  9.3 Sicht des Vermittlers 573

10 Zusammenfassung und Ausblick 573

1 Die neue Attraktivität der Pensionskasse

Mit dem In-Kraft-Treten des Altersvermögensgesetzes (AVmG) zum Beginn des Jahres 2002 ist die umfassendste Reform des Betriebsrentenrechts und des Gesetzes zur Verbesserung der betrieblichen Altersversorgung (BetrAVG, so genanntes „Betriebsrentengesetz") erfolgt, das vorher seit seiner Verabschiedung 1974 nur unwesentlich verändert worden war. Nicht zuletzt durch den Anspruch auf Entgeltumwandlung[1], den so genannten Tarifvorbehalt[2] und in dessen Folge durch die vielen Tarifverträge zur betrieblichen Altersversorgung hat diese in Deutschland einen enormen Aufschwung genommen. Dabei hat sich die Pensionskasse im Wettbewerb der jetzt um den Pensionsfonds erweiterten fünf Durchführungswege der betrieblichen Altersversorgung als der zurzeit im Allgemeinen wohl attraktivste herausgestellt, gerade auch in der Sicht von Tarifvertragsparteien. Denn während Beiträge an Pensionskassen (so genannte Zuwendungen) bislang wie Direktversicherungsbeiträge pauschal nach § 40b Einkommensteuergesetz (EStG) „vorgelagert"[3] zu versteuern waren, hat die Pensionskasse durch die jetzt hinzugekommen steuerlichen Möglichkeiten[4], insbesondere die „nachgelagerte Besteuerung" nach § 3 Nr. 63 EStG, mit nun insgesamt drei Varianten die meisten Gestaltungsmöglichkeiten. Hierdurch hat die Pensionskasse eine unerwartete „Renaissance"[5] erlebt. Gerade auch im Bereich der kleinen und mittelgroßen Unternehmen, bei denen bislang die Ausbreitung der betrieblichen Altersversorgung unter normalen Arbeitnehmern am geringsten ausgeprägt war, findet die Pensionskasse Anklang.

Aufgrund der Änderungen der steuerlichen, betriebsrenten- und aufsichtsrechtlichen Rahmenbedingungen ist unseres Erachtens erstmals ein *Markt der Pensionskassenangebote* entstanden bzw. ist noch in der Entwicklung.

---

1 Vgl. § 1a i. V. m. § 1 Abs. 2 Nr. 3 BetrAVG.
2 Er ist in § 17 Abs. 5 BetrAVG folgendermaßen formuliert: „Soweit Entgeltansprüche auf einem Tarifvertrag beruhen, kann für diese" – entgegen dem ansonsten gültigen *individuellen* Entgeltumwandlungsanspruch nach § 1a BetrAVG – „eine Entgeltumwandlung nur vorgenommen werden, soweit dies durch Tarifvertrag vorgesehen oder durch Tarifvertrag zugelassen ist."
3 Vorgelagerte Besteuerung heißt, dass schon die Beiträge und nicht erst die Leistungen steuerlich erfasst werden.
4 Insbesondere die nachgelagerte Besteuerung nach § 3 Nr. 63 EStG, außerdem die AVmG-Förderung (so genannte „Riester-Förderung") neben der weiter bestehenden Pauschalversteuerung nach § 40b EStG; vgl. an anderer Stelle in diesem Handbuch. Nachgelagerte Besteuerung heißt, dass erst die Leistungen und nicht schon die Beiträge steuerlich erfasst werden.
5 So auch Stiefermann, K./Uebelhack, B., Vorwort, in: aba Arbeitsgemeinschaft für betriebliche Altersversorgung e. V./Fachvereinigung Pensionskassen (Hrsg.), Pensionskassen (Abhandlungen und gesetzliche Regelungen), Heidelberg, 1. Aufl., März 2003. Diese Textsammlung bezieht sich weitgehend auf Firmen- und Konzern-Pensionskassen, vgl. Abschnitt 2.2.1.

Auch wenn der Gesetzentwurf der Bundesregierung für ein so genanntes Alterseinkünftegesetz[6], der zurzeit in der parlamentarischen Beratung ist und u.a. den weitgehenden Wegfall der Pauschalversteuerung und arbeitsrechtliche Regelungen zur so genannten Portabilität bei Arbeitgeberwechsel enthält, unverändert in Kraft gesetzt würde, würde sich nach unserem Dafürhalten die Attraktivität der Pensionskasse nur geringfügig – und nur relativ zum Beispiel zur Direktversicherung – vermindern.

2 Definition und Arten von Pensionskassen

2.1 Definition der Pensionskasse und rechtliche Beziehungen

Eine eindeutige gesetzliche Definition der Pensionskasse gibt es nicht. Betriebsrentenrechtlich sagt § 1b Abs. 3 BetrAVG für die Pensionskasse – und ebenso für den Pensionsfonds – aus, dass es sich um eine *rechtsfähige Versorgungseinrichtung* handelt, *„die dem Arbeitnehmer oder seinen Hinterbliebenen auf ihre Leistungen einen Rechtsanspruch gewährt"*, und grenzt dadurch die Pensionskasse (und ebenso den Pensionsfonds) vor allem gegenüber der Unterstützungskasse ab, die keinen Rechtsanspruch gewährt[7].

Bei einer Pensionskasse handelt es sich, da die Leistungen mit Rechtsanspruch ausgestattet sind, um ein *Versicherungsunternehmen.* Als solches benötigt es die Erlaubnis gemäß § 5 VAG der Aufsichtsbehörde zum Geschäftsbetrieb im Inland für die Versicherungssparte(n) Leben[8] und/oder die Sparte fondsgebundene Lebensversicherung[9] mit einer *Einschränkung* gemäß jeweiliger Satzungsvorschrift *auf die Pensionsversicherung*[10]. Anders als der Pensionsfonds[11] ist weder die Pensionskasse noch die Pensionsversicherung im Versicherungsaufsichtsgesetz definiert. Auch das Körperschaftsteuergesetz (KStG), das die Möglichkeit der Steuerbefreiung von Pensionskassen regelt,

---

6 Vgl. Gesetzentwurf der Bundesregierung vom 3.12.2003 eines Gesetzes zur Neuordnung der einkommensteuerrechtlichen Behandlung von Altersvorsorgeaufwendungen und Altersbezügen (Alterseinkünftegesetz-AltEinkG); der Entwurf wird als „AltEinkG-E" zitiert. Dieser Entwurf folgt weitgehend den Vorschlägen der so genannten „Rürup-Kommission"; vgl. Sachverständigenkommission zur Neuordnung der steuerrechtlichen Behandlung von Altersvorsorgeaufwendungen und Altersbezügen, Abschlussbericht vom 11.3.2003.
7 Vgl. § 1b Abs. 4 BetrAVG.
8 Vgl. Teil A Nr. 19 der Anlage zum Versicherungsaufsichtsgesetz („VAG"); teilweise ist die Erlaubnis ergänzt um „Geschäfte der Verwaltung von Versorgungseinrichtungen" gemäß der Nr. 24.
9 Vgl. Teil A Nr. 21 der Anlage zum VAG.
10 Vgl. dazu z. B. die vielfältigen Zulassungen von Pensionskassen in den Veröffentlichungen des Bundesaufsichtsamts für das Versicherungswesen („VerBAV") bzw. der Bundesanstalt für Finanzdienstleistungsaufsicht („VerBaFin") ab dem Jahr 2002, insbes. die Hefte 6 ff.
11 Vgl. § 112 Abs. 1 VAG.

Die Pensionskasse – einer der attraktivsten Durchführungswege

wiederholt nur den genannten betriebsrentenrechtlichen Wortlaut[12] und setzt den Begriff voraus.

Festhalten lassen sich für die Pensionskasse folgende *Merkmale*:

- Es handelt sich um ein *spezielles Lebensversicherungsunternehmen unter Versicherungsaufsicht*.
- Die Einrichtung besitzt *Rechtsfähigkeit;* eine bestimmte Rechtsform ist damit nicht festgelegt.
- Die Einrichtung verfolgt einen *Versorgungszweck*.
- Im Regelfall[13] dürfte es sich um *Versorgungsleistungen der betrieblichen Altersversorgung* handeln, also um Leistungen der Alters-, Invaliditäts- oder Hinterbliebenenversorgung, die einem Arbeitnehmer aus Anlass seines Arbeitsverhältnisses oder einem Nichtarbeitnehmer aus Anlass seiner Tätigkeit für ein Unternehmen zugesagt werden[14, 15]
- Es bestehen *Rechtsansprüche* auf die zugesagten Leistungen.
- Versorgungsberechtigte mit Rechtsanspruch können (zumindest) *Arbeitnehmer und deren Hinterbliebene* sein.

Das damalige Bundesaufsichtsamt für das Versicherungswesen[16] (BAV) legte seit 1998 in verschiedenen Verlautbarungen „nach Überprüfung des *(gesetzlich nicht definierten) Charakters* einer Pensionskasse"[17] fest, welche Geschäfte bzw. Versicherungsarten eine Pensionskasse ihrer Meinung nach zulässigerweise betreiben dürfe[18]. Dadurch besteht de facto eine aufsichtsrechtliche Abgrenzung der Pensionskassen von den Lebensversicherungsunternehmen.

Die rechtlichen Beziehungen bei einer Pensionskassenversorgung ähneln weitgehend denen bei einer Direktversicherung mit einem Lebensversicherungsunternehmen. Abbildung 1 stellt die *rechtlichen Beziehungen* einer Pensionskassenversicherung vereinfacht dar.

Der Arbeitnehmer hat nicht selten implizit oder auch explizit eine arbeitsrechtliche Versorgungszusage des Arbeitgebers, möglicherweise gegen (teilweise) Umwandlung seines künftigen Entgelts in eine wertgleiche Versorgungsanwartschaft bei der Pensionskasse[19]. Der Arbeitgeber hat die versicherungsrechtliche Position des Vertragspartners

---

12 Vgl. § 5 Abs. 1 Nr. 3 KStG.
13 Es gibt Pensionskassen, die – neben der betrieblichen Altersversorgung (so genannte Zweite Säule der Altersversorgung) – auch die private Eigenvorsorge (so genannte Dritte Säule der Altersversorgung) betreiben.
14 Vgl. § 1 Abs. 1 Satz 1 und § 17 Abs. 1 Satz 2 BetrAVG.
15 Hierunter wird auch die Fortsetzung einer ursprünglich im Rahmen der betrieblichen Altersversorgung abgeschlossenen Pensionskassenversicherung mit eigenen Beiträgen gemäß § 2 Abs. 3 Satz 2 Nr. 2 BetrAVG subsumiert.
16 Es ist inzwischen in der Bundesanstalt für Finanzdienstleistungsaufsicht (BaFin) aufgegangen.
17 Veröffentlichungen des Bundesaufsichtsamtes für das Versicherungswesen (VerBAV) 1998 S. 15, Kursivdruck durch Verfasser.
18 Vgl. dazu Abschnitt 6.1 und 6.4.2 dieses Beitrags.
19 Vgl. zur Entgeltumwandlung § 1 Abs. 2 Nr. 3 BetrAVG.

Abbildung 1: Rechtliche Beziehungen einer Pensionskassenversicherung

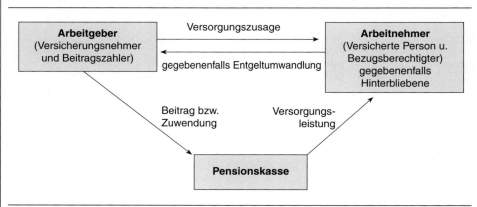

("Versicherungsnehmers") und des Beitragszahlers gegenüber der Pensionskasse[20], und zwar auch im Fall der Entgeltumwandlung, die sich im arbeitsrechtlichen Verhältnis zwischen Arbeitgeber und Arbeitnehmer abspielt. Der Arbeitnehmer und gegebenenfalls seine Hinterbliebenen sind später im Leistungsfall aufgrund des Bezugsrechts (und indirekt der Versorgungszusage) Leistungsempfänger der Pensionskasse.

2.2 Klassifizierung von Pensionskassen

Im lange bestehenden, entwickelten Markt der Lebensversicherungsunternehmen gibt es eigentlich keine gravierenden rechtlichen Unterschiede – wirtschaftliche allerdings sicherlich! – zwischen den Unternehmen selbst, die von einem Interessenten vorab beachtet werden müssten. Dagegen spielt der konkrete *Typus der Pensionskasse* eine beachtenswerte Rolle, *bevor* über das eigentliche Produkt (den *„Tarif"*) nachgedacht wird, denn hier gibt es unseres Erachtens bedeutende Unterschiede der rechtlichen Rahmenbedingungen, die auf das Produkt durchschlagen können[21]. Vermutlich werden erst die Reifung des Marktes sowie die zu erwartende weitere Rechtsentwicklung in einigen Jahren zu einer gewissen Vereinheitlichung führen.

---

20 Es gibt auch hiervon abweichende Gestaltungen. Außerdem wird beim Ausscheiden mit unverfallbarer Anwartschaft und mit Fortsetzung einer ursprünglich im Rahmen der betrieblichen Altersversorgung abgeschlossenen Pensionskassenversicherung mit eigenen Beiträgen gemäß § 2 Abs. 3 Satz 2 Nr. 2 BetrAVG häufig der Arbeitnehmer Versicherungsnehmer.

21 Die nachfolgend angesprochenen Unterschiede sind nach Auffassung der Autoren die von Bedeutung für den mit der Pensionskasse nicht verbundenen Kunden. Darüber hinaus gibt es jedoch weitere Unterschiede, die zwar möglicherweise ebenfalls Einfluss auf die Kundenbeziehung haben könnten, nachfolgend aber vernachlässigt werden, z. B. rechtsform- und größenabhängige Unterschiede in der Rechnungslegung sowie unterschiedliche Aufsichtsbehörden für Pensionskassen (Bundesanstalt für Finanzdienstleistungsaufsicht – Versicherungsaufsicht, Lan-

Die Pensionskasse – einer der attraktivsten Durchführungswege

2.2.1 Firmen-/Konzern-, Gruppen- und neue Wettbewerbs-Pensionskassen

Früher wurden Pensionskassen – bis auf wenige Ausnahmen – regelmäßig von Arbeitgebern oder Konzernen zur Durchführung der betrieblichen Altersversorgung eingesetzt (so genannte *„Firmen-"* oder *„Konzernpensionskassen"*). Daneben gab es einige wenige Pensionskassen, die als *„gemeinsame Einrichtungen der Tarifvertragsparteien"*[22] gegründet wurden und betrieben werden[23]. Diese besondere Form, die für tarifgebundene Arbeitgeber meistens mit einer Zwangsdurchführung der betrieblichen Altersversorgung für ihre Mitarbeiter über die jeweilige Einrichtung verbunden ist und insofern meistens wenig betriebliche oder individuelle Entscheidungsspielräume lässt, zumal Verbände- und Gewerkschaftsvertreter typischerweise die Gremien besetzen, wird im Weiteren ebenso außer Acht gelassen wie die *Zusatzversorgungskassen* im Umfeld *des öffentlichen oder kirchlichen Dienstes*[24], die meistens zu den Pensionskassen gerechnet werden.

Diese bisherigen Pensionskassen hatten (und haben) üblicherweise jeweils *einen* für den Neuzugang offenen Pensionsversicherungstarif (sowie eventuell Tarife für Altbestände mit arbeitsrechtlichen Besitzständen). Sie besaßen bislang jedoch eigentlich nie ein ausgebautes (modulares) Tarifwerk, wie es bei professionellen Lebensversicherern üblich ist, weil sie jeweils ausschließlich das im Unternehmen, im Konzern oder im Geltungsbereich des Tarifvertrages geltende Versorgungssystem umsetzten, also allenfalls minimal auf individuelle Bedürfnisse eingestellt waren.

Überbetriebliche bzw. so genannte *Gruppen-Pensionskassen*, die mehr oder weniger allen Arbeitgebern und jetzt für die Entgeltumwandlung auch Arbeitnehmern als Anbieter für Pensionskassenversorgungen zur Verfügung stehen, gab es bislang nur wenige; sie waren überwiegend auf eine Branche konzentriert. Nun haben sich – auch veranlasst durch die Zerlegung von Unternehmen und Konzernen – *einige (größere) der Firmen- oder Konzern-Pensionskassen* auf den Weg gemacht, anderen Arbeitgebern die Durchführung der betrieblichen Altersversorgung über ihre Pensionskasse anzubieten. Daneben hat das AVmG, das nach allgemeiner Ansicht die relative Position der Pensionskasse im Verhältnis zu den anderen Durchführungswegen verbessert hat, dazu geführt, dass *Lebensversicherungsunternehmen eigene Pensionskassen gegründet* haben mit dem Ziel, deren Versicherungen am Markt anzubieten. Insbesondere aus diesen beiden Richtungen entwickelt sich unseres Erachtens der Markt der Pensionskassen.

Als *Wettbewerbs-Pensionskassen* sind nachfolgend solche *überbetrieblichen Pensionskassen* bezeichnet, die ihre Tätigkeit *geschäftsmäßig* betreiben und *unter Wettbewerbsbedingungen*

---

des- oder Kommunalaufsichtsbehörden sowie – für die öffentlich-rechtlichen Zusatzversorgungskassen – die unterschiedlichen Ministerien, z. B. das Bundesinnenministerium).
22 § 4 Abs. 2 Tarifvertragsgesetz.
23 Es seien nur zwei Beispiele genannt: die Zusatzversorgungskasse für die Beschäftigten des Deutschen Bäckerhandwerks VVaG und die Zusatzversorgungskasse des Baugewerbes VVaG (jetzt unter dem Auftritt „SOKA-Bau").
24 Meistens handelt es sich um Anstalten oder Körperschaften des öffentlichen Rechts; am bekanntesten ist die Versorgungsanstalt des Bundes und der Länder (VBL).

am Markt als Anbieter für fremde, mit ihnen nicht verbundene Arbeitgeber auftreten[25]. Überwiegend handelt es sich dabei um von der Versicherungswirtschaft gegründete Unternehmen.

Bei den Wettbewerbs-Pensionskassen ist die Tendenz absehbar, zunächst am Markt mit einigen wenigen Rentenversicherungstarifen und Zusatzversicherungstarifen, die häufig relativ stark den Angeboten der Lebensversicherer ähneln, zu starten und dann die Produktpalette auszubauen. Sie können dabei in der Regel auf langjährige Erfahrungen aus dem Geschäft mit den relativ ähnlichen Direktversicherungen zurückgreifen, die gerade bei Klein- und Mittelunternehmen der am stärksten verbreitete Durchführungsweg der betrieblichen Altersversorgung war, bis das AVmG die relative Position der Pensionskassen im geschilderten Maße stärkte.

2.2.2 Unterschiedliche Rechtsformen

Bislang waren die Pensionskassen – mit Ausnahme der öffentlich-rechtlichen Zusatzversorgungskassen – allesamt *Versicherungsvereine auf Gegenseitigkeit*[26] (VVaG), so dass Dresp diese Rechtsform im Einklang mit der damaligen Realität sogar als Definitionsmerkmal zu Grunde legt[27]. Sofern diese VVaG „bestimmungsgemäß einen sachlich, örtlich oder dem Personenkreis nach eng begrenzten Wirkungskreis" haben, was bei den hergebrachten Firmen-, Konzern- und Tarifvertrags-Pensionskassen allgemein üblich und satzungsmäßig festgeschrieben war, handelt es sich um eine rechtliche Unterform des VVaG, nämlich den so genannten *„kleineren Verein" im Sinne des § 53 VAG*. Mit dieser in manchen Fällen eher unpassenden Bezeichnung ist über die wirtschaftliche Größe der Pensionskasse übrigens nichts ausgesagt!

Für Firmen-Pensionskassen ist der (kleinere) VVaG häufig allein deshalb eine vorteilhafte Rechtsform, weil sich durch die paritätische Besetzung der Mitgliederversammlung und des Vorstandes der Pensionskasse (sowie eines etwaigen Aufsichts- oder Beirates) mit Arbeitgeber- und Arbeitnehmervertretern die so genannte organschaftliche Lösung der *betrieblichen Mitbestimmung gemäß § 87 Abs. 1 Nr. 8 Betriebsverfassungsgesetz* („BetrVG") zur betrieblichen Altersversorgung relativ einfach verwirklichen lässt; ein zweistufiges Vorgehen von Regelungsabrede zwischen Arbeitgeber und Betriebsrat und anschließender Umsetzung in den Pensionskassenorganen entfällt damit. Bei der nach Auffassung der Autoren etwas weniger strengen Mitbestimmung nach § 87 Abs. 1 Nr. 10 BetrVG für Gruppen-Pensionskassen stellt sich die Problematik weniger stark, weil sie sich nur auf das Abstimmungsverhalten in den Gremien beziehen kann.

---

25 Für die Einordnung spielt die Rechtsform (vgl. Abschnitt 2.2.2) keine Rolle; häufig, aber nicht ausschließlich handelt es sich um Aktiengesellschaften.
26 Vgl. §§ 15 ff. VAG.
27 Vgl. Dresp, Rdnr. 7, in Bode, K.-J./Bode, C./Dickfeld/Dresp/Emmert, Artikel „Pensionskassen", in: Handbuch der betrieblichen Altersversorgung (H-BetrAV) – Teil I Grundlagen und Praxis, Heidelberg 1978/1995 (Artikel überwiegend von September 1994 sowie seitenweise von September 1998).

Die Pensionskasse – einer der attraktivsten Durchführungswege

Eine zu beachtende Frage bei VVaG ist die satzungsmäßige Regelung der Mitgliedschaften: Wer wird Mitglied der VVaG-Pensionskasse? Falls der Arbeitgeber mit Abschluss von Versicherungsverträgen auch Mitglied der VVaG-Pensionskasse wird, sollte er sich vergewissern, dass es *keine Nachschussverpflichtung in der VVaG-Satzung*[28] gibt!

Mit der Genehmigung vom 18.12.2001 der rechtlichen Umstrukturierung des heute als SIGNAL IDUNA Pensionskasse Aktiengesellschaft firmierenden Unternehmens hat das BAV u. W. erstmals anerkannt, dass *Pensionskassen auch in der Rechtsform der Aktiengesellschaft* zulässig sind. Bei Aktiengesellschaften stellen sich derartige Fragen wie nach einer Nachschusspflicht naturgemäß nicht; hier ist eher der Aktionärskreis von Interesse. Viele der seit 2002 neu gegründeten Gruppen-Pensionskassen wurden als Aktiengesellschaften gegründet.

2.2.3 „Regulierung" und „Deregulierung"

Seit 1994 für die Lebensversicherungsbranche der europäische Binnenmarkt durch Umsetzung der so genannten Dritten EG-Richtlinie hergestellt wurde, werden nur bestimmte Pensionskassen von dieser so genannten „Deregulierung" mit erfasst, nämlich solche, bei denen die Aufsichtsbehörde die Feststellung[29] getroffen hat, dass es sich um *„Pensionskassen von erheblicher wirtschaftlicher Bedeutung"* handelt, weil sie die gesetzlichen *Solvabilitäts-* und *sonstigen verordnungsmäßigen Voraussetzungen* erfüllen.

Alle anderen, also „regulierten" Pensionskassen haben – im Gegensatz zu den deregulierten – der Aufsichtsbehörde als Bestandteil ihres *Geschäftsplanes* auch „die allgemeinen Versicherungsbedingungen sowie die fachlichen Geschäftsunterlagen, namentlich die Tarife und die Grundsätze für die Berechnung der Prämien und der mathematischen Rückstellungen einschließlich der verwendeten Rechnungsgrundlagen, mathematischen Formeln, kalkulatorischen Herleitungen und statistischen Nachweise"[30] *vor der Aufnahme des Geschäftsbetriebs* vorzulegen und die entsprechende *Erlaubnis* einzuholen. Durch diese weitgehende Versicherungsaufsicht kann man unseres Erachtens davon ausgehen, dass bei regulierten Pensionskassen eine große Sicherheit und Solidität vorherrscht. Die entsprechenden Aufgaben nimmt bei den deregulierten Pensionskassen (wie bei den Lebensversicherern) vor allem der so genannte Verantwortliche Aktuar[31], dann aber auch die Versicherungsaufsicht (in anderer Weise) wahr.

Sobald die Pensionskasse die notwendige *Kapitalausstattung*[32] („Solvabilität") hat und die Größenmerkmale nach der Verordnung erreicht, kann die Feststellung der nicht unerheblichen wirtschaftlichen Bedeutung mit der Folge der Deregulierung erfolgen.

---

28 Vgl. § 24 VAG. Bei den Lebensversicherern in der VVaG-Rechtsform ist u. W. – anders als bei den Pensionskassen – regelmäßig eine Nachschusspflicht ausgeschlossen.
29 Vgl. § 156a Abs. 3 Satz 5 VAG in Verbindung mit der Verordnung zur Bestimmung von Pensionskassen als Unternehmen von erheblicher wirtschaftlicher Bedeutung („PKewBV").
30 § 5 Abs. 3 Nr. 2 VAG.
31 Vgl. § 11a VAG.
32 Vgl. § 53c VAG und dazu §§ 8 ff. der Verordnung über die Kapitalausstattung von Versicherungsunternehmen.

Jöns-Peter Schmitz/Martin Laurich

Es handelt sich nach den Größenmerkmalen um eine *Pensionskasse von erheblicher wirtschaftlicher Bedeutung*, wenn die Bilanzsumme 250 Mio. EURO und die jährlichen Prämien 12,5 Mio. EURO betragen[33], gleichgültig ob es sich um eine Firmen-, Konzern- oder überbetriebliche Pensionskasse handelt. *Überbetriebliche Pensionskassen* im Sinne dieser Verordnung[34], bei denen u. a. „Mitarbeiter von mindestens zehn [nicht miteinander verbundenen] Unternehmen versichert sind"[35] und/oder weitere Merkmale zutreffen, werden schon bei einem *Fünftel der genannten Größenverhältnisse*, aber erst *nach Ablauf von mindestens fünf Jahren „seit Aufnahme ihrer Geschäftstätigkeit"* als Unternehmen von erheblicher wirtschaftlicher Bedeutung angesehen.

Aus dieser Differenzierung „Regulierung" – „Deregulierung" können sich für Kunden vor allem *Unterschiede im garantierten Preis-Leistungs-Verhältnis der Pensionskassen* ergeben, weil z. B. ein Verantwortlicher Aktuar sachlich begründet andere *Rechnungsgrundlagen* für die Tarife zu Grunde legen könnte, als dies die Versicherungsaufsicht regulierten Pensionskassen erlauben würde (oder in der Vergangenheit erlaubt hat). Hierbei geht es zum einen um die *biometrischen Wahrscheinlichkeiten* (z. B. die häufig so genannten „Sterbetafeln") sowie um den *Rechnungszins*[36], der bei deregulierten Pensionskassen aufgrund der europarechtlich beeinflussten Deckungsrückstellungsverordnung[37] für die Berechnung der Deckungsrückstellung und damit implizit regelmäßig auch für die Prämienkalkulation festgelegt ist. Tarife mit Rechnungsgrundlagen, die als etwas weniger vorsichtig angesehen werden, gehen häufig einher mit *Klauseln* in VVaG-Satzungen oder Versicherungsbedingungen, wonach eine *Anpassung von Beiträgen oder Leistungen* möglich ist[38]; hierauf ist zu achten.

Da es zu den Hauptaufgaben der Aufsichtsbehörde im Rahmen der so genannten Finanzaufsicht gehört, auf „die dauernde Erfüllbarkeit der Verpflichtungen aus den Versicherungen"[39] zu achten, kann nach unserem Dafürhalten *insbesondere bei (regulierten) Wettbewerbs-Pensionskassen von einer großen wirtschaftlichen Sicherheit* ausgegangen werden.

---

33 Vgl. § 1 i. V. m. § 3 PKewBV.
34 Vgl. § 2 i. V. m. § 3 PKewBV.
35 Vgl. im Einzelnen § 2 Abs. 2 PKewBV.
36 Vgl. im Einzelnen Abschnitt 4 dieses Beitrags.
37 Die Deckungsrückstellungsverordnung gilt nicht für regulierte Pensionskassen.
38 Vgl. beispielsweise VerBAV 2002 S. 52: „Bei der Beurteilung dieser Frage [Zulässigkeit eines relativ hohen Rechnungszinses, aber vermutlich analog auch unvorsichtigerer biometrischer Wahrscheinlichkeiten] berücksichtigt das BAV, ob die Satzungen oder AVB der Unternehmen Bestimmungen enthalten, nach denen Prämien oder Leistungen auch für bereits abgeschlossene Versicherungen geändert werden können. Derartige Bestimmungen sind allerdings lediglich bei Unternehmen in der Rechtsform des Versicherungsvereins auf Gegenseitigkeit anzutreffen"; die letzte Feststellung ist heute wohl nicht mehr ganz, sondern nur noch tendenziell zutreffend.
39 § 81 Abs. 1 Satz 5 VAG.

2.2.4 Die Möglichkeit der Steuerbefreiung einer Pensionskasse

Nach § 5 Abs. 1 Nr. 3 KStG kann eine rechtsfähige Pensionskasse von der Körperschaftsteuer sowie im Gefolge den anderen Unternehmenssteuern befreit sein, wenn sie als soziale Einrichtung die Voraussetzungen dieses Paragraphen sowie die der Körperschaftsteuer-Durchführungsverordnung (KStDV) einhält. Bemerkenswerte Einschränkungen ergeben sich durch diese *Steuerbefreiungsvoraussetzungen* insbesondere für die Einbeziehung von Unternehmenseigentümern, Gesellschaftern und deren Angehörigen und für die höchstzulässigen Pensionskassenleistungen[40]. Da aufgrund *steuerlicher Sonderregelungen für Versicherungsunternehmen*[41] die Besteuerung bei diesen Unternehmen vergleichsweise keine besonders große wirtschaftliche Bedeutung hat, würden wir dem *Unterschied* zwischen steuerbefreiten und nicht steuerbefreiten Pensionskassen **keine** größere Bedeutung zumessen.

3 Begründung der Versorgungszusage, arbeitsrechtliche Zusagetypen und Einstandspflicht des Arbeitgebers[42, 43]

Wie bei den anderen Durchführungswegen der betrieblichen Altersversorgung auch, kann die arbeitsrechtliche Zusage für eine Pensionskassenversorgung in jeder möglichen individual- oder kollektivrechtlichen Form begründet werden. Bei der Durchführung der betrieblichen Altersversorgung über eine Pensionskasse findet man häufig eine nur implizite Begründung der arbeitsrechtlichen Versorgungszusage durch den Abschluss eines entsprechenden Versicherungsvertrages mit dem Versicherer; typischerweise erhält der begünstigte Arbeitnehmer eine Kopie der Police zur Dokumentation seiner Anwartschaft auf Versorgung.

Der klassische arbeitsrechtliche Versorgungszusagetyp ist die so genannte *Leistungszusage*[44], bei der der festgelegte Leistungsumfang[45] den Versorgungsaufwand bestimmt. Bei einer *beitragsorientierten Leistungszusage* verpflichtet sich der Arbeitgeber, „be-

---

40 Vgl. § 1 (insbes. Nr. 1) und § 2 KStDV.
41 Vgl. §§ 21, 22 KStG.
42 Vgl. hierzu an anderer Stelle in diesem Handbuch.
43 Auf die im AltLinkG-E enthaltenen arbeitsrechtlichen Änderungen zur so genannten Portabilität bei Arbeitgeberwechsel und zu umfangreicheren Informationspflichten gegenüber den Versorgungsbegünstigten wird im Rahmen dieses Beitrags nicht eingegangen, weil die Pensionskasse nur neben anderen Durchführungswegen davon betroffen würde.
44 Vgl. § 1 Abs. 1 BetrAVG.
45 Z. B. wird dem Arbeitnehmer ein Festbetrag als Altersrente zugesagt; es kann aber beispielsweise auch eine Bemessungsgrundlage und eine Berechnungsformel festgelegt werden, aus denen sich die Versorgungshöhe errechnet (z. B. Prozentsatz eines bestimmten Einkommens).

stimmte Beiträge in eine Anwartschaft auf Alters-, Invaliditäts- oder Hinterbliebenenversorgung umzuwandeln" [46]. Bei der durch das AVmG in das Betriebsrentenrecht eingefügten *Beitragszusage mit Mindestleistung* verpflichtet sich der Arbeitgeber, „Beiträge zur Finanzierung von Leistungen der betrieblichen Altersversorgung an einen Pensionsfonds, eine Pensionskasse oder eine Direktversicherung zu zahlen und für Leistungen zur Altersversorgung das planmäßig zuzurechnende Versorgungskapital auf der Grundlage der gezahlten Beiträge (Beiträge und die daraus erzielten Erträge), mindestens die Summe der zugesagten Beiträge, soweit sie nicht rechnungsmäßig für einen biometrischen Risikoausgleich verbraucht wurden, hierfür zur Verfügung zu stellen" [47]. In der Praxis findet sich bei den Pensionskassen heute *überwiegend die beitragsorientierte Leistungszusage*, die Beitragszusage mit Mindestleistung ist zurzeit noch eher selten. Angesichts der zunehmenden Bedeutung der Entgeltumwandlung sowie der Mischfinanzierung sind die bei Pensionskassen möglichen Leistungszusagen heute seltener geworden.

Durch das AVmG wurde die *rechtliche Einstandspflicht* des Arbeitgebers „für die Erfüllung der von ihm zugesagten Leistungen" auch explizit in § 1 Abs. 1 Satz 3 BetrAVG[48] eingefügt. *Wirtschaftlich* betrachtet ist diese Einstandspflicht bei Pensionskassen für den Arbeitgeber in der Regel bedeutungslos, weil die Pensionskasse meistens kongruente (d.h. deckungsgleiche) Leistungen nach ihren Tarifen erbringt; etwaige nach Auffassung der Autoren bedeutsame Ausnahmen[49] von dieser Regel werden nachfolgend angesprochen[50].

4 Finanzierungsverfahren und Rechnungsgrundlagen für die Prämien

Bei der Kalkulation wenden Pensionskassen (wie alle Versicherer) das so genannte versicherungstechnische *Äquivalenzprinzip* an, wonach sich über die Zeit Leistungen und Kosten einerseits und Beiträge sowie Erträge aus Vermögen andererseits unter Berücksichti-

---

46 § 1 Abs. 2 Nr. 1 BetrAVG.
47 § 1 Abs. 2 Nr. 2 BetrAVG.
48 Vorher bestand eine entsprechende Arbeitsrechtsprechung, speziell (aber wohl nicht ausschließlich) für Unterstützungskassen.
49 Entgegen der hier vertretenen Sicht vertritt H. Jaeger anscheinend die Auffassung, dass die Einstandspflicht des Arbeitgebers bei Pensionskassen in aller Regel bedeutungslos sei, weil z. B. tarifliche und satzungsmäßige Prämien- oder Leistungsanpassungsklauseln zum Bestandteil der arbeitsrechtlichen Versorgungszusage würden; damit wäre die gesetzliche Neuregelung jedoch – zumindest für die Pensionskasse – inhaltsleer. Vgl. Jaeger, H., Zahlen muss nur, wer sich dazu verpflichtet hat, in: Versicherungswirtschaft 2003 S. 807 ff.
50 Vgl. insbesondere Abschnitt 4 und 9.1 dieses Beitrags.

Die Pensionskasse – einer der attraktivsten Durchführungswege

gung von Zinseffekten entsprechen[51]. Beim *individuellen Äquivalenzprinzip* wird diese Äquivalenz auf das einzelne Versorgungsrisiko bezogen; beim *kollektiven Äquivalenzprinzip* findet der Ausgleich über ganze Bestände von Versorgungsrisiken statt. Das kollektive Äquivalenzprinzip wird nicht selten bei Firmen- und Konzern-Pensionskassen verwendet, was zum Vergleich mit der Betrachtung auf individueller Risikobasis zum Teil zu einer betriebswirtschaftlichen „Kostenillusion" führen kann, dass nämlich individuelle Risiken hinsichtlich ihrer Kosten über-, insbesondere aber auch unterschätzt werden können. Deshalb ist das kollektive Äquivalenzprinzip für überbetriebliche Pensionskassen, bei denen Arbeitnehmer mehrerer unverbundener Arbeitgeber versorgt werden, nicht angemessen.

Die neu gegründeten Wettbewerbs-Pensionskassen verwenden in aller Regel das *individuelle Anwartschaftsdeckungsverfahren* gegen laufende Beitragszahlung oder gegen Einmalbeitrag *als Finanzierungsverfahren*. Hierbei wird für jede Versorgungsverpflichtung der Beitrag mit versicherungsmathematischen Methoden so bemessen, dass die zukünftigen Versorgungsleistungen und kalkulierte Kosten planmäßig während der Anwartschaftszeit ausfinanziert werden[52]. Deshalb ist bei der Finanzierung der Pensionskassenversorgung über Entgeltumwandlung oder der Umsetzung einer beitragsorientierten Leistungszusage[53] in der Anwartsschaftszeit ein *Nachfinanzierungsrisiko für den Arbeitgeber (nahezu) ausgeschlossen*. Denn gemäß § 2 Abs. 5a BetrAVG ist die bei vorzeitigem Ausscheiden erworbene unverfallbare Anwartschaft in diesen Fällen die „vom Zeitpunkt der Zusage auf betriebliche Altersversorgung [d. h. in der Regel vom Versicherungsbeginn bei der Pensionskasse] bis zum Ausscheiden des Arbeitnehmers erreichte Anwartschaft auf Leistungen aus den bis dahin umgewandelten Entgeltbestandteilen; dies gilt entsprechend für eine unverfallbare Anwartschaft aus Beiträgen im Rahmen einer beitragsorientierten Leistungszusage".

Schon aus aufsichtsrechtlichen Gründen müssen Pensionskassen bei der Kalkulation darauf achten, dass „die dauernde Erfüllbarkeit der Verpflichtungen aus den Versicherungen"[54] jederzeit gegeben ist. Neben der Wahl des versicherungsmathematischen Finanzierungsverfahrens ist dabei die vorsichtige Festlegung der biometrischen Rechnungsgrundlagen und des Rechnungszinses von Bedeutung. Wettbewerbs-Pensionskassen legen regelmäßig bei der Kalkulation der Prämien zur Berücksichtigung der versicherungstechnischen Risiken (Langlebigkeit, Tod, Invalidisierung) die in der Le-

---

51 Vgl. zum Äquivalenzprinzip auch Farny, D., Versicherungsbetriebslehre, 2. Auflage, Karlsruhe 1995, S. 54 und Bode, K.-J., Rdnr. 655 ff., in Bode, K.-J./Bode, C./Dickfeld/Dresp/Emmert, Artikel „Pensionskassen", in: Handbuch der betrieblichen Altersversorgung (H-BetrAV) – Teil I Grundlagen und Praxis, Heidelberg 1978/1995 (Artikel überwiegend von September 1994 sowie seitenweise von September 1998).
52 Es besteht eine auf die einzelne Versorgungsverpflichtung bezogene individuelle Äquivalenz zwischen dem Barwert der zukünftigen Beiträge und dem Barwert der zukünftigen Versorgungsleistungen und Verwaltungskosten.
53 Bei entsprechender Tarifgestaltung gilt die gleiche Aussage auch für eine Beitragszusage mit Mindestleistung.
54 Vgl. § 81 Abs. 1 Satz 4 VAG.

Jöns-Peter Schmitz / Martin Laurich

bensversicherung üblichen *biometrischen Rechnungsgrundlagen*[55] zu Grunde. Sie gelten allgemein aufgrund der darin enthaltenen vorsichtigen Annahmen zu den biometrischen Wahrscheinlichkeiten, wobei zudem eine absehbare Verlängerung der Lebenserwartung vorweggenommen wird, als hinreichend vorsichtig[56].

Als *Rechnungszins* wird der Zinssatz bezeichnet, mit dem die Beiträge abzüglich Risikoanteilen und Kostenbestandteilen verzinst werden, um die garantierte Versicherungsleistung gemäß Tarif zu erreichen; der Rechnungszins ist also im vereinbarten Preis-Leistungs-Verhältnis eines Tarifs berücksichtigt. Die BaFin hat im August 2003 bekannt gegeben, dass „in Anbetracht der weiter zurückgegangenen Erträge an den Kapitalmärkten" von regulierten Pensionskassen ab dem Tag der Veröffentlichung vorgelegte Produktgenehmigungsanträge nur noch mit einem Rechnungszins von maximal 2,75 Prozent genehmigungsfähig sind. Bereits im Verkauf befindliche Produkte oder bei der BaFin zur Genehmigung bereits vorliegende Produkte sind nicht betroffen und können somit mit einem höheren Rechnungszins kalkuliert sein. Die BaFin führt in dem genannten Schreiben fort: „Bei bestehenden Tarifen wird die BaFin verstärkt darauf achten, dass die Verantwortlichen Aktuare ... bei der Überprüfung der Sicherheiten in der Rechnungsgrundlage „Zins" die anerkannten aktuariellen Verfahren beachten und die Ergebnisse ... nachvollziehbar darstellen. Dabei ist bei Tarifen, die für den Neuzugang offen sind, gesondert festzustellen, ob der geschäftsplanmäßige Rechnungszins auch für Neuzugänge weiter verwendet werden kann, oder der Tarif zu schließen ist."[57] Üblicherweise haben die Wettbewerbs-Pensionskassen bis zur genannten Veröffentlichung der BaFin einen Rechnungszins von 3,25 Prozent verwendet, der nach der bis zum 31.12.2003 gültigen Deckungsrückstellungsverordnung auch für deregulierte Pensionskassen und Lebensversicherungsunternehmen höchstzulässig war. Seit dem 1.1.2004 ist es deregulierten Pensionskassen aufgrund der Änderung der Deckungsrückstellungsverordnung nur noch erlaubt, Produkte mit einem Rechnungszins von höchstens 2,75 Prozent zum Verkauf anzubieten. Dies führt zu der Situation, dass es regulierten Pensionskassen mit früher genehmigten Tarifen heute möglich ist, ein besseres garantiertes Preis-Leistungs-Verhältnis darzustellen als deregulierten Pensionskassen.

Die Implikationen dieser Situation auf die arbeitsrechtliche Anpassungsprüfungspflicht gemäß § 16 BetrAVG wird zurzeit – nicht zuletzt aus wettbewerblichen Motiven – stark diskutiert. So wird die Meinung vertreten, dass bei der Verwendung eines Rechnungszinses, der über den gemäß der Deckungsrückstellungsverordnung höchstzulässigen

---

55 Dies sind die von der Deutschen Aktuarvereinigung herausgegebenen Tafeln (DAV-Tafeln); für die Leibrentenversicherung z. Z. die Sterbetafel DAV 1994 R.
56 Auf dem Pensionskassenmarkt sind jedoch auch Pensionskassen anzutreffen, die beispielsweise statt der DAV-Tafeln die Richttafeln 1998 von K. Heubeck verwenden. Ob diese Wahrscheinlichkeiten, die häufig bei Firmen- und Konzern-Pensionskassen vorkommen, ausreichend vorsichtig sind, lässt sich nicht generell sagen. Bei überbetrieblichen Wettbewerbs-Pensionskassen sind solche Tafeln eher selten zu finden, meistens dann aber in Verbindung mit problematischen Prämien- bzw. Leistungsanpassungsklauseln.
57 Vgl. VerBaFin 08/2003; Pensions- und Sterbekassen – Rechnungszins bei genehmigungspflichtigen Tarifen bei Pensions- und Sterbekassen.

Die Pensionskasse – einer der attraktivsten Durchführungswege

Rechnungszins von 2,75 Prozent hinausgeht, der Arbeitgeber nicht gemäß § 16 Abs. 3 Nr. 2 BetrAVG von der Anpassungsprüfungspflicht gemäß § 16 Abs. 1 BetrAVG befreit ist.[58] Denn § 16 Abs. 3 Nr. 2 BetrAVG setze voraus, dass „zur Berechnung der garantierten Leistung der nach § 65 Abs. 1 Nr. 1 Buchstabe a des Versicherungsaufsichtsgesetzes festgesetzte Höchstzinssatz zur Berechnung der Deckungsrückstellung nicht überschritten wird." Diese Meinung wird von den Autoren nicht uneingeschränkt geteilt. Die genannte Voraussetzung für die Ausnahmeregel ist durch das Rentenreformgesetz 1999 in den § 16 BetrAVG eingefügt worden. In der Begründung zum Rentenreformgesetz 1999 heißt es in diesem Zusammenhang: „Nummer 2 von Absatz 3 trägt dem Umstand Rechnung, dass Lebensversicherungsunternehmen und Pensionskassen nach dem Versicherungsaufsichtsgesetz nur vorsichtig kalkulierte garantierte Rente vertraglich zusagen dürfen."[59] Der Gesetzgeber hat somit mit der Änderung des § 16 BetrAVG – neben einer besseren Kalkulierbarkeit der betrieblichen Altersversorgung für den Arbeitgeber – durch Hinzunahme der genannten Voraussetzung offensichtlich den Zweck verfolgt, die Belange der Versicherten, d.h. der Arbeitnehmer im Zusammenhang mit der Anpassung von laufenden Leistungen hinreichend berücksichtigt zu wissen. Da die Deckungsrückstellungsverordnung gerade nicht für regulierte Pensionskassen gilt, kann der in der Deckungsrückstellungsverordnung festgelegt höchstzulässige Rechnungszins bei regulierten Pensionskassen nicht diesem Zweck dienen. Für regulierte Pensionskassen ist deshalb allein der genehmigte Rechnungszins maßgebend und dieser wird laufend durch die BaFin dahingehend überprüft, „ob der geschäftsplanmäßige Rechnungszins auch für Neuzugänge weiter verwendet werden kann".[60] Solange die BaFin die Schließung eines Tarifs für den Neuzugang nicht anordnet, sind somit auch die Belange der Versicherten ausreichend gesichert.[61] Da aber zur Zeit aufgrund der unklaren Gesetzeslage ein Restrisiko für den Verlust der Befreiung von der Anpassungsprüfung gemäß § 16 Abs. 1 BetrAVG verbleibt, wenn die Pensionskasse ihre garantierten Leistungen mit einem Rechnungszins über 2,75 Prozent hinaus kalkuliert, halten die Autoren es für empfehlenswert, dass – zumindest bis zu einer etwaigen entsprechenden Klarstellung durch den Gesetzgeber – nur Tarife mit einem maximalen Rechnungszins von 2,75 Prozent verwendet werden.

Da die Prämien bei Pensionskassen (wie auch in der Lebensversicherungswirtschaft) vorsichtig kalkuliert werden, entstehen regelmäßig Überschüsse: Weil beispielsweise die Lebenserwartung aus Vorsichtsgründen kalkulatorisch höher angesetzt wird, als zu erwarten ist, entstehen „Sterblichkeitsgewinne", und weil Pensionskassen im Normalfall eine höhere Rendite ihrer Kapitalanlagen als den Rechnungszins erwirtschaften, ergibt sich ein „Überzins". Aus diesen Überschüssen speist sich die *Überschussbeteiligung*, die dazu führt, dass im Allgemeinen nicht nur die fest vereinbarte Leistung, sondern darüber

---

58 Vgl. Blumstein, M., Arbeitgeber müssen nachschießen, in: Versicherungswirtschaft 2004, S. 41.
59 Vgl. Bundesrat Drucksache 603/97, S. 73.
60 A.a.O.
61 Zu gleichen Ergebnissen kommen auch andere Autoren, wenn auch mit leicht anderen Begründungen (vgl. Pophal, R., Keine Nachschusspflicht für Arbeitgeber bei regulierten Pensionskassen, in: Versicherungswirtschaft 2004, S. 110 und Meyper, S., Nochmals: „Arbeitgeber müssen nachschießen", in: Versicherungswirtschaft 2004, S. 111).

hinaus zusätzliche Leistungen aus der Überschussbeteiligung erbracht werden. Die Überschüsse werden während der Rentenbezugszeit bei Pensionskassen vor allem zur Abdeckung der arbeitsrechtlichen Rentenanpassungspflicht verwendet.

5 Steuerliche Gesichtspunkte[62, 63]

5.1 Steuerliche Auswirkungen beim Trägerunternehmen

5.1.1 Abzug der Beiträge als Betriebsausgaben

Der Arbeitgeber kann nach § 4c EStG für jeden Leistungsanwärter Beiträge[64] an die Pensionskasse in Höhe insbesondere der geschäftsplanmäßig vorgesehenen Beiträge als Betriebsausgaben geltend machen. Das gilt sowohl für einmalige Beitragszahlungen als auch für laufende Beiträge. Auch für Gesellschafter-Geschäftsführer und mitarbeitende Ehegatten mit einem steuerlich anerkannten Arbeitsverhältnis können Beiträge als Betriebsausgaben geltend gemacht werden, soweit sie nach den von der Rechtsprechung und der Finanzverwaltung aufgestellten Grundsätzen betrieblich veranlasst sind.

5.1.2 Keine Aktivierung des Versorgungsanspruchs beim Arbeitgeber

Da der Arbeitnehmer bzw. seine Angehörigen bezugsberechtigt sind, sind die Vermögenswerte aus dem Versicherungsvertrag nicht dem Betriebsvermögen des Arbeitgebers zuzurechnen. Diese Werte werden nicht in der Bilanz aktiviert.

---

62 Vgl. dazu auch an anderer Stelle in diesem Handbuch.
63 Welche Schlussfolgerungen der Gesetzgeber aus den Vorschlägen der so genannten „Rürup-Kommission" ziehen wird, ist nicht absehbar; vgl. Sachverständigenkommission zur Neuordnung der steuerrechtlichen Behandlung von Altersvorsorgeaufwendungen und Altersbezügen, Abschlussbericht vom 11.3.2003.
64 Im Steuerrecht werden die Beiträge des Arbeitgebers an die Pensionskasse „Zuwendungen" genannt. Der Arbeitgeber wird als „Trägerunternehmen" bezeichnet.

5.2 Steuerliche Auswirkungen beim Leistungsempfänger

5.2.1 Steuerliche Behandlung der Beiträge

Als besonderer Vorteil der Pensionskasse gilt im Allgemeinen die Vielfalt der lohnsteuerlichen Gestaltungsmöglichkeiten. Neben der durch das AVmG eingeführten steuerfreien Beitragszahlung gemäß § 3 Nr. 63 EStG und der ebenfalls durch das AVmG eingeführten so genannten AVmG-Förderung[65] der Pensionskassenbeiträge ist es zudem wie auch bei der Direktversicherung möglich, darüber hinausgehende Beiträge zur Pensionskasse nach § 40b EStG pauschal zu versteuern. Es ist sehr zu hoffen, dass der im AltEinkG-E vorgesehene Wegfall der Pauschalversteuerung bei kapitalgedeckter Altersversorgung nicht vom Gesetzgeber umgesetzt wird.[66]

Während bislang steuerliche Vorschriften die Produktgestaltung der Pensionskassen sinnvollerweise kaum regeln, soll nach den von der Bundesregierung mit dem AltEinkG-E verfolgten Plänen[67] § 3 Nr. 63 EStG, ab 2005 nur noch für *„Versorgungsleistungen in Form einer Rente oder eines Auszahlungsplans"* anwendbar sein. Die Notwendigkeit oder Zweckmäßigkeit dieser Änderungspläne ist nicht nachvollziehbar; sie entspringen wohl einem Denken der „paternalistischen Bevormundung". Diese Bewertung gilt nicht für die ebenfalls vorgesehene Klarstellung, dass nur der „Aufbau einer kapitalgedeckten betrieblichen Altersversorgung" derart gefördert werden soll. Auch der Einbeziehung der Direktversicherung in die Regelung des § 3 Nr. 63 EStG ab 2005 ist zuzustimmen. Die vorgesehene Gleichstellung von Direktversicherung und Pensionskasse (sowie Pensionsfonds) wird sich allerdings auf die relative Attraktivität der Pensionskasse als Durchführungsweg auswirken.

Die als Satz 3 für § 3 Nr. 63 im AltEinkG-E vorgesehene Vervielfältigungsregel erscheint handwerklich missglückt oder ist auf etliche Jahre zunächst bedeutungslos.

5.2.2 Steuerliche Behandlung der Leistungen

Die steuerliche Behandlung der Versorgungsleistungen richtet sich danach, wie die steuerliche Behandlung der Beiträge geregelt ist, auf denen die Versorgungsleistungen beruhen. Soweit die Versorgungsleistungen auf nach § 3 Nr. 63 EStG steuerfreien Beiträgen oder auf AVmG-geförderten Beiträgen beruhen, sind sie als sonstige Einkünfte nach § 22 Nr. 5 EStG zu versteuern. Dabei können der Werbungskosten-Pauschbetrag[68] und gege-

---

65 Vgl. §§ 10a, 79 ff. EStG.
66 Vgl. Artikel 1 Nr. 19 (zu § 40b EStG) und Nr. 23 Buchstabe hj (zu § 52 Abs. 52a EStG) AltEinkG-E.
67 Vgl. Artikel 1 Nr. 2 Buchstaben b und c (zu § 3 Nr. 63 EStG) und Nr. 23 Buchstabe b (zu § 52 Abs. 6 EStG) AltEinkG-E.
68 Zurzeit ein Betrag von 102 EURO im Kalenderjahr, vgl. § 9a Satz 1 Nr. 3 EStG.

benenfalls der Altersentlastungsbetrag[69] berücksichtigt werden. Rentenleistungen, die aufgrund eines pauschalversteuerten Beitrags ausgezahlt werden, sind mit dem Ertragsanteil zu versteuern[70, 71].

Der AltEinkG-E sieht auch bei der Besteuerung der Alterseinkünfte aus Pensionskassen Veränderungen vor: Die steuerliche Behandlung der Leistungen würde sich zwar weiterhin wie im vorstehenden Absatz dargestellt nach der steuerlichen Behandlung der Beiträge richten. Soweit die Besteuerung der Leistungen mit dem Ertragsanteil durchgeführt werden müsste, sollen aber deutlich reduzierte Ertragsanteile zur Anwendung kommen.[72] Der Altersentlastungsbetrag gemäß § 24a EStG soll geburtsjahresabhängig bis 2040 schrittweise völlig abgebaut werden.[73] Indirekt wirken sich auf die Steuerbelastung der Pensionskassenleistungen gegebenenfalls natürlich auch die Veränderungen durch den AltEinkG-E bezüglich aller anderen Alterseinkünfte wie der gesetzlichen Rentenversicherung aus.

6 Leistungsfälle, Leistungsformen und Tarifgestaltung bei Pensionskassen

6.1 Rahmenbedingungen

Die Pensionskasse hat eine Vielzahl von Rahmenbedingungen zu beachten. Als Durchführungsweg der betrieblichen Altersversorgung setzen Pensionskassen mit ihren Tarifen arbeitsrechtliche Versorgungszusagen um und haben damit zunächst die Rahmenbedingungen zu berücksichtigen, die sich aus dem *Betriebsrentenrecht*[74] ableiten. Darüber hinaus sind *steuerrechtliche Bedingungen*[75] zu beachten.

Schließlich gibt es auch aus dem *Versicherungsaufsichtsrecht* für Pensionskassen zu berücksichtigende Rahmenbedingungen. So sieht die durch das seinerzeitige BAV vorgenommene Charakterisierung von Pensionskassen vor: „Pensionskassen sind Versicherungseinrichtungen, die Erwerbseinkommen – überwiegend im Rahmen der betrieblichen Altersversorgung – absichern" (d. h. die Leistungen der Pensionskasse haben den

---

69 Zurzeit ein Betrag von maximal 1.908 Euro im Kalenderjahr, vgl. § 24a EStG.
70 Der Ertragsanteil wird in Prozent der Rente angegeben und richtet sich nach dem Alter des Rentenberechtigten bei Rentenbeginn (vgl. § 22 Abs. 1 Nr. 1 Satz 3 Buchstabe a EStG). Kapitalleistungen aus pauschalversteuerten Beiträgen sind steuerfrei, soweit die steuerlichen Voraussetzungen erfüllt sind (vgl. § 20 Abs. 1 Nr. 6 EStG i. V. m. § 10 Abs. 1 Nr. 2 Buchstabe b EStG).
71 Vgl. zur sozialversicherungsrechtlichen Behandlung der Beiträge und Leistungen einer Pensionskasse die Ausführungen an anderer Stelle dieses Handbuchs.
72 Vgl. Artikel 1 Nr. 12 Buchstabe ab (zu § 22 Nr. 1 Satz 3 EStG) AltEinkG-E.
73 Vgl. Artikel 1 Nr. 14 AltEinkG-E.
74 Vgl. an anderer Stelle im Handbuch und Abschnitt 6.2 dieses Beitrags.
75 Vgl. an anderer Stelle im Handbuch und Abschnitt 6.2 dieses Beitrags.

Charakter von Erwerbsersatzeinkommen) und weiter: „Ihre Satzungen oder Tarife sehen in der Regel mehrere Arten von Leistungen vor, und zwar Rentenleistungen nach Erreichen der Altersgrenze, bei Invalidität oder bei Eintritt des Todes"[76]. Ergänzt wird diese Charakterisierung der Pensionskasse durch folgende Festlegung: „Die Beiträge sollen einkommensabhängig sein", und die gewährte Rentenleistung bzw. „(hypothetisch) verrentete Kapitalleistung soll das voraussichtliche Einkommen nicht übersteigen"[77]. In Verlautbarungen seit dem Jahr 1998 legte die Aufsichtsbehörde weiter fest, welche Geschäfte eine Pensionskasse „nach Überprüfung des (gesetzlich nicht definierten) Charakters einer Pensionskasse"[78] ihrer Meinung nach zulässigerweise betreiben dürfe und ließ 1998 neben Rentenleistungen erstmals – über „optionale Kapitalabfindungen" hinaus – unter bestimmten Voraussetzungen auch reine Kapitalleistungen zu; fondsgebundene Versicherungen wurden damals noch explizit als „unzulässig" angesehen. Außerdem heißt es in jener Verlautbarung: „Es ist jedoch erforderlich, dass der Zweck einer Pensionskasse, Leistungen der betrieblichen Altersversorgung (einschließlich Invaliditäts- und Hinterbliebenenversorgung) zu gewähren, auch bei der neuen Leistungsart erhalten bleibt."[79]

Zu der *grundsätzlichen* Zulassung der *fondsgebundenen Versicherung* bei Pensionskassen sah sich die Aufsichtsbehörde erst aufgrund der Einführung der Beitragszusage mit Mindestleistung durch das AVmG[80] veranlasst, jedoch mit der *Einschränkung*, „dass nur fondsgebundene Versicherungen mit einer *Mindestleistung* bei Pensionskassen zulässig sind"[81], sodass die reine fondsgebundene Versicherung ohne Mindestleistung der Pensionskasse – anders als Lebensversicherungsunternehmen – weiterhin verwehrt bleibt.

6.2 Leistungsfälle

Da Pensionskassen primär Leistungen der betrieblichen Altersversorgung gewähren, werden Leistungen nur bei Eintritt eines biologischen Ereignisses fällig. Je nachdem, ob dieses Ereignis in dem Erleben einer Altersgrenze oder dem Eintritt von Invalidität oder Tod besteht, liegen *Alters-, Invaliditäts- oder Hinterbliebenenleistungen* vor. Das Betriebsrentengesetz[82] kennt hierzu keine gesetzlichen Definitionen der Leistungen, sondern überlässt das im Wesentlichen den Vertragspartnern. Darüber hinaus ist anerkanntermaßen die Leistung eines *Sterbegeldes* zur Abdeckung der gewöhnlichen Beerdigungskosten möglich.

---

76 VerBAV 1998 S. 159.
77 VerBAV 1998 S. 15.
78 Ebenda.
79 Ebenda.
80 Durch Einfügung von § 1 Abs. 2 Nr. 2 BetrAVG.
81 Schreiben des BAV vom 24.4.2002 (Kursivdruck durch Verfasser).
82 Vgl. § 1 Abs. 1 Satz 1 BetrAVG.

6.2.1 Altersleistung und vorzeitige Altersleistung

Altersleistungen werden gewährt, sobald der Berechtigte die vereinbarte Altersgrenze (Pensionierungsalter) erreicht. Üblicherweise ist diese Altersgrenze mit der Regelaltersgrenze in der gesetzlichen Rentenversicherung identisch, sodass heute Altersleistungen in aller Regel ab der Vollendung des 65. Lebensjahres[83] gewährt werden. In Branchen, in denen gewöhnlich die Pensionierung früher erfolgt, sind auch Altersgrenzen anzutreffen, die vor der Vollendung des 65. Lebensjahres liegen. Als Untergrenze für betriebliche Altersversorgung gilt im Regelfall das 60. Lebensjahr[84]. Auch die vorzeitige Altersleistung, die gemäß §6 BetrAVG bei der vorzeitigen Inanspruchnahme der gesetzlichen Altersrente als Vollrente verlangt werden kann, wird unter dem Begriff Altersleistung subsumiert.

6.2.2 Invaliditätsleistung

Da das BetrAVG den Invaliditätsbegriff nicht näher festlegt, kann dieser im Rahmen der Pensionskassenversorgung frei definiert werden. So gibt es Pensionskassen, die die sozialversicherungsrechtlichen Bestimmungen zur *Erwerbsminderung*[85] als Leistungsvoraussetzung übernommen haben; andere Pensionskassen verwenden die in den Versicherungsbedingungen der Lebensversicherung üblichen Definitionen der *Berufsunfähigkeit* (oder der *Erwerbsunfähigkeit*).

6.2.3 Hinterbliebenenleistung

Hinterbliebenenleistungen werden im Falle des Todes des begünstigten Arbeitnehmers erbracht. Als Bezugsberechtigte für die Hinterbliebenenversorgung kommen regelmäßig der überlebende Ehegatte (*Witwen-/Witwerversorgung*) und die Kinder[86] (*Waisenversorgung*) in Betracht. Darüber hinaus muss die Pensionskasse bei ihrer Leistungsgestaltung – zumindest nach Auffassung der BaFin – darauf achten, dass „keine Ungleichbehandlung zwischen verheirateten Ehepartnern und *Partnern einer eingetragenen Lebenspartner-*

---

83 Vgl. §35 Sozialgesetzbuch – Sechstes Buch („SGB VI").
84 Vgl. Schreiben des Bundesministeriums der Finanzen („BMF") vom 5.8.2002 – IV C 4 – S 2222 – 295/02, Rdnr. 146, dort heißt es weiter: „In Ausnahmefällen können betriebliche Altersversorgungsleistungen auch schon vor dem 60. Lebensjahr gewährt werden, so z. B. bei Berufsgruppen wie Piloten, bei denen schon vor dem 60. Lebensjahr Versorgungsleistungen üblich sind. Ob solche Ausnahmefälle vorliegen, ergibt sich aus Gesetz, Tarifvertrag oder Betriebsvereinbarung."
85 Vgl. §43 Abs. 1 SGB VI. Soweit die Bestimmungen der Pensionskasse an diese Rechtsänderung nicht angepasst wurden, findet man auch noch die Bezugnahme auf die Vorgängervorschriften und die frühere sozialversicherungsrechtliche „Berufsunfähigkeit" und „Erwerbsunfähigkeit"; sie unterscheiden sich von den gleichen Begriffen in der Lebensversicherung.
86 Im Sinne des §32 Abs. 3 und 4 Satz 1 Nr. 1 bis 3 EStG, d. h. in der Regel die kindergeldberechtigten Kinder.

schaft"[87] nach dem Lebenspartnerschaftsgesetz vorliegt. So „müssen in der betrieblichen Altersversorgung im Falle der Gewährung einer Hinterbliebenenversorgung an Ehegatten auch Partner einer eingetragenen Lebenspartnerschaft als bezugsberechtigt erfasst werden"[88].

Sonstige, *mit dem Arbeitnehmer in eheähnlicher Gemeinschaft lebende Partner* können unter bestimmten Voraussetzungen ebenfalls im Rahmen der Hinterbliebenenversorgung bezugsberechtigt sein. So können Aufwendungen für eine solche Pensionskassenversorgung nur dann nach Maßgabe von § 4c EStG als Betriebsausgaben abgezogen werden, wenn die Lebenspartnerschaft derart ist, dass die „betriebliche Veranlassung dieser Hinterbliebenenzusage"[89] anzunehmen ist und eine hohe „Wahrscheinlichkeit der Inanspruchnahme"[90] der Leistung vorliegt. „Anhaltspunkte können beispielsweise eine von der Lebenspartnerin oder dem Lebenspartner schriftlich bestätigte Kenntnisnahme der in Aussicht gestellten Versorgungsleistungen, eine zivilrechtliche Unterhaltspflicht des Arbeitnehmers gegenüber dem Lebenspartner oder eine gemeinsame Haushaltsführung sein"[91], [92]. Die gleichen Voraussetzungen müssen auch erfüllt sein, um die (lohn-) steuerlichen Fördermöglichkeiten der Beiträge, die die Pensionskasse bietet, nutzen zu können[93]. Da die steuerlichen Voraussetzungen nicht völlig eindeutig festgelegt sind, entsteht im Zusammenhang mit der Versorgung von Lebensgefährten ein teilweise rechtlich unsicherer Bereich.

Andere als die vorgenannten Personen können nicht für die Hinterbliebenenversorgung bezugsberechtigt sein. Insbesondere vertritt das BMF die Auffassung: „Keine betriebliche Altersversorgung liegt vor, wenn zwischen Arbeitnehmer und Arbeitgeber die Vererblichkeit von Anwartschaften vereinbart ist"[94].

---

87 Vgl. VerBaFin 2/2003 (S. 2).
88 Ebenda.
89 Vgl. BMF-Schreiben vom 25.7.2002 – IV A 6 – S 2176 – 28/02.
90 Ebenda.
91 Ebenda.
92 In einem Rundschreiben des Gesamtverbandes der Deutschen Versicherungswirtschaft vom 31.1.2003 (Nr. 0161/2003 „Steuerliche Förderung der privaten und betrieblichen Altersversorgung; hier: Antworten auf weitere Zweifelsfragen") wird das BMF außerdem folgendermaßen zitiert: „Es ist daher ausreichend, wenn neben der erforderlichen namentlichen Benennung des Lebensgefährten bzw. der Lebensgefährtin in der schriftlichen Vereinbarung gegenüber dem Arbeitgeber auch versichert wird, dass ein gemeinsamer Wohnsitz und eine gemeinsame Haushaltsführung besteht. Wird ferner festgehalten, dass der Arbeitgeber unverzüglich zu unterrichten ist, sofern sich an diesen Voraussetzungen etwas ändert, steht der steuerlichen Anerkennung des Lebensgefährten bzw. der Lebensgefährtin als Hinterbliebene nichts entgegen. Weitere Prüfungspflichten bestehen dann nicht."
93 Vgl. BMF-Schreiben vom 5.8.2002 – IV C 4 – S 2222 – 295/02 Rdnr. 147.
94 BMF-Schreiben vom 5.8.2002 – IV C 4 – S 2222 – 295/02 Rdnr. 148.

6.2.4 Sterbegeld

Eine Pensionskasse kann im Falle des Todes des Begünstigten auch ein Sterbegeld gewähren. Für diese Leistungen ist der Kreis der Bezugsberechtigten nicht wie für die Hinterbliebenenleistung eingeschränkt, sondern es können beliebige Personen bezugsberechtigt sein. Da das Sterbegeld nach allgemeiner Auffassung die mit dem Todesfall zusammenhängenden gewöhnlichen Beerdigungskosten ersetzen soll, darf es nur in entsprechender Höhe gewährt werde; hier gilt nach letzter Festlegung der Versicherungsaufsicht zurzeit ein Höchstbetrag von 8.000 EURO[95].

6.3 Leistungsformen

Wie bereits dargestellt, ist es Pensionskassen heute möglich, neben Rentenleistungen (und optionalen Kapitalabfindungen dieser Rentenleistungen) auch reine Kapitalleistungen zu gewähren[96]. In den heute von Pensionskassen angebotenen Produkten sind nicht allein die Rentenzahlung oder Kapitalzahlung in Reinform zu finden; es gibt beispielsweise Produkte, bei denen die Kapitalzahlung in mehreren Teilbeträgen erfolgt oder bei denen auf eine Teilkapitalauszahlung die Verrentung des Restkapitals folgt[97].

Sofern die im AltEinkG-E für § 3 Nr. 63 EStG geplanten Änderungen[98] Gesetz werden, dürften künftig nur noch Versorgungsleistungen in Form einer Rente oder eines Auszahlungsplans gemäß § 1 Altersvorsorgeverträge-Zertifizierungsgesetz vorkommen.

6.4 Pensionskassentarife

6.4.1 Die klassische Tarifgestaltung bei Pensionskassen

In ihrem Ursprung dienten – wie bereits erwähnt – die Firmen- oder Konzern-Pensionskassen der Umsetzung eines Versorgungssystems durch die Versicherung von fest umschriebenen Arbeitnehmergruppen eines Arbeitgebers oder eines Konzerns. Das Versorgungsmodell sah dabei regelmäßig Rentenzahlungen in den Versorgungsfällen, Erreichen des Pensionierungsalters, Eintritt von Invalidität oder Eintritt des Todes ohne Wahlmöglichkeiten vor und wurde durch *einen* Tarif der *Pensionsversicherung* abgebildet. In vielen Fällen

---

[95] Vgl. VerBAV 2001 S. 133. Die hiervon leicht abweichende Euro-Rundung in § 2 Abs. 1 KStDV ergibt einen Höchstbetrag von 7.669 EURO.
[96] Vgl. Abschnitt 6.1 dieses Beitrags.
[97] Aus steuerlichen Gründen erweist sich die Zerlegung der Kapitalauszahlung für den Bezugsberechtigten regelmäßig als vorteilhaft, da die Kapitalleistungen bei der nachgelagerten Besteuerung gemäß § 22 Nr. 5 EStG mit dem individuellen Steuersatz des Bezugsberechtigten zu versteuern sind.
[98] Vgl. Abschnitt 5.1 dieses Beitrags.

war zudem die Versorgung eines jeden Arbeitnehmers obligatorisch und die Finanzierung erfolgte durch den Arbeitgeber oder im Wege der Mischfinanzierung. Aus diesen Gründen war der Pensionsversicherungstarif nicht auf die individuelle Lebenssituation des einzelnen Arbeitnehmers zugeschnitten und nicht mit entsprechenden Wahlmöglichkeiten ausgestattet, sondern der Leistungsumfang aller Versicherungsverhältnisse war identisch. Bei einigen Pensionskassen wurde diese Tarifgestaltung auch dann noch beibehalten, als neben die Arbeitgeberfinanzierung Beiträge aus Entgeltumwandlung des Arbeitnehmers hinzukamen oder insgesamt ein Übergang auf die Entgeltumwandlung erfolgte.

6.4.2 Lebensversicherungstypische Tarife

Insbesondere durch die in jüngster Zeit durch das AVmG ausgelöste Tendenz zur Entgeltumwandlung besteht sowohl bei den Arbeitgebern, aber vor allem bei den Arbeitnehmern der Wunsch, je nach individueller Lebenssituation des Arbeitnehmers den Leistungsumfang der Pensionskassenversicherung zu wählen und an Änderungen anzupassen. Diesem *Wunsch nach Flexibilität und individueller Bedarfsgerechtigkeit* entsprechen die Produkte der neu gegründeten Wettbewerbs-Pensionskassen in aller Regel eher als die der bisherigen Pensionskassen. Die im Allgemeinen von den Wettbewerbs-Pensionskassen angebotene *lebenslange Rentenversicherung*[99] kann dabei um die folgenden *Zusatzversicherungen* ergänzt werden:

- Berufsunfähigkeits-/Erwerbsunfähigkeitsversorgung,
- Beitragsrückgewähr im Todesfall während der Ansparzeit,
- Leistung für eine Rentengarantiezeit bei Todesfall nach Rentenbeginn,
- Witwer-/Witwenrente (bzw. Rente an den überlebenden Lebensgefährten),
- Waisenrente.

Hierbei sind wegen der besonderen Rahmenbedingungen[100], die Pensionskassen zu beachten haben, ihre Produkte nicht völlig identisch zu denen der Lebensversicherung.

Aufgrund der Einführung der Beitragszusage mit Mindestleistung[101] durch das AVmG und der bereits erwähnten Zulassung von *fondsgebundenen Produkten* bei Pensionskassen durch die Aufsichtsbehörde im Jahr 2002 werden von Pensionskassen heute auch so genannte *Hybridprodukte* angeboten; bei diesen wird ein Teil der Versicherung nach dem klassischen Prinzip mit einem garantierten Rechnungszins kalkuliert (der auch null Prozent betragen kann), während der andere Teil in der Regel fondsgebunden gestaltet ist. Pensionskassen ist es – wie bereits gesagt – nicht erlaubt, fondsgebundene Versicherungen *ohne* Garantieleistung anzubieten.

---

99 Auch als „Leibrentenversicherung" bezeichnet.
100 Vgl. Abschnitt 6.1 dieses Beitrags.
101 Vgl. § 1 Abs. 2 Nr. 2 BetrAVG.

Jöns-Peter Schmitz/Martin Laurich

6.4.3 Beispiele für Pensionskassentarife einer Wettbewerbs-Pensionskasse

Beispielhaft sollen zwei Produkte der SIGNAL IDUNA Pensionskasse Aktiengesellschaft, nämlich die Aufbau-Rente und die Plus-Rente, kurz dargestellt werden. Beide Tarife lassen ein hohes Maß an Flexibilität bei der Gestaltung der Beiträge und Leistungen zu und können auch in Kombination eingesetzt werden. Sie sehen beide auch für die Versicherung von vorzeitigen Versorgungsfällen (Invalidisierung, Tod) *keine Wartezeiten* vor. Arbeitsrechtlich werden üblicherweise *beitragsorientierte Leistungszusagen* zu Grunde gelegt. Mit der Plus-Rente ist jedoch auch die eher seltene Umsetzung einer Leistungszusage möglich.

Die **Aufbau-Rente** (PK02) ist ein „Sparplan" mit Rentenzahlung, bei dem das angesammelte Guthaben zuzüglich aller Überschüsse ab Eintritt in das Rentenbeginnalter in eine lebenslange garantierte Rente umgewandelt wird; gegebenenfalls wird eine vereinbarte Hinterbliebenenrentenanwartschaft berücksichtigt. Alternativ können bei *Rentenbeginn* das angesammelte Guthaben und die Überschüsse mit einer Kapitalabfindung ausgezahlt werden. Tritt während der Ansparzeit *Erwerbsminderung* ein, die zum Bezug einer Rente aus der gesetzlichen Rentenversicherung führt, kann der Vertrag beitragsfrei weitergeführt oder eine Verrentung des angesammelten Guthabens und der Überschüsse[102] durchgeführt werden. Tritt in der Ansparzeit der Todesfall ein, so werden bei vereinbarter *Hinterbliebenenversorgung* (Witwen-/Witwer[103]- und/oder Waisenrenten) das angesammelte Guthaben und die Überschüsse durch Verrentung an die Hinterbliebenen ausgezahlt. Bei Eintritt des Todes nach Beginn einer Rentenzahlung (Alters- oder Erwerbsminderungsrente) wird bei vereinbarter Hinterbliebenenversorgung eine Hinterbliebenenrente in Höhe eines vereinbarten Prozentsatzes der bis zum Todeszeitpunkt gezahlten Rente an die Hinterbliebenen gewährt.

Die *Besonderheit des Produkts* liegt in der großen Flexibilität, denn es

- kann für *alle lohnsteuerlichen Konstellationen* eingesetzt werden,
- bietet *große Flexibilität in der Beitragszahlung* und
- enthält außerdem *verschiedene Möglichkeiten bezüglich der Leistungsfallgestaltung*, ohne dass eine *Gesundheitsprüfung* erforderlich wird.

Bei diesem innovativen Produkt werden auch ohne Kollektivvertrag bereits gute Ergebnisse erzielt.

Ein **Zahlenbeispiel:** Ein 30-jähriger Arbeitnehmer wandelt monatlich Entgelt in Höhe von 100 EURO zu Gunsten einer Pensionskassenversorgung mit dem Produkt Collect

---

102 Gegebenenfalls wird eine vereinbarte Hinterbliebenenrentenanwartschaft berücksichtigt.
103 Hier ist zudem sowohl die Versorgung von Partnern einer eingetragenen Lebenspartnerschaft als auch von sonstigen Lebensgefährten bei Erfüllung der steuerlichen Voraussetzungen möglich (vgl. Abschnitt 6.2.3 dieses Beitrags).

Die Pensionskasse – einer der attraktivsten Durchführungswege

Aufbau-Rente[104] um. Bei Eintritt in das Rentenalter 65 erhält er eine *garantierte Rente* in Höhe von monatlich 339,98 EURO. Die Leistungen erhöhen sich aus der *Überschussbeteiligung* auf *voraussichtlich* monatlich 513,44 EURO[105].

Das andere Produkt, die **Plus-Rente** (PK11) ist eine *Altersrentenversicherung*, die durch *optionale Zusatzleistungen wie Beitragsrückgewähr, Rentengarantiezeit, Sterbegeld, Berufsunfähigkeits- und Hinterbliebenenrenten* erweitert werden kann. Die Berufsunfähigkeits- und Hinterbliebenenrenten können ab Versicherungsbeginn in Höhe eines konstanten Betrages versichert werden. Als Alternative zur Altersrente kann bei dem vereinbarten Rentenbeginn eine Auszahlung des Gesamtbarwertes vorgenommen werden. Dieses Produkt ist ähnlich wie eine Rentenversicherung eines Lebensversicherers konstruiert.

Ein **Zahlenbeispiel:** Ein 30-jähriger Arbeitnehmer wandelt monatlich Entgelt in Höhe von 100 EURO zu Gunsten einer Pensionskassenversorgung mit dem Produkt Collect Plus-Rente[106] mit Berufsunfähigkeits-[107] und Witwenrente[108]um. Bei Eintritt in das Rentenalter 65 erhält er eine *garantierte Rente* in Höhe von monatlich 195,41 EURO. Die Altersrente erhöht sich durch die *Überschussbeteiligung* auf *voraussichtlich* monatlich 306,83 EURO[109]. Bei Berufsunfähigkeit erhält er bis zum Beginn der Altersrente eine garantierte monatliche Rente von 195,41 EURO und ist von der Beitragszahlung für den gesamten Vertrag befreit, sodass ab Erreichen der Altersgrenze im Anschluss an die Berufsunfähigkeitsrente die vorgesehene Altersrente gewährt wird. Bei Tod erhält die Witwe eine lebenslange garantierte monatliche Rente in Höhe von 117,25 EURO.

---

104 Es wird eine reine Altersrente ohne Zusatzleistungen versichert; der Rechnungszins beträgt (noch) 3,25 Prozent.

105 Bei der Berechnung der angegebenen Leistungen aus der Überschussbeteiligung sind die für 2004 erklärten Überschussanteilsätze zu Grunde gelegt worden und es wurde unterstellt, sie würden für die gesamte Versicherungsdauer gelten. Prognosen über die weitere Entwicklung sind über einen längeren Zeitraum nicht möglich. Die mit „voraussichtlich" bezeichneten Werte sind daher ein unverbindliches Beispiel. Es wird somit auch nicht zugesagt, dass Überschüsse in dieser Höhe tatsächlich anfallen. Die tatsächlich auszuzahlenden Leistungen können höher oder niedriger sein. Auf diese Leistungen hat der Berechtigte keinen Anspruch, soweit sie über die garantierte Leistung hinaus gehen, falls die vertragsgemäß berechnete Überschussbeteiligung geringer ausfällt.

106 Der Rechnungszins beträgt (noch) 3,25 Prozent

107 Der Arbeitnehmer gehöre der Berufsgruppe A an („normales Berufsunfähigkeitsrisiko"). Die Risiko- und Leistungsdauer der Berufsunfähigkeitszusatzversicherung reiche jeweils bis zum 65. Lebensjahr.

108 Die Ehefrau/Partnerin sei drei Jahre jünger als der versicherte Arbeitnehmer.

109 Vgl. zur Höhe der Überschussbeteiligung den Vorbehalt in Fn. 105.

Jöns-Peter Schmitz/Martin Laurich

7 Service- und Beratungsleistungen der Pensionskassen

Die Firmen- und Konzern-Pensionskassen waren und sind als Einrichtung eines Arbeitgebers/Konzerns regelmäßig eng in den organisatorischen Aufbau des Arbeitgebers/Konzerns eingebunden[110], sodass Qualität und Quantität der Service- und Beratungsleistung der Pensionskasse für den Arbeitgeber und den Arbeitnehmer kein tatsächliches Entscheidungskriterium für oder gegen die Pensionskasse sind. Entsprechendes Wissen auf dem Gebiet der betrieblichen Altersversorgung wurde in den betreffenden Unternehmen aufgebaut. Zudem erfolgte häufig eine Übernahme der Verwaltungskosten durch den Arbeitgeber.

Nachdem Pensionskassen für mehrere Arbeitgeber tätig wurden, erhielten Service- und Beratungsleistung einen anderen Stellenwert. Bei überbetrieblichen Wettbewerbs-Pensionskassen, die in aller Regel auch eine Vielzahl von Klein- und Mittelunternehmen betreuen, nehmen Service- und Beratungsleistung – insbesondere die Beratung und Betreuung von Arbeitgeber und Arbeitnehmer vor Ort – eine sehr wichtige Rolle ein, da das spezifische Wissen zum Thema betriebliche Altersversorgung in diesen Unternehmen regelmäßig nicht vorhanden ist und auch im Hinblick auf den Aufwand bzw. das Investitionsvolumen nicht aufgebaut werden sollte[111].

7.1 Übersicht über Beratungsleistungen

Schon bei Verhandlungen der Verbände und Gewerkschaften zur tarifvertraglichen Altersversorgung werden Pensionskassen teilweise beratend einbezogen, um eine möglichst optimale Regelung für die Branche zu erreichen. Die Umsetzung der Tarifverträge auf der Ebene des Arbeitgebers wird durch die *Auswahl des richtigen Produktes* (Pensionskassentarifs) unter *Berücksichtigung der unternehmensindividuellen Gestaltungswünsche* unterstützt. Hier werden, soweit erforderlich, auch die *Arbeitnehmervertretung* oder die Arbeitnehmer direkt beraten und in den Entscheidungsprozess integriert. Bei der *Kommunikation* der gefundenen Lösung in Richtung der Arbeitnehmer wird über Präsentationen oder entsprechende Unterlagen Hilfestellung gegeben. Schließlich wird *jeder einzelne Arbeitnehmer in der Regel individuell im Hinblick auf das bei ihm gegebene Verhältnis von Prämien und Versicherungsleistungen sowie der sich ergebenden steuerlichen und sozialversicherungsrechtlichen Auswirkungen beraten*. Gerade bei der *Entgeltumwandlung* ist dies eine wichtige und geforderte Beratungsleistung, um eine möglichst weite Durchdringung der gefundenen Lösung in der Arbeitnehmerschaft zu erreichen. Durch diese wichtige

---

110 Die Pensionskasse kann beispielsweise an die Personalabteilung, das Rechnungswesen oder den Finanzbereich im Unternehmen organisatorisch angegliedert sein. Die für die Pensionskasse benötigten Personalkapazitäten sowie Datenverwaltung und sonstige Sachmittel werden häufig vom Arbeitgeber zur Verfügung gestellt.
111 Es erfolgt quasi ein Outsourcing der Service- und Beratungsleistungen.

Tätigkeit der Versorgungsberater im Außendienst[112] kann eine kompetente Vor-Ort-Beratung und -Betreuung[113] eines jeden Arbeitnehmers sichergestellt werden. Die *Betreuung* von Arbeitgeber und Arbeitnehmer umfasst *nach Abschluss* auch alle Fälle von Veränderungen wie z. B. beim *Ausscheiden des Arbeitnehmers aus dem Arbeitsverhältnis* oder im *Leistungsfall*.

7.2 Verwaltungsleistungen

7.2.1 Übersicht

Um den (mittelständischen) Arbeitgeber von Verwaltungsaufwand zu entlasten, übernimmt die Pensionskasse regelmäßig wichtige *Verwaltungsleistungen*; auszugsweise seien genannt:

- Unterstützung bei der Einführung der Pensionskassenversorgung durch Unterlagen, Formulare und Verfahren;
- Erstellung von Informationsschreiben über den Abschluss der Pensionskassenversicherung für den Arbeitgeber und den Arbeitnehmer;
- verwaltungseinfache Durchführung des Inkasso der Beiträge;
- regelmäßige Informationen über eingezahlte Beiträge und den erreichten Stand der Pensionskassenversorgung (laufende Dokumentation);
- Unterstützung bei persönlichen Änderungen (z. B. Anschriften, Kontoverbindung, Familienstand);
- Unterstützung bei Ausscheiden des Arbeitnehmers aus dem Arbeitsverhältnis;
- Informationen über die Leistung bei Eintritt des Versorgungsfalls und während des Leistungsbezugs;
- Durchführung der Leistungsabwicklung (Exkasso);
- Anpassung an Veränderungen im rechtlichen Rahmen (z. B. durch Gesetz oder Tarifvertrag).

7.2.2 Anforderungen an den Arbeitgeber

Die Pensionskasse benötigt Informationen über Änderungen, die das einzelne Vertragsverhältnis betreffen. Solche Vorfälle sind beispielsweise die Änderung der persönlichen

---

112 Über einen derartigen Außendienst verfügen nicht alle Pensionskassen; bei Wettbewerbs-Pensionskassen kann jedoch davon ausgegangen werden.
113 Die für diese Beratungs- und Betreuungsleistungen notwendige Vergütung ist bei Wettbewerbs-Pensionskassen in den Prämien kalkulatorisch enthalten. Angesichts der angebotenen und geforderten (!) Beratungsleistungen und des Preis-Leistungs-Verhältnisses insgesamt ist die häufig unsachliche Diskussion über die dafür einkalkulierten Abschlusskosten und die so genannte Zillmerung unangebracht. Wenn das Ziel einer weiten Ausbreitung der betrieblichen Altersversorgung gerade auch im Mittelstand erreicht werden soll, müssen die notwendigen Beratungs- und Betreuungsleistungen selbstverständlich auch angemessen vergütet werden können.

Jöns-Peter Schmitz/Martin Laurich

Daten, Änderungen bei der Beitragszahlung, Ausscheiden des Arbeitnehmers aus dem Unternehmen, der Eintritt des Versorgungsfalles etc. Um diese Verwaltungstätigkeiten möglichst einfach zu gestalten, werden in der Regel *Formblätter* und/oder zunehmend auch *edv-technisch standardisierte Prozesse* eingesetzt. Auch hierbei kommt der *Vor-Ort-Betreuung* durch einen Versorgungsberater große Bedeutung zu.

8 Insolvenzsicherheit auch ohne Insolvenzsicherungspflicht

Der Kapitalbetrag, den die Pensionskasse unter Berücksichtigung der künftigen Beiträge und Vermögenserträge benötigt, um die zukünftigen Versorgungsverpflichtungen erfüllen zu können, wird auf der Passivseite der Bilanz hauptsächlich in der *Deckungsrückstellung*[114] ausgedrückt; sie wird mit versicherungsmathematischen Methoden und den Rechnungsgrundlagen berechnet. Pensionskassen sind verpflichtet, im so genannten *Sicherungsvermögen*[115] zur finanziellen Abdeckung der Deckungsrückstellung und der sonstigen versicherungstechnischen Rückstellungen entsprechendes Vermögen anzulegen. Das Sicherungsvermögen, dessen Mittel nur für Leistungen im Leistungsfall, bei Rückkauf etc. verwendet werden dürfen[116], ist gesondert vom anderen Vermögen der Pensionskasse zu verwalten[117] und der *Überwachung eines qualifizierten Treuhänders*[118] zu unterstellen; diese Sicherungen gelten auch für den unwahrscheinlichen Fall einer Insolvenz einer Pensionskasse.

Gemäß § 54 Abs. 1 VAG hat die Pensionskasse ihr Vermögen so anzulegen, dass „möglichst große *Sicherheit* und *Rentabilität* bei *jederzeitiger Liquidität* ... unter Wahrung angemessener Mischung und Streuung erreicht" werden. Dabei sind die Vorschriften der Verordnung über die Anlage des gebundenen Vermögens von Versicherungsunternehmen („AnlV") zu beachten. Insbesondere darf nach der AnlV die Pensionskasse das so genannte gebundene Vermögen nur in bestimmte Vermögensgegenstände und nur in jeweils begrenztem Umfang anlegen. Die zuständige Aufsichtsbehörde überprüft regelmäßig die Einhaltung dieser Grundsätze und ordnet bei (absehbaren) Verstößen entsprechende Korrekturmaßnahmen an. Damit ist die Sicherheit der Vermögensanlage bei Pensionskassen vergleichbar mit der Sicherheit der Vermögensanlage von Lebensversicherungsunternehmen. Da die vorgenannten Sicherungen als ausreichend angesehen

---

114 Vgl. § 341 f HGB.
115 Vgl. §§ 66 ff. VAG in der Fassung des Gesetzes zur Umsetzung aufsichtsrechtlicher Bestimmungen zur Sanierung und Liquidation von Versicherungsunternehmen und Kreditinstituten vom 10.12.2003.
116 Vgl. § 77 VAG.
117 Vgl. § 66 Abs. 5 VAG.
118 Vgl. §§ 70 ff. VAG; für einen kleineren Verein im Sinne von § 53 VAG (vgl. Abschnitt 2.2.2) gilt dies nur, wenn es die Aufsichtsbehörde anordnet, vgl. § 70 Satz 2 VAG.

Die Pensionskasse – einer der attraktivsten Durchführungswege

wurden, wurde die Pensionskasse durch den Gesetzgeber nicht in den Insolvenzschutz über den Pensions-Sicherungs-Verein VVaG („PSVaG") aufgenommen. *Somit sind bei der Durchführung der betrieblichen Altersversorgung über die Pensionskasse keine Beiträge an den PSVaG zu zahlen*[119].

9 Auswahlkriterien für Pensionskassenangebote

Bei der Auswahl der Pensionskasse zur Durchführung der betrieblichen Altersversorgung spielen eine Vielzahl von Kriterien auf verschiedenen Ebenen eine Rolle; genannt seien hier der Durchführungsweg, die Pensionskasse als konkretes Unternehmen (Typus der Pensionskasse[120]) und das Produkt, also der Pensionskassentarif. Zudem unterscheiden sich die Sichten des Arbeitgebers, des Arbeitnehmers und des Vermittlers. Es wird der derzeitige Rechtsstand zu Grunde gelegt.

9.1 Sicht des Arbeitgebers

Jeder Arbeitgeber verfolgt *unternehmensindividuelle personalwirtschaftliche und finanzielle Ziele* unter Berücksichtigung von speziellen *Rahmenbedingungen*. Kriterien für die Auswahl des „richtigen" Produktes zur Durchführung der betrieblichen Altersversorgung können somit nur Hinweise geben. *Gemeinsame Grundauffassung der Arbeitgeber* dürfte es aber sein, dass der Weg zur Durchführung der betrieblichen Altersversorgung folgende *Ziele bei gegebenem Dotierungsrahmen* erfüllen soll:

- wirtschaftliche Planbarkeit und Kalkulierbarkeit des Aufwandes und der Liquiditätsbelastung;
- Vermeidung der arbeitsrechtlichen Einstandspflicht und weitgehende Risikofreiheit;
- einfache Handhabbarkeit und möglichst geringer Verwaltungsaufwand;
- Transparenz und Akzeptanz bei den Arbeitnehmern;
- möglichst hohe Flexibilität;
- externe Durchführung und Finanzierung.

Jeder der *Durchführungswege* der betrieblichen Altersversorgung hat dabei seine Stärken und damit seine Existenzberechtigung.

---

119 Es sei hier jedoch auf das durch den PSVaG in Auftrag gegebene und vieldiskutierte Gutachten der Professoren Gerke und Heubeck hingewiesen (Gerke, W./Heubeck, K., Gutachten zur künftigen Funktionsfähigkeit der Insolvenzsicherung durch den Pensions-Sicherungs-Verein VVaG, in: Betriebliche Altersversorgung 2002 S. 433 ff.). Welche Konsequenzen der Gesetzgeber aus derartigen Überlegungen und Diskussionen ziehen wird, ist zurzeit noch nicht absehbar.
120 Vgl. Abschnitt 2.2 dieses Beitrags.

Die Pensionskasse grenzt sich von den anderen Durchführungswegen aus Sicht des Arbeitgebers positiv ab, weil sie

- im Vergleich zur (rückgedeckten) Unterstützungskasse und zur Direktzusage sich durch eine einfache Handhabbarkeit, eine hohe Transparenz und einen geringen Verwaltungsaufwand auszeichnet;
- nicht wie der Pensionsfonds, die Unterstützungskasse und die Direktzusage einen Beitrag an den PSVaG zur Insolvenzsicherung erfordert;
- keine Bilanzberührung aufweist, wie es etwa bei der Direktzusage der Fall ist;
- im Vergleich zur rückgedeckten Unterstützungskasse und in der Regel auch zur Direktzusage eine hohe Beitragsflexibilität[121] besitzt;
- aufgrund der verschiedenen lohnsteuerlichen Gestaltungsmöglichkeiten im Vergleich zum Pensionsfonds höhere begünstigte Beiträge und im Vergleich zur Direktversicherung zudem die nachgelagerte Besteuerung zulässt;
- in der Regel eine risikoärmer gestaltete Vermögensanlage als der Pensionsfonds aufweist;
- steuerlich besser dotiert und finanziert ist als die nicht rückgedeckte Unterstützungskasse.

Auf der Ebene der Pensionskasse sollte sich der Arbeitgeber tendenziell für eine *konkretes Unternehmen als Versorgungsträger* entscheiden, das folgenden Kriterien gerecht wird:

- solides und sicheres Unternehmen, d. h. beispielsweise mit folgenden Merkmalen:
  - Einbindung in einen großen leistungsstarken Konzern;
  - langjährige Erfahrungen (gegebenenfalls im Konzern) auf dem Gebiet der betrieblichen Altersversorgung, möglichst als Anbieter mit allen Durchführungswegen (Garantie der Produktneutralität);
  - Verzicht auf die Bilanzierungshilfe des § 341b HGB[122];
- bei VVaG: keine Nachschussverpflichtungen in der Satzung;
- Vor-Ort-Beratung und -Betreuung von Arbeitgeber und Arbeitnehmern durch qualifizierte Experten (und zwar bundesweit für *alle* Betriebe des Arbeitgebers);
- Unterstützung durch verwaltungseinfache Durchführung;
- umfangreiches, flexibles (modular aufgebautes) Tarifangebot zur Abdeckung individueller Bedarfssituationen im Bereich Alters-, Invaliditäts- und Hinterbliebenenversorgung;
- eventuell besondere Kenntnis der Branche des Arbeitgebers und Verbindung zur Branche.

Bei der Auswahl des *Produktes bzw. Pensionskassentarifs* sollte der Arbeitgeber auf Folgendes achten:

- keine Abweichungen der garantierten Leistungen des Pensionskassentarifs von der arbeitsrechtlichen Versorgungszusage („Kongruenz"), d. h. beispielsweise Berücksichtigung folgender Aspekte:
  - vorsichtige Prämienkalkulation, d. h. insbesondere

---

[121] Bei der Direktzusage ist mit „Beitrag" in diesem Zusammenhang die aufwands-, aber nicht liquiditätswirksame Zuführung zu den Pensionsrückstellungen (nach § 6a EStG) gemeint.
[122] Durch diese Bilanzierungshilfe können Abschreibungen auf Kapitalanlagen (vorübergehend) vermieden werden.

- Finanzierung nach dem Anwartschaftsdeckungsverfahren,
- Anwendung des individuellen Äquivalenzprinzips,
- vorsichtige biometrische Rechnungsgrundlagen (z. B. DAV-Tafeln),
- angemessener Rechnungszins[123].
- keine Prämien- oder Leistungsanpassungsklauseln in Versicherungsbedingungen oder VVaG-Satzung;
- Möglichkeit der Entgeltumwandlung, der Arbeitgeberfinanzierung sowie von Mischformen;
- Vielfalt der steuerlichen Möglichkeiten (nachgelagerte Besteuerung nach § 3 Nr. 63 EStG, AVmG-Förderung, Pauschalversteuerung).
- große Flexibilität bei der Beitragszahlung (z. B. monatliche/vierteljährliche/halbjährliche und jährliche Regelbeiträge, Einmalbeiträge in flexibler Höhe zu wählbaren Zeitpunkten, Zulagen der AVmG-Förderung);
- möglichst günstiges Preis-Leistungs-Verhältnis bei den garantierten Werten, u. a.;
  - Angebot von Kollektivvertragskonditionen;
- angemessene Überschussbeteiligung.

Nach unserem Dafürhalten erfüllen viele Wettbewerbs-Pensionskassen sowohl auf der Ebene der Pensionskasse als auch auf der Ebene des Produkts die genannten Punkte tendenziell in hohem Maß.

9.2 Sicht des Arbeitnehmers

Sofern der Arbeitgeber dem Arbeitnehmer die Möglichkeit der Mitwirkung bei der Auswahl und Entscheidung ermöglicht, also insbesondere bei (weitgehender) Entgeltumwandlung, spielen nach unserer Erfahrung folgende Überlegungen eine Rolle.

Die Pensionskasse grenzt sich hier von den anderen *Durchführungswegen* vor allem deshalb positiv ab, weil sie

- im Vergleich zur Unterstützungskasse und Direktzusage sich durch eine geringe Komplexität, einfachere Verständlichkeit und eine hohe Transparenz auszeichnet;
- im Vergleich zur rückgedeckten Unterstützungskasse eine hohe Beitragsflexibilität besitzt;
- aufgrund der verschiedenen lohnsteuerlichen Gestaltungsmöglichkeiten im Vergleich zum Pensionsfonds höhere begünstigte Beiträge und im Vergleich zur Direktversicherung zudem die nachgelagerte Besteuerung zulässt;
- in der Regel eine risikoärmer gestaltete Vermögensanlage als der Pensionsfonds aufweist.

---

123 Ein vom aktuellen Höchstrechnungszins gemäß Deckungsrückstellungsverordnung nach oben oder unten abweichender Rechnungszins sollte hinreichend begründet sein; dies gilt auch für die bei regulierten Pensionskassen bestehende Möglichkeit, aufgrund eines in der Vergangenheit genehmigten Geschäftsplans weiterhin Neugeschäft mit einem höheren Rechnungszins abzuschließen (siehe auch Abschnitt 4 dieses Beitrags).

Auf der Ebene der Pensionskasse sollte sich auch der Arbeitnehmer tendenziell für eine *Pensionskasse als Versorgungsträger* mit folgenden Merkmalen entscheiden:

- solides und sicheres Unternehmen, d. h. beispielsweise mit folgenden Merkmalen:
    - Einbindung in einen großen leistungsstarken Konzern;
    - langjährige Erfahrungen (gegebenenfalls im Konzern) auf dem Gebiet der betrieblichen Altersversorgung, möglichst als Anbieter mit allen Durchführungswegen (Garantie der Produktneutralität);
    - Verzicht auf die Bilanzierungshilfe des § 341b HGB[124];
- Vor-Ort-Beratung und Betreuung durch qualifizierte Experten;
- umfangreiches, flexibles (modular aufgebautes) Tarifangebot zur Abdeckung individueller Bedarfssituationen im Bereich Alters-, Invaliditäts- und Hinterbliebenenversorgung.

Aus der Perspektive des Arbeitnehmers sind bei der Auswahl des *konkreten Produktes* folgende Kriterien wichtig:

- Möglichkeit der Entgeltumwandlung, der Arbeitgeberfinanzierung sowie von Mischformen;
- Vielfalt der steuerlichen Möglichkeiten (nachgelagerte Besteuerung nach § 3 Nr. 63 EStG, AVmG-Förderung, Pauschalversteuerung);
- langfristig hohe (und sichere) Versorgung bei gegebenem Beitrag
    - möglichst günstiges Preis-Leistungs-Verhältnis bei den garantierten Werten, u. a.
        - Angebot von Kollektivvertragskonditionen;
    - angemessene Überschussbeteiligung,
    - vorsichtige Prämienkalkulation, d. h. insbesondere
        - Finanzierung nach dem Anwartschaftsdeckungsverfahren,
        - Anwendung des individuellen Äquivalenzprinzips,
        - vorsichtige biometrische Rechnungsgrundlagen (z. B. DAV-Tafeln),
        - angemessener Rechnungszins[125];
    - keine Prämien- oder Leistungsanpassungsklauseln in Versicherungsbedingungen oder VVaG-Satzung;
- große Flexibilität bei der Beitragszahlung (z. B. monatliche/vierteljährliche/halbjährliche und jährliche Regelbeiträge, Einmalbeiträge in flexibler Höhe zu wählbaren Zeitpunkten, Zulagen der AVmG-Förderung);
- geringer Umfang einer Gesundheitsprüfung bzw. Verzicht darauf.

Auch hier gilt nach unserer Auffassung, dass gerade die Wettbewerbs-Pensionskassen diesen Anforderungen tendenziell in hohem Maß gerecht werden.

---

124 Durch diese Bilanzierungshilfe können Abschreibungen auf Kapitalanlagen (vorübergehend) vermieden werden.
125 Vgl. Fn. 123.

9.3 Sicht des Vermittlers

Auch der Vermittler wird an eine Pensionskassenlösung aus seiner Sicht spezielle Anforderungen stellen. Genannt seien hier folgende Aspekte:

- akzeptierter, solider und im Markt bekannter Pensionskassenpartner;
- Pensionskasse mit gutem Unterstützungsangebot für Vermittler;
- Produkt mit erkennbarem Nutzen sowohl für Arbeitgeber wie auch für Arbeitnehmer[126];
- einfache Handhabbarkeit, Verständlichkeit und Transparenz aus Vermittlersicht;
- angemessene Vergütung für seine Beratungs- und Serviceleistungen.

10 Zusammenfassung und Ausblick

Durch das AVmG hat die Pensionskasse eine Renaissance erlebt, weil sie in besonderer Weise mit lohnsteuerlichen Möglichkeiten versehen wurde und für Pensionskassenversicherungen auch keine Beiträge zur Insolvenzsicherung zu zahlen sind. Insbesondere der Markt der überbetrieblichen Wettbewerbs-Pensionskassen, die meistens in der Rechtsform der Aktiengesellschaft betrieben werden, bieten für die Ausbreitung der betrieblichen Altersversorgung im Mittelstand gute Voraussetzungen. Die nicht eindeutig gesetzlich definierte Pensionskasse ist ein vielgestaltiges Gebilde. Weil Pensionskassen üblicherweise auf betriebliche Altersversorgung spezialisierte Versicherungsunternehmen sind, bestehen zwischen ihren Versicherungen und Direktversicherungen, die der klassische Durchführungsweg im Mittelstand waren, große Ähnlichkeiten.

Pensionskassenversorgungen können arbeitsrechtlich auf unterschiedliche Weise begründet werden; in letzter Zeit spielen Tarifverträge als Rechtsgrundlage eine große Rolle. Ansonsten findet die Zusage gegenüber dem Arbeitnehmer häufig auch implizit statt. Während die klassische Leistungszusage heute weniger vorkommt, dominiert zurzeit die beitragsorientierte Leistungszusage; seltener findet die neue Beitragszusage mit Mindestleistung bislang Anwendung.

Damit die arbeitsrechtliche Einstandspflicht des Arbeitgebers wirtschaftlich ohne Bedeutung bleibt, ist es wichtig, dass die Pensionskasse ihre Beitragskalkulation und Finanzierung nach einem individuellen Anwartschaftsdeckungsverfahren mit vorsichtigen biometrischen Rechnungsgrundlagen und einem angemessenen Rechnungszins regelt. Prämien- und Leistungsanpassungsklauseln sowie Nachschussverpflichtungen sollten nicht vorgesehen sein. Hiervon kann bei überbetrieblichen Pensionskassen im Allgemeinen ausgegangen werden.

---

126 Vgl. Abschnitte 9.1 und 9.2.

Jöns-Peter Schmitz / Martin Laurich

Für die Gestaltung einer Alters-, Invaliditäts- und Hinterbliebenenversorgung stehen heute umfangreiche, auf den individuellen Versorgungsbedarf ausgerichtete Pensionskassentarife mit optionalen Zusatztarifen zur Verfügung. Neben aufsichtsrechtlichen und arbeitsrechtlichen Rahmenbedingungen spielen insbesondere steuerliche Festlegungen eine Rolle für die zur Verfügung stehenden Möglichkeiten. Leider würde die gesetzliche Umsetzung des zurzeit in der Beratung befindlichen AltEinG-E zu verschiedenen Einschränkungen und Verschlechterungen führen; hier ist auf Änderungen zu hoffen.

Für mittelständische Unternehmen sind Service- und Beratungsleistungen von großer Bedeutung. Hier bieten die – häufig von Lebensversicherern gegründeten – Pensionskassen die sowohl für den Arbeitgeber wie für den Arbeitnehmer erforderlichen Beratungs- und Betreuungsleistungen und zwar unter Einsatz geeigneter Technik vor Ort beim Kunden.

Aufgrund der für Pensionskassen geltenden versicherungsrechtlichen Bestimmungen galt dieser Durchführungsweg dem Gesetzgeber schon 1974 zu Recht als so sicher, dass die Pensionskasse nicht der gesetzlichen Insolvenzsicherung unterworfen wurde, weil sie bei Pensionskassen für entbehrlich gehalten wurde.

Für die Wahl des Durchführungsweges Pensionskasse, für die Auswahl einer konkreten Pensionskasse und für die Tarifwahl wurden aus Sicht des Arbeitgebers und des Arbeitnehmers im Abschnitt 9 Hinweise zur Entscheidungshilfe gegeben. Auch die Perspektive des Vermittlers wurde betrachtet.

Die dargestellten Eigenschaften der Pensionskasse und die Gestaltungsmöglichkeiten, die sie besonders nach den Rechtsänderungen durch das AVmG bietet, lassen verständlich werden, warum gerade auch im Bereich der kleinen und mittelgroßen Unternehmen, bei denen bislang die Ausbreitung der betrieblichen Altersversorgung unter normalen Arbeitnehmern am geringsten ausgeprägt war, die Pensionskasse heute großen Anklang findet.

Der AltEinkG-E enthält unter anderem sowohl erhebliche Änderungen im Arbeitsrecht als auch im Steuerrecht der betrieblichen Altersversorgung. Dies würde Einfluss auf die relative Bedeutung der Pensionskasse im Spiel der Durchführungswege haben. Insbesondere die geplante Einbeziehung der Direktversicherung in die Steuerfreiheit gemäß § 3 Nr. 63 EStG würde die Direktversicherung – auch wegen ihres noch immer großen Bekanntheitsgrades – wieder stärker in den Mittelpunkt rücken. Dennoch würde die Pensionskasse weiterhin ihre Rolle im Kanon der fünf Durchführungswege der betrieblichen Altersversorgung spielen, gerade auch bei den vielen tarifvertraglichen Regelungen, bei denen sie bereits als Durchführungsweg vorgesehen ist.

Literaturhinweise

ABA ARBEITSGEMEINSCHAFT FÜR BETRIEBLICHE ALTERSVERSORGUNG E. V./FACHVEREINIGUNG PENSIONSKASSEN (Hrsg.)., Pensionskassen (Abhandlungen und gesetzliche Regelungen), Heidelberg, 1. Aufl., März 2003

BLUMSTEIN, M. (2004): Arbeitgeber müssen nachschießen, in: Versicherungswirtschaft 2004 S. 41.

BODE, K.-J./BODE, C./DICKFELD/DRESP/EMMERT, Artikel „Pensionskassen", in: Handbuch der betrieblichen Altersversorgung (H-BetrAV) – Teil I Grundlagen und Praxis, Heidelberg 1978/1995 (Artikel überwiegend von September 1994 sowie seitenweise von September 1998)

FARNY, D. (1995): Versicherungsbetriebslehre. 2. Aufl., Karlsruhe 1995.

GERKE, W./HEIBECK, K. (2002): Gutachten zur künftigen Funktionsfähigkeit der Insolvenzsicherung durch den Pensions-Sicherungs-Verein VVaG, in: Betriebliche Altersversorgung.

JAEGER, H. (2003): Zahlen muss nur, wer sich dazu verpflichtet hat, in: VERSICHERUNGSWIRTSCHAFT 2003, S. 807 ff.

MEYER, S. (2004): Nochmals: „Arbeitgeber müssen nachschießen", in: Versicherungswirtschaft 2004 S. 111.

POPHAL, R. (2004): Keine Nachschusspflicht für Arbeitgeber bei regulierten Pensionskassen, in: Versicherungswirtschaft 2004, S. 110.

Hans H. Melchiors

Der Pensionsfonds als fünfter Durchführungsweg in der betrieblichen Altersversorgung

1 Einführung 579

2 Pensionsfondsgrundlagen 580
   2.1 VAG 581
   2.2 BetrAVG 582
   2.3 EStG/Handelsrecht/Sozialversicherungspflicht 584
   2.4 Unverfallbarkeit und Insolvenzsicherung 586
   2.5 Gründung eines Pensionsfonds 587

3 Gestaltung der Pensionspläne 588
   3.1 Versorgungsverhältnis 588
   3.2 Pensionsplan 589
   3.3 Formen von Pensionsplänen 589
   3.4 Beitragszusage mit Mindestleistung 590
   3.5 Leistungszusage/beitragsorientierte Leistungszusage 591

4 Besondere Merkmale eines Pensionsfonds 591
   4.1 Optionale Gestaltungsmerkmale der Leistungsbausteine 592
   4.2 Praktische Beispiele von Pensionsplänen 593
   4.3 Übertragung einer bestehenden Zusage 594
   4.4 Garantien 595
      4.4.1 Wertsicherungsmethode 595
      4.4.2 Rückdeckungskonzepte 596
   4.5 Kapitalanlageoptionen 597
   4.6 Funktionsausgliederungsverträge 599

5 Marktdurchdringung 600
   5.1 Basisanforderungen 600
   5.2 Der Markt für Pensionsfonds 601
   5.3 Europäische Bestrebungen 603

6 Ausblick 603

1 Einführung

Mit Wirkung vom 1.1.2002 wurde der Pensionsfonds als fünfter Durchführungsweg in der betrieblichen Altersversorgung (bAV) positioniert. Er ist ein rechtlich selbstständiger Versorgungsträger, der inhaltlich einer Lebensversicherung oder einer Pensionskasse ähnelt und einen Rechtsanspruch auf Leistungen gibt. In der Begründung zum Gesetzesentwurf wurde u. a. angeführt, dass im Rahmen der aktuell umgesetzten Europäischen Pensionsfondsrichtlinie den Arbeitnehmern die grenzüberschreitende Weiterführung von Versorgungen ermöglicht werden sollte. Ferner argumentierte man mit der Stärkung des Finanzplatzes Deutschland durch externe Kapitaldeckung der bAV. Auch sollte eine Alternative zu internen Pensionsrückstellungen aufgebaut und somit die Attraktivität der betrieblichen Altersversorgung in Betrieben erhöht werden. Insbesondere der Anreiz für eine eigenfinanzierte Altersversorgung der Mitarbeiter war besonders wichtig, da sich mit der Verabschiedung des Altersvermögensgesetzes (AVmG) in Verbindung mit den Kürzungen der gesetzlichen Rentenleistung aus dem Altersvermögensergänzungsgesetz (AVmEG) ein akuter Handlungsbedarf ergibt. In der steigenden Zahl von abgeschlossenen, individuell finanzierten Altersversorgungsverträgen ist erkennbar, dass eine Nachfrage tatsächlich besteht.

Die *wesentlichen Maßnahmen* waren:

- einen individuellen Anspruch auf bAV über Entgeltumwandlung dem Arbeitnehmer einräumen;
- die Mitnahme von Versorgungsansprüchen ermöglichen;
- die Herabsetzung, bzw. bei Entgeltvereinbarung der Wegfall der Unverfallbarkeitsfristen;
- die Einführung von Pensionsfonds mit größeren Anlagefreiheiten;
- die Steuerfreistellung von Beiträgen für Pensionsfonds und Pensionskassen.

Zwischenzeitlich haben, alleine durch die jeweiligen Tarifverträge geregelt, mehr als 15 Millionen Arbeitnehmer Anspruch auf betriebliche Altersversorgung durch Entgeltumwandlung. Arbeitnehmervertreter, Gewerkschaften und Arbeitgeberverbände sehen es als ihre originäre Aufgabe an, Arbeitnehmern diese Option zu ermöglichen und wirken bei der Produktauswahl und deren Gestaltung mit. Heute, so wird geschätzt, haben ca. 40 Prozent der Arbeitnehmer eine betriebliche Altersversorgung, gegenüber bisherigen 35 Prozent laut Infratest[1].

Im § 1 Abs. 1 Satz 3 BetrAVG wird der Arbeitgeber, unabhängig von der Leistungsfähigkeit des Versorgungsträgers, zur Erbringung der Leistung verpflichtet. Dies gilt unabhängig vom gewählten Versorgungsweg. Deshalb sind für einen Arbeitgeber, der dieses Risiko begrenzen will, zwei Punkte wichtig: 1. Die Höhe der Garantieverpflichtung sollte begrenzt sein. 2. Die Garantie sollte bei einem externen Träger durch besondere

---

[1] Vorabzahlen eines vom Bundesministerium für Gesundheit und Soziale Sicherung bei Infratest Sozialforschung in Auftrag gegebene Erhebung

Maßnahmen in der Kapitalanlage (Mischung und Streuung) abgesichert werden. Um dem Arbeitgeber nicht kontraproduktive Lasten aufzuerlegen, die ihn davon abhalten, eine bAV anzubieten, wurde die Beitragszusage mit Mindestleistung eingeführt. Sie bewirkt, dass die bisherigen Finanzierungsrisiken auf ein Minimum begrenzt werden können[2]. Neben den Vorteilen für den Arbeitgeber kann auch der Mitarbeiter bei der bAV die Voraussetzungen für die so genannte Riester-Förderung verlangen, soweit die Versorgung im Rahmen einer Direktversicherung, Pensionskasse oder eines Pensionsfonds durchgeführt wird.

Abbildung 1: Alternative Wege zur betrieblichen Altersversorgung

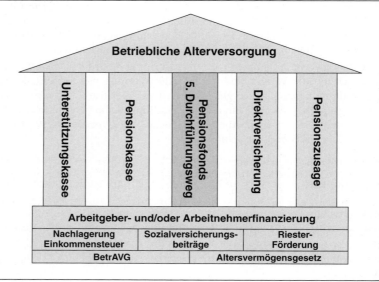

2 Pensionsfondsgrundlagen

Die Einbindung des Pensionsfonds als neuer (fünfter) Durchführungsweg in das Gesetz wurde durch weitere Maßnahmen zur Stärkung der bAV begleitet. Gesetzliche Regelungen finden sich in folgenden Gesetzen: VAG, BetrAVG, Steuerrecht und Sozialgesetzgebung.

---

2 Siehe Abschnitt 2.2.

Der Pensionsfonds als fünfter Durchführungsweg in der Altersversorgung

2.1 VAG

Ein Pensionsfonds ist eine rechtsfähige Versorgungseinrichtung, die im Wege des Kapitaldeckungsverfahrens ausschließlich Altersversorgungsleistungen für einen oder mehrere Arbeitgeber zu Gunsten von Arbeitnehmern erbringt[3]. Der Arbeitnehmer hat zusätzlich einen eigenen Rechtsanspruch auf Leistungen gegen den Pensionsfonds. Im Rahmen von gestaltbaren Pensionsplänen, die beitrags- oder leistungsbezogene Versorgungsleistungen vorsehen können, verpflichtet sich der Pensionsfonds, lebenslange Altersrenten bzw. Leistungen im Rahmen eines Auszahlungsplans gemäß § 1 Abs. 1 Nr. 5 Altersvorsorgeverträge-Zertifizierungsgesetz (AltZertG) zu erbringen. Eine einmalige Kapitalleistung statt einer Altersrente ist nicht zulässig. Mit den Regelungen aus dem Hüttenknappschaftlichen Zusatzversicherungs-Neuregelungs-Gesetz (HZvNG) wurde der Kreis der versorgungsberechtigten Mitarbeiter auf ehemalige und arbeitnehmerähnliche Personen im Sinne des § 17 Abs. 1 Satz 2 BetrAVG erweitert.

Trotz einiger Parallelen oder gleichartiger Regelungen im VAG ist der Pensionsfonds keine Versicherung im Sinne des VAG (§ 1). Paragraf 113 VAG regelt die Anwendbarkeit des VAG auf den Pensionsfonds sowie dessen Rechtsform.

Merkmale eines Pensionsfonds:

- Pensionsfonds sind rechtsfähige Versorgungseinrichtungen, die den Mitarbeitern eines oder mehrerer Arbeitgeber Versorgungsleistungen mit direktem Rechtsanspruch gewähren.
- Die Rechtsform kann eine Aktiengesellschaft (AG) oder ein Pensionsfondsverein (PFVaG) sein.
- Der Arbeitgeber zahlt Beiträge an den Pensionsfonds.
- Der Pensionsfonds übernimmt die Vermögensanlage nach der Pensionsfonds-Kapitalanlageverordnung (PFKapAV) zum § 115 VAG. Beschrieben werden die möglichen quantitativen und qualitativen Anlageformen[4].
- Die Kapitalausstattungsverordnung (PFKAustV) zu § 114 VAG ist Grundlage für die Aufnahme des Geschäftsbetriebes sowie die Absicherung der zugesagten Versorgungsleistungen. Es wird der Mindestgarantiefonds und die erforderliche Solvabilität (Finanzkraft?) festgelegt.
- Der mögliche Höchstrechnungszins als Basis der zugesagten Versorgungsleistungen wird durch die Deckungsrückstellungsverordnung (PFDeckRV) zu § 116 VAG festgelegt. Die versicherungsmathematischen Grundlagen bilden die Basis der Versorgungsleistungshöhen.
- Die Versorgungsleistungen werden in Form einer Leibrente erbracht oder durch Auszahlpläne mit anfänglicher Teilauszahlung von bis zu 20 Prozent des angesammelten Kapitals[5].

---

3 Gemäß § 112 Abs. 1 VAG.
4 Siehe auch Abschnitt 4.4.
5 Siehe auch Abschnitt 3.3.

Der Pensionsfonds unterliegt im Rahmen des VAG besonderen Informationspflichten.

Den Leistungsempfängern und Versorgungsanwärtern stehen folgende *Informationen* zu:

- die gesellschaftsbezogenen Daten (Name, Sitz, etc.);
- die Laufzeit des Vertrages (zwischen Arbeitgeber und Pensionsfonds);
- die für die jeweilige Versorgungsart bzw. für den jeweiligen Leistungstyp (Beitragszusage/Leistungszusage) geltenden lohnsteuerlichen Regelungen;
- auf Anfrage den Jahresabschluss und den Lagebericht

sowie jährlich

- die voraussichtliche Höhe der zustehenden Leistungen;
- die Anlagemöglichkeiten und die Struktur der Anlageportfolios sowie Informationen über das Risikopotenzial und die Kosten der Vermögensverwaltung, wenn der Versorgungsanwärter das Anlagerisiko trägt;
- angemessene Informationen über Versorgungsleistungen und Zahlungsmodalitäten;
- schriftliche Informationen darüber, ob und wie ethische, soziale und ökologische Belange berücksichtigt werden.

Der Pensionsfonds ist nicht zertifizierungspflichtig im Sinne des AltZertG, da der Versorgungsträger eine Altersversorgung im Sinne des § 1 Nr. 4 und Nr. 5 AltZertG vorsieht.

2.2 BetrAVG

Das BetrAVG wurde zuletzt mit dem HZvNG geändert, um bisherige Unschärfen zu korrigieren.

Grundsätzlich hat der Mitarbeiter einen Rechtsanspruch auf eine Entgeltumwandlung bis maximal vier Prozent der BBG. Bei den Durchführungswegen wird auf eine einvernehmliche Regelung zwischen Arbeitgeber und Arbeitnehmer (alle Durchführungswege) gesetzt. Ist der Arbeitgeber zu einer Durchführung über einen Pensionsfonds oder eine Pensionskasse bereit, ist die bAV dort durchzuführen, andernfalls kann der Arbeitnehmer die Durchführung über eine Direktversicherung verlangen. Der Mindestbetrag beträgt jährlich ein Hundertsechzigstel der Bezugsgröße nach § 18 Abs. 1 SGB IV (in 2003 – West: Euro 178,50 p.a.). Soweit eine Entgeltumwandlung in der bAV besteht, ist ein neuer Anspruch des Arbeitnehmers auf Entgeltumwandlung ausgeschlossen.

Riester-Förderung:

Falls ein Anspruch auf Entgeltumwandlung besteht, kann der Arbeitnehmer verlangen, dass die Fördervoraussetzungen nach §§ 10a, 82 (2) EStG erfüllt werden, wenn die Durchführung über eine Pensionskasse, einen Pensionsfonds oder eine Direktversicherung erfolgt.

Der Pensionsfonds als fünfter Durchführungsweg in der Altersversorgung

Einschränkende Bedingungen:

Folgende zum Teil einschränkende Bedingungen für Entgeltumwandlung über Direktversicherung, Pensionskasse oder Pensionsfonds sind zu beachten:

- unwiderrufliches Bezugsrecht von Beginn an;
- Verwendung der Überschussanteile nur zur Leistungsverbesserung;
- ausgeschiedener Arbeitnehmer muss Recht zur Fortsetzung der Beiträge mit eigenen Mitteln haben;
- Recht zur Verpfändung, Abtretung oder Beleihung durch Arbeitgeber muss ausgeschlossen sein.

Soweit Entgeltansprüche auf einem Tarifvertrag beruhen, kann für diese eine Entgeltumwandlung nur vorgenommen werden, wenn dies durch Tarifvertrag vorgesehen oder durch Tarifvertrag zugelassen ist.

Anpassungsprüfung laufender Renten:

Eine Anpassungspflicht bei Beitragszusagen mit Mindestleistung entfällt[6]. Bei Leistungszusagen bleibt die Anpassungsverpflichtung analog den Direktzusagen. Eine Zusage über mindestens ein Prozent p. a. ab Rentenbeginn ist ausreichend[7].

Beitragszusage mit Mindestleistung[8]:

Die Mindestleistung entspricht den bis zum Rentenbeginn eingezahlten Beiträgen abzüglich gegebenenfalls für biometrische Risiken verwendete Beitragsteile[9].

Dem Arbeitnehmer stehen die angesammelten Vermögenswerte zu, mindestens die eingezahlten Beiträge. Beiträge für biometrische Risiken unterliegen nicht der Mindestleistungsgarantie. Hat der Mitarbeiter beispielsweise 1000 Euro umgewandelt und verwendet davon 100 Euro für eine Erwerbsminderungsabsicherung, hat er zum Altersrentenzeitpunkt einen Mindestanspruch auf eine Versorgungsleistung aus 900 Euro. Verwaltungs- und Abschlusskosten unterliegen dagegen der Garantieleistung. Der Versorgungsträger muss also mindestens diese Kosten wieder über Erträge bis zum Rentenbeginn einbringen.

Der Arbeitgeber trägt – auch bei arbeitnehmerfinanzierter Entgeltumwandlung – eine Nachschusspflicht für die garantierte Mindestleistung, jedoch nur dann, wenn der Pensionsfonds diese Absicherung nicht selbst übernimmt[10].

Der Arbeitgeber hat jedoch flexible Aufwandsmöglichkeiten, je nach arbeitsrechtlicher Vereinbarung.

---

6 § 16 Abs. 3 Ziffer 3 BetrAVG.
7 § 16 Abs.3 Ziffer 2 BetrAVG.
8 § 1 Abs. 2 BetrAVG.
9 Siehe auch Abschnitt 2.4. zur Unverfallbarkeit.
10 Siehe auch Abschnitt 3.4.

Leistungszusage:

Bei einer Leistungszusage oder beitragsorientierten Leistungszusage stattet der Arbeitgeber den Pensionsfonds mit den erforderlichen Mitteln aus (in der Regel durch planmäßig zu entrichtende Beiträge, es sind aber auch andere Formen der Finanzierung möglich). Dabei trägt der Arbeitgeber das Kapitalmarktrisiko, sofern der Pensionsfonds dies nicht übernimmt[11].

2.3 EStG/Handelsrecht/Sozialversicherungspflicht

Grundsätzlich muss sich der Arbeitgeber an den arbeits- und steuerrechtlichen Regelungen orientieren, um einen entsprechenden Betriebsausgabenabzug zur Finanzierung vornehmen zu können.

Für den Arbeitgeber sind Pensionsverpflichtungen ungewisse Verbindlichkeiten. Eine Passivierung kann unterbleiben, wenn keine Unterdeckung besteht.[12]

Allein die drei Durchführungswege Pensionsfonds, Pensionskasse und Direktversicherung erhielten eine besondere Rolle in der Finanzierung der betrieblichen Altersversorgung.

Abgrenzung zu anderen Durchführungswegen:

Direktzusage und Unterstützungskasse haben steuerlich nur eine mittelbare Mittelzuwendungsbegrenzung durch die Höhe der daraus entstehenden Versorgung im Verhältnis zum aktuellen Gehalt. Diese Mittel unterliegen der nachgelagerten Besteuerung und werden brutto entnommen. Es fallen auch bei Arbeitgeberfinanzierung keine Sozialversicherungsbeiträge an. Bei Entgeltumwandlungen gilt die Sozialbeitragspflicht, sofern mehr als vier Prozent der BBG umgewandelt werden.

Die Begrenzungen der übrigen Wege orientieren sich hingegen ausschließlich an den Zuwendungen.

Für Direktversicherungen und Pensionskassen können im Rahmen des § 4b in Verbindung mit 40b EStG bis zur Höhe von 1.752 Euro, in Einzelfällen im Rahmen der Durchschnittsbildung bis zu 2.148 Euro aufgewendet werden. Diese Beträge unterliegen der vorschüssigen Besteuerung, sind aber pauschalierungsfähig auf 20 Prozent plus Solidaritätszuschlag und Kirchensteuer.

Pensionsfonds, Pensionskassen und Direktversicherungen haben die Möglichkeit, Eigenbeiträge des Arbeitnehmers, also aus dem Nettoentgelt finanzierte Beiträge (einschließlich staatlicher Förderung) derzeit in Höhe von 525 Euro, ab dem Jahr 2004 in Höhe von 1.050 Euro, ab dem Jahr 2006 in Höhe von 1.575 und ab dem Jahr 2008 in Höhe von 2.100 Euro aufzunehmen. Dabei unterliegen diese den Regelungen der §§ 10a und

---

11 Siehe auch Abschnitt 3.5.
12 § 249 Abs.1 Satz 1 HGB in Verbindung mit Art. 28 Abs. 1 Satz 2 EGHGB.

Der Pensionsfonds als fünfter Durchführungsweg in der Altersversorgung

79 ff. EStG. Streng genommen hat hier der Arbeitgeber nur die Durchleitungsfunktion; der Betrag wird also dem Arbeitnehmer aus dem Nettogehalt entnommen. Steuern und Beiträge sind bereits abgezogen[13].

Ausschließlich der Pensionskasse und dem Pensionsfonds sind hingegen die Beiträge vorbehalten, die im Rahmen des § 3 (63) EStG durch den Arbeitgeber an die Versorgungseinrichtung in Höhe von maximal vier Prozent der Beitragsbemessungsgrundlage (BBG) (2.448 Euro im Jahre 2003) gezahlt werden. Dieser Betrag kann sich aus Arbeitgeber- oder Entgeltbeiträgen zusammensetzen. Er wird nachgelagert versteuert. Diese Beiträge sind sozialversicherungfrei bis einschließlich 2008 im Rahmen des § 2 Abs.2 Nr. 5 Arbeitsentgeltverordnung (ArEV).

Insgesamt stellt sich der Rahmen für Pensionsfonds in Abbildung 2 dar.

Im § 3 (66) EStG kommt dem Pensionsfonds eine besondere Bedeutung zu: Werden Versorgungsverpflichtungen aus einer Direktzusage oder einer Unterstützungskasse auf den Pensionsfonds übertragen, so können auf Antrag im Wirtschaftsjahr der Übertra-

Abbildung 2: Künftige steuer- und beitragsrechtliche Behandlung

	Pensionsfonds	
	Sozialversicherungsrecht	
Steuerrecht	**Arbeitgeberfinanziert**	**Entgeltumwandlung**
Beitrag: ▪ Steuerfrei bis zur Höhe von 4% der BBG gem. § 3 Nr. 63 EStG (ab 2002) ▪ darüber hinausgehende Beiträge: steuerpflichtiger Arbeitslohn	sozialversicherungs-beitragsfrei bis zu 4 % der BBG	ab 2009 sozialversicherungsbeitragspflichtig; vorher in einer Übergangszeit bis Ende 2008 bis zu 4 % der BBG beitragsfrei
▪ individuelle Lohnversteuerung mit der Möglichkeit der Förderung gem. § 10a EStG (Sonderausgabenabzug i.H.v. 1 % der BBG in 2002, ansteigend auf 4 % in 2008; alternativ: Zulage)	sozialversicherungs-beitragspflichtig	sozialversicherungsbeitragspflichtig
Leistung: ▪ Besteuerung der gesamten Leistung gem. § 22 Nr. 5 EStG, soweit Beiträge nach § 10a EStG oder § 3 Nr. 63 EStG gefördert wurden (nachgelagerte Besteuerung) ▪ in anderen Fällen: keine Steuerpflicht der Leistungen (vorgelagerte Besteuerung) ▪ Erfassung von Rentenzahlungen mit dem Ertragsanteil		

Quelle: GDV

---

[13] siehe auch Abschnitt 2.2

gung die vorhandenen Rückstellungswerte nach §6a EStG bzw. Dotierungsmittel der Unterstützungskasse als Betriebsausgaben steuerlich geltend gemacht werden. Darüber hinausgehende erforderliche Zahlungen lassen sich in den dem Wirtschaftsjahr folgenden zehn Jahren geltend machen.

2.4 Unverfallbarkeit und Insolvenzsicherung

Die Unverfallbarkeitsregelungen für Entgeltzusagen wurden vereinheitlicht. Unverfallbare Ansprüche nach §2 Abs. 5 a BetrAVG aus Entgeltumwandlungen und beitragsorientierten Leistungszusagen sind mindestens die bis zum Ausscheiden umgewandelten Entgeltbestandteile bzw. die bis dahin erbrachten Beiträge soweit diese nicht rechnungsmäßig für biometrischen Risikoausgleich benötigt wurden. Insgesamt steht dem Arbeitnehmer das planmäßig zuzurechnende Versorgungskapital inklusiv der bis zum Versorgungsbeginn anfallenden Erträge zu.

Die Versorgung ist wie sonstige Zusagen bis zum dreifachen der maßgeblichen Bezugsgröße gemäß §18 SGB IV gegen Insolvenz gesichert. Der Pensionsfonds unterliegt der Insolvenzsicherungspflicht, da von der Fiktion ausgegangen wird, dass der Arbeitgeber, der ggf. einer Nachschusspflicht nachkommen muss, zum Zeitpunkt der Inanspruchnahme insolvent sein könnte. Trifft dieses Argument bei fehlenden Garantien des Pensionsfonds zu, so misslingt es bei übernommenen Garantien durch den Pensionsfonds. Die Insolvenzpflicht setzt eine unverfallbare Anwartschaft voraus, welche regelmäßig bei Entgeltumwandlungen ab der Aufnahme der Zahlungen zutrifft. Zwischenzeitlich wurde die Insolvenzsicherungspflicht durch Änderung des §10 Abs. 3 Nr. 4 BetrAVG für Pensionsfonds auf 20 Prozent des Hebesatzes reduziert. Damit wird sachgerecht den Sicherungsmechanismen des Pensionsfonds Rechnung getragen. Die Höhe der Bemessungsgrundlage richtet sich nach dem Teilwert der Pensionsverpflichtung gemäß §6a Abs. 3 EStG.

Der Verwaltungsaufwand für den jetzt sehr geringen Beitrag kann überdies nun auch vom Pensionsfonds übernommen werden. Inzwischen hat der Pensionsfonds die Möglichkeit, mit dem Träger der Insolvenzsicherung, dem Pensionssicherungsverein a.G (PSV) und dem Arbeitgeber eine Vereinbarung zu treffen, die es ihm ermöglicht, die sonst vom Arbeitgeber durchzuführende jährliche Ermittlung der Bemessungsgrundlage und die Abführung des PSV-Beitrages selbst vorzunehmen. Hierzu bedarf es einer Bevollmächtigung durch den Arbeitgeber sowie eines Vertrages zwischen Pensionsfonds und PSV.

Sowohl der PSV als auch der Pensionsfonds ziehen aus dieser Regelung Nutzen. Der Pensionsfonds wird dem PSV gegenüber zum Trägerunternehmen, welches für seine Unternehmen eine einheitliche kumulierte Meldung abgibt.

2.5 Gründung eines Pensionsfonds

Die Gründung, Eintragung ins Handelsregister und Aufnahme des Geschäftsbetriebs eines Pensionsfonds ist nur mit der Genehmigung des BaFin möglich. Die Aufsicht prüft im Genehmigungsprozess die fachliche Eignung des Vorstandes und die Besetzung des Aufsichtsrates. Pensionspläne sind genehmigungspflichtig. Die Kapitalausstattung legt nach § 114 Abs.1 VAG auch die Solvabilitätsspanne fest. Der Mindestbetrag des Garantiefonds beträgt 3 Millionen Euro bei einer AG. Bei einem PVaG kann der Betrag um 25 Prozent geringer sein, sofern eine Nachschussverpflichtung des Trägerunternehmens vorliegt.

In Abbildung 3 kann ein erster Eindruck der erforderlichen Arbeiten gewonnen werden.

Abbildung 3: Teilprojekt Pensionsfonds

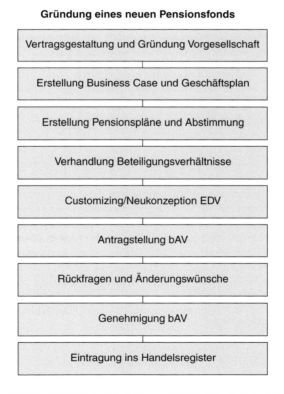

3 Gestaltung der Pensionspläne

3.1 Versorgungsverhältnis

Den Versorgungsleistungen eines Pensionsfonds liegt ein arbeitsrechtliches Grundverhältnis zwischen Arbeitgeber und Arbeitnehmer zu Grunde[14]. Dem Arbeitnehmer wird eine Versorgungsleistung durch den Arbeitgeber mittels eines Pensionsfonds zugesagt. Hier gelten die bekannten Regelungen von Pensionskassen und Direktversicherungen. Auch bei einer Entgeltumwandlung bleibt der Arbeitgeber in der Subsidiärhaftung, d. h. er haftet für jeden Ausfall des externen Versorgungsträgers

Die Arbeitsvertragsparteien vereinbaren die genauen Regelungen zur Entgeltumwandlung. Arbeitsrechtlich verzichtet der Mitarbeiter auf Lohn. Das BetrAVG sieht im § 1 Abs. 2 Nr. 3 die Entgeltumwandlung vor. Allerdings stellt es auf die Wertgleichheit zwischen dem Gehaltsverzicht und der Anwartschaft ab. Soweit die Mittel aus Eigenbeiträgen des Arbeitnehmers kommen, und damit gegebenenfalls zulagenberechtigt sind, müssen die Beiträge aus seinem Arbeitsentgelt im Rahmen einer Umfassungszusage nach dem neuen § 1 Abs. 2 Nr. 4 BetrAVG ebenfalls mit dem Arbeitgeber vereinbart werden. Diese Umfassungszusage greift aber erst seit dem 1.1.2003.

Dem Pensionsfonds wird im Rahmen des vereinbarten Pensionsplanes die Höhe und Abwicklung der betrieblichen Altersversorgung übertragen. Dieser Vertrag kommt zwischen Arbeitgeber und Pensionsfonds zustande. Die Regelungsinhalte werden im Pensionsplan und einem Rahmenvertrag mit dem Arbeitgeber vereinbart. Der Mitarbeiter erhält vom Pensionsfonds eine Bestätigung der Versorgung, die den verbraucherschutzrechtlichen Regelungen standhalten sollte. Allerdings hat der Arbeitnehmer keinen direkten Anspruch auf Leistungsgestaltung. Sollte der Arbeitnehmer die zwischen Arbeitgeber und Pensionsfonds vereinbarten Regelungen nicht akzeptieren, muss er sich direkt mit seinem Arbeitgeber auseinandersetzen. Im Leistungsfalle hat der Arbeitnehmer einen direkten Anspruch auf Versorgungsleistungen gegen den Pensionsfonds.
Der Pensionsfonds selbst hat darüber hinaus unterschiedliche Rechtsbeziehungen ggf. zu Kapitalanlagegesellschaften, Versicherungsgesellschaften oder mit Dienstleistungsunternehmen, mit denen er Funktionsübernahmen vereinbart hat.

Die Regelungen zwischen der Zentralen Zulagestelle für Altersvermögen (Zulageamt) und dem Pensionsfonds sind gesetzlich verankert in der Verordnung zur Durchführung der steuerlichen Vorschriften des Einkommensteuergesetzes zur Altersvorsorge (AltvDV) und im EStG §§ 89 ff.

---

14 Nach Auffassung der Gruppe Rechnungslegung des DAV und IVS handelt es sich bei der „finalen Haftung" nur um deklaratorische Klarstellung und nicht um eine substantielle Änderung, in BetrAVG 1/2003 Seite 43.

Abbildung 4: Entgeltumwandlung mit dem Pensionsfonds

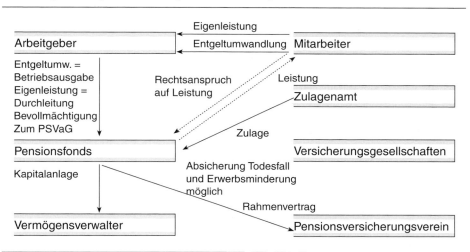

3.2 Pensionsplan

Der Pensionsplan stellt für den Pensionsfonds die Grundlage der Versorgungsleistung dar. Er ist das maßgebliche Regelwerk für die Rechtsverhältnisse zwischen dem Pensionsfonds und dem Arbeitgeber sowie zwischen dem Pensionsfonds und dem versorgungsberechtigten Arbeitnehmer. Der Pensionsplan wird der Aufsichtsbehörde, der Bundesanstalt für Finanzdienstleistungsaufsicht, zur Genehmigung vorgelegt.

Der Pensionsfonds hat gemäß § 112 Abs. 1 Nr. 2 nicht die Möglichkeit, für alle vorgesehenen Leistungsfälle eine versicherungsförmige Garantie zu geben. Diese liegt vor, wenn vom Pensionsfonds eine fest vereinbarte Leistung bei fest vereinbarten Beiträgen ohne Nachschusspflicht des Arbeitgebers abgegeben wird. Bestimmte versicherungsförmige Garantien darf der Pensionsfonds geben, allerdings gelten dann die Regelungen der Lebensversicherer, wie im § 113 VAG festgelegt wurde. Der Pensionsfonds schränkt seine im VAG erhaltene Freiheiten der Kapitalanlage ein, oder versucht zunächst den Rechnungszins mit den vorhandenen Anlagen zu erreichen. Sollte dies nicht ausreichen, sind Rückstellungen aus dem Eigenkapital zu bilden

3.3 Formen von Pensionsplänen

In den Versorgungsplänen werden die Höhe der Leistung und die Regelungen zur Leistungserbringung beschrieben, die Teilnehmer und die Finanzierung definiert sowie

Überschussberechtigung und Kapitalanlage festgelegt. Jeder Pensionsplan ist der Bundesanstalt für Finanzdienstleistungsaufsicht (BaFin) zur Genehmigung vorzulegen. Arbeitsrechtliche Vereinbarungen sind dagegen nicht Bestandteil des Pensionsplans. Neben den versicherungsmathematischen Grundlagen und der Festlegung des Rechnungszinses ist die Deckungsrückstellung wesentlich beeinflusst von der Gestaltung des Pensionsplanes. In der Leistungsphase hat der Pensionsfonds eine laufende Versorgungsleistung zu erbringen, die, sofern sie garantiert werden soll, analog eines Rentenversicherers zu kalkulieren ist. Für garantierte Leistungen hat der Pensionsfonds das Kapitalanlagerisiko zu tragen. Folglich muss die Eigenkapitalausstattung mit einem Bedarf von vier Prozent der Deckungsrückstellung zuzüglich 0,3 Prozent des Risikokapitals deutlich gegenüber einer nicht garantierten Leistung mit lediglich ein Prozent der Deckungsrückstellung erhöht werden. Der Höchstrechnungszins beträgt im Jahr 2003 3,25 Prozent und voraussichtlich ab dem Jahr 2004 2,75 Prozent.

Grundsätzlich muss zwischen arbeitgeberfinanzierten und arbeitnehmerfinanzierten Versorgungen unterschieden werden, da die gesetzlich unverfallbaren Ansprüche zu unterschiedlichen Zeiten einsetzen. Ein unwiderruflicher Rechtsanspruch des Arbeitnehmers entsteht erst mit Beginn der gesetzlichen oder vertraglichen Unverfallbarkeit. Die Gestaltungsmöglichkeiten sind durchaus sehr vielfältig. Bestimmte Regelungen wie z. B. besondere Unverfallbarkeitskriterien in den Pensionsplänen lassen sich gegebenenfalls nur bei arbeitgeberfinanzierten Versorgungen gestalten.

Überbetriebliche Pensionsfonds halten unterschiedliche Pensionspläne bereit, um möglichst vielen Arbeitgebern den Beitritt zu ermöglichen.

In den Leistungskatalog des Pensionsplan kann ein genau zu definierender Auszahlungsplan aufgenommen werden. Die Auszahlungspläne des § 1 Abs. 1 Satz 1 Nr. 5 AltZertG können nun im Rahmen des § 112 Abs.1 Satz 1 Nr. 4 genehmigt werden. Dabei sind 60 Prozent des insgesamt zur Verfügung stehenden Kapitals für feste monatliche Raten und lebenslange Rentenleistungen ab dem 85. Lebensjahr vorzusehen. Die restlichen 40 Prozent können für Teilraten verwendet werden. Es ist allerdings darauf zu achten, dass die letzte Rate des Auszahlungsplanes nicht höher ist als die erste Rate der Rente. Ferner darf der mögliche einmalige Auszahlungsbetrag nicht die Garantieleistung beeinträchtigen.

Regelungen zur Beitragsübernahme der ab Unverfallbarkeit fälligen PSV-Beiträge sind ebenfalls hier festzulegen. Dabei muss beachtet werden, dass die Regelungen nicht die Garantieleistungen des Pensionsfonds berühren. Die generelle Beitragspflicht des Arbeitgebers wird durch aktuelle Sonderregelungen gemildert. So können die anfallenden Insolvenzsicherungsbeiträge dem individuellen Arbeitnehmervertrag belastet werden. Es wird als genehmigungsfähig angesehen, diese aus den Überschüssen zu entnehmen.

3.4 Beitragszusage mit Mindestleistung

Bei dieser Form der Zusage hat der Arbeitnehmer eine Garantie, dass die bis zum Altersrentenbeginn eingezahlten Beiträge, abzüglich der bis dahin für Risikobestandteile ver-

Der Pensionsfonds als fünfter Durchführungsweg in der Altersversorgung

brauchten Mittel, ungekürzt zur Umrechnung in eine Altersrente oder im Rahmen eines Auszahlungsplanes zur Verfügung stehen. Der Arbeitgeber hat eine flexible Aufwandsmöglichkeit, je nach arbeitsrechtlicher Vereinbarung.

Der Arbeitgeber trägt nur dann eine Nachschusspflicht für die garantierte Mindestleistung, wenn der Pensionsfonds diese Absicherung nicht selbst übernimmt

Je nach Vereinbarung übernimmt der Pensionsfonds die Garantie durch ein Wertsicherungskonzept (ein Deckungsstock) oder ein Hybridprodukt, das in den Garantieteilen einer Lebensversicherung ähnelt (mehrere Deckungsstöcke). Die größte Freiheit bei der Kapitalanlage im Rahmen seiner gesetzlichen Möglichkeiten erhält der Pensionsfonds, wenn der Arbeitgeber auch eine Garantie übernimmt.

3.5 Leistungszusage/beitragsorientierte Leistungszusage

Der Arbeitgeber stattet den Pensionsfonds mit den erforderlichen Mitteln aus, um die zugesagte Leistung zu erbringen. In der Regel wird dies durch planmäßig zu entrichtende Beiträge gewährleistet, aber es sind auch andere Formen der Finanzierung möglich, wie z. B. Einmalzahlungen.

Trägt der Arbeitgeber das Kapitalmarktrisiko, so ist die Finanzierung der Versorgungsleistung von einem am Kapitalmarkt erreichbaren Zins abhängig. Da dieser nicht garantiert ist, können, je nach Grad der Vorsicht, im Laufe der Jahre höhere oder niedrigere Zahlungen des Arbeitgebers erforderlich sein. Diese Form eignet sich nicht für eine entgeltfinanzierte Versorgung. In einem Feststellungsverfahren wird je nach Kassenlage des Fonds der erforderliche Beitrag ermittelt[15].

Übernimmt der Pensionsfonds die Garantie, darf der zu Grunde liegende Zins nicht über dem in der PFDeckRV ausgewiesenen Höchstzins liegen.

4 Besondere Merkmale des Pensionsfonds

Der Pensionsfonds zeichnet sich durch eine Vielzahl von Optionsmöglichkeiten aus, die bisher im Rahmen der betrieblichen Altersversorgung nicht vorhanden waren. Zwar können einzelne Versorgungswege besondere Merkmale, wie z. B. Flexibilität in der Kapitalanlage aufweisen. Dafür sind aber, wie bei der Direktzusage erkennbar, andere Restriktionen hinzunehmen. Im Folgenden werden einige der Möglichkeiten des Pensionsfonds aufgezeigt.

---

15 Feststellungsverfahren gemäß VAG, die Anwendungsregelungen ergeben sich aus dem Pensionsplan.

4.1 Optionale Gestaltungsmerkmale der Leistungsbausteine

Zur Sicherstellung der Versorgungszusage hat der Pensionsfonds einen besonderen Gestaltungsspielraum.

Zunächst kann sich der Pensionsfonds im Rahmen seiner Organe und Gremien eine besondere Struktur geben. So ist es möglich, in die Vermögensanlage neben den schon verantwortlichen Organen Vorstand, Aufsichtsrat und gegebenenfalls Kapitalanlagegesellschaft weitere Gremien einzubeziehen, wie z. B. einen strategischen Anlageausschuss und einen unabhängigen Consultant. Beide haben die Aufgabe, steuernd und beratend in den Anlageprozess einzugreifen, also bei der Auswahl der Asset Manager mitzuwirken, die strategischen Vorgaben zu definieren und ein neutrales Controlling der Ergebnisse zu gewährleisten.

Die Anlage selbst kann dabei unterschiedlich definierten Strategien folgen. Es ist sowohl eine Auswahl unterschiedlich gewichteter Anlageformen und/oder Anlagegesellschaften für ein festgelegtes Fondskonzept als auch für eine Multifondsstruktur mit Wahlmöglichkeiten für die Arbeitnehmeroptionen vorstellbar. Bestimmte Festlegungen werden dabei allerdings schon in den Pensionsplänen fixiert. Darüber hinaus ist bei einem Aktienkonzept ein Lifecycle-Steuerungsmechanismus sinnvoll, um insbesondere Arbeitnehmer nicht kurz vor deren Rententermin einer Turbulenz an den Kapitalmärkten auszusetzen, die gegebenenfalls empfindliche Einbußen im erwarteten Rentenbetrag nach sich ziehen könnte.

Arbeitgeber und Arbeitnehmer haben feste Vorstellungen von den möglichen erwarteten Versorgungsleistungen eines Pensionsfonds. Der Fonds ist generell in der Lage, bestimmte Zusatzversorgungen optional oder obligatorisch einzubauen, soweit sich diese Bausteine auf Leistungen beziehen, die mit der bAV in Einklang zu bringen sind. Dabei kann sich der Pensionsfonds Rückdeckungsversicherungen oder Rückversicherungsoptionen bedienen. Es bleibt dem Versorgungszweck überlassen, welche Wahl getroffen werden soll. Problematisch könnte ein bestehender Leistungsplan einer Direktzusage sein, wenn dort sonst unübliche Leistungen (z. B. Arbeitsunfähigkeit statt Erwerbsminderung oder Rentensteigerungen gekoppelt an Beamtenbezüge) zugesagt wurden.

Die größten Unterschiede und Optionen bestehen in dem zu vereinbarenden Service, wobei grundsätzlich gilt, dass umfangreicher Service höhere Kosten nach sich zieht. Insbesondere wird ein Kostenvergleich zwischen einem Tarif mit Einzelberatung der Arbeitnehmer gegenüber einem nur durch Betriebsvereinbarung und Betriebsversammlung angebotenen Tarif deutliche Unterschiede zeigen. Vielfach hängt das Servicelevel von der EDV-technischen Plattform des Anbieters ab. Hier haben auf Kollektivverwaltung ausgerichtete Verwaltungssysteme wesentliche Vorteile (geringere Kosten, schnellerer Service). Darüber hinaus ist eine transparente Einsichtnahme in die Kosten und Leistungen der Versorgungen sehr hilfreich. Hier haben Pensionsfonds oft Vorteile gegenüber traditionellen Versorgungswegen, da die EDV-Basis neu konzipiert wurde.

4.2 Praktische Beispiele von Pensionsplänen

Neben den grundsätzlichen gesetzlichen Regelungen[16] und den Genehmigungsvorbehalten durch das BaFin ist der Pensionsfonds frei in der Gestaltung der Pläne. Leistungszusagen, Beitragszusagen, Garantien, Teilauszahlungspläne, Regelungen zum PSVaG, Finanzierung durch Arbeitgeber und/oder Arbeitnehmer, Zulagefähigkeit, Versorgungshöhen und Absicherung bestimmter biometrischer Risiken als Wahl- oder Standardoptionen sowie auch relevante Fondsauswahlmöglichkeiten stehen zur Verfügung.

Ein Beispiel für Regelungen aus einer Beitragszusage mit Mindestleistung könnte sein:

Alterssicherung: Ab Erreichen der Altersgrenze (65 Jahre bzw. vorgezogen) erfolgt eine lebenslange, monatliche Rentenzahlung aus dem vorhandenen Kapital.
Der Rentenbeginn ist frühestens ab Bezug der gesetzlichen Altersrente möglich.
Erwerbsminderungsabsicherung: Bei vorzeitiger voller Erwerbsminderung wird eine monatliche Grundrente bis zum Beginn der Altersrente gezahlt.

Optional ist eine *Zusatzversicherung bei voller Erwerbsminderung*
mit fünf Prozent oder zehn Prozent des Beitrages möglich, die bis zum Alter von 60 Jahren gezahlt wird.

Hinterbliebenenabsicherung: Bei Tod des Versicherten vor Rentenbeginn wird für die/den hinterbliebene/n Lebenspartner eine lebenslange Rente aus dem angesammelten Kapital gebildet. Sofern kein Partner vorhanden ist, erhalten Kinder bis zum 18. (27.) Lebensjahr eine Rente.

Verstirbt der Leistungsempfänger, erhält der/die Hinterbliebene 60 Prozent (Kinder 20 Prozent) der laufenden Rente.
Überschussbeteiligung: Während der Ansparphase ergibt sich eine Wertsteigerung des individuellen Kapitals durch Überschüsse und Wachstum der Fondswerte.

Während des Rentenbezugs ergibt sich durch gegebenenfalls anfallende weitere Überschüsse eine kontinuierliche Rentenerhöhung.
Innerhalb des Pensionsplanes ist auch ein Auszahlungsplan möglich, der wie folgt aussehen könnte:

20 Prozent des bei Rentenbeginn vorhandenen individuellen Versorgungskapitals werden zu Altersrentenbeginn in einer Summe ausgezahlt.

Aus dem restlichen Kapital werden bis zum Alter von 85 Jahren gleichbleibende Raten geleistet. Bei Tod des Begünstigten nach Altersrentenbeginn erfolgt eine Kapitalabfindung.

Ab dem 85. Geburtstag wird eine lebenslange Rente gezahlt, deren Höhe den vorherigen Teilauszahlungen entspricht.

---

16 Siehe Abschnitte 3.2 und 3.3.
17 Auch die BMF-Schreiben vom 20.7.2002 und vom 8.1.2003 sind zu beachten.

Abbildung 5: Auszahlungsplan (Beispiel)

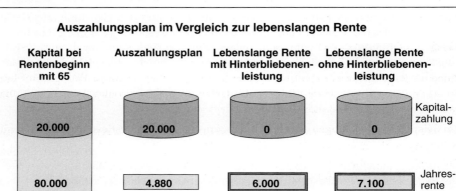

In Abbildung 5 werden die Wahlmöglichkeiten für einen Mitarbeiter deutlich. Dabei ist zu beachten, dass in der Regel eine Wahl wegen möglicher *versicherungsmathematisch ermittelbarer negativer Risikoauslese* ca. drei Jahre vor dem Renteneintritt stattfinden sollte. Es besteht sonst die Gefahr, dass insbesondere gesundheitlich angeschlagene Anwärter die Kapitalzahlung wählen.

4.3 Übertragung einer bestehenden Zusage

Sofern es sich um die Übernahme einer bestehenden Zusage aus einer Direktzusage oder Unterstützungskasse handelt, ist dies eher motiviert durch unternehmerische Gründe. Es kann sich um einzelne Zusagen vom Gesellschafter bzw. Geschäftsführer bis zur Übernahme ganzer Belegschaften handeln. Die Gründe liegen z. B. in einer gewünschten Bilanzbereinigung, Auswirkungen aus „Basel II", Auslagerung der Kapitalmarkt- und Langlebigkeitsrisiken oder auch im persönlichen Bereich im Rahmen einer Nachfolgeregelung.

Da die Gestaltung von so unterschiedlichen Faktoren abhängt und auch Liquiditätsüberlegungen und Finanzierungsfragen eine Rolle spielen, wenn z. B. durch betriebsinterne Maßnahmen schon Wertpapierbestände zur Sicherung aufgebaut wurden, ist eine allgemeinverbindliche Aussage über Gestaltungen schwierig. Darüber hinaus werden Veränderungen in der Finanzierung auch zum Anlass genommen, über Struktur eines Versorgungswerkes nachzudenken.

Auch bei dieser Zusage ist die Frage, wer die Garantie übernimmt, sehr wichtig. Soweit es der Pensionsfonds ist, darf im Jahr 2003 nur mit einem Zins von 3,25 Prozent gerechnet werden. Hingegen kalkuliert die Direktzusage mit sechs Prozent. Diese Diskrepanz wird durch unterschiedliche Konstruktionen auszugleichen sein.

Die unveränderte Fortführung einer bestehenden Leistungszusage in einem Pensionsfonds scheitert häufig an den Finanzierungsmöglichkeiten.

4.4 Garantien

Auch die Regelungen zur Erreichung einer bestimmten Versorgungsleistung durch entsprechende Anlagen sind im Pensionsplan festzulegen. Dabei kommt es wesentlich darauf an, ob der Pensionsfonds Garantien zusagt oder nicht.

Ideale Anlageverhältnisse erreicht der Pensionsfonds, wenn der Arbeitgeber die Mindestbeitragsgarantie übernimmt. Dann werden die Möglichkeiten der PFKapAV komplett genutzt. Soweit hingegen Garantien abzusichern sind, wird bis zu deren Höhe ein strengeres Anlageverhalten gemäß Anlageverordnung (AnlV) der Lebensversicherer gefordert.

In Tabelle 1 werden die beiden Anlageverordnungen gegenüber gestellt.

Liegt z. B. eine versicherungsförmige Garantie des Pensionsfonds vor, hat dieser dafür zu sorgen, dass diese Garantie erfüllt werden kann. Da die Arbeitgeber derzeit eine versicherungsförmige Garantie des Pensionsfonds bevorzugen, wird eine entsprechende Umsetzung mit folgenden Optionen durchgeführt.

Tabelle 1: *Überschaubare Risiken bei ausreichendem Freiraum*

	Das garantierte Mindestkapital gemäß § 115 VAG bzw. AnlV	Das zusätzliche Versorgungskapital gemäß § 115 VAG bzw. PFKapAV
Anlageformen	Darlehen, Schuldverschreibungen und Genussrechte, Schuldbuchverschreibungen, Aktien, Beteiligungen, Grundstücke und grundstücksgleiche Rechte, Wertpapierfonds, laufende Guthaben bei Kreditinstituten, sonstige Anlagen	
Mischung	Risikokapitalquote bis max. 35 %	Keine expliziten Grenzen. Die Aufsichtsbehörde kann den Anteil der unmittelbar gehaltenen Anlagen herabsetzen, wenn es Wahrung der Belange der Versorgungsberechtigten erforderlich ist
Streuung	Je nach Anlageart auf den selben Schuldner lautende Anlagen bis max. 5 %-30 %	
Kongruenz	Anlagen müssen auf die Währung lauten, in die der die Verpflichtungen erfüllt werden müssen	Anteil der auf nicht kongruente Währung lautenden Vermögenswerte bis max. 30 %

4.4.1 Wertsicherungsmethode

Bei diesem Modell ist das Kapital komplett in einem Deckungsstock verwaltet. Für alle Altersgruppen und Beiträge werden virtuell die erforderlichen, auf den aktuellen Termin ermittelten Deckungsrückstellungen den angelegten Mitteln aus den erforderlichen

Anlageklassen gegenübergestellt. Soweit diese Mittel ausreichen, ist eine Nachschusspflicht ausgeschlossen. Eine Nachschusspflicht wäre durch Eigenmittel des Pensionsfonds zu belegen. Unter kollektivem Ansatz besteht bei diesem Modell die Gefahr, dass eine längerfristige Unterperformance den späteren Versorgungsanwärtern Nachteile bringt. Deshalb ist ein besonderes Controlling erforderlich, das den einzelnen Altersgruppen Rechnung trägt.

4.4.2 Rückdeckungskonzepte

Der Garantieteil lässt sich insbesondere in Verbindung mit einem Versicherungsunternehmen abdecken, indem aus dem zugewendeten Beitrag ein Einmalbeitrag gebildet wird. Dieser gibt zum vermutlichen Altersrentenbeginn eine garantierte Versicherungsleistung, die dem eingezahlten Beitrag entspricht. Der hierzu nicht benötigte Beitrag, sowie anfallende Überschussanteile werden auf einen freien Deckungsstock übertragen.

Das Hybridprodukt eines Pensionsfonds stellt die dritte Möglichkeit dar, die eine klar erkennbare Struktur der Kapitalanlage und deren Ergebnisse in den einzelnen Deckungsstöcken ermöglicht. Darüber hinaus gewährt sie genügend Freiraum für externe Zusatzabsicherungen der biometrischen Risiken und nutzt die Möglichkeiten des Kapitalmarktes, ohne auf die Garantie verzichten zu müssen.

In Abbildung 6 wird ein solches Modell dargestellt. Neben transparenten Zuordnungen zu den beiden gebildeten Deckungsstöcken (Garantie/freie Anlagemöglichkeit) sind sowohl Kosten- und Risikobestandteile darstellbar. Auch können bei Bedarf im Deckungsstock 1 zusätzliche Risiken in eigener Regie übernommen und eingewertet eingebracht werden. Auch die laufenden Versorgungsleistungen werden entweder über eine Rück-

Abbildung 6: Die Hybridlösung Pensionsfonds; Beitragszusage mit Mindesleistung

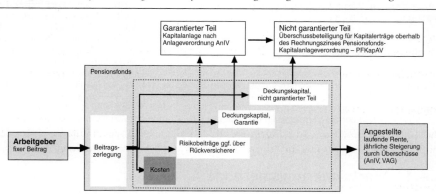

Zur Absicherung der Mindestleistung Gestaltung als Hybridprodukt
Der Pensionsfonds übernimmt die Garantie der Mindestleistung

deckungsversicherung, die als Bestandteil des Deckungsstocks 1 angesehen würde, oder direkt über den Deckungsstock 1 abgebildet.

4.5 Kapitalanlageoptionen

Unterstellt man einen strategischen Anlageausschuss, wie in Abschnitt 4.1 ausgeführt und wird ein Hybridprodukt gewählt, können sich in den Pensionsfondsregelungen exemplarisch folgende Aussagen wiederfinden:

- Grundlage für die Kapitalanlage bilden die Bestimmungen des Versicherungsaufsichtsgesetzes VAG, der Anlageverordnung AnlV und die Pensionsfonds-Kapitalanlageverordnung PFKapAV. Bei der Kapitalanlage wird auf einen unabhängigen Consultant zurückgegriffen.
- Der Pensionsfonds entscheidet über die Anlage der Beiträge in Übereinstimmung mit den Anlagerichtlinien. Ein Wahlmöglichkeit für den Versorgungsberechtigten besteht für den vorliegenden Pensionsplan derzeit nicht.
- Die Mittel zur Bedeckung der versicherungsförmigen Garantie (Deckungsstock 1) werden gemäß den jeweils maßgeblichen Bestimmungen der Verordnung über die Anlage des gebundenen Vermögens von Lebensversicherungsunternehmen (AnlV) angelegt.

Beiträge, die nicht für die Finanzierung von Kosten, Risikoprämien oder die garantierte Mindestleistung gebunden sind, werden in Spezial- oder Publikumsfonds mit hoher Aktienquote angelegt.

Übergeordnetes Anlageziel:

Das übergeordnete Anlageziel ist es, bei geringem Risiko und Einhaltung der gesetzlichen Vorschriften (VAG) eine maximale Rendite auf das Anlagevermögen zu erzielen. Das betreffende Anlagevermögen (Deckungsstock) besteht aus Direktbeständen (z. B. Immobilien, Renten) und Spezialfonds. Der hier definierte Anlageprozess bezieht sich auf alle Spezialfonds, um diese in Zukunft ganzheitlich steuern zu können.

Zur Risikosteuerung werden in regelmäßigen Abständen Stress-Tests eingesetzt.

Die taktische Allokation:

Die taktische Allokation stützt sich auf einen bewährten Investmentansatz des Dachfondsmanagements, wobei die taktische Allokation wöchentlich durchgeführt wird.

Investmentanalyse:

Die Investmentanalyse besteht aus einer Kombination von fundamentalen (Yield Ratio, Risikoprämie, Attraktivität, monetäres Umfeld) und preisgestützten Faktoren (Relative Stärke, technischer Gesamtindikator), die in einer Gesamtmarkteinschätzung für jeden

Markt des Anlageuniversums verdichtet werden. Die verschiedenen Faktoren werden regelmäßig getestet und überprüft. Eine Anpassung und/oder Erweiterung ist ggf. problemlos möglich. Das Modell quantifiziert alle Faktoren auf objektive Weise und ist jederzeit für Dritte nachvollziehbar.

Optimierung der Allokation:

Die Markteinschätzungen werden anschließend statistisch adjustiert, um konsistente Alphas zu erzeugen, die als Input für die Optimierung benötigt werden. Die Optimierung gegen die Benchmark (unter Einhaltung der vorgegebenen Dispositionsbandbreiten) erfolgt und wird über den Tracking Error gesteuert.

Umsetzung:

Der Anlageausschuss überprüft das Optimierungsergebnis auf Plausibilität und gibt gegebenenfalls einen Anlagevorschlag an das Management des Spezialfonds.

Risikoprozess:

Die Mittel zur Bedeckung der versicherungsförmigen Garantie (Deckungsstock 1) werden gemäß den jeweils maßgeblichen Bestimmungen der Verordnung über die Anlage des gebundenen Vermögens von Lebensversicherungsunternehmen (AnlV) angelegt. So wird sichergestellt, dass im Hinblick auf die gegenwärtigen und zukünftigen Erträge dieser Anlageform die Erfüllbarkeit der einzelnen Verpflichtungen dauernd gewährleistet ist. Zur Beurteilung und Steuerung des Risikos greift der Pensionsfonds – über den Weg der Anlageausschüsse – auch auf die Kenntnisse und Fähigkeiten von Kapitalanlagegesellschaften zurück.

Abbildung 7: Prozess des Risikomanagementsystems

Der Pensionsfonds als fünfter Durchführungsweg in der Altersversorgung

Für den Pensionsfonds selbst ist die Sicherung des Vermögens eine Grundvoraussetzung. Deshalb ist der Risikomanagementprozess besonders wichtig. Letztlich haftet zunächst immer der Pensionsfonds für eine gegebenenfalls entstandene Unterdeckung bei gegebener Garantie mit seinem Vermögen.

In Abbildung 8 wurde ein Szenario aus dem Jahr 2002 dargestellt, welches bei einer vorgegebenen Einzahlung bei zwei verschiedenen Anlagestrategien die möglichen Entwicklungen aufzeigt. Dabei kann der tatsächlich erreichte Wert natürlich auch außerhalb der Grenzen liegen. Allerdings ist diese Wahrscheinlichkeit gering.

Abbildung 8: *Entwicklung des garantierten Mindeskapital eines 2002 investierten Vermögens*

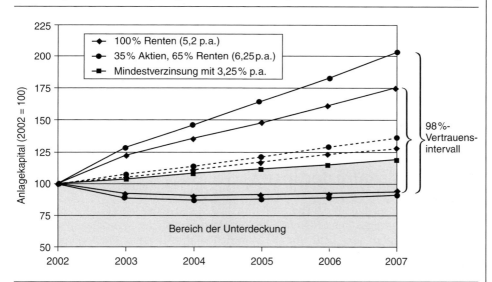

4.6 Funktionsausgliederungsverträge

Der Pensionsfonds ist in der Lage, sofern sein eingetragener Geschäftszweck dies erlaubt, Dienstleistungen für andere gleichgelagerte Versorgungseinrichtungen zu übernehmen, solange dies nicht zum Selbstzweck wird.

Eine „Verwaltung von Versorgungseinrichtungen" im Sinne des VAG liegt nur vor, wenn das verwaltende Unternehmen biometrische Risiken oder Kapitalanlagerisiken (z. B. durch Garantie für Kapitalerhalt oder Mindestverzinsung) übernimmt.

Reine Dienstleistungen, auch wenn sie den Umfang von Funktionsausgliederungen erreichen, sind also auch durch einen Pensionsfonds möglich (wegen §7 Abs. 2 VAG allerdings nur, solange es sich eindeutig um Nebengeschäfte handelt; also wenn nur vorhandene Kapazitäten besser ausgenutzt werden sollen).

Die inhaltlichen Anforderungen an Funktionsausgliederungsverträge werden in § 5 Abs. 3 Nr. 4 VAG und § 13 Abs. 1a VAG beschrieben.

Bei der Ausgliederung von Funktionen des Unternehmens muss gewährleistet sein, dass der Pensionsfonds ausreichende Kontrolle über den Geschäftsbetrieb behält. Dazu gehört insbesondere die letzte Kontrolle und Verantwortlichkeit für die ausgegliederte Funktion, das Eigentum an allen Geschäftsunterlagen (im Falle von Inkassovereinbarungen gilt das auch für die Beitragseinnahmen) sowie das Recht des Pensionsfonds zur jederzeitigen Kündigung.

Unternehmerische Kernfunktionen wie z. B. die Einrichtung des Überwachungssystems nach § 91 Abs. 2 Aktiengesetz oder die Festlegung der Anlagegrundsätze (s. u. 5. i) können nicht ausgegliedert werden. (Vgl. im Einzelnen R 6/76 (VerBAV 1976 S. 211), GB BaFin 1977 S. 80 Abschn. 8212, GB BaFin 1983 S. 47 Abschn. 21, GB BaFin 1980 S. 49 Abschn. 2030 (ohne Abs. 4 Halbs. 2) und insbesondere VerBAV 1985 S. 169.)

Diese Regelungen sind auch zu beachten, wenn ein fremdes drittes Unternehmen die Aufgaben eines oder mehrerer Pensionsfonds übernimmt.

5 Marktdurchdringung

5.1 Basisanforderungen

Die Grundlagen für eine mögliche Marktdurchdringung, oder besser für einen Erfolg des Versorgungsweges Pensionsfonds liegt in den gesetzlichen Grundlagen. Es muss sich um ein „level playing field" für alle Marktteilnehmer handeln. Wie schon eingangs teilweise ausgeführt ist der Überblick zuweilen versperrt von den vielfältigen Regelungen der einzelnen Versorgungswege. Mit fünf Durchführungswegen, unterschiedlichen Versorgungszusagemöglichkeiten, unterschiedlicher Mittelherkunft und zusätzlicher Riester-Renten-Option entsteht für den Entscheider (Arbeitgeber oder/und Arbeitnehmer) eine mehrdimensionale Entscheidungsmatrix.

Grundsätzlich herrscht derzeit ein starker Wettbewerb der Versorgungswege und Anbieter am Markt. Welcher Versorgungsweg für ein Unternehmen oder für einen Mitarbeiter der günstigste ist, lässt sich nur begrenzt zum Zeitpunkt des Vertragsabschlusses sagen, da z. B. die individuelle Risikosituation, die zukünftige persönliche Entwicklung und der Eintritt der prognostizierten, aber nicht gesicherten Werte von vielen Faktoren abhängen. Auch für die Unternehmen selbst, die auch nach dieser Reform grundsätzlich alleine entscheiden können, welcher Durchführungsweg in der bAV gewählt wird, fällt eine Entscheidung nicht leicht.

Der unmittelbare Konkurrent ist derzeit die Pensionskasse. Beide Systeme sind sich in bestimmten Ausprägungen sehr nahe (Abbildung 9).

Der Pensionsfonds als fünfter Durchführungsweg in der Altersversorgung

Abbildung 9: Im Rahmen des § 3 (63) EStG bestimmte Abläufe

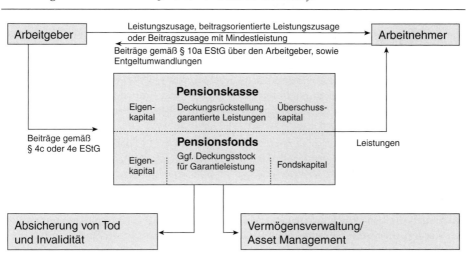

Da im Zuge der Reform die Pensionskassen und Pensionsfonds als einzige Versorgungsträger sowohl zulagegeförderte Versorgungen (§ 10a EStG) als auch nachgelagerte Versteuerung (§ 3 (63) EStG) zulassen, werden diese häufig als Gewinner der Reform betrachtet[18].

5.2 Der Markt für Pensionsfonds

Da der Pensionsfonds zusätzlich noch über § 3 (66) EStG aus den über 200 Mrd. Euro Direktzusagen einen bestimmten Übertragungsteil erwarten kann, wird ihm eine gute und dauerhafte Marktpositionierung zugetraut. Ein wesentlicher Nachteil wurde mit der Änderung des § 10 Abs. 3 Nr. 4 BetrAVG abgebaut. Der Pensionsfonds hat eine PSV-Sicherung auf der Basis von 1/5-tel der sonst üblichen Prämie zu leisten. Pensionskassen können derzeit nicht mit einer derartigen Absicherung aufwarten. Direktversicherer versuchen dies über eine eigene privatrechtliche Auffanggesellschaft zu lösen. Da auch diese Geld kostet, erscheint hier für den Pensionsfonds kein Wettbewerbsnachteil mehr zu bestehen.

Auch das Vertrauen in die Marktfähigkeit eines Pensionsfonds spielt eine wichtige Rolle. Haben die Versicherer auch durch in jüngster Zeit aufgetretene Schieflagen einiger Gesellschaften an Verbrauchervertrauen verloren, so bleibt dem Pensionsfonds doch eine, wenn auch unbegründete Unsicherheit anhaften. Dies ist sicher geprägt durch die

---

18 Siehe auch Abschnitt 2.3.

turbulenten Veränderungen an den Kapitalmärkten und den Hiobsbotschaften von angelsächsischen Pensionsfonds. Beides ist aber nicht so einfach vergleichbar mit einem deutschen Pensionsfonds, der der deutschen Versicherungsaufsicht unterliegt[19].

Keinesfalls darf unterschätzt werden, dass Erfolg nur bei effizienten Vertriebskanälen erreicht werden kann. Insbesondere waren die Lebensversicherungsunternehmen mit den Angeboten für Direktversicherungen im Rahmen der Einzelberatung bei Arbeitnehmern in Verbindung mit einer attraktiven Provision für den Vermittler erfolgreich. Pensionskassen kamen bisher durch deren betrieblichen oder branchenspezifischen Hintergrund mit sehr geringen Abschlusskosten aus. Neue offene Pensionskassen statten ihre Tarife aber mit einmaligen (gezillmerten) Abschlusskosten aus, um einem Vermittler eine adäquate Provision zahlen zu können. Pensionsfonds werden eher eine laufende Provision zahlen, da eine Zillmerung bisher nicht von der BaFin zugelassen wird. Dies stellt zwar gegebenenfalls einen Nachteil in der Motivation der Vermittler dar, kommt aber, da die Provision auf mehrere Jahre verteilt wird, dem Arbeitnehmer in Form von ab Beginn an höheren Zinsträgern zugute, was das Produkt wettbewerbsfähiger macht.

Aber auch die tatsächlich anfallenden Verwaltungskosten und Kapitalmanagementkosten werden, da sie das Gesamtergebnis belasten, einen wesentlichen Einfluss auf das für den Arbeitnehmer wichtige Resultat, die Höhe der laufenden Rente haben. Neben diesen Punkten wird im Rahmen des Preis-Leistungs-Verhältnisses die schon weiter oben angesprochene angebotene Dienstleistung eine wesentliche Rolle spielen. Transparenz, Nutzung neuester Technologien und ein gutes Preis-Leistungs-Verhältnis werden wesentlich mehr den Markt beeinflussen.

Folgende *Leistungen* gelten bei einem Pensionsfonds als Standard:

Für Unternehmen:

- Betreuung des Versorgungswerkes durch Verantwortliche im Pensionsfonds;
- Online-Zugriff für Unternehmen auf Formulare und Vertragsdaten der Mitarbeiter;
- Policierung durch Sammellisten statt Einzelverträge;
- Infohotline für die Unternehmen;
- Unterstützung bei der Gestaltung des firmeneigenen Intranets;
- alle Unterlagen in digitaler Form mit sämtlichen Formularen, um Intranetlösungen zu gewährleisten;
- alle Firmenreports werden in elektronischer Form angeboten;
- voll automatisiertes Memberloadverfahren zur Aufnahme und Änderung der Mitarbeiterbestände;
- PSV-Beiträge werden wahlweise vom Arbeitgeber übernommen oder aus dem individuellen Versorgungskapital des Arbeitnehmers aufgebracht;
- PSV-Testat und Meldung an den PSV durch den Pensionsfonds.

---

[19] Siehe auch Abschnitt 4.4,

Für die Arbeitnehmer/Versorgungsanwärter:

- Telefonhotline zur individuellen Beratung der Mitarbeiter bei Abschluss;
- bei Aufnahme in den Pensionsfonds werden individuelle Versorgungsbestätigungen erstellt und direkt an den Versorgungsanwärter versendet;
- jährlich ein schriftlicher Kontoauszug zum aktuellen Stand seiner Versorgung;
- gesicherter Internetzugang zum persönlichen Versorgungskonto mit Transparenz des eigenen Versorgungskontos;
- mit Einsicht in die Entwicklung der individuellen Kapitalanlage;
- mit aktuellen Infos zum Pensionsfonds;
- Angebotsrechner zur Erstellung spezifischer Neu- und Erhöhungsangebote;
- Bestandshotline für Fragen zum Pensionsfonds.

Darüber hinaus sollte der Pensionsfonds alle Formen der Beitrags- und Zulagenzahlung verwalten können, um allen späteren steuer- und sozialversicherungsrechtlichen Ansprüchen bezüglich der Rentenzahlung gerecht werden zu können. Neben den derzeit in Grafik 8 dargestellten Verarbeitungsmöglichkeiten kommen zukünftig noch die Übertragungen aus deutschen Unternehmen sowie aus dem europäischen Raum, die gegebenenfalls anderen steuer- und arbeitsrechtlichen Grundlagen unterliegen, im Rahmen neuer EU-Pensionsfondsrichtlinie hinzu.

5.3 Europäische Bestrebungen

Die neue europäische Pensionsfondsrichtlinie (Richtlinie über die Tätigkeiten und die Beaufsichtigung von Einrichtungen der betrieblichen Altersversorgung) wurde vom Ecofin-Rat (Wirtschafts- und Finanzminister aller 15 EU-Mitglieder) am 13.5.2003 beschlossen. Diese ist innerhalb von zwei Jahren in nationales Recht umsetzen. Es geht um die Schaffung eines europaweiten Binnenmarktes für die bAV. Durch gemeinsame Regelungen für die Versorgungsunternehmen sollen grenzüberschreitende Tätigkeiten der Einrichtungen für betriebliche Altersversorgung möglich werden. Insbesondere soll auch die Freizügigkeit der Arbeitnehmer innerhalb der EU gefördert werden. Der Pensionsfonds fällt unter diese Richtlinie in besonderem Maße. Er kann von Deutschland aus die Möglichkeiten der Freiheit in der Kapitalanlage einer kapitalgedeckten Altersversorgung am ehesten umsetzen.

6 Ausblick

Der Pensionsfonds steht am Anfang seiner Karriere. Einige Unternehmen haben schon den wesentlichen Nutzen erkannt, ohne zu starke Bindung oder Risikoübernahme den Mitarbeitern eine entgeltfinanzierte Altersversorgung anbieten zu können. Allerdings bleiben die Möglichkeiten einer Übertragung bestehender Versorgungszusagen auf den

Hans H. Melchiors

Pensionsfonds, und damit eine Entlastung von Risiko und Verpflichtung. Entscheidend werden die gesetzlichen Weichen sein. In der europäischen Pensionsfondsrichtlinie liegen dann große Chancen, wenn auch die arbeits- und steuerrechtlichen Harmonisierungsbestrebungen greifen. Ein Pensionsfonds ist ideal geeignet, dem Mitarbeiter innerhalb Europas zu folgen, soweit die dauerhafte Erfüllbarkeit durch übergreifende Regelungen gesichert ist.

Aber auch in der deutschen Finanz- und Arbeitsrechtspolitik sollten die Gesetze weiter modifiziert werden. Eine einheitliche Rentenbesteuerung der nachgelagerten versteuerten Versorgungssysteme ist überfällig. Der Gesetzgeber sollte auch nicht auf halben Wege stehen bleiben, da die Regelungen der Finanzierung und Verbeitragung in der Sozialversicherung vergleichbarer Versorgungswege zu vereinheitlichen sind. Eine einheitliche Zuwendungsmöglichkeit, die auch den angemessenen Versorgungshöhen entsprechen sollte, ist längst überfällig. So ist nicht einzusehen, warum eine Übertragung von bestehenden Versorgungszusagen aus einer Direktzusage auf einen Pensionsfonds an den zukünftigen Dotierungsmöglichkeiten in den Pensionsfonds scheitern kann. Auch sind rein formale Streitigkeiten bei der Auslegung von erforderlichen Garantien zwischen Aufsichtsbehörde und Pensionsfonds zu beenden und eine dem Gesetzestext angepasste Gestaltung zu ermöglichen. Nach derzeitiger Steuergesetzregelung ergibt sich eine Blockade der Nutzungsmöglichkeit des § 3 Nr. 63 EStG für Arbeitgeberbeiträge im Falle einer bestehenden Entgeltumwandlung.

Eine schlechtere Dotierungsmöglichkeit beim Pensionsfonds als bei der steuerlichen Rückstellungsbildung bei höherwertigen Zusagen ist ebenfalls nicht hinzunehmen.

Da neben den bisherigen Versicherungsgesellschaften auch Banken und Investmentgesellschaften die Möglichkeit erhalten, direkte betriebliche Altersversorgung zu gestalten, wird dies zu einer neuen Vielfalt in der bAV führen. Diese können der einzelne Arbeitnehmer im Rahmen seiner Versorgungsoptimierung und der Arbeitgeber im Rahmen einer Kosten- und Risikominimierung nutzen.

Abbildung 10: Pensionsfonds werden zu einem erheblichen Teil den Markt der bAV bestimmen

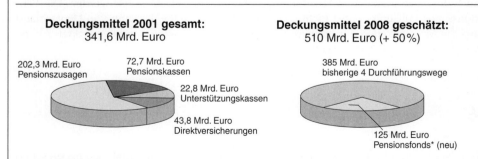

* geschätzt unter der Annahme eines für den Arbeitgeber attraktiven Durchführungsweges „Pensionsfonds"
Quelle: aba

Der Pensionsfonds als fünfter Durchführungsweg in der Altersversorgung

Die eingeschlagene Richtung in der bAV gibt Hoffnung. Sie stärkt die kapitalgedeckten Versorgungswege und stellt langfristig einen wesentlichen Teil der Altersrenten sicher. Der Pensionsfonds wird einen wesentlichen Teil dazu beitragen können, wie in der Abbildung 10 als Prognose dargestellt. Auch im Rahmen der europäischen Weiterentwicklung stellt der Pensionsfonds einen sinnvollen förderungswürdigen Versorgungsweg dar.

Teil 8
Anhang

Gesetzestexte

BetrAVG 611

EStG (Auszüge) 634

SGB IV (Auszüge) 655

SGB VI 658

ArEV 692

AltZertG 694

Nachweisgesetz 702

VAG (Auszüge) 704

KStDV 708

Gesetz zur Verbesserung der betrieblichen Altersversorgung (BetrAVG)

vom 19. Dezember 1974 (BGBl. I S. 3610) – BGBl. III 800-22 –), zuletzt geändert durch Artikel 3 des Gesetzes zur Einführung einer kapitalgedeckten Hüttenknappschaftlichen Zusatzversicherung und zur Änderung anderer Gesetze (Hüttenknappschaftliches Zusatzversicherungs-Neuregelungs-Gesetz – HZvNG) vom 21. Juni 2002 (BGBl. I S. 2167).

Erster Teil
Arbeitsrechtliche Vorschriften

Erster Abschnitt
Durchführung der betrieblichen Altersversorgung

§ 1
Zusage des Arbeitgebers auf betriebliche Altersversorgung
(1) ¹Werden einem Arbeitnehmer Leistungen der Alters-, Invaliditäts- oder Hinterbliebenenversorgung aus Anlaß seines Arbeitsverhältnisses vom Arbeitgeber zugesagt (betriebliche Altersversorgung), gelten die Vorschriften dieses Gesetzes. ²Die Durchführung der betrieblichen Altersversorgung kann unmittelbar über den Arbeitgeber oder über einen der in § 1b Abs. 2 bis 4 genannten Versorgungsträger erfolgen. ³Der Arbeitgeber steht für die Erfüllung der von ihm zugesagten Leistungen auch dann ein, wenn die Durchführung nicht unmittelbar über ihn erfolgt.

(2) Betriebliche Altersversorgung liegt auch vor, wenn

1.
der Arbeitgeber sich verpflichtet, bestimmte Beiträge in eine Anwartschaft auf Alters-, Invaliditäts- oder Hinterbliebenenversorgung umzuwandeln (beitragsorientierte Leistungszusage),

2.
der Arbeitgeber sich verpflichtet, Beiträge zur Finanzierung von Leistungen der betrieblichen Altersversorgung an einen Pensionsfonds, eine Pensionskasse oder eine Direktversicherung zu zahlen und für Leistungen zur Altersversorgung das planmäßig zuzurechnende Versorgungskapital auf der Grundlage der gezahlten Beiträge (Beiträge und die daraus erzielten Erträge), mindestens die Summe der zugesagten Beiträge, soweit sie nicht rechnungsmäßig für einen biometrischen Risikoausgleich verbraucht wurden, hierfür zur Verfügung zu stellen (Beitragszusage mit Mindestleistung),

3.
künftige Entgeltansprüche in eine wertgleiche Anwartschaft auf Versorgungsleistungen umgewandelt werden (Entgeltumwandlung) oder

Anhang: Gesetzestexte

4.
der Arbeitnehmer Beiträge aus seinem Arbeitsentgelt zur Finanzierung von Leistungen der betrieblichen Altersversorgung an einen Pensionsfonds, eine Pensionskasse oder eine Direktversicherung leistet und die Zusage des Arbeitgebers auch die Leistungen aus diesen Beiträgen umfaßt; die Regelungen für Entgeltumwandlung sind hierbei entsprechend anzuwenden, soweit die zugesagten Leistungen aus diesen Beiträgen im Wege der Kapitaldeckung finanziert werden.

§ 1a
Anspruch auf betriebliche Altersversorgung durch Entgeltumwandlung
(1) ¹Der Arbeitnehmer kann vom Arbeitgeber verlangen, daß von seinen künftigen Entgeltansprüchen bis zu 4 vom Hundert der jeweiligen Beitragsbemessungsgrenze in der Rentenversicherung der Arbeiter und Angestellten durch Entgeltumwandlung für seine betriebliche Altersversorgung verwendet werden. ²Die Durchführung des Anspruchs des Arbeitnehmers wird durch Vereinbarung geregelt. ³Ist der Arbeitgeber zu einer Durchführung über einen Pensionsfonds oder eine Pensionskasse (§ 1b Abs. 3) bereit, ist die betriebliche Altersversorgung dort durchzuführen; andernfalls kann der Arbeitnehmer verlangen, daß der Arbeitgeber für ihn eine Direktversicherung (§ 1b Abs. 2) abschließt. ⁴Soweit der Anspruch geltend gemacht wird, muß der Arbeitnehmer jährlich einen Betrag in Höhe von mindestens einem Hundertsechzigstel der Bezugsgröße nach § 18 Abs. 1 des Vierten Buches Sozialgesetzbuch für seine betriebliche Altersversorgung verwenden. ⁵Soweit der Arbeitnehmer Teile seines regelmäßigen Entgelts für betriebliche Altersversorgung verwendet, kann der Arbeitgeber verlangen, daß während eines laufenden Kalenderjahres gleich bleibende monatliche Beträge verwendet werden.

(2) Soweit eine durch Entgeltumwandlung finanzierte betriebliche Altersversorgung besteht, ist der Anspruch des Arbeitnehmers auf Entgeltumwandlung ausgeschlossen.

(3) Soweit der Arbeitnehmer einen Anspruch auf Entgeltumwandlung für betriebliche Altersversorgung nach Absatz 1 hat, kann er verlangen, daß die Voraussetzungen für eine Förderung nach den §§ 10a, 82 Abs. 2 des Einkommensteuergesetzes erfüllt werden, wenn die betriebliche Altersversorgung über einen Pensionsfonds, eine Pensionskasse oder eine Direktversicherung durchgeführt wird.

§ 1b
Unverfallbarkeit und Durchführung der betrieblichen Altersversorgung
(1) ¹Einem Arbeitnehmer, dem Leistungen aus der betrieblichen Altersversorgung zugesagt worden sind, bleibt die Anwartschaft erhalten, wenn das Arbeitsverhältnis vor Eintritt des Versorgungsfalls, jedoch nach Vollendung des 30. Lebensjahres endet und die Versorgungszusage zu diesem Zeitpunkt mindestens fünf Jahre bestanden hat (unverfallbare Anwartschaft). ²Ein Arbeitnehmer behält seine Anwartschaft auch dann, wenn er aufgrund einer Vorruhestandsregelung ausscheidet und ohne das vorherige Ausscheiden die Wartezeit und die sonstigen Voraussetzungen für den Bezug von Leistungen der betrieblichen Altersversorgung hätte erfüllen können. ³Eine Änderung der Versorgungszusage oder ihre Übernahme durch eine andere Person unterbricht nicht den Ablauf der Fristen nach Satz 1. ⁴Der Verpflichtung aus einer Versorgungszusage stehen Versorgungsverpflichtungen gleich, die auf betrieblicher Übung oder dem Grundsatz der Gleichbehandlung beruhen. ⁵Der Ablauf einer vorgesehenen Wartezeit wird durch die Beendigung des Arbeitsverhältnisses nach Erfüllung der Voraussetzungen der Sätze 1 und 2 nicht berührt. ⁶Wechselt ein Arbeitnehmer vom Geltungsbereich dieses Gesetzes in einen anderen Mitgliedstaat der Europäischen Union, bleibt die Anwartschaft in gleichem Umfange wie für Personen erhalten, die auch nach Beendigung eines Arbeitsverhältnisses innerhalb des Geltungsbereichs dieses Gesetzes verbleiben.

(2) ¹Wird für die betriebliche Altersversorgung eine Lebensversicherung auf das Leben des Arbeitnehmers durch den Arbeitgeber abgeschlossen und sind der Arbeitnehmer oder seine Hinterbliebenen hinsichtlich der Leistungen des Versicherers ganz oder teilweise bezugsberechtigt (Direktversicherung), so ist der Arbeitgeber verpflichtet, wegen Beendigung des Arbeitsverhältnisses nach Erfüllung der in Absatz 1 Satz 1 und 2 genannten Voraussetzungen das Bezugsrecht nicht mehr zu widerrufen. ²Eine Vereinbarung, nach der das Bezugsrecht durch die Beendigung des Arbeitsverhältnisses nach Erfüllung der in den Absätzen 1 und 2 genannten Voraussetzungen auflösend bedingt ist, ist unwirksam. ³Hat der Arbeitgeber die Ansprüche aus dem Versicherungsvertrag abgetreten oder beliehen, so ist er verpflichtet, den Arbeitnehmer, dessen Arbeitsverhältnis nach Erfüllung der in Absatz 1 Satz 1 und 2 genannten Voraussetzungen geendet hat, bei Eintritt des Versicherungsfalles so zu stellen, als ob die Abtretung oder Beleihung nicht erfolgt wäre. ⁴Als Zeitpunkt der Erteilung der Versorgungszusage im Sinne des Absatzes 1 gilt der Versicherungsbeginn, frühestens jedoch der Beginn der Betriebszugehörigkeit.

(3) ¹Wird die betriebliche Altersversorgung von einer rechtsfähigen Versorgungseinrichtung durchgeführt, die dem Arbeitnehmer oder seinen Hinterbliebenen auf ihre Leistungen einen Rechtsanspruch gewährt (Pensionskasse und Pensionsfonds), so gilt Absatz 1 entsprechend. ²Als Zeitpunkt der Erteilung der Versorgungszusage im Sinne des Absatzes 1 gilt der Versicherungsbeginn, frühestens jedoch der Beginn der Betriebszugehörigkeit.

(4) ¹Wird die betriebliche Altersversorgung von einer rechtsfähigen Versorgungseinrichtung durchgeführt, die auf ihre Leistungen keinen Rechtsanspruch gewährt (Unterstützungskasse), so sind die nach Erfüllung der in Absatz 1 Satz 1 und 2 genannten Voraussetzungen und vor Eintritt des Versorgungsfalles aus dem Unternehmen ausgeschiedenen Arbeitnehmer und ihre Hinterbliebenen den bis zum Eintritt des Versorgungsfalles dem Unternehmen angehörenden Arbeitnehmern und deren Hinterbliebenen gleichgestellt. ²Die Versorgungszusage gilt in dem Zeitpunkt als erteilt im Sinne des Absatzes 1, von dem an der Arbeitnehmer zum Kreis der Begünstigten der Unterstützungskasse gehört.

(5) ¹Soweit betriebliche Altersversorgung durch Entgeltumwandlung erfolgt, behält der Arbeitnehmer seine Anwartschaft, wenn sein Arbeitsverhältnis vor Eintritt des Versorgungsfalles endet; in den Fällen der Absätze 2 und 3

1.
dürfen die Überschußanteile nur zur Verbesserung der Leistung verwendet,

2.
muß dem ausgeschiedenen Arbeitnehmer das Recht zur Fortsetzung der Versicherung oder Versorgung mit eigenen Beiträgen eingeräumt und

3.
muß das Recht zur Verpfändung, Abtretung oder Beleihung durch den Arbeitgeber ausgeschlossen werden.

²Im Fall einer Direktversicherung ist dem Arbeitnehmer darüber hinaus mit Beginn der Entgeltumwandlung ein unwiderrufliches Bezugsrecht einzuräumen.

§ 2
Höhe der unverfallbaren Anwartschaft
(1) ¹Bei Eintritt des Versorgungsfalles wegen Erreichens der Altersgrenze, wegen Invalidität oder Tod haben ein vorher ausgeschiedener Arbeitnehmer, dessen Anwartschaft nach § 1b fortbesteht, und seine Hinterbliebenen einen Anspruch mindestens in Höhe des Teiles der ohne das vorherige Ausscheiden zustehenden Leistung, der dem Verhältnis der Dauer der Betriebszugehörigkeit zu

Anhang: Gesetzestexte

der Zeit vom Beginn der Betriebszugehörigkeit bis zur Vollendung des 65. Lebensjahres entspricht; an die Stelle des 65. Lebensjahres tritt ein früherer Zeitpunkt, wenn dieser in der Versorgungsregelung als feste Altersgrenze vorgesehen ist. ²Der Mindestanspruch auf Leistungen wegen Invalidität oder Tod vor Erreichen der Altersgrenze ist jedoch nicht höher als der Betrag, den der Arbeitnehmer oder seine Hinterbliebenen erhalten hätten, wenn im Zeitpunkt des Ausscheidens der Versorgungsfall eingetreten wäre und die sonstigen Leistungsvoraussetzungen erfüllt gewesen wären.

(2) ¹Ist bei einer Direktversicherung der Arbeitnehmer nach Erfüllung der Voraussetzungen des § 1b Abs. 1 und 5 vor Eintritt des Versorgungsfalles ausgeschieden, so gilt Absatz 1 mit der Maßgabe, daß sich der vom Arbeitgeber zu finanzierende Teilanspruch nach Absatz 1, soweit er über die von dem Versicherer nach dem Versicherungsvertrag auf Grund der Beiträge des Arbeitgebers zu erbringende Versicherungsleistung hinausgeht, gegen den Arbeitgeber richtet. ²An die Stelle der Ansprüche nach Satz 1 tritt auf Verlangen des Arbeitgebers die von dem Versicherer aufgrund des Versicherungsvertrages zu erbringende Versicherungsleistung, wenn

1.
spätestens nach 3 Monaten seit dem Ausscheiden des Arbeitnehmers das Bezugsrecht unwiderruflich ist und eine Abtretung oder Beleihung des Rechts aus dem Versicherungsvertrag durch den Arbeitgeber und Beitragsrückstände nicht vorhanden sind,

2.
vom Beginn der Versicherung, frühestens jedoch vom Beginn der Betriebszugehörigkeit an, nach dem Versicherungsvertrag die Überschußanteile nur zur Verbesserung der Versicherungsleistung zu verwenden sind und

3. der ausgeschiedene Arbeitnehmer nach dem Versicherungsvertrag das Recht zur Fortsetzung der Versicherung mit eigenen Beiträgen hat.

³Der Arbeitgeber kann sein Verlangen nach Satz 2 nur innerhalb von 3 Monaten seit dem Ausscheiden des Arbeitnehmers diesem und dem Versicherer mitteilen. ⁴Der ausgeschiedene Arbeitnehmer darf die Ansprüche aus dem Versicherungsvertrag in Höhe des durch Beitragszahlungen des Arbeitgebers gebildeten geschäftsplanmäßigen Deckungskapitals oder, soweit die Berechnung des Deckungskapitals nicht zum Geschäftsplan gehört, das nach § 176 Abs. 3 des Gesetzes über den Versicherungsvertrag berechneten Zeitwerts weder abtreten noch beleihen. ⁵In dieser Höhe darf der Rückkaufwert aufgrund einer Kündigung des Versicherungsvertrages nicht in Anspruch genommen werden; im Falle einer Kündigung wird die Versicherung in eine prämienfreie Versicherung umgewandelt. ⁶§ 176 Abs. 1 des Gesetzes über den Versicherungsvertrag findet insoweit keine Anwendung.

(3) ¹Für Pensionskassen gilt Absatz 1 mit der Maßgabe, daß sich der vom Arbeitgeber zu finanzierende Teilanspruch nach Absatz 1, soweit er über die von der Pensionskasse nach dem aufsichtsbehördlich genehmigten Geschäftsplan oder, soweit eine aufsichtsbehördliche Genehmigung nicht vorgeschrieben ist, nach den allgemeinen Versicherungsbedingungen und den fachlichen Geschäftsunterlagen im Sinne des § 5 Abs. 3 Nr. 2 Halbsatz 2 des Versicherungsaufsichtsgesetzes (Geschäftsunterlagen) aufgrund der Beiträge des Arbeitgebers zu erbringende Leistung hinausgeht, gegen den Arbeitgeber richtet. ²An die Stelle der Ansprüche nach Satz 1 tritt auf Verlangen des Arbeitgebers die von der Pensionskasse aufgrund des Geschäftsplanes oder der Geschäftsunterlagen zu erbringende Leistung, wenn nach dem aufsichtsbehördlich genehmigten Geschäftsplan oder den Geschäftsunterlagen

1.
vom Beginn der Versicherung, frühestens jedoch vom Beginn der Betriebszugehörigkeit an, Überschußanteile, die aufgrund des Finanzierungsverfahrens regelmäßig entstehen, nur zur Verbesserung der Versicherungsleistung zu verwenden sind oder die Steigerung der Versorgungsanwartschaften des Arbeitnehmers der Entwicklung seines Arbeitsentgeltes, soweit es unter den jeweiligen Beitragsbemessungsgrenzen der gesetzlichen Rentenversicherungen liegt, entspricht und

2.
der ausgeschiedene Arbeitnehmer das Recht zur Fortsetzung der Versicherung mit eigenen Beiträgen hat.

³Der Absatz 2 Satz 3 bis 6 gilt entsprechend.

(3a) Für Pensionsfonds gilt Absatz 1 mit der Maßgabe, daß sich der vom Arbeitgeber zu finanzierende Teilanspruch, soweit er über die vom Pensionsfonds auf der Grundlage der nach dem geltenden Pensionsplan im Sinne des § 112 Abs. 1 Satz 2 in Verbindung mit § 113 Abs. 2 Nr. 5 des Versicherungsaufsichtsgesetzes berechnete Deckungsrückstellung hinausgeht, gegen den Arbeitgeber richtet.

(4) Eine Unterstützungskasse hat bei Eintritt des Versorgungsfalles einem vorzeitig ausgeschiedenen Arbeitnehmer, der nach § 1b Abs. 4 gleichgestellt ist, und seinen Hinterbliebenen mindestens den nach Absatz 1 berechneten Teil der Versorgung zu gewähren.

(5) ¹Bei der Berechnung des Teilanspruchs nach Absatz 1 bleiben Veränderungen der Versorgungsregelung und der Bemessungsgrundlagen für die Leistung der betrieblichen Altersversorgung, soweit sie nach dem Ausscheiden des Arbeitnehmers eintreten, außer Betracht; dies gilt auch für die Bemessungsgrundlagen anderer Versorgungsbezüge, die bei der Berechnung der Leistung der betrieblichen Altersversorgung zu berücksichtigen sind. ²Ist eine Rente der gesetzlichen Rentenversicherung zu berücksichtigen, so kann das bei der Berechnung von Pensionsrückstellungen allgemein zulässige Verfahren zugrunde gelegt werden, wenn nicht der ausgeschiedene Arbeitnehmer die Anzahl der im Zeitpunkt des Ausscheidens erreichten Entgeltpunkte nachweist; bei Pensionskassen sind der aufsichtsbehördlich genehmigte Geschäftsplan oder die Geschäftsunterlagen maßgebend. ³Bei Pensionsfonds sind der Pensionsplan und die sonstigen Geschäftsunterlagen maßgebend. ⁴Versorgungsanwartschaften, die der Arbeitnehmer nach seinem Ausscheiden erwirbt, dürfen zu keiner Kürzung des Teilanspruchs nach Absatz 1 führen.

(5a) Bei einer unverfallbaren Anwartschaft aus Entgeltumwandlung tritt an die Stelle der Ansprüche nach Absatz 1, 3a oder 4 die vom Zeitpunkt der Zusage auf betriebliche Altersversorgung bis zum Ausscheiden des Arbeitnehmers erreichte Anwartschaft auf Leistungen aus den bis dahin umgewandelten Entgeltbestandteilen; dies gilt entsprechend für eine unverfallbare Anwartschaft aus Beiträgen im Rahmen einer beitragsorientierten Leistungszusage.

(5b) An die Stelle der Ansprüche nach den Absätzen 2, 3, 3a und 5a tritt bei einer Beitragszusage mit Mindestleistung das dem Arbeitnehmer planmäßig zuzurechnende Versorgungskapital auf der Grundlage der bis zu seinem Ausscheiden geleisteten Beiträge (Beiträge und die bis zum Eintritt des Versorgungsfalls erzielten Erträge), mindestens die Summe der bis dahin zugesagten Beiträge, soweit sie nicht rechnungsmäßig für einen biometrischen Risikoausgleich verbraucht wurden.

(6) Der Arbeitgeber oder der sonstige Versorgungsträger hat dem ausgeschiedenen Arbeitnehmer Auskunft darüber zu erteilen, ob für ihn die Voraussetzungen einer unverfallbaren betrieblichen Altersversorgung erfüllt sind und in welcher Höhe er Versorgungsleistungen bei Erreichen der in der Versorgungsregelung vorgesehenen Altersgrenze beanspruchen kann.

Anhang: Gesetzestexte

§ 3
Abfindung

(1) ¹Eine nach § 1b Abs. 1 bis 3 und 5 unverfallbare Anwartschaft kann im Falle der Beendigung des Arbeitsverhältnisses nur nach den Sätzen 2 bis 6 abgefunden werden. ²Die Anwartschaft ist auf Verlangen des Arbeitgebers oder des Arbeitnehmers abzufinden, wenn der bei Erreichen der vorgesehenen Altersgrenze maßgebliche Monatsbetrag der laufenden Versorgungsleistung eins vom Hundert der monatlichen Bezugsgröße (§ 18 Viertes Buch Sozialgesetzbuch), bei Kapitalleistungen zwölf Zehntel der monatlichen Bezugsgröße nicht übersteigt. ³Die Anwartschaft kann nur mit Zustimmung des Arbeitnehmers abgefunden werden, wenn

1.

ihr monatlicher Wert zwei vom Hundert der monatlichen Bezugsgröße, bei Kapitalleistungen vierundzwanzig Zehntel der monatlichen Bezugsgröße nicht übersteigt,

2.

ihr monatlicher Wert vier vom Hundert der monatlichen Bezugsgröße, bei Kapitalleistungen achtundvierzig Zehntel der monatlichen Bezugsgröße nicht übersteigt und der Abfindungsbetrag vom Arbeitgeber unmittelbar zur Zahlung von Beiträgen zur gesetzlichen Rentenversicherung oder zum Aufbau einer Versorgungsleistung bei einer Direktversicherung, Pensionskasse oder einem Pensionsfonds verwendet wird,

3.

die Beiträge zur gesetzlichen Rentenversicherung erstattet worden sind oder

4.

sie auf einer Entgeltumwandlung beruht und die Grenzwerte nach den Nummern 1 oder 2 nicht überschritten werden.

⁴Der Teil einer Anwartschaft, der während eines Insolvenzverfahrens erdient worden ist, kann ohne Zustimmung des Arbeitnehmers abgefunden werden, wenn die Betriebstätigkeit vollständig eingestellt und das Unternehmen liquidiert wird. ⁵Die Abfindung ist gesondert auszuweisen und einmalig zu zahlen. ⁶Für Versorgungsleistungen, die gemäß § 2 Abs. 4 von einer Unterstützungskasse zu erbringen sind, gelten die Sätze 1 bis 5 entsprechend.

(2) ¹Die Abfindung wird nach dem Barwert der nach § 2 bemessenen künftigen Versorgungsleistungen im Zeitpunkt der Beendigung des -Arbeits-verhältnisses berechnet. ²Soweit sich der Anspruch auf die künftigen -Versorgungsleistungen gegen ein Unternehmen der Lebensversicherung, einen Pensionsfonds oder eine Pensionskasse richtet, berechnet sich die Abfindung nach dem geschäftsplanmäßigen Deckungskapital im Zeitpunkt der Beendigung des Arbeitsverhältnisses oder, soweit die Berechnung des -Deckungskapitals nicht zum Geschäftsplan gehört, nach dem Zeitwert gemäß § 176 Abs. 3 des Gesetzes über den Versicherungsvertrag. ³Hierbei sind der bei der jeweiligen Form der betrieblichen Altersversorgung vorgeschriebene Rechnungszinsfuß und die Rechnungsgrundlagen sowie die anerkannten Regeln der Versicherungsmathematik, bei Direktversicherungen und Pensionskassen deren Geschäftsplan oder Geschäftsunterlagen, maßgebend.

§ 4
Übernahme

(1) ¹Die Verpflichtung, bei Eintritt des Versorgungsfalles Versorgungsleistungen nach § 2 Abs. 1 bis 3a zu gewähren, kann von jedem Unternehmen, bei dem der ausgeschiedene Arbeitnehmer beschäftigt wird, von einer Pensionskasse, von einem Unternehmen der Lebensversicherung oder einem öffentlich-rechtlichen Versorgungsträger mit Zustimmung des Arbeitnehmers übernommen werden. ²Eine vertragliche Schuldübernahme durch andere Versorgungsträger ist dem Arbeitneh-

mer gegenüber unwirksam. ³Bei einer Schuldübernahme durch ein Unternehmen der Lebensversicherung gilt § 2 Abs. 2 Satz 4 bis 6 entsprechend.

(2) Hat eine Unterstützungskasse einem vorzeitig ausgeschiedenen Arbeitnehmer Versorgungsleistungen nach § 2 Abs. 4 zu gewähren, kann diese Verpflichtung mit Zustimmung des Arbeitnehmers von den in Absatz 1 genannten Trägern oder von einer anderen Unterstützungskasse übernommen werden.

(3) ¹Wird die Betriebstätigkeit eingestellt und das Unternehmen liquidiert, kann eine Versorgungsleistung aufgrund einer Zusage oder einer unverfallbaren Anwartschaft nach § 1b Abs. 1 oder eine Versorgungsleistung, die gemäß § 1b Abs. 4 von einer Unterstützungskasse oder gemäß § 1b Abs. 3 von einem Pensionsfonds erbracht wird oder zu erbringen ist, von einer Pensionskasse oder von einem Unternehmen der Lebensversicherung ohne Zustimmung des Versorgungsempfängers oder Arbeitnehmers übernommen werden, wenn sichergestellt ist, daß die Überschußanteile ab Rentenbeginn entsprechend § 16 Abs. 3 Nr. 2 verwendet werden. ²§ 2 Abs. 2 Satz 4 bis 6 gilt entsprechend.

(4) ¹Der Arbeitgeber ist verpflichtet, auf Verlangen des Arbeitnehmers frühestens ab Beendigung des Arbeitsverhältnisses den Barwert der nach § 1b Abs. 5 unverfallbaren Anwartschaft auf einen neuen Arbeitgeber, bei dem der ausgeschiedene Arbeitnehmer beschäftigt ist oder einen Versorgungsträger des neuen Arbeitgebers zu übertragen, wenn der neue Arbeitgeber dem Arbeitnehmer eine dem übertragenden Barwert wertmäßig entsprechende Zusage erteilt. ²Für die Höhe des Barwertes gilt § 3 Abs. 2 entsprechend mit der Maßgabe, daß an die Stelle des Zeitpunktes der Beendigung des Arbeitsverhältnisses der Zeitpunkt der Übertragung tritt. ³Mit der Erteilung der Zusage durch den neuen Arbeitgeber erlischt die Verpflichtung des alten Arbeitgebers.

Zweiter Abschnitt
Auszehrungsverbot

§ 5
Auszehrung und Anrechnung
(1) Die bei Eintritt des Versorgungsfalles festgesetzten Leistungen der betrieblichen Altersversorgung dürfen nicht mehr dadurch gemindert oder entzogen werden, daß Beträge, um die sich andere Versorgungsbezüge nach diesem Zeitpunkt durch Anpassung an die wirtschaftliche Entwicklung erhöhen, angerechnet oder bei der Begrenzung der Gesamtversorgung auf einen Höchstbetrag berücksichtigt werden.

§§ 5, 6
(2) ¹Leistungen der betrieblichen Altersversorgung dürfen durch Anrechnung oder Berücksichtigung anderer Versorgungsbezüge, soweit sie auf eigenen Beiträgen des Versorgungsempfängers beruhen, nicht gekürzt werden. ²Dies gilt nicht für Renten aus den gesetzlichen Rentenversicherungen, soweit sie auf Pflichtbeiträgen beruhen, sowie für sonstige Versorgungsbezüge, die mindestens zur Hälfte auf Beiträgen oder Zuschüssen des Arbeitgebers beruhen.

Dritter Abschnitt
Altersgrenze

§ 6
Vorzeitige Altersleistung

¹Einem Arbeitnehmer, der die Altersrente aus der gesetzlichen Rentenversicherung vor Vollendung des 65. Lebensjahres als Vollrente in Anspruch nimmt, sind auf sein Verlangen nach Erfüllung der Wartezeit und sonstiger Leistungsvoraussetzungen Leistungen der betrieblichen Altersversorgung zu gewähren. ²Fällt die Altersrente aus der gesetzlichen Rentenversicherung wieder weg oder wird sie auf einen Teilbetrag beschränkt, so können auch die Leistungen der betrieblichen Altersversorgung eingestellt werden. ³Der ausgeschiedene Arbeitnehmer ist verpflichtet, die Aufnahme oder Ausübung einer Beschäftigung oder Erwerbstätigkeit, die zu einem Wegfall oder zu einer Beschränkung der Altersrente aus der gesetzlichen Rentenversicherung führt, dem Arbeitgeber oder sonstigen Versorgungsträger unverzüglich anzuzeigen.

Vierter Abschnitt
Insolvenzsicherung

§ 7
Umfang des Versicherungsschutzes

(1) ¹Versorgungsempfänger, deren Ansprüche aus einer unmittelbaren Versorgungszusage des Arbeitgebers nicht erfüllt werden, weil über das Vermögen des Arbeitgebers oder über seinen Nachlaß das Insolvenzverfahren eröffnet worden ist, und ihre Hinterbliebenen haben gegen den Träger der Insolvenzsicherung einen Anspruch in Höhe der Leistung, die der Arbeitgeber aufgrund der Versorgungszusage zu erbringen hätte, wenn das Insolvenzverfahren nicht eröffnet worden wäre. ²Satz 1 gilt entsprechend, wenn

1. Leistungen aus einer Direktversicherung aufgrund der in § 1b Abs. 2 Satz 3 genannten Tatbestände nicht gezahlt werden und der Arbeitgeber seiner Verpflichtung nach § 1b Abs. 2 Satz 3 wegen der Eröffnung des Insolvenzverfahrens nicht nachkommt,

2. eine Unterstützungskasse oder ein Pensionsfonds die nach ihrer Versorgungsregelung vorgesehene Versorgung nicht erbringt, weil über das Vermögen oder den Nachlaß eines Arbeitgebers, der der Unterstützungskasse oder dem Pensionsfonds Zuwendungen leistet (Trägerunternehmen), das Insolvenzverfahren eröffnet worden ist.

³§ 11 des Versicherungsvertragsgesetzes findet entsprechende Anwendung. ⁴Der Eröffnung des Insolvenzverfahrens stehen bei der Anwendung der Sätze 1 bis 3 gleich

1. die Abweisung des Antrags auf Eröffnung des Insolvenzverfahrens mangels Masse,

2. der außergerichtliche Vergleich (Stundungs-, Quoten- oder Liquidationsvergleich) des Arbeitgebers mit seinen Gläubigern zur Abwendung eines Insolvenzverfahrens, wenn ihm der Träger der Insolvenzsicherung zustimmt,

3. die vollständige Beendigung der Betriebstätigkeit im Geltungsbereich dieses Gesetzes, wenn ein Antrag auf Eröffnung des Insolvenzverfahrens nicht gestellt worden ist und ein Insolvenzverfahren offensichtlich mangels Masse nicht in Betracht kommt.

(1a) ¹Der Anspruch gegen den Träger der Insolvenzsicherung entsteht mit dem Beginn des Kalendermonats, der auf den Eintritt des Sicherungsfalles folgt. ²Der Anspruch endet mit Ablauf des Sterbemonats des Begünstigten, soweit in der Versorgungszusage des Arbeitgebers nicht etwas anderes bestimmt ist. ³In den Fällen des Absatzes 1 Satz 1 und 4 Nr. 1 und 3 umfaßt der Anspruch auch rückständige Versorgungsleistungen, soweit diese bis zu sechs Monaten vor Entstehen der Leistungspflicht des Trägers der Insolvenzsicherung entstanden sind.

(2) ¹Personen, die bei Eröffnung des Insolvenzverfahrens oder bei Eintritt der nach Absatz 1 Satz 4 gleichstehenden Voraussetzungen (Sicherungsfall) eine nach § 1b unverfallbare Versorgungsanwartschaft haben, und ihre Hinterbliebenen haben bei Eintritt des Versorgungsfalls einen Anspruch gegen den Träger der Insolvenzsicherung, wenn die Anwartschaft beruht

1. auf einer unmittelbaren Versorgungszusage des Arbeitgebers oder
2. auf einer Direktversicherung und der Arbeitnehmer hinsichtlich der Leistungen des Versicherers widerruflich bezugsberechtigt ist oder die Leistungen aufgrund der in § 1b Abs. 2 Satz 3 genannten Tatbestände nicht gezahlt werden und der Arbeitgeber seiner Verpflichtung aus § 1b Abs. 2 Satz 3 wegen der Eröffnung des Insolvenzverfahrens nicht nachkommt.

²Satz 1 gilt entsprechend für Personen, die zum Kreis der Begünstigten einer Unterstützungskasse oder eines Pensionsfonds gehören, wenn der Sicherungsfall bei einem Trägerunternehmen eingetreten ist. ³Die Höhe des Anspruchs richtet sich nach der Höhe der Leistungen gemäß § 2 Abs. 1, 2 Satz 2 und Abs. 5, bei Unterstützungskassen nach dem Teil der nach der Versorgungsregelung vorgesehenen Versorgung, der dem Verhältnis der Dauer der Betriebszugehörigkeit zu der Zeit vom Beginn der Betriebszugehörigkeit bis zum Erreichen der in der Versorgungsregelung vorgesehenen festen Altersgrenze entspricht, es sei denn, § 2 Abs. 5a ist anwendbar. ⁴Für die Berechnung der Höhe des Anspruchs nach Satz 3 wird die Betriebszugehörigkeit bis zum Eintritt des Sicherungsfalles berücksichtigt. ⁵Bei Pensionsfonds mit Leistungszusagen gelten für die Höhe des Anspruchs die Bestimmungen für unmittelbare Versorgungszusagen entsprechend, bei Beitragszusagen mit Mindestleistung gilt für die Höhe des Anspruchs § 2 Abs. 5b.

(3) ¹Ein Anspruch auf laufende Leistungen gegen den Träger der Insolvenzsicherung beträgt im Monat höchstens das Dreifache der im Zeitpunkt der ersten Fälligkeit maßgebenden monatlichen Bezugsgröße gemäß § 18 des Vierten Buches Sozialgesetzbuch. ²Satz 1 gilt entsprechend bei einem Anspruch auf Kapitalleistungen mit der Maßgabe, daß zehn vom Hundert der Leistung als Jahresbetrag einer laufenden Leistung anzusetzen sind.

(4) ¹Ein Anspruch auf Leistungen gegen den Träger der Insolvenzsicherung vermindert sich in dem Umfang, in dem der Arbeitgeber oder sonstige Träger der Versorgung die Leistungen der betrieblichen Altersversorgung erbringt. ²Wird im Insolvenzverfahren ein Insolvenzplan bestätigt, vermindert sich der Anspruch auf Leistungen gegen den Träger der Insolvenzsicherung insoweit, als nach dem Insolvenzplan der Arbeitgeber oder sonstige Träger der Versorgung einen Teil der Leistungen selbst zu erbringen hat. ³Sieht der Insolvenzplan vor, daß der Arbeitgeber oder sonstige Träger der Versorgung die Leistungen der betrieblichen Altersversorgung von einem bestimmten Zeitpunkt an selbst zu erbringen hat, entfällt der Anspruch auf Leistungen gegen den Träger der Insolvenzsicherung von diesem Zeitpunkt an. ⁴Die Sätze 2 und 3 sind für den außergerichtlichen Vergleich nach Absatz 1 Satz 4 Nr. 2 entsprechend anzuwenden. ⁵Im Insolvenzplan soll vorgesehen werden, daß bei einer nachhaltigen Besserung der wirtschaftlichen Lage des Arbeitgebers die vom Träger der Insolvenzsicherung zu erbringenden Leistungen ganz oder zum Teil vom Arbeitgeber oder sonstigen Träger der Versorgung wieder übernommen werden.

(5) ¹Ein Anspruch gegen den Träger der Insolvenzsicherung besteht nicht, soweit nach den Umständen des Falles die Annahme gerechtfertigt ist, daß es der alleinige oder überwiegende Zweck der Versorgungszusage oder ihrer Verbesserung oder der für die Direktversicherung in § 1b Abs. 2 Satz

Anhang: Gesetzestexte

3 genannten Tatbestände gewesen ist, den Träger der Insolvenzsicherung in Anspruch zu nehmen. ²Diese Annahme ist insbesondere dann gerechtfertigt, wenn bei Erteilung oder Verbesserung der Versorgungszusage wegen der wirtschaftlichen Lage des Arbeitgebers zu erwarten war, daß die Zusage nicht erfüllt werde. ³Verbesserungen der Versorgungszusagen werden bei der Bemessung der Leistungen des Trägers der Insolvenzsicherung nicht berücksichtigt, soweit sie in den beiden letzten Jahren vor dem Eintritt des Sicherungsfalls vereinbart worden sind; dies gilt nicht für ab 1. Januar 2002 gegebene Zusagen, soweit bei Entgeltumwandlung Beträge von bis zu 4 vom Hundert der Beitragsbemessungsgrenze in der Rentenversicherung der Arbeiter und Angestellten für eine betriebliche Altersversorgung verwendet werden.

(6) Ist der Sicherungsfall durch kriegerische Ereignisse, innere Unruhen, Naturkatastrophen oder Kernenergie verursacht worden, so kann der Träger der Insolvenzsicherung mit Zustimmung des Bundesaufsichtsamtes für das Versicherungswesen die Leistungen nach billigem Ermessen abweichend von den Absätzen 1 bis 5 festsetzen.

§ 8
Übertragung der Leistungspflicht und Abfindung

(1) Ein Anspruch gegen den Träger der Insolvenzsicherung auf Leistungen nach § 7 besteht nicht, wenn eine Pensionskasse oder ein Unternehmen der Lebensversicherung sich dem Träger der Insolvenzsicherung gegenüber verpflichtet, diese Leistungen zu erbringen, und die nach § 7 Berechtigten ein unmittelbares Recht erwerben, die Leistungen zu fordern.

(1a) ¹Der Träger der Insolvenzsicherung hat die gegen ihn gerichteten Ansprüche auf den Pensionsfonds, dessen Trägerunternehmen die Eintrittspflicht nach § 7 ausgelöst hat, im Sinne von Absatz 1 zu übertragen, wenn die zuständige Aufsichtsbehörde hierzu die Genehmigung erteilt. ²Die Genehmigung kann nur erteilt werden, wenn durch Auflagen der Aufsichtsbehörde die dauernde Erfüllbarkeit der Leistungen aus dem Pensionsplan sichergestellt werden kann. ³Die Genehmigung der Aufsichtsbehörde kann der Pensionsfonds nur innerhalb eines Monats nach Eintritt des Sicherungsfalles beantragen.

(2) ¹Eine Abfindung von Anwartschaften ist ohne Zustimmung des Arbeitnehmers möglich, wenn die Voraussetzungen nach § 3 Abs. 1 Satz 2 oder 3 erfüllt sind. ²Die Abfindung ist über die nach § 3 Abs. 1 bestimmten Beträge hinaus möglich, wenn sie an ein Unternehmen der Lebensversicherungswirtschaft oder Pensionskassen gezahlt wird, bei dem der Versorgungsberechtigte im Rahmen eines Versicherungsvertrages nach § 1 Abs. 2 oder 3 versichert ist. ³§ 2 Abs. 2 Satz 4 bis 6 und § 3 Abs. 2 gelten entsprechend.

§ 9
Mitteilungspflicht; Forderungs- und Vermögensübergang

(1) ¹Der Träger der Insolvenzsicherung teilt dem Berechtigten die ihm nach § 7 oder § 8 zustehenden Ansprüche oder Anwartschaften schriftlich mit. ²Unterbleibt die Mitteilung, so ist der Anspruch oder die Anwartschaft spätestens ein Jahr nach dem Sicherungsfall bei dem Träger der Insolvenzsicherung anzumelden; erfolgt die Anmeldung später, so beginnen die Leistungen frühestens mit dem Ersten des Monats der Anmeldung, es sei denn, daß der Berechtigte an der rechtzeitigen Anmeldung ohne sein Verschulden verhindert war.

(2) ¹Ansprüche oder Anwartschaften des Berechtigten gegen den Arbeitgeber auf Leistungen der betrieblichen Altersversorgung, die den Anspruch gegen den Träger der Insolvenzsicherung begründen, gehen im Falle eines Insolvenzverfahrens mit dessen Eröffnung, in den übrigen Sicherungsfällen dann auf den Träger der Insolvenzsicherung über, wenn dieser nach Absatz 1 Satz 1 dem Berechtigten die ihm zustehenden Ansprüche oder Anwartschaften mitteilt. ²Der Übergang kann nicht zum Nachteil des Berechtigten geltend gemacht werden. ³Die mit der Eröffnung des Insolvenzverfahrens übergegangenen Anwartschaften werden im Insolvenzverfahren als unbedingte Forderungen nach § 45 der Insolvenzordnung geltend gemacht.

(3) ¹Ist der Träger der Insolvenzsicherung zu Leistungen verpflichtet, die ohne den Eintritt des Sicherungsfalles eine Unterstützungskasse erbringen würde, geht deren Vermögen einschließlich der Verbindlichkeiten auf ihn über; die Haftung für die Verbindlichkeiten beschränkt sich auf das übergegangene Vermögen. ²Wenn die übergegangenen Vermögenswerte den Barwert der Ansprüche und Anwartschaften gegen den Träger der Insolvenzsicherung übersteigen, hat dieser den übersteigenden Teil entsprechend der Satzung der Unterstützungskasse zu verwenden. ³Bei einer Unterstützungskasse mit mehreren Trägerunternehmen hat der Träger der Insolvenzsicherung einen Anspruch gegen die Unterstützungskasse auf einen Betrag, der dem Teil des Vermögens der Kasse entspricht, der auf das Unternehmen entfällt, bei dem der Sicherungsfall eingetreten ist. ⁴Die Sätze 1 bis 3 gelten nicht, wenn der Sicherungsfall auf den in § 7 Abs. 1 Satz 4 Nr. 2 genannten Gründen beruht, es sei denn, daß das Trägerunternehmen seine Betriebstätigkeit nach Eintritt des Sicherungsfalls nicht fortsetzt und aufgelöst wird (Liquidationsvergleich).

(3a) Absatz 3 findet entsprechende Anwendung auf einen Pensionsfonds, wenn die zuständige Aufsichtsbehörde die Genehmigung für die Übertragung der Leistungspflicht durch den Träger der Insolvenzsicherung nach § 8 Abs. 1a nicht erteilt.

(4) ¹In einem Insolvenzplan, der die Fortführung des Unternehmens oder eines Betriebes vorsieht, kann für den Träger der Insolvenzsicherung eine besondere Gruppe gebildet werden. ²Sofern im Insolvenzplan nichts anderes vorgesehen ist, kann der Träger der Insolvenzsicherung, wenn innerhalb von drei Jahren nach der Aufhebung des Insolvenzverfahrens ein Antrag auf Eröffnung eines neuen Insolvenzverfahrens über das Vermögen des Arbeitgebers gestellt wird, in diesem Verfahren als Insolvenzgläubiger Erstattung der von ihm erbrachten Leistungen verlangen.

(5) Dem Träger der Insolvenzsicherung steht gegen den Beschluß, durch den das Insolvenzverfahren eröffnet wird, die sofortige Beschwerde zu.

§ 10
Beitragspflicht und Beitragsbemessung

(1) Die Mittel für die Durchführung der Insolvenzsicherung werden aufgrund öffentlich-rechtlicher Verpflichtung durch Beiträge aller Arbeitgeber aufgebracht, die Leistungen der betrieblichen Altersversorgung unmittelbar zugesagt haben oder eine betriebliche Altersversorgung über eine Unterstützungskasse, eine Direktversicherung der in § 7 Abs. 1 Satz 2 und Absatz 2 Satz 1 Nr. 2 bezeichneten Art oder einen Pensionsfonds durchführen.

(2) ¹Die Beiträge müssen den Barwert der im laufenden Kalenderjahr entstehenden Ansprüche auf Leistungen der Insolvenzsicherung, die im gleichen Zeitraum entstehenden Verwaltungskosten und sonstigen Kosten, die mit der Gewährung der Leistungen zusammenhängen, und die Zuführung zu einem vom Bundesaufsichtsamt für das Versicherungswesen festgesetzten Ausgleichsfonds decken; § 37 des Gesetzes über die Beaufsichtigung der privaten Versicherungsunternehmungen bleibt unberührt. ²Der Rechnungszinsfuß bei der Berechnung des Barwertes bestimmt sich nach § 65 des Versicherungsaufsichtsgesetzes. ³Auf die am Ende des Kalenderjahres fälligen Beiträge können Vorschüsse erhoben werden; reichen die Vorschüsse zur Deckung der Aufwendungen nach Satz 1 nicht aus, so kann der Ausgleichsfonds in einem vom Bundesaufsichtsamt für das Versicherungswesen zu genehmigenden Umfang zur Ermäßigung der Beiträge herangezogen werden.

(3) ¹Die nach Absatz 2 erforderlichen Beiträge werden auf die Arbeitgeber nach Maßgabe der nachfolgenden Beträge umgelegt, soweit sie sich auf die laufenden Versorgungsleistungen und die nach § 1b unverfallbaren Versorgungsanwartschaften beziehen (Beitragsbemessungsgrundlage); diese Beträge sind festzustellen auf den Schluß des Wirtschaftsjahres des Arbeitgebers, das im abgelaufenen Kalenderjahr geendet hat:

Anhang: Gesetzestexte

1. Bei Arbeitgebern, die Leistungen der betrieblichen Altersversorgung unmittelbar zugesagt haben, ist Beitragsbemessungsgrundlage der Teilwert der Pensionsverpflichtung (§ 6a Abs. 3 des Einkommensteuergesetzes).
2. Bei Arbeitgebern, die eine betriebliche Altersversorgung über eine Direktversicherung mit widerruflichem Bezugsrecht durchführen, ist Beitragsbemessungsgrundlage das geschäftsplanmäßige Deckungskapital oder, soweit die Berechnung des Deckungskapitals nicht zum Geschäftsplan gehört, die Deckungsrückstellung. ²Für Versicherungen, bei denen der Versicherungsfall bereits eingetreten ist, und für Versicherungsanwartschaften, für die ein unwiderrufliches Bezugsrecht eingeräumt ist, ist das Deckungskapital oder die Deckungsrückstellung nur insoweit zu berücksichtigen, als die Versicherungen abgetreten oder beliehen sind.
3. Bei Arbeitgebern, die eine betriebliche Altersversorgung über eine Unterstützungskasse durchführen, ist Beitragsbemessungsgrundlage das Deckungskapital für die laufenden Leistungen (§ 4d Abs. 1 Nr. 1 Buchstabe a des Einkommensteuergesetzes) zuzüglich des Zwanzigfachen der nach § 4d Abs. 1 Nr. 1 Buchstabe b Satz 1 des Einkommensteuergesetzes errechneten jährlichen Zuwendungen für Leistungsanwärter im Sinne von § 4d Abs. 1 Nr. 1 Buchstabe b Satz 2 des Einkommensteuergesetzes.
4. Bei Arbeitgebern, soweit sie betriebliche Altersversorgung über einen Pensionsfonds durchführen, ist für die Beitragsbemessungsgrundlage die Nummer 1 entsprechend anzuwenden.

(4) ¹Aus den Beitragsbescheiden des Trägers der Insolvenzsicherung findet die Zwangsvollstreckung in entsprechender Anwendung der Vorschriften der Zivilprozeßordnung statt. ²Die vollstreckbare Ausfertigung erteilt der Träger der Insolvenzsicherung.

§ 10a
Säumniszuschläge; Zinsen; Verjährung

(1) Für Beiträge, die wegen Verstoßes des Arbeitgebers gegen die Meldepflicht erst nach Fälligkeit erhoben werden, kann der Träger der Insolvenzsicherung für jeden angefangenen Monat vom Zeitpunkt der Fälligkeit an einen Säumniszuschlag in Höhe von bis zu eins vom Hundert der nacherhobenen Beiträge erheben.

(2) ¹Für festgesetzte Beiträge und Vorschüsse, die der Arbeitgeber nach Fälligkeit zahlt, erhebt der Träger der Insolvenzsicherung für jeden Monat Verzugszinsen in Höhe von 0,5 vom Hundert der rückständigen Beiträge. ²Angefangene Monate bleiben außer Ansatz.

(3) ¹Vom Träger der Insolvenzsicherung zu erstattende Beiträge werden vom Tag der Fälligkeit oder bei Feststellung des Erstattungsanspruchs durch gerichtliche Entscheidung vom Tage der Rechtshängigkeit an für jeden Monat mit 0,5 vom Hundert verzinst. ²Angefangene Monate bleiben außer Ansatz.

(4) ¹Ansprüche auf Zahlung der Beiträge zur Insolvenzsicherung gemäß § 10 sowie Erstattungsansprüche nach Zahlung nicht geschuldeter Beiträge zur Insolvenzsicherung verjähren in sechs Jahren. ²Die Verjährungsfrist beginnt mit Ablauf des Kalenderjahres, in dem die Beitragspflicht entstanden oder der Erstattungsanspruch fällig geworden ist. ³Auf die Verjährung sind die Vorschriften des Bürgerlichen Gesetzbuchs anzuwenden.

§ 11
Melde-, Auskunfts- und Mitteilungspflichten

(1) ¹Der Arbeitgeber hat dem Träger der Insolvenzsicherung eine betriebliche Altersversorgung nach § 1b Abs. 1 bis 4 für seine Arbeitnehmer innerhalb von 3 Monaten nach Erteilung der unmittelbaren Versorgungszusage, dem Abschluß einer Direktversicherung oder der Errichtung einer

Unterstützungskasse oder eines Pensionsfonds mitzuteilen. ²Der Arbeitgeber, der sonstige Träger der Versorgung, Insolvenzverwalter und die nach § 7 Berechtigten sind verpflichtet, dem Träger der Insolvenzsicherung alle Auskünfte zu erteilen, die zur Durchführung der Vorschriften dieses Abschnittes erforderlich sind, sowie Unterlagen vorzulegen, aus denen die erforderlichen Angaben ersichtlich sind.

(2) ¹Ein beitragspflichtiger Arbeitgeber hat dem Träger der Insolvenzsicherung spätestens bis zum 30. September eines jeden Kalenderjahres die Höhe des nach § 10 Abs. 3 für die Bemessung des Beitrages maßgebenden Betrages bei unmittelbaren Versorgungszusagen und Pensionsfonds aufgrund eines versicherungsmathematischen Gutachtens, bei Direktversicherungen aufgrund einer Bescheinigung des Versicherers und bei Unterstützungskassen aufgrund einer nachprüfbaren Berechnung mitzuteilen. ²Der Arbeitgeber hat die in Satz 1 bezeichneten Unterlagen mindestens 6 Jahre aufzubewahren.

(3) ¹Der Insolvenzverwalter hat dem Träger der Insolvenzsicherung die Eröffnung des Insolvenzverfahrens, Namen und Anschriften der Versorgungsempfänger und die Höhe ihrer Versorgung nach § 7 unverzüglich mitzuteilen. ²Er hat zugleich Namen und Anschriften der Personen, die bei – Eröffnung des Insolvenzverfahrens eine nach § 1 unverfallbare Versorgungsanwartschaft haben, sowie die Höhe ihrer Anwartschaft nach § 7 mitzuteilen.

(4) Der Arbeitgeber, der sonstige Träger der Versorgung und die nach § 7 Berechtigten sind verpflichtet, dem Insolvenzverwalter Auskünfte über alle Tatsachen zu erteilen, auf die sich die Mitteilungspflicht nach Absatz 3 bezieht.

(5) In den Fällen, in denen ein Insolvenzverfahren nicht eröffnet wird (§ 7 Abs. 1 Satz 4) oder nach § 207 der Insolvenzordnung eingestellt worden ist, sind die Pflichten des Insolvenzverwalters nach Absatz 3 vom Arbeitgeber oder dem sonstigen Träger der Versorgung zu erfüllen.

(6) Kammern und andere Zusammenschlüsse von Unternehmen oder anderen selbständigen Berufstätigen, die als Körperschaften des öffentlichen Rechts errichtet sind, ferner Verbände und andere Zusammenschlüsse, denen Unternehmer oder andere selbständige Berufstätige kraft Gesetzes angehören oder anzugehören haben, haben den Träger der Insolvenzsicherung bei der Ermittlung der nach § 10 beitragspflichtigen Arbeitgeber zu unterstützen.

(7) Die nach den Absätzen 1 bis 3 und 5 zu Mitteilungen und Auskünften und die nach Absatz 6 zur Unterstützung Verpflichteten haben die vom Träger der Insolvenzsicherung vorgesehenen Vordrucke zu verwenden.

(8) ¹Zur Sicherung der vollständigen Erfassung der nach § 10 beitragspflichtigen Arbeitgeber können die Finanzämter dem Träger der Insolvenzsicherung mitteilen, welche Arbeitgeber für die Beitragspflicht in Betracht kommen. ²Die Bundesregierung wird ermächtigt, durch Rechtsverordnung mit Zustimmung des Bundesrates das Nähere zu bestimmen und Einzelheiten des Verfahrens zu regeln.

§ 12
Ordnungswidrigkeiten
(1) Ordnungswidrig handelt, wer vorsätzlich oder fahrlässig

1. entgegen § 11 Abs. 1 Satz 1, Abs. 2 Satz 1, Abs. 3 oder Abs. 5 eine Mitteilung nicht, nicht richtig, nicht vollständig oder nicht rechtzeitig vornimmt,

2. entgegen § 11 Abs. 1 Satz 2 oder Abs. 4 eine Auskunft nicht, nicht richtig, nicht vollständig oder nicht rechtzeitig erteilt oder

3. entgegen § 11 Abs. 1 Satz 2 Unterlagen nicht, nicht richtig, nicht vollständig oder nicht rechtzeitig vorlegt oder entgegen § 11 Abs. 2 Satz 2 Unterlagen nicht aufbewahrt.

Anhang: Gesetzestexte

(2) Die Ordnungswidrigkeit kann mit einer Geldbuße bis zu zweitausendfünfhundert Euro geahndet werden.

(3) Verwaltungsbehörde im Sinne des § 36 Abs. 1 Nr. 1 des Gesetzes über Ordnungswidrigkeiten ist das Bundesaufsichtsamt für das Versicherungswesen.

§ 13
Aufgehoben

§ 14
Träger der Insolvenzsicherung

(1) ¹Träger der Insolvenzsicherung ist der Pensions-Sicherungs-Verein Versicherungsverein auf Gegenseitigkeit. ²Er ist zugleich Träger der Insolvenzsicherung von Versorgungszusagen Luxemburger Unternehmen nach -Maßgabe des Abkommens vom 22. September 2000 zwischen der Bundesrepublik Deutschland und dem Großherzogtum Luxemburg über Zusammenarbeit im Bereich der Insolvenzsicherung betrieblicher Altersversorgung. ³Er unterliegt der Aufsicht durch das Bundesaufsichtsamt für das Versicherungswesen. ⁴Die Vorschriften des Versicherungsaufsichtsgesetzes gelten, soweit dieses Gesetz nichts anderes bestimmt.

(2) ¹Der Bundesminister für Arbeit und Sozialordnung weist durch Rechtsverordnung mit Zustimmung des Bundesrates die Stellung des Trägers der Insolvenzsicherung der Deutschen Ausgleichsbank zu, bei der ein Fonds zur Insolvenzsicherung der betrieblichen Altersversorgung gebildet wird, wenn

1. bis zum 31. Dezember 1974 nicht nachgewiesen worden ist, daß der in Absatz 1 genannte Träger die Erlaubnis der Aufsichtsbehörde zum Geschäftsbetrieb erhalten hat,
2. der in Absatz 1 genannte Träger aufgelöst worden ist oder
3. die Aufsichtsbehörde den Geschäftsbetrieb des in Absatz 1 genannten Trägers untersagt oder die Erlaubnis zum Geschäftsbetrieb widerruft.

²In den Fällen der Nummern 2 und 3 geht das Vermögen des in Absatz 1 genannten Trägers einschließlich der Verbindlichkeiten auf die Deutsche Ausgleichsbank über, die es dem Fonds zur Insolvenzsicherung der betrieblichen Altersversorgung zuweist.

(3) ¹Wird die Insolvenzsicherung von der Deutschen Ausgleichsbank durchgeführt, gelten die Vorschriften dieses Abschnittes mit folgenden Abweichungen:

1. In § 7 Abs. 6 entfällt die Zustimmung des Bundesaufsichtsamtes für das Versicherungswesen.
2. § 10 Abs. 2 findet keine Anwendung. ²Die von der Deutschen Ausgleichsbank zu erhebenden Beiträge müssen den Bedarf für die laufenden Leistungen der Insolvenzsicherung im laufenden Kalenderjahr und die im gleichen Zeitraum entstehenden Verwaltungskosten und sonstigen Kosten, die mit der Gewährung der Leistungen zusammenhängen, decken. ³Bei einer Zuweisung nach Absatz 2 Nr. 1 beträgt der Beitrag für die ersten 3 Jahre mindestens 0,1 vom Hundert der Beitragsbemessungsgrundlage gemäß § 10 Abs. 3; der nicht benötigte Teil dieses Beitragsaufkommens wird einer Betriebsmittelreserve zugeführt. ⁴Bei einer Zuweisung nach Absatz 2 Nr. 2 oder 3 wird in den ersten 3 Jahren zu dem Beitrag nach Nummer 2 Satz 2 ein Zuschlag von 0,08 vom Hundert der Beitragsbemessungsgrundlage gemäß § 10 Abs. 3 zur Bildung einer Betriebsmittelreserve erhoben. ⁵Auf die Beiträge können Vorschüsse erhoben werden.

3. In § 12 Abs. 3 tritt an die Stelle des Bundesaufsichtsamtes für das Versicherungswesen die Deutsche Ausgleichsbank.

²Die Deutsche Ausgleichsbank verwaltet den Fonds im eigenen Namen. ³Für Verbindlichkeiten des Fonds haftet sie nur mit dem Vermögen des Fonds. ⁴Dieser haftet nicht für die sonstigen Verbindlichkeiten der Bank. 5 § 14 Abs. 1 Satz 1 des Gesetzes über die Lastenausgleichsbank vom 28. Oktober 1954 (BGBl. I S. 293), geändert durch das Einundzwanzigste Gesetz zur Änderung des Lastenausgleichsgesetzes vom 18. August 1969 (BGBl. I S. 1232), gilt auch für den Fonds.

§ 15
Verschwiegenheitspflicht

¹Personen, die bei dem Träger der Insolvenzsicherung beschäftigt oder für ihn tätig sind, dürfen fremde Geheimnisse, insbesondere Betriebs- oder Geschäftsgeheimnisse, nicht unbefugt offenbaren oder verwerten. ²Sie sind nach dem Gesetz über die förmliche Verpflichtung nichtbeamteter Personen vom 2. März 1974 (BGBl. I S. 469, 547) vom Bundesaufsichtsamt für das Versicherungswesen auf die gewissenhafte Erfüllung ihrer Obliegenheiten zu verpflichten.

Fünfter Abschnitt
Anpassung

§ 16
Anpassungsprüfungspflichten

(1) Der Arbeitgeber hat alle drei Jahre eine Anpassung der laufenden Leistungen der betrieblichen Altersversorgung zu prüfen und hierüber nach billigem Ermessen zu entscheiden; dabei sind insbesondere die Belange des Versorgungsempfängers und die wirtschaftliche Lage des Arbeitgebers zu berücksichtigen.

(2) Die Verpflichtung nach Absatz 1 gilt als erfüllt, wenn die Anpassung nicht geringer ist als der Anstieg

1. des Preisindexes für die Lebenshaltung von 4-Personen-Haushalten von Arbeitern und Angestellten mit mittlerem Einkommen oder

2. der Nettolöhne vergleichbarer Arbeitnehmergruppen des Unternehmens im Prüfungszeitraum.

(3) Die Verpflichtung nach Absatz 1 entfällt, wenn

1. der Arbeitgeber sich verpflichtet, die laufenden Leistungen jährlich um wenigstens eins vom Hundert anzupassen,

2. die betriebliche Altersversorgung über eine Direktversicherung im Sinne von § 1b Abs. 2 oder über eine Pensionskasse im Sinne von § 1b Abs. 3 durchgeführt wird, ab Rentenbeginn sämtliche auf den Rentenbestand entfallende Überschußanteile zur Erhöhung der laufenden Leistungen verwendet werden und zur Berechnung der garantierten Leistung der nach § 65 Abs. 1 Nr. 1 Buchstabe a des Versicherungsaufsichtsgesetzes festgesetzte Höchstzinssatz zur Berechnung der Deckungsrückstellung nicht überschritten wird oder

3. eine Beitragszusage mit Mindestleistung erteilt wurde; Absatz 5 findet insoweit keine Anwendung.

Anhang: Gesetzestexte

(4) ¹Sind laufende Leistungen nach Absatz 1 nicht oder nicht in vollem Umfang anzupassen (zu Recht unterbliebene Anpassung), ist der Arbeitgeber nicht verpflichtet, die Anpassung zu einem späteren Zeitpunkt nachzuholen. ²Eine Anpassung gilt als zu Recht unterblieben, wenn der Arbeitgeber dem Versorgungsempfänger die wirtschaftliche Lage des Unternehmens schriftlich dargelegt, der Versorgungsempfänger nicht binnen drei Kalendermonaten nach Zugang der Mitteilung schriftlich widersprochen hat und er auf die Rechtsfolgen eines nicht fristgemäßen Widerspruchs hingewiesen wurde.

(5) Soweit betriebliche Altersversorgung durch Entgeltumwandlung finanziert wird, ist der Arbeitgeber verpflichtet, die Leistungen mindestens entsprechend Absatz 3 Nr. 1 anzupassen oder im Falle der Durchführung über eine Direktversicherung oder eine Pensionskasse sämtliche Überschußanteile entsprechend Absatz 3 Nr. 2 zu verwenden.

§ 17
(6) Eine Verpflichtung zur Anpassung besteht nicht für monatliche Raten im Rahmen eines Auszahlungsplans sowie für Renten ab Vollendung des 85. Lebensjahres im Anschluß an einen Auszahlungsplan.

Sechster Abschnitt
Geltungsbereich

§ 17
Persönlicher Geltungsbereich und Tariföffnungsklausel
(1) ¹Arbeitnehmer im Sinne der §§ 1 bis 16 sind Arbeiter und Angestellte einschließlich der zu ihrer Berufsausbildung Beschäftigten; ein Berufsausbildungsverhältnis steht einem Arbeitsverhältnis gleich. ²Die §§ 1 bis 16 gelten entsprechend für Personen, die nicht Arbeitnehmer sind, wenn ihnen Leistungen der Alters-, Invaliditäts- oder Hinterbliebenenversorgung aus Anlaß ihrer Tätigkeit für ein Unternehmen zugesagt worden sind. ³Arbeitnehmer im Sinne von § 1a Abs. 1 sind nur Personen nach den Sätzen 1 und 2, soweit sie aufgrund der Beschäftigung oder Tätigkeit bei dem Arbeitgeber, gegen den sich der Anspruch nach § 1a richten würde, in der gesetzlichen Rentenversicherung pflichtversichert sind.

(2) Die §§ 7 bis 15 gelten nicht für den Bund, die Länder, die Gemeinden sowie die Körperschaften, Stiftungen und Anstalten des öffentlichen Rechts, bei denen das Insolvenzverfahren nicht zulässig ist, und solche juristische Personen des öffentlichen Rechts, bei denen der Bund, ein Land oder eine Gemeinde kraft Gesetzes die Zahlungsfähigkeit sichert.

(3) ¹Von den §§ 1a, 2 bis 5, 16, 18a Satz 1, §§ 27 und 28 kann in Tarifverträgen abgewichen werden. ²Die abweichenden Bestimmungen haben zwischen nichttarifgebundenen Arbeitgebern und Arbeitnehmern Geltung, wenn zwischen diesen die Anwendung der einschlägigen tariflichen Regelung vereinbart ist. ³Im übrigen kann von den Bestimmungen dieses Gesetzes nicht zuungunsten des Arbeitnehmers abgewichen werden.

(4) Gesetzliche Regelungen über Leistungen der betrieblichen Altersversorgung werden unbeschadet des § 18 durch die §§ 1 bis 16 und 26 bis 30 nicht berührt.

(5) Soweit Entgeltansprüche auf einem Tarifvertrag beruhen, kann für diese eine Entgeltumwandlung nur vorgenommen werden, soweit dies durch Tarifvertrag vorgesehen oder durch Tarifvertrag zugelassen ist.

§ 18
Sonderregelungen für den öffentlichen Dienst
(1) Für Personen, die

1. bei der Versorgungsanstalt des Bundes und der Länder (VBL) oder einer kommunalen oder kirchlichen Zusatzversorgungseinrichtung pflichtversichert sind, oder
2. bei einer anderen Zusatzversorgungseinrichtung pflichtversichert sind, die mit einer der Zusatzversorgungseinrichtungen nach Nummer 1 ein Überleitungsabkommen abgeschlossen hat oder aufgrund satzungsrechtlicher Vorschriften der Zusatzversorgungseinrichtungen nach Nummer 1 ein solches Abkommen abschließen kann, oder
3. unter das Gesetz über die zusätzliche Alters- und Hinterbliebenenversorgung für Angestellte und Arbeiter der Freien und Hansestadt Hamburg (Erstes Ruhegeldgesetz – 1. RGG), das Gesetz zur Neuregelung der zusätzlichen Alters- und Hinterbliebenenversorgung für Angestellte und Arbeiter der Freien und Hansestadt Hamburg (Zweites Ruhegeldgesetz – 2. RGG) oder unter das Bremische Ruhelohngesetz in ihren jeweiligen Fassungen fallen oder auf diese Gesetze sonst Anwendung finden,

gelten die §§ 2, 5, 16, 27 und 28 nicht, soweit sich aus den nachfolgenden Regelungen nichts Abweichendes ergibt.

(2) ¹Bei Eintritt des Versorgungsfalles erhalten die in Absatz 1 Nr. 1 und 2 bezeichneten Personen, deren Anwartschaft nach § 1b fortbesteht und deren Arbeitsverhältnis vor Eintritt des Versorgungsfalles geendet hat, von der Zusatzversorgungseinrichtung eine Zusatzrente nach folgenden Maßgaben:

1. Der monatliche Betrag der Zusatzrente beträgt für jedes Jahr der aufgrund des Arbeitsverhältnisses bestehenden Pflichtversicherung bei einer Zusatzversorgungseinrichtung 2,25 vom Hundert, höchstens jedoch 100 vom Hundert der Leistung, die bei dem höchstmöglichen Versorgungssatz zugestanden hätte (Voll-Leistung). ²Für die Berechnung der Voll-Leistung

   a) ist der Versicherungsfall der Regelaltersrente maßgebend,

   b) ist das Arbeitsentgelt maßgebend, das nach der Versorgungsregelung für die Leistungsbemessung maßgebend wäre, wenn im Zeitpunkt des Ausscheidens der Versicherungsfall im Sinne der Versorgungsregelung eingetreten wäre,

   c) finden § 2 Abs. 5 Satz 1 und § 2 Abs. 6 entsprechend Anwendung,

   d) ist im Rahmen einer Gesamtversorgung der im Falle einer Teilzeitbeschäftigung oder Beurlaubung nach der Versorgungsregelung für die gesamte Dauer des Arbeitsverhältnisses maßgebliche Beschäftigungsquotient nach der Versorgungsregelung als Beschäftigungsquotient auch für die übrige Zeit maßgebend,

   e) finden die Vorschriften der Versorgungsregelung über eine Mindestleistung keine Anwendung und

   f) ist eine anzurechnende Grundversorgung nach dem bei der Berechnung von Pensionsrückstellungen für die Berücksichtigung von Renten aus der gesetzlichen Rentenversicherung allgemein zulässigen Verfahren zu ermitteln. ²Hierbei ist das Arbeitsentgelt nach Buchstabe b zugrunde zu legen und – soweit während der Pflichtversicherung Teilzeitbeschäftigung bestand – diese nach Maßgabe der Versorgungsregelung zu berücksichtigen.

2. Die Zusatzrente vermindert sich um 0,3 vom Hundert für jeden vollen Kalendermonat, den der Versorgungsfall vor Vollendung des 65. Lebensjahres eintritt, höchstens jedoch um den in der Versorgungsregelung für die Voll-Leistung vorgesehenen Vomhundertsatz.

Anhang: Gesetzestexte

3. Übersteigt die Summe der Vomhundertsätze nach Nummer 1 aus unterschiedlichen Arbeitsverhältnissen 100, sind die einzelnen Leistungen im gleichen Verhältnis zu kürzen.

4. Die Zusatzrente muß monatlich mindestens den Betrag erreichen, der sich aufgrund des Arbeitsverhältnisses nach der Versorgungsregelung als Versicherungsrente aus den jeweils maßgeblichen Vomhundertsätzen der zusatzversorgungspflichtigen Entgelte oder der gezahlten Beiträge und Erhöhungsbeträge ergibt.

5. Die Vorschriften der Versorgungsregelung über das Erlöschen, das Ruhen und die Nichtleistung der Versorgungsrente gelten entsprechend. ²Soweit die Versorgungsregelung eine Mindestleistung in Ruhensfällen vorsieht, gilt dies nur, wenn die Mindestleistung der Leistung im Sinne der Nummer 4 entspricht.

6. Verstirbt die in Absatz 1 genannte Person, erhält eine Witwe oder ein Witwer 60 vom Hundert, eine Witwe oder ein Witwer im Sinne des § 46 Abs. 1 des Sechsten Buches Sozialgesetzbuch 42 vom Hundert, eine Halbwaise 12 vom Hundert und eine Vollwaise 20 vom Hundert der unter Berücksichtigung der in diesem Absatz genannten Maßgaben zu berechnenden Zusatzrente; die §§ 46, 48, 103 bis 105 des Sechsten Buches Sozialgesetzbuch sind entsprechend anzuwenden. ²Die Leistungen an mehrere Hinterbliebene dürfen den Betrag der Zusatzrente nicht übersteigen; gegebenenfalls sind die Leistungen im gleichen Verhältnis zu kürzen.

7. Versorgungsfall ist der Versicherungsfall im Sinne der Versorgungsregelung.

(3) Personen, auf die bis zur Beendigung ihres Arbeitsverhältnisses die Regelungen des Ersten Ruhegeldgesetzes, des Zweiten Ruhegeldgesetzes oder des Bremischen Ruhelohngesetzes in ihren jeweiligen Fassungen Anwendung gefunden haben, haben Anspruch gegenüber ihrem ehemaligen Arbeitgeber auf Leistungen in sinngemäßer Anwendung des Absatzes 2 mit Ausnahme von Absatz 2 Nr. 3 und 4 sowie Nr. 5 Satz 2; bei Anwendung des Zweiten Ruhegeldgesetzes bestimmt sich der monatliche Betrag der Zusatzrente abweichend von Absatz 2 nach der nach dem Zweiten Ruhegeldgesetz maßgebenden Berechnungsweise.

(4) Die Leistungen nach den Absätzen 2 und 3 werden, mit Ausnahme der Leistungen nach Absatz 2 Nr. 4, jährlich zum 1. Juli um 1 vom Hundert erhöht, soweit in diesem Jahr eine allgemeine Erhöhung der Versorgungsrenten erfolgt.

(5) Besteht bei Eintritt des Versorgungsfalles neben dem Anspruch auf Zusatzrente oder auf die in Absatz 3 oder Absatz 7 bezeichneten Leistungen auch Anspruch auf eine Versorgungsrente oder Versicherungsrente der in Absatz 1 Satz 1 Nr. 1 und 2 bezeichneten Zusatzversorgungseinrichtungen oder Anspruch auf entsprechende Versorgungsleistungen der Versorgungsanstalt der deutschen Kulturorchester oder der Versorgungsanstalt der deutschen Bühnen oder nach den Regelungen des Ersten Ruhegeldgesetzes, des Zweiten Ruhegeldgesetzes oder des Bremischen Ruhelohngesetzes, in deren Berechnung auch die der Zusatzrente zugrunde liegenden Zeiten berücksichtigt sind, ist nur die im Zahlbetrag höhere Rente zu leisten.

(6) Eine Anwartschaft auf Zusatzrente nach Absatz 2 oder auf Leistungen nach Absatz 3 kann bei Übertritt der anwartschaftsberechtigten Person in ein Versorgungssystem einer überstaatlichen Einrichtung in das Versorgungssystem dieser Einrichtung übertragen werden, wenn ein entsprechendes Abkommen zwischen der Zusatzversorgungseinrichtung oder der Freien und Hansestadt Hamburg oder der Freien Hansestadt Bremen und der überstaatlichen Einrichtung besteht.

(7) ¹Für Personen, die bei der Versorgungsanstalt der deutschen Kulturorchester oder der Versorgungsanstalt der deutschen Bühnen pflichtversichert sind, gelten die §§ 2 bis 5, 16, 27 und 28 nicht. ²Bei Eintritt des Versorgungsfalles treten an die Stelle der Zusatzrente und der Leistungen an Hinterbliebene nach Absatz 2 und an die Stelle der Regelung in Absatz 4 die satzungsgemäß vorgesehenen Leistungen; Absatz 2 Nr. 5 findet entsprechend Anwendung. ³Die Höhe der Leistungen

kann nach dem Ausscheiden aus dem Beschäftigungsverhältnis nicht mehr geändert werden. ⁴Als pflichtversichert gelten auch die freiwillig Versicherten der Versorgungsanstalt der deutschen Kulturorchester und der Versorgungsanstalt der deutschen Bühnen.

(8) Gegen Entscheidungen der Zusatzversorgungseinrichtungen über Ansprüche nach diesem Gesetz ist der Rechtsweg gegeben, der für Versicherte der Einrichtung gilt.

(9) Bei Personen, die aus einem Arbeitsverhältnis ausscheiden, in dem sie nach § 5 Abs. 1 Satz 1 Nr. 2 des Sechsten Buches Sozialgesetzbuch versicherungsfrei waren, dürfen die Ansprüche nach § 2 Abs. 1 Satz 1 und 2 nicht hinter dem Rentenanspruch zurückbleiben, der sich ergeben hätte, wenn der Arbeitnehmer für die Zeit der versicherungsfreien Beschäftigung in der gesetzlichen Rentenversicherung nachversichert worden wäre; die Vergleichsberechnung ist im Versorgungsfall aufgrund einer Auskunft der Bundesversicherungsanstalt für Angestellte vorzunehmen.

§ 18a
Verjährung
¹Der Anspruch auf Leistungen aus der betrieblichen Altersversorgung verjährt in 30 Jahren. ²Ansprüche auf regelmäßig wiederkehrende Leistungen unterliegen der regelmäßigen Verjährungsfrist nach den Vorschriften des Bürgerlichen Gesetzbuchs.

Zweiter Teil
Steuerrechtliche Vorschriften

§ 19
Änderung des Einkommensteuergesetzes

§ 20
Änderung des Körperschaftsteuergesetzes

§ 21
Änderung des Gewerbesteuergesetzes

§ 22
Änderung des Vermögensteuergesetzes

§ 23
Änderung des Versicherungsteuergesetzes

§ 24
Änderung des Umsatzsteuergesetzes

§ 25
Aufhebung des Zuwendungsgesetzes

Anhang: Gesetzestexte

Das Gesetz über die Behandlung von Zuwendungen an betriebliche Pensionskassen und Unterstützungskassen bei den Steuern vom Einkommen und Ertrag vom 26. März 1952 (BGBl. I S. 206) wird hinsichtlich der Unterstützungskassen mit Wirkung für Wirtschaftsjahre, die nach dem 31. Dezember 1974 enden, im übrigen mit Wirkung für Wirtschaftsjahre, die nach dem 21. Dezember 1974 enden, aufgehoben.

Dritter Teil
Übergangs- und Schlußvorschriften

§ 26
Die §§ 1 bis 4 und 18 gelten nicht, wenn das Arbeitsverhältnis oder Dienstverhältnis vor dem In-Kraft-Treten des Gesetzes beendet worden ist.

§ 27
§ 2 Abs. 2 Satz 2 Nr. 2 und 3 und Abs. 3 Satz 2 Nr. 1 und 2 gelten in Fällen, in denen vor dem In-Kraft-Treten des Gesetzes die Direktversicherung abgeschlossen worden ist oder die Versicherung des Arbeitnehmers bei einer Pensionskasse begonnen hat, mit der Maßgabe, daß die in diesen Vorschriften genannten Voraussetzungen spätestens für die Zeit nach Ablauf eines Jahres seit dem In-Kraft-Treten des Gesetzes erfüllt sein müssen.

§ 28
§ 5 gilt für Fälle, in denen der Versorgungsfall vor dem In-Kraft-Treten des Gesetzes eingetreten ist, mit der Maßgabe, daß diese Vorschrift bei der Berechnung der nach dem In-Kraft-Treten des Gesetzes fällig werdenden Versorgungsleistungen anzuwenden ist.

§ 29
§ 6 gilt für die Fälle, in denen das Altersruhegeld der gesetzlichen Rentenversicherung bereits vor dem In-Kraft-Treten des Gesetzes in Anspruch genommen worden ist, mit der Maßgabe, daß die Leistungen der betrieblichen Altersversorgung vom In-Kraft-Treten des Gesetzes an zu gewähren sind.

§ 30
[1]Ein Anspruch gegen den Träger der Insolvenzsicherung nach § 7 besteht nur, wenn der Sicherungsfall nach dem In-Kraft-Treten der §§ 7 bis 15 eingetreten ist; er kann erstmals nach dem Ablauf von sechs Monaten nach diesem Zeitpunkt geltend gemacht werden. [2]Die Beitragspflicht des Arbeitgebers beginnt mit dem In-Kraft-Treten der §§ 7 bis 15.

§ 30a
1) [1]Männlichen Arbeitnehmern,

   1. die vor dem 1. Januar 1952 geboren sind,

   2. die das 60. Lebensjahr vollendet haben,

   3. die nach Vollendung des 40. Lebensjahres mehr als 10 Jahre Pflichtbeiträge für eine in der gesetzlichen Rentenversicherung versicherte Beschäftigung oder Tätigkeit nach den Vorschriften des Sechsten Buches Sozialgesetzbuch haben,

4. die die Wartezeit von 15 Jahren in der gesetzlichen Rentenversicherung erfüllt haben und

5. deren Arbeitsentgelt oder Arbeitseinkommen die Hinzuverdienstgrenze nach § 34 Abs. 3 Nr. 1 des Sechsten Buches Sozialgesetzbuch nicht überschreitet,

sind auf deren Verlangen nach Erfüllung der Wartezeit und sonstiger Leistungsvoraussetzungen der Versorgungsregelung für nach dem 17. Mai 1990 zurückgelegte Beschäftigungszeiten Leistungen der betrieblichen Altersversorgung zu gewähren. ²§ 6 Satz 3 gilt entsprechend.

(2) Haben der Arbeitnehmer oder seine anspruchsberechtigten Angehörigen vor dem 17. Mai 1990 gegen die Versagung der Leistungen der betrieblichen Altersversorgung Rechtsmittel eingelegt, ist Absatz 1 für Beschäftigungszeiten nach dem 8. April 1976 anzuwenden.

(3) Die Vorschriften des Bürgerlichen Gesetzbuchs über die Verjährung von Ansprüchen aus dem Arbeitsverhältnis bleiben unberührt.

§ 30b
§ 7 Abs. 3 Satz 3 gilt nur für Leistungen gegen den Träger der Insolvenzsicherung, die auf Zusagen beruhen, die nach dem 31. Dezember 1998 erteilt wurden.

§ 30c
(1) § 16 Abs. 3 Nr. 1 gilt nur für laufende Leistungen, die auf Zusagen beruhen, die nach dem 31. Dezember 1998 erteilt werden.

(2) § 16 Abs. 4 gilt nicht für vor dem 1. Januar 1999 zu Recht unterbliebene Anpassungen.

(3) § 16 Abs. 5 gilt nur für laufende Leistungen, die auf Zusagen beruhen, die nach dem 31. Dezember 2000 erteilt werden.

§ 30d
Übergangsregelung zu § 18
(1) ¹Ist der Versorgungsfall vor dem 1. Januar 2001 eingetreten oder ist der Arbeitnehmer vor dem 1. Januar 2001 aus dem Beschäftigungsverhältnis bei einem öffentlichen Arbeitgeber ausgeschieden und der Versorgungsfall nach dem 31. Dezember 2000 eingetreten, sind für die Berechnung der Voll-Leistung die Regelungen der Zusatzversorgungseinrichtungen nach § 18 Abs. 1 Satz 1 Nr. 1 und 2 oder die Gesetze im Sinne des § 18 Abs. 1 Satz 1 Nr. 3 sowie die weiteren Berechnungsfaktoren jeweils in der am 31. Dezember 2000 geltenden Fassung maßgebend; § 18 Abs. 2 Nr. 1 Buchstabe b bleibt unberührt. ²Die Steuerklasse III/0 ist zugrunde zu legen. ³Ist der Versorgungsfall vor dem 1. Januar 2001 eingetreten, besteht der Anspruch auf Zusatzrente mindestens in der Höhe, wie er sich aus § 18 in der Fassung vom 18. Dezember 1997 (BGBl. I S. 2998) ergibt.

(2) Die Anwendung des § 18 ist in den Fällen des Absatzes 1 ausgeschlossen, soweit eine Versorgungsrente der in § 18 Abs. 1 Satz 1 Nr. 1 und 2 bezeichneten Zusatzversorgungseinrichtungen oder eine entsprechende Leistung aufgrund der Regelungen des Ersten Ruhegeldgesetzes, des Zweiten Ruhegeldgesetzes oder des Bremischen Ruhelohngesetzes bezogen wird, oder eine Versicherungsrente abgefunden wurde.

(3) ¹Für Arbeitnehmer im Sinne des § 18 Abs. 1 Satz 1 Nr. 4, 5 und 6 in der bis zum 31. Dezember 1998 geltenden Fassung, für die bis zum 31. Dezember 1998 ein Anspruch auf Nachversicherung nach § 18 Abs. 6 entstanden ist, gilt Absatz 1 Satz 1 für die aufgrund der Nachversicherung zu ermittelnde Voll-Leistung entsprechend mit der Maßgabe, daß sich der nach § 2 zu ermittelnde Anspruch gegen den ehemaligen Arbeitgeber richtet. ²Für den nach § 2 zu ermittelnden Anspruch gilt § 18 Abs. 2 Nr. 1 Buchstabe b entsprechend; für die übrigen Bemessungsfaktoren ist auf die Rechts-

lage am 31. Dezember 2000 abzustellen. ³Leistungen der gesetzlichen Rentenversicherung, die auf einer Nachversicherung wegen Ausscheidens aus einem Dienstordnungsverhältnis beruhen, und Leistungen, die die zuständige Versorgungseinrichtung aufgrund von Nachversicherungen im Sinne des § 18 Abs. 6 in der am 31. Dezember 1998 geltenden Fassung gewährt, werden auf den Anspruch nach § 2 angerechnet. ⁴Hat das Arbeitsverhältnis im Sinne des § 18 Abs. 9 bereits am 31. Dezember 1998 bestanden, ist in die Vergleichsberechnung nach § 18 Abs. 9 auch die Zusatzrente nach § 18 in der bis zum 31. Dezember 1998 geltenden Fassung einzubeziehen.

§ 30e
(1) § 1 Abs. 2 Nr. 4 zweiter Halbsatz gilt für Zusagen, die nach dem 31. Dezember 2002 erteilt werden.

(2) ¹§ 1 Abs. 2 Nr. 4 zweiter Halbsatz findet auf Pensionskassen, deren Leistungen der betrieblichen Altersversorgung durch Beiträge der Arbeitnehmer und Arbeitgeber gemeinsam finanziert und die als beitragsorientierte Leistungszusage oder als Leistungszusage durchgeführt werden, mit der Maßgabe Anwendung, daß dem ausgeschiedenen Arbeitnehmer das Recht zur Fortführung mit eigenen Beiträgen nicht eingeräumt werden und eine Überschußverwendung gemäß § 1b Abs. 5 Nr. 1 nicht erfolgen muß. ²Für die Anpassung laufender Leistungen gelten die Regelungen nach § 16 Abs. 1 bis 4. ³Die Regelung in Absatz 1 bleibt unberührt.

§ 30f
¹Wenn Leistungen der betrieblichen Altersversorgung vor dem 1. Januar 2001 zugesagt worden sind, ist § 1b Abs. 1 mit der Maßgabe anzuwenden, daß die Anwartschaft erhalten bleibt, wenn das Arbeitsverhältnis vor Eintritt des Versorgungsfalles, jedoch nach Vollendung des 35. Lebensjahres endet und die Versorgungszusage zu diesem Zeitpunkt

1. mindestens zehn Jahre oder

2. bei mindestens zwölfjähriger Betriebszugehörigkeit mindestens drei Jahre

bestanden hat (unverfallbare Anwartschaft); in diesen Fällen bleibt die Anwartschaft auch erhalten, wenn die Zusage ab dem 1. Januar 2001 fünf Jahre bestanden hat und bei Beendigung des Arbeitsverhältnisses das 30. Lebensjahr vollendet ist. ²§ 1b Abs. 5 findet für Anwartschaften aus diesen Zusagen keine Anwendung.

§ 30g
(1) ¹§ 2 Abs. 5a gilt nur für Anwartschaften, die auf Zusagen beruhen, die nach dem 31. Dezember 2000 erteilt worden sind. ²Im Einvernehmen zwischen Arbeitgeber und Arbeitnehmer kann § 2 Abs. 5a auch auf Anwartschaften angewendet werden, die auf Zusagen beruhen, die vor dem 1. Januar 2001 erteilt worden sind.

(2) § 4 Abs. 4 und § 3 Abs. 1 Satz 3 Nr. 4 gelten nicht für Anwartschaften, die auf Zusagen beruhen, die vor dem 1. Januar 2001 erteilt worden sind.

§ 30h
17 Abs. 5 gilt für Entgeltumwandlungen, die auf Zusagen beruhen, die nach dem 29. Juni 2001 erteilt werden.

§ 31
Auf Sicherungsfälle, die vor dem 1. Januar 1999 eingetreten sind, ist dieses Gesetz in der bis zu diesem Zeitpunkt geltenden Fassung anzuwenden.

§ 32
¹Dieses Gesetz tritt vorbehaltlich des Satzes 2 am Tage nach seiner Verkündung in Kraft. ²Die §§ 7 bis 15 treten am 1. Januar 1975 in Kraft.

Anhang: Gesetzestexte

EStG (Auszüge)

§ 3
Steuerfrei sind
(...)

63. Beiträge des Arbeitgebers aus dem ersten Dienstverhältnis an eine Pensionskasse oder einen Pensionsfonds, soweit sie insgesamt im Kalenderjahr 4 vom Hundert der Beitragsbemessungsgrenze in der Rentenversicherung der Arbeiter und Angestellten nicht übersteigen.

    Dies gilt nicht für Beiträge an eine Zusatzversorgungseinrichtung für eine betriebliche Altersversorgung im Sinne des § 10a Abs. 1 Satz 4 oder soweit der Arbeitnehmer nach § 1a Abs. 3 des Gesetzes zur Verbesserung der betrieblichen Altersversorgung verlangt hat, dass die Voraussetzungen für eine Förderung nach § 10a oder Abschnitt XI erfüllt werden;

66. Leistungen eines Arbeitgebers oder einer Unterstützungskasse an einen Pensionsfonds zur Übernahme bestehender Versorgungsverpflichtungen oder Versorgungsanwartschaften durch den Pensionsfonds, wenn ein Antrag nach § 4d Abs. 3 oder § 4e Abs. 3 gestellt worden ist;

EStG § 4b Direktversicherung
Der Versicherungsanspruch aus einer Direktversicherung, die von einem Steuerpflichtigen aus betrieblichem Anlass abgeschlossen wird, ist dem Betriebsvermögen des Steuerpflichtigen nicht zuzurechnen, soweit am Schluss des Wirtschaftsjahres hinsichtlich der Leistungen des Versicherers die Person, auf deren Leben die Lebensversicherung abgeschlossen ist, oder ihre Hinterbliebenen bezugsberechtigt sind. ²Das gilt auch, wenn der Steuerpflichtige die Ansprüche aus dem Versicherungsvertrag abgetreten oder beliehen hat, sofern er sich der bezugsberechtigten Person gegenüber schriftlich verpflichtet, sie bei Eintritt des Versicherungsfalls so zu stellen, als ob die Abtretung oder Beleihung nicht erfolgt wäre.

EStG § 4c Zuwendungen an Pensionskassen
(1) ¹Zuwendungen an eine Pensionskasse dürfen von dem Unternehmen, das die Zuwendungen leistet (Trägerunternehmen), als Betriebsausgaben abgezogen werden, soweit sie auf einer in der Satzung oder im Geschäftsplan der Kasse festgelegten Verpflichtung oder auf einer Anordnung der Versicherungsaufsichtsbehörde beruhen oder der Abdeckung von Fehlbeträgen bei der Kasse dienen. ²Soweit die allgemeinen Versicherungsbedingungen und die fachlichen Geschäftsunterlagen im Sinne des § 5 Abs. 3 Nr. 2 Halbsatz 2 des Versicherungsaufsichtsgesetzes nicht zum Geschäftsplan gehören, gelten diese als Teil des Geschäftsplans.

(2) Zuwendungen im Sinne des Absatzes 1 dürfen als Betriebsausgaben nicht abgezogen werden, soweit die Leistungen der Kasse, wenn sie vom Trägerunternehmen unmittelbar erbracht würden, bei diesem nicht betrieblich veranlasst wären.

EStG § 4d Zuwendungen an Unterstützungskassen
(1) ¹Zuwendungen an eine Unterstützungskasse dürfen von dem Unternehmen, das die Zuwendungen leistet (Trägerunternehmen), als Betriebsausgaben abgezogen werden, soweit die Leistungen der Kasse, wenn sie vom Trägerunternehmen unmittelbar erbracht würden, bei diesem betrieblich veranlasst wären und sie die folgenden Beträge nicht übersteigen:

1. bei Unterstützungskassen, die lebenslänglich laufende Leistungen gewähren:
    a) das Deckungskapital für die laufenden Leistungen nach der dem Gesetz als Anlage 1 beigefügten Tabelle. ²Leistungsempfänger ist jeder ehemalige Arbeitnehmer des Trägerunternehmens, der von der Unterstützungskasse Leistungen erhält; soweit die Kasse

Hinterbliebenenversorgung gewährt, ist Leistungsempfänger der Hinterbliebene eines ehemaligen Arbeitnehmers des Trägerunternehmens, der von der Kasse Leistungen erhält. ³Dem ehemaligen Arbeitnehmer stehen andere Personen gleich, denen Leistungen der Alters-, Invaliditäts- oder Hinterbliebenenversorgung aus Anlass ihrer ehemaligen Tätigkeit für das Trägerunternehmen zugesagt worden sind;

b) in jedem Wirtschaftsjahr für jeden Leistungsanwärter,
   aa) wenn die Kasse nur Invaliditätsversorgung oder nur Hinterbliebenenversorgung gewährt, jeweils 6 vom Hundert,
   bb) wenn die Kasse Altersversorgung mit oder ohne Einschluss von Invaliditätsversorgung oder Hinterbliebenenversorgung gewährt, 25 vom Hundert der jährlichen Versorgungsleistungen, die der Leistungsanwärter oder, wenn nur Hinterbliebenenversorgung gewährt wird, dessen Hinterbliebene nach den Verhältnissen am Schluss des Wirtschaftsjahres der Zuwendung im letzten Zeitpunkt der Anwartschaft, spätestens im Zeitpunkt der Vollendung des 65. Lebensjahres erhalten können. ²Leistungsanwärter ist jeder Arbeitnehmer oder ehemalige Arbeitnehmer des Trägerunternehmens, der von der Unterstützungskasse schriftlich zugesagte Leistungen erhalten kann und am Schluss des Wirtschaftsjahres, in dem die Zuwendung erfolgt, das 28. Lebensjahr vollendet hat; soweit die Kasse nur Hinterbliebenenversorgung gewährt, gilt als Leistungsanwärter jeder Arbeitnehmer oder ehemalige Arbeitnehmer des Trägerunternehmens, der am Schluss des Wirtschaftsjahres, in dem die Zuwendung erfolgt, das 28. Lebensjahr vollendet hat und dessen Hinterbliebene die Hinterbliebenenversorgung erhalten können. ³Das Trägerunternehmen kann bei der Berechnung nach Satz 1 statt des dort maßgebenden Betrags den Durchschnittsbetrag der von der Kasse im Wirtschaftsjahr an Leistungsempfänger im Sinne des Buchstabens a Satz 2 gewährten Leistungen zugrunde legen. ⁴In diesem Fall sind Leistungsanwärter im Sinne des Satzes 2 nur die Arbeitnehmer oder ehemaligen Arbeitnehmer des Trägerunternehmens, die am Schluss des Wirtschaftsjahres, in dem die Zuwendung erfolgt, das 50. Lebensjahr vollendet haben. ⁵Dem Arbeitnehmer oder ehemaligen Arbeitnehmer als Leistungsanwärter stehen andere Personen gleich, denen schriftlich Leistungen der Alters-, Invaliditäts- oder Hinterbliebenenversorgung aus Anlass ihrer Tätigkeit für das Trägerunternehmen zugesagt worden sind;

c) den Betrag des Beitrages, den die Kasse an einen Versicherer zahlt, soweit sie sich die Mittel für ihre Versorgungsleistungen, die der Leistungsanwärter oder Leistungsempfänger nach den Verhältnissen am Schluss des Wirtschaftsjahres der Zuwendung erhalten kann, durch Abschluss einer Versicherung verschafft. ²Bei Versicherungen für einen Leistungsanwärter ist der Abzug des Beitrages nur zulässig, wenn der Leistungsanwärter die in Buchstabe b Satz 2 und 5 genannten Voraussetzungen erfüllt, die Versicherung für die Dauer bis zu dem Zeitpunkt abgeschlossen ist, für den erstmals Leistungen der Altersversorgung vorgesehen sind, mindestens jedoch bis zu dem Zeitpunkt, an dem der Leistungsanwärter das 55. Lebensjahr vollendet hat, und während dieser Zeit jährlich Beiträge gezahlt werden, die der Höhe nach gleich bleiben oder steigen. ³Das Gleiche gilt für Leistungsanwärter, die das 28. Lebensjahr noch nicht vollendet haben, für Leistungen der Invaliditäts- oder Hinterbliebenenversorgung, für Leistungen der Altersversorgung unter der Voraussetzung, dass die Leistungsanwartschaft bereits unverfallbar ist. ⁴Ein Abzug ist ausgeschlossen, wenn die Ansprüche aus der Versicherung der Sicherung eines Darlehens dienen. ⁵Liegen die Voraussetzungen der Sätze 1 bis 4 vor, sind die Zuwendungen nach den Buchstaben a und b in dem Verhältnis zu vermindern, in dem die Leistungen der Kasse durch die Versicherung gedeckt sind;

Anhang: Gesetzestexte

d) den Betrag, den die Kasse einem Leistungsanwärter im Sinne des Buchstabens b Satz 2 und 5 vor Eintritt des Versorgungsfalls als Abfindung für künftige Versorgungsleistungen gewährt oder den sie an einen anderen Versorgungsträger zahlt, der eine ihr obliegende Versorgungsverpflichtung übernommen hat. ²Zuwendungen dürfen nicht als Betriebsausgaben abgezogen werden, wenn das Vermögen der Kasse ohne Berücksichtigung künftiger Versorgungsleistungen am Schluss des Wirtschaftsjahres das zulässige Kassenvermögen übersteigt. ³Bei der Ermittlung des Vermögens der Kasse ist am Schluss des Wirtschaftsjahres vorhandener Grundbesitz mit 200 vom Hundert der Einheitswerte anzusetzen, die zu dem Feststellungszeitpunkt maßgebend sind, der dem Schluss des Wirtschaftsjahres folgt; Ansprüche aus einer Versicherung sind mit dem Wert des geschäftsplanmäßigen Deckungskapitals zuzüglich der Guthaben aus Beitragsrückerstattung am Schluss des Wirtschaftsjahres anzusetzen, und das übrige Vermögen ist mit dem gemeinen Wert am Schluss des Wirtschaftsjahres zu bewerten. ⁴Zulässiges Kassenvermögen ist die Summe aus dem Deckungskapital für alle am Schluss des Wirtschaftsjahres laufenden Leistungen nach der dem Gesetz als Anlage 1 beigefügten Tabelle für Leistungsempfänger im Sinne des Satzes 1 Buchstabe a und dem Achtfachen der nach Satz 1 Buchstabe b abzugsfähigen Zuwendungen. ⁵Soweit sich die Kasse die Mittel für ihre Leistungen durch Abschluss einer Versicherung verschafft, ist, wenn die Voraussetzungen für den Abzug des Beitrages nach Satz 1 Buchstabe c erfüllt sind, zulässiges Kassenvermögen der Wert des geschäftsplanmäßigen Deckungskapitals aus der Versicherung am Schluss des Wirtschaftsjahres; in diesem Fall ist das zulässige Kassenvermögen nach Satz 4 in dem Verhältnis zu vermindern, in dem die Leistungen der Kasse durch die Versicherung gedeckt sind. ⁶Soweit die Berechnung des Deckungskapitals nicht zum Geschäftsplan gehört, tritt an die Stelle des geschäftsplanmäßigen Deckungskapitals der nach § 176 Abs. 3 des Gesetzes über den Versicherungsvertrag berechnete Zeitwert, beim zulässigen Kassenvermögen ohne Berücksichtigung des Guthabens aus Beitragsrückerstattung. ⁷Gewährt eine Unterstützungskasse an Stelle von lebenslänglich laufenden Leistungen eine einmalige Kapitalleistung, so gelten 10 vom Hundert der Kapitalleistung als Jahresbetrag einer lebenslänglich laufenden Leistung;

2. bei Kassen, die keine lebenslänglich laufenden Leistungen gewähren, für jedes Wirtschaftsjahr 0,2 vom Hundert der Lohn- und Gehaltssumme des Trägerunternehmens, mindestens jedoch den Betrag der von der Kasse in einem Wirtschaftsjahr erbrachten Leistungen, soweit dieser Betrag höher ist als die in den vorangegangenen fünf Wirtschaftsjahren vorgenommenen Zuwendungen abzüglich der in dem gleichen Zeitraum erbrachten Leistungen. ²Diese Zuwendungen dürfen nicht als Betriebsausgaben abgezogen werden, wenn das Vermögen der Kasse am Schluss des Wirtschaftsjahres das zulässige Kassenvermögen übersteigt. ³Als zulässiges Kassenvermögen kann 1 vom Hundert der durchschnittlichen Lohn- und Gehaltssumme der letzten drei Jahre angesetzt werden. ⁴Hat die Kasse bereits 10 Wirtschaftsjahre bestanden, darf das zulässige Kassenvermögen zusätzlich die Summe der in den letzten zehn Wirtschaftsjahren gewährten Leistungen nicht übersteigen. ⁵Für die Bewertung des Vermögens der Kasse gilt Nummer 1 Satz 3 entsprechend. ⁶Bei der Berechnung der Lohn- und Gehaltssumme des Trägerunternehmens sind Löhne und Gehälter von Personen, die von der Kasse keine nicht lebenslänglich laufenden Leistungen erhalten können, auszuscheiden.

²Gewährt eine Kasse lebenslänglich laufende und nicht lebenslänglich laufende Leistungen, so gilt Satz 1 Nr. 1 und 2 nebeneinander. ³Leistet ein Trägerunternehmen Zuwendungen an mehrere Unterstützungskassen, so sind diese Kassen bei der Anwendung der Nummern 1 und 2 als Einheit zu behandeln.

(2) ¹Zuwendungen im Sinne des Absatzes 1 sind von dem Trägerunternehmen in dem Wirtschaftsjahr als Betriebsausgaben abzuziehen, in dem sie geleistet werden. ²Zuwendungen, die bis zum Ablauf eines Monats nach Aufstellung oder Feststellung der Bilanz des Trägerunternehmens für den

Schluss eines Wirtschaftsjahres geleistet werden, können von dem Trägerunternehmen noch für das abgelaufene Wirtschaftsjahr durch eine Rückstellung gewinnmindernd berücksichtigt werden. ³Übersteigen die in einem Wirtschaftsjahr geleisteten Zuwendungen die nach Absatz 1 abzugsfähigen Beträge, so können die übersteigenden Beträge im Wege der Rechnungsabgrenzung auf die folgenden drei Wirtschaftsjahre vorgetragen und im Rahmen der für diese Wirtschaftsjahre abzugsfähigen Beträge als Betriebsausgaben behandelt werden. ⁴§ 5 Abs. 1 Satz 2 ist nicht anzuwenden.

(3) ¹Abweichend von Absatz 1 Satz 1 Nr. 1 Satz 1 Buchstabe d und Absatz 2 können auf Antrag die insgesamt erforderlichen Zuwendungen an die Unterstützungskasse für den Betrag, den die Kasse an einen Pensionsfonds zahlt, der eine ihr obliegende Versorgungsverpflichtung ganz oder teilweise übernommen hat, nicht im Wirtschaftsjahr der Zuwendung, sondern erst in den dem Wirtschaftsjahr der Zuwendung folgenden zehn Wirtschaftsjahren gleichmäßig verteilt als Betriebsausgaben abgezogen werden. ²Der Antrag ist unwiderruflich; der jeweilige Rechtsnachfolger ist an den Antrag gebunden.

EStG § 4e Beiträge an Pensionsfonds

(1) Beiträge an einen Pensionsfonds im Sinne des § 112 des Versicherungsaufsichtsgesetzes dürfen von dem Unternehmen, das die Beiträge leistet (Trägerunternehmen), als Betriebsausgaben abgezogen werden, soweit sie auf einer festgelegten Verpflichtung beruhen oder der Abdeckung von Fehlbeträgen bei dem Fonds dienen.

(2) Beiträge im Sinne des Absatzes 1 dürfen als Betriebsausgaben nicht abgezogen werden, soweit die Leistungen des Fonds, wenn sie vom Trägerunternehmen unmittelbar erbracht würden, bei diesem nicht betrieblich veranlasst wären.

(3) ¹Der Steuerpflichtige kann auf Antrag die insgesamt erforderlichen Leistungen an einen Pensionsfonds zur teilweisen oder vollständigen Übernahme einer bestehenden Versorgungsverpflichtung oder Versorgungsanwartschaft durch den Pensionsfonds erst in den dem Wirtschaftsjahr der Übertragung folgenden zehn Wirtschaftsjahren gleichmäßig verteilt als Betriebsausgaben abziehen. ²Der Antrag ist unwiderruflich; der jeweilige Rechtsnachfolger ist an den Antrag gebunden. ³Ist eine Pensionsrückstellung nach § 6a gewinnerhöhend aufzulösen, ist Satz 1 mit der Maßgabe anzuwenden, dass die Leistungen an den Pensionsfonds im Wirtschaftsjahr der Übertragung in Höhe der aufgelösten Rückstellung als Betriebsausgaben abgezogen werden können; der die aufgelöste Rückstellung übersteigende Betrag ist in den dem Wirtschaftsjahr der Übertragung folgenden zehn Wirtschaftsjahren gleichmäßig verteilt als Betriebsausgaben abzuziehen. ⁴Satz 3 gilt entsprechend, wenn es im Zuge der Leistungen des Arbeitgebers an den Pensionsfonds zu Vermögensübertragungen einer Unterstützungskasse an den Arbeitgeber kommt

EStG § 6a Pensionsrückstellung

(1) Für eine Pensionsverpflichtung darf eine Rückstellung (Pensionsrückstellung) nur gebildet werden, wenn und soweit

1. der Pensionsberechtigte einen Rechtsanspruch auf einmalige oder laufende Pensionsleistungen hat,
2. die Pensionszusage keine Pensionsleistungen in Abhängigkeit von künftigen gewinnabhängigen Bezügen vorsieht und keinen Vorbehalt enthält, dass die Pensionsanwartschaft oder die Pensionsleistung gemindert oder entzogen werden kann, oder ein solcher Vorbehalt sich nur auf Tatbestände erstreckt, bei deren Vorliegen nach allgemeinen Rechtsgrundsätzen unter Beachtung billigen Ermessens eine Minderung oder ein Entzug der Pensionsanwartschaft oder der Pensionsleistung zulässig ist, und
3. die Pensionszusage schriftlich erteilt ist; die Pensionszusage muss eindeutige Angaben zu Art, Form, Voraussetzungen und Höhe der in Aussicht gestellten künftigen Leistungen enthalten.

Anhang: Gesetzestexte

(2) Eine Pensionsrückstellung darf erstmals gebildet werden
1. vor Eintritt des Versorgungsfalls für das Wirtschaftsjahr, in dem die Pensionszusage erteilt wird, frühestens jedoch für das Wirtschaftsjahr, bis zu dessen Mitte der Pensionsberechtigte das 28. Lebensjahr vollendet oder für das Wirtschaftsjahr, in dessen Verlauf die Pensionsanwartschaft gemäß den Vorschriften des Gesetzes zur Verbesserung der betrieblichen Altersversorgung unverfallbar wird,
2. nach Eintritt des Versorgungsfalls für das Wirtschaftsjahr, in dem der Versorgungsfall eintritt.

(3) ¹Eine Pensionsrückstellung darf höchstens mit dem Teilwert der Pensionsverpflichtung angesetzt werden. ²Als Teilwert einer Pensionsverpflichtung gilt
1. vor Beendigung des Dienstverhältnisses des Pensionsberechtigten der Barwert der künftigen Pensionsleistungen am Schluss des Wirtschaftsjahres abzüglich des sich auf denselben Zeitpunkt ergebenden Barwerts betragsmäßig gleich bleibender Jahresbeträge, bei einer Entgeltumwandlung im Sinne von § 1 Abs. 2 des Gesetzes zur Verbesserung der betrieblichen Altersversorgung mindestens jedoch der Barwert der gemäß den Vorschriften des Gesetzes zur Verbesserung der betrieblichen Altersversorgung unverfallbaren künftigen Pensionsleistungen am Schluss des Wirtschaftsjahres. ²Die Jahresbeträge sind so zu bemessen, dass am Beginn des Wirtschaftsjahres, in dem das Dienstverhältnis begonnen hat, ihr Barwert gleich dem Barwert der künftigen Pensionsleistungen ist; die künftigen Pensionsleistungen sind dabei mit dem Betrag anzusetzen, der ich nach den Verhältnissen am Bilanzstichtag ergibt. ³Es sind die Jahresbeträge zugrunde zu legen, die vom Beginn des Wirtschaftsjahres, in dem das Dienstverhältnis begonnen hat, bis zu dem in der Pensionszusage vorgesehenen Zeitpunkt des Eintritts des Versorgungsfalls rechnungsmäßig aufzubringen sind. ⁴Erhöhungen oder Verminderungen der Pensionsleistungen nach dem Schluss des Wirtschaftsjahres, die hinsichtlich des Zeitpunktes ihres Wirksamwerdens oder ihres Umfangs ungewiss sind, sind bei der Berechnung des Barwertes der künftigen Pensionsleistungen und der Jahresbeträge erst zu berücksichtigen, wenn sie eingetreten sind. ⁵Wird die Pensionszusage erst nach dem Beginn des Dienstverhältnisses erteilt, so ist die Zwischenzeit für die Berechnung der Jahresbeträge nur insoweit als Wartezeit zu behandeln, als sie in der Pensionszusage als solche bestimmt ist. ⁶Hat das Dienstverhältnis schon vor der Vollendung des 28. Lebensjahres des Pensionsberechtigten bestanden, so gilt es als zu Beginn des Wirtschaftsjahres begonnen, bis zu dessen Mitte der Pensionsberechtigte das 28. Lebensjahr vollendet; in diesem Fall gilt für davor liegende Wirtschaftsjahre als Teilwert der Barwert der gemäß den Vorschriften des Gesetzes zur Verbesserung der betrieblichen Altersversorgung unverfallbaren künftigen Pensionsleistungen am Schluss des Wirtschaftsjahres;
2. nach Beendigung des Dienstverhältnisses des Pensionsberechtigten unter Aufrechterhaltung seiner Pensionsanwartschaft oder nach Eintritt des Versorgungsfalls der Barwert der künftigen Pensionsleistungen am Schluss des Wirtschaftsjahres; Nummer 1 Satz 4 gilt sinngemäß. ³Bei der Berechnung des Teilwertes der Pensionsverpflichtung sind ein Rechnungszinsfuß von 6 vom Hundert und die anerkannten Regeln der Versicherungsmathematik anzuwenden.

(4) ¹Eine Pensionsrückstellung darf in einem Wirtschaftsjahr höchstens um den Unterschied zwischen dem Teilwert der Pensionsverpflichtung am Schluss des Wirtschaftsjahres und am Schluss des vorangegangenen Wirtschaftsjahres erhöht werden. ²Soweit der Unterschiedsbetrag auf der erstmaligen Anwendung neuer oder geänderter biometrischer Rechnungsgrundlagen beruht, kann er nur auf mindestens drei Wirtschaftsjahre gleichmäßig verteilt der Pensionsrückstellung zugeführt werden; entsprechendes gilt beim Wechsel auf andere biometrische Rechnungsgrundlagen. ³In dem Wirtschaftsjahr, in dem mit der Bildung einer Pensionsrückstellung frühestens begonnen werden darf (Erstjahr), darf die Rückstellung bis zur Höhe des Teilwertes der Pensionsverpflichtung am Schluss des Wirtschaftsjahres gebildet werden; diese Rückstellung kann auf das Erstjahr

und die beiden folgenden Wirtschaftsjahre gleichmäßig verteilt werden. ⁴Erhöht sich in einem Wirtschaftsjahr gegenüber dem vorangegangenen Wirtschaftsjahr der Barwert der künftigen Pensionsleistungen um mehr als 25 vom Hundert, so kann die für dieses Wirtschaftsjahr zulässige Erhöhung der Pensionsrückstellung auf dieses Wirtschaftsjahr und die beiden folgenden Wirtschaftsjahre gleichmäßig verteilt werden. ⁵Am Schluss des Wirtschaftsjahres, in dem das Dienstverhältnis des Pensionsberechtigten unter Aufrechterhaltung seiner Pensionsanwartschaft endet oder der Versorgungsfall eintritt, darf die Pensionsrückstellung stets bis zur Höhe des Teilwertes der Pensionsverpflichtung gebildet werden; die für dieses Wirtschaftsjahr zulässige Erhöhung der Pensionsrückstellung kann auf dieses Wirtschaftsjahr und die beiden folgenden Wirtschaftsjahre gleichmäßig verteilt werden. ⁶Satz 2 gilt in den Fällen der Sätze 3 bis 5 entsprechend.

(5) Die Absätze 3 und 4 gelten entsprechend, wenn der Pensionsberechtigte zu dem Pensionsverpflichteten in einem anderen Rechtsverhältnis als einem Dienstverhältnis steht.

EStG § 10a Zusätzliche Altersvorsorge

(1) ¹In der gesetzlichen Rentenversicherung Pflichtversicherte können Altersvorsorgebeiträge (§ 82) zuzüglich der dafür nach Abschnitt XI zustehenden Zulage

in den Veranlagungszeiträumen 2002 und 2003 bis zu 525 Euro,
in den Veranlagungszeiträumen 2004 und 2005 bis zu 1.050 Euro,
in den Veranlagungszeiträumen 2006 und 2007 bis zu 1.575 Euro,
ab dem Veranlagungszeitraum 2008 jährlich bis zu 2.100 Euro

als Sonderausgaben abziehen; das Gleiche gilt für

1. Empfänger von Besoldung nach dem Bundesbesoldungsgesetz,
2. Empfänger von Amtsbezügen aus einem Amtsverhältnis, deren Versorgungsrecht die entsprechende Anwendung des § 69e Abs. 3 und 4 des Beamtenversorgungsgesetzes vorsieht,
3. die nach § 5 Abs. 1 Satz 1 Nr. 2 und 3 des Sechsten Buches Sozialgesetzbuch versicherungsfrei Beschäftigten und die nach § 6 Abs. 1 Satz 1 Nr. 2 des Sechsten Buches Sozialgesetzbuch von der Versicherungspflicht befreiten Beschäftigten, deren Versorgungsrecht die entsprechende Anwendung des § 69e Abs. 3 und 4 des Beamtenversorgungsgesetzes vorsieht, und
4. Beamte, Richter, Berufssoldaten und Soldaten auf Zeit, die ohne Besoldung beurlaubt sind, für die Zeit einer Beschäftigung, wenn während der Beurlaubung die Gewährleistung einer Versorgungsanwartschaft unter den Voraussetzungen des § 5 Abs. 1 Satz 1 des Sechsten Buches Sozialgesetzbuch auf diese Beschäftigung erstreckt wird,

wenn sie die nach Absatz 1a erforderlichen Erklärungen abgegeben und nicht widerrufen haben. ²Für Steuerpflichtige im Sinne des Satzes 1 Halbsatz 2, die Elternzeit nach § 1 Abs. 1 der Elternzeitverordnung in Verbindung mit § 15 Abs. 1 des Bundeserziehungsgeldgesetzes in Anspruch nehmen, gilt dies nur während des Zeitraums nach § 50a des Beamtenversorgungsgesetzes. ³Versicherungspflichtige nach dem Gesetz über die Alterssicherung der Landwirte sowie Personen, die wegen Arbeitslosigkeit bei einem inländischen Arbeitsamt als Arbeitsuchende gemeldet sind und der Versicherungspflicht in der Rentenversicherung nicht unterliegen, weil sie eine Leistung nach dem Dritten Buch Sozialgesetzbuch nur wegen des zu berücksichtigenden Einkommens oder Vermögens nicht beziehen, stehen Pflichtversicherten gleich. ⁴Satz 1 gilt nicht für Pflichtversicherte, die kraft zusätzlicher Versorgungsregelung in einer Zusatzversorgung pflichtversichert sind und bei denen eine der Versorgung der Beamten ähnliche Gesamtversorgung aus der Summe der Leistungen der gesetzlichen Rentenversicherung und der Zusatzversorgung gewährleistet ist.

(1a) ¹Sofern eine Zulagenummer durch die zentrale Stelle (§ 81) oder eine Versicherungsnummer nach § 147 des Sechsten Buches Sozialgesetzbuch noch nicht vergeben ist, hat der in Absatz 1 Satz 1 Nr. 1 oder 2 genannte Steuerpflichtige über die für seine Besoldung oder seine Amtsbezüge zuständige Stelle, in den Fällen des Absatzes 1 Satz 1 Nr. 3 über den seine Versorgung gewährleistenden

Anhang: Gesetzestexte

Arbeitgeber seiner rentenversicherungsfreien Beschäftigung oder in den Fällen des Absatzes 1 Satz 1 Nr. 4 über den zur Zahlung des Arbeitsentgelts verpflichteten Arbeitgeber eine Zulagenummer (§ 90 Abs. 1 Satz 2 und 3) bei der zentralen Stelle zu beantragen. ²Gegenüber der für seine Besoldung oder Amtsbezüge zuständigen Stelle, in den Fällen des Absatzes 1 Satz 1 Nr. 3 gegenüber dem seine Versorgung gewährleistenden Arbeitgeber der rentenversicherungsfreien Beschäftigung oder in den Fällen des Absatzes 1 Satz 1 Nr. 4 gegenüber dem zur Zahlung des Arbeitsentgelts verpflichteten Arbeitgeber hat er sein Einverständnis zu erklären, dass

1. diese jährlich die für die Ermittlung des Mindesteigenbeitrags (§ 86) und die für die Gewährung der Kinderzulage (§ 85) erforderlichen Daten der zentralen Stelle mitteilt,
2. die zentrale Stelle diese Daten für das Zulageverfahren verarbeiten und nutzen kann,
3. in den Fällen des Absatzes 1 Satz 1 Nr. 3 von dem seine Versorgung gewährleistenden Arbeitgeber der zentralen Stelle bestätigt wird, dass das Versorgungsrecht des Steuerpflichtigen eine entsprechende Anwendung des § 69e Abs. 3 und 4 des Beamtenversorgungsgesetzes vorsieht und
4. in den Fällen des Absatzes 1 Satz 1 Nr. 4 von dem zur Zahlung des Arbeitsentgelts verpflichteten Arbeitgeber der zentralen Stelle bestätigt wird, dass die Gewährleistung einer Versorgungsanwartschaft unter den Voraussetzungen des § 5 Abs. 1 Satz 1 des Sechsten Buches Sozialgesetzbuch auf diese Beschäftigung erstreckt wird.

³Die Einverständniserklärung ist bis zum Widerruf wirksam. ⁴Der Widerruf ist vor Beginn des Veranlagungszeitraums, für den das Einverständnis erstmals nicht mehr gelten soll, gegenüber der für die Besoldung oder Amtsbezüge zuständigen Stelle, in den Fällen des Absatzes 1 Satz 1 Nr. 3 gegenüber dem seine Versorgung gewährleistenden Arbeitgeber der rentenversicherungsfreien Beschäftigung oder in den Fällen des Absatzes 1 Satz 1 Nr. 4 über den zur Zahlung des Arbeitsentgelts verpflichteten Arbeitgeber zu erklären.

(2) ¹Ist der Sonderausgabenabzug nach Absatz 1 für den Steuerpflichtigen günstiger als der Anspruch auf die Zulage nach Abschnitt XI, erhöht sich die unter Berücksichtigung des Sonderausgabenabzugs ermittelte tarifliche Einkommensteuer um den Anspruch auf Zulage. ²In den anderen Fällen scheidet der Sonderausgabenabzug aus. ³Die Günstigerprüfung wird von Amts wegen vorgenommen; hierbei sind zur Berücksichtigung eines Kindes immer die Freibeträge nach § 32 Abs. 6 abzuziehen.

(3) ¹Der Abzugsbetrag nach Absatz 1 steht im Fall der Veranlagung von Ehegatten nach § 26 Abs. 1 jedem Ehegatten unter den Voraussetzungen des Absatzes 1 gesondert zu. ²Gehört nur ein Ehegatte zu dem nach Absatz 1 begünstigten Personenkreis und ist der andere Ehegatte nach § 79 Satz 2 zulageberechtigt, sind bei dem nach Absatz 1 abzugsberechtigten Ehegatten die von beiden Ehegatten geleisteten Altersvorsorgebeiträge und die dafür zustehenden Zulagen bei der Anwendung der Absätze 1 und 2 zu berücksichtigen.

(4) ¹Im Fall des Absatzes 2 Satz 1 stellt das Finanzamt die über den Zulageanspruch nach Abschnitt XI hinausgehende Steuerermäßigung gesondert fest und teilt diese der zentralen Stelle (§ 81) mit; § 10d Abs. 4 Satz 3 bis 5 gilt entsprechend. ²Sind Altersvorsorgebeiträge zugunsten von mehreren Verträgen geleistet worden, erfolgt die Zurechnung im Verhältnis der nach Absatz 1 berücksichtigten Altersvorsorgebeiträge. ³Ehegatten ist der nach Satz 1 festzustellende Betrag auch im Falle der Zusammenveranlagung jeweils getrennt zuzurechnen; die Zurechnung erfolgt im Verhältnis der nach Absatz 1 berücksichtigten Altersvorsorgebeiträge. ⁴Die Übermittlung an die zentrale Stelle erfolgt unter Angabe der Vertrags- und Steuernummer.

(5) ¹Der Steuerpflichtige hat die zu berücksichtigenden Altersvorsorgebeiträge durch eine vom Anbieter auszustellende Bescheinigung nach amtlich vorgeschriebenem Vordruck nachzuweisen. ²Die übrigen Voraussetzungen für den Sonderausgabenabzug nach den Absätzen 1 bis 3 werden im Wege des automatisierten Datenabgleichs nach § 91 überprüft.

EStG § 19

(1) ¹Zu den Einkünften aus nichtselbständiger Arbeit gehören

1. Gehälter, Löhne, Gratifikationen, Tantiemen und andere Bezüge und Vorteile, die für eine Beschäftigung im öffentlichen oder privaten Dienst gewährt werden;
2. Wartegelder, Ruhegelder, Witwen- und Waisengelder und andere Bezüge und Vorteile aus früheren Dienstleistungen.

²Es ist gleichgültig, ob es sich um laufende oder um einmalige Bezüge handelt und ob ein Rechtsanspruch auf sie besteht.

(2) ¹Von Versorgungsbezügen bleibt ein Betrag in Höhe von 40 vom Hundert dieser Bezüge, höchstens jedoch insgesamt ein Betrag von 3.072 Euro im Veranlagungszeitraum, steuerfrei (Versorgungs-Freibetrag). ²Versorgungsbezüge sind Bezüge und Vorteile aus früheren Dienstleistungen, die

1. als Ruhegehalt, Witwen- oder Waisengeld, Unterhaltsbeitrag oder als gleichartiger Bezug
   a) auf Grund beamtenrechtlicher oder entsprechender gesetzlicher Vorschriften,
   b) nach beamtenrechtlichen Grundsätzen von Körperschaften, Anstalten oder Stiftungen des öffentlichen Rechts oder öffentlich-rechtlichen Verbänden von Körperschaften
   oder
2. in anderen Fällen wegen Erreichens einer Altersgrenze, Berufsunfähigkeit, Erwerbsunfähigkeit oder als Hinterbliebenenbezüge gewährt werden; Bezüge, die wegen Erreichens einer Altersgrenze gewährt werden, gelten erst dann als Versorgungsbezüge, wenn der Steuerpflichtige das 63. Lebensjahr oder, wenn er schwerbehindert ist, das 60. Lebensjahr vollendet hat.

EStG § 22 Arten der sonstigen Einkünfte

Sonstige Einkünfte sind

1. Einkünfte aus wiederkehrenden Bezügen, soweit sie nicht zu den in § 2 Abs. 1 Nr. 1 bis 6 bezeichneten Einkunftsarten gehören. ²Werden die Bezüge freiwillig oder auf Grund einer freiwillig begründeten Rechtspflicht oder einer gesetzlich unterhaltsberechtigten Person gewährt, so sind sie nicht dem Empfänger zuzurechnen, wenn der Geber unbeschränkt einkommensteuerpflichtig oder unbeschränkt körperschaftsteuerpflichtig ist; dem Empfänger sind dagegen zuzurechnen
   a) Bezüge, die von einer unbeschränkt steuerpflichtigen Körperschaft, Personenvereinigung oder Vermögensmasse außerhalb der Erfüllung steuerbegünstigter Zwecke im Sinne der §§ 52 bis 54 der Abgabenordnung gewährt werden, und
   b) Bezüge im Sinne des § 1 der Verordnung über die Steuerbegünstigung von Stiftungen, die an die Stelle von Familienfideikommissen getreten sind, in der im Bundesgesetzblatt Teil III, Gliederungsnummer 611-4-3, veröffentlichten bereinigten Fassung.

³Zu den in Satz 1 bezeichneten Einkünften gehören auch

   a) Leibrenten insoweit, als in den einzelnen Bezügen Einkünfte aus Erträgen des Rentenrechts enthalten sind. ²Als Ertrag des Rentenrechts gilt für die gesamte Dauer des Rentenbezugs der Unterschied zwischen dem Jahresbetrag der Rente und dem Betrag, der sich bei gleichmäßiger Verteilung des Kapitalwerts der Rente auf ihre voraussichtliche Laufzeit ergibt; dabei ist der Kapitalwert nach dieser Laufzeit zu berechnen. ³Der Ertrag des Rentenrechts (Ertragsanteil) ist aus der nachstehenden Tabelle zu entnehmen:

Anhang: Gesetzestexte

Bei Beginn der Rente vollendetes Lebensjahr des Rentenberechtigten	Ertragsanteil in v.H.	Bei Beginn der Rente vollendetes Lebensjahr des Rentenberechtigten	Ertragsanteil in v.H.	Bei Beginn der Rente volldetes Lebensjahr des Rentenberechtigten	Ertragsanteil in v.H.
0 bis 3	73	44	49	68	23
4 bis 5	72	45	48	69	22
6 bis 8	71	46	47	70	21
9 bis 11	70	47	46	71	20
12 bis 13	69	48	45	72	19
14 bis 15	68	49	44	73	18
16 bis 17	67	50	43	74	17
18 bis 19	66	51	42	75	16
20 bis 21	65	52	41	76	15
22 bis 23	64	53	40	77	14
24 bis 25	63	54	39	78	13
26 bis 27	62	55	38	79	12
28	61	56	37	80 bis 81	11
29 bis 30	60	57	36	82	10
31	59	58	35	83	9
32 bis 33	58	59	34	84 bis 85	8
34	57	60	32	86 bis 87	7
35	56	61	31	88	6
36 bis 37	55	62	30	89 bis 91	5
38	54	63	29	92 bis 93	4
39	53	64	28	94 bis 96	3
40	52	65	27	ab 97	2
41 bis 42	51	66	26		
43	50	67	25		

[4]Die Ermittlung des Ertrags aus Leibrenten, die vor dem 1. Januar 1955 zu laufen begonnen haben, und aus Renten, deren Dauer von der Lebenszeit mehrerer Personen oder einer anderen Person als des Rentenberechtigten abhängt, sowie aus Leibrenten, die auf eine bestimmte Zeit beschränkt sind, wird durch eine Rechtsverordnung bestimmt;

b) Einkünfte aus Zuschüssen und sonstigen Vorteilen, die als wiederkehrende Bezüge gewährt werden;
1. Einkünfte aus Unterhaltsleistungen, soweit sie nach § 10 Abs. 1 Nr. 1 vom Geber abgezogen werden können;
2. Einkünfte aus privaten Veräußerungsgeschäften im Sinne des § 23;
3. Einkünfte aus Leistungen, soweit sie weder zu anderen Einkunftsarten (§ 2 Abs. 1 Nr. 1 bis 6) noch zu den Einkünften im Sinne der Nummern 1, 1a, 2 oder 4 gehören, z. B. Einkünfte aus gelegentlichen Vermittlungen und aus der Vermietung beweglicher Gegenstände. [2]Solche Einkünfte sind nicht einkommensteuerpflichtig, wenn sie weniger als 256 Euro im Kalenderjahr betragen haben. [3]Übersteigen die Werbungskosten die Einnahmen, so darf der übersteigende Betrag bei Ermittlung des Einkommens nicht ausgeglichen werden; er darf auch nicht nach § 10d abgezogen werden. [4]Die Verluste mindern jedoch nach Maßgabe des § 10d die Einkünfte, die der Steuerpflichtige in dem unmittelbar vorangegangenen Veranlagungszeitraum oder in den folgenden Veranlagungszeiträumen aus Leistungen im Sinne des Satzes 1 erzielt hat oder erzielt;

EStG

4. Entschädigungen, Amtszulagen, Zuschüsse zu Kranken- und Pflegeversicherungsbeiträgen, Übergangsgelder, Überbrückungsgelder, Sterbegelder, Versorgungsabfindungen, Versorgungsbezüge, die auf Grund des Abgeordnetengesetzes oder des Europaabgeordnetengesetzes, sowie vergleichbare Bezüge, die auf Grund der entsprechenden Gesetze der Länder gezahlt werden. ²Werden zur Abgeltung des durch das Mandat veranlassten Aufwandes Aufwandsentschädigungen gezahlt, so dürfen die durch das Mandat veranlassten Aufwendungen nicht als Werbungskosten abgezogen werden.

³Wahlkampfkosten zur Erlangung eines Mandats im Bundestag, im Europäischen Parlament oder im Parlament eines Landes dürfen nicht als Werbungskosten abgezogen werden. ⁴Es gelten entsprechend

    a) für Nachversicherungsbeiträge auf Grund gesetzlicher Verpflichtung nach den Abgeordnetengesetzen im Sinne des Satzes 1 und für Zuschüsse zu Kranken- und Pflegeversicherungsbeiträgen § 3 Nr. 62,

    b) für Versorgungsbezüge § 19 Abs. 2; beim Zusammentreffen mit Versorgungsbezügen im Sinne von § 19 Abs. 2 Satz 2 bleibt jedoch insgesamt höchstens ein Betrag von 3.072 Euro im Veranlagungszeitraum steuerfrei,

    c) für das Übergangsgeld, das in einer Summe gezahlt wird, und für die Versorgungsabfindung § 34 Abs. 1;

5. Leistungen aus Altersvorsorgeverträgen (§ 1 Abs. 1 des Altersvorsorgeverträge-Zertifizierungsgesetzes), auch wenn sie von inländischen Sondervermögen oder ausländischen Investmentgesellschaften erbracht werden, sowie aus Direktversicherungen, Pensionsfonds und Pensionskassen mit Ausnahme der Leistungen aus einer Zusatzversorgungseinrichtung für eine betriebliche Altersversorgung im Sinne des § 10a Abs. 1 Satz 4, soweit die Leistungen auf Altersvorsorgebeiträgen im Sinne des § 82, auf die § 3 Nr. 63, § 10a oder Abschnitt XI angewendet wurden, auf Zulagen im Sinne des Abschnitts XI oder auf steuerfreien Leistungen im Sinne des § 3 Nr. 66 beruhen. ²Auf Leistungen aus Lebensversicherungsverträgen einschließlich der Direktversicherungen, Pensionsfonds und Pensionskassen mit Ausnahme der Leistungen aus einer Zusatzversorgungseinrichtung für eine betriebliche Altersversorgung im Sinne des § 10a Abs. 1 Satz 4, die auf Kapital beruhen, das nicht aus nach § 3 Nr. 63 oder 66 von der Einkommensteuer befreiten oder nicht nach § 10a oder Abschnitt XI geförderten Beiträgen gebildet wurde, ist Nummer 1 Satz 3 Buchstabe a anzuwenden. ³Bei allen anderen Altersvorsorgeverträgen gehören zu den Leistungen im Sinne des Satzes 1 auch Erträge, soweit sie auf Kapital beruhen, das nicht aus nach § 3 Nr. 63 von der Einkommensteuer befreiten oder nicht nach § 10a oder Abschnitt XI geförderten Beiträgen gebildet wurde. ⁴In den Fällen des § 93 Abs. 1 Satz 1 bis 5 und des § 95 gilt als Leistung im Sinne des Satzes 1 das ausgezahlte geförderte Altersvorsorgevermögen nach Abzug der Eigenbeiträge und der Beträge der steuerlichen Förderung nach Abschnitt XI. ⁵Dies gilt auch in den Fällen des § 92a Abs. 3 und 4 Satz 1 und 2; darüber hinaus gilt in diesen Fällen als Leistung im Sinne des Satzes 1 der Betrag, der sich aus der Verzinsung (Zins und Zinseszins) des nicht zurückgezahlten Altersvorsorge-Eigenheimbetrags mit 5 vom Hundert für jedes volle Kalenderjahr zwischen dem Zeitpunkt der Verwendung des Altersvorsorge-Eigenheimbetrags (§ 92a Abs. 2) und dem Eintritt des Zahlungsrückstandes oder dem Zeitpunkt ergibt, ab dem die Wohnung auf Dauer nicht mehr zu eigenen Wohnzwecken dient. ⁶Zu den Leistungen im Sinne des Satzes 1 gehören in den Fällen des § 93 Abs. 1 Satz 1 bis 5 und des § 95 auch die Erträge aus Versicherungen auf den Erlebens- oder Todesfall, wenn vor dem Zeitpunkt der schädlichen Verwendung die Laufzeit des Versicherungsvertrages insgesamt weniger als zwölf Jahre betragen hatte oder Ansprüche aus dem Versicherungsvertrag entgeltlich erworben worden waren, und bei anderen Verträgen angesammelte, noch nicht besteuerte Erträge. ⁷Bei erstmaligem Bezug von Leistungen, in den Fällen des § 93 Abs. 1 Satz 1 bis 6 und des § 95 sowie bei Änderung der im Kalenderjahr auszuzahlenden Leistung hat der Anbieter (§ 80) mit Ausnahme einer Zusatzversorgungseinrichtung für eine be-

Anhang: Gesetzestexte

triebliche Altersversorgung im Sinne des § 10a Abs. 1 Satz 4 nach Ablauf des Kalenderjahres dem Steuerpflichtigen nach amtlich vorgeschriebenem Vordruck den Betrag der im abgelaufenen Kalenderjahr zugeflossenen Leistungen im Sinne der Sätze 1 bis 6 je gesondert mitzuteilen.

EStG § 40 Pauschalierung der Lohnsteuer in besonderen Fällen
(1) ¹Das Betriebsstättenfinanzamt (§ 41a Abs. 1 Satz 1 Nr. 1) kann auf Antrag des Arbeitgebers zulassen, dass die Lohnsteuer mit einem unter Berücksichtigung der Vorschriften des § 38a zu ermittelnden Pauschsteuersatz erhoben wird, soweit

1. von dem Arbeitgeber sonstige Bezüge in einer größeren Zahl von Fällen gewährt werden oder
2. in einer größeren Zahl von Fällen Lohnsteuer nachzuerheben ist, weil der Arbeitgeber die Lohnsteuer nicht vorschriftsmäßig einbehalten hat.

²Bei der Ermittlung des Pauschsteuersatzes ist zu berücksichtigen, dass die in Absatz 3 vorgeschriebene Übernahme der pauschalen Lohnsteuer durch den Arbeitgeber für den Arbeitnehmer eine in Geldeswert bestehende Einnahme im Sinne des § 8 Abs. 1 darstellt (Nettosteuersatz). ³Die Pauschalierung ist in den Fällen der Nummer 1 ausgeschlossen, soweit der Arbeitgeber einem Arbeitnehmer sonstige Bezüge von mehr als 1.000 Euro im Kalenderjahr gewährt. ⁴Der Arbeitgeber hat dem Antrag eine Berechnung beizufügen, aus der sich der durchschnittliche Steuersatz unter Zugrundelegung der durchschnittlichen Jahresarbeitslöhne und der durchschnittlichen Jahreslohnsteuer in jeder Steuerklasse für diejenigen Arbeitnehmer ergibt, denen die Bezüge gewährt werden sollen oder gewährt worden sind.

(2) ¹Abweichend von Absatz 1 kann der Arbeitgeber die Lohnsteuer mit einem Pauschsteuersatz von 25 vom Hundert erheben, soweit er

1. arbeitstäglich Mahlzeiten im Betrieb an die Arbeitnehmer unentgeltlich oder verbilligt abgibt oder Barzuschüsse an ein anderes Unternehmen leistet, das arbeitstäglich Mahlzeiten an die Arbeitnehmer unentgeltlich oder verbilligt abgibt. ²Voraussetzung ist, dass die Mahlzeiten nicht als Lohnbestandteile vereinbart sind,
2. Arbeitslohn aus Anlass von Betriebsveranstaltungen zahlt,
3. Erholungsbeihilfen gewährt, wenn diese zusammen mit Erholungsbeihilfen, die in demselben Kalenderjahr früher gewährt worden sind, 156 Euro für den Arbeitnehmer, 104 Euro für dessen Ehegatten und 52 Euro für jedes Kind nicht übersteigen und der Arbeitgeber sicherstellt, dass die Beihilfen zu Erholungszwecken verwendet werden,
4. Vergütungen für Verpflegungsmehraufwendungen anlässlich einer Tätigkeit im Sinne des § 4 Abs. 5 Satz 1 Nr. 5 Satz 2 bis 4 zahlt, soweit diese die dort bezeichneten Pauschbeträge um nicht mehr als 100 vom Hundert übersteigen,
5. den Arbeitnehmern zusätzlich zum ohnehin geschuldeten Arbeitslohn unentgeltlich oder verbilligt Personalcomputer übereignet; das gilt auch für Zubehör und Internetzugang. 2Das Gleiche gilt für Zuschüsse des Arbeitgebers, die zusätzlich zum ohnehin geschuldeten Arbeitslohn zu den Aufwendungen des Arbeitnehmers für die Internetnutzung gezahlt werden.

²Der Arbeitgeber kann die Lohnsteuer mit einem Pauschsteuersatz von 15 vom Hundert für Sachbezüge in Form der unentgeltlichen oder verbilligten Beförderung eines Arbeitnehmers zwischen Wohnung und Arbeitsstätte und für zusätzlich zum ohnehin geschuldeten Arbeitslohn geleistete Zuschüsse zu den Aufwendungen des Arbeitnehmers für Fahrten zwischen Wohnung und Arbeitsstätte erheben, soweit diese Bezüge den Betrag nicht übersteigen, den der Arbeitnehmer nach § 9 Abs. 1 Satz 3 Nr. 4 und Abs. 2 als Werbungskosten geltend machen könnte, wenn die Bezüge nicht pauschal besteuert würden. ³Die nach Satz 2 pauschal besteuerten Bezüge mindern die nach § 9 Abs. 1 Satz 3 Nr. 4 und Abs. 2 abziehbaren Werbungskosten; sie bleiben bei der Anwendung des § 40a Abs. 1 bis 4 außer Ansatz.

EStG

(3) ¹Der Arbeitgeber hat die pauschale Lohnsteuer zu übernehmen. ²Er ist Schuldner der pauschalen Lohnsteuer; auf den Arbeitnehmer abgewälzte pauschale Lohnsteuer gilt als zugeflossener Arbeitslohn und mindert nicht die Bemessungsgrundlage. ³Der pauschal besteuerte Arbeitslohn und die pauschale Lohnsteuer bleiben bei einer Veranlagung zur Einkommensteuer und beim Lohnsteuer-Jahresausgleich außer Ansatz. ⁴Die pauschale Lohnsteuer ist weder auf die Einkommensteuer noch auf die Jahreslohnsteuer anzurechnen.

EStG § 40b Pauschalierung der Lohnsteuer bei bestimmten Zukunftssicherungsleistungen

(1) ¹Der Arbeitgeber kann die Lohnsteuer von den Beiträgen für eine Direktversicherung des Arbeitnehmers und von den Zuwendungen an eine Pensionskasse mit einem Pauschsteuersatz von 20 vom Hundert der Beiträge und Zuwendungen erheben. ²Die pauschale Erhebung der Lohnsteuer von Beiträgen für eine Direktversicherung ist nur zulässig, wenn die Versicherung nicht auf den Erlebensfall eines früheren als des 60. Lebensjahres abgeschlossen und eine vorzeitige Kündigung des Versicherungsvertrags durch den Arbeitnehmer ausgeschlossen worden ist.

(2) ¹Absatz 1 gilt nicht, soweit die zu besteuernden Beiträge und Zuwendungen des Arbeitgebers für den Arbeitnehmer 1.752 Euro im Kalenderjahr übersteigen oder nicht aus seinem ersten Dienstverhältnis bezogen werden. ²Sind mehrere Arbeitnehmer gemeinsam in einem Direktversicherungsvertrag oder in einer Pensionskasse versichert, so gilt als Beitrag oder Zuwendung für den einzelnen Arbeitnehmer der Teilbetrag, der sich bei einer Aufteilung der gesamten Beiträge oder der gesamten Zuwendungen durch die Zahl der begünstigten Arbeitnehmer ergibt, wenn dieser Teilbetrag 1.752 Euro nicht übersteigt; hierbei sind Arbeitnehmer, für die Beiträge und Zuwendungen von mehr als 2.148 Euro im Kalenderjahr geleistet werden, nicht einzubeziehen. ³Für Beiträge und Zuwendungen, die der Arbeitgeber für den Arbeitnehmer aus Anlass der Beendigung des Dienstverhältnisses erbracht hat, vervielfältigt sich der Betrag von 1.752 Euro mit der Anzahl der Kalenderjahre, in denen das Dienstverhältnis des Arbeitnehmers zu dem Arbeitgeber bestanden hat; in diesem Fall ist Satz 2 nicht anzuwenden. ⁴Der vervielfältigte Betrag vermindert sich um die nach Absatz 1 pauschal besteuerten Beiträge und Zuwendungen, die der Arbeitgeber in dem Kalenderjahr, in dem das Dienstverhältnis beendet wird, und in den sechs vorangegangenen Kalenderjahren erbracht hat.

(3) Von den Beiträgen für eine Unfallversicherung des Arbeitnehmers kann der Arbeitgeber die Lohnsteuer mit einem Pauschsteuersatz von 20 vom Hundert der Beiträge erheben, wenn mehrere Arbeitnehmer gemeinsam in einem Unfallversicherungsvertrag versichert sind und der Teilbetrag, der sich bei einer Aufteilung der gesamten Beiträge nach Abzug der Versicherungsteuer durch die Zahl der begünstigten Arbeitnehmer ergibt, 62 Euro im Kalenderjahr nicht übersteigt.

(4) ¹§ 40 Abs. 3 ist anzuwenden. ²Die Anwendung des § 40 Abs. 1 Satz 1 Nr. 1 auf Bezüge im Sinne des Absatzes 1 Satz 1 und des Absatzes 3 ist ausgeschlossen.

EStG § 79 Zulageberechtigte

¹Nach § 10a Abs. 1 begünstigte unbeschränkt steuerpflichtige Personen haben Anspruch auf eine Altersvorsorgezulage (Zulage) nach Maßgabe der folgenden Vorschriften. ²Liegen bei Ehegatten die Voraussetzungen des § 26 Abs. 1 vor und ist nur ein Ehegatte nach Satz 1 begünstigt, so ist auch der andere Ehegatte zulageberechtigt, wenn ein auf seinen Namen lautender Altersvorsorgevertrag besteht.

EStG § 80 Anbieter

Anbieter im Sinne dieses Gesetzes sind Anbieter von Altersvorsorgeverträgen gemäß § 1 Abs. 2 des Altersvorsorgeverträge-Zertifizierungsgesetzes sowie die in § 82 Abs. 2 genannten Versorgungseinrichtungen.

Anhang: Gesetzestexte

EStG § 81 Zentrale Stelle
Zentrale Stelle im Sinne dieses Gesetzes ist die Bundesversicherungsanstalt für Angestellte.

EStG § 82 Altersvorsorgebeiträge
(1) ¹Nach diesem Abschnitt geförderte Altersvorsorgebeiträge sind im Rahmen der in § 10a genannten Grenzen Beiträge, die der Zulageberechtigte (§ 79) zu Gunsten eines auf seinen Namen lautenden Vertrags leistet, der nach § 5 des Altersvorsorgeverträge-Zertifizierungsgesetzes zertifiziert ist (Altersvorsorgevertrag). ²Die Zertifizierung ist Grundlagenbescheid im Sinne des § 171 Abs. 10 der Abgabenordnung.

(2) ¹Zu den Altersvorsorgebeiträgen gehören auch die aus dem individuell versteuerten Arbeitslohn des Arbeitnehmers geleisteten Zahlungen in einen Pensionsfonds, eine Pensionskasse oder eine Direktversicherung, wenn diese Einrichtungen für den Zulageberechtigten eine lebenslange Altersversorgung im Sinne des § 1 Abs. 1 Nr. 4 und 5 des Altersvorsorgeverträge-Zertifizierungsgesetzes gewährleisten. ²§ 3 des Gesetzes zur Verbesserung der betrieblichen Altersversorgung steht dem vorbehaltlich des § 93 nicht entgegen.

(3) Zu den Altersvorsorgebeiträgen gehören auch die Beitragsanteile, die zur Absicherung der verminderten Erwerbsfähigkeit des Zulageberechtigten und zur Hinterbliebenenversorgung verwendet werden, wenn in der Leistungsphase die Auszahlung in Form einer Rente erfolgt.

(4) Nicht zu den Altersvorsorgebeiträgen zählen
1. Aufwendungen, für die eine Arbeitnehmer-Sparzulage nach dem Fünften Vermögensbildungsgesetz gewährt wird,
2. Aufwendungen, für die eine Wohnungsbauprämie nach dem Wohnungsbau-Prämiengesetz gewährt wird,
3. Aufwendungen, die im Rahmen des § 10 als Sonderausgaben geltend gemacht werden, oder
4. Rückzahlungsbeträge nach § 92a Abs. 2.

EStG § 83 Altersvorsorgezulage
In Abhängigkeit von den geleisteten Altersvorsorgebeiträgen wird eine Zulage gezahlt, die sich aus einer Grundzulage (§ 84) und einer Kinderzulage (§ 85) zusammensetzt.

EStG § 84 Grundzulage
Jeder Zulageberechtigte erhält eine Grundzulage; diese beträgt
in den Jahren 2002 und 2003   38 Euro,
in den Jahren 2004 und 2005   76 Euro,
in den Jahren 2006 und 2007   114 Euro,
ab dem Jahr 2008 jährlich   154 Euro.

EStG § 85 Kinderzulage
(1) ¹Die Kinderzulage beträgt für jedes Kind, für das dem Zulageberechtigten Kindergeld ausgezahlt wird,

in den Jahren 2002 und 2003   46 Euro,
in den Jahren 2004 und 2005   92 Euro,
in den Jahren 2006 und 2007   138 Euro,
ab dem Jahr 2008 jährlich   185 Euro.

²Der Anspruch auf Kinderzulage entfällt für den Veranlagungszeitraum, für den das Kindergeld insgesamt zurückgefordert wird. ³Erhalten mehrere Zulageberechtigte für dasselbe Kind Kindergeld, steht die Kinderzulage demjenigen zu, dem für den ersten Anspruchszeitraum (§ 66 Abs. 2) im Kalenderjahr Kindergeld ausgezahlt worden ist.

(2) ¹Bei Eltern, die die Voraussetzungen des § 26 Abs. 1 erfüllen, wird die Kinderzulage der Mutter zugeordnet, auf Antrag beider Eltern dem Vater. ²Der Antrag kann jeweils nur für ein Beitragsjahr gestellt und nicht zurückgenommen werden.

EStG § 86 Mindesteigenbeitrag

(1) ¹Die Zulage nach den §§ 84 und 85 wird gekürzt, wenn der Zulageberechtigte nicht den Mindesteigenbeitrag leistet. ²Dieser beträgt

in den Jahren 2002 und 2003	1 vom Hundert,
in den Jahren 2004 und 2005	2 vom Hundert,
in den Jahren 2006 und 2007	3 vom Hundert,
ab dem Jahr 2008 jährlich	4 vom Hundert

der Summe der in dem dem Kalenderjahr vorangegangenen Kalenderjahr

1. erzielten beitragspflichtigen Einnahmen im Sinne des Sechsten Buches Sozialgesetzbuch,
2. bezogenen Besoldung und Amtsbezüge und
3. in den Fällen des § 10a Abs. 1 Satz 1 Nr. 3 und Nr. 4 erzielten Einnahmen, die beitragspflichtig wären, wenn die Versicherungsfreiheit in der gesetzlichen Rentenversicherung nicht bestehen würde, jedoch nicht mehr als die in § 10a Abs. 1 Satz 1 genannten Beträge, vermindert um die Zulage nach den §§ 84 und 85; gehört der Ehegatte zum Personenkreis nach § 79 Satz 2, berechnet sich der Mindesteigenbeitrag des nach § 79 Satz 1 Begünstigten unter Berücksichtigung der den Ehegatten insgesamt zustehenden Zulagen. ³Auslandsbezogene Bestandteile nach den §§ 52 ff. des Bundesbesoldungsgesetzes bleiben unberücksichtigt. ⁴Als Sockelbetrag sind zu leisten in jedem der Jahre von 2002 bis 2004

45 Euro von Zulageberechtigten, denen keine Kinderzulage zusteht,
38 Euro von Zulageberechtigten, denen eine Kinderzulage zusteht,
30 Euro von Zulageberechtigten, denen zwei oder mehr Kinderzulagen zustehen, und ab dem Jahr 2005 jährlich
90 Euro von Zulageberechtigten, denen keine Kinderzulage zusteht,
75 Euro von Zulageberechtigten, denen eine Kinderzulage zusteht und
60 Euro von Zulageberechtigten, denen zwei oder mehr Kinderzulagen zustehen.

⁵Ist der Sockelbetrag höher als der Mindesteigenbeitrag nach Satz 2, so ist der Sockelbetrag als Mindesteigenbeitrag zu leisten. ⁶Die Kürzung der Zulage ermittelt sich nach dem Verhältnis der Altersvorsorgebeiträge zum Mindesteigenbeitrag.

(2) ¹Ein nach § 79 Satz 2 begünstigter Ehegatte hat Anspruch auf eine ungekürzte Zulage, wenn der zum begünstigten Personenkreis nach § 79 Satz 1 gehörende Ehegatte seinen Mindesteigenbeitrag unter Berücksichtigung der den Ehegatten insgesamt zustehenden Zulagen erbracht hat. ²Werden bei einer in der gesetzlichen Rentenversicherung pflichtversicherten Person beitragspflichtige Einnahmen zugrunde gelegt, die höher sind als das tatsächlich erzielte Entgelt oder die Lohnersatzleistung, ist das tatsächlich erzielte Entgelt oder der Zahlbetrag der Lohnersatzleistung, mindestens jedoch die bei geringfügiger Beschäftigung zu berücksichtigende Mindestbeitragsbemessungsgrundlage für die Berechnung des Mindesteigenbeitrags zu berücksichtigen. ³Satz 2 gilt auch in den Fällen, in denen im vorangegangenen Jahr keine der in Absatz 1 Satz 2 genannten Beträge bezogen wurden.

(3) Für Versicherungspflichtige nach dem Gesetz über die Alterssicherung der Landwirte ist Absatz 1 mit der Maßgabe anzuwenden, dass auch die Einkünfte aus Land- und Forstwirtschaft im Sinne des § 13 des zweiten dem Beitragsjahr vorangegangenen Veranlagungszeitraums als beitragspflichtige Einnahmen des vorangegangenen Kalenderjahres gelten.

(4) Wird nach Ablauf des Beitragsjahres festgestellt, dass die Voraussetzungen für die Gewährung einer Kinderzulage nicht vorgelegen haben, ändert

Anhang: Gesetzestexte

EStG § 87 Zusammentreffen mehrerer Verträge
¹Zahlt der Zulageberechtigte Altersvorsorgebeiträge zugunsten mehrerer Verträge, so wird die Zulage nur für zwei dieser Verträge gewährt. ²Der insgesamt nach § 86 zu leistende Mindesteigenbeitrag muss zugunsten dieser Verträge geleistet worden sein. ³Die Zulage ist entsprechend dem Verhältnis der auf diese Verträge geleisteten Beiträge zu verteilen.

EStG § 88 Entstehung des Anspruchs auf Zulage
Der Anspruch auf die Zulage entsteht mit Ablauf des Kalenderjahres, in dem die Altersvorsorgebeiträge geleistet worden sind (Beitragsjahr).

EStG § 89 Antrag
(1) ¹Der Antrag auf Zulage ist nach amtlich vorgeschriebenem Vordruck bis zum Ablauf des zweiten Kalenderjahres, das auf das Beitragsjahr (§ 88) folgt, bei dem Anbieter einzureichen, an den die Altersvorsorgebeiträge geleistet worden sind. ²Hat der Zulageberechtigte im Beitragsjahr Altersvorsorgebeiträge für mehrere Verträge gezahlt, so hat er mit dem Zulageantrag zu bestimmen, auf welche Verträge die Zulage überwiesen werden soll. ³Beantragt der Zulageberechtigte die Zulage für mehr als zwei Verträge, so wird die Zulage nur für die zwei Verträge mit den höchsten Altersvorsorgebeiträgen gewährt. ⁴Der Antragsteller ist verpflichtet, dem Anbieter unverzüglich eine Änderung der Verhältnisse mitzuteilen, die zu einer Minderung oder zum Wegfall des Zulageanspruchs führt.

(2) ¹Der Anbieter ist verpflichtet,

    a) die Vertragsdaten,
    b) die Versicherungsnummer nach § 147 des Sechsten Buches Sozialgesetzbuch oder die Zulagenummer des Zulageberechtigten und dessen Ehegatten,
    c) die Bemessungsgrundlage gemäß § 86 Abs. 1 Satz 2, Abs. 2 Satz 2 und Abs. 3, die für die Gewährung der Kinderzulage erforderlichen Daten und
    d) die Höhe der geleisteten Altersvorsorgebeiträge

als die für die Ermittlung und Überprüfung des Zulageanspruchs erforderlichen Daten zu erfassen. ²Er hat die Daten der bei ihm im Laufe eines Kalendervierteljahres eingegangenen Anträge bis zum Ende des folgenden Monats nach amtlich vorgeschriebenem Datensatz durch Datenübermittlung auf amtlich vorgeschriebenem maschinell verwertbarem Datenträger oder durch amtlich bestimmte Datenfernübertragung an die zentrale Stelle zu übermitteln. ³Dies gilt auch im Fall des Absatzes 1 Satz 4.

EStG § 90 Verfahren
(1) ¹Die zentrale Stelle ermittelt auf Grund der ihr übermittelten Daten, ob und in welcher Höhe ein Zulageanspruch nach Maßgabe dieses Gesetzes oder nach einer auf Grund dieses Gesetzes erlassenen Rechtsverordnung besteht. ²Soweit der Träger der Rentenversicherung keine Versicherungsnummer vergeben hat, vergibt die zentrale Stelle zur Erfüllung der ihr nach diesem Abschnitt zugewiesenen Aufgaben eine Zulagenummer. ³Im Fall eines Antrags nach § 10a Abs. 1a Satz 1 teilt die zentrale Stelle der für die Besoldung oder die Amtsbezüge zuständigen Stelle, in den Fällen des § 10a Abs. 1 Satz 1 Nr. 3 dem die Versorgung gewährleistenden Arbeitgeber der rentenversicherungsfreien Beschäftigung oder in den Fällen des § 10a Abs. 1 Satz 1 Nr. 4 dem zur Zahlung des Arbeitsentgelts verpflichteten Arbeitgeber die Zulagennummer mit; von dort wird sie an den Antragsteller weiterleitet.

(2) ¹Die zentrale Stelle veranlasst die Auszahlung an den Anbieter zugunsten der Zulageberechtigten durch die zuständige Kasse. ²Ein gesonderter Zulagenbescheid ergeht vorbehaltlich des Absatzes 4 nicht. ³Der Anbieter hat die erhaltenen Zulagen unverzüglich den begünstigten Verträgen gutzuschreiben. ⁴Zulagen, die nach Beginn der Auszahlungsphase für das Altersvorsorgevermögen von der zentralen Stelle an den Anbieter überwiesen werden, können vom Anbieter an den Anleger

ausgezahlt werden. ⁵Besteht kein Zulageanspruch, so teilt die zentrale Stelle dies dem Anbieter durch Datensatz mit. ⁶Die zentrale Stelle teilt dem Anbieter die Altersvorsorgebeiträge im Sinne des § 82, auf die § 10a oder dieser Abschnitt angewendet wurde, durch Datensatz mit.

(3) ¹Erkennt die zentrale Stelle nachträglich, dass der Zulageanspruch ganz oder teilweise nicht besteht oder weggefallen ist, so hat sie zu Unrecht gutgeschriebene oder ausgezahlte Zulagen zurückzufordern und dies dem Anbieter durch Datensatz mitzuteilen. ²Bei bestehendem Vertragsverhältnis hat der Anbieter das Konto zu belasten. ³Die ihm im Kalendervierteljahr mitgeteilten Rückforderungsbeträge hat er bis zum zehnten Tag des dem Kalendervierteljahr folgenden Monats in einem Betrag bei der zentralen Stelle anzumelden und an diese abzuführen. ⁴Die Anmeldung nach Satz 3 ist nach amtlich vorgeschriebenem Vordruck abzugeben. ⁵Sie gilt als Steueranmeldung im Sinne der Abgabenordnung.

(4) ¹Eine Festsetzung der Zulage erfolgt nur auf besonderen Antrag des Zulageberechtigten. ²Der Antrag ist schriftlich innerhalb eines Jahres nach Erteilung der Bescheinigung nach § 92 durch den Anbieter vom Antragsteller an den Anbieter zu richten. ³Der Anbieter leitet den Antrag der zentralen Stelle zur Festsetzung zu. ⁴Er hat dem Antrag eine Stellungnahme und die zur Festsetzung erforderlichen Unterlagen beizufügen. ⁵Die zentrale Stelle teilt die Festsetzung auch dem Anbieter mit.

EStG § 90a Anmeldeverfahren
(1) ¹Abweichend von § 90 Abs. 1 Satz 1 und 2 kann der Anbieter die Zulagen auf Grund der ihm vorliegenden Anträge für die Beitragsjahre 2002 bis 2005 selbst errechnen. ²Dabei hat er die im Rahmen des Zulageverfahrens gemachten Angaben des Zulageberechtigten zu berücksichtigen. ³Die Entscheidung nach Satz 1 gilt jeweils für ein Beitragsjahr und ist der zentralen Stelle mitzuteilen.

(2) ¹Der Anbieter hat nach Ablauf eines Kalendervierteljahres die in diesem Zeitraum errechneten Zulagen in die Anmeldung nach § 90 Abs. 3 aufzunehmen. ²Hierbei ist zu bestätigen, dass die Voraussetzungen für die Auszahlung des angemeldeten Zulagenbetrags vorliegen. ³Die zentrale Stelle veranlasst die Auszahlung an den Anbieter zugunsten der Zulageberechtigten durch die zuständige Kasse. ⁴Der Anbieter hat die erhaltenen Zulagen unverzüglich den begünstigten Altersvorsorgeverträgen gutzuschreiben. ⁵§ 89 Abs. 2 gilt mit der Maßgabe, dass die Daten innerhalb von einem Jahr nach Ablauf des Beitragsjahres zu übermitteln sind.

(3) ¹Zu Unrecht gutgeschriebene oder ausgezahlte Zulagen hat der Anbieter zurückzufordern. ²Bei bestehendem Vertragsverhältnis hat er das Konto zu belasten und die Rückforderungsbeträge in der nächsten Altersvorsorgezulagen-Anmeldung abzusetzen. ³Die Sätze 1 und 2 gelten auch im Fall der Vertragsübertragung im Sinne des § 1 Abs. 1 Nr. 10 Buchstabe b des Altersvorsorgeverträge-Zertifizierungsgesetzes. ⁴§ 90 Abs. 3 und 4 gilt entsprechend.

EStG § 91 Datenabgleich
(1) ¹Für die Überprüfung der Zulage und des Sonderausgabenabzugs nach § 10a übermitteln die Träger der gesetzlichen Rentenversicherung, die Bundesanstalt für Arbeit, die Meldebehörden, die Familienkassen und die Finanzämter der zentralen Stelle auf Anforderung die bei ihnen vorhandenen Daten nach § 89 Abs. 2 auf automatisiert verarbeitbaren Datenträgern oder durch Datenübertragung. ²Für Zwecke des Satzes 1 darf die zentrale Stelle die ihr nach Satz 1 übermittelten Daten mit den ihr nach § 89 Abs. 2 übermittelten Daten automatisiert abgleichen. ³Führt die Überprüfung zu einer Änderung der ermittelten oder festgesetzten Zulage, ist dies dem Anbieter mitzuteilen. ⁴Ist nach dem Ergebnis der Überprüfung der Sonderausgabenabzug nach § 10a oder die gesonderte Feststellung nach § 10a Abs. 4 zu ändern, ist dies dem Finanzamt mitzuteilen.

(2) Die für die Besoldung oder die Amtsbezüge zuständige Stelle, in den Fällen des § 10a Abs. 1 Satz 1 Nr. 3 der seine Versorgung gewährleistende Arbeitgeber der rentenversicherungsfreien Beschäftigung oder in den Fällen des § 10a Abs. 1 Satz 1 Nr. 4 der zur Zahlung des Arbeitsentgelts verpflich-

Anhang: Gesetzestexte

tete Arbeitgeber hat der zentralen Stelle die Daten nach § 10a Abs. 1a Satz 2 bis zum 31. Januar des dem Beitragsjahr folgenden Kalenderjahres auf automatisiert verarbeitbaren Datenträgern oder durch Datenübertragung zu übermitteln

EStG § 92 Bescheinigung
Der Anbieter hat dem Zulageberechtigten jährlich eine Bescheinigung nach amtlich vorgeschriebenem Vordruck zu erteilen über

1. die Höhe der im abgelaufenen Beitragsjahr geleisteten Altersvorsorgebeiträge,
2. die im abgelaufenen Beitragsjahr getroffenen, aufgehobenen oder geänderten Ermittlungsergebnisse (§ 90) oder Berechnungsergebnisse (§ 90a),
3. die Summe der bis zum Ende des abgelaufenen Beitragsjahres dem Altersvorsorgevertrag gutgeschriebenen Zulagen,
4. die Summe der bis zum Ende des abgelaufenen Beitragsjahres geleisteten Altersvorsorgebeiträge und
5. den Stand des Altersvorsorgevermögens.

EStG § 92a Verwendung für eine eigenen Wohnzwecken dienende Wohnung im eigenen Haus
(1) ¹Der Zulageberechtigte kann das in einem Altersvorsorgevertrag gebildete und nach § 10a oder diesem Abschnitt geförderte Kapital in Höhe von insgesamt mindestens 10.000 Euro unmittelbar für die Anschaffung oder Herstellung einer zu eigenen Wohnzwecken dienenden Wohnung in einem im Inland belegenen eigenen Haus oder einer im Inland belegenen, zu eigenen Wohnzwecken dienenden, eigenen Eigentumswohnung verwenden (Altersvorsorge-Eigenheimbetrag). ²Insgesamt dürfen höchstens 50.000 Euro nach Satz 1 verwendet werden.

(2) ¹Der Zulageberechtigte hat den Altersvorsorge-Eigenheimbetrag bis zur Vollendung seines 65. Lebensjahres beginnend mit dem zweiten auf das Jahr der Verwendung folgenden Jahr auf einen von ihm im Zeitpunkt der Verwendung zu bestimmenden Altersvorsorgevertrag in monatlich gleichen Raten jeweils am ersten Tag eines Monats zurückzuzahlen. ²Zahlungen auf diesen Altersvorsorgevertrag gelten bis zur Höhe dieser Monatsraten als zu Erfüllung der Rückzahlungsverpflichtung geleistet. ³Eine darüber hinausgehende Rückzahlung ist zulässig. ⁴Als Zeitpunkt der Verwendung im Sinne des Satzes 1 gilt der Zeitpunkt der Auszahlung des Altersvorsorge-Eigenheimbetrags.

(3) Gerät der Zulageberechtigte mit der Rückzahlung von mehr als zwölf Monatsraten im Sinne des Absatzes 2 Satz 1 in Rückstand, sind die auf den nicht zurückgezahlten Altersvorsorge-Eigenheimbetrag entfallenden Zulagen und die nach § 10a Abs. 4 gesondert festgestellten Beträge zurückzuzahlen.

(4) ¹Dient die Wohnung dem Zulageberechtigten nicht nur vorübergehend nicht mehr zu eigenen Wohnzwecken, bevor er den Altersvorsorge-Eigenheimbetrag vollständig zurückgezahlt hat, ist Absatz 3 entsprechend anzuwenden. ²Dies gilt auch, wenn der Zulageberechtigte verstirbt, bevor er den Altersvorsorge-Eigenheimbetrag vollständig zurückgezahlt hat. ³Die Sätze 1 und 2 sind nicht anzuwenden, wenn

1. der Zulageberechtigte den nicht zurückgezahlten Altersvorsorge-Eigenheimbetrag innerhalb eines Jahres vor und eines Jahres nach Ablauf des Veranlagungszeitraums, in dem ihm die Wohnung letztmals zu eigenen Wohnzwecken gedient hat, für eine weitere Wohnung im Sinne des Absatzes 1 verwendet,
2. der Zulageberechtigte den nicht zurückgezahlten Altersvorsorge-Eigenheimbetrag innerhalb eines Jahres nach Ablauf des Veranlagungszeitraums, in dem ihm die Wohnung letztmals zu eigenen Wohnzwecken gedient hat, auf einen auf seinen Namen lautenden zertifizierten Altersvorsorgevertrag zurückzahlt oder
3. der Ehegatte des verstorbenen Zulageberechtigten Eigentümer der Wohnung im Sinne des Absatzes 1 ist, sie ihm zu eigenen Wohnzwecken dient und die Ehegatten im Zeitpunkt des

Todes des Zulageberechtigten die Voraussetzungen des § 26 Abs. 1 erfüllt haben. ²In diesem Fall tritt der überlebende Ehegatte für die Anwendung der Absätze 2 bis 4 in die Rechtsstellung des Zulageberechtigten. ³Er hat einen Altersvorsorgevertrag für die weitere Rückzahlung zu bestimmen.

EStG § 92b Verfahren bei Verwendung für eine eigenen Wohnzwecken dienende Wohnung im eigenen Haus

(1) ¹Der Zulageberechtigte hat die Verwendung nach § 92a bei der zentralen Stelle zu beantragen und dabei die notwendigen Nachweise zu erbringen. ²Er hat zu bestimmen,

1. aus welchen Altersvorsorgeverträgen welche Beträge ausgezahlt werden sollen und
2. auf welchen Altersvorsorgevertrag die Rückzahlung nach § 92a Abs. 2 erfolgen soll.

(2) ¹Die zentrale Stelle teilt dem Zulageberechtigten und den Anbietern der in Absatz 1 Nr. 1 genannten Altersvorsorgeverträge mit, welche Beträge förderunschädlich ausgezahlt werden können. ²Sie teilt dem Zulageberechtigten und dem Anbieter des in Absatz 1 Nr. 2 genannten Altersvorsorgevertrages mit, welche Beträge der Zulageberechtigte nach § 92a Abs. 2 zurückzuzahlen hat.

(3) ¹Die Anbieter der in Absatz 1 Nr. 1 genannten Altersvorsorgeverträge dürfen den Altersvorsorge-Eigenheimbetrag auszahlen, sobald sie die Mitteilung nach Absatz 2 erhalten haben. ²Sie haben der zentralen Stelle nach amtlich vorgeschriebenem Datensatz durch Datenübermittlung auf amtlich vorgeschriebenem, maschinell verwertbarem Datenträger oder durch amtlich bestimmte Datenfernübertragung Folgendes anzuzeigen:

1. den Auszahlungszeitpunkt,
2. die Summe der bis zum Auszahlungszeitpunkt dem Altersvorsorgevertrag gutgeschriebenen Zulagen,
3. die Summe der bis zum Auszahlungszeitpunkt geleisteten Altersvorsorgebeiträge und
4. den Stand des geförderten Altersvorsorgevermögens im Zeitpunkt der Auszahlung.

(4) Der Anbieter des in Absatz 1 Nr. 2 genannten Altersvorsorgevertrages hat die zentrale Stelle unverzüglich zu benachrichtigen, wenn der Zulageberechtigte mit der Rückzahlung des Altersvorsorge-Eigenheimbetrages mit mehr als zwölf Monatsraten in Rückstand geraten ist, und ihr den nicht zurückgezahlten Betrag mitzuteilen.

(5) ¹Die zentrale Stelle unterrichtet das für den Zulageberechtigten zuständige Finanzamt darüber, für welche Wohnung im Sinne des § 92a Abs. 1 der Zulageberechtigte einen Altersvorsorge-Eigenheimbetrag verwendet hat. ²Das Finanzamt benachrichtigt die zentrale Stelle, wenn die Voraussetzungen des § 92a Abs. 1 nicht oder nicht mehr erfüllt sind. ³In den Fällen des § 92a Abs. 3 und 4 Satz 1 und 2 unterrichtet die zentrale Stelle das zuständige Finanzamt über die Besteuerungsgrundlagen. ⁴Im Übrigen gilt § 94 Abs. 2 entsprechend.

EStG § 93 Schädliche Verwendung

(1) ¹Wird gefördertes Altersvorsorgevermögen nicht unter den in § 1 Abs. 1 Satz 1 Nr. 4, 5 und 10 Buchstabe c des Altersvorsorgeverträge-Zertifizierungsgesetzes genannten Voraussetzungen an den Zulageberechtigten ausgezahlt (schädliche Verwendung), sind die auf das ausgezahlte geförderte Altersvorsorgevermögen entfallenden Zulagen und die nach § 10a Abs. 4 gesondert festgestellten Beträge (Rückzahlungsbetrag) zurückzuzahlen. ²Dies gilt auch bei einer Auszahlung nach Beginn der Auszahlungsphase (§ 1 Abs. 1 Nr. 2 des Altersvorsorgeverträge-Zertifizierungsgesetzes). ³Eine Rückzahlungsverpflichtung besteht nicht für den Teil der Zulagen, der auf nach § 1 Abs. 1 Nr. 6 des Altersvorsorgeverträge-Zertifizierungsgesetzes angespartes gefördertes Altersvorsorgevermögen entfällt, wenn es in Form einer Hinterbliebenenrente an die dort genannten Hinterbliebenen ausgezahlt wird. ⁴Satz 3 gilt auch für Leistungen im Sinne des § 82 Abs. 3 an Hinterbliebene des Steuerpflichtigen. ⁵Wird im Fall des Todes des Zulageberechtigten das geförderte Altersvorsor-

Anhang: Gesetzestexte

gevermögen ausgezahlt, gelten die Sätze 1 und 2 entsprechend. ⁶Die Verpflichtung nach Satz 1 entfällt, soweit im Fall des Todes des Zulageberechtigten das geförderte Altersvorsorgevermögen auf einen auf den Namen des Ehegatten lautenden Altersvorsorgevertrag übertragen wird und im Zeitpunkt des Todes des Zulageberechtigten die Ehegatten die Voraussetzungen des § 26 Abs. 1 erfüllt haben.

(2) ¹Die Übertragung von gefördertem Altersvorsorgevermögen auf einen anderen auf den Namen des Zulageberechtigten lautenden Altersvorsorgevertrag (§ 1 Abs. 1 Satz 1 Nr. 10 Buchstabe b des Altersvorsorgeverträge-Zertifizierungsgesetzes) stellt keine schädliche Verwendung dar. ²Dies gilt sinngemäß in den Fällen des § 3 Abs. 1 Satz 3 Nr. 2 zweite Alternative und § 4 Abs. 4 des Gesetzes zur Verbesserung der betrieblichen Altersversorgung, wenn eine lebenslange Altersversorgung im Sinne des § 1 Abs. 1 Satz 1 Nr. 4 und 5 des Altersvorsorgeverträge-Zertifizierungsgesetzes gewährleistet wird. ³In den übrigen Fällen der Abfindung von Anwartschaften der betrieblichen Altersversorgung gilt dies, soweit das geförderte Altersvorsorgevermögen zugunsten eines auf den Namen des Zulageberechtigten lautenden Altersvorsorgevertrages geleistet wird.

EStG § 94 Verfahren bei schädlicher Verwendung
(1) ¹In den Fällen des § 93 Abs. 1 hat der Anbieter der zentralen Stelle vor der Auszahlung des geförderten Altersvorsorgevermögens die schädliche Verwendung nach amtlich vorgeschriebenem Datensatz durch Datenübermittlung auf amtlich vorgeschriebenem maschinell verwertbarem Datenträger oder durch amtlich bestimmte Datenfernübertragung anzuzeigen. ²Die zentrale Stelle ermittelt den Rückzahlungsbetrag und teilt diesen dem Anbieter durch Datensatz mit. ³Der Anbieter hat den Rückzahlungsbetrag einzubehalten, mit der nächsten Anmeldung nach § 90 Abs. 3 anzumelden und an die zentrale Stelle abzuführen. ⁴Der Anbieter hat die einbehaltenen und abgeführten Beträge sowie die dem Vertrag bis zur schädlichen Verwendung gutgeschriebenen Erträge dem Zulageberechtigten nach amtlich vorgeschriebenem Vordruck zu bescheinigen und der zentralen Stelle nach amtlich vorgeschriebenem Datensatz durch Datenübermittlung auf amtlich vorgeschriebenem maschinell verwertbarem Datenträger oder durch amtlich bestimmte Datenfernübertragung mitzuteilen. ⁵Die zentrale Stelle unterrichtet das für den Zulageberechtigten zuständige Finanzamt.

(2) ¹Eine Festsetzung des Rückzahlungsbetrags erfolgt durch die zentrale Stelle auf besonderen Antrag des Zulageberechtigten oder sofern die Rückzahlung nach Absatz 1 ganz oder teilweise nicht möglich oder nicht erfolgt ist. ²§ 90 Abs. 4 Satz 2 bis 5 gilt entsprechend. ³Im Rückforderungsbescheid sind auf den Rückzahlungsbetrag die vom Anbieter bereits einbehaltenen und abgeführten Beträge nach Maßgabe der Bescheinigung nach Absatz 1 Satz 4 anzurechnen. ⁴Der Zulageberechtigte hat den verbleibenden Rückzahlungsbetrag innerhalb eines Monats nach Bekanntgabe des Rückforderungsbescheids an die zuständige Kasse zu entrichten. ⁵Die Frist für die Festsetzung des Rückzahlungsbetrags beträgt vier Jahre und beginnt mit Ablauf des Kalenderjahres, in dem die Auszahlung im Sinne des § 93 Abs. 1 erfolgt ist.

EStG § 95 Beendigung der unbeschränkten Einkommensteuerpflicht des Zulageberechtigten
(1) Endet die unbeschränkte Steuerpflicht des Zulageberechtigten durch Aufgabe des inländischen Wohnsitzes oder gewöhnlichen Aufenthalts oder wird für das Beitragsjahr kein Antrag nach § 1 Abs. 3 gestellt, gelten die §§ 93 und 94 entsprechend.
(2) ¹Auf Antrag des Zulageberechtigten ist der Rückzahlungsbetrag (§ 93 Abs. 1 Satz 1) zunächst bis zum Beginn der Auszahlung (§ 1 Abs. 1 Nr. 2 des Altersvorsorgeverträge-Zertifizierungsgesetzes) zu stunden. ²Die Stundung ist zu verlängern, wenn der Rückzahlungsbetrag mit mindestens 15 vom Hundert der Leistungen aus dem Altersvorsorgevertrag getilgt wird. ³Stundungszinsen werden nicht erhoben. ⁴Die Stundung endet, wenn das geförderte Altersvorsorgevermögen nicht unter den in § 1 Abs. 1 Nr. 4 und 5 des Altersvorsorgeverträge-Zertifizierungsgesetzes genannten Voraussetzungen an den Zulageberechtigten ausgezahlt wird. ⁵Der Stundungsantrag ist über den Anbieter an die zentrale Stelle zu richten. ⁶Die zentrale Stelle teilt ihre Entscheidung auch dem Anbieter mit.

(3) ¹Wird in den Fällen des Absatzes 1 die unbeschränkte Steuerpflicht erneut begründet oder der Antrag nach § 1 Abs. 3 gestellt, ist bei Stundung des Rückzahlungsbetrags dieser von der zentralen Stelle zu erlassen. ²Wird die unbeschränkte Steuerpflicht des Zulageberechtigten nach einer Entsendung im Sinne des § 4 des Vierten Buches Sozialgesetzbuch, nach überstaatlichem oder zwischenstaatlichem Recht oder nach einer Zuweisung im Sinne des § 123a des Beamtenrechtsrahmengesetzes erneut begründet, ist die Zulage für die Kalenderjahre der Entsendung unter den Voraussetzungen der §§ 79 bis 87 und 89 zu gewähren. ³Die Zulagen sind nach amtlich vorgeschriebenem Vordruck bis zum Ablauf des zweiten Kalenderjahres zu beantragen, das auf das Kalenderjahr folgt, in dem letztmals keine unbeschränkte Steuerpflicht bestand.

EStG § 96 Anwendung der Abgabenordnung, allgemeine Vorschriften

(1) ¹Auf die Zulagen und die Rückzahlungsbeträge sind die für Steuervergütungen geltenden Vorschriften der Abgabenordnung entsprechend anzuwenden. ²Dies gilt nicht für § 163 der Abgabenordnung.

(2) ¹Der Anbieter haftet als Gesamtschuldner neben dem Zulageempfänger für die Zulagen und die nach § 10a Abs. 4 gesondert festgestellten Beträge, die wegen seiner vorsätzlichen oder grob fahrlässigen Pflichtverletzung zu Unrecht gezahlt, nicht einbehalten oder nicht zurückgezahlt worden sind. ²Für die Inanspruchnahme des Anbieters ist die zentrale Stelle zuständig.

(3) Die zentrale Stelle hat auf Anfrage des Anbieters Auskunft über die Anwendung des Abschnitts XI zu geben.

(4) ¹Die zentrale Stelle kann beim Anbieter ermitteln, ob er seine Pflichten erfüllt hat. ²Die §§ 193 bis 203 der Abgabenordnung gelten sinngemäß. ³Auf Verlangen der zentralen Stelle hat der Anbieter ihr Unterlagen, soweit sie im Ausland geführt und aufbewahrt werden, verfügbar zu machen.

(5) Der Anbieter erhält vom Bund oder den Ländern keinen Ersatz für die ihm aus diesem Verfahren entstehenden Kosten.

(6) ¹Der Anbieter darf die im Zulageverfahren bekannt gewordenen Verhältnisse der Beteiligten nur für das Verfahren verwerten. ²Er darf sie ohne Zustimmung der Beteiligten nur offenbaren, soweit dies gesetzlich zugelassen ist.

(7) ¹Für die Zulage gelten die Strafvorschriften des § 370 Abs. 1 bis 4, der §§ 371, 375 Abs. 1 und des § 376 sowie die Bußgeldvorschriften der §§ 378, 379 Abs. 1 und 4 und der §§ 383 und 384 der Abgabenordnung entsprechend. ²Für das Strafverfahren wegen einer Straftat nach Satz 1 sowie der Begünstigung einer Person, die eine solche Tat begangen hat, gelten die §§ 385 bis 408, für das Bußgeldverfahren wegen einer Ordnungswidrigkeit nach Satz 1 die §§ 409 bis 412 der Abgabenordnung entsprechend.

EStG § 97 Übertragbarkeit

Das nach § 10a oder Abschnitt XI geförderte Altersvorsorgevermögen einschließlich seiner Erträge, die geförderten laufenden Altersvorsorgebeiträge und der Anspruch auf die Zulage sind nicht übertragbar.

EStG § 98 Rechtsweg

In öffentlich-rechtlichen Streitigkeiten über die auf Grund des Abschnitts XI ergehenden Verwaltungsakte ist der Finanzrechtsweg gegeben.

EStG § 99 Ermächtigung

(1) Das Bundesministerium der Finanzen wird ermächtigt, die Vordrucke für die Anträge nach den §§ 89 und 95 Abs. 3 Satz 3, für die Anmeldung nach § 90 Abs. 3 und für die in den §§ 92 und 94 Abs. 1 Satz 4 vorgesehenen Bescheinigungen zu bestimmen.

Anhang: Gesetzestexte

(2) ¹Das Bundesministerium der Finanzen wird ermächtigt, im Einvernehmen mit dem Bundesministerium für Gesundheit und Soziale Sicherung und dem Bundesministerium des Innern durch Rechtsverordnung mit Zustimmung des Bundesrates Vorschriften zur Durchführung dieses Gesetzes über das Verfahren für die Ermittlung, Festsetzung, Auszahlung, Rückzahlung und Rückforderung der Zulage sowie die Rückzahlung und Rückforderung der nach § 10a Abs. 4 festgestellten Beträge zu erlassen. ²Hierzu gehören insbesondere

1. Vorschriften über Aufzeichnungs-, Aufbewahrungs-, Bescheinigungs- und Anzeigepflichten des Anbieters,
2. Einzelheiten des vorgesehenen Datenaustausches zwischen den Anbietern, der zentralen Stelle, den Trägern der gesetzlichen Rentenversicherung, der Bundesanstalt für Arbeit, den Meldebehörden, den Familienkassen, den für die Besoldung oder die Amtsbezüge zuständigen Stellen, den Finanzämtern, in den Fällen des § 10a Abs. 1 Satz 1 Nr. 3 den die Versorgung gewährleistenden Arbeitgebern der rentenversicherungsfreien Beschäftigung und in den Fällen des § 10a Abs. 1 Satz 1 Nr. 4 den zur Zahlung des Arbeitsentgelts verpflichteten Arbeitgebern, insbesondere über die nach § 89 Abs. 2 und § 91 vorgesehenen Datensätze, die Datenträger und die Art und Weise der Datenfernübertragung sowie über die Datensicherung und
3. Vorschriften über Mitteilungspflichten, die für die Erteilung der Bescheinigungen nach § 22 Nr. 5 Satz 7 und § 92 erforderlich sind.

SGB IV (Auszüge)

SGB 4 § 14 Arbeitsentgelt
(1) Arbeitsentgelt sind alle laufenden oder einmaligen Einnahmen aus einer Beschäftigung, gleichgültig, ob ein Rechtsanspruch auf die Einnahmen besteht, unter welcher Bezeichnung oder in welcher Form sie geleistet werden und ob sie unmittelbar aus der Beschäftigung oder im Zusammenhang mit ihr erzielt werden. Arbeitsentgelt sind auch Entgeltteile, die durch Entgeltumwandlung nach § 1 Abs. 2 des Gesetzes zur Verbesserung der betrieblichen Altersversorgung für betriebliche Altersversorgung in den Durchführungswegen Direktzusage oder Unterstützungskasse verwendet werden. Steuerfreie Aufwandsentschädigungen und die in § 3 Nr. 26 des Einkommensteuergesetzes genannten steuerfreien Einnahmen gelten nicht als Arbeitsentgelt.

(2) Ist ein Nettoarbeitsentgelt vereinbart, gelten als Arbeitsentgelt die Einnahmen des Beschäftigten einschließlich der darauf entfallenden Steuern und der seinem gesetzlichen Anteil entsprechenden Beiträge zur Sozialversicherung und zur Arbeitsförderung. Sind bei illegalen Beschäftigungsverhältnissen Steuern und Beiträge zur Sozialversicherung und zur Arbeitsförderung nicht gezahlt worden, gilt ein Nettoarbeitsentgelt als vereinbart.

(3) Bei Verwendung eines Haushaltsschecks (§ 28a Abs. 7) gilt der ausgezahlte Betrag zuzüglich der durch Abzug vom Arbeitslohn einbehaltenen Steuern als Arbeitsentgelt.

(4) (weggefallen)

SGB 4 § 18a Art des zu berücksichtigenden Einkommens
(1) Bei Renten wegen Todes sind als Einkommen zu berücksichtigen

1. Erwerbseinkommen,
2. Leistungen, die erbracht werden, um Erwerbseinkommen zu ersetzen (Erwerbsersatzeinkommen) und
3. Vermögenseinkommen.

Nicht zu berücksichtigen sind

1. steuerfreie Einnahmen nach § 3 des Einkommensteuergesetzes mit Ausnahme der Aufstockungsbeträge und Zuschläge nach dessen Nummer 28 und der Einnahmen nach dessen Nummer 40 sowie Erwerbsersatzeinkommen nach Absatz 3 Satz 1 Nr. 1 und 8 und
2. Einnahmen aus Altersvorsorgeverträgen, soweit sie nach § 10a oder Abschnitt XI des Einkommensteuergesetzes gefördert worden sind.

Die Sätze 1 und 2 gelten auch für vergleichbare ausländische Einkommen.

(2) Erwerbseinkommen im Sinne des Absatzes 1 Nr. 1 sind Arbeitsentgelt, Arbeitseinkommen und vergleichbares Einkommen. Nicht als Erwerbseinkommen im Sinne des Absatzes 1 Nr. 1 gelten Arbeitsentgeltteile, die durch Entgeltumwandlung bis zu 4 vom Hundert der Beitragsbemessungsgrenze in der Rentenversicherung der Arbeiter und Angestellten für betriebliche Altersversorgung verwendet werden, sowie das Arbeitsentgelt, das eine Pflegeperson von dem Pflegebedürftigen erhält, wenn das Entgelt das dem Umfang der Pflegetätigkeit entsprechende Pflegegeld im Sinne des § 37 des Elften Buches nicht übersteigt.

(2a) Arbeitseinkommen im Sinne des Absatzes 2 Satz 1 ist die positive Summe der Gewinne oder Verluste aus folgenden Arbeitseinkommensarten:
1. Gewinne aus Land- und Forstwirtschaft im Sinne der §§ 13, 13a und 14 des Einkommensteuergesetzes in Verbindung mit § 15 Abs. 2,

Anhang: Gesetzestexte

2. Gewinne aus Gewerbebetrieb im Sinne der §§ 15, 16 und 17 des Einkommensteuergesetzes und
3. Gewinne aus selbständiger Arbeit im Sinne des § 18 des Einkommensteuergesetzes.

(3) Erwerbsersatzeinkommen im Sinne des Absatzes 1 Nr. 2 sind

1. das Krankengeld, das Verletztengeld, das Versorgungskrankengeld, das Mutterschaftsgeld, das Übergangsgeld, das Unterhaltsgeld, das Kurzarbeitergeld, das Winterausfallgeld, das Arbeitslosengeld, das Insolvenzgeld und vergleichbare Leistungen,
2. Renten der Rentenversicherung wegen Alters oder verminderter Erwerbsfähigkeit, die Erziehungsrente, die Knappschaftsausgleichsleistung, das Anpassungsgeld für entlassene Arbeitnehmer des Bergbaus und Leistungen nach den §§ 27 und 28 des Sozialversicherungs-Angleichungsgesetzes Saar,
3. Altersrenten und Renten wegen Erwerbsminderung der Alterssicherung der Landwirte, die an ehemalige Landwirte oder mitarbeitende Familienangehörige gezahlt werden,
4. die Verletztenrente der Unfallversicherung, soweit sie den Betrag übersteigt, der bei gleichem Grad der Minderung der Erwerbsfähigkeit als Grundrente nach dem Bundesversorgungsgesetz gezahlt würde; eine Kürzung oder ein Wegfall der Verletztenrente wegen Anstaltspflege oder Aufnahme in ein Alters- oder Pflegeheim bleibt unberücksichtigt; bei einer Minderung der Erwerbsfähigkeit um 20 vom Hundert ist ein Betrag in Höhe von zwei Dritteln, bei einer Minderung der Erwerbsfähigkeit um 10 vom Hundert ist ein Betrag in Höhe von einem Drittel der Mindestgrundrente anzusetzen,
5. das Ruhegehalt und vergleichbare Bezüge aus einem öffentlich-rechtlichen Dienst- oder Amtsverhältnis oder aus einem versicherungsfreien Arbeitsverhältnis mit Anspruch auf Versorgung nach beamtenrechtlichen Vorschriften oder Grundsätzen sowie vergleichbare Bezüge aus der Versorgung der Abgeordneten,
6. das Unfallruhegehalt und vergleichbare Bezüge aus einem öffentlich-rechtlichen Dienst- oder Amtsverhältnis oder aus einem versicherungsfreien Arbeitsverhältnis mit Anspruch auf Versorgung nach beamtenrechtlichen Vorschriften oder Grundsätzen sowie vergleichbare Bezüge aus der Versorgung der Abgeordneten; wird daneben kein Unfallausgleich gezahlt, gilt Nummer 4 letzter Teilsatz entsprechend,
7. Renten der öffentlich-rechtlichen Versicherungs- oder Versorgungseinrichtungen bestimmter Berufsgruppen wegen Minderung der Erwerbsfähigkeit oder Alters,
8. der Berufsschadensausgleich nach § 30 Abs. 3 bis 11 des Bundesversorgungsgesetzes und anderen Gesetzen, die die entsprechende Anwendung der Leistungsvorschriften des Bundesversorgungsgesetzes vorsehen,
9. Renten wegen Alters oder verminderter Erwerbstätigkeit, die aus Anlass eines Arbeitsverhältnisses zugesagt worden sind,
10. Renten wegen Alters oder verminderter Erwerbsfähigkeit aus privaten Lebens- und Rentenversicherungen, allgemeinen Unfallversicherungen sowie sonstige private Versorgungsrenten.

Kinderzuschuss, Kinderzulage und vergleichbare kindbezogene Leistungen bleiben außer Betracht. Wird eine Kapitalleistung oder anstelle einer wiederkehrenden Leistung eine Abfindung gezahlt, ist der Betrag als Einkommen zu berücksichtigen, der bei einer Verrentung der Kapitalleistung oder als Rente ohne die Abfindung zu zahlen wäre.

(4) Vermögenseinkommen im Sinne des Absatzes 1 Satz 1 Nr. 3 ist die positive Summe der positiven oder negativen Überschüsse, Gewinne oder Verluste aus folgenden Vermögenseinkommensarten:

1. Einnahmen aus Kapitalvermögen im Sinne des § 20 des Einkommensteuergesetzes sowie Einnahmen aus Versicherungen auf den Erlebens- oder Todesfall im Sinne von § 10 Abs. 1 Nr. 2 Buchstabe b Doppelbuchstabe cc und dd des Einkommensteuergesetzes, es sei denn, sie werden wegen Todes geleistet, nach Abzug der Werbungskosten und des Sparer-Freibetrages,

2. Einnahmen aus Vermietung und Verpachtung im Sinne des § 21 des Einkommensteuergesetzes nach Abzug der Werbungskosten und
3. Gewinne aus privaten Veräußerungsgeschäften im Sinne des § 23 des Einkommensteuergesetzes, soweit sie mindestens 512 Euro im Kalenderjahr betragen.

SGB 4 § 115 Entgeltumwandlung
Die für eine Entgeltumwandlung verwendeten Entgeltbestandteile gelten nicht als Arbeitsentgelt im Sinne des § 14 Abs. 1 Satz 2, soweit der Anspruch auf die Entgeltbestandteile bis zum 31. Dezember 2008 entsteht und soweit die Entgeltbestandteile 4 vom Hundert der jährlichen Beitragsbemessungsgrenze der Rentenversicherung der Arbeiter und Angestellten nicht übersteigen.

Anhang: Gesetzestexte

SGB VI (Auszüge)

§ 1 Beschäftigte
Versicherungspflichtig sind

1. Personen, die gegen Arbeitsentgelt oder zu ihrer Berufsausbildung beschäftigt sind; während des Bezuges von Kurzarbeiter- oder Winterausfallgeld nach dem Dritten Buch besteht die Versicherungspflicht fort,

2. behinderte Menschen, die
   a) in anerkannten Werkstätten für behinderte Menschen oder in nach dem Blindenwarenvertriebsgesetz anerkannten Blindenwerkstätten oder für diese Einrichtungen in Heimarbeit tätig sind,
   b) in Anstalten, Heimen oder gleichartigen Einrichtungen in gewisser Regelmäßigkeit eine Leistung erbringen, die einem Fünftel der Leistung eines voll erwerbsfähigen Beschäftigten in gleichartiger Beschäftigung entspricht; hierzu zählen auch Dienstleistungen für den Träger der Einrichtung,

3. Personen, die in Einrichtungen der Jugendhilfe oder in Berufsbildungswerken oder ähnlichen Einrichtungen für behinderte Menschen für eine Erwerbstätigkeit befähigt werden sollen,

3a. Auszubildende, die in einer außerbetrieblichen Einrichtung im Rahmen eines Berufsausbildungsvertrages nach dem Berufsbildungsgesetz ausgebildet werden,

4. Mitglieder geistlicher Genossenschaften, Diakonissen und Angehörige ähnlicher Gemeinschaften während ihres Dienstes für die Gemeinschaft und während der Zeit ihrer außerschulischen Ausbildung.

Die Versicherungspflicht von Personen, die gegen Arbeitsentgelt oder zu ihrer Berufsausbildung beschäftigt sind, erstreckt sich auch auf Deutsche, die im Ausland bei einer amtlichen Vertretung des Bundes oder der Länder oder bei deren Leitern, deutschen Mitgliedern oder Bediensteten beschäftigt sind. Personen, die Wehrdienst leisten und nicht in einem Dienstverhältnis als Berufssoldat oder Soldat auf Zeit stehen, sind in dieser Beschäftigung nicht nach Satz 1 Nr. 1 versicherungspflichtig; sie gelten als Wehrdienstleistende im Sinne des § 3 Satz 1 Nr. 2 und Satz 4. Mitglieder des Vorstandes einer Aktiengesellschaft sind nicht versicherungspflichtig. Die in Satz 1 Nr. 2 bis 4 genannten Personen gelten als Beschäftigte im Sinne des Rechts der Rentenversicherung.

§ 2 Selbständig Tätige
Versicherungspflichtig sind selbständig tätige

1. Lehrer und Erzieher, die im Zusammenhang mit ihrer selbständigen Tätigkeit keinen versicherungspflichtigen Arbeitnehmer beschäftigen,

2. Pflegepersonen, die in der Kranken-, Wochen-, Säuglings- oder Kinderpflege tätig sind und im Zusammenhang mit ihrer selbständigen Tätigkeit keinen versicherungspflichtigen Arbeitnehmer beschäftigen,

3. Hebammen und Entbindungspfleger,

4. Seelotsen der Reviere im Sinne des Gesetzes über das Seelotswesen,

5. Künstler und Publizisten nach näherer Bestimmung des Künstlersozialversicherungsgesetzes,

6. Hausgewerbetreibende,

SGB VI

7. Küstenschiffer und Küstenfischer, die zur Besatzung ihres Fahrzeuges gehören oder als Küstenfischer ohne Fahrzeug fischen und regelmäßig nicht mehr als vier versicherungspflichtige Arbeitnehmer beschäftigen,

8. Gewerbetreibende, die in die Handwerksrolle eingetragen sind, wobei Eintragungen aufgrund der Führung eines Handwerksbetriebs nach den §§ 2 und 3 der Handwerksordnung außer Betracht bleiben, sowie Gewerbetreibende, die als Inhaber eines zulassungsfreien Handwerks nach Anlage B Abschnitt 1 zur Handwerksordnung in das Verzeichnis nach § 19 der Handwerksordnung eingetragen sind; ist eine Personengesellschaft in die Handwerksrolle oder in das Verzeichnis nach § 19 der Handwerksordnung eingetragen, gilt als Gewerbetreibender, wer als Gesellschafter in seiner Person die für die Eintragung in die Handwerksrolle erforderlichen Voraussetzungen erfüllt oder wer Gesellschafter der im Verzeichnis nach § 19 der Handwerksordnung eingetragenen Personengesellschaft ist.

9. Personen, die
   a) im Zusammenhang mit ihrer selbständigen Tätigkeit regelmäßig keinen versicherungspflichtigen Arbeitnehmer beschäftigen, dessen Arbeitsentgelt aus diesem Beschäftigungsverhältnis regelmäßig 400 Euro im Monat übersteigt, und
   b) auf Dauer und im Wesentlichen nur für einen Auftraggeber tätig sind,

10. Personen für die Dauer des Bezugs eines Zuschusses nach § 421l des Dritten Buches.

Nach Satz 1 Nr. 1 bis 9 ist nicht versicherungspflichtig, wer in diese Tätigkeit nach Satz 1 Nr. 10 versicherungspflichtig ist. Nach Satz 1 Nr. 10 ist nicht versicherungspflichtig, wer mit der Tätigkeit, für die ein Zuschuss nach § 421l des Dritten Buches gezahlt wird, die Voraussetzungen für die Versicherungspflicht nach dem Gesetz über die Alterssicherung der Landwirte erfüllt. Als Arbeitnehmer im Sinne des Satzes 1 Nr. 1, 2, 7 und 9 gelten

1. auch Personen, die berufliche Kenntnisse, Fertigkeiten oder Erfahrungen im Rahmen beruflicher Bildung erwerben,
2. nicht Personen, die als geringfügig Beschäftigte nach § 5 Abs. 2 Satz 2 auf die Versicherungsfreiheit verzichtet haben.

§ 3 Sonstige Versicherte
Versicherungspflichtig sind Personen in der Zeit,

1. für die ihnen Kindererziehungszeiten anzurechnen sind (§ 56),

1a. in der sie einen Pflegebedürftigen im Sinne des § 14 des Elften Buches nicht erwerbsmäßig wenigstens 14 Stunden wöchentlich in seiner häuslichen Umgebung pflegen (nicht erwerbsmäßig tätige Pflegepersonen), wenn der Pflegebedürftige Anspruch auf Leistungen aus der sozialen oder einer privaten Pflegeversicherung hat,

2. in der sie aufgrund gesetzlicher Pflicht mehr als drei Tage Wehrdienst oder Zivildienst leisten,

3. für die sie von einem Leistungsträger Krankengeld, Verletztengeld, Versorgungskrankengeld, Übergangsgeld, Unterhaltsgeld, Arbeitslosengeld oder Arbeitslosenhilfe beziehen, wenn sie im letzten Jahr vor Beginn der Leistung zuletzt versicherungspflichtig waren,

4. für die sie Vorruhestandsgeld beziehen, wenn sie unmittelbar vor Beginn der Leistung versicherungspflichtig waren.

Pflegepersonen, die für ihre Tätigkeit von dem Pflegebedürftigen ein Arbeitsentgelt erhalten, das das dem Umfang der Pflegetätigkeit entsprechende Pflegegeld im Sinne des § 37 des Elften Buches nicht übersteigt, gelten als nicht erwerbsmäßig tätig; sie sind insoweit nicht nach § 1 Satz 1 Nr. 1

Anhang: Gesetzestexte

versicherungspflichtig. Nicht erwerbsmäßig tätige Pflegepersonen, die daneben regelmäßig mehr als 30 Stunden wöchentlich beschäftigt oder selbständig tätig sind, sind nicht nach Satz 1 Nr. 1a versicherungspflichtig. Wehrdienstleistende oder Zivildienstleistende, die für die Zeit ihres Dienstes Arbeitsentgelt weitererhalten oder Leistungen für Selbständige nach § 13a des Unterhaltssicherungsgesetzes erhalten, sind nicht nach Satz 1 Nr. 2 versicherungspflichtig; die Beschäftigung oder selbständige Tätigkeit gilt in diesen Fällen als nicht unterbrochen. Trifft eine Versicherungspflicht nach Satz 1 Nr. 3 im Rahmen von Leistungen zur Teilhabe am Arbeitsleben mit einer Versicherungspflicht nach § 1 Satz 1 Nr. 2 zusammen, geht die Versicherungspflicht vor, nach der die höheren Beiträge zu zahlen sind. Die Versicherungspflicht nach Satz 1 Nr. 3 und 4 erstreckt sich auch auf Personen, die ihren gewöhnlichen Aufenthalt im Ausland haben.

§ 4 Versicherungspflicht auf Antrag

(1) Auf Antrag versicherungspflichtig sind

1. Entwicklungshelfer im Sinne des Entwicklungshelfer-Gesetzes, die Entwicklungsdienst oder Vorbereitungsdienst leisten,
2. Deutsche, die für eine begrenzte Zeit im Ausland beschäftigt sind,
3. Personen, die für eine begrenzte Zeit im Ausland beschäftigt sind und die Staatsangehörigkeit eines Staates haben, in dem die Verordnung (EWG) Nr. 1408/71 anzuwenden ist, wenn sie
   a) die allgemeine Wartezeit erfüllt haben und
   b) nicht nach den Rechtsvorschriften eines anderen Staates, in dem die Verordnung (EWG) Nr. 1408/71 anzuwenden ist, pflichtversichert oder freiwillig versichert sind,

wenn die Versicherungspflicht von einer Stelle beantragt wird, die ihren Sitz im Inland hat. Personen, denen für die Zeit des Dienstes oder der Beschäftigung im Ausland Versorgungsanwartschaften gewährleistet sind, gelten im Rahmen der Nachversicherung auch ohne Antrag als versicherungspflichtig.

(2) Auf Antrag versicherungspflichtig sind Personen, die nicht nur vorübergehend selbständig tätig sind, wenn sie die Versicherungspflicht innerhalb von fünf Jahren nach der Aufnahme der selbständigen Tätigkeit oder dem Ende einer Versicherungspflicht aufgrund dieser Tätigkeit beantragen.

(3) Auf Antrag versicherungspflichtig sind Personen, die
1. eine der in § 3 Satz 1 Nr. 3 genannten Sozialleistungen beziehen und nicht nach dieser Vorschrift versicherungspflichtig sind,
2. nur deshalb keinen Anspruch auf Krankengeld haben, weil sie nicht in der gesetzlichen Krankenversicherung versichert sind oder in der gesetzlichen Krankenversicherung ohne Anspruch auf Krankengeld versichert sind, für die Zeit der Arbeitsunfähigkeit oder der Ausführung von Leistungen zur medizinischen Rehabilitation oder zur Teilhabe am Arbeitsleben, wenn sie im letzten Jahr vor Beginn der Arbeitsunfähigkeit oder der Ausführung von Leistungen zur medizinischen Rehabilitation oder zur Teilhabe am Arbeitsleben zuletzt versicherungspflichtig waren, längstens jedoch für 18 Monate.

Dies gilt auch für Personen, die ihren gewöhnlichen Aufenthalt im Ausland haben.

(3a) Die Vorschriften über die Versicherungsfreiheit und die Befreiung von der Versicherungspflicht gelten auch für die Versicherungspflicht auf Antrag nach Absatz 3. Bezieht sich die Versicherungsfreiheit oder die Befreiung von der Versicherungspflicht auf jede Beschäftigung oder selbständige Tätigkeit, kann ein Antrag nach Absatz 3 nicht gestellt werden. Bezieht sich die Versicherungsfreiheit oder die Befreiung von der Versicherungspflicht auf eine bestimmte Beschäftigung oder bestimmte selbständige Tätigkeit, kann ein Antrag nach Absatz 3 nicht gestellt werden, wenn die Versicherungsfreiheit oder die Befreiung von der Versicherungspflicht auf der Zugehörigkeit zu einem anderweitigen Alterssicherungssystem, insbesondere einem abgeschlossenen Lebensversicherungsvertrag oder der Mitgliedschaft in einer öffentlich-rechtlichen Versicherungseinrichtung oder Versorgungseinrichtung einer Berufsgruppe (§ 6 Abs. 1 Satz 1 Nr. 1), beruht und die Zeit des Bezugs der jeweiligen Sozialleistung in dem anderweitigen Alterssicherungssystem abgesichert ist oder abgesichert werden kann.

(4) Die Versicherungspflicht beginnt

1. in den Fällen des Absatzes 1 und 2 mit dem Tag, der dem Eingang des Antrags folgt, frühestens jedoch mit dem Tag, an dem die Voraussetzungen eingetreten sind,
2. in den Fällen des Absatzes 3 Satz 1 Nr. 1 mit Beginn der Leistung und in den Fällen des Absatzes 3 Satz 1 Nr. 2 mit Beginn der Arbeitsunfähigkeit oder Rehabilitation, wenn der Antrag innerhalb von drei Monaten danach gestellt wird, andernfalls mit dem Tag, der dem Eingang des Antrags folgt, frühestens jedoch mit dem Ende der Versicherungspflicht aufgrund einer vorausgehenden versicherungspflichtigen Beschäftigung oder Tätigkeit.

Sie endet mit Ablauf des Tages, an dem die Voraussetzungen weggefallen sind.

§ 5 Versicherungsfreiheit

(1) Versicherungsfrei sind

1. Beamte und Richter auf Lebenszeit, auf Zeit oder auf Probe, Berufssoldaten und Soldaten auf Zeit sowie Beamte auf Widerruf im Vorbereitungsdienst,
2. sonstige Beschäftigte von Körperschaften, Anstalten oder Stiftungen des öffentlichen Rechts, deren Verbänden einschließlich der Spitzenverbände oder ihrer Arbeitsgemeinschaften, wenn ihnen nach beamtenrechtlichen Vorschriften oder Grundsätzen oder entsprechenden kirchenrechtlichen Regelungen Anwartschaft auf Versorgung bei verminderter Erwerbsfähigkeit und im Alter sowie auf Hinterbliebenenversorgung gewährleistet und die Erfüllung der Gewährleistung gesichert ist,
3. satzungsmäßige Mitglieder geistlicher Genossenschaften, Diakonissen und Angehörige ähnlicher Gemeinschaften, wenn ihnen nach den Regeln der Gemeinschaft Anwartschaft auf die in der Gemeinschaft übliche Versorgung bei verminderter Erwerbsfähigkeit und im Alter gewährleistet und die Erfüllung der Gewährleistung gesichert ist,

in dieser Beschäftigung und in weiteren Beschäftigungen, auf die die Gewährleistung einer Versorgungsanwartschaft erstreckt wird. Über das Vorliegen der Voraussetzungen nach Satz 1 Nr. 2 und 3 und die Erstreckung der Gewährleistung auf weitere Beschäftigungen entscheidet für Beschäftigte beim Bund und bei Dienstherren oder anderen Arbeitgebern, die der Aufsicht des Bundes unterstehen, das zuständige Bundesministerium, im Übrigen die oberste Verwaltungsbehörde des Landes, in dem die Arbeitgeber, Genossenschaften oder Gemeinschaften ihren Sitz haben. Die Gewährleistung von Anwartschaften begründet die Versicherungsfreiheit von Beginn des Monats an, in dem die Zusicherung der Anwartschaften vertraglich erfolgt.

(2) Versicherungsfrei sind Personen, die
1. eine geringfügige Beschäftigung (§ 8 Abs. 1, § 8a Viertes Buch),
2. eine geringfügige selbständige Tätigkeit (§ 8 Abs. 3, § 8a Viertes Buch) oder
3. eine geringfügige nicht erwerbsmäßige Pflegetätigkeit

ausüben, in dieser Beschäftigung, selbständigen Tätigkeit oder Pflegetätigkeit; § 8 Abs. 2 Viertes Buch ist mit der Maßgabe anzuwenden, dass eine Zusammenrechnung mit einer nicht geringfügigen Beschäftigung oder nicht geringfügigen selbständigen Tätigkeit nur erfolgt, wenn diese versi-

Anhang: Gesetzestexte

cherungspflichtig ist. Satz 1 Nr. 1 gilt nicht für geringfügig Beschäftigte nach § 8 Abs. 1 Nr. 1 und § 8a des Vierten Buches, die durch schriftliche Erklärung gegenüber dem Arbeitgeber auf die Versicherungsfreiheit verzichten; der Verzicht kann nur mit Wirkung für die Zukunft und bei mehreren geringfügigen Beschäftigungen nur einheitlich erklärt werden und ist für die Dauer der Beschäftigungen bindend. Satz 1 Nr. 1 und 2 gilt nicht für Personen, die im Rahmen betrieblicher Berufsbildung, nach dem Gesetz zur Förderung eines freiwilligen sozialen Jahres, nach dem Gesetz zur Förderung eines freiwilligen ökologischen Jahres oder nach § 1 Satz 1 Nr. 2 bis 4 beschäftigt sind oder von der Möglichkeit einer stufenweisen Wiederaufnahme einer nicht geringfügigen Tätigkeit (§ 74 Fünftes Buch) Gebrauch machen. Eine nicht erwerbsmäßige Pflegetätigkeit ist geringfügig, wenn die Beitragsbemessungsgrundlage für die Pflegetätigkeit (§ 166 Abs. 2) auf den Monat bezogen 400 Euro nicht übersteigt; mehrere nicht erwerbsmäßige Pflegetätigkeiten sind zusammenzurechnen.

(3) Versicherungsfrei sind Personen, die während der Dauer eines Studiums als ordentliche Studierende einer Fachschule oder Hochschule
   1. ein Praktikum ableisten, das in ihrer Studienordnung oder Prüfungsordnung vorgeschrieben ist, oder
   2. ein Praktikum ohne Entgelt oder gegen ein Entgelt, das regelmäßig im Monat 400 Euro nicht übersteigt, ableisten.

(4) Versicherungsfrei sind Personen, die
   1. eine Vollrente wegen Alters beziehen,
   2. nach beamtenrechtlichen Vorschriften oder Grundsätzen oder entsprechenden kirchenrechtlichen Regelungen oder nach den Regelungen einer berufsständischen Versorgungseinrichtung eine Versorgung nach Erreichen einer Altersgrenze beziehen oder die in der Gemeinschaft übliche Versorgung im Alter nach Absatz 1 Satz 1 Nr. 3 erhalten oder
   3. bis zur Vollendung des 65. Lebensjahres nicht versichert waren oder nach Vollendung des 65. Lebensjahres eine Beitragserstattung aus ihrer Versicherung erhalten haben.

§ 6 Befreiung von der Versicherungspflicht
(1) Von der Versicherungspflicht werden befreit
   1. Angestellte und selbständig Tätige für die Beschäftigung oder selbständige Tätigkeit, wegen der sie aufgrund einer durch Gesetz angeordneten oder auf Gesetz beruhenden Verpflichtung Mitglied einer öffentlich-rechtlichen Versicherungseinrichtung oder Versorgungseinrichtung ihrer Berufsgruppe (berufsständische Versorgungseinrichtung) und zugleich kraft gesetzlicher Verpflichtung Mitglied einer berufsständischen Kammer sind, wenn
      a) am jeweiligen Ort der Beschäftigung oder selbständigen Tätigkeit für ihre Berufsgruppe bereits vor dem 1. Januar 1995 eine gesetzliche Verpflichtung zur Mitgliedschaft in der berufsständischen Kammer bestanden hat,
      b) für sie nach näherer Maßgabe der Satzung einkommensbezogene Beiträge unter Berücksichtigung der Beitragsbemessungsgrenze zur berufsständischen Versorgungseinrichtung zu zahlen sind und
      c) aufgrund dieser Beiträge Leistungen für den Fall verminderter Erwerbsfähigkeit und des Alters sowie für Hinterbliebene erbracht und angepasst werden, wobei auch die finanzielle Lage der berufsständischen Versorgungseinrichtung zu berücksichtigen ist,
   2. Lehrer oder Erzieher, die an nicht-öffentlichen Schulen oder Anstalten beschäftigt sind, wenn ihnen nach beamtenrechtlichen Grundsätzen oder entsprechenden kirchenrechtlichen Regelungen Anwartschaft auf Versorgung bei verminderter Erwerbsfähigkeit und im Alter sowie auf Hinterbliebenenversorgung gewährleistet und die Erfüllung der Gewährleistung gesichert ist,
   3. nichtdeutsche Besatzungsmitglieder deutscher Seeschiffe, die ihren Wohnsitz oder gewöhnlichen Aufenthalt nicht im Geltungsbereich dieses Gesetzbuchs haben,

4. selbständig tätige Handwerker, wenn für sie mindestens 18 Jahre lang Pflichtbeiträge gezahlt worden sind, ausgenommen Bezirksschornsteinfegermeister.

Die gesetzliche Verpflichtung für eine Berufsgruppe zur Mitgliedschaft in einer berufsständischen Kammer im Sinne des Satzes 1 Nr. 1 gilt mit dem Tag als entstanden, an dem das die jeweilige Kammerzugehörigkeit begründende Gesetz verkündet worden ist. Wird der Kreis der Pflichtmitglieder einer berufsständischen Kammer nach dem 31. Dezember 1994 erweitert, werden diejenigen Pflichtmitglieder des berufsständischen Versorgungswerks nicht nach Satz 1 Nr. 1 befreit, die nur wegen dieser Erweiterung Pflichtmitglieder ihrer Berufskammer geworden sind. Für die Bestimmung des Tages, an dem die Erweiterung des Kreises der Pflichtmitglieder erfolgt ist, ist Satz 2 entsprechend anzuwenden. Personen, die nach bereits am 1. Januar 1995 geltenden versorgungsrechtlichen Regelungen verpflichtet sind, für die Zeit der Ableistung eines gesetzlich vorgeschriebenen Vorbereitungs- oder Anwärterdienstes Mitglied einer berufsständischen Versorgungseinrichtung zu sein, werden auch dann nach Satz 1 Nr. 1 von der Versicherungspflicht befreit, wenn eine gesetzliche Verpflichtung zur Mitgliedschaft in einer berufsständischen Kammer für die Zeit der Ableistung des Vorbereitungs- oder Anwärterdienstes nicht besteht. Satz 1 Nr. 1 gilt nicht für die in Satz 1 Nr. 4 genannten Personen.

(1a) Personen, die nach § 2 Satz 1 Nr. 9 versicherungspflichtig sind, werden von der Versicherungspflicht befreit

1. für einen Zeitraum von drei Jahren nach erstmaliger Aufnahme einer selbständigen Tätigkeit, die die Merkmale des § 2 Satz 1 Nr. 9 erfüllt,
2. nach Vollendung des 58. Lebensjahres, wenn sie nach einer zuvor ausgeübten selbständigen Tätigkeit erstmals nach § 2 Satz 1 Nr. 9 versicherungspflichtig werden.

Satz 1 Nr. 1 gilt entsprechend für die Aufnahme einer zweiten selbständigen Tätigkeit, die die Merkmale des § 2 Satz 1 Nr. 9 erfüllt. Tritt nach Ende einer Versicherungspflicht nach § 2 Satz 1 Nr. 10 Versicherungspflicht nach § 2 Satz 1 Nr. 9 ein, wird die Zeit, in der die dort genannten Merkmale bereits vor dem Eintritt der Versicherungspflicht nach dieser Vorschrift vorgelegen haben, auf den in Satz 1 Nr. 1 genannten Zeitraum nicht angerechnet. Eine Aufnahme einer selbständigen Tätigkeit liegt nicht vor, wenn eine bestehende selbständige Existenz lediglich umbenannt oder deren Geschäftszweck gegenüber der vorangegangenen nicht wesentlich verändert worden ist.

(2) Die Befreiung erfolgt auf Antrag des Versicherten, in den Fällen des Absatzes 1 Nr. 2 und 3 auf Antrag des Arbeitgebers.

(3) Über die Befreiung entscheidet der Träger der Rentenversicherung, nachdem in den Fällen

1. des Absatzes 1 Nr. 1 die für die berufsständische Versorgungseinrichtung zuständige oberste Verwaltungsbehörde,
2. des Absatzes 1 Nr. 2 die oberste Verwaltungsbehörde des Landes, in dem der Arbeitgeber seinen Sitz hat, das Vorliegen der Voraussetzungen bestätigt hat.

(4) Die Befreiung wirkt vom Vorliegen der Befreiungsvoraussetzungen an, wenn sie innerhalb von drei Monaten beantragt wird, sonst vom Eingang des Antrags an.

(5) Die Befreiung ist auf die jeweilige Beschäftigung oder selbständige Tätigkeit beschränkt. Sie erstreckt sich in den Fällen des Absatzes 1 Nr. 1 und 2 auch auf eine andere versicherungspflichtige Tätigkeit, wenn diese infolge ihrer Eigenart oder vertraglich im Voraus zeitlich begrenzt ist und der Versorgungsträger für die Zeit der Tätigkeit den Erwerb einkommensbezogener Versorgungsanwartschaften gewährleistet.

§ 7 Freiwillige Versicherung

(1) Personen, die nicht versicherungspflichtig sind, können sich für Zeiten von der Vollendung des 16. Lebensjahres an freiwillig versichern. Dies gilt auch für Deutsche, die ihren gewöhnlichen Aufenthalt im Ausland haben.

Anhang: Gesetzestexte

(2) Personen, die versicherungsfrei oder von der Versicherung befreit sind, können sich nur dann freiwillig versichern, wenn sie die allgemeine Wartezeit erfüllt haben. Dies gilt nicht für Personen, die wegen Geringfügigkeit einer Beschäftigung oder selbständigen Tätigkeit versicherungsfrei sind.

(3) Nach bindender Bewilligung einer Vollrente wegen Alters oder für Zeiten des Bezugs einer solchen Rente ist eine freiwillige Versicherung nicht zulässig.

SGB § 33 Rentenarten
(1) Renten werden geleistet wegen Alters, wegen verminderter Erwerbsfähigkeit oder wegen Todes.

(2) Rente wegen Alters wird geleistet als

1. Regelaltersrente,
2. Altersrente für langjährig Versicherte,
3. Altersrente für schwerbehinderte Menschen,
4. Altersrente für langjährig unter Tage beschäftigte Bergleute sowie nach den Vorschriften des Fünften Kapitels als
5. Altersrente wegen Arbeitslosigkeit oder nach Altersteilzeitarbeit,
6. Altersrente für Frauen.

(3) Rente wegen verminderter Erwerbsfähigkeit wird geleistet als

1. Rente wegen teilweiser Erwerbsminderung,
2. Rente wegen voller Erwerbsminderung,
3. Rente für Bergleute
4. sowie nach den Vorschriften des Fünften Kapitels als
5. Rente wegen Berufsunfähigkeit,
6. Rente wegen Erwerbsunfähigkeit.

(4) Rente wegen Todes wird geleistet als

1. kleine Witwenrente oder Witwerrente,
2. große Witwenrente oder Witwerrente,
3. Erziehungsrente,
4. Waisenrente.

(5) Nach den Vorschriften des Fünften Kapitels werden auch die Knappschaftsausgleichsleistung, Rente wegen teilweiser Erwerbsminderung bei Berufsunfähigkeit und Witwenrente und Witwerrente an vor dem 1. Juli 1977 geschiedene Ehegatten geleistet.

§ 34 Voraussetzungen für einen Rentenanspruch und Hinzuverdienstgrenze
(1) Versicherte und ihre Hinterbliebenen haben Anspruch auf Rente, wenn die für die jeweilige Rente erforderliche Mindestversicherungszeit (Wartezeit) erfüllt ist und die jeweiligen besonderen versicherungsrechtlichen und persönlichen Voraussetzungen vorliegen.

(2) Anspruch auf eine Rente wegen Alters besteht vor Vollendung des 65. Lebensjahres nur, wenn die Hinzuverdienstgrenze nicht überschritten wird. Sie wird nicht überschritten, wenn das Arbeitsentgelt oder Arbeitseinkommen aus einer Beschäftigung oder selbständigen Tätigkeit oder vergleichbares Einkommen im Monat die in Absatz 3 genannten Beträge nicht übersteigt, wobei ein zweimaliges Überschreiten um jeweils einen Betrag bis zur Höhe der Hinzuverdienstgrenze nach Absatz 3 im Laufe eines jeden Kalenderjahres außer Betracht bleibt. Die in Satz 2 genannten Einkünfte werden zusammengerechnet. Nicht als Arbeitsentgelt gilt das Entgelt, das

1. eine Pflegeperson von dem Pflegebedürftigen erhält, wenn es das dem Umfang der Pflegetätigkeit entsprechende Pflegegeld im Sinne des § 37 des Elften Buches nicht übersteigt, oder
2. ein behinderter Mensch von dem Träger einer in § 1 Satz 1 Nr. 2 genannten Einrichtung erhält.

(3) Die Hinzuverdienstgrenze beträgt
1. bei einer Rente wegen Alters als Vollrente ein Siebtel der monatlichen Bezugsgröße,
2. bei einer Rente wegen Alters als Teilrente von
   a) einem Drittel der Vollrente das 23,3fache,
   b) der Hälfte der Vollrente das 17,5fache,
   c) zwei Dritteln der Vollrente das 11,7fache des aktuellen Rentenwerts (§ 68), vervielfältigt mit der Summe der Entgeltpunkte (§ 66 Abs. 1 Nr. 1 bis 3) der letzten drei Kalenderjahre vor Beginn der ersten Rente wegen Alters, mindestens jedoch mit 1,5 Entgeltpunkten.

(4) Anspruch auf Rente wegen verminderter Erwerbsfähigkeit oder Erziehungsrente besteht nicht nach bindender Bewilligung einer Rente wegen Alters oder für Zeiten des Bezugs einer solchen Rente.

§ 35 Regelaltersrente
Versicherte haben Anspruch auf Altersrente, wenn sie

1. das 65. Lebensjahr vollendet und
2. die allgemeine Wartezeit erfüllt haben.

§ 36 Altersrente für langjährig Versicherte
Versicherte können eine Altersrente vor Vollendung des 65. Lebensjahres vorzeitig in Anspruch nehmen, wenn sie

1. das 62. Lebensjahr vollendet und
2. die Wartezeit von 35 Jahren erfüllt haben.

§ 37 Altersrente für schwerbehinderte Menschen
Versicherte haben Anspruch auf Altersrente, wenn sie

1. das 63. Lebensjahr vollendet haben,
2. bei Beginn der Altersrente als schwerbehinderte Menschen (§ 2 Abs. 2 Neuntes Buchs) anerkannt sind und
3. die Wartezeit von 35 Jahren erfüllt haben.

Die vorzeitige Inanspruchnahme einer solchen Altersrente nach Vollendung des 60. Lebensjahres ist möglich.

§ 42 Vollrente und Teilrente
(1) Versicherte können eine Rente wegen Alters in voller Höhe (Vollrente) oder als Teilrente in Anspruch nehmen.

(2) Die Teilrente beträgt ein Drittel, die Hälfte oder zwei Drittel der erreichten Vollrente.

(3) Versicherte, die wegen der beabsichtigten Inanspruchnahme einer Teilrente ihre Arbeitsleistung einschränken wollen, können von ihrem Arbeitgeber verlangen, dass er mit ihnen die Möglichkeiten einer solchen Einschränkung erörtert. Macht der Versicherte hierzu für seinen Arbeitsbereich Vorschläge, hat der Arbeitgeber zu diesen Vorschlägen Stellung zu nehmen.

Anhang: Gesetzestexte

§ 43 Rente wegen Erwerbsminderung

(1) Versicherte haben bis zur Vollendung des 65. Lebensjahres Anspruch auf Rente wegen teilweiser Erwerbsminderung, wenn sie

1. teilweise erwerbsgemindert sind,
2. in den letzten fünf Jahren vor Eintritt der Erwerbsminderung drei Jahre Pflichtbeiträge für eine versicherte Beschäftigung oder Tätigkeit haben und
3. vor Eintritt der Erwerbsminderung die allgemeine Wartezeit erfüllt haben.

Teilweise erwerbsgemindert sind Versicherte, die wegen Krankheit oder Behinderung auf nicht absehbare Zeit außerstande sind, unter den üblichen Bedingungen des allgemeinen Arbeitsmarktes mindestens sechs Stunden täglich erwerbstätig zu sein.

(2) Versicherte haben bis zur Vollendung des 65. Lebensjahres Anspruch auf Rente wegen voller Erwerbsminderung, wenn sie

1. voll erwerbsgemindert sind,
2. in den letzten fünf Jahren vor Eintritt der Erwerbsminderung drei Jahre
3. Pflichtbeiträge für eine versicherte Beschäftigung oder Tätigkeit haben und
4. vor Eintritt der Erwerbsminderung die allgemeine Wartezeit erfüllt haben.

Voll erwerbsgemindert sind Versicherte, die wegen Krankheit oder Behinderung auf nicht absehbare Zeit außerstande sind, unter den üblichen Bedingungen des allgemeinen Arbeitsmarktes mindestens drei Stunden täglich erwerbstätig zu sein. Voll erwerbsgemindert sind auch

1. Versicherte nach § 1 Satz 1 Nr. 2, die wegen Art oder Schwere der Behinderung nicht auf dem allgemeinen Arbeitsmarkt tätig sein können und
2. Versicherte, die bereits vor Erfüllung der allgemeinen Wartezeit voll erwerbsgemindert waren, in der Zeit einer nicht erfolgreichen Eingliederung in den allgemeinen Arbeitsmarkt.

(3) Erwerbsgemindert ist nicht, wer unter den üblichen Bedingungen des allgemeinen Arbeitsmarktes mindestens sechs Stunden täglich erwerbstätig sein kann; dabei ist die jeweilige Arbeitsmarktlage nicht zu berücksichtigen.

(4) Der Zeitraum von fünf Jahren vor Eintritt der Erwerbsminderung verlängert sich um folgende Zeiten, die nicht mit Pflichtbeiträgen für eine versicherte Beschäftigung oder Tätigkeit belegt sind:

1. Anrechnungszeiten und Zeiten des Bezugs einer Rente wegen verminderter Erwerbsfähigkeit,
2. Berücksichtigungszeiten,
3. Zeiten, die nur deshalb keine Anrechnungszeiten sind, weil durch sie eine versicherte Beschäftigung oder selbständige Tätigkeit nicht unterbrochen ist, wenn in den letzten sechs Kalendermonaten vor Beginn dieser Zeiten wenigstens ein Pflichtbeitrag für eine versicherte Beschäftigung oder Tätigkeit oder eine Zeit nach Nummer 1 oder 2 liegt,
4. Zeiten einer schulischen Ausbildung nach Vollendung des 17. Lebensjahres bis zu sieben Jahren, gemindert um Anrechnungszeiten wegen schulischer Ausbildung.

(5) Eine Pflichtbeitragszeit von drei Jahren für eine versicherte Beschäftigung oder Tätigkeit ist nicht erforderlich, wenn die Erwerbsminderung aufgrund eines Tatbestandes eingetreten ist, durch den die allgemeine Wartezeit vorzeitig erfüllt ist.

(6) Versicherte, die bereits vor Erfüllung der allgemeinen Wartezeit voll erwerbsgemindert waren und seitdem ununterbrochen voll erwerbsgemindert sind, haben Anspruch auf Rente wegen voller Erwerbsminderung, wenn sie die Wartezeit von 20 Jahren erfüllt haben.

§ 46 Witwenrente und Witwerrente

(1) Witwen oder Witwer, die nicht wieder geheiratet haben, haben nach dem Tod des versicherten Ehegatten Anspruch auf kleine Witwenrente oder kleine Witwerrente, wenn der versicherte Ehegatte die allgemeine Wartezeit erfüllt hat. Der Anspruch besteht längstens für 24 Kalendermonate nach Ablauf des Monats, in dem der Versicherte verstorben ist.

(2) Witwen oder Witwer, die nicht wieder geheiratet haben, haben nach dem Tod des versicherten Ehegatten, der die allgemeine Wartezeit erfüllt hat, Anspruch auf große Witwenrente oder große Witwerrente, wenn sie

1. ein eigenes Kind oder ein Kind des versicherten Ehegatten, das das 18. Lebensjahr noch nicht vollendet hat, erziehen,
2. das 45. Lebensjahr vollendet haben oder
3. erwerbsgemindert sind.

Als Kinder werden auch berücksichtigt:

1. Stiefkinder und Pflegekinder (§ 56 Abs. 2 Nr. 1 und 2 Erstes Buch), die in den Haushalt der Witwe oder des Witwers aufgenommen sind,
2. Enkel und Geschwister, die in den Haushalt der Witwe oder des Witwers aufgenommen sind oder von diesen überwiegend unterhalten werden.

Der Erziehung steht die in häuslicher Gemeinschaft ausgeübte Sorge für ein eigenes Kind oder ein Kind des versicherten Ehegatten, das wegen körperlicher, geistiger oder seelischer Behinderung außerstande ist, sich selbst zu unterhalten, auch nach dessen vollendetem 18. Lebensjahr gleich.

(2a) Witwen oder Witwer haben keinen Anspruch auf Witwenrente oder Witwerrente, wenn die Ehe nicht mindestens ein Jahr gedauert hat, es sei denn, dass nach den besonderen Umständen des Falles die Annahme nicht gerechtfertigt ist, dass es der alleinige oder überwiegende Zweck der Heirat war, einen Anspruch auf Hinterbliebenenversorgung zu begründen.

(2b) Ein Anspruch auf Witwenrente oder Witwerrente besteht auch nicht mit Ablauf des Monats, in dem die Bestandskraft der Entscheidung des Rentenversicherungsträgers über das Rentensplitting unter Ehegatten eintritt.

(3) Überlebende Ehegatten, die wieder geheiratet haben, haben unter den sonstigen Voraussetzungen der Absätze 1 bis 2b Anspruch auf kleine oder große Witwenrente oder Witwerrente, wenn die erneute Ehe aufgelöst oder für nichtig erklärt ist (Witwenrente oder Witwerrente nach dem vorletzten Ehegatten).

§ 47 Erziehungsrente

(1) Versicherte haben bis zur Vollendung des 65. Lebensjahres Anspruch auf Erziehungsrente, wenn

1. ihre Ehe nach dem 30. Juni 1977 geschieden und ihr geschiedener Ehegatte gestorben ist,
2. sie ein eigenes Kind oder ein Kind des geschiedenen Ehegatten erziehen (§ 46 Abs. 2),
3. sie nicht wieder geheiratet haben und
4. sie bis zum Tod des geschiedenen Ehegatten die allgemeine Wartezeit erfüllt haben.

(2) Geschiedenen Ehegatten stehen Ehegatten gleich, deren Ehe für nichtig erklärt oder aufgehoben ist.

(3) Anspruch auf Erziehungsrente besteht bis zur Vollendung des 65. Lebensjahres auch für verwitwete Ehegatten, für die ein Rentensplitting unter Ehegatten durchgeführt wurde, wenn

1. sie ein eigenes Kind oder ein Kind des verstorbenen Ehegatten erziehen (§ 46 Abs. 2),
2. sie nicht wieder geheiratet haben und
3. sie bis zum Tod des Ehegatten die allgemeine Wartezeit erfüllt haben.

Anhang: Gesetzestexte

§ 48 Waisenrente
(1) Kinder haben nach dem Tod eines Elternteils Anspruch auf Halbwaisenrente, wenn

1. sie noch einen Elternteil haben, der unbeschadet der wirtschaftlichen Verhältnisse unterhaltspflichtig ist, und
2. der verstorbene Elternteil die allgemeine Wartezeit erfüllt hat.

(2) Kinder haben nach dem Tod eines Elternteils Anspruch auf Vollwaisenrente, wenn

1. sie einen Elternteil nicht mehr haben, der unbeschadet der wirtschaftlichen Verhältnisse unterhaltspflichtig war, und
2. der verstorbene Elternteil die allgemeine Wartezeit erfüllt hat.

(3) Als Kinder werden auch berücksichtigt:

1. Stiefkinder und Pflegekinder (§ 56 Abs. 2 Nr. 1 und 2 Erstes Buch), die in den Haushalt des Verstorbenen aufgenommen waren,
2. Enkel und Geschwister, die in den Haushalt des Verstorbenen aufgenommen waren oder von ihm überwiegend unterhalten wurden.

(4) Der Anspruch auf Halb- oder Vollwaisenrente besteht längstens

1. bis zur Vollendung des 18. Lebensjahres oder
2. bis zur Vollendung des 27. Lebensjahres, wenn die Waise
   a) sich in Schulausbildung oder Berufsausbildung befindet oder ein freiwilliges soziales Jahr im Sinne des Gesetzes zur Förderung eines freiwilligen sozialen Jahres oder ein freiwilliges ökologisches Jahr im Sinne des Gesetzes zur Förderung eines freiwilligen ökologischen Jahres leistet oder
   b) wegen körperlicher, geistiger oder seelischer Behinderung außerstande ist, sich selbst zu unterhalten.

(5) In den Fällen des Absatzes 4 Nr. 2 Buchstabe a erhöht sich die für den Anspruch auf Waisenrente maßgebende Altersbegrenzung bei Unterbrechung oder Verzögerung der Schulausbildung oder Berufsausbildung durch den gesetzlichen Wehrdienst, Zivildienst oder einen gleichgestellten Dienst um die Zeit dieser Dienstleistung, höchstens um einer der Dauer des gesetzlichen Grundwehrdienstes oder Zivildienstes entsprechenden Zeitraum.

(6) Der Anspruch auf Waisenrente endet nicht dadurch, dass die Waise als Kind angenommen wird.

§ 50 Wartezeiten
(1) Die Erfüllung der allgemeinen Wartezeit von fünf Jahren ist Voraussetzung für einen Anspruch auf

1. Regelaltersrente,
2. Rente wegen verminderter Erwerbsfähigkeit und
3. Rente wegen Todes.

Die allgemeine Wartezeit gilt als erfüllt für einen Anspruch auf

1. Regelaltersrente, wenn der Versicherte bis zur Vollendung des 65. Lebensjahres eine Rente wegen verminderter Erwerbsfähigkeit oder eine Erziehungsrente bezogen hat,
2. Hinterbliebenenrente, wenn der verstorbene Versicherte bis zum Tod eine Rente bezogen hat.

(2) Die Erfüllung der Wartezeit von 20 Jahren ist Voraussetzung für einen Anspruch auf Rente wegen voller Erwerbsminderung an Versicherte, die die allgemeine Wartezeit vor Eintritt der vollen Erwerbsminderung nicht erfüllt haben.

(3) Die Erfüllung der Wartezeit von 25 Jahren ist Voraussetzung für einen Anspruch auf

1. Altersrente für langjährig unter Tage beschäftigte Bergleute und
2. Rente für Bergleute vom 50. Lebensjahr an.

(4) Die Erfüllung der Wartezeit von 35 Jahren ist Voraussetzung für einen Anspruch auf

1. Altersrente für langjährig Versicherte und
2. Altersrente für schwerbehinderte Menschen.

§ 51 Anrechenbare Zeiten

(1) Auf die allgemeine Wartezeit und auf die Wartezeit von 20 Jahren werden Kalendermonate mit Beitragszeiten angerechnet.

(2) Auf die Wartezeit von 25 Jahren werden Kalendermonate mit Beitragszeiten aufgrund einer Beschäftigung mit ständigen Arbeiten unter Tage angerechnet.

(3) Auf die Wartezeit von 35 Jahren werden alle Kalendermonate mit rentenrechtlichen Zeiten angerechnet.

(4) Auf die Wartezeiten werden auch Kalendermonate mit Ersatzzeiten (Fünftes Kapitel) angerechnet.

§ 52 Wartezeiterfüllung durch Versorgungsausgleich, Rentensplitting unter Ehegatten und Zuschläge an Entgeltpunkten für Arbeitsentgelt aus geringfügiger versicherungsfreier Beschäftigung

(1) Ist zugunsten von Versicherten ein Versorgungsausgleich durchgeführt, wird auf die Wartezeit die volle Anzahl an Monaten angerechnet, die sich ergibt, wenn die Entgeltpunkte für übertragene oder begründete Rentenanwartschaften in der Rentenversicherung der Arbeiter und der Angestellten durch die Zahl 0,0313 und in der knappschaftlichen Rentenversicherung durch die Zahl 0,0234 geteilt werden. Die Anrechnung erfolgt nur insoweit, als die in die Ehezeit fallenden Kalendermonate nicht bereits auf die Wartezeit anzurechnen sind.

(1a) Ist ein Rentensplitting unter Ehegatten durchgeführt, wird dem Ehegatten, der einen Splittingzuwachs erhalten hat, auf die Wartezeit die volle Anzahl an Monaten angerechnet, die sich ergibt, wenn die Entgeltpunkte aus dem Splittingzuwachs durch die Zahl 0,0313 geteilt werden. Die Anrechnung erfolgt nur insoweit, als die in die Splittingzeit fallenden Kalendermonate nicht bereits auf die Wartezeit anzurechnen sind.

(2) Sind Zuschläge an Entgeltpunkten für Arbeitsentgelt aus geringfügiger versicherungsfreier Beschäftigung ermittelt, wird auf die Wartezeit die volle Anzahl an Monaten angerechnet, die sich ergibt, wenn die Zuschläge an Entgeltpunkten durch die Zahl 0,0313 geteilt wird. Zuschläge an Entgeltpunkten aus einer geringfügigen versicherungsfreien Beschäftigung, die in Kalendermonaten ausgeübt wurde, die bereits auf die Wartezeit anzurechnen sind, bleiben unberücksichtigt. Wartezeitmonate für in die Ehezeit oder Splittingzeit fallende Kalendermonate einer geringfügigen versicherungsfreien Beschäftigung sind vor Anwendung von Absatz 1 oder 1a gesondert zu ermitteln.

§ 53 Vorzeitige Wartezeiterfüllung

(1) Die allgemeine Wartezeit ist vorzeitig erfüllt, wenn Versicherte

1. wegen eines Arbeitsunfalls oder einer Berufskrankheit,
2. wegen einer Wehrdienstbeschädigung nach dem Soldatenversorgungsgesetz als Wehrdienstleistende oder Soldaten auf Zeit,
3. wegen einer Zivildienstbeschädigung nach dem Zivildienstgesetz als Zivildienstleistende oder

Anhang: Gesetzestexte

4. wegen eines Gewahrsams (§ 1 Häftlingshilfegesetz)

vermindert erwerbsfähig geworden oder gestorben sind. Satz 1 Nr. 1 findet nur Anwendung für Versicherte, die bei Eintritt des Arbeitsunfalls oder der Berufskrankheit versicherungspflichtig waren oder in den letzten zwei Jahren davor mindestens ein Jahr Pflichtbeiträge für eine versicherte Beschäftigung oder Tätigkeit haben. Die Sätze 1 und 2 finden für die Rente für Bergleute nur Anwendung, wenn der Versicherte vor Eintritt der im Bergbau verminderten Berufsfähigkeit zuletzt in der knappschaftlichen Rentenversicherung versichert war.

(2) Die allgemeine Wartezeit ist auch vorzeitig erfüllt, wenn Versicherte vor Ablauf von sechs Jahren nach Beendigung einer Ausbildung voll erwerbsgemindert geworden oder gestorben sind und in den letzten zwei Jahren vorher mindestens ein Jahr Pflichtbeiträge für eine versicherte Beschäftigung oder Tätigkeit haben. Der Zeitraum von zwei Jahren vor Eintritt der vollen Erwerbsminderung oder des Todes verlängert sich um Zeiten einer schulischen Ausbildung nach Vollendung des 17. Lebensjahres bis zu sieben Jahren.

(3) Pflichtbeiträge für eine versicherte Beschäftigung oder Tätigkeit im Sinne der Absätze 1 und 2 liegen auch vor, wenn

1. freiwillige Beiträge gezahlt worden sind, die als Pflichtbeiträge gelten, oder
2. Pflichtbeiträge aus den in § 3 oder 4 genannten Gründen gezahlt worden sind oder als gezahlt gelten oder
3. für Anrechnungszeiten Beiträge gezahlt worden sind, die ein Leistungsträger mitgetragen hat.

§ 54 Begriffsbestimmungen
(1) Rentenrechtliche Zeiten sind

1. Beitragszeiten,
   a) als Zeiten mit vollwertigen Beiträgen,
   b) als beitragsgeminderte Zeiten,
2. beitragsfreie Zeiten und
3. Berücksichtigungszeiten.

(2) Zeiten mit vollwertigen Beiträgen sind Kalendermonate, die mit Beiträgen belegt und nicht beitragsgeminderte Zeiten sind.

(3) Beitragsgeminderte Zeiten sind Kalendermonate, die sowohl mit Beitragszeiten als auch Anrechnungszeiten, einer Zurechnungszeit oder Ersatzzeiten (Fünftes Kapitel) belegt sind. Als beitragsgeminderte Zeiten gelten Kalendermonate mit Pflichtbeiträgen für eine Berufsausbildung (Zeiten einer beruflichen Ausbildung). Als solche gelten stets die ersten 36 Kalendermonate mit Pflichtbeiträgen für Zeiten einer versicherten Beschäftigung oder selbständigen Tätigkeit bis zur Vollendung des 25. Lebensjahres. Auf die ersten 36 Kalendermonate werden die im Fünften Kapitel geregelten Anrechnungszeiten wegen einer Lehre angerechnet.

(4) Beitragsfreie Zeiten sind Kalendermonate, die mit Anrechnungszeiten, mit einer Zurechnungszeit oder mit Ersatzzeiten belegt sind, wenn für sie nicht auch Beiträge gezahlt worden sind

§ 55 Beitragszeiten
(1) Beitragszeiten sind Zeiten, für die nach Bundesrecht Pflichtbeiträge (Pflichtbeitragszeiten) oder freiwillige Beiträge gezahlt worden sind. Pflichtbeitragszeiten sind auch Zeiten, für die Pflichtbeiträge nach besonderen Vorschriften als gezahlt gelten. Als Beitragszeiten gelten auch Zeiten, für die Entgeltpunkte gutgeschrieben worden sind, weil gleichzeitig Berücksichtigungszeiten wegen Kindererziehung oder Zeiten der Pflege eines pflegebedürftigen Kindes für mehrere Kinder vorliegen.

(2) Soweit ein Anspruch auf Rente eine bestimmte Anzahl an Pflichtbeiträgen für eine versicherte Beschäftigung oder Tätigkeit voraussetzt, zählen hierzu auch

1. freiwillige Beiträge, die als Pflichtbeiträge gelten, oder
2. Pflichtbeiträge, für die aus den in § 3 oder 4 genannten Gründen Beiträge gezahlt worden sind oder als gezahlt gelten, oder
3. Beiträge für Anrechnungszeiten, die ein Leistungsträger mitgetragen hat.

§ 56 Kindererziehungszeiten

(1) Kindererziehungszeiten sind Zeiten der Erziehung eines Kindes in dessen ersten drei Lebensjahren. Für einen Elternteil (§ 56 Abs. 1 Satz 1 Nr. 3 und Abs. 3 Nr. 2 und 3 Erstes Buch) wird eine Kindererziehungszeit angerechnet, wenn

1. die Erziehungszeit diesem Elternteil zuzuordnen ist,
2. die Erziehung im Gebiet der Bundesrepublik Deutschland erfolgt ist oder einer solchen gleichsteht und
3. der Elternteil nicht von der Anrechnung ausgeschlossen ist.

(2) Eine Erziehungszeit ist dem Elternteil zuzuordnen, der sein Kind erzogen hat. Haben mehrere Elternteile das Kind gemeinsam erzogen, wird die Erziehungszeit einem Elternteil zugeordnet. Haben die Eltern ihr Kind gemeinsam erzogen, können sie durch eine übereinstimmende Erklärung bestimmen, welchem Elternteil sie zuzuordnen ist. Die Zuordnung kann auf einen Teil der Erziehungszeit beschränkt werden. Die übereinstimmende Erklärung der Eltern ist mit Wirkung für künftige Kalendermonate abzugeben. Die Zuordnung kann rückwirkend für bis zu zwei Kalendermonate vor Abgabe der Erklärung erfolgen, es sei denn, für einen Elternteil ist unter Berücksichtigung dieser Zeiten eine Leistung bindend festgestellt oder eine rechtskräftige Entscheidung über einen Versorgungsausgleich durchgeführt. Für die Abgabe der Erklärung gilt § 16 des Ersten Buches über die Antragstellung entsprechend. Haben die Eltern eine übereinstimmende Erklärung nicht abgegeben, ist die Erziehungszeit der Mutter zuzuordnen. Haben mehrere Elternteile das Kind erzogen, ist die Erziehungszeit demjenigen zuzuordnen, der das Kind überwiegend erzogen hat, soweit sich aus Satz 3 nicht etwas anderes ergibt.

(3) Eine Erziehung ist im Gebiet der Bundesrepublik Deutschland erfolgt, wenn der erziehende Elternteil sich mit dem Kind dort gewöhnlich aufgehalten hat. Einer Erziehung im Gebiet der Bundesrepublik Deutschland steht gleich, wenn der erziehende Elternteil sich mit seinem Kind im Ausland gewöhnlich aufgehalten hat und während der Erziehung oder unmittelbar vor der Geburt des Kindes wegen einer dort ausgeübten Beschäftigung oder selbständigen Tätigkeit Pflichtbeitragszeiten hat. Dies gilt bei einem gemeinsamen Aufenthalt von Ehegatten im Ausland auch, wenn der Ehegatte des erziehenden Elternteils solche Pflichtbeitragszeiten hat oder nur deshalb nicht hat, weil er zu den in § 5 Abs. 1 und 4 genannten Personen gehörte oder von der Versicherungspflicht befreit war.

(4) Elternteile sind von der Anrechnung ausgeschlossen, wenn sie

1. während der Erziehungszeit oder unmittelbar vor der Geburt des Kindes eine Beschäftigung oder selbständige Tätigkeit im Gebiet der Bundesrepublik Deutschland ausgeübt haben, die aufgrund
    a) einer zeitlich begrenzten Entsendung in dieses Gebiet (§ 5 Viertes Buch) oder
    b) einer Regelung des zwischen- oder überstaatlichen Rechts oder einer für Bedienstete internationaler Organisationen getroffenen Regelung (§ 6 Viertes Buch) den Vorschriften über die Versicherungspflicht nicht unterliegt,
2. während der Erziehungszeit zu den in § 5 Abs. 1 und 4 genannten Personen gehören, eine Teilrente wegen Alters beziehen oder von der Versicherungspflicht befreit waren und nach dieser Zeit nicht nachversichert worden sind oder

Anhang: Gesetzestexte

3. während der Erziehungszeit Abgeordnete, Minister oder Parlamentarische Staatssekretäre waren und nicht ohne Anspruch auf Versorgung ausgeschieden sind.

(5) Die Kindererziehungszeit beginnt nach Ablauf des Monats der Geburt und endet nach 36 Kalendermonaten. Wird während dieses Zeitraums vom erziehenden Elternteil ein weiteres Kind erzogen, für das ihm eine Kindererziehungszeit anzurechnen ist, wird die Kindererziehungszeit für dieses und jedes weitere Kind um die Anzahl an Kalendermonaten der gleichzeitigen Erziehung verlängert.

§ 57 Berücksichtigungszeiten

Die Zeit der Erziehung eines Kindes bis zu dessen vollendetem zehnten Lebensjahr ist bei einem Elternteil eine Berücksichtigungszeit, soweit die Voraussetzungen für die Anrechnung einer Kindererziehungszeit auch in dieser Zeit vorliegen. Dies gilt für Zeiten einer mehr als geringfügig ausgeübten selbständigen Tätigkeit nur, soweit diese Zeiten auch Pflichtbeitragszeiten sind.

§ 58 Anrechnungszeiten

(1) Anrechnungszeiten sind Zeiten, in denen Versicherte

1. wegen Krankheit arbeitsunfähig gewesen sind oder Leistungen zur medizinischen Rehabilitation oder zur Teilhabe am Arbeitsleben erhalten haben,
1a. nach dem vollendeten 17. und vor dem vollendeten 25. Lebensjahr mindestens einen Kalendermonat krank gewesen sind, soweit die Zeiten nicht mit anderen rentenrechtlichen Zeiten belegt sind,
2. wegen Schwangerschaft oder Mutterschaft während der Schutzfristen nach dem Mutterschutzgesetz eine versicherte Beschäftigung oder selbständige Tätigkeit nicht ausgeübt haben,
3. wegen Arbeitslosigkeit bei einer deutschen Agentur für Arbeit als Arbeitsuchende gemeldet waren und eine öffentlich-rechtliche Leistung bezogen oder nur wegen des zu berücksichtigenden Einkommens oder Vermögens nicht bezogen haben,
3a. bei einer deutschen Agentur für Arbeit als Ausbildungsuchende gemeldet waren,
4. nach dem vollendeten 17. Lebensjahr eine Schule, Fachschule oder Hochschule besucht oder an einer berufsvorbereitenden Bildungsmaßnahme teilgenommen haben (Zeiten einer schulischen Ausbildung), insgesamt jedoch höchstens bis zu acht Jahren, oder
5. eine Rente bezogen haben, soweit diese Zeiten auch als Zurechnungszeit in der Rente berücksichtigt waren, und die vor dem Beginn dieser Rente liegende Zurechnungszeit.

Berufsvorbereitende Bildungsmaßnahmen sind alle beruflichen Bildungsmaßnahmen, die auf die Aufnahme einer Berufsausbildung vorbereiten oder der beruflichen Eingliederung dienen, sowie Vorbereitungslehrgänge zum nachträglichen Erwerb des Hauptschulabschlusses und allgemeinbildende Kurse zum Abbau von schwerwiegenden beruflichen Bildungsdefiziten. Zeiten, in denen Versicherte nach Vollendung des 25. Lebensjahres wegen des Bezugs von Sozialleistungen versicherungspflichtig waren, sind nicht Anrechnungszeiten.

(2) Anrechnungszeiten nach Absatz 1 Satz 1 Nr. 1 und 2 bis 3a liegen nur vor, wenn dadurch eine versicherte Beschäftigung oder selbständige Tätigkeit oder ein versicherter Wehrdienst oder Zivildienst unterbrochen ist; dies gilt nicht für Zeiten nach Vollendung des 17. und vor Vollendung des 25. Lebensjahres. Eine selbständige Tätigkeit ist nur dann unterbrochen, wenn sie ohne die Mitarbeit des Versicherten nicht weiter ausgeübt werden kann.

(3) Anrechnungszeiten wegen Arbeitsunfähigkeit oder der Ausführung der Leistungen zur medizinischen Rehabilitation oder zur Teilhabe am Arbeitsleben liegen bei Versicherten, die nach § 4 Abs. 3 Satz 1 Nr. 2 versicherungspflichtig werden konnten, erst nach Ablauf der auf Antrag begründeten Versicherungspflicht vor.

(4) Anrechnungszeiten liegen bei Beziehern von Arbeitslosengeld, Arbeitslosenhilfe, Unterhaltsgeld oder Übergangsgeld nicht vor, wenn die Bundesagentur für Arbeit für sie Beiträge an eine Versicherungseinrichtung oder Versorgungseinrichtung, an ein Versicherungsunternehmen oder an sie selbst gezahlt hat.

(4a) Zeiten der schulischen Ausbildung neben einer versicherten Beschäftigung oder Tätigkeit sind nur Anrechnungszeiten wegen schulischer Ausbildung, wenn der Zeitaufwand für die schulische Ausbildung unter Berücksichtigung des Zeitaufwands für die Beschäftigung oder Tätigkeit überwiegt.

(5) Anrechnungszeiten sind nicht für die Zeit der Leistung einer Vollrente wegen Alters zu berücksichtigen

§ 59 Zurechnungszeit

(1) Zurechnungszeit ist die Zeit, die bei einer Rente wegen Erwerbsminderung oder einer Rente wegen Todes hinzugerechnet wird, wenn der Versicherte das 60. Lebensjahr noch nicht vollendet hat.

(2) Die Zurechnungszeit beginnt

1. bei einer Rente wegen Erwerbsminderung mit dem Eintritt der hierfür maßgebenden Erwerbsminderung,
2. bei einer Rente wegen voller Erwerbsminderung, auf die erst nach Erfüllung einer Wartezeit von 20 Jahren ein Anspruch besteht, mit Beginn dieser Rente,
3. bei einer Witwenrente, Witwerrente oder Waisenrente mit dem Tod des Versicherten und
4. bei einer Erziehungsrente mit Beginn dieser Rente.

Die Zurechnungszeit endet mit Vollendung des 60. Lebensjahres.

§ 63 Grundsätze

(1) Die Höhe einer Rente richtet sich vor allem nach der Höhe der während des Versicherungslebens durch Beiträge versicherten Arbeitsentgelte und Arbeitseinkommen.

(2) Das in den einzelnen Kalenderjahren durch Beiträge versicherte Arbeitsentgelt und Arbeitseinkommen wird in Entgeltpunkte umgerechnet. Die Versicherung eines Arbeitsentgelts oder Arbeitseinkommens in Höhe des Durchschnittsentgelts eines Kalenderjahres (Anlage 1) ergibt einen vollen Entgeltpunkt.

(3) Für beitragsfreie Zeiten werden Entgeltpunkte angerechnet, deren Höhe von der Höhe der in der Übrigen Zeit versicherten Arbeitsentgelte und Arbeitseinkommen abhängig ist.

(4) Das Sicherungsziel der jeweiligen Rentenart im Verhältnis zu einer Altersrente wird durch den Rentenartfaktor bestimmt.

(5) Vorteile und Nachteile einer unterschiedlichen Rentenbezugsdauer werden durch einen Zugangsfaktor vermieden.

(6) Der Monatsbetrag einer Rente ergibt sich, indem die unter Berücksichtigung des Zugangsfaktors ermittelten persönlichen Entgeltpunkte mit dem Rentenartfaktor und dem aktuellen Rentenwert vervielfältigt werden.

(7) Der aktuelle Rentenwert wird entsprechend der Entwicklung des Durchschnittsentgelts unter Berücksichtigung der Veränderung des Beitragssatzes zur Rentenversicherung der Arbeiter und der Angestellten jährlich angepasst.

Anhang: Gesetzestexte

§ 64 Rentenformel für Monatsbetrag der Rente
Der Monatsbetrag der Rente ergibt sich, wenn

1. die unter Berücksichtigung des Zugangsfaktors ermittelten persönlichen Entgeltpunkte,
2. der Rentenartfaktor und
3. der aktuelle Rentenwert mit ihrem Wert bei Rentenbeginn miteinander vervielfältigt werden.

§ 65 Anpassung der Renten
Zum 1. Juli eines jeden Jahres werden die Renten angepasst, indem der bisherige aktuelle Rentenwert durch den neuen aktuellen Rentenwert ersetzt wird.

§ 66 Persönliche Entgeltpunkte
(1) Die persönlichen Entgeltpunkte für die Ermittlung des Monatsbetrags der Rente ergeben sich, indem die Summe aller Entgeltpunkte für

1. Beitragszeiten,
2. beitragsfreie Zeiten,
3. Zuschläge für beitragsgeminderte Zeiten,
4. Zuschläge oder Abschläge aus einem durchgeführten Versorgungsausgleich oder Rentensplitting unter Ehegatten,
5. Zuschläge aus Zahlung von Beiträgen bei vorzeitiger Inanspruchnahme einer Rente wegen Alters oder bei Abfindung von Anwartschaften auf betriebliche Altersversorgung,
6. Zuschläge an Entgeltpunkten für Arbeitsentgelt aus geringfügiger versicherungsfreier Beschäftigung und
7. Arbeitsentgelt aus nicht gemäß einer Vereinbarung über flexible Arbeitszeitregelungen verwendeten Wertguthaben

mit dem Zugangsfaktor vervielfältigt und bei Witwenrenten und Witwerrenten sowie bei Waisenrenten um einen Zuschlag erhöht wird.

(2) Grundlage für die Ermittlung der persönlichen Entgeltpunkte sind die Entgeltpunkte

1. des Versicherten bei einer Rente wegen Alters, wegen verminderter Erwerbsfähigkeit und bei einer Erziehungsrente,
2. des verstorbenen Versicherten bei einer Witwenrente, Witwerrente und Halbwaisenrente,
3. der zwei verstorbenen Versicherten mit den höchsten Renten bei einer Vollwaisenrente.

(3) Grundlage für die Ermittlung der persönlichen Entgeltpunkte einer Teilrente ist die Summe aller Entgeltpunkte, die der ersten Rente wegen Alters zugrunde liegt. Der Monatsbetrag einer Teilrente wird aus dem Teil der Summe aller Entgeltpunkte ermittelt, der dem Anteil der Teilrente an der Vollrente entspricht.

(4) Der Monatsbetrag einer nur teilweise zu leistenden Rente wegen verminderter Erwerbsfähigkeit wird aus dem Teil der Summe aller Entgeltpunkte ermittelt, der dem Anteil der teilweise zu leistenden Rente an der jeweiligen Rente in voller Höhe entspricht.

§ 67 Rentenartfaktor
Der Rentenartfaktor beträgt für persönliche Entgeltpunkte bei

1. Renten wegen Alters   1,0
2. Renten wegen teilweiser Erwerbsminderung   0,5
3. Renten wegen voller Erwerbsminderung   1,0
4. Erziehungsrenten   1,0
5. kleinen Witwenrenten und kleinen Witwerrenten bis zum Ende des dritten Kalendermonats nach Ablauf des Monats, in dem der Ehegatte verstorben ist,   1,0
    anschließend   0,25

6 großen Witwenrenten und großen Witwerrenten bis zum Ende des dritten Kalendermonats nach Ablauf des Monats, in dem der Ehegatte verstorben ist, 1,0
   anschließend 0,55
7. Halbwaisenrenten 0,1
8. Vollwaisenrenten 0,2.

§ 68 Aktueller Rentenwert

(1) Der aktuelle Rentenwert ist der Betrag, der einer monatlichen Rente wegen Alters der Rentenversicherung der Arbeiter und der Angestellten entspricht, wenn für ein Kalenderjahr Beiträge aufgrund des Durchschnittsentgelts gezahlt worden sind. Am 30. Juni 2001 beträgt der aktuelle Rentenwert 48,58 Deutsche Mark. Er verändert sich zum 1. Juli eines jeden Jahres, indem der bisherige aktuelle Rentenwert mit den Faktoren für die Veränderung

1. der Bruttolohn- und -gehaltssumme je durchschnittlich beschäftigten Arbeitnehmer und
2. des Beitragssatzes zur Rentenversicherung der Arbeiter und der Angestellten vervielfältigt wird.

(2) Der Faktor für die Veränderung der Bruttolohn- und -gehaltssumme je durchschnittlich beschäftigten Arbeitnehmer wird ermittelt, indem deren Wert für das vergangene Kalenderjahr durch den Wert für das vorvergangene Kalenderjahr geteilt wird.

(3) Der Faktor, der sich aus der für die Veränderung des Beitragssatzes zur Rentenversicherung der Arbeiter und der Angestellten ergibt, wird ermittelt, indem

1. der durchschnittliche Beitragssatz in der Rentenversicherung der Arbeiter und der Angestellten des vergangenen Kalenderjahres von der Differenz aus 90 vom Hundert und dem Altersvorsorgeanteil für das Jahr 2009 subtrahiert wird,
2. der durchschnittliche Beitragssatz in der Rentenversicherung der Arbeiter und der Angestellten für das vorvergangene Kalenderjahr von der Differenz aus 90 vom Hundert und dem Altersvorsorgeanteil für das Jahr 2009 subtrahiert wird,

und anschließend der nach Nummer 1 ermittelte Wert durch den nach Nummer 2 ermittelten Wert geteilt wird.

(4) Altersvorsorgeanteil für das Jahr 2009 ist der Wert, der im Fünften Kapitel für das Jahr 2009 als Altersvorsorgeanteil bestimmt worden ist.

(5) Der nach den Absätzen 1 bis 4 anstelle des bisherigen aktuellen Rentenwerts zu bestimmende neue aktuelle Rentenwert wird nach folgender Formel ermittelt:

$$AR_t = AR_{t-1} \times \frac{BE_{t-1}}{BE_{t-2}} \times \frac{90 \text{ vom Hundert} - AVA_{2009} - RVB_{t-1}}{90 \text{ vom Hundert} - AVA_{2009} - RVB_{t-2}}$$

Dabei sind:

AR_t = zu bestimmender aktueller Rentenwert, AR_{t-1} = bisheriger aktueller Rentenwert, BE_{t-1} = Bruttolohn- und -gehaltssumme je durchschnittlich beschäftigten Arbeitnehmer im vergangenen Kalenderjahr, BE_{t-2} = Bruttolohn- und -gehaltssumme je durchschnittlich beschäftigten Arbeitnehmer im vorvergangenen Kalenderjahr, AVA_{2009} = Altersvorsorgeanteil für das Jahr 2009 in Höhe von 4 vom Hundert, RVB_{t-1} = durchschnittlicher Beitragssatz in der Rentenversicherung der Arbeiter und der Angestellten im vergangenen Kalenderjahr, RVB_{t-2} = durchschnittlicher Beitragssatz in der Rentenversicherung der Arbeiter und der Angestellten im vorvergangenen Kalenderjahr.

(6) Bei der Bestimmung des neuen aktuellen Rentenwerts sind für das vergangene Kalenderjahr die dem Statistischen Bundesamt zu Beginn des Kalenderjahres vorliegenden Daten zur Bruttolohn-

Anhang: Gesetzestexte

und -gehaltssumme je durchschnittlich beschäftigten Arbeitnehmer und für das vorvergangene Kalenderjahr die bei der Bestimmung des bisherigen aktuellen Rentenwerts verwendeten Daten zur Bruttolohn- und -gehaltssumme je durchschnittlich beschäftigten Arbeitnehmer nach der Volkswirtschaftlichen Gesamtrechnung zugrunde zu legen.

§ 70 Entgeltpunkte für Beitragszeiten

(1) Für Beitragszeiten werden Entgeltpunkte ermittelt, indem die Beitragsbemessungsgrundlage durch das Durchschnittsentgelt (Anlage 1) für dasselbe Kalenderjahr geteilt wird. Für das Kalenderjahr des Rentenbeginns und für das davor liegende Kalenderjahr wird als Durchschnittsentgelt der Betrag zugrunde gelegt, der für diese Kalenderjahre vorläufig bestimmt ist.

(2) Kindererziehungszeiten erhalten für jeden Kalendermonat 0,0833 Entgeltpunkte (Entgeltpunkte für Kindererziehungszeiten). Entgeltpunkte für Kindererziehungszeiten sind auch Entgeltpunkte, die für Kindererziehungszeiten mit sonstigen Beitragszeiten ermittelt werden, indem die Entgeltpunkte für sonstige Beitragszeiten um 0,0833 erhöht werden, höchstens um die Entgeltpunkte bis zum Erreichen der jeweiligen Höchstwerte nach Anlage 2b.

(3) Aus der Zahlung von Beiträgen für Arbeitsentgelt aus nicht gemäß einer Vereinbarung über flexible Arbeitszeitregelungen verwendeten Wertguthaben werden zusätzliche Entgeltpunkte ermittelt, indem dieses Arbeitsentgelt durch das vorläufige Durchschnittsentgelt (Anlage 1) für das Kalenderjahr geteilt wird, dem das Arbeitsentgelt zugeordnet ist. Die so ermittelten Entgeltpunkte gelten als Entgeltpunkte für Zeiten mit vollwertigen Pflichtbeiträgen nach dem 31. Dezember 1991.

(3a) Sind mindestens 25 Jahre mit rentenrechtlichen Zeiten vorhanden, werden für nach dem Jahr 1991 liegende Kalendermonate mit Berücksichtigungszeiten wegen Kindererziehung oder mit Zeiten der nicht erwerbsmäßigen Pflege eines pflegebedürftigen Kindes bis zur Vollendung des 18. Lebensjahres Entgeltpunkte zusätzlich ermittelt oder gutgeschrieben. Diese betragen für jeden Kalendermonat

a) mit Pflichtbeiträgen die Hälfte der hierfür ermittelten Entgeltpunkte, höchstens 0,0278 an zusätzlichen Entgeltpunkten,
b) in dem für den Versicherten Berücksichtigungszeiten wegen Kindererziehung oder Zeiten der Pflege eines pflegebedürftigen Kindes für ein Kind mit entsprechenden Zeiten für ein anderes Kind zusammentreffen, 0,0278 an gutgeschriebenen Entgeltpunkten, abzüglich des Wertes der zusätzlichen Entgeltpunkte nach Buchstabe a.

Die Summe der zusätzlich ermittelten und gutgeschriebenen Entgeltpunkte ist zusammen mit den für Beitragszeiten und Kindererziehungszeiten ermittelten Entgeltpunkten auf einen Wert von höchstens 0,0833 Entgeltpunkte begrenzt.

(4) Ist für eine Rente wegen Alters eine beitragspflichtige Einnahme im Voraus bescheinigt worden (§ 194), sind für diese Rente Entgeltpunkte daraus wie aus der Beitragsbemessungsgrundlage zu ermitteln. Weicht die tatsächlich erzielte beitragspflichtige Einnahme von der vorausbescheinigten ab, bleibt sie für diese Rente außer Betracht.

(5) Für Zeiten, für die Beiträge aufgrund der Vorschriften des Vierten Kapitels über die Nachzahlung gezahlt worden sind, werden Entgeltpunkte ermittelt, indem die Beitragsbemessungsgrundlage durch das Durchschnittsentgelt des Jahres geteilt wird, in dem die Beiträge gezahlt worden sind.

§ 72 Grundbewertung

(1) Bei der Grundbewertung werden für jeden Kalendermonat Entgeltpunkte in der Höhe zugrunde gelegt, die sich ergibt, wenn die Summe der Entgeltpunkte für Beitragszeiten und Berücksichtigungszeiten durch die Anzahl der belegungsfähigen Monate geteilt wird.

(2) Der belegungsfähige Gesamtzeitraum umfasst die Zeit vom vollendeten 17. Lebensjahr bis zum

1. Kalendermonat vor Beginn der zu berechnenden Rente bei einer Rente wegen Alters, bei einer Rente wegen voller Erwerbsminderung, auf die erst nach Erfüllung einer Wartezeit von 20 Jahren ein Anspruch besteht, oder bei einer Erziehungsrente,
2. Eintritt der maßgebenden Minderung der Erwerbsfähigkeit bei einer Rente wegen verminderter Erwerbsfähigkeit,
3. Tod des Versicherten bei einer Hinterbliebenenrente.

Der belegungsfähige Gesamtzeitraum verlängert sich um Kalendermonate mit rentenrechtlichen Zeiten vor Vollendung des 17. Lebensjahres.

(3) Nicht belegungsfähig sind Kalendermonate mit

1. beitragsfreien Zeiten, die nicht auch Berücksichtigungszeiten sind, und
2. Zeiten, in denen eine Rente aus eigener Versicherung bezogen worden ist, die nicht auch Beitragszeiten oder Berücksichtigungszeiten sind.

§ 78a Zuschlag bei Witwenrenten und Witwerrenten

(1) Der Zuschlag an persönlichen Entgeltpunkten bei Witwenrenten und Witwerrenten richtet sich nach der Dauer der Erziehung von Kindern bis zur Vollendung ihres dritten Lebensjahres. Die Dauer ergibt sich aus der Summe der Anzahl an Kalendermonaten mit Berücksichtigungszeiten wegen Kindererziehung, die der Witwe oder dem Witwer zugeordnet worden sind, beginnend nach Ablauf des Monats der Geburt, bei Geburten am Ersten eines Monats jedoch vom Monat der Geburt an. Für die ersten 36 Kalendermonate sind jeweils 0,1010 Entgeltpunkte, für jeden weiteren Kalendermonat 0,0505 Entgeltpunkte zugrunde zu legen. Witwenrenten und Witwerrenten werden nicht um einen Zuschlag erhöht, solange der Rentenartfaktor mindestens 1,0 beträgt.

(2) Sterben Versicherte vor der Vollendung des dritten Lebensjahres des Kindes, wird mindestens der Zeitraum zugrunde gelegt, der im Zeitpunkt des Todes an der Vollendung des dritten Lebensjahres des Kindes fehlt. Sterben Versicherte vor der Geburt des Kindes, werden 36 Kalendermonate zugrunde gelegt, wenn das Kind innerhalb von 300 Tagen nach dem Tod geboren wird. Wird das Kind nach Ablauf dieser Frist geboren, erfolgt der Zuschlag mit Beginn des Monats, der auf den letzten Monat der zu berücksichtigenden Kindererziehung folgt. Die Sätze 1 und 2 gelten nicht, wenn die Witwe oder der Witwer zum Personenkreis des § 56 Abs. 4 gehören.

§ 96a Rente wegen verminderter Erwerbsfähigkeit und Hinzuverdienst

(1) Eine Rente wegen verminderter Erwerbsfähigkeit wird nur geleistet, wenn die Hinzuverdienstgrenze nicht überschritten wird. Sie wird nicht überschritten, wenn das für denselben Zeitraum erzielte Arbeitsentgelt oder Arbeitseinkommen aus einer Beschäftigung oder selbständigen Tätigkeit oder vergleichbares Einkommen die in Absatz 2 genannten, auf einen Monat bezogenen Beträge nicht übersteigt, wobei ein zweimaliges Überschreiten um jeweils einen Betrag bis zur Höhe der Hinzuverdienstgrenze nach Absatz 2 im Laufe eines jeden Kalenderjahres außer Betracht bleibt. Die in Satz 2 genannten Einkünfte werden zusammengerechnet. Nicht als Arbeitsentgelt gilt das Entgelt, das

1. eine Pflegeperson von dem Pflegebedürftigen erhält, wenn es das dem Umfang der Pflegetätigkeit entsprechende Pflegegeld im Sinne des § 37 des Elften Buches nicht übersteigt, oder
2. ein behinderter Mensch von dem Träger einer in § 1 Satz 1 Nr. 2 genannten Einrichtung erhält.

(1a) Abhängig vom erzielten Hinzuverdienst wird

1. eine Rente wegen teilweiser Erwerbsminderung in voller Höhe oder in Höhe der Hälfte,
2. eine Rente wegen voller Erwerbsminderung in voller Höhe, in Höhe von drei Vierteln, in Höhe der Hälfte oder in Höhe eines Viertels,

Anhang: Gesetzestexte

    3. eine Rente für Bergleute in voller Höhe, in Höhe von zwei Dritteln oder in Höhe von einem Drittel geleistet.

(2) Die Hinzuverdienstgrenze beträgt

1. bei einer Rente wegen teilweiser Erwerbsminderung
   a) in voller Höhe das 20,7fache,
   b) in Höhe der Hälfte das 25,8fache des aktuellen Rentenwerts (§ 68), vervielfältigt mit der Summe der Entgeltpunkte (§ 66 Abs. 1 Nr. 1 bis 3) der letzten drei Kalenderjahre vor Eintritt der teilweisen Erwerbsminderung, mindestens mit 1,5 Entgeltpunkten,
2. bei einer Rente wegen voller Erwerbsminderung in voller Höhe ein Siebtel der monatlichen Bezugsgröße,
3. bei einer Rente wegen voller Erwerbsminderung

a) in Höhe von drei Vierteln das 15,6fache,
    b) in Höhe der Hälfte das 20,7fache,
        c) in Höhe eines Viertels das 25,8fache des aktuellen Rentenwerts (§ 68), vervielfältigt mit der Summe der Entgeltpunkte (§ 66 Abs. 1 Nr. 1 bis 3) der letzten drei Kalenderjahre vor Eintritt der vollen Erwerbsminderung, mindestens mit 1,5 Entgeltpunkten,
4. bei einer Rente für Bergleute
    a) in voller Höhe das 23,3fache,
    b) in Höhe von zwei Dritteln das 31,1fache,
    c) in Höhe von einem Drittel das 38,9fache des aktuellen Rentenwerts (§ 68), vervielfältigt mit der Summe der Entgeltpunkte (§ 66 Abs. 1 Nr. 1 bis 3) der letzten drei Kalenderjahre vor Eintritt der im Bergbau verminderten Berufsfähigkeit oder der Erfüllung der Voraussetzungen nach § 45 Abs. 3, mindestens mit 1,5 Entgeltpunkten.

(3) Bei der Feststellung eines Hinzuverdienstes, der neben einer Rente wegen teilweiser Erwerbsminderung oder einer Rente für Bergleute erzielt wird, stehen dem Arbeitsentgelt oder Arbeitseinkommen gleich der Bezug von

1. Krankengeld,
   a) das aufgrund einer Arbeitsunfähigkeit geleistet wird, die nach dem Beginn der Rente eingetreten ist, oder
   b) das aufgrund einer stationären Behandlung geleistet wird, die nach dem Beginn der Rente begonnen worden ist,
2. Versorgungskrankengeld,
   a) das aufgrund einer Arbeitsunfähigkeit geleistet wird, die nach dem Beginn der Rente eingetreten ist, oder
   b) das während einer stationären Behandlungsmaßnahme geleistet wird, wenn diesem ein nach Beginn der Rente erzieltes Arbeitsentgelt oder Arbeitseinkommen zugrunde liegt,
3. Übergangsgeld,
   a) dem ein nach Beginn der Rente erzieltes Arbeitsentgelt oder Arbeitseinkommen zugrunde liegt oder
   b) das aus der gesetzlichen Unfallversicherung geleistet wird, und
4. den weiteren in § 18a Abs. 3 Satz 1 Nr. 1 des Vierten Buches genannten Sozialleistungen.

Bei der Feststellung eines Hinzuverdienstes, der neben einer Rente wegen voller Erwerbsminderung erzielt wird, steht dem Arbeitsentgelt oder Arbeitseinkommen das für denselben Zeitraum geleistete

1. Verletztengeld und
2. Übergangsgeld aus der gesetzlichen Unfallversicherung

gleich. Als Hinzuverdienst ist das der Sozialleistung zugrunde liegende monatliche Arbeitsentgelt oder Arbeitseinkommen zu berücksichtigen. Die Sätze 1 und 2 sind auch für eine Sozialleistung anzuwenden, die aus Gründen ruht, die nicht in dem Rentenbezug liegen. Absatz 1 Satz 3 ist nicht für geringfügiges Arbeitsentgelt oder Arbeitseinkommen anzuwenden, soweit dieses auf die sonstige Sozialleistung angerechnet wird.

(4) Absatz 3 wird auch für vergleichbare Leistungen einer Stelle mit Sitz im Ausland angewendet.

§ 97 Einkommensanrechnung auf Renten wegen Todes
(1) Einkommen (§§ 18a bis 18e Viertes Buch) von Berechtigten, das mit einer

1. Witwenrente oder Witwerrente,
2. Erziehungsrente oder
3. Waisenrente an ein über 18 Jahre altes Kind

zusammentrifft, wird hierauf angerechnet. Dies gilt nicht bei Witwenrenten oder Witwerrenten, solange deren Rentenartfaktor mindestens 1,0 beträgt.

(2) Anrechenbar ist das Einkommen, das monatlich

1. bei Witwenrenten, Witwerrenten oder Erziehungsrenten das 26,4fache des aktuellen Rentenwerts,
2. bei Waisenrenten das 17,6fache des aktuellen Rentenwerts

übersteigt. Das nicht anrechenbare Einkommen erhöht sich um das 5,6fache des aktuellen Rentenwerts für jedes Kind des Berechtigten, das Anspruch auf Waisenrente hat oder nur deshalb nicht hat, weil es nicht ein Kind des Verstorbenen ist. Von dem danach verbleibenden anrechenbaren Einkommen werden 40 vom Hundert angerechnet. Führt das Einkommen auch zur Kürzung oder zum Wegfall einer vergleichbaren Rente in einem Staat, in dem die Verordnung (EWG) Nr. 1408/71 Anwendung findet, ist der anrechenbare Betrag mit dem Teil zu berücksichtigen, der dem Verhältnis entspricht, in dem die Entgeltpunkte für Zeiten im Inland zu den Entgeltpunkten für alle im Geltungsbereich dieser Verordnung zurückgelegten Zeiten stehen; dieses Verhältnis bestimmt sich nach der in Artikel 46 Abs. 2 Buchstabe b dieser Verordnung vorgesehenen Berechnung.

(3) Für die Einkommensanrechnung ist bei Anspruch auf mehrere Renten folgende Rangfolge maßgebend:

1. Waisenrente,
2. Witwenrente oder Witwerrente,
3. Witwenrente oder Witwerrente nach dem vorletzten Ehegatten.

Die Einkommensanrechnung auf eine Hinterbliebenenrente aus der Unfallversicherung hat Vorrang vor der Einkommensanrechnung auf eine entsprechende Rente wegen Todes. Das auf eine Hinterbliebenenrente anzurechnende Einkommen mindert sich um den Betrag, der bereits zu einer Einkommensanrechnung auf eine vorrangige Hinterbliebenenrente geführt hat.

(4) Trifft eine Erziehungsrente mit einer Hinterbliebenenrente zusammen, ist der Einkommensanrechnung auf die Hinterbliebenenrente das Einkommen zugrunde zu legen, das sich nach Durchführung der Einkommensanrechnung auf die Erziehungsrente ergibt.

§ 102 Befristung und Tod
(1) Sind Renten befristet, enden sie mit Ablauf der Frist. Dies schließt eine vorherige Änderung oder ein Ende der Rente aus anderen Gründen nicht aus. Renten dürfen nur auf das Ende eines Kalendermonats befristet werden.

(2) Renten wegen verminderter Erwerbsfähigkeit und große Witwenrenten oder große Witwerrenten wegen Minderung der Erwerbsfähigkeit werden auf Zeit geleistet. Die Befristung erfolgt für längstens drei Jahre nach Rentenbeginn. Sie kann wiederholt werden. Renten, auf die ein Anspruch

Anhang: Gesetzestexte

unabhängig von der jeweiligen Arbeitsmarktlage besteht, werden unbefristet geleistet, wenn unwahrscheinlich ist, dass die Minderung der Erwerbsfähigkeit behoben werden kann; hiervon ist nach einer Gesamtdauer der Befristung von neun Jahren auszugehen.

(2a) Werden Leistungen zur medizinischen Rehabilitation oder zur Teilhabe am Arbeitsleben erbracht, ohne dass zum Zeitpunkt der Bewilligung feststeht, wann die Leistung enden wird, kann bestimmt werden, dass Renten wegen verminderter Erwerbsfähigkeit oder große Witwenrenten oder große Witwerrenten wegen Minderung der Erwerbsfähigkeit mit Ablauf des Kalendermonats enden, in dem die Leistung zur medizinischen Rehabilitation oder zur Teilhabe am Arbeitsleben beendet wird.

(3) Große Witwenrenten oder große Witwerrenten wegen Kindererziehung und Erziehungsrenten werden auf das Ende des Kalendermonats befristet, in dem die Kindererziehung voraussichtlich endet. Die Befristung kann wiederholt werden.

(4) Waisenrenten werden auf das Ende des Kalendermonats befristet, in dem voraussichtlich der Anspruch auf die Waisenrente entfällt. Die Befristung kann wiederholt werden.

(5) Renten werden bis zum Ende des Kalendermonats geleistet, in dem die Berechtigten gestorben sind.

§ 109 Renteninformation und Rentenauskunft

(1) Versicherte, die das 27. Lebensjahr vollendet haben, erhalten jährlich eine schriftliche Renteninformation. Nach Vollendung des 54. Lebensjahres wird diese alle drei Jahre durch eine Rentenauskunft ersetzt. Besteht ein berechtigtes Interesse, kann die Rentenauskunft auch jüngeren Versicherten erteilt werden oder in kürzeren Abständen erfolgen.

(2) Die Renteninformation und die Rentenauskunft sind mit dem Hinweis zu versehen, dass sie auf der Grundlage des geltenden Rechts und der im Versicherungskonto gespeicherten rentenrechtlichen Zeiten erstellt sind und damit unter dem Vorbehalt künftiger Rechtsänderungen sowie der Richtigkeit und Vollständigkeit der im Versicherungskonto gespeicherten rentenrechtlichen Zeiten stehen.

(3) Die Renteninformation hat insbesondere zu enthalten:

1. Angaben über die Grundlage der Rentenberechnung,
2. Angaben über die Höhe einer Rente wegen verminderter Erwerbsfähigkeit, die zu zahlen wäre, würde der Leistungsfall der vollen Erwerbsminderung vorliegen,
3. eine Prognose über die Höhe der zu erwartenden Regelaltersrente,
4. Informationen über die Auswirkungen künftiger Rentenanpassungen,
5. eine Übersicht über die Höhe der Beiträge, die für Beitragszeiten vom Versicherten, dem Arbeitgeber oder von öffentlichen Kassen gezahlt worden sind.

(4) Die Rentenauskunft hat insbesondere zu enthalten:

1. eine Übersicht über die im Versicherungskonto gespeicherten rentenrechtlichen Zeiten,
2. eine Darstellung über die Ermittlung der persönlichen Entgeltpunkte mit der Angabe ihres derzeitigen Wertes und dem Hinweis, dass sich die Berechnung der Entgeltpunkte aus beitragsfreien und beitragsgeminderten Zeiten nach der weiteren Versicherungsbiografie richtet,
3. Angaben über die Höhe der Rente, die auf der Grundlage des geltenden Rechts und der im Versicherungskonto gespeicherten rentenrechtlichen Zeiten ohne den Erwerb weiterer Beitragszeiten
   a) bei verminderter Erwerbsfähigkeit als Rente wegen voller Erwerbsminderung,
   b) bei Tod als Witwen- oder Witwerrente,

c) nach Vollendung des 65. Lebensjahres als Regelaltersrente zu zahlen wäre,
4. auf Antrag auch die Höhe der Beitragszahlung, die zum Ausgleich einer Rentenminderung bei vorzeitiger Inanspruchnahme einer Rente wegen Alters erforderlich ist, und über die ihr zugrunde liegende Altersrente; diese Auskunft unterbleibt, wenn die Erfüllung der versicherungsrechtlichen Voraussetzungen für eine vorzeitige Rente wegen Alters offensichtlich ausgeschlossen ist,
5. allgemeine Hinweise zur Erfüllung der persönlichen und versicherungsrechtlichen Voraussetzungen für einen Rentenanspruch.

(5) Auf Antrag erhalten Versicherte Auskunft über die Höhe ihrer auf die Ehezeit entfallenden Rentenanwartschaft. Diese Auskunft erhält auf Antrag auch der Ehegatte oder geschiedene Ehegatte eines Versicherten, wenn der Träger der Rentenversicherung diese Auskunft nach § 74 Nr. 2 Buchstabe b des Zehnten Buches erteilen darf, weil der Versicherte seine Auskunftspflicht gegenüber dem Ehegatten nicht oder nicht vollständig erfüllt hat. Die nach Satz 2 erteilte Auskunft wird auch dem Versicherten mitgeteilt.

§ 109a Hilfe in Angelegenheiten des Gesetzes über eine bedarfsorientierte Grundsicherung im Alter und bei Erwerbsminderung

(1) Die Träger der Rentenversicherung informieren und beraten Personen, die

1. das 65. Lebensjahr vollendet haben oder
2. das 18. Lebensjahr vollendet haben, unabhängig von der jeweiligen Arbeitsmarktlage voll erwerbsgemindert im Sinne des § 43 Abs. 2 sind und bei denen es unwahrscheinlich ist, dass die volle Erwerbsminderung behoben werden kann,

über die Leistungsvoraussetzungen und über das Verfahren nach dem Gesetz über eine bedarfsorientierte Grundsicherung im Alter und bei Erwerbsminderung, soweit die genannten Personen rentenberechtigt sind. Personen nach Satz 1, die nicht rentenberechtigt sind, werden auf Anfrage beraten und informiert. Liegt eine Rente unter dem Grundbetrag nach § 81 Abs. 1 des Bundessozialhilfegesetzes, ist der Information zusätzlich ein Antragsformular beizufügen. Es ist darauf hinzuweisen, dass der Antrag auf Leistungen nach dem Gesetz über eine bedarfsorientierte Grundsicherung im Alter und bei Erwerbsminderung auch bei dem zuständigen Rentenversicherungsträger gestellt werden kann, der den Antrag an den zuständigen Träger der Grundsicherung weiterleitet. Darüber hinaus sind die Träger der Rentenversicherung verpflichtet, mit den zuständigen Trägern der Grundsicherung zur Zielerreichung des Gesetzes über eine bedarfsorientierte Grundsicherung im Alter und bei Erwerbsminderung zusammenzuarbeiten. Eine Verpflichtung nach Satz 1 besteht nicht, wenn eine Inanspruchnahme von Leistungen der genannten Art wegen der Höhe der gezahlten Rente sowie der im Rentenverfahren zu ermittelnden weiteren Einkünfte nicht in Betracht kommt.

(2) Die Träger der Rentenversicherung stellen auf Ersuchen des zuständigen Trägers der Grundsicherung fest, ob Personen, die das 18. Lebensjahr vollendet und einen Anspruch auf eine Rente wegen Erwerbsminderung nicht haben, unabhängig von der jeweiligen Arbeitsmarktlage voll erwerbsgemindert im Sinne des § 43 Abs. 2 sind und es unwahrscheinlich ist, dass die volle Erwerbsminderung behoben werden kann. Zuständig ist

1. bei Versicherten der Träger der Rentenversicherung, der für die Erbringung von Leistungen an den Versicherten zuständig ist,
2. bei sonstigen Personen die Landesversicherungsanstalt, die für den Sitz des Trägers der Grundsicherung örtlich zuständig ist.

Kosten und Auslagen des Trägers der Rentenversicherung, die sich aus einer Feststellung nach Satz 1 ergeben, sind von dem ersuchenden Träger der Grundsicherung zu erstatten; die kommunalen Spitzenverbände und der Verband Deutscher Rentenversicherungsträger können Pauschalbeträge vereinbaren.

Anhang: Gesetzestexte

§ 120 Verordnungsermächtigung
Das Bundesministerium für Gesundheit und Soziale Sicherung wird ermächtigt, im Einvernehmen und dem Bundesministerium der Finanzen durch Rechtsverordnung mit Zustimmung des Bundesrates

1. den Inhalt der von der Deutschen Post AG wahrzunehmenden Aufgaben der Träger der Rentenversicherung nach § 119 Abs. 1 bis 3 näher zu bestimmen und die Rechte und Pflichten der Beteiligten festzulegen,
2. die Höhe und Fälligkeit der Vorschüsse, die die Deutsche Post AG von den Trägern der Rentenversicherung nach § 119 Abs. 5 erhält, näher zu bestimmen,
3. die Höhe und Fälligkeit der Vergütung und der Vorschüsse, die die Deutsche Post AG von den Trägern der Rentenversicherung nach § 119 Abs. 6 erhält, näher zu bestimmen

§ 120a Grundsätze
(1) Ehegatten können gemeinsam bestimmen, dass die von ihnen in der Ehe erworbenen Ansprüche auf eine anpassungsfähige Rente zwischen ihnen aufgeteilt werden (Rentensplitting unter Ehegatten).

(2) Die Durchführung des Rentensplittings unter Ehegatten ist zulässig, wenn

1. die Ehe nach dem 31. Dezember 2001 geschlossen worden ist oder
2. die Ehe am 31. Dezember 2001 bestand und beide Ehegatten nach dem 1. Januar 1962 geboren sind.

(3) Anspruch auf Durchführung des Rentensplittings unter Ehegatten besteht, wenn

1. erstmalig beide Ehegatten Anspruch auf Leistung einer Vollrente wegen Alters aus der gesetzlichen Rentenversicherung haben oder
2. erstmalig ein Ehegatte Anspruch auf Leistung einer Vollrente wegen Alters aus der gesetzlichen Rentenversicherung und der andere Ehegatte das 65. Lebensjahr vollendet hat oder
3. ein Ehegatte verstirbt, bevor die Voraussetzungen der Nummern 1 und 2 vorliegen. In diesem Fall kann der überlebende Ehegatte das Rentensplitting unter Ehegatten allein herbeiführen.

(4) Anspruch auf Durchführung des Rentensplittings unter Ehegatten besteht nur, wenn am Ende der Splittingzeit

1. in den Fällen von Absatz 3 Nr. 1 und 2 bei beiden Ehegatten und
2. im Fall von Absatz 3 Nr. 3 beim überlebenden Ehegatten

25 Jahre an rentenrechtlichen Zeiten vorhanden sind. Im Fall von Satz 1 Nr. 2 gilt als rentenrechtliche Zeit auch die Zeit vom Zeitpunkt des Todes des verstorbenen Ehegatten bis zum vollendeten 65. Lebensjahr des überlebenden Ehegatten in dem Verhältnis, in dem die Kalendermonate an rentenrechtlichen Zeiten des überlebenden Ehegatten in der Zeit von seinem vollendeten 17. Lebensjahr bis zum Tod des verstorbenen Ehegatten zu allen Kalendermonaten in dieser Zeit stehen.

(5) Anspruch auf Durchführung des Rentensplittings unter Ehegatten besteht nicht, wenn der überlebende Ehegatte eine Rentenabfindung bei Wiederheirat von Witwen und Witwern erhalten hat.

(6) Der Anspruch auf Durchführung des Rentensplittings unter Ehegatten besteht für die Zeit vom Beginn des Monats, in dem die Ehe geschlossen worden ist, bis zum Ende des Monats, in dem der Anspruch entstanden ist (Splittingzeit). Entsteht der Anspruch auf Durchführung des Rentensplittings unter Ehegatten durch Leistung einer Vollrente wegen Alters, endet die Splittingzeit mit dem Ende des Monats vor Leistungsbeginn.

(7) Die Höhe der Ansprüche richtet sich nach den Entgeltpunkten der Ehegatten, getrennt nach
1. Entgeltpunkten der Rentenversicherung der Arbeiter und Angestellten und
2. Entgeltpunkten der knappschaftlichen Rentenversicherung,

die mit demselben aktuellen Rentenwert für die Berechnung einer Rente zu vervielfältigen sind. Der Ehegatte mit der jeweils niedrigeren Summe solcher Entgeltpunkte hat Anspruch auf Übertragung der Hälfte des Unterschieds zwischen den gleichartigen Entgeltpunkten der Ehegatten (Einzelsplitting).

(8) Besteht zwischen den jeweiligen Summen aller Entgeltpunkte der Ehegatten in der Splittingzeit ein Unterschied, ergibt sich für den Ehegatten mit der niedrigeren Summe aller Entgeltpunkte ein Zuwachs an Entgeltpunkten in Höhe der Hälfte des Unterschieds zwischen der Summe aller Entgeltpunkte für den Ehegatten mit der höheren Summe an Entgeltpunkten und der Summe an Entgeltpunkten des anderen Ehegatten (Splittingzuwachs).

§ 120b Tod eines Ehegatten vor Empfang angemessener Leistungen

(1) Ist ein Ehegatte verstorben und sind ihm oder seinen Hinterbliebenen aus dem Rentensplitting unter Ehegatten Leistungen in Höhe von bis zu zwei Jahresbeträgen einer auf das Ende des Leistungsbezuges ohne Berücksichtigung des Zugangsfaktors berechneten Vollrente wegen Alters aus dem erworbenen Anrecht (Grenzwert) erbracht worden, haben der überlebende Ehegatte oder seine Hinterbliebenen Anspruch auf eine nicht aufgrund des Rentensplittings gekürzte Rente. Die sich ergebende Erhöhung mindert sich jedoch um die erhaltenen Leistungen.

(2) Der Grenzwert ergibt sich aus Zuschlägen und Abschlägen an Entgeltpunkten aus den im Rahmen des Einzelsplittings übertragenen Entgeltpunkten unter Berücksichtigung des für sie maßgebenden Rentenartfaktors und aktuellen Rentenwerts am Ende des Leistungsbezuges.

§ 120c Abänderung des Rentensplittings unter Ehegatten

(1) Ehegatten haben Anspruch auf Abänderung des Rentensplittings, wenn sich für sie eine Abweichung des Wertunterschieds von dem bisher zugrunde liegenden Wertunterschied ergibt.

(2) Die Änderung der Anspruchshöhe kommt nur in Betracht, wenn durch sie Versicherte
1. eine Übertragung von Entgeltpunkten erhalten, deren Wert insgesamt vom Wert der bislang insgesamt übertragenen Entgeltpunkte wesentlich abweicht, oder
2. eine maßgebende Wartezeit erfüllen.

Eine Abweichung ist wesentlich, wenn sie 10 vom Hundert der durch die abzuändernde Entscheidung insgesamt übertragenen Entgeltpunkte, mindestens jedoch 0,5 Entgeltpunkte übersteigt, wobei Entgeltpunkte der knappschaftlichen Rentenversicherung zuvor mit 1,3333 zu vervielfältigen sind.

(3) Für den Ehegatten, der einen Splittingzuwachs erhalten hat, entfällt durch die Abänderung eine bereits erfüllte Wartezeit nicht.

(4) Die Ehegatten oder ihre Hinterbliebenen sind verpflichtet, einander die Auskünfte zu erteilen, die zur Wahrnehmung ihrer Rechte nach den vorstehenden Vorschriften erforderlich sind.

§ 187a Zahlung von Beiträgen bei vorzeitiger Inanspruchnahme einer Rente wegen Alters

(1) Bis zur Vollendung des 65. Lebensjahres können Rentenminderungen durch die vorzeitige Inanspruchnahme einer Rente wegen Alters durch Zahlung von Beiträgen ausgeglichen werden. Die Berechtigung zur Zahlung setzt voraus, dass der Versicherte erklärt, eine solche Rente zu beanspruchen.

Anhang: Gesetzestexte

(2) Beiträge können bis zu der Höhe gezahlt werden, die sich nach der Auskunft über die Höhe der zum Ausgleich einer Rentenminderung bei vorzeitiger Inanspruchnahme einer Rente wegen Alters erforderlichen Beitragszahlung als höchstmögliche Minderung an persönlichen Entgeltpunkten durch eine vorzeitige Inanspruchnahme einer Rente wegen Alters ergibt. Diese Minderung wird auf der Grundlage der Summe aller Entgeltpunkte ermittelt, die mit einem Zugangsfaktor zu vervielfältigen ist und die sich bei Berechnung einer Altersrente unter Zugrundelegung des beabsichtigten Rentenbeginns ergeben würden. Dabei ist für jeden Kalendermonat an bisher nicht bescheinigten künftigen rentenrechtlichen Zeiten bis zum beabsichtigten Rentenbeginn von einer Beitragszahlung nach einem vom Arbeitgeber zu bescheinigenden Arbeitsentgelt auszugehen. Der Bescheinigung ist das gegenwärtige Arbeitsentgelt aufgrund der bisherigen Beschäftigung und der bisherigen Arbeitszeit zugrunde zu legen. Soweit eine Vorausbescheinigung nicht vorliegt, ist von den durchschnittlichen monatlichen Entgeltpunkten der Beitragszeiten des Kalenderjahres auszugehen, für das zuletzt Entgeltpunkte ermittelt werden können.

(3) Für je einen geminderten persönlichen Entgeltpunkt ist der Betrag zu zahlen, der sich ergibt, wenn der zur Wiederauffüllung einer im Rahmen des Versorgungsausgleichs geminderten Rentenanwartschaft für einen Entgeltpunkt zu zahlende Betrag durch den jeweiligen Zugangsfaktor geteilt wird. Teilzahlungen sind zulässig. Eine Erstattung gezahlter Beiträge erfolgt nicht.

§ 187b Zahlung von Beiträgen bei Abfindung von Anwartschaften auf betriebliche Altersversorgung

(1) Versicherte, die bei Beendigung eines Arbeitsverhältnisses nach Maßgabe des Gesetzes zur Verbesserung der betrieblichen Altersversorgung eine Abfindung für eine unverfallbare Anwartschaft auf betriebliche Altersversorgung erhalten haben, können innerhalb eines Jahres nach Zahlung der Abfindung Beiträge zur Rentenversicherung der Arbeiter und der Angestellten bis zur Höhe der geleisteten Abfindung zahlen.

(2) Nach bindender Bewilligung einer Vollrente wegen Alters ist eine Beitragszahlung nicht mehr zulässig.

§ 236 Altersrente für langjährig Versicherte

(1) Versicherte, die vor dem 1. Januar 1948 geboren sind, haben Anspruch auf eine Altersrente, wenn sie

1. das 63. Lebensjahr vollendet und
2. die Wartezeit von 35 Jahren erfüllt

haben. Die Altersgrenze von 63 Jahren wird für Versicherte, die nach dem 31. Dezember 1936 geboren sind, angehoben. Die vorzeitige Inanspruchnahme der Altersrente ist möglich. Die Anhebung der Altersgrenze und die Möglichkeit der vorzeitigen Inanspruchnahme der Altersrente bestimmen sich nach Anlage 21.

(2) Die Altersgrenze von 63 Jahren wird für Versicherte, die

1. vor dem 1. Januar 1942 geboren sind und 45 Jahre mit Pflichtbeiträgen für eine versicherte Beschäftigung oder Tätigkeit haben oder
2. bis zum 14. Februar 1941 geboren sind und am 14. Februar 1996 Vorruhestandsgeld oder Überbrückungsgeld der Seemannskasse bezogen haben, wie folgt angehoben:

Versicherte Geburtsjahr Geburtsmonat	Anhebung um Monate	Auf Alter		Vorzeitige Inanspruchnahme möglich ab Alter	
		Jahr	Monat	Jahr	Monat
Vor 1938	0	63	0	63	0
1938					
Januar-April	1	63	1	63	0
Mai-August	2	63	2	63	0
September-Dezember	3	63	3	63	0
1939					
Januar-April	4	63	4	63	0
Mai-August	5	63	5	63	0
September-Dezember	6	63	6	63	0
1940					
Januar-April	7	63	7	63	0
Mai-August	8	63	8	63	0
September-Dezember	9	63	9	63	0
1941					
Januar-April	10	63	10	63	0
Mai-August	11	63	11	63	0
September-Dezember	12	64	0	63	0

§ 55 Abs. 2 ist nicht für Zeiten anzuwenden, in denen Versicherte wegen des Bezugs von Arbeitslosengeld oder Arbeitslosenhilfe versicherungspflichtig waren.

(3) Für Versicherte, die in der Zeit vom 1. Januar 1948 bis zum 31. Oktober 1949 geboren sind, bestimmt sich die Altersgrenze für die vorzeitige Inanspruchnahme der Altersrente nach Anlage 21.

§ 236a Altersrente für schwerbehinderte Menschen

Versicherte, die vor dem 1. Januar 1951 geboren sind, haben Anspruch auf Altersrente für schwerbehinderte Menschen, wenn sie

1. das 60. Lebensjahr vollendet haben,
2. bei Beginn der Altersrente als schwerbehinderte Menschen (§ 2 Abs. 2 Neuntes Buch) anerkannt, berufsunfähig oder erwerbsunfähig nach dem am 31. Dezember 2000 geltenden Recht sind und
3. die Wartezeit von 35 Jahren erfüllt haben.

Die Altersgrenze von 60 Jahren wird für Versicherte angehoben, die nach dem 31. Dezember 1940 geboren sind. Die vorzeitige Inanspruchnahme der Altersrente ist möglich. Die Anhebung der Altersgrenze und die Möglichkeit der vorzeitigen Inanspruchnahme bestimmen sich nach Anlage 22. Die Altersgrenze von 60 Jahren wird nicht angehoben für Versicherte, die

1. bis zum 16. November 1950 geboren sind und am 16. November 2000 schwerbehindert (§ 2 Abs. 2 Neuntes Buch), berufsunfähig oder erwerbsunfähig nach dem am 31. Dezember 2000 geltenden Recht waren oder
2. vor dem 1. Januar 1942 geboren sind und 45 Jahre mit Pflichtbeiträgen für eine versicherte Beschäftigung oder Tätigkeit haben, wobei § 55 Abs. 2 nicht für Zeiten anzuwenden ist, in denen Versicherte wegen des Bezugs von Arbeitslosengeld oder Arbeitslosenhilfe versicherungspflichtig waren.

§ 237 Altersrente wegen Arbeitslosigkeit oder nach Altersteilzeitarbeit
(1) Versicherte haben Anspruch auf Altersrente, wenn sie

1. vor dem 1. Januar 1952 geboren sind,
2. das 60. Lebensjahr vollendet haben,
3. entweder
   a) bei Beginn der Rente arbeitslos sind und nach Vollendung eines Lebensalters von 58 Jahren und 6 Monaten insgesamt 52 Wochen arbeitslos waren oder Anpassungsgeld für entlassene Arbeitnehmer des Bergbaus bezogen haben oder
   b) die Arbeitszeit aufgrund von Altersteilzeitarbeit im Sinne der §§ 2 und 3 Abs. 1 Nr. 1 des Altersteilzeitgesetzes für mindestens 24 Kalendermonate vermindert haben,
4. in den letzten zehn Jahren vor Beginn der Rente acht Jahre Pflichtbeiträge für eine versicherte Beschäftigung oder Tätigkeit haben, wobei sich der Zeitraum von zehn Jahren um Anrechnungszeiten und Zeiten des Bezugs einer Rente aus eigener Versicherung, die nicht auch Pflichtbeitragszeiten aufgrund einer versicherten Beschäftigung oder Tätigkeit sind, verlängert, und
5. die Wartezeit von 15 Jahren erfüllt haben.

(2) Anspruch auf Altersrente wegen Arbeitslosigkeit besteht auch für Versicherte, die während der Arbeitslosigkeit von 52 Wochen nur deshalb der Arbeitsvermittlung nicht zur Verfügung standen, weil sie nicht bereit waren, jede zumutbare Beschäftigung anzunehmen oder an zumutbaren beruflichen Bildungsmaßnahmen teilzunehmen. Der Zeitraum von zehn Jahren, in dem acht Jahre Pflichtbeiträge für eine versicherte Beschäftigung oder Tätigkeit vorhanden sein müssen, verlängert sich auch um

1. Arbeitslosigkeitszeiten nach Satz 1,
2. Ersatzzeiten,

soweit diese Zeiten nicht auch Pflichtbeiträge für eine versicherte Beschäftigung oder Tätigkeit sind. Vom 1. Januar 2006 an werden Arbeitslosigkeitszeiten nach Satz 1 nur berücksichtigt, wenn die Arbeitslosigkeit vor dem 1. Januar 2006 begonnen hat und der Versicherte vor dem 2. Januar 1948 geboren ist.

(3) Die Altersgrenze von 60 Jahren wird bei Altersrenten wegen Arbeitslosigkeit oder nach Altersteilzeitarbeit für Versicherte, die nach dem 31. Dezember 1936 geboren sind, angehoben. Die vorzeitige Inspruchnahme einer solchen Altersrente ist möglich. Die Anhebung der Altersgrenzen und die Möglichkeit der vorzeitigen Inspruchnahme der Altersrenten bestimmen sich nach Anlage 19.

(4) Die Altersgrenze von 60 Jahren bei der Altersrente wegen Arbeitslosigkeit oder nach Altersteilzeitarbeit wird für Versicherte, die

1. bis zum 14. Februar 1941 geboren sind und
   a) am 14. Februar 1996 arbeitslos waren oder Anpassungsgeld für entlassene Arbeitnehmer des Bergbaus bezogen haben oder
   b) deren Arbeitsverhältnis aufgrund einer Kündigung oder Vereinbarung, die vor dem 14. Februar 1996 erfolgt ist, nach dem 13. Februar 1996 beendet worden ist und die daran anschließend arbeitslos geworden sind oder Anpassungsgeld für entlassene Arbeitnehmer des Bergbaus bezogen haben,
2. bis zum 14. Februar 1944 geboren sind und aufgrund einer Maßnahme nach Artikel 56 § 2 Buchstabe b des Vertrages über die Gründung der Europäischen Gemeinschaft für Kohle und Stahl (EGKS-V), die vor dem 14. Februar 1996 genehmigt worden ist, aus einem Betrieb der Montanindustrie ausgeschieden sind oder
3. vor dem 1. Januar 1942 geboren sind und 45 Jahre mit Pflichtbeiträgen für eine versicherte Beschäftigung oder Tätigkeit haben, wobei § 55 Abs. 2 nicht für Zeiten anzuwenden ist, in

denen Versicherte wegen des Bezugs von Arbeitslosengeld oder Arbeitslosenhilfe versicherungspflichtig waren, folgt angehoben:

Versicherte Geburtsjahr Geburtsmonat	Anhebung um Monate	Auf Alter		Vorzeitige Inanspruchnahme möglich ab Alter	
		Jahr	Monat	Jahr	Monat
Vor 1941	0	60	0	60	0
1941					
Januar-April	1	60	1	60	0
Mai-August	2	60	2	60	0
September-Dezember	3	60	3	60	0
1942					
Januar-April	4	60	4	60	0
Mai-August	5	60	5	60	0
September-Dezember	6	60	6	60	0
1943					
Januar-April	7	60	7	60	0
Mai-August	8	60	8	60	0
September-Dezember	9	60	9	60	0
1944					
Januar-Februar	10	60	10	60	0

Einer vor dem 14. Februar 1996 abgeschlossenen Vereinbarung über die Beendigung des Arbeitsverhältnisses steht eine vor diesem Tag vereinbarte Befristung des Arbeitsverhältnisses oder Bewilligung einer befristeten arbeitsmarktpolitischen Maßnahme gleich. Ein bestehender Vertrauensschutz wird insbesondere durch die spätere Aufnahme eines Arbeitsverhältnisses oder den Eintritt in eine neue arbeitsmarktpolitische Maßnahme nicht berührt.

§ 237a Altersrente für Frauen

(1) Versicherte Frauen haben Anspruch auf Altersrente, wenn sie

1. vor dem 1. Januar 1952 geboren sind,
2. das 60. Lebensjahr vollendet,
3. nach Vollendung des 40. Lebensjahres mehr als zehn Jahre Pflichtbeiträge für eine versicherte Beschäftigung oder Tätigkeit und
4. die Wartezeit von 15 Jahren erfüllt haben.

(2) Die Altersgrenze von 60 Jahren wird bei Altersrenten für Frauen für Versicherte, die nach dem 31. Dezember 1939 geboren sind, angehoben. Die vorzeitige Inanspruchnahme einer solchen Altersrente ist möglich. Die Anhebung der Altersgrenzen und die Möglichkeit der vorzeitigen Inanspruchnahme der Altersrenten bestimmen sich nach Anlage 20.

(3) Die Altersgrenze von 60 Jahren bei der Altersrente für Frauen wird für Frauen, die

1. bis zum 7. Mai 1941 geboren sind und
   a) am 7. Mai 1996 arbeitslos waren, Anpassungsgeld für entlassene Arbeitnehmer des Bergbaus, Vorruhestandsgeld oder Überbrückungsgeld der Seemannskasse bezogen haben oder
   b) deren Arbeitsverhältnis aufgrund einer Kündigung oder Vereinbarung, die vor dem 7. Mai 1996 erfolgt ist, nach dem 6. Mai 1996 beendet worden ist,

Anhang: Gesetzestexte

2. bis zum 7. Mai 1944 geboren sind und aufgrund einer Maßnahme nach Artikel 56 § 2 Buchstabe b des Vertrages über die Gründung der Europäischen Gemeinschaft für Kohle und Stahl (EGKS-V), die vor dem 7. Mai 1996 genehmigt worden ist, aus einem Betrieb der Montanindustrie ausgeschieden sind oder
3. vor dem 1. Januar 1942 geboren sind und 45 Jahre mit Pflichtbeiträgen für eine versicherte Beschäftigung oder Tätigkeit haben, wobei § 55 Abs. 2 nicht für Zeiten anzuwenden ist, in denen Versicherte wegen des Bezugs von Arbeitslosengeld oder Arbeitslosenhilfe versicherungspflichtig waren, wie folgt angehoben:

Versicherte Geburtsjahr Geburtsmonat	Anhebung um Monate	Auf Alter		Vorzeitige Inanspruchnahme möglich ab Alter	
		Jahr	Monat	Jahr	Monat
Vor 1941	0	60	0	60	0
1941					
Januar-April	1	60	1	60	0
Mai-August	2	60	2	60	0
September-Dezember	3	60	3	60	0
1942					
Januar-April	4	60	4	60	0
Mai-August	5	60	5	60	0
September-Dezember	6	60	6	60	0
1943					
Januar-April	7	60	7	60	0
Mai-August	8	60	8	60	0
September-Dezember	9	60	9	60	0
1944					
Januar-Februar	10	60	10	60	0
Mai	11	60	11	60	0

Einer vor dem 7. Mai 1996 abgeschlossenen Vereinbarung über die Beendigung des Arbeitsverhältnisses steht eine vor diesem Tag vereinbarte Befristung des Arbeitsverhältnisses oder Bewilligung einer befristeten arbeitsmarktpolitischen Maßnahme gleich. Ein bestehender Vertrauensschutz wird insbesondere durch die spätere Aufnahme eines Arbeitsverhältnisses oder den Eintritt in eine neue arbeitsmarktpolitische Maßnahme nicht berührt.

§ 240 Renten wegen teilweiser Erwerbsminderung bei Berufsunfähigkeit

(1) Anspruch auf Rente wegen teilweiser Erwerbsminderung haben bei Erfüllung der sonstigen Voraussetzungen bis zur Vollendung des 65. Lebensjahres auch Versicherte, die

1. vor dem 2. Januar 1961 geboren und
2. berufsunfähig sind.

(2) Berufsunfähig sind Versicherte, deren Erwerbsfähigkeit wegen Krankheit oder Behinderung im Vergleich zur Erwerbsfähigkeit von körperlich, geistig und seelisch gesunden Versicherten mit ähnlicher Ausbildung und gleichwertigen Kenntnissen und Fähigkeiten auf weniger als sechs Stunden gesunken ist. Der Kreis der Tätigkeiten, nach denen die Erwerbsfähigkeit von Versicherten zu beurteilen ist, umfasst alle Tätigkeiten, die ihren Kräften und Fähigkeiten entsprechen und ihnen unter Berücksichtigung der Dauer und des Umfangs ihrer Ausbildung sowie ihres bisherigen Berufs und der besonderen Anforderungen ihrer bisherigen Berufstätigkeit zugemutet werden können. Zu-

mutbar ist stets eine Tätigkeit, für die die Versicherten durch Leistungen zur Teilhabe am Arbeitsleben mit Erfolg ausgebildet oder umgeschult worden sind. Berufsunfähig ist nicht, wer eine zumutbare Tätigkeit mindestens sechs Stunden täglich ausüben kann; dabei ist die jeweilige Arbeitsmarktlage nicht zu berücksichtigen.

§ 241 Rente wegen Erwerbsminderung

(1) Der Zeitraum von fünf Jahren vor Eintritt der Erwerbsminderung oder Berufsunfähigkeit (§ 240), in dem Versicherte für einen Anspruch auf Rente wegen Erwerbsminderung drei Jahre Pflichtbeiträge für eine versicherte Beschäftigung oder Tätigkeit haben müssen, verlängert sich auch um Ersatzzeiten und Zeiten des Bezugs einer Knappschaftsausgleichsleistung vor dem 1. Januar 1992.

(2) Pflichtbeiträge für eine versicherte Beschäftigung oder Tätigkeit vor Eintritt der Erwerbsminderung oder Berufsunfähigkeit (§ 240) sind für Versicherte nicht erforderlich, die vor dem 1. Januar 1984 die allgemeine Wartezeit erfüllt haben, wenn jeder Kalendermonat vom 1. Januar 1984 bis zum Kalendermonat vor Eintritt der Erwerbsminderung oder Berufsunfähigkeit (§ 240) mit

1. Beitragszeiten,
2. beitragsfreien Zeiten,
3. Zeiten, die nur deshalb nicht beitragsfreie Zeiten sind, weil durch sie eine versicherte Beschäftigung oder selbständige Tätigkeit nicht unterbrochen ist, wenn in den letzten sechs Kalendermonaten vor Beginn dieser Zeiten wenigstens ein Pflichtbeitrag, eine beitragsfreie Zeit oder eine Zeit nach Nummer 4, 5 oder 6 liegt,
4. Berücksichtigungszeiten,
5. Zeiten des Bezugs einer Rente wegen verminderter Erwerbsfähigkeit oder
6. Zeiten des gewöhnlichen Aufenthalts im Beitrittsgebiet vor dem 1. Januar 1992

(Anwartschaftserhaltungszeiten) belegt ist oder wenn die Erwerbsminderung oder Berufsunfähigkeit (§ 240) vor dem 1. Januar 1984 eingetreten ist. Für Kalendermonate, für die eine Beitragszahlung noch zulässig ist, ist eine Belegung mit Anwartschaftserhaltungszeiten nicht erforderlich.

§ 242 Rente für Bergleute

(1) Der Zeitraum von fünf Jahren vor Eintritt der im Bergbau verminderten Berufsfähigkeit, in dem Versicherte für einen Anspruch auf Rente wegen im Bergbau verminderter Berufsfähigkeit drei Jahre Pflichtbeiträge für eine knappschaftlich versicherte Beschäftigung oder Tätigkeit haben müssen, verlängert sich auch um Ersatzzeiten und Zeiten des Bezugs einer Knappschaftsausgleichsleistung vor dem 1. Januar 1992.

(2) Pflichtbeiträge für eine knappschaftlich versicherte Beschäftigung oder Tätigkeit vor Eintritt der im Bergbau verminderten Berufsfähigkeit sind für Versicherte nicht erforderlich, die vor dem 1. Januar 1984 die allgemeine Wartezeit erfüllt haben, wenn jeder Kalendermonat vom 1. Januar 1984 bis zum Kalendermonat vor Eintritt der im Bergbau verminderten Berufsfähigkeit mit Anwartschaftserhaltungszeiten belegt ist oder wenn die im Bergbau verminderte Berufsfähigkeit vor dem 1. Januar 1984 eingetreten ist. Für Kalendermonate, für die eine Beitragszahlung noch zulässig ist, ist eine Belegung mit Anwartschaftserhaltungszeiten nicht erforderlich.

(3) Die Wartezeit für die Rente für Bergleute wegen Vollendung des 50. Lebensjahres ist auch erfüllt, wenn die Versicherten

1. 25 Jahre mit Beitragszeiten aufgrund einer Beschäftigung mit ständigen Arbeiten unter Tage zusammen mit der knappschaftlichen Rentenversicherung zugeordneten Ersatzzeiten haben oder
2. 25 Jahre mit knappschaftlichen Beitragszeiten allein oder zusammen mit der knappschaftlichen Rentenversicherung zugeordneten Ersatzzeiten haben und
    a) 15 Jahre mit Hauerarbeiten (Anlage 9) beschäftigt waren oder

b) die erforderlichen 25 Jahre mit Beitragszeiten aufgrund einer Beschäftigung mit ständigen Arbeiten unter Tage allein oder zusammen mit der knappschaftlichen Rentenversicherung zugeordneten Ersatzzeiten erfüllen, wenn darauf
   aa) für je zwei volle Kalendermonate mit Hauerarbeiten je drei Kalendermonate und
   bb) für je drei volle Kalendermonate, in denen Versicherte vor dem 1. Januar 1968 unter Tage mit anderen als Hauerarbeiten beschäftigt waren, je zwei Kalendermonate oder
   cc) die vor dem 1. Januar 1968 verrichteten Arbeiten unter Tage bei Versicherten, die vor dem 1. Januar 1968 Hauerarbeiten verrichtet haben und diese wegen im Bergbau verminderter Berufsfähigkeit aufgeben mussten, angerechnet werden.

§ 243 Witwenrente und Witwerrente an vor dem 1. Juli 1977 geschiedene Ehegatten

(1) Anspruch auf kleine Witwenrente oder kleine Witwerrente besteht ohne Beschränkung auf 24 Kalendermonate auch für geschiedene Ehegatten,

1. deren Ehe vor dem 1. Juli 1977 geschieden ist,
2. die nicht wieder geheiratet haben und
3. die im letzten Jahr vor dem Tod des geschiedenen Ehegatten (Versicherter) Unterhalt von diesem erhalten haben oder im letzten wirtschaftlichen Dauerzustand vor dessen Tod einen Anspruch hierauf hatten,

wenn der Versicherte die allgemeine Wartezeit erfüllt hat und nach dem 30. April 1942 gestorben ist.

(2) Anspruch auf große Witwenrente oder große Witwerrente besteht auch für geschiedene Ehegatten,

1. deren Ehe vor dem 1. Juli 1977 geschieden ist,
2. die nicht wieder geheiratet haben und
3. die im letzten Jahr vor dem Tod des Versicherten Unterhalt von diesem erhalten haben oder im letzten wirtschaftlichen Dauerzustand vor dessen Tod einen Anspruch hierauf hatten und
4. die entweder
   a) ein eigenes Kind oder ein Kind des Versicherten erziehen (§ 46 Abs. 2),
   b) das 45. Lebensjahr vollendet haben,
   c) erwerbsgemindert sind,
   d) vor dem 2. Januar 1961 geboren und berufsunfähig (§ 240 Abs. 2) sind oder
   e) am 31. Dezember 2000 bereits berufsunfähig oder erwerbsunfähig waren und dies ununterbrochen sind,

wenn der Versicherte die allgemeine Wartezeit erfüllt hat und nach dem 30. April 1942 gestorben ist.

(3) Anspruch auf große Witwenrente oder große Witwerrente besteht auch ohne Vorliegen der in Absatz 2 Nr. 3 genannten Unterhaltsvoraussetzungen für geschiedene Ehegatten, die

1. einen Unterhaltsanspruch nach Absatz 2 Nr. 3 wegen eines Arbeitsentgelts oder Arbeitseinkommens aus eigener Beschäftigung oder selbständiger Tätigkeit oder entsprechender Ersatzleistungen oder wegen des Gesamteinkommens des Versicherten nicht hatten und
2. im Zeitpunkt der Scheidung entweder
   a) ein eigenes Kind oder ein Kind des Versicherten erzogen haben (§ 46 Abs. 2) oder
   b) das 45. Lebensjahr vollendet hatten und
3. entweder
   a) ein eigenes Kind oder ein Kind des Versicherten erziehen (§ 46 Abs. 2),
   b) erwerbsgemindert sind,
   c) vor dem 2. Januar 1961 geboren und berufsunfähig (§ 240 Abs. 2) sind,

d) am 31. Dezember 2000 bereits berufsunfähig oder erwerbsunfähig waren und dies ununterbrochen sind oder
   e) das 60. Lebensjahr vollendet haben,

wenn auch vor Anwendung der Vorschriften über die Einkommensanrechnung auf Renten wegen Todes ein Anspruch auf Hinterbliebenenrente für eine Witwe oder einen Witwer des Versicherten aus dessen Rentenanwartschaften nicht besteht.

(4) Anspruch auf kleine oder große Witwenrente oder Witwerrente nach dem vorletzten Ehegatten besteht unter den sonstigen Voraussetzungen der Absätze 1 bis 3 auch für geschiedene Ehegatten, die wieder geheiratet haben, wenn die erneute Ehe aufgelöst oder für nichtig erklärt ist.

(5) Geschiedenen Ehegatten stehen Ehegatten gleich, deren Ehe für nichtig erklärt oder aufgehoben ist.

§ 254 Zuordnung betragsfreier Zeiten zur knappschaftlichen Rentenversicherung

(1) Ersatzzeiten werden der knappschaftlichen Rentenversicherung zugeordnet, wenn vor dieser Zeit der letzte Pflichtbeitrag zur knappschaftlichen Rentenversicherung gezahlt worden ist.

(2) Ersatzzeiten und Anrechnungszeiten wegen einer Lehre werden der knappschaftlichen Rentenversicherung auch dann zugeordnet, wenn nach dieser Zeit die Versicherung beginnt und der erste Pflichtbeitrag zur knappschaftlichen Rentenversicherung gezahlt worden ist.

(3) Anrechnungszeiten wegen des Bezugs von Anpassungsgeld und von Knappschaftsausgleichsleistung sind Zeiten der knappschaftlichen Rentenversicherung.

(4) Die pauschale Anrechnungszeit wird der knappschaftlichen Rentenversicherung in dem Verhältnis zugeordnet, in dem die knappschaftlichen Beitragszeiten und die der knappschaftlichen Rentenversicherung zugeordneten Ersatzzeiten bis zur letzten Pflichtbeitragszeit vor dem 1. Januar 1957 zu allen diesen Beitragszeiten und Ersatzzeiten stehen.

Anhang: Gesetzestexte

Verordnung

über die Bestimmung des Arbeitsentgelts in der Sozialversicherung (Arbeitsentgeltverordnung - ArEV) (860-4-1-1) Neugefasst durch Bekanntmachung vom 18. Dezember 1984 (BGBl. I S. 1642,1644), zuletzt geändert durch Artikel 2 der Verordnung vom 13. August 2001 (BGBl. I S. 2165). zuletzt bearbeitet 27. August 2001

§ 1
Einmalige Einnahmen, laufende Zulagen, Zuschläge, Zuschüsse sowie ähnliche Einnahmen, die zusätzlich zu Löhnen oder Gehältern gewährt werden, sind nicht dem Arbeitsentgelt zuzurechnen, soweit sie lohnsteuerfrei sind und sich aus § 3 nichts Abweichendes ergibt.

§ 2
(1) Dem Arbeitsentgelt sind nicht zuzurechnen
    1. sonstige Bezüge nach § 40 Abs. 1 Satz 1 Nr. 1 des Einkommensteuergesetzes, die nicht einmalig gezahltes Arbeitsentgelt nach § 23a des Vierten Buches Sozialgesetzbuch sind,
    2. Einnahmen nach § 40 Abs. 2 des Einkommensteuergesetzes,
    3. Beiträge und Zuwendungen nach § 40b des Einkommensteuergesetzes, die zusätzlich zu Löhnen oder Gehältern gewährt werden, soweit Satz 2 nichts Abweichendes bestimmt,
    [ab 1.1.2009:
    3. Beiträge und Zuwendungen nach § 40b des Ein kommensteuergesetzes, die zusätzlich zu Löhnen oder Gehältern gewährt werden und nicht aus einer Entgeltumwandlung (§ 1 Abs. 2 des Ge setzes zur Verbesserung der betrieblichen Alters versorgung) stammen, soweit Satz 2 nichts Abweichendes bestimmt,]

soweit der Arbeitgeber die Lohnsteuer mit einem Pauschsteuersatz erheben kann und er die Lohnsteuer nicht nach den Vorschriften der §§ 39b, 39c oder 39d des Einkommensteuergesetzes erhebt. Die in Satz 1 Nr. 3 genannten Beiträge und Zuwendungen sind bis zur Höhe von 2,5 vom Hundert des für ihre Bemessung maßgebenden Entgelts dem Arbeitsentgelt zuzurechnen, wenn die Versorgungsregelung – vor der Anwendung etwaiger Nettobegrenzungsregelungen – eine allgemein erreichbare Gesamtversorgung von mindestens 75 vom Hundert des gesamtversorgungsfähigen Entgelts und nach Eintritt des Versorgungsfalles eine Anpassung nach Maßgabe der Entwicklung der Arbeitsentgelte im Bereich der entsprechenden Versorgungsregelung oder gesetzlicher Versorgungsbezüge vorsieht; die dem Arbeitsentgelt zuzurechnenden Beiträge und Zuwendungen vermindern sich um monatlich 26 Deutsche Mark *[13,30 Euro].*

(2) Dem Arbeitsentgelt sind ferner nicht zuzurechnen
    1. Beträge nach § 10 des Entgeltfortzahlungsgesetzes,
    2. Zuschüsse zum Mutterschaftsgeld nach § 14 des Mutterschutzgesetzes,

3. in den Fällen des § 6 Abs. 3 der Sachbezugsverordnung der vom Arbeitgeber insoweit übernommene Teil des Gesamtsozialversicherungsbeitrags,
4. Zuschüsse des Arbeitgebers zum Kurzarbeitergeld, soweit sie zusammen mit dem Kurzarbeitergeld 80 vom Hundert des Unterschiedsbetrages zwischen dem Sollentgelt und dem Istentgelt nach § 179 des Dritten Buches Sozialgesetzbuch nicht übersteigen. *[ab 1.1.2002,*
5. *steuerfreie Zuwendungen an Pensionskassen und Pensionsfonds nach § 3 Nr. 63 des Einkommensteuergesetz; soweit diese Zuwendungen aus einer Entgeltumwandlung (§ 1 Abs. 2 des Gesetzes zur Verbesserung der betrieblichen Altersversorgung) stammen, besteht Beitragsfreiheit nur bis zum 31. Dezember 2008,*
6. *Leistungen eines Arbeitgebers oder einer Unterstützungskasse an einen Pensionsfonds zur Übernahme bestehender Versorgungsverpflichtungen oder Versorgungsanwartschaften durch den Pensionsfonds, soweit diese nach § 3 Nr. 66 des Einkommensteuergesetzes steuerfrei sind.]*

§ 3
In der gesetzlichen Unfallversicherung sind Zuschläge für Sonntags-, Feiertags- oder Nachtarbeit dem Arbeitsentgelt zuzurechnen, auch soweit sie lohnsteuerfrei sind. Satz 1 gilt nicht für Erwerbseinkommen, das bei einer Hinterbliebenenrente zu berücksichtigen ist.

§ 3a
Die nach § 6 Abs. 3 der Sachbezugsverordnung mit einem Durchschnittswert angesetzten Sachbezüge, die in einem Kalenderjahr gewährt werden, sind insgesamt dem letzten Entgeltabrechnungszeitraum in diesem Kalenderjahr zuzuordnen.

§ 4
(gegenstandslos)
(vormals Berlin-Klausel)

§ 5
Diese Verordnung tritt am 1. Juli 1977 in Kraft.

Anhang: Gesetzestexte

Zertifizierungsgesetz

Gesetz über die Zertifizierung von Altersvorsorgeverträgen (Altersvorsorgeverträge-Zertifizierungsgesetz - AltZertG)

zuletzt geändert durch Artikel 17 des Gesetzes vom 22. April 2002 (BGBl I S. 1310) zuletzt bearbeitet 25. April 2002

- § 1 Begriffsbestimmungen
- § 2 Zertifizierungsbehörde, Aufgaben
- § 3 Beleihung von privaten Zertifizierungsstellen
- § 4 Antrag, Ergänzungsanforderungen, Ergänzungsanzeigen, Ausschlussfristen
- § 5 Zertifizierung
- § 6 Rechtsverordnung
- § 7 Informationspflicht des Anbieters
- § 8 Rücknahme, Widerruf und Verzicht
- § 9 Sofortige Vollziehung
- § 10 Veröffentlichung
- § 11 Verschwiegenheitspflicht und Datenschutz
- § 12 Gebühren
- § 13 Bußgeldvorschriften
- § 14 Übergangsvorschrift

http://www.bma.bund.de/download/gesetze_web/Zertifizierungsgesetz/zertifi_inhalt.htm [05.06.2002 10:31:46]

§ 1
Begriffsbestimmungen

(1) Ein Altersvorsorgevertrag im Sinne dieses Gesetzes liegt vor, wenn zwischen dem Anbieter und einer natürlichen Person (Vertragspartner) eine Vereinbarung in deutscher Sprache geschlossen wird,

1. in der sich der Vertragspartner verpflichtet, in der Ansparphase laufend freiwillige Aufwendungen (Altersvorsorgebeiträge) zu erbringen;

2. die vorsieht, dass Leistungen für den Vertragspartner zur Altersversorgung nicht vor Vollendung des 60. Lebensjahres oder dem Beginn einer Altersrente des Vertragspartners aus der gesetzlichen Rentenversicherung oder nach dem Gesetz über die Alterssicherung der Landwirte oder dem Beginn einer Versorgung nach den beamten- und soldatenversorgungsrechtlichen Regelungen wegen Erreichens der Altersgrenze erbracht werden (Beginn der Auszahlungsphase); im Fall des Bezugs einer Rente wegen verminderter Erwerbsfähigkeit aus der gesetzlichen Rentenversicherung oder nach dem Gesetz über die Alterssicherung der Landwirte sowie im Fall des Bezugs eines Ruhegehaltes, das einem Beamten, Richter oder Soldaten nach Versetzung in den Ruhestand wegen Dienstunfähigkeit, die nicht auf einem Dienstunfall beruht, gewährt wird, können Rentenleistungen aus einer Zusatzversicherung gemäß Nummer 3 erbracht werden;

AltZertG

3. in welcher der Anbieter zusagt, dass zu Beginn der Auszahlungsphase zumindest die eingezahlten Altersvorsorgebeiträge für die Auszahlungsphase zur Verfügung stehen; sofern Beitragsanteile zur Absicherung der verminderten Erwerbsfähigkeit oder Dienstunfähigkeit verwendet werden, sind bis zu 15 vom Hundert der Gesamtbeiträge in diesem Zusammenhang nicht zu berücksichtigen;

4. die vorsieht, dass die Auszahlung ab Beginn der Auszahlungsphase in Form einer lebenslangen gleich bleibenden oder steigenden monatlichen Leibrente oder eines Auszahlungsplans mit unmittelbar anschließender lebenslanger Teilkapitalverrentung im Sinne der Nummer 5 erfolgt; Anbieter und Vertragspartner können vereinbaren, dass bis zu drei Monatsrenten in einer Auszahlung zusammengefasst werden können;

5. die im Falle der Vereinbarung eines Auszahlungsplans bestimmt, dass die Auszahlung ab Beginn der Auszahlungsphase bis zur Vollendung des 85. Lebensjahrs entweder in zugesagten gleich bleibenden oder steigenden monatlichen Raten oder in zugesagten gleich bleibenden oder steigenden monatlichen Teilraten und zusätzlich in variablen Teilraten erfolgt und ein Anteil des zu Beginn der Auszahlungsphase zur Verfügung stehenden Kapitals zu Beginn der Auszahlungsphase in eine Rentenversicherung eingebracht wird, die dem Vertragspartner ab Vollendung des 85. Lebensjahres eine gleich bleibende oder steigende lebenslange Leibrente gewährt, deren erste monatliche Rate mindestens so hoch ist wie die letzte monatliche Auszahlung aus dem Auszahlungsplan unter Außerachtlassung variabler Teilraten; Anbieter und Vertragspartner können vereinbaren, dass bis zu drei Monatsraten oder drei Monatsrenten in einer Auszahlung zusammengefasst werden können;

6. die eine ergänzende Hinterbliebenenabsicherung (Hinterbliebenenrente) vorsehen kann; Hinterbliebene in diesem Sinne sind der Ehegatte und die in seinem Haushalt lebenden Kinder, für die er Kindergeld oder einen Freibetrag nach § 32 Abs. 6 des Einkommensteuergesetzes erhält; der Anspruch auf Waisenrente darf längstens für den Zeitraum bestehen, in dem der Rentenberechtigte die Voraussetzungen für die Berücksichtigung als Kind im Sinne des § 32 des Einkommensteuergesetzes erfüllt;

7. die bestimmt, dass die Altersvorsorgebeiträge, die erwirtschafteten Erträge und Veräußerungsgewinne in

    a) Rentenversicherungen und Kapitalisierungsprodukten im Sinne des § 1 Abs. 4 Satz 2 des Versicherungsaufsichtsgesetzes,

    b) Bankguthaben mit Zinsansammlung oder mit kostenfreier Anlage der Zinserträge in den unter Buchstabe c genannten Investmentfonds unter Vereinbarung einer Rückübertragung dieser Beträge zu Beginn der Auszahlungsphase,

    c) Anteilen an in- und ausländischen thesaurierenden oder ausschüttenden Investmentfonds angelegt werden, für deren Rechnung gemäß Vertragsbedingungen oder Satzung nur solche Derivatgeschäfte abgeschlossen werden dürfen, die der Absicherung des Fondsvermögens, dem späteren Erwerb von Wertpapieren oder zur Erzielung eines zusätzlichen Ertrags aus bereits vorhandenen Vermögensgegenständen dienen; bei ausschüttenden Investmentfonds muss die Vereinbarung bestimmen, dass die Ausschüttungen zum Wert des Anteils (Inventarwert pro Anteil) kostenfrei unverzüglich wieder angelegt werden; inländische Investmentfonds müssen Sondervermögen nach dem Gesetz über Kapitalanlagegesellschaften sein; bei ausländischen Investmentanteilen muss es sich um Investmentanteile handeln, die der Richtlinie 85/611/EWG des Rates vom 20. Dezember 1985 zur Koordinierung der Rechts- und Verwaltungsvorschriften betreffend bestimmte Organismen für gemeinsame Anlagen in Wertpapieren (OGAW) (ABl. EG Nr. L 375 S. 3), zuletzt geändert durch die Richtlinie 95/26/EG des Europäischen Parlaments und des Rates vom 29. Juni 1995 (ABl. EG Nr. L 168 S. 7), unterliegen und die nach dem

Anhang: Gesetzestexte

Auslandinvestment-Gesetz öffentlich vertrieben werden dürfen; die genannten Produkte können mit einer Zusatzversicherung für verminderte Erwerbsfähigkeit kombiniert sein;

8. die vorsieht, dass die in Ansatz gebrachten Abschluss- und Vertriebskosten über einen Zeitraum von mindestens zehn Jahren in gleichmäßigen Jahresbeträgen verteilt werden, soweit sie nicht als Vomhundertsatz von den Altersvorsorgebeiträgen abgezogen werden;

9. in der sich der Anbieter verpflichtet, den Vertragspartner jährlich schriftlich über die Verwendung der eingezahlten Altersvorsorgebeiträge, das bisher gebildete Kapital, die einbehaltenen anteiligen Abschluss- und Vertriebskosten, die Kosten für die Verwaltung des gebildeten Kapitals, die erwirtschafteten Erträge sowie bei Umwandlung eines bestehenden Vertrags in einen Altersvorsorgevertrag die bis zum Zeitpunkt der Umwandlung angesammelten Beiträge und Erträge zu informieren; der Anbieter muss auch darüber schriftlich informieren, ob und wie er ethische, soziale und ökologische Belange bei der Verwendung der eingezahlten Altersvorsorgebeiträge berücksichtigt;

10. die dem Vertragspartner während der Ansparphase einen Anspruch gewährt,

    a) den Vertrag ruhen zu lassen,

    b) den Vertrag mit einer Frist von drei Monaten zum Ende eines Kalendervierteljahres zu kündigen, um das gebildete Kapital auf einen anderen auf seinen Namen lautenden Altersvorsorgevertrag desselben oder eines anderen Anbieters übertragen zu lassen oder

    c) mit einer Frist von drei Monaten zum Ende eines Kalendervierteljahres die teilweise oder vollständige Auszahlung des gebildeten Kapitals für eine Verwendung im Sinne des § 92a des Einkommensteuergesetzes zu verlangen und

11. die die Abtretung oder Übertragung von Forderungen oder Eigentumsrechten aus dem Vertrag an Dritte ausschließt.

Altersvorsorgeverträge können auch Verträge sein, die die Förderung selbst genutzten Wohnungseigentums ermöglichen, sofern sie die Anforderungen des Satzes 1 gleichartig erfüllen. Altersvorsorgeverträge können auch Verträge mit Anbietern im Sinne des Absatzes 2 sein, die vor Inkrafttreten dieses Gesetzes abgeschlossen worden sind, wenn diese, im Bedarfsfall nach einer entsprechenden Änderung, die Voraussetzungen für eine Zertifizierung im Sinne dieses Gesetzes erfüllen. Ein Altersvorsorgevertrag im Sinne dieses Gesetzes kann zwischen dem Anbieter und dem Vertragspartner auch auf Grundlage einer rahmenvertraglichen Vereinbarung mit einer Vereinigung geschlossen werden, wenn der begünstigte Personenkreis die Voraussetzungen des § 10a des Einkommensteuergesetzes erfüllt.

(2) Anbieter eines Altersvorsorgevertrags im Sinne dieses Gesetzes ist, wer die Zusage nach Absatz 1 Satz 1 Nr. 3 abgibt. Zertifizierungsfähig kann die Zusage nur abgegeben werden von

1. Lebensversicherungsunternehmen, soweit ihnen hierfür eine Erlaubnis nach dem Versicherungsaufsichtsgesetz erteilt worden ist, Kreditinstituten, die eine Erlaubnis zum Betreiben des Einlagengeschäftes im Sinne von § 1 Abs. 1 Satz 2 Nr. 1 des Gesetzes über das Kreditwesen haben, und Kapitalanlagegesellschaften mit Sitz im Inland oder

2. Lebensversicherungsunternehmen im Sinne der Richtlinie 92/96/EWG des Rates vom 10. November 1992 zur Koordinierung der Rechts- und Verwaltungsvorschriften für die Direktversicherung (Lebensversicherung) sowie zur Änderung der Richtlinien 79/267/EWG und 90/619/EWG (Dritte Richtlinie Lebensversicherung), (ABl. EG Nr. L 360 S. 1) sowie Kreditinstituten im Sinne der Richtlinie 89/646/EWG des Rates vom 15. Dezember 1989 zur Koordinierung der Rechts- und Verwaltungsvorschriften über die Aufnahme und Ausübung der Tätigkeit der Kreditinstitute und zur Änderung der Richtlinie 77/780/EWG (ABl. EG Nr. L

386 S. 1; Korrigendum ABl. EG Nr. L 15 S.30) und 77/780/EWG des Rates vom 12. Dezember 1977 zur Koordinierung der Rechts- und Verwaltungsvorschriften über die Aufnahme und Ausübung der Tätigkeit der Kreditinstitute (ABl. EG Nr. L 322 S. 30), mit Sitz in einem anderen Staat des Europäischen Wirtschaftsraums, soweit sie gemäß § 110a Abs. 2 des Versicherungsaufsichtsgesetzes oder § 53b Abs. 1 Satz 1 des Gesetzes über das Kreditwesen entsprechende Geschäfte im Inland betreiben dürfen, oder von Verwaltungs- oder Investmentgesellschaften im Sinne der Richtlinie 85/611/EWG mit Sitz in einem anderen Staat des Europäischen Wirtschaftsraums oder

3. inländischen Zweigstellen von Lebensversicherungsunternehmen oder Kreditinstituten, die eine Erlaubnis zum Betreiben des Einlagengeschäftes im Sinne von § 1 Abs. 1 Satz 2 Nr. 1 des Gesetzes über das Kreditwesen haben, mit Sitz außerhalb des Europäischen Wirtschaftsraums, soweit die Zweigstellen die Voraussetzungen des § 105 Abs. 1 des Versicherungsaufsichtsgesetzes oder des § 53, auch in Verbindung mit § 53c des Gesetzes über das Kreditwesen, erfüllen.

Finanzdienstleistungsinstitute sowie Kreditinstitute mit Sitz im Inland, die keine Erlaubnis zum Betreiben des Einlagengeschäftes im Sinne von § 1 Abs. 1 Satz 2 Nr. 1 des Gesetzes über das Kreditwesen haben, und Wertpapierdienstleistungsunternehmen im Sinne der Richtlinie 93/22/EWG des Rates vom 10. Mai 1993 über Wertpapierdienstleistungen (ABl. EG Nr. L 141 S. 27) mit Sitz in einem anderen Staat des Europäischen Wirtschaftsraums können Anbieter sein, wenn sie

1. nach ihrem Erlaubnisumfang nicht unter die Ausnahmeregelungen nach § 2 Abs. 7 oder 8 des Gesetzes über das Kreditwesen fallen oder im Falle von Wertpapierdienstleistungsunternehmen vergleichbaren Einschränkungen der Solvenzaufsicht in dem anderen Staat des Europäischen Wirtschaftsraums unterliegen,

2. ein Anfangskapital im Sinne von § 10 Abs. 2a Satz 1 Nr. 1 bis 7 des Gesetzes über das Kreditwesen (Anfangskapital) in Höhe von mindestens 730 000 Euro nachweisen und

3. nach den Bedingungen des Altersvorsorgevertrages die Gelder nur anlegen

    a) bei Kreditinstituten im Sinne des Satzes 2 oder

    b in Anteilen an thesaurierenden Investmentfonds im Sinne von Absatz 1 Satz 1 Nr. 7.

(3) Die Zertifizierung eines Altersvorsorgevertrages nach diesem Gesetz ist die Feststellung, dass die Vertragsbedingungen des Altersvorsorgevertrages des Anbieters den Anforderungen der Absätze 1 und 2 entsprechen. Eine Zertifizierung im Sinne des *§ 4 Abs. 2 Satz 1* stellt ausschließlich die Übereinstimmung des Vertrages mit den Anforderungen des Absatzes 1 fest.

(4) Zertifizierungsstelle ist die in *§ 2 Abs. 1* bestimmte Behörde oder die nach *§ 3 Abs. 1* bestimmte sonstige Stelle.

§ 2
Zertifizierungsbehörde, Aufgaben

(1) Zertifizierungsbehörde ist die Bundesanstalt für Finanzdienstleistungsaufsicht (Bundesanstalt).

(2) Die Zertifizierungsstelle entscheidet durch Verwaltungsakt über die Zertifizierung sowie über die Rücknahme und den Widerruf der Zertifizierung.

(3) Die Zertifizierungsstelle prüft nicht, ob ein Altersvorsorgevertrag wirtschaftlich tragfähig und die Zusage des Anbieters erfüllbar ist und ob die Vertragsbedingungen zivilrechtlich wirksam sind.

(4) Die Zertifizierungsbehörde nimmt die ihr nach diesem Gesetz zugewiesenen Aufgaben nur im öffentlichen Interesse wahr.

§ 3
Beleihung von privaten Zertifizierungsstellen

(1) Das Bundesministerium der Finanzen wird ermächtigt, durch Rechtsverordnung, die nicht der Zustimmung des Bundesrates bedarf, Aufgaben und Befugnisse der Zertifizierungsbehörde einer oder mehreren juristischen Personen des Privatrechts, die von Spitzenverbänden der Kreditinstitute oder Versicherungsunternehmen oder anderen geeigneten unabhängigen Einrichtungen errichtet werden, ganz oder teilweise zu übertragen. Diese haben die Aufgaben der Zertifizierungsbehörde ohne Ansehen des Antragstellers zu übernehmen und die notwendige Gewähr für die Erfüllung der Aufgaben nach diesem Gesetz zu bieten. Eine juristische Person bietet die notwendige Gewähr, wenn

1. die Personen, die nach Gesetz oder Satzung die Geschäftsführung und Vertretung der juristischen Person ausüben, zuverlässig und fachlich geeignet sind,
2. sie die zur Erfüllung ihrer Aufgaben notwendige Ausstattung und Organisation und ein Anfangskapital im Gegenwert von mindestens 1 Million Euro hat.

Durch die Rechtsverordnung nach Satz 1 kann sich das Bundesministerium der Finanzen dieGenehmigung der Satzung und von Satzungsänderungen der juristischen Person vorbehalten.

(2) Zertifizierungsstellen nach Absatz 1 Satz 1 unterliegen der Rechts- und Fachaufsicht der Bundesanstalt.

§ 4
Antrag, Ergänzungsanforderungen, Ergänzungsanzeigen, Ausschlussfristen

(1) Die Zertifizierung erfolgt auf Antrag des Anbieters. Mit dem Antrag sind vorzulegen:

1. Unterlagen, die belegen, dass der Vertrag die in § 1 Abs. 1 genannten Voraussetzungen erfüllt;
2. eine Bescheinigung der zuständigen Aufsichtsbehörde über den Umfang der Erlaubnis und bei Unternehmen im Sinne des § 1 Abs. 2 Satz 3 zusätzlich über den Umfang der Aufsicht und die Höhe des Anfangskapitals (§ 1 Abs. 2 Satz 3 Nr. 1 und 2).

(2) Auf Antrag eines Spitzenverbandes der in § 1 Abs. 2 genannten Anbieter kann die Zertifizierung eines ausschließlich als Muster verwendbaren Vertrages erfolgen. Mit dem Antrag sind die Unterlagen vorzulegen, die belegen, dass der Mustervertrag die in § 1 Abs. 1 genannten Voraussetzungen erfüllt.

(3) Ein Spitzenverband der in § 1 Abs. 2 genannten Anbieter kann als Bevollmächtigter seiner Mitgliedsunternehmen für diese die Anträge nach

Absatz 1 stellen. Von der Vorlage der Unterlagen nach

1. Absatz 1 Satz 2 Nr. 1 kann abgesehen werden, wenn es sich bei dem Vertrag um einen bereits zertifizierten Mustervertrag nach Absatz 2 handelt;
2. Absatz 1 Satz 2 Nr. 2 kann abgesehen werden, wenn der Spitzenverband schriftlich versichert, dass ihm für sein Mitgliedsunternehmen die dort genannte Bescheinigung vorliegt.

Der Bevollmächtigte hat auf Verlangen der Zertifizierungsbehörde seine Vollmacht schriftlich nachzuweisen sowie die Unterlagen nach § 4 Abs. 1 Satz 2 Nr. 1 und 2 vorzulegen.

(4) Die Gebühr nach § 12 ist bei Stellung des Antrags zu entrichten.

(5) Fehlende Angaben oder Unterlagen fordert die Zertifizierungsstelle innerhalb von drei Monaten als Ergänzungsanzeige an (Ergänzungsanforderung). Innerhalb von drei Monaten nach Zugang

der Ergänzungsanforderung ist die Ergänzungsanzeige der Zertifizierungsstelle zu erstatten; andernfalls lehnt die Zertifizierungsstelle den Zertifizierungsantrag ab. Die Frist nach Satz 2 ist eine Ausschlussfrist.

§ 5
Zertifizierung
Die Zertifizierungsstelle erteilt die Zertifizierung mit Wirkung zum ersten Werktag des übernächsten Kalendermonats, wenn ihr die nach diesem Gesetz erforderlichen Angaben und Unterlagen vorliegen und die Voraussetzungen des *§ 1 Abs. 1 und 2* erfüllt sind, frühestens jedoch zum 1. Januar 2002.

§ 6
Rechtsverordnung
Das Bundesministerium der Finanzen kann durch Rechtsverordnung, die nicht der Zustimmung des Bundesrates bedarf, nähere Bestimmungen über das Zertifizierungsverfahren und die Informationspflichten gemäß § 1 Abs. 1 Satz 1 Nr. 9 treffen. Das Bundesministerium der Finanzen kann die Ermächtigung durch Rechtsverordnung, die nicht der Zustimmung des Bundesrates bedarf, auf die Bundesanstalt übertragen.

§ 7
Informationspflicht des Anbieters
(1) Der Anbieter informiert den Vertragspartner schriftlich vor Vertragsabschluss, im Falle eines Versicherungsvertrages vor Antragstellung, über

1. die Höhe und zeitliche Verteilung der vom Vertragspartner zu tragenden Abschluss- und Vertriebskosten,
2. die Kosten für die Verwaltung des gebildeten Kapitals und
3. die Kosten, die dem Vertragspartner im Falle eines Wechsels in ein anderes begünstigtes Anlageprodukt oder zu einem anderen Anbieter unter Mitnahme des gebildeten Kapitals entstehen.

Sofern zwischen Anbieter und Vertragspartner bereits ein Vertragsverhältnis besteht, hat der Anbieter über die Möglichkeit einer Umstellung aufzuklären. Wird ein beim Anbieter bestehender Vertrag auf einen Altersvorsorgevertrag im Sinne dieses Gesetzes umgestellt, so treten an die Stelle der Abschluss- und Vertriebskosten die aus Anlass der Vertragsumstellung entstehenden Kosten.

(2) In der Information nach Absatz 1 hat der Anbieter die Zertifizierungsstelle mit ihrer Postanschrift, die Zertifizierungsnummer, das Datum, zu dem die Zertifizierung wirksam geworden ist, und einen deutlich hervorgehobenen Hinweis folgenden Wortlauts aufzunehmen:

„Der Altersvorsorgevertrag ist zertifiziert worden und damit im Rahmen des *§ 10a des Einkommensteuergesetzes* steuerlich förderungsfähig. Bei der Zertifizierung ist nicht geprüft worden, ob der Altersvorsorgevertrag wirtschaftlich tragfähig, die Zusage des Anbieters erfüllbar ist und die Vertragsbedingungen zivilrechtlich wirksam sind."

(3) Erfüllt der Anbieter die ihm gemäß den Absätzen 1 und 2 obliegenden Verpflichtungen nicht, kann der Vertragspartner binnen eines Monats nach Zahlung des ersten Beitrages vom Vertrag zurücktreten.

Anhang: Gesetzestexte

§ 8
Rücknahme, Widerruf und Verzicht

(1) Die Zertifizierungsbehörde kann den Antrag auf Zertifizierung ablehnen oder die Zertifizierung gegenüber dem Anbieter widerrufen, wenn Tatsachen die Annahme rechtfertigen, dass der Anbieter die für die Beachtung der Vorschriften dieses Gesetzes sowie des Abschnitts XI des Einkommensteuergesetzes erforderliche Zuverlässigkeit nicht besitzt. Die Zertifizierungsbehörde hat die Zertifizierung gegenüber dem Anbieter zu widerrufen, wenn der Anbieter die Voraussetzungen des § 1 Abs. 2 nicht mehr erfüllt. Die Aufhebung der Zertifizierung nach den allgemeinen Bestimmungen des Verwaltungsverfahrensgesetzes bleibt unberührt.

(2) Der Anbieter kann auf die Zertifizierung unbeschadet seiner vertraglichen Verpflichtungen für die Zukunft durch schriftliche Erklärung gegenüber der Zertifizierungsstelle verzichten.

(3) Der Anbieter ist verpflichtet, den Vertragspartner, mit dem er einen Altersvorsorgevertrag abgeschlossen hat, über Rücknahme oder Widerruf der Zertifizierung oder über den Verzicht auf die Zertifizierung unverzüglich zu unterrichten.

(4) Die Zertifizierungsbehörde unterrichtet die obersten Finanzbehörden der Länder und die zentrale Stelle im Sinne des § 81 *des Einkommensteuergesetzes* unverzüglich über Rücknahme oder Widerruf der Zertifizierung oder über den Verzicht auf die Zertifizierung. Dabei ist auch mitzuteilen, ab welchem Zeitpunkt Rücknahme, Widerruf oder Verzicht wirksam sind. Im Fall einer Antragsablehnung oder eines Widerrufs nach Absatz 1 Satz 1 ist die für den Anbieter zuständige Aufsichtsbehörde zu unterrichten.

§ 9
Sofortige Vollziehung

Widerspruch und Anfechtungsklage gegen den Widerruf oder die Rücknahme einer Zertifizierung haben keine aufschiebende Wirkung.

§ 10
Veröffentlichung

Die Zertifizierungsbehörde macht die Zertifizierung sowie den Widerruf, die Rücknahme oder den Verzicht durch eine Veröffentlichung des Namens und der Anschrift des Anbieters und dessen Zertifizierungsnummer im Bundesanzeiger bekannt. Das Gleiche gilt sinngemäß für die Zertifizierung von Verträgen im Sinne des § 4 Abs. 2 Satz 1.

§ 11
Verschwiegenheitspflicht und Datenschutz

(1) Die bei der Zertifizierungsbehörde beschäftigten oder von ihr beauftragten Personen dürfen bei ihrer Tätigkeit erhaltene vertrauliche Informationen nicht unbefugt offenbaren oder verwerten, auch wenn sie nicht mehr im Dienst sind oder ihre Tätigkeit beendet ist (Schweigepflicht). Dies gilt auch für andere Personen, die durch dienstliche Berichterstattung Kenntnis von den in Satz 1 bezeichneten Tatsachen erhalten.

82) Ein unbefugtes Offenbaren oder Verwerten im Sinne des Absatzes 1 liegt insbesondere nicht vor, wenn Tatsachen weitergegeben werden an

1. kraft Gesetzes oder im öffentlichen Auftrag mit der Überwachung von Versicherungsunternehmen, Kreditinstituten, Finanzdienstleistungsinstituten oder Investmentgesellschaften betraute Stellen sowie von diesen beauftragte Personen,

2. die Finanzbehörden oder

3. die Zertifizierungsbehörde oder

4. nach § 3 beliehene Stellen,

soweit diese Stellen die Informationen zur Erfüllung ihrer Aufgaben benötigen. Für die bei diesen Stellen beschäftigten Personen gilt die Verschwiegenheitspflicht nach Absatz 1 Satz 1 entsprechend.

(3) Personen, die bei den nach § 3 beliehenen Stellen beschäftigt oder für sie tätig sind, sind nach dem Gesetz über die förmliche Verpflichtung nichtbeamteter Personen vom 2. März 1974 (BGBl. I S. 469, 547) von der Bundesanstalt auf die gewissenhafte Erfüllung ihrer Obliegenheiten zu verpflichten.

(4) Sofern personenbezogene Daten erhoben, verarbeitet oder genutzt werden, gelten die Vorschriften des Bundesdatenschutzgesetzes.

§ 12
Gebühren
Die Zertifizierungsstellen erheben für die Bearbeitung eines Antrags, einen Altersvorsorgevertrag zu zertifizieren, Gebühren in Höhe von 5 000 Euro. Für Anbieter, die ihrem Antrag nach § 4 Abs. 1 einen zertifizierten Vertrag eines Spitzenverbandes zugrunde legen, beträgt die Gebühr 500 Euro, wenn der Vertrag des Anbieters bezüglich der Anforderungen des § 1 Abs. 1 von dem zertifizierten Muster in Reihenfolge und Inhalt nicht abweicht und wenn der Anbieter bei seinem Antrag zusätzlich die Zertifizierungsstelle mit ihrer Postanschrift, die Zertifizierungsnummer und das Datum, zu dem die Zertifizierung wirksam geworden ist, mitteilt. Für Anträge nach *§ 4 Abs. 3 Satz 1 und 2* beträgt die Gebühr 250 Euro.

§ 13
Bußgeldvorschriften
(1) Ordnungswidrig handelt, wer vorsätzlich oder fahrlässig den vertraglichen Pflichten nach *§ 1 Abs. 1 Satz 1 Nr. 9* nicht, nicht richtig, nicht rechtzeitig oder nicht vollständig nachkommt.

(2) Die Ordnungswidrigkeit kann mit einer Geldbuße bis zu 2 500 Euro geahndet werden.

(3) Verwaltungsbehörde im Sinne des *§ 36 Abs. 1 Nr. 1* des Gesetzes über Ordnungswidrigkeiten ist die Zertifizierungsbehörde.

§ 14
Übergangsvorschrift
Für vor dem 1. Januar 2002 abgeschlossene Verträge, die in Altersvorsorgeverträge geändert werden sollen *(§ 1 Abs. 1 Satz 3)*, gelten die Vorschriften dieses Gesetzes entsprechend.

Gesetz über den Nachweis der für ein Arbeitsverhältnis geltenden wesentlichen Bedingungen

(Nachweisgesetz – NachwG)

vom 20. Juli 1995 (BGBl. I S. 946), zuletzt geändert durch durch das Gesetz zur Neuregelung der geringfügigen Beschäftigungsverhältnisse vom 24. März 1999 (BGBl. I S. 388)

§ 1 Anwendungsbereich

Dieses Gesetz gilt für alle Arbeitnehmer, es sei denn , daß sie nur zu vorübergehender Aushilfe von höchstens einem Monat eingestellt werden.

§ 2 Nachweispflicht

(1) Der Arbeitgeber hat spätestens einen Monat nach dem vereinbarten Beginn des Arbeitsverhältnisses die wesentlichen Vertragsbedingungen schriftlich niederzulegen, die Niederschrift zu unterzeichnen und dem Arbeitnehmer auszuhändigen. In die Niederschrift sind mindestens aufzunehmen:

1. der Name und die Anschrift der Vertragsparteien,
2. der Zeitpunkt des Beginns des Arbeitsverhältnisses,
3. bei befristeten Arbeitsverhältnissen: die vorhersehbare Dauer des Arbeitsverhältnisses,
4. der Arbeitsort oder, falls der Arbeitnehmer nicht nur an einem bestimmten Arbeitsort tätig sein soll, ein Hinweis darauf, daß der Arbeitnehmer an verschiedenen Orten beschäftigt werden kann,
5. eine kurze Charakterisierung oder Beschreibung der vom Arbeitnehmer zu leistenden Tätigkeit,
6. die Zusammensetzung und die Höhe es Arbeitsentgelts einschließlich der Zuschläge, der Zulagen, Prämien und Sonderzahlungen sowie anderer Bestandteile des Arbeitsentgelts und deren Fälligkeit,
7. die vereinbarte Arbeitszeit,
8. die Dauer des jährlichen Erholungsurlaubs,
9. die Fristen für die Kündigung des Arbeitsverhältnisses,
10. ein in allgemeiner Form gehaltener Hinweis auf die Tarifverträge, Betriebs- oder Dienstvereinbarungen, die auf das Arbeitsverhältnis anzuwenden sind.

Bei Arbeitnehmern, die eine geringfügige Beschäftigung nach § 8 Abs. 1 Nr. 1 des Vierten Buches Sozialgesetzbuch ausüben, ist außerdem der Hinweis aufzunehmen, daß der Arbeitnehmer in der gesetzlichen Rentenversicherung die Stellung eines versicherungspflichtigen Arbeitnehmers erwerben kann, wenn er nach § 5 Abs. 2 Satz 2 des Sechsten Buches Sozialgesetzbuch auf die Versicherungsfreiheit durch Erklärung gegenüber dem Arbeitgeber verzichtet.

(2) Hat der Arbeitnehmer seine Arbeitsleistung länger als einen Monat außerhalb der Bundesrepublik Deutschland zu erbringen, so muß die Niederschrift dem Arbeitnehmer vor seiner Abreise ausgehändigt werden und folgende zusätzliche Angaben enthalten:

1. die Dauer der im Ausland auszuübenden Tätigkeit,
2. die Währung, in der das Arbeitsentgelt ausgezahlt wird,
3. ein zusätzliches mit dem Auslandsaufenthalt verbundenes Arbeitsentgelt und damit verbundene zusätzliche Sachleistungen,
4. die vereinbarten Bedingungen für die Rückkehr des Arbeitnehmers.

(3) Die Angaben nach Absatz 1 Satz 2 Nr. 6 bis 9 und Absatz 2 Nr. 2 und 3 können ersetzt werden durch einen Hinweis auf die einschlägigen Tarifverträge, Betriebs- oder Dienstvereinbarungen und ähnlichen Regelungen, die für das Arbeitsverhältnis gelten. Ist in den Fällen des Absatzes 1 Satz 2 Nr. 8 und 9 die jeweilige gesetzliche Regelung maßgebend, so kann hierauf verwiesen werden.

(4) Wenn dem Arbeitnehmer ein schriftlicher Arbeitsvertrag ausgehändigt worden ist, entfällt die Verpflichtung nach den Absätzen 1 und 2, soweit der Vertrag die in den Absätzen 1 bis 3 geforderten Angaben enthält.

§ 3 Änderung der Angaben
Eine Änderung der wesentlichen Vertragsbedingungen ist dem Arbeitnehmer spätestens einen Monat nach der Änderung schriftlich mitzuteilen. Satz 1 gilt nicht bei einer Änderung der gesetzlichen Vorschriften, Tarifverträge, Betriebs- oder Dienstvereinbarungen und ähnlichen Regelungen, die für das Arbeitsverhältnis gelten.

§ 4 Übergangsvorschrift
Hat das Arbeitsverhältnis bereits bei Inkrafttreten dieses Gesetzes bestanden, so ist dem Arbeitnehmer auf sein Verlangen innerhalb von zwei Monaten eine Niederschrift im Sinne des § 2 auszuhändigen. Soweit eine früher ausgestellte Niederschrift oder ein schriftlicher Arbeitsvertrag die nach diesem Gesetz erforderlichen Angaben enthält, entfällt diese Verpflichtung.

§ 5 Unabdingbarkeit
Von den Vorschriften dieses Gesetzes kann nicht zuungunsten des Arbeitnehmers abgewichen werden.

Anhang: Gesetzestexte

VAG (Auszüge)

§ 112
Definition

(1) Ein Pensionsfonds ist eine rechtsfähige Versorgungseinrichtung, die

1. im Wege des Kapitaldeckungsverfahrens Leistungen der betrieblichen Altersversorgungsleistungen für einen oder mehrere Arbeitgeber zugunsten von Arbeitnehmern erbringt,
2. die Höhe der Leistungen oder die Höhe der für diese Leistungen zu entrichtenden künftigen Beiträge nicht für alle vorgesehenen Leistungsfälle durch versicherungsförmige Garantien zusagen darf,
3. den Arbeitnehmern einen eigenen Anspruch auf Leistung gegen den Pensionsfonds einräumt und
4. verpflichtet ist, die Leistung als lebenslange Altersrente oder in Form eines Auszahlungsplans mit unmittelbar anschließender Restverrentung gemäß § 1 Abs. 1 Satz 1 Nr. 5 des Altersvorsorgeverträge-Zertifizierungsgesetzes zu erbringen.

Pensionspläne sind die im Rahmen des Geschäftsplanes ausgestalteten Bedingungen zur planmäßigen Leistungserbringung im Versorgungsfall. Pensionspläne sind

1. beitragsbezogen, wenn mit ihnen eine Zusage des Arbeitgebers gemäß § 1 Abs. 2 Nr. 2 des Gesetzes zur Verbesserung der betrieblichen Altersversorgung durchgeführt wird,
2. leistungsbezogen, mit ihnen eine Zusage des Arbeitgebers gemäß § 1 Abs. 1 Satz 1 oder Abs. 2 Nr. 1 des Gesetzes zur Verbesserung der betrieblichen Altersversorgung durchgeführt wird.

(2) Pensionsfonds bedürfen zum Geschäftsbetrieb der Erlaubnis der Aufsichtsbehörde.

(3) Als Arbeitnehmer im Sinne dieser Vorschrift gelten auch ehemalige Arbeitnehmer sowie die unter § 17 Abs. 1 Satz 2 des Gesetzes zur Verbesserung der betrieblichen Altersversorgung fallenden Personen.

↑ *Inhaltsübersicht*

§ 113
Anzuwendende Vorschriften

(1) Für Pensionsfonds im Sinne des § 112 gelten die auf die Lebensversicherungsunternehmen anzuwendenden Vorschriften dieses Gesetzes entsprechend, soweit dieses Gesetz keine abweichenden Regelungen oder Maßgaben enthält.

(2) Von den auf die Lebensversicherungsunternehmen anzuwendenden Vorschriften dieses Gesetzes gelten für Pensionsfonds die folgenden Vorschriften nur mit einer Maßgabe entsprechend:

1. § 5 Abs. 3 Nr. 2 mit der Maßgabe, dass mit dem Antrag auf Erlaubnis nur die Pensionspläne einzureichen sind; Pensionspläne sind die im Rahmen des Geschäftsplanes ausgestalteten Bedingungen zur planmäßigen Leistungserbringung im Versorgungsfall;
2. § 5 Abs. 4 mit der Maßgabe, dass § 114 Abs. 2 an die Stelle des § 53c Abs. 2 tritt;
3. § 7 Abs. 1 mit der Maßgabe, dass die Erlaubnis nur Aktiengesellschaften und Pensionsfondsvereinen auf Gegenseitigkeit erteilt werden darf; für Pensionsfondsvereine auf Gegenseitig-

keit gelten die Vorschriften über Versicherungsvereine auf Gegenseitigkeit entsprechend, soweit nichts anderes bestimmt ist;

4. § 10a mit der Maßgabe, dass der Arbeitnehmer die Angaben der Anlage Teil D Abschnitt III erhält;

4a. § 11a Abs. 3 mit der Maßgabe, dass jeweils § 116 Abs. 1 an die Stelle des § 65 Abs. 1 tritt;

5. § 13 Abs. 1 mit der Maßgabe, dass die Genehmigungspflicht nicht für Pensionspläne gilt; Änderungen und die Einführung neuer Pensionspläne werden erst nach drei Monaten wirksam, falls die Aufsichtsbehörde nicht aus den Gründen des § 8 Abs. 1 widerspricht oder vorher die Unbedenklichkeit feststellt;

6. § 13 Abs. 3 mit der Maßgabe, dass diese Vorschrift auch für das Pensionsgeschäft in den anderen Vertragsstaaten des Abkommens über den Europäischen Wirtschaftsraum anzuwenden ist;

7. § 81 mit der Maßgabe, dass an die Stelle der „Belange der Versicherten" die „Belange der Versorgungsanwärter und Versorgungsempfänger" tritt;

8. § 81a mit der Maßgabe, dass an die Stelle der „Belange der Versicherten" die „Belange der Versorgungsanwärter und Versorgungsempfänger" und an die Stelle der Versicherungsverhältnisse die „Versorgungsverhältnisse" treten;

8a. § 81b Abs. 4 mit der Maßgabe, dass § 115 Abs. 2 an die Stelle des § 54 Abs. 3 tritt;

9. § 81c mit der Maßgabe, dass an die Stelle der „Belange der Versicherten" die „Belange der Versorgungsanwärter und Versorgungsempfänger" tritt;

10. § 81e mit der Maßgabe, dass an die Stelle der „Versicherungsnehmer" die „Versorgungsanwärter und Versorgungsempfänger" treten;

§ 101 mit der Maßgabe, dass an Stelle der Versicherungsentgelte die Pensionsfondsbeiträge maßgeblich sind.

(3) Nicht anwendbar sind § 6 Abs. 1 Satz 2, Abs. 4, § 9, §§ 13a bis 13c, § 14 Abs. 1a, §§ 53, 53b und 53c Abs. 1 bis 3c, § 54 Abs. 1 bis 3, §§ 54b und 54c, §§ 64, 65, 66 Abs. 7, § 85 Satz 2, § 88 Abs. 1 Satz 2, Abs. 3 Satz 1, 3 und 4, Abs. 4 Satz 2, §§ 88a und 89b, §§ 110a und 110b, §§ 111 bis 111g sowie §§ 122, 123.

§ 114
Kapitalausstattung

(1) Pensionsfonds sind verpflichtet, zur Sicherstellung der dauernden Erfüllbarkeit der Verträge freie und unbelastete Eigenmittel mindestens in Höhe einer Solvabilitätsspanne zu bilden, die sich nach dem gesamten Geschäftsumfang bemisst. Ein Drittel der Solvabilitätsspanne gilt als Garantiefonds.

(2) Das Bundesministerium der Finanzen wird zur Sicherstellung einer ausreichenden Solvabilität von Pensionsfonds ermächtigt, durch Rechtsverordnung Vorschriften zu erlassen

1. über die Berechnung und die Höhe der Solvabilitätsspanne unter Berücksichtigung der Einstandspflicht des Arbeitgebers gemäß § 1 Abs. 1 Satz 3 des Gesetzes zur Verbesserung der betrieblichen Altersvorsorge;

2. über den für Pensionsfonds maßgeblichen Mindestbetrag des Garantiefonds und

3. darüber, was als Eigenmittel im Sinne von Absatz 1 anzusehen ist und in welchem Umfang sie auf die Solvabilitätsspanne angerechnet werden dürfen.

Anhang: Gesetzestexte

§ 115
Vermögensanlage

(1) Pensionsfonds haben unter Berücksichtigung der jeweiligen Pensionspläne Sicherungsvermögen anzulegen. Die Bestände eines Sicherungsvermögens und des sonstigen gebundenen Vermögens (gebundenes Vermögen) sind in einer der Art und Dauer der zu erbringenden Altersversorgung entsprechenden Weise unter Berücksichtigung der Festlegungen des jeweiligen Pensionsplans so anzulegen, dass möglichst große Sicherheit und Rentabilität bei ausreichender Liquidität des Pensionsfonds unter Wahrung angemessener Mischung und Streuung insgesamt erreicht wird.

(2) Die Bundesregierung wird ermächtigt, zur Sicherstellung der dauernden Erfüllbarkeit des jeweiligen Pensionsplans unter Berücksichtigung der Anlageformen des Artikels 23 der Richtlinie über Lebensversicherungen und der Festlegungen im Pensionsplan hinsichtlich des Anlagerisikos und des Trägers dieses Risikos durch Rechtsverordnung Einzelheiten nach Maßgabe des Absatzes 1 festzulegen. Dies beinhaltet insbesondere, quantitative und qualitative Vorgaben nach Maßgabe des Artikels 23 der Richtlinie über Lebensversicherungen zur Anlage des gebundenen Vermögens, zu seiner Kongruenz und Belegenheit festzulegen sowie Anlagen beim Trägerunternehmen zu beschränken. Die dauernde Erfüllbarkeit eines Pensionsplans kann auch bei einer vorübergehenden Unterdeckung als gewährleistet angesehen werden, wenn diese 5 vom Hundert des Betrags der Rückstellungen nicht übersteigt und die Belange der Versorgungsanwärter und -empfänger gewährleistet sind. Zur Absicherung der vollständigen Bedeckung der Rückstellungen ist eine Vereinbarung zwischen Arbeitgeber und Pensionsfonds erforderlich, die der Genehmigung der Aufsichtsbehörde bedarf. Die Genehmigung ist zu erteilen, wenn durch den Arbeitgeber die Erfüllung der Nachschusspflicht zur vollständigen Deckung der Rückstellungen durch Bürgschaft oder Garantie eines geeigneten Kreditinstituts oder in anderer geeigneter Weise sichergestellt ist. Der Pensionsfonds hat dem Pensionssicherungsverein die Vereinbarung unverzüglich zur Kenntnis zu geben.

(3) Die Pensionsfonds sind verpflichtet, jährlich, nach einer wesentlichen Änderung der Anlagepolitik zudem unverzüglich, ihre Anlagepolitik gegenüber der Aufsichtsbehörde darzulegen. Hierzu haben sie eine Erklärung über die Grundsätze der Anlagepolitik zu übersenden, die Angaben über das Verfahren zur Risikobewertung und zum Risikomanagement sowie zur Strategie in Bezug auf den jeweiligen Pensionsplan, insbesondere die Aufteilung der Vermögenswerte je nach Art und Dauer der Altersversorgungsleistungen, enthält.

(4) Der Pensionsfonds muss die Versorgungsberechtigten schriftlich darüber informieren, ob und wie er ethische, soziale und ökologische Belange bei der Verwendung der eingezahlten Beiträge berücksichtigt.

§ 116
Deckungsrückstellung

(1) Das Bundesministerium der Finanzen wird ermächtigt, durch Rechtsverordnung zur Berechnung der Deckungsrückstellung unter Beachtung der Grundsätze ordnungsmäßiger Buchführung

1. einen oder mehrere Höchstwerte für den Rechnungszins festzusetzen;

2. die Grundsätze der versicherungsmathematischen Rechnungsgrundlagen für die Berechnung der Deckungsrückstellung festzulegen.

Die Ermächtigung kann durch Rechtsverordnung auf die Bundesanstalt übertragen werden. Diese erlässt die Vorschriften im Benehmen mit den Aufsichtsbehörden der Länder.

(2) Die Rechtsverordnungen nach Absatz 1 sind im Einvernehmen mit dem Bundesministerium der Justiz zu erlassen.

§ 117
Pensionsfonds mit Sitz im Ausland; Zusammenarbeit der Aufsichtsbehörden

(1) Für Pensionsfonds mit Sitz im Ausland, die die Anforderungen des § 112 Abs. 1 erfüllen, gelten folgende Vorschriften entsprechend:

1. §§ 105 bis 110, falls es sich um Pensionsfonds eines Drittstaates handelt,
2. § 110d, falls es sich um Pensionsfonds mit Sitz in einem Mitglied- oder Vertragsstaat handelt. § 8 Abs. 4 ist nicht anzuwenden.

Im Übrigen gelten die Vorschriften dieses Abschnitts entsprechend.

(2) Die Bundesregierung wird ermächtigt, durch Verwaltungsabkommen mit einem Mitglied- oder Vertragsstaat jeweils zu vereinbaren, dass in Anlehnung an die für Lebensversicherungsunternehmen geltenden Bestimmungen der Richtlinie über Lebensversicherungen die Finanzaufsicht in alleiniger Zuständigkeit, die Aufsicht im Übrigen im Zusammenwirken mit der Aufsichtsbehörde des anderen Mitglied- oder Vertragsstaates wahrgenommen wird.

§ 118
Gesonderte Verordnungen

§ 5 Abs. 6, § 11a Abs. 6, § 55a, § 57 Abs. 2, § 81c Abs. 3, § 104 Abs. 6 und § 104g Abs. 2 finden mit der Maßgabe Anwendung, dass das Bundesministerium der Finanzen ermächtigt wird, auf ihrer Grundlage gesonderte Rechtsverordnungen für Pensionsfonds zu erlassen.

Anhang: Gesetzestexte

Körperschaftsdurchführungsverordnung (KStDV 1994)
- Auszug -

In der Fassung der Bekanntmachung vom 22. Februar 1996 (BGBl I S. 365) zuletzt geändert durch Artikel 5 des Gesetzes zur Umrechnung und Glättung steuerlicher Euro-Beträge (Steuer-Glättungsgesetz-StEuglG) vom 19. Dezember 2000 (BGBl I S. 1790).

Zu § 5 Abs. 1 Nr. 3 des Gesetzes

§ 1 Allgemeines
Rechtsfähige Pensions-, Sterbe-, Kranken- und Unterstützungskassen sind nur dann eine soziale Einrichtung im Sinne des § 5 Abs. 1 Nr. 3 Buchstabe b des Gesetzes, wenn sie die folgenden Voraussetzungen erfüllen.

1. Die Leistungsempfänger dürfen sich in der Mehrzahl nicht aus dem Unternehmer oder dessen Angehörigen und bei Gesellschaften in der Mehrzahl nicht aus den Gesellschaftern oder deren Angehörigen zusammensetzen.
2. Bei Auflösung der Kasse darf ihr Vermögen vorbehalten der Regelung in § 6 des Gesetzes satzungsmäßig nur den Leistungsempfängern oder deren Angehörigen zugute kommen oder für ausschließlich gemeinnützige oder mildtätige Zwecke verwendet werden.
3. Außerdem müssen bei Kassen mit Rechtsanspruch der Leistungsempfänger die Voraussetzungen des § 2, bei Kassen ohne Rechtsanspruch der Leistungsempfänger die Voraussetzungen des § 3 erfüllt sein.

§ 2 Kassen mit Rechtsanspruch der Leistungsempfänger
(1) Bei rechtsfähigen Pensions- oder Sterbekassen, die den Leistungsempfängern einen Rechtsanspruch gewähren, dürfen die jeweils erreichten Rechtsansprüche der Leistungsempfänger vorbehaltlich des Absatzes 2 die folgenden Beträge nicht übersteigen:

als Pension	25.768 Euro jährlich,
als Witwengeld	17.179 Euro jährlich,
als Waisengeld	5.154 Euro jährlich für jede Halbwaise,
	10.308 Euro jährlich für jede Vollwaise,
als Sterbegeld	7.669 Euro als Gesamtleistung.

(2) Die jeweils erreichten Rechtsansprüche, mit Ausnahme des Anspruchs auf Sterbegeld, dürfen in nicht mehr als 12 vom Hundert aller Fälle auf höhere als die in Absatz 1 bezeichneten Beträge gerichtet sein. Dies gilt in nicht mehr als 4 vom Hundert aller Fälle uneingeschränkt. Im Übrigen dürfen die jeweils erreichten Rechtsansprüche die folgenden Beträge nicht übersteigen:

als Pension	38.654 Euro jährlich,
als Witwengeld	25.769 Euro jährlich,
als Waisengeld	7.731 Euro jährlich für jede Halbwaise,
	15.461 Euro jährlich für jede Vollwaise.

§ 3 Kassen ohne Rechtsanspruch der Leistungsempfänger
Rechtsfähige Unterstützungskassen, die den Leistungsempfängern keinen Rechtsanspruch gewähren, müssen die folgenden Voraussetzungen erfüllen:

1. Die Leistungsempfänger dürfen zu laufenden Beiträgen oder zu sonstigen Zuschüssen nicht verpflichtet sein.
2. Den Leistungsempfängern oder den Arbeitnehmervertratungen des Betriebs oder der Dienststelle muß satzungsgemäß und tatsächlich das Recht zustehen, an der Verwaltung sämtlicher Beträge, die der Kasse zufließen, beratend mitzuwirken.
3. Die laufenden Leistungen und das Sterbegeld dürfen die in § 2 bezeichneten Beträge nicht übersteigen.

Zu § 5 Abs. 1 Nr. 4 des Gesetzes –

§ 4 Kleinere Versicherungsvereine
Kleinere Versicherungsvereine auf Gegenseitigkeit im Sinne des § 53 des Gesetzes über die Beaufsichtigung der privaten Versicherungsunternehmungen in der im Bundesgesetzblatt Teil III, Gliederungsnummer 7631-1, veröffentlichten bereinigten Fassung, zuletzt geändert durch das Gesetz vom 18. Dezember 1975 (BGBl. I S. 3139), sind von der Körperschaftsteuer befreit, wenn

1. ihre Beitragseinnahmen im Durchschnitt der letzten drei Wirtschaftsjahre einschließlich des im Veranlagungszeitraum endenden Wirtschaftsjahrs die folgenden Jahresbeträge nicht überstiegen haben:
   a) 797.615 Euro bei Versicherungsvereinen, die die Lebensversicherung oder die Krankenversicherung betreiben,
   b) 306.775 Euro bei allen übrigen Versicherungsvereinen, oder
2. sich ihr Geschäftsbetrieb auf die Sterbegeldversicherung beschränkt und sie im übrigen die Voraussetzungen des § 1 erfüllen.

Schlußvorschrift

§ 6 Anwendungszeitraum
Die Körperschaftsteuer-Durchführungsverordnung in der Fassung des Artikels 5 des Gesetzes vom 19. Dezember 2000 (BGBl. I S. 1790) ist erstmals für den Veranlagungszeitraum 2002 anzuwenden.

Die Autoren

Matthias Arendt, Dipl.-Informatiker, ist Projektmanager für das Bestandsverwaltungssystem Winsure und das darauf aufbauende bAV-Softwaresystem winsure bAV. Die Entwicklung und Betreuung von Systemen vorrangig im Lebensversicherungsbereich aber auch im Komposit und bAV-Bereich bilden die Grundlage seiner zehnjährigen Softwareerfahrung. matthias.arendt@mummert-iss.de

Rainer de Backere Nach dem Studium der Betriebswirtschaft in Münster und München war Herr de Backere in verschiedenen Positionen bei der Westdeutschen Landesbank Düsseldorf/Münster. Nach Stationen in Revision, Vorstandssekretariat, Geldhandel und Investment Banking war er key account manager für institutionelle Kunden. Zuletzt hatte er als Direktor die Cross-Selling-Verantwortung für das Gesamtgeschäft mit dieser Kundengruppe inne. 1993 wechselte Herr de Backere in den Vorstand der Westfälischen Provinzial Versicherungen mit der Zuständigkeit für Kapitalanlagen und die Lebensversicherung. Er ist u. a. Mitglied verschiedener Ausschüsse in der Versicherungswirtschaft sowie Mitglied des Aufsichtsrates einer Pensionskasse AG und einer Pensionsfonds AG. rdebackere@provinzial-online.de

Hans-Joachim Beck studierte Jura und Betriebswirtschaft in Berlin und München. Anschließend war er wissenschaftlicher Assistent an der Freien Universität Berlin an einem Lehrstuhl für Arbeitsrecht und Zivilrecht. Danach war er Leiter einer Betriebsprüfungsstelle in der Berliner Finanzverwaltung. Seit 1980 ist er Richter am Finanzgericht Berlin, seit 1994 Vorsitzender Richter. Hans-Joachim Beck ist Verfasser zahlreicher Veröffentlichungen und Vorträge auf dem Gebiet des Immobiliensteuerrechts. Darüber hinaus ist er Autor der Bücher „Sonderabschreibungen nach dem Fördergebietsgesetz" und „Steuern sparen mit Immobilien". Seit vielen Jahren ist er Dozent im Rahmen der Aus- und Fortbildung von Steuerberatern. h-jbeck@gmx.de

Rudolf Bönsch absolvierte ein Studium der Mathematik, Physik und Versicherungsmathematik. Seit 1979 ist Herr Bönsch in der Versicherungsbranche als Aktuar (DAV) tätig mit dem Schwerpunkt Personenversicherung. Nach verschiedenen Führungsaufgaben im Gerling-Konzern, u. a. als Verantwortlicher für die Gründung der GLOBALE Krankenversicherung AG, war er Vorstand in der Quelle Versicherungsgruppe, danach Senior Vice President der GE Frankona. Seit 1999 ist Herr Bönsch als selbständiger Unternehmensberater tätig mit den Schwerpunkten Senioren-Marketing, Health und betriebliche Altersversorgung. Er ist stv. Vorstandsvorsitzender der Südhessischen Unterstützungskasse e.V. und GF der Ideas & Solutions GmbH, die auf Dienstleistungen in der bAV spezialisiert ist. Boensch@Boensch.org

Die Autoren

Ulrich Brock, Versicherungsfachmann BMV, Generalagent AXA Versicherungen. Seit 1984 ist er in verschiedenen Positionen als Ehrenamtsträger des BVK tätig. Seit 1994 ist er Vizepräsident des Bundesverbandes mit verschiedenen Aufgabengebieten, u.a. Sonderbeauftragter des Bundesverbandes in Fragen der betrieblichen Altersversorgung. Hier wirkt Herr Brock in Zukunftswerkstätten mit und prüft die jeweiligen Vorschläge auf die unmittelbare vertriebliche Anwendung. ulrich.brock@bvk.de

Dr. Peter A. Doetsch studierte Rechtswissenschaft in Köln, Münster und Bonn und promovierte über „Betriebliche Altersversorgung in den Vereinigten Staaten von Amerika und der Bundesrepublik Deutschland". Seine beruflichen Stationen: Rechtsanwalt in der Sozietät Deringer, Tessin, Herrmann & Sedemund, Köln; Vorstandsassistent und später Prokurist der Allianz Lebensversicherungs-AG, Stuttgart; Mitglied der Geschäftsleitung der Dr. Dr. Heissmann GmbH, Wiesbaden sowie Geschäftsführer der IPC GmbH, Wien und der IPC GmbH, Wiesbaden; Generalbevollmächtigter der Censio AG, Oestrich-Winkel. Seit 2001 ist Herr Dr. Doetsch Mitglied des Vorstandes der Zusatzversorgungskasse des Baugewerbes VVaG und der Urlaubs- und Lohnausgleichskasse der Bauwirtschaft. pdoetsch@doetsch-wiesbaden.de

Bernard Dolle war über 20 Jahre lang bei einem Öffentlich-Rechtlichen Versicherer angestellt, zuletzt als EDV-Abteilungsleiter. Anschließend wechselte er als Deutschlandchef zu einem der größten amerikanischen Software-Häuser für Versicherungen. Seit einigen Jahren ist Herr Dolle Vorsitzender der Geschäftsleitung der Suretec Solutions GmbH, Suretec Systems GmbH und Suretec Holding GmbH und darüber hinaus zuständig für den Vertrieb und die Produktentwicklung. Zu seinen Kernkompetenzen gehören Softwarelösungen für die Versicherungsbranche und die Entwicklung von Vertriebsunterstützender Software im Bereich der betrieblichen Altersversorgung. Dolle@suretec.de

Dr. Wolfgang Drols studierte zunächst Mathematik, Elektrotechnik und Pädagogik an der Ruhruniversität und später als Hochschullehrer zusätzlich Informatik, Betriebswirtschaft und Rechtswissenschaften. Er ließ sich zunächst für eine Tätigkeit in der Privatwirtschaft beurlauben, um die berufliche Praxis seiner Studenten in seinen Vorlesungen besser gerecht zu werden. Er blieb dann in der Privatwirtschaft und wurde Chef-Informatiker in einem der größten Dienstleistungshäusern Deutschlands und danach Vorstandsmitglied der Westfälischen Provinzialversicherungen. In seinem Ruhestand widmet er sich als Unternehmensberater den Themen Kundengewinnung und – bindung sowie der betrieblichen Altersvorsorge. Er ist Gründungsvorsitzender der ersten interdisziplinären Zukunftswerkstatt zur privaten und betrieblichen Altersvorsorge. info@drols.de

Frank-Henning Florian studierte Mathematik und Informatik in Tübingen. Er begann seinen beruflichen Werdegang bei der Allianz Lebensversicherungs – AG in Stuttgart. Er durchlief hier verschiedene Führungsfunktionen und arbeitete schwerpunktmäßig im Bereich Gruppenversicherung und betriebliche Altersversorgung. 1989 wechselte Herr Florian als Bereichsleiter für die Firmenkundenbetreuung zur Lebensversicherungs – AG der Deutschen Bank. Von 1992 bis 2003 arbeitete er für die DBV-Winterthur Gruppe. Herr Florian war hier zuletzt Vorstandsvorsitzender der DBV-Winterthur Lebensversi-

Die Autoren

cherung AG und zugleich Mitglied des Vorstandes der DBV-Winterthur Holding sowie der Konzernleitung der Winterthur Life & Pensions in der Schweiz. Jetzt ist er Vorstandsmitglied der R+V, Wiesbaden. frank-henning.florian@web.de

Christine Harder-Buschner ist Dipl. Finanzwirtin und Volljuristin. Sie ist beim BMF als Referentin im Einkommen- und Lohnsteuerreferat beschäftigt. Dort befasst sich Frau Harder-Buschner schwerpunktmäßig mit den steuerlichen Regelungen im Zusammenhang mit der betrieblichen Altersvorsorge und hat u.a. an der Gesetzgebung zum Altersvermögensgesetz und gegenwärtig zum Entwurf eines Alterseinkünftegesetzes mitgewirkt. Christine.Harder-Buschner@bmf.bund.de

Dirk-Andrew Heil ist Dipl.-Informatiker und zertifizierter TK-Manager. Er ist Prokurist der Mummert ISS GmbH. Nach mehr als zwölf Jahren Softwareentwicklung in verschiedenen Aufgaben im Versicherungsumfeld ist er seit sechs Jahren in der versicherungsbezogenen Beratung tätig. Seit mehr als zwei Jahren verantwortet er die gesamte Softwareentwicklung der Mummert ISS GmbH, u.a. für das Softwaresystem winsure bAV. dirk-andrew.heil@mummert-iss.de

Jürgen Helm studierte Personalwirtschaft, 1974 sammelte Herr Helm Erfahrungen in den Bereichen Personalplanung, Arbeitswirtschaft , EDV-Organisation und Compensation in verschiedenen Unternehmen. Seit 1981 ist er Leiter Personalwirtschaft mit den Aufgabenschwerpunkten Personalsysteme, Compensation, Benefits (inklusive Altersvorsorge), Personalcontrolling, Personalrechnungswesen bei der DATEVeG. Seit 2001 ist er zusätzlich Wirtschaftsmediator. juergen.helm@datev.de

Stefan Herbst ist gelernter Bankkaufmann beschäftigt sich seit mehr als zehn Jahren mit dem Thema betriebliche Altersversorgung und war in diesem Bereich u. a. auch als Dozent tätig. Seit 1997 gestaltete er als Leiter Vertrieb Europa und Leiter betriebliche Altersversorgung maßgeblich den Erfolg und die Geschicke der EMF Europäische Marketing und Finanzmanagement AG mit. Im Jahr 2002 rückte Herr Herbst in den Vorstand der Gesellschaft auf. Verantwortlich für die Ressorts Sales, Human Network und Occupational Pensions formte er zusätzlich als Geschäftsführer die Strategie der eurocap GmbH. stefan.herbst@emfag.de; stefan.herbst@eurocap.com

Martin Hoppenrath studierte Mathematik an der Universität zu Köln. Seit 1975 ist er beim PSVaG tätig, seit 1991 als Mitglied des Vorstands (Ressort „Betrieb und Finanzen"). Er ist Mitglied der Fachvereinigung Mathematische Sachverständige der aba Arbeitsgemeinschaft für betriebliche Altersversorgung e. V., Mitglied des IVS-Instituts der versicherungsmathematischen Sachverständigen für Altersversorgung e. V., Mitglied der Deutschen Gesellschaft für Versicherungs- und Finanzmathematik e. V. (DGVFM) sowie Gründungsmitglied der Deutschen Aktuarvereinigung e. V. (DAV). Er ist zugelassen als Rentenberater für betriebliche, berufsständische und private Altersversorgung. Herr Hoppenrath übt neben seiner Tätigkeit beim PSVaG einige Ehrenämter aus. Er gehört dem Vorstand der aba an und ist Mitglied des Beirats des IVS. Seit 1993 ist er in der Selbstverwaltung der gesetzlichen Rentenversicherung engagiert und seit September 1999 alternie-

Die Autoren

render Vorsitzender auf Arbeitgeberseite der Vertreterversammlung der Bundesversicherungsanstalt für Angestellte, Berlin. Darüber hinaus ist Herr Hoppenrath Mitherausgeber der Jubiläumsschrift „Positionen – 25 Jahre Pensions-Sicherungs-Verein", Mitautor im Handbuch der betrieblichen Altersversorgung der aba sowie Autor verschiedener Fachpublikationen zu Fragen der Insolvenzsicherung der betrieblichen Altersversorgung. hoppenrath@psvag.de

Margaret Kisters-Kölkes ist Rechtsanwältig und Steuerberaterin in Düsseldorf.
Frau Kisters-Kölkes war lange Jahre Leiterin der Rechts- und Steuerabteilung eines namhaften Beratungsunternehmen für betriebliche Altersversorgung. Seit 2002 ist sie ausschließlich freiberuflich tätig. Gemeinsam mit zwei Kollegen hat sie eine Bürogemeinschaft, die auf Beratungen zur betrieblichen Altersversorgung spezialisiert ist. Sie leitet u.a. Seminare zur betrieblichen Altersversorgung und ist Mitautorin verschiedener Fachpublikationen. Kisters-koelkes@anwalt-bav.de

Gabriele Klemme, nach dem Studium der Mathematik, Informatik und Statistik in Hannover und Dortmund sammelte Frau Klemme erste umfassende Erfahrungen über die Lebensversicherung im Bereich Mathematik eines westdeutschen Lebensversicherers und übernahm nach knapp fünf Jahren neue Aufgaben bei der Westfälischen Provinzial. Dort war sie gut zehn Jahre insbesondere für die Neugestaltung von DV-unterstützten Geschäftsprozessen sowie versicherungstechnischen Systemen für die private und betriebliche Vorsorge verantwortlich. Nach der Leitung verschiedener Großprojekte übernahm Frau Klemme im Januar 2001 die neu gegründete Hauptabteilung betriebliche Altersvorsorge/Leben-Technik und damit die Aufgabe, das Geschäftsfeld betriebliche Altersvorsorge für die Westfälische Provinzial aufzubauen. Klemme/L-Betr.AV/Technik/WPV/DE@provinzial-online.de

Jutta Kovar, nach dem Studium der Wirtschaftsmathematik an der Universität Karlsruhe (TH) begann Frau Kovar ihren beruflichen Werdegang bei der Karlsruher Lebensversicherung AG und arbeitete nach einem Traineeprogramm in der Mathematischen Bilanz. Als Beratungsleiterin beim debis Systemhaus (heute T-Systems) war sie in mehreren nationalen und internationalen Projekten verantwortlich für die versicherungsfachliche Konzeption eines Bestandsverwaltungssystems für klassische und fondsgebundene Lebensversicherungen. Im Business Development war sie für die strategischen Themen „Risikomanagement" und „Asset-Liability-Management" zuständig. Sie hatte die Verantwortung für den Aufbau und die Vermarktung von Business Solutions in den Geschäftsfeldern „Betriebliche Altersversorgung" und „Private Altersvorsorge". Während ihrer Beratungstätigkeit bei der Rauser AG auf dem Gebiet der betrieblichen Altersversorgung arbeitete sie u. a. für einen der größten deutschen Pensionsfonds. Frau Kovar ist Mitglied der Deutschen Aktuarvereinigung (DAV) und der International Actuarial Association (IAA). Jutta.Kovar@consultingactuaries.de

Johannes Kreutz, Diplomkaufmann, Vorstandsmitglied der ARAG Leben, München, sowie der ARAG Allgemeine Rechtsschutz, Düsseldorf; Herr Kreutz war zunächst Ge-

Die Autoren

schäftsstellenleiter bei der Schweizerischen Lebens- und Rentenanstalt, danach Organisationsdirektor/Niederlassungsleiter bei der Gothaer Lebensversicherung a. G. bzw. der Gothaer Versicherungsbank VvaG und seit 2000 Vorstand Vertrieb bei der ARAG Lebensversicherung in München. jkreutz@arag-lv.de, johannes.kreutz@dushv-arag.de

Dr. Martin Laurich arbeitete nach seinem Studium der Mathematik und der Betriebswirtschaftslehre mit anschließender Promotion an der Universität Münster. Seit 1997 ist er in der SIGNAL IDUNA Gruppe in verschiedenen Aufgabenbereichen zur betrieblichen Altersversorgung tätig, wo er umfangreiche Erfahrungen in allen Durchführungswegen der betrieblichen Altersversorgung erworben hat. Er ist seit 2003 Abteilungsleiter der Abteilung Betriebliche Altersversorgung: Beratung/Konzeption der SIGNAL IDUNA Gruppe. martin.laurich@signal-iduna.de

Arne E. Lenz, nach seiner Ausbildung zum Versicherungskaufmann bei der DBV-Winterthur Versicherung in Wiesbaden studierte Herr Lenz die Rechtswissenschaften an der Universität Mainz. Seine weiteren berufliche Stationen waren: Mitarbeiter der Rechtsabteilung der Dr. Dr. Heissmann GmbH, Unternehmensberatung für Versorgung und Vergütung, Wiesbaden; Justitiar und Leiter des Bereiches Recht bei der Censio AG, Oestrich-Winkel, einem Internet-Startup für den Versicherungsvertrieb; freiberuflicher Rechtsanwalt in Wiesbaden. Seit Januar 2004 ist Herrn Lenz Direktionsbeauftragter für Recht & Steuern bei der Compertis Beratungsgesellschaft für Vorsorgemanagement mbH, Wiesbaden. arne.lenz@compertis.de

Karin Meier studierte Mathematik und Betriebswirtschaftslehre an der Universität Köln. Von 1985 bis 1990 war sie als Gutachterin und Beraterin für betriebliche Altersvorsorge bei der KPMG Deutsche Treuhandgesellschaft in Köln tätig. Sie erwarb 1990 die Qualifikation einer „versicherungsmathematischen Sachverständigen für Altersversorgung" und der Aktuarin. Zwölf Jahre war Frau Meier für die Höfer Vorsorge-Management GmbH & Co-KG in Mühlheim an der Ruhr als Leiterin der Stabsabteilung Betriebswirtschaft tätig und ist seit 2002 für die Dr. Dr. Heissmann GmbH, Unternehmensberatung für Versorgung und Vergütung als Leiterin für den Bereich BPS (Betriebswirtschaft, Pensionsfonds, Sonderaufgaben) tätig. Schwerpunkte sind neben betriebswirtschaftlichen Grundsatzfragen, finanzwirtschaftliche Betrachtungen der betrieblichen Altersversorgung und Beratung zu Pensionsfondskonzepten. Darüber hinaus ist Frau Meier Mitglied der aba, der DAV und des IVS-Instituts. karin.meier@heissmann.de

Hans H. Melchiors, Dipl. Ökonom, ist Mitglied des Vorstands (Vorsitzender) für die Gesellschaften: HVB Pensionsfonds und Chemie Pensionsfonds. Daneben übt er diese Funktion auch für die HVB Pensionskasse und HVB Unterstützungskasse aus. Weiterhin ist er ehrenamtliches Mitglied der Leitung der Fachvereinigung Pensionsfonds in der aba. Davor war er als Leiter Altersversorgung der HypoVereinsbank AG zuständig für die Versorgungseinrichtungen der HVB Mitarbeiter. Bevor er im Jahr 2000 zur HVB kam, war er über zehn Jahre bei der Condor Lebensversicherung AG als leitender Mitarbeiter zuständig für die Aktivitäten in der betrieblichen Altersversorgung und die Verwaltung von kollektiven Versorgungssystemen. Ein Studium der Wirtschaftswissen-

Die Autoren

schaften, Tätigkeiten als Unternehmensberater, sowie Marketing, Vertriebs- und Verwaltungstätigkeiten bilden seinen weiteren Erfahrungshintergrund. Viele Veröffentlichungen in Fachpublikationen und Büchern zur bAV und zu Entgeltthemen geben einen weiteren Einblick in sein Fachgebiet. Hans.Melchiors@hvbpensionsfonds.de

Dr. Erich Riedlbauer, Dipl. Mathematiker und Diplomkaufmann, publizierte 1975 im Verlag Versicherungswirtschaft das Buch „Die betriebliche Altersversorgung und ihre Eingliederung in ein Gesamtversorgungssystem in der BRD". Er prognostiziert die Finanzierungsprobleme der gesetzlichen Rentenversicherung und schlug schon damals als einen denkbaren Ausweg den Übergang zum Kapitaldeckungsverfahren über den Weg der betrieblichen Altersversorgung als teilweisen Ersatz des Umlageverfahrens vor. Von 1989 bis 1999 war Dr. Riedlbauer Mitglied der EG-Beratungskommission Groupe Consultative des Associations d'Actuaires und begleitete die Versicherungsliberalisierung der EG. Er ist IVS-Mitglied und Gründungsmitglied der DAV, konzipierte die Ausbildung der Aktuare in Deutschland und ist im Ausbildungsausschuss und internationalen Ausschuss tätig. Der berufliche Weg führte ihn von der Münchener Rückversicherungs-Gesellschaft über die Württembergische Leben 1984 zur Citibank, deren Lebensversicherungsgesellschaft in Deutschland er als Gründungsvorstand und CEO aufbaute und führte, wechselte in den Vorstand der Deutscher Herold Versicherungsgruppe und leitete als Vorstandsvorsitzender der Transatlantischen Lebensversicherung (später Aspecta LV) die Sanierung ein, schaffte den Turn around und organisierte 1996 erfolgreich deren Verkauf. Danach wurde er Geschäftsführer der Riedlbauer Callcenter & Online Solutions GmbH sowie der Online Media Riedlbauer GmbH, Unternehmen seines Sohnes. Ende 1998 erhielt Dr. Riedlbauer durch Unternehmensaufspaltung deren Dienstleistungsbereiche eCommerce, IT und Callcenter, die er weiter entwickelte und mit zusammen 170 Mitarbeitern im Jahr 2000 an ThyssenKrupp (TKIS) verkaufte. 2001 kaufte er die MegaConnect AG, zurück und mit neuen Beteiligungen (zuletzt DATA MARKETING Service GmbH) und Partnerschaften und erweiterte er den Wirkungsbereich.

Heute bietet Herr Dr. Riedlbauer mit seiner Unternehmensgruppe insbesondere Finanzdienstleistungsunternehmen Beratung bei Reorganisations- und Kostensenkungsmaßnahmen, Unterstützung bei der Realisierung von IT Projekten bis zur Durchführung über kostengünstige Offshorepartner und hilft IT – und TK – Unternehmen, ihre innovativen Lösungen in den Markt zu bringen.

In der betrieblichen Altersversorgung berät er über ein Kompetenzcenter sowohl Vertriebspartner von Finanzdienstleistern als auch deren Unternehmenskunden und Mitarbeiter in allen Fragen der betrieblichen Altersversorgung bis hin zum Abschluss.

Über ein Mathematikerteam hilft er nationalen und internationalen Finanzinstituten bei der Einrichtung von Langzeitkontenmodellen, der Gründung von Pensionsfonds, Lebensversicherungsunternehmen und unterstützt Vertriebsunternehmen in Deutschland. dr@riedlbauer.org

Michael Ries, nach der Ausbildung zum Versicherungskaufmann und der Weiterbildung zum Finanzfachwirt, arbeitete Michael Ries als Versicherungsmakler und spezialisierte

Die Autoren

sich frühzeitig auf die betriebliche Altersversorgung. Die Mitgliedschaft in verschiedenen Verbänden und ein weites Netzwerk (bAV-Zirkel) anerkannter Spezialisten aus Politik, Industrie und Wirtschaft ermöglichen ein Know-how, das von Banken & Versicherungen, Maklern und Mehrfachagenten und bekannten mittelständischen Unternehmen genutzt wird. So gehören namhafte Versicherungsgesellschaften zu seinen Kunden. Die Fähigkeit die Theorie in die Praxis umzusetzen, sowie zahlreiche Veranstaltungen und Publikationen in verschiedenen Presseorganen haben Michael Ries zu einem der führenden Berater in der bAV werden lassen. Er arbeitet als freier Unternehmensberater in Seeheim Jugenheim. m.ries@bav-zirkel.de

Dr. Thomas Schanz ist seit April 2002 Mitglied des Vorstands bei der consulting & development ag in Stuttgart. Sein Verantwortungsbereich umfasst die Entwicklung innovativer Vergütungs- und Versorgungskonzeptionen sowie die Softwareentwicklung für Fragestellungen des Personalbereichs. Zuvor war er Mitglied der Geschäftsleitung einer größeren Beratungsgesellschaft für Altersversorgung und Vergütung. und dort für den Geschäftsbereich „Flexible Nebenleistungssysteme" verantwortlich. Nach dem Studium der Betriebswirtschaftslehre an der Universität Mannheim arbeitete er bei einer internationalen Wirtschaftsprüfungs- und Steuerberatungsgesellschaft und promovierte 1991 an der Universität Bayreuth mit einem betriebswirtschaftlichen Thema aus dem Bereich der betrieblichen Altersversorgung. Schwerpunkte seiner Vorträge und Veröffentlichungen bilden die Themenbereiche Versorgungskonzeptionen, steuerliche Probleme im Bereich der betrieblichen Altersversorgung und Auslandsentsendung. thomas.schanz@cd-ag.de

Jöns-Peter Schmitz hat nach seinem als Diplom-Kaufmann abgeschlossenen Studium der Betriebswirtschaftslehre und der Rechtswissenschaften an der Universität Münster zunächst als Sachverständiger und Berater in einer internationalen Wirtschaftsprüfungsgesellschaft umfangreiche Erfahrungen in der betrieblichen Altersversorgung gesammelt. Seit 1992 leitet er den Bereich Betriebliche Altersversorgung der SIGNAL IDUNA Gruppe in Hamburg/Dortmund. Er ist Vorstandsmitglied der SIGNAL IDUNA Pensionskasse Aktiengesellschaft, Berlin, Geschäftsführer der SIGNAL IDUNA Beratungs-GmbH für betriebliche Altersversorgung und Vorstandmitglied in zwei Unterstützungskassen. Joens-Peter.Schmitz@signal-iduna.de

Sascha Sommer, bereits während seines Betriebswirtschaftsstudiums beschäftigte sich Herr Sommer mit dem Thema „Beratungsdienstleistungen in der betrieblichen Altersversorgung". Die Begeisterung für dieses Thema brachte er sofort nach Abschluss seines Diplom-Studiums in eine von ihm gegründete Beratungsgesellschaft ein. Gemeinsam mit anderen Spezialisten gründete er 1999 die VEDACON AG als reines Beratungs- und Verwaltungsinstitut für betriebliche Altersversorgung. Neben seinen Vorstandsaufgaben innerhalb dieser Gesellschaft begleitet er Vorstandspositionen in sechs überbetrieblichen Versorgungskassen. Seine gesammelten Erfahrungen stellt er als Fachreferent und Gutachter seinen Mandanten zur Verfügung. Als praxisorientierte Beratungsgesellschaft begleitet er mit der VEDACON AG unmittelbar Unternehmen, die betriebliche Altersversorgung durchführen und Dritte (Wirtschaftsprüfer, Steuerberater), die selbst beratend in diesem Bereich tätig sind. Zudem berät die VEDACON AG eine Reihe namhafter Finanz-

Die Autoren

dienstleistungsunternehmen bei der praxisorientierten Entwicklung und Umsetzung von Vermarktungsstrategien für betriebliche Altersversorgung. s.sommer@vedacon.de

Friedhelm Stricker ist Geschäftsführer der Mummert ISS GmbH, dem Anbieter von Standardsoftware für Versicherungen im Mummert Konzern, Hamburg. Herr Stricker ist seit mehr als 20 Jahren im Bereich der Beratung von Versicherungsunternehmen tätig und derzeit im Mummert Konzern für das Leistungsangebot „betriebliche Altersversorgung" verantwortlich. friedhelm.stricker@mummert-iss.de

Hans-Dieter Stubben ist Dipl. Volkswirt. Er arbeitet sein 1980 im Feld der betrieblichen Altersversorgung, davon 16 Jahre für eine renommierte Versicherungsgesellschaft, seit 1996 als Geschäftsführender Gesellschafter der WIMMbAv GmbH, einem unabhängigen Beratungsunternehmen für betriebliche Altersversorgung. Er war einer der ersten, der die Rückdeckung von Pensionszusagen für GGf mit Aktien- und Immobilienfonds empfohlen hat. Herr Stubben kann auf zahlreiche Veröffentlichungen in der Wirtschaftspresse zurückblicken, er hat ein Buch zur Rückdeckung von Pensionszusagen geschrieben. Er berät Firmen und Produktanbieter, hält Vorträge vor Steuerberatern, Handelskammern, Finanzdienstleistern, Firmeninhabern und Betriebsräten. dieter.stubben@wimmbav.de

Stichwortverzeichnis

Abdeckung des Abfindungsbetrages 164
Abfindung 20, 31, 81, 176, 177 f., 351, 402, 517, 533
Abfindung der Pensionszusage 403
Abfindungsbetrag 163, 177
Abfindungsvorbehalt 463
Abfindungszahlungen 83
Ablauf arbeitnehmerfinanzierter Entgeltumwandlung 125
Ablauf arbeitgeberfinanzierter Altersversorgung 126
Ablösende Betriebsvereinbarung 23
Abschlusskosten 567
Abschlussquoten pro Arbeitgeber 353
Absenkung der Prämie 171
Absicherung 172 f.
Absicherungsbedarf 49 f.
Absicherungskosten 53, 62, 65
Absicherungsstatus 44, 46, 64
Absicherungsvarianten 46
Absicherungsziele der Mitarbeiter 65
Abtretung 533
Abwicklung 325
Akquiseerfolge 253
Akquiseprozess 351
Aktien 496
Aktienfonds 496
Aktivierung des Versorgungsanspruchs 556
Akzeptanz im Markt 540
Allein-Gesellschafter 405
Allein-Gesellschafter-Geschäftsführer 390
Allgemeiner Beitragssatz 194
Alters-, Hinterblieben- und Invaliditätsvorsorge 169, 338
Alters-, Invaliditäts- oder Hinterbliebenenleistungen 559
Alterseinkünftegesetzes 82

Altersentlastungsbetrag 83, 453, 558
Altersleistung 560
Altersrente 115
– vorgezogene 397
Altersrentenbarwert 406
Altersteilzeitarbeitsverhältnis 72
Altersvermögensgesetz 319, 543
Altersversorgung 253
Altersvorsorge 169
Altersvorsorge-Durchführungsverordnung 210
Altersvorsorgeverträge-Zertifizierungsgesetz 562
Altersvorsorgezulage 207
Altersvorsorgezulageanspruch 209
Alterszusage 170
Änderung
– bestandskräftiger Bescheide 458
– Versorgungszusage 33
Änderung von Versorgungszusagen 22
Anforderungen an bAV-Produkte 253
Angehörige der freien Berufe 422
Angemessenheit der Versorgungszusage 478
Anlagealternative 41
Annahmerichtlinien 179 ff., 346, 349
Anpassung 16, 19, 32, 169, 175
– der laufenden Leistungen 157
Anpassungsfinanzierung 175
Anpassungsgarantie 32
Anpassungsnotwendigkeit 175
Anpassungspflicht 175, 212
Anpassungsprüfung 16, 230, 534
Ansparphase 111, 113, 127, 138
Anspruch auf Entgeltumwandlung 487
Ansprüche 177
– Einfrieren 176
Anteilseigner 388

Stichwortverzeichnis

Antragsformulare 350
Anwartschaft 135, 171, 404, 451
Anwartschaftszeit 254
Äquivalenzprinzip 552
Arbeitgeber 169, 170, 171, 172, 173, 174, 175, 176, 177, 178, 179, 180, 181, 182, 253, 254, 287, 338, 339, 340, 341, 343, 345, 352, 353
– Aufklärung 341
– Beistell-Leistung 346
Arbeitgeber-Versorgungsleistung 173
Arbeitgeberakquise 337, 341
Arbeitgeberbeiträge 342
Arbeitgeberberatung 253, 341, 356
Arbeitgeberdaten 352
Arbeitgeberfinanzierte bAV 201, 341
Arbeitgeberförderung 253, 343, 346 f.
Arbeitgeberlogo 341
Arbeitgeberprämien 182
Arbeitgeberrisiken 169, 174
Arbeitgebersicht 182
Arbeitgebersituation 254
Arbeitgebervorgaben 341, 345, 347 f., 353
Arbeitgeberwechsel 50, 62, 135, 537
Arbeitgeberzusage 351
Arbeitnehmer 169, 172, 174, 181, 253, 287, 338, 340, 342, 349, 352, 421, 425
Arbeitnehmerähnliche Personen 422, 425
Arbeitnehmerberatung 342, 348, 352 f.
Arbeitnehmerdaten 347 f.
Arbeitnehmerpauschbetrag 453
Arbeitnehmersicht 170
Arbeitnehmervertretung 566
Arbeits- und Firmensteuerrecht 253
Arbeitsrechtlichen Gesichtspunkte 224
Arbeits-, steuer-, sozial-, tariflichrechtlichen Vorgaben 337
Arbeitslohn, laufender 130
Arbeitslosenversicherung 39 f.
Arbeitsrechtlichen Grundverhältnis 156
Arbeitsrechtskongruenz 171, 179, 183
Arbeitszeitkonten 71, 83
Asset funding 494
Aufklärung des Arbeitgebers 341

Aufklärungspflicht 38, 223
Aufschubzeit 173
Ausfallrisiken 153
Ausfinanzierung 151
Ausfinanzierungsrisiken 339
Ausfinanzierungssicherheit 176
Auskunft 19, 223, 229
Auskunfts- und Informationspflichten 228
Auskunftsrecht 534
Auskunftsverweigerungsrecht 229
Ausnahmen von der Verpflichtung zur Anpassungsprüfung 157
Ausscheidefinanzierung 171, 182
Ausscheiden eines Leistungsanwärters 171, 229, 567
Ausscheiden im Versorgungsfall 15
Ausschreibung 309, 340, 344
Auswahl der Zusageart 173
Auswahlentscheidung 226
Auswertung 339
Auswirkungen 169, 171
Auswirkungen der bAV 292
Auszahlungsform 52
Auszahlungsphase 80
Auszahlungsplan 12, 16, 32, 203, 557, 562
Auszahlungsvarianten 51

BaFin 173
Bagatellrenten 177
Barwert 135, 178, 408
– der künftigen Versorgungsleistungen 163
Barwertauffüllung 448
Barwertübertragung 176
Bausteinkonzept 369
bAV 170, 174, 253, 254, 290
– arbeitgeberfinanzierte 341
bAV-Butler 354, 355
bAV-Empfehlung 343, 354
bAV-Fragen 182
bAV-Gesamtpaket 343
bAV-Geschäft 253
bAV-Know-how 181

Stichwortverzeichnis

bAV-Kontakt 254
bAV-Kunden 253
bAV-Master 355
bAV-Neuerungen 346
bAV-Partner 343, 346
bAV-Prämien 178
bAV-Produkt 169 ff., 172, 174, 176 ff., 253 f., 337, 338, 339, 340, 343, 346 f., 349
bAV-Produktportfolio, Bewertung 340
bAV-Scout 339, 340, 354, 355
bAV-Verträge 337
bAV-Vertragswerk 254
bAV-Vertriebspraxis 288
bAV-Verwaltung 181
BBG 180 f.
Beerdigungskosten 562
Befreiungen Rentenanpassungspflicht 176
Begrenzung der Steuerfreiheit 75
Begünstigtenerklärung 128
Beherrschende Gesellschafter-Geschäftsführer 390
Beistell-Leistungen des Arbeitgebers 346
Beiträge 170 f., 174, 177, 182
Beiträge an eine Pensionskasse 10
Beiträge des Arbeitgebers 11
Beitragsbefreiung 140
Beitragsbemessungsgrundlage 37
Beitragsfesseln 171
Beitragsflexibilität 171, 182
Beitragsfreiheit 532
Beitragsfreistellung 172, 176, 178
Beitragsleistungen 79
Beitragsorientierte Leistung 174
Beitragsorientierte Leistungszusage 13, 19, 156, 175 f., 190, 205, 551
Beitragspflicht 37
– Entgeltumwandlung 532
Beitragsrückgewähr 563, 565
Beitragsrückstände 234
Beitragssatz, allgemein 196
Beitragsveränderung 172
Beitragszahlung des Arbeitgebers 149
Beitragszahlungen 171
Beitragszusage 135, 169, 175

– mit Mindestleistung 13, 19, 31, 32, 117, 156, 159, 174, 176, 190, 205, 552, 559, 563
Belegschaftsversammlung 342
Belegschaftsvertreter 345
Beleihung 497, 533
Bemessungsgrundlage 134
Benchmarking 308
Berater 62, 253, 427
Beratung 181, 230, 341
– durch den Makler 249
Beratungsdokumente 349
Beratungshaftung 120
Beratungslösungen 348
Beratungsphasen 348, 335
Beratungsprotokoll 345, 349, 353
Beratungsprozess 253, 320
Beratungssoftware 327, 340, 342 f., 345, 353 f.
Beratungssoftware „bAV-Scout" 338
Beratungsstand 353
Beratungssupport 329
Beratungsumfang 346
Beratungsunterstützung 337, 341
Beratungswiederholung 353
Beratungszeit 340
Berechnung 175
– der Deckungsrückstellung 175
Berechnungsgrundlage 169
Berichterstattung 253
Berufsunfähigkeit 140, 560
Berufsunfähigkeitsrente 140, 497
Berufsunfähigkeitsschutz 116
Bescheide, bestandskräftige 458
Bestandsanalysen 293
Bestandsverwaltung 337
Besteuerung
– hochgelagerte 9
– individuelle 78
BetrAVG 175, 253, 338
Betriebliche Altersversorgung 69, 253, 288, 303, 341 f.
Betriebliche Mitbestimmung 548
Betriebliche Veranlassung 425
Betriebliche Vorsorgeprodukt 51
Betriebsausgaben 556

Stichwortverzeichnis

Betriebsinterne Beratung 124
Betriebskosten 177, 182
Betriebsrat 231
Betriebsrente 175, 253
Betriebsrentenanwartschaften 83
Betriebsrentengesetz 319, 417, 527, 543
Betriebsrentenrecht 558
Betriebsübergang 37, 162
Betriebsvereinbarung 7, 22, 28, 38, 179
Bewertung 41, 43, 44, 60, 162, 169, 171, 182 f., 340
Bewertung des Vermittler-Produktportfolios 337
Bewertungskriterien 169, 182, 183, 339, 343
Bewertungsmaßstäbe 169
Bewertungsraster 182
Bezugsberechtigtes 556
Bilanzierungspflichten 339
Bilanzneutralität 182
Bilanzsprungrisiko 478
Biologisches Ereignis 6
Biometrischen Wahrscheinlichkeiten 550
Blankettzusage 6, 458
Briefentwurf 339
Brutto-Entgeltumwandlung 199, 214
Bruttoaufwand 253
Bruttobelastung 58
Bundesanstalt für Finanzdienstleistungsaufsicht 153
Bundesaufsichtsamt für das Versicherungswesen 545
BVV 63 f.

Controlling 353
Cross-Selling-Quote 314
Customizing 354, 357
Customizingkatalog 357
Customizingprozess 350
Customizingschnittstellen 354

Daten 338
Datenanlieferung 347

Datenerfassung 347
Datenübernahme 347
Deckung 174
Deckungschutz 172
Deckungskapital 135
Deckungskapitalfaktoren 510
Deckungsmittel 5, 152
Deckungsrückstellung 568
Deckungsrückstellungsverordnung 550
Deckungsschutz 169 ff., 177, 180, 338, 340
Deckungsumfang 339
Deckungszusage 174
Deferred compensation 54, 486
Deferred taxation 486
Deregulierung 549
Differenzbetrag 173
Direktversicherung 11, 22, 28, 30, 34, 54, 56, 57, 80, 114, 129, 137, 149, 153, 158, 175, 177, 179, 342, 385, 392, 527
– Definition 529
– Voraussetzung 529
Direktversicherungsprodukte 180, 182
Direktzusage 8, 22, 56, 72, 80, 111, 138, 153, 180, 342
Dokumentation 237, 345
– der Arbeitgeberberatung 346
Dokumentenangebot 350
Dokumenteneinbindung 357
Dokumentenindividualisierung 350
Dokumentenverwaltung 353, 355
Dreimonatsfrist 182
Dreistufiger Beratungsansatz 309
Dritte EG-Richtlinie 549
Durchdringungsquoten 291
Durchführungswege 175 f., 182, 204, 254, 342, 343, 346, 349 f., 385, 543, 569
– mittelbare 9
– Wechsel 24
Durchführungswegwechsel 159
Dynamisierung 472

E-secure 128
Economies of scale 313
Effizienzgrad 55, 57

Stichwortverzeichnis

Eheähnliche Gemeinschaft 561
Ehegatten 449, 456, 493
Eichel-Förderung 199
Eigenbeiträge 200, 214
Eigenbeitragszusage 200
Eigenständige Risikodefinition 156
Eigenständige Kapitalgesellschaft 388
Ein- oder Mehrfirmenvertreter 254
Einfirmenvertreter 241
Einführung der bAV 170
Eingaben 338
Einkauf 170, 181
Einkommensdaten 346, 347
Einkommenssteuerpflicht,
    unbeschränkte 195
Einkommenswert 42
Einnahmen, beitragspflichtige 194
Einrichtungen der Tarifvertrags-
    parteien 547
Einsatzszenarien 355
Einseitige Willenserklärung 163
Einsparmöglichkeiten 342
Einsparungen des Arbeitgebers 344
Einstandspflicht 14
– des Arbeitgebers 154
Eintrittskonsequenzen 170
Eintrittswahrscheinlichkeit 170
Einvernehmliche Änderung 23
Einzelanträge 350
Einzelkaufleute 389
Einzelunternehmen 449
Empfehlung 177
Entgelt 180
Entgeltansprüche 73
Entgeltanspruchsgrenze 181
Entgeltumwandlung 124, 159, 169, 171, 175 ff., 192, 253, 254, 338, 341, 348, 533 f., 543, 563, 566
– Anpruch 487
Entgeltumwandlungsberatung 253, 337, 345, 346, 354
Entgeltumwandlungsbetrag 347 f.
Entgeltumwandlungserklärung 117, 123
Entgeltumwandlungshöhe 171, 342, 344, 349

– Optimierung 348
Entgeltumwandlungsmodell 41
Entgeltumwandlungsmöglichkeit 171
Entgeltumwandlungs-
    vereinbarung 28, 76, 350
Entgeltumwandlungsversorgung 225
Entscheidungen, mitbestimmungsfreie 21
Entwicklungsmethodik 375
Erbschaftsteuer 459
Erfüllungsanspruch 8
Ergänzungsabsicherung 57
Ergebnis 56
Ermäßigter Beitragssatz 194
Erreichbare Ausfinanzierung 148
Erstjahr 448
Erstprämie 173
Erteilung der Pensionszusage 395
Ertragssteuer 433
Erweiterte Freistellung 246
Erwerbsersatzeinkommen 559
Erwerbsminderung 560
Erwerbsunfähigkeit 560
Externe Versorgungsträger 115 ff., 123, 127, 136 f.

Fabrik 315
Faktische Haftung 148
Familienunternehmen 182
Fehlberatung des Arbeitnehmers
    durch den Vermittler 244
Festlegung 171
Fiktive Jahresnettoprämie 402, 478
Finanzielle Leistungsfähigkeit 47
– des Produktanbieters 48
Finanzierbarkeit 477
– der Pensionszusage 398
Finanzierung 169, 173, 175 ff., 254
Finanzierungsformen 147
Finanzierungspflicht 175
Finanzierungsrisiko 173, 174
Finanzmarktsituation 153
Finanzverwaltung 69, 70, 72, 75
Firmencharakteristika 343
Firmengruppenversicherung 527

Stichwortverzeichnis

Firmenlogo 357
Firmenpensionsfonds 22
Firmenpensionskasse 22, 547
Firmenunterstützungskasse 9, 22
Flexible Auszahlungsmöglichkeit 51, 62
Flexible Beitragsbemessung 151
Fluktuation 181, 340
Folgeberatung 348
Fondsgebundene Produkte bei Pensionskassen 563
Forderung 173
Formen der Zusage 147
Fortführung einer Versorgung 230
Fragebogen 61
Freiberufler 449
Freibeträge für Sozialabgaben 356
Freistellung durch den Arbeitgeber 246
Freiwillige Arbeitgeberzuschüsse 344
Freiwilliges Mitglied 194
Freiwilligkeitsgrundsatz 5
Freiwilligkeitsvorbehalt 9
Fremdgeschäftsführer 5
Fristen 182
Fünftel-Regelung 455
Fürsorgepflicht 224

Garantie 174
Garantieanpassung 16
Gebühren 170
Gebührenhöhe 181
Geförderte Pensionsfonds 56
Gehaltsumwandlung 465, 474, 486
Gemeinschaft, eheähnliche 561
Gesamtausstattung 478
Gesamtrentnereinkommen 319
Gesamtvergütung 402
Gesamtvergütungsübersicht 42
Gesamtzusagen 7
Geschäftsplanmäßiges Deckungskapital 163
Gesellschafter 423
Gesellschafter-Geschäftsführer 6, 426
Gesellschaftsanteile 390
Gesetz 174

Gesetz über die bedarfsorientierte Grundsicherung im Alter und bei Erwerbsminderung 196
Gesetzliche Insolvenzsicherung 392
Gesetzliche Unverfallbarkeit 17
– bei Entgeltumwandlung 29
Gesetzliche Rentenversicherung 564
Gestaltung der Versorgung 233
Gesundheitsprüfung 179 f., 339, 564
– bei Hinterbliebenenversicherung 338
Gesundheitszustand 179
Gewährleistung 341
GGf-Versorgung 385, 395
GKV-Modernisierungsgesetz 194
Gleichbehandlung 224
Gleichberechtigungsgrundsatz 7 f.
Gleichwertigkeit 177
GmbH & Co. KG 450
Grenzsteuerbelastung 46
Grenzsteuersatz 58
Grundsatz der Gestaltungsfreiheit 5
Gruppenlebensversicherungsvertrag 114
Gruppenpensionsfond 22
Gruppenpensionskasse 22, 547
Gruppenunterstützungskasse 10, 22, 504
Gruppenversicherung 135
Günstigerprüfung 207

Haftung 135, 173, 212, 515
– des Arbeitgebers 174
– faktisch 148
Haftungsgefahren 348
Haftungsprobleme 170
Haftungsrisiken 12, 169, 337
– Arbeitgebers 289
Haftungssituation bei Beratung 241
Handelsvertreter 422
– selbständige 6, 628
Handlungsempfehlungen 351
Handlungsmöglichkeiten für Vermittler 245
Handlungsvariante 177
Handwerker 422
Heimarbeiter 5

Stichwortverzeichnis

Hilfestellungen 339
Hinterbliebenen- und Invalidenrente 409
Hinterbliebenenbegriff 128
Hinterbliebenenleistungen 116
Hinterbliebenenrente 193, 408
Hinterbliebenenversorgung 70, 180, 338 f.
Hinterbliebenenzusage 170, 173
Hochgelagerte Besteuerung 9
Hochrechnung 62
Höchsteintrittsalter 181, 338
Höchstrechnungszins 190
Höchstzinssatz 175
Höchstzusagealter 396
Hybridprodukte 191

Immobilien 495
Immobilienfond 495
Individuelles Anwartschaftsdeckungs-
 verfahren 553
Individuelles Äquivalenzprinzip 553
Individuelle Bedürfnisse 49, 62
Individueller Vertrag 6, 7
Inflationsausgleich 60
Inflationsbedingte Auszehrung 157
Inflationsrate 60
Inflatorische Sicherheit 59, 62
Information des Betriebsrats 231
Information von Belegschaft 345
Informationsdienstleistungen 312
Inkasso 129
Innovative Rückdeckungen 411
Innovatives Dienstleistungsangebot 310
Insolvenz 134
Insolvenz einer Pensionskasse 568
Insolvenzsicherung 33, 35, 116, 152, 435,
 515, 535
Insolvenzsicherungsbeiträge 211
Interpretationsklarheit 183
Intranet 66, 123
Intranetrechner 47 f., 62
Invalidenrente 409
Invalidität 173
Invaliditätsversorgung 340

Invaliditätszusage 170, 173
Jahreshöchstprämie 181
Jahresmindestprämie 181
Jahresnettoprämie, fiktive 402, 478
Juristische Risk-Management-
 Analyse 524

Kalkulierbarkeit 59, 62
Kapital 16
Kapital- oder Rentenleistungen 12, 63
Kapitalabfindung 453
Kapitalanlage des externen Ver-
 sorgungsträgers 154
Kapitalausstattung 549
Kapitaldeckungsverfahren 73, 151
Kapitalgedeckte Altersversorgung 557
Kapitalgedeckte Versorgungsträger 155
Kapitalgesellschaft 426, 451
– eigenständige 388
Kapitallebensversicherung 84, 490
Kapitalleistung 51, 52, 559
Kapitaloption 191
Kapitalwert 177
Kapitalzahlung 137
Kapitalzusage 32
Kappungsgrenze 466
Kassenvermögen 510
Kaufkraft 59
Kirchensteuer 344
Kollektives Äquivalenzprinzip 553
Kommunikation 42
Kompatibilität 170
Konsortiallösungen 308
Kontinuierlicher Verbesserungs-
 prozess 306
Konzernpensionskasse 22, 547
Konzernunterstützungskasse 10
Körperschaftsteuer 508
Körperschaftsteuer-Durchführungs-
 verordnung (KStDV) 551
Kosten 170, 181
– für vorzeitig ausscheidende
 Leistungsanwärter 338

Stichwortverzeichnis

Kostenbelastung 58
Kosteneinsparungen 181
Kostenträger 181
Krankenversicherung 194, 393
Kreditaufnahme 161
Kriteriencluster 171
Kriterium des Bilanzsprungrisiko 399
Kündigung einer Betriebsvereinbarung 24
Künftige Entgeltansprüche 26
Künftiges Entgelt 27
KVdR 194

Langfristigkeit 62
Langzeitguthaben 310
Laufende (turnusmäßige) Auskünfte 228
Lebensarbeitszeitmodelle 310
Lebensgefährten 52
Lebenslange Rentenversicherung 563
Lebenspartner 52, 53
Lebensversicherungsunternehmen 175
Leistung 174, 177
– der betrieblichen Altersversorgung 559
– zur Altersversorgung 189
– zur Hinterbliebenenversorgung 189
– zur Invaliditätsvesicherung 189
Leistungsanwärter 169 ff., 177, 178, 181, 339, 351
Leistungsberechnung 182, 348
Leistungserhöhung 175
Leistungsfall 175
Leistungsgarantie 182
Leistungskongruenz 156
Leistungsphase 112 f., 127, 137
Leistungsplan 14, 507
Leistungsumfang 177
Leistungsvoraussetzungen und -limitierungen 338
Leistungszusage 13, 30, 135, 136, 155, 158, 173 ff., 190, 205, 551, 564
Liquidation des Unternehmens 161
Liquiditätsabfluss 163
Lohnabrechnung 128
Lohnsteuerliche Behandlung 69, 452
Lohnsteuerpflicht 160

Makler 253 f., 340
Management 312
Management of Closed Blocks (MCB) 314
Meldedatei 127
Mindestalter 17, 506
Mindestanzahl von Mitarbeitern 180 f.
Mindestentgeltumwandlungshöhe 338
Mindestgarantie 156
Mindestleistung 14, 169, 174, 175
Mindestprämie 180
Mindestrestdienstzeit 471
Mindestversorgung 135
Mindestwert 172
Mischfinanzierung 563
Mitarbeiter 180 f., 254, 345
Mitarbeiterbindung 62
Mitarbeiterversorgung 171
Mitbestimmung 21, 33, 535
Mitgliederversammlung 548
Mitgliederverwaltung 364
Mitnahmeanspruch 31
Mittelbare Durchführungswege 9
Mittelständler 253
Mitwirkungen des Vermittlers 343, 346
Mitwirkungsvereinbarung 248, 345
Modulares Bausteinsystem für Produkte 310
Mutationen 367

Nachfinanzierungsrisiken 291, 553
Nachfolgearbeitgeber 160
Nachgelagerte Besteuerung 10, 11, 77, 137, 543
Nachschlussverpflichtung, keine 549
Nachträgliche Einkünfte 10
Nachweis der Versorgungsbedingungen 227
Nachzahlungsverbot 470
Nebenleistungen 41 f.
Nebenpflichten 232
Negativszenario 180
Netto-Entgeltumwandlung 199, 214
Netto-Finanzierungsbelastung 253

Stichwortverzeichnis

Nettobelastung 58
Nettobetrachtung 45
Nettoeinnahmen 65
Nettooptimierung 348
Netzwerk 322
Neuer Arbeitgeber 161
Neuregelungen der bAV für
  den Arbeitgeber 291
Nicht rückgedeckte Direktzusage 254
Nichtanrechnung solcher Verträge
  bei der Sozialhilfe 196
Nichtarbeitnehmer 5, 417, 420, 421, 426 f.,
  429, 430, 431
– arbeitnehmerähnliche 422
Nichtarbeitnehmergruppen 426
Nichtbeachtung von Tarifbindungen
  durch den Vermittler 242
Nichteheliche Lebensgefährten 444
Normierungsproblematik 57
Null-Prozent-Verzinsung 174

Offenes Geschäftsmodell 313
Öffentlicher oder kirchlicher Dienst 547
Offline- und Online-Einsatz 355
Öffnungsklausel 26, 343
Online-/Offline-Betrieb 356
Optimierung der Entgeltum-
  wandlungshöhe 348
Option 177
Optionale Kapitalabfindungen 559
Organmitglieder einer Körperschaft 423
Outsourcing 123

Partner einer eingetragenen Lebens-
  partnerschaft 560
Pauschaldotierte Unterstützungs-
  kasse 510
Pauschalversteuerung 12, 129, 180, 182,
  342, 344 f., 557
– der Beitragszahlungen 78
Pension-Fund-Konzept 311
Pensionierung 172, 560
Pensionierungsalter 397, 406, 469, 560

Pensions-Sicherungs-Verein VVaG
  („PSVaG") 134, 152, 435, 569
Pensionsberechtigte 419
Pensionsfonds 9, 11, 28, 34, 54, 56, 80, 113,
  116, 134, 137, 342, 387, 392, 403, 404,
  406, 433, 498, 544
– geförderte 56
– von erhebl. Bedeutung 549
Pensionskasse 9, 10, 28, 30, 34, 54, 56, 73,
  80, 113, 117, 137, 150, 154, 159, 175, 176,
  177, 179, 340, 342, 392, 433, 549
– Charakterisierung 558
Pensionskassenprodukt 340
Pensionskassenrente 351
Pensionskassentarife 562
Pensionskassenversorgung 545
Pensionsrückstellungen 8, 149, 406
Pensionsversicherung 544, 562
Pensionsversicherungstarif 563
Pensionszusage 72, 138, 396, 400 ff.
– nicht gedeckte 385
Personengesellschaften 389, 426
Personenkreise 420
Pflichtverletzung 236
Planmäßig zuzurechnende Versorgungs-
  kapital 159
Portabilität 141
Portfolio 340
Prämien 172, 178, 180 f., 254, 339, 450, 491
Prämienanpassungen 171
Prämienanteile 174
Prämienbefreiung 116
Prämiengesamthöhe 178
Prämienminderungen 171
Prämienobergrenzen 180
Prämienschwankungen 171
Prämienuntergrenze 180
Prämienzahlung 170 ff., 181
Präsentationen 341
Preis-Leistungs-Verhältnis 55
Preisfindung für den Betrieb 162
Preisindex 16
Private Rentenversicherung 54
Private Wertpapieranlage 54
Privatisierung 304

Stichwortverzeichnis

Privatrechtliche Insolvenz-
   sicherung 392, 393
Privatrente 253
Pro-Kopf-Gebühr 181
Probezeit 474
Produkt 169, 173, 182, 338, 339, 340, 366
– für Arbeitgeber 340
Produkt- oder Portfoliobewertungen 340
Produktanbieter 47, 62, 169, 181
Produktauswahl 170, 177
Produktbeschreibung 47
Produktbewertung 169 f., 182, 338
Produktdaten 338
Produkteigenschaften 169, 175, 182
Produkterfassung 338
Produktinformationen 46, 47, 339
Produktportfolio 340
Produktranking 344
Produktscreening 329
Produktsteckbriefe 338, 349
Produktverkauf 62
Prognoserechnungen 234
Prophylaktische Schadenminderung 245
Protektor AG 49, 62, 153
PSV-Beitrag 134, 137, 182

Qualifizierter Treuhänder 568
Qualitative Bewertungskriterien 47
Qualitätssicherung 123, 127, 133
Quantitative Bewertungskriterien 53
Quotierungsverfahren 18

Ratierliches Verfahren 536
Rating 489
Reaktionsalternativen 351
Realwert 59, 60
Rechtliche Einstandspflicht 552
Rechtsanspruch 461, 536, 545
Rechtsanwälte 292
Rechtsfähige Versorgungseinrichtung 544
Rechtskompatibilität 339
Rechtsverhältnisse 224
Rechtsverlust 226

Regelungen 172, 176 f.
Regelungsabrede 22
Regulierung 549
Renditemaximierung 62
Rentenanpassung 169, 175 f.
Rentenanpassungsfinanzierung 171, 182
Rentenanpassungspflicht 176
– Befreiungen 176
Rentenanpassungsrisiko 169, 175
Rentenanpassungssicherheit 175
Rentenbeginn 175, 401
Rentenbestand 175
Rentenbezug 138
Renteneintritt 174
Rentengarantiezeit 348, 563, 565
Rentenversicherung 394, 493, 565
Rentenverwaltung 310
Rentenzahlung 51, 52
Rentnersteuersatz 58
Reservepolsterfinanzierte Unter-
   stützungskasse 9, 150
Riester-Förderung 29, 76, 199, 342, 343, 346
Riester-Produkte 253
Riester-Rente 253, 385, 404
Risiken 174
– des Arbeitgebers 292
Risikoabdeckung 112
Risikoabsicherung 408, 409
Risikodefinition, eigenständige 156
Risikodiversifizierung 58
Risikoleistung 51
Risikosituation 66
Risk Management 311
Risk-Management-Analyse, juristisch 524
Rückdeckung 339, 488
– der vorzeitigen Risiken 408
– mit Aktienfonds 411
– mit Immobilienfonds 413
– von Pensionszusagen 407
Rückdeckungsmodelle 408
Rückdeckungsversicherung 402
Rückerstattung der Beiträge 394
Rückgedeckte Pensionszusage 385

Stichwortverzeichnis

Rückgedeckte Unterstützungskasse 9, 112, 134, 137, 150, 518, 520
Rückinformation 134
Rückstellung 112, 446

Schadenersatz 230
Schadenersatzansprüchen 236
Schädliche Verwendung 207, 209, 212
Schnellerfassung 347
Schriftform 464
Schuldbefreiende Wirkung 159
Schuldner des Übertragungsbetrages 161
Schutzengelfunktionen 356
Schwankungsdifferenz 171
Selbständige 426
Selbständige Handelsvertreter 6, 428
Selbstkontrahierungsverbot 395, 461
Seminare 293
Seriosität des Finanzierungssystems 154
Service- und Beratungsleistung 566
Serviceleister 182
Serviceleistungen 169
Sicherheit der Kapitalanlage 49
Sicherheit für den Arbeitgeber 522
Sicherungsfall 35
Sicherungsvermögen 568
Skalierung 182, 339
Software 337, 357
Softwareanbieter 348
Softwareempfehlungen 352
Softwarelösungen 351
Softwareunterstützung 337, 341, 343, 351
Solidaritätszuschlag 344
Solvabilität 549
Sonderausgabenabzug 206 f., 209
Sonstige Einkünfte 557
Sozialabgaben 253
Sozialeinrichtung 22
Sozialgesetzbuchs IV 179
Sozialversicherung 487
Sparplan 564
Splitting/Nichtsplitting 347
Staatliche Förderung 253
Standardsoftware 354, 370
Standardsoftwareentwicklung 357

Standmitteilungen 228, 234
Sterblichkeitsgewinne 555
Steuerbefreiung 544
Steuerberater 253, 292
Steuerfreiheit 74, 82
– Begrenzung 75
– der Beitragszahlungen 73
– von Zuwendungen 77
Steuerliche Behandlung
– beim Arbeitgeber 530
– beim Arbeitnehmer 531
– Rentenbezug 405
Steuerliche Förderung 356
Steuern 169, 253
Steuerrechtliche Grundlagen 418
Steuertarif 59
Strategischen Partnerschaft 315
Stückkosten 116
Support 325
Suretec 354
SW-Architektur 375

Tarif 546
Tarifbindungen 346
Tarifermäßigung 454
Tarifgebundenes Entgelt 26
Tarifparteien 348
Tarifrechner 123
Tarifvertragliche Regelungen 26, 172, 291, 308, 338, 343
Tarifvertragskonformität 338
Technologien/Werkzeuge 375
Teilkapitalauszahlung 562
Teilwert 446
Teilzeitarbeit 537
Tod 136, 140, 172 ff.
Todesfall-Leistung 55
Trägerunternehmen 504, 511
Transparente Kostenbelastung 58
Treuhänder, qualifizierter 568
Treuhänderklausel 173

Übergabe 177, 181

Stichwortverzeichnis

Übermaßversorgung 466
Übernahme 20, 178
Übernahmebereitschaft 178
Übernahmegarantie 176
Übernahmevereinbarung 21
Überraschende Klauseln 228
Überschussanteil 30, 59, 175, 177, 179
– ab Rentenbeginn 16
– Bedingungen 175
– Verwendung 175
Überschussbeteiligung 54, 555, 565
Überschüsse 175, 555
Übertragbarkeit 537
Übertragung 178, 518
– auf eine Unterstützungskasse 463
– von Barwerten 178
– von der Verpflichtung 159
Übertragungsabkommen 528
Übertragungsbarwert 161
Übertragungsverbot 160
Umsatzsteuer 434
Umsetzung der bAV im Unternehmen 294
Umwandlung 450
Umwandlungsgesetz 162
Umwandlungshöhe 350, 353
Unbeschränkte Einkommenssteuerpflicht 195
Underwriting 311, 314
Unverfallbare Anwartschaft 158
Unklarheitenregel 15
Unmittelbare Versorgungszusage 8, 34, 149
Unterdeckung 172
Unterfinanzierung 174
Unternehmen 170, 182
Unternehmensberater 422
Unternehmer 423
Unterscheidungskriterium 169
Unterstützungskasse 9, 34, 72, 80, 112, 116, 150, 154, 181, 342, 346, 387, 392, 544
– pauschaldatierte 510
– rückgedeckte 9, 112, 134, 137, 150, 518, 520, 570
Unterstützungskassenversorgung 432
Unterstützungskassenzusage 56

Unterstützungsmöglichkeiten 337
Unterstützungstiefe 349
Unverfallbarkeit 481, 487, 537
Unverfallbarkeitsfristen 136
Unwiderrufliches Bezugsrecht 30
Urlaubsgeld 346

VAA-Modell 373
VBL-Versorgung 304
Veränderungen von Arbeitgeberzusagen durch den Vermittler 243
Verbraucherpreisindex 16
Verdeckte Gewinnausschüttung 467
Vereinbarungen 171, 346
Vererbbarkeit 52, 53, 62
Verein, kleinerer 548
Vererbung 52
Verfallrisiko 53
Verfügungen des Arbeitgebers 234
Vergaberecht des Arbeitgebers 28
Vergleichskriterien 47
Verkaufsverlauf 253
Verlangen des Versorgungsberechtigten 161
Verlust 174
Vermeidung von Erfassungsfehler 347
Vermittler 169, 253 f., 339 f., 345, 348, 350 ff.
Vermittlerportfolios 340
Vermögensplanung 44
Vermögensschadenhaftpflichtversicherung 246
Verpfändung 496
Verpflichtung 170
Verrentung 137 f.
Versicherbarkeit 51
Versicherung 160
Versicherungsanspruch 491
Versicherungsaufsicht 545
Versicherungsaufsichtsgesetz 153, 175, 544
Versicherungsaufsichtsrecht 558
Versicherungsbedingungen 549
– allgemeine 123
Versicherungsförmige Garantie 151

Stichwortverzeichnis

Versicherungslösungen 407
Versicherungsmakler 290, 422
Versicherungsmathematische Risiken 553
Versicherungsmathematisch kalkulierte
  Prämien 150
Versicherungsrückdeckung 410
Versicherungsschutz 51
Versicherungstechnische Risiken 553
Versicherungsunternehmen 175, 544
Versicherungsvereine auf Gegen-
  seitigkeit 548
Versicherungsvertragliches
  Verfahren 18, 31, 159, 171, 538
Versicherungsvorschlag 123
Versorgungsansprüche 176
Versorgungsanstalt des Bundes
  und der Länder 547
Versorgungsanwartschaften 70
Versorgungsbedarf 43 ff., 49
Versorgungsbedingungen 227
Versorgungsberechtigten 173
Versorgungsempfänger 174, 181
Versorgungsfall 172
Versorgungsfreibetrag 452
Versorgungsleistung 80, 172, 174, 177, 254
Versorgungslücke 44, 46, 49, 53, 59, 62 f.,
  192
Versorgungsmodelle 388
Versorgungsprodukte 53
Versorgungsträger 153, 170 ff., 177, 254,
  337, 338, 339, 343, 346, 349, 350, 351, 352
– Beitrittserklärungen 346
Versorgungsverhältnis 6
Versorgungsverpflichtungen 418
Versorgungsvertrag 177, 180
Versorgungszusage 117, 123, 135, 170,
  174 ff., 178, 338, 417, 419, 429
– Angemessenheit 478
– an Nichtarbeitnehmer 420
Versorgungszusagetyp 551
Vertrag 172, 177
Vertragliche Regelungen 296
Vertragliche Unvorfallbarkeit 18
Vertragliche Einheitsregelungen 7
Vertragsänderungen 367

Vertragsbeziehung 349
Vertragslaufzeit 173
Vertragspartner 254
Vertragsrendite 169, 339
Vertragsverhältnis 253, 337
– dreiseitiges 154
Vertragswerk 170
Vertrieb 287
Vertriebskonzepte 289
Vertriebsprozess 320
Vertriebssupport 330
Verwaltung 181
– der Arbeitgeber-Zusagen 337
– der Arbeitgebervorgaben 352
– der Entgeltumwandlungsdaten 353
– von Umwandlungsdaten 353
Verwaltungsfehler 182
Verwaltungsfunktionen 337, 352
Verwaltungsgebühren 116, 181
Verwaltungskomplexität 253
Verwaltungskosten 171, 181, 183, 339, 342
Verwaltungsrisiken 337, 339
Verwaltungssicherheit 182
Verwaltungssysteme 306
Verwendung von Überschussanteilen 175
Verzicht auf die Pensionszusage 402
Verzicht auf die Steuerfreiheit 76
Verzinsungsszenario 55
Verzögerungsnachteile 342
Vor-Ort-Beratung und -Betreuung 567
Vordienstzeit 448
Vorgezogene Altersrente 397
Vorruhestandsphase 52
Vorsorge 172 f.
Vorsorgearten 169, 338, 342, 346, 349
Vorsorgefall 173
Vorsorgefinanzierung 171, 172, 182
Vorsorgeleistung 169 f., 173 f., 338
Vorsorgemaßnahmen 63
Vorsorgeplanung 62
Vorsorgeprodukt 43 f., 60
Vorsorgerechner 63, 66
Vorsorgevertrag 171, 173, 351
Vorteilhaftigkeitsrangfolge 57
Vorwegabzug 455

731

Stichwortverzeichnis

Vorzeitige Altersleistung 15, 538, 560
Vorzeitiger Leistungsfall 399
Vorzeitiger Versorgungsfällen 564
Vorzeitiges Ausscheiden von Arbeitnehmern 539

Wahl des Versicherers 539
Wahlmöglichkeiten 52
Waisenversorgung 560
Wechsel des Durchführungsweges 24
Weihnachtsgeld 346
Werbungskosten-Pauschbetrag 557
Wert einer betrieblichen Versorgungszusage 42
Wertgleiche Anwartschaft auf Versorgungsleistungen 503
Wertgleiche Versorgungsanwartschaft 545
Wertgleichheit 27, 33, 174
Wertschätzung 41 f.
Wertschöpfungskette 314, 363
Wettbewerbs-Pensionskassen 548, 566
Wholesale 314 f.
Widerruf 24
Widerrufsrecht 9
Widerrufsvorbehalt 462
Wirksamkeitstermin 172
Wirkungsgrad 287, 339
Wirtschaftlich unabhängige Selbständige 422
Wirtschaftlich vergleichbarer Anspruch 160
Witwen-/Witwerversorgung 408, 560

Zahlung der Zuwendungen 151
Zahlungseinstellung 171
Zahlungsunfähigkeit des Arbeitgebers 153
Zahlungsverkehr 182
Zahlweise 173
Zeiten, in denen die Lohnfortzahlung ruht 539
Zentrale Zulagenstelle für Altersvermögen 209
Zielgruppenanalyse 339
Zillmerung 226
Zivilrechtliche Unterhaltspflicht 561
Zugangsmöglichkeiten zum Arbeitgeber 288
Zulagen 206
Zulässigkeitsprüfung 348, 356
Zulässigkontrolle 343
Zurechnung von Pflichtverletzungen 235
Zurverfügungstellung 178
Zusage 170, 172 ff., 178, 404
– Formen 147
Zusagearten 169, 342 f., 346, 350
– Leistungszusage 176
Zusagebestand 17
Zusatzkosten 337, 339, 342
Zuschussarten 344
Zuschüsse 344
Zustimmung des Arbeitnehmers 163
Zuwendungen 79, 170, 254, 543
– Zahlung 151
Zwangsabgaben 170
Zwingende Gründe 23

Reformen und Gesetzänderungen: Der deutsche Versicherungsmarkt bleibt in Bewegung. Die Anforderungen Ihrer Kunden steigen stetig. Der Beratungsbedarf ist nach wie vor hoch. Insbesondere beim komplexen Thema der betrieblichen Altersversorgung ist eine persönliche und kompetente Beratung sowie Betreuung gefragt. Wir bieten Ihnen das Know-how und die Qualifikation für eine erfolgreiche Zukunft als Versicherungsberater.

Besuchen Sie unsere exklusiven versicherungsmagazin-Fachveranstaltungen:

- Seminare über
  „Grundlagen der bAV unter Akquisegesichtspunkten"

- Praxisworkshop
  „bAV-Vertrieb in 12 Schritten"

- **bAV-Konferenz**
  mit Experten aus Wissenschaft und Praxis

Gabler Management Institut · Rita Biondi
Abraham-Lincoln-Str. 46 · 65189 Wiesbaden
Tel.: 0611 7878-293 · Fax: 0611 7878-452
gmi@gwv-fachverlage.de · www.gabler-seminare.de